Hummel/Köhler/Mayer/Baunack
BDG
Bundesdisziplinargesetz und materielles Disziplinarrecht

Kommentar für die Praxis

Dieter Hummel
Daniel Köhler
Dietrich Mayer
Sebastian Baunack

BDG Bundesdisziplinargesetz und materielles Disziplinarrecht

6., aktualisierte und überarbeitete Auflage

Bibliographische Information der Deutschen Nationalbibliothek:
Die Deutsche Nationalbibliothek verzeichnet diese Publikation in der Deutschen Nationalbibliografie; detaillierte bibliografische Daten sind im Internet über **http://dnb.d-nb.de** abrufbar.

6., aktualisierte und überarbeitete Auflage 2016
© 1989 by Bund-Verlag GmbH, Frankfurt am Main
Herstellung: Kerstin Wilke
Umschlag: Neil McBeath, Stuttgart
Satz: Dörlemann Satz, Lemförde
Druck: CPI books GmbH, Leck
Printed in Germany 2016
ISBN 978-3-7663-6502-6

Alle Rechte vorbehalten,
insbesondere die des öffentlichen Vortrags,
der Rundfunksendung
und der Fernsehausstrahlung,
der fotomechanischen Wiedergabe,
auch einzelner Teile.

www.bund-verlag.de

Vorwort

Vier Jahre nach Erscheinen der letzten Auflage liegt nun die sechste, aktualisierte Auflage des Kommentars vor. Bedeutende gesetzliche Änderungen wurden in § 85 BDG vorgenommen. Diese Vorschrift wurde durch Art. 8 des Gesetzes zur Änderung des Bundesbeamtengesetzes und weiterer dienstrechtlicher Vorschriften vom 6. März 2015 (BGBl. I 250, 254) in erheblichem Umfang geändert. Nach der amtlichen Begründung sollte für noch vorhandene »Altfälle« künftig gemäß der Grundregel des § 85 Abs. 1 BDG das neue Recht gelten, so dass der für die »Altfälle« noch zuständige Disziplinarsenat aufgelöst werden könne. Tatsächlich ist dies aber dem Umstand geschuldet, dass der Disziplinarsenat als Berufungs- und Tatsacheninstanz die Verfahren, die nach altem Recht eingeleitet worden waren und vom Bundesdisziplinargericht nach dessen Auflösung nicht mehr beendet werden konnten und nach Abs. 7 a. F. auf die Verwaltungsgerichte der Länder übergegangen sind, inzwischen alle abgeschlossen hat. Der Disziplinarsenat ist deshalb mit Wirkung vom 1. Mai 2015 aufgelöst worden.
Die frühere Bundesdisziplinarordnung hat nun endgültig ausgedient. Erhebliche Bedeutung hat auch, dass die Gebührenfreiheit des behördlichen Disziplinarverfahrens und des Widerspruchsverfahrens gemäß §§ 37 Abs. 5 und 44 Abs. 4 BDG durch Art. 3 Abs. 6 Nr. 1, Art. 5 Abs. 2 des Gesetzes zur Strukturreform des Gebührenrechts des Bundes 2013 (BGBl. I 3154) mit Wirkung ab 14. August 2016 aufgehoben wurde.
Mit der Abschaffung des Zivildienstes für den Alltag (§ 83 ZFG) und der Einführung des Bundesfreiwilligendienstes (BDFG, GVBl. 2011 I, S. 687) – mit Ausnahme ehemaliger Zivildienstleistender für den Spannungs- und Verteidigungsfall (§ 1a Abs. 2 ZDG) – ist nunmehr auch das Kapitel Disziplinarrecht der Zivildienstleistenden abgewickelt und soll hier nicht mehr kommentiert werden.
Eingearbeitet wurde wie bisher die neue Rechtsprechung des Bundesverwaltungsgerichts (2. Senat) und der Verwaltungsgerichte der Länder.

Im März 2016   Die Verfasser

Bearbeiterverzeichnis

Zweiter Teil:
Einführung   Daniel Köhler
A. Allgemeiner Teil   Daniel Köhler
B. Besonderer Teil
I.-II. 5.   Dieter Hummel/Sebastian Baunack
II. 6.–9.   Daniel Köhler
II. 10.–12.   Dietrich Mayer

Dritter Teil:
§§ 1–37   Dieter Hummel/Sebastian Baunack
§§ 38–40   Dietrich Mayer
§§ 41–63   Daniel Köhler
§§ 64–86   Dietrich Mayer

Zitiervorschlag: Hummel/Köhler/Mayer/Baunack-*Bearbeiter*, § 1 Rn. 1.

Stand der Bearbeitung: Februar 2016.

Über die Autoren:
Dieter Hummel, Rechtsanwalt und Fachanwalt für Arbeits- und Sozialrecht, Disziplinarverteidiger.
Daniel Köhler, Vorsitzender Richter am Landgericht Frankfurt/Main, von 1994–2004 Richter am BDiG.
Dietrich Mayer, Richter am Bundesverwaltungsgericht a. D., von 1993–2005 im Disziplinarsenat.
Sebastian Baunack, Rechtsanwalt und Fachanwalt für Arbeitsrecht, Vertreter von Beamten in Disziplinarsachen.

Inhaltsverzeichnis

Vorwort 5
Bearbeiterverzeichnis 7
Abkürzungsverzeichnis 15
Literaturverzeichnis 23

Erster Teil:
Text des Bundesdisziplinargesetzes 25

Zweiter Teil:
Materielles Disziplinarrecht 57

Einführung 57
  I. Geschichte des Disziplinarrechts 57
  II. Funktion des Disziplinarrechts 68

A. Allgemeiner Teil 74
  I. Der Dienstvergehenstatbestand 74
    1. Der objektive Pflichtenverstoß 74
    2. Einheit des Dienstvergehens 77
    3. Die Pflichtwidrigkeit 83
    4. Das Verschulden 86
  II. Gesetzesnorm und Richterrecht 90
    1. Disziplinare Grund- und Spezialtatbestände . 90
    2. Richterrecht 97
  III. Dienstvergehen und Straftat 103
  IV. Maßnahmenwahl – Bemessungsgrundsätze 104
    1. Maßnahmenkatalog 104
    2. Maßnahmenwahl 106
    3. Allgemeine Bemessungsgrundsätze 112
    4. Milderungs- und Erschwerungsgründe im Einzelnen ... 116
  V. Allgemeine Rechtsgrundsätze 125
    1. Verwirkung 126
    2. Verzögerung 127
    3. Doppelbestrafung 128
    4. Rechtliches Gehör 129
    5. Prozessuale Fürsorge 130
    6. Verfassungsgrundsätze 131
    7. Beteiligungsrechte 133
    8. Verfahrensfehler 138

Inhaltsverzeichnis

B. Besonderer Teil 141
  I. Abgrenzung inner- und außerdienstlichen Verhaltens 141
 II. Die einzelnen Dienstvergehen und ihre Maßregelung 153

    Politisches Verhalten 153
     1. Die politische Treuepflicht 153
     2. Die politische Neutralitäts- und Mäßigungspflicht 164

    Dienstleistung 177
     3. Fernbleiben vom Dienst 177
     4. Melde- und Nachweispflicht anlässlich des Fernbleibens 193
     5. Erhaltung der vollen Dienst- und Einsatzfähigkeit 197
     6. Arbeitseinsatz und Arbeitsqualität 212
     7. Gehorsams- und Unterstützungspflicht 224

    Treue und Wohlverhalten 236
     8. Die Wahrheits- und Auskunftspflicht 236
     9. Die Pflicht zur Amtsverschwiegenheit 245
    10. Die Pflicht zur Uneigennützigkeit 264
       – Zugriffsdelikte (Unterschlagung von Kassengeldern, Beförderungsgut und anderen gleichgestellten Lagen) 265
       – Innerdienstlicher Diebstahl zum Nachteil des Dienstherrn, der Kollegen und Kunden; Hehlerei 281
       – Betrug gegen die eigene Verwaltung 284
       – Veruntreuungen im weiteren Sinne, Missbrauch dienstlicher Möglichkeiten zu privaten Zwecken, Interessenkollision . 288
       – Verbotene Geschenkannahme, Vorteilsnahme, Bestechung 291
    11. Wohlverhaltenspflicht innerhalb des Dienstes, Einzelfälle 295
    12. Wohlverhaltenspflicht außerhalb des Dienstes, Einzelfälle 299
       – Verfehlungen im Straßenverkehr 302
       – Außerdienstliche Unterschlagung, Untreue, Betrug 305
       – Außerdienstlicher Diebstahl und Hehlerei 307
       – Schuldnerverhalten 310
       – Urkundenfälschung, Meineid, Falschaussage 313
       – Außerdienstliche Sexualverfehlungen 314
       – Rauschtat, sonstige Straftaten und Wohlverhaltensverstöße außerhalb des Dienstes 317

Dritter Teil:
Kommentar zum Bundesdisziplinargesetz (BDG) 321

Teil 1: Allgemeine Bestimmungen 321
§ 1 Persönlicher Geltungsbereich 321
§ 2 Sachlicher Geltungsbereich 326
§ 3 Ergänzende Anwendung des Verwaltungsverfahrensgesetzes und der Verwaltungsgerichtsordnung 329
§ 4 Gebot der Beschleunigung 333

Teil 2: Disziplinarmaßnahmen 335
§ 5 Arten der Disziplinarmaßnahmen 335

§ 6	Verweis	342
§ 7	Geldbuße	344
§ 8	Kürzung der Dienstbezüge	345
§ 9	Zurückstufung	349
§ 10	Entfernung aus dem Beamtenverhältnis	352
§ 11	Kürzung des Ruhegehalts	361
§ 12	Aberkennung des Ruhegehalts	362
§ 13	Bemessung der Disziplinarmaßnahme	365
§ 14	Zulässigkeit von Disziplinarmaßnahmen nach Straf- oder Bußgeldverfahren	384
§ 15	Disziplinarmaßnahmeverbot wegen Zeitablaufs	404
§ 16	Verwertungsverbot, Entfernung aus der Personalakte	414

Teil 3: Behördliches Disziplinarverfahren 421

Kapitel 1: Einleitung, Ausdehnung und Beschränkung 421

§ 17	Einleitung von Amts wegen	421
§ 18	Einleitung auf Antrag des Beamten	430
§ 19	Ausdehnung und Beschränkung	433

Kapitel 2: Durchführung 435

§ 20	Unterrichtung, Belehrung und Anhörung des Beamten	435
§ 21	Pflicht zur Durchführung von Ermittlungen, Ausnahmen	439
§ 22	Zusammentreffen von Disziplinarverfahren mit Strafverfahren oder anderen Verfahren, Aussetzung	441
§ 23	Bindung an tatsächliche Feststellungen aus Strafverfahren oder anderen Verfahren	448
§ 24	Beweiserhebung	451
§ 25	Zeugen und Sachverständige	457
§ 26	Herausgabe von Unterlagen	465
§ 27	Beschlagnahmen und Durchsuchungen	465
§ 28	Protokoll	471
§ 29	Innerdienstliche Informationen	471
§ 30	Abschließende Anhörung	472
§ 31	Abgabe des Disziplinarverfahrens	474

Kapitel 3: Abschlussentscheidung 475

§ 32	Einstellungsverfügung	475
§ 33	Disziplinarverfügung	481
§ 34	Erhebung der Disziplinarklage	486
§ 35	Grenzen der erneuten Ausübung der Disziplinarbefugnisse	491
§ 36	Verfahren bei nachträglicher Entscheidung im Straf- oder Bußgeldverfahren	494
§ 37	Kostentragungspflicht	496

Kapitel 4: Vorläufige Dienstenthebung und Einbehaltung von Bezügen . . 501

§ 38	Zulässigkeit	501
§ 39	Rechtswirkungen	507
§ 40	Verfall und Nachzahlung der einbehaltenen Beträge	509

Inhaltsverzeichnis

Kapitel 5: Widerspruchsverfahren 512
§ 41 Erforderlichkeit, Form und Frist des Widerspruchs 512
§ 42 Widerspruchsbescheid 515
§ 43 Grenzen der erneuten Ausübung der Disziplinarbefugnisse 518
§ 44 Kostentragungspflicht 520

Teil 4: Gerichtliches Disziplinarverfahren 522

Kapitel 1: Disziplinargerichtsbarkeit 522
§ 45 Zuständigkeit der Verwaltungsgerichtsbarkeit 522
§ 46 Kammer für Disziplinarsachen 525
§ 47 Beamtenbeisitzer 530
§ 48 Ausschluss von der Ausübung des Richteramts 534
§ 49 Nichtheranziehung eines Beamtenbeisitzers 536
§ 50 Entbindung vom Amt des Beamtenbeisitzers 537
§ 51 Senate für Disziplinarsachen 539

Kapitel 2: Disziplinarverfahren vor dem Verwaltungsgericht 539

Abschnitt 1: Klageverfahren 539
§ 52 Klageerhebung, Form und Frist der Klage 539
§ 53 Nachtragsdisziplinarklage 546
§ 54 Belehrung des Beamten 551
§ 55 Mängel des behördlichen Disziplinarverfahrens oder der Klageschrift ... 552
§ 56 Beschränkung des Disziplinarverfahrens 557
§ 57 Bindung an tatsächliche Feststellungen aus anderen Verfahren 559
§ 58 Beweisaufnahme 565
§ 59 Entscheidung durch Beschluss 568
§ 60 Mündliche Verhandlung, Entscheidung durch Urteil 573
§ 61 Grenzen der erneuten Ausübung der Disziplinarbefugnisse 579

Abschnitt 2: Besondere Verfahren 582
Vor § 62 Verlust der Dienstbezüge nach § 9 BBesG, § 60 BeamtVG 582
§ 62 Antrag auf gerichtliche Fristsetzung 589
§ 63 Antrag auf Aussetzung der vorläufigen Dienstenthebung und der Einbehaltung von Bezügen 595

Kapitel 3: Disziplinarverfahren vor dem Oberverwaltungsgericht 600

Abschnitt 1: Berufung 600
§ 64 Statthaftigkeit, Form und Frist der Berufung 600
§ 65 Berufungsverfahren 605
§ 66 Mündliche Verhandlung, Entscheidung durch Urteil 607

Abschnitt 2: Beschwerde 609
§ 67 Statthaftigkeit, Form und Frist der Beschwerde 609
§ 68 Entscheidung des Oberverwaltungsgerichts 610

Inhaltsverzeichnis

Kapitel 4: Disziplinarverfahren vor dem Bundesverwaltungsgericht 610
§ 69 Form, Frist und Zulassung der Revision 610
§ 70 Revisionsverfahren, Entscheidung über die Revision 611

Kapitel 5: Wiederaufnahme des gerichtlichen Disziplinarverfahrens 612
§ 71 Wiederaufnahmegründe........................ 612
§ 72 Unzulässigkeit der Wiederaufnahme 616
§ 73 Frist, Verfahren 617
§ 74 Entscheidung durch Beschluss..................... 618
§ 75 Mündliche Verhandlung, Entscheidung des Gerichts 618
§ 76 Rechtswirkungen, Entschädigungen................... 619

Kapitel 6: Kosten 621
§ 77 Kostentragung und erstattungsfähige Kosten 621
§ 78 Gerichtskosten............................. 623

Teil 5: Unterhaltsbeitrag bei Entfernung aus dem Beamtenverhältnis oder bei Aberkennung des Ruhegehalts 624
§ 79 Unterhaltsbeitrag bei Entfernung aus dem Beamtenverhältnis oder bei Aberkennung des Ruhegehalts 624
§ 80 Unterhaltsleistung bei Mithilfe zur Aufdeckung von Straftaten 625
§ 81 Begnadigung.............................. 628

Teil 6: Besondere Bestimmungen für einzelne Beamtengruppen und für Ruhestandsbeamte 630
§ 82 Polizeivollzugsbeamte des Bundes.................... 630
§ 83 Beamte der bundesunmittelbaren Körperschaften, Anstalten und Stiftungen des öffentlichen Rechts.................... 630
§ 84 Ausübung der Disziplinarbefugnisse bei Ruhestandsbeamten 631

Teil 7: Übergangs- und Schlussbestimmungen 632
§ 85 Übergangsbestimmungen........................ 632
§ 86 Verwaltungsvorschriften........................ 635

Anlage (zu § 78)
Gebührenverzeichnis 636

Stichwortverzeichnis 641

Abkürzungsverzeichnis

a. A.	anderer Auffassung
a. a. O.	am angegebenen Ort
a. D.	außer Dienst
a. E.	am Ende
a. F.	alte Fassung
Aberk.RGeh.	Aberkennung des Ruhegehalts
ABl	Amtsblatt
Abs.	Absatz
Abschn.	Abschnitt
ADAzB	Allgemeine Dienstanweisung für die der Deutschen Bahn AG zugewiesenen Beamten des Bundeseisenbahnvermögens
AGBDG	Ausführungsgesetz zum BDG
AGG	Allgemeines Gleichbehandlungsgesetz
allg.	allgemein(e)
Amtl. Begr.	Amtliche Begründung
Anm.	Anmerkung(en)
AnwBl.	Anwaltsblatt (Zeitschrift)
AO	Abgabenordnung; Anordnung
AöR	Archiv des öffentlichen Rechts (Zeitschrift)
AP	Arbeitsrechtliche Praxis, Nachschlagewerk des BAG
APF	Archiv für das Post- und Fernmeldewesen
ArbGG	Arbeitsgerichtsgesetz
Archiv f. d. PuFmW	Archiv für das Post- und Fernmeldewesen
Art.	Artikel
Aufl.	Auflage
AuR	Arbeit und Recht (Zeitschrift)
AVG	Angestelltenversicherungsgesetz
BA	Bundesagentur für Arbeit
BAG	Bundesarbeitsgericht
BAK	Blutalkoholkonzentration
BAnz.	Bundesanzeiger
BAPostG	Bundesanstalt Post-Gesetz
BayBz	Bayerische Beamtenzeitung
BayDO	Bayerische Disziplinarordnung
BayVBl.	Bayerisches Verwaltungsblatt
BayVGH	Bayerischer Verwaltungsgerichtshof
BBesG	Bundesbesoldungsgesetz
BBG	Bundesbeamtengesetz

Abkürzungsverzeichnis

Bd.	Band
BDG	Bundesdisziplinargesetz
BDH	Bundesdisziplinarhof
BDHE	Entscheidungssammlung des BDH
BDiA	Bundesdisziplinaranwalt
BDiG	Bundesdisziplinargericht
BDiszNOG	Gesetz zur Neuordnung des Bundesdisziplinarrechts
BDO	Bundesdisziplinarordnung
BDSG	Bundesdatenschutzgesetz
BeamtReformGes	Beamtenreformgesetz
BeamtVG	Beamtenversorgungsgesetz
BeamtVGÄndG	Änderungsgesetz zum Beamtenversorgungsgesetz
Beschl.	Beschluss
BEV	Bundeseisenbahnvermögen
BFH	Bundesfinanzhof
BGB	Bürgerliches Gesetzbuch
BGBl.	Bundesgesetzblatt
BGebG	Bundesgebührengesetz
BGH	Bundesgerichtshof
BGHSt	Amtliche Sammlung des Bundesgerichtshofs in Strafsachen
BGleiG	Bundesgleichstellungsgesetz
BGS	Bundesgrenzschutz
BlStSozArbR	Blätter für Steuern, Sozialversicherung und Arbeitsrecht (Zeitschrift)
BMF	Bundesminister der Finanzen
BMI	Bundesminister des Innern
BMinGes	Bundesministergesetz
BMJ	Bundesminister der Justiz
BMPT	Bundesministerium für Post und Telekommunikation
BND	Bundesnachrichtendienst
BPersVG	Bundespersonalvertretungsgesetz
BPolBG	Bundespolizeibeamtengesetz
BRAGO	Bundesrechtsanwaltsgebührenordnung
BR-Drs.	Bundesrats-Drucksache
BremDO	Disziplinarordnung Bremens
BRRG	Beamtenrechtsrahmengesetz
BSeuchG	Bundesseuchengesetz
BSG	Bundessozialgericht
BT-Drs.	Bundestags-Drucksache
BVerfG	Bundesverfassungsgericht
BVerfGG	Gesetz über das Bundesverfassungsgericht
BVerwG	Bundesverwaltungsgericht
BVerwGE	Amtliche Entscheidungssammlung des Bundesverwaltungsgerichts
BW	Baden-Württemberg
bzgl.	bezüglich
BZRG	Bundeszentralregistergesetz

Abkürzungsverzeichnis

DAKf	Dienstanweisung für Kraftfahrer der Post
DB	Deutsche Bahn; Deutsche Bundesbahn
DBG	Deutsches Beamtengesetz
DBGrG	Deutsche Bahn Gründungsgesetz
DBP	Deutsche Bundespost
DDB	Der Deutsche Beamte/Beamte heute (Zeitschrift)
Degr.	Degradierung
DGB	Deutscher Gewerkschaftsbund
DGH	Dienstgerichtshof
ders.	derselbe
DiszGerB	Disziplinargerichtsbescheid
DiszH	Disziplinarhof
DiszR	Disziplinarrecht
DJ	Deutsche Justiz (Zeitschrift)
DJZ	Deutsche Juristenzeitung
DKP	Deutsche Kommunistische Partei
DO	Dienstordnung
DÖD	Der Öffentliche Dienst (Zeitschrift)
DÖV	Die Öffentliche Verwaltung (Zeitschrift)
DO NW	Disziplinarordnung Nordrhein-Westfalens
Dok. Ber.	Dokumentarische Berichte aus dem Bundesverwaltungsgericht, Ausgabe B (vor 1968 Dokumentarische Berichte aus dem Bundesdisziplinarhof)
DRiG	Deutsches Richtergesetz
DRiZ	Deutsche Richterzeitung
DVBl.	Deutsches Verwaltungsblatt (Zeitschrift)
E	Entscheidungssammlung; Entwurf
EBA	Eisenbahnbundesamt
EG	Europäische Gemeinschaften
EGBGB	Einführungsgesetz zum BGB
EGMR	Europäischer Gerichtshof für die Menschenrechte
EGMRE	Entscheidungen des Europäischen Gerichtshofs für die Menschenrechte
EhrRiEG	Gesetz über die Entschädigung ehrenamtlicher Richter
Einf.	Einführung
Einl.	Einleitung
einschr.	einschränkend
Einst.	Einstellung
EMRK	Europäische Menschenrechtskommission
ENeuOG	Gesetz zur Neuordnung des Eisenbahnwesens
Entf.	Entfernung
Erl.	Erläuterung(en)
erstinst.	erstinstanzlich
EU	Europäische Union
EUGRZ	Europäische Grundrechte-Zeitschrift
f./ff.	folgend(e)
FGG	Gesetz über Angelegenheiten der freiwilligen Gerichtsbarkeit

Abkürzungsverzeichnis

Fn.	Fußnote
Freispr.	Freispruch
Freist.	Freistellung
FS	Festschrift
G	Gesetz
G 131	Gesetz zur Regelung der Rechtsverhältnisse der unter Art. 131 GG fallenden Personen
Geh.K	Gehaltskürzung
GemMinbl.	Gemeinsames Ministerialblatt
GemRdSchrb	Gemeinsames Rundschreiben
Ges.	Gesetz
GG	Grundgesetz
GKG	Gerichtskostengesetz
GKÖD	Gesamtkommentar für das öffentliche Dienstrecht – Band II: Disziplinarrecht des Bundes und der Länder (Verf.: Weiß), Loseblattsammlung
GMBl.	Gemeinsames Ministerialblatt
GOBReg.	Geschäftsordnung der Bundesregierung
GS	Großer Senat
GVBl.	Gesetz- und Verordnungsblatt
GVG	Gerichtsverfassungsgesetz
GVVO	Verordnung über die Vereinheitlichung der Gerichtsverfassung
Halbs.	Halbsatz
h. M.	herrschende Meinung
HessVGH	Hessischer Verwaltungsgerichtshof
Hs.	Halbsatz
HSGZ	Hessische Städte- und Gemeindezeitschrift
HVA	Hauptverwaltung Aufklärung der DDR
IAO/ILO	Internationale Arbeitsorganisation
i. d. F.	in der Fassung
insbes.	insbesondere
IÖD	Informationsdienst Öffentliches Dienstrecht
i. R.	im Rahmen
i. S. d.	im Sinne des (der)
i. V. m.	in Verbindung mit
Jb	Jahrbuch
JGG	Jugendgerichtsgesetz
JR	Juristische Rundschau (Zeitschrift)
JubVO	Verordnung über die Gewährung von Jubiläumszuwendungen an Beamte und Richter
jur.	juristisch
JuS	Juristische Schulung (Zeitschrift)
JVBl.	Justizverwaltungsblatt (Zeitschrift)
JW	Juristische Wochenschrift (Zeitschrift)
JZ	Juristenzeitung (Zeitschrift)

Abkürzungsverzeichnis

KG	Kammergericht
Komm.	Kommentar
KPD	Kommunistische Partei Deutschlands
KRGes	Kontrollratsgesetz
LAG	Landesarbeitsgericht
LDG	Landesdisziplinargesetz
LDO	Landesdisziplinarordnung
Ls.	Leitsatz
LVG	Landesverwaltungsgericht
MDR	Monatsschrift für Deutsches Recht (Zeitschrift)
MfS	Ministerium für Staatssicherheit der DDR
MiStra	Anordnung über Mitteilungen in Strafsachen
MRKV	Konvention zum Schutz der Menschenrechte und Grundfreiheiten vom 4.11.1950 (Europäische Menschenrechtskonvention)
MV	Mecklenburg-Vorpommern
m.w.N.	mit weiteren Nachweisen
m.w.Z.	mit weiteren Zitaten
nachst.	nachstehend(e)
n.F.	neue Fassung
NDBZ	Neue Deutsche Beamtenzeitung
NDO	Niedersächsische Disziplinarordnung
NDsBG	Niedersächsisches Beamtengesetz
NJW	Neue Juristische Wochenschrift (Zeitschrift)
Nov. 67	Novelle 67 = Gesetz zur Neuordnung des Bundesdisziplinarrechts vom 20.7.1967 (BGBl. I S. 725)
Nr.	Nummer(n)
NSDAP	Nationalsozialistische Deutsche Arbeiterpartei
NStZ	Neue Zeitschrift für Strafrecht
NVwZ	Neue Zeitschrift für Verwaltungsrecht
NVwZ-RR	NVwZ-Rechtsprechungsreport
NW	Nordrhein-Westfalen
o.Ä.	oder Ähnliches
o.a.	oben angegeben(e)
OLG	Oberlandesgericht
OVG	Oberverwaltungsgericht
OWiG	Gesetz über Ordnungswidrigkeiten
PersR	Der Personalrat (Zeitschrift)
PersV	Die Personalvertretung (Zeitschrift)
PersVR	Personalvertretungsrecht
PostPersRG	Postpersonalrechtsgesetz
PrDStH	Preußischer Dienststrafhof
PrOVG	Preußisches Oberverwaltungsgericht
PrOVGE	Entscheidungssammlung des Preußischen OVG

Abkürzungsverzeichnis

PTNeuOG	Gesetz zur Neuordnung des Post- und Telekommunikationswesens
PuFmW	Post- und Fernmeldewesen
RAO	Reichsabgabenordnung
RBG	Reichsbeamtengesetz
RdA	Recht der Arbeit (Zeitschrift)
RDiszH	Reichsdisziplinarhof
RDStO	Reichsdienststrafordnung
RegE	Regierungsentwurf
RGBl.	Reichsgesetzblatt
RGeh.K	Ruhegehaltskürzung
RGSt	Reichsgericht in Strafsachen
RGZ	Reichsgericht in Zivilsachen
RiA	Recht im Amt (Zeitschrift)
RiStBV	Richtlinien für das Strafverfahren und das Bußgeldverfahren
RmBereinVpG	Rechtsmittelbereinigungsgesetz im Verwaltungsprozess
Rn.	Randnummer(n)
RP	Rheinland-Pfalz
Rspr.	Rechtsprechung
r. Sp.	rechte Spalte
RVBl.	Reichsverwaltungsblatt
RVO	Reichsversicherungsordnung
S.	Seite; Satz
s.	siehe
SchwbG	Schwerbehindertengesetz
SchwbR	Schwerbehindertenrecht
SG	Soldatengesetz
SGB	Sozialgesetzbuch (jeweiliges Buch in römischen Zahlen)
StGB	Strafgesetzbuch
st. Rspr.	ständige Rechtsprechung
StPO	Strafprozessordnung
SUrlV	Sonderurlaubsverordnung
SZG	Sonderzuwendungsgesetz
u.	unter; unten
u. a.	unter anderem
u. U.	unter Umständen
UB	Unterhaltsbeitrag
UrlGG	Urlaubsgeldgesetz
v.	vom; von
VA	Verwaltungsarchiv
VerwRecht	Verwaltungsrecht
VerwArchiv	Verwaltungsarchiv
VG	Verwaltungsgericht
VGH	Verwaltungsgerichtshof
vgl.	vergleiche
VO	Verordnung

Abkürzungsverzeichnis

vorst.	vorstehend(e)
VRS	Verkehrsrechtssammlung
VwGO	Verwaltungsgerichtsordnung
VwV	Allgemeine Verwaltungsvorschriften zur Durchführung der BDO
VwVfG	Verwaltungsverfahrensgesetz
VwZG	Verwaltungszustellungsgesetz
WD	Wehrdienstsenate
WDB	Wehrdienstbeschädigung
WDO	Wehrdisziplinarordnung
WPflG	Wehrpflichtgesetz
z. B.	zum Beispiel
ZBR	Zeitschrift für Beamtenrecht
ZDG	Zivildienstgesetz
ZDL	Zivildienstleistender
ZDVG	Zivildienstvertrauensmanngesetz
Ziff.	Ziffer(n)
ZivilDR	Zivildienstrecht
ZPO	Zivilprozessordnung
ZRP	Zeitschrift für Rechtspolitik
ZTR	Zeitschrift für Tarifrecht
ZuSEG	Gesetz über die Entschädigung von Zeugen und Sachverständigen

Literaturverzeichnis

Altvater/Baden/Berg/Kröll/Noll/Seulen, Bundespersonalvertretungsgesetz mit Wahlordnung und ergänzenden Vorschriften, Kommentar für die Praxis, 9. Aufl. 2016
Bader/Funke-Kaiser/Stuhlfauth/v. Albedyll, Verwaltungsgerichtsordnung, Kommentar, 6. Aufl. 2014
Battis, Bundesbeamtengesetz, Kommentar, 4. Aufl. 2009
Bauschke/Weber, Bundesdisziplinargesetz, Kommentar, 2003
Behnke, Kommentar zur Bundesdisziplinarordnung, 2. Aufl. 1968 (zitiert nach Verfassern)
Böckenförde u. a., Extremisten im öffentlichen Dienst, 1981
Breithaupt/Zoch, Kommentar zur Niedersächsischen Disziplinarordnung, Loseblatt
Claussen/Janzen, Handkommentar zur BDO, 8. Aufl. 1996
Däubler (Hrsg.), Arbeitskampfrecht, 2. Aufl. 1987, 3. Aufl. 2011
Els, Die disziplinarrechtliche Ahndung von Dienstvergehen unter besonderer Berücksichtigung von Alkoholverstößen, 1992
Fischer (Hrsg.), Strafgesetzbuch und Nebengesetze, Kommentar, 62. Aufl. 2015
Fischer/Goeres/Gronimus, Gesamtkommentar für das öffentliche Dienstrecht, Band V: Personalvertretungsrecht des Bundes und der Länder, Loseblatt
Gansen, Disziplinarrecht in Bund und Ländern, Kommentar, Loseblatt
Geiger, Grundgesetz und Folgerecht, 1982
Hartung, Deutsche Verfassungsgeschichte vom 15. Jahrhundert bis zur Gegenwart, 1914
Hermann/Sandkuhl, Bundesdisziplinarrecht – Bundesstrafrecht, 2014
Jeserich/Pohl/von Unruh, Deutsche Verwaltungsgeschichte, Bd. 1, 1983
Kopp/Ramsauer, Verwaltungsverfahrensgesetz, Kommentar, 16. Aufl. 2015
Kopp/Schenke/Schenke, Verwaltungsgerichtsordnung, Kommentar, 21. Aufl. 2015
Köttgen, Das deutsche Berufsbeamtentum und die parlamentarische Demokratie, 1928; Nachdruck 1978
Lang/Lüddecke/Bresser, Gerichtliche Psychiatrie, 1976
Lindgen (I und II), Handbuch des Disziplinarrechts, Teil I: 1966; Teil II: 1968, Ergänzungsband 1969
Lindgen, Disziplinarrecht, Teil IV, Rechtsprechung, Loseblatt
Lorenzen/Etzel/Gerhold/Schlatmann/Rehak/Faber, Bundespersonalvertretungsgesetz, Kommentar, Loseblatt
Löwe/Rosenberg, StPO und GVG, Kommentar, 26. Aufl. 2006–2011
Maunz/Dürig, Kommentar zum Grundgesetz, Loseblatt
Maunz/Schmidt-Bleibtreu/Klein/Ulsamer, Bundesverfassungsgerichtsgesetz, 2001
Meyer-Goßner/Schmitt, Strafprozessordnung, Kurzkommentar, 58. Aufl. 2015
Müller, Beamtendisziplinarrecht, Grundzüge, 2010
Ostler, Neues im Bundesdisziplinarrecht, NJW, 1967, 2033 ff.
Plog/Wiedow/Lemhöfer/Bayer, Kommentar zum Bundesbeamtengesetz, 2001

Literaturverzeichnis

Redeker/von Oertzen, Kommentar zur VwGO, 16. Aufl. 2014
Rehm, Die rechtliche Natur des Staatsdienstes nach Deutschem Recht in Annalen des Deutschen Reichs (Hirths Annalen) 1884, 1885
Rottmann, Der Beamte als Staatsbürger, 1981
Schmoller, Umrisse und Untersuchungen zur Verfassungs-, Verwaltungs- und Wirtschaftsgeschichte, 1898
Schoch/Schmidt-Aßmann/Pietzner, Verwaltungsgerichtsordnung, Kommentar, 2001
Schütz, Disziplinarrecht des Bundes und der Länder, Loseblatt
Stelkens/Bonk/Sachs, Verwaltungsverfahrensgesetz, Kommentar, 8. Aufl. 2014
Summer, Dokumente zur Geschichte des Beamtenrechts, 1986
Urban/Wittkowski, Bundesdisziplinargesetz, Kommentar, 2011
Wassermann, Die richterliche Gewalt, 1985
Weiß, in: GKÖD, Gesamtkommentar für das öffentliche Dienstrecht, Band II: Disziplinarrecht des Bundes und der Länder, Loseblatt
Wittland, Kommentar zur Reichsdienststrafordnung, 1941

Weitere Literaturhinweise vgl. vor A. II. Rn. 52–62 (Richterrecht)

Erster Teil –
Bundesdisziplinargesetz

vom 9. Juli 2001 (BGBl. I S. 1510)[1], zuletzt geändert durch Art. 8 des Gesetzes vom 6. März 2015 (BGBl. I S. 250)

Teil 1
Allgemeine Bestimmungen

§ 1 Persönlicher Geltungsbereich

Dieses Gesetz gilt für Beamte und Ruhestandsbeamte im Sinne des Bundesbeamtengesetzes. Frühere Beamte, die Unterhaltsbeiträge nach den Bestimmungen des Beamtenversorgungsgesetzes oder entsprechender früherer Regelungen beziehen, gelten bis zum Ende dieses Bezuges als Ruhestandsbeamte, ihre Bezüge als Ruhegehalt. Frühere Beamte mit Anspruch auf Altersgeld gelten, auch soweit der Anspruch ruht, als Ruhestandsbeamte; das Altersgeld gilt als Ruhegehalt.

§ 2 Sachlicher Geltungsbereich

(1) Dieses Gesetz gilt für die
1. von Beamten während ihres Beamtenverhältnisses begangenen Dienstvergehen (§ 77 Abs. 1 des Bundesbeamtengesetzes) und
2. von Ruhestandsbeamten
   a) während ihres Beamtenverhältnisses begangenen Dienstvergehen (§ 77 Abs. 1 des Bundesbeamtengesetzes) und
   b) nach Eintritt in den Ruhestand begangenen als Dienstvergehen geltenden Handlungen (§ 77 Abs. 2 des Bundesbeamtengesetzes).

(2) Für Beamte und Ruhestandsbeamte, die früher in einem anderen Dienstverhältnis als Beamte, Richter, Berufssoldaten oder Soldaten auf Zeit gestanden haben, gilt dieses Gesetz auch wegen solcher Dienstvergehen, die sie in dem früheren Dienstverhältnis oder als Versorgungsberechtigte aus einem solchen Dienstverhältnis begangen haben; auch bei den aus einem solchen Dienstverhältnis Ausgeschiedenen und Entlassenen gelten Handlungen, die in § 77 Abs. 2 des Bundesbeamtengesetzes bezeichnet sind, als Dienstvergehen. Ein Wechsel des Dienstherrn steht der Anwendung dieses Gesetzes nicht entgegen.

(3) Für Beamte, die Wehrdienst im Rahmen einer Wehrübung, einer Übung, einer besonderen Auslandsverwendung, einer Hilfeleistung im Innern oder einer Hilfeleistung im Ausland leisten, gilt dieses Gesetz auch wegen solcher Dienstvergehen, die während des Wehrdienstes begangen wurden, wenn das Verhalten sowohl soldatenrechtlich als auch beamtenrechtlich ein Dienstvergehen darstellt.

---

1 Dieses Gesetz wurde als Art. 1 des Gesetzes zur Neuordnung des Bundesdisziplinarrechts vom 9.7.2001 (BGBl. I S. 1510) verkündet und ist am 1.1.2002 in Kraft getreten.

Bundesdisziplinargesetz

§ 3 Ergänzende Anwendung des Verwaltungsverfahrensgesetzes und der Verwaltungsgerichtsordnung

Zur Ergänzung dieses Gesetzes sind die Bestimmungen des Verwaltungsverfahrensgesetzes und der Verwaltungsgerichtsordnung entsprechend anzuwenden, soweit sie nicht zu den Bestimmungen dieses Gesetzes in Widerspruch stehen oder soweit nicht in diesem Gesetz etwas anderes bestimmt ist.

§ 4 Gebot der Beschleunigung

Disziplinarverfahren sind beschleunigt durchzuführen.

Teil 2
Disziplinarmaßnahmen

§ 5 Arten der Disziplinarmaßnahmen

(1) Disziplinarmaßnahmen gegen Beamte sind:
1. Verweis (§ 6)
2. Geldbuße (§ 7)
3. Kürzung der Dienstbezüge (§ 8)
4. Zurückstufung (§ 9) und
5. Entfernung aus dem Beamtenverhältnis (§ 10).

(2) Disziplinarmaßnahmen gegen Ruhestandsbeamte sind:
1. Kürzung des Ruhegehalts (§ 11) und
2. Aberkennung des Ruhegehalts (§ 12).

(3) Beamten auf Probe und Beamten auf Widerruf können nur Verweise erteilt und Geldbußen auferlegt werden. Für die Entlassung von Beamten auf Probe und Beamten auf Widerruf wegen eines Dienstvergehens gelten § 34 Abs. 1 Nr. 1 und Abs. 3 sowie § 37 des Bundesbeamtengesetzes.

§ 6 Verweis

Der Verweis ist der schriftliche Tadel eines bestimmten Verhaltens des Beamten. Missbilligende Äußerungen (Zurechtweisungen, Ermahnungen oder Rügen), die nicht ausdrücklich als Verweis bezeichnet werden, sind keine Disziplinarmaßnahmen.

§ 7 Geldbuße

Die Geldbuße kann bis zur Höhe der monatlichen Dienst- oder Anwärterbezüge des Beamten auferlegt werden. Hat der Beamte keine Dienst- oder Anwärterbezüge, darf die Geldbuße bis zu dem Betrag von 500 Euro auferlegt werden.

§ 8 Kürzung der Dienstbezüge

(1) Die Kürzung der Dienstbezüge ist die bruchteilmäßige Verminderung der monatlichen Dienstbezüge des Beamten um höchstens ein Fünftel auf längstens drei Jahre. Sie erstreckt sich auf alle Ämter, die der Beamte bei Eintritt der Unanfechtbarkeit der Entscheidung inne hat. Hat der Beamte aus einem früheren öffentlich-rechtlichen Dienstverhältnis einen Versorgungsanspruch erworben, bleibt dieser von der Kürzung der Dienstbezüge unberührt.

(2) Die Kürzung der Dienstbezüge beginnt mit dem Kalendermonat, der auf den Eintritt der Unanfechtbarkeit der Entscheidung folgt. Tritt der Beamte vor Eintritt der Unanfechtbarkeit der Entscheidung in den Ruhestand, gilt eine entsprechende Kürzung des Ruhegehalts (§ 11) als festgesetzt. Tritt der Beamte während der Dauer der Kürzung der Dienstbezüge in den Ruhestand, wird sein Ruhegehalt entsprechend wie die Dienstbezüge für denselben Zeitraum gekürzt. Sterbegeld sowie Witwen- und Waisengeld werden nicht gekürzt.

Bundesdisziplinargesetz

(3) Die Kürzung der Dienstbezüge wird gehemmt, solange der Beamte ohne Dienstbezüge beurlaubt ist. Er kann jedoch für die Dauer seiner Beurlaubung den Kürzungsbetrag monatlich vorab an den Dienstherrn entrichten; die Dauer der Kürzung der Dienstbezüge nach der Beendigung der Beurlaubung verringert sich entsprechend.
(4) Solange seine Dienstbezüge gekürzt werden, darf der Beamte nicht befördert werden. Der Zeitraum kann in der Entscheidung abgekürzt werden, sofern dies im Hinblick auf die Dauer des Disziplinarverfahrens angezeigt ist.
(5) Die Rechtsfolgen der Kürzung der Dienstbezüge erstrecken sich auch auf ein neues Beamtenverhältnis. Hierbei steht bei Anwendung des Absatzes 4 die Einstellung oder Anstellung in einem höheren als dem bisherigen Amt der Beförderung gleich.

§ 9 Zurückstufung

(1) Die Zurückstufung ist die Versetzung des Beamten in ein Amt derselben Laufbahn mit geringerem Endgrundgehalt. Der Beamte verliert alle Rechte aus seinem bisherigen Amt einschließlich der damit verbundenen Dienstbezüge und der Befugnis, die bisherige Amtsbezeichnung zu führen. Soweit in der Entscheidung nichts anderes bestimmt ist, enden mit der Zurückstufung auch die Ehrenämter und die Nebentätigkeiten, die der Beamte im Zusammenhang mit dem bisherigen Amt oder auf Verlangen, Vorschlag oder Veranlassung seines Dienstvorgesetzten übernommen hat.
(2) Die Dienstbezüge aus dem neuen Amt werden von dem Kalendermonat an gezahlt, der dem Eintritt der Unanfechtbarkeit der Entscheidung folgt. Tritt der Beamte vor Eintritt der Unanfechtbarkeit der Entscheidung in den Ruhestand, erhält er Versorgungsbezüge nach der in der Entscheidung bestimmten Besoldungsgruppe.
(3) Der Beamte darf frühestens fünf Jahre nach Eintritt der Unanfechtbarkeit der Entscheidung befördert werden. Der Zeitraum kann in der Entscheidung verkürzt werden, sofern dies im Hinblick auf die Dauer des Disziplinarverfahrens angezeigt ist.
(4) Die Rechtsfolgen der Zurückstufung erstrecken sich auch auf ein neues Beamtenverhältnis. Hierbei steht im Hinblick auf Absatz 3 die Einstellung oder Anstellung in einem höheren Amt als dem, in welches der Beamte zurückgestuft wurde, der Beförderung gleich.

§ 10 Entfernung aus dem Beamtenverhältnis

(1) Mit der Entfernung aus dem Beamtenverhältnis endet das Dienstverhältnis. Der Beamte verliert den Anspruch auf Dienstbezüge und Versorgung sowie die Befugnis, die Amtsbezeichnung und die im Zusammenhang mit dem Amt verliehenen Titel zu führen und die Dienstkleidung zu tragen.
(2) Die Zahlung der Dienstbezüge wird mit dem Ende des Kalendermonats eingestellt, in dem die Entscheidung unanfechtbar wird. Tritt der Beamte in den Ruhestand, bevor die Entscheidung über die Entfernung aus dem Beamtenverhältnis unanfechtbar wird, gilt die Entscheidung als Aberkennung des Ruhegehalts.
(3) Der aus dem Beamtenverhältnis entfernte Beamte erhält für die Dauer von sechs Monaten einen Unterhaltsbeitrag in Höhe von 50 Prozent der Dienstbezüge, die ihm bei Eintritt der Unanfechtbarkeit der Entscheidung zustehen; eine Einbehaltung von Dienstbezügen nach § 38 Abs. 2 bleibt unberücksichtigt. Die Gewährung des Unterhaltsbeitrags kann in der Entscheidung ganz oder teilweise ausgeschlossen werden, soweit der Beamte ihrer nicht würdig oder den erkennbaren Umständen nach nicht bedürftig ist. Sie kann in der Entscheidung über sechs Monate hinaus verlängert werden, soweit dies notwendig ist,

um eine unbillige Härte zu vermeiden; der Beamte hat die Umstände glaubhaft zu machen. Für die Zahlung des Unterhaltsbeitrags gelten die besonderen Regelungen des § 79.
(4) Die Entfernung aus dem Beamtenverhältnis und ihre Rechtsfolgen erstrecken sich auf alle Ämter, die der Beamte bei Eintritt der Unanfechtbarkeit der Entscheidung inne hat.
(5) Wird ein Beamter, der früher in einem anderen Dienstverhältnis im Bundesdienst gestanden hat, aus dem Beamtenverhältnis entfernt, verliert er auch die Ansprüche aus dem früheren Dienstverhältnis, wenn diese Disziplinarmaßnahme wegen eines Dienstvergehens ausgesprochen wird, das in dem früheren Dienstverhältnis begangen wurde.
(6) Ist ein Beamter aus dem Beamtenverhältnis entfernt worden, darf er nicht wieder zum Beamten ernannt werden; es soll auch kein anderes Beschäftigungsverhältnis begründet werden.

§ 11 Kürzung des Ruhegehalts

Die Kürzung des Ruhegehalts ist die bruchteilmäßige Verminderung des monatlichen Ruhegehalts des Ruhestandsbeamten um höchstens ein Fünftel auf längstens drei Jahre. § 8 Abs. 1 Satz 2 und 3 sowie Abs. 2 Satz 1 und 4 gilt entsprechend.

§ 12 Aberkennung des Ruhegehalts

(1) Mit der Aberkennung des Ruhegehalts verliert der Ruhestandsbeamte den Anspruch auf Versorgung einschließlich der Hinterbliebenenversorgung und die Befugnis, die Amtsbezeichnung und die Titel zu führen, die im Zusammenhang mit dem früheren Amt verliehen wurden.
(2) Nach der Aberkennung des Ruhegehalts erhält der Ruhestandsbeamte bis zur Gewährung einer Rente auf Grund einer Nachversicherung, längstens jedoch für die Dauer von sechs Monaten, einen Unterhaltsbeitrag in Höhe von 70 Prozent des Ruhegehalts, das ihm bei Eintritt der Unanfechtbarkeit der Entscheidung zusteht; eine Kürzung des Ruhegehalts nach § 38 Abs. 3 bleibt unberücksichtigt. § 10 Abs. 3 Satz 2 bis 4 gilt entsprechend.
(3) Die Aberkennung des Ruhegehalts und ihre Rechtsfolgen erstrecken sich auf alle Ämter, die der Ruhestandsbeamte bei Eintritt in den Ruhestand inne gehabt hat.
(4) § 10 Abs. 2 Satz 1 sowie Abs. 5 und 6 gilt entsprechend.

§ 13 Bemessung der Disziplinarmaßnahme

(1) Die Entscheidung über eine Disziplinarmaßnahme ergeht nach pflichtgemäßem Ermessen. Die Disziplinarmaßnahme ist nach der Schwere des Dienstvergehens zu bemessen. Das Persönlichkeitsbild des Beamten ist angemessen zu berücksichtigen. Ferner soll berücksichtigt werden, in welchem Umfang der Beamte das Vertrauen des Dienstherrn oder der Allgemeinheit beeinträchtigt hat.
(2) Ein Beamter, der durch ein schweres Dienstvergehen das Vertrauen des Dienstherrn oder der Allgemeinheit endgültig verloren hat, ist aus dem Beamtenverhältnis zu entfernen. Dem Ruhestandsbeamten wird das Ruhegehalt aberkannt, wenn er als noch im Dienst befindlicher Beamter aus dem Beamtenverhältnis hätte entfernt werden müssen.

Bundesdisziplinargesetz

§ 14 Zulässigkeit von Disziplinarmaßnahmen nach Straf- oder Bußgeldverfahren

(1) Ist gegen einen Beamten im Straf- oder Bußgeldverfahren unanfechtbar eine Strafe, Geldbuße oder Ordnungsmaßnahme verhängt worden oder kann eine Tat nach § 153 a Abs. 1 Satz 5 oder Abs. 2 Satz 2 der Strafprozessordnung nach der Erfüllung von Auflagen und Weisungen nicht mehr als Vergehen verfolgt werden, darf wegen desselben Sachverhalts
1. ein Verweis, eine Geldbuße oder eine Kürzung des Ruhegehalts nicht ausgesprochen werden,
2. eine Kürzung der Dienstbezüge nur ausgesprochen werden, wenn dies zusätzlich erforderlich ist, um den Beamten zur Pflichterfüllung anzuhalten.

(2) Ist der Beamte im Straf- oder Bußgeldverfahren rechtskräftig freigesprochen worden, darf wegen des Sachverhalts, der Gegenstand der gerichtlichen Entscheidung gewesen ist, eine Disziplinarmaßnahme nur ausgesprochen werden, wenn dieser Sachverhalt ein Dienstvergehen darstellt, ohne den Tatbestand einer Straf- oder Bußgeldvorschrift zu erfüllen.

§ 15 Disziplinarmaßnahmeverbot wegen Zeitablaufs

(1) Sind seit der Vollendung eines Dienstvergehens mehr als zwei Jahre vergangen, darf ein Verweis nicht mehr erteilt werden.

(2) Sind seit der Vollendung eines Dienstvergehens mehr als drei Jahre vergangen, darf eine Geldbuße, eine Kürzung der Dienstbezüge oder eine Kürzung des Ruhegehalts nicht mehr ausgesprochen werden.

(3) Sind seit der Vollendung eines Dienstvergehens mehr als sieben Jahre vergangen, darf auf Zurückstufung nicht mehr erkannt werden.

(4) Die Fristen der Absätze 1 bis 3 werden durch die Einleitung oder Ausdehnung des Disziplinarverfahrens, die Erhebung der Disziplinarklage, die Erhebung der Nachtragsdisziplinarklage oder die Anordnung oder Ausdehnung von Ermittlungen gegen Beamte auf Probe und Beamte auf Widerruf nach § 34 Abs. 3 Satz 2 und § 37 Abs. 1 in Verbindung mit § 34 Abs. 3 Satz 2 des Bundesbeamtengesetzes unterbrochen.

(5) Die Fristen der Absätze 1 bis 3 sind für die Dauer des Widerspruchsverfahrens, des gerichtlichen Disziplinarverfahrens, für die Dauer einer Aussetzung des Disziplinarverfahrens nach § 22 oder für die Dauer der Mitwirkung des Personalrats gehemmt. Ist vor Ablauf der Frist wegen desselben Sachverhalts ein Straf- oder Bußgeldverfahren eingeleitet oder eine Klage aus dem Beamtenverhältnis erhoben worden, ist die Frist für die Dauer dieses Verfahrens gehemmt.

§ 16 Verwertungsverbot, Entfernung aus der Personalakte

(1) Ein Verweis darf nach zwei Jahren, eine Geldbuße, eine Kürzung der Dienstbezüge und eine Kürzung des Ruhegehalts dürfen nach drei Jahren und eine Zurückstufung darf nach sieben Jahren bei weiteren Disziplinarmaßnahmen und bei sonstigen Personalmaßnahmen nicht mehr berücksichtigt werden (Verwertungsverbot). Der Beamte gilt nach dem Eintritt des Verwertungsverbots als von der Disziplinarmaßnahme nicht betroffen.

(2) Die Frist für das Verwertungsverbot beginnt, sobald die Entscheidung über die Disziplinarmaßnahme unanfechtbar ist. Sie endet nicht, solange ein gegen den Beamten eingeleitetes Straf- oder Disziplinarverfahren nicht unanfechtbar abgeschlossen ist, eine an-

dere Disziplinarmaßnahme berücksichtigt werden darf, eine Entscheidung über die Kürzung der Dienstbezüge noch nicht vollstreckt ist oder ein gerichtliches Verfahren über die Beendigung des Beamtenverhältnisses oder über die Geltendmachung von Schadenersatz gegen den Beamten anhängig ist.

(3) Eintragungen in der Personalakte über die Disziplinarmaßnahme sind nach Eintritt des Verwertungsverbots von Amts wegen zu entfernen und zu vernichten. Das Rubrum und die Entscheidungsformel einer abschließenden gerichtlichen Entscheidung, mit der auf eine Zurückstufung erkannt wurde, verbleiben in der Personalakte. Dabei sind die Bezeichnung weiterer Beteiligter und der Bevollmächtigten, die Namen der Richter sowie die Kostenentscheidung unkenntlich zu machen. Auf Antrag des Beamten unterbleibt die Entfernung oder erfolgt eine gesonderte Aufbewahrung. Der Antrag ist innerhalb eines Monats zu stellen, nachdem dem Beamten die bevorstehende Entfernung mitgeteilt und er auf sein Antragsrecht und die Antragsfrist hingewiesen worden ist. Wird der Antrag gestellt oder verbleiben Rubrum und Entscheidungsformel einer abschließenden gerichtlichen Entscheidung nach Satz 2 in der Personalakte, ist das Verwertungsverbot bei den Eintragungen zu vermerken.

(4) Die Absätze 1 bis 3 gelten entsprechend für Disziplinarvorgänge, die nicht zu einer Disziplinarmaßnahme geführt haben. Die Frist für das Verwertungsverbot beträgt, wenn das Disziplinarverfahren nach § 32 Abs. 1 Nr. 1 eingestellt wird, drei Monate und im Übrigen zwei Jahre. Die Frist beginnt mit dem Eintritt der Unanfechtbarkeit der Entscheidung, die das Disziplinarverfahren abschließt, im Übrigen mit dem Tag, an dem der Dienstvorgesetzte, der für die Einleitung des Disziplinarverfahrens zuständig ist, zureichende tatsächliche Anhaltspunkte erhält, die den Verdacht eines Dienstvergehens rechtfertigen.

(5) Auf die Entfernung und Vernichtung von Disziplinarvorgängen, die zu einer missbilligenden Äußerung geführt haben, findet § 112 Abs. 1 Satz 1 Nr. 2, Satz 2 und 3 des Bundesbeamtengesetzes Anwendung.

Bundesdisziplinargesetz

Teil 3
Behördliches Disziplinarverfahren

Kapitel 1
Einleitung, Ausdehnung und Beschränkung

§ 17 Einleitung von Amts wegen

(1) Liegen zureichende tatsächliche Anhaltspunkte vor, die den Verdacht eines Dienstvergehens rechtfertigen, hat der Dienstvorgesetzte die Dienstpflicht, ein Disziplinarverfahren einzuleiten. Der höhere Dienstvorgesetzte und die oberste Dienstbehörde stellen im Rahmen ihrer Aufsicht die Erfüllung dieser Pflicht sicher; sie können das Disziplinarverfahren jederzeit an sich ziehen. Die Einleitung ist aktenkundig zu machen.
(2) Ist zu erwarten, dass nach den §§ 14 und 15 eine Disziplinarmaßnahme nicht in Betracht kommt, wird ein Disziplinarverfahren nicht eingeleitet. Die Gründe sind aktenkundig zu machen und dem Beamten bekannt zu geben.
(3) Hat ein Beamter zwei oder mehrere Ämter inne, die nicht im Verhältnis von Haupt- zu Nebenamt stehen, und beabsichtigt der Dienstvorgesetzte, zu dessen Geschäftsbereich eines dieser Ämter gehört, ein Disziplinarverfahren gegen ihn einzuleiten, teilt er dies den Dienstvorgesetzten mit, die für die anderen Ämter zuständig sind. Ein weiteres Disziplinarverfahren kann gegen den Beamten wegen desselben Sachverhalts nicht eingeleitet werden. Hat ein Beamter zwei oder mehrere Ämter inne, die im Verhältnis von Haupt- zu Nebenamt stehen, kann nur der Dienstvorgesetzte ein Disziplinarverfahren gegen ihn einleiten, der für das Hauptamt zuständig ist.
(4) Die Zuständigkeiten nach den Absätzen 1 bis 3 werden durch eine Beurlaubung, eine Abordnung oder eine Zuweisung nicht berührt. Bei einer Abordnung geht die aus Absatz 1 sich ergebende Pflicht hinsichtlich der während der Abordnung begangenen Dienstvergehen auf den neuen Dienstvorgesetzten über, soweit dieser nicht ihre Ausübung den anderen Dienstvorgesetzten überlässt oder soweit nichts anderes bestimmt ist.

§ 18 Einleitung auf Antrag des Beamten

(1) Der Beamte kann bei dem Dienstvorgesetzten oder dem höheren Dienstvorgesetzten die Einleitung eines Disziplinarverfahrens gegen sich selbst beantragen, um sich von dem Verdacht eines Dienstvergehens zu entlasten.
(2) Der Antrag darf nur abgelehnt werden, wenn keine zureichenden tatsächlichen Anhaltspunkte vorliegen, die den Verdacht eines Dienstvergehens rechtfertigen. Die Entscheidung ist dem Beamten mitzuteilen.
(3) § 17 Abs. 1 Satz 2 zweiter Halbsatz und Satz 3 sowie Abs. 3 und 4 gilt entsprechend.

§ 19 Ausdehnung und Beschränkung

(1) Das Disziplinarverfahren kann bis zum Erlass einer Entscheidung nach den §§ 32 bis 34 auf neue Handlungen ausgedehnt werden, die den Verdacht eines Dienstvergehens rechtfertigen. Die Ausdehnung ist aktenkundig zu machen.
(2) Das Disziplinarverfahren kann bis zum Erlass einer Entscheidung nach den §§ 32 bis 34 oder eines Widerspruchsbescheids nach § 42 beschränkt werden, indem solche Hand-

lungen ausgeschieden werden, die für die Art und Höhe der zu erwartenden Disziplinarmaßnahme voraussichtlich nicht ins Gewicht fallen. Die Beschränkung ist aktenkundig zu machen. Die ausgeschiedenen Handlungen können nicht wieder in das Disziplinarverfahren einbezogen werden, es sei denn, die Voraussetzungen für die Beschränkungen entfallen nachträglich. Werden die ausgeschiedenen Handlungen nicht wieder einbezogen, können sie nach dem unanfechtbaren Abschluss des Disziplinarverfahrens nicht Gegenstand eines neuen Disziplinarverfahrens sein.

Kapitel 2
Durchführung

§ 20 Unterrichtung, Belehrung und Anhörung des Beamten

(1) Der Beamte ist über die Einleitung des Disziplinarverfahrens unverzüglich zu unterrichten, sobald dies ohne Gefährdung der Aufklärung des Sachverhalts möglich ist. Hierbei ist ihm zu eröffnen, welches Dienstvergehen ihm zur Last gelegt wird. Er ist gleichzeitig darauf hinzuweisen, dass es ihm freisteht, sich mündlich oder schriftlich zu äußern oder nicht zur Sache auszusagen und sich jederzeit eines Bevollmächtigten oder Beistands zu bedienen.
(2) Für die Abgabe einer schriftlichen Äußerung wird dem Beamten eine Frist von einem Monat und für die Abgabe der Erklärung, sich mündlich äußern zu wollen, eine Frist von zwei Wochen gesetzt. Hat der Beamte rechtzeitig erklärt, sich mündlich äußern zu wollen, ist die Anhörung innerhalb von drei Wochen nach Eingang der Erklärung durchzuführen. Ist der Beamte aus zwingenden Gründen gehindert, eine Frist nach Satz 1 einzuhalten oder einer Ladung zur mündlichen Verhandlung Folge zu leisten, und hat er dies unverzüglich mitgeteilt, ist die maßgebliche Frist zu verlängern oder er erneut zu laden. Die Fristsetzungen und Ladungen sind dem Beamten zuzustellen.
(3) Ist die nach Absatz 1 Satz 2 und 3 vorgeschriebene Belehrung unterblieben oder unrichtig erfolgt, darf die Aussage des Beamten nicht zu seinem Nachteil verwertet werden.

§ 21 Pflicht zur Durchführung von Ermittlungen, Ausnahmen

(1) Zur Aufklärung des Sachverhalts sind die erforderlichen Ermittlungen durchzuführen. Dabei sind die belastenden, die entlastenden und die Umstände zu ermitteln, die für die Bemessung einer Disziplinarmaßnahme bedeutsam sind. Der höhere Dienstvorgesetzte und die oberste Dienstbehörde können die Ermittlungen an sich ziehen.
(2) Von Ermittlungen ist abzusehen, soweit der Sachverhalt auf Grund der tatsächlichen Feststellungen eines rechtskräftigen Urteils im Straf- oder Bußgeldverfahren oder im verwaltungsgerichtlichen Verfahren, durch das nach § 9 des Bundesbesoldungsgesetzes über den Verlust der Besoldung bei schuldhaftem Fernbleiben vom Dienst entschieden worden ist, feststeht. Von Ermittlungen kann auch abgesehen werden, soweit der Sachverhalt auf sonstige Weise aufgeklärt ist, insbesondere nach der Durchführung eines anderen gesetzlich geordneten Verfahrens.

Bundesdisziplinargesetz

§ 22 Zusammentreffen von Disziplinarverfahren mit Strafverfahren oder anderen Verfahren, Aussetzung

(1) Ist gegen den Beamten wegen des Sachverhalts, der dem Disziplinarverfahren zugrunde liegt, im Strafverfahren die öffentliche Klage erhoben worden, wird das Disziplinarverfahren ausgesetzt. Die Aussetzung unterbleibt, wenn keine begründeten Zweifel am Sachverhalt bestehen oder wenn im Strafverfahren aus Gründen nicht verhandelt werden kann, die in der Person des Beamten liegen.

(2) Das nach Absatz 1 Satz 1 ausgesetzte Disziplinarverfahren ist unverzüglich fortzusetzen, wenn die Voraussetzungen des Absatzes 1 Satz 2 nachträglich eintreten, spätestens mit dem rechtskräftigen Abschluss des Strafverfahrens.

(3) Das Disziplinarverfahren kann auch ausgesetzt werden, wenn in einem anderen gesetzlich geordneten Verfahren über eine Frage zu entscheiden ist, deren Beurteilung für die Entscheidung im Disziplinarverfahren von wesentlicher Bedeutung ist. Absatz 1 Satz 2 und Absatz 2 gelten entsprechend.

§ 23 Bindung an tatsächliche Feststellungen aus Strafverfahren oder anderen Verfahren

(1) Die tatsächlichen Feststellungen eines rechtskräftigen Urteils im Straf- oder Bußgeldverfahren oder im verwaltungsgerichtlichen Verfahren, durch das nach § 9 des Bundesbesoldungsgesetzes über den Verlust der Besoldung bei schuldhaftem Fernbleiben vom Dienst entschieden worden ist, sind im Disziplinarverfahren, das denselben Sachverhalt zum Gegenstand hat, bindend.

(2) Die in einem anderen gesetzlich geordneten Verfahren getroffenen tatsächlichen Feststellungen sind nicht bindend, können aber der Entscheidung im Disziplinarverfahren ohne nochmalige Prüfung zugrunde gelegt werden.

§ 24 Beweiserhebung

(1) Die erforderlichen Beweise sind zu erheben. Hierbei können insbesondere
1. schriftliche und dienstliche Auskünfte eingeholt werden,
2. Zeugen und Sachverständige vernommen oder ihre schriftliche Äußerung eingeholt werden,
3. Urkunden und Akten beigezogen sowie
4. der Augenschein eingenommen werden.

(2) Niederschriften über Aussagen von Personen, die schon in einem anderen gesetzlich geordneten Verfahren vernommen worden sind, sowie Niederschriften über einen richterlichen Augenschein können ohne erneute Beweiserhebung verwertet werden.

(3) Über einen Beweisantrag des Beamten ist nach pflichtgemäßem Ermessen zu entscheiden. Dem Beweisantrag ist stattzugeben, soweit er für die Tat- oder Schuldfrage oder für die Bemessung der Art und Höhe einer Disziplinarmaßnahme von Bedeutung sein kann.

(4) Dem Beamten ist Gelegenheit zu geben, an der Vernehmung von Zeugen und Sachverständigen sowie an der Einnahme des Augenscheins teilzunehmen und hierbei sachdienliche Fragen zu stellen. Er kann von der Teilnahme ausgeschlossen werden, soweit dies aus wichtigen Gründen, insbesondere mit Rücksicht auf den Zweck der Ermittlungen oder zum Schutz der Rechte Dritter, erforderlich ist. Ein schriftliches Gutachten ist ihm zugänglich zu machen, soweit nicht zwingende Gründe dem entgegenstehen.

§ 25 Zeugen und Sachverständige

(1) Zeugen sind zur Aussage und Sachverständige zur Erstattung von Gutachten verpflichtet. Die Bestimmungen der Strafprozessordnung über die Pflicht, als Zeuge auszusagen oder als Sachverständiger ein Gutachten zu erstatten, über die Ablehnung von Sachverständigen sowie über die Vernehmung von Angehörigen des öffentlichen Dienstes als Zeugen oder Sachverständige gelten entsprechend.
(2) Verweigern Zeugen oder Sachverständige ohne Vorliegen eines der in den §§ 52 bis 55 und 76 der Strafprozessordnung bezeichneten Gründe die Aussage oder die Erstattung des Gutachtens, kann das Gericht um die Vernehmung ersucht werden. In dem Ersuchen sind der Gegenstand der Vernehmung darzulegen sowie die Namen und Anschriften der Beteiligten anzugeben. Das Gericht entscheidet über die Rechtmäßigkeit der Verweigerung der Aussage oder der Erstattung des Gutachtens.
(3) Ein Ersuchen nach Absatz 2 darf nur von dem Dienstvorgesetzten, seinem allgemeinen Vertreter oder einem beauftragten Beschäftigten gestellt werden, der die Befähigung zum Richteramt hat.

§ 26 Herausgabe von Unterlagen

Der Beamte hat Schriftstücke, Zeichnungen, bildliche Darstellungen und Aufzeichnungen einschließlich technischer Aufzeichnungen, die einen dienstlichen Bezug aufweisen, auf Verlangen für das Disziplinarverfahren zur Verfügung zu stellen. Das Gericht kann die Herausgabe auf Antrag durch Beschluss anordnen und sie durch die Festsetzung von Zwangsgeld erzwingen; für den Antrag gilt § 25 Abs. 3 entsprechend. Der Beschluss ist unanfechtbar.

§ 27 Beschlagnahmen und Durchsuchungen

(1) Das Gericht kann auf Antrag durch Beschluss Beschlagnahmen und Durchsuchungen anordnen; § 25 Abs. 3 gilt entsprechend. Die Anordnung darf nur getroffen werden, wenn der Beamte des ihm zur Last gelegten Dienstvergehens dringend verdächtig ist und die Maßnahme zu der Bedeutung der Sache und der zu erwartenden Disziplinarmaßnahme nicht außer Verhältnis steht. Die Bestimmungen der Strafprozessordnung über Beschlagnahmen und Durchsuchungen gelten entsprechend, soweit nicht in diesem Gesetz etwas anderes bestimmt ist.
(2) Die Maßnahmen nach Absatz 1 dürfen nur durch die nach der Strafprozessordnung dazu berufenen Behörden durchgeführt werden.
(3) Durch Absatz 1 wird das Grundrecht der Unverletzlichkeit der Wohnung (Artikel 13 Abs. 1 des Grundgesetzes) eingeschränkt.

§ 28 Protokoll

Über Anhörungen des Beamten und Beweiserhebungen sind Protokolle aufzunehmen; § 168 a der Strafprozessordnung gilt entsprechend. Bei der Einholung von schriftlichen dienstlichen Auskünften sowie der Beiziehung von Urkunden und Akten genügt die Aufnahme eines Aktenvermerks.

Bundesdisziplinargesetz

§ 29 Innerdienstliche Informationen

(1) Die Vorlage von Personalakten und anderen Behördenunterlagen mit personenbezogenen Daten sowie die Erteilung von Auskünften aus diesen Akten und Unterlagen an die mit Disziplinarvorgängen befassten Stellen und die Verarbeitung oder Nutzung der so erhobenen personenbezogenen Daten im Disziplinarverfahren sind, soweit nicht andere Rechtsvorschriften dem entgegenstehen, auch gegen den Willen des Beamten oder anderer Betroffener zulässig, wenn und soweit die Durchführung des Disziplinarverfahrens dies erfordert und überwiegende Belange des Beamten, anderer Betroffener oder der ersuchten Stellen nicht entgegenstehen.

(2) Zwischen den Dienststellen eines oder verschiedener Dienstherrn sowie zwischen den Teilen einer Dienststelle sind Mitteilungen über Disziplinarverfahren, über Tatsachen aus Disziplinarverfahren und über Entscheidungen der Disziplinarorgane sowie die Vorlage hierüber geführter Akten zulässig, wenn und soweit dies zur Durchführung des Disziplinarverfahrens, im Hinblick auf die künftige Übertragung von Aufgaben oder Ämtern an den Beamten oder im Einzelfall aus besonderen dienstlichen Gründen unter Berücksichtigung der Belange des Beamten oder anderer Betroffener erforderlich ist.

§ 30 Abschließende Anhörung

Nach der Beendigung der Ermittlungen ist dem Beamten Gelegenheit zu geben, sich abschließend zu äußern; § 20 Abs. 2 gilt entsprechend. Die Anhörung kann unterbleiben, wenn das Disziplinarverfahren nach § 32 Abs. 2 Nr. 2 oder 3 eingestellt werden soll.

§ 31 Abgabe des Disziplinarverfahrens

Hält der Dienstvorgesetzte nach dem Ergebnis der Anhörungen und Ermittlungen seine Befugnisse nach den §§ 32 bis 34 nicht für ausreichend, so führt er die Entscheidung des höheren Dienstvorgesetzten oder der obersten Dienstbehörde herbei. Der höhere Dienstvorgesetzte oder die oberste Dienstbehörde können das Disziplinarverfahren an den Dienstvorgesetzten zurückgeben, wenn sie weitere Ermittlungen für geboten oder dessen Befugnisse für ausreichend halten.

Kapitel 3
Abschlussentscheidung

§ 32 Einstellungsverfügung

(1) Das Disziplinarverfahren wird eingestellt, wenn
1. ein Dienstvergehen nicht erwiesen ist,
2. ein Dienstvergehen zwar erwiesen ist, eine Disziplinarmaßnahme jedoch nicht angezeigt erscheint,
3. nach § 14 oder § 15 eine Disziplinarmaßnahme nicht ausgesprochen werden darf oder
4. das Disziplinarverfahren oder eine Disziplinarmaßnahme aus sonstigen Gründen unzulässig ist.

(2) Das Disziplinarverfahren wird ferner eingestellt, wenn
1. der Beamte stirbt,

2. das Beamtenverhältnis durch Entlassung, Verlust der Beamtenrechte oder Entfernung endet oder
3. bei einem Ruhestandsbeamten die Folgen einer gerichtlichen Entscheidung nach § 59 Abs. 1 des Beamtenversorgungsgesetzes eintreten.
(3) Die Einstellungsverfügung ist zu begründen und zuzustellen.

§ 33 Disziplinarverfügung

(1) Ist ein Verweis, eine Geldbuße, eine Kürzung der Dienstbezüge oder eine Kürzung des Ruhegehalts angezeigt, wird eine solche Maßnahme durch Disziplinarverfügung ausgesprochen.
(2) Jeder Dienstvorgesetzte ist zu Verweisen und Geldbußen gegen die ihm unterstellten Beamten befugt.
(3) Kürzungen der Dienstbezüge können festsetzen:
1. die oberste Dienstbehörde bis zum Höchstmaß und
2. die der obersten Dienstbehörde unmittelbar nachgeordneten Dienstvorgesetzten bis zu einer Kürzung um ein Fünftel der Dienstbezüge auf zwei Jahre.
(4) Kürzungen des Ruhegehalts bis zum Höchstmaß kann der nach § 84 zur Ausübung der Disziplinarbefugnisse zuständige Dienstvorgesetzte festsetzen.
(5) Die oberste Dienstbehörde kann ihre Befugnisse nach Absatz 3 Nr. 1 durch allgemeine Anordnung ganz oder teilweise auf nachgeordnete Dienstvorgesetzte übertragen; die Anordnung ist im Bundesgesetzblatt zu veröffentlichen.
(6) Die Disziplinarverfügung ist zu begründen und zuzustellen.

§ 34 Erhebung der Disziplinarklage

(1) Soll gegen den Beamten auf Zurückstufung, auf Entfernung aus dem Beamtenverhältnis oder auf Aberkennung des Ruhegehalts erkannt werden, ist gegen ihn Disziplinarklage zu erheben.
(2) Die Disziplinarklage wird bei Beamten durch die oberste Dienstbehörde, bei Ruhestandsbeamten durch den nach § 84 zur Ausübung der Disziplinarbefugnisse zuständigen Dienstvorgesetzten erhoben. Die oberste Dienstbehörde kann ihre Befugnis nach Satz 1 durch allgemeine Anordnung ganz oder teilweise auf nachgeordnete Dienstvorgesetzte übertragen; die Anordnung ist im Bundesgesetzblatt zu veröffentlichen. § 17 Abs. 1 Satz 2 zweiter Halbsatz sowie Abs. 3 und 4 gilt entsprechend.

§ 35 Grenzen der erneuten Ausübung der Disziplinarbefugnisse

(1) Die Einstellungsverfügung und die Disziplinarverfügung sind dem höheren Dienstvorgesetzten unverzüglich zuzuleiten. Hält dieser seine Befugnisse nach den Absätzen 2 und 3 nicht für ausreichend, hat er die Einstellungsverfügung oder die Disziplinarverfügung unverzüglich der obersten Dienstbehörde zuzuleiten. Die oberste Dienstbehörde kann das Disziplinarverfahren an den höheren Dienstvorgesetzten zurückgeben, wenn sie weitere Ermittlungen für geboten oder seine Befugnisse für ausreichend hält.
(2) Der höhere Dienstvorgesetzte oder die oberste Dienstbehörde kann ungeachtet einer Einstellung des Disziplinarverfahrens nach § 32 Abs. 1 im Rahmen ihrer Zuständigkeiten wegen desselben Sachverhalts eine Disziplinarverfügung erlassen oder Disziplinarklage erheben. Eine Entscheidung nach Satz 1 ist nur innerhalb von drei Monaten nach der Zustellung der Einstellungsverfügung zulässig, es sei denn, es ergeht wegen desselben Sach-

Bundesdisziplinargesetz

verhalts ein rechtskräftiges Urteil auf Grund von tatsächlichen Feststellungen, die von denjenigen tatsächlichen Feststellungen, auf denen die Entscheidung beruht, abweichen.

(3) Der höhere Dienstvorgesetzte oder die oberste Dienstbehörde kann eine Disziplinarverfügung eines nachgeordneten Dienstvorgesetzten, die oberste Dienstbehörde auch eine von ihr selbst erlassene Disziplinarverfügung jederzeit aufheben. Sie können im Rahmen ihrer Zuständigkeiten in der Sache neu entscheiden oder Disziplinarklage erheben. Eine Verschärfung der Disziplinarmaßnahme nach Art oder Höhe oder die Erhebung der Disziplinarklage ist nur innerhalb von drei Monaten nach der Zustellung der Disziplinarverfügung zulässig, es sei denn, es ergeht wegen desselben Sachverhalts ein rechtskräftiges Urteil auf Grund von tatsächlichen Feststellungen, die von denjenigen tatsächlichen Feststellungen, auf denen die Entscheidung beruht, abweichen.

§ 36 Verfahren bei nachträglicher Entscheidung im Straf- oder Bußgeldverfahren

(1) Ergeht nach dem Eintritt der Unanfechtbarkeit der Disziplinarverfügung in einem Straf- oder Bußgeldverfahren, das wegen desselben Sachverhalts eingeleitet worden ist, unanfechtbar eine Entscheidung, nach der gemäß § 14 die Disziplinarmaßnahme nicht zulässig wäre, ist die Disziplinarverfügung auf Antrag des Beamten von dem Dienstvorgesetzten, der sie erlassen hat, aufzuheben und das Disziplinarverfahren einzustellen.

(2) Die Antragsfrist beträgt drei Monate. Sie beginnt mit dem Tag, an dem der Beamte von der in Absatz 1 bezeichneten Entscheidung Kenntnis erhalten hat.

§ 37 Kostentragungspflicht

(1) Dem Beamten, gegen den eine Disziplinarmaßnahme verhängt wird, können die entstandenen Auslagen auferlegt werden. Bildet das Dienstvergehen, das dem Beamten zur Last gelegt wird, nur zum Teil die Grundlage für die Disziplinarverfügung oder sind durch Ermittlungen, deren Ergebnis zugunsten des Beamten ausgefallen ist, besondere Kosten entstanden, können ihm die Auslagen nur in verhältnismäßigem Umfang auferlegt werden.

(2) Wird das Disziplinarverfahren eingestellt, trägt der Dienstherr die entstandenen Auslagen. Erfolgt die Einstellung trotz Vorliegens eines Dienstvergehens, können die Auslagen dem Beamten auferlegt oder im Verhältnis geteilt werden.

(3) Bei einem Antrag nach § 36 gilt im Falle der Ablehnung des Antrags Absatz 1 und im Falle seiner Stattgabe Absatz 2 entsprechend.

(4) Soweit der Dienstherr die entstandenen Auslagen trägt, hat er dem Beamten auch die Aufwendungen zu erstatten, die zur zweckentsprechenden Rechtsverfolgung notwendig waren. Hat sich der Beamte eines Bevollmächtigten oder Beistands bedient, sind auch dessen Gebühren und Auslagen erstattungsfähig. Aufwendungen, die durch das Verschulden des Beamten entstanden sind, hat dieser selbst zu tragen; das Verschulden eines Vertreters ist ihm zuzurechnen.

(5) *Das behördliche Disziplinarverfahren ist gebührenfrei.*[2]

---

[2] Abs. 5 wurde aufgehoben durch Art. 3 Abs. 6 Nr. 1, Art. 5 Abs. 2 des Gesetzes zur Strukturreform des Gebührenrechts des Bundes 2013 (BGBl. I 3154) mit Wirkung ab 14. August 2016.

Kapitel 4
Vorläufige Dienstenthebung und Einbehaltung von Bezügen

§ 38 Zulässigkeit

(1) Die für die Erhebung der Disziplinarklage zuständige Behörde kann einen Beamten gleichzeitig mit oder nach der Einleitung des Disziplinarverfahrens vorläufig des Dienstes entheben, wenn im Disziplinarverfahren voraussichtlich auf Entfernung aus dem Beamtenverhältnis oder auf Aberkennung des Ruhegehalts erkannt werden wird oder wenn bei einem Beamten auf Probe oder einem Beamten auf Widerruf voraussichtlich eine Entlassung nach § 5 Abs. 3 Satz 2 dieses Gesetzes in Verbindung mit § 34 Abs. 1 Satz 1 Nr. 1 oder § 37 Abs. 1 Satz 1 des Bundesbeamtengesetzes erfolgen wird. Sie kann den Beamten außerdem vorläufig des Dienstes entheben, wenn durch sein Verbleiben im Dienst der Dienstbetrieb oder die Ermittlungen wesentlich beeinträchtigt würden und die vorläufige Dienstenthebung zu der Bedeutung der Sache und der zu erwartenden Disziplinarmaßnahme nicht außer Verhältnis steht.

(2) Die für die Erhebung der Disziplinarklage zuständige Behörde kann gleichzeitig mit oder nach der vorläufigen Dienstenthebung anordnen, dass dem Beamten bis zu 50 Prozent der monatlichen Dienst- oder Anwärterbezüge einbehalten werden, wenn im Disziplinarverfahren voraussichtlich auf Entfernung aus dem Beamtenverhältnis oder auf Aberkennung des Ruhegehalts erkannt werden wird. Das Gleiche gilt, wenn der Beamte im Beamtenverhältnis auf Probe oder auf Widerruf voraussichtlich nach § 5 Abs. 3 Satz 2 dieses Gesetzes in Verbindung mit § 34 Abs. 1 Satz 1 Nr. 1 oder § 37 Abs. 1 Satz 1 des Bundesbeamtengesetzes entlassen werden wird.

(3) Die für die Erhebung der Disziplinarklage zuständige Behörde kann gleichzeitig mit oder nach der Einleitung des Disziplinarverfahrens anordnen, dass dem Ruhestandsbeamten bis zu 30 Prozent des Ruhegehalts einbehalten werden, wenn im Disziplinarverfahren voraussichtlich auf Aberkennung des Ruhegehalts erkannt werden wird.

(4) Die für die Erhebung der Disziplinarklage zuständige Behörde kann die vorläufige Dienstenthebung, die Einbehaltung von Dienst- oder Anwärterbezügen sowie die Einbehaltung von Ruhegehalt jederzeit ganz oder teilweise aufheben.

§ 39 Rechtswirkungen

(1) Die vorläufige Dienstenthebung wird mit der Zustellung, die Einbehaltung von Bezügen mit dem auf die Zustellung folgenden Fälligkeitstag wirksam und vollziehbar. Sie erstrecken sich auf alle Ämter, die der Beamte inne hat.

(2) Für die Dauer der vorläufigen Dienstenthebung ruhen die im Zusammenhang mit dem Amt entstandenen Ansprüche auf Aufwandsentschädigung.

(3) Wird der Beamte vorläufig des Dienstes enthoben, während er schuldhaft dem Dienst fernbleibt, dauert der nach § 9 des Bundesbesoldungsgesetzes begründete Verlust der Bezüge fort. Er endet mit dem Zeitpunkt, zu dem der Beamte seinen Dienst aufgenommen hätte, wenn er hieran nicht durch die vorläufige Dienstenthebung gehindert worden wäre. Der Zeitpunkt ist von der für die Erhebung der Disziplinarklage zuständigen Behörde festzustellen und dem Beamten mitzuteilen.

(4) Die vorläufige Dienstenthebung und die Einbehaltung von Bezügen enden mit dem rechtskräftigen Abschluss des Disziplinarverfahrens.

Bundesdisziplinargesetz

§ 40 Verfall und Nachzahlung der einbehaltenen Beträge

(1) Die nach § 38 Abs. 2 und 3 einbehaltenen Bezüge verfallen, wenn
1. im Disziplinarverfahren auf Entfernung aus dem Beamtenverhältnis oder auf Aberkennung des Ruhegehalts erkannt worden oder eine Entlassung nach § 5 Abs. 3 Satz 2 dieses Gesetzes in Verbindung mit § 34 Abs. 1 Satz 1 Nr. 1 oder § 37 Abs. 1 Satz 1 des Bundesbeamtengesetzes erfolgt ist,
2. in einem wegen desselben Sachverhalts eingeleiteten Strafverfahren eine Strafe verhängt worden ist, die den Verlust der Rechte als Beamter oder Ruhestandsbeamter zur Folge hat,
3. das Disziplinarverfahren auf Grund des § 32 Abs. 1 Nr. 3 eingestellt worden ist und ein neues Disziplinarverfahren, das innerhalb von drei Monaten nach der Einstellung wegen desselben Sachverhalts eingeleitet worden ist, zur Entfernung aus dem Beamtenverhältnis oder zur Aberkennung des Ruhegehalts geführt hat oder
4. das Disziplinarverfahren aus den Gründen des § 32 Abs. 2 Nr. 2 oder 3 eingestellt worden ist und die für die Erhebung der Disziplinarklage zuständige Behörde (§ 34 Abs. 2) festgestellt hat, dass die Entfernung aus dem Beamtenverhältnis oder die Aberkennung des Ruhegehalts gerechtfertigt gewesen wäre.

(2) Wird das Disziplinarverfahren auf andere Weise als in den Fällen des Absatzes 1 unanfechtbar abgeschlossen, sind die nach § 38 Abs. 2 und 3 einbehaltenen Bezüge nachzuzahlen. Auf die nachzuzahlenden Dienstbezüge können Einkünfte aus genehmigungspflichtigen Nebentätigkeiten (§ 99 des Bundesbeamtengesetzes) angerechnet werden, die der Beamte aus Anlass der vorläufigen Dienstenthebung ausgeübt hat, wenn eine Disziplinarmaßnahme verhängt worden ist oder die für die Erhebung der Disziplinarklage zuständige Behörde feststellt, dass ein Dienstvergehen erwiesen ist. Der Beamte ist verpflichtet, über die Höhe solcher Einkünfte Auskunft zu geben.

Kapitel 5
Widerspruchsverfahren

§ 41 Erforderlichkeit, Form und Frist des Widerspruchs

(1) Vor der Erhebung der Klage des Beamten ist ein Widerspruchsverfahren durchzuführen. Ein Widerspruchsverfahren findet nicht statt, wenn die angefochtene Entscheidung durch die oberste Dienstbehörde erlassen worden ist.
(2) Für die Form und die Frist des Widerspruchs gilt § 70 der Verwaltungsgerichtsordnung.

§ 42 Widerspruchsbescheid

(1) Der Widerspruchsbescheid wird durch die oberste Dienstbehörde, bei Ruhestandsbeamten durch den nach § 84 zuständigen Dienstvorgesetzten erlassen. Die oberste Dienstbehörde kann ihre Zuständigkeit nach Satz 1 durch allgemeine Anordnung ganz oder teilweise auf nachgeordnete Behörden übertragen; die Anordnung ist im Bundesgesetzblatt zu veröffentlichen.

(2) In dem Widerspruchsbescheid darf die angefochtene Entscheidung nicht zum Nachteil des Beamten abgeändert werden. Die Befugnis, eine abweichende Entscheidung nach § 35 Abs. 3 zu treffen, bleibt unberührt.

§ 43 Grenzen der erneuten Ausübung der Disziplinarbefugnisse

Der Widerspruchsbescheid ist der obersten Dienstbehörde unverzüglich zuzuleiten. Diese kann den Widerspruchsbescheid, durch den über eine Disziplinarverfügung entschieden worden ist, jederzeit aufheben. Sie kann in der Sache neu entscheiden oder Disziplinarklage erheben. Eine Verschärfung der Disziplinarmaßnahme nach Art oder Höhe oder die Erhebung der Disziplinarklage ist nur innerhalb von drei Monaten nach der Zustellung des Widerspruchsbescheids zulässig, es sei denn, es ergeht wegen desselben Sachverhalts ein rechtskräftiges Urteil auf Grund von tatsächlichen Feststellungen, die von denjenigen tatsächlichen Feststellungen, auf denen die Entscheidung beruht, abweichen.

§ 44 Kostentragungspflicht

(1) Im Widerspruchsverfahren trägt der unterliegende Teil die entstandenen Auslagen. Hat der Widerspruch teilweise Erfolg, sind die Auslagen im Verhältnis zu teilen. Wird eine Disziplinarverfügung trotz des Vorliegens eines Dienstvergehens aufgehoben, können die Auslagen ganz oder teilweise dem Beamten auferlegt werden.
(2) Nimmt der Beamte den Widerspruch zurück, trägt er die entstandenen Auslagen.
(3) Erledigt sich das Widerspruchsverfahren in der Hauptsache auf andere Weise, ist über die entstandenen Auslagen nach billigem Ermessen zu entscheiden.
(4) § 37 Abs. 4 *und* 5 gilt entsprechend.[3]

---

[3] Mit Wirkung ab 14. 8. 2016 lautet Abs. 4 wegen der Aufhebung des § 37 Abs. 5 (Art. 3 Abs. 6 Nr. 1, Art. 5 Abs. 2 des Gesetzes zur Strukturreform des Gebührenrechts des Bundes 2013, BGBl. I 3154) wie folgt: § 37 Abs. 4 gilt entsprechend.

Bundesdisziplinargesetz

Teil 4
Gerichtliches Disziplinarverfahren

Kapitel 1
Disziplinargerichtsbarkeit

§ 45 Zuständigkeit der Verwaltungsgerichtsbarkeit

Die Aufgaben der Disziplinargerichtsbarkeit nach diesem Gesetz nehmen die Gerichte der Verwaltungsgerichtsbarkeit wahr. Hierzu werden bei den Verwaltungsgerichten Kammern und bei den Oberverwaltungsgerichten Senate für Disziplinarsachen gebildet. Die Landesgesetzgebung kann die Zuweisung der in Satz 1 genannten Aufgaben an ein Gericht für die Bezirke mehrerer Gerichte anordnen. Soweit nach Landesrecht für Verfahren nach dem Landesdisziplinargesetz ein Gericht für die Bezirke mehrerer Gerichte zuständig ist, ist dieses Gericht, wenn nichts anderes bestimmt wird, auch für die in Satz 1 genannten Aufgaben zuständig. § 50 Abs. 1 Nr. 4 der Verwaltungsgerichtsordnung bleibt unberührt.

§ 46 Kammer für Disziplinarsachen

(1) Die Kammer für Disziplinarsachen entscheidet in der Besetzung von drei Richtern und zwei Beamtenbeisitzern als ehrenamtlichen Richtern, wenn nicht ein Einzelrichter entscheidet. An Beschlüssen außerhalb der mündlichen Verhandlung und an Gerichtsbescheiden wirken die Beamtenbeisitzer nicht mit. Einer der Beamtenbeisitzer soll dem Verwaltungszweig und der Laufbahngruppe des Beamten angehören, gegen den sich das Disziplinarverfahren richtet.
(2) Für die Übertragung des Rechtsstreits auf den Einzelrichter gilt § 6 der Verwaltungsgerichtsordnung. In dem Verfahren der Disziplinarklage ist eine Übertragung auf den Einzelrichter ausgeschlossen.
(3) Der Vorsitzende der Kammer für Disziplinarsachen entscheidet, wenn die Entscheidung im vorbereitenden Verfahren ergeht,
1. bei Zurücknahme der Klage, des Antrags oder eines Rechtsmittels,
2. bei Erledigung des gerichtlichen Disziplinarverfahrens in der Hauptsache und
3. über die Kosten.
Ist ein Berichterstatter bestellt, entscheidet er anstelle des Vorsitzenden.
(4) Die Landesgesetzgebung kann die Besetzung der Kammer für Disziplinarsachen abweichend von den Absätzen 1 bis 3 regeln. Soweit nach Landesrecht für die Verfahren nach dem Landesdisziplinargesetz eine andere Besetzung der Kammer für Disziplinarsachen vorgesehen ist, gilt diese Besetzung, wenn nichts anderes bestimmt wird, auch für die gerichtlichen Verfahren nach diesem Gesetz.

§ 47 Beamtenbeisitzer

(1) Die Beamtenbeisitzer müssen auf Lebenszeit ernannte Beamte im Bundesdienst sein und bei ihrer Auswahl oder Bestellung ihren dienstlichen Wohnsitz (§ 15 des Bundesbesoldungsgesetzes) im Bezirk des zuständigen Verwaltungsgerichts haben. Ist einem Verwaltungsgericht die Zuständigkeit für die Bezirke mehrerer Verwaltungsgerichte übertra-

gen, müssen die Beamtenbeisitzer ihren dienstlichen Wohnsitz in einem dieser Bezirke haben.
(2) Die §§ 20 bis 29 und 34 der Verwaltungsgerichtsordnung sind vorbehaltlich des § 50 Abs. 3 auf die Beamtenbeisitzer nicht anzuwenden.
(3) Das Verfahren zur Auswahl oder Bestellung der Beamtenbeisitzer bestimmt sich nach Landesrecht.

§ 48 Ausschluss von der Ausübung des Richteramts

(1) Ein Richter oder Beamtenbeisitzer ist von der Ausübung des Richteramts kraft Gesetzes ausgeschlossen, wenn er
1. durch das Dienstvergehen verletzt ist,
2. Ehegatte, Lebenspartner oder gesetzlicher Vertreter des Beamten oder des Verletzten ist oder war,
3. mit dem Beamten oder dem Verletzten in gerader Linie verwandt oder verschwägert oder in der Seitenlinie bis zum dritten Grad verwandt oder bis zum zweiten Grad verschwägert ist oder war,
4. in dem Disziplinarverfahren gegen den Beamten tätig war oder als Zeuge gehört wurde oder als Sachverständiger ein Gutachten erstattet hat,
5. in einem wegen desselben Sachverhalts eingeleiteten Straf- oder Bußgeldverfahren gegen den Beamten beteiligt war,
6. Dienstvorgesetzter des Beamten ist oder war oder bei einem Dienstvorgesetzten des Beamten mit der Bearbeitung von Personalangelegenheiten des Beamten befasst ist oder
7. als Mitglied einer Personalvertretung in dem Disziplinarverfahren gegen den Beamten mitgewirkt hat.
(2) Ein Beamtenbeisitzer ist auch ausgeschlossen, wenn er der Dienststelle des Beamten angehört.

§ 49 Nichtheranziehung eines Beamtenbeisitzers

Ein Beamtenbeisitzer, gegen den Disziplinarklage oder wegen einer vorsätzlich begangenen Straftat die öffentliche Klage erhoben oder der Erlass eines Strafbefehls beantragt oder dem die Führung seiner Dienstgeschäfte verboten worden ist, darf während dieser Verfahren oder für die Dauer des Verbots zur Ausübung seines Amts nicht herangezogen werden.

§ 50 Entbindung vom Amt des Beamtenbeisitzers

(1) Der Beamtenbeisitzer ist von seinem Amt zu entbinden, wenn
1. er im Strafverfahren rechtskräftig zu einer Freiheitsstrafe verurteilt worden ist,
2. im Disziplinarverfahren gegen ihn unanfechtbar eine Disziplinarmaßnahme mit Ausnahme eines Verweises ausgesprochen worden ist,
3. er in ein Amt außerhalb der Bezirke, für die das Gericht zuständig ist, versetzt wird oder
4. das Beamtenverhältnis endet oder
5. die Voraussetzungen für das Amt des Beamtenbeisitzers nach § 47 Abs. 1 bei ihrer Auswahl oder Bestellung nicht vorlagen.

Bundesdisziplinargesetz

(2) In besonderen Härtefällen kann der Beamtenbeisitzer auch auf Antrag von der weiteren Ausübung des Amts entbunden werden.
(3) Für die Entscheidung gilt § 24 Abs. 3 der Verwaltungsgerichtsordnung entsprechend.

§ 51 Senate für Disziplinarsachen

(1) Für den Senat für Disziplinarsachen des Oberverwaltungsgerichts gelten § 46 Abs. 1 und 3 sowie die §§ 47 bis 50 entsprechend.
(2) Für das Bundesverwaltungsgericht gilt § 48 Abs. 1 entsprechend.

Kapitel 2
Disziplinarverfahren vor dem Verwaltungsgericht

Abschnitt 1
Klageverfahren

§ 52 Klageerhebung, Form und Frist der Klage

(1) Die Disziplinarklage ist schriftlich zu erheben. Die Klageschrift muss den persönlichen und beruflichen Werdegang des Beamten, den bisherigen Gang des Disziplinarverfahrens, die Tatsachen, in denen ein Dienstvergehen gesehen wird, und die anderen Tatsachen und Beweismittel, die für die Entscheidung bedeutsam sind, geordnet darstellen. Liegen die Voraussetzungen des § 23 Abs. 1 vor, kann wegen der Tatsachen, in denen ein Dienstvergehen gesehen wird, auf die bindenden Feststellungen der ihnen zugrunde liegenden Urteile verwiesen werden.
(2) Für die Form und Frist der übrigen Klagen gelten die §§ 74, 75 und 81 der Verwaltungsgerichtsordnung. Der Lauf der Frist des § 75 Satz 2 der Verwaltungsgerichtsordnung ist gehemmt, solange das Disziplinarverfahren nach § 22 ausgesetzt ist.

§ 53 Nachtragsdisziplinarklage

(1) Neue Handlungen, die nicht Gegenstand einer anhängigen Disziplinarklage sind, können nur durch Erhebung einer Nachtragsdisziplinarklage in das Disziplinarverfahren einbezogen werden.
(2) Hält der Dienstherr die Einbeziehung neuer Handlungen für angezeigt, teilt er dies dem Gericht unter Angabe der konkreten Anhaltspunkte mit, die den Verdacht eines Dienstvergehens rechtfertigen. Das Gericht setzt das Disziplinarverfahren vorbehaltlich des Absatzes 3 aus und bestimmt eine Frist, bis zu der die Nachtragsdisziplinarklage erhoben werden kann. Die Frist kann auf einen vor ihrem Ablauf gestellten Antrag des Dienstherrn verlängert werden, wenn dieser sie aus Gründen, die er nicht zu vertreten hat, voraussichtlich nicht einhalten kann. Die Fristsetzung und ihre Verlängerung erfolgen durch Beschluss. Der Beschluss ist unanfechtbar.
(3) Das Gericht kann von einer Aussetzung des Disziplinarverfahrens nach Absatz 2 absehen, wenn die neuen Handlungen für die Art und Höhe der zu erwartenden Disziplinarmaßnahme voraussichtlich nicht ins Gewicht fallen oder ihre Einbeziehung das Disziplinarverfahren erheblich verzögern würde; Absatz 2 Satz 4 und 5 gilt entsprechend. Ungeachtet einer Fortsetzung des Disziplinarverfahrens nach Satz 1 kann wegen der neuen

Bundesdisziplinargesetz

Handlungen bis zur Zustellung der Ladung zur mündlichen Verhandlung oder bis zur Zustellung eines Beschlusses nach § 59 Nachtragsdisziplinarklage erhoben werden. Die neuen Handlungen können auch Gegenstand eines neuen Disziplinarverfahrens sein.
(4) Wird innerhalb der nach Absatz 2 bestimmten Frist nicht Nachtragsdisziplinarklage erhoben, setzt das Gericht das Disziplinarverfahren ohne Einbeziehung der neuen Handlungen fort; Absatz 3 Satz 2 und 3 gilt entsprechend.

§ 54 Belehrung der Beamten

Der Beamte ist durch den Vorsitzenden gleichzeitig mit der Zustellung der Disziplinarklage oder der Nachtragsdisziplinarklage auf die Fristen des § 55 Abs. 1 und des § 58 Abs. 2 sowie auf die Folgen der Fristversäumung hinzuweisen.

§ 55 Mängel des behördlichen Disziplinarverfahrens oder der Klageschrift

(1) Bei einer Disziplinarklage hat der Beamte wesentliche Mängel des behördlichen Disziplinarverfahrens oder der Klageschrift innerhalb zweier Monate nach Zustellung der Klage oder der Nachtragsdisziplinarklage geltend zu machen.
(2) Wesentliche Mängel, die nicht oder nicht innerhalb der Frist des Absatzes 1 geltend gemacht werden, kann das Gericht unberücksichtigt lassen, wenn ihre Berücksichtigung nach seiner freien Überzeugung die Erledigung des Disziplinarverfahrens verzögern würde und der Beamte über die Folgen der Fristversäumung belehrt worden ist; dies gilt nicht, wenn der Beamte zwingende Gründe für die Verspätung glaubhaft macht.
(3) Das Gericht kann dem Dienstherrn zur Beseitigung eines wesentlichen Mangels, den der Beamte rechtzeitig geltend gemacht hat oder dessen Berücksichtigung es unabhängig davon für angezeigt hält, eine Frist setzen. § 53 Abs. 2 Satz 3 bis 5 gilt entsprechend. Wird der Mangel innerhalb der Frist nicht beseitigt, wird das Disziplinarverfahren durch Beschluss des Gerichts eingestellt.
(4) Die rechtskräftige Einstellung nach Absatz 3 steht einem rechtskräftigen Urteil gleich.

§ 56 Beschränkung des Disziplinarverfahrens

Das Gericht kann das Disziplinarverfahren beschränken, indem es solche Handlungen ausscheidet, die für die Art und Höhe der zu erwartenden Disziplinarmaßnahme nicht oder voraussichtlich nicht ins Gewicht fallen. Die ausgeschiedenen Handlungen können nicht wieder in das Disziplinarverfahren einbezogen werden, es sei denn, die Voraussetzungen für die Beschränkung entfallen nachträglich. Werden die ausgeschiedenen Handlungen nicht wieder einbezogen, können sie nach dem unanfechtbaren Abschluss des Disziplinarverfahrens nicht Gegenstand eines neuen Disziplinarverfahrens sein.

§ 57 Bindung an tatsächliche Feststellungen aus anderen Verfahren

(1) Die tatsächlichen Feststellungen eines rechtskräftigen Urteils im Straf- oder Bußgeldverfahren oder im verwaltungsgerichtlichen Verfahren, durch das nach § 9 des Bundesbesoldungsgesetzes über den Verlust der Besoldung bei schuldhaftem Fernbleiben vom Dienst entschieden worden ist, sind im Disziplinarverfahren, das denselben Sachverhalt zum Gegenstand hat, für das Gericht bindend. Es hat jedoch die erneute Prüfung solcher Feststellungen zu beschließen, die offenkundig unrichtig sind.

Bundesdisziplinargesetz

(2) Die in einem anderen gesetzlich geordneten Verfahren getroffenen tatsächlichen Feststellungen sind nicht bindend, können aber der Entscheidung ohne erneute Prüfung zugrunde gelegt werden.

§ 58 Beweisaufnahme

(1) Das Gericht erhebt die erforderlichen Beweise.
(2) Bei einer Disziplinarklage sind Beweisanträge von dem Dienstherrn in der Klageschrift und von dem Beamten innerhalb zweier Monate nach Zustellung der Klage oder der Nachtragsdisziplinarklage zu stellen. Ein verspäteter Antrag kann abgelehnt werden, wenn seine Berücksichtigung nach der freien Überzeugung des Gerichts die Erledigung des Disziplinarverfahrens verzögern würde und der Beamte über die Folgen der Fristversäumung belehrt worden ist; dies gilt nicht, wenn zwingende Gründe für die Verspätung glaubhaft gemacht werden.
(3) Die Bestimmungen der Strafprozessordnung über die Pflicht, als Zeuge auszusagen oder als Sachverständiger ein Gutachten zu erstatten, über die Ablehnung von Sachverständigen sowie über die Vernehmung von Angehörigen des öffentlichen Dienstes als Zeugen und Sachverständige gelten entsprechend.

§ 59 Entscheidung durch Beschluss

(1) Bei einer Disziplinarklage kann das Gericht, auch nach der Eröffnung der mündlichen Verhandlung, mit Zustimmung der Beteiligten durch Beschluss
1. auf die erforderliche Disziplinarmaßnahme (§ 5) erkennen, wenn nur ein Verweis, eine Geldbuße, eine Kürzung der Dienstbezüge oder eine Kürzung des Ruhegehalts verwirkt ist, oder
2. die Disziplinarklage abweisen.
Zur Erklärung der Zustimmung kann den Beteiligten von dem Gericht, dem Vorsitzenden oder dem Berichterstatter eine Frist gesetzt werden, nach deren Ablauf die Zustimmung als erteilt gilt, wenn nicht ein Beteiligter widersprochen hat.
(2) Der rechtskräftige Beschluss nach Absatz 1 steht einem rechtskräftigen Urteil gleich.

§ 60 Mündliche Verhandlung, Entscheidung durch Urteil

(1) Das Gericht entscheidet über die Klage, wenn das Disziplinarverfahren nicht auf andere Weise abgeschlossen wird, auf Grund mündlicher Verhandlung durch Urteil. § 106 der Verwaltungsgerichtsordnung wird nicht angewandt.
(2) Bei einer Disziplinarklage dürfen nur die Handlungen zum Gegenstand der Urteilsfindung gemacht werden, die dem Beamten in der Klage oder der Nachtragsdisziplinarklage als Dienstvergehen zur Last gelegt werden. Das Gericht kann in dem Urteil
1. auf die erforderliche Disziplinarmaßnahme (§ 5) erkennen oder
2. die Disziplinarklage abweisen.
(3) Bei der Klage gegen eine Disziplinarverfügung prüft das Gericht neben der Rechtmäßigkeit auch die Zweckmäßigkeit der angefochtenen Entscheidung.

§ 61 Grenzen der erneuten Ausübung der Disziplinarbefugnisse

(1) Soweit der Dienstherr die Disziplinarklage zurückgenommen hat, können die ihr zugrunde liegenden Handlungen nicht mehr Gegenstand eines Disziplinarverfahrens sein.
(2) Hat das Gericht unanfechtbar über die Klage gegen eine Disziplinarverfügung entschieden, ist hinsichtlich der dieser Entscheidung zugrunde liegenden Handlungen eine erneute Ausübung der Disziplinarbefugnisse nur wegen solcher erheblicher Tatsachen und Beweismittel zulässig, die keinen Eingang in das gerichtliche Disziplinarverfahren gefunden haben. Eine Verschärfung der Disziplinarmaßnahme nach Art oder Höhe oder die Erhebung der Disziplinarklage ist nur innerhalb von drei Monaten nach der Zustellung des Urteils zulässig, es sei denn, es ergeht wegen desselben Sachverhalts ein rechtskräftiges Urteil auf Grund von tatsächlichen Feststellungen, die von denjenigen tatsächlichen Feststellungen, auf denen die Entscheidung beruht, abweichen.

Abschnitt 2
Besondere Verfahren

§ 62 Antrag auf gerichtliche Fristsetzung

(1) Ist ein behördliches Disziplinarverfahren nicht innerhalb von sechs Monaten seit der Einleitung durch Einstellung, durch Erlass einer Disziplinarverfügung oder durch Erhebung der Disziplinarklage abgeschlossen worden, kann der Beamte bei dem Gericht die gerichtliche Bestimmung einer Frist zum Abschluss des Disziplinarverfahrens beantragen. Die Frist des Satzes 1 ist gehemmt, solange das Disziplinarverfahren nach § 22 ausgesetzt ist.
(2) Liegt ein zureichender Grund für den fehlenden Abschluss des behördlichen Disziplinarverfahrens innerhalb von sechs Monaten nicht vor, bestimmt das Gericht eine Frist, in der es abzuschließen ist. Anderenfalls lehnt es den Antrag ab. § 53 Abs. 2 Satz 3 bis 5 gilt entsprechend.
(3) Wird das behördliche Disziplinarverfahren innerhalb der nach Absatz 2 bestimmten Frist nicht abgeschlossen, ist es durch Beschluss des Gerichts einzustellen.
(4) Der rechtskräftige Beschluss nach Absatz 3 steht einem rechtskräftigen Urteil gleich.

§ 63 Antrag auf Aussetzung der vorläufigen Dienstenthebung und der Einbehaltung von Bezügen

(1) Der Beamte kann die Aussetzung der vorläufigen Dienstenthebung und der Einbehaltung von Dienst- oder Anwärterbezügen beim Gericht beantragen; Gleiches gilt für den Ruhestandsbeamten bezüglich der Einbehaltung von Ruhegehalt. Der Antrag ist bei dem Oberverwaltungsgericht zu stellen, wenn bei ihm in derselben Sache ein Disziplinarverfahren anhängig ist.
(2) Die vorläufige Dienstenthebung und die Einbehaltung von Bezügen sind auszusetzen, wenn ernstliche Zweifel an ihrer Rechtmäßigkeit bestehen.
(3) Für die Änderung oder Aufhebung von Beschlüssen über Anträge nach Absatz 1 gilt § 80 Abs. 7 der Verwaltungsgerichtsordnung entsprechend.

Bundesdisziplinargesetz

Kapitel 3
Disziplinarverfahren vor dem Oberverwaltungsgericht

Abschnitt 1
Berufung

§ 64 Statthaftigkeit, Form und Frist der Berufung

(1) Gegen das Urteil des Verwaltungsgerichts über eine Disziplinarklage steht den Beteiligten die Berufung an das Oberverwaltungsgericht zu. Die Berufung ist bei dem Verwaltungsgericht innerhalb eines Monats nach Zustellung des vollständigen Urteils schriftlich einzulegen und zu begründen. Die Begründungsfrist kann auf einen vor ihrem Ablauf gestellten Antrag von dem Vorsitzenden verlängert werden. Die Begründung muss einen bestimmten Antrag sowie die im Einzelnen anzuführenden Gründe der Anfechtung (Berufungsgründe) enthalten. Mangelt es an einem dieser Erfordernisse, ist die Berufung unzulässig.
(2) Im Übrigen steht den Beteiligten die Berufung gegen das Urteil des Verwaltungsgerichts nur zu, wenn sie von dem Verwaltungsgericht oder Oberverwaltungsgericht zugelassen wird. Die §§ 124 und 124 a der Verwaltungsgerichtsordnung sind anzuwenden.

§ 65 Berufungsverfahren

(1) Für das Berufungsverfahren gelten die Bestimmungen über das Disziplinarverfahren vor dem Verwaltungsgericht entsprechend, soweit sich aus diesem Gesetz nichts anderes ergibt. Die §§ 53 und 54 werden nicht angewandt.
(2) Wesentliche Mängel des behördlichen Disziplinarverfahrens, die nach § 55 Abs. 2 unberücksichtigt bleiben durften, bleiben auch im Berufungsverfahren unberücksichtigt.
(3) Ein Beweisantrag, der vor dem Verwaltungsgericht nicht innerhalb der Frist des § 58 Abs. 2 gestellt worden ist, kann abgelehnt werden, wenn seine Berücksichtigung nach der freien Überzeugung des Oberverwaltungsgerichts die Erledigung des Disziplinarverfahrens verzögern würde und der Beamte im ersten Rechtszug über die Folgen der Fristversäumung belehrt worden ist; dies gilt nicht, wenn zwingende Gründe für die Verspätung glaubhaft gemacht werden. Beweisanträge, die das Verwaltungsgericht zu Recht abgelehnt hat, bleiben auch im Berufungsverfahren ausgeschlossen.
(4) Die durch das Verwaltungsgericht erhobenen Beweise können der Entscheidung ohne erneute Beweisaufnahme zugrunde gelegt werden.

§ 66 Mündliche Verhandlung, Entscheidung durch Urteil

Das Oberverwaltungsgericht entscheidet über die Berufung, wenn das Disziplinarverfahren nicht auf andere Weise abgeschlossen wird, auf Grund mündlicher Verhandlung durch Urteil. § 106 der Verwaltungsgerichtsordnung wird nicht angewandt.

Abschnitt 2
Beschwerde

§ 67 Statthaftigkeit, Form und Frist der Beschwerde

(1) Für die Statthaftigkeit, Form und Frist der Beschwerde gelten die §§ 146 und 147 der Verwaltungsgerichtsordnung.
(2) Gegen Beschlüsse des Verwaltungsgerichts, durch die nach § 59 Abs. 1 über eine Disziplinarklage entschieden wird, kann die Beschwerde nur auf das Fehlen der Zustimmung der Beteiligten gestützt werden.
(3) Für das Beschwerdeverfahren gegen Beschlüsse des Verwaltungsgerichts über eine Aussetzung nach § 63 gilt § 146 Abs. 4 der Verwaltungsgerichtsordnung entsprechend.

§ 68 Entscheidung des Oberverwaltungsgerichts

Das Oberverwaltungsgericht entscheidet über die Beschwerde durch Beschluss.

Kapitel 4
Disziplinarverfahren vor dem Bundesverwaltungsgericht

§ 69 Form, Frist und Zulassung der Revision

Für die Zulassung der Revision, für die Form und Frist der Einlegung der Revision und der Einlegung der Beschwerde gegen ihre Nichtzulassung sowie für die Revisionsgründe gelten die §§ 132, 133, 137 bis 139 der Verwaltungsgerichtsordnung.

§ 70 Revisionsverfahren, Entscheidung über die Revision

(1) Für das Revisionsverfahren gelten die Bestimmungen über das Disziplinarverfahren vor dem Oberverwaltungsgericht entsprechend.
(2) Für die Entscheidung über die Revision gelten die §§ 143 und 144 der Verwaltungsgerichtsordnung.

Kapitel 5
Wiederaufnahme des gerichtlichen Disziplinarverfahrens

§ 71 Wiederaufnahmegründe

(1) Die Wiederaufnahme des durch rechtskräftiges Urteil abgeschlossenen Disziplinarverfahrens ist zulässig, wenn
1. in dem Urteil eine Disziplinarmaßnahme ausgesprochen worden ist, die nach Art oder Höhe im Gesetz nicht vorgesehen ist,
2. Tatsachen oder Beweismittel beigebracht werden, die erheblich und neu sind,
3. das Urteil auf dem Inhalt einer unechten oder verfälschten Urkunde oder auf einem vorsätzlich oder fahrlässig falsch abgegebenen Zeugnis oder Gutachten beruht,

Bundesdisziplinargesetz

4. ein Urteil, auf dessen tatsächlichen Feststellungen das Urteil im Disziplinarverfahren beruht, durch ein anderes rechtskräftiges Urteil aufgehoben worden ist,
5. an dem Urteil ein Richter oder Beamtenbeisitzer mitgewirkt hat, der sich in dieser Sache der strafbaren Verletzung einer Amtspflicht schuldig gemacht hat,
6. an dem Urteil ein Richter oder Beamtenbeisitzer mitgewirkt hat, der von der Ausübung des Richteramts kraft Gesetzes ausgeschlossen war, es sei denn, dass die Gründe für den gesetzlichen Ausschluss bereits erfolglos geltend gemacht worden waren,
7. der Beamte nachträglich glaubhaft ein Dienstvergehen eingesteht, das in dem Disziplinarverfahren nicht hat festgestellt werden können, oder
8. im Verfahren der Disziplinarklage nach dessen rechtskräftigem Abschluss in einem wegen desselben Sachverhalts eingeleiteten Straf- oder Bußgeldverfahren unanfechtbar eine Entscheidung ergeht, nach der gemäß § 14 die Disziplinarmaßnahme nicht zulässig wäre.

(2) Erheblich im Sinne des Absatzes 1 Nr. 2 sind Tatsachen und Beweismittel, wenn sie allein oder in Verbindung mit den früher getroffenen Feststellungen geeignet sind, eine andere Entscheidung zu begründen, die Ziel der Wiederaufnahme des Disziplinarverfahrens sein kann. Neu im Sinne des Absatzes 1 Nr. 2 sind Tatsachen und Beweismittel, die dem Gericht bei seiner Entscheidung nicht bekannt gewesen sind. Ergeht nach Eintritt der Rechtskraft des Urteils im Disziplinarverfahren in einem wegen desselben Sachverhalts eingeleiteten Straf- oder Bußgeldverfahren ein rechtskräftiges Urteil auf Grund von tatsächlichen Feststellungen, die von denjenigen tatsächlichen Feststellungen des Urteils im Disziplinarverfahren abweichen, auf denen es beruht, gelten die abweichenden Feststellungen des Urteils im Straf- oder Bußgeldverfahren als neue Tatsachen im Sinne des Absatzes 1 Nr. 2.

(3) In den Fällen des Absatzes 1 Nr. 3 und 5 ist die Wiederaufnahme des Disziplinarverfahrens nur zulässig, wenn wegen der behaupteten Handlung eine rechtskräftige strafgerichtliche Verurteilung erfolgt ist oder wenn ein strafgerichtliches Verfahren aus anderen Gründen als wegen Mangels an Beweisen nicht eingeleitet oder nicht durchgeführt werden kann.

§ 72 Unzulässigkeit der Wiederaufnahme

(1) Die Wiederaufnahme des durch rechtskräftiges Urteil abgeschlossenen Disziplinarverfahrens ist unzulässig, wenn nach dem Eintritt der Rechtskraft
1. ein Urteil im Straf- oder Bußgeldverfahren ergangen ist, das sich auf denselben Sachverhalt gründet und diesen ebenso würdigt, solange dieses Urteil nicht rechtskräftig aufgehoben worden ist, oder
2. ein Urteil im Strafverfahren ergangen ist, durch das der Verurteilte sein Amt oder seinen Anspruch auf Ruhegehalt verloren hat oder ihn verloren hätte, wenn er noch im Dienst gewesen wäre oder Ruhegehalt bezogen hätte.

(2) Die Wiederaufnahme des Disziplinarverfahrens zuungunsten des Beamten ist außerdem unzulässig, wenn seit dem Eintritt der Rechtskraft des Urteils drei Jahre vergangen sind.

§ 73 Frist, Verfahren

(1) Der Antrag auf Wiederaufnahme des Disziplinarverfahrens muss bei dem Gericht, dessen Entscheidung angefochten wird, binnen drei Monaten schriftlich oder zur Niederschrift des Urkundsbeamten der Geschäftsstelle eingereicht werden. Die Frist beginnt mit

Bundesdisziplinargesetz

dem Tag, an dem der Antragsberechtigte von dem Grund für die Wiederaufnahme Kenntnis erhalten hat. In dem Antrag ist das angefochtene Urteil zu bezeichnen und anzugeben, inwieweit es angefochten wird und welche Änderungen beantragt werden; die Anträge sind unter Bezeichnung der Beweismittel zu begründen.
(2) Für das weitere Verfahren gelten die Bestimmungen über das gerichtliche Disziplinarverfahren entsprechend, soweit sich aus diesem Gesetz nichts anderes ergibt.

§ 74 Entscheidung durch Beschluss

(1) Das Gericht kann den Antrag, auch nach der Eröffnung der mündlichen Verhandlung, durch Beschluss verwerfen, wenn es die gesetzlichen Voraussetzungen für seine Zulassung nicht für gegeben oder ihn für offensichtlich unbegründet hält.
(2) Das Gericht kann vor der Eröffnung der mündlichen Verhandlung mit Zustimmung der zuständigen Behörde durch Beschluss das angefochtene Urteil aufheben und die Disziplinarklage abweisen oder die Disziplinarverfügung aufheben. Der Beschluss ist unanfechtbar.
(3) Der rechtskräftige Beschluss nach Absatz 1 sowie der Beschluss nach Absatz 2 stehen einem rechtskräftigen Urteil gleich.

§ 75 Mündliche Verhandlung, Entscheidung des Gerichts

(1) Das Gericht entscheidet, wenn das Wiederaufnahmeverfahren nicht auf andere Weise abgeschlossen wird, auf Grund mündlicher Verhandlung durch Urteil.
(2) Gegen das Urteil des Verwaltungsgerichts und des Oberverwaltungsgerichts kann das in dem jeweiligen Verfahren statthafte Rechtsmittel eingelegt werden.

§ 76 Rechtswirkungen, Entschädigung

(1) Wird in einem Wiederaufnahmeverfahren das angefochtene Urteil zugunsten des Beamten aufgehoben, erhält dieser von dem Eintritt der Rechtskraft des aufgehobenen Urteils an die Rechtsstellung, die er erhalten hätte, wenn das aufgehobene Urteil der Entscheidung entsprochen hätte, die im Wiederaufnahmeverfahren ergangen ist. Wurde in dem aufgehobenen Urteil auf Entfernung aus dem Beamtenverhältnis oder auf Aberkennung des Ruhegehalts erkannt, gilt § 42 des Bundesbeamtengesetzes entsprechend.
(2) Der Beamte und die Personen, denen er kraft Gesetzes unterhaltpflichtig ist, können im Falle des Absatzes 1 neben den hiernach nachträglich zu gewährenden Bezügen in entsprechender Anwendung des Gesetzes über die Entschädigung für Strafverfolgungsmaßnahmen vom 8. März 1971 (BGBl. I S. 157) in der jeweils geltenden Fassung Ersatz des sonstigen Schadens vom Dienstherrn verlangen. Der Anspruch ist innerhalb von drei Monaten nach dem rechtskräftigen Abschluss des Wiederaufnahmeverfahrens bei der für die Erhebung der Disziplinarklage zuständigen Behörde geltend zu machen.

Bundesdisziplinargesetz

Kapitel 6
Kosten

§ 77 Kostentragung und erstattungsfähige Kosten

(1) Für die Kostentragungspflicht der Beteiligten und die Erstattungsfähigkeit von Kosten gelten die Bestimmungen der Verwaltungsgerichtsordnung entsprechend, sofern sich aus den nachfolgenden Vorschriften nichts anderes ergibt.

(2) Wird eine Disziplinarverfügung trotz Vorliegens eines Dienstvergehens aufgehoben, können die Kosten ganz oder teilweise dem Beamten auferlegt werden.

(3) In Verfahren über den Antrag auf gerichtliche Fristsetzung (§ 62) hat das Gericht zugleich mit der Entscheidung über den Fristsetzungsantrag über die Kosten des Verfahrens zu befinden.

(4) Kosten im Sinne dieser Vorschrift sind auch die Kosten des behördlichen Disziplinarverfahrens.

§ 78 Gerichtskosten

In gerichtlichen Disziplinarverfahren werden Gebühren nach dem Gebührenverzeichnis der Anlage zu diesem Gesetz erhoben. Im Übrigen sind die für Kosten in Verfahren vor den Gerichten der Verwaltungsgerichtsbarkeit geltenden Vorschriften des Gerichtskostengesetzes entsprechend anzuwenden.

Teil 5
Unterhaltsbeitrag bei Entfernung aus dem Beamtenverhältnis oder bei Aberkennung des Ruhegehalts

§ 79 Unterhaltsbeitrag bei Entfernung aus dem Beamtenverhältnis oder bei Aberkennung des Ruhegehalts

(1) Die Zahlung des Unterhaltsbeitrags nach § 10 Abs. 3 oder § 12 Abs. 2 beginnt, soweit in der Entscheidung nichts anderes bestimmt ist, zum Zeitpunkt des Verlusts der Dienstbezüge oder des Ruhegehalts.

(2) Die Zahlung des Unterhaltsbeitrags nach § 12 Abs. 2 steht unter dem Vorbehalt der Rückforderung, wenn für denselben Zeitraum eine Rente auf Grund der Nachversicherung gewährt wird. Zur Sicherung des Rückforderungsanspruchs hat der Ruhestandsbeamte eine entsprechende Abtretungserklärung abzugeben.

(3) Das Gericht kann in der Entscheidung bestimmen, dass der Unterhaltsbeitrag ganz oder teilweise an Personen gezahlt wird, zu deren Unterhalt der Beamte oder Ruhestandsbeamte verpflichtet ist; nach Rechtskraft der Entscheidung kann dies die oberste Dienstbehörde bestimmen.

(4) Auf den Unterhaltsbeitrag werden Erwerbs- und Erwerbsersatzeinkommen im Sinne des § 18 a Abs. 2 sowie Abs. 3 Satz 1 und 2 des Vierten Buches Sozialgesetzbuch angerechnet. Der frühere Beamte oder frühere Ruhestandsbeamte ist verpflichtet, der obersten Dienstbehörde alle Änderungen in seinen Verhältnissen, die für die Zahlung des Unterhaltsbeitrags bedeutsam sein können, unverzüglich anzuzeigen. Kommt er dieser Pflicht schuldhaft nicht nach, kann ihm der Unterhaltsbeitrag ganz oder teilweise mit Wirkung für die Vergangenheit entzogen werden. Die Entscheidung trifft die oberste Dienstbehörde.

(5) Der Anspruch auf den Unterhaltsbeitrag erlischt, wenn der Betroffene wieder in ein öffentlich-rechtliches Amts- oder Dienstverhältnis berufen wird.

§ 80 Unterhaltsleistung bei Mithilfe zur Aufdeckung von Straftaten

(1) Im Falle der Entfernung aus dem Beamtenverhältnis oder der Aberkennung des Ruhegehalts kann die zuletzt zuständige oberste Dienstbehörde dem ehemaligen Beamten oder ehemaligen Ruhestandsbeamten, der gegen das Verbot der Annahme von Belohnungen oder Geschenken verstoßen hat, die Gewährung einer monatlichen Unterhaltsleistung zusagen, wenn er sein Wissen über Tatsachen offenbart hat, deren Kenntnis dazu beigetragen hat, Straftaten, insbesondere nach den §§ 331 bis 335 des Strafgesetzbuches, zu verhindern oder über seinen eigenen Tatbeitrag hinaus aufzuklären. Die Nachversicherung ist durchzuführen.

(2) Die Unterhaltsleistung ist als Prozentsatz der Anwartschaft auf eine Altersrente, die sich aus der Nachversicherung ergibt, oder einer entsprechenden Leistung aus der berufsständischen Alterssicherung mit folgenden Maßgaben festzusetzen:
1. Die Unterhaltsleistung darf die Höhe der Rentenanwartschaft aus der Nachversicherung nicht erreichen;

Bundesdisziplinargesetz

2. Unterhaltsleistung und Rentenanwartschaft aus der Nachversicherung dürfen zusammen den Betrag nicht übersteigen, der sich als Ruhegehalt nach § 14 Abs. 1 des Beamtenversorgungsgesetzes ergäbe.

Die Höchstgrenzen nach Satz 1 gelten auch für die Zeit des Bezugs der Unterhaltsleistung; an die Stelle der Rentenanwartschaft aus der Nachversicherung tritt die anteilige Rente.

(3) Die Zahlung der Unterhaltsleistung an den früheren Beamten kann erst erfolgen, wenn dieser das 65. Lebensjahr vollendet hat oder eine Rente wegen Erwerbs- oder Berufsunfähigkeit aus der gesetzlichen Rentenversicherung oder eine entsprechende Leistung aus der berufsständischen Versorgung erhält.

(4) Der Anspruch auf die Unterhaltsleistung erlischt bei erneutem Eintritt in den öffentlichen Dienst sowie in den Fällen, die bei einem Ruhestandsbeamten das Erlöschen der Versorgungsbezüge nach § 59 des Beamtenversorgungsgesetzes zur Folge hätten. Der hinterbliebene Ehegatte oder Lebenspartner erhält 55 Prozent der Unterhaltsleistung, wenn zum Zeitpunkt der Entfernung aus dem Beamtenverhältnis oder der Aberkennung des Ruhegehalts die Ehe oder Lebenspartnerschaft bereits bestanden hatte.

§ 81 Begnadigung

(1) Dem Bundespräsidenten steht das Begnadigungsrecht in Disziplinarsachen nach diesem Gesetz zu. Er kann es anderen Stellen übertragen.

(2) Wird die Entfernung aus dem Beamtenverhältnis oder die Aberkennung des Ruhegehalts im Gnadenweg aufgehoben, gilt § 43 Satz 2 des Bundesbeamtengesetzes entsprechend.

Teil 6
Besondere Bestimmungen für einzelne Beamtengruppen und für Ruhestandsbeamte

§ 82 Polizeivollzugsbeamte des Bundes

Das Bundesministerium des Innern bestimmt durch Rechtsverordnung, welche Vorgesetzten der Polizeivollzugsbeamten des Bundes als Dienstvorgesetzte im Sinne des § 33 Abs. 2, Abs. 3 Nr. 2 und Abs. 5 gelten.

§ 83 Beamte der bundesunmittelbaren Körperschaften, Anstalten und Stiftungen des öffentlichen Rechts

(1) Das für die Aufsicht zuständige Bundesministerium gilt im Sinne dieses Gesetzes als oberste Dienstbehörde der Beamten der bundesunmittelbaren Körperschaften, Anstalten und Stiftungen des öffentlichen Rechts. Es kann durch Rechtsverordnung im Einvernehmen mit dem Bundesministerium des Innern seine Befugnisse auf nachgeordnete Behörden übertragen und bestimmen, wer als nachgeordnete Behörde, Dienstvorgesetzter und höherer Dienstvorgesetzter im Sinne dieses Gesetzes anzusehen ist. Es kann durch Rechtsverordnung im Einvernehmen mit dem Bundesministerium des Innern darüber hinaus die Zuständigkeit für Verweise, Geldbußen und Kürzungen der Dienstbezüge abweichend von § 33 regeln.

(2) Für die in Absatz 1 bezeichneten Körperschaften, Anstalten und Stiftungen des öffentlichen Rechts gilt § 144 Abs. 2 des Bundesbeamtengesetzes entsprechend.

§ 84 Ausübung der Disziplinarbefugnisse bei Ruhestandsbeamten

Bei Ruhestandsbeamten werden die Disziplinarbefugnisse durch die zum Zeitpunkt des Eintritts in den Ruhestand zuständige oberste Dienstbehörde ausgeübt. Diese kann ihre Befugnisse durch allgemeine Anordnung ganz oder teilweise auf nachgeordnete Dienstvorgesetzte übertragen; die Anordnung ist im Bundesgesetzblatt zu veröffentlichen. Besteht die zuständige oberste Dienstbehörde nicht mehr, bestimmt das Bundesministerium des Innern, welche Behörde zuständig ist.

Bundesdisziplinargesetz

Teil 7
Übergangs- und Schlussbestimmungen

§ 85 Übergangsbestimmungen

(1) Die nach bisherigem Recht eingeleiteten Disziplinarverfahren werden in der Lage, in der sie sich bei Inkrafttreten dieses Gesetzes befinden, nach diesem Gesetz fortgeführt, soweit in den Absätzen 2 bis 11 nichts Abweichendes bestimmt ist. Maßnahmen, die nach bisherigem Recht getroffen worden sind, bleiben rechtswirksam.

(2) Die folgenden Disziplinarmaßnahmen nach bisherigem Recht stehen folgenden Disziplinarmaßnahmen nach diesem Gesetz gleich:
1. die Gehaltskürzung der Kürzung der Dienstbezüge,
2. die Versetzung in ein Amt derselben Laufbahn mit geringerem Endgrundgehalt der Zurückstufung und
3. die Entfernung aus dem Dienst der Entfernung aus dem Beamtenverhältnis.

(3) Vor dem Inkrafttreten dieses Gesetzes eingeleitete förmliche Disziplinarverfahren werden nach bisherigem Recht fortgeführt.

(4) Die Behörde des Bundesdisziplinaranwalts wird mit Ablauf des 31. Dezember 2003 aufgelöst. Ab diesem Zeitpunkt fertigt die Einleitungsbehörde in den Fällen von Absatz 3 die Anschuldigungsschrift; die Vorschriften der Bundesdisziplinarordnung sind nicht anzuwenden, soweit sie den Bundesdisziplinaranwalt betreffen.

(5) Für die Wiederaufnahme von Disziplinarverfahren, die vor dem Inkrafttreten dieses Gesetzes rechtskräftig abgeschlossen worden sind, gilt bis zum Ablauf des 31. Dezember 2003 Abschnitt IV der Bundesdisziplinarordnung. Ab diesem Zeitpunkt gelten die Bestimmungen dieses Gesetzes.

(6) Die nach bisherigem Recht in einem Disziplinarverfahren ergangenen Entscheidungen sind nach bisherigem Recht zu vollstrecken, wenn sie unanfechtbar geworden sind.

(7) Die Frist für das Verwertungsverbot und ihre Berechnung für die Disziplinarmaßnahmen, die vor dem Inkrafttreten dieses Gesetzes verhängt worden sind, bestimmen sich nach diesem Gesetz. Dies gilt nicht, wenn die Frist und ihre Berechnung nach bisherigem Recht für den Beamten günstiger ist.

(8) Gebühren nach § 78 Satz 1 werden nur für die nach dem 31. Dezember 2009 anhängig werdenden gerichtlichen Verfahren erhoben. Dies gilt nicht im Verfahren über ein Rechtsmittel, das nach dem 31. Dezember 2009 eingelegt worden ist.

§ 86 Verwaltungsvorschriften

Die zur Durchführung dieses Gesetzes erforderlichen Verwaltungsvorschriften erlässt das Bundesministerium des Innern; die Verwaltungsvorschriften sind im Gemeinsamen Ministerialblatt zu veröffentlichen.

Zweiter Teil –
Materielles Disziplinarrecht

Einführung

I. Geschichte des Disziplinarrechts

»Die Disziplinargewalt des öffentlichen Dienstherrn ergibt sich aus seiner Diensthoheit und ermöglicht Sanktionen gegen seine Bediensteten.« Schon die Wortwahl in dieser Beschreibung wird jüngeren Menschen als ein Relikt vergangener Zeiten erscheinen und auf frühere Strukturen im öffentlichen Dienstverhältnis hinweisen. Sie ist dennoch auch heute aktuelle Fachsprache. Vielleicht wäre es zeitgemäßer zu definieren: »Dienstrechtliche Maßnahmen sollen zur künftigen Pflichterfüllung mahnen oder wegen Untragbarkeit das Beamtenverhältnis lösen.« In der Sache würde sich dadurch nichts ändern. Aber vielleicht lässt sich doch schon im Sprachgebrauch erkennen, dass sich Beamten- und Disziplinarrecht aus feudalen/obrigkeitlichen Strukturen zu lösen haben. Disziplinarrecht dient nicht mehr dem willkürlichen Sanktionsbedürfnis des Dienst»herrn«, sondern allein der rechtsstaatlichen Sicherung einer funktionierenden öffentlichen Verwaltung. Disziplinarrecht ist kein »Sonderstrafrecht«, sondern Bestandteil des Beamtenrechts und von dessen jeweiliger Ausgestaltung abhängig.[1]

1. **Bis zum Ende des 18. Jahrhunderts** gab es kein Beamten»recht«, also auch kein Disziplinarrecht. Im **mittelalterlichen Feudalstaat** war der fürstliche Bedienstete dem subjektiven Gutdünken seines Dienstherrn unterworfen. Der Fürst konnte in dem allein auf seine Person bezogenen Dienstverhältnis jederzeit willkürliche Entscheidungen gegen seinen Bediensteten treffen, ihn auch ohne Grund entlassen. Hierzu bemerkte ein Zeitgenosse 1768: »Ob es aber auch klug, billich und christlich seye, einen Bediensteten ohne Ursach schlechterdings fortzuschicken, ist eine andere Frage«.[2] Im **gemeinen Recht** setzten Bestrebungen von Theorie und Praxis zur Sicherung der Beamten ein. Eine erste rechtliche Sicherung schaffte erst die Rspr. des **Reichskammergerichts** und des **Reichshofrats**, die allerdings nur noch für die kleineren Territorien in Deutschland verbindlich waren.[3] Das Reichskammergericht hatte mit seinem Urteil von 1759, das jede Entlassung eines Reichsbeamten ohne iusta causa als unzulässig bezeichnete, die »wohlerworbenen Rechte« im Sinne der »Inamobivilitätstheorie« von Cramers anerkannt.[4] Seitdem kann von einem Disziplinar»recht« gesprochen werden. Denn die Annahme der prinzipiellen Unabsetzbarkeit eines Beamten erforderte die Möglichkeit seiner rechtsförmigen Entlassung in rechtlich begründeten Ausnahmefällen. In einem Bereich gab es allerdings schon

---
1 Behnke, ZBR 1963, 257 ff.; Reuss, DVBl. 1963, 61; Geber, AöR Bd. 18 n. F. (1930); Presting, ZBR 1957, 345.
2 Zitiert nach Behnke-Arndt, Einf., S. 46, Rn. 2.
3 Jeserich/Pohl/v. Unruh, Deutsche Verwaltungsgeschichte, Bd. 1 (1983), S. 272.
4 Behnke-Arndt, a. a. O.

Einführung

lange solche rechtlich geregelten Dienstentlassungen: bei den klassischen Amtsverbrechen. Neben den ungeregelten, willkürlichen »ehrlichen Abschieden« gab es die zu den geringeren Kriminalstrafen gezählten »Kassationen«, d. h. Dienstentlassungen »mit Unehr um eins Verbrechen willen« (z. B. § 9 1. Teil 1. Kapitel des Codex Iuris Bavarici Criminalis von 1751). In diesem Strafverfahren waren Bestrafung und Dienstentlassung noch identisch. Erst im 19. Jahrhundert wurde die beamtenrechtliche Lösung von dem strafrechtlichen Ausspruch getrennt. Erst von da ab wurde generell – und nicht nur für Entlassungen – von der **Verschiedenartigkeit und Eigenständigkeit des Disziplinarverfahrens** gesprochen,[5] woraus sich die Situation der strafrechtlichen und disziplinarrechtlichen »Doppelverfolgung« herleitet.[6]

2. **Im absolutistischen Staat des 18. Jahrhunderts** sah das gemeine Recht mangels gesetzlicher Regelung nur die Möglichkeit, das Beamtenverhältnis einem der bekannten **Vertragstypen** zuzuordnen.[7] Die Bestallungsurkunden hatten mehr die Bedeutung einer Vollmacht gegenüber dem Amtsunterworfenen als die eines Rechtstitels gegenüber dem Dienstherrn.[8] Ein rechtsförmiges Verfahren zum Schutz des Beamten und der Verwaltung war damit nicht verbunden. Das Bedürfnis nach rechtlicher Fixierung entwickelte sich aus den Spätwirkungen des Naturrechts und aus der Französischen Revolution. Die Lehre vom **Gesellschaftsvertrag** (Vertragsschluss gleichberechtigter Menschen), die Vorstellung von Individualrechten als Menschenrechte, von einer integren Beamtenschaft als Instrument eines (absolutistischen) Wohlfahrtsstaats führten zu dem Wunsch nach einem gesetzlich geordneten Beamtenrecht. Das Neue an dieser Vorstellung war, dass die Beamtenschaft – obwohl noch in der Identität von Monarch und Staat – nicht mehr in erster Linie für den Monarchen, sondern für den Staat ihre Dienstleistung zu erbringen hatte. Hierin liegt der **Übergang vom Fürstendiener zum Staatsdiener**.[9] Für eine solche **funktionale Ausgestaltung** des Beamtenwesens hatte Preußen eine wegweisende Rolle. Die Entwicklung zum (absolutistischen) Gesetzesstaat vollzog sich dort mit dem **Preußischen Allgemeinen Landrecht** von 1794, in welchem wesentliche Elemente des Beamtenverhältnisses geregelt sind, darunter auch die Kontrollmöglichkeiten von Entlassungen (allerdings nicht durch Richterspruch, was der König abgelehnt hatte). Es kann hier offen bleiben, ob der oft beschworene »frühpreußische« Geist calvinistisch-pietistischen Aufgehens des Staatsdieners in Staat und Dienst »rund um die Uhr« wirklich der seinerzeitigen Realität entsprach. Allgemein galt er für die deutschen Länder sicher nicht.[10]

3. **Die Verrechtlichung des Staatsdienstes während des Übergangs vom 18. zum 19. Jahrhundert** bahnte sich an mit der Lehre Malacords (1788) von den iura quaesita und dem Einfluss des ius publicum auf das Staatsdienerverhältnis,[11] setzte sich fort etwa in der **Hofratsliteratur**,[12] die um eine gesicherte Rechtsposition der Staatsdiener kämpfte,

---

5 Arndt, DÖV 1966, 809 ff., und Behnke-Arndt, S. 46 f., Rn. 3.
6 Auch i. R. des Art. 103 Abs. 3 GG, BVerfG NJW 1967, 1651 und 1654.
7 Dargestellt bei Rehm, »Die rechtliche Natur des Staatsdienstes nach deutschem Recht«, in: Annalen des Deutschen Reichs (= Hirths Annalen) 1884, S. 565 ff., 1885, S. 65 ff.
8 Schwegmann/Summer (Komm. zum BBesG, Einf. vor § 1 Rn. 8 a m. w. N.). Sie enthielten aber schon umfangreiche Pflichteninstruktionen (z. B. zur Wahrheit, Amtsverschwiegenheit, Residenzpflicht, Dienstzucht, Aufsicht, Urlaub, Nebentätigkeit).
9 Dazu im Einzelnen Schmoller: »Der Deutsche Beamtenstaat vom 16.–18. Jahrhundert«, in: Schmoller, Umrisse und Untersuchungen zur Verfassungs-, Verwaltungs- und Wirtschaftsgeschichte, 1898, S. 299 ff. Nach Rehm (Fn. 7), 1884, S. 604, erscheint der Begriff »Staatsdiener« erstmals in einem anonymen Aufsatz 1785.
10 Vgl. Summer/Rometsch, ZBR 1981, 6.
11 Presting (Fn. 1), S. 346.
12 Summer/Rometsch (Fn. 10), S. 5.

Geschichte des Disziplinarrechts

und fand schließlich Ausdruck in Seufferts Werk »Vom Verhältnis des Staats und der Diener des Staats gegeneinander im rechtlichen und politischen Verstand« (1793). Seuffert ordnete als Erster das Staatsdienerverhältnis dem öffentlichen Recht zu, sah dieses allerdings – wie bis dahin üblich – durch Vertrag begründet. Dagegen setzte erstmals Gönner[13] den **Hoheitsakt** als statusbegründendes Element ein. Er arbeitete für Bayern den Entwurf des ersten Beamtengesetzes aus, das als Bayerische Hauptlandespragmatik von 1805 (s. Fn. 13) verkündet wurde. Sie eröffnete zusammen mit dem **Reichsdeputationshauptschluss** von 1803,[14] in welchem sich die Staaten gegenseitig u. a. zur Wahrung der Rechte der Beamten aus den neu eingegliederten Territorien verpflichteten, die Reihe der nun folgenden Landes-Beamtengesetze. Diese übernahmen in ähnlicher Weise die Regelungen zur Begründung und lebenslangen Dauer des Beamtenverhältnisses, zur Besoldung, Versetzung, Ruhegehaltszahlung und Entlassung. Auch Disziplinarmaßnahmen unterhalb der Entfernung aus dem Dienst wurden in einem rechtlich geordneten Verfahren vorgesehen.[15]

4. **Im frühen Liberalismus des 19. Jahrhunderts** wurde die Idee des Verfassungsstaats zugleich auch zum Motor für die weitere rechtliche Sicherung einer von der Willkür des Dienstherrn freien und nur dem Staat und dem Recht verpflichteten Beamtenschaft. Schon die preußische Reformbewegung nach der Niederlage Preußens 1806 hatte tief greifende, verfassungspolitische Ziele. Sie richteten sich auf Beseitigung des Polizeistaats und Beteiligung der Bürger am Staat auf der Ebene der kommunalen Selbstverwaltung. So kam es im Rahmen der Stein-Hardenbergschen Reform zur Regelung auch des kommunalen Dienstrechts in der Preußischen Städteordnung von 1808. Die liberalen Gesellschaftsvorstellungen reichten aber weiter. Ausgehend von der Idee des Gesellschaftsvertrags waren die Bürger Träger der Staatsgewalt, die sie lediglich aus Gründen des inneren und äußeren Friedens dem Monarchen übertragen hatten, für die sie sich aber weiter verantwortlich fühlten. Man wünschte sich eine geschriebene Konstitution«, in die der Wille der Staatsbürger eingehen konnte und zu deren Erhaltung ein Widerstandsrecht – auch gegen den Monarchen – gegeben sein sollte. Und weiterhin gehörte zur liberalstaatlichen Idee die Vorstellung der unveräußerlichen Freiheit des Einzelnen, die staatliche Bindungen nur so weit zulässt, als der Kernbereich der Bürgerfreiheit nicht verletzt wird. Liberalstaatliches Ergebnis war in Württemberg die Verfassung von 1819, die den Verfassungseid des Beamten (also eigene Verantwortung für die Verfassung) und seine (eingeschränkte) Verantwortung für seine weisungsgemäßen Amtshandlungen enthielt. Diese Eigenverantwortlichkeit des Beamten für Staat und Recht war schon das Motiv der preußischen Reformpartei. In ihr verfolgte eine Gruppe leitender Beamter hartnäckig und kämpferisch ihr Staatsziel gegenüber der Staatsspitze und den Vorgesetzten. Dieses Bild einer Beamtenschaft, die nicht angepasst ihre Aufgaben erfüllt, sondern sich dem Staat ohne Rücksicht auf die persönliche Treuepflicht zum Dienstherrn oder Vorgesetzten verpflichtet fühlt, wurde als positives Merkmal liberal-rechtsstaatlicher Verantwortung angesehen.[16] Ähnlich wehrten sich die »Göttinger Sieben« (Professoren) 1837 gegen ihren hannoverschen König, als dieser die Verfassung von 1831 aufhob. Sein Verhalten und die Entlas-

---

13 »Der Staatsdienst aus dem Gesichtspunkt des Rechts und der Nationalökonomie betrachtet, nebst der Hauptlandespragmatik über die Dienstverhältnisse im Königreich Bayern mit erläuternden Anmerkungen«, 1808.
14 § 59, abgedruckt in: Summer, Dokumente zur Geschichte des Beamtenrechts, Deutscher Beamtenverlag, 1896.
15 Vgl. bei Summer, Dokumente, S. 59 ff.
16 Summer, Dokumente, S. 23 ff. mit Zitaten.

Einführung

sung der »Sieben« wurden seinerzeit als Verfassungsbruch und als rechtswidrig empfunden. Gleiches gilt für den Widerstand der kurhessischen Beamten, Richter und Offiziere 1850 gegen eine ungesetzliche Steuererhebung des Kurfürsten von Hessen-Kassel, der sich erst mit fremden Truppen durchsetzen konnte.[17]

5. **Als der antiliberale, spätpreußische Obrigkeitsstaat** aufkam, war das Berufsbeamtentum mit abgesicherter Rechtsstellung bereits aufgebaut. Die Grundstruktur war aus den deutschen Mittel- und Kleinstaaten gewachsen. Für den Rückfall in den Obrigkeitsstaat waren aber – neben anderen Faktoren – gerade diese Sicherung und die gewachsene Macht der Beamtenschaft mitverantwortlich. Die selbst- und machtbewusst gewordene Beamtenschaft hatte keine Neigung, ihre Macht in der Gesellschaft mit dem Parlament, dem Sitz der liberalen Bürgerbewegung, zu teilen. Die Beamtenschaft wurde zum natürlichen Verbündeten der Monarchen und zum Gegner der Verfassungsbewegung. Sie konnte ihre Rechtsstellung im Bündnis mit der Staatsspitze halten und ausbauen. Unter dem Einfluss **Hegelscher Staatsüberhöhung** und eines nur **formellen Rechtsstaatsbegriffs** sowie nationaler Einheits- und Großmachtpolitik identifizierte sich die Beamtenschaft mit der Staatsspitze, sah sich selbst als die Staatsmacht und hielt es für treuwidrig, die Exekutivspitze zu kritisieren. Für viele unerkannt, entledigte sich die Beamtenschaft so ihrer frühliberalen Zielsetzung: ihrer inneren Unabhängigkeit und Meinungsfreiheit. Verstärkt wurde diese Entwicklung durch konservativ-politische Beeinflussung in der **Bismarck-Ära** (selbst bei Wahlen).[18]

In diese Zeit fiel die erste **speziell disziplinarrechtliche Gesetzesregelung** mit dem preußischen Gesetz vom 29. 3. 1844 (zur Feststellung des gerichtlichen und des Disziplinar-Straf-Verfahrens gegen Beamte). Allerdings sind hierin noch sowohl die strafgerichtlich zu verfolgenden »Amtsverbrechen« als auch die »anderen Dienstvergehungen« erfasst. Jedenfalls wird aber zwischen beiden Verfahren unterschieden, Doppelverfahren werden ausgeschlossen, Zuständigkeiten und Disziplinarmaßnahmen für die eigentlichen »Dienstvergehungen« werden geregelt. Über die preußischen Verordnungen vom 10. und 11. 7. 1849 kam es dann zu dem Preußischen Disziplinargesetz vom 21. 7. 1852. Dieses enthielt nun auch materielle Pflichtentatbestände mit Disziplinarstrafen und Statusfolgen sowie Verfahrensregelungen. Ähnliche Verfahrensregelungen enthielt dann auch das **Reichsbeamtengesetz von 1873**, das die **Reichsdisziplinarkammern** und den **Reichsdisziplinarhof** begründete und Kostenregelungen, aber keine Pflichtentatbestände enthielt.

Mit dieser Gesetzesentwicklung war die **Ablösung des Disziplinarrechts vom Strafrecht** weitgehend gesichert.[19] Das zeigt sich materiell und formell darin, dass damals weitgehend von den im Strafrecht typischen, konkreten Pflichtentatbeständen[20] abgesehen und

---

17 Summer, Dokumente, S. 25 ff.
18 Summer, Dokumente, S. 29/30; Morsey, »Zur Beamtenpolitik des Reiches von Bismarck bis Brüning«, in: Demokratie und Verwaltung, Festschrift 25 Jahre Hochschule Speyer 1972; Hartung, Deutsche Verfassungsgeschichte vom 15. Jahrhundert bis zur Gegenwart, 1914, S. 256 ff. (261, 267).
19 Auch wenn bis vor kurzem noch über § 25 BDO die StPO subsidiär anzuwenden ist. Darin wurde mehr das Bedürfnis nach gesichertem, rechtsstaatlichem Verfahren als nach Festhalten an strafrechtlichen Kategorien gesehen, so Behnke-Arndt, Einf., S. 50. Dieser Gesichtspunkt zieht heute angesichts der Ausgestaltung des Verwaltungsverfahrensrechts, das dem öffentlichen Dienstrecht näher steht, nicht mehr.
20 Wie sie noch § 10 des Badischen Staatsdieneredikts vom 30. 1. 1819 zusammen mit den Strafandrohungen enthielt.

auf Generalklauseln abgestellt wurde.[21] Außerdem wurde das **Dienstvergehen als einheitlicher Tatbestand des Gesamtverhaltens** aufgefasst.[22] Während die strafrechtliche Theorie noch bis zum Ende des 19. Jahrhunderts das Disziplinarrecht als Sonderstrafrecht für Beamte ansah, setzte sich mit Heffter[23] die staats- und verwaltungsrechtliche Theorie durch.[24]

6. In der Weimarer Republik war das Beamtenrecht **verfassungsrechtlich gesichert**, rechtsstaatlich strukturiert und mit rechtsstaatlichen Freiheitsrechten versehen. Nach der Weimarer Reichsverfassung vom 11. 8. 1919 hatten für den Zugang zum öffentlichen Dienst Befähigung und Leistung zu entscheiden (Art. 128 Abs. 1), die Anstellung auf Lebenszeit und die Altersversorgung waren gesichert (Art. 129 Abs. 1), die »wohlerworbenen Rechte« und die Vermögensrechte waren garantiert (Art. 129 Abs. 4), die Freiheit ihrer politischen Gesinnung und ihre Vereinigungsfreiheit waren geschützt (Art. 130 Abs. 2), und Beamtenvertretungen (zur personalvertretungsrechtlichen Mitwirkung) waren vorgesehen (Art. 130 Abs. 3). Nichts stand also der Erneuerung der obrigkeitshörig gewordenen Beamtenschaft zu einem der neuen Verfassung verpflichteten, demokratischen und eigenverantwortlichen öffentlichen Dienst entgegen als ihr herkömmliches Selbstverständnis. Die Betonung der **politischen Enthaltsamkeit auch außerhalb der Amtsführung**, der nur auf das Funktionieren als »Verwaltungsapparat« ausgerichteten Zuverlässigkeit – wie im Absolutismus und im Obrigkeitsstaat eingeübt – hat alle freiheitlichen Aspekte der Eigenverantwortlichkeit gegenüber dem Rechtsstaat und notfalls des Widerstands gegen die Exekutivspitze verschüttet. Die Weimarer Republik selbst hat nichts dafür getan, die gesamtpolitische Verantwortung ihrer Staatsdiener zu wecken. Auch das beamtenrechtliche Schrifttum war in der Hegelschen Staatsüberhöhung und im absolutistischen Obrigkeitsstaat stehen geblieben. Es beschränkte sich auf die Definition des öffentlichen Dienstes als »**Staatsorganschaft**«.[25] Der damalige Beamtenbund (nicht gleichzusetzen mit der heutigen, konservativ geprägten Standesvertretung), der sich seinerzeit für eine »Politisierung« der Beamtenschaft zur eigenverantwortlichen Mitarbeit am neuen Staat einsetzte und für Beamtenvertretungen kämpfte, sah sich im damaligen Meinungskampf als Außenseiter.[26]

Dementsprechend gab es in der Zeit der Weimarer Republik keine wesentlichen Änderungen im Verständnis des Beamtendisziplinarrechts. In Preußen wurden die Beamtendienst-

---

21 Z.B. in § 33 Hannoversches Staatsdienergesetz vom 8. 5. 1852, abgedruckt bei Summer, Dokumente (Fn. 14), S. 169: »Jeder Staatsdiener muß das ihm übertragene Amt nach der Verfassung, nach den Gesetzen und Dienstanweisungen treu und fleißig verwalten. Er ist schuldig, in und außerhalb des Dienstes ein Verhalten zu beobachten, welches nicht nur den Vorschriften der Sittlichkeit, sondern auch der Würde und dem Zweck seines Amtes entspricht.«
22 Dieser noch heute hochaktuelle Begriff der »Einheit des Dienstvergehens« war im Ansatz schon in § 11 des Bayer. Staatsdieneredikts von 1818 enthalten, wonach die 2. und die 3. Disziplinarstrafe – als Voraussetzung für die gerichtliche Degradierung oder Entlassung – nicht bei jedem einzelnen Fehler verhängt werden musste. Eine ausdrückliche Regelung schlug der Gesetzesantrag des Deutschen Reichstags vom 14. 6. 1928 für ein Deutsches Beamtengesetz in § 23 vor: »Bei der Strafbemessung ist in demselben Dienststrafverfahren nicht für jedes Dienstvergehen eine besondere Strafe festzusetzen ... Bei der Strafbemessung ist einheitlich eine Strafe festzusetzen.«
23 Lehrbuch des gemeinen deutschen Strafrechts usw., 1857, 12, 465.
24 Behnke-Arndt, S. 51f., und heute BVerfG, NJW 1967, 1654ff.; 1970, 507; 1972, 93.
25 Gerber, Vom Begriff und Wesen des Beamtentums, 1930, AöR Bd. 18, 34ff. und Köttgen, Das deutsche Berufsbeamtentum und die parlamentarische Demokratie, 1928 (Nachdruck 1978, S. 38ff., 85ff.); Summer (Fn. 14), S. 31–34.
26 »Der Beamte«, Vierteljahresheft für Beamtenrecht und Beamtenpolitik, 1930, 2. Heft, S. 97.

Einführung

strafordnung und die Dienststrafordnung für die richterlichen Beamten vom 27.1.1932 erlassen, die die bisherigen Länderregelungen zusammenfasste.

7. Im von den **Nationalsozialisten** so genannten »Dritten Reich« wurde die Beamtenschaft dem **totalitären Herrschaftsanspruch** unterworfen. Sie leistete keinen Widerstand, was sich aus dem zuvor dargestellten Selbstverständnis der damaligen Beamten und aus ihrer weitgehenden Ablehnung der parlamentarischen Republik erklärt.[27] Der Nationalsozialismus koppelte die Beamtenschaft von der Verantwortung für den Staat ab und band sie (wieder) persönlich an den »Führer«. Die Bindung an das Gesetz relativierte sich dadurch, dass die überkommenen Gesetze »im Geist des Nationalsozialismus« zu interpretieren waren und die neuen Gesetze auf »**Führerbefehl**« beruhten.[28] Aus der Beamtenschaft wurden politisch Missliebige und Verfehmte verstoßen, andere diszipliniert.[29]

Das in der Weimarer Republik vorbereitete **Deutsche Beamtengesetz** erschien dann mit nationalsozialistischen Einschüben zusammen mit der **Reichsdienststrafordnung** am 26.1.1937. Zwar enthielten beide Gesetze noch die wesentlichen Ergebnisse der reformerischen Vorarbeiten bis 1932.[30] So waren vor allem der Rechtsstatus der Berufsbeamten und die rechtsstaatliche Sicherung des Disziplinarverfahrens zunächst gewahrt. Aber es lag auf der Hand, dass die liberale Grundlage der Vorarbeiten nicht mehr zum Tragen kommen konnte, geschweige denn weiterentwickelt worden wäre. Vielmehr wurde denn auch die Disziplinargerichtsbarkeit nach der Rede Hitlers vor dem »Großdeutschen Reichstag« durch dessen Beschluss vom 26.4.1942 wenn auch nicht formell aufgehoben, so doch praktisch außer Kraft gesetzt.[31]

8. Nach **Kriegsende 1945** galt zwar die Reichsdienststrafordnung fort, da die Alliierten sie niemals aufgehoben hatten; die Dienststrafgerichte waren jedoch durch Art. 1 des Gesetzes Nr. 2 der Militärregierung Deutschland geschlossen worden. Damit konnten zunächst schwebende gerichtliche Disziplinarverfahren nicht fortgeführt, neue nicht anhängig werden. Dementsprechend konnten Dienstvorgesetzte nur Dienststrafverfügungen erlassen. Entlassungen konnten nur durch Entscheidungen der Besatzungsmächte herbeigeführt werden. Daraus entwickelte sich zunächst ein gemeinsames Verfahren, das sogar noch dann weitergalt, als für gewisse Verwaltungszweige nach Ermächtigung der Militärregierungen Dienststrafkammern in den Ländern errichtet waren. Überregional wurden für das **Vereinigte Wirtschaftsgebiet** (mit Gesetz des Wirtschaftsrats vom 5.7.1948) Dienststrafkammern gebildet. Sie waren aber nur für die Abwicklung der Altverfahren gegen Reichsbeamte zuständig und nur als Übergangslösung bis zu einer Neuregelung gedacht. Diese Neuregelung erfolgte mit dem Gesetz des Wirtschaftsrats vom 12.8.1949, das allerdings die Dienststrafgerichte nur als Rechtsbehelfsinstanzen vorsah. Nach Inkrafttreten des Bundesgesetzes über die Errichtung von Bundesdienststrafgerichten vom 12.11.1951 ging auf diese die Zuständigkeit für die noch anhängigen Verfahren der ehe-

---

27 Zum Masseneintritt der Beamten in die NSDAP vgl. Roth, in: Festgabe für H. R. Claussen, 1988, S. 34f.
28 § 1 Abs. 3 Deutsches Beamtengesetz von 1937, Daniels, DBG 1937, Erl. VIII.
29 Gesetz zur Wiederherstellung des Berufsbeamtentums vom 7.4.1933; Beispiele der politischen Disziplinierung bei Roth (Fn. 27), S. 40ff.
30 Vgl. Ule, ZBR 1987, 226.
31 In seiner Rede sagte Hitler: »Es kann in dieser Zeit keiner auf seine wohlerworbenen Rechte pochen ... Ich bitte deshalb den Reichstag um die ausdrückliche Bestätigung, daß ich das gesetzliche Recht besitze, jeden zur Erfüllung seiner Pflichten anzuhalten bzw. denjenigen, der seine Pflichten nach meiner gewissenhaften Einsicht nicht erfüllt, entweder zur gemeinen Kassation zu verurteilen oder ihn aus Amt und Stellung zu entfernen ...«, zitiert nach Behnke, BDO 1953, S. 73 Fn. 7.

maligen Reichsbeamten über. Die **verfahrensrechtliche Neuregelung** erschien dann mit dem Gesetz zur Änderung und Ergänzung des Dienststrafrechts vom 26.11.1952 mit der Bezeichnung »**Bundesdisziplinarordnung**« (BDO). Trotz mannigfacher Änderungen hatte es die Struktur der alten Reichsdienststrafordnung behalten.[32] Das **Gesetz zur Neuordnung des Bundesdisziplinarrechts** vom 20.7.1967 brachte zwar auch bloß kosmetische Änderungen wie »Beamter« statt »Beschuldigter« und »Disziplin« und »Maßnahme« statt »Strafe«, die nur den alten Wunsch verdeutlichten, die »Eigenart« des Disziplinarrechts gegenüber dem Strafrecht hervorzuheben. Es enthielt aber auch wesentliche Änderungen mit der Einschränkung des Tatbestandes des »außerdienstlichen Dienstvergehens« in § 77 Abs. 1 Satz 2 BBG, mit der teilweisen Beseitigung der »Doppelbestrafung« in § 14 BDO und mit der Weiterentwicklung der Verjährungs- und Tilgungstatbestände in §§ 4 und 19 BDO.[33]

Die **Diskussion um die Weiterentwicklung des Disziplinarrechts**, die nach 1945 vor allem in der Wissenschaft begonnen hatte,[34] weitete sich aus auf die grundsätzlichere Frage nach der **Zeitgemäßheit von Disziplinarrecht und Berufsbeamtentum überhaupt**. Schon die **Hessische Verfassung** vom 1.12.1946 erstrebte ein **einheitliches Dienstrecht** für alle Angehörigen des öffentlichen Dienstes[35] und das **Hessische Beamtengesetz** vom 25.6.1948 ließ in § 44 das Disziplinarverfahren fakultativ gegen Angestellte zu. In aller Breite wurden die Reform des Disziplinarrechts sowie das Berufsbild des Beamten erörtert.[36] Auch die Richter des Bundesdisziplinargerichts regten durch ihre berufsständische Vertretung gegenüber Bundestag und Bundesministerien eine Harmonisierung mit dem materiellen Beamtenrecht an,[37] um die Doppelbelastungen durch beamtenrechtliche und disziplinare Folgen zu verringern.

In die Richtung der o. a. hessischen Regelungen zielten vor allem die **Reformvorstellungen der Gewerkschaften** (aber auch anderer Verbände und von politischen Parteien), das Beamten- und Disziplinarrecht als Sonderrecht abzuschaffen und ein einheitliches Dienstrecht zu begründen. Zur bundesweiten Klärung wurde eine »**Studienkommission für die Reform des öffentlichen Dienstrechts**« gebildet, deren Bericht 1973 vorlag. Der – nicht verwirklichte – Bericht plädiert für die Beibehaltung des Berufsbeamtentums und des Disziplinarrechts, schlägt allerdings vor, das Disziplinarrecht auf alle Angehörigen

---

32 Wofür sich besonders Behnke eingesetzt hatte, vgl. in seinem Kommentar zur BDO 1953, Einf., S. 85.
33 Den Beamtendisziplinarsenaten des Bundesverwaltungsgerichts fiel es zunächst schwer, diese Neuregelungen umzusetzen, so dass es zu widerspruchsvollen und dem Gesetzeswillen nur zögernd folgenden Entscheidungen kam.
34 Z.B. in der ZBR 1963: Finger, S. 289 ff., zur Bindung an die Strafurteile; Lindgen, S. 292 ff., zur Anwendbarkeit des berechtigten Interesses gem. § 193 StGB; Janzen, S. 306 ff., zur innerprozessualen Bindung im Disziplinarverfahren; Lochbrunner und Lindgen zur Stellung des Bundesdisziplinaranwalts, S. 299 ff. und 303 ff.
35 Art. 29 Abs. 1: »Für alle Angestellten, Arbeiter und Beamten ist ein einheitliches Arbeitsrecht zu schaffen.« Art. 135: »Die Rechtsverhältnisse aller Arbeitnehmer der öffentlichen Verwaltungen sind im Rahmen des in Art. 29 vorgesehenen einheitlichen Arbeitsrechts nach den Erfordernissen der Verwaltung zu gestalten.«
36 Lochbrunner, ZBR 1963, 282 ff.; Verringerung des Disziplinarmaßnahmen-Katalogs, Zuordnung aller Disziplinargerichte zu den allgemeinen Verwaltungsgerichten, unmittelbare Beweisaufnahme vor dem Disziplinargericht, Dreistufigkeit der Disziplinargerichtsbarkeit; dagegen entschieden Behnke, ZBR 1963, 257 ff. mit umfangreichem historischen Material und Zitaten.
37 Reformvorschlag der Arbeitsgemeinschaft erstinstanzlicher Richter im Bundesdienst vom 1.10.1971, z.B. zur disziplinaren Einbeziehung beamtenrechtlicher Folgen von Pflichtverletzungen wie Nichtaufrücken in den Besoldungsstufen, Nichtbeförderung, Verlust des Weihnachtsgelds, der Jubiläumszuwendung usw.

Einführung

des öffentlichen Dienstes anzuwenden (S. 166).[38] Eine Vereinheitlichung des öffentlichen Dienstrechts steht also noch aus, wird aber mit Sicherheit Thema der öffentlichen Meinungsbildung und der Rechtspolitik bleiben. So hat der **DGB weitere Vorschläge** zur Liberalisierung und Modernisierung von Einzelregelungen des Disziplinarrechts veröffentlicht. **Für die Vereinheitlichung des öffentlichen Dienstrechts** sprechen sowohl **rechtssystematische** als auch **soziopsychologische** Gründe (s. unter Einf. II.).

9. Auch die Neuregelung durch das Gesetz zur **Neuordnung des Bundesdisziplinarrechts** vom 9.7.2001 (BGBl. I S. 1510) hat diesen Schritt nicht vollzogen. Vielmehr beschränkt sich das Gesetz auf eine Umgestaltung des **Disziplinarverfahrens**, ohne das Disziplinarrecht umfassend in das Beamtenrecht einzugliedern. Allein die Verlagerung von Disziplinarbefugnissen von den Disziplinargerichten auf die Dienstherrn (Gehaltskürzung), die Verlagerung der Beweisaufnahme in das Gerichtsverfahren, die ergänzende Geltung von VwVfG und VwGO statt der StPO (mit der Aufblähung auf **drei Instanzen**) sowie die Auflösung der schnell und effizient arbeitenden Institutionen Bundesdisziplinargericht und Bundesdisziplinaranwalt bringen keine Vereinheitlichung des öffentlichen Dienstrechts, im Gegenteil vermutlich eine Rechtszersplitterung und -unsicherheit für die Bundesbeamten, deren Verfahren nun von zahlreichen VG und 16 verschiedenen OVG/VGH entschieden werden. Die Revision zum BVerwG dürfte selten werden und die Vereinheitlichung nicht tragen.[39] Die Überlegungen zu einem einheitlichen Verfahrenszug für Bundes- und Landesbeamte (etwa VG-Disziplinarhof-BVerwG) wurden leider nicht weiterverfolgt, wohl wegen der ablehnenden Haltung der Länder.

10. In nächster Zukunft dürfte an eine neue Reform kaum gedacht werden. Das Dienstrechtsneuordnungsgesetz (DNeuG) bringt keine grundlegende Neuorientierung. Dennoch sollte das Ziel der Vereinheitlichung durch dieses im Wesentlichen nur auf formelle Verfahrensabläufe reduzierte Gesetz nicht aus den Augen verloren werden. Jedenfalls sollten **Beamtenrecht und Disziplinarrecht** zusammengefasst und **harmonisiert** werden. Rechtssystematisch folgt schon aus dem Grundsatz von der **Einheit des Dienstvergehens** und der auf die **gesamte Persönlichkeit** des Beamten gerichteten Einwirkung (**einheitliche Maßregelung**), dass **alle** Folgen der Verfehlung, auch die rein beamtenrechtlichen, in die Gesamtmaßregelung einbezogen werden müssen. Es stößt bei Betroffenen wie bei Richtern, vor allem bei den ehrenamtlichen Beamtenbeisitzern, die bei den Kammern der VG immer die Stimmenmehrheit haben, auf **Unverständnis**, dass bei der Auswahl und der Bemessung der Disziplinarmaßnahme nicht einbezogen werden soll, dass ein beschuldigter Beamter wegen seiner Verfehlung vorweg schon erhebliche dienstrechtliche Nachteile hat hinnehmen müssen: Z.B. kann er auf einen Dienstposten mit geringerer oder keiner monatlichen Zulage umgesetzt worden sein, möglicherweise hat er mit der Umsetzung zugleich den Beförderungsposten verloren, auch kann er mit einer Versetzung an eine weit entfernte Dienststelle höhere Fahrtkosten und erheblichen Freizeitausfall haben, das Aufsteigen in den Gehaltsstufen, Jubiläumszulage gehen kraft Gesetzes verloren. Dieses von der höchstrichterlichen Rspr. bislang energisch verteidigte **Nebeneinander von beamten- und disziplinarrechtlichen Folgen** hat bei Betroffenen und Beteiligten wenig Akzeptanz. Ohne **Akzeptanz**, die im Übrigen hinsichtlich der Notwendigkeit von Konsequenzen für Fehlverhalten in hohem Maße in der Beamtenschaft vorhanden ist, verfehlt jede Einflussnahme ihre Wirkung.

Häufig wird in der gerichtlichen Praxis auch bemängelt, dass es an der – im Strafverfahren längst eingeführten – **Flexibilität in der Maßnahmenwahl** fehlt. Ersatzmaßnahmen nach

---

38 Vgl. Ule, DVBl. 1973, 442 ff.
39 vgl. Müller-Eising, ZBR 1999, 145, 147.

freier richterlicher Wahl, die Kombination verschiedener dienstrechtlicher Folgen und Auflagen könnten ein Sanktionensystem ermöglichen, das dem zeitgemäßen Bedürfnis nach Rehabilitation und Motivation des unzuverlässigen Beamten entgegenkommt. Schon die Dauer des Beamtenverhältnisses auf Lebenszeit legt die Möglichkeit differenzierterer, fantasievollerer Einwirkungen auf den Beamten nahe. Dazu kommt, dass sich das Selbstverständnis und die Einstellung der Beamtenschaft zu Gesellschaft und Staat ebenso fortentwickelt haben wie die Einschätzung der öffentlichen Verwaltung durch die Allgemeinheit. Für ein verändertes Verständnis des »Staatsdienstes« kann das Vorwort des damaligen Bundesinnenministers (Maihofer) zum neuen »**Aktionsprogramm zur Dienstrechtsreform**« von 1976 zitiert werden: »So wie der Mensch nicht um des Staates willen da ist, sondern der Staat um des Menschen willen, so ist auch der Diener unseres Staates nicht um des Staates willen, sondern um des Bürgers willen da. Was vom öffentlichen Dienst gefordert wird, ist nicht Dienst am Staat, sondern Dienst am Menschen ...« Schon im **derzeitigen System des gesonderten Beamtenrechts können die notwendigen Reformen** des Disziplinarrechts betrieben werden.

Aber auch einem **einheitlichen Dienstrecht** müssen die »hergebrachten Grundsätze des Berufsbeamtentums« i. S. d. Art. 33 Abs. 5 GG nicht entgegenstehen, wenn die Statusregelungen des Beamtenrechts nicht abgebaut, sondern diejenigen der Angestellten und Arbeiter angehoben werden. Ohnehin hat sich der Rechts- und Sozialschutz von Angestellten und Arbeitern in den letzten 100 Jahren dem der Beamtenschaft erheblich angenähert (Entlassungsschutz, Altersversorgung, Krankheitsschutz, Urlaub, Fortbildung usw.), so dass die ursprüngliche Kluft zwischen den verschiedenen Arten von Arbeitnehmern im öffentlichen Dienst ohnehin nicht mehr besteht. Außerdem zeigt sich auch, dass die das »Beamtenverhältnis« rechtfertigenden Begriffe der »Hoheitsverwaltung« und der »Verwaltungsfunktion« immer mehr relativiert und aufgelöst werden, indem alle Arten von Arbeitnehmern im hoheitlichen wie im nichthoheitlichen Bereich der öffentlichen Verwaltung eingesetzt werden. Allerdings muss dann auch eine politische (möglicherweise verfassungsrechtliche) Lösung für die Bereiche »**Tarifautonomie**« und »**Streikrecht**« im gesamten öffentlichen Dienst gefunden werden.

Ein punktuelles Absetzen alt-ehrwürdiger beamtenrechtlicher Gedanken ist notwendig. Jede Staatsform hat ihr eigenes öffentliches Dienstrecht. Auch dasjenige des Grundgesetzes unterliegt naturgemäß dem Wandel, s. u. Ziff. 12.[40]

11. Was bei der Diskussion der Reform des öffentlichen Dienstrechts (s. o. Ziff. 8) den Vertretern der herkömmlichen Beamtendoktrin verfassungsrechtlich und politisch als unakzeptabel galt, erscheint denselben für die mittlerweile vollzogene **Privatisierung öffentlicher Verwaltungen** (Flugsicherung, Bahn, Post) durchaus unbedenklich. Mit ihr ist die Einschränkung bzw. Abschaffung des Berufsbeamtentums im Bereich bisheriger Staatsaufgaben i. S. d. Art. 33 Abs. 4, 87 Abs. 1, 87 d Abs. 1 GG verbunden.

12. Nach Änderung der Verfassung durch Einfügung der Art. 87 e, 87 f, 143 a und 143 b sind durch Gesetz zur Neuordnung des Eisenbahnwesens (ENeuOG v. 27.12.1993, BGBl. I, S. 2378) für die Bahn und durch Postneuordnungsgesetz (PTNeuOG v. 14.9.1994, BGBl. I S. 2325) für die Post die großen Sondervermögen des Bundes »privatisiert« worden (im Einzelnen vgl. Schönrock, Beamtenüberleitung anlässlich der

---

40 Vgl. im Einzelnen Summer zur historischen und heutigen verfassungsrechtlichen Bedeutung der hergebrachten Grundsätze des Berufsbeamtentums, ZBR 1992, 1 ff.; ders., »Die deutsche Staatsangehörigkeit und das Beamtenverhältnis«, ZBR 1993, 97 ff.; Blanke/Sterzel, »Probleme der Personalüberleitung im Falle einer Privatisierung der Bundesverwaltung (Flugsicherung, Bahn und Post)«, AuR 1993, 274.

Einführung

Privatisierung von öffentlichen Unternehmen, Diss., nur im Internet veröffentlicht, *http://dochost.rz.hu-berlin.de/dissertationen/schoenrock-sabrina-2000-02-15/*; Roß, Das materielle Disziplinarrecht der in den Nachfolgeunternehmen von Bundesbahn und Bundespost tätigen Beamten, Diss. Frankfurt a. M. 1999). Während die aus der Deutschen Bundespost entstandene Deutsche Telekom AG tatsächlich – teilweise – über Aktienemissionen in Privateigentum übergegangen ist, sind Deutsche Postbank AG, Deutsche Post AG sowie Deutsche Bahn AG noch zu 100% in Bundesbesitz, so dass es sich nur um eine formelle Privatisierung handelt.

Für den Bereich der Bahn wurde der unternehmerische Teil zur DB-AG ausgegliedert, die als Konzernobergesellschaft besteht, der fünf eigenständige AG untergeordnet sind. Den Verwaltungsbereich nehmen Bundeseisenbahnvermögen (BEV) und Eisenbahnbundesamt (EBA) als Bundesoberbehörden wahr (Art. 3 ENeuOG). Die Beamten der DB wurden zum größten Teil gem. § 12 Abs. 2 DBGrG (Deutsche Bahn Gründungsgesetz = Art. 2 ENeuOG) der Bahn AG zugewiesen. Möglich ist auch das Ausscheiden aus dem Beamtenverhältnis oder die Beurlaubung ohne Besoldung unter Abschluss eines privatrechtlichen Arbeitsvertrages mit der DB AG, was allerdings in der Regel nur für Beamte des höheren Dienstes zu verbesserten Tarifen möglich war. Die DB AG erhielt in großem Umfang Dienstherrenbefugnisse übertragen (DBAG-ZuständigkeitsVO v. 1. 1. 1994, BGBl. I S. 53), die mit den betrieblichen Notwendigkeiten korrelieren (z. B. Weisungsrecht). Verwaltende Zuständigkeit, insbesondere disziplinare Befugnisse verblieben beim BEV (§ 3 Abs. 2 DBGrG).

Die DBP wurde zunächst in 3 Unternehmensbereiche gegliedert, die nach § 1 Abs. 1 und 2 PostUmwandlungsgesetz (PostUmwG = Art. 3 PTNeuOG) in die 3 AG umgewandelt wurden. Die dienstrechtlichen Befugnisse nehmen gem. § 1 Abs. 1 PostPersonalrechtsGesetz (PostPersRG = Art. 4 PTNeuOG) die Unternehmen im Wege der Beleihung direkt wahr. Die Beamten wurden direkt und unmittelbar in die privaten Unternehmen übergeleitet, soweit nicht auch sie ausgeschieden oder beurlaubt sind und Angestellte einer der AG oder der nachgeordneten Tochterfirmen werden.

Dienstherr für die Beamten sowohl bei Bahn als auch bei Post als unmittelbare Bundesbeamte bleibt der Bund.[41] Ihr Status bleibt somit vollständig erhalten. Sie leisten ihren Dienst für den Bund bei den AG. Es muss hier nicht dargestellt werden, welche verfassungsrechtlichen und gesellschaftspolitischen Bedenken gegen die Privatisierung von Staatsaufgaben – nicht gegen die Reform des öffentlichen Dienstrechts! – bestehen.[42] Jedenfalls ist zu beachten, dass der Funktionsvorbehalt für das Berufsbeamtentum aus Art. 33 Abs. 4 GG und entsprechend der Rspr. des BVerfG[43] eine verfassungsrechtliche Sperrwirkung für die Wahrnehmung von Staatsaufgaben in Formen des Privatrechts erzeugt.[44] Die Weitergeltung der beamtenrechtlichen Amtspflichten und des Disziplinarrechts für die bisherigen Bundesbeamten bleibt jedenfalls höchst zweifelhaft. Denn nur soweit der Staat die Wahrnehmung staatlicher Aufgaben i. S. d. GG auf andere Rechtsträger überträgt (wirksam übertragen kann!), können diese Rechtsträger »Dienstherreneigenschaft« und die Beamten ihren staatlichen Verwaltungsauftrag erlangen. Rechtspersonen des Privatrechts haben obrigkeitliche Aufgaben nicht zu erfüllen. Die Privatisie-

---

41 BVerwG v. 28. 11. 2000 – 1 D 56.99.
42 Vgl. hierzu die bemerkenswerte kritische Analyse mit weiteren Hinweisen von Blanke/Sterzel, a. a. O., S. 265 ff., Fn. 40.
43 BVerfGE 17, 371 ff., 377; E 9, 268 ff., 284.
44 Vgl. Ehlers, Verwaltung in Privatrechtsform, 1984, S. 121 ff.; Blanke/Sterzel (Fn. 39), S. 268 Fn. 40.

rung der entsprechenden Dienstleistungen ist ja auch gerade der Zweck der beabsichtigten Privatisierungen. Deshalb können private Rechtsträger auch niemals staatliche Beamte haben.[45] Gleichgültig, ob die Privatisierung einer Bundesverwaltung als »unechte« oder als »echte« (materielle) Aufgabenprivatisierung erfolgt.[46] Die Verkoppelung von »staatlichen Beamten« mit »Privatunternehmen« ist unvereinbar. Wenn sich der Staat privater Rechtsformen bedient bzw. seine staatlichen Aufgaben zu deren Gunsten aufgibt, so kann er nicht in diese hineinregieren.[47] Nach der Privatisierung der ehemaligen Staatsaufgaben ist dem öffentlich-rechtlichen Dienst- und Treueverhältnis, in dem die Beamten bisher zum Staat standen und aus dem sich allein die dienstlichen Amtspflichten ableiten lassen, die Grundlage entzogen.[48] Entsprechend dürfen die Nachfolgeunternehmen von Bahn und Post auch keine Beamten mehr einstellen. Obwohl die Beamten bei der Dienstleistung auch die privaten Interessen der Unternehmen zu wahren haben (z. B. Vermögensmehrung, Umsatzsteigerung), die nicht in jedem Fall den hoheitlichen Interessen entsprechen müssen, geht die h. M. davon aus, dass die beamtenrechtlichen Pflichten uneingeschränkt weitergelten[49] und Verfehlungen disziplinarrechtlich geahndet werden können. Richtig daran ist, dass statusbezogene Einschränkungen nicht begründbar sind. Für den beschäftigungsbezogenen Bereich ist die jeweilige Norm jedoch nach ihrem Schutzgedanken in Bezug auf die Belange des Dienstherrn (also des Bundes) auszulegen. Verfehlungen des Beamten bei der AG sind also nur dann relevant, wenn das Vertrauensverhältnis zum Bund davon berührt wird. Die Unterschlagung eines Geldbetrages durch einen unter Beurlaubung ohne Besoldung bei der DeTeMobil Deutsche Telekom MobilNetz GmbH angestellten Beamten bei dieser Gesellschaft stellt daher ein **außerdienstliches** Verhalten dar[50] und ist nicht milder zu ahnden als ein entsprechendes innerdienstliches Vergehen, solange der Bund an den AGs beteiligt ist.[51]

13. Der Beitritt der ehemaligen DDR-Länder zur Bundesrepublik – **Einigungsvertrag** v. 31. 8. 1990 (BGBl. II S. 885, 1142) – hat keine Auswirkungen auf Bestand und Struktur des Disziplinarrechts des Bundes. Es wurde lediglich der räumliche Geltungsbereich des BBG und der BDO auf das Beitrittsgebiet, vorübergehend auch sachlich auf Landes- und Kommunalbeamte der neuen Bundesländer erstreckt.[52] Zwar ist trotz des Verbeamtungsgebots des Einigungsvertrags die Errichtung des Berufsbeamtentums im Beitrittsgebiet nur zögernd in Gang gekommen (wegen der Privatisierung von Flugsicherung, Bahn und Post s. o. Ziff. 12). Dies ändert aber nichts grundsätzlich an der Geltung und Bedeutung des Disziplinarrechts insgesamt.

14. Ebenso wenig inhaltliche und strukturelle Auswirkung auf das deutsche Beamten- und Disziplinarrecht hat das **Europäische Gemeinschaftsrecht**. Die Europäische Men-

---

45 Vgl. Plog/Wiedow/Lemhöfer/Bayer, Komm. zum BBG, § 2 Rn. 27; Schuppert, unveröffentlichtes Rechtsgutachten im Auftrag der SPD-Fraktion, 1992, S. 109; Blanke/Sterzel (Fn. 39), S. 270 Fn. 40; dagegen großzügig Battis, Gutachten zur Weiterbeschäftigung der Beamten im privatisierten Postunternehmen (im Auftrag des BMPT), 1992, S. 7 ff. und 36 ff.; Scholz, Berufsbeamtentum nach der Wiedervereinigung – Die Personalstruktur der Deutschen Bundespost, unveröff. Gutachten 1992.
46 Vgl. Blanke/Sterzel (Fn. 39), S. 266 Fn. 40.
47 So BVerfG, zuletzt zur Verfassungswidrigkeit von Beamteneinsätzen gegen den Streik der Angestellten und Arbeiter, NJW 1993, 1379.
48 Vgl. Peine, Der Funktionsvorbehalt des Berufsbeamtentums, Die Verwaltung 1984, S. 415 ff., 434; Ehlers (Fn. 42), 43; Blanke/Sterzel (Fn. 39), S. 273 ff. Fn. 40.
49 BVerwGE 111, 231 = NVwZ 2001, 810.
50 BVerwGE 111, 231 = ZBR 2000, 387.
51 BVerwG v. 24. 10. 2002 – 1 DB 10.02.
52 Vgl. dazu § 1 Rn. 2; im Einzelnen Weiß, ZBR 1991, 1 ff.; Karpen/Maaß, NVwZ 1992, 942.

Einführung

schenrechtskonvention (MRKV) v. 7. 8. 1952 (BGBl. II S. 658) gilt zwar als innerdeutsches Recht,[53] enthält aber nur allgemeine Rechtsgrundsätze und keine Strukturänderungen des nationalen Beamten- und Disziplinarrechts.[54] Das Dienstrecht – einschließlich Disziplinarrecht – der Europäischen Gemeinschaften selbst gilt nur für deren eigene Bedienstete.[55] Auf das nationale Beamtenrecht zielt zwar die Frage nach der Staatsangehörigkeit als Eingangsvoraussetzungen zum Beamtenverhältnis in den jeweiligen Mitgliedstaaten.[56] Aber ist ein Angehöriger eines anderen Mitgliedstaates erst einmal in das deutsche Beamtenverhältnis übernommen worden, untersteht er voll dem deutschen Beamten- und Disziplinarrecht.[57] Auch die Freizügigkeit in den Berufszulassungen des seit dem 1. 1. 1993 bestehenden europäischen Binnenmarktes (vereinbart in der »Einheitlichen Europäischen Akte« v. 1. 7. 1987) ändert an dieser Rechtslage nichts. Das gilt auch für die »Europäische Union«, die schrittweise durch den Maastrichter Vertrag geschaffen werden soll. Die mit ihr vorgesehene »Unionsbürgerschaft« mit freiem Zuzugs- und Wahlrecht beeinflusst das nationale öffentliche Dienstrecht noch nicht.

II. Funktion des Disziplinarrechts

1. Disziplinarrecht regelt die Frage, wann ein Dienstvergehen begangen wurde, wie es aufgeklärt werden muss und welche disziplinare Reaktion darauf zu erfolgen hat. Da es **Bestandteil des Beamtenrechts** ist, hängen die Antworten weitgehend vom Zustand des geltenden Beamtenrechts ab. Danach, wie sich die Rolle und die Funktion der Beamtenschaft in der heutigen Gesellschaft darstellen, bestimmen sich auch Zweck und Ziel des Disziplinarrechts. Nach wie vor hat die Beamtenschaft die Aufgabe, den staatlichen Auftrag der öffentlichen Verwaltung umzusetzen (Art. 33 Abs. 4 GG), indem sie innerhalb der organisierten Verwaltungszuständigkeiten die Gesetze erfüllt, bzw. die auf Gesetzen beruhenden Verordnungen, Verwaltungsanweisungen und dienstlichen Anordnungen befolgt. Diese **gesetzmäßige Verwaltung** zu erhalten und zu sichern, ist nach wie vor die Aufgabe des Disziplinarrechts.

Selbst in dem Bereich **dienstlicher Verwaltungstätigkeit** im Rahmen des übertragenen Amts und des Dienstpostens ist der Beamte nicht nur »technisch Ausführender«, sondern zugleich »**integrierende Persönlichkeit**, deren Tätigkeit vom Ganzen her bestimmt wird und wesensbestimmend auf das Ganze zurückwirkt«.[58] Alle Beamten stehen aber neben ihrer alltäglichen, dienstlichen Arbeit auch im Rahmen ihres Rechtsstatus als Subjekt des gegenseitigen Treueverhältnisses ihrer Verwaltung gegenüber. Sie haben subjektive Rechte persönlicher und finanzieller Art, die ihnen sowohl aus der Abwicklung der Dienstgeschäfte als auch außerhalb derselben erwachsen (z. B. Reisekostenerstattungen, Auf-

---

53 BVerfGE 10, 274; NJW 1992, 2472.
54 Vgl. dazu A. V Rn. 128.
55 Vgl. Ipsen, Grundzüge des europäischen Dienstrechts, ZBR 1989, 40 ff.
56 Vgl. die Aktion der Kommission der EG auf dem Gebiet der Anwendung von Art. 48 Abs. 4 EWG-Vertrag, Amtsblatt der EG vom 18. 3. 1988 – Nr. C 72/2 ff. Mit dieser Aktion wurden die Mitgliedstaaten aufgefordert, mindestens für die unteren Beamtendienste auf die Voraussetzung der nationalen Staatsangehörigkeit zu verzichten.
57 Ein etwaiger gemeinschaftsrechtlicher Anspruch auf Einstellung als Beamter geht deutschem Recht, auch dem Beamtenrecht, vor und kann unmittelbar vor deutschen Gerichten eingeklagt werden: BVerwG, st. Rspr., DRiZ 1993, 240.
58 Behnke-Arndt, S. 53 f.

wandsentschädigungen, Umzugskostenerstattungen, Urlaubsbewilligungen). Darüber hinaus stellen sich alle Mitarbeiter in der täglichen Zusammenarbeit als Kollegen, Vorgesetzte oder Untergebene mit ihrem zwischenmenschlichen Selbstverständnis dar. In all diesen Beziehungen wirken sich wie im Staatsganzen so auch in der Beamtenschaft die Impulse aller gesellschaftlichen und politischen Kräfte zur lebendigen Wirklichkeit aus. Die Auswirkungen unterschiedlichen Integrationsverhaltens der Beamtenschaft in vergangenen Zeiten sind in Einf. I dargestellt. So oder so ist ihre Wirksamkeit auch heute nicht zu bestreiten.

Wie stellt sich die Beamtenschaft unter den heutigen verfassungsrechtlichen und gesellschaftlichen Verhältnissen dar? Der **freiheitliche soziale Rechtsstaat** des Grundgesetzes geht von einer **pluralistischen Gesellschaft** aus, in der dem Einzelnen sowohl eigene Verantwortung für die Verfassungswirklichkeit als auch das Recht auf Entfaltung der Persönlichkeit übertragen sind. Die Beamtenschaft hat die Gesetzmäßigkeit der Verwaltung in unabhängiger Gesetzeserfüllung zu sichern, steht aber gleichzeitig – als Staatsbürger – innerhalb und – in seiner Amtsfunktion als Kontrahent – gegenüber einer offenen, politisch kämpferischen und fordernden Gesellschaft. Seit dem absolutistischen Rechtsstaat (vgl. Einf. I. 2) wird der Beamtenschaft angesichts einflussnehmender Kräfte (welcher Art auch immer) die Funktion zugeschrieben, eine **neutrale, ausgleichende Kraft** zu sein. Diese auch heute noch beschwore Formel[59] kann aber nicht bedeuten, dass die Beamtenschaft verpflichtet sei, den gesellschaftspolitischen Machtkampf aller gesellschaftlichen Kräfte zu neutralisieren oder gar zu blockieren. Die Beamtenschaft hat nicht die Funktion, quasi von Staats wegen i. S. d. Regierenden steuernd, bremsend oder lähmend in diesen Meinungskampf einzuwirken. Sie hat sich zwar **im Rahmen der amtlichen Tätigkeit** eigenen Meinungskampfes zu enthalten und nur die ihrer Verwaltung anvertrauten gesetzlichen Aufgaben zu erfüllen. Das bedeutet aber nicht, dass sie sich i. S. d. Treuepflicht aus § 60 Abs. 1 Satz 3 BBG oder der Mäßigungspflicht aus § 60 Abs. 2 BBG immer und in jeder Situation, vor allem **außerdienstlich**, eigener gesellschaftspolitischer Meinungen und Aktivitäten zu enthalten habe.[60] Selbst **innerdienstlich** wird sich wegen der oben dargestellten Integrationsfunktion der Beamtenschaft eine gesellschaftspolitische Tendenz zwangsläufig auch auf die Art der verwaltungsmäßigen Gesetzesanwendung auswirken. Andernfalls müssten Beamte wirklich meinungslose, uninteressierte, also verfassungspolitisch pathologische Wesen sein. Selbstverständlich gelten auch für gesellschaftspolitisch denkende und aktive Beamte die Bindung an die Verfassung und die Gesetze und die Gebote der Sachlichkeit, Objektivität und Neutralität in der Amtstätigkeit. Angesichts weiter Bereiche von Ermessen und unbestimmter Rechtsbegriffe einerseits und moderner, durch Selbstverantwortung, Delegation und Kooperation auch im öffentlichen Dienst geprägter Arbeitsstruktur andererseits fließen zwangsläufig veränderte Vorstellungen von Bürgerrecht und Bürgerfreiheit, von Staatsaufgaben und Verwaltungsverantwortung in das alltägliche Verwaltungshandeln ein. Das muss sich auch auf die Frage auswirken, nach welchen Kriterien die für eine gesetzmäßige, freiheitlich-rechtsstaatliche Verwaltung notwendige Integrität eines Beamten beurteilt und wann sie beeinträchtigt oder zerstört ist, so dass disziplinarrechtliche Maßnahmen erforderlich werden.

2. Als **Ziel und Zweck des Disziplinarrechts** können sich vielerlei Vorstellungen anbieten. Schutzzweck könnten sein: der allgemeine Moral- und Sittenkodex der Gesellschaft, berufsständische Verhaltensnormen, die strafrechtlich geschützte Rechtsordnung, die

---

59 BVerfG, Beschl. v. 6. 6. 1988 – 2 BvR 111/88 – DRiZ 1988, 301; ebenso in E 6, 162; 7, 162; 11, 216; vgl. auch die bei Behnke-Arndt, S. 54 Fn. 55, Zitierten.
60 Vgl. dazu die Rspr. des BVerfG, nachst. B. II. 2. Rn. 2, 3.

Einführung

Funktion der öffentlichen Verwaltung. Nach heutiger Rechtslage ist das Disziplinarrecht reines **Funktionsrecht** zur Sicherung der öffentlichen Verwaltungsaufgabe und in seiner verfahrensrechtlichen Ausgestaltung zugleich Schutzrecht der Beamten.[61] In diesem Rahmen hat der Beamte allerdings nicht mehr die Funktion, i. S. d. überholten »Staatsorgantheorie« (Einf. I. 6) Repräsentant des Staates rund um die Uhr und im Dienst wie im Privatleben zu sein. Disziplinarrecht ist nicht dazu bestimmt, die »soziale Repräsentanz des Staates« gegenüber der Gesellschaft zu sichern (so allerdings BVerwGE 83, 303). Disziplinarrecht hat ausschließlich **rationalen** Zwecken zu dienen. Ihm haben moralische oder strafrechtliche Maßstäbe ebenso fremd zu sein wie berufsethische Formeln »halb lyrischer, halb theologischer Art«.[62] Disziplinarrecht ist Interessenschutz des öffentlichen Dienstes, der die **Abwägung der Interessen beider Partner** des gegenseitigen Vertrauensverhältnisses erfordert.

Die Funktion des Disziplinarrechts als Steuerungsinstrument für eine funktionierende Verwaltung erfordert eine **konkrete** Überprüfung des fraglichen Verhaltens auf seine **Dienstbezogenheit**, also auf die Frage, wie sich das Fehlverhalten auf den dienstlichen – möglicherweise auch auf den künftigen, laufbahnmäßig denkbaren – Aufgabenbereich des Beamten auswirken könnte. Die konkrete, **unmittelbare Dienstbezogenheit** eines Fehlverhaltens ist die eigentliche Rechtfertigung für disziplinarrechtliches Einschreiten. An ihr müssen sich auch Wahl und Bemessung der beabsichtigten Disziplinarmaßnahmen orientieren. Wo die unmittelbare dienstliche Auswirkung auf den übertragenen Aufgabenbereich fehlt, stellt sich grundsätzlich die Frage nach der Berechtigung disziplinarer Verfolgung. Als Ausnahme von diesem Grundsatz lässt § 77 Abs. 1 Satz 2 BBG für außerdienstliche Verhaltensweisen eine **mittelbare Dienstbezogenheit** genügen, allerdings unter zusätzlichen Bedingungen. Hierbei wird nicht auf die weitere dienstliche Einsatzfähigkeit i. S. leistungsmäßiger Zuverlässigkeit abgestellt, sondern auf amtserforderliche Achtung und Ansehen.[63] Zwar wird hierdurch auf das äußere Erscheinungsbild der Beamtenschaft abgestellt, also auf moralische Wertungen. Tatsächlich sind aber erhebliche Achtungs- und Ansehensbeeinträchtigungen, die nicht zugleich auch konkret mindestens die allgemeine Funktionsfähigkeit, nämlich die Akzeptanz der Verwaltung in den Augen der Gesellschaft, berühren, kaum denkbar. Jedenfalls muss auch in diesem – außerdienstlichen – Bereich die mittelbare Dienstbezogenheit konkret geprüft und dargelegt werden, damit ein Dienstvergehen angenommen werden kann. In vielen Fällen wird ohnehin durch das außerdienstliche achtungs- und ansehensschädliche Verhalten zugleich auch das innerdienstliche Vertrauen in zuverlässige und korrekte Dienstleistung beeinträchtigt sein. Das kommt in Betracht z. B. bei schwer kriminellem Verhalten, aus dem eine persönlichkeitsbedingte Labilität generell ersichtlich ist. Bei bestimmten außerdienstlichen Verhaltensweisen kann sogar ein unmittelbarer Zusammenhang mit dienstlichen Kernpflichten bestehen, z. B. bei Alkoholismus eines dienstlichen Busfahrers oder Lokführers.

Bei einem auf Lebenszeit begründeten gegenseitigen Dienst- und Treueverhältnis sind Einwirkungs- und Korrekturmöglichkeiten als Folge von erheblichen Störungen des Vertrauensverhältnisses unverzichtbar. Solche dienstrechtlichen Maßnahmen haben sich an rationalen, an der Funktionsfähigkeit des öffentlichen Dienstes und der dienstlichen Einsatzfähigkeit des Beamten zu messenden Grundsätzen auszurichten. Mit der Kompliziert-

---

61 BVerwGE 46, 64, 66; BVerfG NJW 1972, 93; Arndt, DÖV 1966, 809 ff., und in Behnke, S. 55 ff.; Fliedner, ZBR 69, 140 ff.; Claussen/Janzen, Einl. A Rn. 4.
62 Reuss, JR 1964, 1; Behnke-Arndt, S. 62 Rn. 35.
63 Soweit auch auf die – dienstliche – Vertrauenswürdigkeit abgestellt wird, handelt es sich wieder um unmittelbare Dienstbezogenheit.

heit des Lebens sind auch die Anforderungen an den öffentlichen Dienst größer geworden. Das setzt auch eine höhere Selbstverantwortung von Beamten voraus, die einhergeht mit größeren privaten Freiräumen und stärkerem Selbstbewusstsein.»Beides führt zwangsläufig zur Einschränkung erzieherischer Eingriffe. **Disziplinarmaßnahmen sind ohnehin nicht die einzigen, auch nicht die besten Mittel zur Erziehung der Beamtenschaft.«**[64]

3. Dass Disziplinarrecht **kein Strafrecht** ist, wird seit Ende des 19. Jahrhunderts allgemein vertreten (Fn. 57, s. Einf. I. 5.). Daraus ergaben sich Konsequenzen, die der Erziehungs- und »Reinigungs«funktion des Disziplinarrechts – besser »Pflichtenmahnungs- und Lösungsfunktion« – (zum pflichtenmahnenden Zweck des Disziplinarrechts s. A. IV. Rn. 88 ff.) wie auch dem Schutz der Beamtenschaft dienten, teils aber auch begünstigende Rechts- und Verfahrensgrundsätze des Strafrechts ausschlossen (vgl. unten zu Fn. 62 ff. sowie A. I. Rn. 15–17, II Rn. 50, V Rn. 126, 128).

Disziplinarrecht unterscheidet sich schon dadurch vom Strafrecht, dass es auf einer **persönlichen Bindung** in einem konkreten Dienstverhältnis beruht, während der Staatsbürger lediglich der allgemeinen Rechtsordnung unterworfen ist. Entsprechend zielt das Strafrecht mindestens auch auf Vergeltung und Sühne hinsichtlich des begangenen Rechtsbruchs hin. Disziplinarrecht dagegen hat sich repressiver Absichten zu enthalten und lediglich das Funktionieren der Verwaltung und die weitere Einsatzfähigkeit der Beamten zu sichern, und zwar durch (individuelle und generalpräventive) Einwirkung oder, falls diese nicht mehr ausreicht, durch Lösung des Beamtenverhältnisses. Die im modernen Strafrecht in den Vordergrund getretene **Resozialisierung** kommt im Disziplinarrecht nur im Rahmen der **pflichtenmahnenden** Maßnahmen unter dem Gesichtspunkt der **Rehabilitation** (Bewährung) zum Zuge. Hier werden schon für die Auswahl und die Bemessung der Disziplinarmaßnahme bei der Prüfung der – noch verbliebenen – Vertrauenswürdigkeit und des Erziehungsbedürfnisses die Möglichkeit und die Chance der künftigen Bewährung berücksichtigt. Ist das **Vertrauensverhältnis zerstört**, so kann ein betroffener Beamter nicht mehr verantwortlich mit Verwaltungsaufgaben betraut werden. Diese **objektive Untragbarkeit** für den Staatsdienst kann nicht durch individuelle, soziale Erwägungen ausgeschaltet werden. Denn in ihr kommt die absolute Ungeeignetheit des Betroffenen für staatlich verantwortliche Tätigkeit zum Ausdruck. Vor dieser Ungeeignetheit und Unzuverlässigkeit müssen die Verwaltung, vor allem aber auch die Bürger und Adressaten der Verwaltung geschützt werden. Während der straffällige Bürger Mitglied der Gesellschaft bleibt und nach Möglichkeit in diese wieder integriert werden soll, muss der pflichtwidrige Beamte nicht zwangsläufig im öffentlichen Dienst bleiben. Er kann auch in einem anderen Beruf arbeiten. Deshalb kommt bei einem die Dienstentfernung erfordernden Dienstvergehen eine ausnahmsweise Belassung im Dienst allein aus Gründen der Resozialisierung oder der schwerwiegenden sozialen Folgen nicht in Betracht.[65]

Aus der **Persönlichkeitsbezogenheit** des Disziplinarrechts ergibt sich, dass die **Pflichtenregelungen** unmittelbar an die Person des Beamten gerichtet und **nicht tatbezogen** sind. Im Gegensatz zu den tatbezogenen Straftatbeständen des Strafrechts, in denen abstrakte Rechtsgüterverletzungen negativ mit Strafe bedroht werden, richten sich die beamtenrechtlichen Pflichtennormen positiv an den Beamten. Das erklärt, warum die Dienstpflichten weitgehend »**unbestimmt**«**, generalklauselhaft** formuliert sind: Positive Werteregeln lassen sich kaum anders als in tendenziellen Zielvorstellungen vermitteln. Bei aller

---

64 Behnke-Arndt, S. 62 Rn. 35.
65 BVerwGE 43, 97; DÖD 1984, 88, ZBR 1983, 371; vgl. A. IV. Rn. 84.

Einführung

Problematik sind diese Generalklauseln dennoch durch empirische Konkretisierung justiziabel.[66] Das ist zwar in allen Rechtsbereichen mehr oder weniger nötig und üblich. Im Disziplinarrecht kommt dem aber angesichts der fast ausschließlichen Generalklauseln besondere Bedeutung zu. Deshalb ist das **materielle Disziplinarrecht** vorwiegend **Richterrecht** (A. II. Rn. 52 ff.). Dabei kommt wegen der unbestimmten Regelung des Pflichtenkatalogs dem Gesichtspunkt der **Evidenz** als Voraussetzung des Bewusstseins der Pflichtwidrigkeit besondere Bedeutung zu. Zweifeln an der Evidenz im konkreten Fall »redlich und kritisch nachzugehen, ist die Aufgabe rechtsstaatlich-zeitgemäßer Disziplinarausübung«.[67] Ungebunden wie die Pflichtentatbestände sind auch die **Folgen eines Dienstvergehens, die Disziplinarmaßnahmen.** Sie sind zwar im BDG ausdrücklich geregelt. § 13 BDG regelt nun neuerdings die Bemessung der Disziplinarmaßnahmen, bleibt aber sehr abstrakt. Ihre Anwendung im konkreten Fall ist aber offen gelassen und muss nach **richterlichem Ermessen** unter Beachtung des Grundsatzes der Einheit von Dienstvergehen und Maßregelung entschieden werden. Zur Bewertung von Dienstvergehen, ihre Einstufung in den Maßnahmenkatalog und zur Bemessung der Maßnahmen haben die Disziplinargerichte Rechtsgrundsätze entwickelt, die die notwendige Konkretisierung und Kategorisierung liefern.

Da Disziplinarrecht in keiner Weise Strafrecht ist, sind die allgemein im **Strafrecht bekannten Institute** wie Fortsetzungszusammenhang, Tateinheit – Tatmehrheit, Versuch, Teilnahme hier **ohne Bedeutung**. Ebenso ist seit langem anerkannt, dass – außerdienstliche – **Straftaten** nicht immer zugleich Dienstvergehen darstellen. Ebenso kommt es für die Feststellung eines Dienstvergehens nicht darauf an zu erklären, ob dieser oder jener Straftatbestand erfüllt ist.[68]

Auch in den **Verfolgungsgrundsätzen** unterscheiden sich beide Rechtsgebiete: Während § 152 Abs. 2 StPO die Staatsanwaltschaft verpflichtet, gegen alle strafbaren Handlungen einzuschreiten (**Legalitätsprinzip**), gilt Gleiches nur für die »Aufklärung« durch die nach § 17 Abs. 1 BDG einzuleitenden Ermittlungen, nicht aber für die weitere Verfolgung und Maßregelung. Insoweit geben §§ 32–34 BDG dem Disziplinarvorgesetzten freies Ermessen, eröffnen also das **Opportunitätsprinzip**.

Mit der Eigenständigkeit und Andersartigkeit des Disziplinarrechts werden allerdings auch **Rechtsgrundsätze bestritten**, die im Strafverfahren zum Wohle des Betroffenen angewandt werden: So soll die **Verjährungsregelung** kein Verfolgungsverbot, sondern nur ein Maßnahmeverbot sein,[69] und einzelne Pflichtverletzungen sollen nicht der Verjährung unterworfen sein.[70]

Die **Verwirkung** wird für das Disziplinarverfahren generell abgelehnt. Art. 6 der **Menschenrechtskonvention** – unangemessene Verfahrensverzögerung – hingegen findet nach der neueren Rspr. des BVerwG in Abkehr von der Rspr. der früheren Disziplinarsenate dann Anwendung, wenn nicht die Entfernung des Beamten oder die Aberkennung des Ruhegehalts notwendig werden, sondern pflichtenmahnende Disziplinarmaßnahmen ausreichen.[71] Insoweit ist zumindest ein großer Schritt auf dem Weg der Modernisierung und Harmonisierung des Disziplinarrechts durch die Disziplinargerichte erfolgt.

---

66 Zur Problematik der Konkretisierungsansätze A. II. Rn. 37 ff., insbes. 42–44.
67 So Behnke-Arndt, S. 60 Rn. 30 am Ende.
68 Vgl. zu allem BDHE 3, 125, 130; 7, 94, 95 u. ZBR 1961, 383; BVerwG 10. 8. 1983 – I D 24.83 – Dok. Ber. 1983, 308, und Behnke-Arndt, S. 117 ff.
69 Vgl. wegen der Konsequenzen Fn. 32.
70 Vgl. zu allem § 15 Rn. 9.
71 BVerwG 25. 7. 2013 – 2 C 63.11 Rn. 41, juris = BVerwGE 147, 229–244; 28. 2. 2013 – 2 C 62.11; 29. 3. 2012 – 2 A 11.10; anders etwa früher: BVerwG 5. 5. 1998 – 1 D 12.97.

4. Nach alledem muss sich **zeitgemäßes Disziplinarrecht** mit rationalen, auf seine Funktion beschränkten Maßstäben darum bemühen, die Lebenswirklichkeit zu treffen. Es muss sich der Voraussetzung seiner **Effizienz** bewusst sein. Zu diesen gehört die realistische Einschätzung des gesellschaftlichen Verständnisses von Staat und Verwaltung sowie des Selbstverständnisses der einzelnen Beamten. Naturgemäß muss in einer freiheitlich-rechtsstaatlichen Demokratie noch mehr als im aufgeklärten Absolutismus der Beamtenschaft zugebilligt werden, aus eigenem Antrieb und Verantwortung vor Verfassung und Gesetz und nicht nur aus Gehorsam und Angst vor den Regierenden und Vorgesetzten die übertragenen Verwaltungsaufgaben durchzuführen. Sicher ist ein Teil der Beamtenschaft (zumal in den unteren Laufbahnen mit untergeordneten Aufgaben) i. S. d. Soziologie eher noch »**sanktionsorientiert**« als »**legitimationsorientiert**«. Jedoch ist unverkennbar, dass in allen Schichten und Besoldungsklassen Selbstbewusstsein und Anspruch auf Selbstverantwortung zugenommen haben. Zusammen mit den schon genannten **Führungsmethoden** der Motivation, Delegation und Kooperation ergibt das ein **anderes Menschenbild**. Davon, wie die Disziplinarorgane diese Veränderungen in ihre Praxis aufnehmen, hängt die **Akzeptanz** des Disziplinarrechts ab. Die disziplinaren **Einwirkungskriterien** müssen berücksichtigen, dass nur die konkret belegbare Dienstbezogenheit den Betroffenen und seine Kollegen überzeugt. Und die Beamtenschaft soll mit den Mitteln des Disziplinarrechts **nicht moralisch zu besseren Menschen** erzogen werden, **nicht rund um die Uhr** dem Dienstherrn verpflichtet sein[72] und auch **nicht als perfekte, fehlerfrei arbeitende Mustermenschen** hingestellt werden.[73]

---

[72] BVerwGE 48, 101, 102 – Beamtensenat – im Gegensatz zu früher BDHE 1, 25 u. PrOVGE 89, 416.
[73] BDHE 7, 97 f., DÖV 1966, 840 Sp. 272; DVBl. 1966, 143; BDiG Dok. Ber. 1968, 3311.

A. Allgemeiner Teil

I. Der Dienstvergehenstatbestand

1. Der objektive Pflichtenverstoß

1   Das Bundesbeamtengesetz benennt in § 77 Abs. 1 Satz 1 zwei verschiedene Begriffe: das **Dienstvergehen** und die **Pflichtverletzung**. Der Begriff des Dienstvergehens ist der weitere und zugleich der maßgebliche Begriff. Er ist die Grundlage der disziplinaren Verfolgung (§ 17 Abs. 1 BDG) und Maßregelung (§§ 32–34, 59, 60 BDG). Die Pflichtverletzung folgt aus dem konkreten Pflichtentatbestand. Dieser kann im Beamtengesetz, in einer allgemeinen Verwaltungsregelung oder in einer Einzelweisung enthalten sein. Die Abweichung von der Pflichtennorm ist der **objektive** Teil des Dienstvergehens. Erst mit dem **subjektiven** Teil, dem Verschulden, ist der Tatbestand des Dienstvergehens erfüllt.

2   Das Dienstvergehen setzt mindestens **einen** Pflichtenverstoß voraus, beschränkt sich aber nicht auf diesen. Es ist vielmehr der Inbegriff aller zur Prüfung stehenden Pflichtverletzungen.[1] Darin drückt sich der Grundsatz von der »**Einheit des Dienstvergehens**« aus.[2] Da das Maßnahmerecht persönlichkeitsbezogen ist, kommt es auf eine Bewertung und Maßnahmezuordnung zu den einzelnen Pflichtverstößen nicht nur nicht an, sondern die isolierte Beurteilung und Bewertung der einzelnen Verfehlungen ist grundsätzlich ausgeschlossen. Es gibt keine »portionsweise« Maßregelung einzelner Pflichtenverstöße. Vielmehr ist die aus dem Gesamtverhalten ersichtliche Persönlichkeitsstruktur auf ihre künftige Zuverlässigkeit hin zu prüfen und mit einer einzigen Gesamtmaßnahme pflichtenmahnend zu beeinflussen, oder das Beamtenverhältnis ist zu lösen.[3] Die Gesamtmaßnahme rechtfertigt sich aus der Gesamtschau der Vergangenheit einerseits und dem in die Zukunft gerichteten Mahnungsbedürfnis andererseits. Die dem Strafrecht eigenen Einsatzstrafen und die Bildung von Gesamtstrafen gibt es im Disziplinarrecht nicht, auch nicht in rechtsähnlicher Anwendung.[4] Wegen der aus der »Einheit des Dienstvergehens« folgenden verfahrens- und maßnahmerechtlichen Konsequenzen und Ausnahmemöglichkeiten nachstehend (Rn. 11–18).

3   Der Pflichtenverstoß als objektives Merkmal des Dienstvergehens beruht in jedem Fall letztlich auf den mehr oder weniger konkreten **Normen der Beamtengesetze**. Soweit die Pflichten in unbestimmten Rechtsbegriffen (Generalklauseln) normiert sind, ergibt sich ihre notwendige Konkretisierung entweder aus anderen (Spezial-)Gesetzen, Verwaltungsanweisungen und Einzelanordnungen oder aus der empirischen Rechtsprechung. Da die unbestimmten Pflichtennormen in aller Regel nur die abstrakten, programmatischen Zielbeschreibungen für das gewünschte Ergebnis des Beamtenverhaltens enthalten, nicht aber Tatbestandsmerkmale, die in sich wertfrei das relevante Verhalten definieren, gilt für sie eine **andere Systematik** als für das Strafrecht. Die Frage der Pflichtwidrigkeit bzw. der Berechtigung zum fraglichen Verhalten ist in der Regel schon im Pflichtentatbestand integriert (vgl. Rn. 21, 38 ff., 42). Immer aber ist das Beamtengesetz die Rechtsgrundlage, die nicht nur die allgemeine Gestaltung des beamtenrechtlichen Verhältnisses regelt, sondern

---

1 BVerwG, ZBR 1991, 215.
2 Einf. I. Anm. 5 Fn. 22
3 BVerwG st. Rspr., z. B. E 63, 88, E 73, 178
4 BVerwGE 73, 178.

Der objektive Pflichtenverstoß

aus der auch die konkrete Verpflichtung abgeleitet werden muss (im Einzelnen Rn. 42 ff.). Die unmittelbare Ableitung einer Pflichtennorm aus »**der Tradition des Beamtentums**«[5] ist ebenso wenig zulässig wie aus allgemeinen **Moralbegriffen**.[6] Auch eine ohne rechtliche Grundlage herrschende **Verwaltungsübung** kann nicht unmittelbar als Verhaltensnorm herangezogen werden.

Die **Pflichtennorm muss zur Zeit der Tat rechtsverbindlich** gelten. Entsprechend ist für die Frage des Vorliegens einer Pflichtverletzung die Sach- und Rechtslage zur Tatzeit maßgebend.[7] Der Verfassungssatz »nullum crimen sine lege« gilt auch für das Sanktionssystem des Disziplinarrechts. Dementsprechend müssen auch Pflichtentatbestände, die auf **Verwaltungsregelungen oder Einzelanordnungen** beruhen, rechtswirksam ergangen sein. Deshalb sind solche Regelungen daraufhin zu prüfen, ob sie nicht **absolute Wirksamkeitsmängel** aufweisen, z. B. absolute Unzuständigkeit, Unverständlichkeit, Widersprüchlichkeit, Mehrdeutigkeit, Undurchführbarkeit, Mangel eigenständigen Regelungswillens (z. B. bei bloßer Wiederholung einer ohnehin geltenden Norm). Wegen der Bindung an dienstliche Weisungen genereller oder individueller Art vgl. Rn. 22 und im Einzelnen B. II. 3. Rn. 1 ff.   4

Die dem Pflichtenverstoß zugrunde liegende **Tat** besteht aus dem Verhalten des Beamten, also einem sich real auswirkenden Tun oder Unterlassen. Eine Tat durch Unterlassen wiegt grundsätzlich nicht weniger als ein Tun.[8] **Innere Einstellungen, Überzeugungen oder bloße Absichten** können erst dann zu Pflichtverstößen werden, wenn sie in einem nach außen wirkenden Verhalten in Erscheinung treten.   5

Auf den Charakter als **Vorbereitungs-** oder **Versuchshandlung** kommt es für das Vorliegen eines Pflichtenverstoßes nicht an. Ein versuchtes Dienstvergehen gibt es nicht. Die begonnene, aber nicht realisierte Pflichtverletzung ist nicht vorwerfbar. Gegenstand eines Dienstvergehens ist immer eine **vollendete** Pflichtverletzung, auch wenn vielleicht die sachgleiche Straftat selbst unvollendet blieb.[9] Entscheidend für den Pflichtentatbestand ist der Handlungswille, nicht der Erfolg.[10] Deshalb kann schon in der strafrechtlichen Vorbereitungs- oder Versuchshandlung eine selbständige Pflichtverletzung liegen. Das hängt nicht davon ab, ob das materielle Strafrecht Vorbereitungs- und Versuchshandlungen mit Strafe bedroht (vgl. Rn. 8). Vielmehr kommt es allein auf den Inhalt der einschlägigen Beamtenpflicht an. Bleibt die geplante Tat in der Vorbereitung stecken, etwa weil von der Durchführung freiwillig zurückgetreten wird, so kann ein Pflichtenverstoß u. U. auf die Ordnungswidrigkeit, die in den Vorbereitungshandlungen liegt, beschränkt sein.[11] Hat auch der **Rücktritt vom Versuch** im Disziplinarrecht nicht dieselbe – strafbefreiende – Wirkung wie im Strafrecht, so ist er dennoch disziplinarrechtlich nicht ohne Bedeutung. Er setzt objektiv das Gewicht des Dienstvergehens herab und spricht subjektiv für die eigene Einsicht und damit für geringeres Pflichtenmahnungsbedürfnis.[12] Ist also für die Bewertung eines Versuchs als vollendeter Pflichtverletzung das Ausbleiben des Erfolgs zwar unerheblich, so kann daraus doch eventuell auf mindere kriminelle Intensität und Schuld   6

---

5 Wie BDHE 1, 59 und Claussen/Janzen, Einl. B. Rn. 2, meinen.
6 Behnke-Arndt, Einf. B. I. S. 72 Rn. 19.
7 BVerwG, NVwZ 2010, 713.
8 BVerwG 26. 9. 2001 – 1 D 32.00.
9 Vgl. Behnke-Arndt, Einf. Rn. 10 und 154.
10 BVerwGE 103, 54, ZBR 1983, 372 = DöD 1983, 247.
11 BVerwG 15. 5. 1974 – 1 D 17.74, Dok. Ber. 1974, 258.
12 BVerwG 17. 5. 1988 – 1 D 11.87, Dok. Ber. 1988, 222.

Der Dienstvergehenstatbestand

geschlossen werden, was sich bei der **Bewertung des Dienstvergehens und sogar der Maßnahmenwahl mildernd** auswirken kann (Rn. 105).[13]

7 Betreibt der Beamte die Tatabsicht bzw. das pflichtwidrige Verhalten weiter, so können die weiteren Handlungen **von dem Hauptvorwurf**»**konsumiert**« sein, so dass in ihnen keine selbständige Pflichtverletzung liegt. Das kann im Sinne einer »**straflosen Nachtat**« ebenso der Fall sein, wenn nach dem Diebstahl von Schecks diese gefälscht und eingelöst werden, wie wenn in der Zeit der alkoholbedingten völligen Dienstunfähigkeit (selbständiges Dienstvergehen) vorzeitig das Dienstgebäude verlassen wird[14] oder wenn die wahrheitswidrige Einlassung im Ermittlungsverfahren dazu dient, die vorgeworfene betrügerische Manipulation, die ihrerseits auf der Verletzung der Wahrheitspflicht beruhte, aufrechtzuerhalten[15] (wegen der Bewertung und Bemessung solcher Nachtaten vgl. Rn. 115 a. E.). Ist eine Urlaubsbewilligung durch unwahre Angaben herbeigeführt worden, so besteht das Dienstvergehen allein aus dem Fernbleiben vom Dienst. Die Wahrheitspflichtverletzung ist dann nur ein **Tatbestandsmerkmal** der schuldhaften Pflichtwidrigkeit des Fernbleibens.[16]

8 Insgesamt sind die **Institutionen des materiellen Strafrechts** disziplinarrechtlich unerheblich. Selbst das Vorliegen einer **strafbaren Handlung** bedeutet nicht schon zwangsläufig auch das Vorliegen einer Dienstpflichtverletzung.[17] Mit Behnke-Arndt[18] werden bei außerdienstlichen Straftaten alle Ordnungswidrigkeiten, der größte Teil der Fahrlässigkeitstaten und ein erheblicher Teil der Vorsatztaten auszuscheiden sein (Rn. 49). Dementsprechend kommt es auch für den Tatbestand des Pflichtverstoßes nicht darauf an, unter welchen strafrechtlichen Tatbestand das fragliche Verhalten zu subsumieren wäre (Rn. 63). Auch spielen die strafrechtlichen Teilnahmebegriffe wie **Beihilfe, Anstiftung und Mittäterschaft** keine disziplinarrechtliche Rolle.[19] Für den Pflichtentatbestand ausschlaggebend ist allein die dienstrechtliche Bedeutung des Verhaltens unter dem Blickwinkel der konkreten Dienstpflicht. Bloße Gehilfenschaft lässt aber Milderung zu.[20]

9 Der bloße **Verdacht** einer disziplinarrechtlich erheblichen Tat begründet keine selbständige Pflichtverletzung. Ob er als solche angeschuldigt ist, muss sich eindeutig aus der Anschuldigungsschrift ergeben. Die bloße Erwähnung im Nebensatz langt nicht.[21] Die »**Verursachung eines bösen Anscheins**« allein kann niemals schon einen selbständigen Pflichtenverstoß darstellen. Die den Verdacht auslösende Verhaltensweise selbst muss pflichtwidrig sein. Auch der bloße **Verdacht einer strafbaren Handlung** begründet selbst noch keine Pflichtverletzung.[22] In dem Verhalten, das einen letztlich unbestätigten Verdacht auf eine Pflichtverletzung auslöst, kann aber selbst schon eine andere, selbständige Pflichtverletzung liegen (etwa in formalen Kassenverstößen, die den – dann nicht bestätigten – Verdacht einer Veruntreuung bewirken).

10 Ein Verdacht, der nicht bestätigt oder der gar ausgeräumt ist, darf nicht zur Grundlage einer Rechtssanktion gemacht werden, selbst wenn er zunächst den Beamten in ein schlech-

---

13 BVerwG 21.6.1983, ZBR 1983, 372.
14 BDiG 28.6.1977 – V VL 2/77.
15 BVerwGE 53, 212.
16 BDiG 16.2.1979 – I VL 22/78.
17 BVerwGE 103, 54; BVerwG 10.8.1983 – 1 D 24.83, S. 11, Dok. Ber. 1983, 308.
18 S. 117 Rn. 150–151.
19 BVerwG, NJW 1994, 209.
20 BVerwGE 93, 300, 305 und RiA 1988, 75.
21 BVerwG 13.2.1974 – 1 D 84.73, Dok. Ber. 1974, 173.
22 Behnke-Arndt, Einf. Rn. 17, gegen ihre frühere Meinung und die frühere Rspr. des BDH.

tes Licht gesetzt hat.[23] Aber auch der begründet gebliebene, jedoch letztlich unbewiesene Verdacht kann nicht als selbständige Pflichtverletzung oder Maßnahme verschärfend berücksichtigt werden. Denn **ohne Schuldnachweis ist jede Sanktion rechtsstaatswidrig**, im Übrigen auch unbegründet. Die verdachterweckende Tat hat ohnehin ihr Eigengewicht. Die zutage getretene Labilität ist zwangsläufig auch ein Hinweis auf mögliche Anfälligkeiten weitergehender Art. Darin drücken sich bereits der diensterhebliche Vertrauensverlust und die Ansehensschädlichkeit aus, die das Gewicht des Dienstvergehens bestimmen. Auf dieses allein kommt es an. Nur aus dem erwiesenen Pflichtverstoß dürfen der disziplinare Vorwurf und dessen Bewertung abgeleitet werden.[24]

Das BVerwG hat sich mit Urt. v. 4.4.2001[25] nunmehr dieser Ansicht in Abkehr von jahrzehntelanger Rspr.[26] angeschlossen. Solange nicht die verdachterweckende Handlung selbst tatbestandlich eine Pflichtwidrigkeit darstelle,[27] stehe das verfassungsrechtlich verankerte Gebot der **Unschuldsvermutung** einem beamtenrechtlichen Pflichtenverstoß entgegen.

2. Einheit des Dienstvergehens

Aus der »**Einheit des Dienstvergehens**« folgte nach langer Zeit st. Rspr. verfahrensrechtlich, dass alle bekannten Pflichtenverstöße in **einem einzigen Verfahren** zu verfolgen sind,[28] das gem. § 17 Abs. 1 BDG bei ausreichenden Verdachtsmomenten **einzuleiten** ist. Nachträglich bekannt gewordene Verdachtsfälle werden grundsätzlich in das laufende Verfahren einbezogen (§§ 19 Abs. 1, 53 Abs. 1 BDG). Diesen ursprünglich materiell-rechtlichen Grundsatz (»einheitliche Würdigung eines Fehlverhaltens durch mehrere Verfehlungen«) hat das BVerwG nunmehr in seinen **verfahrensrechtlichen Auswirkungen** (»einheitliche Maßnahmenfindung in einem Verfahren«) erheblich eingeschränkt, wenn nicht gar aufgehoben.[29] Im Hinblick auf die Ausnahmetatbestände von der Einheit des Dienstvergehens nach §§ 19 Abs. 2, 53 und 56 BDG, die eine Würdigung in aufeinander folgenden Verfahren zulassen, lasse sich aus § 77 Abs. 1 Satz 2 BBG ein verfahrensrechtliches Gebot der gleichzeitigen Entscheidung über mehrere Pflichtverstöße nicht mehr herleiten. Nach den genannten Vorschriften kann der Diensterr weitgehend nach eigenem Ermessen entscheiden, ob er neue Verstöße in ein laufendes Verfahren einbringt oder in ein neues eigenständiges Verfahren (s. Komm. zu §§ 19, 53, 56). Der Grundsatz der Einheit des Dienstvergehens setzt sich nur noch materiell-rechtlich durch, indem im letzten Verfahren eine einheitliche Würdigung aller Pflichtverstöße der vorangegangenen Verfahren als gesamtes Dienstvergehen durchzuführen ist. Der Beamte darf im Ergebnis durch mehrere Verfahren nicht schlechter gestellt werden als dies bei einer gleichzeitigen, einheitlichen Ahndung des Dienstvergehens der Fall wäre. Es hat also **quasi eine »Gesamtmaßnahmenbildung«** ähnlich dem Strafrecht stattzufinden. Die im letzten Verfahren für das zu beurteilende Verhalten in Erwägung gezogene Maßnahme ist daher in Relation zu

11

---

23 BDiG 16.7.1987 – I VL 4/87.
24 BVerwG 23.6.1981 – 1 D 56.80, Dok. Ber. 1981, 287.
25 DVBl. 2001, 1218.
26 BVerwG 26.9.2000 – 1 D 66.99; ebenso Claussen/Janzen, Einl. B. Rn. 3; GKÖD-Weiß, J 226 Rn. 48.
27 Wie dies etwa für die Pflicht zur unparteiischen und gerechten Amtsführung gem. § 60 Abs. 1 Satz 2 BBG gelte, s. BVerwG 20.2.2001 – 1 D 55.99, DVBl. 2001, 1074 noch zu § 52 Abs. 1 Satz 2 BBG a. F.
28 BVerwG, DöD 2001, 31.
29 BVerwG, ZBR 2010, 124; BVerwGE 128, 125.

Der Dienstvergehenstatbestand

den Maßnahmen jeweils früherer Verfahren zu setzen und eventuell auf ein insgesamt angemessenes Maß zurückzuführen. Das kann zu einer strengeren, aber auch zu einer wesentlich milderen Maßnahme führen, auch zur Einstellung des neuen Verfahrens.[30] Wäre im ersten Urteil auch bei Einbeziehung der später erst verfolgten Pflichtverletzung keine höhere Disziplinarmaßnahme verhängt worden, ist das neue Verfahren einzustellen. Wegen der originären Maßnahmenkompetenz des Gerichts ist das in diesem Fall auch ohne Zustimmung nach § 59 BDG zulässig. Es handelt sich hier nicht um die Einstellung wegen Geringfügigkeit, sondern um die – wenn auch erst nachträglich und getrennt vollzogene – einheitliche **Bildung der Gesamtmaßnahme** durch das Gericht. Ist im ersten Urteil eine höhere Gehaltskürzung verhängt worden, so darf im nachfolgenden Verfahren als erforderliche Disziplinarmaßnahme gem. §§ 59, 60 BDG als Gehaltskürzung nur die reale Differenz auferlegt werden (sowohl hinsichtlich der Laufzeit als auch der – möglicherweise durch die noch laufende Gehaltskürzung ohnehin schon gekürzten – Dienstbezüge, vgl. Rn. 75 und 92). Wurde im ersten Urteil eine Zurückstufung ausgesprochen, so kann jetzt für die getrennt verfolgte Verfehlung nicht einfach eine Gehaltskürzung zusätzlich verhängt werden. Das würde eine ungerechtfertigte Über-Maßregelung bewirken und wäre nicht die erforderliche Maßnahme. Würde die getrennt verfolgte Verfehlung zusammen mit der früheren eine Zurückstufung rechtfertigen, so muss ggf. aus denselben Gründen darauf verzichtet und nur noch eine entsprechend lange Gehaltskürzung auferlegt werden. Hätte der Beamte bei einheitlicher Beurteilung aus dem Beamtenverhältnis entfernt werden müssen, so ist dies auch nunmehr unumgänglich. Eine Benachteiligung kann darin nicht liegen, da der Betroffene in der Zwischenzeit immerhin – zu Unrecht – die Beamtenrechte behalten hatte. Eine »**nachträgliche Gesamtstrafenbildung**« i. S. d. § 55 StGB würde die Vereinheitlichung der beiden getrennten Maßregelungen vereinfachen, wäre auch der »Einheit des Dienstvergehens« angemessen, wird aber nach wie vor vom BVerwG nicht zugelassen.[31] Auch das BDG sieht eine solche Regelung leider nicht vor. Eventuell muss konsequent das letzte Verfahren trotz Feststellung eines Dienstvergehens sogar eingestellt werden. Diese Grundsätze greifen auch für Alt-Verfahren, die noch nach der BDO zu beurteilen sind.[32]

Fraglich bleibt, inwiefern etwa **unbekannte** Verfehlungen nach Abschluss des Verfahrens noch nachträglich verfolgt werden dürfen. Da materiell-rechtlich das Fehlverhalten einheitlich abgeurteilt wird, ist dies jedoch unzulässig. Die Aufhebung der verfahrensrechtlichen Einheit bedeutet lediglich, dass der Dienstherr freier ist, ihm bis zum Abschluss des Verfahrens bekannt gewordene Verfehlungen noch in das laufende Verfahren einzubringen oder ein neues zu beginnen. Sie bedeutet nicht, dass quasi unbegrenzt zurückliegende Pflichtwidrigkeiten verfolgt werden können. Das Verfahren endet nur mit **einer abschließenden Entscheidung**. Die abschließende Entscheidung enthält wegen der Notwendigkeit eines **einheitlichen Schuldausspruchs** auch nur **einen Entscheidungssatz**. Sind mehrere Pflichtenverstöße unterschiedlich zu beurteilen (etwa zum Teil mit Freispruch, zum Teil mit Verurteilung), so ergeht doch nur ein einheitliches Erkenntnis: Das am weitesten reichende Erkenntnis bestimmt den Entscheidungssatz. Bleibt ein Dienstvergehen festzustellen, so bestimmt die Verhängung der dafür angemessenen Disziplinarmaßnahme den Entscheidungssatz. Freistellungen von einem Teil der Vorwürfe (egal ob wegen erwiesener Unschuld, Mangels an Beweisen, Zeitablaufs oder Maßnahmeverbots nach § 14 BDG) erscheinen nicht in dem Entscheidungssatz (vgl. § 60 Abs. 2 Satz 2 BDG).

---

30 BDiG, DöD 1988, 193.
31 BVerwG, a. a. O.
32 BVerwG, a. a. O., Rn. 23.

Einheit des Dienstvergehens

Nach § 56 BDG – anders noch nach der früheren BDO – kann das Gericht ebenso wie der Dienstherr (§ 19 Abs. 2 BDG) trotz der Fortgeltung des Grundsatzes der Einheit des Dienstvergehens solche Handlungen ausscheiden und unberücksichtigt lassen, die für die Disziplinarmaßnahme voraussichtlich nicht ins Gewicht fallen (ähnlich wie § 154 StPO). Solche ausgeschiedenen Sachverhalte können nur unter engen Voraussetzungen wieder in das Verfahren einbezogen werden und nach bestandskräftigem Abschluss nicht erneut Gegenstand eines Disziplinarverfahrens sein. Das neue BDG übernimmt damit die Rspr. des BVerwG[33] auch für die erste Instanz. Gem. § 65 Abs. 1 BDG gilt dies auch im Berufungsverfahren. Fallen nunmehr die Gründe für die Beschränkung in der ersten Instanz nachträglich weg, kann auch das OVG/der VGH die zuvor ausgeschiedenen Handlungen wieder einbeziehen. **Berufungen** können nicht auf einen Teil der Urteilsvorwürfe beschränkt werden.[34] Andererseits dürfen Verhaltensweisen, von deren Anschuldigung der Beamte in erster Instanz freigestellt worden ist, bei Berufung nur des Beamten nicht mehr in die **Berufungsentscheidung** einbezogen werden. Das liegt nicht nur an dem Verbot der »reformatio in peius« (früher § 25 BDO, § 331 Abs. 1 StPO; jetzt § 3 BDG, §§ 88, 113, 129, 141 VwGO), das sich nur auf die Verschlechterung der Disziplinarmaßnahme bezieht, sondern an der **Teilrechtskraft**, die hinsichtlich der einzelnen Pflichtverletzungen trotz der »Einheit des Dienstvergehens« eingetreten ist. Sind Sachverhalte durch Teilrechtskraft oder durch maßnahmebeschränkte Berufung einmal rechtskräftig entschieden, so sind sie ebenso wenig justiziabel wie nicht angeschuldigte Sachverhalte.[35] Unverändert ist der Grundsatz der Einheit des Dienstvergehens in jedem laufenden Verfahren zu beachten.

Die **Rechtskraft** (Bestandskraft) einer Disziplinarmaßnahme erstreckt sich nach der neueren Rspr. des BVerwG wegen der materiell-rechtlichen Wirkung der Einheit des Dienstvergehens auf jedes vor der letzten Maßregelung liegende Fehlverhalten des Beamten und **schließt deshalb eine nachträgliche, getrennte Verfolgung** solcher Verfehlungen grundsätzlich aus, soweit nicht bereits ein weiteres Fehlverhalten zum Gegenstand eines neuen Verfahrens gemacht wurde. Dies gilt auch bei so genanntem »fortgesetzten« Handeln. So schon BVerwG v. 20.9.1968 – 3 D 40.67 – bei so genanntem »fortgesetzten« Schuldenmachen. »So genannt« deshalb, weil (vgl. Rn. 8) der **strafrechtliche Fortsetzungszusammenhang** im Disziplinarrecht nicht gilt.[36] Er hat auch im Strafrecht seine Geltung verloren.[37] In Wirklichkeit handelt es sich bei diesem Verfolgungsverbot in Bezug auf Teile einer »fortgesetzten« Tat auch weniger um die Frage der »Doppelbestrafung« als darum, dass die aufgrund derselben Lebenssituation und wesensmäßigen Labilität des Beamten wiederholten Verfehlungen für die Vergangenheit einheitlich und abschließend gemaßregelt sein sollen. Auch außerhalb eines »Fortsetzungszusammenhangs« gilt dieser Grundsatz generell für solche früheren Pflichtverstöße, die im Zeitpunkt der nachfolgenden Maßregelung den Disziplinarorganen **bekannt** waren und die aus **ermessensfehlerhaften** Gründen nicht in die Maßnahme einbezogen worden waren.[38] Diese Rspr. hat den allgemeinen Rechtsgrundsatz der »**Verwirkung**« in das Disziplinarrecht eingeführt.[39] Denn Grundlage dieser Rspr. ist die Annahme, dass mit der letzten Disziplinarmaßnahme die »**Disziplinargewalt verbraucht**« ist. Darin ist auch der allgemeine Rechtsgrundsatz

12

---

33 BVerwG 30.8.2000 – 1 D 18.99.
34 BVerwG, BDHE 6, 128.
35 Vgl. zur reformatio in peius: Redeker/v. Oertzen, § 88 Rn. 4.
36 BVerwG 6.8.1996 – 1 D 81.95.
37 BGH GS, NJW 1994, 1663.
38 BVerwGE 111, 54 = NVwZ-RR 2000, 449.
39 Auch wenn das BVerwG dies andernorts bestreitet: Urt. 5.5.1998 – 1 D 12.97; E 76, 176 – DVBl. 1984, 962 und für den Wehrdienstsenat E 83, 384.

Der Dienstvergehenstatbestand

des »**Vertrauensschutzes**« einbezogen, dem wegen der Gegenseitigkeit des beamtenrechtlichen Treue- und Vertrauensverhältnisses besondere Bedeutung zukommt (A.V. Rn. 126). Die Betroffenen müssen sich darauf verlassen können, dass mit der einheitlichen Gesamtmaßnahme alle davor liegenden bekannten bzw. im Fortsetzungszusammenhang stehenden Verfehlungen abgegolten sind.

13 Werden frühere einzelne Pflichtenverstöße in zulässiger Weise erst nach der **Einleitung des Disziplinarverfahrens** aufgegriffen, so können sie ebenso wie nachfolgende Pflichtenverstöße nach §§ 19 Abs. 1, 53 BDG in das noch anhängige Verfahren eingeführt oder selbständig geführt werden. Ggf. kann sogar das anhängige Berufungsverfahren ausgesetzt werden, bis das neue erstinstanzliche Verfahren entschieden und eventuell auch in die Berufung gegangen ist. Sind diese Verstöße nach diesen Grundsätzen (materiell-rechtlich) nicht mehr verfolgbar, **muss das Verfahren** hinsichtlich der getrennt verfolgten Pflichtverletzung wegen Verbrauchs der Disziplinargewalt **als unzulässig eingestellt werden** (§ 55 Abs. 3 BDG). Ebenso ist eine nach § 33 Abs. 1 BDG verhängte **Disziplinarmaßnahme** unzulässig und im allgemeinen verwaltungsrechtlichen Verfahren nach §§ 41 BDG, 68 ff., 42 VwGO aufzuheben, wenn gegen das Gebot der einheitlichen Verfolgung und Maßregelung im neu dargelegten Sinne verstoßen wurde.[40] Auch ein **Disziplinargerichtsbescheid** schließt eine nachträgliche Verfolgung früherer Pflichtwidrigkeiten aus. Auch kann der **Verzicht auf Widerspruch** gegen den angekündigten Beschluss nach § 59 zur Einführung des neuen Sachverhalts in das Gerichtsverfahren widerrufen werden.[41] Dem Disziplinargerichtsbescheid entspricht nach der neuen Rechtslage der Beschluss nach § 59 Abs. 1 BDG für das Disziplinarklageverfahren bzw. der allgemeine Gerichtsbescheid nach § 84 VwGO für Klagen gegen Disziplinarverfügungen nach § 33 BDG, vgl. § 59 Rn. 2 f.

14 Sind zurückliegende »verbrauchte« Pflichtverstöße ausnahmsweise und **ermessensfehlerfrei** nicht in das laufende Verfahren einbezogen, so muss die **getrennt anstehende Disziplinarmaßnahme** ebenfalls wegen des nach wie vor geltenden Grundsatzes der »einheitlichen Gesamtmaßregelung« **so ausgesucht und bemessen** werden, dass der betroffene Beamte **im Ergebnis nicht schlechter und nicht besser steht**, als wenn alle Verfehlungen zugleich mit der ersten Maßnahme geahndet worden wären.[42]

15 Die »Einheit des Dienstvergehens« bewirkt, dass auch bei der Anwendung der **Verfolgungsverjährung nach § 15 BDG** und des **Maßnahmeverbots nach § 14 BDG** die einzelnen Pflichtverletzungen des Dienstvergehens nicht getrennt beurteilt werden dürfen. Vielmehr sind grundsätzlich alle Pflichtverletzungen verfolgbar, solange die letzte Verfehlung noch nicht verjährt ist.[43] Ebenso scheidet eine isolierte Verfahrenseinstellung nach § 14 BDG insgesamt mangels »Sachverhaltsidentität« aus, wenn neben der strafgerichtlich bestraften sachgleichen Verfehlung eine weitere vorliegt, die nicht strafgerichtlich bestraft worden ist.

16 Diese **einheitliche Betrachtung des Dienstvergehens wird dann durchbrochen**, wenn sich eine einzelne Pflichtverletzung gegenüber anderen Verstößen desselben Dienstvergehens verselbständigen lässt. Daran hat sich auch nach der neuen Rspr. (vgl. Rn. 11) nichts geändert, da hieran materiell-rechtliche Folgen anknüpfen. Eine solche **Verselbständigung** ist angebracht, wenn die verschiedenen Pflichtverletzungen **nicht in einem zeit-**

---

40 BDiG, DÖV 1998, 299.
41 BVerwG, DöD 2001, 31 = ZBR 2000, 315 = DöV 2000, 777.
42 BVerwG 13.5.1981 – 1 D 21.80, Dok. Ber. 1981, 259; 25.9.1985 – 1 D 73.84, Dok. Ber. 1985, 321.
43 BVerwG, ZBR 1989, 245 = RiA 1989, 135 = BVerwGE 33, 194.

lichen, ursächlichen, psychologischen und wesensmäßigen Zusammenhang stehen.[44] Unter dieser Voraussetzung kann für eine Pflichtverletzung getrennt von den anderen eine Verjährung oder das Maßnahmeverbot bejaht und diese Pflichtverletzung aus dem vorwerfbaren Dienstvergehen ausgesondert werden. Für die Verselbständigung kommt es auf den Kern des angeschuldigten Dienstvergehens, also auf die Frage an: Wodurch ist die **Integrität** des Beamten konkret betroffen? Ist es die Alkoholneigung mit ihren dienstlichen Auswirkungen, Unpünktlichkeit und Dienstversäumnissen, Labilität gegenüber fremdem Eigentum und Vermögen, Streitsucht und dienstlicher Ungehorsam o.Ä.? Die allgemeine Feststellung, dass der Beamte wesensmäßig zur Unzuverlässigkeit oder zu Gesetzesverstößen neige, wie sie das BVerwG früher zur Bemessung und zur Rückfallneigung im Zusammenhang mit § 14 BDO lange Zeit für maßgeblich hielt (Rn. 43, 79, 83, 106 und § 14 Rn. 30f.), kann den hier erforderlichen Zusammenhang nicht herstellen. Vielmehr kommt es darauf an, ob die unter § 14 oder 15 BDG fallende Pflichtverletzung mit den anderen, darunter nicht fallenden Pflichtverletzungen in einem **konkreten** Zusammenhang der o. a. Art steht und ausgesondert werden kann oder nicht.[45] Diese Frage der Verselbständigungsfähigkeit kann **großzügiger** bejaht werden, wenn die unter §§ 14 oder 15 BDG fallenden Pflichtverletzungen im Verhältnis zu den anderen angeschuldigten Pflichtverletzungen **kein erhebliches Gewicht** haben, bzw. als **unbedeutender Annex** isoliert beurteilt werden können. Dann kann nach §§ 19 Abs. 2, 56 aber auch das Verfahren beschränkt werden.

Auch bei den **außerdienstlichen Pflichtenverstößen** wirft die »Einheit des Dienstvergehens« Probleme auf. Die einzelnen außerdienstlichen Pflichtverletzungen können zwar i. S. d. § 61 Abs. 1 Satz 3 BBG pflichtwidrig sein, müssen aber nicht zwangsläufig die gesteigerten Voraussetzungen des § 77 Abs. 1 Satz 2 BBG erfüllen. § 77 Abs. 1 Satz 2 BBG sieht außerdienstliches Fehlverhalten nur noch ausnahmsweise als disziplinarrechtlich erheblich an (vgl. Einf. II. 2.; A. I. Rn. 18; A. II. Rn. 47–51; B. I. Rn. 1). Dennoch führt gerade die »Einheit des Dienstvergehens« zu einer für die Beamten ungünstigeren Situation: Frühere Rspr. und jetzt noch Literatur gehen nämlich davon aus, **dass nicht für jede einzelne außerdienstliche Pflichtverletzung der Tatbestand des § 77 Abs. 1 Satz 2 BBG erfüllt sein muss**, sondern dass dieser insgesamt für alle – bloß i. S. d. § 61 Abs. 1 Satz 3 BBG pflichtwidrigen – Verhaltensweisen zu prüfen ist.[46] Dagegen bestehen **Bedenken**: Auf diese Weise werden trennbare Verhaltensweisen (Rn. 16), die bei isolierter Beurteilung kein Dienstvergehen oder die verjährt wären, verfolgbar gemacht. Was im Bereich innerdienstlicher Verfehlungen und im Verhältnis von außer- zu innerdienstlichen Verfehlungen anerkannt ist (Rn. 18), muss auch im Verhältnis der außerdienstlichen Verfehlungen zueinander gelten. Dass § 77 Abs. 1 Satz 2 BBG von einem außerdienstlichen »Dienstvergehen« und nicht von außerdienstlichen »Pflichtverletzungen« spricht, besagt in diesem Zusammenhang nichts.[47] Denn in beiden Fällen ist das »Dienstvergehen« im Sinne von § 77 Abs. 1 die Summe aller einzelnen Pflichtverletzungen, die wiederum einzeln auf ihre Verselbständigungsfähigkeit zu untersuchen sind. Außerdienstliche Verhaltensweisen, die nicht die besonderen Voraussetzungen des § 77 Abs. 1 Satz 2 BBG erfüllen, sind »keine

17

---

44 St. Rspr., BVerwG 23. 3. 1968 – 2 D 37.67 mit Zitaten; Dok. Ber. 1979, 263, Dok. Ber. 1992, 191, 220; 11. 2. 2000, DöD 2001, 31 = DöV 2000, 777.
45 Vgl. Behnke-Arndt, Einf. B. I. Rn. 4, 5, sowie beispielsweise BVerwG, ZBR 1992, 281.
46 BVerwG st. Rspr., E 33, 162, 22. 5. 1980 – 1 D 41.79 und Dok. Ber. 1983, 308; Behnke-Arndt, Einf. Rn. 6; Claussen/Janzen, Einl. C. Rn. 62 b.
47 Entgegen Behnke-Arndt, Rn. 6.

Der Dienstvergehenstatbestand

Pflichtverletzungen« i. S. d. Gesetzes (vgl. A. II. Rn. 50).[48] Es ist unzulässig, zwischen »einfachen Pflichtverletzungen« i. S. d. § 61 Abs. 1 Satz BBG und solchen nach § 77 Abs. 1 Satz 2 BBG zu unterscheiden (s. u. Rn. 50).[49] Für den außerdienstlichen Pflichtenverstoß ist allein § 77 Abs. 1 Satz 2 BBG »tatbestandsbegründend«.[50] Auch die Notwendigkeit, die **Gesamtpersönlichkeit** des Beamten zu würdigen (Rn. 43), erfordert die Verfolgung verjährter Verfehlungen hier im außerdienstlichen Bereich noch weniger als im innerdienstlichen. Um eine ersichtliche Labilität in der Maßnahmenwahl und -bemessung berücksichtigen zu können, bedarf es nicht der Verfolgung verjährter Pflichtverletzungen. Diese Labilität ergibt sich ohnehin aus der stets vorzunehmenden Gesamtwürdigung des Persönlichkeitsbildes. Damit ist nicht gesagt,[51] dass das nicht verfolgte Verhalten später als »pflichtgemäß« behandelt werden müsste. Es liegt als ein verwertbares Geschehen und als Hinweis auf eine womöglich wesensmäßige Labilität vor und kann so – auch nachteilig – berücksichtigt werden. Einer Verfolgung als Pflichtverletzung nach Eintritt der Verjährung bedarf es nicht. Die spätere Verfolgung ist vielmehr unzulässig, wenn der innere und zeitliche Zusammenhang mit den nicht verjährten Verfehlungen fehlt.[52] Die herrschende Praxis dient auch nicht der **Akzeptanz** disziplinarer Verfolgung. Wenn der Disziplinarvorgesetzte einmal eine Verfehlung als disziplinarrechtlich so geringwertig angesehen hat, dass er glaubte, sie nicht verfolgen zu müssen, so kann sich das Gewicht der Verfehlung zur Tatzeit nicht durch spätere Vorfälle verändern (vgl. § 56 BDG). Allerdings kann eine spätere Verfehlung angesichts der schon früher gezeigten Labilität schwerer wiegen. Auf die – zutreffende – frühere Beurteilung vertrauen zu dürfen, hat auch der Betroffene ein Recht.

18   Treffen **außer- und innerdienstliche Pflichtverletzung zusammen**, dann sind sie gemeinsam als ein Dienstvergehen zu beurteilen (wobei die außerdienstlichen häufig in ihrer Bedeutung zurücktreten werden). Jedoch sind dann jedenfalls die außerdienstlichen Verfehlungen daraufhin zu überprüfen, ob sie die besonderen Voraussetzungen des § 77 Abs. 1 Satz 2 BBG erfüllen, andernfalls sind sie nicht pflichtwidrig i. S. d. § 61 Abs. 1 Satz 3 BBG. »Die Einheit des Dienstvergehens« setzt voraus, dass **sämtliche zugrunde liegenden Einzelfälle** pflichtwidrig sind, d. h., dass im Falle von außerdienstlichen Verfehlungen § 77 Abs. 1 Satz 2 BBG erfüllt ist (s. Rn. 17).[53]

19   Die **nachdienstlichen Pflichtverletzungen** sind in § 77 Abs. 2 BBG geregelt. Während für die aus dem Beamtendienst insgesamt ausgeschiedenen Beamten natürlich keine Dienstpflichten mehr bestehen, sind Ruhestandsbeamte weiterhin bestimmten Pflichten unterworfen. Dies entspringt dem auch über die aktive Dienstzeit hinausreichenden Lebenszeitverhältnis. Zu allgemeinem Wohlverhalten ist der Ruhestandsbeamte nicht mehr verpflichtet.[54] Seine Pflichten beschränken sich auf die Verfassungstreue, die Amtsverschwiegenheit, die Unbestechlichkeit und die Pflicht, einer erneuten Einberufung in den aktiven Dienst zu folgen.

20   Eine Pflichtverletzung liegt nur dann vor, wenn sie ein »Mindestmaß an Gewicht« hat und damit die »**Schwelle zur disziplinarrechtlichen Erheblichkeit**« überschreitet.[55] Diese De-

---

48 So auch BVerwG, ZBR 2001, 39 = DVBl. 2001, 137.
49 BVerwG 29. 4. 1976 – 1 D 13.76; Behnke-Arndt, Einf. Rn. 145.
50 Claussen/Janzen, Einl. C. Rn. 58 a.
51 Entgegen Behnke-Arndt, Einf. Rn. 6.
52 Ebenso, aber in sich widersprüchlich Behnke-Arndt, S. 66, 67 Rn. 6, und BVerwG noch in Dok. Ber. 1976, 316.
53 BVerwG, ZBR 2001, 39; 29. 4. 1976 – 1 D 13.76.
54 BVerwG, ZBR 1968, 290.
55 BVerfG, NJW 1975, 1641; BVerwG, Dok. Ber. S. 3970.

Die Pflichtwidrigkeit

finition hat zwar keinen konkreten Regelungsinhalt, weil sie keine objektiven Abgrenzungskriterien bietet und sich allenfalls mit sich selbst erklärt. Aber sie macht deutlich, dass es zielsetzende Pflichtennormen gibt, deren Verletzung so formal und geringfügig sein kann, dass die disziplinaren Zwecke (Einf. II. Ziff. 2–4) ein Einschreiten nicht erfordern. Der **Gesetzgeber** hat selbst eine – erhöhte – »Schwelle für die disziplinare Erheblichkeit« in § 77 Abs. 1 Satz 2 BBG für das außerdienstliche Dienstvergehen gesetzt, aber auch hier keine konkreten Abgrenzungskriterien formuliert. Die **Rspr.** hat für bestimmte Kategorien von »Fehlverhalten« die Schwelle zur »disziplinaren Erheblichkeit« bestimmt: z. B. bei Straßenverkehrsdelikten dahin, dass erst über dem durchschnittlichen Maß der Fahrlässigkeit eines Verkehrsteilnehmers eine Dienstpflichtverletzung in Frage kommt (im Einzelnen Rn. 63).[56] So gilt in unbestimmter Weise auch allgemein schon für den »normalen« innerdienstlichen Pflichtkreis, dass nicht jede Abweichung von der optimalen, höchstmöglichen Leistung und Verhaltensweise gegen die konkrete »Berufserforderlichkeit« verstößt. Das gilt besonders für die generalklauselhaften Grundpflichten des § 61 Abs. 1 Satz 3 BBG, die nicht auf ein konkretes Verhalten, sondern auf die Zielrichtung amtlicher Bemühungen abstellen. Aber auch bei konkret bestimmten Pflichtentatbeständen kann gelegentlich bezweifelt werden, ob Beamte mit einer erstmaligen Unzuverlässigkeit schon ihre Vertrauenswürdigkeit beeinträchtigt haben. Ob das »berufserforderliche« Verhalten verfehlt wurde, hängt immer von den Umständen des Einzelfalles ab und ist jedenfalls dann zu verneinen, wenn es um einmalige Geringfügigkeiten im Bereich der Ordnungswidrigkeiten, um **Bagatellverfehlungen** im Rahmen des § 62 Abs. 1 Satz 2 BBG geht.[57] Mit einer einzelnen »schwachen Leistung«, einer gelegentlichen »Flüchtigkeit«, einem einmaligen »Zuspätkommen« können normalerweise die Pflichten »zur vollen Hingabe an den Beruf« des § 61 Abs. 1 Satz 1 BBG, mit einer einmaligen verbalen Entgleisung im kollegialen Umgang nicht die Pflicht zur »Achtungs- und Vertrauenswürdigkeit« des § 61 Abs. 1 Satz 3 BBG, mit einer gelegentlichen Abweichung von dem angeordneten Arbeitsablauf in der Formularbehandlung oder beim Zustellgang die Gehorsamspflicht des § 62 Abs. 1 Satz 2 BBG **nicht** verletzt werden (Einf. II. 4. Fn. 53). Der öffentliche Dienst erfordert ebenso wenig wie andere Arbeitsbereiche den »Mustermenschen«.[58] Über das Berufserforderliche entscheiden nicht allein das Nützliche und Wünschbare, sondern das für den konkreten Dienst »Unabdingbare« (Behnke-Arndt, Einf. Rn. 44). Auch formale Ordnungsverstöße können jedoch erheblich sein, wenn sie im **Kernbereich** der amtlichen Pflichten erfolgen oder wenn ihre **wiederholte Begehung** auf eine wesensmäßige Labilität und Rücksichtslosigkeit schließen lässt (vgl. B. II. 6.).[59][60]

3. Die Pflichtwidrigkeit

Jeder Verstoß gegen eine Pflichtennorm oder gegen eine konkrete dienstliche Weisung ist pflichtwidrig, wenn nicht besondere Umstände die Pflichtwidrigkeit ausschließen oder beseitigen. Für die disziplinarrechtlichen Tatbestände gilt jedoch eine **andere Systematik** als etwa für das Strafrecht (vgl. Rn. 3, 37ff., 42). Die Pflichtennormen enthalten in aller Regel nur die abstrakten, programmatischen Zielbeschreibungen für das gewünschte Ergebnis des Beamtenverhaltens, nicht aber Tatbestandsmerkmale, die in sich wertfrei das

21

---

[56] BDH 7.9.1967 – 1 D 16.67 – und 31.12.1965 – 2 D 1.65, NJW 1966, 688.
[57] Claussen/Janzen, Einl. B. 4.
[58] BDH, DVBl. 1966, 143; Arndt, APF 1968, 19, 1. Sp.
[59] BDH, PersV 1967, 166 = Dok. Ber. 1966, 2873; E 7, 98; BDiG, Dok. Ber. 1968, 3311.
[60] Zum Begriff »Kernpflicht« vgl. BVerwG, ZBR 1990, 90.

Der Dienstvergehenstatbestand

relevante Verhalten definieren. Deshalb kann weitgehend der Pflichtentatbestand nicht ohne die Frage der Pflichtwidrigkeit oder besser der Berechtigung zum fraglichen Verhalten festgestellt werden. Soweit die Pflichtennorm unbestimmt geregelt ist und damit nicht tatbestandsmäßig auf ein konkret definiertes Verhalten abstellt, ist die **Pflichtgemäßheit bzw. -widrigkeit schon im Pflichtentatbestand integriert**. Ist ein Beamter zu einem bestimmten Tun oder Unterlassen berechtigt, so handelt er nicht pflichtwidrig. In dem Verhalten kann begrifflich/systematisch kein Verstoß gegen einen Pflichtentatbestand liegen. Wozu Beamte im konkreten Fall verpflichtet sind, etwa um »vertrauenswürdig« i. S. d. § 61 Abs. 1 Satz 3 BBG zu handeln, ergibt sich aus den besonderen Umständen der Sachlage. Hierzu gibt es eine differenzierte, **empirische Konkretisierung** vielerlei Konfliktfälle durch die Rspr. In diese kategorisierenden Abgrenzungen sind bereits Gesichtspunkte der **Interessenabwägung, der Interessenkollision, der Zumutbarkeit, der dienstlichen Fürsorgepflicht usw.** einbezogen. Als Beispiel dafür kann gelten, dass eine auf Unmögliches gerichtete Leistung schon gar nicht geschuldet wird. Ebenso liegt bei mangelnder Eignung oder bei Überforderung schon tatbestandsmäßig keine Pflichtverletzung vor (s. unten B. II. 6.). In § 96 BBG gehört zum Tatbestand das »ungenehmigte« und im weiteren Sinne das »unberechtigte« Fernbleiben vom Dienst, so dass etwa bei Arbeitsunfähigkeit oder sonstigen persönlichen, zwingenden Hinderungsgründen schon tatbestandsmäßig kein Pflichtenverstoß vorliegt (z. B. beim »Fernbleiben« oder »mangelndem Einsatz« vgl. B. II. 3. Rn. 1, 5. Rn. 1, 6. Rn. 2).

22 Wenn dagegen dem Beamten durch allgemeine Dienstanordnung oder durch individuelle Weisungen **ein ganz bestimmtes Verhalten vorgeschrieben** ist, so liegt bereits in der Abweichung der tatbestandsmäßige Pflichtenverstoß. In diesen Fällen können die genannten Gesichtspunkte der Interessenabwägung, Interessenkollision, Zumutbarkeit und Fürsorgepflicht **Rechtfertigungsgründe** liefern. Hierbei ist allerdings zu beachten, dass die Beamten nach § 62 Abs. 1 Satz 2 BBG grundsätzlich an dienstliche Weisungen gebunden sind und sich nur in Ausnahmefällen eigenmächtig und außerhalb des dafür vorgesehenen Rechtswegs dieser Bindung entziehen dürfen. Es mangelt allerdings schon am Pflichtentatbestand – und nicht etwa an der Pflichtwidrigkeit –, wenn eine »bindende«, nämlich rechtswirksame Anordnung gar nicht vorliegt, etwa gem. § 62 Abs. 1 Satz 2 zweiter Halbsatz BBG (Rn. 4 und im Einzelnen B. II. 7. Rn. 7–9). Ein **echter Rechtfertigungsgrund** liegt vor, wenn gegen eine Weisung die Voraussetzungen der **Verweigerung nach § 63 Abs. 2 Satz 3 erster Halbsatz BBG** erfüllt sind, also die Weisung strafbar oder ordnungswidrig ist oder gegen die Würde des Menschen verstößt. In diesen Fällen ist ein Verstoß gegen die Weisung gegenüber dem anweisenden Vorgesetzten nicht pflichtwidrig. Darunter fällt auch das Zusammentreffen einer dienstlichen Weisung mit einem gesetzlich begründeten, **speziellen Verweigerungsrecht** des Beamten: Trotz ausdrücklicher Anzeigepflicht braucht der Betroffene gegen ihn laufende polizeiliche oder staatsanwaltliche Ermittlungen nicht dienstlich zu melden, wenn er sich damit zugleich einer disziplinaren Verfolgung aussetzen würde.[61] Denn nach st. Rspr. ist niemand verpflichtet, an seiner eigenen disziplinaren Verfolgung mitzuwirken (Art. 1 GG, § 20 Abs. 2 Satz 3 BDG).[62] **Gegenüber dem Adressaten** der Amtshandlung »befreit« die Befolgung der Weisung »von der Verantwortung« (§ 63 Abs. 2 Satz 3 2. Hs. BBG).

23 Die **Verwaltungsübung** an der Dienststelle oder die **stillschweigende Duldung** von Fehlverhalten durch den Vorgesetzten reicht im Allgemeinen nicht zur Rechtfertigung aus. Dies folgt schon daraus, dass grundsätzlich jeder Beamte selbstverantwortlich in dem

---

61 BDiG 11. 7. 1985 – VI VL 21/85.
62 BDHE 4, 62 und 7, 78.

Die Pflichtwidrigkeit

übertragenen Aufgabenkreis zu arbeiten und die Dienstpflichten zu erfüllen hat. Passivität von Vorgesetzten, die möglicherweise selbst pflichtwidrig ist, rechtfertigt pflichtwidriges Verhalten ebenso wenig wie gleichartiges Fehlverhalten von Kollegen.[63] Allerdings können **geduldete Missstände** innerhalb einer Behörde das Bewusstsein der Pflichtwidrigkeit erheblich mindern und zu einer entsprechenden Maßnahmenmilderung führen.[64] Im Übrigen kommt es auf die Sachlage im Einzelfall an, ob in einer **bewussten Billigung des Vorgesetzten** bezüglich einer vorschriftswidrigen Verfahrens- und Verhaltensweise eine **dienstliche Genehmigung oder gar Weisung** liegt. Darin wird dann allerdings weniger ein Rechtfertigungsgrund liegen als schon grundsätzlich ein Mangel am Pflichtenverstoß. Weisungen direkter Vorgesetzter unter bewusstem Verstoß gegen die abstrakten Regelungen des obersten Dienstherrn bei Kenntnis dieser abstrakten Sachlage durch den einzelnen Beamten lassen die Pflichtwidrigkeit des Verhaltens nach dem Rechtsgedanken des § 63 BBG allerdings unberührt (B. II. 7. Rn. 8). **Nachträgliche Zustimmungen oder Dienstregelungen des Vorgesetzten** können die gegebene Pflichtwidrigkeit nicht beseitigen. So bleibt das ungenehmigte Fernbleiben auch dann pflichtwidrig, wenn nachträglich die versäumte Zeit als Urlaub oder Freizeitausgleich »verrechnet« wird (vgl. B. II. 3. Rn. 5). Es kommt dann lediglich eine mildere Betrachtungsweise in Frage.

Kommt es zu einer **Kollision widerstreitender Dienstpflichten**, so hat der Beamte jedenfalls dann nicht pflichtwidrig gehandelt, wenn er mit seinem Verhalten bestrebt war, das nach seiner Meinung vorrangige dienstliche Interesse zu schützen. Die Vorrangigkeit einer Dienstpflicht vor der anderen ergibt sich häufig aus der Natur der Sache oder aus dem offensichtlichen Vorrang der spezielleren vor der allgemeineren Regel. So ist selbstverständlich ein Beamter der örtlichen Betriebssicherung trotz des allgemeinen Gebots der Kollegialität und Wahrung des Betriebsfriedens kraft seiner speziellen Amtspflichten gezwungen, eine Anzeige gegen einen Kollegen zu erstatten. Das kann auch für die Meldung von Vorgängen außerhalb des eigenen Aufgabenbereichs gelten.[65] Auch kann die kleinliche oder gar obstruktive Befolgung von Organisations- und Ordnungsvorschriften (»Dienst nach Vorschrift«) nicht rechtfertigen, dass das vorrangige Arbeitsziel leichtfertig oder mutwillig verfehlt wird. Denn die Amtspflicht enthält auch die Aufgabe der Selbständigkeit und Eigeninitiative und die Verpflichtung, ggf. die Vorgesetzten zu unterrichten und zur Klärung zu veranlassen. Ebenso wenig kann sich grundsätzlich ein Beamter damit rechtfertigen, dass die allgemeine (nicht gesetzlich ergangene) Regelung die Befolgung einer konkreten Einzelanweisung verbiete (zur Bindung an dienstliche Weisungen im Einzelnen unten B. II. 7. Rn. 8).

Aus der »**gefahrengeneigten Tätigkeit**« kann kein Rechtfertigungsgrund abgeleitet werden in dem Sinn, dass ein Versagen nicht vorgeworfen werden dürfe, weil in diesem Aufgabenbereich die Gefahr von Fehlern ohnehin vorgegeben sei.[66] Zwar kann die Gefahrengeneigtheit des Aufgabenbereichs im konkreten Fall ergeben, dass ein Verschulden nicht vorliegt oder gemindert ist. Im Allgemeinen jedoch erfordert gerade die Gefahrenträchtigkeit eines Dienstpostens entsprechend erhöhte Aufmerksamkeit und Befolgung der dienstlichen Organisations- und Sicherheitsvorschriften. Gehört die gefahrengeneigte Tätigkeit zum Kernbereich der übertragenen Amtspflichten, so kann sich der Betroffene

24

25

---

63 BDiG 22. 8. 2000 – VIII VL 37/99.
64 BVerwGE 33, 101; 53, 251; Claussen/Janzen, Einl. D. 13 b.
65 Wehrdienstsenat BVerwG 20. 7. 1967, E 33, 90; BDH, Dok. Ber. S. 1297.
66 BDHE 6, 60, 61; Behnke-Arndt, S. 73 Rn. 23.

Der Dienstvergehenstatbestand

nicht allgemein damit entlasten, dass von keinem Menschen stets fehlerfreie Arbeit erwartet werden könne.[67]

26 Auch im Bereich der »Rechtfertigungsgründe« helfen die **klassischen strafrechtlichen Kategorien** nicht weiter. Liegt **Notwehr, Sachnotstand, erlaubte Selbsthilfe oder übergesetzlicher Notstand** vor, kommt ohnehin eine Ansehens-, Achtungs- oder Vertrauensbeeinträchtigung als Pflichtenverstoß nicht in Betracht. Dasselbe gilt für die »**Wahrnehmung berechtigter Interessen**« i. S. d. § 193 StGB und für die **Einwilligung des Verletzten**.[68] Sind berechtigte Interessen des Beamten zu beachten, so geschieht dies bereits im Pflichtentatbestand (etwa im Falle berechtigter Verteidigung gegen Vorwürfe des Vorgesetzten). Auf die Einwilligung des Verletzten kommt es dann nicht an, wenn aus dienstlichem Interesse dem Beamten gerade ein anderes Verhalten vorgeschrieben ist. So handelt z. B. ein Briefzusteller pflichtwidrig, wenn er die Empfangsbestätigung des Postkunden mit dessen Namen selbst unterschreibt, obwohl dies ausdrücklich untersagt ist. Auch hier ist (wie im Strafrecht) die Einwilligung des Verletzten nur erheblich, wenn er über das betroffene Rechtsgut allein wirksam verfügen kann. Die Dienstvorschriften über Postzustellungen dienen nicht nur der Sicherung der Postkunden, sondern auch dem innerdienstlichen Bedürfnis nach Kontrolle des funktionierenden Dienstbetriebs. Darauf kann der Postkunde nicht verzichten.

4. Das Verschulden

27 Für das Vorliegen eines Dienstvergehens fordert § 77 Abs. 1 Satz 1 BBG die »schuldhafte« Verletzung der obliegenden Pflichten. Verschulden umfasst die **Schuldformen Vorsatz und Fahrlässigkeit**. Hierfür gelten im Disziplinarrecht weitgehend dieselben Kategorien wie im Strafrecht.

28 **Vorsatz** setzt Wissen und Wollen der Tatmerkmale voraus. Hinsichtlich des Tatverlaufs genügt es, wenn der Erfolg billigend in Kauf genommen wird (Eventualvorsatz). **Fahrlässig** handelt, wer die Sorgfalt außer Acht lässt, zu der er nach den Umständen des Einzelfalles verpflichtet und nach seinen persönlichen Kenntnissen und Fähigkeiten imstande ist. Je nach der Vorstellung über den Tatverlauf kann bewusste oder unbewusste Fahrlässigkeit vorliegen. Nach dem Grad der Sorgfaltsverletzung kann grobe oder leichte Fahrlässigkeit in Frage kommen. Tatbestands- und maßnahmenmäßig kommt es auf diese Variationen prinzipiell nicht an. Denn das Bundesbeamtengesetz und das Bundesdisziplinargesetz machen insoweit keine Unterschiede. Allerdings können im außerdienstlichen Bereich fahrlässige Verhaltensweisen schon grundsätzlich aus dem Pflichtenbereich – etwa des § 61 Abs. 1 Satz 3 BBG – ausscheiden, weil sie die berufserforderliche Integrität noch nicht berühren.

29 Das subjektive Tatbestandsmerkmal der **Absicht** ist dem Dienstvergehen fremd. Für die Bewertung des Dienstvergehens ist es allerdings von Bedeutung, zumal wenn dessen Gewicht sich auch nach dem Charakter der zugleich darin liegenden Straftat bestimmt (Rn. 49 a. E.). So ist es zwar gleichermaßen pflichtwidrig und schuldhaft (nämlich eigennützig und vertrauenswidrig i. S. d. § 61 Abs. 1 Sätze 2 und 3 BBG), wenn Reisekosten tatsächlich falsch belegt werden: einmal nur zur Verdeckung eines unerlaubten Dienstabbruchs[69] oder eines ehewidrigen Verhältnisses (s. B. II. 10. Rn. 19),[70] ein anderes Mal aber

---

67 BDiG, Dok. Ber. S. 3981; Arndt, APF 1968, 17, und in Behnke, S. 102 Rn. 106; Claussen/Janzen, Einl. C. Rn. 12.
68 BDHE 3, 125 und in ZBR 1966, 228, sowie zu allem Behnke-Arndt, S. 74f. Rn. 25 und 26.
69 BDiG 24. 2. 1976 – V VL 25/75.

gezielt in betrügerischer Absicht. Im ersten Fall wird der unrechtmäßige Vermögensvorteil zwar vorsätzlich, aber nur als zwangsläufige Folge der Verheimlichung anderer Umstände hingenommen. Entsprechend der geringeren Schuld ist auch das Gewicht des Dienstvergehens gemildert.

Liegt ein **Irrtum über** die tatbestandserheblichen **Tatumstände** vor, so ist wie im Strafrecht Vorsatz ausgeschlossen. Beruht der Irrtum auf Fahrlässigkeit, so kommt ein fahrlässiges Dienstvergehen in Betracht (etwa wenn Falschangaben im Beihilfeantrag auf fahrlässige Unterlassung der möglichen und zumutbaren Aufklärung zurückzuführen sind).[71] An die Aufklärungspflicht des Beamten werden wegen des besonderen Treueverhältnisses erhöhte Anforderungen gestellt, die allerdings nicht unrealistisch sein dürfen (zu allem im Einzelnen B. II. 10. Rn. 19).[72]   30

Zur Schuld gehört das **Bewusstsein der Pflichtwidrigkeit**. Dieses beinhaltet zum einen das **materielle** Bewusstsein von Recht und Unrecht. Daneben ist aber auch das **statusrechtliche** Bewusstsein erforderlich, als Angehöriger des öffentlichen Dienstes bestimmten Dienstpflichten zu unterliegen. Das Bewusstsein, im beamtenrechtlichen Sinn »Beamter« zu sein, wird nicht gefordert. Der beamtenrechtliche Status begründet lediglich eine Verfahrensvoraussetzung für die disziplinarrechtliche Verfolgung (§ 1 BDG). Verfahrensvoraussetzungen werden von der Schuld nicht erfasst. Es genügt deshalb für die Annahme einer »Schuld« die allgemeine Kenntnis, in einem öffentlich-rechtlichen Dienstverhältnis zu stehen.[73] Für die unter das Gesetz zu Art. 131 GG fallenden Personen war diese Frage von großer Erheblichkeit,[74] heute ist sie nur noch von theoretischer Bedeutung. Die Vorstellung als Nichtbeamter disziplinarrechtlich nicht verantwortlich zu sein, ist ebenso unerheblich wie der strafrechtliche Irrtum über die Strafbarkeit.[75] Meint ein Beamter irrtümlich, bereits aus dem Dienstverhältnis ausgeschieden zu sein (etwa weil ein – noch nicht beschiedener – Entlassungsantrag gestellt wurde), so fehlt es lediglich an dem – unerheblichen – Bewusstsein der disziplinaren Verfolgbarkeit jedenfalls dann, wenn das Verhalten generell geeignet ist, die Berufserforderlichkeit zu beeinträchtigen (etwa bei einer Verletzung der Amtsverschwiegenheit oder bei einer achtungswidrigen Straftat). Gehört allerdings zu einem bestimmten Pflichtentatbestand (wie etwa bei der Dienstleistungspflicht aus §§ 61 Abs. 1 Satz 1 und 73 BBG) die Kenntnis der konkreten dienstrechtlichen Verpflichtung, so liegt im angenommenen Fall ein Irrtum über eine tatbestandserhebliche Rechtstatsache (die geschuldete Dienstleistung) vor, der Vorsatz (hier beim Fernbleiben vom Dienst) ausschließt. Dabei handelt es sich nicht um das meist unerhebliche Fehlen des Unrechtsbewusstseins, sondern um einen erheblichen Tatsachenirrtum.   31

Auch im Disziplinarrecht ist der **unvermeidbare Verbotsirrtum** geeignet, das Unrechtsbewusstsein entfallen zu lassen.[76] Der vermeidbare Verbotsirrtum ist unerheblich. Um ein materielles Bewusstsein der Pflichtwidrigkeit entwickeln zu können, bedarf es – wie im Strafrecht – nicht der Kenntnis und des juristischen Verständnisses der jeweiligen Pflichtennorm. Der Beamte muss vielmehr in laienhafter Weise das rechtlich Unerlaubte erkennen können. Diese Erkenntnis ist aufgrund der dienstlichen und Lebenserfahrung allgemein zu unterstellen. Wird der objektive Geschehensablauf richtig vorgestellt und er-   32

---

70 BVerwG, Dok. Ber. 1974, 103.
71 BVerwG 12.12.1985 – 1 D 106.85; 21.2.2008 – 2 B 1/08.
72 Etwa im Falle schwer verständlicher Formulare: BVerwG, ZBR 1985, 254.
73 Behnke-Arndt, S. 78 Rn. 36 m. w. Zitaten; Claussen/Janzen, Einl. B. Rn. 17; BDHE 1, 55; 2, 82.
74 BDHE 5, 17; BVerwG 7.3.1967 – 1 D 5.66.
75 BGHSt [GS] 2, 202.
76 BVerwG 22.6.2006, ZBR 2006, 385.

streckt sich der Irrtum nur darauf, dass das Verhalten als erlaubt angesehen wird, so liegt ein Verbotsirrtum vor. Dieser ist unerheblich und schließt auch Vorsatz nicht aus, wenn er vermeidbar war. Auch hier werden wegen des besonderen Treueverhältnisses strenge Anforderungen an die Erkundigungspflicht gestellt. Ist sich der Beamte über die Bedeutung von Vorschriften oder Weisungen nicht im Klaren, so muss er alle dienstlich möglichen Aufklärungen versuchen.[77] Im Falle unbestimmter Pflichtennorm oder unbekannter Rechtslage kann sich der Beamte nicht auf Unkenntnis oder private Auslegung zurückziehen.

33 Da die Dienstpflichten des Bundesbeamtengesetzes generell Ausfluss des besonderen, gegenseitigen Treueverhältnisses und auf die Sicherung der staatlichen Verwaltungsaufgaben gerichtet sind, ergeben sie sich weitgehend aus der Natur der Sache. Auch wenn es sich um allgemein gefasste Pflichten handelt (Uneigennützigkeit, Vertrauenswürdigkeit, Gehorsam), so leuchten sie doch wegen ihrer berufsethischen, funktionalen Bedeutung gemeinhin jedem Beamten ohne weiteres ein, sie sind »evident«.[78] Diese **Evidenz der Pflichtwidrigkeit** ist besonders dort eindeutig, wo schon die allgemein gültige und bekannte Rechtsordnung (etwa im Strafrecht) Verhaltensnormen setzt. Je spezieller der individuelle Fall, je situationsbedingter die Anordnung/Weisung ist, desto weniger wird von einer »objektiven« Evidenz, einer Grundkenntnis in der Beamtenschaft ausgegangen werden können. In diesen Fällen kommt besonderes Gewicht der Aufklärung der Frage zu, ob dem Beamten gerade »diese« Regelung oder Anweisung bekannt geworden ist. Werden aus unbestimmten, ausfüllungsbedürftigen Rechtsbegriffen konkrete Pflichten abgeleitet, müssen diese ohne Zweifel erkennbar und einleuchtend sein. Eine Interessenprüfung muss hier realistisch erfolgen.[79] Das allgemeine, gesellschaftliche **Sittenempfinden** gibt auch hier nicht den Ausschlag. Vor allem wenn es im außerdienstlichen, privaten Bereich um ernsthafte **Minderheitsinteressen** geht, kann es an der Evidenz der Pflichtwidrigkeit für die Betroffenen, also an der Schuld, fehlen. In diesem Bereich kommt der **Evidenz** unter Umständen sogar eine **tatbestandsmäßige Bedeutung** zu in dem Sinn, dass mangels objektiver Evidenz schon keine Pflichtwidrigkeit angenommen werden kann. In der pluralistischen Gesellschaft wirkt auch das **Toleranzgebot** (Rn. 49) in die Frage der Evidenz ein. Denn auch herrschende Konventionen müssen nicht unbedingt abweichendes Verhalten als »offensichtlich« pflichtwidrig erscheinen lassen.

34 Schuld setzt **Schuldfähigkeit** voraus. Auch im Disziplinarrecht werden die Regelungen in §§ 20, 21 StGB entsprechend angewandt. Unter den Voraussetzungen des § 20 StGB entfällt ein Dienstvergehen. Die Voraussetzungen der §§ 20, 21 StGB brauchen nicht voll erwiesen zu sein. Es genügt nach dem Grundsatz »in dubio pro reo«, dass die Schuldunfähigkeit oder die Einschränkung der Schuldfähigkeit **nicht mit Sicherheit auszuschließen ist**.[80] Der die Schuldunfähigkeit begründende Krankheitszustand muss **kausal** sein, also sich, um rechtserheblich zu sein, konkret und unmittelbar auf die vorgeworfene Tat ausgewirkt haben.[81] So behebt es die Schuldfähigkeit nicht, wenn ein alkoholsüchtiger Beamter im Zustand der Nüchternheit einen Diebstahl begeht, der nichts mit seiner Alkoholsucht zu tun hat;[82] ebenso Minderung der Schuldfähigkeit nicht allein durch Abhängig-

---

77 BDHE 5, 26.
78 Zur Evidenz als Voraussetzung eines jeden Dienstvergehens allgemein BVerfGE 39, 350.
79 Arndt, DÖV 1968, 41 ff.; Achterberg, DÖV 1963, 331 ff.
80 Claussen/Janzen, Einl. B. 15.; wie auch zu den Milderungsvoraussetzungen bei Unterschlagungen BVerwGE 63, 319, und v. 2. 3. 1980 – 1 D 53/79, Dok. Ber. 1980, 233.
81 BVerwG, Dok. Ber. 1973, 155.
82 BVerwG 13. 1. 1987 – 1 D 147.85.

keit von Betäubungsmitteln.[83] Auch nicht bei Straftat zur Finanzierung des Suchtmittels, jedoch bei direktem Zugriff auf Suchtmittel (vgl. auch A. IV. Rn. 84).[84] Wegen unterschiedlicher Arztbeurteilungen vgl. B. II. 3. Rn. 6. Schuldunfähigkeit steht nicht Verhandlungsunfähigkeit gleich.[85]

Die Annahme der **verminderten Schuldfähigkeit** (§ 21 StGB) ändert am Vorliegen einer schuldhaften Pflichtverletzung, d. h. eines Dienstvergehens, nichts. Ob und inwieweit die Minderung der Schuldfähigkeit Auswirkung auf die Maßnahmenwahl und Bemessung hat, ist eine Frage des Einzelfalls. Sie führt jedenfalls nicht grundsätzlich zu einer Milderung. Denn gerade in der zugrunde liegenden Labilität kann die **Gefahr der Rückfälligkeit** liegen. Das kann zu einem erhöhten Bedürfnis erzieherischer Einwirkung führen.[86] Ist der Beamte »**objektiv untragbar**« geworden, also aus dem Dienst zu entfernen, so rechtfertigt eine Minderung der Schuldfähigkeit die Belassung im Dienst nicht generell, weil dieser **bloße Bemessungsfaktor** nur bei der Bemessung pflichtmahnender Maßnahmen (zu denen die Dienstentfernung nicht zählt) Bedeutung haben kann.[87] **Ausnahmsweise** kann auch die **Maßnahmeart gemildert** werden, auch bei einer **Kernpflicht** (vgl. auch A. IV. Rn. 77, 84)[88]; ebenso, wenn nicht auszuschließen ist, dass die Minderung der Schuldfähigkeit – zeitlich oder qualitativ – **an der Grenze zur vollen Schuldunfähigkeit** liegt[89] oder dass die **Krankheit nicht selbst verschuldet** wurde und weitere mildernde Umstände hinzutreten.[90] Selbst wenn nicht einmal Minderung der Schuldfähigkeit vorliegt, kann bei **bloßer psychischer Belastung** – negative Lebensphase – die Maßnahmeart gemildert werden.[91] Eine weitere Ausnahme wird dort zugelassen, wo die Minderung der Schuldfähigkeit auf einem **Sonderopfer** für die Allgemeinheit beruht, etwa auf einer Kriegsverletzung oder auf einem Dienstunfall.[92]

35

Die **strafrechtlichen Schuldausschließungsgründe** (Notstand § 35, Notwehrexzess § 33 StGB) sind im Disziplinarrecht ebenso wie die strafrechtlichen Rechtfertigungsgründe (Rn. 26) praktisch ohne Bedeutung. Eine danach schuldlos verursachte Rechtsgüterverletzung betrifft regelmäßig schon gar nicht den beamtenrechtlichen Pflichtenkreis, stellt also kein Dienstvergehen dar.[93]

36

---

83 BGH, JZ 1989, 155; BVerwG 19.1.1993 – 1 D 68/91, Dok. Ber. 1993, 161.
84 BVerwG 7.5.1993 – 1 DB 35/92, Dok. Ber. 1993, 207; BGH, NJW 1989, 2336.
85 BVerwG 25.1.2001 – 1 D 31.99.
86 St. Rspr., BVerwG, Dok. Ber. 1987, 251.
87 St. Rspr., BVerwG 14.10.1997 – 1 D 60.96; 9.9.1987 – 1 D 12.87; 10.2.1988 – 1 D 110.87, Dok. Ber. 1988, 96.
88 So auch BVerwG, ZBR 1999, 135.
89 BVerwG 20.10.1970 – 3 D 22.70; 23.9.1987 – 1 D 16.87 (»absurde intra-psychische Entlastungshandlung, die demnächst zu einem Zustand nach § 20 StGB führt«); 29.3.1984 – 1 D 16.84 (suchtartige, psychische Störung); BDiG 3.2.1988 – VI VL 27/87 –, und 26.2.1988 – I VL 12/87 (Beeinträchtigung lag an der Grenze zur Schuldunfähigkeit).
90 BVerwG 26.8.1971 – 2 D 11.71; 1.9.1971 – 1 D 27.70.
91 BVerwG 10.11.1987 – 1 D 24.87 (statt Entfernung Degradierung).
92 BVerwG 13.1.1987 – 1 D 147.85.
93 Behnke-Arndt, Einf. Rn. 31.

II. Gesetzesnorm und Richterrecht

1. Disziplinare Grund- und Spezialtatbestände

37 Das Bundesbeamtengesetz regelt **allgemeine und spezielle Pflichtentatbestände**. Die allgemeinen (Grund-)Pflichtentatbestände werden durch Spezialregelungen konkretisiert. Auch zu den Spezialtatbeständen werden häufig in beamtenrechtlichen Nebenbestimmungen ergänzende Regelungen getroffen.[94] Auch dort, wo in erster Linie nicht Pflichten, sondern Rechte der Beamten geregelt werden, sind wiederum hinsichtlich der Durchführung spezielle Pflichten normiert (z. B. UrlaubsVO, BeihilfeVO, Reisekosten- und UmzugskostenG). Ohnehin sind Pflichten- und Berechtigungstatbestände oft miteinander verknüpft, so dass sich aus den Anspruchstatbeständen quasi spiegelbildlich die dahinterstehenden Pflichtentatbestände ergeben und umgekehrt (z. B. bei Vorteilsannahme nach § 71 Abs. 1 BBG oder Fernbleiben vom Dienst in § 96 Abs. 1 BBG). Je spezieller ein Pflichtentatbestand geregelt ist, desto weniger Beurteilungsspielraum bleibt für seine Konkretisierung. Seine Anwendung erfordert die übliche Subsumtionstechnik.

38 Je **unbestimmter die Pflichtennorm** geregelt ist, desto mehr müssen Inhalt und Grenzen eines Pflichtentatbestands in der Rechtsanwendung **empirisch konkretisiert** werden, um ihnen einen auf den jeweiligen Sachverhalt bezogenen Inhalt zu vermitteln. Das Disziplinarrecht beruht weitgehend auf allgemeinen, generalklauselhaften Pflichtentatbeständen. Das ist nach Meinung des BVerfG wegen der Möglichkeit empirischer Konkretisierung **verfassungsrechtlich unbedenklich** (zur Problematik von und zu den Anforderungen an Richterrecht Rn. 42, 52 ff.).[95] Zunehmende Kompliziertheit des Lebens und der Verwaltungsaufgaben bewirkt schnelleren Wandel sowohl in bestimmten, typischen Verwaltungsabläufen als auch in der gesellschaftlichen Wertordnung und im Selbstverständnis der Beamtenschaft. Mit unbestimmten, ausfüllungsfähigen und auf das Ziel amtlicher Tätigkeit hinweisenden Normen lässt sich dieser Wandel in dem auf Dauer angelegten Dienstverhältnis besser auffangen als mit engen, tatbezogenen Sanktionstatbeständen. Ohnehin lassen sich positive Wertregeln kaum anders als in tendenziellen Zielvorstellungen ausdrücken. Das Strafrecht geht von der grundsätzlichen Handlungsfreiheit der Bürger aus und kann sich deshalb auf einzelne, rechtsgüterbezogene Sanktiontatbestände beschränken. Im Gegensatz dazu steht im öffentlichen Dienst der Beamte in einem lebenszeitlichen, gegenseitigen Treue- und Fürsorgeverhältnis zu seiner Verwaltung und es besteht das staatliche Interesse an der Sicherung der Leistungsfähigkeit der Verwaltung. Das führt zwangsläufig zu umfassender Pflichtenbindung und zur abstrakten Formulierung von Wertzielen. Die unbestimmten Rechtsbegriffe erlauben eine zwanglose Anpassung an veränderte Realitäten. Darin liegt allerdings auch die besondere Herausforderung vor allem der Disziplinargerichte.

39 Disziplinare **Grundpflichten** regeln z. B. im Bundesbeamtengesetz die § 60 Abs. 1 (Pflicht zur Unparteilichkeit und zum Verfassungsbekenntnis), § 60 Abs. 2 (Pflicht zur politischen Mäßigung), § 61 Abs. 1 (Pflicht zur vollen Leistungsbereitschaft, zur Redlichkeit und Vertrauenswürdigkeit), § 62 (Pflicht zum Gehorsam), § 99 (Genehmigung von Nebentätigkeiten), § 77 Abs. 1 Satz 2 (Pflicht zu außerdienstlichem Wohlverhalten). Ihre Geltung ist nicht auf bestimmte dienstliche Aufgabenbereiche oder Situationen beschränkt. Sie ap-

---

[94] Z.B. zur Amtsverschwiegenheit nach §§ 67 ff. BBG die Verschlusssachenrichtlinien, zur Nebentätigkeitsregelung in §§ 97 ff. BBG die NebentätigkeitsVO, zur Vorteilsannahme nach § 71 Abs. 1 BBG den Erlass des BMI v. 20. 3. 1962 – GemMinBl. 1962, 128.
[95] BVerfGE 26, 204 = NJW 1969, 2195 und PersV 1985, 35; BVerwGE 33, 327.

Disziplinare Grund- und Spezialtatbestände

pellieren vielmehr für jegliche Art amtlicher und dienstbezogener Tätigkeit an die durchweg erwartete Einstellung und Haltung des Beamten. Alle Spezialregelungen sind Ausfluss dieser Grundpflichten bzw. führen auf diese zurück. An ihnen entscheidet sich letztlich, ob und mit welchem Gewicht das dienstliche Interesse verletzt wurde.

Vor allen Regelungen ist die so genannte **Wohlverhaltensklausel** des § 61 Abs. 1 Satz 3 BBG die Richtschnur für das »berufserforderliche« Verhalten (§ 61 Abs. 1 Satz 3 BBG: »Ihr Verhalten innerhalb und außerhalb des Dienstes muss der Achtung und dem Vertrauen gerecht werden, die ihr Beruf erfordert«). Damit sind nicht Charakterbewertungen und Moralanschauungen, sondern die **amtsbezogene, allumfassende Beschreibung des zentralen Verwaltungsinteresses** gemeint. Den außerdienstlichen Privatbereich regelt § 77 Abs. 1 Satz 2 BBG einschränkend (»Ein Verhalten des Beamten außerhalb des Dienstes ist ein Dienstvergehen, wenn es nach den Umständen des Einzelfalles in besonderem Maße geeignet ist, Achtung und Vertrauen in einer für sein Amt oder das Ansehen des Beamtentums bedeutsamen Weise zu beeinträchtigen«). Der Leitbegriff für die disziplinare Erheblichkeit von dienstlichem und privatem Verhalten ist das »**Berufserforderliche**«. Er entscheidet unter den Aspekten des »Vertrauens-, Achtungs- und Ansehensgemäßen« letztlich bei allen Grund- und Spezialpflichten darüber, ob die »Schwelle zur disziplinaren Erheblichkeit« überschritten wurde (dazu Rn. 20).[96] Die Verletzung der o. g. Grundpflichten stellt »berufsethisches Unrecht« dar, also im Sprachgebrauch der disziplinarrechtlichen Rspr. **materielle Pflichtenverstöße**.

40

Die **formalen Pflichtenverstöße** sind dem Grunde nach im Bereich der Gehorsamspflicht, § 62 Abs. 1 Satz 2 BBG, geregelt. Hierunter fallen Verstöße gegen »die äußere Ordnung des Dienstes«, die häufig nur **disziplinare Ordnungswidrigkeiten** darstellen. Als »materielle« Pflichtenverstöße i. S. d. § 61 Abs. 1 Satz 3 BBG werden sie nur erheblich, wenn im Kernbereich der Amtsaufgaben versagt wurde oder wenn erhebliche dienstliche Störungen und Vertrauensschäden verursacht wurden (Rn. 20). Als erhebliche Ordnungswidrigkeiten kommen in Betracht: Verstöße gegen Organisations- und Abwicklungsvorschriften, etwa bezüglich der Form von Erstattungsanträgen (Reisekosten, Beihilfe usw.), der Reihenfolge bestimmter Arbeitsabläufe (Zustellgang des Postzustellers, Listenführung eines Kassenbeamten, Bedienung und Pflege von Fahrzeugen, etwa durch den Lokführer oder Busfahrer) oder das äußere Erscheinungsbild eines Beamten, besonders im Umgang mit den Kunden.

41

Die **Konkretisierung** der Pflichtentatbestände, sowohl der allgemeinen wie der speziellen, muss sich letztlich an dem Merkmal der »**Berufserforderlichkeit**« aus § 61 Abs. 1 Satz 3 BBG ausrichten. Dabei kommt es nicht auf das »Amt« als Inbegriff der geforderten Dienstleistungen an, sondern auf den »Dienst« insgesamt, der alle Beziehungen des Beamten zu seiner Verwaltung umfasst, sowohl die sachlichen wie die persönlichen. Das ist aber auch die entscheidende Grenze zur Privatsphäre.

42

Die »**Wohlverhaltenspflicht**« bedeutet nicht, dass im öffentlichen Dienst »Mustermenschen« verlangt werden; **allgemeine Moral- und Sittenanschauungen** berühren nicht eo ipso das Funktionieren der Verwaltung und das Vertrauen in dieses (Rspr. s. Einf. II. 4. a. E.). Die Gesetzesanwendung – auch wenn es sich um Generalklauseln handelt – erlaubt **nicht den direkten Zugriff auf soziokulturelle Vorstellungen** von Sitte und Moral. Die soziokulturelle Meinungsbildung findet im außerrechtlichen, vorgesetzlichen Raum statt. Sie ist dort zwar stets nötig, aber nicht verbindlich für die disziplinarrechtliche Zielsetzung: die Wahrung der **berufserforderlichen** Integrität der Verwaltung. Der **außerrecht-**

---

96 Im Einzelnen Arndt, DÖV 1968, 39 ff.; Claussen/Janzen, Einl. C. 1 a-3 m. w. Zitaten.

Gesetzesnorm und Richterrecht

liche Konsens der Gesellschaft zu bestimmten Verhaltensweisen (z. B. auf sexuellem Gebiet, siehe zur Homosexualität und zum Toleranzgebot Rn. 49) ist **nicht unmittelbar pflichtenbegründend.** Die Gefahr der Ausfüllung unbestimmter Rechtsbegriffe durch persönliche Wunschvorstellungen, Vorurteile und daraus abgeleiteten angeblichen Konsens der Gesellschaft statt durch objektive Konkretisierung des dienstlich »Berufserforderlichen« liegt nahe. Das Disziplinarrecht ist aber kein »gruppäres Standesrecht«, sondern staatliches Funktionsrecht zur Sicherung der Verwaltung (Einf. II. 2. und 4.). Deshalb auch müssen Dienstvorgesetzte sich **vor** einem Vorhalt gegenüber Untergebenen klar werden, ob sie von einem Pflichtenverstoß ausgehen oder nur von einem persönlich für »unangemessen« gehaltenen Verhalten. Im letzteren Sinne würde auch ein so genanntes »kollegiales Gespräch« ein unzulässiger disziplinarer Vorhalt sein, da es nicht nur am Dienstvergehen, sondern auch an der Einhaltung der zum Schutz der Betroffenen geregelten Verfahrensvorschriften des BDG fehlte (s. Rn. 71).

Nicht entscheidend sind auch unter dem Gesichtspunkt der »Achtung« in § 61 Abs. 1 Satz 3 BBG die persönlichen Bewertungen der Vorgesetzten oder die Reaktion von Mitarbeitern, sondern die objektiven **konkreten Anforderungen im alltäglichen Dienstbetrieb.**[97] Nur so lässt sich die Grenze zwischen dem »dienstlich Erforderlichen« und dem Nichterforderlichen einigermaßen objektiv und funktional sichtbar machen. Die außerdienstliche ehrenrührige Streiterei mit Nachbarn hat normalerweise keinerlei Bezug zur Dienstausübung und ist disziplinarrechtlich unerheblich, auch wenn damit der Beamte ein schlechtes Bild abgibt. Für die bislang tadelfreie Dienstausübung kann dies nicht vertrauensmindernd wirken.

Ebenso liegt keine Pflichtverletzung bei Verweigerung des freiwilligen »Katastrophendienstes« außerhalb des Dienstes vor.[98] Ebenso wenig wird das **Vertrauen der Allgemeinheit** in die korrekte Dienstausübung der Beamtenschaft insgesamt (gleich »**Ansehen des Beamtentums**« in § 77 Abs. 1 Satz 2 BBG, § 14 BDG) durch solche Vorfälle beeinträchtigt werden. Gleiches muss für die außerdienstliche Trunkenheitsfahrt von Schreibtischbeamten gelten, die nichts mit dem Führen von Dienstfahrzeugen zu tun haben. Auch hier fehlt generell die unmittelbare dienstliche Auswirkung auf den dienstlichen Einsatz und auf die bislang gezeigte und künftig zu erwartende dienstliche Zuverlässigkeit. Tatsächlich leitete die Rspr. in solchen Fällen die disziplinare Erheblichkeit auch nur aus der »allgemeinen« Eignung zur Achtungs- und Ansehensbeeinträchtigung gem. § 77 Abs. 1 Satz 2 BBG her.[99] Eine unmittelbare, kausale Auswirkung auf die konkreten Dienstobliegenheiten des betroffenen Beamten ist nicht dargetan. Es ist bezeichnend, dass das BVerwG in st. Rspr. »Ansehensbeeinträchtigung« nach § 77 Abs. 1 Satz 2 BBG und »Bedürfnis nach Ansehenswahrung« gem. § 14 BDO im selben Fall gegensätzlich beantwortete.[100] Erst mit Urteil vom 30. 8. 2000[101] ist das BVerwG mit zutreffenden Erwägungen wieder zu der ein **Dienstvergehen verneinenden** Rspr.[102] **zurückgekehrt.** Auch das BDG trägt diese Rspr. für die Zukunft, da in § 14 die Ansehenswahrung nicht mehr enthalten ist.

---

97 BDiG 12. 9. 2001 – VII BK 5/01.
98 BDiG 5. 8. 1992 – XVI BK 4/92, Dok. Ber. 1993, 35.
99 St. Rspr., BDH 1. 6. 1967 – 1 D 10.67 –, und früher zu § 14 BDO im Urt. v. 7. 9. 1967 – 1 D 18.67 – wörtlich: »… die Öffentlichkeit hat kein Verständnis dafür, wenn gerade Beamte sich der Trunkenheit im Verkehr schuldig machen, während die Behörden ständig zur Nüchternheit mahnen. Daher gebietet auch die Wahrung des Ansehens des Beamtentums in der Regel die Verhängung einer zusätzlichen Disziplinarmaßnahme.«
100 Dok. Ber. 1979, 109.
101 1 D 37.99, ZBR 2001, 39.
102 BVerwG 6. 12. 1967 – 1 D 29.67.

Disziplinare Grund- und Spezialtatbestände

Hier entscheiden auch die Disziplinargerichte oft nach **moralischen Werturteilen** statt nach der realen Dienstbezogenheit. Dies geschieht auch dann, wenn es auf das »**Persönlichkeitsbild**« ankommt. Das ist bei der Frage der Steigerung der Maßnahmenart und bei deren Bemessung ebenso der Fall wie im Rahmen des § 14 BDG, aber auch bei Fällen der ausnahmsweisen Milderung der fälligen Höchstmaßnahme (bei Veruntreuung im Amt, B. II. 10.). Die konkrete Prognose der künftigen Zuverlässigkeit des Beamten aufgrund des Persönlichkeitsbildes, also aufgrund der bisherigen Unbescholtenheit bzw. »wesensmäßigen Labilität«, ist nur dann negativ, wenn die verschiedenen Pflichtverletzungen aus derselben wesensmäßigen Quelle herrühren.[103] Es ist unzulässig, von dem Einzelfall auf einen **unzuverlässigen Gesamtcharakter** zu schließen. Aus der gezeigten Labilität etwa beim Einhalten der Dienstzeit oder in Form alkoholischen Fehlverhaltens außerhalb des Dienstes kann nicht auf eine insgesamt »wesensmäßige Unzuverlässigkeit«, auf den »Hang zum Gesetzesbruch« oder auf einen »notorischen Rechtsbrecher« geschlossen[104] und daraus die Wiederholungsgefahr hinsichtlich einer ganz anderen Arbeits- und Versuchungssituation abgeleitet werden. Vielmehr ist darauf abzustellen, ob die **gleiche oder ähnliche Labilität** zuvor in Erscheinung getreten war (vgl. auch Rn. 16f. und 79).[105] **Analogisierende Verallgemeinerungen** in der Art »Wer lügt, stiehlt auch« sind unzulässig. Aus einem außerdienstlichen Warenhausbetrug darf nicht ohne weiteres auf Anfälligkeit im Kassendienst geschlossen werden, da die Unterschiedlichkeit von Tatsituationen und Tätertyp zu beachten ist.[106] Selbst bei Rückschlüssen von privater auf dienstliche Labilität gleicher Art ist Vorsicht geboten: Wer nach privater Einladung unter Alkoholeinfluss seinen Kraftwagen heimsteuert, muss noch lange nicht dazu neigen, auch seinen Dienst auf der Lok unter Alkohol durchzuführen. Und wer in seinem Sportverein als Kassierer unordentlich ist, muss noch nicht zu dienstlichen Kassenveruntreuungen neigen. Man mag solche Zusammenhänge nach aller Lebenserfahrung nicht ausschließen wollen und sie für beamtenrechtliche Personalentscheidungen im Sinne der Eignung ermessensmäßig verwerten können. Aber als disziplinarrechtlich erhebliche »Persönlichkeitsstruktur« sind sie damit noch nicht erwiesen. Sie können nicht ohne weiteres die »Dienstbezogenheit« und damit ein außerdienstliches Dienstvergehen oder in der Bemessung einen erschwerenden Rückfall oder das Bedürfnis nach zusätzlicher Pflichtenmahnung i. S. d. § 14 BDG begründen.

43

Die Grundpflichten sind allerdings verletzt, wenn das außerdienstliche Privatverhalten zu **unmittelbaren oder mittelbaren Störungen** des Dienstbetriebs oder der Einsatzfähigkeit des Beamten geführt hat. Kann der dienstliche Kraftfahrer nicht mehr als solcher oder gar nicht mehr (laufbahnmäßiger Busfahrer) eingesetzt werden, weil er wegen einer außerdienstlichen Trunkenheitsfahrt seine Fahrerlaubnis verloren hat, so liegt die Dienstbezogenheit auf der Hand. Hierin liegt allerdings, wie auch meist in vergleichbaren Fällen, ohnehin eine neben § 77 Abs. 1 Satz 2 BBG **selbständige – innerdienstliche – Pflichtverletzung** aus § 61 Abs. 1 Satz 1 BBG (Erhaltung der vollen Einsatzfähigkeit auf dem übertragenen Dienstposten). In dieser liegt das entscheidende disziplinare Gewicht, hinter dem die außerdienstliche Trunkenheitsfahrt an Bedeutung zurücktritt. Auch andere unmit-

44

---

103 BVerwG 28. 4. 1981 – 1 D 7.80 –, und 7. 10. 1987 – 1 D 26.87.
104 Dazu BVerwG 28. 3. 2000 – 1 D 8.99 –, und Claussen/Janzen, Einl. D. 9. d a. E.
105 So schon früher BVerwG, Dok. Ber. 1977, 175 und neuerdings wieder unter ausdrücklicher Aufgabe der früheren Rspr. in Dok. Ber. 1985, 154; 27. 1. 1988 – 1 D 50.87 für die »persönlichkeitsfremde« Tat; ebenso 7. 10. 1987 – 1 D 26.87 wegen der Steigerung der Maßnahmenart nach Rückfall.
106 BVerwG 5. 8. 1980 – 1 D 96.79.

telbar auf den Dienstbetrieb wirkende Folgen der außerdienstlichen Verfehlung (so etwa Dienstversäumung bei Haft oder Krankenhausaufenthalt nach der Trunkenheitsfahrt) können in diesem Sinn selbständige Pflichtverletzungen sein. Ob sie als Dienstvergehen vorwerfbar sind, hängt – wie immer – davon ab, ob sie vom Verschulden erfasst werden, woran es bei krankheits- oder haftbedingter Dienstversäumnis in der Regel mangelt (Rn. 98 ff., besonders Rn. 103, sowie B. II. 5. Rn. 9 und § 14 Rn. 24). Auch die nur **mittelbare Dienstbezogenheit** eines außerdienstlichen Verhaltens wirkt besonders »vertrauensmindernd« und begründet einen Pflichtenverstoß. So ist z. B. der außerdienstliche Schmuggel eines selbst in der Steuer- und Zollkontrolle eingesetzten Beamten des Bundesgrenzschutzes an seinem eigenen Einsatzort gegenüber den eigenen Mitarbeitern gewichtiger als der eines nicht in der Steuer- und Zollkontrolle eingesetzten Kollegen an fremdem Ort gegenüber einem fremden Staat.[107] Aus einer nur allgemein ähnlichen Aufgabenstellung kann nicht der Schluss der »konkreten« Dienstbezogenheit abgeleitet werden; so nicht bei außerdienstlichem Diebstahl eines Polizeihauptmeisters im BGS der Schluss auf eine dienstliche Unzuverlässigkeit. Denn weder dem BGS allgemein noch dem Beamten obliegt die Bekämpfung der Diebstahlskriminalität.[108]

45 Der **Grundtatbestand des »Wohlverhaltens«** in § 61 Abs. 1 Satz 3 BBG (innerdienstlich) und in § 77 Abs. 1 Satz 2 BBG (außerdienstlich) knüpft an die Merkmale der berufserforderlichen Achtung, des Vertrauens und Ansehens an. Achtung und Vertrauen sind auf die Amtsführung und damit auf die **Person** des Beamten ausgerichtet. Sie drücken beide die Anerkennung der integren Persönlichkeit aus. Die **Achtungswürdigkeit** ergibt sich aus der Gesamtheit des persönlichen Eindrucks im dienstlichen wie im privaten Leben. Sie stellt das äußere Ansehen in den Augen der Umwelt dar. Sie erwächst aus den vielen Facetten des Persönlichkeitsbildes, das sich auch für den dienstlichen Bereich durch solche Verhaltensweisen und Erscheinungsformen prägt, die dienstlich nicht erfordert werden und möglicherweise für die Dienstausübung wertneutral sind. Diese Wesenszüge werden naturgemäß wiederum von dem Betrachter subjektiv und unterschiedlich aufgefasst und bewertet. Die Berufserforderlichkeit verlangt aber auch hier, dass die »Achtung« in **diensterheblicher** Weise, also in konkreter Auswirkung auf Dienstbetrieb und Dienstabwicklung gelitten hat. Deshalb dürfen in die disziplinare Beurteilung der »Achtungswürdigkeit« nicht die persönliche Privatmeinung oder gesellschaftliche Konventionen einfließen dahin gehend, ob das fragliche Verhalten als »sympathisch oder unsympathisch«, »angemessen oder unangemessen«, »unbedenklich oder irritierend« empfunden wird (Rn. 43, 49). Es kommt allein auf das dienstlich erhebliche Erscheinungsbild des Beamten an. Insoweit fällt der Inhalt des Begriffes »Achtungswürdigkeit« mit dem der »Vertrauenswürdigkeit« zusammen.

46 Die »**Vertrauenswürdigkeit**« ist ebenfalls nur für den dienstlichen Bereich, nämlich gegenüber Vorgesetzten, Mitarbeitern und Adressaten der Amtstätigkeit, geschuldet. Das Vertrauen wird zwar im Sprachgebrauch – mehr als die Achtung – auf die konkrete Aufgabenerfüllung bezogen. Aber letztlich umfasst auch das Vertrauen die gesamte Persönlichkeit des Beamten im Hinblick auf Redlichkeit, Zuverlässigkeit und Korrektheit im Allgemeinen. Nicht nur von der Arbeitsqualität bei den übertragenen Aufgaben hängt das diensterforderliche Vertrauen ab, sondern auch von dem übrigen Verhalten im dienstlichen Umgang, etwa von der Redlichkeit und Korrektheit bei persönlichen Leistungsansprüchen gegenüber der Verwaltung (Beihilfe-, Reisekostenanträge) oder davon, dass dienstliche Befugnisse oder Möglichkeiten nicht privat missbraucht werden (zu Letzterem

---

107 BVerwG, Dok. Ber. 1987, 273.
108 BVerwG, ZBR 1985, 203.

B. II. 10. Rn. 21 ff.). Das Vertrauen wie auch die Achtung können gleichermaßen durch inner- wie durch außerdienstliches Verhalten beeinträchtigt werden. In Wirklichkeit lassen sich die Merkmale »Achtung und Vertrauen« inhaltlich nicht präzise abgrenzen. Es sind dieselben Voraussetzungen der Berufserforderlichkeit und Dienstbezogenheit, unter denen bestimmte Verhaltensweisen das »Vertrauen« wie die »Achtung« einschränken können. Beide Aspekte bedingen einander: Ohne Vertrauen in die dienstliche Zuverlässigkeit auch keine Achtung insoweit und umgekehrt!

Materiell kommt dem »**Ansehen des Beamtentums**« deshalb keine andere, selbständige Bedeutung zu. Dieses Tatbestandsmerkmal des § 77 Abs. 1 Satz 2 BBG ist nur ein Anwendungsfall des »achtungs- und vertrauensgerechten« Verhaltens. § 77 Abs. 1 Satz 2 BBG hat lediglich das Ziel, für das außerdienstliche Dienstvergehen den Pflichttatbestand des § 61 Abs. 1 Satz 3 BBG einzuschränken.[109] Andernfalls könnten gerade über das »Ansehen des Beamtentums« subjektiv moralisierende Sittenvorstellungen, die mit dem Dienstbetrieb und den dienstlichen Anforderungen an den Beamten nichts zu tun haben, zum Maßstab beamtengerechten Verhaltens erhoben werden. Das Ansehen des Beamtentums kann nur beeinträchtigt werden durch ein Verhalten, das sich nachteilig auf den Dienstbetrieb, die Dienstleistung und die dienstliche Einsatzfähigkeit auswirkt. Deshalb ist ein achtungs- und vertrauenswidriges Verhalten auch immer geeignet, ansehensbeeinträchtigend zu wirken. 47

Formal ist das Merkmal des »**ansehensgemäßen Verhaltens**« in seiner Zielrichtung von den Merkmalen »Achtung und Vertrauen« dadurch abgegrenzt, dass es nicht auf die Person des Beamten, sondern auf das »**Beamtentum**« bezogen ist. Da es nur im Tatbestand des außerdienstlichen Dienstvergehens (§ 77 Abs. 1 Satz 2 BBG) geregelt ist, könnte gefolgert werden, dass hier eine andersartige, selbständige Grundpflicht für den Fall geschaffen wurde, dass die Voraussetzungen einer »Achtungs- oder Vertrauensverletzung« außerhalb des Dienstes nicht erfüllt sind. Das ist nicht der Fall. Das »ansehensgerechte Verhalten« stellt nichts anderes dar, als schon in den Begriffen der »Achtungs- und Vertrauenswürdigkeit« enthalten ist. Wenn die Umwelt ein »außenschädigendes Verhalten«[110] wahrnimmt, so nur deshalb, weil sie nicht mehr das uneingeschränkte Vertrauen in die »dienstliche« Zuverlässigkeit des Beamten haben kann. Und allein dies – wenn überhaupt – kann in den Augen der Allgemeinheit in disziplinar erheblicher Weise ein schlechtes Licht auf die Beamtenschaft insgesamt werfen. Achtung, Vertrauen und Ansehen sind Aspekte ein und derselben Sache, nämlich der **berufserforderlichen Integrität** der Beamten im Einzelnen und insgesamt. Diese Integrität beinhaltet das Vertrauen von jedermann (Vorgesetzten, Mitarbeitern und Bürgern), dass vom Einzelnen wie von der Gesamtheit der Beamten zuverlässige, uneigennützige und korrekte Verwaltung des anvertrauten Amtes erbracht wird. 48

Wer aber ohne konkrete Dienstbezogenheit[111] nur **berufsethisch** auf unterstellte **Moralempfindungen der Allgemeinheit** abstellt, begibt sich auf schwammigen Boden. Erstens werden häufig keine zuverlässigen, empirischen Meinungsbefragungen, sondern persönliche Vermutungen zugrunde gelegt. Zweitens würden auch gesicherte Mehrheitsmeinungen nicht immer verbindlich sein können. Denn solche könnten durchaus dem geltenden Recht, vor allem dem Verfassungsrecht, widersprechen (z.B. bzgl. ethnischer, religiöser und moralischer Minderheiten, in Fragen des Asylrechts, Ausländerrechts, der Todesstrafe) und damit auch disziplinarrechtlich unerheblich sein. Das **Toleranzgebot** schließt 49

---
109 Behnke-Arndt, Einf. Rn. 148.
110 Behnke-Arndt, Einf. Rn. 51.
111 Wie das in Rn. 42 wiedergegebene BDH-Urt. 7.9.1967 – 1 D 18.67.

Gesetzesnorm und Richterrecht

den unreflektierten Rückgriff auf verurteilende Mehrheitsmeinungen aus, wenn die Rechtslage offen ist.[112] Auch Verstöße gegen die allgemeine Rechtsordnung (wie strafbares Verhalten im Privatbereich) müssen nicht im besonderen Maße diensterheblich sein und nicht ohne weiteres eine gegen die Beamtenschaft gerichtete Ablehnung/Abwertung der Allgemeinheit nach sich ziehen. Einfache Straftaten sind weitgehend nicht geeignet, das berufserforderliche Ansehen zu beeinträchtigen (Rn. 8, 63).[113] **Dienstlich unerheblich** werden alle **materiellen Ordnungswidrigkeiten** ohne unmittelbaren Dienstbezug sein, auch der **größte Teil der Fahrlässigkeitstaten** und ein nicht **unerheblicher Teil der Vorsatztaten**.[114] Allerdings kann schwere Kriminalität im Privatbereich **mittelbar** die dienstlich erforderliche Achtungswürdigkeit beeinträchtigen (B. II. 12.). Die strafrechtliche Einstufung als Verbrechen oder Vergehen wird in aller Regel auch das Gewicht der Achtungs-, Vertrauens- und Ansehensbeeinträchtigung beeinflussen.[115] Keine konkrete Dienstbezogenheit liegt in dem außerdienstlichen Warenhausdiebstahl eines Polizeihauptmeisters im BGS, weil dieser nicht spezifisch zur Bekämpfung der Diebstahlskriminalität eingesetzt wird (Rn. 44).[116]

50 Für die **außerdienstliche Pflichtverletzung** ist neben der Grundnorm des § 61 Abs. 1 Satz 3 BBG auch § 77 Abs. 1 Satz 2 BBG **tatbestandsbegründend**. Er ist die spezielle, konkretisierende Vorschrift für das außerdienstliche Wohlverhalten.[117] Auch das BVerwG hat mit seiner Grundsatzentscheidung[118] in Abkehr von jahrzehntelanger Rspr. ausgesprochen, dass das Merkmal in § 54 Satz 3 BBG (a. F., jetzt § 61 Abs. 1 Satz 3) »die sein Beruf erfordert« inhaltlich durch § 77 Abs. 1 Satz 2 BBG konkretisiert und ausgeformt wird. Es kann dahingestellt bleiben, ob die weiteren Tatbestandsvoraussetzungen des § 77 Abs. 1 Satz 2 BBG »allgemeine Bedeutsamkeit« und »Eignung« getrennt anschließend zu prüfen sind (so das BVerwG) oder zusammen mit § 61 Abs. 1 Satz 3 BBG (so Behnke-Arndt, ebenda, und die Vorauflage). **Entscheidend ist, dass jedes einzelne vorzuwerfende Verhalten außerhalb des Dienstes die Tatbestandsmerkmale des § 77 Abs. 1 Satz 2 BBG erfüllen muss**. Auch eine Mehrzahl außerdienstlicher, i. S. d. § 61 Abs. 1 Satz 3 BBG »einfacher« Pflichtverletzungen kann ohne Feststellung der Voraussetzungen des § 77 Abs. 1 Satz 2 BBG nicht die Feststellung eines Dienstvergehens rechtfertigen (vgl. auch B. II. 12. Rn. 2 f.). Auch wenn mehrere Teilaspekte letztlich einheitlich zu würdigen sind, so muss dennoch mindestens einer der Teilaspekte pflichtwidrig sein, um ein Dienstvergehen begründen zu können (vgl. auch im Einzelnen A. I. Rn. 17, 18).[119] Einen übergeordneten, außerdienstlichen »Fortsetzungszusammenhang« in dem Sinn, dass auch wesensmäßig, psychologisch und kausal nicht verknüpfte Verfehlungen, die »eine Tat« des § 77 Abs. 1 Satz 2 BBG darstellten, gibt es nicht (zum Fortsetzungszusammenhang und zur Einheit des Dienstvergehens vgl. Rn. 12, 16–18).

---

112 Richtungweisend BVerwG 16. 12. 1970 – 2 D 19.70, Dok. Ber. 1971, 3905, und 10. 6. 1970 – 2 WD 73.69; erst mit Urt. 30. 8. 2000 – 1 D 37.99 hieran anknüpfend fortgeführt unter Aufgabe der bish. Rspr.; vgl. in anderem Zusammenhang VG Lüneburg, NJW 2001, 767; außerdem Steinbach, ZBR 1971, 271.
113 Ähnlich Behnke-Arndt, Einf. Rn. 150–153; dagegen nehmen Claussen/Janzen, Einl. C. Rn. 61 b bei Straftaten »regelmäßig« Ansehensbeeinträchtigungen an, schwächen dies allerdings offenbar in Rn. 62 a wieder ab.
114 Behnke-Arndt, Rn. 148, 150–153.
115 BVerwG 19. 6. 1984 – 1 D 124.83 –, und 6. 7. 1987 – 1 D 142.86.
116 BVerwG, ZBR 1985, 203.
117 Claussen/Janzen, Einl. C. Rn. 58 a; Dau, DVBl. 1968, 69; Behnke-Arndt, Einf. Rn. 145.
118 v. 30. 8. 2000 – 1 D 37.99, ZBR 2001, 39; konkretisiert: 8. 5. 2001 – 1 D 20.00 –, und 29. 8. 2001 – 1 D 49.00.
119 BVerwG, ZBR 1991, 92.

Für den Tatbestand des außerdienstlichen Dienstvergehens nach § 77 Abs. 1 Satz 2 BBG muss der **besondere Achtungs-, Vertrauens- und Ansehensschaden nicht tatsächlich eingetreten sein.**[120] Es kommt allein auf die »**Eignung**« an, die aber »in besonderem Maße« vorliegen muss. Die »bedeutsame Weise« der Beeinträchtigung in § 77 Abs. 1 Satz 2 BBG hat keine zusätzliche, einschränkende Bedeutung. Sie drückt nichts anderes aus als das »besondere Maß« an Eignung zur Beeinträchtigung.[121] Es ist also darauf abzustellen, ob der öffentliche Dienst oder die konkret betroffenen Bürger bzw. der »verständige Betrachter« das fragliche Verhalten als besonders diensterheblich störend empfinden könnten oder müssten. Dabei muss deutlich werden, dass das Gesetz mit seinem einschränkenden Tatbestand das außerdienstliche Dienstvergehen nur noch als **Ausnahmefall** vorsieht.[122] Die Überlegung ist müßig, ob das »besondere Maß« ein zusätzlich einschränkendes Tatbestandsmerkmal oder nur ein »Auslegungshinweis«[123] ist. Objektive Abgrenzungskriterien hat die Rspr. bislang kaum entwickelt, eher ein »Fall-Recht« gebildet. Bei aller Betonung des Ausnahmecharakters des außerdienstlichen Dienstvergehens bleibt es durchweg bei allgemeinen Bewertungen, die sich aus sich selbst tragen. In dieser Hinsicht muss von der Disziplinarrechtsprechung noch mehr Konsequenz und Realitätssinn aus dem Blickwinkel der nicht im öffentlichen Dienst stehenden Bürger erwartet werden. Selbstverständlich ist das »besondere Maß« erfüllt, wenn das außerdienstliche Verhalten unmittelbar nachteilige Auswirkungen auf den Dienst hat, etwa bei einer Trunkenheitsfahrt eines Dienstkraftfahrers mit Verlust der Fahrerlaubnis (Rn. 44, 99 ff.).

51

2. Richterrecht

Literatur
Achterberg, Rechtsprechung als Staatsfunktion, Rechtsprechungslehre als Wissenschaftsdisziplin, DVBl. 1984, 1093 ff.; *Arndt*, Das Bild des Richters, 1957; *Bender*, Justizorganisation und Selbstverständnis der Richter, 1977; *Bendix*, in: Weiss, Zur Psychologie der Urteilstätigkeit des Berufsrichters und andere Schriften, 1968; *Bihler*, Rechtsgefühl und Wertung, 1979; *Bruckmann*, Funktionsweise des Gehirns und juristische Methode, DRiZ 1989, 81; *Bülow*, Gesetz und Richteramt, Leipzig 1885; *Dahrendorf*, Deutsche Richter – ein Beitrag zur Soziologie der Oberschicht, in: Gesellschaft und Freiheit, 1961, S. 176 ff.; *Ebsen*, Der sozialrechtliche Herstellungsanspruch – ein Beispiel geglückter richterlicher Fortbildung?, DVBl. 1987, 389 ff.; *Esser*, Grundsatz und Norm, 1956, S. 150 f.; *ders.*, Vorverständnis und Methodenwahl, 2. Aufl. 1972; *Fastenrath*, Lücken im Völkerrecht, 1989, S. 213 ff.; *Fikentscher*, Methoden des Rechts in vergleichender Darstellung, Bd. IV 1977, S. 313 ff.; *Gilles*, Der Beitrag der Sozialwissenschaften in Effektivität des Rechtsschutzes und verfassungsmäßige Ordnung. Die Deutschen Landesberichte zum VII. Internationalen Kongreß für Prozeßrecht in Würzburg, 1983, S. 122; *Gusy*, Richterrecht im Grundgesetz, DÖV 1990, 537; 1992, 461; *Heußner*, in: Hilger-Stumpf, 1983, S. 318 ff.; *Hyde*, Die Rechtsprechung, in: Benda/Maihofer/Vogel, Hdb. des Verfassungsrechts, 1983, S. 1199, 1247; *Hill*, Das Verhältnis der Bürger zum Gesetz, DÖV 1980, 666; *Hirsch*, Richterrecht und Gesetzesrecht, JR 1966, 334 und 342; *Ipsen*, Richterrecht und Verfassung, 1975; *ders.*, Verfassungsrechtliche Schranken des Richterrechts, DVBl. 1984, 1102 ff.; *Kaupen*, die Hüter von Recht und Ordnung, 1969; *Kaupen/Rasehorn*, Die Justiz zwischen Obrigkeitsstaat und Demokratie, 1971; *Kissel*, Grenzen der rechtsprechenden Gewalt, NJW 1982, 1777 ff.; *Klages*, Wandlungen im Verhältnis der Bürger zum Staat, 1988; *Larenz*, Kennzeichen geglückter Rechtsfortbildung, 1965, S. 13 ff.; *Lautmann*, Justiz – Die stille Gewalt. Teilnehmende Beobachtung und entscheidungssoziologische Analyse, 1972; *ders.*, Rolle und Entscheidung des Richters – ein soziologischer Problemkatalog, in: Jb für Rechtssoziologie und Rechtstheorie, Bd. 1, 1970, S. 381 ff.; *Leisner*, Richterrecht in Verfassungsschranken, DVBl. 1986, 705 ff.; *Lerche*, Koalitionsfreiheit und Richterrecht, NJW 1987, 2465 ff.; *C. F.*

---

120 St. Rspr., z. B. BVerwG 8.5.2001 – 1 D 20.00.
121 Behnke-Arndt, Einf. Rn. 149; a. A. Claussen/Janzen, Einl. C. Rn. 62a.
122 BVerwGE 33, 115 und 125; ZBR 2001, 39.
123 Claussen/Janzen, Einl. C. Rn. 60 b.

Gesetzesnorm und Richterrecht

Müller, in: Festschrift der Jur. Fakultät Heidelberg, 1986, XII; *F. Müller*, Richterrecht, Elemente einer Verfassungstheorie, Bd. IV 1986; *G. Müller*, JuS 1980, 635; *Oestreich*, Im Dschungel der Paragraphen. »Rechtsgefühl« zwischen Klischee und Information, 1984; *Ossenbühl*, in: Erichsen, Allg. Verw. Recht, 11. Aufl. 1998, § 7 VIII; *ders.*, in: Richterrecht und demokratischer Rechtsstaat, 1988; *ders.*, in: Isensee/Kirchhof, Handbuch des Staatsrechts III, 1988, § 61 Rn. 35; *Picker*, JZ 1988, 1 ff., 62, 153; *Redeker*, Verfassungsrechtliche Vorgaben zur Kontrolldichte verwaltungsgerichtlicher Rechtsprechung, NVwZ 1992, 305; *Rüthers*, Die unbegrenzte Auslegung, 1968, S. 431 ff.; *Sendler*, Der Rechtsstaat im Bewußtsein seiner Bürger, AnwBl. 1989, 415; *ders.*, Zur Makulaturproduktion des Gesetzgebers, FS zum 125jährigen Bestehen der Juristischen Gesellschaft zu Berlin, 1984; NJW 1987, 2340 ff. und DVBl. 1988, 828 ff.; *Simitis*, Informationskrise des Rechts und Datenverarbeitung, 1970; *Simon*, Die Unabhängigkeit des Richters, 1975, S. 104 ff.; *Stern*, Das Staatsrecht der Bundesrepublik Deutschland II, 1980, S. 585, § 37 II 2 e; *Vogel*, Zur Diskussion über die Normenflut, JZ 1979, 321 ff.; *Wassermann*, Der politische Richter, 1972, S. 17 ff.; *ders.*, Die richterliche Gewalt, 1985; *ders.*, Recht und Sprache, 1983; *Würkner*, BVerfG auf Abwegen, NVwZ 1992, 309.

52 **Definition und Zulässigkeit von Richterrecht** sind nach wie vor umstritten. Überwiegend wird Richterrecht als Tatsache richterlicher Rechtsfortbildung anerkannt[124] und[125] als »**Aufgabe des Richters zur schöpferischen Rechtsfindung**« gesehen. Es wird entweder als **selbständige Rechtsquelle** oder jedenfalls als **verbindlicher Teil der Gesamtrechtsordnung** anerkannt.[126] Das Richterrecht bietet das nötige flexible Instrumentarium zur Ergänzung des starren Gesetzeswerks im Sinne interessenadäquater, sozialstaatlicher Lösungen. Es ist die Entwicklung vom liberalen zum **sozialen Rechtsstaat**, die dem Richter immer mehr »politische«, das heißt hier: wertsetzende, normierende Entscheidungen abverlangt. Der liberale Rechtsstaat trennte Staat und Gesellschaft in zwei selbständige Bereiche. Indem der soziale Rechtsstaat diese beiden Bereiche miteinander verschränkt, entzieht er der antithetischen Entgegensetzung von Recht und Politik die Grundlage. Das hat offenbar zu einem veränderten Selbstverständnis auch des Gesetzgebers geführt, der nicht mehr souverän ist und sich auch nicht mehr souverän fühlt,[127] sondern bewusst in erheblichem Maß **Rechtsfortbildung und Rechtsschöpfung** den Gerichten überträgt.

53 **Richterliche Rechtsfortbildung** entsteht aus der klassischen Gesetzesanwendungsmethodik und ist ergänzendes Richterrecht. Die liberal-rechtsstaatliche Idee von der **Gewaltenteilung**[128] sieht den Richter als bloßen »Gesetzesvollzieher«, als »Mund des Gesetzes«, der keinesfalls rechtsschöpferische Macht haben soll. Jedoch ist auch die **traditionelle Gesetzesanwendung** der Subsumtion und Auslegung nie ganz ohne richterliche Eigenwertung und Normprägung ausgekommen.[129] Schon die freie Wahl[130] der klassischen Auslegungs-

---

124 St. Rspr., BVerfGE 65, 182 [190].
125 Seit BVerfGE 3, 243 = NJW 54, 65; ähnlich E 13, 164; auch NJW 1991, 2549.
126 Fr. Müller, Richterrecht, Elemente einer Verfassungstheorie, Bd. IV, 1986, Richterl. Rechtsfortbildung; Heußner, in: FS Hilger-Stumpf, 1983, S. 318 f.; Wassermann, Die richterliche Gewalt, 1985, S. 6 ff.; Rüthers, Die unbegrenzte Auslegung, 1968, S. 457 ff. Anm. 2 und die dort Zitierten; Nachweise bei Leisner, Die allgemeine Bindung der Finanzverwaltung an die Rechtsprechung – Zur normgleichen Präjudizienwirkung höchstrichterlicher Urteile, Karl-Bräuer-Institut, Heft 48/1980, S. 41 ff.; Blomeyer, in: FS Obermayer, 1986, S. 21 ff.
127 Sendler, Zur Makulatur des Gesetzgebers, FS zum 125-jährigen Bestehen der Juristischen Gesellschaft zu Berlin, 1984, S. 753.
128 Montesquieu, De l'Esprit des Lois, Buch 11, Kapitel 6; zur Unschärfe der Abgrenzung der drei Gewalten vgl. Hesse, Grundzüge des Verfassungsrechts der BRD, 20. Aufl. 1995, Rn. 476 ff., 500 ff.
129 Vgl. Sendler, NJW 1987, 3240, und mit kritischer Überschau über den Gesamtkomplex in DVBl. 1988, 828 ff.; Wassermann, Die richterliche Gewalt, S. 4, und die dort zitierten Bülow, 1885, und Esser, 1956. Zur Fragwürdigkeit der Idee von der reinen Gesetzesanwendung: Wassermann, Die richterliche Gewalt, S. 131 ff., und die dort dargestellte Literatur.
130 BVerfGE 11, 130 ff.

Richterrecht

mittel (sprachlich-logische, systematische, historische, teleologische) gibt dem Richter einen Spielraum, der Norm seine Wertvorstellung aufzudrücken. Noch mehr ist der **Analogieschluss**, wenn auch aus der Gesetzesnorm bzw. dem Gesetzeszweck unmittelbar hergeleitet, bereits richterliche Rechtsfortbildung.[131] **Rechtsschöpfung** bildet neue Rechtsinstitute, die sich von den sie tragenden Rechtsgrundsätzen gelöst haben und als **eigenständiges Richterrecht neben die Gesetze** treten. »Die richterliche Tätigkeit besteht nicht nur im Erkennen und Aussprechen von Entscheidungen des Gesetzgebers. Die Aufgabe der Rechtsprechung kann es erfordern, Wertvorstellungen ... ans Licht zu bringen und in Entscheidungen zu realisieren«.[132] Dazu zählen z. B. das allgemeine Persönlichkeitsrecht und der Schadensersatz für immateriellen Schaden (gegen den Gesetzestext!), weite Bereiche des Arbeitsrechts,[133] die culpa in contrahendo, der enteignungsgleiche Eingriff, der öffentlich-rechtliche Folgenbeseitigungsanspruch, bis zum VwVfG das gesamte allgemeine Verwaltungsrecht, das Verfassungsrecht auf Koalitionsbetätigung, der sozialrechtliche Herstellungsanspruch, im **Disziplinarrecht die Einheit des Dienstvergehens**.

Je **unbestimmter das Gesetz** gefasst ist, desto größer wird zwangsläufig die »**Macht**« **des Richters**. Die Unbestimmtheit der Gesetzesbegriffe nimmt zu. Ohnehin »spottet das wirkliche Leben der gesetzgeberischen Voraussicht« und »nicht das Gesetz, sondern Gesetz und Richterspruch schaffen dem Volke sein Recht«.[134] Dementsprechend nehmen die früher großen Kodifikationen ab, **Sonder- und Einzelgesetze** treten an ihre Stelle. Angesichts der zunehmend komplexen, sich rasch wandelnden pluralen Verfassung der modernen Industriegesellschaft wird die Tendenz zu unbestimmten Regelungen, die durch die Richter auszufüllen sind, anhalten. Je mehr der Richter vom vorgegebenen Gesetz weg zu eigener Normsetzung hin gezwungen wird, desto mehr nimmt seine »**politische**«, d. h. **normsetzende Funktion** zu.

Die Verlagerung der gesellschaftspolitischen Probleme vom Gesetzgeber zur rechtsetzenden Justiz bewirkt die »Politisierung der Justiz« und wirft Fragen auf nach der verfassungsrechtlichen **Legitimation** des Richterrechts, nach dem verfassungsgemäßen **Richterbild** und nach dem **richterlichen Verhalten** in und außerhalb seines Amtes.[135] Die **verfassungsrechtlich erforderliche Kontrolle des Richterrechts** übt das Bundesverfassungsgericht aus.[136] Richterliche Rechtsbildung hatte in der überkommenen Gesetzessystematik zumeist die soziale Funktion, den **billigen Interessenausgleich und den Schutz der Schwachen**, von denen im liberalstaatlichen Rechtsschutzsystem wenig die Rede war, zu sichern und zu verbessern. Diese Aufgabe stellt sich weiterhin, zumal unter dem Sozialstaatsgebot des Art. 20 GG, wirft aber auch die Frage nach der **angemessenen Rechts-**

---

131 BVerfG JZ 1990, 811 mit Anm. v. Roellecke; zum allgemeinen Analogieverbot in der Eingriffsverwaltung Gusy, DÖV 1992, 464; a. A. BVerwG, JZ 1989, 997 ff., JZ 1991, 624 ff.; zur Analogie contra legem Gusy, a. a. O., mit Nachw.
132 BVerfGE 34, 269, 287.
133 Zur Verfassungsmäßigkeit der BAG-Rspr. zur Beschränkung von Arbeitskampfmitteln BVerfG NJW 1991, 2549 f.
134 S. schon Bülow, 1885
135 Zur Legitimation und zu den Grenzen des Richterrechts (Beschränkung auf Füllen von Gesetzeslücken) aus Art. 20 Abs. 3 GG vgl. BVerfG, DÖV 1985, 778, 783; E 65, 190 = NJW 1984, 475; E 69, 371 = NJW 1985, 2395; E 71, 354 = NJW 1986, 2242; Stern, 1980; Wassermann, Die richterliche Gewalt, S. 12 ff., und die dort Zitierten; Gusy, Richterrecht und Grundgesetz, DÖV 1992, 461 ff.; im Übrigen vorstehende Literaturübersicht.
136 Offenbar erweiternd BVerfGE 65, 190.

Gesetzesnorm und Richterrecht

schöpfungsmethode auf. Abweichen von der Methodenlehre bedeutet allerdings noch nicht Verfassungswidrigkeit.[137]

56 Die Kompetenz der Richter zur Konkretisierung und Ausfüllung von **Blankettnormen, Generalklauseln und unbestimmten Regelungen** ist schon im Rahmen der traditionellen Methodenlehre keine bloße Gesetzesanwendung, sondern **konkrete richterliche Normbildung**.[138] Das wird erweitert durch die neuerdings geforderte verwaltungsgerichtliche Nachprüfung des »Beurteilungsspielraums« der Verwaltung.[139] Darüber hinaus sind ganze Rechtsgebiete (Arbeitsrecht, allgemeines Verwaltungsrecht, zum großen Teil auch **materielles Disziplinarrecht**) vom Gesetzgeber unbehandelt geblieben und der Rspr. überlassen worden. Der richterliche Beitrag der oberen und obersten Gerichte zur Anpassung des Rechts an die strukturellen und sozialen Wandlungen der Gesellschaft ist bekannt. Ohne die **ergänzende richterliche Rechtsbildung** wäre die Privatrechtsordnung des BGB von 1900 untauglich geworden. Immer mehr schreibt der Gesetzgeber nachträglich nur fest, was die Rspr. zuvor entwickelt hat (z. B. den Allgemeinen Teil des Verwaltungsrechts im VwVfG).

57 Das Richterrecht stellt den Richter nicht nur frei vom Gesetzestext, sondern überbürdet ihm zugleich auch die **Verantwortung eines Gesetzgebers**. Deshalb kommt der Richterpersönlichkeit und der **richterlichen Rechtsbildungsmethodik** besondere Bedeutung zu.[140] Die Bedeutung dieser Aspekte kommt in den Anstößen zu einer »**Rechtsprechungslehre**« (neben der Verwaltungslehre und der Gesetzgebungslehre) zum Ausdruck.[141] Richterrecht im engeren Sinn muss aus den materiellen Rechtsprinzipien rechtstechnisch abgeleitet, subsumtionsfähig und in der Gesamtrechtsordnung einfügbar sein.[142] Die **Rechtsbildungsmethodik** muss sicherstellen, dass für die Rechtsbildung nur die Definition des Gemeinwohls, dass gesellschaftliche Gesamtinteressen entscheiden, nicht aber persönliche Wertungen, überkommene Attitüden, Vorverständnisse, Alltagstheorien, Neigungen, Bindungen, Abhängigkeiten.[143] Diese **persönlichen und Umwelteinflüsse** sind nur vermeidbar, wenn der Richter auch merkt und sich eingesteht, dass er eine in diesem Sinne »politische« Entscheidung trifft und nicht meint, nur eine vorgegebene Regelung anzuwenden oder einem vorgegebenen Wertmaßstab zu folgen. Die unbefragte Übernahme herkömmlicher Meinungen und Standards, die zur allgemeinen Meinung erhöhten persönlichen Prägungen und Neigungen sind ohnehin ein Dauerproblem in der richterlichen Arbeit. Anderseits langt für das Richterrecht das **Problembewusstsein des Richters** allein nicht aus, es muss als Entscheidungsgrundlage in den Gründen auch offenbart werden. Traditionell begründete Rechtsableitungen verbergen oft genug den persönlichen, prägenden Willen des Autors. Das geschieht besonders dann, wenn neue Wege gesucht wurden, ohne sich der fachlichen und öffentlichen Zustimmung sicher zu sein. Im Bereich des Richterrechts erhalten subjektive Faktoren leicht die Bedeutung fehlerhaf-

---

137 Lerche, NJW 1987, 2469, entgegen Hanau, BlStSozArbR 1985, S. 18, und ähnlich Söllner, RdA 1985, 331 ff., sowie Leisner, DVBl. 1986, 707.
138 Esser, Grundsatz und Norm, 1956, S. 150 Anm. 6.
139 BVerfGE 85, 130; NJW 1991, 2005; NVwZ 1992, 361; E 70, 318; dazu Redeker und Würkner, NVwZ 1992, 305 und 309.
140 Zur Gefahr der parteipolitischen Einflussnahme auf die Justiz vgl. Piorreck, DRiZ 1993, 109.
141 Dazu Achtenberg, Rechtsprechung als Staatsfunktion – Rechtsprechung als Wissenschaftsdisziplin, DVBl. 1984, 1093 ff.
142 Larenz, 1965, S. 13; zur Unterscheidung von richterrechtlicher Normsetzung und Einzelfall-Rechtsfortbildung: Leisner, DVBl. 1986, 708; Nr. 5.
143 Zur Rechtsbildung der Gesetzgeber kritisch Sendler, AnwBl. 1989, 415 m. w. N.; außerdem Hill, DÖV 1980, 666; auch die methodologische Bestandsaufnahme von Böckenförde, NJW 1976, 2090.

ter Normbildung. Im **Disziplinarrecht** sind diese Gefahren deshalb besonders nahe liegend, weil hier im Rahmen der Generalklauseln ständig auf das »Empfinden der Allgemeinheit«, »dienstliche Vertrauenswürdigkeit«, »Zuverlässigkeit«, »Tragbarkeit im öffentlichen Dienst«, auf »Charakter und Gesamtpersönlichkeit« abgestellt wird (vgl. Rn. 42, 48).

Die **Richterpersönlichkeit** bestimmt weitgehend auch den Inhalt des Richterrechts. Sie wird nicht allein durch seine **Psyche oder seine Herkunft** geprägt.[144] Auch die realgesellschaftliche Situation, die **Umweltbedingungen** legen dem Richter Hemmungen auf oder Freiräume dar. Das Bewusstsein der gesellschaftlichen Stimmungen und Wertungen beeinflusst den Richter so oder so. Auch seine **Herkunft und sein Sozialprofil** sind Faktoren seiner Entscheidungen.[145] Letztlich wird der gesamte **Sozialisationsprozess** des Richters seine Rechtsfindung und -schöpfung beeinflussen.[146] Nicht zuletzt prägt auch der **Status des Richters** sein Bewusstsein.[147] Richterliche Unabhängigkeit in sachlicher wie persönlicher Hinsicht prägen ebenso wie die **Kontrollfunktionen** des Instanzenzugs, der Prozessbeteiligten und der Öffentlichkeit im Laufe der Berufsausübung zunehmend das richterliche Selbstverständnis.[148] **Als Richterbild in der Gesellschaft konsensfähig dürfte der »menschliche Richter« sein.**[149] 58

Die **Rechtsbildungsmethodik** des Richterrechts muss der **Integrationsaufgabe** des Rechts gerecht werden. Da bei »freier« Entscheidungsfindung zwangsläufig keine allgemein anerkannten Wertregeln vorgegeben sind, muss Richterrecht auf **Konsens** abzielen. Nur dann werden »politische« Entscheidungen akzeptiert. Zur Rechtsbildungsmethodik gehören deshalb einerseits »**Ausargumentieren**« bis Widerspruchslosigkeit, andererseits »**Relativierung**« des persönlichen Gerechtigkeitsempfindens, Anerkennung der relativen Berechtigung von Gegenpositionen, mit einem Wort: das Durchhalten und Aufgebenkönnen von Standpunkten.[150] Dabei muss das Gesetz, soweit möglich, Richt- und Orientierungspunkt bleiben. **Das Gesetz hat den Rechtsbildungsvorrang.** Nach der Verfassung gibt es keine Richter-Legislative. Sinnumdeutungen und Entscheidungen gegen den eindeutigen Gesetzeswortlaut sind unzulässig.[151] Rechtsklarheit und Rechtssicherheit erfordern, dass das Richterrecht im Hinblick auf den steten Wandel der Gesellschaft auch seine **Folgen** in die Entscheidungsbildung einbezieht. Wesentliche Entscheidungsgrundlage außerhalb des Gesetzeswerks ist das **Grundgesetz**. Darüber hinaus entstehen richterliche »**Normen**« in erheblichem Maße auch durch die **Rechtsprechung EuGMR**, die das innerstaatliche Recht durch Gemeinschaftsrecht prägt und bindet (vgl. auch A. V. Rn. 132 c).[152] 59

Wesentliches Erfordernis jeder Normbildung, also auch durch Richterrecht, ist deren **Transparenz**. Entscheidende Gründe einer »politischen«, also normbildenden Entscheidung dürfen nicht allein mit allgemeinen Rechtsbegriffen wie Verhältnismäßigkeit, Un- 60

---

144 Vgl. die Zusammenstellung bei Bendix, in: Weiss, 1968, S. 86ff.
145 Kritisch Wassermann, Die richterliche Gewalt, S. 137 mit weiteren Literaturhinweisen
146 Vgl. zum gehirnorganischen Zusammenspiel von analytischem Denken und sozialreifer Intuition im Hinblick auf Rechtsmethodik Bruckmann, DRiZ 1989, 81.
147 Wassermann, Die richterliche Gewalt, S. 138.
148 Zum Rollenbild Lautmann, Rolle und Entscheidung des Richters, S. 381 ff.; Dahrendorf, Pfade aus Utopia, 1968, S. 128, 143 ff.
149 Wassermann, Menschen vor Gericht, 1979, S. 21 ff.; Sendler, AnwBl. 1989, 415 ff., zu III. i.
150 Achterberg, S. 1098 Anm. 4 b; Wassermann, Die richterliche Gewalt, S. 24.
151 BVerfGE 49, 318; hinsichtlich »Sünden« oberstrichterlicher Rspr. und zu »Rechtsbegründungstheorien« vgl. Wassermann, Die richterliche Gewalt, S. 16f., und dortige Zitate.
152 BVerfG NJW 1988, 1459; Stein, in: FS der Jur. Fak. Heidelberg, 1986.

Gesetzesnorm und Richterrecht

zumutbarkeit, allgemeine Anschauung dargelegt werden und den falschen Eindruck erwecken, als handele es sich um bloße, zwingende Gesetzessubsumtion. Der Mangel an Durchsichtigkeit erlaubt den Rückzug auf unverbindliche Einzelfall- und Gefühlsentscheidungen. Zur Transparenz gehört, dass die Entscheidungssituation mit ihren Alternativen und die **entscheidenden Wertungen offen dargelegt** wird. Die **Akzeptanz** der Entscheidung wird hierdurch erleichtert. Der Transparenz und der Akzeptanz wäre auch die Zulassung der **Veröffentlichung abweichender Meinungen** im Kollegialgericht förderlich.[153]

61 Für das generalklausulierte **materielle Disziplinarrecht** erschöpft sich richterliche Rechtsbildung in der Konkretisierung der richtungweisenden Allgemeintatbestände. Es handelt sich um eine **ergänzende Rechtsfortbildung**, indem konkrete Dienstvergehensfälle definiert und abgegrenzt werden. Es werden Dienstvergehenstatbestände geprägt, die sich so nicht aus dem Beamtengesetz ablesen lassen. Tatsächlich stellen die Definition und Bewertung der Dienstvergehenskategorien echtes Richterrecht dar. Denn die Generalklauseln des Beamtengesetzes und der Maßnahmenkatalog des Bundesdisziplinargesetzes enthalten hierzu keine gesetzlichen Bewertungsvorgaben, so dass die Gerichte auf »eigene Bewertungen« angewiesen sind.[154] Für das **disziplinare Verfahrensrecht**, das BDG, reichen die traditionellen Gesetzesanwendungsmethoden aus, die auch das Schließen von Gesetzeslücken erlauben.

62 **Richterrecht bindet** das entscheidende Gericht ebenso wenig wie andere Gerichte. Insoweit unterscheidet es sich nicht von der Rechtslage bei traditioneller Gesetzesanwendung durch Subsumtionstechnik. Eine Bindung an »Präjudizien« wie im angelsächsischen Recht ist dem deutschen Recht fremd.[155] Auch Instanzgerichte sind deshalb nicht an richterrechtlich gewonnene Grundsätze der obersten Instanz gebunden.[156] Höchstrichterliche Rechtsgrundsätze sind allerdings aus Gründen der Rechtssicherheit in den Entscheidungsprozess einzubeziehen. Jedenfalls im Bereich des Richterrechts kommt solchen Grundsätzen die **Qualität erheblicher Rechtsregeln** zu. Aber auch die Disziplinargerichte sind befugt, von der höchstrichterlichen Rspr. abzuweichen. Dies gilt vor allem dann, wenn die höchstrichterliche Entscheidung für unvertretbar gehalten wird und die Abweichung die Korrektur dieser Rspr. anstrebt.[157] Dagegen bestehen die **prozessuale** (§ 3 BDG i. V. m. § 130 Abs. 2 VwGO) und die **innerprozessuale Bindung**[158] auch im Rahmen richterlicher Normschöpfung. Das Gericht kann sich von seinem eigenen, richterlich gefundenen Obersatz nicht ohne weiteres lösen.[159]

---

153 47. Deutscher Juristentag 1968, II. R 144-
154 Entsprechend zum Arbeitskampfrecht Ipsen, DVBl. 1984, 1102 ff.
155 A.A. sowohl für Richterrecht als auch für die herkömmliche Ausfüllung von General- und Blankettklauseln Fikentscher, Methoden des Rechts in vergleichender Darstellung, Bd. IV 1977, S. 338 ff.
156 BVerfGE 18, 244, 284.
157 Wassermann, Der politische Richter, S. 26; Rüthers, S. 472.
158 BVerwG, Dok. Ber. 1987, 106; E 76, 326.
159 Vgl. zur richterlichen Selbstbindung aus Art. 3 Abs. 1 GG und zu allem ausführlich und m. w. N. Gusy, DÖV 1992, 467 ff.

III. Dienstvergehen und Straftat

Die Tatbestände des Dienstvergehens sind grundsätzlich **unabhängig von Straftatbeständen** und von strafrechtlichen Kriterien. So ist es bei innerdienstlichen wie bei außerdienstlichen Pflichtverletzungen im Grund unerheblich, ob ein Straftatbestand und ggf. – bei mehreren möglichen – welcher erfüllt ist. Die strafrechtliche Subsumtion spielt keine wesentliche Rolle[160] (vgl. auch A. I. Rn. 6, 7). **Straftaten außerhalb des Dienstes** sind nicht ohne weiteres Dienstvergehen gem. § 77 Abs. 1 Satz 2 BBG.[161] So hat die Rspr. z. B. für Straßenverkehrsdelikte als »Schwelle zur disziplinaren Erheblichkeit« das durchschnittliche Maß der Fahrlässigkeit eines Verkehrsteilnehmers bestimmt. Danach sind bislang wegen der überdurchschnittlichen Gefährlichkeit und Sozialschädlichkeit **pflichtwidrig**: Unfallflucht und Fahren ohne Fahrerlaubnis, dagegen **nicht pflichtwidrig**: nach Aufgabe der bisherigen Rspr. die einmalige Trunkenheitsfahrt für dienstlich nicht mit dem Führen von Kfz betraute Beamten (hier dürfte eine weitere Liberalisierung durch die Disziplinargerichte zu erwarten sein, vgl. auch B. II. 12. Rn. 5, 6)[162] sowie bloße Verstöße gegen Vorfahrts-, Überhol- oder Halteregeln oder Fahren eines nicht haftpflichtversicherten Kraftwagens (im Einzelnen zu Verkehrsverfehlungen B. II. 12. Rn. 5 ff.).[163] Allerdings werden umgekehrt **innerdienstliche Straftaten** immer auch Dienstvergehen darstellen, da solche Rechtsverstöße zwangsläufig unmittelbar dienstbezogen sind und damit die »berufserforderlichen« Interessen des Dienstes beeinträchtigen (§ 61 Abs. 1 Satz 3 BBG). Das **Gewicht des Dienstvergehens** wird auch von der strafrechtlichen Qualität der Verfehlung als Ordnungswidrigkeit, Vergehen oder Verbrechen mitbestimmt.[164]

63

Trotz seiner grundsätzlichen Eigenständigkeit und Verschiedenartigkeit unterliegt das Disziplinarrecht auch **verfahrensrechtlichen Einwirkungen des Strafrechts**.

64

Ein **Strafurteil** hat eine **unmittelbare, rechtsgestaltende Auswirkung** auf das Dienstverhältnis, wenn es **unter den Voraussetzungen des § 41 BBG** ergeht. Bei Verurteilung wegen einer vorsätzlichen Tat zu einer Freiheitsstrafe von mindestens einem Jahr oder wegen Friedensverrats, Hochverrat usw. zu einer Freiheitsstrafe von mindestens sechs Monaten, zur Aberkennung der Fähigkeit zur Bekleidung öffentlicher Ämter oder wegen verfassungsgerichtlicher Entscheidung der Verwirkung eines Grundrechts gem. Art. 18 GG endet das Dienstverhältnis kraft Gesetzes mit der Rechtskraft des Strafurteils. Einer Verurteilung durch **Strafbefehl**[165] kommt diese Wirkung jedoch **nicht** zu.[166]

65

Unmittelbaren Einfluss hat ein – rechtskräftiges – **Strafurteil** auch nach Maßgabe des § 23 Abs. 1 BDG, indem es alle Disziplinarorgane an die tatsächlichen Feststellungen eines rechtskräftigen – deutschen – Strafurteils bindet. Die Bindung erstreckt sich nur auf solche tatsächlichen Feststellungen, die den Schuldspruch tragen und die konkret, eindeutig und schlüssig sind. Auf die daraus abgeleitete strafrechtliche Subsumtion kommt es nicht an. Von dieser Tatsachenbindung können sich nur die Disziplinargerichte unter bestimmten, von der Rspr. gesetzten Grenzen lösen (§ 57 Abs. 1 Satz 2 BDG; im Einzelnen § 57 Rn. 2 ff.). Wird das bindende Strafurteil nach Erlass der darauf gestützten Disziplinarentscheidung aufgehoben, so ist die Wiederaufnahme des Disziplinarverfahrens zulässig

66

---

160 BDHE 3, 127 ff.; Claussen/Janzen § 18 Rn. 10 b.
161 BVerwG, ZBR 2001, 39.
162 BVerwG 30. 8. 2000 – 1 D 37/99, ZBR 2001, 39.
163 Vgl. BDH 7. 9. 1967 – 1 D 17.67; 31. 12. 1965 – 2 DV 1.65; BDiG 10. 9. 1980 – VI VL 18/80.
164 BVerwG 19. 6. 1984 – 1 D 124.83; 6. 7. 1987 – 1 D 142.86.
165 Die nach dem Gesetz zur Entlastung der Rechtspflege vom 11. 1. 1993 (BGBl. I S. 50) nun möglich ist.
166 BVerwG 8. 6. 2000, NJW 2000, 3297.

Maßnahmenwahl – Bemessungsgrundsätze

(§ 71 Abs. 1 Nr. 4 BDG). Dasselbe gilt für den Fall, dass – ohne Gebundensein nach § 57 BDG – nach der Disziplinarerkenntnis ein im Tatsächlichen abweichendes Strafurteil ergeht (§ 71 Abs. 2 BDG).

67 Einen **mittelbaren Einfluss auf die disziplinaren Tatsachenfeststellungen** bewirkt ein Strafurteil nach **§ 57 Abs. 2 BDG**. Die in einem »anderen gesetzlich geordneten Verfahren getroffenen tatsächlichen Feststellungen sind nicht bindend, können aber der Entscheidung im Disziplinarverfahren zugrunde gelegt werden« (im Einzelnen § 57 Rn. 14).

68 **Unmittelbar** greift auch nach § 14 Abs. 2 BDG das **freisprechende Strafurteil** in die disziplinare Beurteilung ein. In diesem Fall darf wegen der dem strafgerichtlichen Freispruch zugrunde liegenden Tatsachenfeststellungen eine disziplinare Verfolgung und Maßregelung nur erfolgen, wenn sie einen disziplinaren, den Straftatbestand nicht betreffenden Überhang darstellen.

69 **Mittelbaren Einfluss** auf die Verhängung der an sich gebotenen Disziplinarmaßnahme hat ein rechtskräftiges **Strafurteil im Rahmen des § 14 Abs. 1 BDG**. Bei sachgleichen Verfahren ist eine disziplinare Maßregelung zusätzlich zu der strafgerichtlichen Strafe oder Ordnungsmaßnahme nur unter den beiden kumulativen Voraussetzungen zulässig, dass das Bedürfnis nach Pflichtenmahnung des Beamten und der Wahrung des Ansehens des Beamtentums zusätzlich vorliegt. Zwar ist die Regel-Verbotsnorm zwingend, aber für den Ausnahmefall lassen die beiden unbestimmten Ausnahmevoraussetzungen einen erheblichen Beurteilungsspielraum zu. Umgekehrt sind die zu erwartenden dienstrechtlichen Folgen der Straftat bei der Strafrahmenwahl zu berücksichtigen.[167] Geschieht dies, muss das auch bei der Bemessung der Disziplinarmaßnahmen und im Rahmen des § 14 BDG von Bedeutung sein. Deshalb treffen letztlich, wie die Entwicklung der Rspr. gezeigt hat, die Gerichte und nicht die Existenz des Strafurteils die eigentliche Entscheidung darüber, ob eine zusätzliche Disziplinarmaßnahme bis zur Höhe der Gehalts-/Ruhegehaltskürzung verhängt wird (im Einzelnen § 14 Rn. 28 ff. sowie A. IV. Rn. 124). Bei nachträglichem Strafurteil wird auch hier für die Prüfung des § 14 BDG das Disziplinarverfahren gem. § 71 Abs. 1 Nr. 8 BDG wiederaufgenommen.

70 Allein schon das **anhängige Strafverfahren** wirkt sich auf das Disziplinarverfahren aus: Nach § 22 BDG ist das Disziplinarverfahren grundsätzlich auszusetzen, kann aber unter bestimmten Bedingungen nach Abs. 1 Satz 2 noch vor dem strafprozessualen Abschluss weiterbetrieben und entschieden werden (im Einzelnen § 22 Rn. 1 ff.).

IV. Maßnahmenwahl – Bemessungsgrundsätze

1. Maßnahmenkatalog

71 Das **Verfahrensrecht** bestimmt abschließend die für das Disziplinarrecht **zulässigen Maßnahmen** und ihre statusrechtlichen Folgen in den §§ 5–13 BDG; Vollstreckung – soweit erforderlich – regelt sich nach VwGO und VwVfG. Sie allein dürfen als Mittel disziplinarer Einwirkung – nach Durchführung eines Disziplinarverfahrens – eingesetzt werden. **Andere, rein beamtenrechtliche Maßnahmen** wie Umsetzung, Versetzung, Rückstufung in der Beförderungsliste usw. dürfen nur aus dem funktionalen, dienstlichen Interesse der Verwaltungsorganisation als personalpolitische Mittel, aber **nicht als ver-**

---

167 BGHSt 35, 148.

Maßnahmenkatalog

steckte **disziplinare Erziehungsmaßnahmen** an deren Stelle ergriffen werden.[168] Verzichtet der Dienstvorgesetzte auf die Durchführung eines Disziplinarverfahrens und auf die verbindliche Feststellung eines Dienstvergehens, so darf er die beamtenrechtliche Personalentscheidung nicht allein mit dem Dienstvergehen rechtfertigen. Das würde eine unzulässige Umgehung der auch zum Schutz des Beamten geregelten Verfahrensvorschriften bedeuten. Gleiches gilt für Vorhaltungen, die offen lassen, ob von einem disziplinarrechtlich erheblichen oder nur von einem »gesellschaftlich« unüblichen oder unangemessenen Verhalten ausgegangen wird. Ein unverbindlicher »kollegialer Meinungsaustausch« zu standes- oder gesellschaftsüblichen Normen wird von Untergebenen selten gewünscht sein, wenn sie sich ohnehin im Recht fühlen. Sie werden die Ansprache ihres Vorgesetzten eher als Missbilligung empfinden, was sie ja auch ist. Vorgesetzte dürfen nicht aufsichtlich ermahnen, bevor sie nicht die Berechtigung des disziplinaren Vorwurfs geklärt haben. Andererseits stellen berechtigte Nachfragen zu verwaltungs-/betriebstechnischen Vorfällen noch keine disziplinaren Vorwürfe dar. Auf einem anderen Gebiet liegt die Frage, ob bei Vorliegen einer Pflichtenabweichung schon disziplinar verfolgt werden muss. Das ist nach § 17 Abs. 1 BDG anders als früher zu § 3 BDO immer der Fall, sogar bei geringfügigen Bagatellverstößen. Umgekehrt kann eine Zurückstufung nicht als Ausgleich der versäumten beamtenrechtlichen Unterlassung oder der Rücknahme der (nach der Tat erfolgten) Beförderung verhängt werden, wenn ein die Zurückstufung rechtfertigendes Dienstvergehen nicht vorliegt (vgl. § 9 Rn. 2).[169] Ebenso wenig führt die gesetzlich zulässige, aber nicht vorgenommene Rücknahme der Ernennung eines Beamten wegen arglistiger Täuschung (§§ 14 Abs. 1 BBG) automatisch zur Entfernung aus dem Dienst. Arglistige Täuschung und Dienstvergehen sind unterschiedliche Rechtsbegriffe und lassen daher keine pauschale Betrachtung zu.[170] Die Anfechtung der Ernennung ist allein beamtenrechtlich zu betrachten.[171] **Zusätzlich** zur Verhängung der Disziplinarmaßnahme oder jedenfalls nach Feststellung eines Dienstvergehens können allerdings weitere, **rein beamtenrechtliche Folgen** eintreten, entweder kraft Gesetzes (z. B. Verlust der Beförderungsmöglichkeit nach §§ 8 Abs. 4, 9 Abs. 3 BDG, das Hinausschieben der Jubiläumszuwendung nach § 7 JubVO, der Wegfall des so genannten Weihnachtsgelds nach § 5 Abs. 2 SZG) oder kraft dienstlicher Regelung (Umsetzung, Versetzung, weil der Beamte aus Ansehensgründen nicht mehr bei der alten Dienststelle beschäftigt werden kann). Auch sieht das Gesetz unabhängig voneinander disziplinare und beamtenrechtliche Folgen eines Dienstvergehens vor, z. B. bei Fernbleiben vom Dienst Disziplinarmaßnahme und Verlust der Dienstbezüge nach § 9 BBesG. Dieses **unabgestimmte Nebeneinander von disziplinaren und beamtenrechtlichen Folgen** eines Dienstvergehens kann zu bedenklichen Störungen der Verhältnismäßigkeit der Mittel und der Gleichbehandlung führen und sollte gesetzlich behoben werden (Einf. I. 8. Fn. 36).

Eine besondere Rolle im Maßnahmenkatalog nimmt die »**Missbilligende Äußerung** (Zurechtweisung, Ermahnung, Rüge und dergleichen)« i. S. d. § 6 Satz 2 BDG ein, die – wenn nicht als »Verweis« erteilt – ausdrücklich als Disziplinarmaßnahme ausgeschlossen ist. Sie wird aber häufig im Zusammenhang mit disziplinaren Vorwürfen ausgesprochen. Offensichtlich fällt es manchen Dienstvorgesetzten schwer, es ohne erzieherische Ansprache bei

---

168 A.A. Claussen/Janzen, Einl. D. I. a und § 5 Rn. 1, 2.
169 BVerwGE 53, 166.
170 BDiG 6. 12. 1995 – XVI VL 37/95; 9. 5. 1996 – XVI VL 46/95, bestätigt v. BVerwG, NVwZ 1998, 1306; BVerwGE 113, 118; ZBR 2000, 36, 37 = DÖD 2000, 89.
171 BVerwG, NVwZ 2000, 447; ZBR 2000, 36.

Maßnahmenwahl – Bemessungsgrundsätze

der Einstellung des Verfahrens und der Feststellung eines Dienstvergehens, was ja selbst mannigfaltige Mahnungswirkungen hat, zu belassen.

Das Gesetz zur Neuordnung des Bundesdisziplinarrechts hat eine vergleichbare Regelung zu § 124 BDO nicht übernommen. Das BDG selbst bietet also keine Rechtsschutzmöglichkeiten gegen solche missbilligenden Äußerungen. Allerdings verbleiben dem betroffenen Beamten die allgemeinen Rechtsschutzwege nach der VwGO. Relevant sind dabei nur solche Missbilligungen, die Bezug auf ein (angebliches) Dienstvergehen nehmen. Nur dann tritt eine Kollision mit dem Disziplinarrecht ein, das für Dienstvergehen nur den Katalog nach § 5 BDG zulässt. Betrachtet man die Missbilligung als Verwaltungsakt, kommt eine Anfechtungsklage nach § 42 Abs. 1 VwGO in Betracht, wie ja § 124 BDO früher auch ein spezielles Anfechtungsverfahren bot (vgl. 2. Aufl., § 124 Rn. 2). Legt man der Missbilligung keinen Charakter eines Verwaltungsaktes bei, kommt eine Feststellungsklage nach § 43 VwGO in Betracht, zumal letztlich auch nur die Feststellung begehrt wird, kein Dienstvergehen begangen zu haben. Eine eindeutige Regelung hat das BDG leider ebenfalls nicht zu bieten. Am Ende hat jedoch regelmäßig eine Klage Erfolg, weil eine Mahnungsmaßnahme ergriffen wurde, die nach dem BDG unzulässig ist.

73 Da das Disziplinarrecht nicht der Vergeltung und der Sühne bestimmter Pflichtenverstöße dient, sind auch die Maßnahmen des § 5 BDG nur zur **Pflichtenmahnung der Beamten und zur Auflösung des Beamtenverhältnisses** (»Reinigung des Beamtentums«, wie es häufig noch altertümlich heißt)
Dienstverhältnis insgesamt, mit der Aberkennung des Ruhegehalts insoweit gelöst, als es gegenüber Beamten noch besteht. Die Folge ist für beide Statusgruppen der Verlust aller Beamtenrechte.

2. Maßnahmenwahl

74 Die **Disziplinarmaßnahmen** des § 5 BDG sind nicht gleichwertig nebeneinander, sondern entsprechend der Schwere des Dienstvergehens und der Einwirkungsnotwendigkeit in **aufsteigender Stufenfolge** gegliedert. Die schwerere Maßnahme schließt die leichtere wie auch jede andere zusätzliche Disziplinarmaßnahme aus. Die Häufung mehrerer Disziplinarmaßnahmen wegen eines Dienstvergehens ist wegen der Prinzips der »Einheit des Dienstvergehens« (Rn. 11ff.) unzulässig. Treffen mehrere Disziplinarmaßnahmen **verschiedener Disziplinarvorgesetzter** gegen einen Beamten zusammen, weil dieser mehrere Ämter innehat und in diesen Dienstvergehen begangen hat (§ 17 Abs. 3 BDG), so liegt keine unzulässige Maßnahmenhäufung vor (Rn. 129). Ebenso nicht, wenn zur Disziplinarmaßnahme eine gesetzlich vorgesehene beamtenrechtliche Maßnahme folgt, die keine Disziplinarmaßnahme ist, z. B. bei unerlaubtem Fernbleiben vom Dienst der Verlust der Dienstbezüge nach § 9 BBesG (Rn. 71 a. E. und vor § 62 Rn. 1 ff.).

75 Die **Zulässigkeit** der einzelnen Disziplinarmaßnahmen im anstehenden Fall hängt vom **beamtenrechtlichen Status** der Betroffenen **im Entscheidungszeitpunkt** ab (BDHE 5, 49 und 57). Niemand kann degradiert werden, der erst das Eingangsamt seiner Laufbahn innehat. Wird während einer laufenden Gehaltskürzung noch eine weitere verhängt, gilt die Höchstgrenze des § 8 Abs. 1 Satz 1 BDG für jede einzelne. Dass beide Maßnahmen zusammen die Höchstgrenze überschreiten würden, steht nicht entgegen. Da die Gehaltskürzung rechtsgestaltend wirkt, sind nur die im Beurteilungszeitpunkt zustehenden Dienstbezüge maßgeblich (Rn. 92).[172] Ob eine Gehaltskürzung nur möglich ist, wenn der Be-

---

[172] BDiG 12. 5. 1982 – XIV VI 3/82.

Maßnahmenwahl

troffene überhaupt Anspruch auf laufende Dienstbezüge hat, die durch das Urteil gekürzt werden können, war streitig, wird nun aber logischerweise durch § 8 Abs. 3 BDG bejaht (im Einzelnen § 8 Rn. 7). Gegen Beamte auf Widerruf oder Probe können nur die Maßnahmen des Verweises und der Geldbuße verhängt werden (§ 5 Abs. 3 BDG). Für Ruhestandsbeamte sind nur Kürzung und Aberkennung des Ruhegehalts zulässig (§ 5 Abs. 2 BDG).

Die konkrete **Bestimmung der angemessenen Disziplinarmaßnahme** ist Teil des **materiellen Disziplinarrechts**. Da keine absoluten Maßnahmen und Maßnahmerahmen wie im Strafrecht geregelt sind, ist die konkrete Angemessenheit der Disziplinarmaßnahme durch das objektive Gewicht des Dienstvergehens und die persönlichen Momente des Beamten bestimmt. Hierfür sind maßgeblich das Ausmaß des inner- und außerdienstlichen Vertrauensschadens (so jetzt neu ausdrücklich § 13 BDG). Anknüpfungspunkte im Einzelnen sind beispielsweise die Auswirkung der Pflichtverletzung auf den Dienstbetrieb, die weitere dienstliche Verwendbarkeit des Beamten, die einem Amt innewohnende höhere Verantwortung und Vorbildfunktion, der Schuldgrad, der Rücktritt vom Versuch (A. I. Rn. 6), die Tatmotive und -umstände, die bisherige und künftig zu erwartende dienstliche Leistung und Führung (das »Persönlichkeitsbild«). Auch die (lange) Verfahrensdauer kann – unterhalb der Entfernung – zu einer milderen Maßnahmeart führen.[173]

76

Grundsätzlich stehen für die Maßregelung eines Dienstvergehens alle Maßnahmen des § 5 BDG alternativ zur Verfügung. Jedoch folgt die Wahl der angemessenen Disziplinarmaßnahme in der Regel deren »**Einstufungsfunktion**«, wie sie sich schon aus der Gliederung in § 5 BDG ergibt. In der gewählten Maßnahmenart soll sich in erster Linie die objektive »Schwere« des Dienstvergehens ausdrücken.[174] Wegen des unterschiedlichen Gewichts der zugrunde liegenden Pflichtverletzungen trifft das BDG für die verschiedenen Maßnahmenarten unterschiedliche Regelungen z.B. für die Verjährung des § 15 BDG, für das Maßnahmeverbot in § 14 BDG oder für die Tilgung in § 16 BDG. Dies führte in der disziplinaren Rspr. für bestimmte Dienstvergehenskategorien zu »**Regelmaßnahmen**«, d.h. zu typisierender Zuordnung von Maßnahmenarten. Solche Typisierungen galten sowohl für »entfernende«[175] als auch für »erziehende« Maßnahmen.[176] Mit Urteil v. 20.10.2005 hat das BVerwG zu den Zugriffsdelikten diese Typisierung aufgegeben (vgl. dazu § 13 Rn. 18 ff.). Entsprechend der »Einstufungsfunktion« liegt in der höheren Maßnahme immer auch eine schwerere Sanktion und Erziehungswirkung, schon wegen der dienstrechtlichen Nebenfolgen und der Außenwirkung.[177] Deswegen kann die Wahl einer anderen als der objektiv angemessenen Maßnahme nicht etwa darauf gestützt werden, dass im konkreten Fall die zu verhängende Geldbuße einen höheren Geldverlust bewirken würde als die in Frage komme Gehaltskürzung oder eine Gehaltskürzung mehr Geldeinbuße als eine Zurückstufung. Andererseits schließt die typisierende Regelzumessung logischerweise die Ausnahme von der Regel ein. Nach den **objektiven Besonderheiten** des Einzelfalles und vor allem bei Vorliegen **persönlicher Milderungs- oder Erschwerungsgründe** kann nach unten oder nach oben abgewichen werden. Ebenso wie erschwerende Momente eine höhere Maßnahmenart nahe legen können, können gravierende Milderungs-

77

---

173 BVerwG, ZBR 2005, 91.
174 St. Rspr., BVerwGE 33, 74 und DÖD 1974, 60.
175 Z.B. für Kassenveruntreuungen: BVerwG 23.9.1997 – 1 D 3.96, Dok. Ber. 1998, 67.
176 Z.B. Zurückstufung (Degradierung noch nach BDO) für den außerdienstlichen Meineid: BVerwG 4.11.1976 – 1 D 6.76; Gehaltskürzung für wiederholte, außerdienstliche Trunkenheitsfahrt oder Unfallflucht: BVerwG 18.3.1986 – 1 D 47.85.
177 BVerwG, Dok. Ber. B 1979, 233.

Maßnahmenwahl – Bemessungsgrundsätze

gründe (vgl. Rn. 94 ff.) ausnahmsweise eine niedrigere Maßnahmenart rechtfertigen, z. B. geringe oder fehlende Dienstbezogenheit bei außerdienstlichen Pflichtverletzungen (zu deren Fragwürdigkeit vgl. Rn. 44, 48, 49), unangemessene Verfahrensdauer bei allen pflichtmahnenden Maßnahmen (vgl. Rn. 121),[178] Häufung beamtenrechtlicher und disziplinarer Folgen für den Täter, etwa Beförderungsverlust durch Disziplinarverfahren.[179] Auch bloß psychische Beeinträchtigung in negativer Lebensphase, die nicht einmal verminderte Schuldfähigkeit bewirkt, kann die Maßnahmenart mildern.[180] Eine Schematisierung darf niemals zu einer starren Fessel für die **Besonderheiten des Einzelfalles** werden.[181] Allerdings müssen diese eine Abweichung von der Regel rechtfertigenden Umstände objektiviert werden, damit sie ihrerseits wieder für gleiche Fälle generell angewendet werden können. Eine nur gelegentliche, singuläre Abweichung von der – möglicherweise selbst gesetzten – Regel würde keine »Einzelfallgerechtigkeit«, sondern Ungleichbehandlung und damit Willkür bewirken (zu Einzelfalllösungen vgl. beispielhaft im Einzelnen B. II. 10. Rn. 13). Ein »Ausnahmefall« muss für alle gleichen Annahmefälle anwendbar sein. Milderungsgründe unterliegen dabei nicht den strengen Beweisanforderungen. Es reicht aus, wenn derartige tatsächliche Anhaltspunkte vorliegen, dass der den Milderungsgrund bedeutende Sachverhalt nicht auszuschließen ist[182]. Für Erschwerungsgründe dürfte dies nach dem Grundsatz »in dubio pro reo« nicht gelten.

78 Mit der Einstufungsfunktion hängt zusammen der Grundsatz von der »**stufenweisen Steigerung**« der Disziplinarmaßnahmen. Er besagt zugunsten einer gerechten und psychologisch sinnvollen Erziehungseinwirkung, dass schwerere Disziplinarmaßnahmen erst einzusetzen sind, wenn leichtere versagt haben.[183] Gelegentlich wird dieser Grundsatz zu Unrecht in sein Gegenteil verkehrt in dem Sinn, dass bei Rückfälligkeit eine der Art nach schwerere Maßnahme als bei der Vortat verhängt werden »muss«.[184] Das ist gerade nicht der Sinn des Steigerungsprinzips. Vielmehr kann die notwendige Steigerung der disziplinaren Mahnung durchaus im Rahmen der bereits einmal verhängten Maßnahmenart erfolgen (im Einzelnen Rn. 79).[185] Liegt die Pflichtverletzung zeitlich vor der letzten Disziplinarmaßnahme, so ist einheitliche Bewertung erforderlich. Die Disziplinarmaßnahme muss so bemessen sein, dass sie dem Ergebnis nahe kommt, das bei einheitlicher Verfolgung und Bemessung schon mit der letzten Maßnahme entstanden wäre (vgl. Rn. 14).

79 Die Maßnahmenwahl hängt in erster Linie von dem Gewicht und der typischen Einstufung des aktuellen Dienstvergehens ab und muss bei **Rückfall nicht automatisch zur nächsthöheren Maßnahmenart** führen.[186] Auch innerhalb einer bestimmten Dienstvergehenskategorie gibt es in der Regel eine große Spannweite von Einzelfallgestaltungen, die das Dienstvergehen als im unteren, im mittleren oder im oberen Bereich der Skala der denkbaren Fälle erscheinen lassen kann. Das **konkrete Gewicht des »aktuellen« Dienstvergehens** muss auch hinsichtlich des »Steigerungsgrundsatzes« Ausgangspunkt und erste Richtschnur sein und kann dazu führen, dass die Steigerung nur innerhalb der schon

---

178 BVerwG 24.6.1998 – 11 D 23.97, ZBR 1999, 135; ZBR 2005, 91.
179 S. auch BVerwG 28.6.1988 – 1 D 119.87 – bei außerdienstlichem Kaufhausdiebstahl im wiederholten Rückfall einer älteren Postbeamtin Geh.K statt Degr.; BDiG 13.12.1985 – I VI 20/85.
180 BVerwG 9.11.2000 – 1 D 8.96; 10.11.1987 – 1 D 24.87.
181 BVerwG 10.8.1983 – 1 D 24.83; 6.6.2007 – 1 D 8/06.
182 BVerwG 9.5.2001 – 1 D 22.00; VGH Bayern 26.7.2006 – 16a D 05.1013.
183 BVerwG 27.10.1992 – 1 D 55.91, Dok. Ber. 1975, 165; Behnke-Arndt, Einf. Rn. 185.
184 Claussen/Janzen, Einl. D. 3. B.
185 BVerwG 6.3.2001 – 1 D 6.00 – in wünschenswerter Deutlichkeit.
186 BVerwG 6.3.2001 – 1 D 6.00; 8.12.1987 – 1 D 48.87.

Maßnahmenwahl

einmal verhängten Maßnahmenart erfolgt[187] oder dass sogar eine gegenüber der Vormaßnahme geringere Maßnahmenart gewählt wird. Wenn z. B. nach einer früheren Zurückstufung wegen schwerwiegenden innerdienstlichen Alkoholverstoßes als Berufskraftfahrer und Ablösung vom laufbahnmäßigen Dienst nunmehr nur eine außerdienstliche Verkehrsverfehlung ohne dienstliche Auswirkung vorliegt, dann kann wegen dieser – wenn überhaupt – keine höhere Maßnahme als die Gehaltskürzung in Frage kommen. Eine **Steigerung der Maßnahmenart** wird im Allgemeinen nahe liegen, wenn der Rückfall einschlägig ist und der Beamte damit zeigt, dass die frühere Maßregelung hinsichtlich der gezeigten Labilität keine auf Dauer ausreichende Erziehungswirkung gehabt hat. Auch dies kann wiederum **nicht generell** unterstellt werden. Vielmehr kommt es auf die Besonderheiten und das Gewicht des anstehenden Falles an. Für einen Schluss auf Uneinsichtigkeit und mangelnden Änderungswillen kommt es zunächst auf gleiche »Labilität« an (vgl. A. II. Rn. 43).[188] Auch kann nicht ohne weiteres aus dem Rückfall allein auf Unbelehrbarkeit geschlossen werden, so z. B. nicht nach erheblicher Bewährung etwa im Ausmaß der anderweitig geltenden Tilgungsfrist, wenn die Vortat zwar nicht berücksichtigungsfähig ist, die dienstlichen Folgen (Fahrerlaubnisverlust) aber noch aktenkundig sind,[189] ebenso nicht, wenn eine vierjährige Unbescholtenheit seit der Vortat für eine effektive Erziehbarkeit des Betroffenen spricht[190] oder wenn der Rückfall ohne konkreten dienstlichen Bezug ist und deswegen die Erziehung wegen der außerdienstlichen Straftat weitgehend dem Strafgericht überlassen werden kann.[191]

Vortaten sind **dann nicht rückfallbegründend** und können deshalb nicht erschwerend berücksichtigt werden, wenn ein **Verwertungsverbot nach § 49 Abs. 1 BZRG** besteht. Dieses Verwertungsverbot kann auch nicht dadurch umgangen werden, dass einzelne, **in den Personalakten verbliebene Umstände oder Folgen der Vortat** als Anhalt für eine Wiederholungsgefahr und dementsprechend erhöhtes Erziehungsbedürfnis herangezogen werden. Dass wegen einer früheren, inzwischen getilgten Strafe auch der Dienstführerschein eingezogen und der Beamte deswegen aus dem Fahrdienst abgelöst wurde, kann deshalb nach **Tilgung** im **BZRG** weder als Dienstvergehen vorgeworfen[192] noch im Rahmen des § 14 BDG oder bei der Bemessung erschwerend berücksichtigt werden.[193] Das gilt entgegen BVerwG auch für den Fall, dass die **Vortat** nicht nur strafgerichtlich bestraft, sondern **auch disziplinar gemaßregelt** worden war und deshalb die Tilgungs- und **Sperrregelung des § 16 Abs. 1 BDG** Platz greift. Das Berücksichtigungsverbot aus § 16 Abs. 1 Satz 1 BDG betrifft allerdings nur die Disziplinarmaßnahme selbst, nicht den zugrunde liegenden Sachverhalt. Das Gesetz bezieht sich ausdrücklich immer nur auf die »Disziplinarmaßnahme«. Das hat den Grund, dass nach Tilgung der Beamte als unbescholten und die neue Verfehlung nicht als »Rückfall« gilt. Für die beamtenrechtliche Frage der Eignung, der Einsatz- und Beförderungsfähigkeit ist die Kenntnis des bloßen Sachverhalts aus der Personalakte weiterhin wichtig (einleuchtend sicher im Falle eines Kassenbeamten, der wiederholt Kassenfehler macht, oder eines Lokführers mit wiederholten Zugunfällen). Das weiter reichende Verwertungsverbot des § 49 Abs. 1 BZRG geht der Berück-

80

---

187 BVerwG 7. 10. 1987 – 1 D 26.87; 18. 3. 1986 – 1 D 47.85.
188 So für »persönlichkeitsfremde« Tat wieder BVerwG 27. 1. 1988 – 1 D 50.87.
189 BVerwG, Dok. Ber. 1985, 126.
190 BVerwG v. 28. 11. 1984 – 1 D 31.84.
191 BVerwG 22. 10. 1974 – 1 D 47.74, Dok. Ber. 1975, 189; 26. 6. 1983 – 1 D 71.82 für den ersten Rückfall; im Übrigen Behnke-Arndt, Einf. Rn. 185.
192 A.A. noch BVerwG, NJW 1974, 286.
193 So nach BDiG 18. 5. 1982 – XII VI 5/82; auch BVerwG seit 11. 12. 1984 – 1 D 113.83, entgegen früherer st. Rspr.

Maßnahmenwahl – Bemessungsgrundsätze

sichtigungsmöglichkeit im Rahmen des § 16 vor (dazu § 16 Rn. 2 ff.). Ist zwar eine Disziplinarmaßnahme gem. § 16 BDG nicht mehr zu berücksichtigen, gleichwohl ein Verwertungsverbot nach § 49 BZRG nicht eingetreten, so kann diese Vorstrafe im Disziplinarverfahren verwertet werden.[194] Ist die Vormaßnahme oder die Vorstrafe zwar nicht getilgt, ist jedoch bis zur neuen Tat eine Zeitspanne etwa in der Länge der normalen Tilgungsfrist verstrichen gewesen, so kann dies ebenso eine Milderung nach der Maßnahmenart rechtfertigen (vgl. auch § 14 Rn. 35).[195] Bei sachgleichen Vorstrafen und Vormaßnahmen entfällt das zusätzliche Mahnungsbedürfnis schon bei längerer Unbescholtenheit seit Rechtskraft der letzten Maßnahme/Strafe. Denn diese legen den ersten Grundstein für die Einsicht der Betroffenen.[196]

81 Nicht rückfallbegründend sind auch **Vortaten, die vor der Begründung des Beamtenverhältnisses** begangen wurden. Denn die Bedeutung des Rückfalls für die Bemessung liegt darin, dass eine frühere, einschlägige **Pflichtverletzung** die Labilität gegenüber den Beamtenpflichten aufzeigt. Diese Unzuverlässigkeit wird noch konkreter, wenn die frühere Pflichtverletzung auch disziplinar – und offenbar ohne Wirkung – gemaßregelt worden war. Da nur das dienstbezogene Verhalten dienstlich erheblich sein kann, ist allein der **Rückfall in die beamtenrechtliche Pflichtwidrigkeit** erheblich für die Bemessung des Erziehungsbedürfnisses, nicht das außerhalb beamtenrechtlicher Pflichten gezeigte Privatverhalten.[197]

82 **Für eine niedrigere Maßnahme** kann sprechen, dass ein **früheres Dienstvergehen gar nicht oder nicht in angemessener Steigerung disziplinar gemaßregelt wurde**. Wenn eine frühere Erziehung unterlassen wurde, kann auch nicht im Sinne des Steigerungsgrundsatzes bei Rückfall erschwerend gefolgert werden, der Beamte sei gegenüber einer erzieherischen Einwirkung uneinsichtig geblieben und bedürfe deshalb jetzt einer strengeren Sanktion. Vielmehr kann nicht ausgeschlossen werden, dass bei den Betroffenen durch das Ausbleiben angemessener disziplinarer Reaktion die falsche Vorstellung über die dienstliche Bedeutung des Fehlverhaltens entstand.[198] Insbesondere die Entfernung scheidet aus, wenn zuvor über einen längeren Zeitraum ein Fehlverhalten nicht beachtet wurde.[199]

83 Bei **unterschiedlichen Rechtsgüterverletzungen** der verschiedenen Dienstvergehen rechtfertigt der verallgemeinernde Schluss, der Beamte neige offenbar »zur Unzuverlässigkeit«, »zum Gesetzesbruch« oder sei ein »notorischer Rechtsbrecher« (Rn. 16, 43, 79, 106) **nicht die zwangsläufige Steigerung** der Maßnahmenart. Die Steigerung der Disziplinarmaßnahme muss nach der konkret gezeigten Labilität und nach der Prognose künftiger Zuverlässigkeit aus der Gesamtheit der bislang vorliegenden Dienstvergehen ge-

---

194 St. Rspr., BVerwG 3.3.1998 – 1 D 13.97, NJW 1998, 2463 = ZBR 1998, 427 = DÖD 1998, 233.
195 BDiG 14.3.1985 – VI VL 46/84 – in Fortführung von BVerwG, Dok. Ber. 1985, 126, das im Rahmen von § 14 BDO – nun § 14 BDG – das Bedürfnis nach einer zusätzlichen Pflichtenmahnung verneint, wenn die inzwischen getilgte Vorstrafe der Trunkenheitsfahrt und der damit verbundene Entzug der dienstlichen Fahrerlaubnis 5 $^{1}/_{2}$ Jahre vor dem neuerlichen Dienstvergehen lag; ebenso für Milderung der Degradierung – nun Zurückstufung – in Geh.K noch in Urt. v. 18.4.1985 – 1 D 131.84; a.A. in Urt. v. 28.4.1986 – 1 D 152.85.
196 BDiG 27.5.1988 – VI VL 2/88, aufgehoben durch BVerwG 13.3.1989 – 1 D 52.88.
197 BVerwG schwankend, wie hier: 20.8.1969 – 3 D 12.69; 22.9.1976 – 1 D 25.76; dagegen 7.9.1967 – 1 D 18.67, 20.8.1968 – 2 D 16.68 – und zuletzt Dok. Ber. 1979, 7.
198 BVerwG, Dok. Ber. 1981, 110.
199 VGH Bayern 24.11.2004 – 16a D 03.2755 – zur mangelnden Dienstleistung.

klärt werden.[200] Alles zusammen muss dem **Gebot der Verhältnismäßigkeit** gerecht werden.[201]
Verweis, Entfernung aus dem Beamtenverhältnis und Aberkennung des Ruhegehalts 84
enthalten **keinen weiteren Bemessungsspielraum**, so dass sich mit ihrer Auswahl die disziplinare Zumessungserwägung erschöpft. Der **Verweis** als niedrigste Erziehungsmaßnahme kommt für geringfügige Ordnungswidrigkeiten formaler Art in Betracht, die gerade die Schwelle der disziplinaren Erheblichkeit überschreiten (Rn. 20). Die **Entfernung aus dem Beamtenverhältnis** ist keine Erziehungs-, sondern eine **Auflösungsmaßnahme**. Sie setzt völlige Zerstörung des diensterforderlichen Vertrauensverhältnisses voraus und lässt deshalb eine Fortsetzung des – im Falle des Ruhestands eingeschränkten – öffentlichen Pflichtenverhältnisses nicht zu.[202] Ist das gegenseitige Vertrauensverhältnis zerstört, fehlt es an der Grundlage für weitere Differenzierungen und Bemessungserwägungen. Das **Unterlassen von Anordnungen nach § 38 Abs. 1–3 BDG** ist für die Maßnahmenwahl der Entfernung unerheblich.[203] Anders jedoch, wenn der Betroffene auch nach der Tat in dem bisherigen oder einem vergleichbaren oder gar verantwortlicheren Aufgabenbereich eingesetzt war und sich bewährt hat. Verträgt die Funktion der staatlichen Verwaltung die Weiterbeschäftigung eines Beamten nicht mehr, dann auch nicht teilweise. Hier geht es nicht, wie beim Strafrecht, um die Wiedereingliederung in die soziale Gemeinschaft, in die ohnehin auch jeder Straftäter gehört, sondern um die weitere Tragbarkeit in einem besonderen Dienstverhältnis. Deshalb scheiden hier **Zumessungskriterien wie verminderte Schuldfähigkeit**,[204] **Verhältnismäßigkeit**[205] oder **Resozialisierung**[206] grundsätzlich aus. Das gilt gleichermaßen für die **Aberkennung des Ruhegehalts**. Das folgt zwar nicht aus dem Gesichtspunkt der Gleichbehandlung[207] in dem Sinn, dass es der aktive Beamte ungerecht empfinden würde, wenn er aus dem Dienst entfernt werde, sein inzwischen pensionierter Kollege aber leer ausgehen würde. Im Status des Ruhestandsbeamten und dem des aktiven Beamten liegt kein gleicher Sachverhalt. Die Berechtigung für die Aberkennung des Ruhegehalts könnte allenfalls daraus abgeleitet werden, dass auch im Ruhestand das beiderseitige Pflichtenverhältnis, wenn auch eingeschränkt, fortbesteht (§ 77 Abs. 2 BBG). Ist dieses zerstört, so kann es ebenso wenig wie das Dienstverhältnis geheilt werden. Die **Entscheidung des BVerwG**[208] nimmt zu der bisherigen Grundsatzrechtsprechung nicht Stellung; aus der Anfrage an den Bundesdisziplinaranwalt um Zustimmung nach § 31 Abs. 4 Satz 4 BDO ergibt sich aber, dass der Senat auf die »im wesentlichen nur noch generalpräventive Bedeutung« und u.a. darauf abgestellt hat, dass eine Aberkennung des Ruhegehalts »zudem nur die Umschichtung der Versorgungslast auf den Rentenversicherungsträger, dazu eine erhebliche Beitragslast für den Dienstherrn zur Folge

---

200 So zutreffend BVerwG 7.10.1987 – 1 D 26.87.
201 In diesem Sinn bedenklich: BVerwG 7.8.1984 – 1 D 57.84, das bei Vorliegen nur einer nach § 14 BDO (nunmehr § 14 BDG) eingestellten Vortat degradierte, weil drei in Gehaltskürzung einzustufende Einzelverstöße das Dienstvergehen ausmachten.
202 BVerwGE 46, 9.
203 BVerwG, Dok. Ber. 1992, 93, noch zu §§ 91, 92 BDO.
204 BVerwG, Dok. Ber. 1981, 251; anders, wenn Grenze zur Schuldunfähigkeit erreicht ist: A. I. Rn. 34, 35; vgl. aber auch zur generellen Milderung wegen verminderter Schuldfähigkeit BVerwG, ZBR 1990, 90 und A. I. Rn. 34.
205 BVerwGE 76, 87 = ZBR 1983, 371; 23.6.1993 – 1 D 38.92 – Dok. Ber. 1993, 265 (keine unverhältnismäßige Härte); 21.10.1987 – 1 D 106.86, BVerwGE 43, 97.
206 BVerwGE 43, 57; 46, 9; DÖD 1984, 88.
207 So BVerwG, Dok. Ber. 1989, 125; Behnke-Arndt, Einf. Rn. 169.
208 BVerwG 20.10.1987 – 1 D 110.85, Dok. Ber. 1987, 335.

Maßnahmenwahl – Bemessungsgrundsätze

hätte«.[209] Sie hält indessen – jedenfalls bei langer Verfahrensdauer und im Übrigen guter und unbescholtener Dienstleistung – **die vorwiegend generalpräventive Aberkennung des Ruhegehalts für unangemessen** und hat im Falle eines schweren, sonst zur Dienstentfernung führenden Dienstvergehens das Verfahren nach §§ 76 Abs. 3, 31 Abs. 4 Satz 5 BDO eingestellt. Dieser Standpunkt ist im entschiedenen Fall zwar rechtstechnisch erstaunlich, da er zunächst schon voraussetzt, dass die angenommene Pflichtverletzung bei einem aktiven Beamten nicht zur Entfernung geführt hätte, was das BVerwG bisher stets gegenteilig entschied (vgl. B. II. 1.). Außerdem besteht im entschiedenen Fall die verletzte Pflicht auch im Ruhestand weiter (§ 77 Abs. 2 Nr. 1 BBG), so dass ein anhaltendes, spezialpräventives Bedürfnis bzw. eine noch andauernde Pflichtverletzung in Betracht kommt. Im Ansatz wäre dieser – wenn auch nicht nach den bekannt gegebenen Gründen, so doch nach ihrem logischen Inhalt – Entscheidung für alle Dienstvergehen außerhalb des § 77 Abs. 2 BBG zuzustimmen (vgl. auch § 12 Rn. 3), denn die »sühnende« oder »generalpräventive« Funktion der Disziplinarmaßnahme widerspricht dem heutigen Verständnis des disziplinaren Zwecks (Rn. 88 und entsprechend zur Kürzung des Ruhegehalts Rn. 90). Die Entscheidung scheint jedoch ein Einzelfall geblieben zu sein, da der Senat in der Folgezeit die generalpräventive Zielrichtung betonte.[210]

3. Allgemeine Bemessungsgrundsätze

85 Die **übrigen Disziplinarmaßnahmen des § 5 BDG gewähren einen erheblichen Bemessungsspielraum**. Die **Geldbuße** kann von theoretisch 1 Euro bis zum vollen Monatsbetrag der Dienstbezüge (§ 7 BDG), bei Zivildienstleistenden bis zum vierfachen Monatssold bemessen werden, die **Gehaltskürzung** kann von einem winzigen Bruchteil bis zu einem Fünftel, die Laufzeit von einem Monat[211] bis zu drei Jahren erstreckt werden – Absenkung durch § 8 BDG von vorher 5 Jahren nach § 9 BDO. Die **Zurückstufung** (früher Degradierung) muss nicht auf die nächstniedrigere Besoldungsgruppe beschränkt sein, sondern kann im gegebenen Fall innerhalb derselben Laufbahn **über mehrere Ämter hinweg** bis zum Eingangsamt[212] und auch von den Ämtern der B-Besoldung (obwohl diese keine Laufbahnen mit unterschiedlichen Endgrundgehältern kennt) in ein Amt der A-Besoldung erfolgen (im Einzelnen § 9 BDG Rn. 3).[213] Andererseits ist eine Zurückstufung um mehrere Ämter nicht deswegen schon zwingend, weil in Unkenntnis des Dienstvergehens noch eine Beförderung erfolgte.[214] Noch mehr als in der Wahl der Art der angemessenen Maßnahme, die durch die Einstufungsfunktion eingeschränkt ist (Rn. 84), ist innerhalb derselben die ganze gesetzliche Spannweite nach dem konkreten Erziehungsbedürfnis im Einzelfall auszunutzen.

86 Ob die Zurückstufung »auch« der Pflichtenmahnung dient[215] oder nur eine entfernende Maßnahme, nämlich aus dem Beförderungs- oder Spitzenamt wegen Untragbarkeit darin, darstellt (so Behnke-Arndt, Einf. Rn. 170), ist streitig. Die Disziplinargerichte setzen jedenfalls die Zurückstufung auch als Mahnungsmittel ein.[216] Das ist auch unumgänglich, wenn bei anhaltenden, gleichartigen Verfehlungen die disziplinare Einwirkung nach dem

---

209 Abgedruckt in: HSGZ 1988, 98.
210 BVerwG 7. 3. 2001 – 1 D 14.00.
211 BVerwG, Dok. Ber. 1971, 4040 – ausnahmsweise –.
212 BDHE 3, 248.
213 BVerwG, Dok. Ber. 1980, 232.
214 BVerwG, Dok. Ber. 1976, 305.
215 So Claussen/Janzen, Einl. D. 2. F.
216 BVerwG, ZBR 1999, 135 = DÖD 1999, 203; ZBR 1974, 30 = DÖD 1974, 60.

Allgemeine Bemessungsgrundsätze

Gebot »stufenweiser Steigerung« (s. Rn. 78) verschärft werden muss, bevor der Beamte als untragbar entfernt werden kann.

Die **Bemessung der Gehaltskürzung** unterliegt grundsätzlich einer **erheblichen Spannweite**, die auch vom Berufungsgericht hinzunehmen ist, wenn der grobe Rahmen eingehalten wurde.[217] Andererseits hat das BVerwG[218] eine **Regelbemessung** eingeführt. Danach soll das Gewicht des Dienstvergehens und das daraus folgende Erziehungsbedürfnis[219] außer in der Maßnahmenart nur in der Bemessung der Laufzeit ausgedrückt werden. Der Kürzungssatz soll ausschließlich nach der finanziellen Lage der Betroffenen bemessen werden, **bisher bei durchschnittlichem Beamtenhaushalt mit $^1/_{20}$ der Monatsbezüge**.[220] Dieser offenbar dem Strafrecht nachempfundene Regelsatz verkürzt das Zumessungsermessen im Rahmen des § 8 BDG erheblich und zugleich **bedenklich**. Es ist schon fraglich, ob angesichts der stets beteuerten Andersartigkeit des Disziplinarrechts die strafrechtlichen Bemessungsgrundsätze vorbildlich sein können und was ein »durchschnittlicher Beamtenhaushalt« ist (möglicherweise der statistische 4-Personen-Haushalt mit einem Verdiener). Jedenfalls kann nicht übersehen werden, dass nicht nur der Laufzeit, sondern ebenfalls dem finanziellen Ausmaß der gesetzlich gewollten »wiederkehrenden erzieherischen Einwirkung«[221] spezielle Bedeutung zukommt. Gerade im Kürzungssatz kann sich das objektiv größere oder mindere Gewicht des Dienstvergehens ausdrücken. Sinn einer Vermögenssanktion ist es ohnehin, das höhere Gewicht der Verfehlung durch eine spürbarere finanzielle Einbuße deutlich zu machen. Dabei kommt es dem Gesetz bei der Gehaltskürzung nicht auf die letztliche Gesamtsumme der finanziellen Einbuße, sondern auf die Wirkung der wiederkehrenden Einzeleinbußen an. In der Bemessung der Laufzeit kann das konkrete Bedürfnis nach pflichtenmahnender Einwirkung entsprechend der Verhaltensprognose (Labilität, Wiederholungsgefahr) wirkungsvoll dargestellt werden. Es kann nach dem Gewicht des Dienstvergehens und nach dem Mahnungsbedürfnis sinnvoll sein, z. B. bei einem erstmaligen Dienstvergehen mit relativ hohem Gewicht (etwa innerdienstliche Straßenverkehrsverfehlung [Unfallflucht] eines dienstlichen Kraftfahrers mit Verlust der Fahrerlaubnis und deswegen mit Ablösung vom Fahrdienst), aber mit geringer oder keiner Wiederholungsgefahr (weil im vorstehenden Beispiel wegen der Ablösung aus dem Fahrdienst eine solche Verfehlung nicht mehr vorkommen kann) die Kürzung sehr spürbar auf etwa $^1/_{10}$, aber die Laufzeit nur auf 5 bis 7 Monate zu bemessen. Hierbei wären auch die beamtenrechtlichen Nebenfolgen (Einf. I. 8. Fn. 36 und 9. sowie Rn. 58) auf das Vertretbare beschränkt. Die Regelbemessung des BVerwG führt dazu, dass dienstlich höchst unterschiedlich bedeutsame Dienstvergehen unterschiedslos gemaßregelt werden. Zum Beispiel wurden bisher (s. Rn. 49–51) nach einer zweiten außerdienstlichen Trunkenheitsfahrt sowohl der Schreibtischbeamte, auf dessen dienstlichen Einsatz sich die Straftat nicht auswirkt, als auch der innerhalb des Dienstes betrunken fahrende Berufsbusfahrer, der wegen des Führerscheinverlusts nicht mehr laufbahnmäßig eingesetzt werden kann, mit der Regelmaßnahme der Gehaltskürzung von $^1/_{20}$ auf die Dauer von sechs Monaten gemaßregelt.[222] Die starre Anwendung eines solchen Regelsatzes trägt zwangsläufig dem Gesichtspunkt der »berufserforderlichen« Einwirkung, dem Gleichbehandlungsgrundsatz und dem Verhältnismäßigkeitsgebot nicht

87

---

217 BVerwG 6.7.1982 – 1 D 71.81.
218 Seit Dok. Ber. 1982, 233, st. Rspr. Dok. Ber. 1986, 317.
219 BVerwG 7.12.1983 – 1 D 51.83.
220 BVerwG 27.10.1982 – 1 D 79.81; 7.12.1983 – 1 D 51.83.
221 BVerwG 20.4.1971 – 1 D 10.71.
222 BVerwG 7.12.1983 – 1 D 51.83; 26.6.1983 – 1 D 71.82; 13.3.1975 – 1 D 77.74.

Maßnahmenwahl – Bemessungsgrundsätze

genügend Rechnung.[223] **Neuerdings** bemisst das BVerwG den Kürzungssatz wenigstens **für die Laufbahnen unterschiedlich**.[224]

88 Der **Zweck des Disziplinarrechts** liegt bei den im Dienst belassenden Maßnahmen grundsätzlich in der individuellen Pflichtenmahnung (Spezialprävention) des Beamten zu einer berufserforderlichen Zuverlässigkeit, **nicht in der allgemeinen Abschreckung der Beamtenschaft insgesamt, auch nicht in der Wahrung der »sozialen Repräsentanz des Staates«** gegenüber der Gesellschaft (Einf. I. 2. bis 4. und Rn. 89). Dennoch führt auch die individuelle Erziehungsmaßnahme zwangsläufig zu einer **Abschreckung** (Generalprävention) anderer, nicht betroffener Beamten, indem diese davon erfahren. Einerseits werden statusändernde Maßnahmen (wie Zurückstufung und Entfernung) wegen ihrer Außenwirkung dem Umfeld bekannt. Andererseits spricht sich ein Disziplinarverfahren trotz der Vertraulichkeitspflicht schon deswegen herum, weil eine Reihe von Kollegen den Anlass des Verfahrens kennt und in der Aufklärungsphase mit dem Verfahren befasst ist. Generalpräventiv wirken auch die abstrakt informierenden Rundschreiben und die Dienstunterrichte.

89 Als Ziel der Disziplinierung ist jedoch die **allgemeine Abschreckung** (Generalprävention) **unzulässig**. So dürfen[225] bei den Zumessungserwägungen generalpräventive Aspekte nicht zusätzlich erschwerend herangezogen werden.[226] Auch § 14 BDG deutet durch den Verzicht auf die Voraussetzung der »Wahrung des Ansehens der Beamtenschaft« an, dass die Generalprävention nicht Ziel des Disziplinarverfahrens ist. Bereits § 14 BDO zielte weniger auf die Abschreckung der Beamtenschaft[227] als darauf ab, dass die »Allgemeinheit« aus der Untätigkeit des Dienstvorgesetzten nicht den Schluss ziehen soll, die Verwaltung nehme keinen Anstoß an dem Fehlverhalten und fördere damit gleiches Fehlverhalten auch anderer Beamter. In dieser Ausnahmevoraussetzung der »Ansehenswahrung« konnte allenfalls gegenüber der Allgemeinheit die Verpflichtung zum Tätigwerden der Disziplinarorgane angesprochen sein, nicht aber die Pflicht zur exemplarischen Einwirkung auf die übrige Beamtenschaft. Eine Maßnahme, die nicht schon durch die Einstufung, das Gewicht des Dienstvergehens und die individuelle Bemessung gerechtfertigt ist, kann dies durch generalpräventive Erwägungen auch nicht werden. Dies gilt erst recht unter dem eingeschränkten Wortlaut des § 14 BDG. So wäre es unzulässig, einen noch vertrauenswürdigen Beamten aus Gründen der allgemeinen Abschreckung aus dem Dienst oder dem Amt zu entfernen.[228] Die **Ansehenswahrung** kann ebenso wenig wie die Gleichbehandlung als selbständiger Zweck disziplinarer Verfolgung angesehen werden.[229] Aus § 77 Abs. 1 Satz 2 BBG ergibt sich dies nicht für außerdienstliche Verfehlungen (vgl. Rn. 47), und § 61 Abs. 1 Satz 3 BBG stellt für innerdienstliche Verfehlungen ohnehin nicht auf die Ansehenswahrung ab. Wegen der begrifflichen Unschärfe von »achtungs-, vertrauens- und ansehensgerechtem« Verhalten vgl. Rn. 45 ff.

90 Die in §§ 5 Abs. 2, 11 BDG geregelte **Kürzung des Ruhegehalts** wurde **von der Rspr. vorwiegend generalpräventiv** angewandt, nämlich auch in den Fällen, in denen die verletzte

---

223 So BDiG 27. 3. 1984 – I VL 3/84, insoweit geändert durch BVerwG 13. 11. 1984 – 1 D 64.84; vgl. auch Schwandt, FS Claussen, 1988, S. 175 ff., der ebenfalls eine schematische, an Eckwerten orientierte tabellarische Berechnung des Kürzungssatzes vorschlägt.
224 BVerwG 21. 3. 2001, ZBR 2001, 362: danach beträgt der Kürzungssatz in der Regel im einfachen Dienst $1/_{25}$, im mittleren Dienst $1/_{20}$ und im gehobenen und höheren Dienst bis A 16 $1/_{10}$.
225 Entgegen st. Rspr. BVerwG 27. 6. 2001 – 1 D 40.00.
226 Fliedner, ZBR 1969, 142 ff.; Wiese, VerwArchiv 1965, 368 Anm. 164.
227 Wie Behnke-Arndt, S. 126 Rn. 171, meint.
228 Behnke-Arndt, S. 125 Rn. 168.
229 Entgegen BVerwG 25. 3. 1980 – 1 D 14.79 – Dok. Ber. 1980, 132 mit Zitaten.

Allgemeine Bemessungsgrundsätze

Pflicht gem. § 77 Abs. 2 BBG im Ruhestand nicht mehr besteht.[230] Der nur vereinzelt gebliebenen Entscheidung des BVerwG v. 20.10.1987 (s. o. Rn. 84) ist darin zuzustimmen, dass ein generalpräventiver Zweck die Ruhegehaltskürzungen nicht rechtfertigen soll. Die Ruhegehaltskürzung kann nur in den Fällen pflichtenmahnend wirken, in denen die Ruhestandsbeamten weiterhin den Dienstpflichten unterliegen, nämlich denen des § 77 Abs. 2 BBG. Nur hinsichtlich solcher Pflichten können Dienstvergehen noch begangen werden, nur daraufhin ist eine erzieherische Maßregelung noch möglich.[231] In aller Regel wird die Ruhegehaltskürzung aber nicht wegen **nachwirkender Dienstpflichten oder wegen nachdienstlicher Dienstvergehen** verhängt, sondern wegen solcher Pflichtverletzungen, die noch in der aktiven Dienstzeit und vor der Versetzung in den Ruhestand begangen wurden, die aber im Ruhestand nicht mehr vorkommen können. Deshalb kann die Ruhegehaltskürzung keine individuelle Erziehung bewirken. Auch hier ist das Bedürfnis, den Ruhestandsbeamten nicht besser als seinen noch im aktiven Dienst stehenden Kollegen zu behandeln, nicht mit dem Gleichbehandlungsgrundsatz zu begründen (Rn. 84). Der **logische Widerspruch**, einerseits die Gehaltskürzung an den Zweck der individuellen Pflichtenmahnung zu binden, andererseits wegen des Mangels weiterwirkender Pflichtenbindung allein die Abschreckung der Beamtenschaft (die von Gesetzes wegen davon gar nichts erfahren dürfte) zu bezwecken, ist mit der oben zitierten höchstrichterlichen Rspr. behoben; andernfalls wäre es die Aufgabe des Gesetzgebers gewesen, für eine Klärung zu sorgen.

Unzulässige generalpräventive Erwägungen liegen **nicht** vor, wenn bei einer Maßnahmenbemessung erschwerend berücksichtigt wird, dass derartige Pflichtverletzungen sich in der Behörde häufen oder überhand nehmen. Wer in Kenntnis dieser Situation und entgegen den Bemühungen der Behörde um Abhilfe versagt, hat dies voll zu verantworten. Hier handelt es sich um eine dienstliche Situation, die jeden einzelnen Beamten betrifft und seine besondere »berufserforderliche« Reaktion erfordert. Es ist ein objektiver Tatbestand, der sich erschwerend auswirken kann, wenn er vom Verschulden erfasst ist. Umgekehrt können das »Schleifenlassen« von Missständen durch die Vorgesetzten und geduldete Nachlässigkeiten aller Mitarbeiter das Bewusstsein der Pflichtwidrigkeit (Evidenz) der betroffenen Beamten mindern.[232]

91

Wie für die Wahl der Maßnahmenart liegt auch für die Bemessung der Disziplinarmaßnahme der **Beurteilungszeitpunkt** bei der Entscheidung. Auch die Veränderung außerdienstlicher Anforderungen muss in der Bemessung berücksichtigt werden. Andernfalls kommt ein Verstoß gegen das »**Rückwirkungsverbot**« des Art. 103 Abs. 2 GG in Betracht.[233] Es kann nur auf die Tatsachen abgestellt werden, die im Zeitpunkt der Entscheidung feststehen. Wird z. B. eine weitere Gehaltskürzung noch während des Laufs einer vorherigen Gehaltskürzung verhängt, so gelten für die Höchstgrenze der Bemessung nach § 8 Abs. 1 Satz 1 BDG die derzeit gekürzten Dienstbezüge (Rn. 75). Veränderungen seit der Tat bis zur Entscheidung sind auf ihre Erheblichkeit für Wahl und Bemessung der Disziplinarmaßnahme zu untersuchen. Haben sich die dienstlichen Aufgaben und Anforderungen an den Beamten seit der Tat geändert, so können die früheren Anforderungen zwar das objektive Gewicht des Dienstvergehens bestimmen, aber für das konkrete Erziehungsbedürfnis muss berücksichtigt werden, dass der Beamte in diesem Bereich absehbar

92

---

230 BVerwG, DÖD 1979, 128; ebenso Claussen/Janzen, Einl. D. 1. B.
231 So für die »zusätzliche Pflichtenmahnung« nach § 14 BDO BVerwG 24.7.1968 – 3 D 10.68; st. Rspr. (heute § 14 BDG).
232 BDH, Dok. Ber. S. 2785; BVerwG, Dok. Ber. S. 3318; E 33, 101; 53, 255; Rn. 23.
233 BVerwG 24.10.1973 – 2 WD 42.73.

Maßnahmenwahl – Bemessungsgrundsätze

nicht mehr versagen kann, also auch nicht in diensterforderlicher Weise gerade insoweit erzogen werden muss. So kann im Rahmen der Bemessung nicht erschwerend berücksichtigt werden, dass der Beamte früher einmal Berufskraftfahrer war und insoweit besonderen Pflichten unterlag, vor der erneuten Trunkenheitsfahrt aber aus dem Fahrdienst abgelöst wurde, so dass sich die Tat ohnehin dienstlich nicht mehr unmittelbar auswirken kann. Für die Bemessung müssen auch diejenigen Bewertungskriterien gelten, die das Bedürfnis zur Pflichtenmahnung im Rahmen des § 14 BDG bestimmen: Begehen z. B. alkoholisch vorbelastete Beamte des Bahnbetriebsdienstes eine außerdienstliche Trunkenheitsfahrt, so kann diese trotz der Alkoholempfindlichkeit des Bahnbetriebsdienstes dennoch keine zusätzliche Pflichtenmahnung nach § 14 BDG rechtfertigen, wenn sie aus anderen dienstlichen Gründen ohnehin inzwischen aus diesem umgesetzt worden sind.[234] Eine **Ausnahme vom Rückwirkungsverbot** gilt für den Fall der nachträglichen, getrennten Verfolgung eines Dienstvergehens, das bei der gebotenen **einheitlichen Verfolgung** schon innerhalb einer vorausgegangenen Disziplinarmaßnahme hätte berücksichtigt werden müssen: In diesem Fall muss unter Berücksichtigung der Vormaßnahme so bemessen werden, dass der Beamte insgesamt nicht schlechter und nicht besser steht, als wenn die vorausgegangene Maßnahme schon die nachträglich verfolgte Verfehlung erfasst hätte (s. Rn. 14).

93 Bemessungserhebliche Umstände können sich demnach aus den **Verhältnissen der Tat selbst**, aber auch aus der **Zeit davor und danach** herleiten. Alle drei Zeitphasen können sowohl das objektive Gewicht des Dienstvergehens als auch das individuelle Erziehungsbedürfnis bestimmen. Aus der Tat und ihren Umständen ergibt sich das objektive Gewicht des unmittelbaren dienstlichen und außerdienstlichen Vertrauensschadens. Das »Persönlichkeitsbild« und damit das konkrete Erziehungsbedürfnis werden sich vor allem auch aus dem dienstlichen und außerdienstlichen Verhalten vor und nach der Tat bestimmen.

4. Milderungs- und Erschwerungsgründe im Einzelnen

a) Äußere Tatumstände

94 Bemessungserhebliche Tatumstände ergeben sich aus der **Art der Pflichtverletzung** und der daraus folgenden dienstlichen Erheblichkeit. Soweit nicht schon die »Einstufungsfunktion« eine Maßnahmenart bestimmt, die eine weitere Bemessung nicht erlaubt (Rn. 84), bestimmt zwangsläufig die Bedeutung der Pflichtverletzung die Bemessung der Maßnahme mit. Das gilt besonders für die breiten Spielräume von Geldbuße und Gehaltskürzung.

95 Die **Begehungsweise** und die **Dienstbezogenheit** der Tat sind ein weiterer wichtiger Bemessungspunkt. Die Öffnung einer Postsendung zum Betrachten der darin enthaltenen Diabilder kann aus der Verleitungssituation heraus, etwa bei Beschädigung der Sendung, aber auch gezielt nach vorheriger Entnahme aus dem ordnungsgemäßen Postgang erfolgen. Ebenso kann bei formularmäßigen Erstattungs- oder Leistungsanträgen ein unbedachter Fehler oder eine gezielte, mit Missbrauch dienstlicher Einwirkungsmöglichkeiten oder mit Urkundenfälschung verbundene Manipulation vorliegen. Auf die Intensität der Begehungsweise und das Ausmaß des konkreten Vertrauensbruchs kommt es entscheidend an. Auch ist hierbei von Bedeutung, ob der Beamte die Tat nur vorbereitet, versucht, nur unterstützt, für sich oder für einen anderen begangen hat (Rn. 6). Das **Maß der**

---

234 BVerwGE 33, 75; BVerwG 13.10.1981 – 1 D 3.81.

Milderungs- und Erschwerungsgründe im Einzelnen

Dienstbezogenheit einer außerdienstlichen Verfehlung wirkt sich ebenso aus (vgl. zum außerdienstlichen Schmuggel eines Grenzschutzbeamten Rn. 44).

Hat die Tat nur den **innerdienstlichen Bereich** betroffen, so kann dies milder zu bewerten sein, als wenn auch Außenstehende geschädigt wurden oder mindestens von der Tat erfahren haben.[235] Jedenfalls wirkt immer erschwerend, wenn auch außerhalb der Verwaltung bekannt geworden ist, dass ein Beamter eine schwer wiegende Pflichtverletzung begangen hat, die das Vertrauen auch der Allgemeinheit in die Zuverlässigkeit der Verwaltung zu beeinträchtigen geeignet ist. 96

Das **dienstliche Umfeld der Tat** kann zusätzliche Bemessungsaspekte beitragen. Ist dem Beamten bei der Tat bewusst, dass Verfehlungen der beabsichtigten Art sich in der Dienststelle häufen und die Verwaltung um Abhilfe bemüht ist, so wirkt das erschwerend (Rn. 91). Geduldete Missstände an der Dienststelle und Vernachlässigung der Überwachungspflicht der Vorgesetzten können mildernd wirken, wenn nicht der Täter gerade selbst zu besonderer Eigenständigkeit und Selbstverantwortung verpflichtet war.[236] 97

Die **Folgen der Tat** sind dann bemessungserheblich,[237] wenn sie dem Beamten **zurechenbar** sind, das heißt voraussehbar waren. Eine unzulässige »Vergeltung«[238] liegt darin nicht. Auch steht der Zurechnung nicht logisch entgegen, dass es bei vielen Pflichten tatbestandsmäßig nicht auf den Eintritt weiterer Folgen ankommt. Die generelle Bedeutung einer Pflichtverletzung ist im Sinne der Einstufungsfunktion nicht daran gebunden, dass die – wenn auch nahe liegenden – Folgen eingetreten sind. Z. B. ist die Trunkenheitsfahrt auf der Lok pflichtwidrig und wegen der grundsätzlichen Gefahr schwer wiegend, auch wenn kein Unfall geschieht. Ähnliches gilt für die Vorbereitungs- und Versuchshandlungen[239] oder hinsichtlich einer außerdienstlichen Ansehensbeeinträchtigung (Rn. 6, 8, 49 und 63). Das schließt jedoch nicht aus, dass tatsächlich eingetretene zusätzliche Folgen der Tat deren Gewicht erschweren. 98

Folgen der Tat bei dem Tatopfer können ebenfalls bemessungserheblich sein. Wenn ein Dienstvergehen die Adressaten der Verwaltung oder unbeteiligte Bürger schädigt, so bewirkt das einen zusätzlichen Ansehensschaden. Kommt es durch die Verletzung des Postgeheimnisses zu weiteren Schäden des Absenders oder des Adressaten[240] oder wird ein ausländischer Reisender durch Nichtherausgabe des Wechselgelds aus der Nachlösung durch den Zugschaffner geschädigt und gar in finanzielle Schwierigkeiten gebracht, so wirkt das ebenso erschwerend wie die Unfallschäden gegenüber Dritten infolge einer innerdienstlichen Trunkenheitsfahrt[241] oder eines Zugunglücks[242] oder eines Schiffsunglücks.[243] Haben die Täter mit der Möglichkeit der Folgen rechnen müssen, so haben sie sie auch zu vertreten. 99

Die **Folgen für den Dienst** sind im **Allgemeinen zurechenbar**. Bei innerdienstlichen Verfehlungen wird der Beamte schon aufgrund der dienstlichen Zusammenhänge und der Berufserfahrung mit den dienstlichen Folgen der Verfehlung rechnen müssen und sie voraussehen. Auch die dienstlichen Folgen außerdienstlicher Verfehlungen sind häufig vo- 100

---

235 Bei Unterschlagung von Essensmarken BVerwG 7.7.1982 – 1 D 119.81; bei Verletzung des Postgeheimnisses BVerwG 24.11.1976 – 1 D 27.76.
236 BVerwGE 53, 338.
237 BVerwGE 63, 71; ZBR 1976, 129; Dok. Ber. 1982, 24.
238 So BVerwG 5.11.1970 – 2 D 18.70; Claussen/Janzen, Einl. D. 17. A.
239 BVerwGE 93, 300, 305; 103, 54 stellt maßgeblich auf den Handlungswillen ab.
240 BVerwG 29.6.1972 – 2 D 10.72.
241 BVerwG, ZBR 1976, 129.
242 BVerwG, ZBR 1978, 341.
243 BVerwG 8.12.1981 – 1 D 105.80.

Maßnahmenwahl – Bemessungsgrundsätze

raussehbar, so etwa die Umsetzung aus dem Kassendienst nach außerdienstlichen Eigentums- und Vermögensdelikten oder die Ablösung aus dem Fahrdienst nach Alkoholverfehlungen.[244]

101 Ob es sich nur um eine bemessungserhebliche **Folge des Dienstvergehens oder** um eine **selbständige Pflichtverletzung** handelt, kann fraglich sein. Handelt es sich um die Verletzung eines eigenständigen Pflichtentatbestands, so ist dessen Bewertung und Zumessung im Rahmen des einheitlichen Dienstvergehens ohnehin zwangsläufig. Ein selbständiger Pflichtentatbestand ist erfüllt, wenn dieser einen eigenen, weitergehenden oder abweichenden Inhalt hat und, falls sich die Schuld darauf erstreckt, auch ohne die andere Pflichtverletzung ein Dienstvergehen darstellen würde.

102 **Folgt der außerdienstlichen Trunkenheitsfahrt der Dienstantritt unter Einwirkung des Restalkohols**, so handelt es sich bei Letzterem nicht um eine Folge des außerdienstlichen Dienstvergehens gem. § 77 Abs. 1 Satz 2 BBG, sondern um einen selbständigen, vorwerfbaren Pflichtenverstoß nach § 61 Abs. 1 Satz 1 BBG.[245] Entsprechendes gilt für die **Dienstunfähigkeit als Folge** des schuldhaften und pflichtwidrigen **Alkoholismus** (im Einzelnen B. II. 5. Rn. 6).[246] Dasselbe gilt für den Verlust der Fahrerlaubnis und für die damit **zwangsläufig verbundene Ablösung des hauptamtlich eingesetzten Berufskraftfahrers aus dem Fahrdienst**. Auch in diesem Fall hat der Beamte nicht nur eine außerdienstliche Ansehensgefährdung bewirkt (§ 77 Abs. 1 Satz 2 BBG), sondern zusätzlich die Pflicht zur Erhaltung der vollen dienstlichen Einsatzfähigkeit verletzt (§ 61 Abs. 1 Satz 1 BBG), die außerdem schwerer wiegt. Deshalb handelt es sich hier wie in den vorgenannten Fällen nicht um eine bloße – bemessungserhebliche – Folge, sondern um eine bei der Bewertung und Auswahl der Disziplinarmaßnahme voll zu berücksichtigende Pflichtverletzung (vgl. B. II. 5. Rn. 10).

103 Nicht ohne weiteres von den Tätern vorauszusehen und dann **nicht zurechenbar** sind dienstliche Auswirkungen, die nicht zwangsläufig der Tat folgen, sondern von weiteren **Ermessensentscheidungen** der zuständigen Stellen abhängen. In diesem Sinn gelten für die Bemessung dieselben Aspekte, die das BVerwG zu § 14 BDO (nunmehr § 14 BDG) entwickelt hat. So ist z. B. nicht zurechenbar die **Ablösung aus dem Lok-Fahrdienst wegen außerdienstlicher Trunkenheitsfahrt**.[247] Auch die **Untersuchungshaft oder Haft als Folge einer Straftat**, etwa der Trunkenheitsfahrt, kann nicht bei der Bemessung oder im Rahmen des § 14 BDG erschwerend zugerechnet werden (vgl. Rn. 69).[248] Die Nichtzurechenbarkeit folgt nicht daraus, dass mit der Haft »einer Staatsbürgerpflicht nachgekommen wird« und deshalb die haftbedingte Dienstversäumnis nicht pflichtwidrig ist.[249] Denn pflichtwidrig ist jede nachteilige Folge einer pflichtwidrigen Tat, sie ist auch verschuldet, wenn sie vorhersehbar war.[250] Überzeugen kann auch nicht, dass die Haft »notwendige Folge« sei und dass es für § 14 BDO (= § 14 BDG) nur auf das »künftige« Verhalten ankomme.[251] Die »Notwendigkeit der Folge« schließt ein Verschulden nicht aus, auch wenn die Entscheidung über die Folge von der richterlichen Ermessensentscheidung abhängt. Entscheidend sind neben dem Gewicht des Dienstvergehens die **künftige Verhal-**

---

244 BVerwG, Dok. Ber. 1981, 318; 22. 9. 1976 – 1 D 25.76; 18. 7. 1978 – 1 D 59.77.
245 St. Rspr., BVerwG, Dok. Ber. 1981, 263.
246 BVerwG 23. 7. 1979 – 1 D 99.79.
247 BVerwG 8. 12. 1982 – 1 D 28.82.
248 BVerwG, Dok. Ber. 1981, 305; weiter für die Zurechnung Claussen/Janzen, Einl. D. 19. a. E. in Widerspruch zu 17. A.
249 BDHE 4, 119; BVerwG 20. 3. 1970 – 3 D 33.69; 2. 10. 1981 – 1 DB 16.81.
250 Arndt, APF 1968, S. 18 re. Sp.
251 BVerwG 3. 3. 1978 – 1 D 57.77 – Dok. Ber. 1978, 161.

Milderungs- und Erschwerungsgründe im Einzelnen

tensprognose und hierbei die Frage, in welchem Umfang der Täter noch einer **pflichtenmahnenden Einwirkung** bedarf. Unter diesem Aspekt ist ohne Rücksicht auf die »Zurechenbarkeit« der Tatfolge die Verbüßung der Freiheitsstrafe schon deshalb nicht verschärfend heranzuziehen, weil die für den Dienst **nachteilige Abwesenheit** durch den für den Beamten **gravierenden Freiheitsentzug aufgewogen** wird.[252] Entsprechend ist auch die Dienstversäumung wegen **Krankheit als Folge der Trunkenheitsfahrt** mit Unfall oder wegen der **Polizeiaufklärungen nach der Tat** nicht erschwerend zu berücksichtigen.[253] Die **Folgen für den Täter selbst** sind ebenfalls bemessungserheblich. Das gilt sowohl für die aus dem Dienstvergehen folgenden dienstrechtlichen Nachteile[254] als auch für die außerdienstlichen Folgen, z. B. pflichtmahnende und finanzielle Bedeutung der **strafgerichtlichen Einwirkung** durch Haft, Geldstrafe usw.,[255] **lange Dauer des Disziplinarverfahrens** mit entsprechendem Leidensdruck oder dienstlichen Nachteilen (vgl. A. V. Rn. 128)[256] oder **persönliche Schäden** an Gesundheit oder Vermögen.[257] Zu den besonderen Milderungsgründen beim Zugriff auf amtliche Gelder und Güter vgl. Rn. 113 und B. II. 10. Rn. 12 ff.

104

b) Persönliche Tatumstände

Selbstverständlich sind die **Tatmotive** und der jeweilige Schuldgrad nicht nur für die Auswahl der Maßnahmenart, sondern auch für deren Bemessung erheblich. Das wirkt sich vor allem bei solchen Dienstvergehen aus, die aus mehreren Einzelverfehlungen bestehen, von denen eine Pflichtverletzung durch ihr vorherrschendes Eigengewicht die Maßnahmenart allein bestimmt (Einstufungsfunktion), die weiteren aber darüber entscheiden, ob es bei dieser Einstufung insgesamt bleiben kann und wie die Bemessung zu erfolgen hat. Z. B. erfordert eine erstmalige Trunkenheitsfahrt außerhalb des Dienstes nach neuer Rspr. des BVerwG[258] dann eine Gehaltskürzung, wenn erschwerende Umstände aus der Tat oder deren Folgen hinzutreten. Grundsätzlich liegen solche erschwerenden Umstände auch darin, dass neben der Trunkenheitsfahrt noch ein innerdienstlicher Alkoholverstoß Bestandteil des Dienstvergehens ist. Ist der innerdienstliche Alkoholverstoß aber nur fahrlässig verschuldet, etwa weil es sich um Restalkohol aus einem viele Stunden zurückliegenden Alkoholgenuss handelt und weil bei ausreichender Nachtruhe – wenn auch irrig – mit ausreichender Dienstleistungsfähigkeit bei Dienstbeginn gerechnet wurde, so kann es (bei erstmaliger Verfehlung) bei der an sich verwirkten Geldbuße bleiben.[259] So kann schon in der strafrechtlichen Vorbereitungs- oder Versuchshandlung eine selbständige Pflichtverletzung liegen.[260] Das Gewicht (nicht das tatbestandsmäßige Vorliegen) des Dienstvergehens hängt auch davon ab, ob es bei Sachgleichheit nach materiellem Strafrecht nur eine Vorbereitungs- oder Versuchshandlung ist. Bleibt die geplante Tat in der

105

---

252 BDiG 14. 9. 1976 – V VL 17/76.
253 BVerwGE 53, 310, 314.
254 Wie **Beförderungsverlust**: BVerwG 28. 6. 1988 – 1 D 119.87, Dok. Ber. 1986, 294; 25. 2. 1976 – 1 D 27.75; 22. 9. 1976 – 1 D 25.76.
255 BVerwG 18. 9. 1970 – 2 D 17.70; zum verfassungsrechtlichen Gebot der Anrechnung der strafgerichtlichen Geldsanktion auf die disziplinarrechtliche Geldsanktion BVerfGE 27, 180 m. Anm. Kreuzer u. Rn. 124, 129.
256 BVerwG, ZBR 1999, 135 = DÖD 1999, 203.
257 BVerwG 18. 4. 1979 – 1 D 60.78; BDiG 14. 9. 1976 – V VL 17/76: Absitzen der Freiheitsstrafe hebt in seiner erzieherischen Wirkung den dienstlichen Nachteil des Fernbleibens vom Dienst auf.
258 8. 5. 2001 – 1 D 20.00, ZBR 2002, 39.
259 BVerwG 7. 11. 1979 – 1 D 3.80.
260 BVerwGE 103, 54.

Maßnahmenwahl – Bemessungsgrundsätze

Vorbereitung stecken, etwa weil von der Durchführung freiwillig zurückgetreten wird, so kann ein Pflichtenverstoß u. U. auf die Ordnungswidrigkeit, die in den Vorbereitungshandlungen liegt, beschränkt sein.[261] Hat auch der **Rücktritt vom Versuch** im Disziplinarrecht nicht dieselbe – strafbefreiende – Wirkung wie im Strafrecht, so ist er dennoch disziplinarrechtlich nicht ohne Bedeutung. Er setzt objektiv das Gewicht des Dienstvergehens herab und spricht subjektiv für die eigene Einsicht und damit für geringeres Pflichtenmahnungsbedürfnis.[262] Ist also für die Bewertung eines Versuchs als vollendeter Pflichtverletzung das Ausbleiben des Erfolgs unerheblich, so kann daraus doch eventuell auf mindere kriminelle Intensität und Schuld geschlossen werden (vgl. A. I. Rn. 6; A. IV. Rn. 76).[263] Auch eine Selbstanzeige nach § 371 AO kann mildernd wirken.[264]

106 Entscheidender Bemessungsfaktor ist das **Persönlichkeitsbild** (Rn. 43 und 79), das durch die **bisherige Leistung und Führung**, durch **Unbescholtenheit oder strafgerichtliche Vorstrafen bzw. disziplinare Vorbelastungen** geprägt ist. Zeigen sich in dem bisherigen Erscheinungsbild wesensmäßige Anfälligkeiten einschlägiger Art oder sind erzieherische Maßnahmen ohne Erfolg geblieben, so wirkt das wegen der zutage getretenen Uneinsichtigkeit erschwerend. Dabei darf aber nicht die nach einer Vormaßnahme über Jahre gezeigte Unbescholtenheit außer Acht gelassen (Rn. 78, 80) oder in verallgemeinernder Weise aus einer bestimmten, einmal gezeigten Labilität eine Gesamtverurteilung als notorisch unzuverlässig und rechtsbrecherisch abgeleitet werden (Rn. 43, 79, 83). Rückfall und daraus abgeleitete Wiederholungsgefahr scheiden aus, wenn ein **Verwertungsverbot** besteht (Rn. 80) oder die **Vortat kein Dienstvergehen** war (Rn. 81). Wegen getrennter Verfolgung trotz Einheit des Dienstvergehens und Abstimmung der zweiten Maßnahme auf die erste vgl. Rn. 14 und 92 a. E.

107 Die mit einer **hohen Amtsstellung** verbundene besondere Verantwortung oder auch die allgemeine Pflicht der **Vorgesetzten** zu besonders vorbildlichem und fürsorglichem Verhalten gegenüber den Untergebenen wird häufig erschwerend wirken.[265] Ebenso kann das **Lebens- und Dienstalter** erheblich sein und ggf. mildernd wirken, z. B. wenn sich ein junger, unerfahrener Beamter trotz eigener Bedenken seinem ihm vorgesetzten, älteren Kollegen fügt. Gleiches gilt generell für die **fachliche Unerfahrenheit**, die sich aus der Jugend oder der kurzen Zeit der Einarbeitung ergibt. Andererseits kann auch bei einem älteren, kurz vor der Pensionierung stehenden, bis dahin tadelfreien Beamten ohne die Voraussetzungen des § 21 StGB mildernd berücksichtigt werden, dass bei ihm der **Altersabbau** Hemmungen verringert hat, die sonst für ihn wesenstypisch waren.

108 Die **Krankheit** zur Tatzeit wirkt sich auf die Bemessung dann aus, wenn sie **ursächlich** für die Tat war.[266] Hierfür gilt Gleiches wie für die Bedeutung von Ausschluss oder Minderung der Schuldfähigkeit nach §§ 20, 21 StGB (Rn. 34, 35, 84). Für alle den Beamten im Dienst belassenden Disziplinarmaßnahmen ist die **Minderung der Schuldfähigkeit** grundsätzlich mildernd berücksichtigungsfähig,[267] wenn nicht schon die Krankheit die Tat – z. B. Fernbleiben vom Dienst – rechtfertigt. Auch bloß psychische Beeinträchtigung in negativer Lebensphase, die nicht einmal verminderte Schuldfähigkeit bewirkt, kann die Maßnahmenart mildern, in jedem Fall aber die Bemessung der Maßnahme.[268]

---

261 BVerwG 15.5.1974 – 1 D 17.74.
262 BVerwG 17.5.1988 – 1 D 11.87, Dok. Ber. 1988, 222.
263 BVerwG 21.6.1983 – 1 D 100.82.
264 OVG Nordrhein-Westfalen, RiA 2002, 43; 2001, 300.
265 BVerwG 4.4.2001 – 1 D 15.00; 20.2.2001 – 1 D 55.99, DVBl. 2001, 1074.
266 BVerwG 22.1.1973 – 1 D 27.72, Dok. Ber. 1973, 155.
267 BVerwG, Dok. Ber. S. 3365.
268 BVerwG 10.11.1987 – 1 D 24.87.

Milderungs- und Erschwerungsgründe im Einzelnen

In st. Rspr. haben BDH und BVerwG angenommen, dass auch bei schwerwiegenden, die objektive Tragbarkeit in Frage stellenden Verfehlungen eine die Schuldfähigkeit oder die Verfehlung sonstwie beeinflussende **Kriegsverletzung** mildernd zu berücksichtigen sei.[269] In gleicher Weise müssen andere **Sonderopfer für die Allgemeinheit**, wie etwa **Dienstunfallfolgen**, mildernd berücksichtigt werden, wenn sie sich ursächlich auf das Dienstvergehen ausgewirkt haben.[270]

109

Die **psychisch-intellektuelle Verfassung** zur Tatzeit ist ebenfalls bemessungserheblich. Ist der Beamte in seinem Aufgabenbereich überfordert, so dass er dafür als ungeeignet angesehen werden muss, so kann ihm ohnehin eine Pflichtverletzung nur vorgeworfen werden, wenn er es völlig an der ihm möglichen Anstrengung hat fehlen lassen. Objektiv oder subjektiv **Unmögliches** kann von niemandem verlangt werden. Die Pflicht zu vollem dienstlichen Einsatz (§ 61 Abs. 1 Satz 1 BGB) und zur zuverlässigen, weisungsgemäßen Dienstleistung (§§ 61 Abs. 1 Satz 3, 62 Abs. 1 Satz 2 BGB) reicht nur so weit, wie es die persönliche Leistungsfähigkeit des Beamten ermöglicht.[271] Liegen unüberwindliche Leistungsschwächen in der Persönlichkeitsstruktur des Beamten begründet, so müssen diese jedenfalls bei der Bemessung mildernd berücksichtigt werden.

110

Die **familiären Verhältnisse** vor und zur Tatzeit können das Gewicht der Schuld erheblich beeinflussen. Die Vereinsamung eines Beamten am von seiner Familie weit entfernten Dienstort kann ebenso seine Verfehlung verständlicher erscheinen lassen wie umgekehrt die nervliche Belastung aus einer großen Familie mit Krankheits-, Erziehungs- oder sonstigen Problemen. Spannungen in der Ehe, Getrenntleben oder Scheidungsverfahren sind naturgemäß geeignet, Konzentration und Zuverlässigkeit im dienstlichen Alltag zu beeinträchtigen.

111

Eine **negative Lebensphase** kann erheblich mildernd wirken, wenn sie abgeschlossen ist und wenn nach dem jetzigen Verhalten des Beamten von einer gefestigten Lebenssituation und von künftiger Pflichterfüllung ausgegangen werden kann. Die negative Lebensphase kann entlasten bei einer Vielzahl von Einzelverfehlungen[272] wie auch bei einer Dauerverfehlung, beispielsweise durch langes Fernbleiben vom Dienst.[273] Als negative Lebensphase kann auch eine psychische Beeinträchtigung, die noch nicht die Schuldfähigkeit mindert, eine niedrigere Maßnahmenart rechtfertigen, also statt einer Entfernung die Degradierung zulassen.[274]

112

Notstands- und Konfliktlagen, aus denen heraus die Tat begangen wurde, entlasten das Gewicht des Dienstvergehens, wenn sie nicht schon ohnehin ein Dienstvergehen ausschließen (Rn. 26, 36). Sie lassen den Schluss zu, dass der Betroffene nur in dieser Ausnahmesituation versagt hat, aber nicht wesensmäßig labil ist. So können hier generell die **Ausnahmesituationen** mildernd herangezogen werden, die das BVerwG für die Fälle der objektiven Untragbarkeit abgegrenzt hat: einmalige, persönlichkeitsfremde Gelegenheitstat – psychische Schocksituation – unverschuldete, ausweglose finanzielle Notlage – tätige Reue (im Einzelnen B. II. 10. Rn. 12ff.).[275]

113

Auch **dienstliche Belastungen** und Spannungen mit Kollegen und Vorgesetzten können mildernd berücksichtigt werden, wenn sie nicht von dem Beamten selbst zu verantworten

114

---

269 BVerwG, DÖD 1978, 73; ZBR 1979, 187.
270 Behnke-Arndt, Einf. Rn. 181; Claussen/Janzen, Einl. D. 22.
271 Behnke-Arndt, S. 101 Rn. 106.
272 BVerwG 11.2.1987 – 1 D 11.86.
273 BVerwGE 63, 315.
274 BVerwG 10.11.1987 – 1 D 24.87.
275 St. Rspr., BVerwG 8.2.1980 – 1 D 38.79, Dok. Ber. 1988, 135.

Maßnahmenwahl – Bemessungsgrundsätze

sind. Ungerechtfertigte dienstliche Benachteiligungen, unkollegiales Verhalten von Mitarbeitern, schlechtes Betriebsklima können der erste Anlass für dienstliche Leistungs- oder Verhaltensfehler sein.

c) Verhältnisse nach der Tat

115 Das **Verhalten des Beschuldigten vor der Entdeckung** und dem Beginn der Ermittlungen kann positiv wie negativ zugerechnet werden. Zu seinen Gunsten kann sich **tätige Reue** als Ausdruck eines eindeutigen Gesinnungswandels auswirken, der sich in einem effektiven Abrücken von der Tat oder der zugrunde liegenden Labilität ausdrückt. Wer nach alkoholbedingten Verfehlungen von sich aus eine **Entziehungskur** und Gruppentherapie auf sich nimmt,[276] sich nach einer Beleidigung oder Tätlichkeit bei seinem Opfer **entschuldigt** oder nach einer Unterschlagung, einem Diebstahl oder einem Betrug den Schaden von sich aus **wiedergutmacht**, bevor die Tat entdeckt bzw. der Verwaltung bekannt wurde, rückt von der Verfehlung ab und zeigt, dass er dennoch wirksame Widerstandskräfte gegen einen Rückfall hat.[277] Negativ kann sich auswirken, wenn nach der Tat noch zusätzlich **die pflichtwidrige Absicht intensiviert** wird, z. B. durch Fälschung oder Einlösung der gestohlenen Schecks oder durch Abwälzen des Verdachts auf Unschuldige,[278] wobei es hier nicht darauf ankommt, ob es sich dabei um eine selbständige Pflichtverletzung handelt oder ob die Weiterverfolgung der Tatabsicht von dem Hauptvorwurf »konsumiert« wird, also eine Art »straflose Nachtat« darstellt.[279]

116 **Nach der Entdeckung der Tat** und dem Beginn der Ermittlungen ist die Haltung des Beschuldigten zur Tat nur noch bedingt geeignet, als Beweis der **Einsicht und Reue** oder umgekehrt des Desinteresses und der Ablehnung zu gelten. Denn dann ist die Verhaltensweise durch den Druck des Verfahrens und die gewählte Verteidigungsstrategie beeinflusst. Da Beschuldigte hierbei zumeist nicht juristisch-logisch überlegen, ist es jedenfalls bedenklich, aus einer leugnenden oder widersprüchlichen Einlassung erschwerende Momente für die Bewertung der Tat selbst oder für das künftige Verhalten der Beschuldigten herzuleiten. Andererseits muss sich aber ein **Geständnis** jedenfalls dann mildernd auswirken, wenn es mehr zugibt, als sich bis dahin oder später hätte nachweisen lassen. Denn dieses freiwillige, nicht durch die Beweislage veranlasste Geständnis beweist die ehrliche Abkehr des Betroffenen von der Verfehlung und rechtfertigt eine für die Zukunft günstige Prognose. Nicht nur die **Verweigerung der Einlassung**, die nach § 20 Abs. 1 Satz 3 BDG erlaubt ist und nicht belastend verwendet werden darf, sondern auch das **bloße Leugnen** sind nicht erschwerend zu bewerten. Sie sind aus dem Gewissenskonflikt der Beschuldigten erklärlich. Die Mitwirkung an der eigenen Überführung ist nicht zumutbar, auch nicht im Disziplinarverfahren (im Einzelnen zur Pflichtwidrigkeit unwahrer Einlassung B. II. 8. Rn. 9).[280] Jedoch wirkt erschwerend, wenn der Beschuldigte durch **falsche Angaben** Unschuldige in Verdacht bringt oder das Betriebsklima der ganzen Dienststelle vergiftet.

---

276 BVerwG 11. 8. 1987 – 1 D 149.86.
277 Unter Aufgabe der bisherigen Rspr. jetzt auch für Kassenveruntreuungen BVerwG 8. 3. 1988 – 1 D 69.87 – Dok. Ber. 1988, 135 (noch offen lassend v. 24. 2. 1988 – 1 D 89.87); ebenso schon BDiG 25. 11. 1987 – XIII VL 35/87; 21. 1. 1988 – VI VL 22/87.
278 BVerwG 22. 5. 2001 – 1 D 137.00.
279 Vgl. BVerwG 25. 11. 1976 – 1 D 32.76; vgl. Rn. 7.
280 BVerwG Wehrdienstsenat, NJW 1969, 1188; BDiG, DÖD 1979, 204f.

Milderungs- und Erschwerungsgründe im Einzelnen

Die **dienstliche und außerdienstliche Führung nach der Tat** kann zwar an dem Gewicht des Dienstvergehens rückwirkend nichts ändern. Aber für das Persönlichkeitsbild und die Verhaltensprognose kann sie von Bedeutung sein. Leistet der Beamte längere Zeit nach der Tat unbescholten und gut beurteilt den Dienst, so kann ggf. damit bestätigt werden, dass die Tat in einer einmaligen, situationsbedingten und wesensfremden Weise zustande kam.[281] Außerdem kann nicht ausgeschlossen werden, dass eine erzieherische Wirkung allein schon von der Aufdeckung der Tat und dem bisherigen Verlauf des Verfahrens ausgegangen ist. Dies ist für die Bemessung des Erziehungsbedürfnisses von Bedeutung.

117

Neue Pflichtverletzungen nach der Tat sind nur dann zu Lasten des Beamten verwertbar, wenn sie durch **Nachtragsdisziplinarklage** förmlich zum Gegenstand des Verfahrens gemacht worden sind. Dies sehen nun §§ 60 Abs. 2 und 3, 53 Abs. 1 BDG ausdrücklich vor. Andernfalls würde das Gebot der einheitlichen Verfolgung von Pflichtverletzungen umgangen (Rn. 11 ff.) und dem Beschuldigten der verfahrensrechtliche Rechtsschutz des BDG genommen. Das gilt auch für die **Berufungsinstanz.** Die »Einheit disziplinarer Verfolgung« erlaubt dem Berufungsgericht nicht, hinsichtlich des neuerlichen Dienstvergehens das gesetzlich vorgeschriebene Verfahren und die Entscheidungszuständigkeiten der Disziplinarvorgesetzten und des VG auszuschalten. In Wirklichkeit handelt es sich hier auch nicht um die Wahrung der Einheit des Dienstvergehens, die sich auf die zeitlich vor dem letzten, angeschuldigten Verstoß liegenden Verfehlungen bezieht (Rn. 11, 12), sondern um den **Vorgriff einer unzuständigen Instanz**. Ohne Durchführung eines dem Gesetz entsprechenden Verfahrens ist eine Pflichtverletzung nicht vorwerfbar. Es ist daher in jedem Verfahrensabschnitt **unzulässig, neue Pflichtenverstöße formlos** und ohne eigene Zuständigkeit in das anhängige Verfahren einzubeziehen, sie so **zum Gegenstand von Bemessungserwägungen zu machen** und als Erschwerungspunkte in das Persönlichkeitsbild einzubringen.[282]

118

Neue Tatsachen, die nicht den Tatbestand einer Pflichtverletzung erfüllen, können dagegen zu Lasten wie zugunsten der Beschuldigten bei der Bemessung berücksichtigt werden. Dazu können, wie schon in Rn. 104 erwähnt, gute oder schlechte dienstliche Leistung und Führung nach der Tat, möglicherweise nach Umsetzung auf dem neuen Dienstposten, Belobigungen oder Ermahnungen, Arbeitsfehler, gehäufte Dienstverspätung und Fernbleibenszeiten, Beschwerden von Adressaten der Amtstätigkeit usw. gehören. Solche Tatsachen sind aber nur verwertbar, wenn sie unstreitig oder beweiskräftig in das Verfahren eingebracht worden sind.

119

Die **lange Verfahrensdauer** kann, in bestimmten Fällen muss sie zur milderen Bemessung führen. Hat das gesamte Disziplinarverfahren oder das vorausgegangene Strafverfahren jahrelang gedauert, möglicherweise ohne Zutun des Beschuldigten, so kann nicht ausgeschlossen werden, dass der andauernde Leidensdruck und die eingetretenen und noch zu erwartenden dienstlichen Nachteile eine erhebliche pflichtmahnende Wirkung entfaltet haben. Deshalb ist bei der Disziplinarmaßnahme, die auf eine wiederkehrende, dauerhafte Einwirkung abstellt, also bei der **Gehaltskürzung**, abzuwägen, ob nicht ihre **Laufzeit** angesichts der langen Verfahrensdauer gemildert werden soll. In aller Regel wird dies

120

---

281 BDH, Dok. Ber. S. 2733, 3095.
282 A.A. noch entgegen der früheren Rspr. BVerwG, ZBR 1992, 59; ebenso Claussen/Janzen, Einl. D. 24., und, wenn auch zögernd und zeitlich vor der o.a. Rspr. des BVerwG, Behnke-Arndt, Einf. Rn. 190.

Maßnahmenwahl – Bemessungsgrundsätze

zu bejahen sein,[283] auch im Berufungsverfahren hinsichtlich der durch die Berufung entstandenen weiteren Verfahrensverlängerung.[284]

121 Eine **unangemessene Verfahrensverzögerung** ist darüber hinaus geeignet, auch eine **niedrigere Maßnahmenart** zu rechtfertigen.[285] Einerseits macht **das BDG in § 4 und § 62** deutlich, dass der Beschleunigungsgrundsatz im Disziplinarverfahren hohe Bedeutung hat.[286] Andererseits ist auch im Disziplinarverfahren »das Recht auf Anhörung und Entscheidung in angemessener Frist« entsprechend **Art. 6 Abs. 1 Satz 1 MRKV** anzuwenden und bedeutet der jahrelange Lauf eines Disziplinarverfahrens eine erhebliche Belastung. Die Verzögerung darf allerdings nicht von den Beamten verursacht worden sein.

122 Der **Eintritt in den Ruhestand** rechtfertigt keine mildere Bewertung des Dienstvergehens, reduziert aber in den meisten Fällen das konkrete Erziehungsbedürfnis bis nach Null hin. Wenn dennoch der Gesetzgeber hier die typisch erzieherische Maßnahme der Ruhegehaltskürzung vorsieht (vgl. wegen der Systemwidrigkeit Rn. 84, 90), dann ist jedenfalls die Bemessung dem entsprechend geringen Erziehungsbedürfnis anzupassen.[287]

123 **Bei sachgleichem Strafverfahren** stellt zwar **§ 14 BDG keinen Bemessungsvorgang** dar, jedoch beziehen sich dessen Ausnahmevoraussetzungen auf Kriterien, die auch für die Bemessung maßgeblich sind. Das Bedürfnis nach zusätzlicher »Pflichtenmahnung« deckt sich mit den Bemessungsfaktoren des Erziehungsbedürfnisses und des Gewichts des Dienstvergehens. Insoweit überschneiden sich auch in der Rspr. häufig Aspekte der Maßnahmenbemessung und der Sanktionsprüfung nach § 14 BDG. Generell sind Gesichtspunkte aus § 14 BDG auch bei der Bemessung der Maßnahme einzubeziehen, jedenfalls nicht gegensätzlich zu verwenden (etwa Rückfall, Wiederholungsgefahr, Persönlichkeitsbild).

124 Das **sachgleiche Strafverfahren** ist für die Bemessung unmittelbar erheblich, wenn es nicht ohnehin schon zu einer Einstellung des Verfahrens nach §§ 14, 32 BDG kommt. Bei Einstellung kommt es nicht mehr auf die Bemessung der gewählten Maßnahme an.[288] Wenn auch das **Nebeneinander von krimineller Strafe und disziplinarer Maßregelung verfassungsgemäß** ist,[289] so ist doch verfassungsrechtlich aus dem Gesichtspunkt des Art. 103 Abs. 3 GG die **Berücksichtigung der sachgleichen Kriminalstrafe bei der Bemessung der Disziplinarmaßnahme** jedenfalls dann geboten, wenn es sich um gleichartige Sanktionen handelt. Bei Zusammentreffen von strafrechtlicher Freiheitsstrafe und wehrdienstrechtlichem Arrest verlangt das BVerfG[290] die **volle Anrechnung**. Bei Geldsanktionen in beiden Bereichen ist zwar nicht die rechnerische Anrechnung der Höhe nach, aber die grundsätzliche Berücksichtigung bei der Bemessung selbstverständlich und geboten.[291] Ob demnach die strafgerichtliche Geldstrafe bzw. Geldbuße in voller Höhe von der an sich angemessenen disziplinaren Gehaltskürzung oder Geldbuße abgezogen werden muss, ist verfassungsrechtlich nicht zwingend, nach einfachem Recht jedoch auch

---

283 BVerwG, Dok. Ber. 1976, 107; 22.9.1976 – 1 D 25.76; 19.10.1977 – 1 D 41.77; 15.10.1979 – 1 D 92.78, Dok. Ber. 1982, 24; 7.10.1987 – 1 D 44.87.
284 BVerwG 12.8.1976 – 1 D 63.75, Dok. Ber. 1977, 122.
285 So jetzt auch in Abkehr von der bisherigen Rspr. für alle pflichtenmahnenden, also unterhalb der Entfernung oder Aberkennung des Ruhegehalts liegenden Maßnahmen: BVerwG 24.6.1998, ZBR 1999, 135 = DÖD 1999, 203; DiszH VGH Hessen 12.10.2007 – 24 DH 2878/06.
286 BVerfG, DÖD 1977, 274.
287 BVerwG – 1 D 74.77.
288 A.A. BVerwG 23.7.1968 – 3 D 9.68.
289 BVerfGE 21, 378 ff. = NJW 1967, 1652.
290 BVerfGE 21, 378 und 21, 391.
291 BVerfGE 27, 180 = NJW 1970, 507 ff., wobei die Hälfte des Gerichts sogar die direkte, rechnerische Anrechnung forderte.

nicht verboten. Einigkeit besteht jedenfalls darin, dass die finanzielle Sanktion im Rahmen der wirtschaftlichen Verhältnisse des Beamten zu berücksichtigen ist.[292] Daneben kann aber auch die **pflichtenmahnende Wirkung des Strafurteils** nicht unberücksichtigt bleiben. Denn es ist gerade dies der Gesetzeszweck des § 14 BDG, die erzieherische Wirkung der Kriminalstrafe weitgehend ausreichen zu lassen. Das muss sich auch dann auswirken, wenn ausnahmsweise eine **zusätzliche** dienstliche Pflichtenmahnung erforderlich erscheint. Bei **außerdienstlichen Dienstvergehen** ohne dienstliche Auswirkungen kann die eigentliche Erziehungswirkung dem Strafgericht überlassen bleiben, das seinerseits schon die Schuld und die besonderen Umstände der Tat und des Täters berücksichtigt.[293] Aber auch bei **innerdienstlichen Verfehlungen** braucht die disziplinare Einwirkung auch der Höhe nach nur eine »zusätzliche Maßnahme« zu sein.[294] Diese **Berücksichtigung muss effektiv stattfinden und aus der Entscheidung sichtbar und substantiiert hervorgehen**. Eine bloß pauschale Berufung auf die berücksichtigten wirtschaftlichen Verhältnisse würde nicht erkennen lassen, ob und in welchem Maße die vorausgegangene Kriminalstrafe mildernd berücksichtigt wurde. Andererseits ist aber auch u. U. zu berücksichtigen, wenn das Strafurteil wegen der zu erwartenden Disziplinarmaßnahme die Strafe geringer bemessen hat (vgl. auch A. III. Rn. 69; § 14 Rn. 33).[295]

V. Allgemeine Rechtsgrundsätze

Die Regelungen des **Verwaltungsverfahrensgesetzes** zum Ermessen und Vertrauensschutz sind im Disziplinarrecht direkt anzuwenden, §§ 3, 45 BDG. Das gilt zunächst für alle den Beamten **belastenden Ermessensentscheidungen** hinsichtlich der **sachgemäßen Abwägung**, des Begründungszwanges aus § 39 VwVfG und der vorherigen Anhörung. § 55 BDG sieht neuerdings für wesentliche Mängel eine dem Disziplinarverfahren völlig fremde Verspätungs- und Heilungsregel vor, vgl. § 55 Rn. 3ff. Soweit es um die **fehlerfreie Betätigung des disziplinaren Ermessens** zur Frage der Verfolgung und der Maßnahmenwahl und -bemessung geht, ergibt sich die **Überprüfbarkeit** durch den Rahmen der eigenen Disziplinargewalt nach den Vorschriften des BDG. So hat der Disziplinarvorgesetzte nach §§ 33, 34 BDG ein Maßregelungsermessen, das den Verwaltungsgerichten nicht, jedenfalls nicht allein (§ 59 Abs. 1) zusteht. Liegt ein Dienstvergehen vor, so können Disziplinargerichte im Gegensatz zu den Disziplinarvorgesetzten nicht aus eigener Zuständigkeit von einer Maßregelung absehen (s. § 32 BDG Rn. 4). Im Übrigen haben auch die Disziplinargerichte im Rahmen ihrer Disziplinargewalt (d. h. in den Grenzen der Disziplinarklage bzw. der angefochtenen Disziplinarverfügung, vgl. §§ 52, 53, 60 Abs. 2 BDG) das volle Überprüfungsrecht und Maßregelungsermessen.

125

---

292 Angemessene Berücksichtigung: BVerwG 15.10.1997 – 1 D 3.97, Dok. Ber. 1998, 49; volle Anrechnung: BDiG 19.2.1987 – VI VL 35/86.
293 BVerwG, Dok. Ber. 1975, 67, 189.
294 Richtig so ursprünglich BVerwG im vorgenannten Urt. v. 20.8.1968 – 2 D 16.68.
295 Was BGHSt 35, 148 verlangt.

Allgemeine Rechtsgrundsätze

1. Verwirkung

126 Die Verwirkung ist ein allgemeiner Rechtsgrundsatz, der auch im öffentlichen Recht gilt und damit auch im Beamten- und Disziplinarrecht.[296] Verwirkung bezeichnet im materiellen wie im Verfahrensrecht den Verlust eines an sich gegebenen Rechts aus den besonderen Gründen des Vertrauensschutzes, häufig aus »widersprüchlichem Verhalten« (**venire contra factum proprium**). Selbst im **Strafverfahren**, das bislang nach § 25 BDO subsidiär galt, wird Verwirkung angewandt[297] und wird besonders damit begründet, dass sich »**Organe der Rechtspflege**« zu eigenem Verhalten in Widerspruch gesetzt hatten. Der **Vertrauensschutz** ist für **Verwaltungsverfahren im VwVfG** gesetzlich verankert (behördliche Zusicherung: § 38; Rücknahme rechtswidriger Verwaltungsakte: § 48; Widerruf begünstigender Verwaltungsakte: § 49). Im Sinne des VwVfG sind Disziplinarmaßnahmen Verwaltungsakte, denn sie greifen in den beamtenrechtlichen Status des Beamten ein.[298] Auch wenn dies nicht so wäre, so müssten doch die **Vertrauensschutzregeln als allgemeiner Rechtsgrundsatz** angewendet werden. Daraus folgt, dass Disziplinarorgane sich nicht in Widerspruch zu ihrem eigenen früheren Verhalten setzen dürfen. Die **beamtenrechtliche Rspr. zur Verwirkung in Statusfragen** gilt auch für das Disziplinarrecht.[299] Hat also eine Disziplinarbehörde in Kenntnis des Dienstvergehens, das eine Entfernung aus dem Dienst nahe legt, auf disziplinare Verfolgung bewusst verzichtet und stattdessen den Beamten zum Lebenszeitbeamten ernannt, so kann sie nicht nachträglich disziplinar die Entfernung aus dem Dienst betreiben.[300] Die Rspr. des BVerwG hierzu ist, insbesondere nach der Umgestaltung des Disziplinarrechts, nicht überzeugend. Ohnehin ist das Disziplinarverfahren nicht so ungewöhnlich und eigenartig, dass von vornherein die allgemeinen Rechtsprinzipien der anderen Verfahrensordnungen nicht gelten könnten. Es ist ein Sanktionsverfahren wie das Strafverfahren, und es ist wie das Beamtenrecht auch **öffentliches Dienstrecht**. Dies gilt gerade unter der Wirkung des BDG. Außerdem beinhaltet das für das Disziplinarrecht anerkannte Verbot der nachträglichen, getrennten Verfolgung einzelner Pflichtverletzungen (vgl. Rn. 12) selbst schon den Aspekt des Vertrauensschutzes und des **Verbots, sich mit seinem eigenen Verhalten in Widerspruch zu setzen**. Auch in der Verjährungsregelung des § 15 BDG ist der Gesichtspunkt des Vertrauensschutzes enthalten (vgl. § 15 BDG Rn. 1 ff.).

127 Ein Unterfall der Verwirkung wegen Bindung an früheres Verhalten ist die **Zusage von Disziplinarvorgesetzten, disziplinar nicht – weiter – einzuschreiten**. Nach § 38 VwVfG

---

296 Hinsichtlich des Disziplinarrechts so BDiG 27.3.1984 – I VL 25/83 (aufgehoben durch BVerwGE 76, 176), OVG MV 10.9.1998 – 2 M 91/98; OVG Lüneburg, DVBl. 1959, 447 Nr. 18; Breithaupt-Zoch, NDO, § 3 Anm. 13, zu § 90 Anm. 4; a. A. BVerwG 13.1.1987 – 1 D 61.86; E 76, 176 = NJW 1985, 215, nachdem es die grundsätzliche Frage lange Zeit ausdrücklich offen gelassen und nur wegen fehlender formaler Voraussetzungen Verwirkung verneint hatte: E 43, 273; 4.9.1978 – 1 DB 22.78; E 63, 334; E 73, 97; für den Wehrdienstbereich E 83, 384. Das BVerwG wendet allerdings bei Verluststellungsbescheiden nach § 9 BBesG Verwirkung an, da es sich hierbei um Verfügungen und nicht um Disziplinarmaßnahmen handele, NVwZ 1998, 289. Gerade die Hinwendung des BDG zum Verwaltungsrecht belegt die Geltung der Verwirkung im Disziplinarverfahren. Ebenso ablehnend Weiß in GKÖD und PersV 1985, 198 ff. und Claussen/Janzen, § 4 BDO Rn. 7.
297 Bei Rechtsmitteln: BVerfGE 32, 305; BGHSt 24, 280; bei Verfahrensrügen: Kleinknecht/Meyer-Großner, StPO, Einl. v. § 296 Rn. 11, § 337 Rn. 21 u. 23.
298 Vgl. VG Gießen, DÖD 1993, 263.
299 Bewusste Untätigkeit des Dienstvorgesetzten ist nach der Lebenszeiternennung nicht mehr korrigierbar: BVerwGE 61, 206–208; Niedermaier/Fürst, GKÖD, § 12 BBG Rn. 33.
300 OVG Mecklenburg-Vorpommern 10.9.1998 – 2 M 91/98 zur vorläufigen Dienstenthebung; BDiG o. a. I VL 25/83, aufgehoben durch BVerwGE 76, 176.

Verzögerung

setzt die Zusage **Schriftform** voraus, außerdem die **Zuständigkeit** zur Entscheidung. Sind diese Voraussetzungen erfüllt, dann steht der Verwirkung nicht entgegen, dass das Gesetz selbst in § 35 BDG die spätere Aufnahme disziplinarer Verfolgung nach ursprünglicher Untätigkeit vorsieht.[301] Denn Verwirkung im Sinn des »**venire contra factum proprium**« **setzt den bewussten, endgültigen und vorbehaltlosen Verzicht** auf disziplinare Verfolgung voraus.[302] An dieser endgültigen und vorbehaltlosen Entscheidung fehlt es allerdings meistens.

2. Verzögerung

Unangemessene Verzögerung des Disziplinarverfahrens kann einen Verstoß gegen **Art. 6 Abs. 1 Satz 1 MRKV**[303] darstellen. Art. 6 Abs. 1 Satz 1 MRKV ist **unmittelbar geltendes Bundesrecht**[304] und gewährt Anspruch auf Anhörung und Entscheidung in angemessener Frist. Verletzungen dieses Beschleunigungsgebots können im Strafverfahren zur Milderung der Bemessung bis zum Absehen von Strafe führen.[305] Dieser verfahrensrechtliche Beschleunigungsgrundsatz gilt entweder unmittelbar oder analog aus Art. 6 Abs. 1 Satz 1 MRKV für das Disziplinarverfahren.[306] Das BVerwG hat diese Frage lange offen gelassen und entweder aus tatsächlichen Gründen eine unangemessene Verzögerung verneint[307] oder obiter dicta **gegen die Anwendung eingewandt**, dass der Rückgriff auf die MRKV wegen des ohnehin im Disziplinarverfahren geltenden Beschleunigungsgebots sich erübrige[308] oder dass innerhalb der gesetzlichen Verjährungsfristen eine menschenrechtsverletzende Verfahrensverzögerung nicht in Betracht komme.[309] **Letztlich** hat das BVerwG in st. Rspr.[310] die **unmittelbare Anwendung** des Art. 6 Abs. 1 Satz 1 MRKV im Disziplinarrecht definitiv abgelehnt, aber immerhin die **analoge Anwendung** bei »eklatanter, schlechthin unerträglicher« Verzögerung für gerechtfertigt gehalten[311] und faktisch solche Fälle als Milderungsgrund anerkannt (Rn. 121). Das Argument gegen die unmittelbare Anwendung, das »verwaltungsgerichtliche« Disziplinarverfahren sei weder ein Straf- noch ein Zivilverfahren, steht im Widerspruch zu der weiten Auslegung des Begriffs »verwaltungsgerichtliches Verfahren« durch den Europäischen Gerichtshof für Menschenrechte.[312] Danach kommt es nicht auf die formale Zugehörigkeit des Verfahrens zu einem bestimmten innerstaatlichen Gerichtszweig an, sondern darauf, welchen materiellen Rechtscharakter das verletzte Recht hat. Tatsächlich hat der EGMR[313] zu Recht das öffentliche Dienstrecht nicht den »zivilen Ansprüchen und Verpflichtungen« des Art. 6 Abs. 1

128

---

301 Worauf BVerwGE 63, 334 unzutreffend abstellt.
302 BDiG im o. a. Beschl. I VL 25/83.
303 Konvention zum Schutz der Menschenrechte und Grundfreiheiten, Gesetz v. 7. 8. 1952, BGBl. II S. 685.
304 Durch Zustimmungsgesetz v. 7. 8. 1952 – BGBl. II S. 685 – i.V. mit der Bekanntmachung über das Inkrafttreten v. 15. 12. 1953 – BGBl. II 1954 S. 14; BVerfGE 10, 274; NJW 1992, 2472; BVerwGE 47, 378; BVerwG 15. 3. 1982 – 1 DB 2.82.
305 BGHSt 21, 81 und JZ 1972, 59.
306 Instruktiv Quambusch, PersV 1999, 453.
307 BVerwG 22. 1. 1973 – 1 D 27.72, Dok. Ber. 1973, 155.
308 BVerwG 4. 9. 1979 – 1 DB 22.79.
309 BVerwG 29. 11. 1972 – 2 D 19.72.
310 DÖD 1990, 268 = ZBR 1990, 183.
311 BVerwG 9. 5. 1973 – 1 D 8.73, DÖD 1973, 204.
312 EGMR, NJW 1979, 477.
313 V. 29. 5. 1961 Nr. 734/60 in Collection of Decisions 6/29 = NJW 1979, 478; vgl. Peukert, EuGRZ 1979, 267.

Allgemeine Rechtsgrundsätze

MRKV zugerechnet. Das betrifft aber nicht das Beamten-Disziplinarrecht und dessen Verhältnis zum gerichtlichen Strafverfahren i. S. d. Art. 6 Abs. 1 Satz 1 MRKV. Dieses ist als Sonderrechtsgebiet des Dienstrechts seinem Sanktionscharakter nach i. S. d. Art. 6 Abs. 1 Satz 1 MRKV dem Strafverfahren zuzurechnen. Dabei spielt keine Rolle, ob die »Zuwiderhandlung« innerstaatlich dem Strafrecht, dem Disziplinarrecht oder beiden zugerechnet wird. Für den Begriff der »strafrechtlichen Anklage« in Art. 6 Abs. 1 Satz 1 MRKV hat der EGMR die »eigenständige Bedeutung« im Sinne der MRKV festgelegt.[314] Die Schutzgarantie des Art. 6 Abs. 1 MRKV greift ein, wenn die innerstaatliche Sanktionsregelung in das »Strafrechtliche« übergreift.[315] Gleiches muss für das deutsche Beamten-Disziplinarrecht insgesamt gelten. Die vom BVerwG in Anspruch genommene »Wesensverschiedenheit« zieht nach der o. a. Auslegungspraxis des EGMR nicht. Auch schließt die Beschleunigungsregelung des nur das behördliche Disziplinarverfahren betreffenden § 62 BDG das Bedürfnis nach einem allgemein und auch für den gerichtlichen Verfahrensabschnitt geltenden Rechtsgrundsatz nicht aus, da die Verletzung des Beschleunigungsgebots die disziplinare Entscheidung »unverhältnismäßig« und damit verfassungswidrig machen kann.[316] Auch geht der erzieherische Zweck durch den Zeitablauf verloren.[317] Da für den gerichtlichen Verfahrensabschnitt das BDG keine Regelung zum Beschleunigungsgrundsatz enthält, kommt dem auf das gerichtliche Verfahren beschränkten Art. 6 Abs. 1 Satz 1 MRKV[318] für das disziplinargerichtliche Verfahren besondere Bedeutung zu. Ob direkt oder analog aus Art. 6 Abs. 1 Satz 1 MRKV: Jedenfalls **wirkt sich eine Verletzung des Beschleunigungsgebots in der Bemessung, in schweren Fällen auch in der Wahl der Maßnahmenart aus** (Rn. 121).

3. Doppelbestrafung

129 Das Verbot der Doppelbestrafung (Art. 103 Abs. 3 GG) **gilt auch im Verhältnis Strafrecht – Disziplinarrecht**. Es schließt jedoch Disziplinarmaßnahmen neben sachgleichen strafgerichtlichen Bestrafungen nicht aus, da das Disziplinarverfahren seinem Wesen nach Dienstrecht, aber kein Strafrecht ist.[319] Einem Verstoß gegen das **Verhältnismäßigkeitsgebot** beugt die **Regelung des § 14 BDG** vor. Innerhalb dessen Anwendung könnte ein Verstoß gegen die Verhältnismäßigkeit nur in Frage kommen, wenn im Einzelfall keine spezifische disziplinare Notwendigkeit für eine zusätzliche Disziplinarmaßnahme bestünde.[320] Diese Notwendigkeit ist mit der Prüfung des »zusätzlichen Bedürfnisses nach Pflichtenmahnung« i. S. d. § 14 BDG festzustellen (vgl. § 14 Rn. 30 ff.). Das Verbot der »Doppelbestrafung« verlangt aber bei der **Bemessung der »zusätzlichen« Disziplinarmaßnahme,** dass die gleichartige Sanktion des Strafgerichts effektiv angerechnet wird.[321]

Ob dieselbe Tat, also **Sachverhaltsidentität,** vorliegt, entscheidet sich danach, ob derselbe geschichtliche Lebensvorgang der Entscheidung zugrunde gelegt wurde.[322] Sowohl bei

---

314 EuGRZ 1975, 393 ff. = vollständig in EGMRE Bd. I. (1970) S. 179.
315 Bejaht für Freiheitsentzug im niederländischen Wehrdisziplinarrecht, EuGRZ 1976, 232 ff.
316 BVerfG, DÖD 1977, 274.
317 Quambusch, PersV 1999, 458.
318 EGMRE Bd. I. (1970) S. 181, § 23 Abs. 2.
319 BVerfGE 21, 381 = NJW 1967, 1654 u. 1951; NJW 1972, 93.
320 BVerfGE 27, 180 = NJW 1970, 507.
321 BVerfGE 21, 378 und 391 für den Fall von Freiheitsentzug, E 27, 180 = NJW 1970, 507 für Geldsanktionen; im Einzelnen und zur Rspr. des BVerwG dazu Rn. 124.
322 BVerwG 20. 2. 2001 – 1 D 7.00.

Rechtliches Gehör

Disziplinarurteil, -gerichtsbescheid (jetzt Beschluss nach § 59 BDG) als auch bei der Disziplinarverfügung müssen materielle Rechtskraft bzw. Bestandskraft aus dem Tenor und den Entscheidungsgründen entnommen werden. Das kann gerade bei Spätfolgen oder Dauerdelikten schwierig sein.[323] Enthält die Entscheidung außer der Feststellung einer Pflichtverletzung zugleich eine **Freistellung von anderen Vorwürfen**, so können letztere nicht mehr verfolgt werden. Enthält der entschiedene Gesamtsachverhalt **bestimmte Einzelakte** nicht, so können diese wegen der **Einheit des Dienstvergehens** nicht mehr verfolgt werden, wenn sie in einem sachlichen, zeitlichen oder psychologischen Zusammenhang stehen (auch bei »fortgesetzter Handlung« im strafrechtlichen Sinn, vgl. im Einzelnen A. I. Rn. 11 ff.). Die Einleitungsbehörde muss daher ermessensgerecht prüfen, ob neue Sachverhalte mit einbezogen werden sollen, diese andernfalls ausgeschlossen sind. Auch die Zustimmung zum Erlass eines Gerichtsbescheids entbindet hiervon nicht, da diese widerrufen werden kann.[324]

4. Rechtliches Gehör

Das **Gebot des rechtlichen Gehörs** ist in Art. 103 Abs. 1 GG für das **gerichtliche Verfahren** zum Grundrecht erhoben,[325] gilt aber in justizförmig gestalteten **Verwaltungsverfahren** wegen des Rechtsstaatsgebots entsprechend.[326] Das rechtliche Gehör ist im BDG weitgehend ausdrücklich gesichert, so in §§ 17 Abs. 2, 20 Abs. 1–3, 24 Abs. 4, 30, 54 BDG. Im Übrigen gilt über § 3 BDG das VwVfG ergänzend. Einem verhandlungsunfähigen Beamten ist gemäß § 3 BDG, § 62 Abs. 4 VwGO, § 57 Abs. 1 ZPO ein Pfleger zur Wahrung des rechtlichen Gehörs zu bestellen.[327] Die **Anhörung im Verfahren nach § 9 BBesG** ersetzt nicht die Gewährung des rechtlichen Gehörs im Disziplinarverfahren.[328] Das **Gebot gilt gegenüber allen Verfahrensbeteiligten**, also auch gegenüber der Einleitungsbehörde (soweit beteiligt) und auch gegenüber Zeugen und Sachverständigen, soweit deren eigene Rechtsstellung betroffen ist. Dass die Einleitungsbehörde staatliche Behörde ist, ändert an deren Einbeziehung nichts.[329] Denn sie vertritt spezielle Interessen, deren Geltendmachung im Prozess ihr durch rechtliches Gehör gesichert werden soll.[330] Das Recht auf Gehör erstreckt sich auf die **streiterhebliche Sachlage**, also Tatsachen und Beweisergebnisse,[331] nicht auf Gesichtspunkte der rechtlichen Bewertung.[332] Ein Anspruch auf rechtliche Unterrichtung und ggf. auf ein Rechtsgespräch kann sich jedoch aus dem Gebot der **prozessualen Fürsorge** ergeben (s. Rn. 131). Im Rahmen des Gehörs zu Tatsachen dürfen allerdings **Rechtsausführungen** nicht verwehrt werden.[333] Der Fall des § 265 StPO kann kaum aktuell werden,[334] weil die Disziplinargerichte an die Disziplinarklage gebunden sind und von sich aus weder andere Tatsachen oder Pflichtentatbestände einführen

130

---

323 Vgl. OVG Nordrhein-Westfalen, RiA 2000, 39.
324 BVerwG 11.2.2000 – 1 DB 20.99 – DÖD 2001, 31 = ZBR 2000, 315 = DÖV 2000, 777.
325 BVerfGE 9, 95 und in DÖV 1984, 717 m.w.N.
326 BVerfG, NJW 78, 152; BDHE 7, 62; Maunz/Dürig, Art. 103 Anm. 92 m.w.N.
327 BVerwGE 135, 24.
328 BVerwG, Dok. Ber. 1992, 263.
329 A.A. Claussen/Janzen, vor § 15 Rn. 9.
330 BVerfGE 7, 53 ff.
331 BVerfGE 19, 142; 20, 280 u. 347.
332 Claussen/Janzen, vor § 15 Rn. 19 a m.w.N.; a.A. BVerwG, NJW 1961, 891, 1549; Ule, DVBl. 1959, 541; vgl. auch BVerfG, NJW 1988, 2787.
333 BVerfGE 9, 266.
334 Entgegen BDHE 7, 68 und Claussen/Janzen, vor § 15 Rn. 10 a.

Allgemeine Rechtsgrundsätze

(im Einzelnen Rn. 118 und § 60 Rn. 12)[335] noch eine weitergehende Schuldform – Vorsatz statt Fahrlässigkeit – prüfen dürfen.[336] Für das rechtliche Gehör **bedeutsam** sind alle Umstände, die in die Interessensphäre des Verfahrensbeteiligten eingreifen, ein besonderes Gewicht ist nicht erforderlich.[337] Will das **Rechtsmittelgericht** gegen den in erster Instanz Begünstigten entscheiden, muss es dessen vorherige Äußerung sicherstellen.[338] Die **Form des rechtlichen Gehörs** kann, wenn nicht gesetzlich besonders geregelt, nach Ermessen vom Gericht bestimmt werden.[339] Das rechtliche Gehör erfordert, dass das entscheidende Disziplinarorgan den **Vortrag wahrnimmt** und in die Entscheidung einbezieht,[340] nicht aber, dass in der Entscheidung ausdrücklich darauf eingegangen wird.[341] Grundsätzlich ist das rechtliche Gehör **vor der Entscheidung** zu gewähren,[342] der Vortrag muss deshalb abgewartet werden.[343] Das rechtliche Gehör steht nach Meinung des BVerfG grundsätzlich dem Betroffenen selbst, nicht dem Verteidiger zu.[344] Daher besteht kein Recht auf Anwesenheit des Verteidigers bei Anhörung im zivildienstlichen Verfahren.[345] Fehlt das rechtliche Gehör wegen **Verhinderung des Verteidigers** in der Hauptverhandlung, so gilt grundsätzlich § 102 VwGO i. V. m. § 3 BDG. Unter besonderen Umständen und wenn den Beamten daran kein Verschulden trifft, kann ein Recht auf Vertagung zur Wahrung des rechtlichen Gehörs bestehen (vgl. § 60 Rn. 4f.). Wegen der **Folgen der Verletzung** des rechtlichen Gehörs s. Rn. 134.

5. Prozessuale Fürsorge

131 a) Die Pflicht zur **prozessualen Fürsorge** gilt für alle Verfahrensarten und -stufen und für alle Disziplinarorgane, also für die Disziplinarvorgesetzten und die Disziplinargerichte. Hierbei handelt es sich um Nebenpflichten, die nicht schon ausdrücklich in der Prozessordnung geregelt sind. Sie folgen aus den Rechtsstaatsprinzipien der Rechtssicherheit und der materiellen Gerechtigkeit,[346] dem für das öffentliche Recht geltenden Grundsatz des Vertrauensschutzes,[347] dem Recht auf Verteidigung und auf ein faires Verfahren.[348] Sie dienen der pfleglichen, zweckmäßigen und justizförmigen Ausgestaltung des Verfahrens zum Schutz des Verfahrensbeteiligten. Kommunikationsprobleme müssen im Sinne des Betroffenen überwunden, dessen Persönlichkeitsrechte müssen gewahrt werden. Die prozessuale Fürsorgepflicht muss von den Disziplinarorganen zur Lösung der Einzelfälle konkretisiert werden. Auch innerhalb des Disziplinarrechts, nämlich im **Verhältnis der Disziplinarmaßnahmen zueinander,** gilt das Verbot der »Doppelbestrafung« aus Art. 103 Abs. 3 GG als allgemeiner Rechtsgedanke »entsprechend«.[349] Das Verbot der Doppelbestrafung ist aber beschränkt auf das **betroffene Dienstverhältnis**, in dem das Dienstverge-

---

335 BDHE 1, 99; 3, 56.
336 BVerwG 12.9.2000 – 1 D 48.98.
337 BVerfG, NJW 1957, 1395; BDHE 7, 34.
338 BVerfG, DÖV 1984, 717.
339 BVerfG, DRiZ 1974, 63.
340 BVerfG, MDR 1969, 545.
341 BVerfGE 5, 24.
342 BVerfGE 9, 95.
343 BVerfGE 8, 91; 12, 8; 17, 193.
344 BVerfG, NJW 1975, 103, 105.
345 BDiG, NVwZ-RR 1990, 424.
346 BVerfGE 25, 269, 290; 41, 246, 250.
347 BVerwGE 5, 312.
348 BVerfGE 26, 66, 71.
349 BDHE 2, 79; 7, 45.

Verfassungsgrundsätze

hen begangen wurde. Ist in verschiedenen Dienstverhältnissen ein und dasselbe Dienstvergehen begangen worden, so kann dieses getrennt und mehrfach verfolgt und gemaßregelt werden, weil selbständige Pflichtenkreise betroffen sind.[350] Ein als Soldat begangenes Dienstvergehen kann nicht nach der WDO verfolgt werden, wenn gegen den späteren Beamten schon nach der BDO eine Ahndung erfolgte.[351] Hat der Beamte **mehrere Ämter in einem Dienstverhältnis** (zu demselben Dienstherrn), so schreibt § 17 Abs. 3 BDG ein einheitliches Verfahren vor. Disziplinarverfügungen i.R.d. §§ 33 ff. BDO können allerdings mangels entsprechender Regelung getrennt und mehrfach ergehen. Das Verbot der »Doppelbestrafung« ist auf **denselben Sachverhalt** beschränkt. Es **schließt jede nochmalige Sachentscheidung in derselben Sache aus** und nicht etwa nur eine neue »Maßregelung« (wegen der Ausnahme im nichtförmlichen Verfahren vgl. § 35 BDG). Die **bestandskräftige Disziplinarverfügung** hat insofern nicht geringeres Gewicht als ein Disziplinarurteil und tritt deshalb auch nicht hinter eine nochmalige förmliche Disziplinarklage zurück.[352] Der Streit, ob auch eine Missbilligung der späteren Verfolgung entgegensteht,[353] dürfte sich mit der Neuregelung im BDG erledigt haben (vgl. Rn. 72). Fürsorge umfasst die Gebote der **Information und Aufklärung** über den Sach- und Rechtsstand, die Gebote der **Verhältnismäßigkeit**,[354] der **Heilung von Verfahrensmängeln** (vgl. Rn. 141), der **Verfahrensbeschleunigung** (vgl. Rn. 128).

b) Das Gebot der **fairen Behandlung** erfordert, dass der gesetzliche, unabhängige Richter die gewährleisteten Grundrechte beachtet, insbesondere die Würde des Menschen (Art. 1 Abs. 1 GG),[355] das allgemeine Persönlichkeitsrecht (Art. 2 Abs. 1 GG),[356] die Gleichheit vor dem Gesetz und das darin enthaltene Willkürverbot (Art. 3 GG), das Verbot, den Betroffenen zu einer Selbstbelastung zu zwingen (Art. 2 Abs. 1 i. V. m. Art. 1 Abs. 1 GG), das Beweisteilhaberecht als das Recht, zu belastenden Beweismitteln Stellung zu nehmen,[357] das in dem Fall, dass ein Pfleger des verhandlungsunfähigen Beamten dieses für den Beamten nicht wahrnehmen kann, auch ein Maßnahmeverbot nach sich zieht. Je unkundiger und unbeholfener der Verfahrensbeteiligte ist, desto größer ist die Pflicht des Disziplinarorgans, Aufklärung über die Bedeutung der Verfahrenshandlung zu geben und ggf. ein Rechtsgespräch zu führen bzw. schriftliche Hinweise zu geben. Ist eine unleserliche Unterschrift längere Zeit unbeanstandet geblieben, so können nachteilige Folgen erst nach Vorwarnung abgeleitet werden.[358] Wegen der Probleme einer fairen Kommunikation und Entscheidung vgl. A. II., Richterrecht Rn. 52 ff.).

132

6. Verfassungsgrundsätze

a) Als **allgemeine Rechtsgrundsätze sind die Verfassungsgrundsätze** des GG anzuwenden, insbesondere in der Form, die das Bundesverfassungsgericht ihnen durch seine Auslegung und Anwendung gibt. Kraft seiner höchstrichterlichen Aufgabe und Autorität zur Rechtsklärung und Wahrung der Rechtseinheit auf dem Gebiet des Verfassungsrechts

133

---

350 BDiG, DÖD 1995, 80.
351 BVerwG, DÖV 1998, 205 = ZBR 1999, 25.
352 Entgegen BDHE 7, 48; wie hier Claussen/Janzen, vor § 15 Rn. 5 b u. 7 b.
353 BDiG, DÖV 1998, 299 = ZBR 1998, 326 = NVwZ 1999, 688 gegen BVerwGE 43, 211; BDiG 15.6.1999 – XVI VL 2/99.
354 Als »Übermaßverbot« inzwischen eine eigenständige Rechtsinstitution: BVerfGE 34, 238, 246.
355 BVerfGE 7, 275, 279; BGH MDR 60, 856.
356 BGHZ 13, 337.
357 BVerwGE 135, 24 – nach juris Rn. 24.
358 BVerfGE 78, 123.

Allgemeine Rechtsgrundsätze

kommt seinen Entscheidungen und den in den **Entscheidungsgründen geäußerten Auslegungen ganz allgemein präjudizielle Bedeutung** zu. Präjudizielle Bedeutung ist aber nur als Interpretationshinweis zu verstehen, nicht als Bindung im formalen Sinn.[359] **Formale Bindungen** bestehen im Rahmen der normalen materiellen Rechtskraft oder der Gesetzeskraft verfassungsgerichtlicher Entscheidungen nach § 31 Abs. 2 BVerfGG oder nach Art. 100 Abs. 3 GG gegenüber Landesverfassungsgerichten.

134 b) Im Rahmen des § 31 Abs. 1 BVerfGG haben aber auch die **Entscheidungsgründe des BVerfG** selbst bindende Wirkung, soweit die in ihnen zum Ausdruck kommenden Anwendungen und Auslegungen von Verfassungsgrundsätzen die Entscheidung tragen. § 31 Abs. 1 BVerfGG lautet: »Die Entscheidungen des Bundesverfassungsgerichts binden die Verfassungsorgane des Bundes und der Länder sowie alle Gerichte und Behörden.« Die längere Zeit umstrittene und zunächst auch vom BVerfG mehrdeutig ausgelegte Bindung aus § 31 Abs. 1 BVerfGG[360] hat das BVerfG mit seiner Entscheidung in E 40, 88 ff. klargestellt: Sowohl im Normenkontrollverfahren als auch im Verfassungsbeschwerdeverfahren »... entfalten die Entscheidungen des Bundesverfassungsgerichts gem. § 31 Abs. 1 BVerfGG eine über den Einzelfall hinausgehende Bindungswirkung insoweit, als die sich aus dem Tenor und den tragenden Gründen der Entscheidung ergebenden **Grundsätze für die Auslegung der Verfassung von den Gerichten in allen künftigen Fällen beachtet werden müssen«.** Eine für verfassungswidrig erklärte Normauslegung darf weder von Gerichten noch Behörden weiterpraktiziert werden. Diese Bindung gilt auch für die Anwendung und Bewertung anderer Gesetze, soweit deren Normen identisch sind mit der verfassungsgerichtlich beschiedenen.[361] Lediglich das BVerfG selbst ist an seine früheren Entscheidungsgründe nicht gebunden.[362]

135 c) Auch **internationale Regelungen** und Entscheidungen internationaler Gerichte können die disziplinare Rechtslage beeinflussen, soweit sie verbindliches innerstaatliches Recht geworden sind. Das gilt für die **Europäische Menschenrechtskonvention** – MRKV – (vgl. Beispielsfälle in A. V. Rn. 128 und B. II. 1. Rn. 23). Die MRKV begründet aber nur **einfaches Bundesrecht**, das zwar das vorgegebene innerdeutsche Recht ändert, aber nicht über die Grundrechtsgewährung des GG hinausgeht.[363] Die MRKV und dazu die Rspr. des EGMR sind jedoch für das innerdeutsche Recht von großer Bedeutung. Denn die Rspr. des EGMR ist ohne eigene Grundrechtsprüfung direkt anzuwenden.[364] Der EGMR ist »gesetzlicher Richter« i. S. d. Art. 101 Abs. 1 Satz 2 GG, hat im Rahmen seiner Zuständigkeit die volle Entscheidungskompetenz und auch die **Kompetenz zur Rechtsfortbildung**. Seine Rspr. bindet die Gerichte der Mitgliedstaaten.[365] Darüber hinaus gebietet das Gebot der »**völkerrechtsfreundlichen**« Auslegung von Verfassung und einfachem Recht die Berücksichtigung völkerrechtlicher Bindungen, soweit es die Gesetze zulassen.[366]

---

359 Vgl. Schneider, DVBl. 1954, 185, 187.
360 BVerfGE 19, 391 ff.; 20.86 ff.; 24, 296 ff.; Schneider, DVBl. 1954, 184 ff., und Geiger, NJW 1954, 1057 ff.
361 Wolff/Bachof/Stober, VerwR, 11. Aufl. 2000, § 39 Rn. 3; Maunz/Schmidt-Bleibtreu/Klein/Ulsamer, BVerfGG, 2001, § 31 Rn. 75 ff.
362 BVerfGE 4, 38; 20, 87.
363 BVerfGE 9, 39; BVerwGE 10, 218; 47, 378, sowie Dok. Ber. 1987, 105.
364 BVerfGE 73, 339, 366 = NJW 1987, 577, dazu Vedder, NJW 1987, 526.
365 BVerfG, NJW 1988, 1459.
366 BVerfGE 58, 1; ArbG Oldenburg »Betrifft Justiz« 1987, 144; Geiger, Grundgesetz und Völkerrecht, 2. Aufl. 1994, S. 210 m. w. N.

7. Beteiligungsrechte

a) In allen Verfahrensabschnitten sind **Beteiligungsrechte** der am Verfahren Beteiligten wie auch der dem Verfahren Fernstehenden zu wahren. Der Verstoß gegen Beteiligungsrechte stellt **Verfahrensfehler** dar. Nach § 55 BDG können solche Verfahrensfehler geheilt werden. Auch kann der Beamte der Rechtsfolgen solcher Verfahrensfehler durch Nichtrügen verlustig gehen. 136
Als dem Verfahren **Fernstehende sind zu beteiligen der Personalrat** vor der Erhebung der Disziplinarklage (§ 78 Abs. 1 Nr. 3 BPersVG i. d. F. vom 5. 2. 2009, BGBl. I S. 160) bzw. der **Betriebsrat** für die Postnachfolgeunternehmen (§ 28 Abs. 1 PostPersRG i. d. F. vom 28. 5. 2015, BGBl. I S. 813), die **Vertrauensleute der Schwerbehinderten** in allen den Schwerbehinderten berührenden Angelegenheiten (§ 95 Abs. 2 SGB IX i. d. F. v. 19. 6. 2001, BGBl. I S. 1046) und der **Vertrauensmann der Zivildienstleistenden**, bei Fehlen eines solchen der **Betriebs- oder Personalrat** vor der Entscheidung im Disziplinarverfahren (§ 62 b Abs. 2 ZDG i. d. F. v. 28. 9. 1994, BGBl. I S. 2811, geändert durch G v. 9. 7. 2001, BGBl. I S. 1531), die **Gleichstellungsbeauftragten** (§ 19 BGleiG i. d. F. vom 14. 8. 2006, jetzt § 25 BGleiG 2015). Nach der Privatisierung der Deutschen Bundespost ist vor Erlass einer Entscheidung die **Bundesanstalt für Post und Telekommunikation** zu beteiligen (Art. 1 und 4 PostneuordnungsG v. 14. 9. 1994, BGBl. I S. 2325; § 1 Abs. 6 und 7 PostPersRG, § 15 BAPostG) und zwar nachdem alle Verfahrensschritte einschließlich des Beteiligungsverfahrens abgeschlossen sind.[367]

b) Das **Mitwirkungsrecht des Personalrats** als selbständiger Verfahrensbeteiligter ist ausgeschlossen im Verfahren gegen Ruhestandsbeamte, gegen Beamte ab BesGr. A 16 und gegen politische Beamte nach § 36 Abs. 2 BBG (§ 78 Abs. 2 Satz 1 i. V. m. § 77 Abs. 1 Satz 2 BPersVG). Im Übrigen besteht es zugunsten aller Beamten, ist aber beschränkt auf die **Entscheidung über die Erhebung der Disziplinarklage** (§ 78 Abs. 1 Nr. 3 BPersVG),[368] nicht auch deren Inhalt. Im nichtförmlichen Verfahren wirkt der Personalrat nicht als selbständiger Verfahrensbeteiligter mit, auch nicht vor dem Erlass einer belastenden Disziplinarverfügung.[369] Dies folgt aus der abschließenden Aufzählung der Mitwirkungstatbestände in §§ 75 ff. BPersVG und der Tatsache, dass der Gesetzgeber in Kenntnis abweichender Verwaltungspraxis bei der Neufassung des BPersVG die Mitwirkung des Personalrats auf den Fall der Erhebung der Disziplinarklage beschränkt hat.[370] Nach § 68 Abs. 1 Nr. 2 BPersVG ist jedoch jeder Beschuldigte berechtigt, den Personalrat für sich einzuschalten. Der Personalrat ist dann berechtigt und verpflichtet, Rat und Hilfe zu gewähren. Er kann sich auf Wunsch der Betroffenen zu dessen Rechtswahrung auch am Verfahren so beteiligen, wie es den Betroffenen selbst möglich ist.[371] Es gibt keinen Grund, diese Rechtswahrung für die Betroffenen im Disziplinarverfahren anders zu beurteilen als für das beamtenrechtliche Beschwerdeverfahren. Auch die förmliche »Mitwirkung als Beteiligter« liegt in der Hand der Betroffenen, sie ist von einem dahin gehenden **Antrag** des Beamten abhängig (§ 78 Abs. 2 Satz 2 BPersVG), worüber er belehrt werden muss.[372] Soweit 137

---

367 BVerwG 22. 6. 2006 – 2 C 11.05 Rn. 21.
368 BVerwGE 124, 252.
369 BVerwG, ZBR 1958, 211.
370 V. Schwichow, DÖD 1984, 59 Ziff. II. 5.
371 So für das beamtenrechtliche Beschwerdeverfahren Altvater u. a., § 68 BPersVG Rn. 7; für das beamtenrechtliche Verfahren ebenso wohl Lorenzen u. a., § 68 BPersVG Rn. 25, aber gegen das Auftreten im Rechtsstreit Rn. 26 mit Verweis auf Fischer/Goeres/Gronimus, § 68 BPersVG Rn. 13; für das Beurteilungsverfahren auch BVerwG, ZBR 1983, 215; vgl. § 31 BDG Rn. 2.
372 OVG Nordrhein-Westfalen 19. 1. 2005 – 22d A 1433/03.BDG.

Allgemeine Rechtsgrundsätze

eine **Belehrung** über das Antragsrecht zur Anhörung des Personalrats zur beabsichtigten Einleitung des förmlichen Disziplinarverfahrens nach der BDO stattgefunden hat, muss sie vor der Erhebung der Disziplinarklage **erneut** erfolgen.[373] Stellt der Beamte den Antrag auf Beteiligung des Personalrats, dann ist dessen **Mitwirkung zwingend**. Das Mitwirkungsrecht entfällt auch dann nicht, wenn die oberste Dienstbehörde das Verfahren gem. § 20 BDG an sich zieht oder gem. § 35 BDG eigenständig eine Disziplinarverfügung erlassen oder Disziplinarklage erheben will. Diese Regelung nimmt der Einleitungsbehörde lediglich das eigene Entscheidungsermessen nach §§ 32, 33 BDG, nicht aber die Bindung an die zwingende Beteiligungsregelung des Gesetzes. Die oberste Dienstbehörde ist noch weiter vom Arbeitsplatz des Betroffenen entfernt und deshalb noch mehr auf die Informationen des Personalrats angewiesen. Deshalb ist die Anhörung des Personalrats in diesem Fall noch dringlicher.[374] Auch im Fall des »**Selbstreinigungsverfahrens**« nach § 18 BDG hängt die Einleitung des Disziplinarverfahrens nicht von der Einleitungsbehörde, sondern von dem Antrag des Beamten ab. Dennoch muss auch hier die Einleitungsbehörde den Personalrat – auf Antrag – beteiligen,[375] zumal die endgültige Entscheidung über die Einleitung auch im Rahmen des § 18 BDG in ihrem Ermessen liegt. Die Betroffenen sind aus Fürsorgegründen **rechtzeitig auf ihr Antragsrecht hinzuweisen**. Für die Mitwirkung **zuständig** ist der bei dem entscheidenden Disziplinarvorgesetzten bzw. bei der Einleitungsbehörde bestehende Personalrat (§ 82 Abs. 1 BPersVG), im Falle der Post der Betriebsrat des Betriebes, bei dem der Beamte beschäftigt ist (§ 24 PostPersRG, § 1 BetrVG).[376] Der Personalrat muss in der **gesetzlich vorgeschriebenen Zusammensetzung** beteiligt werden. Er darf z. B. nicht durch angebliche Geheimhaltungsinteressen ausgeschaltet werden.[377] Der Personalrat kann seine **Einwendungen** nur darauf stützen, dass die Klageerhebung rechtswidrig ist oder gegen eine gerichtliche Entscheidung verstößt oder dass die durch Tatsachen begründete Besorgnis besteht, dass der Beamte ungerechtfertigt benachteiligt wird (§§ 78 Abs. 2 Satz 3, 77 Abs. 2 Nr. 1 und 2 BPersVG). Wegen der **Rechtswidrigkeit der Einleitung** und ihrer Folgen vgl. Rn. 141 und § 55 BDG. **Eine ungerechtfertigte Benachteiligung** kann sich aus der Vernachlässigung objektiver und subjektiver Milderungsgründe sowie aus einem Verstoß gegen den Gleichbehandlungsgrundsatz ergeben. Ein solcher kommt auch dann in Betracht, wenn sich die **Disziplinarbehörde selbst gebunden** hat und im Einzelfall unbegründet davon abweicht. Eine **Umgehung der Mitwirkung in Eilfällen** (§ 72 Abs. 6/§ 69 Abs. 5 BPersVG) dürfte nur selten gerechtfertigt sein, da die drei- bis siebentägige Äußerungsfrist immer zumutbar ist.[378] Die Anhörungspflicht entfällt jedenfalls nicht schon dann, wenn die Verjährung wegen verzögerlicher Behandlung der Disziplinarbehörde droht.[379] Hat die beantragte Mitwirkung des Personalrats nicht oder nicht in der gesetzlich vorgeschriebenen Weise stattgefunden, so ist die Einleitungsverfügung nach der geltenden Evidenztheorie deswegen **nicht nichtig**. Es liegt aber ein **schwerer Verfahrensfehler** vor, der im gerichtlichen Disziplinarverfahren von Gerichts wegen zu beachten ist (s. Rn. 141; § 55).

---

373 OVG Nordrhein-Westfalen 19. 1. 2005, a. a. O.
374 V. Schwichow, DÖD 1984, 59 Ziff. II. 6.
375 V. Schwichow, a. a. O.
376 BVerwG 22. 6. 2006 – 2 C 11.05 Rn. 17.
377 BDiG 1. 11. 1984 – XIV VL 46/83 –, und 16. 11. 1984 – I BK 14/84: beide Beschlüsse aus tatsächlichen bzw. Bindungsgründen aufgehoben durch BVerwGE 76, 322, Dok. Ber. 1985, 95 und ZBR 1985, 179.
378 BVerwG, Dok. Ber. 1983, 146.
379 Großzügiger Claussen/Janzen, § 33 Rn. 6 h.

Beteiligungsrechte

c) Die **Vertrauenspersonen der schwerbehinderten Menschen** sind **in allen Angelegenheiten** zu beteiligen, die den einzelnen Schwerbehinderten berühren (§ 95 Abs. 2 Satz 1 SGB IX). Die Mitwirkung ist nicht beschränkt auf den Fall der Dienstentfernung i. S. d. § 128 Abs. 2 SGB IX (Wortlaut Satz 1: »Sollen schwerbehinderte Beamte und Beamtinnen vorzeitig in den Ruhestand versetzt oder entlassen werden, so wird vorher das Integrationsamt gehört ...« Satz 2: »Die Beteiligung der Schwerbehindertenvertretung gemäß § 25 Abs. 2 bleibt unberührt.«[380]). Geschützter Personenkreis sind auch Beamte,[381] die formal nach §§ 2, 69 SGB IX als **Schwerbehinderte anerkannt** sind. § 95 Abs. 2 SGB IX regelt **zwei mitwirkungspflichtige Sachverhalte**: die rechtzeitige und umfassende Unterrichtung von »allen berührenden Angelegenheiten« und die Anhörung »vor einer Entscheidung«. Die **Information** der Vertrauenspersonen ist nach dem Gesetz schon bei dem Beginn disziplinarer Ermittlungen nach § 17 BDG und bei allen weiteren Aufklärungsmaßnahmen erforderlich.[382] Das wesentliche Beteiligungsrecht im Sinne des Gesetzeszweckes liegt aber in der **Anhörung der Vertrauenspersonen vor der Entscheidung**. Denn darin erst kommt die Einflussnahme zum Ausdruck, die das Gesetz sicherstellen will und deren Unterbleiben ggf. einen schweren Verfahrensfehler darstellt. Wird die Schwerbehinderteneigenschaft eines Beamten erst nach der Einleitung des förmlichen Verfahrens bekannt, so ist die Beteiligungsregelung nicht verletzt, ein Verfahrensfehler nicht gegeben.[383] Als mitwirkungspflichtige »Entscheidung« kommen die **disziplinaren Sachentscheidungen** in Frage, die letztlich die Statusrechte des Beamten verbindlich und belastend gestalten bzw. ein dahin führendes Verfahren eröffnen, das nicht mehr der eigenen Verfügung unterliegt.[384] Die zur Anhörung verpflichtenden »Entscheidungen« des § 25 Abs. 2 Satz 1 SGB IX sind im Disziplinarverfahren demnach nur die ein Dienstvergehen voraussetzenden Sachentscheidungen der **Einleitung des Disziplinarverfahrens** (§ 17 BDG), die eine **Sachentscheidung enthaltenden Einstellungsverfügungen** nach § 32 BDG und der **Disziplinarverfügungen** nach § 33 BDG, der **Erhebung der Disziplinarklage** nach § 34 BDG, der **Anordnungen** nach § 38 Abs. 1–3 BDG, des **Feststellungsbescheids** nach § 9 BBesG (der trotz seiner deklaratorischen Bedeutung bzgl. des Wegfalls der Dienstbezüge eine eigene Sachentscheidung bzgl. des Tatbestands des unberechtigten und schuldhaften Fernbleibens enthält), **nicht aber** alle eine Sachentscheidung lediglich vorbereitenden **Aufklärungsmaßnahmen und prozessualen Förderungsmaßnahmen**. Die Beteiligung der Vertrauenspersonen ist nach der zwingenden gesetzlichen Regelung **von Amts wegen** herbeizuführen. Der betroffene Schwerbehinderte kann allerdings, da die Regelung nur zu seinem Schutz getroffen ist, auf die Beteiligung der Vertrauenspersonen **verzichten**.[385] Dieser Verzicht muss ausdrücklich und in Kenntnis der gesetzlichen Regelung erklärt werden, um wirksam zu sein. Drückt sich der Betroffene nicht eindeutig in diesem Sinn aus, so kann angesichts der Bedeutung dieses Schutzrechts nicht von dem Einverständnis zur

138

---

380 Vgl. zur früheren Diskussion des Geltungsbereichs von § 95 Abs. 2 SGB IX v. Schwichow, DÖD 1984, 55f.; vgl. BVerwG, Dok. Ber. 1992, 147, das entgegen früherer Rspr. mit formaler Begründung gegen die Anwendbarkeit des § 128 Abs. 2 SGB IX, früher § 50 Abs. 2 SchwbG ist.
381 BVerwG 28. 4. 1981 – 1 WB 40/80.
382 Dagegen GKÖD-Weiß, Bd. II Teil 3, K § 26 Rn. 56 a, der nur in besonderen Fällen ein Beteiligungsrecht der Schwerbehindertenvertretung während der Vorermittlungen anerkennt.
383 BVerwGE 83, 202.
384 Den Unterschied zwischen »Information« in allen Angelegenheiten und »Anhörung« vor der Entscheidung sowie den Unterschied zwischen der »Neuentscheidung« nach § 95 Abs. 2 Satz 2 SGB IX und der »Heilung« durch die weiterbestehenden, fehlerhaften Entscheidung durch bloße Nachholung der Beteiligung verkennt Weiß, PersV 1987, 313ff., so dass seine Problemstellungen und einschränkenden Folgerungen schon im Ansatz fehlgehen.
385 BVerwGE (WD) 76, 82 = ZBR 1984, 14.

Allgemeine Rechtsgrundsätze

Unterlassung der Beteiligung ausgegangen werden. Einer **ausdrücklichen Einwilligung** des Beamten[386] bedürfen die Vertrauenspersonen zur Mitwirkung nicht. Dies würde nicht nur dem eindeutigen Gesetzeswortlaut, sondern auch dem Gesetzeszweck widersprechen, der mangels spezieller Erzwingungsverfahren[387] mit der »Mussvorschrift« die Beteiligung der Vertrauenspersonen sicherstellen will. Die Anhörungspflicht hat nicht zur Voraussetzung, dass vorweg feststeht, dass die **Behinderung Mitursache der Maßnahme** ist oder dass die Maßnahme **sich auf die Behinderung auswirkt**. Vielmehr hat die **Anhörung den Selbstzweck** der fachkundigen Aufklärung, ob und wieweit die Behinderung ein Entscheidungskriterium sein kann.[388] Für Zeitpunkt, Zuständigkeit und Inhalt der Mitwirkung gilt das Gleiche wie für den Personalrat. Sind an der Dienststelle der Betroffenen **Vertrauenspersonen nicht gewählt**, so sind die Vertrauenspersonen der nächsthöheren Behörde zu beteiligen, notfalls das Integrationsamt (§§ 101, 102 SGB IX) im jeweiligen Bundesland. In diesem Fall kommt es weniger auf die persönlichen und örtlichen Kenntnisse des Mitwirkenden als auf die besondere Kenntnis der Probleme eines Schwerbehinderten an.

139 d) Entsprechendes gilt für den **Vertrauensmann der Zivildienstleistenden**. Er ist nach § 62 b Abs. 2 ZDG und nach § 22 ZDVG vor der disziplinaren Entscheidung zur Person des Dienstleistenden und zum Sachverhalt anzuhören. Der Zivildienstleistende kann allerdings auf die Beteiligung des Vertrauensmannes **verzichten**.[389] Ist an der Dienststelle des Zivildienstleistenden ein **Vertrauensmann nicht gewählt**, so ist stattdessen der Personalrat oder der Betriebsrat der Dienststelle zu hören. Diese im Gesetz geregelte **Ersatzzuständigkeit** beruht darauf, dass wegen der ohnehin nur zeitweisen Zugehörigkeit des Zivildienstleistenden zur Dienststelle vorrangig die Kenntnis des Mitwirkungsorgans von der Persönlichkeit des Betroffenen und den Gegebenheiten der Dienststelle und des Dienstes einbezogen werden soll. **Atypische Situationen**, die der Behörde einen Ermessungsspielraum einräumen bzw. das Unterlassen der Anhörung des Vertrauensmannes rechtfertigen, liegen vor, wenn vom Gesetz gebilligte Gründe gegen die Beteiligung sprechen und diese Gründe nicht von der Behörde selbst herbeigeführt oder zu vertreten sind. In diesem Sinn befreien von der Anhörungspflicht der **Verzicht** der Zivildienstleistenden und die **Nichtexistenz** eines Vertrauensmannes und eines Betriebs-/Personalrats an der Dienststelle. Vom Gesetz nicht gebilligte, nach dem Normenzweck »**typische**« **Fälle der Anhörungspflicht** liegen dagegen dann vor, wenn der Vertrauensmann und sein Stellvertreter und die ersatzweise zuständigen Personal-/Betriebsräte **nur zeitweise verhindert** sind (etwa durch Abordnung oder Urlaub). Denn geringfügige Verzögerungen des Verfahrens stehen an Bedeutung hinter dem Gesetzeszweck der Anhörung zurück. Auch eine **drohende Verjährung** kann von der Anhörungspflicht nicht befreien, wenn sie durch Verfahrensverzögerungen der Behörde veranlasst ist. Ebenso wenig befreit eine **Befangenheit des Vertrauensmannes** – etwa durch enge Beziehungen zu dem Zivildienstleistenden oder durch eigene Beteiligung an dem Dienstvergehen – von der Pflicht seiner Anhörung. Denn er ist nicht (im Gegensatz zum Personalrat) zur Neutralität und zur Wahrung der Interessen der Behörde verpflichtet, sondern er soll als gewählter Vertrauensmann des Zivildienstleistenden die objektiven und subjektiven Momente des Geschehens sowie seine

---

386 Bedenklich so BVerwG (WDB), DÖV 1983, 767 ff.
387 V. Schwichow, DÖD 1984, 57 Ziff. I. 6.
388 BVerwGE 17, 283 f.; BVerwG, ZBR 1983, 136; v. Schwichow, DÖD 1984, 56 Ziff. I. 2; dagegen zu eng BVerwGE (WDB) 73, 295, und Weiß, PersV 1987, 316 Anm. 2, die wohl einen kausalen Zusammenhang voraussetzen.
389 Gegen Verzicht BDiG – XIV ZK 24/91.

Beteiligungsrechte

Sicht der dienstlichen Gesamtverhältnisse einbringen. Diesen Gesetzeszweck kann auch ein »befangener« Vertrauensmann oder Personal-/Betriebsrat erfüllen.[390]

e) Zu beteiligen ist auch die **Gleichstellungsbeauftragte**, soweit das Verfahren deren Aufgaben nach § 19 Abs. 1 Satz 2 BGleiG i. d. F. vom 14. 8. 2006 – Aspekte der Gleichstellung von Frauen und Männern, der Vereinbarkeit von Familie und Erwerbstätigkeit sowie des Schutzes vor sexueller Belästigung am Arbeitsplatz – betrifft[391] (heute § 25 BGleiG 2015). Die Beauftragte ist »dem Gemeinwohl verpflichtete Sachwalterin der im Bundesgleichstellungsgesetz festgelegten Ziele ist und nicht lediglich Vertreterin der Interessen der Wählerinnen ihrer Dienststelle«. Die Beteiligung fällt auch dann an, wenn Anhaltspunkte dafür bestehen, dass die Ermittlungsmethoden oder die Sanktionen je nach Geschlecht oder nach anderen individuellen Verhältnissen unterschiedlich sind, selbst wenn die Dienstpflichtverletzung unmittelbar nichts mit dem Zweck des Bundesgleichstellungsgesetzes zu tun hat.[392] In diesen Fällen nimmt die Beauftragte offiziell Stellung mit einem Votum. Soweit sie in anderen Fällen aktiv an Entscheidungsprozessen teilnimmt (§ 20 BGleiG 2006), gilt dies nicht, weil hier die Mitwirkung im Vorfeld einer Entscheidung steht. Darin liegt kein relevantes Beteiligungsrecht im Sinne des BDG.

139a

f) In **dienstrechtlichen Angelegenheiten von Postbeamten** sind über die für alle Beamten geltenden Vorschriften hinaus weitere spezialgesetzliche Regelungen, darunter diejenigen des Postpersonalrechtsgesetzes – PostPersRG – zu beachten. So hat gem. § 1 Abs. 6 PostPersRG der zuständige Stelleninhaber mit den Befugnissen eines Dienstvorgesetzten, wenn er beabsichtigt, gegen einen Beamten eine Disziplinarmaßnahme zu erlassen oder Klage zu erheben, die beabsichtigte Maßnahme vor ihrer Mitteilung unverzüglich unter Vorlage der Akten von der **Bundesanstalt für Post und Telekommunikation Deutsche Bundespost** auf Rechtmäßigkeit und sachgerechte Ausübung des Ermessens prüfen zu lassen; dem Prüfungsergebnis der Bundesanstalt hat die zuständige Stelle der jeweiligen Aktiengesellschaft Rechnung zu tragen. Wesentliches gesetzgeberisches Anliegen bei der Schaffung des § 1 Abs. 6 PostPersRG war es, die zuständigen Stellen der den Unternehmen der früheren Deutschen Bundespost nachgefolgten Aktiengesellschaften zur Einbeziehung des Prüfungsergebnisses der Bundesanstalt in die den in der Vorschrift genannten disziplinarrechtlichen Entscheidungen vorangehende Ermessensausübung zu verpflichten. Durch die zwingende Beteiligung einer unabhängigen Behörde soll das Vertrauen in die Rechtmäßigkeit des Zustandekommens dieser Entscheidungen, die abweichend vom früheren Rechtszustand nunmehr von Stellen privatrechtlicher Aktiengesellschaften getroffen werden, gestärkt werden. Unter der Geltung noch der BDO konnte diesem Anliegen im gerichtlichen Verfahrensstadium nicht mehr entsprochen werden, weil die »zuständigen Stellen« der jeweiligen Aktiengesellschaften, an die sich das Prüfungsergebnis der Bundesanstalt zu richten hätte, hier keine uneingeschränkte eigene Entscheidungskompetenz mehr haben (vgl. § 31 Abs. 3 Satz 3 i. V. m. Abs. 2 Satz 1 BDO). Nach § 55 BDG kommt nunmehr wohl auch hier eine Heilung durch den Dienstherrn in Betracht. Für Beamte der ehemaligen DB gibt es keine vergleichbare Verknüpfung, da für sie die dienstrechtlichen Maßnahmen vom Bundeseisenbahnvermögen und damit einer Behörde wahrgenommen werden (Art. 1 § 3 Abs. 2 Nr. 3 ENeuOG).

140

---

390 So zu den genannten Fällen die letztinstanzliche, einheitliche st. Rspr. aller Kammern des BDiG, z. B. 9. 12. 1983 – I ZK 1/83.
391 BVerwG, NVwZ-RR 2013, 693.
392 BVerwG, a. a. O.

Allgemeine Rechtsgrundsätze

8. Verfahrensfehler

141 a) Wird gegen zwingende Verfahrensgrundsätze verstoßen, so liegen **Verfahrensfehler** vor, die je nach ihrem Gewicht Disziplinarverfahren unzulässig machen können und zur Einstellung des Verfahrens nach §§ 32 Abs. 1 Nr. 4, 55 Abs. 3 BDG zwingen. Diese Folge ist jedoch die Ausnahme. Schon § **46 VwVfG** (der für das Disziplinarverfahren gilt, vgl. Rn. 125) regelt, dass »die Aufhebung eines Verwaltungsakts, der nicht nach § 44 nichtig ist, nicht allein deswegen beansprucht werden kann, weil er unter Verletzung von Vorschriften über das Verfahren, die Form oder die örtliche Zuständigkeit zustande gekommen ist, wenn keine andere Entscheidung in der Sache hätte getroffen werden können« (vgl. Seibert FS Zeidler, Die Beachtlichkeit von Fehlern im Verwaltungsverfahren gem. §§ 46 VwVfG und die Konsequenzen für das verwaltungsgerichtliche Verfahren). § 55 BDG greift das nun ausdrücklich auf.

142 b) Die **Heilung von Verfahrensfehlern** durch die zuständigen Disziplinarorgane ist ein **Ausfluss der prozessualen Fürsorge** (Rn. 131),[393] die für alle Verfahrensabschnitte gilt. Die jeweiligen Disziplinarorgane sind verpflichtet, zuvor aufgetretene Verfahrensfehler nachträglich zu beheben, soweit dies in ihrer Zuständigkeit liegt.[394] Für nachträgliche Heilung durch dasselbe Gericht noch zu § 25 BDO, § 311 a StPO.[395] Dies wird oft bei **Mängeln des rechtlichen Gehörs und bei Aufklärungsfehlern** der Fall sein, wenn sie nur Details des vorgeworfenen Sachverhalts betreffen und die Grundentscheidung, ob eine Disziplinarmaßnahme getroffen bzw. das förmliche Disziplinarverfahren eingeleitet werden soll, nicht in Frage stellen. Dann können auch noch die Disziplinargerichte im anhängigen Verfahren solche Fehler selbst heilen. Jedenfalls kann das gerichtliche Verfahren aufgrund des § 55 Abs. 3 BDG so lange nicht wegen Verfahrensfehlern in den Vorverfahren als unzulässig eingestellt werden, wie der Verfahrensfehler durch Aussetzung und Rückgabe der Klageschrift an den Dienstherrn behoben werden kann. Hierbei kann das Gericht eine Frist setzen, binnen derer der Fehler zu beheben ist. Ist allerdings wegen eines Verfahrensfehlers das gerichtliche Verfahren schon einmal ausgesetzt, die **Klage aber ohne Heilung des Mangels erneut vorgelegt** worden, dann ist eine weitere Verfahrensverzögerung durch wiederholte Aussetzung nicht vertretbar.[396] Heilung oder Aussetzung im gerichtlichen Verfahrensabschnitt kommt nur bei **behebbaren Verfahrensfehlern** in Betracht (im Einzelnen § 55 Abs. 3 BDG).

143 c) Bei **nicht behebbaren, schweren Verfahrensfehlern** müssen das Disziplinarverfahren eingestellt (vgl. § 32 Abs. 1 Nr. 4 BDG), die fehlerhafte Disziplinarverfügung aufgehoben werden. Dem steht auch § 55 BDG nicht entgegen. Die danach vorgesehene Beseitigung von Verfahrensfehlern kommt bei schweren Verstößen nicht in Betracht (vgl. unten und Rn. 144), die ordnungsgemäße Verfahrenseinleitung etwa gegen einen verhandlungsunfähigen Beamten ist nicht möglich. Die Ermittlungen nach § 21 BDG sind dann nicht verwertbar, wenn der Beamte sich nicht sachgerecht verteidigen kann.[397] Das gilt zunächst für schwere Verfahrensfehler im Bereich zwingender **Zuständigkeits- oder Formregelungen**, die es nicht zulassen, dass **unzuständige Organe** im Nachhinein die fehlerhafte Entscheidung durch eine neue, fehlerfreie ersetzen. Gleiches gilt auch für schwere Verletzun-

---

393 Kleinknecht/Meyer-Goßner, Einl. Rn. 159 m. w. Z.; Claussen/Janzen, vor § 15 Rn. 13 b.
394 BDiG 21.2.1989 – XIV BK 27/88; vgl. auch BVerwG, ZBR 1991, 152; Dok. Ber. 1982, 111; BVerfG, NJW 1987, 1319ff. (Grundrechtsverstöße sind zuerst durch Fachgerichte selbst zu beheben).
395 BDiG 30.9.1988 – VI BK 14/88.
396 BVerwG 23.11.1971 – 2 D 31.70 – noch unter Geltung der BDO.
397 Claussen/Janzen, § 33 Rn. 2 a.

Verfahrensfehler

gen des **rechtlichen Gehörs**, wenn auf ihnen eine **Ermessensentscheidung** beruht, die so von anderen, erst später zuständig gewordenen Disziplinarorganen nicht getroffen werden kann. § 46 VwVfG gilt nicht für Ermessensentscheidungen, sondern nur für gebundene Verwaltung. Bei Ermessensentscheidungen ist, außer bei der so genannten Null-Schrumpfung, immer mit einer anderen Entscheidung zu rechnen.[398] Für die Entscheidung des zuständigen Disziplinarvorgesetzten, das Verfahren einzustellen, eine Disziplinarmaßnahme selbst zu verhängen, Disziplinarklage zu erheben, gilt nach §§ 32–34 BDG das freie, pflichtgemäße Ermessen. Dieser **Opportunitätsgrundsatz gilt nicht für die Disziplinargerichte**: Sie müssen bei Vorliegen eines Dienstvergehens die entsprechende Maßnahme verhängen (wenn nicht die zwingenden Regelungen in §§ 14, 15 BDG die Klageabweisung bei Disziplinarklagen oder Aufhebung der Disziplinarverfügung, § 60, erfordern). Ist eine dieser Ermessensentscheidungen durch Verfehlung des rechtlichen Gehörs fehlerhaft und damit rechtswidrig getroffen worden, kann nicht ausgeschlossen werden, dass i. S. d. §§ 45 Abs. 1 Nr. 3 und 5, 46 VwVfG bei fehlerfreiem Ermessen eine andere, für den Betroffenen günstigere Ermessensentscheidung ergangen wäre. Diese fehlerfreie Ermessensentscheidung kann aus dem Rechtsgedanken in § 45 Abs. 2 und 3 VwVfG nur bis zum Abschluss des Vorverfahrens und bis zur Gerichtshängigkeit nachgeholt werden. Auch im Disziplinarverfahren kann das Gericht behördliche Ermessensentscheidungen nur im Bereich der eigenen, gesetzlich ausgewiesenen Ermessenskompetenz ersetzen.[399] Da es hieran für die Entscheidungen nach §§ 32–34 BDG über weitere Verfolgung, Erhebung der Disziplinarklage bei Gericht fehlt, kann das Gericht nur die behördliche **Ermessensfehlentscheidung** (Disziplinarverfügung) **aufheben** oder (wegen der unzulässigen Einleitungsverfügung) die Disziplinarklage abweisen. In diesen Fällen ist eine Heilung im gerichtlichen Verfahren nicht zulässig.[400]

d) Dasselbe gilt für die schwere Verletzung zwingend vorgeschriebener **Beteiligungsrechte**, wenn auf ihr eine **Ermessensentscheidung** beruht, die von anderen, erst später zuständig gewordenen Disziplinarorganen nicht getroffen werden darf. Der Beteiligung des Personalrats, der Vertrauensmänner der Zivildienstleistenden, der Schwerbehindertenvertretung bzw. des Integrationsamtes, der Gleichstellungsbeauftragten sowie der BA für Post und Telekommunikation (Rn. 133) kommt eher noch höhere Bedeutung zu. Die materielle Einflussmöglichkeit einer anzuhörenden, außenstehenden Stelle erschöpft sich in der Meinungsäußerung als solcher. Das Gesetz macht deshalb die Rechtmäßigkeit der Entscheidung nicht von der Bedeutung der Meinungsäußerung, sondern allein davon abhängig, dass die Entscheidungsinstanz diese Meinungsäußerung **rechtzeitig** zur Kenntnis nimmt. Der Sinn und der Zweck der gesetzlichen Beteiligungsregelungen kann nur durch Anhörung vor der Entscheidung erfüllt werden. Handelt es sich um rechtlich gebundene Entscheidungen, ist die heilende Nachholung noch bis zum Abschluss des Verwaltungsverfahrens möglich, da die Widerspruchsbehörde die volle Entscheidungskompetenz hat. Da nach Einleitung des Disziplinarverfahrens oder nach Klageerhebung bei dem VG die gerichtlichen Instanzen den entscheidenden Ermessensspielraum nicht mehr haben, kann jedenfalls im gerichtlichen Verfahren die **unterbliebene Anhörung nicht mehr mit**

144

---

398 Stelkens/Bonk/Sachs, § 46 VwVfG Rn. 7 und 13.
399 BVerwG 28. 10. 1985 – 1 DB 46.85 – zu §§ 91 ff. BDO, jetzt § 38 Abs. 1–3 BDG.
400 BDiG 1. 7. 1993 – XI BK 3/93; 26. 2. 1988 – I VL 12/87; entgegen st. Rspr. BVerwG seit Urt. 27. 4. 1973 – 1 D 15.72; 22. 3. 1989 – 1 DB 30.88, die die Bedeutung der eigenständigen Ermessenskompetenz der Disziplinarvorgesetzten in diesem Bereich außer Acht lässt; wie BVerwG auch Claussen/Janzen, § 64 Rn. 2, § 33 Rn. 6 a und c; Behnke-Hardraht, § 64 Rn. 20, § 67 Rn. 17/18; GKÖD-Weiß, K § 28 Rn. 33.

Allgemeine Rechtsgrundsätze

heilender Wirkung nachgeholt werden. Andernfalls würde der Vorrang der gesetzlich gebotenen Anhörung umgangen.[401] Der **allgemeine Grundsatz aus den §§ 45, 46 VwVfG**, dass vor einer Ermessensentscheidung entstandene Anhörungsfehler nicht durch eine andere, für die Ermessensentscheidung unzuständige Behörde geheilt werden können, findet seine spezielle Anerkennung in der **Neuregelung des § 95 Abs. 2 Satz 2 SGB IX** (»Die Durchführung oder Vollziehung einer ohne Beteiligung gemäß Satz 1 getroffenen Entscheidung ist auszusetzen; die Beteiligung ist innerhalb von sieben Tagen nachzuholen; **sodann ist endgültig zu entscheiden**«). Das Gesetz bestimmt hier zwingend, dass die Nachholung durch die erstentscheidende Stelle zu erfolgen hat. An die Stelle des in Satz 1 genannten Arbeitgebers tritt bei Beamten der Dienstvorgesetzte (gleich Disziplinarvorgesetzte). Trotz des schweren Verfahrensfehlers kann das Gericht ausnahmsweise zugunsten des Beamten zur Sache entscheiden, wenn das **Ermessen auf »Null« geschrumpft** war, so dass nur eine richtige Entscheidung in Frage kommt.[402]

---

401 So zum **SchwbR** BVerwGE 17, 283 f.; 34, 135; BDiG 26. 2. 1988 – I VL 12/87; zum **DiszR** BVerwG (WD), ZBR 1983, 136; zum **PersVR** für fristlose Entlassung aus Arbeitsverhältnis BVerwG, RiA 1982, 170; E 66, 291 = DÖD 1983, 183; Dok. Ber. A 1983, 141; PersV 1985, 296; DÖD 1986, 32; R 68, 189; entsprechend für Entfernung aus Beamtenverhältnis BDiG 1. 11. 1984 – XIV VL 46/83, 16. 11. 1984 – I BK 14/84 –, und 9. 11. 1984 – II VL 36/83: all diese Beschlüsse ohne Entscheidung zu dieser Frage aus anderen tatsächlichen bzw. Bindungsgründen aufgehoben durch BVerwG, Dok. Ber. 1985, 95; E 76, 322 = ZBR 1985, 179; vgl. auch BVerwG, ZBR 1989, 372; zum **Zivildienstrecht** BDiG st. Rspr. aller Kammern, z. B. 9. 12. 1983 – I ZK 1/83; v. Schwichow, DÖD 1984, 57 m. w. N. Fn. 17; auch Weiß noch in ZBR 1985, 72 r. Sp.; **anderer Ansicht** BVerwG 25. 1. 1983 – 2 WDB 2.83 – DÖV 1983, 767 ff., der ohne differenzierte Begründung und nach unzutreffender Gleichsetzung mit dem anders lautenden § 28 Abs. 6 Satz 1 WDO der pauschalen Meinung der Literatur folgt: 22. 8. 1984 – 1 D 21.83, das sich ohne weitere Begründung dem vorgenannten Beschluss anschließt; ebenso Dok. Ber. 1992, 147; vgl. Rn. 138; Claussen/Janzen, § 33 Rn. 6 a ff.
402 BDiG 1. 7. 1993 – XI BK 3/93; 26. 2. 1988 – I VL 12/87.

B. Besonderer Teil

I. Abgrenzung inner- und außerdienstlichen Verhaltens

Nach § 61 Abs. 1 Satz 3 BBG muss das Verhalten eines Beamten innerhalb und außerhalb des Dienstes der Achtung und dem Vertrauen gerecht werden, die sein Beruf erfordern.[1] Ein Verhalten des Beamten außerhalb des Dienstes erfüllt den objektiven Tatbestand eines Dienstvergehens, wenn die besonderen qualifizierenden Voraussetzungen des § 77 Abs. 1 Satz 2 BBG a. F. (ebenso § 77 Abs. 1 Satz 2 BBG n. F.) erfüllt sind.[2] Es muss nach den Umständen des Einzelfalls in besonderem Maße geeignet sein, **Achtung und Vertrauen** in einer für sein Amt oder das Ansehen des Beamtentums bedeutsamen Weise zu beeinträchtigen. Dabei sind Landes- und Kommunalbeamte und Bundesbeamte nach dem Wortlaut der Normen unterschiedlich zu behandeln. Dies ist nach einer Ansicht in der Literatur mit Art. 33 Abs. 5 GG nicht zu vereinbaren. Denn bei beiden Beamtengruppen kommt es auch auf die Verletzung eines Vertrauenstatbestandes an, so dass eine Differenzierung nicht gerechtfertigt ist.[3] Dem ist zuzustimmen. Die **Disziplinarwürdigkeit** außerdienstlichen Verhaltens nach diesen Kriterien ist von der Bemessung der Disziplinarmaßnahme nach § 13 BDG zu unterscheiden. Grund für die Einfügung der besonderen Anforderungen für die Annahme eines außerdienstlichen Dienstvergehens durch das Gesetz zur Neuordnung des Bundesdisziplinarrechts vom 20. Juli 1967[4] war das Bestreben des Gesetzgebers, den Tatbestand des Dienstvergehens im Bereich außerdienstlichen Verhaltens von Beamten einzuschränken. Der geänderten Stellung der Beamten in der Gesellschaft, von denen außerdienstlich kein wesentlich anderes Sozialverhalten als von jedem Bürger erwartet wird, sollte Rechnung getragen werden.[5] Das Merkmal »**in besonderem Maße**« bezieht sich auf die Eignung zur Achtungs- und Vertrauensbeeinträchtigung und ist nur erfüllt, wenn das Verhalten des Beamten in quantitativer oder qualitativer Hinsicht über das für eine jede Eignung erträgliche hinausgeht. Ist eine derart qualifizierte Möglichkeit der Beeinträchtigung gegeben, kommt es weiterhin darauf an, ob diese Beeinträchtigung bedeutsam ist. Das Merkmal »**in bedeutsamer Weise**« bezieht sich auf den »Erfolg« der möglichen Achtungs- und Vertrauensbeeinträchtigung. Die zur Beeinträchtigung in besonderem Maße geeignete Pflichtverletzung weist Bedeutsamkeit auf, wenn sie in qualitativer oder quantitativer Hinsicht das einer jeden außerdienstlichen Pflichtverletzung innewohnende Maß an disziplinarrechtlicher Relevanz deutlich überschreitet.[6] Die Beeinträchtigung der Achtung und des Vertrauens muss sich entweder auf das **Amt des Beamten im konkret-funktionellen Sinne** (Dienstposten), d. h. auf die Erfüllung der dem Beamten konkret obliegenden Dienstpflichten, oder auf das **Ansehen des Berufsbeamtentums** als Sachwalter einer stabilen und gesetzestreuen Verwaltung beziehen.[7] Der Dienstbezug ist gegeben, wenn das außerdienstliche Verhalten Rückschlüsse auf die Dienstausübung in dem Amt im

---

1 BVerwG 26.6.2014 – 2 A 1.12; von der Weiden, jurisPR-BVerwG 2/2015 Anm. 6; Plog/Wiedow, BBG 2009, § 61 Rn. 23 ff.
2 OVG Lüneburg 12.3.2013 – 6 LD 4/11.
3 Baßlsperger, PersV 2015, 10.
4 BGBl. I S. 725.
5 BVerwG 30.8.2000 – 1 D 37.99, BVerwGE 112, 19.
6 BVerwG 8.5.2001 – 1 D 20.00, BVerwGE 114, 212.
7 Vgl. BVerwG 19.8.2010 – 2 C 5.10.

Abgrenzung inner- und außerdienstlichen Verhaltens

konkret-funktionellen Sinn zulässt oder den Beamten in der Dienstausübung beeinträchtigt. Dies ist indes schon dann der Fall, wenn zu befürchten ist, dass der Beamte wegen der gegen ihn bestehenden Vorbehalte nicht mehr die Autorität genießt, auf die er für die Erfüllung seiner dienstlichen Aufgaben zwingend angewiesen ist.[8] Diese Richtschnur ist von allen Disziplinarorganen einzuhalten.

1a Nach der Rechtsprechung des BVerwG und des OVG Berlin-Brandenburg[9] hat § 47 Abs. 1 Satz 2 BeamtStG trotz des gegenüber der Vorgängerregelung geänderten Wortlauts, der das »Ansehen des Beamtentums« nicht mehr erwähnt, die disziplinarrechtliche Relevanz außerdienstlichen Verhaltens **nicht eingeschränkt**.[10] Die für § 47 Abs. 1 BeamtStG maßgebliche Begründung der Bundesregierung in dem Entwurf des BeamtStG vom 12.1.2007[11] lässt sich nicht dahin deuten, dass die Herausnahme des Tatbestandsmerkmals »**Ansehen des Beamtentums**« als gegenüber dem vorherigen Textbefund weitere Einschränkung zu betrachten ist. Es geht um das **Vertrauen in eine objektive, rechtmäßige und effiziente Aufgabenerfüllung**. Das entspricht der Rspr.[12] Die in der Entwurfsbegründung verwendete Formulierung »Einschränkung in Satz 2« weist nicht etwa auf eine Modifikation des mit dem späteren § 47 Abs. 1 Satz 2 BeamtStG geregelten Tatbestandes eines außerdienstlichen Dienstvergehens, sondern auf das Verhältnis zwischen den in Abs. 1 enthaltenen Regelungen in den Sätzen 1 und 2 hin. Wie bisher soll danach § 47 Abs. 1 Satz 1 BeamtStG die grundlegenden Voraussetzungen für das Vorliegen eines Dienstvergehens normieren und § 47 Abs. 1 Satz 2 BeamtStG auf den Grundtatbestand bezogene Einschränkungen festlegen. Für einen gesetzgeberischen Willen, dass außerdienstliches Verhalten eines Beamten nur dann als disziplinarwürdig zu erachten sein solle, wenn es die konkrete »Amtsführung« bzw. »Aufgabenerfüllung« des betroffenen Beamten im Sinne einer das »Amt« betreffenden Vertrauensbeeinträchtigung berührt, lässt sich auch das in der Gesetzesbegründung erwähnte Urteil des BVerwG v. 30. August 2000 (1 D 37.99) nicht fruchtbar machen. Nach zutreffender Überzeugung des OVG Berlin-Brandenburg ist das Gegenteil der Fall. Denn aus den dort angestellten Überlegungen soll sich ergeben, dass der Beamte nicht nur als Inhaber eines Amtes im konkret-funktionellen Sinne, sondern darüber hinausgehend auch als **Sachwalter einer gesetzestreuen und stabilen Verwaltung** zu betrachten ist. Das Tatbestandsmerkmal der Wahrung des »Ansehens des Berufsbeamtentums« steht dabei nach dem in der zitierten Entscheidung deutlich werdenden Verständnis in einem Bezug zur – unabhängig vom konkreten Dienstposten bestehenden – Sachwalterstellung. Denn es dient als disziplinarrechtliche Kategorie der Erhaltung der Grundlagen eines allgemeinen Vertrauens in eine rechtsstaatliche gesetzestreue Verwaltung. Sie bezieht sich nicht auf das gesellschaftliche Ansehen des Beamten, indem dieser in die erzieherische Rolle eines Vorbilds für die Gesellschaft gedrängt und an bestimmten Moral- und Anstandsregeln gemessen wird.

1b Aufgabe des Berufsbeamtentums ist es nach Rspr. des BVerwG, eine stabile gesetzestreue Verwaltung zu sichern, die freiheitlich-demokratische Rechtsordnung zu verteidigen und durch Unabhängigkeit und Unparteilichkeit einen ausgleichenden Faktor gegenüber den das Staatsleben gestaltenden politischen Kräften darzustellen. Mit dieser Auslegung hat das BVerwG die bereits mit der 1967 erfolgten gesetzlichen Neuregelung der Tatbestandsvoraussetzungen eines außerdienstlichen Dienstvergehens in § 77 Abs. 1 Satz 2 BBG a.F.

---

8 BVerwG 19.8.2010, a.a.O., Rn. 15; OVG Nordrhein-Westfalen 16.12.2013 – 3d A 2670/10.O.
9 OVG Berlin-Brandenburg 12.2.2015 – OVG 80 D 2.12.
10 BVerwG 10.7.2014 – 2 B 54.13; 22.1.2014 – 2 B 102.13.
11 BT-Drucks. 16/4027, S. 34, zu § 48 Abs. 1.
12 BVerwG 30.8.2000 – 1 D 37.99.

Abgrenzung inner- und außerdienstlichen Verhaltens

verfolgte und später mit § 45 Abs. 1 Satz 2 BRRG aufgegriffene Tendenz interpretatorisch verstärkt, der veränderten Stellung des Beamten in der Gesellschaft, die schon damals durch **wachsende Toleranz gegenüber dem außerdienstlichen Verhalten** geprägt war, Rechnung zu tragen,[13] mithin den Akzent – unter Hinweis auf den seit der Novellierung zwischenzeitlich zu beobachtenden gesellschaftlichen Wandlungsprozess – noch weiter weg von der Gesellschaftsbezogenheit des Ansehens des Beamtentums und näher heran an dessen Amtsbezogenheit verschoben und ihn dabei deutlicher als der historische Gesetzgeber betont. Vor diesem Hintergrund ist die höchstrichterliche Hervorhebung der Sachwalterstellung des Beamten zu verstehen. Ihr kann ein Beamter nur dann gerecht werden, wenn er seine Aufgaben auf jedem der von ihm wahrgenommenen Dienstposten objektiv, rechtmäßig und effizient erfüllt; geschieht dies nicht, wirkt sich dieser Umstand auf das Ansehen des Beamtentums aus.

Mit der Bezugnahme auf die erörterten höchstrichterlichen Erwägungen hat der Gesetzgeber diesen Ansatz, der eine gesonderte Erwähnung des Ansehensverlustes an sich überflüssig macht, aufgegriffen.[14] Der zuvor beschriebene und aus den Gesetzesmaterialien erkennbare Wille des Gesetzgebers findet in dem Wortlaut des § 47 Abs. 1 Satz 2 BeamtStG noch einen hinreichend klaren Ausdruck.[15] Hierbei darf der Ausdruck »Amt« nicht isoliert, sondern muss vor dem Hintergrund der weiteren Tatbestandsmerkmale interpretiert werden. Zu berücksichtigen ist, dass das »Amt« nur den Bezugspunkt der – für die Annahme eines Dienstvergehens erforderlichen – Eignung eines außerdienstlichen Fehlverhaltens zur Vertrauensbeeinträchtigung darstellt. Sind aber die Beamtinnen und Beamten, die in § 47 Abs. 1 Satz 1 BeamtStG erwähnt sind und auf die sich die Regelung in § 47 Abs. 1 Satz 2 BeamtStG bezieht (»ihr Amt«), nach den gesetzgeberischen Intentionen nicht nur als Inhaber eines konkreten Dienstpostens zu betrachten, sondern auch als **Sachwalter einer stabilen gesetzestreuen Verwaltung**, dann lässt sich die Deutung, dass ein Verlust oder die Beeinträchtigung des Vertrauens in den Beamten als Sachwalter geeignet ist, das Vertrauen in einer für das Amt des Beamten bedeutsamen Weise zu beeinträchtigen, mit dem Wortlaut vereinbaren und überschreitet die mit ihm gesetzte Grenze nicht, auch wenn als »Amt« i. S. d. § 47 Abs. 1 Satz 2 BeamtStG nur das Amt im konkretfunktionellen Sinne zu verstehen ist. Eine das Amt betreffende Vertrauensbeeinträchtigung kann grammatikalisch – nicht zuletzt vor dem Hintergrund der übergeordneten gesetzgeberischen Zielsetzung, die amtserforderliche Integrität der Verwaltung zu wahren[16] – sowohl an den Dienstbezug als auch an den Ansehensverlust anknüpfen. Nach der zutreffenden Ansicht des OVG Berlin-Brandenburg ist der Ansehensverlust als disziplinarrechtliche Kategorie demnach nicht in den Inhalt des Begriffs »Amt« »hineinzulesen«, sondern aus seinem Kontext (Stichwort: »Vertrauen in das Amt«) abzuleiten.

So verstanden ergeben sich durch die höchstrichterliche Interpretation weder Widersprüche zu den Urteilen des BVerwG v. 19. 8. 2010 (2 C 13.10) und 28. 7. 2011 (2 C 16.10), noch wird die Differenzierung zwischen den Merkmalen **Dienstbezug** und **Ansehen des Beamtentums** auf der Grundlage der bisher zu § 45 Abs. 1 BRRG entwickelten Grundsätze aufgegeben. Die durch den Wortlaut gezogene verfassungsrechtliche Grenze wie

1c

1d

---

13 Vgl. BT-Drucks. V/1693, S. 10, zu § 2.
14 BVerwG 25. 3. 2010 – 2 C 83.08; GKÖD-Weiß, II, J 703 Rn. 65; Plog/Wiedow-Lemhöfer, § 47 BeamtStG Rn. 4; Battis, BBG, § 77 Rn. 11; Gansen, Disziplinarrecht in Bund und Ländern, § 2 BDG Rn. 66; Baßlsperger, PersV 2015, 10 f.; die Inhaltsgleichheit von § 45 Abs. 1 Satz 2 BRRG und § 47 Abs. 1 Satz 2 BeamtStG bejahend auch Rieger, in: Metzler-Müller/Rieger/Seeck/Zentgraf, BeamtStG, § 47 Ziff. 1.2.
15 BVerfG 11. 6. 1980 – 1 PBvU 1/79, BVerfGE 54, 277, 298 ff.
16 BT-Drucks. 16/4027, S. 34, zu § 48 Abs. 1.

Abgrenzung inner- und außerdienstlichen Verhaltens

auch die gesetzgeberische Entscheidung werden nach alledem im hinreichenden Maße respektiert. Dass der Wortlaut der Regelungen in § 77 Abs. 1 Satz 2 BBG und § 47 Abs. 1 Satz 2 BeamtStG voneinander abweicht, stellt das erörterte Normverständnis nicht in Frage, da es sich bei BBG und BeamtStG um verschiedenartige Gesetze handelt, denen zugestanden werden darf, für in der Sache gleichlautende normative Ziele unterschiedliche Formulierungen zu wählen.[17]

1e Die **Wohlverhaltensklausel**, nach der das Verhalten des Beamten innerhalb und außerhalb des Dienstes der Achtung und dem Vertrauen gerecht werden muss, die sein Beruf erfordert, formuliert als disziplinarrechtliche Grundnorm[18] die Anforderungen, die für eine sachgerechte Erfüllung der dem Beamten obliegenden Pflichten und zur Wahrung des Ansehens des Beamtentums als Repräsentanz der staatlichen Gewalt geboten erscheinen.[19] Achtung steht dabei für die Wertschätzung und den Respekt, die der Beamte innerhalb des Dienstes und gegenüber der Öffentlichkeit genießt.[20] Die vorzunehmende dienst- und disziplinarrechtliche Bewertung bezieht sich auf die Achtung und das Ansehen im Hinblick auf die dienstliche Stellung als Beamter mit ihren Ausstrahlungen auf das Ansehen der Verwaltung. Es geht hierbei darum, das Vertrauen der Allgemeinheit in den sachgerechten Verwaltungsvollzug durch den einzelnen Beamten und damit das **Vertrauen in die Achtungswürdigkeit und die Integrität der Verwaltung** als solche zu wahren. Dabei hängen die Anforderungen, die an den einzelnen Beamten zur Wahrung von Achtung und Ansehen zu stellen sind, sowohl von dessen dienstlicher Stellung und den dienstlichen Aufgaben als auch davon ab, wie eng der Bezug zwischen dem konkreten Fehlverhalten und dem Dienst ist. Je höher die dienstliche Stellung des Beamten und je gewichtiger sein dienstliches Aufgabengebiet ist, umso mehr wird er als Repräsentant seines Dienstherrn und als eine die Amtsführung einer Verwaltung prägende Person betrachtet und umso größer ist auch das Ausmaß einer Ansehensschädigung durch ein Fehlverhalten, das Rückschlüsse auf die dienstliche Tätigkeit erlaubt. Die Vertrauenswürdigkeit eines Beamten betrifft seine unbescholtene Stellung im innerdienstlichen Verhältnis zu seinem Dienstherrn. Sie bedeutet die Gewähr des Dienstherrn über die dienstliche Zuverlässigkeit des Beamten, die darin besteht, dass dieser seiner Dienstleistungspflicht ordnungsgemäß nachkommt und die ihm obliegenden besonderen Dienstpflichten beachtet.[21]

1f Mithin regelt der Gesetzgeber in § 61 BBG weiterhin, dass der Beamte auch außerdienstlich sein Verhalten danach auszurichten hat, dass er sowohl der Achtung, als auch dem Vertrauen gerecht wird, die der Beruf erfordert. Ein Dienstvergehen nach § 77 BBG liegt dann vor, wenn ein außerdienstliches Verhalten geeignet ist, das Vertrauen in einer für ihr Amt oder das Ansehen des Beamtentums bedeutsamer Weise zu beeinträchtigen.[22] Dies berücksichtigt, ergibt[23] sich keine Veränderung gegenüber der vom BVerwG in seiner Entscheidung vom 30.8.2000 (1 D 37/99) vorgegebenen Prüfungsreihenfolge. Die Normstruktur der §§ 61 Abs. 1 Satz 2, 77 Abs. 1 Satz 2 BBG ist wie folgt zu verstehen: § 61 Abs. 1 Satz 2 BBG bildet den Grundtatbestand. Anhand der Merkmale dieser Norm ist

---

17 OVG Berlin-Brandenburg 12.2.2015 – OVG 80 D 2.12.
18 So zu dem gleichlautenden § 54 Satz 3 BBG a. F. BVerwG 14.8.1969 – 2 D 14.69, BVerwGE 33, 327, 328.
19 GKÖD-Zängl, I, K § 54 Rn. 112.
20 Dazu GKÖD-Zängl, a. a. O., Rn. 117.
21 OVG Berlin-Brandenburg 12.2.2015 – OVG 80 D 2.12; 21.2.2013 – OVG 81 D 2.10; OVG Weimar 6.11.2008 – 8 DO 584/07; LG Meiningen 28.8.2009 – DG 2/08, ThürVBl. 2010, S. 132, 133f.; GKÖD-Zängl, a. a. O., Rn. 117ff.
22 Plog/Wiedow, BBG 2009, § 61 Rn. 28.
23 BVerwG 25.3.2010 – 2 C 83.08.

Abgrenzung inner- und außerdienstlichen Verhaltens

im dienstrechtlichen Zusammenhang die Pflichtwidrigkeit eines angeschuldigten außerdienstlichen Verhaltens zu bestimmen. Der Grundtatbestand des § 61 Abs. 1 Satz 3 BBG erfasst beispielsweise auch das Verhältnis zu Kollegen oder Mitarbeitern und verpflichtet den Beamten insbesondere dazu, die Intimsphäre des Einzelnen zu respektieren.[24] Es ist weiterhin zu prüfen, ob das Verhalten eines Beamten die Achtung und das Vertrauen beeinträchtigt, die sein Beruf erfordert. Dabei ist das Merkmal »die sein Beruf erfordert« durch die später erlassene Vorschrift des § 77 Abs. 1 Satz 2 BBG inhaltlich dahin zu konkretisieren, dass sich die Achtungs- und Vertrauensbeeinträchtigung entweder auf das konkret-funktionale Amt des Beamten oder auf das Ansehen des Beamtentums zu beziehen hat. Nur wenn diese Voraussetzungen erfüllt sind, liegt ein pflichtwidriges Verhalten i. S. d. § 61 Abs. 1 Satz 2 BBG vor. Beispielsweise verletzt ein Beamter, der sich außerhalb des Dienstes eines tatmehrheitlichen Betrugs schuldig macht, in schwerwiegender Weise die Pflicht zu achtungs- und vertrauenswürdigem Verhalten. Er beeinträchtigt damit sowohl sein Ansehen als auch das der Beamtenschaft und setzt sich dadurch auch erheblichen Zweifeln in seine Vertrauenswürdigkeit gegenüber dem Dienstherrn aus.[25]

Ist ein pflichtwidriges Verhalten nach § 61 Abs. 1 Satz 2 BBG entsprechend als eines von mehreren tatbestandlich vorausgesetzten Merkmalen eines Dienstvergehens zu bejahen, sind weiterhin noch die besonderen Voraussetzungen eines außerdienstlichen Dienstvergehens nach § 77 Abs. 1 Satz 2 BBG zu prüfen, nämlich

- die allgemeine Bedeutsamkeit der Vertrauensbeeinträchtigung sowie
- die auf den Einzelfall bezogene besondere Eignung des Verhaltens.

Es ist also zu prüfen, ob das gemäß § 61 Abs. 1 Satz 2 BBG festgestellte Verhalten, welches durchaus auch in einer Ansehensbeeinträchtigung liegen kann, die engeren Voraussetzungen des § 77 Abs. 1 Satz 2 BBG erfüllt. Hier kommt es nunmehr alleine darauf an, ob das Verhalten geeignet ist, eine Vertrauensbeeinträchtigung herbeizuführen. Ist dies nicht der Fall, handelt es sich zwar um einen Verstoß gegen § 66 Abs. 1 Satz 2 BBG, nicht jedoch um ein disziplinarrechtlich verfolgbares Vergehen. Daraus folgt weiterhin, dass eben nicht jeder Verstoß gegen § 66 Abs. 1 Satz 2 BBG auch disziplinarrechtliche Konsequenzen nach sich zieht.

1g

Die praktische Bedeutung der Unterscheidung zwischen inner- und außerdienstlichen Verhaltensweisen wird häufig unterschätzt. Dies liegt zumeist daran, dass die Voraussetzungen einer außerdienstlichen Verfehlung nach § 77 Abs. 1 Satz 2 BBG verkannt werden. Nach dem oben beschriebenen Verständnis ist eine solche nur gegeben, wenn durch privates Verhalten die amtlich übertragenen Aufgaben oder die Beziehungen zur eigenen Behörde konkret und in einem besonders bedeutsamen Maße tangiert sind. Zu beachten ist dabei, dass nicht jeder außerdienstliche Verstoß gegen die Rechtsordnung, nicht einmal jeder Verstoß gegen Strafgesetze notwendigerweise zu einer Ansehens- und Vertrauensschädigung führt. Die disziplinarrechtliche Relevanz außerdienstlicher Pflichtverletzungen ist im Einzelfall daran zu messen, ob das Verhalten in besonderem Maße geeignet ist, Achtung und Vertrauen in einer für das Amt des Beamten oder das Ansehen des Beamtentums bedeutsamen Weise zu beeinträchtigen. Maßstab der Betrachtungen ist deshalb das **Amt des Beamten im konkret-funktionellen Sinne**.[26] In Bezug auf die von der Frage der Disziplinarwürdigkeit außerdienstlichen Verhaltens zu trennende Bemessung der Disziplinarmaßnahme nach Maßgabe des § 13 Abs. 1 Satz 2 bis 4 BDG ist in der Rspr. des

2

---

24 BVerwG 26. 6. 2014 – 2 A 1.12; GKÖD-Zängl, I, K § 54 BBG a. F. Rn. 139 f.
25 BVerwG 12. 6. 1985 – 1 D 9.85; 18. 2. 1986 – 1 D 124.85; 10. 3. 1992 – 1 D 50.91; 8. 9. 1997 – 1 D 32.96; 8. 3. 2005 – 1 D 15.04; VGH Bayern 23. 3. 2011 – 16b D 10.2447; 30. 1. 2013 – 16b D 12.71.
26 BVerwG 19. 3. 2013 – 2 B 17.12.

Abgrenzung inner- und außerdienstlichen Verhaltens

BVerwG geklärt, dass die Frage, ob und ggf. inwieweit der Beamte durch sein Dienstvergehen das Vertrauen des Dienstherrn oder der Allgemeinheit i. S. v. § 13 Abs. 1 BDG beeinträchtigt hat, nach **objektiven Gesichtspunkten** zu beurteilen ist. Schon aus Gründen der Gleichbehandlung (Art. 3 Abs. 1 GG) ist entscheidend, inwieweit der Dienstherr bei objektiver Gewichtung des Dienstvergehens auf der Basis der festgestellten belastenden und entlastenden Umstände noch darauf vertrauen kann, dass der Beamte in Zukunft seinen Dienstpflichten ordnungsgemäß nachkommen wird.

2a **Entscheidungsmaßstab** ist, in welchem Umfang die Allgemeinheit dem Beamten noch Vertrauen in eine zukünftig pflichtgemäße Amtsausübung entgegenbringen kann, wenn ihr das Dienstvergehen einschließlich der belastenden und entlastenden Umstände bekannt würde. Diese Grundsätze gelten entsprechend für den Aspekt der Disziplinarwürdigkeit außerdienstlichen Verhaltens eines Beamten. Bereits aus Gründen der **Gleichbehandlung** kommt es nicht darauf an, ob das Verhalten des Beamten zufälligerweise einem größeren Personenkreis bekannt geworden ist. Die Frage, ob das Verhalten des Beamten nach den Umständen des Einzelfalls in besonderem Maße geeignet ist, Achtung und Vertrauen in einer für das Amt oder das Ansehen des Beamtentums bedeutsamen Weise zu beeinträchtigen, ist losgelöst vom konkreten Fall nach objektiven Maßstäben zu beurteilen. Die nach objektiven Maßstäben zu beurteilende Frage der Disziplinarwürdigkeit des außerdienstlichen Verhaltens eines Beamten hat sich am **objektiven Maßstab des gesetzlichen Strafrahmens** zu orientieren. Ein außerdienstliches Fehlverhalten, das keinen Bezug zur Dienstausübung aufweist, löst regelmäßig ein disziplinarrechtliches Sanktionsbedürfnis aus, wenn es sich um eine Straftat handelt, deren gesetzlicher Strafrahmen bis zu einer **Freiheitsstrafe von mindestens zwei Jahren** reicht, und der daran angemessene Unrechtsgehalt der konkreten Tat nicht gering wiegt. Durch die Bewertung eines Fehlverhaltens als strafbar hat der Gesetzgeber zu erkennen gegeben, dass er dieses Verhalten als in besonderem Maße verwerflich ansieht. Dies lässt darauf schließen, dass das Fehlverhalten das Ansehen des Beamtentums in einer Weise beschädigt, die im Interesse der Akzeptanz des öffentlichen Dienstes in der Bevölkerung und damit seiner Funktionsfähigkeit nicht hingenommen werden kann.[27]

2b Beispiele zum unterschiedlichen Dienstbezug: Beamter der Staatsanwaltschaft, erst **Trunkenheitsfahrt** außerdienstlich, dann **Verwahrungsbruch** durch Verstecken seiner Akte innerdienstlich, ungenehmigte Nebentätigkeit: Entfernung;[28] Lehrer, außerdienstlicher **Erwerb kinderpornographischen Materials**: Entfernung;[29] Bundespolizist, Strafurteil außerdienstlicher **Betrug** in Tateinheit mit **Hehlerei** 10 Monate Freiheitsstrafe unter Aussetzung zur Bewährung: Entfernung;[30] Polizeikommissar, 6 Monate Freiheitsstrafe ausgesetzt zur Bewährung wg. außerdienstlichen Besitzes kinderpornographischer Schriften sowie **Verbreitens kinderpornographischer Schriften** in 30 Fällen: Entfernung;[31] Kriminaloberkommissar, **Verletzung von Dienstgeheimnissen**, Verbreiten von Kinderpornographie an Minderjährige, Verstoß gegen Kunsturhebergesetz, Gesamtfreiheitsstrafe 10 Monate ausgesetzt zur Bewährung: Entfernung;[32] Polizeimeister, Besitz und Verbreiten kinderpornographischer Schriften, Geldstrafe 90 Tagessätze: Entfernung;[33] Studiendirek-

---

27 BVerwG 18.6.2014 – 2 B 55.13.
28 BVerwG 19.8.2013 – 2 B 18.13; zur Nebentätigkeit Baßlsperger, PersV 2015, 130.
29 BVerwG 30.7.2013 – 2 B 115.12.
30 BVerwG 12.5.2014 – 2 B 17.14.
31 BVerwG 22.1.2014 – 2 B 102.13.
32 BVerwG 24.1.2014 – 2 B 59.13.
33 BVerwG 10.12.2014 – 2 B 75.14.

Abgrenzung inner- und außerdienstlichen Verhaltens

tor, Verurteilung wg. **sexuellem Missbrauchs von Kindern** in zwei Fällen, 11 Monate Freiheitsstrafe ausgesetzt zur Bewährung: Entfernung;[34] Polizeihauptmeister im Ruhestand, Verurteilung wg. **Vortäuschen einer Straftat** und Betrugs zu Freiheitsstrafe 9 Monate, außerdienstlich: Aberkennung Ruhegehalt;[35] Oberamtsanwalt, Verurteilung wg. Betrug zum Nachteil des Dienstherrn (dienstlich), **Verstoß gegen das Ausländergesetz, Vorenthaltung von Sozialversicherungsbeiträgen**, Vereitelung der Zwangsvollstreckung (außerdienstlich durch Tätigkeit für eine GmbH ohne Nebentätigkeitserlaubnis), Verurteilung zu Freiheitsstrafe 11 Monate ausgesetzt zur Bewährung: Aberkennung Ruhegehalt;[36] Bundesbahnobersekretär, Verurteilung wg. Fahrlässiger Trunkenheit im Verkehr und **Urkundenfälschung** in Tateinheit mit versuchtem Betrug zu Geldstrafe und 8 Monate auf Bewährung, Disziplinarverfahren nach § 32 Abs. 1 Nr. 3 BDG eingestellt, in der Folge Verurteilung wg. **Missbrauch von Scheck- und Kreditkarten** außerdienstlich in 13 Fällen zu 11 Monaten Freiheitsstrafe ohne Bewährung: Entfernung.[37]

Eine außerdienstliche **Beleidigung** eines Beamten kann einen Bezug zur dienstlichen Tätigkeit aufweisen. Dafür genügt, dass das außerdienstliche Verhalten Rückschlüsse auf die Dienstausübung in dem Amt im konkret-funktionellen Sinne zulässt oder den Beamten in der Dienstausübung beeinträchtigt. Insoweit genügt die bloße Eignung, zu einem konkreten Ansehensschaden muss es nicht gekommen sein.[38] Ein **Verstoß gegen Nebentätigkeitsbestimmungen** ist als innerdienstliche Pflichtverletzung i. S. v. Art. 84 Abs. 1 Satz 1 BayBG a. F., § 47 Abs. 1 Satz 1 BeamtStG zu bewerten, wenn er mit dem Amt der Beklagten zusammenhängt und Auswirkungen auf die Erfüllung der Dienstleistungspflicht haben kann.[39] Das BVerwG hat am 30. 1. 2014 die Revision zur weiteren Klärung der Frage zugelassen, ob und ggf. unter welchen Voraussetzungen bei einem wegen des Besitzes kinderpornographischer Schriften angeschuldigten Polizeibeamten ein enger dienstlicher Bezug zu seinen Dienstpflichten vorliegt.[40] Weiter hat das BVerwG am 7. 11. 2014 eine Revision zugelassen, um eine besondere Gewichtung außerdienstlicher Straftaten eines Rechtspflegers zu klären.[41]

2c

Auch eine **private Überschuldung** des Beamten kann disziplinarwürdig sein. Zwar kann ein Beamter grundsätzlich wie jeder andere Bürger Darlehen aufnehmen, Ratenzahlungsverträge abschließen und sonstige Verbindlichkeiten eingehen, ohne dass seine beamtenrechtlichen Pflichten davon betroffen werden. Auch die leichtsinnige Begründung von Schuldverpflichtungen als solche stellt noch keinen disziplinarrechtlich relevanten Pflichtenverstoß dar, selbst dann nicht, wenn sich der Beamte in der Folgezeit als schlechter Schuldner erweist und seine Zahlungsverpflichtungen unpünktlich erfüllt. Disziplinarrechtliche Bedeutung erlangt die Schuldenwirtschaft eines Beamten aber dann, wenn der Leichtfertigkeit bei der Eingehung einer Verpflichtung eine Abwicklungsstörung folgt, die nach den Umständen vorhersehbar war; wenn sich der Beamte beim Eingehen und Abwickeln der Verbindlichkeiten unlauter und unredlich verhält, indem er seine Gläubiger über seine Einkommens- und Vermögenslage sowie über seinen Schuldenstand täuscht oder wenn der Beamte seine Schulden nicht mit der ihm möglichen, gebotenen und zu-

2d

---

34 BVerwG 31. 7. 2014 – 2 B 20.14.
35 BVerwG 28. 1. 2015 – 2 B 15.14.
36 BVerwG 1. 3. 2012 – 2 B 120.11.
37 BVerwG 29. 3. 2012 – 2 B 96.11.
38 VGH Bayern 9. 4. 2014 – 16a D 12.1217.
39 VGH Bayern 21. 1. 2015 – 16a D 13.1889.
40 BVerwG 30. 1. 2014 – 2 B 83.13.
41 BVerwG 7. 11. 2014 – 2 B 67.14.

Abgrenzung inner- und außerdienstlichen Verhaltens

mutbaren Sorgfalt tilgt.[42] Besonders schwer wiegt die unredliche Schuldenwirtschaft eines Beamten, wenn er es trotz Erstattungsleistung der Beihilfestelle zu Zwangsvollstreckungsmaßnahmen wegen nicht gezahlter Arztrechnungen gegen sich hat kommen lassen.[43]

3 Innerdienstliche und private Bereiche greifen ineinander über. Nach der gebotenen materiellen Betrachtung richtet sich die Bewertung eines Verhaltens als inner- oder außerdienstlich danach, ob es dem dienstlichen Aufgabenbereich des Beamten oder dem **Bereich privater Lebensgestaltung** zuzuordnen ist. Außerdienstlich ist ein Verhalten, das sich als dasjenige einer Privatperson darstellt. Zu klären ist, ob der Beamte zur Tatzeit im Dienst war oder funktionell ein dienstlicher Bezug bestand. Geriert sich der Beamte nach einer Straftat, als sei er im Dienst, kann dies erschwerend berücksichtigt werden, macht das Fehlverhalten aber nicht zu einem innerdienstlichen.[44] Die Abgrenzung zwischen inner- und außerdienstlicher Pflichtverletzung beruht nicht auf der Zufälligkeit räumlicher oder zeitlicher Beziehung eines Verhaltens zur Dienstausübung, sondern auf einer etwaigen kausalen und logischen Einbindung des maßgeblichen Verhaltens in ein Amt und die damit verbundene dienstliche Tätigkeit.[45] Auch während der Dienstzeit unterliegen Beamte außer ihren Beamtenpflichten denjenigen der allgemeinen Rechtsordnung, die für jeden Bürger gelten. Ebenso unterliegen sie außerhalb der Dienstzeit weiterhin bestimmten Beamtenpflichten, die für Privatleute nicht gelten. Es kann privates, außerdienstliches Verhalten während der Dienstzeit und im Dienstgebäude stattfinden, und ebenso können in der Freizeit und zu Hause Dinge verrichtet werden, die zum innerdienstlichen Pflichtenkreis gehören. Entscheidend ist die **Rechtsnatur der verletzten Pflicht**.[46] Ergibt sich diese Pflicht speziell für den Beamten aus dem öffentlichen Dienstverhältnis und seinen Normen, so liegt innerdienstliches Verhalten vor.[47] Z. B. ist Hehlerei an dienstlichem Beförderungsgut innerdienstlich, es steht direktem Zugriff gleich.[48] Dieser Pflichtenkreis ergibt sich im üblichen beamtenrechtlichen Sprachgebrauch aus dem organisatorischen Betriebsverhältnis wie auch aus dem statusrechtlichen Grundverhältnis. Folgt die verletzte Norm nur aus der allgemeinen Rechtsordnung, wie sie für jeden Bürger gilt, so handelt es sich um außerdienstliches Verhalten. Dementsprechend kommt es für die Abgrenzung nicht allein darauf an, ob das Verhalten in der Dienstzeit, an der Dienststelle und im Rahmen dienstlicher Tätigkeit stattfand.[49] Hat das außerdienstliche Privatverhalten nur **mittelbare Auswirkungen** auf den Dienstbereich, so wird es dadurch nicht zum innerdienstlichen Verhalten. Es kommt auf den dienstrechtlichen Charakter des Verhaltens, nicht allein auf die äußeren Begleitumstände oder die Folgen für den Dienst an. Ist ein Busfahrer einer staatlichen Behörde durch Dienstüberlassungsvertrag in das private Arbeitsverhältnis mit einem Privatunternehmen eingetreten, so kann seine dortige Geldunterschlagung keine Amtsunterschlagung und kein Dienstvergehen sein.[50] **Außerdienstlich** ist deshalb z. B. die Beleidigung während eines dienstlich gestatteten Privatgesprächs mit dem Diensttelefon, der Inhalt eines im Dienst geschriebenen privaten Briefes, das Lesen privater Lektüre, weil dieses Verhalten in dieser Situation gleichermaßen jeder Bürger ohne

---

42 BVerwG 22.4.1991 – 1 D 62.90, BVerwGE 93, 78; v. 28.6.1995 – 1 D 66.94, Buchholz 232 § 54 Satz 3 BBG Nr. 1; OVG Nordrhein-Westfalen 10.10.2012 – 3d A 1572/10.O.
43 BVerwG 8.5.1996 – 1 D 74.95; OVG Nordrhein-Westfalen 10.10.2012 – 3d A 1572/10.O.
44 BVerwG 20.11.2012 – 2 B 56.12.
45 OVG Nordrhein-Westfalen 21.5.2014 – 3d A 1614/11.O.
46 BVerwG 20.2.2001 – 1 D 55.99.
47 BVerwGE 114, 48.
48 BVerwG 8.5.1990 – 1 D 46.89, BVerwGE 86, 273.
49 BVerwG 24.11.1992 – 1 D 52.91, DokBer B 1993, 149.
50 BVerwG 7.6.2000 – 1 D 4.99.

Abgrenzung inner- und außerdienstlichen Verhaltens

jede Beziehung zu dienstlichen Erfordernissen als Privatperson vollziehen könnte. Andererseits können **private Einzelsituationen** im Rahmen der Dienstausübung und auch solche Verhaltensweisen, die nicht gezielt auf die »Ausübung« des Dienstes gerichtet sind, sondern nur »**bei Gelegenheit der Dienstausübung**« stattfinden, wegen des dienstlichen Zusammenhangs oder wegen des Missbrauchs der dienstlich ermöglichten Gelegenheit **innerdienstlich** sein. Außerdienstliche Straftaten von Polizeibeamten gegen das Vermögen lassen sich keiner Regelmaßnahme zuordnen.[51]

Diese Unterscheidung zeigt sich am Beispiel der **Vorteilsannahme**: Der Vorteil weist den erforderlichen Bezug zu dem Amt des Beamten auf, wenn er nach den erkennbaren Vorstellungen des Vorteilsgebers im Zusammenhang mit der Amtsstellung des Beamten gewährt oder versprochen wird. Anknüpfungspunkt können sowohl das Amt im statusrechtlichen Sinne als auch das Amt im konkret-funktionellen Sinn, d.h. der dienstliche Aufgabenbereich des Beamten, sein. Der Vorteil kann sich auf eine ganz bestimmte dienstliche Handlung, auf das dienstliche Verhalten, auf die Aufgabenerfüllung als solche, aber auch auf den Status des Beamten oder auf die Beamteneigenschaft beziehen. Es ist nicht erforderlich, dass ein Beziehungsverhältnis zwischen Vorteil und dienstlichem Verhalten besteht. Vielmehr reicht es aus, dass der Vorteil gefordert, gewährt oder in Aussicht gestellt wird, um den Beamten bei seinem dienstlichen Verhalten wohlwollend zu stimmen (»Pflege der Landschaft«). Private Kontakte zwischen Vorteilsgeber und Beamten schließen die Amtsbezogenheit des Vorteils nur dann aus, wenn er ausschließlich wegen der persönlichen Beziehungen gewährt wird.[52]

3a

Besondere Probleme stellen sich bei der Abgrenzung dienstlicher/außerdienstlicher Verfehlungen bei Beamten, die zur Aufnahme einer privatrechtlich begründeten Tätigkeit beurlaubt sind und **beim privaten Arbeitgeber** gegen beamtenrechtliche Verpflichtungen verstoßen.[53] Das BVerwG hat in einem Fall, in welchem der Beamte bei einer Tochter einer Nachfolgeorganisation der Deutschen Bundespost Unterschlagungen begangen hat, festgestellt, dass es sich hierbei um ein außerdienstliches Vergehen handelt.[54] Entsprechend wurde ein zur Deutschen Bahn AG beurlaubter und mit Arbeitsvertrag tätiger Bundesbahnamtsrat wegen Bestechlichkeit entfernt.[55] Die Tätigkeit bei einem Tochterunternehmen eines der Nachfolgeunternehmen der Deutschen Bundespost stellt keinen Dienst nach § 4 Abs. 1 PostPersRG dar. Entsprechendes hat für eine privatrechtliche Tätigkeit für die Nachfolge der Deutschen Bundesbahn zu gelten. Durch die Beurlaubung nach § 13 SUrlV und die Beschäftigung aufgrund privatrechtlichen Arbeitsvertrages sind zwar ein Teil der beamtenrechtlichen Pflichten suspendiert, nicht jedoch die Vorschrift des § 61 Abs. 1 Satz 2 BBG. Die Pflicht zur Beachtung der für jedermann geltenden Strafgesetze als Bestandteil der Pflicht des Beamten zu achtungs- und vertrauenswürdigem Verhalten wird durch die privatrechtliche Tätigkeit nicht eingeschränkt. Daraus ergibt sich, dass bei Verstößen im Arbeitsverhältnis zwar außerdienstliche Verstöße gegen beamtenrechtliche Verpflichtungen vorliegen können, nie jedoch innerdienstliche. Obwohl das BVerwG dies bislang nur für den Fall der Beurlaubung zur Arbeitserbringung bei Dritten entschieden hat, muss dies auch für diejenigen Beamten gelten, die zwar noch bei ihrem Dienstherrn beschäftigt sind, aber dort im Zuge der »**In-Sich-Beurlaubung**« nicht mehr aufgrund eines öffentlich-rechtlichen Dienstverhältnisses – welches z. B. über Art. 143b Abs. 3 und § 4

4

---

51 BVerwG 10.12.2015 – 2 C 50.13.
52 BVerwG 28.2.2013 – 2 C 62.11.
53 Plog/Wiedow, BBG 2009, § 61 Rn. 17, 31.
54 BVerwG 7.6.2000 – 1 D 4.99.
55 BVerwG 11.2.2013 – 2 B 58.12.

Abgrenzung inner- und außerdienstlichen Verhaltens

Abs. 1 PostPersRG fingiert ist –, sondern aufgrund privatrechtlichen Vertrages bei ihrem Dienstherrn beschäftigt sind. Auch für sie gilt das Argument des BVerwG aus der oben zitierten Entscheidung, dass die Beurlaubung aus dem Dienst dem Zweck diene, die »Fesseln des Dienstrechts« abzustreifen. Entsprechend hat das VG Saarlouis[56] entschieden, dass solange das Arbeitsverhältnis eines gemäß § 387 Abs. 3 SGB III in-sich-beurlaubten Beamten besteht, weder Raum für den Widerruf der Beurlaubung noch für eine vorläufige Dienstenthebung gemäß § 38 BDG ist. Wird der Beamte hingegen unmittelbar einem privatrechtlichen Unternehmen zugewiesen, so gelten Verstöße gegen Dienstpflichten unverändert als innerdienstlich begangen. So hat das BVerwG einem Beamten bei der DB Netz AG wegen Bestechlichkeit in Tateinheit mit Untreue das Ruhegehalt aberkannt.[57] Einen Posthauptsekretär bei der Deutsche Postbank AG hat es wegen der Unterschlagung von 3145,00 Euro entfernt.[58] Einen Postbetriebsassistent bei der DPAG als Postzusteller hat es wegen Unterschlagung und Diebstahl dreier Handys im Zustellstützpunkt mit einem Wert von 530,00 Euro entfernt.[59]

5 **Beispiele für den Dienstbezug:**
Spielt ein Richter außerdienstlich in einer **neonazistischen Band**, so ist aufgrund der fehlenden Verfassungstreue ein Bezug zum Dienst gegeben.[60] Beim außerdienstlichen **Besitz kinderpornographischer Schriften** hat das BVerwG im Fall eines Zollinspektors einen Dienstbezug verneint.[61] Demgegenüber hat es den Dienstbezug im Fall eines Lehrers bejaht, weil ein Lehrer nach Bekanntwerden eines derartigen Fehlverhaltens bei der Aufgabenwahrnehmung zumindest stark beeinträchtigt ist. Er hat elementare Rechte gerade derjenigen Personengruppe verletzt, deren Schutz und Erziehung ihm als Dienstpflicht obliegt und anvertraut sind. Insoweit genügt die bloße Eignung, zu einem konkreten Ansehensschaden oder konkreten Übergriffen muss es nicht gekommen sein. Unter Berücksichtigung der dienstlichen Pflichten eines Lehrers in Bezug auf die ihm anvertrauten Kinder und wegen des mit dem Dienstvergehen gerade bei einem Lehrer einhergehenden Autoritätsverlustes ist deshalb eine andere Einordnung gerechtfertigt. Diese bewegt sich unter der Geltung der erhöhten Strafandrohung des § 184b Abs. 4 StGB von bis zu zwei Jahren Freiheitsstrafe bis zur Entfernung aus dem Beamtenverhältnis. Diese Maßnahme ist wegen der besonderen Schwere des Besitzes kinderpornographischer Schriften von Lehrern auszusprechen, wenn das strafbare Verhalten aufgrund der Tatumstände, insbesondere der Anzahl und des Inhalts des Materials, als besonders verwerflich einzustufen ist und dem Beamten keine entlastenden Umstände von erheblichem Gewicht zugutekommen.[62] Das BVerwG hat einen Polizeimeister wegen sechsfacher **Beihilfe zur illegalen Prostitution** im Sperrbezirk, der Durchführung von sog. Gang-Bang-Partys und eines Auftritts als Pornodarsteller für eine Gage von 250 Euro ohne Nebentätigkeitserlaubnis aus dem Dienst entfernt. Ein innerdienstlicher Bezug wurde angenommen.[63] Ebenfalls entfernt hat es einen Polizeikommissar, gegen den wegen außerdienstlicher **fahrlässiger Trunkenheit im Verkehr**, vorsätzlicher Trunkenheit im Verkehr in Tateinheit mit Fahren ohne Fahrerlaubnis ein Strafbefehl über 10 Monate Freiheitsstrafe ausgesetzt zur Bewährung erging und dem sodann außerdienstlicher Versicherungsbetrug, eine innerdienstlich

---

56 19.3.2012 – 4 L 167/12.
57 BVerwG 11.7.2014 – 2 B 70.13.
58 BVerwG 18.2.2014 – 2 B 87.13.
59 BVerwG 20.8.2014 – 2 B 101.13.
60 BVerfG 6.5.2008 – 2 BvR 337/08.
61 BVerwG 19.8.2010 – 2 C 13.10.
62 BVerwG 5.4.2013 – 2 B 79.11.
63 BVerwG 11.2.2014 – 2 B 37.12.

Abgrenzung inner- und außerdienstlichen Verhaltens

unzulässige Abfrage des polizeilichen Informationssystems, außerdienstlicher **Kokaingenuss** und der Besitz an vier Stangen unversteuerten Zigaretten vorgeworfen wurde.[64] Auch hier ist ein dienstlicher Bezug anzunehmen. Entsprechend ist auch die Wertung zu außerdienstlichen **Steuerhinterziehungen**. Fügt ein Staatsdiener dem Staat durch eine schwere Wirtschaftsstraftat, insbesondere eine Steuerhinterziehung, einen besonders hohen Schaden zu, ist Ausgangspunkt der Zumessungserwägungen grundsätzlich die Dienstgradherabsetzung. Ein dienstlicher Bezug wird bejaht (ausführlich B. II. 12. Rn. 3).[65] Finanzbeamte sind bei der Begehung einer Steuerhinterziehung im Vergleich zu anderen Beamten verschärften Disziplinarmaßnahmen ausgesetzt.[66] Allerdings können eine Selbstanzeige des Steuerschuldners und die anschließende fristgerechte Tilgung der hinterzogenen Steuerschuld auch bei einem sehr hohen Hinterziehungsbetrag im Einzelfall dazu führen, dass nicht die höchste Disziplinarmaßnahme abgeordnet werden darf.[67] Einen Bezug zum Dienst weist nach dem VGH Bayern[68] auch ein außerdienstlicher **Meineid** auf (siehe B. II. 12. Rn. 15).[69] Auch das **Fahren mit einem Dienstwagen trotz Fahrverbots** stellt ein erhebliches Dienstvergehen mit Bezug zum Dienst dar. Der Dienstherr erwartet von einem Beamten, dass dieser nur dann in dienstlicher Eigenschaft am Straßenverkehr teilnimmt, wenn er über die erforderliche Fahrerlaubnis verfügt. Das Fahren ohne Fahrerlaubnis mit einem Dienstwagen stellt deshalb die dienstliche Zuverlässigkeit in Frage, zumal die Nichtbeachtung verkehrsrechtlicher Vorschriften, die zum Schutze der Allgemeinheit erlassen worden sind, auch Rückschlüsse auf eine mangelnde charakterliche Qualifikation zulässt.[70] Dies gilt auch bei privater Nutzung eines Dienstwagens. Die Schwere disziplinarrechtlich relevanter außerdienstlicher Straftaten (**Disziplinarwürdigkeit**) richtet sich in erster Linie nach dem gesetzlichen Strafrahmen, weil der Gesetzgeber dadurch den Unrechtsgehalt verbindlich zum Ausdruck bringt. Diese gesetzliche Wertung ist Maßstab für die Beurteilung, in welchem Maß der Beamte durch sein strafbares Verhalten eine disziplinarrechtlich bedeutsame Schädigung des Ansehens des öffentlichen Dienstes herbeigeführt hat.[71] Die **Orientierung am Strafrahmen** gewährleistet eine rationale und gleichmäßige disziplinarrechtliche Bewertung außerdienstlichen Fehlverhaltens. Disziplinarwürdigkeit und Schwere außerdienstlichen Fehlverhaltens hängen maßgebend davon ab, ob ein Bezug zur Dienstausübung des Beamten gegeben ist. Dies setzt voraus, dass das Fehlverhalten nachteilige Schlüsse auf die Wahrnehmung der dienstlichen Aufgaben zulässt oder eine Beschädigung von Autorität und Ansehen des Beamten zur Folge hat, die ihn in der Amtsführung dauerhaft beeinträchtigt.[72] Bei Fehlen jeglichen Dienstbezuges und einem Strafrahmen von bis zu einem Jahr wird allenfalls eine Disziplinarmaßnahme im unteren Bereich in Betracht kommen. Das BVerwG hat außerdem den für die Disziplinarwürdigkeit außerdienstlichen Verhaltens notwendigen Bezug zu den dienstlichen Pflichten eines Beamten näher bestimmt und ausgeführt, dass sich die Beeinträchtigung der Achtung und des Vertrauens entweder auf das Amt des Beamten im konkret-funktionellen Sinne (Dienstposten), d. h. auf die Erfüllung der dem Beamten

6

---

64 BVerwG 10. 7. 2014 – 2 B 54.13.
65 BVerwG 11. 1. 2012 – 2 WD 40.10; VGH Bayern 6. 12. 2013 – 16a D 12.1815; 6. 12. 2013 – 16a D 12.134; 27. 9. 2013 – 16a D 12.71; Kugele, jurisPR-ArbR 22/2011 Anm. 4.
66 Füllsack/Bürger, BB 2012, 3201.
67 Kugele, jurisPR-ArbR 22/2011 Anm. 4.
68 5. 2. 2014 – 16a D 12.2494.
69 BVerwG 19. 8. 2010 – 2 C 5.10; 21. 12. 2010 – 2 B 29.10.
70 VGH Bayern 21. 1. 2015 – 16a D 13.1904.
71 BVerwG 8. 6. 2014 – 2 B 9.14; 25. 5. 2012 – 2 B 133.11; Plog/Wiedow, BBG 2009, § 61 Rn. 33.
72 BVerwG 23. 1. 2014 – 2 B 52.13; 26. 6. 2012 – 2 B 28.12

Abgrenzung inner- und außerdienstlichen Verhaltens

konkret obliegenden Dienstpflichten oder auf das Ansehen des Berufsbeamtentums als Sachwalter einer stabilen und gesetzestreuen Verwaltung beziehen muss. Ein Bezug zwischen einem außerdienstlichen Dienstvergehen zu dem Dienstposten des Beamten ist gegeben, wenn das außerdienstliche Verhalten Rückschlüsse auf die Dienstausübung in dem Amt im konkret-funktionellen Sinn zulässt oder den Beamten in der Dienstausübung beeinträchtigt.[73]

7 Als disziplinaren Rahmen – orientiert am Strafrahmen des StGB – legt das BVerwG dann fest:

- Strafrahmen von bis zu einem Jahr bei Fehlen jeglichen Dienstbezugs: Disziplinarmaßnahme im unteren Bereich;[74] mit Dienstbezug sei eine Zurückstufung möglich.
- Strafrahmen von bis zu zwei Jahren: Zurückstufung,[75] hier soll bei Dienstbezug auch die Entfernung möglich sein.

7a Beispielsweise hat der Senat für die disziplinarrechtliche Ahndung des außerdienstlichen **Besitzes kinderpornographischen Materials** aus dem seit 2003 geltenden Strafrahmen des § 184b Abs. 4 StGB von bis zu zwei Jahren Freiheitsstrafe geschlossen, dass für die Maßnahmebemessung auf einen Orientierungsrahmen bis zur Zurückstufung abzustellen ist, wenn das Dienstvergehen keinen Bezug zu den dienstlichen Aufgaben des Beamten aufweist und dieser keine herausgehobene Vorgesetzten- und Leitungsfunktion innehat (siehe dazu B. II. 12. Rn. 16). Nicht zu vergessen ist aber auch hier, dass bei der Festlegung der Maßnahme die gesamte Persönlichkeit des Beamten zu berücksichtigen ist und es keine starren Regelmaßnahmen mehr gibt. Die aus dem Orientierungsrahmen fallende Entfernung aus dem Beamtenverhältnis darf nur ausgesprochen werden, wenn im Einzelfall besonders gewichtige Erschwerungsgründe vorliegen, die nicht durch Milderungsgründe kompensiert werden. Zu diesen belastenden Umständen zählt auch eine **Vorbelastung des Beamten**.[76] Ob und inwieweit bei der disziplinarischen Würdigung eines außerdienstlichen Dienstvergehens auch die Mitteilung von der sexuellen Stimulation dienenden Fantasievorstellungen gegenüber einer anderen Person berücksichtigt werden darf und welche Bedeutung dem **Diskriminierungsverbot der §§ 1 und 2 AGG** bei der Bemessung der Disziplinarmaßnahme nach Maßgabe des § 13 zukommt, kann nicht generalisierend, sondern nur für den jeweiligen Einzelfall aufgrund der konkreten Umstände beantwortet werden. In der Rspr. ist geklärt, dass die Verwaltungsgerichte auch bei der Bestimmung eines Orientierungsrahmens ebenso wie bei einer Regeleinstufung gehalten sind, über die erforderliche Disziplinarmaßnahme aufgrund einer prognostischen Gesamtwürdigung unter Berücksichtigung aller im Einzelfall belastenden und entlastenden Gesichtspunkte zu entscheiden. Die be- oder entlastende Berücksichtigung von Äußerungen oder Handlungen mit sexuellem Bezug hängt von den Umständen des konkreten Einzelfalles, wie ihrem In- und Gehalt, ihrer Häufigkeit, ihrem Gegenstand und ihrer Intensität, ab und ist deshalb einer rechtsgrundsätzlichen Klärung nicht zugänglich.[77] Einen **Lehrer** etwa trifft im Hinblick auf die von ihm zu vermittelnden Grundwerte und die sittlichen Wertempfindungen der von ihm unterrichteten Schülerinnen und Schüler eine

---

73 BVerwG 5. 4. 2013 – 2 B 79.11; 20. 11. 2012 – 2 B 56.12; 30. 10. 2012 – 2 WD 28.11; OVG Berlin-Brandenburg 12. 2. 2015 – OVG 80 D 2.12; VGH Bayern 23. 7. 2014 – 16a D 12.2519; 3. 7. 2014 – 16b D 13.633.
74 BVerwG 19. 8. 2010 – 2 C 5.10; 5. 4. 2013 – 2 B 79.11; OVG Nordrhein-Westfalen 16. 12. 2013 – 3d A 2670/10.O.
75 BVerwG 19. 8. 2010 – 2 C 13.10; 5. 4. 2013 – 2 B 79.11; OVG Nordrhein-Westfalen 16. 12. 2013 – 3d A 2670/10.O.
76 BVerwG 18. 6. 2014 – 2 B 9.14.
77 BVerwG 31. 5. 2012 – 2 B 141.11.

besondere Verantwortung, aufgrund der er sich im sexuellen Bereich absolut korrekt – in Wort wie in Tat – zu verhalten hat. Ein Pädagoge, der kinder- und jugendpornographische Bilder von Mädchen und jungen Frauen konsumiert, sieht sich daher berechtigter Ablehnung seitens der Schüler und Eltern ausgesetzt.[78] Dadurch zeitigt dieses rein außerdienstliche Verhalten Folgen für den Dienst und ist entsprechend disziplinarisch zu würdigen.

II. Die einzelnen Dienstvergehen und ihre Maßregelung

Politisches Verhalten

1. Die politische Treuepflicht

a) Rechtsgrundlage: § 60 Abs. 1 Satz 3 BBG

Wortlaut § 60 Abs. 1 Satz 3 BBG:
»Beamtinnen und Beamte müssen sich durch ihr gesamtes Verhalten zu der freiheitlichen demokratischen Grundordnung im Sinne des Grundgesetzes bekennen und für deren Erhaltung eintreten.«

b) Definition der Pflicht und ihrer Verletzung

Der Bundesbeamte steht in einem **gegenseitigen Dienst- und Treueverhältnis** zu der Anstellungskörperschaft, dem Bund (oder gleichgestellten bundesunmittelbaren Körperschaft, Anstalt, Stiftung), also nicht unmittelbar gegenüber dem einzelnen Vorgesetzten, Dienstvorgesetzten, der Verwaltung oder der jeweiligen Regierung, denen gegenüber spezielle Pflichten bestehen.[79] Diese **Grundpflicht gegenüber dem Staat und seiner Verfassung** drückt sich in der Eidesformel (§ 64 BBG) und in dem Pflichttatbestand des § 60 BBG gegenüber Volk und Verfassung aus und ist Bestandteil der verfassungsgeschützten hergebrachten Grundsätze des Berufsbeamtentums gemäß Art. 33 Abs. 4 und 5, Art. 5 Abs. 3 Satz 2 GG.[80] Diese beamtenrechtlichen Grundlagen der Treuepflicht gelten auch für ehrenamtliche Richter.[81] Politische Aktivitäten sowie die Mitgliedschaft und Betätigung in politischen Parteien sind den Beamten jedoch grundsätzlich ebenso wie allen anderen Bürgern erlaubt. Der Schutz des Grundrechts auf glaubens- und weltanschauliche Bekenntnisfreiheit (Art. 4 Abs. 1 und 2 GG) gewährleistet ebenso Beamten die Freiheit, ihrem Glauben oder ihrer Weltanschauung grds. auch im Dienst Ausdruck zu verleihen.[82] Die insoweit geschützte Meinungsäußerungs- und Vereinigungsfreiheit nach Art. 5, 9 GG unterliegt auch dem Schutz der Art. 10 und 11 EMRK. Allerdings stehen Art. 10 und 11 EMRK der disziplinaren Ahndung eines Verstoßes gegen die politische Treuepflicht grds. nicht entgegen.[83]

1

---

78 VGH Bayern 21.1.2015 – 16a D 13.1805; 5.11.2014 – 16a D 13.1132.
79 Plog/Wiedow, BBG 2009, § 60 Rn. 13.
80 BVerfG 22.5.1975 – 2 BvL 13/73, BVerfGE 39, 334, 347.
81 BVerfG 6.5.2008 – 2 BvR 337/08.
82 BVerfG 27.1.2015 – 1 BvR 471/10, 1 BvR 1181/10.
83 BVerwG 6.9.2012 – 2 WD 26.11.

Die einzelnen Dienstvergehen und ihre Maßregelung

2 Als spezielle Regelung konkretisiert § 60 Abs. 1 Satz 3 BBG die politische Treuepflicht dahin, dass der Beamte und die Beamtin »sich durch ihr gesamtes Verhalten zu der freiheitlichen demokratischen Grundordnung im Sinne des Grundgesetzes bekennen und für deren Erhaltung eintreten müssen«. Die Verfassung ist insoweit nicht wertneutral.[84] Der Umfang dieser **Bekenntnis- und Erhaltungspflicht** ist in Rspr. und Schrifttum strittig.[85]

3 Der Beschluss des BVerfG zum sog. **Radikalenerlass** ist unter Berücksichtigung des Beschlusses des EGMR vom 26. 9. 1995[86] auszulegen. Der EGMR hat festgestellt, dass die Entlassung einer Beamtin auf Lebenszeit aus dem öffentlichen Schuldienst, weil sie durch Aktivitäten für die DKP als einer Partei, die verfassungsfeindliche Ziele verfolge, und durch ihre Weigerung, sich von dieser Partei zu distanzieren, angeblich ihrer jedem Beamten obliegenden Pflicht, für die freiheitliche demokratische Grundordnung einzutreten, nicht nachgekommen ist, einen Eingriff in die Ausübung des durch Art. 10 EMRK geschützten Rechts der Freiheit der Meinungsäußerung sowie der durch Art. 11 EMRK geschützten Vereinigungsfreiheit darstellt. Dieser Eingriff verletzt, da er nicht als »in einer demokratischen Gesellschaft unentbehrlich« und »in einem angemessenen Verhältnis zu dem damit verfolgten legitimen Zweck« steht, Art. 10, 11 EMRK. Denn obwohl ein demokratischer Staat das Recht hat, von seinen Beamten die Treue zu den grundlegenden Verfassungsgrundsätzen zu verlangen und dies angesichts der Erfahrungen der Weimarer Zeit und Deutschlands Lage im politischen Kontext jener Zeit (deutsche Teilung, Ost-West-Konfrontation) ein besonderes Gewicht hat, ist der Eingriff unverhältnismäßig, da einer sehr schwerwiegenden Maßnahme wie der Entlassung das vergleichsweise geringe Sicherheitsrisiko, das die Beschwerdeführerin als Deutsch- und Französischlehrerin in einem Gymnasium darstellte, gegenübersteht. Damit hat der EGMR die Schwelle für eine Dienstentfernung wegen Verstoßes gegen die politische Treuepflicht gegenüber grundlegenden Verfassungsgrundsätzen, die er bejaht, deutlich höher gelegt, als dies bislang in der deutschen Rspr. der Fall ist.

3a Das BVerwG weist der politischen Treuepflicht für Beamte und Soldaten jedoch auch weiterhin erhebliches Gewicht zu. Wer etwa als Soldat in einem **besonderen Treueverhältnis** zum Staat steht und geschworen hat, Recht und Freiheit des deutschen Volkes tapfer zu verteidigen, zerstört die für eine Fortsetzung des Dienstverhältnisses unabdingbare Vertrauensgrundlage, wenn er vorsätzlich Bestrebungen unterstützt, die mit der freiheitlich demokratischen Grundordnung der Bundesrepublik Deutschland nicht zu vereinbaren sind. Die Bundeswehr als Organ der Exekutive der Bundesrepublik Deutschland kann demnach erwarten und muss davon ausgehen, dass sich die Soldaten zu den rechtsstaatlichen Anforderungen der freiheitlichen demokratischen Grundordnung des Grundgesetzes, insbesondere zu den Grundrechten, bekennen und für ihre Verwirklichung einsetzen. Die politische Treuepflicht fordert demnach von jedem Angehörigen des öffentlichen Dienstes, dass er nicht nur die Grundordnung des Staates anerkennt, sondern auch die Bereitschaft zeigt, sich zu der Idee des Staates, dem er dient, zu bekennen und aktiv für ihn einzutreten. Da diese Pflicht zu den absolut elementaren soldatischen Pflichten gehört, ist

---

84 BVerfG 6. 5. 2008 – 2 BvR 337/08.
85 Zum Diskussionsstand: EGMR 26. 9. 1995 – 7/1994/454/535, NJW 1996, 375; 12. 9. 2011 – 28955/05 u. a., NZA 2012, 1421; BVerwG 7. 5. 1993 – 1 D 92.85, PersR 1993, 519; BAG 6. 9. 2012 – 2 AZR 372/11, NZA-RR 2013, 441; zur Beweislastverteilung: BVerfG 30. 6. 2015 – 2 BvR 1282/11; VGH Baden-Württemberg 13. 3. 2007 – 4 S 1805/06, ZBR 2008, 260; OVG Sachsen-Anhalt 21. 5. 2015 – 10 M 4/15.
86 EGMR 26. 9. 1995 – 7/1994/454/535, NJW 1996, 375 ff.

ihre Verletzung eine der schwersten denkbaren Pflichtwidrigkeiten.[87] Entsprechendes gilt für Beamten. Ein Beamter ist etwa im Interesse des **Vertrauens der Öffentlichkeit in eine dem freiheitlichen demokratischen Rechtsstaat verpflichtenden Beamtenschaft** gehalten, zu vermeiden, dass er durch sein Verhalten in vorhersehbarer und ihm daher zurechenbarer Weise den Anschein setzt, sich mit dem Nationalsozialismus selbst oder Kräften zu identifizieren oder auch nur mit ihnen zu sympathisieren, die den Nationalsozialismus durch geschichtlichen Revisionismus verharmlosen und verherrlichen. Denn im Interesse der Akzeptanz und der Legitimation staatlichen Handelns ist er verpflichtet, bereits den Schein der Identifikation mit einem dem freiheitlichen Rechtsstaat diametral entgegengesetzten Gedankengut und mit Bestrebungen zu vermeiden, die sich zu einem solchen Gedankengut bekennen. Schon das zurechenbare Setzen eines solchen Scheins stellt eine disziplinarrechtlich bedeutsame Dienstpflichtverletzung dar. Diese Annahme ist nach der Rechtsprechung ohne Verstoß gegen die verfassungsrechtlich verbürgte Unschuldsvermutung dann möglich, wenn das »den bösen Schein« begründende Verhalten geeignet ist, die Akzeptanz oder Legitimation staatlichen Handelns zu beeinträchtigen.[88]

Das BVerfG hat im oben zitierten Radikalenbeschluss (entgegen dem Anschein aus den Leitsätzen 2, 3 und 6) **zwei Tatbestände politischer Treuepflichten** definiert: einmal die direkt aus dem Verfassungsrecht (Art. 33 Abs. 4 und 5, 5 Abs. 3 Satz 2 GG) abgeleitete, als **allgemeine Richtschnur** erwünschte, insbesondere für jede – ermessensmäßige – Einstellungsentscheidung erhebliche politische Treue des Beamtenbewerbers gegenüber der Verfassung, zum Zweiten die für alle bereits im Beamtenverhältnis stehenden Bediensteten **disziplinarrechtlich erhebliche Dienstpflicht** i. S. d. § 60 Abs. 1 Satz 3 BBG. Ob die Abgrenzung geglückt und hinreichend deutlich ist, mag dahinstehen. Jedenfalls gibt es keine andere Interpretation der insoweit bindenden Entscheidungsgründe des Radikalenbeschlusses, die ohne Ausklammerungen und einseitige Auswertung dessen Wortlaut, Inhalt und Gesamtzusammenhang loyal und widerspruchsfrei gerecht wird. 4

Die vom BVerfG vorgenommene Differenzierung rechtfertigt sich daraus, dass der Bewerber um ein öffentliches Amt im Gegensatz zum Beamten noch über keinen geschützten Rechtsstatus verfügt. Gegenüber einem bloßen Bewerber dürfen ermessensmäßig weitgehende Eignungserwartungen angelegt werden. Dagegen können einem Beamten die verfassungsrechtlich geschützten Rechte nur aufgrund eines konkretisierten und evidenten Tatbestands der Dienstpflichtverletzung entzogen werden. Die Differenzierung zwischen der allgemein gefassten, tendenziellen Erwartung der Pflichterfüllung und dem konkret abgegrenzten, vorwerfbaren Verletzungstatbestand entspricht der **Systematik des materiellen Disziplinarrechts**. Erst durch die empirische, fallbezogene Umsetzung in einen konkreten Pflichttatbestand wird der Beamtenschaft ersichtlich, welches reale Tun oder Unterlassen von ihr erwartet wird und wann die Grenze vom disziplinar Unerheblichen zum Vorwerfbaren überschritten wird. 5

Aus **Art. 33 Abs. 5 GG** leitet der Radikalenbeschluss allgemein eine weitgehende Treuepflicht in dem Sinne her,[89] dass jeder Beamte **verpflichtet ist,** »den Staat und seine geltende Verfassungsordnung zu bejahen, sie als einen hohen positiven Wert zu erkennen und anzuerkennen«, es nicht bei einer »uninteressierten, kühlen, innerlich distanzierten Haltung« zu belassen, sondern stattdessen »sich eindeutig von Gruppen und Bestrebungen zu distanzieren, die diesen Staat ... und die geltende Verfassungsordnung angrei- 6

---

87 BVerwG 6. 9. 2012 – 2 WD 26.11.
88 BVerwG 17. 5. 2001 – 1 DB 15.01; 25. 1. 2000 – 2 WD 43.99; VGH Bayern 28. 4. 2014 – 16b DC 12.2380; Plog/Wiedow, BBG 2009, § 61 Rn. 30.
89 BVerfG 22. 5. 1975 – 2 BvL 13/73, BVerfGE 39, 348–350.

Die einzelnen Dienstvergehen und ihre Maßregelung

fen ...«. Wenn der Radikalenbeschluss verschiedentlich in diesem Sinne von »der Treuepflicht der Beamten« und von deren entsprechender »Amtspflicht« spricht, so meint er damit offensichtlich die allgemeine, direkt aus den hergebrachten Grundsätzen abgeleitete Treuepflicht und prüft daraus die Gewähr von Einstellungsbewerbern für ein solches, pflichttreues Verhalten.

7 Dementgegen kann der Gesetzeswortlaut des § 60 Abs. 1 Satz 3 BBG **nur mit Einschränkungen als verfassungsgemäß** angesehen werden und ein vorwerfbares Dienstvergehen begründen. Denn für den Pflichtentatbestand des § 60 Abs. 1 Satz 3 BBG stellt der Radikalenbeschluss, von der allgemeinen Treuepflicht abweichend, eindeutig fest, dass »sich der umschriebene Inhalt der Treuepflicht des Beamten nicht völlig mit dem Inhalt der disziplinär zu ahndenden Treuepflichtverletzung des Beamten deckt, weil zum letztgenannten Tatbestand ein Minimum an Gewicht und an Evidenz der Pflichtverletzung gehört«. Diese Einschränkung wird konkretisiert durch die für § 60 Abs. 1 Satz 3 BBG aus dem Grundrecht der Meinungsfreiheit getroffene Feststellung, dass »das bloße Haben einer Überzeugung und die bloße Mitteilung, dass man diese habe, niemals eine Verletzung der Treuepflicht ist; ...«. Damit ist die zuvor und allgemein postulierte Pflicht, von der Verfassungsordnung überzeugt zu sein, sich zu ihr zu bekennen und sie gegen andere Meinungen zu verteidigen, beseitigt, die disziplinar erhebliche Treuepflicht qualitativ und quantitativ eingeengt worden. Denn es kann nicht zugleich erlaubt und verboten sein, gegen die geltende Verfassungsordnung eingestellt zu sein und sich dazu anderen gegenüber zu bekennen.[90] Nach dem Radikalenbeschluss »ist dieser Tatbestand überschritten, wenn der Beamte aus seiner politischen Überzeugung Folgerungen für seine Einstellung gegenüber der verfassungsmäßigen Ordnung der Bundesrepublik Deutschland, für die Art der Erfüllung seiner Dienstpflichten, für den Umgang mit seinen Mitarbeitern oder für politische Aktivitäten im Sinne seiner politischen Überzeugung zieht«. Was unter solchen »Folgerungen« verstanden werden soll, muss sich unter Berücksichtigung der schon aufgezeigten Einschränkungstendenz aus den weiteren Ausführungen des Radikalenbeschlusses ergeben. Der Hinweis auf die Erfüllung der allgemein gültigen Dienstpflichten und auf den Umgang mit den Mitarbeitern bringt insoweit keine tatbestandsmäßige Klärung, weil solche Pflichtverletzungen ohnehin, mit und ohne politischen Bezug, vorwerfbar sind. Dass die verfassungsablehnende Überzeugung die »Einstellung gegenüber der verfassungsmäßigen Ordnung der Bundesrepublik Deutschland« beeinflusst, ist zwangsläufig und deckt sich mit dem zulässigen »bloßen Haben und Äußern der gegnerischen Überzeugung«. So kann im Sinne des Radikalenbeschlusses ein disziplinar erheblicher Tatbestand nur aus solchen »politischen Aktivitäten« gefolgert werden, die im Sinne des verfassungsgemäßen Schutzziels gewichtiger sind als das »Äußern der gegnerischen Meinung«.

8 Die **bloße Mitgliedschaft und legale Betätigung in einer verfassungsgerichtlich nicht verbotenen politischen Partei**, die für eine andere Verfassungsordnung eintritt, ist nicht pflichtwidrig.[91] In einer freiheitlichen, demokratischen und parlamentarischen Demokratie ist es nicht nur erlaubt, sondern für deren Bestand geradezu essenziell, dass erlaubte politische Überzeugungen in der Form des Eintritts in eine nicht verbotene politische Partei und der Betätigung in ihr verfolgt werden. Auch würde es für das Schutzgut »Sicherung einer loyalen Beamtenschaft in Krisenzeiten« keine Verbesserung bedeuten, wenn Beamte lediglich auf den formalen Eintritt in die Partei verzichteten, aber dennoch sich erlaubterweise für die Ziele der verfassungsgegnerischen Partei einsetzen könnten. Das BVerfG hat

---

90 So auch Rottmann, ZRP 1984, 100.
91 A. A. Plog/Wiedow, BBG 2009, § 60 Rn. 19.

Die politische Treuepflicht

hierzu nicht ausdrücklich Stellung genommen. Es lässt im Radikalenbeschluss die bloße Mitgliedschaft als »einen« Ermessensfaktor für die Einstellungsentscheidung gegenüber Bewerbern zu, vermeidet jedoch eine Konkretisierung für die disziplinare Entscheidung gegenüber bereits ernannten Beamten. Nach allem sind bloße Mitgliedschaften und legale Betätigungen in verfassungsgerichtlich nicht verbotenen Parteien disziplinar nicht vorwerfbar.[92] Dies ergibt sich auch aus dem bereits zitierten Urteil des EGMR. Etwas anderes wird zu gelten haben, wenn höchstrichterlich über eine Gruppierung festgestellt ist, dass sie verfassungsfeindliche Ziele zumindest überwiegend vertritt. In einem solchen Fall wird auch das Verbleiben in der Gruppierung als Verstoß gegen die politische Treuepflicht zu sehen sein.

Eine andere Interpretation des Radikalenbeschlusses würde dem **Parteienprivileg** aus Art. 21 Abs. 2 GG,[93] dem verfassungsrechtlichen **Diskriminierungsverbot/Toleranzgebot** aus Art. 3 Abs. 3 GG und dem **rechtsstaatlichen Verhältnismäßigkeitsgebot** entgegenstehen.[94] Diskriminierend und intolerant wäre es, wenn in der heutigen Zeit Beamten in ihrem Privatbereich gesellschaftliche Grundrechte vorenthalten würden.

Pflichtwidrig sind solche verfassungsgegnerischen Aktivitäten, die entweder selbst **unmittelbar** gegen die Strafgesetze oder gegen sonstige, von der politischen Treuepflicht unabhängige Dienstpflichten verstoßen, oder die **mittelbar** durch bloße Mitgliedschaft und Werbung deswegen illegal sind, weil die Partei verboten ist (Art. 21 Abs. 2 GG) oder, ohne verboten zu sein, einen illegalen Angriff auf die Verfassungsordnung betreibt.[95] Verstöße gegen die Dienstpflicht aus § 60 Abs. 1 Satz 3 BBG liegen vor, wenn sich die einzelnen Mitglieder oder die Partei Straftaten gegen Volk und Verfassung schuldig machen (StGB – §§ 81–83 a: Hoch- und Landesverrat, § 84: Fortführung einer für verfassungswidrig erklärten Partei, § 85: Verstoß gegen ein Vereinigungsverbot, § 86: Verbreiten von Propagandamitteln verfassungswidriger Organisationen, § 86 a: Verwenden von Kennzeichen verfassungswidriger Organisationen, § 87: Agententätigkeit zu Sabotagezwecken, § 88: verfassungsfeindliche Sabotage, § 89: verfassungsfeindliche Einwirkung auf Bundeswehr und öffentliche Sicherheitsorgane, § 90: Verunglimpfung des Bundespräsidenten, § 90 a: Verunglimpfung des Staates und seiner Symbole, § 91: verfassungsfeindliche Verunglimpfung von Verfassungsorganen, § 92: Begriffsbestimmung und Verfassungsgrundsätze, §§ 93–100 a: Landesverrat und Gefährdung der äußeren Sicherheit, §§ 102–104 a: Straftaten gegen ausländische Staaten, §§ 105–108 b: Straftaten gegen Verfassungsorgane sowie bei Wahlen und Abstimmungen, §§ 109–109 h: Straftaten gegen die Landesverteidigung, §§ 111–121: Widerstand gegen die Staatsgewalt, §§ 123 ff.: Straftaten gegen die öffentliche Ordnung, darunter § 130: Volksverhetzung, § 131: Verherrlichung von Gewalt, Aufstachelung zum Rassenhass). Beschmiert z. B. ein Zollbeamter im Dienst Fenster und Türen des Dienstgebäudes mit Hakenkreuzen, SS-Runen und NS-Parolen, begeht er damit Straftaten i. S. d. §§ 86 Abs. 1 Nr. 4, 86 a, 130 StGB und zugleich ein schwerwiegendes Dienstvergehen nach §§ 60 Abs. 1 Satz 3, 61 Abs. 1 Satz 2 und 77 Abs. 1 BBG. Es indiziert mit Hinblick auf Art. 20 Abs. 3 GG eine Pflichtwidrigkeit, wenn der Beamte sich für politische Ziele engagiert, die nach § 1 **AGG** diskriminierend sind. Dies droht das Vertrauen der Öffentlichkeit in eine diskriminierungsfreie Verwaltung zu beeinträchtigen. Soweit die Grenze der verfassungswidrigen Betätigung nicht überschritten ist, ist dies mit Hinblick auf die politische Mäßigung nach § 60 Abs. 2 BBG zu beurteilen. Spielt ein Richter außer-

9

10

---

92 BVerwG 14. 3. 1973 – I WB 26.73, MDR 1973, 963.
93 Radikalenbeschluss: BVerfGE 39, 357 ff.; davon abweichend Rupp, BVerfGE 39, 380 ff.
94 Dazu Simon, BVerfGE 63, 309 ff.; Rottmann, ZRP 1984, 101 ff.
95 Weitergehend: Plog/Wiedow, BBG 2009, § 60 Rn. 17.

Die einzelnen Dienstvergehen und ihre Maßregelung

dienstlich in einer neonazistischen Band, so begründet das den dringenden Verdacht einer verfassungsfeindlichen Aktivität des Richters, die mit der politischen Treuepflicht nicht zu vereinbaren ist.[96]

11 Als verfassungsgegnerische Parteien kommt zurzeit vor allem die **NPD** in Betracht.[97] Dafür spricht die Ideologie der NPD. Hinzu tritt, dass sich die NPD seit den 2000er-Jahren erfolgreich intensiv um die Zusammenarbeit mit sog. »Freien Kameradschaften« und »Autonomen Nationalisten« bemüht hat. Diese Gruppierungen vertreten teilweise den Nationalsozialismus. Der Antragsschrift des Bundesrats ist insoweit zuzustimmen.[98] Dies gilt insbesondere nach den Erkenntnissen über die Verbindungen der Terrorgruppe »Nationalsozialistischer Untergrund« zu Kadern der NPD. Das BVerwG hat hinsichtlich eines Soldaten, der in den Landesvorstand der NPD gewählt wurde, dies als schweres Dienstvergehen beurteilt.[99] Als verfassungsgegnerisch sind auch die Kleinstparteien **Die Rechte, Der III. Weg und Pro Deutschland** nebst seinen regionalen Ablegern[100] zu bewerten. Die Parteien **Die Rechte** und **Der III. Weg** werden in einer Vielzahl von Bundesländern auch unter Einsatz nachrichtendienstlicher Mittel durch die Ämter für Verfassungsschutz beobachtet. Disziplinarrechtliche Entscheidungen sind dazu noch nicht ergangen. Ein aktives Eintreten für diese Parteien dürfte jedoch gegen die politische Treuepflicht verstoßen. Die Verfassungsfeindlichkeit der Partei **Die Freiheit** ist gerichtlich nicht geklärt,[101] sollte jedoch anzunehmen sein. **Die Republikaner** sind unverändert als verfassungsgegnerisch zu bewerten.[102] Sie haben inzwischen gegenüber diesen offen neonazistischen Parteien erheblich an Bedeutung verloren. Nach Auffassung der Gerichte[103] liegen bei den »Republikanern« Anhaltspunkte für Bestrebungen, die gegen die freiheitlich-demokratische Grundordnung gerichtet sind, vor.

12 Richtete sich bis in die 1990er-Jahre die Ausgrenzung fast ausschließlich gegen **DKP**-Mitglieder, spielt dies in der jüngeren Vergangenheit keine Rolle mehr.[104] **Die Linke** ist nicht als verfassungsgegnerisch anzusehen.[105] Dies schließt auch Parteigruppen wie die **Kommunistische Plattform** der Partei mit ein. Es fehlt insoweit an einer aktiven kämpferischen Aktivität zur Beseitigung der freiheitlich demokratischen Grundordnung. Auch bestehen keine Hinweise, dass diese Partei die Grundbestimmungen der diskriminierungsfreien Verwaltung, die in § 1 AGG seinen Ausdruck gefunden haben, beseitigen wollen. Auch das Engagement in einer **Antifaschistischen Initiative** ist nicht als Verstoß gegen die Treuepflicht einzustufen und daher zulässig.[106]

13 Nach einer gerichtlichen Feststellung der Verfassungsgegnerschaft seiner Partei kann das Mitglied einer solchen Partei sich nicht darauf berufen, dass es die Verfassungswidrigkeit nicht erkannt habe,[107] verfassungswidrige Meinungen in seiner Partei bekämpft und kor-

---

96 BVerfG 6.5.2008 – 2 BvR 337/08.
97 Plog/Wiedow, BBG 2009, § 60 Rn. 22.
98 http://www.bundesrat.de/SharedDocs/downloads/DE/themen/20140124npd-antragsschrift.pdf?__blob=publicationFile&v=5.
99 BVerwG 6.9.2012 – 2 WD 26.11; VGH Bayern 28.4.2014 – 16b DC 12.2380.
100 OVG Berlin-Brandenburg 23.11.2011 – OVG 1 B 111.10.
101 VG München 16.10.2014 – M 22 K 14.1743.
102 VG München 14.5.2014 – M 5 K 13.1806; a.A. Plog/Wiedow, BBG 2009, § 60 Rn. 23.
103 BVerwG 18.5.2001 – 2 WD 42.00, 2 WD 43.00, NJW 2002, 980; VGH Bayern 2.12.2002 – 3 ZB 01.1063; VG Darmstadt 24.8.2011 – 5 K 1685/10.DA; VG München 14.5.2014 – M 5 K 13.1806.
104 Plog/Wiedow, BBG 2009, § 60 Rn. 22.
105 Plog/Wiedow, BBG 2009, § 60 Rn. 23.
106 VG Darmstadt 2.8.2007 – 1 E 1247/06.
107 BVerwG 6.9.2012 – 2 WD 26.11; 20.5.1983 – 2 WD 11.82, NJW 1984, 814; VGH Bayern 28.4.2014 – 16b DC 12.2380.

Die politische Treuepflicht

rigiert habe oder dass es seine Aktivitäten so lange für erlaubt gehalten habe, wie das
BVerfG die Partei nicht nach Art. 21 Abs. 2 GG verboten habe.[108]
Wenn Mitgliedschaft und legale Aktivitäten auch bei der verfassungsfeindlichen Partei 14
grundsätzlich nicht pflichtwidrig sind,[109] ist allerdings zusätzlich zu berücksichtigen, dass
in ihnen **nach Programm und ideologischer Ausrichtung besonders leicht Straftaten**
gegen Volk, Verfassung und Staat i. S. d. §§ 80 ff. StGB liegen können, wie etwa nach § 86
Abs. 1 Nr. 4: Verbreiten von NS-Propagandamaterial, § 86 a: Verwendung von NS-Kennzeichen, § 127: Bildung bewaffneter Haufen, § 130: Volksverhetzung. Auch begründen sie
Zweifel an der diskriminierungsfreien Verwaltung i. S. d. § 1 AGG und sind geeignet, das
Vertrauen in eine solche Verwaltung zu beeinträchtigen. Dies hat im Hinblick auf die politische Mäßigungspflicht Beachtung zu finden.

Nicht besetzt. 15
Die Zulässigkeit der nachrichtendienstlichen Beobachtung einer Partei, die nicht als verfassungswidrig beurteilt worden ist, soll dazu führen, dass der Beamte seine Position 16
und Mitarbeit in der Partei einer Überprüfung unterzieht. Disziplinar vorwerfbar ist sie
nicht.[110]
Ein Verstoß gegen die Treuepflicht kann aber nicht nur durch die Mitgliedschaft in ei- 17
ner verfassungsfeindlichen Partei begangen werden. Auch durch **individuelles Verhalten**
kann gegen diese Pflicht verstoßen werden.[111] Wer vorsätzlich durch aktives Tun Bestrebungen unterstützt, die sich gegen Kernelemente der Verfassungsordnung richten, die er
als Beamter oder Soldat – und auch als Reservist im Falle einer Heranziehung zu Dienstleistungen – zu verteidigen hatte, zerstört das hierfür erforderliche Vertrauen in ihn.
Eine Verletzung auch der nachwirkenden Verfassungstreuepflicht durch einen Reservisten wiegt damit ebenfalls besonders schwer.[112] So hat das BVerwG[113] zu Recht entschieden,
dass das Verteilen einer »strategischen Skizze« eines Referenten zur »Entausländerung
Deutschlands« einen Verstoß gegen § 60 Abs. 1 Satz 3 BBG darstellt. Entsprechend hat der
VGH Bayern zur aktiven Mitarbeit im »**Die Artgemeinschaft – Germanische Glaubensgemeinschaft wesensgemäßer Lebensgestaltung e. V.**« und in der »**Europäischen Aktion**« durch einen Beamten entschieden. Der VGH Bayern verwies in seinem Urteil auf
den entsprechenden Verfassungsschutzbericht.[114] Ein Polizeibeamter, der – etwa auf der
Basis der Argumentation sog. **Reichsbürger** – die Gründung und das Fortbestehen der
Bundesrepublik Deutschland sowie die Geltung des Grundgesetzes und der darauf basierenden Rechtsordnung verneint, verstößt gegen die ihm obliegende zentrale beamtenrechtliche Dienstpflicht gemäß § 33 Satz 2 BeamtStG und begeht damit ein schwerwiegendes Dienstvergehen.[115] Auch eine aktive Beteiligung an der Organisation der sog. »**Patriotischen Europäer gegen die Islamisierung des Abendlandes** (Pegida)« kann ein individuelles verfassungsgegnerisches Verhalten darstellen, welches aufgrund seiner mit § 1
AGG nicht übereinstimmenden Zielrichtung zu einer Beeinträchtigung des Vertrauens
in die Verfassungstreue und Diskriminierungsfreiheit der öffentlichen Verwaltung führen

---

108 BVerwG 29.10.1981 – 1 D 50.80, NJW 1982, 779; VGH Kassel 7.5.1998 – 24 DH 2498/96,
   NVwZ 1999, 904, Rn. 9.
109 Anders für herausgehobenen Posten und Nutzung der Dienstbezeichnung: BVerwG 6.9.2012 –
   2 WD 26.11; a. A. Plog/Wiedow, BBG 2009, § 60 Rn. 19.
110 VG Münster 24.2.1995 – 15 K 4889/94.0, DÖV 1995, 274.
111 Plog/Wiedow, BBG 2009, § 60 Rn. 18.
112 BVerwG 6.9.2012 – 2 WD 26.11.
113 16.6.1999 – 1 D 74/98, NJW 2000, 231.
114 VGH Bayern 28.4.2014 – 16b DC 12.2380.
115 OVG Sachsen-Anhalt 21.5.2015 – 10 M 4/15.

Die einzelnen Dienstvergehen und ihre Maßregelung

kann. Eine reine Beteiligung an den Aufmärschen dürfte dafür nicht ausreichen. Bei regionalen Ablegern mit einem offen neonazistischen Ausdruck hingegen dürfte auch dies pflichtwidrig sein.[116]

18 *Nicht besetzt.*

19 Der Wehrdienstsenat erachtet für Verstöße gegen die Verfassungstreue erhebliche Maßregelungen für angemessen. Er hat in einem Fall das Verhalten eines Kapitänleutnants der Reserve als ein Verhalten gewertet, welches geeignet ist, die freiheitliche demokratische Grundordnung auszuhöhlen und damit einen Verstoß gegen die politische Treuepflicht bejaht. Der Soldat hatte während einer Übung geäußert: »Alles was nicht arisch ist und in Deutschland lebt, gehört erschossen oder in die Gaskammer! Jeder Deutsche ist von Geburt an ein Nazi! Jeder Schwarze taugt nichts!« Immerhin hat der Wehrdienstsenat diesen Soldaten nicht nur – wie die erste Instanz – in den Rang eines Oberleutnants versetzt, sondern als Höchstmaßnahme in den Rang eines Matrosen und begründete dies ausdrücklich mit der notwendigen Signalwirkung.[117] Auch die verhängten Maßnahmen für neonazistische Aktivitäten von Beamten sind schwerer geworden. Zuletzt hat das OVG Nordrhein-Westfalen die Entlassung eines Polizeikommissaranwärters, der rassistische Bilder in einer WhatsApp-Gruppe verbreitete, aus dem Vorbereitungsdienst für gerechtfertigt gehalten.[118] Der Wehrdienstsenat des BVerwG[119] hat eine vorläufige Dienstenthebung wegen des Einbringens zahlreichen NS-Propagandamaterials in dienstliche Einrichtungen und Unterkünfte aufrechterhalten. Das BVerwG hat weiter mit Urteil vom 6.9.2012[120] im Falle eines Soldaten, der herausgehobene Funktionen bei der NPD wahrgenommen hatte, die Aberkennung des Ruhegehalts für erforderlich und angemessen gehalten. Entsprechend hat der VGH Bayern[121] entschieden.

20, 21 *Nicht besetzt.*

22 Die politische Treuepflicht kann auch dadurch verletzt werden, dass sich ein Beamter bewusst in den Einflussbereich eines gegen die Bundesrepublik Deutschland gerichteten Geheimdienstes begibt. Für die Verletzung der Treuepflicht ist die Weitergabe sicherheitsrelevanter Informationen nicht notwendig.[122]

23 Das BVerwG hat entschieden, dass Art. 10 und 11 EMRK einer disziplinaren Ahndung eines Verstoßes gegen die politische Treuepflicht grundsätzlich nicht entgegenstehen.[123] Dies begegnet Zweifeln. Die EMRK begründet zwar nur einfaches Bundesrecht, das nicht über die Grundrechtsgewährung des GG hinausgeht,[124] ist jedoch für das innerdeutsche Recht und besonders für den vorliegenden Problembereich nicht bedeutungslos. Schon das Gebot der »**völkerrechtsfreundlichen**« Auslegung von Verfassung und einfachem Recht gebietet die Berücksichtigung völkerrechtlicher Bindungen, soweit es die Gesetze zulassen.[125] Dies ist im objektiven Tatbestand, zumindest aber im Rahmen der Maßnahmewahl zu berücksichtigen.

24 *Nicht besetzt.*

---

116 Vgl. BVerwG 7.9.2015 – 2 B 56.14.
117 BVerwG 22.1.1997 – 2 WD 24.96.
118 OVG Nordrhein-Westfalen 5.6.2015 – 6 B 326/15.
119 18.11.2003 – 2 WDB 2.03, BVerwGE 119, 206.
120 BVerwG 6.9.2012 – 2 WD 26/11, NVwZ-RR 2013, 971.
121 VGH Bayern 28.4.2014 – 16b DC 12.2380.
122 BVerwG 27.8.1997 – 1 D 49.96, DÖD, 1998, 67.
123 BVerwG 6.9.2012 – 2 WD 26.11; Plog/Wiedow, BBG 2009, § 60 Rn. 25.
124 BVerwG 10.3.1960 – II C 51.56; 6.2.1975 – II C 68.73.
125 BVerfG 23.6.1981 – 2 BvR 1107/77, 2 BvR 1124/77, 2 BvR 195/79.

Die politische Treuepflicht

c) Bewertung der Pflichtverletzung, Auswahl und Bemessung der Disziplinarmaßnahme

Die politische Treuepflicht steht an der Spitze der beamtenrechtlichen Pflichten und hat Verfassungsrang. Ihre schuldhafte Verletzung wiegt sehr schwer. Der Verstoß im Kernbereich der Amtspflichten ist geeignet, im innerdienstlichen Verhältnis zur Anstellungsbehörde das diensterforderliche Vertrauensverhältnis zu zerstören und nach außen das Ansehen seiner Verwaltung schwerwiegend zu beeinträchtigen. Mit Beamten, die in unzulässiger Weise auf den Sturz der verfassungsmäßigen Ordnung der Bundesrepublik Deutschland hinarbeiten oder sonst wie durch ihr Verhalten die tragenden Verfassungsgrundsätze des GG verneinen, darf sich eine rechtsstaatliche Verwaltung nicht identifizieren. Dies gilt auch für Beamte, die eine mit § 1 AGG und Art. 3 Abs. 1 GG nicht zu vereinbarenden diskriminierenden Ideologie anhängen und diese aktiv vertreten und so das Vertrauen in eine diskriminierungsfreie Verwaltung beeinträchtigen. Bei **vorsätzlichem Verstoß und Festhalten** an der pflichtwidrigen, verfassungsgegnerischen Betätigung ist der Beamte für den öffentlichen Dienst nicht mehr tragbar und muss aus dem Dienst entfernt werden.[126] Ist der Beamte nachträglich durch Austritt aus der verfassungsfeindlichen Partei **von deren Zielsetzungen abgerückt**,[127] oder hat er wenigstens die Aktivitäten in der Partei eingestellt,[128] oder liegt nur **Fahrlässigkeit** vor, etwa wegen eines vermeidbaren Tatsachenirrtums hinsichtlich der verfassungsgegnerischen Ziele der Partei, kann von der Entfernung aus dem Dienst abgesehen und auf eine niedrigere Disziplinarmaßnahme erkannt bzw. das Verfahren eingestellt werden.

25

d) Rechtsprechungsübersicht

- Bis zum **Verbot einer Partei** kann niemand deren Verfassungswidrigkeit rechtlich geltend machen; die Mitgliedschaft ist so lange nicht rechtswidrig
  - *BVerfG* 30. 10. 1963 – 2 BvL 7/61, 2 BvL 2/63, 2 BvL 9/63, BVerfGE 17, 166
- Bis zum Verbot einer Partei darf deren legale Unterstützung durch Anhänger und Funktionäre **nicht sanktioniert** werden.
  - *BVerfG* 14. 2. 1978 – 2 BvR 523/75, 2 BvR 958/76, 2 BvR 977/76, BVerfGE 47, 230
  - *VGH Hessen* 4. 1. 2008 – 8 B 17/08
- **Definition der allgemeinen politischen Treuepflicht** aus Art. 33 Abs. 5 GG **und des Dienstvergehenstatbestands** aus § 52 Abs. 2 (jetzt: § 60 Abs. 1 Satz 3) BBG – Das GG will eine »wehrhafte [streitbare]« Demokratie – Art. 21 GG steht der disziplinaren Verfolgung von Beamten nicht entgegen – Die Feststellung der Verfassungsgegnerschaft ist auch ohne vorheriges Verbot der Partei zulässig – Die Art. 3 Abs. 3, 5 Abs. 1 und 2, 12 GG stehen disziplinarer Verfolgung nicht entgegen.
  - *BVerfG* 22. 5. 1975 – 2 BvL 13/73, BVerfGE 39, 334 (**Radikalenbeschluss**)
  - *VGH Baden-Württemberg* 13. 8. 2007 – 4 S 1805/06
  - im Vergleich: *Disziplinarkammer* der Evangelischen Landeskirche in Baden Karlsruhe 4. 9. 2012 – D1/2012
- Der Schutz des **Abgeordnetenmandats** nach Art. 48 Abs. 11 GG steht der disziplinaren Verfolgung wegen Verfassungsgegnerschaft der Partei nicht entgegen.
  - *BVerfG* 21. 9. 1976 – 2 BvR 350/75, BVerfGE 42, 312

---

126 St. Rspr., BVerwG 21. 12. 2010 – 2 B 29.10, Buchholz 232 § 77 BBG Nr. 32.
127 BVerwG 20. 5. 1983 – 2 WD 11.82, NJW 1984, 814; 12. 3. 1986 – 1 D 103.84.
128 BVerwG 20. 10. 1987 – 1 D 110.85, NVwZ 1988, 735.

Die einzelnen Dienstvergehen und ihre Maßregelung

- Der in der Europäischen **Menschenrechtskonvention** (EMRK) gewährte Schutz steht einer disziplinarrechtlichen Würdigung einer Meinungsäußerung nicht generell entgegen.
  - *BVerwG* 6. 9. 2012 – 2 WD 26.11
- Die Entfernung aus dem Beamtenverhältnis kann im Einzelfall gegen das in Art. 10 EMRK verbürgte Recht auf **freie Meinungsäußerung** und gegen die in Art. 11 EMRK **garantierte Vereinigungsfreiheit** verstoßen, wenn die Maßnahme zur Gewährleistung der in Art. 10 Abs. 2 EMRK aufgeführten Zwecke – unter Berücksichtigung des staatlichen Beurteilungsspielraumes – in keinem angemessenen Verhältnis steht, mithin in einer demokratischen Gesellschaft nicht zwingend notwendig ist.
  - *EGMR* 26. 9. 1995 – 7/1994/454/535
  - *BVerwG* 18. 5. 2001 – 2 WD 42.00, 2 WD 43.00
- Angesichts der grundgesetzlich (Art. 5, 9 GG) verbürgten Grundrechte der **Meinungsäußerungsfreiheit und Vereinigungsfreiheit**, die auch den Schutz von Art. 10 und Art. 11 EMRK genießen, gebietet die dem Beamten obliegende politische Treuepflicht nicht, eine politische Partei bereits beim Auftreten erheblicher verfassungsfeindlicher Tendenzen zu verlassen.
  - *VGH Hessen* 7. 5. 1998 – 24 DH 2498/96
- Die **NPD** verfolgt Ziele, die mit der freiheitlichen demokratischen Grundordnung nicht zu vereinbaren sind (»verfassungsfeindliche Ziele«). Die Unterstützung einer solchen Partei durch Übernahme herausgehobener Funktionen und auf andere Weise verstößt auch dann gegen die Pflicht zur Verfassungstreue, wenn die Partei diese Ziele nicht aktiv kämpferisch und planvoll verfolgt.
  - *BVerwG* 20. 5. 1983 – 2 WD 11.82
- **Fehlende Verfassungstreue** rechtfertigt nicht den Widerruf der Bestellung als Bezirksschornsteinfegermeister wegen Unzuverlässigkeit.
  - *OVG Sachsen-Anhalt* 1. 12. 2008 – 2 M 248/08
- Soldat; gewählt in Landesvorstand der NPD; **Unterstützung verfassungsfeindlicher Partei**
  - *BVerwG* 6. 9. 2012 – 2 WD 26.11
- Selbst wenn ein Dienstordnungsangestellter **zu Unrecht auf Lebenszeit** ernannt worden sein sollte, weil schon damals die Voraussetzungen des § 31 Abs. 1 Nr. 1 BBG für seine Entlassung vorgelegen haben, führt dies nicht zur Fehlerhaftigkeit der späteren Verhängung einer Gehaltskürzung mit Disziplinarverfügung nach der Lebenszeiternennung. Ein disziplinarer Verfolgungsanspruch kann durch Verwirkung oder Verzicht nicht ausgeschlossen werden.
  - *BVerwG* 26. 2. 1988 – 2 WD 37.87
  - *LAG Rheinland-Pfalz* 29. 5. 2008 – 10 Sa 127/08
- Setzt sich ein Beamter in einer Partei, die in der Gefahr steht, insgesamt in die **Verfassungsfeindlichkeit** abzugleiten, dafür ein, dass die verfassungsfeindlichen Tendenzen auf Dauer nachhaltig unterbunden werden, so stellt das Verbleiben des Beamten in dieser Partei dann keinen Verstoß gegen die politische Treuepflicht des Beamten dar, wenn seine Bemühungen noch Aussicht auf Erfolg haben und der sich verfassungstreu gebende Flügel der Partei nicht lediglich als Tarnung für überwiegende verfassungsfeindliche Tendenzen in der Partei dient.
  - *VGH Kassel* 7. 5. 1998 – 24 DH 2498/96, NVwZ 1999, 904
- Allein die Kandidatur für eine **Partei**, die zwar **der nachrichtendienstlichen Observation unterliegt**, gerichtlicherseits jedoch (noch) nicht als verfassungsfeindlich deklariert wurde, stellt noch kein Dienstvergehen dar.

Die politische Treuepflicht

- *VG Münster* 24. 2. 1995 – 15 K 4889/94.O, DVBl. 1995, 630
- Ein **Beamter** verletzt seine politische Treuepflicht, wenn er bei einer privaten politischen Betätigung eine von einem Dritten verfasste Abhandlung mit deutlich erkennbarem verfassungswidrigen Inhalt unter seinem Namen und seiner Anschrift verteilt und dadurch den Eindruck erweckt, er identifiziere sich mit dem Inhalt der Abhandlung.
  – *BVerwG* 16. 6. 1999 – 1 D 74.98
- Ein **Soldat**, der **ausländerfeindliche Thesen und Gewalttaten** im Sinne der nationalsozialistischen Ideologie propagiert, verhält sich gegenüber dem Staat und seinen Verfassungsorganen illoyal und beeinträchtigt die Funktion der Bundeswehr, ohne sich auf seine Meinungsfreiheit nach Art. 5 Abs. 1 GG berufen zu können. Als Ahndung eines derartigen Dienstvergehens kommt – auch aus generalpräventiven Erwägungen – die disziplinargerichtliche Höchstmaßnahme in Betracht.
  – *BVerwG* 22. 1. 1997 – 2 WD 24.96
- **Hörfunkredakteur** bei bundeswehreigenem Hörfunksender, von innerer Überzeugung getragene **Mitgliedschaft eines Soldaten bei Republikanern** begründet Zweifel an Verfassungstreue
  – *BVerwG* 14. 9. 1999 – 1 WB 40.99, 1 WB 41.99, 1 WB 42.99
- Ein Beamter, der jüdischen Menschen eigene Schuld an der ihnen im Nationalsozialismus widerfahrenen Verfolgung und Ermordung zuweist, verletzt das Gebot achtungs- und vertrauensgerechten Verhaltens i. S. v. § 54 Satz 3 BBG.
  – *BVerwG* 20. 2. 2001 – 1 D 55.99
- Bloße Teilnahme an Feiern und Konzerten der **Skinhead-Szene**, Tragen eines Siegelrings mit SS-Runen, kein Verstoß gegen Treuepflicht, Letzteres aber außerdienstliches Vergehen
  – *BVerwG* 17. 5. 2001 – 1 DB 15.01
- Fehlende Verfassungstreue eines **Richters** durch spielen in **neonazistischer Band**: Beschlagnahme §§ 90a, 185, 187 StGB
  – *BVerfG* 6. 5. 2008 – 2 BvR 337/08
  – zur fehlenden Distanzierung: *VG Greifswald* 20. 5. 2015 – 2 A 853/14
- Bei einer **vorsätzlichen Verletzung der Verfassungstreuepflicht** durch einen **Soldaten** mit Vorgesetztendienstgrad ist grundsätzlich die disziplinare Höchstmaßnahme zu verhängen, während bei einem fahrlässigen Verstoß gegen diese Pflicht die Dienstgradherabsetzung Ausgangspunkt der Zumessungserwägungen ist. Für die Verletzung der nachwirkenden Dienstpflichten des Reservisten gilt nichts anderes.
  – *BVerwG* 6. 9. 2012 – 2 WD 26.11
- Zweimaliges außerdienstliches **Zeigen des »Hitlergrußes«** durch Kriminalbeamten i. R.; Aberkennung des Ruhegehalts
  – *OVG Berlin Brandenburg* 20. 1. 2010 – OVD 81 D 2.08
  – *VG Saarland* 13. 1. 2015 – 2 K 763/13
- Auch ohne Anhänger oder Sympathisant des Nationalsozialismus zu sein, verstößt ein Beamter gegen seine Pflicht zur Verfassungstreue, wenn er in alkoholisiertem Zustand den **Hitlergruß** verwendet und in imitierender Weise **Hitlerreden** hält.
  – *VG Saarland* 13. 6. 2008 – 7 K 1107/07
- Polizeikommissaranwärter; **rassistische Bilder in WhatsApp-Gruppe**: Entlassung aus Vorbereitungsdienst
  – *OVG Nordrhein-Westfalen* 5. 6. 2015 – 6 B 326/15
  – *VG Aachen* 30. 4. 2015 – 1 K 2241/14

Die einzelnen Dienstvergehen und ihre Maßregelung

- Mitgliedschaft und aktive Mitarbeit in den Organisationen »Die Artgemeinschaft – Germanische Glaubensgemeinschaft wesensgemäßer Lebensgestaltung e. V.« und der »Europäischen Aktion«
  - *VGH Bayern* 28. 4. 2014 – 16b DC 12.2380
- Ein Polizeibeamter, der – etwa auf der Basis der Argumentation sog. **Reichsbürger** – die Gründung und das Fortbestehen der Bundesrepublik Deutschland sowie die Geltung des Grundgesetzes und der darauf basierenden Rechtsordnung verneint, verstößt gegen die ihm obliegende zentrale beamtenrechtliche Dienstpflicht gemäß § 33 Satz 2 BeamtStG und begeht damit ein schwerwiegendes Dienstvergehen.
  - *OVG Sachsen-Anhalt* 21. 5. 2015 – 10 M 4/15
- Insbesondere bei dem Besitzen und Abspielen von als **verfassungsfeindlich einzustufendem Liedgut** durch einen Soldaten der Bundeswehr handelt es sich mit Blick auf die Ziel- und Schutzrichtung des § 55 Abs. 5 SG, künftigen Schaden von der Bundeswehr abzuwenden, nicht um eine »Bagatelle«, sondern um ein Verhalten, welches von einer insoweit sensibilisierten Öffentlichkeit aufmerksam registriert und keinesfalls toleriert wird.
  - *OVG Nordrhein-Westfalen* 1. 3. 2006 – 1 B 1843/05
- Das Engagement in einer **unabhängigen Antifaschistischen Initiative** stellt keinen Verstoß gegen die Treuepflicht dar.
  - *VG Darmstadt* 2. 8. 2007 – 1 E 1247/06

2. Die politische Neutralitäts- und Mäßigungspflicht

a) Rechtsgrundlage: § 60 Abs. 1 Satz 1 und 2, Abs. 2 BBG

Wortlaut § 60 Abs. 1 Satz 1 und 2 BBG:
»*Beamtinnen und Beamte dienen dem ganzen Volk, nicht einer Partei. Sie haben ihre Aufgaben unparteiisch und gerecht zu erfüllen und bei ihrer Amtsführung auf das Wohl der Allgemeinheit Bedacht zu nehmen.*«

Wortlaut § 60 Abs. 2 BBG:
»*Beamtinnen und Beamte haben bei politischer Betätigung diejenige Mäßigung und Zurückhaltung zu wahren, die sich aus ihrer Stellung gegenüber der Allgemeinheit und aus der Rücksicht auf die Pflichten ihres Amtes ergeben.*«

b) Definition der Pflicht und ihrer Verletzung

1 Nach den Generalklauseln in § 60 Abs. 1 Satz 1 und 2 und Abs. 2 BBG haben Beamte bei politischer Betätigung diejenige **Mäßigung und Zurückhaltung** zu wahren, die sich aus ihrer Stellung gegenüber der Allgemeinheit und aus der Rücksicht auf die Pflichten ihres Amtes ergibt.[129] Ein Beamter muss durch sein Auftreten auch außerhalb des Dienstes jeden Anschein vermeiden, er werde sein Amt nicht unparteiisch und ausschließlich am Gemeinwohl orientiert wahrnehmen. Daher darf die politische Betätigung des Beamten nicht Formen annehmen, die aus der Sicht eines unvoreingenommenen Betrachters geeignet sind, Zweifel an einer politisch neutralen, nur dem Allgemeinwohl verpflichteten Amtsführung ohne Ansehen der Person hervorzurufen. Diese Einschränkung der freien

---

129 Plog/Wiedow, BBG 2009, § 60 Rn. 27.

Politische Neutralitäts- und Mäßigungspflicht

Meinungsäußerung durch die beamtenrechtliche Pflicht zur politischen Mäßigung und Zurückhaltung ist jedoch stets im Lichte der grundlegenden Bedeutung des **Grundrechts aus Art. 5 Abs. 1 GG** auszulegen. Deshalb ist bei der Beurteilung, ob ein bestimmtes Verhalten eines Beamten Rückschlüsse auf die Amtsführung zulässt, Zurückhaltung geboten.[130] Dies hat umso mehr unter Beachtung des Kopftuch-Urteils des BVerfG zu gelten. Denn es gilt die Freiheit des glaubens- und weltanschaulichen Bekenntnisses im öffentlichen Dienst bis zum Grad der **konkreten Gefährdung der Neutralität und des Dienstfriedens**.[131] Unter dieser Maßgabe werden nunmehr auch weltanschauliche Bekenntnisse im Dienst zu sehen sein. Eine solche konkrete Gefährdung dürfte dann anzunehmen sein, wenn sich die politische Meinungsäußerung diskriminierend mit Hinblick auf § 1 AGG darstellt und dadurch das Vertrauen in eine diskriminierungsfreie und damit neutrale Verwaltung erschüttert.

Unter **politischer Betätigung** ist nicht nur die parteipolitische, sondern auch verbandspolitische und sowohl gruppenförmige als auch individuelle gesellschaftspolitische Aktivität wie Bürgerinitiativen,[132] Friedensbewegung[133] oder anderen sozialen Bewegungen zu verstehen.

Sie ist **außerdienstlich** grundsätzlich wie jedem Staatsbürger auch der Beamtenschaft erlaubt.[134] Im außerdienstlichen Bereich hängt das erforderliche Maß der Mäßigung und Zurückhaltung davon ab, ob und inwieweit die politische Betätigung einen Bezug zur dienstlichen Stellung und zu den dienstlichen Aufgaben aufweist. Jedenfalls muss der Beamte auch außerhalb des Dienstes darauf bedacht sein, eine klare Trennung zwischen dem Amt und der Teilnahme am politischen Meinungskampf einzuhalten. Einschränkungen können sich insbesondere für den Stil der politischen Betätigung und die Wortwahl politischer Meinungsäußerungen ergeben.[135] Grundsätzlich sind daher außerhalb des Dienstes getätigte politische Äußerungen eines Beamten disziplinarrechtlich unerheblich, soweit diese nicht strafbar oder aus anderen Gründen pflichtwidrig sind.[136] Der besondere Wertgehalt des Grundrechts auf freie Meinungsäußerung führt zu einer grundsätzlichen Vermutung für die Freiheit der Rede und vergleichbarer Meinungsäußerungen in allen Bereichen.[137] Das BVerwG hat mit Urteil vom 27.6.2013 – 2 A 2.12 – ausgeführt, in die Gesamtwürdigung des außerdienstlichen Verhaltens eines Beamten müsse auch einfließen, ob und inwieweit das Verhalten grundrechtlichen Schutz genieße. Ein **grundrechtlich geschütztes Verhalten**, etwa eine politische oder gewerkschaftliche Betätigung, könne aufgrund der ebenfalls verfassungsrechtlich verankerten hergebrachten Grundsätze des Berufsbeamtentums (Art. 33 Abs. 5 GG) Beschränkungen und als solches auch einer disziplinarrechtlichen Ahndung unterliegen, soweit dies von Sinn und Zweck des konkreten Dienst- und Treueverhältnisses gefordert werde. Nicht nur die Meinungsfreiheit, sondern auch die Wohlverhaltenspflicht als Teilaspekt der beamtenrechtlichen Treuepflicht und das Disziplinarrecht, die ihrerseits zu den hergebrachten Grundsätzen des Berufsbeamtentums gemäß Art. 33 Abs. 5 GG zählten, gründeten auf einer verfassungsrechtlichen Gewährleistung. Der Widerstreit von Verfassungsgütern sei im Sinne praktischer Konkordanz zu einem schonenden Ausgleich zu bringen. Dem ist zuzustim-

---

130 BVerwG 16.7.2012 – 2 B 16.12; VG Münster 13.5.2014 – 13 K 3135/13.O.
131 BVerfG 27.1.2015 – 1 BvR 471/10, 1 BvR 1181/10.
132 BVerfG 2.3.1977 – 2 BvR 1319/76, BVerfGE 44, 197.
133 BVerfG 25.7.1984 – 2 WDB 3/84, NJW 1985, 160.
134 BVerfG 23.10.1984 – 1 WB 98/92.
135 BVerwG 16.7.2012 – 2 B 16.12.
136 BVerfG 14.1.1969 – 1 BvR 553/64, BVerfGE 25, 44; 31.8.2012 – 1 BvR 1840/12.
137 VG Münster 13.5.2014 – 13 K 3135/13.O; VG Magdeburg 14.2.2014 – 8 A 6/11.

Die einzelnen Dienstvergehen und ihre Maßregelung

men. Dass der Beamte von seiner Meinungs- und Versammlungsfreiheit Gebrauch macht, führt aber nicht notwendigerweise dazu, dass sein Verhalten disziplinarrechtlich folgenlos bleibt. Es geht dabei nicht um die Untersagung der politischen Betätigung oder der Ausübung der Meinungs- und Versammlungsfreiheit. Dem Beamten ist nicht anzulasten, dass er etwa an Versammlungen teilnimmt oder seine Meinung kundtut. Der disziplinare Vorwurf darf sich nicht gegen die Wahrnehmung der grundrechtlichen Betätigung als solche richten, sondern nur gegen die in dem Zusammenhang erfolgte Begründung des Anscheins einer Identifizierung oder mindestens Sympathie etwa mit rechten und rechtsextremen Strömungen. Pflichtwidrig ist dabei die **Ansehensschädigung**, die sich aus der Gesamtbetrachtung des Verhaltens ergibt. Ein Verhalten, das als politische Meinungsäußerung gewertet werden kann, ist nur dann verfassungsrechtlich durch Art. 5 GG gedeckt, wenn es nicht unvereinbar ist mit der in Art. 33 Abs. 5 GG geforderten politischen Treuepflicht des Beamten. In diesem Sinn sind die durch Art. 33 Abs. 5 GG gedeckten Regelungen des Beamten- und Disziplinarrechts allgemeine Gesetze nach Art. 5 Abs. 2 GG. Entsprechendes gilt für das Grundrecht des Art. 8 Abs. 1 GG, bei dem zwar ein ausdrücklicher Gesetzesvorbehalt fehlt, dem aber eine »immanente Schranke« innewohnt.[138] Das Skandieren der Parole einer nationalsozialistischen Organisation bzw. einer zum Verwechseln ähnlichen Wortkombination, die ihrer Intonation nach der im Dritten Reich üblichen Art und Weise entspricht, muss bei einem vorurteilsfrei wertenden Betrachter mangels anderweitiger Anhaltspunkte den Eindruck hervorrufen, dass sich der Antragsteller zu den Zielen des nationalsozialistischen Staates bekennt und ist daher disziplinarwürdig.[139]

2b Bislang geht die Rspr. davon aus, dass sich der Beamte einer politischen Betätigung **im Dienst** regelmäßig zu enthalten hat.[140] Nach der neuen Rspr. des BVerfG sind jedoch weltanschauliche Bekundungen zulässig, solange sie keine **konkrete Gefahr für die geforderte Neutralität und den Dienstfrieden** begründen. Allerdings darf nicht mündlich für eine bestimmte Weltanschauungsgemeinschaft geworben werden.[141] Vorzunehmen ist an diesem Maßstab eine Güterabwägung zwischen Koalitions- und Meinungsfreiheit einerseits und Sicherung der Verwaltungsfunktion andererseits. Im engeren Rahmen der **Amtsausübung** kann die politische Betätigung der amtlichen Aufgabe und damit zugleich dem dienstlichen Bedürfnis nach Neutralität, Objektivität und persönlicher Unbefangenheit zur übertragenen Verwaltungsaufgabe widersprechen. Dies ist insbesondere anzunehmen, wenn schon zu den amtlichen Aufgaben gesellschaftspolitisches Engagement gehört. Sie wird daher regelmäßig unzulässig sein. Das wird auch für parteipolitische Betätigung weiterhin gelten. Die übertragene Sachaufgabe enthält allerdings häufig gesellschaftspolitische Inhalte und Zielsetzungen und erfordert dann auch eine darauf gerichtete Aktivität des Amtsinhabers ohne Rücksicht darauf, welche politische Partei dafür oder dagegen ist. Eine rechts- oder gesellschaftspolitisch **kritische dienstliche Eingabe**, die im Rahmen des anvertrauten Amtes auf dem Dienstweg gegen die Zielsetzung der eigenen Verwaltung gerichtet wird, ist grundsätzlich zulässig. Die aktive, **agitative parteipolitische oder gesellschaftspolitische Werbung im Dienst** ist pflichtwidrig. So darf ein Beamter sein Diensttelefon weder zur Wahlwerbung als Kandidat für einen Bundestagswahlkreis noch zur politischen Betätigung für eine Partei benutzen.[142] In einem solchen Verhalten hat das BVerwG einen Verstoß gegen die Neutralitätspflicht gesehen. Dass dies auch für eine Un-

---

138 BVerfG 22.5.1975 – 2 BvL 13/73; OVG Berlin-Brandenburg 1.4.2014 – OVG 81 D 2.12.
139 OVG Berlin-Brandenburg 14.6.2014 – OVG 6 S 1.13.
140 Noch VG Münster 13.5.2014 – 13 K 3135/13.O; Plog/Wiedow, BBG 2009, § 60 Rn. 31.
141 BVerfG 27.1.2015 – 1 BvR 471/10, 1 BvR 1181/10.
142 BVerwG 9.12.1998 – 2 B 85.98, NVwZ 1999, 424; Sachs, JuS 1999, 1124.

Politische Neutralitäts- und Mäßigungspflicht

terschriftenliste gegen Atomkraftwerke während dienstfreier Zeit in der Kaserne gelten soll,[143] ist bedenklich. Hierbei wird nicht[144] auf die »reale Störung der Kameradschaft« (von Soldaten) und auf die Beeinträchtigung der »konkreten« Amtspflichten des beschuldigten Soldaten abgestellt, sondern auf die abstrakte Störung anderer Soldaten.[145] Aus einer an den Grundsätzen der Verfassung orientierten Auslegung des SG folgt, dass Offiziere und Unteroffiziere ihre Dienstpflicht verletzen, wenn sie bei politischen Diskussionen innerhalb des Dienstes die freiheitlich-demokratische Ordnung in Frage stellen.[146] **Strafbare Äußerungen im Dienst** sind ohnehin pflichtwidrig, so etwa die Bemerkung »Türken ... müsste man ... vergasen!«[147] oder das Beschmieren des öffentlich zugänglichen Teils des Zollgebäudes während des Dienstes mit Hakenkreuz, SS-Runen und der NS-Parole »Juden raus aus Deutschland!«.[148] Ruft ein Polizeimeister bei einer dienstlichen Feier lautstark die Parole »Sieg Heil!«, zumindest aber die Worte »Siggi Heil!«, begeht er eine Straftat nach § 86a StGB. Dies stellt ein Dienstvergehen i. S. d. §§ 77 Abs. 1, 61 Abs. 1 Satz 3 BBG dar, das unter Berücksichtigung der Gesamtumstände seine Entfernung aus dem Dienst nach sich zieht. Der Ruf »Heil« genügt für eine Entfernung hingegen nicht.[149] Auch rassistische Beleidigungen wie »Blöder Polack« und »Du bist ein Polack und kannst sowieso nicht fahren« sind pflichtwidrig.[150] Meinungsäußerungen mit rassistischem Hintergrund sind geeignet, einen Verstoß gegen die Neutralitäts- und Mäßigungspflicht – soweit nicht schon gegen die Treuepflicht verstoßen wird – darzustellen. Zu Recht hat deshalb der Wehrdisziplinarsenat einen Soldaten mit einer Beförderungssperre von einem Jahr belegt, der das sog. »Asylbetrügergedicht« in einer Kaserne öffentlich gemacht hat.[151] Gleiches gilt für die Entscheidung, mit der ein Oberfeldwebel mit einem Beförderungsverbot von drei Jahren belegt wurde, der die Widerstandskämpfer des 20. 7. 1944 als »Verräter« bezeichnet hatte und eine verzerrte Darstellung zur Kriegsschuldfrage gegeben hat. Nur weil Milderungsgründe in nicht unerheblichem Umfang vorlagen, sah sich das Gericht in der Lage, von der eigentlich »zwingenden Folge der disziplinaren Höchstmaßnahme« abzusehen.[152]

Das **bloße Bekenntnis** zu einer bestimmten Partei, politischen Gruppe oder Richtung ist auch **im Dienst gegenüber Mitarbeitern** nicht pflichtwidrig. Anderes könnte gelten, wenn das Bekenntnis etwa bei der Amtsausübung selbst gegenüber **Adressaten der Verwaltung** geäußert worden ist und der Adressat sich dadurch in seinem Verhalten gegenüber dem Beamten beeinflusst sehen könnte. Hierin könnte im Einzelfall eine Verletzung der Pflicht zur Vermeidung des Eindrucks von Parteilichkeit und Befangenheit liegen. Normalerweise kann in dem Tragen von politischen **Nadeln, Plaketten oder Aufkle-**

2c

---

143 BVerfGE 44, 197 = NJW 1978, 2109; dagegen abweichende Meinung des Verfassungsrichters Rottmann, BVerfGE 44, 205; BVerwG 27. 9. 1991 – 2 WD 43.90, 2 WD 22.91, NVwZ-RR 1992, 558.
144 BVerfG 30. 11. 1965 – 2 BvR 54/62, BVerfGE 19, 303.
145 Ebenso weiterhin BVerfG 10. 7. 1992 – 2 BvR 1802/91, ZBR 1993, 59, zur öffentlichen Erklärung einer Gruppe von Soldaten zur Strafverfolgung der Äußerung »Soldaten seien potentielle Mörder« (Aufhebung des zugrunde liegenden BVerwG-Urteils wegen »einseitiger Wertung«); BVerwG 27. 9. 1991 – 2 WD 43.90, 2 WD 22.91, ZBR 1992, 159.
146 BVerfG 18. 2. 1970 – 2 BvR 531/68; 2. 3. 1977 – 2 BvR 1319/76.
147 BVerwG 24. 1. 1984 – 2 WD 40.83, RiA 1985, 70.
148 BVerwG 6. 7. 1982 – 1 D 3.82, DokBer B 1982, 259.
149 OVG Berlin-Brandenburg 14. 6. 2013 – OVG 6 S 1.13.
150 BVerwG 26. 9. 1996 – 2 WD 33.95, DokBer B 1997, 79.
151 BVerwG 23. 1. 1997 – 2 WD 37.96, NJW 1997, 2341; Vahle, DVP 1998, 171.
152 BVerwG 24. 10. 1996 – 2 WD 22.96; BVerwGE 113, 13; Hufen, JuS 1998, 263.

Die einzelnen Dienstvergehen und ihre Maßregelung

bern im Dienst keine vom BVerfG[153] geforderte konkrete Gefährdung der Neutralität, des Dienstfriedens oder des Vertrauens von Außenstehenden in die objektiv-korrekte Amtsausübung gesehen werden. Eine lediglich abstrakte Gefährdung reicht nicht.[154] Ist der Inhalt dieser Bekenntnisträger nicht strafbar (wie etwa bei einem NS-Symbol) oder wirkt grob verletzend, besteht kein vernünftiger Grund, an diesem Bekenntnis Anstoß zu nehmen. Ein solches Bekenntnis des weltanschaulichen Bekenntnisses ist hinzunehmen, solange keine konkrete Gefahr der Neutralität oder des Dienstfriedens besteht.[155] Wird nicht überhaupt eine Unruhe der Mitarbeiter nur unterstellt, so könnte diese im Normalfall (bei legalen Symbolen) allenfalls auf politischer Intoleranz oder auf ängstlicher Anpassung beruhen. Beide Gründe würden gegenüber der friedlich und zurückhaltend bekundeten politischen Einstellung kein vorrangiges Gewicht haben. Dieses symbolhafte Bekenntnis hat keine stärkere Bedeutung als das[156] erlaubte Äußern der politischen Meinung. Darin liegt weder eine »Nötigung« noch eine Störung der Funktionsfähigkeit des Dienstes, vielmehr müssen damit die für andere Beamten verbundenen »Irritationen« hingenommen werden.[157] Jedoch dürfte ein Ansteckner »**Nein zum Heim**« eines Polizeibeamten oder Mitarbeiters der Ausländerbehörden eine konkrete Gefährdung seiner Wahrnehmung als neutral in Aufenthaltsangelegenheiten begründen und daher pflichtwidrig sein.

3   Die **Stellung der Beamtenschaft gegenüber der Gesamtheit und die Rücksicht auf die Amtspflichten** kennzeichnen das Spannungsverhältnis, in dem das Grundrecht auf Freiheit des glaubens- und weltanschaulichen Bekenntnisses aus Art. 4 GG und der Meinungsfreiheit aus Art. 5 GG zu dem Verfassungsgebot der Sicherung der staatlichen Verwaltung steht (Art. 33 Abs. 5 GG).[158] Die Freiheit des glaubens- und weltanschaulichen Bekenntnisses nach Art. 4 GG hat so weit zu reichen, als keine konkrete Gefahr für die Neutralität der Amtsführung oder den Dienstfrieden besteht.[159] In politischen Auseinandersetzungen richtet sich die Reichweite der Meinungsfreiheit nach der »**Wesentlichkeit**« **der Äußerungen im öffentlichen, geistigen Meinungskampf**. Ist die Bedeutung wesentlich, so sind überhöhte Anforderungen an die Zulässigkeit der politischen Äußerung mit Art. 5 GG nicht vereinbar. Auch polemische Äußerungen sind dann ohne Rücksicht auf ihren Wahrheitsgehalt zulässig.[160] Die **Meinungsfreiheit** gewährleistet, ohne zwischen »Tatsachenbehauptung« und »Werturteil« zu unterscheiden, jedermann das Recht, seine Meinung frei zu äußern.[161] Besonderen Schutz genießen die »Werturteile«, weil gerade sie geistige Wirkung zur Überzeugung anderer in der öffentlichen Auseinandersetzung haben.[162] Für deren Schutz ist es unerheblich, ob sie »wertvoll« oder »wertlos«, »richtig« oder »falsch«, emotional oder rational begründet sind.[163] An die Zulässigkeit **wertender Äußerungen im öffentlichen Meinungskampf** (im Gegensatz zu Auseinandersetzungen

---

153 27.1.2015 – 1 BvR 471/10, 1 BvR 1181/10.
154 Entgegen BVerwG 31.8.1977 – 1 WB 119.77, BVerwGE 53, 327; 6.8.1981 – 1 WB 89.80, BVerwGE 73, 237.
155 BVerfG 27.1.2015 – 1 BvR 471/10, 1 BvR 1181/10.
156 Nach BVerfG 22.5.1975 – 2 BvL 13/73, BVerfGE 39, 334 ff.
157 BVerwG 25.7.1984 – 2 WDB 3.84, NJW 1985, 161.
158 Plog/Wiedow, BBG 2009, § 60 Rn. 28, 29.
159 BVerfG 27.1.2015 – 1 BvR 471/10, 1 BvR 1181/10.
160 Zu allem BVerfG, NJW 1976, 1680.
161 BVerfG 11.5.1976 – 1 BvR 163/72, BVerfGE 42, 170; 7.12.1976 – 1 BvR 460/72, BVerfGE 43, 130; 26.2.2015 – 1 BvR 1036/14, NJW 2015, 236.
162 BVerfG 5.3.2015 – 1 BvR 3362/14, NJW 2015, 1438.
163 BVerfG 14.3.1972 – 2 BvR 41/71, BVerfGE 33, 14; VerfGH Berlin 23.5.2006 – 37/04, NJW-RR 2006,1704.

Politische Neutralitäts- und Mäßigungspflicht

im privaten Bereich und bei Gegenständen ohne allgemeines Interesse) dürfen wegen Art. 5 GG keine überhöhten Anforderungen gestellt werden, auch scharfe Kritik muss hingenommen werden.[164] Nach Art. 33 Abs. 5 GG sind nur solche **Grundrechtsbeschränkungen** zulässig, die durch Sinn und Zweck des »konkreten« Dienst- und Treueverhältnisses also der persönlichen Amtspflichten des Beamten gefordert werden.[165]

Die Rspr. des BVerwG verlangt jedoch unter Berufung auf das Mäßigungs- und Zurückhaltungsgebot im Interesse des Vertrauens der Öffentlichkeit in eine dem freiheitlichen demokratischen Rechtsstaat verpflichtete Beamtenschaft von diesen zu vermeiden, dass sie durch ihr öffentliches außerdienstliches Verhalten in vorhersehbarer und in daher zurechenbarer Weise den Anschein setzen, sich mit **rechtsextremem Gedankengut** zu identifizieren oder auch nur zu sympathisieren. Demnach soll im Interesse der Akzeptanz und der Legitimation staatlichen Handelns ein Beamter verpflichtet sein, bereits den Schein der Identifikation mit einem dem freiheitlichen Rechtsstaat entgegengesetzten Gedankengut und mit Vereinigungen zu vermeiden, die sich zu einem solchen Gedankengut bekennen. Schon das zurechenbare Setzen eines solchen Scheins stellt nach der Auffassung des BVerwG eine disziplinarrechtlich bedeutsame Dienstpflichtverletzung dar. Pflichtwidrig handelt demnach auch der, der zwar kein Gegner der freiheitlich demokratischen Grundordnung ist, durch konkretes Handeln aber diesen Rechtsschein hervorruft.[166]

Verbandspolitische Aktivitäten außerhalb des Dienstes sind auch dann durch die Meinungs- und Koalitionsfreiheit aus Art. 5 und 9 Abs. 3 GG gedeckt, wenn sie sich mit kritischen Äußerungen gegen die eigene Verwaltung oder die Anstellungskörperschaft richten. Das Grundrecht auf **Koalitionsfreiheit im öffentlichen Dienst** nach Art. 9 Abs. 3 GG, § 116 BBG schützt nicht nur die Zugehörigkeit eines Beamten zu einer Vereinigung, sondern garantiert auch einen Kernbereich, in dem er sich zum Zwecke der Koalition innerhalb oder außerhalb des Dienstes aktiv betätigen und frei sagen kann, was er denkt, auch wenn er keine nachprüfbaren Gründe für das Urteil abgibt oder abgeben kann.[167] Ein generelles Betätigungsverbot der Beamten innerhalb ihrer Koalition (Verband, Gewerkschaft) gehört nicht zu den »hergebrachten Grundsätzen« des Berufsbeamtentums. Die **Gewerkschaften** dienen neben sonstigen gesellschaftspolitischen Zwecken vor allem auch den Arbeits- und Wirtschaftsbedingungen des öffentlichen Dienstes und unterstehen als Gesamtheit wie auch der einzelne Gewerkschaftsangehörige in ihren Aktivitäten innerhalb der Tarifautonomie und im Arbeitskampf **auch im öffentlichen Dienst** dem Grundrechtsschutz des Art. 9 Abs. 3 GG.[168] Die aktive Verfolgung solcher gewerkschaftlichen Ziele durch einen Beamten wird durch § 116 BBG ausdrücklich geschützt.[169] Deshalb können auch **innerhalb des Dienstes** gewerkschaftliche wie auch andere verbandspolitische Aktivitäten zulässig sein. Vor **Personalratswahlen ist die gewerkschaftliche Werbung** im Dienstgebäude und während der Dienstzeit zulässig, weil die verfassungsgeschützte Einflussmöglichkeit nur so effektiv sein kann.[170] Dagegen ist die eindringliche

4

5

---

164 BVerfG 24.7.2013 – 1 BvR 444/13, 1 BvR 527/13, ZUM 2013, 793.
165 BVerfG 30.11.1965 – 2 BvR 54/62, BVerfGE 19, 322; 5.6.2002 – 2 BvR 2257/96, PersV 2002, 473; restriktiv: Plog/Wiedow, BBG 2009, § 60 Rn. 33.
166 BVerwG 7.9.2015 – 2 B 56.14; 17.5.2001 – 1 DB 15.01; OVG Berlin-Brandenburg 29.1.2009 – OVG 6 S 38.08; VG Münster 13.5.2014 – 13 K 3135/13.O.
167 BVerfG, NJW 1976, 1680.
168 BVerfG 2.3.1991 – 1 BvR 1213/85; im Vergleich instruktiv zum 3. Weg der Kirchen: BVerfG 15.7.2015 – 2 BvR 2292/13.
169 BVerfG 30.11.1965 – 2 BvR 54/62, BVerfGE 19, 303; 26.5.1970 – 2 BvR 664/65, BVerfGE 28, 304; 50, 367; Nokiel, DÖD 2012, 152.
170 BVerfG 30.11.1965 – 2 BvR 54/62, BVerfGE 19, 320.

Die einzelnen Dienstvergehen und ihre Maßregelung

Werbung eines Personalratsmitglieds (also nicht der Gewerkschaft) für eine bestimmte Gewerkschaft pflichtwidrig.[171] Dem **beamteten Gewerkschaftsvertreter** muss ein ähnlicher Bewegungsspielraum wie dem nichtbeamteten zugestanden werden. Mit einem gegen die eigene Verwaltung gerichteten und außerhalb des Dienstes verteilten **Flugblatt** handelt der Vorsitzende der Gewerkschaftsgruppe des Amtes, der zugleich Leiter der Beratungs- und Öffentlichkeitsstelle bei der Postdirektion ist, nicht pflichtwidrig, solange er unzutreffende Tatsachenbehauptungen und negative Werturteile gegen besseres Wissen oder ohne sachlichen Anhaltspunkt vermeidet. Ebenfalls ist der **innerdienstliche Aufruf** zu einem als solchem zulässigen **Streik** durch beamtete, der Dienststelle angehörende Gewerkschaftsvertreter zulässig und kann nicht durch das »Hausrecht« des Dienststellenleiters verwehrt werden.[172] Das BVerwG hat den Aufruf zu einem rechtmäßigen Warnstreik durch die örtliche stellvertretende Personalratsvorsitzende, die gleichzeitig Vorsitzende der zuständigen Gewerkschaftsgliederung war, als Verstoß gegen beamtenrechtliche Pflichten gewertet. Daran ändere auch nichts, dass sie ausdrücklich darauf hingewiesen habe, dass sie als Gewerkschaftsfunktionärin und nicht als Personalvertreterin rede, extra einen Umhang mit der Aufschrift »DPG«, als der zuständigen Gewerkschaft übergezogen und für diese Zeit Freizeitausgleich in Anspruch genommen hat. Es soll nach der Auffassung des Gerichts ausreichen, dass das Personalratsmitglied bei den Beschäftigten als solches bekannt war.[173] In die gleiche Richtung zielt die Entscheidung des Gerichts vom selben Tag.[174] In diesem Fall soll es als Pflichtwidrigkeit ausreichen, dass der Personalratsvorsitzende in seiner dienstfreien Zeit sich am Ort eines von der zuständigen Gewerkschaft organisierten Warnstreiks aufhält und alleine diese Anwesenheit fördernd wirke. Die Erklärung des Personalratsvorsitzenden »Er halte sich da raus« ändere daran nichts. Diese beiden Entscheidungen bilden wohl den Schlusspunkt einer verfehlten Rspr., die nur aus einer realitätsfernen und mit den o. g. Grundsätzen einer demokratischen Verwaltung nicht (mehr) zu vereinbarenden Vorstellung der Pflichten von Beamten heraus erklärt werden kann. Mit dieser Rspr. wird das Koalitionsrecht, welches auch für Beamte gilt, ausgehöhlt. Gerade die aktivsten Beamten, die Aufgaben in der Gewerkschaft und im Personalrat wahrnehmen – diese Personalunion ist die Regel –, sollen damit an der Wahrnehmung ihrer Rechte aus ihrer Mitgliedschaft in der Gewerkschaft und den dort übernommenen Funktionen gehindert werden. Dies sogar ausdrücklich in den Fällen, in denen sie selbst deutlich machen, dass sie als Gewerkschaftsfunktionäre in ihrer Freizeit handeln. Das »Argument«, sie seien so bekannt, dass sie nicht aus ihrer Rolle als Personalrat heraustreten könnten, führt dazu, dass sie gerade diese Rechte als Gewerkschafter nie mehr wahrnehmen könnten, solange sie Personalratsmitglieder sind. Dies führt wiederum dazu, dass in ihre Koalitionsfreiheit insoweit eingegriffen wird, als sie sich entscheiden müssten, ob sie nunmehr gewerkschaftspolitisch aktiv sind und im Betrieb auftreten wollen oder ob sie einer Personalratstätigkeit nachgehen wollen. Dieser Eingriff ist jedoch unzulässig. Von diesen Fallkonstellationen zu unterscheiden sind die Situationen, in denen ausdrücklich als Personalratsmitglied gewerkschaftspolitisch gehandelt und aufgetreten wird. Eine Schranke ist dort gesetzt, wo die Erfüllung der dienstlichen Aufgaben unmöglich würde und die Ordnung in der Dienststelle oder das Wohl der Bediensteten unver-

---

171 BVerfG 26. 5. 1970 – 2 BvR 664/65, BVerfGE 28, 295; 14. 11. 1995 – 1 BvR 601/92, BVerfGE 93, 352.
172 BDiG 16. 7. 1987 – I BK 5/86, DÖD 1987, 233; 15. 8. 1991 – VI VL 23/90, PersR 1991, 434; ebenso Ratz, PersR 1991, 435; abweichend: Weiß, PersV 1989, 334.
173 BVerwG 23. 2. 1994 – 1 D 65.91, BVerfGE 103, 70; Hufen, JuS 1996, 932.
174 BVerwG 23. 2. 1994 – 1 D 48.92, DokBer B 1994, 231.

Politische Neutralitäts- und Mäßigungspflicht

tretbar und unvermeidbar gestört würden.[175] An diese Einschränkungen sind angesichts der verfassungsrechtlichen Bedeutung des gewerkschaftlichen Koalitions- und Meinungsfreiheitsrechts strenge Anforderungen zu stellen.

Die **politische Körpertätowierung** eines Bundespolizeibeamten stellt an sich kein Dienstvergehen dar. Anderes gilt jedoch, wenn nach dem Erscheinungsbild (Form und Größe) und der inhaltlichen Aussage der Tätowierung im Einzelfall ein achtungs- und vertrauensunwürdiger Eindruck i. S. v. § 61 Abs. 1 Satz 3 BBG entsteht. Die Tätowierung eines Landsers ist geeignet, bei einem unbefangenen Betrachter den bösen Schein zu erwecken, der Antragsteller verherrliche Soldatentum und Krieg. Mit dieser Aussage wirkt das gewählte Motiv auf dem Körper eines Polizeibeamten eindeutig anstößig i. S. v. § 77 Abs. 1 Satz 2 BBG; denn die Bezugnahme auf einen Landser, worunter im allgemeinen Sprachgebrauch und im »Bundeswehrjargon« ein deutscher Soldat der Landstreitkräfte (des Heeres) verstanden werde, dient noch heute vielfach der Verherrlichung der Wehrmacht nebst ihrer Soldaten und versinnbildliche Krieg und Gewalt. Weil eine grundsätzlich auf Dauer angelegte Tätowierung nicht wie ein Kleidungsstück abgelegt werden kann, muss der unbefangene Betrachter schlussfolgern, der Beamte identifiziere sich mit dieser Aussage in besonderem Maße. Das gilt auch, weil die Tätowierung des Beamten wegen ihrer Größe unübersehbar ins Auge springt, ohne dass es in diesem Zusammenhang entscheidend darauf ankäme, wie häufig die auf dem Rücken befindliche Tätowierung dienstlich wie außerdienstlich sichtbar wird.[176] 6

Handelt es sich um politische Äußerungen im Rahmen eines **Wahlkampfes**, muss dem Beamten eine ähnlich weitgehende Meinungsfreiheit zugestanden werden, wie sie das BVerfG[177] Parteipolitikern allgemein einräumt. Die weitgehende Freiheit politischer Wertungen gilt aber nicht nur für Sprecher von Parteien, Verbänden und Vereinigungen, sondern auch für **individuelle, politisch motivierte Aktivitäten**. Die o. a. dienstlichen Rechtsgüter können hier das Recht auf Meinungsfreiheit nur im Bereich des Strafbaren, im Übrigen nur ausnahmsweise überwiegen. Einen Verstoß lediglich gegen die Mäßigungspflicht im außerdienstlichen Bereich hat das OVG Rheinland-Pfalz[178] bei einem Polizeibeamten gesehen, der gegenüber einem Zeitungsmitarbeiter mit Bezug auf straffällige Asylbewerber geäußert hat, dass es richtig sei, »diese Bimbos mit dem Knüppel rauszutreiben«. Im Zusammenhang mit den Pogromen in Hoyerswerda äußerte er Sympathien für diejenigen, die das Vorgehen der Rassisten mit Beifall begleitet hatten. Weiter vertrat er die Meinung, dass das »Asylproblem« nur mit Gewalt gelöst werden könne. Diese Grundsätze gelten für demonstrative Meinungsäußerungen ebenso wie für die Teilnahme an rechtmäßigen Demonstrationen. Mit der Überreichung einer **Petition für eine ABC-Waffenfreie Zone** außerhalb des Dienstes verletzt ein Hauptmann nicht seine Zurückhaltungspflicht.[179] Diese Meinungsfreiheit für Beamte erlaubt auch **öffentliche Kritiken an der eigenen Verwaltung und den Vorgesetzten**, wenn diese dazu sachlichen Anlass gaben. In diesem Fall liegt in der öffentlichen, politisch-geistigen Auseinandersetzung keine pflichtwidrige »**Flucht in die Öffentlichkeit**«.[180] Ansonsten ist jedoch Soldaten bei der Verfolgung ihrer dienstlichen Interessen – wie Beamten – die »Flucht in die Öffentlich- 7

---

175 BVerfG 30.11.1965, BVerfGE 19, 322; 1.3.1979 – 1 BvR 532/77, 1 BvR 533/77, 1 BvR 419/78, 1 BvL 21/78, BVerfGE 50, 368; BDiG 16.7.1987 – I BK 5/86, DÖD 1987, 233.
176 OVG Berlin-Brandenburg 14.6.2013 – OVG 6 S 1.13; a. A. VG Berlin 9.4.2013 – 80 K 22.12 OL.
177 BVerfG 22.6.1982 – 1 BvR 1376/79, BVerfGE 61, 1.
178 4.8.1995 – 3 A 11324/95.
179 BVerwG 25.7.1984 – 2 WDB 3.84, NJW 1985, 160; 6.3.1987 – 2 WDB 11.86, NJW 1987, 3213; 6.3.1987 – 2 WDB 11.86, BVerwGE 83, 285.
180 BVerfG 18.2.1970 – 2 BvR 746/68, BVerfGE 28, 64.

Die einzelnen Dienstvergehen und ihre Maßregelung

keit« verwehrt.[181] Wer sich bei der Wortwahl seiner politischen Erwiderung an den Schärfen und **Überspitzungen des Vorredners** orientiert, handelt mit seinen eigenen Übertreibungen nicht pflichtwidrig.[182] Allgemein gilt auch für Beamte die bereits zitierte BVerfG-Rspr., dass je nach gesellschaftspolitischer Bedeutung der Streitfrage Polemik und Schärfe in der Formulierung zulässig sind. Dabei liegt der anzuwendende Maßstab nicht in der persönlichen Anschauung des Dienstvorgesetzten, sondern in dem distanzierten Blick des Außenstehenden, der die verfassungsgeschützte Pluralität der politischen Meinungsäußerung wahren will.

8   Private Meinungsäußerungen von Richtern (für die die entsprechenden Grundsätze entweder unmittelbar aus § 39 DRiG oder subsidiär über § 46 DRiG aus § 60 Abs. 1 Satz 1 und 2, Abs. 2 BBG gelten) in der Öffentlichkeit zu rechts- und gesellschaftspolitischen Fragen, mit denen sie selbst einmal befasst waren oder künftig befasst werden könnten, geben noch **keinen Befangenheitsgrund** ab.[183] Angesichts der erhöhten Bedeutung der Unbefangenheit für das unabhängige Richteramt gilt diese Rspr. umso mehr gegenüber den weisungsgebundenen Beamten. Es muss und kann allgemein darauf vertraut werden, dass die öffentlichen Amtsträger ihre privaten Ansichten in der Amtsführung zurückstellen. Das Vertrauen in ihre sachliche, ausgewogene und ernsthafte Amtsführung kann im Normalfall vernünftigerweise nicht durch private politische Meinungsäußerungen außerhalb des Dienstes als gestört angesehen werden. **Gegen das Neutralitäts-Mäßigungsgebot verstoßen** nur solche politischen Äußerungen (mit oder ohne Berufs- und Amtsoffenbarung), die ihrem Inhalt oder der Form nach strafbar sind oder in spezieller Weise die konkrete Amtsausübung gerade dieses Amtsträgers betreffen und ihn in seinem Sachbereich oder in einer anhängigen Sache befangen machen und deswegen von der weiteren Bearbeitung seines Dienstpostens oder der einzelnen Angelegenheit ausschließen.

9   Auch die **Offenlegung des bekleideten Amtes** oder der Zugehörigkeit zum öffentlichen Dienst bei der politischen Meinungsäußerung bzw. Betätigung bewirkt allein noch keine Verletzung der Neutralitäts- und Mäßigungspflicht. Das ist nicht unumstritten.[184] Die Zulässigkeit wurde bisher bejaht für Soldaten[185] – dies galt insoweit auch für die Angabe des Dienstgrades und der Dienststelle bei privaten Schreiben mit politischem Inhalt.[186] Allerdings hat das BVerwG zuletzt entschieden, dass ein Dienstvergehen nachteilige Auswirkungen für das **Ansehen der Bundeswehr** in der Öffentlichkeit hat, wenn ein in der NPD aktiver Soldat auf seiner eigenen Internetseite neben seiner parteipolitischen Betätigung und seiner Position innerhalb der Partei auch auf seinen Wehrdienst und den dort erreichten Dienstgrad hinweist. Damit wird er in der Öffentlichkeit als einflussreicher Funktionär der NPD und zugleich als Reserveunteroffizier wahrgenommen. Diese Kombination ist geeignet, das **Vertrauen der Bevölkerung in die Streitkräfte** zu gefährden, weil dieses Vertrauen darauf gründet, dass die Angehörigen der Streitkräfte ohne Einschränkungen auf dem Boden der Verfassungsordnung stehen, die sie nach außen verteidigen sollen. Diese Vertrauensgrundlage wird beschädigt, wenn in der Öffentlichkeit der Eindruck entsteht, es bestehe eine gerade von den Führungskräften der Bundeswehr ausgehende Affinität zwischen den Streitkräften und verfassungsfeindlichen Parteien.[187] Poli-

---

181 BVerwG 10.10.1989 – 2 WDB 4.89, NVwZ 1990, 762; Plog/Wiedow, BBG 2009, § 62 Rn. 6.
182 BVerfG 13.5.1980 – 1 BvR 103/77, BVerfGE 54, 138; 17.9.2012 – 1 BvR 2979/10, NJW 2012, 3712.
183 BVerfG 4.10.1977 – 2 BvR 80/77, BVerfGE 46, 14; Kutscha, DuR 1978, 48.
184 Restriktiv: Plog/Wiedow, BBG 2009, § 60 Rn. 32.
185 BVerwG 23.10.1984 – 1 WB 98.82, NJW 1985, 1659.
186 BVerwG 10.3.1998 – 1 WB 70.97, BVerwGE 113, 204.
187 BVerwG 6.9.2012 – 2 WD 26.11.

Politische Neutralitäts- und Mäßigungspflicht

tische Meinungsäußerungen von **Beamten,**[188] **Staatsanwälten** und **Richtern** sind durch Art. 5 Abs. 1 GG nur gedeckt, wenn sie mit Art. 33 Abs. 5 GG in Einklang stehen; die mit den hergebrachten Grundsätzen des Berufsbeamtentums und der Unabhängigkeit des Richters vereinbarten Regelungen in den Beamtengesetzen und im DRiG sind allgemeine Gesetze i. S. d. Art. 5 Abs. 2 GG, die ihrerseits im Lichte der Meinungsfreiheit auszulegen sind. Verfassungsrechtlich nicht zu beanstanden ist die Bejahung einer Dienstpflichtverletzung, wenn das Amt und das mit diesem verbundene Ansehen und Vertrauen hervorgehoben und dazu benutzt wird, um der Meinung des Amtsinhabers in der politischen Auseinandersetzung mehr Nachdruck zu verleihen.[189] Wenn auch die Frage des »**Missbrauchs des Amtsbonus**« vor allem gegenüber Richtern diskutiert wird, so stellt sie sich nicht anders für Beamte. Denn die in § 60 Abs. 1 Satz 1 und 2, Abs. 2 BBG und in § 39 DRiG geregelten Pflichten stimmen mindestens inhaltlich überein. Die Annahme, durch Offenlegung des bekleideten Amtes werde in jedem Fall ein »Amtsbonus missbraucht« und allein damit das **Vertrauen der Außenstehenden in die korrekte Amtsführung** beeinträchtigt, ist nicht haltbar. Dagegen spricht schon § 86 Abs. 2 Satz 2 BBG, wonach der Beamte die Amtsbezeichnung »… auch außerhalb des Dienstes führen« darf. Nach überzeugender Ansicht ist es rechtlich unerheblich, wenn der Beamte das von ihm bekleidete Amt offenlegt. Dies allein ist nämlich nicht geeignet, einen Missbrauch des Amtsbonus zu begründen, wobei ohnehin zweifelhaft ist, ob heutzutage wirklich eine **aufgeklärte Öffentlichkeit** einem Amtsträger noch einen Amtsbonus in dem Sinne zuerkennt, dass seine Meinung schon allein wegen seiner Amtsstellung als besonders maßgebend und verbindlich angesehen wird. Der Beruf prägt den Menschen und dessen Identität und es ist kein Grund ersichtlich, warum ein Beamter im Rahmen einer politischen Meinungsäußerung seinen Beruf geheim halten müsste.[190] Ein Missbrauch ist zwar nicht undenkbar, zumeist aber nicht gegeben. Sicherlich muss jeder Amtsträger – vor allem die Verwaltungsspitzen und politischen Beamten – »eine klare Trennung zwischen Amt und politischem Meinungskampf einhalten« und »darf bei seinen privaten Äußerungen nicht den Anschein einer amtlichen Stellungnahme erwecken«.[191] Ein solcher Anschein kann aber vernünftigerweise aus der privaten und außerdienstlichen Teilnahme an einer Demonstration nicht entstehen. Im Einzelfall ist jedoch zu klären, ob die Teilnahme an einer Demonstration den »bösen Schein« erweckt, der Beamte stimme mit den ggf. nationalsozialistischen Zielen der Demonstration überein.[192]

c) Bewertung der Pflichtverletzung, Auswahl und Bemessung der Disziplinarmaßnahme

Das Gewicht von schuldhaften Verletzungen der Neutralitäts- und Mäßigungspflicht muss im **Einzelfall** nach der Bedeutung des Schadens bemessen werden, der der Verwaltung oder dem übertragenen Amt entstanden ist. Angesichts der großen Skala denkbarer Verstöße und deren unterschiedlicher Bedeutung gibt es **keine generalisierende Norm-Einstufung** in eine bestimmte Maßnahmenart. Entscheidend ist der Grad, in welchem

10

---

188 BVerfG 20. 9. 2007 – 2 BvR 1047/06, NVwZ 2008, 416; Otto, DVP 2009, 258.
189 BVerfG 6. 6. 1988 – 2 BvR 111/88, NJW 1989, 93; zuvor: BVerwG 29. 10. 1987 – 2 C 73.86; 29. 10. 1987 – 2 C 72.86, BVerwGE 78, 216; Paehler, DRiZ, 1988, 373; Sendler, DRiZ 1989, 453; Fangmann, KJ 1988, 167; Hager, ZBR 1990, 311; Zapka, DRiZ 1989, 214; Hufen, JuS 1990, 319; Becker, RiA 1988, 227.
190 VG Münster 13. 5. 2014 – 13 K 3135/13.O.
191 BVerwG – 2 C 73.86, ZBR 1988, 128.
192 BVerwG 7. 9. 2015 – 2 B 56.14; OVG Berlin-Brandenburg 29. 1. 2009 – OVG 6 S 38.08.

Die einzelnen Dienstvergehen und ihre Maßregelung

das Vertrauen in die Rechtmäßigkeit und Verfassungsgemäßheit des öffentlichen Dienstes beeinträchtigt ist und ob in welchem Umfang das Vertrauen in den Beamten erschüttert ist, dass er uneingeschränkt für die rechtliche Ordnung einstehen wird.

d) Rechtsprechungsübersicht

- Das Tragen von **politischen Nadeln, Plaketten, Aufklebern** o.Ä. im Dienst ist pflichtwidrig, wenn Zielsetzung »abstrakt« geeignet ist, den Dienstfrieden zu stören. (Frühere Rspr.)
  - *BVerwG* 6. 8. 1981 – 1 WB 89/80
  - *BVerwG* 25. 1. 1990 – 2 C 50/88
- Weltanschauliche Bekenntnisse müssen **konkret den Dienstfrieden oder die Neutralität stören**, um pflichtwidrig zu sein. Eine abstrakte Gefährdung reicht nicht. (Neue Rspr.)
  - *BVerfG* 27. 1. 2015 – 1 BvR 471/10, 1 BvR 1181/10
- **Kollidieren** die **Grundsätze des Beamtentums und die individuellen Freiheitsrechte** eines Beamten, so ist dieser Konflikt dergestalt auszugleichen, dass die für die Erhaltung eines intakten Beamtentums unerlässlichen Pflichten die Wahrnehmung von Grundrechten durch den Beamten einschränken. Die Meinungsäußerung muss demnach mit Art. 33 Abs. 5 GG in Einklang stehen, um durch Art 5. Abs. 1 GG gedeckt zu sein.
  - *BVerfG* 20. 9. 2007 – 2 BvR 1047/06
- Politische Äußerungen von **Staatsanwälten** und **Richtern** sind durch Art. 5 Abs. 1 GG nur gedeckt, wenn sie mit Art. 33 Abs. 5 GG in Einklang stehen. Verfassungsrechtlich nicht zu beanstanden ist die Bejahung einer Dienstpflichtverletzung, wenn das Amt und das mit diesem verbundene Ansehen und Vertrauen hervorgehoben und dazu benutzt wird, um der Meinung des Amtsinhabers in der politischen Auseinandersetzung mehr Nachdruck zu verleihen.
  - *BVerfG* 6. 6. 1988 – 2 BvR 111/88
- Aus Art. 33 Abs. 5 GG sind nur solche **Grundrechtseinschränkungen** zulässig, die durch Sinn und Zweck des »**konkreten« Dienstverhältnisses** – also der konkreten Anforderung des Dienstpostens – gefordert werden.
  - *BVerfG* 30. 11. 1965 – 2 BvR 54/62
  - *BVerfG* 5. 6. 2002 – 2 BvR 2257/96
- Das Grundrecht aus Art. 5 Abs. 1 GG unterscheidet nicht zwischen »**Werturteil**« und »**Tatsachenbehauptung**« – Jeder soll frei sagen können, was er denkt, auch wenn er keine nachprüfbaren Gründe für sein Urteil angibt.
  - *BVerfG* 11. 5. 1976 – 1 BvR 163/72
  - *BVerfG* 26. 2. 2015 – 1 BvR 1036/ 14 (zur Aufschrift: »FCK CPS«)
- **Persönliche Werturteile** sind besonders geschützt. Sie genießen den Schutz des Grundrechts, ohne dass es darauf ankommt, ob die Äußerung begründet oder grundlos, emotional oder rational ist, als wertvoll oder wertlos, gefährlich oder harmlos eingeschätzt wird.
  - *BVerfG* 26. 2. 2015 – 1 BvR 1036/ 14
- Öffentliche Erklärung einer Gruppe von Soldaten zum **Verfahren »Soldaten sind potentielle Mörder«** – Disziplinarurteil verstößt gegen Meinungsfreiheit – einseitige Auslegung
  - *BVerfG* 10. 7. 1992 – 2 BvR 1802/91
- Die hergebrachten Grundsätze des Berufsbeamtentums aus Art. 33 Abs. 5 GG enthalten **kein generelles Betätigungsverbot** für Beamte innerhalb ihrer Koalition – die **Gewerk-**

Politische Neutralitäts- und Mäßigungspflicht

schaften wie auch ihre einzelnen **Mitglieder** unterstehen dem Grundrechtsschutz des Art. 9 Abs. 3 GG. Den Vorgaben des Art. 11 EMRK kann nicht durch eine konventionskonforme Auslegung des Art. 33 Abs. 5 GG, sondern nur durch den Gesetzgeber Rechnung getragen werden.
– *BVerwG* 26. 2. 2015 – 2 B 6.15
- Die durch Art. 9 Abs. 3 GG gewährleistete **Koalitionsfreiheit** verlangt, dass die Rechtsordnung den Koalitionen die »spezifischen« Betätigungen zur effektiven Erreichung ihres Zweckes ermöglicht
– *BVerfG* 30. 11. 1965 – 2 BvR 54/62, BVerfGE 19, 314
- Die **Schutzgrenze** ist nur dann überschritten, wenn die Erfüllung der dienstlichen Aufgaben unmöglich wird und die Ordnung in der Dienststelle oder das Wohl der Mitarbeiter unvermeidbar und unvertretbar gestört wird.
– *BVerfG* 1. 3. 1979 – 1 BvR 532/77, 1 BvR 533/77, 1 BvR 419/78, 1 BvL 21/78, BVerfGE 50, 368
– *BVerfG* 30. 4. 2015 – 1 BvR 2274/12
- Auch innerhalb des Dienstgebäudes und der Dienstzeit ist die **gewerkschaftliche Werbung** vor einer Personalratswahl verfassungsrechtlich geschützt.
– *BVerfG* 30. 11. 1965 – 2 BvR 54/62, BVerfGE 19, 314
- Verfassungsrechtlich nicht geschützt dagegen die innerdienstliche **Werbung eines Personalratsmitglieds** für eine Gewerkschaft.
– *BVerfG* 26. 5. 1970 – 2 BvR 664/65
- Die staatliche Neutralität und das öffentliche Vertrauen in die Objektivität und gemeinwohlorientierte Ausführung der Amtsgeschäfte können beeinträchtigt werden, wenn sich eine Gewerkschaft den **Bereich staatlicher Aufgabenerfüllung** zur Durchsetzung ihrer politischen Forderungen zu Nutze zu machen versucht.
– *BVerfG* 6. 2. 2007 – 1 BvR 978/05
- Dem beamteten Gewerkschafter steht ein ähnlicher Betätigungsspielraum zu wie dem nichtbeamteten – Gewerkschaftsangehörige dürfen im Dienstgebäude und **während der Dienstzeit** zu einem zulässigen Streik aufrufen. Ihnen darf das Verweilen im Dienstgebäude zu diesem Zweck nicht untersagt werden.
– *BDiG* 16. 7. 1987 – I BK 5/86, DÖD 1987, 233
- Ein von seiner dienstlichen Tätigkeit freigestelltes beamtetes Personalratsmitglied kann durch einen an Arbeiter und Angestellte gerichteten **Aufruf zum Streik** in seiner Dienststelle auch dann eine disziplinar zu verfolgende innerdienstliche Pflichtverletzung begehen, wenn es unter ausdrücklichem Hinweis auf seine Mitgliedschaft in der Gewerkschaft auftritt.
– *BVerwG* 23. 2. 1994 – 1 D 65.91, NVwZ 1996, 74
- Diskussionen über glaubens- und weltanschauliche Bekenntnisse als auszuhaltender Teil des gesellschaftlichen Prozesses.
– *OVG Lüneburg* 15. 10. 2012 – 19 ZD 10/12
- Die **Teilnahme an neonazistischen Versammlungen** widerspricht Art. 33 Abs. 5 GG, wenn der Anschein einer Identifizierung oder mindestens Sympathie mit rechten und rechtsextremen Strömungen geweckt wird.
– *BVerwG* 7. 9. 2015 – 2 B 56.14
– *OVG Berlin-Brandenburg* 1. 4. 2014 – OVG 81 D 2.12
- Wer als **Vorgesetzter (Soldat) im Dienst** gegenüber Untergebenen die **freiheitliche demokratische Grundordnung in Frage stellt**, wird durch Art. 5 Abs. 1 GG nicht geschützt.
– *BVerfG* 18. 2. 1970 – 2 BvR 531/68, DÖV 1970, 417

Die einzelnen Dienstvergehen und ihre Maßregelung

- »Sieg Heil!« bzw. »Siggi Heil!«-Rufe auf dienstlicher Feier begründen Entfernung
  - OVG Berlin-Brandenburg 14.6.2013 – OVG 6 S 1.13
- Körpertätowierung eines »Landsers« auf gesamten Rücken eines Bundespolizeibeamten begründet Entfernung.
  - OVG Berlin-Brandenburg 14.6.2013 – OVG 6 S 1.13
- Das **Skandieren der Parole** einer nationalsozialistischen Organisation bzw. einer zum Verwechseln ähnlichen Wortkombination, die ihrer Intonation nach der im Dritten Reich üblichen Art und Weise entsprach, musste bei einem vorurteilsfrei wertenden Betrachter mangels anderweitiger Anhaltspunkte den Eindruck hervorrufen, dass sich der Antragsteller zu den Zielen des nationalsozialistischen Staates bekenne.
  - OVG Berlin-Brandenburg 14.6.2014 – OVG 6 S 1.13
- Ein Soldat verletzt nicht seine Pflicht zur Zurückhaltung gem. § 10 Abs. 2 SG, wenn er in seiner Freizeit außerhalb der dienstlichen Unterkünfte und Anlagen in Zivil und ohne Angabe seiner Soldateneigenschaft in Anwesenheit der Presse eine Petition der sog. »**Friedensbewegung**« dem Oberbürgermeister einer von der Garnison etwa 10 km entfernt liegenden Stadt überreicht, dieser möge dafür Sorge tragen, dass die verfassungsmäßigen Rechte der Stadt genützt würden, um sie symbolisch zur ABC-waffenfreien Zone zu erklären.
  - BVerwG 25.7.1984 – 2 WDB 3.84, NJW 1985, 160
- Einer in der Wortwahl und der Darstellung überzogenen Äußerung eines anderen Soldaten darf ein Soldat auch ohne die grundsätzlich gebotene Zurückhaltung entgegentreten.
  - BVerwG, 23.10.1984, 1 WB 98/82, NJW 1985, 1659 Im **Wahlkampf** sind wertende politische Äußerungen, zumal eines Parteimitglieds, besonders geschützt
  - BVerfG, 22.6.1982, 1 BvR 1376/79, BVerfGE 61, 11
- Eine **Flucht in die Öffentlichkeit** kommt nur als ultima Ratio in Betracht.
  - BVerwG 10.10.1989 – 2 WDB 4.89
  - OVG Rheinland-Pfalz 13.6.1995 – 7 A 12186/94
  - VG München 15.1.2014 – M 7 K 13.2610
- Ein Soldat ist grundsätzlich berechtigt, der Absenderangabe eines privaten Schreibens **Dienstgrad und Dienststelle** beizufügen.
  - BVerwG 10.3.1998 – 1 WB 70.97, BVerwGE 113, 204
- Es ist zweifelhaft, ob heutzutage wirklich eine **aufgeklärte Öffentlichkeit** einem Amtsträger noch einen Amtsbonus in dem Sinne zuerkennt, dass seine Meinung schon allein wegen seiner Amtsstellung als besonders maßgebend und verbindlich angesehen wird.
  - VG Münster 13.5.2014 – 13 K 3135/13.O
- Aber: Das Dienstvergehen hat nachteilige Auswirkungen für das Ansehen der Bundeswehr in der Öffentlichkeit, wenn der für die **NPD** aktive Soldat auf seiner Internetseite neben seiner parteipolitischen Betätigung und seiner Position innerhalb der Partei auch auf seinen Wehrdienst und den dort erreichten Dienstgrad hinweist.
  - BVerwG 6.9.2012 – 2 WD 26.11
- Es ist zulässig, **politische Betätigungen** von Soldaten im räumlichen Bereich der Bundeswehr auch in der Freizeit so zu begrenzen, dass mögliche Auseinandersetzungen unter Kameraden von vornherein vermieden werden.
  - BVerfG 2.3.1977 – 2 BvR 1319/76
- Die Grundentscheidung der Verfassung schließt es aus, dass der Staat zur Ausübung von Staatsgewalt Bewerber zulässt und in (Ehren-)Ämtern, die mit der Ausübung staatlicher Gewalt verbunden sind, Bürger belässt, die die freiheitliche demokratische, rechts- und sozialstaatliche Ordnung ablehnen und bekämpfen.

Fernbleiben vom Dienst

- *BVerfG* 6. 5. 2008 – 2 BvR 337/08
- Spricht ein Soldat in Vorgesetztenstellung den im Inland lebenden Türken das Existenzrecht ab und beschimpft er deutsche Politiker als »**Volksschädlinge**«, so offenbart er so erhebliche Persönlichkeitsmängel, dass eine reinigende Maßnahme im disziplinargerichtlichen Verfahren unumgänglich ist.
  - *BVerwG* 24. 1. 1984 – 2 WD 40.83
- Bezeichnung der **Widerstandskämpfer** als »Verräter«, verzerrte Darstellung der Kriegsschuld: **Beförderungsverbot für drei Jahre**
  - *BVerwG* 24. 10. 1996 – 2 WD 22.96
- Innerdienstliches Verteilen des »**Asylbetrügergedichts**«: **Beförderungsverbot auf ein Jahr**
  - *BVerwG* 23. 1. 1997 – 2 WD 37.96
- Ein Beamter, der Menschen jüdischer Abstammung eigene Schuld an dem ihnen im Nationalsozialismus widerfahrenen Schicksal zuweist, verletzt das Gebot achtungs- und vertrauensgerechten Verhaltens im Sinne von § 54 Satz 3 BBG: **Gehaltskürzung um 1/20 für 48 Monate**
  - *BVerwG* 20. 2. 2001 – 1 D 55.99
- **Nicht verbotene Verhaltensweisen** im grundrechtlich geschützten privaten Bereich der eigenen Wohnung (Besitz von nicht verbotenen Gegenständen, Hören bestimmter Musik, Sehen bestimmter Filme, Unterhaltungen mit dem Lebenspartner) sind mangels Außenwirkung nicht geeignet, für die »Öffentlichkeit« ein negatives Erscheinungsbild eines Polizeibeamten zu ergeben.
  - *VG Berlin* 9. 4. 2013 – 80 K 22.12 OL

Dienstleistung

3. Fernbleiben vom Dienst

a) Rechtsgrundlage: §§ 87, 88, 91, 96 BBG

Wortlaut § 87 BBG (Arbeitszeit):
»(1) Die regelmäßige Arbeitszeit darf wöchentlich im Durchschnitt 44 Stunden nicht überschreiten.
(2) Soweit Bereitschaftsdienst besteht, kann die Arbeitszeit entsprechend den dienstlichen Bedürfnissen verlängert werden.
(3) Das Nähere zur Regelung der Arbeitszeit, insbesondere zur Dauer, zu Möglichkeiten ihrer flexiblen Ausgestaltung und zur Kontrolle ihrer Einhaltung, regelt die Bundesregierung durch Rechtsverordnung. Eine Kontrolle der Einhaltung der Arbeitszeit mittels automatisierter Datenverarbeitungssysteme ist zulässig, soweit diese Systeme eine Mitwirkung der Beamtinnen und Beamten erfordern. Die erhobenen Daten dürfen nur für Zwecke der Arbeitszeitkontrolle, der Wahrung arbeitsschutzrechtlicher Bestimmungen und des gezielten Personaleinsatzes verwendet werden, soweit dies zur Aufgabenwahrnehmung der jeweils zuständigen Stelle erforderlich ist. In der Rechtsverordnung sind Löschfristen für die erhobenen Daten vorzusehen.«

Die einzelnen Dienstvergehen und ihre Maßregelung

Wortlaut § 88 BBG (Mehrarbeit):
»Beamtinnen und Beamte sind verpflichtet, ohne Vergütung über die regelmäßige wöchentliche Arbeitszeit hinaus Dienst zu tun, wenn zwingende dienstliche Verhältnisse dies erfordern und sich die Mehrarbeit auf Ausnahmefälle beschränkt. Werden sie durch eine dienstlich angeordnete oder genehmigte Mehrarbeit mehr als 5 Stunden im Monat über die regelmäßige Arbeitszeit hinaus beansprucht, ist ihnen innerhalb eines Jahres für die Mehrarbeit, die sie über die regelmäßige Arbeitszeit hinaus leisten, entsprechende Dienstbefreiung zu gewähren. Bei Teilzeitbeschäftigung sind die 5 Stunden anteilig zu kürzen. Ist die Dienstbefreiung aus zwingenden dienstlichen Gründen nicht möglich, können Beamtinnen und Beamte in Besoldungsgruppen mit aufsteigenden Gehältern eine Vergütung erhalten.«

Wortlaut § 96 BBG (Fernbleiben vom Dienst):
»(1) Beamtinnen und Beamte dürfen dem Dienst nicht ohne Genehmigung ihrer Dienstvorgesetzten fernbleiben. Dienstunfähigkeit infolge Krankheit ist auf Verlangen nachzuweisen.
(2) Verliert die Beamtin oder der Beamte wegen unentschuldigten Fernbleibens vom Dienst nach dem Bundesbesoldungsgesetz den Anspruch auf Besoldung, wird dadurch die Durchführung eines Disziplinarverfahrens nicht ausgeschlossen.«

b) Definition der Pflicht und ihrer Verletzung

1   Die **Pflicht zur Dienstleistung** ergibt sich zwangsläufig und ohne weiteres aus dem Zweck eines jeden Dienstverhältnisses. Rechtlich folgt sie aus der allgemeinen Treue- und Zuverlässigkeitspflicht der §§ 4 und 61 Abs. 1 Satz 2 BBG. § 96 Abs. 1 BBG stellt die speziellere Regelung im Hinblick auf pflichtwidriges Fernbleiben vom Dienst dar. Dies ergibt sich daraus, dass § 61 Abs. 1 Satz 1 BBG – Pflicht zur vollen beruflichen Hingabe – sich auf die Qualität, nicht jedoch auf die Quantität der Arbeit bezieht.[193] Damit stellt § 96 Abs. 1 die Rechtsgrundlage für die disziplinare Vorwerfbarkeit des Fernbleibens vom Dienst dar. Regelungsgegenstand ist die formale Dienstleistungspflicht. Der **Tatbestand des unerlaubten Fernbleibens** knüpft an die formale Dienstleistungspflicht an. Es handelt sich dabei um eine beamtenrechtliche Grundpflicht, die von dem Beamten vor allem fordert, sich während der vorgeschriebenen Zeit am vorgeschriebenen Ort aufzuhalten, um die ihm übertragenen dienstlichen Aufgaben zu erfüllen.[194] Wer dem Dienst vorsätzlich unerlaubt fernbleibt, missachtet damit zwangsläufig die Dienstpflichten zum vollen beruflichen Einsatz und zur Befolgung dienstlicher Anordnungen.[195] Aufgrund der Bedeutung und der leichten Einsehbarkeit der Pflicht, überhaupt zum Dienst zu erscheinen, offenbart das Fernbleiben über einen langen Zeitraum ein besonders hohes Maß an Verantwortungslosigkeit und Pflichtvergessenheit. Daher ist in diesen Fällen die Entfernung aus dem Dienst grundsätzlich Ausgangspunkt der Bestimmung der angemessenen Disziplinarmaßnahme. Die von der Schwere des Dienstvergehens ausgehende Indizwirkung entfällt nur dann, wenn im Einzelfall gewichtige Entlastungsgründe zu Gunsten des Beamten zu berücksichtigen sind.[196]

2   Eine konkrete Dienstleistungspflicht trifft nur die aktiven Beamten. Bei **Ruhestandsbeamten** ruht die Dienstpflicht, kann aber nach § 46 BBG wiederaufleben. Die schuldhafte

---
193 BVerwG 6.3.1975 – 2 C 35.72, Buchholz 232 § 72 BBG Nr. 11.
194 BVerwG 12.10.2006 – 1 D 2.05; VGH Bayern 22.9.2010 – 16b D 09.2133.
195 BVerwG 27.2.2014 – 2 C 1.13.
196 BVerwG 23.1.2013 – 2 B 63.12; VGH Baden-Württemberg 1.4.2014 – DL 13 S 2383/13.

Fernbleiben vom Dienst

Verletzung der Pflicht eines Ruhestandsbeamten, einer erneuten Berufung in das Beamtenverhältnis nachzukommen, steht dem schuldhaften ungenehmigten Fernbleiben vom Dienst bei Beamten im aktiven Dienst gleich.[197] Bei alsbald zu erwartender Verpflichtung zur Wiederaufnahme des Dienstes hat der Beamte seinem Dienstherrn eine bevorstehende Reise und seine Anschrift während dieser Zeit mitzuteilen; unterbleibt eine rechtzeitige Wiederaufnahme des Dienstes wegen Verletzung der Mitteilungspflicht und sich hieraus ergebender Nichterreichbarkeit des Beamten, bleibt er dem Dienst schuldhaft fern.[198] Die Pflichtwidrigkeit ist bereits als **Tatbestandsmerkmal** integriert.[199] Ein Beamter, der nicht zum Dienst erscheint, verletzt auch seine Pflicht, sich mit voller Hingabe bzw. vollem persönlichem Einsatz seinem Beruf zu widmen und sein Verhalten innerhalb und außerhalb des Dienstes der Achtung und dem Vertrauen gerecht werden zu lassen, die sein Beruf erfordert (§ 61 Abs. 1 Sätze 1 und 3 BBG).[200] Bleibt der Beamte dem Dienst schuldhaft fern, so konsumiert dieses Dienstvergehen die währenddessen ausgeübte Nebentätigkeit. 3

Das **Meistbegünstigungsprinzip** mit Hinblick auf die Änderungen im BBG steht einer Disziplinarwürdigkeit eines Verstoßes gegen Dienstzeitvorgaben nicht entgegen. Nach § 2 Abs. 1 StGB bestimmt sich die Strafe nach dem Gesetz, das zur Zeit der Tat gilt. Ändert sich das Gesetz nachfolgend noch vor der gerichtlichen Entscheidung, ist gem. § 2 Abs. 3 StGB aber das mildeste Gesetz anzuwenden. Die Norm trifft damit eine Regelung zur Geltung von Strafgesetzen bei nachträglichen Änderungen der Strafbarkeit oder des Strafrahmens und ordnet zu Gunsten des Täters ein Meistbegünstigungsprinzip an. § 2 Abs. 3 StGB lässt damit die geänderten Vorstellungen des Gesetzgebers über Recht und Unrecht sowie die Strafwürdigkeit dem Täter auch für frühere Taten zu Gute kommen. Dieser Rechtsgedanke gilt auch für die Bestimmung von Disziplinarmaßnahmen. Dies ändert aber nichts daran, dass Beamte verpflichtet sind, ihren Dienst nach den aktuell geltenden Dienstvorschriften zu verrichten. Deren nachträgliche Änderung kann sich allenfalls je nach den konkreten Umständen auf die Maßnahmebemessung auswirken. Denn ein Beamter war vor der Änderung als auch danach verpflichtet, dienstliche Anordnungen seines Vorgesetzten auszuführen und dessen allgemeine Richtlinien zu befolgen. Hierzu gehört auch die Einhaltung der geltenden Arbeitszeit (§ 62 Abs. 1 Satz 2 BBG). Er ist (§ 96 Abs. 1 Satz 1 BBG) unverändert nicht berechtigt, dem Dienst ohne Genehmigung fernzubleiben oder ihn vorzeitig zu beenden. Ein für die Anwendung des Rechtsgedankens aus § 2 Abs. 3 StGB erforderlicher Wandel der gesetzgeberischen Vorstellungen über Recht und Unrecht oder die Disziplinarwürdigkeit von Verstößen gegen die Gehorsamspflicht liegt nicht vor.[201] 4

Ein Beamter muss immer den geltenden Dienstzeitvorschriften nachkommen. Von der vorgegebenen **Dienstzeit** darf sich der Beamte nicht eigenmächtig entbinden. So wird sowohl die genaue Einhaltung des Dienstbeginns wie des Dienstendes geschuldet. Verspäteter Dienstantritt wie vorzeitiges Verlassen des Dienstes während der Dienstzeit sind pflichtwidrig. Das gilt auch im Bereich **gleitender Arbeitszeit** gem. § 87 Abs. 3 BBG für die Einhaltung der **Kernzeit** und der Gesamtarbeitszeit.[202] Sinn und Zweck einer geregelten Kernzeit ist, dass alle Beamten zu diesen Zeiten gleichzeitig Dienst leisten und für den 5

---

197 BVerwG 20. 1. 2009 – 2 B 4.08, Buchholz 232 § 77 BBG Nr. 28.
198 BVerwG 8. 8. 1996 – 1 DB 10.96, DokBer B 1996, 307.
199 BVerwG 26. 8. 1993 – 1 DB 15.93, NVwZ 1995, 86; 30. 8. 1995 – 1 DB 9/95.
200 VGH Bayern 24. 10. 2013 – 16b D 10.1230.
201 BVerwG 21. 5. 2013 – 2 B 67.12
202 VGH Bayern 1. 6. 1978 – 12 XVI 77, DÖD 1979, 29; Plog/Wiedow, BBG 2009, § 87 Rn. 65.

Die einzelnen Dienstvergehen und ihre Maßregelung

Dienstherrn, ggf. auch Publikumskontakt, zur Verfügung stehen. Durch Hereinarbeiten kann – anders als bei der Gleitzeit – ein Fernbleiben während der Kernzeit nicht ausgeglichen werden.[203] Das BVerwG geht dabei davon aus, dass einem Beamten noch kein disziplinarer Vorwurf allein daraus gemacht werden kann, dass er im Dienst eine Handlung vornimmt, die weder der Sache nach die übertragene dienstliche Aufgabe unmittelbar löst, die Lösung voranbringt oder die Aufgabe sonst erleichtert noch die in persönlicher Hinsicht die Dienstfähigkeit des Beamten fördert oder erhält; auch eine allein persönlichen und privaten Belangen dienende Handlung eines Beamten ist während der Dienstzeit nicht schlechthin untersagt; gegen eine ausschließlich dem Privatbereich zuzuordnende Unterhaltung, gegen ein privates Ferngespräch oder gegen das Verlassen des Dienstzimmers zur Übermittlung einer privaten Nachricht beispielsweise wird daher auch während der Dienstzeit in aller Regel nichts einzuwenden sein. Ausschließlich dem privaten Bereich zuzuordnende Handlungen lassen sich aber grundsätzlich nur in engen Grenzen als zulässig bewerten; denn die Dienstzeit ist dazu bestimmt, dass die öffentlichen Aufgaben erledigt werden, die der Dienstherr der Allgemeinheit schuldet, die er ohne die Mitwirkung des Beamten aber nicht, nicht pünktlich oder nicht sachgerecht erfüllen kann; die Dienstzeit ist außerdem derjenige Zeitraum, in der ein Beamter in erster Linie der gesetzlichen Verpflichtung zu genügen hat, sich seinem Beruf mit voller Hingabe zu widmen.[204] Für den Tatbestand des Fernbleibens gibt es **keine zeitliche Begrenzung**. Auch die bloße Dienstverspätung um 5 Minuten ist pflichtwidriges Fernbleiben. Ob es die Schwelle zur disziplinaren Erheblichkeit überschreitet, ist eine Frage des Einzelfalles. Die Dienstleistungspflicht ruht, wenn der Beamte **vorläufig des Dienstes enthoben** ist. Ist diese Anordnung in der Zeit des Fernbleibens getroffen worden, so erstreckt sich das Dienstvergehen auch auf die Zeit nach der Dienstenthebung, wenn nicht die Dienstbereitschaft gem. § 39 Abs. 3 Satz 2 BDG erklärt wird.

6 Bei einem dringenden dienstlichen Bedarf besteht gem. § 88 BBG die **Pflicht zur Mehrarbeit**. Mehrarbeit ist der aufgrund dienstlicher Anordnung oder Genehmigung zur Wahrnehmung der Obliegenheiten des Hauptamtes oder, soweit dem Beamten ein Amt noch nicht verliehen ist, zur Erfüllung der einem Hauptamt entsprechenden Aufgaben über die regelmäßige Arbeitszeit hinaus verrichtete Dienst.[205] Allgemein gehaltene Anweisungen, etwa einen bestimmten Vorgang bis zu einem bestimmten Termin zu bearbeiten, sind keine Anweisungen zur Leistung von Mehrarbeit.[206] Zu beachten ist die Mitbestimmung des Personalrats gem. § 75 Abs. 3 Nr. 1 BPersVG.

7 Der Dienst ist **an dem Ort** anzutreten, an dem die geschuldete Dienstleistung zu erbringen ist.[207] Wo das ist, bestimmt sich ebenfalls aus dem übertragenen Dienstposten und den konkreten Dienstregelungen. Für bestimmte Dienstposten ist die Arbeit an verschiedenen Orten in das **pflichtgemäße Ermessen** des Beamten gestellt. Er wird grundlegend geändert durch **Abordnungen und Versetzungen**, die als Verwaltungsakte eine bindende Dienstleistungspflicht am anderen Dienstort begründen, solange die Bindung nicht im Verwaltungsrechtsweg aufgeschoben oder aufgehoben wurde. Ist gegen einen solchen Verwaltungsakt **Widerspruch** eingelegt, so kommt diesem nach der Änderung des BRRG keine aufschiebende Wirkung mehr zu. Der betroffene Beamte hat daher die entsprechende Anordnung zu befolgen und den Dienst am neuen Dienstort aufzunehmen. Die

---

203 VGH Bayern 28.10.2008 – 16b D 08.133.
204 BVerwG 22.7.1980 – 1 D 71.79, BVerwGE 73, 35.
205 Plog/Wiedow, BBG 2009 Rn. 2.
206 Plog/Wiedow, BBG 2009, § 87 Rn. 8.
207 Plog/Wiedow, BBG 2009, § 61 Rn. 9.

Fernbleiben vom Dienst

Weigerung bedeutet i. d. R. das Fernbleiben vom Dienst. Entsprechend hat das BVerwG die Entfernung eines Regierungsdirektors, der einer Abordnung nicht Folge leistete und ihr selbst nach Ablehnung seines Antrags auf Sonderurlaub nicht nachkam, für angemessen erachtet.[208] Einstweiliger Rechtsschutz über § 80 Abs. 5 VwGO kann dann beantragt werden.

Bei vorausgegangener **Erlaubnis durch den Vorgesetzten** entfällt die Dienstleistungspflicht. Regelmäßig ergeben sich die Voraussetzungen aus Dienstvereinbarungen. Sie kann grds. schriftlich, mündlich oder auch durch schlüssiges Verhalten erteilt werden. Eine Verwaltungsübung an der Dienststelle kann von der Dienstleistungspflicht befreien, in aller Regel aber nicht die lediglich stillschweigende Duldung von missbräuchlicher Dienstzeitabweichung durch die Vorgesetzten. Bei der Erlaubnis zum Fernbleiben kann es sich um Dienstbefreiung, Diensttausch oder Beurlaubung oder Entbindung von der Kernzeit oder dem Gleitzeitrahmen handeln. **Private Absprachen von Mitarbeitern**, ihren Dienst zu tauschen oder ihren Dienst entgegen dem Plan zu ändern, sind ohne Genehmigung des zuständigen Vorgesetzten nicht zulässig. Irrt sich der Beamte über die Tatsache der Erlaubnis, so kommt es auf die näheren Umstände an, ob der Irrtum fahrlässig entstand und damit ein fahrlässiges Dienstvergehen vorliegt. Ist für eine bestimmte Angelegenheit Dienstbefreiung erteilt, so gilt sie nur für die notwendige Dauer des Anlasses. **Genehmigen Vorgesetzte nachträglich** ein ungenehmigtes Fernbleiben durch Verrechnung mit dem zustehenden Erholungsurlaub oder mit Freizeitausgleich, so ändert das nichts daran, dass der Beamte zuvor schon den Tatbestand pflichtwidrigen Fernbleibens erfüllt und damit ein Dienstvergehen begangen hat.[209]

8

Nicht besetzt.

9–11

Ist ein **Urlaubsantrag gestellt**, so berechtigt der Umstand, dass ein entsprechender Anspruch dem Grunde nach besteht, und die Erwartung, dass er genehmigt werde, noch nicht zum Fernbleiben. Erst ab Erteilung der Urlaubsgewährung entfällt die Dienstleistungspflicht.[210] **Eigenmächtiges Fernbleiben** ohne Genehmigung des Urlaubs ist unzulässig.[211] **Bei irrtümlicher Annahme der Urlaubsgewährung** kommt fahrlässige Pflichtverletzung in Betracht. Leistet ein Beamter, dem ein bereits bewilligter Urlaub aus dringenden dienstlichen Gründen widerrufen worden ist, in der Zeit des beabsichtigten Urlaubs trotz bestehender Dienstfähigkeit keinen Dienst, so bleibt er diesem ungenehmigt schuldhaft fern.[212] Die **nachträgliche Urlaubsbewilligung** ändert nichts an dem disziplinarrechtlichen Vorwurf, den Dienst nicht zu der festgesetzten Zeit angetreten zu haben. Denn die nachträgliche Genehmigung macht das disziplinarrechtlich relevante unerlaubte Fernbleiben vom Dienst nicht ungeschehen.[213]

12

Nicht besetzt.

13, 14

Bei **krankheitsbedingter Dienstunfähigkeit** besteht für den Beamten keine Dienstleistungspflicht.[214] Einem Beamten kann nur dann ein unberechtigtes Fernbleiben vom Dienst und damit ein Verstoß gegen die Dienstleistungspflicht zur Last gelegt werden, wenn er nicht zum Dienst erscheint, obwohl er dienstfähig ist. Das Erfordernis der Dienstfähigkeit während der Abwesenheit stellt ein ungeschriebenes Tatbestandsmerkmal des

15

---

208 BVerwG 27.10.2014 – 2 B 52.14.
209 BVerwG 20.5.1998 – 1 D 57.96; BDiG 28.10.1999 – III VL 21/99.
210 BVerwG 6.9.2000 – 1 DB 20.00.
211 VGH Bayern 20.5.2015 – 16a D 13.2359.
212 BVerwG 8.2.1996 – 1 DB 27.95, NVwZ-RR 1996, 585.
213 BVerwG 29.10.2003 – 2 WD 9.03, BVerwGE 119, 164.
214 BVerwG 15.2.2012 – 2 B 137.11; 23.2.2005 – 1 D 1.04; OVG Berlin-Brandenburg 25.3.2014 – OVG 81 D 7.11.

Die einzelnen Dienstvergehen und ihre Maßregelung

§ 73 Abs. 1 Satz 1 BBG a. F. dar. Dies hat sich nach der BBG-Reform nicht geändert. Solange ein Beamter nicht dienstfähig ist, ist er von der Dienstleistungspflicht entbunden, weil er sie nicht erfüllen kann. Dienstunfähig ist der Beamte, wenn er aufgrund seines körperlichen oder geistigen Zustands außer Stande ist, den ihm übertragenen dienstlichen Aufgaben nachzukommen.[215] Wer zum Erscheinen im Dienst oder zu der geschuldeten Dienstleistung demnach körperlich oder psychisch unfähig ist, kann und braucht nicht zum Dienst zu erscheinen. Im Zustand der Dienstunfähigkeit darf Dienst nicht geleistet werden. Bei **stationärer Krankheitsbehandlung** liegt immer Dienstunfähigkeit vor, da sie das Erscheinen im Dienst zwangsläufig ausschließt. Vorausgesetzt, die stationäre Behandlung findet überhaupt ernsthaft statt, was in aller Regel unterstellt werden kann, kommt es nicht darauf an, ob die Behandlung zur Beseitigung einer **aktuellen Dienstunfähigkeit** und gerade im gegebenen Zeitpunkt erforderlich ist. Solange der Anlass der stationären (wie jeder anderen ärztlichen) Behandlung nicht nur vorgetäuscht ist, sondern auf einem begründeten und ernsthaften Bedürfnis nach Heilung beruht, geht das Grundrecht auf Selbstbestimmung dem dienstlichen Interesse vor und kann auch nicht von einer in das Ermessen der Verwaltung gestellten Urlaubsbewilligung abhängig gemacht werden. Bei **ambulanten Arztbesuchen** ist allerdings zumeist die Verabredung eines Termins außerhalb der Dienstzeit möglich und damit zumutbar.

16 Der Beamte darf die Dienstunfähigkeit **nicht** selbst **schuldhaft** herbeiführen.[216]

17 **Psychische Erkrankungen** können ebenso wie organische eine Dienstunfähigkeit begründen. Bei ihnen überschneidet sich häufig die Frage der Dienstunfähigkeit mit derjenigen der Schuldfähigkeit.[217] Es liegen jedoch zwei unterschiedliche Sachverhalte vor, die lediglich zusammenfallen können. Eine **schwere neurotische Störung** muss nicht den Krankheitswert erreichen, den § 20 StGB voraussetzt, und kann doch aufgrund der tatsächlichen Verfassung des Beamten im Hinblick auf besondere Umstände des Arbeitsumfeldes die Annahme der Dienstunfähigkeit erlauben. Umgekehrt kann eine **Wahnkrankheit** die Schuldfähigkeit ausschließen, obwohl der körperlich-geistige Zustand die Verrichtung der Dienstleistungen erlauben würde. Deshalb muss bei der Krankheitsaufklärung, speziell im Gutachterauftrag, darauf geachtet werden, dass das Aufklärungsthema nicht auf die Frage der Schuldfähigkeit eingeengt wird. Die fehlende Therapierbarkeit eines bei Wiederaufnahme der Arbeit möglichen Wiederauflebens **depressiver Symptome**, die primär auf geringer Arbeitsmotivation nicht nur für einen konkret zugewiesenen Arbeitsplatz, sondern auch allgemein für jeden anderen amtsgemäßen und laufbahntypischen Einsatz beruht, ist bei amts- und fachärztlich festgestellter allgemeiner Dienstfähigkeit als Arbeitsverweigerung und schuldhaftes Fernbleiben vom Dienst zu werten.[218]

18 Die **Beweislast** für das Nichtvorliegen der Dienstunfähigkeit liegt **bei den Disziplinarorganen**. Denn das Vorliegen der Tatbestandsvoraussetzung muss, wie im Strafverfahren, von den Verfolgungsbehörden nachgewiesen werden. Da zum Tatbestand des Fernbleibens die Pflichtwidrigkeit gehört, muss den Beschuldigten nachgewiesen werden, dass sie dienstfähig, also von der Dienstleistungspflicht nicht befreit waren. Gelingt dies nicht mit der erforderlichen an Sicherheit grenzenden Wahrscheinlichkeit, muss von der Berechtigung zum Fernbleiben ausgegangen werden. **§ 96 Abs. 1 Satz 1 BBG kehrt die normalen Beweislastregeln nicht um**. Die beschuldigten Beamten haben aus der allgemeinen Treue- und Unterstützungspflicht bei der Sachverhaltsklärung eine **Darlegungslast**, in-

---
215 BVerwG 25.1.2007 – 2 A 3.05; VGH Bayern 24.10.2013 – 16b D 10.1230.
216 Plog/Wiedow, BBG 2009, § 61 Rn. 10.
217 Dazu ausführlich: VGH Baden-Württemberg 1.4.2014 – DL 13 S 2383/13.
218 BVerwG 26.2.2003 – 1 DB 1.03.

Fernbleiben vom Dienst

dem sie mindestens die Hinderungsgründe angeben müssen. Sind sie dazu nicht bereit oder in der Lage, so kann ebenso von unberechtigtem Fernbleiben ausgegangen werden wie für den Fall, dass die angegebenen – und weiteren nachgewiesenen – Gründe eine Berechtigung zum Fernbleiben nicht ergeben. Werden **keinerlei Gründe** angegeben, so muss zwangsläufig von der Pflichtwidrigkeit ausgegangen werden. In Krankheitsfällen werden in der Regel ärztliche Atteste und Gutachten vorliegen, aus denen sich die Stichhaltigkeit des Verhinderungsgrundes ergeben soll. Die **Tatsachenfeststellungen des gerichtlichen Beschlusses nach § 63 BDG/§ 9 BBesG** können nach § 23 Abs.1 BDG **als bindend übernommen** werden, wenn der Beschuldigte sie nicht ernsthaft bestreitet und auch sonst keine Bedenken gegen ihre Richtigkeit bestehen. Auch umgekehrt kann die Disziplinarentscheidung Bindungswirkung für die Feststellung nach § 9 BBesG entfalten. Nicht geklärt ist die **Bindungswirkung von anderen bestandskräftigen Verwaltungsentscheidungen** über ein pflichtwidriges Fernbleiben eines Beamten. Dazu hat das BVerwG im Jahr 2015 eine Revision zugelassen. Die in den Disziplinargesetzen des Bundes und der Länder angeordnete Bindungswirkung von Strafurteilen und verwaltungsgerichtlichen Urteilen über den Verlust der Dienstbezüge wegen unentschuldigten Fernbleibens vom Dienst dient der Rechtssicherheit. Sie soll verhindern, dass zu ein und demselben Geschehensablauf unterschiedliche Tatsachenfeststellungen durch staatliche Gerichte getroffen werden. Hintergrund für die Bindungswirkung sind die hohen Standards für eine nach den Prozessregeln der strafgerichtlichen Hauptverhandlung durchgeführte Beweisaufnahme und Tatsachenfeststellung. Ob darüber hinaus auch eine bestandskräftige Verwaltungsentscheidung Bindungswirkung entfalten kann oder ob dem die Garantie effektiven Rechtsschutzes in Art. 19 Abs. 4 GG entgegensteht, bedarf der Klärung.[219] Der auf der Annahme der Dienstfähigkeit beruhende **Vorwurf des pflichtwidrigen Fernbleibens und** der auf der Annahme der krankheitsbedingten Dienstunfähigkeit (Voraussetzung für eine Arbeitsunfähigkeitsbescheinigung) beruhende Vorwurf der **Unterlassung der Attestvorlage schließen sich logischerweise aus.** Denn der angeschuldigte Sachverhalt kann nicht zugleich von der Krankheit und von der Gesundheit bzw. Dienstfähigkeit ausgehen. Bei Zweifeln im gerichtlichen Verfahren über die Richtigkeit der dem Attest zugrunde liegenden Annahme muss das Gericht selbst tätig werden. Dies gilt insbesondere dann, wenn der Beamte durch die Vorlage des Attests auf den Vorhalt im Urteil des Verwaltungsgerichts reagiert hat, seine Behauptung hinsichtlich einer zum Tatzeitpunkt bestehenden »psychiatrischen Ausnahmesituation« sei »ins Blaue hinein« aufgestellt worden. Es ist nicht zulässig, prozessual notwendige und dem Gericht nach § 58 Abs. 1 BDG selbst obliegende Aufklärungsmaßnahmen dem angeschuldigten Beamten aufzubürden.[220]

Weicht die medizinische Beurteilung eines **Amtsarztes** hinsichtlich desselben Krankheitsbildes von der Beurteilung des behandelnden Privatarztes ab, so kommt der Beurteilung des Amtsarztes unter Berücksichtigung der vom BVerwG genannten Voraussetzungen (Sachkunde des Amtsarztes, nachvollziehbare Beurteilung, Auseinandersetzung mit privatärztlichen Stellungnahmen) Vorrang zu.[221] Dieser Vorrang hat im Konfliktfall seinen Grund in der Neutralität und Unabhängigkeit des Amtsarztes. Im Gegensatz zu einem Privatarzt, der womöglich bestrebt ist, das Vertrauen des Patienten zu ihm zu erhalten, nimmt der Amtsarzt seine Beurteilung von seiner Aufgabenstellung her unbefangen und unabhängig vor. Er steht dem Dienstherrn und dem Beamten gleichermaßen fern.[222]

18a

---

219 BVerwG 27. 5. 2015 – 2 B 48.14.
220 BVerwG 11. 1. 2012 – 2 B 78.11.
221 Vgl. BVerwG 12. 10. 2006 – 1 D 2.05.
222 BVerwG 9. 10. 2002 – 1 D 3.02; VGH Bayern 22. 9. 2010 – 16b D 09.2133.

Die einzelnen Dienstvergehen und ihre Maßregelung

Auch das Verhältnis zwischen dem vom Gericht bestellten **Sachverständigen** und dem Gutachter eines Verfahrensbeteiligten bestimmt sich nach den Grundsätzen, die für das Verhältnis von Amtsarzt und behandelndem Arzt gelten. Ebenso wie dem Amtsarzt und einem von ihm hinzugezogenen Facharzt kommt dem gerichtlichen Sachverständigen grundsätzlich Vorrang zu. Dies hat seinen Grund in ihrer rechtlichen Stellung. Erhebt der Privatarzt dagegen substantiierte Einwendungen, hängt die Verwertbarkeit davon ab, ob der gerichtliche Sachverständige bzw. der Amtsarzt mit fachärztlicher Unterstützung schlüssig und nachvollziehbar darlegen können, aus welchen Gründen sie den Einwendungen nicht folgen.[223] Entsprechend müssen die amtsärztlichen oder gutachterlichen Stellungnahmen in sich folgerichtig und nachvollziehbar sein. Ist dies nicht der Fall, so ist der Dienstherr seiner ihm obliegenden Beweispflicht nicht nachgekommen.[224] Liegen dem privatärztlichen Attest substantiierte Überlegungen zur Dienstunfähigkeit zugrunde und sind diese im Einzelnen dargelegt, so ist der Amts- oder Vertragsarzt für den Fall, dass er trotzdem die Dienstfähigkeit bejahen will, verpflichtet, sich mit den entgegenstehenden Erwägungen des Privatarztes auseinander zu setzen und darzulegen, warum er diesen nicht folgt. Widersprechen sich gleichwertige Fachärzte aufgrund gegensätzlicher Lehrmeinungen in der medizinisch-wissenschaftlichen Bewertung des übereinstimmend angenommenen Krankheitsbildes, so kann in dubio pro reo die Dienstunfähigkeit nicht mit der erforderlichen Sicherheit ausgeschlossen werden.

19 Ein Beamter muss die ihm **zumutbaren Voraussetzungen** schaffen, um seinem Dienstherrn seine Arbeitskraft zur Verfügung zu stellen. Dementsprechend hat er im Rahmen der Verhältnismäßigkeit auch dafür Vorsorge zu treffen, dass er bei körperlichen Beeinträchtigungen, die es ihm unmöglich machen, eine längere Gehstrecke zurückzulegen, den Weg zu und von der Dienststelle bewältigen kann. Um eine drohende Dienstunfähigkeit zu vermeiden, kann die Anschaffung und Nutzung eines Pkw für den Weg zur Dienststelle zumutbar sein.[225]

20 Für die Beurteilung, ob Arbeits- oder Dienstzeitversäumnis zur ordnungsgemäßen Durchführung der **Personalratsaufgaben** erforderlich ist, kommt es maßgeblich darauf an, ob das betreffende Personalratsmitglied nach pflichtgemäßem Ermessen und nach vernünftiger Würdigung aller objektiven Umstände die Arbeitszeitversäumnis für notwendig halten durfte, um den Personalratsaufgaben gerecht zu werden. Abzuwägen ist außerdem, ob die Arbeitszeitversäumnis unter Berücksichtigung der Dienstpflichten einerseits und der Personalratsaufgaben andererseits dem Dienstherrn und dem Beamten zuzumuten ist.[226]

21 **Sonstige Hinderungsgründe**, die die Dienstleistungspflicht entfallen lassen, müssen entweder unabwendbar oder dem dienstlichen Interesse vorrangig sein. Kann der Beamte keinerlei Gründe für sein Fernbleiben angeben, so liegt der klassische Fall der **Dienstverweigerung** vor. Als **tatsächliche Hinderungsgründe**, die der Beamte auch bei bestem Willen nicht ausräumen kann, kommen in Betracht: Festhaltungen im Ausland, Flugstreik im Auslandsurlaub, Verkehrsstörungen, eigene Autopanne, polizeiliche Festnahme bzw. Vernehmung, Katastrophen im privaten Bereich (Brand im Haus, Überschwemmung, Rohrbruch) oder auch **rechtlicher Art**, die als staatsbürgerliche oder dienstliche Verpflichtung der Dienstleistungspflicht vorgehen, z. B. Vorladungen vor Gericht oder zur

---

223 BVerwG 31.10.2012 – 2 B 33.12.
224 BVerwG 1.3.2000 – 1 DB 13.99; OVG Sachsen 25.6.2014 – 2 A 364/11.
225 BVerwG 27.11.1997, DokBer B 1998, 157.
226 BVerwG 9.9.1994 – 1 DB 4.93, DokBer B 1994, 306; 1.9.1999 – 1 DB 44.98, Buchholz 240 § 9 BBesG Nr. 11.

Fernbleiben vom Dienst

Polizei, ehrenamtliche Amtstätigkeit (Schöffen, Wahlhelfer), Personal- und Betriebsratstätigkeit, Abgeordnetentätigkeit,[227] Wehr- oder Katastrophendienstübungen, Hilfeleistungen nach § 323c StGB. Ein solcher Hinderungsgrund liegt auch im Fall der Inhaftierung vor.[228] Das **Verbüßen der Freiheitsstrafe** ist ein diensthinderndes Ereignis, welches der Erfüllung der Dienstleistungspflicht entgegensteht. Dies gilt dem Grunde nach sowohl für die Grundfreiheitsstrafe als auch für die Ersatzfreiheitsstrafe. Wer an der anstehenden Dienstleistung unabwendbar gehindert ist, ist insoweit ebenso wenig zur Arbeit verpflichtet wie derjenige, für den eine Dienstleistung schon gar nicht vorgesehen war. Deswegen sind alle Gründe, die eine Pflicht zur Dienstleistung zu einer bestimmten Zeit und an einem bestimmten Ort aus welchen Gründen auch immer ausschließen, nicht nur Rechtfertigungsgründe. Vielmehr ist mangels konkreter Pflicht zur Dienstleistung der disziplinare Tatbestand des pflichtwidrigen Fernbleibens schon objektiv nicht erfüllt. Eine gezielte Dienstverweigerung liegt vor, wenn der Beamte aus **Protest** gegen die Verwaltung dem Dienst fernbleibt.[229] Bleibt ein Beamter zum Zwecke der Wahrnehmung seiner Aufgaben als Mitglied einer kommunalen Vertretung, eines Ausschusses einer solchen Vertretung oder für andere **kommunalpolitische Tätigkeiten** dem Dienst fern, besteht dafür weder von Verfassungs wegen noch auf Grund einfachen Rechts ein Rechtfertigungsgrund. Es bedarf vielmehr einer Urlaubsgenehmigung für die Wahrnehmung der Aufgaben.[230] Die **Unterhalts- und Sorgepflicht** gegenüber Angehörigen, besonders Kindern, kann bei unerwarteten Betreuungssituationen der Dienstpflicht vorgehen. Insoweit ist die Rspr. für Arbeitnehmer aufgrund desselben Schutzzwecks auf Beamte übertragbar. Ein Arbeitnehmer kann sich gegenüber der bestehenden Arbeitspflicht auf eine Pflichtenkollision wegen der Personensorge für ihr Kind (§ 1627 BGB) und damit ein Leistungsverweigerungsrecht (§§ 273, 320 BGB) oder eine Unmöglichkeit bzw. Unzumutbarkeit der Arbeitsleistung dann berufen, unabhängig von der in jedem Fall notwendigen Abwägung der zu berücksichtigenden schutzwürdigen Interessen beider Parteien.[231] Bei **legalen Demonstrationen** für Grundrechte und Verfassungswerte besteht in aller Regel die Möglichkeit, in ausreichender Weise den öffentlichen Meinungskampf in der dienstfreien Zeit zu organisieren. Ein inhaltlicher oder zeitlicher Notstand, der zur Demonstration innerhalb der Dienstzeit zwingen würde, wäre nur unter den engen Voraussetzungen des Art. 20 Abs. 4 GG anzuerkennen. Keine Rechtfertigung für die unerlaubte Abwesenheit stellt auch die »blinde Verliebtheit in die Freundin« dar.[232]
Die Teilnahme eines Beamten an einem **Streik** verstößt nach der Rspr. gegen die Dienstleistungspflicht und stellt ein innerdienstliches Dienstvergehen dar. Der EGMR hat zwar das Streikrecht unter Beachtung des Art. 3 zu Nr. 87 ILO und der Europäischen Sozialcharta als Teil des Art. 11 Abs. 1 EMRK angesehen, so dass eine Einschränkung nur nach Art. 11 Abs. 2 EMRK zulässig ist.[233] Das BVerwG geht mit seinem **grundlegenden Urteil vom 27. 2. 2014 – 2 B 46.12** – jedoch weiterhin von einem umfassenden Verbot des Beamtenstreiks aus. Das BVerwG führt aus, dass einerseits das umfassende Streikverbot für Beamte als hergebrachter Grundsatz nach Art. 33 Abs. 5 GG Geltung beansprucht, andererseits dieses Streikverbot für außerhalb des genuin hoheitlichen Bereichs tätige Beamte mit

22

---

227 BVerwG 21.11.1989 – 1 DB 8.89, NVwZ 1990, 372.
228 BVerwG 2.10.1981 – 1 DB 16.81, DokBer B 1982, 25.
229 BVerwG 25.9.1985 – 1 D 38.5, Schütz BeamtR ES/B I 1.4 Nr. 5.
230 BVerwG 31.8.2001 – 1 DB 23.01.
231 BAG 21.5.1992 – 2 AZR 10/92, BAGE 70, 262.
232 BVerwG 18.3.1999 – 2 WD 30.98.
233 EGMR 21.4.2009, NZA 2010, 1432.

der Koalitionsfreiheit des Art. 11 EMRK unvereinbar ist. Der Gesetzgeber ist daher verpflichtet, einen konventionskonformen Zustand herzustellen. Bis zu einer Auflösung der Kollisionslage durch den dazu allein berufenen Gesetzgeber ist das statusbezogene beamtenrechtliche Streikverbot nach wie vor geltendes Recht. **Art. 28 der Europäischen Grundrechtecharta**, der ein Recht auf Kollektivverhandlungen und kollektive Arbeitskampfmaßnahmen einschließlich Streiks gewährleistet, ist nach Überzeugung des BVerwG nicht anwendbar. Es kommt nicht darauf an, ob und inwieweit es eine Rechtsetzungskompetenz der Europäischen Union ermöglicht, auch Regelungen des kollektiven Arbeitsrechts zu erlassen.[234] Nach der herrschenden Meinung ist Nr. 3 der Nr. 87 ILO auch nicht unmittelbar anwendbar, sondern bedarf der Umsetzung in nationales Recht, so dass sich auch aus diesem nichts anderes ergibt.[235]

23   Diese grundlegende Rspr. hat das **BVerwG am 26. 2. 2015 – 2 B 10.15** – bestätigt und vertieft. Es ist nach Überzeugung des BVerwG **Aufgabe des Bundesgesetzgebers**, einen Ausgleich zwischen den inhaltlich unvereinbaren Anforderungen des Art. 33 Abs. 5 GG und des Art. 11 EMRK herzustellen. Solange dies nicht geschehen ist, gilt das beamtenrechtliche Streikverbot nach Art. 33 Abs. 5 GG und Verstöße sind disziplinarisch zu ahnden. Dagegen wird eingewandt, dass sich das Streikverbot für Beamte nicht ausdrücklich aus dem GG ergebe, sondern richterrechtlich entwickelt worden sei; eine durch Richterrecht geschaffene Rechtslage könne und müsse daher durch konventionskonforme Auslegung des Art. 33 Abs. 5 GG abgeändert werden, ohne dass es hierfür einer gesetzlichen Grundlage bedürfe. Diese Ansicht widerspricht jedoch der Überzeugung des BVerwG, wonach das Streikverbot für Beamte ein hergebrachter Grundsatz des Berufsbeamtentums und keine richterrechtliche Rechtsschöpfung ist. Daher folgt das BVerwG nicht der Ansicht, dass die durch Richterrecht geschaffene Rechtslage auch durch Richterrecht abgeändert werden könne. Vielmehr ist nach Ansicht des BVerwG allein der Gesetzgeber befugt, den Geltungsanspruch eines hergebrachten Grundsatzes in Wahrnehmung seines Auftrags zur Regelung und Fortentwicklung des Beamtenrechts einzuschränken.[236]

24   Vor dem BVerfG ist eine **Verfassungsbeschwerde** gegen das Urteil des Senats vom 27. 2. 2014 anhängig. Diese wurde bisher nicht entschieden. Mit Hinblick auf die Rspr. des BVerwG, die den Verstoß der grundgesetzlichen Regelungen des Art. 33 Abs. 5 GG hinsichtlich des umfassenden Streikverbots für alle Beamten, gleich ob sie hoheitlich tätig sind oder nicht, feststellt, hat der grundgesetzändernde Gesetzgeber umgehend tätig zu werden. Sachgemäß erscheint einzig, Streikmaßnahmen nicht hoheitlich tätiger Beamter umfassend zu erlauben. Art. 11 Abs. 2 EMRK lässt allenfalls Einschränkungen für hoheitlich tätige Beamte zu. Hinsichtlich unmittelbar hoheitlich tätiger Beamter kann eine erhebliche Erweiterung der Beteiligungsrechte der Gewerkschaften in Richtung eines Verhandlungsmodells zielführend sein, sofern ein Streikrecht unter Verweis auf Art. 33 Abs. 5 GG abgelehnt werden sollte. Die derzeit eingeräumten Beteiligungsrechte nach § 118 BBG, § 53 BeamtStG genügen nicht. Nur so lässt sich ein wirksamer Schutz der Koalitionsfreiheit des Art. 11 EMRK der nicht hoheitlich tätigen Beamten sicherstellen. Eine entsprechende Grundgesetzänderung ist unabhängig davon geboten, wie das BVerfG zur vorliegenden Rechtsfrage entscheidet.

---

234 BVerwG 27. 2. 2014 – 2 C 1.13; 2. 1. 2013 – 2 B 46.12; OVG Nordrhein-Westfalen 7. 3. 2012 – 3d A 317/11.O; OVG Lüneburg 12. 6. 2012 – 20 BD 7/11.
235 BAG 7. 12. 1993 – 9 AZR 683/92; ErfK-Linsenmeier, Art. 9 GG Rn. 107 m. w. N.; a. A. Däubler, FS 100 Jahre Arbeitsgerichtsbarkeit, 1994, 619.
236 BVerwG 26. 2. 2015 – 2 B 10.15, 2 B 11.15, 2 B 6.15, 2 B 7.15, 2 B 8.15, 2 B 9.15; Schubert/Jerchel, EuZW 2015, 340; Hebeler, JA 2014, 718; Kutschau, AuR 2014, 408.

Fernbleiben vom Dienst

Demonstrative **Behinderungen des Dienstes** durch vorgetäuschte Krankmeldungen (»go sick«) stellen ebenfalls pflichtwidrige Dienstverweigerungen dar.²³⁷ Der sog. »**Bummelstreik**« oder »**Dienst nach Vorschrift**« ist kein Fernbleiben, sondern ein Verstoß gegen den vollen dienstlichen Einsatz nach § 61 Abs. 1 Satz 1 BBG. Die psychologische Unterstützung eines streikähnlichen Verhaltens durch die Öffentlichkeitsarbeit eines im Beamtenverhältnis stehenden Pressesprechers einer Beamtenorganisation ist rechtswidrig und kann die Entfernung aus dem Dienst rechtfertigen.²³⁸ Das bloß **verbale Bekenntnis** zu einer pflichtwidrigen demonstrativen Dienstverweigerung ist keine eigene Dienstverweigerung im Sinne des Fernbleibens und auch sonst nicht pflichtwidrig.²³⁹ 25

Nicht besetzt. 26

Im Hinblick auf beurlaubte Beamte der ehemaligen Deutschen Bundespost sieht nun auch die Rspr. ein **Streikrecht beim privaten Arbeitgeber** für gegeben an.²⁴⁰ Der Senat betont seine bisherige Rspr., wonach die Privatisierung nichts am Beamtenstatus der bei den früheren Staatsunternehmen beschäftigten Beamten geändert habe, der Beamtenstatus also unverändert erhalten bleibe. Von den aus dem Status resultierenden Pflichten sei der Beamte jedoch infolge der Beurlaubung zum Teil entbunden. Dies betreffe vor allem die Pflicht zur Leistungserbringung gegenüber seinem Dienstherrn. Dies ist die zwingend logische Konsequenz aus dem Zweck der Beurlaubung, der darin besteht, dem Beamten die Möglichkeit zu verschaffen, im Rahmen eines privatrechtlichen Arbeitsvertrages für einen anderen privaten Arbeitgeber tätig zu werden und dort seine Dienste zu erbringen. Die weitere Begründung des Gerichts, dass die Eigenart dieses Arbeitsverhältnisses (z. B. Zusagen von Prämien für besondere Leistungserfüllung) dazu führe, dass von dem Beamten keine uneigennützige Aufgabenerfüllung mehr verlangt werden könne bzw. der Beamte seine Aufgaben nicht mehr unparteiisch wahrnehmen könne, weil er, im Fall der Beurlaubung durch Arbeitsvertrag verpflichtet sei, den Gewinn des privaten Unternehmens – auch im Wettbewerb zu Konkurrenzunternehmen – zu erhöhen, **gilt gleichermaßen für nicht beurlaubte Beamte** bei den Aktiengesellschaften als Nachfolgeorganisationen der ehemaligen Staatsunternehmen. Auch sie sind in dem politisch gewollten und hergestellten Zustand der privaten Konkurrenz auf (fast) allen Gebieten der ehemaligen Staatsunternehmen und vor dem Hintergrund, dass die ehemaligen Staatsunternehmen entweder bereits Aktiengesellschaften sind, zu Gewinnerzielung verpflichtet. Sie haben ihre Aufgaben in diesem Sinn für das Wohl der Aktiengesellschaft und der dahinter stehenden Aktionäre zu erbringen und nicht mehr mit Blick auf das Wohl der Allgemeinheit – also auch der Konkurrenzunternehmen – wahrzunehmen. Somit gelten die Einschränkungen, die das BVerwG im Hinblick auf die Geltung des beamtenrechtlichen Pflichtenkatalogs für beurlaubte Beamte macht, genauso für nicht beurlaubte Beamte bei den privatisierten Gesellschaften. 27

Der Beamte ist nicht berechtigt, den Dienst zu verweigern, weil er mit Risiken verbunden ist.²⁴¹ Der Beamte hat gegenüber dem Dienstherrn einen Anspruch auf Vermeidung unzumutbarer Gesundheitsgefährdungen. Ihm steht aber im Hinblick auf die gesetzlichen Pflichten, sich mit voller Hingabe seinem Beruf zu widmen und die Anordnungen der 28

---

237 BDiG 29. 4. 1975 – I BK 3/75, DÖD 1975, 187; Plog/Wiedow, BBG 2009, § 61 Rn. 16a.
238 BVerwG 19. 9. 1977 – I DB 12.77, BVerwGE 53, 330.
239 BDiG 27. 10. 1978 – I Zk 4/78.
240 BVerwG 7. 6. 2000 – 1 D 4.99; Hummel, PersR 2000, 478.
241 Plog/Wiedow, BBG 2009, § 61 Rn. 15.

Die einzelnen Dienstvergehen und ihre Maßregelung

Vorgesetzten auszuführen, weder ein Zurückbehaltungsrecht zu noch das Recht, durch Streik oder streikähnliche Maßnahmen seine Rechte durchzusetzen.[242]

29, 30 *Nicht besetzt.*

31 Das pflichtwidrige Fernbleiben muss **schuldhaft** sein. Dazu gelten die üblichen Grundsätze für die verschiedenen Schuldgrade der Fahrlässigkeit, des bedingten und des vollen Vorsatzes sowie des absichtlichen Verhaltens und der Schuldunfähigkeit. Schuldhaftes Fernbleiben scheidet aus, wenn schon tatbestandsmäßig keine Pflicht zur Dienstleistung besteht. Deshalb kommt es hier nur auf das Verschulden des Fernbleibens, nicht des von der Leistungspflicht befreienden Hinderungsgrundes an. Nach der Rspr.[243] handelt ein dienstfähiger Beamter, der ungenehmigt keinen Dienst leistet, hinsichtlich des Tatbestandsmerkmals »Dienstfähigkeit« mit **bedingtem Vorsatz**, wenn er ernsthaft für möglich hält, dienstfähig zu sein und im Hinblick darauf billigend in Kauf nimmt, die Dienstleistungspflicht zu verletzen. Dagegen fällt ihm nur **Fahrlässigkeit** zur Last, wenn er die Dienstfähigkeit zwar aufgrund der tatsächlichen Gegebenheiten erkennen muss, aber darauf vertraut, dienstunfähig zu sein und demzufolge nicht gegen die Dienstleistungspflicht zu verstoßen.[244] Wird die angeordnete Dienstzeit aus **Irrtum über den Dienstplan** versäumt, so kommt das fahrlässige Fernbleiben als Dienstvergehen in Frage. In der Regel bedingt vorsätzlich handelt auch der Beamte, wenn er sich trotz der ihm bekannten anders lautenden amtsärztlichen Bescheinigung und den eindeutigen Aufforderungen seiner Dienstvorgesetzten auf die Beurteilung seiner Privatärzte verlässt. Er muss in derartigen Fällen damit rechnen, dienstfähig zu sein und trägt das entsprechende Risiko.[245] Die Dienstfähigkeit steht aufgrund einer entsprechenden **Stellungnahme des Amts-/Polizei-/Postarztes** und des von ihm hinzugezogenen Facharztes fest. Der Beamte bleibt daher dem Dienst vorsätzlich pflichtwidrig fern, wenn er sich über die Bedeutung derartiger Stellungnahmen aufgrund der ihm erteilten Hinweise und Belehrungen im Klaren habe sein müssen. Er hat dann die Verletzung seiner Dienstleistungspflicht bewusst in Kauf genommen.[246] Die Abgrenzung zur bewussten Fahrlässigkeit ist nicht immer einfach und oft eine Gratwanderung. Nach der Feststellung der Dienstfähigkeit ist der Beamte sofort zur Dienstleistung verpflichtet. Einer besonderen Aufforderung hierzu durch die Dienststelle bedarf es nicht.[247] Der Vorrang amtsärztlicher Begutachtung muss für den Beamten erkennbar sein, er muss grundsätzlich darüber belehrt werden.[248] Die Erkennbarkeit für den Beamten kann sich jedoch auch aus den Gesamtumständen ergeben. So, wenn er vom Dienst heraus zum Amts-, Vertrauens-, Bahn- oder Postbetriebsarzt geschickt wird, weil die Dienstfähigkeit der privatärztlichen Atteste bezweifelt wird.[249] Liegen gegensätzliche Beurteilungen von Ärzten vor, denen Vorrang zukommt (z. B. Amts- und Bahnarzt) kann dem Beamten grundsätzlich kein Schuldvorwurf gemacht werden.[250] Kein Verschulden wurde in einem Fall angenommen, in dem ein Beamter das Bestehen der aufschiebenden Wirkung von Rechtsbehelfen gegen die Aufforderung zum Dienstantritt angenommen

---

242 DiszH Niedersachsen 5. 3. 1997 – 1 NDH M/96.
243 BVerwG 12. 10. 2006 – 1 D 2.05; VGH Bayern 24. 10. 2013 – 16b D 10.1230; 13. 12. 2006 – 16a D 05.1587.
244 VGH Bayern 24. 10. 2013 – 16b D 10.1230.
245 BVerwG 9. 9. 1997 – 1 DB 17.97; 1. 3. 2000 – 1 DB 13.98.
246 BVerwG 11. 6. 2014 – 2 B 3.13.
247 BVerwG 29. 6. 1995 – 1 DB 12.95; 11. 9. 2000 – 1 DB 19.00.
248 BVerwG 11. 3. 1994 – 1 DB 4.94.
249 BVerwG 4. 9. 1998 – 1 D 26.98.
250 BVerwG 16. 2. 1998 – 1 DB 10.97; 28. 3. 2001 – 1 DB 10.01; ausnahmsweise anders: BVerwG 2. 12. 1999 – 1 DB 19.99.

Fernbleiben vom Dienst

hatte.[251] Fahrlässig handelt ein Beamter zwar auch dann, wenn ihm ein privatärztliches Gutachten Dienstunfähigkeit bescheinigt, eine amtsärztliche Untersuchung jedoch Dienstfähigkeit feststellt und der Beamte im Fernbleiben vom Dienst durch seinen ihn behandelnden Arzt bestimmt wird. Allerdings liegt dann ein Irrtum über das Tatbestandsmerkmal »Dienstfähigkeit« vor.[252] Dies gilt jedenfalls dann, wenn der Privatarzt die Feststellungen des Amtsarztes gegenüber dem Beamten als unmaßgeblich und inhaltlich unrichtig bezeichnet.
Nicht besetzt. 32–34

c) Bewertung der Pflichtverletzung, Auswahl und Bemessung der Disziplinarmaßnahme

Das Gebot, wenigstens zum Dienst zu erscheinen, ist die Grundpflicht eines jeden Beamten. Das Funktionieren der Verwaltung, das dienstliche Vertrauen in die Mitarbeiter und das Vertrauen der Allgemeinheit in die Zuverlässigkeit der Verwaltung hängen von der pünktlichen Dienstanwesenheit ab. Die Bedeutung dieser Pflicht ist leicht einzusehen und allen Beamten offenkundig. Dennoch steht für die Einzelfallentscheidung der **ganze Maßnahmenkatalog** zur Verfügung.[253] Zur Frage, bei welcher Zeitdauer schuldhaften unentschuldigten Fernbleibens vom Dienst die Entfernung aus dem Beamtenverhältnis Ausgangspunkt für die Festsetzung der Disziplinarmaßnahme ist, ist die Rechtsprechung nicht ganz einheitlich. Bei einer ununterbrochenen Dauer von vier Monaten und länger wurde im Regelfall auf die Höchstmaßnahme erkannt,[254] bei einer ununterbrochenen Dauer von zwei bis drei Monaten hat die Rspr. nicht einheitlich entschieden, wobei die besonderen Umstände des Einzelfalls eine Rolle spielten.[255] Nach der Rspr. des VGH Bayern[256] kann auch bei längerem unentschuldigtem Fernbleiben vom Dienst – acht Monate – bei wesentlichen mildernden Umständen (fahrlässige Annahme einer Dienstunfähigkeit) von der Höchstmaßnahme abgesehen und auf eine Zurückstufung erkannt werden, wenn das unentschuldigte Fernbleiben Folge einer zwischenzeitlich abgeschlossenen negativen Lebensphase war und konkrete Aussicht auf künftiges pflichtgemäßes Verhalten besteht. Generell kommt eine Maßnahme unterhalb der Entfernung bei lang andauerndem Fernbleiben nur bei Vorliegen mildernder Umstände in Betracht.[257] Für Fälle des (vorsätzlichen) eigenmächtigen **Fernbleibens eines Soldaten von der Truppe** ist aus spezial- und generalpräventiven Gründen bei kürzerer unerlaubter Abwesenheit Ausgangspunkt der Zumessungserwägungen grundsätzlich eine Dienstgradherabsetzung, ggf. bis in den Mannschaftsdienstgrad; bei länger dauernder, wiederholter eigenmächtiger Abwesenheit oder Fahnenflucht ist das Dienstvergehen so schwerwiegend, dass es regelmäßig die Entfernung aus dem Dienstverhältnis oder den Ausspruch der sonst gebotenen Höchstmaßnahme indiziert.[258]

35

---

251 BVerwG 5.4.2000 – 1 DB 3.00; OVG Koblenz 18.10.2004 – 11 A 11253/04.
252 OVG Nordrhein-Westfalen 27.11.2006 – 21d A 512/05.O.
253 BVerwG 18.10.1977 – 1 D 111.76.
254 BVerwG 22.4.1991 – 1 D 62.90.
255 Vgl. Zängl, Bayerisches Disziplinarrecht, MatR II, Rn. 219 m.w.N.
256 13.2.2006 – 16a D 05.1837.
257 VGH Bayern 24.10.2013 – 16b D 10.1230; vgl. Zängl, a.a.O., Rn. 220.
258 BVerwG 12.2.2015 – 2 WD 2.14.

Die einzelnen Dienstvergehen und ihre Maßregelung

d) Rechtsprechungsübersicht

- Das Gericht verkennt das Gewicht des Schuldprinzips, wenn es ein besonderes Gewicht des Fehlverhaltens aus der Verhängung einer Geldbuße im Jahr 1993 herleiten will, ohne nicht zugleich den Zeitablauf von sieben Jahren seit dem letzten Dienstvergehen mildernd in Rechnung zu stellen.
  - *BVerfG* 12. 8. 2015 – 2 BvR 2646/13
- Regelungsgegenstand ist die **formale Dienstleistungspflicht**. Es handelt sich dabei um eine beamtenrechtliche Grundpflicht, die von dem Beamten vor allem fordert, sich während der vorgeschriebenen Zeit am vorgeschriebenen Ort aufzuhalten, um die ihm übertragenen dienstlichen Aufgaben zu erfüllen.
  - *BVerwG* 12. 10. 2006 – 1 D 2.05
  - *BVerwG* 7. 2. 2014 – 2 C 1.13
- Kein Raum für den Meistbegünstigungsgrundsatz mit Hinblick auf die Änderung des BBG hinsichtlich **pflichtwidrigen Fernbleibens vom Dienst**.
  - *BVerwG* 21. 5. 2013 – 2 B 67.12
- Die schuldhafte Verletzung der Pflicht eines **Ruhestandsbeamten**, einer erneuten Berufung in das Beamtenverhältnis nachzukommen, steht dem schuldhaften ungenehmigten Fernbleiben vom Dienst bei Beamten im aktiven Dienst gleich.
  - *BVerwG* 20. 1. 2009 – 2 B 4.08
- **Unerlaubtes Fernbleiben** vom Dienst i. S. v. § 73 Abs. 1 Satz 1 BBG a. F. (§ 96 Abs. 1 Satz 1 BBG 2009) über einen Zeitraum von **mehreren Monaten** ist regelmäßig geeignet, das Vertrauensverhältnis zu zerstören.
  - *BVerwG* 23. 1. 2013 – 2 B 63.12
  - *VGH Baden-Württemberg* 1. 4. 2014 – DL 13 S 2383/13
- Für Fälle des (vorsätzlichen) **eigenmächtigen Fernbleibens eines Soldaten** von der Truppe ist aus spezial- und generalpräventiven Gründen bei kürzerer unerlaubter Abwesenheit Ausgangspunkt der Zumessungserwägungen grundsätzlich eine Dienstgradherabsetzung, gegebenenfalls bis in den Mannschaftsdienstgrad; bei länger dauernder, wiederholter eigenmächtiger Abwesenheit oder Fahnenflucht ist das Dienstvergehen so schwerwiegend, dass es regelmäßig die Entfernung aus dem Dienstverhältnis oder den Ausspruch der sonst gebotenen Höchstmaßnahme indiziert.
  - *BVerwG* 12. 2. 2015 – 2 WD 2.14
- **Fernbleiben** vom **19. 2. 2001 bis 13. 6. 2001 und 31. 10. 2001 bis 24. 3. 2002**: Es steht fest, dass der Beamte trotz seiner Gehbehinderung Innendienst leisten und die Strecke zwischen seiner Wohnung und dem Dienstort mit dem eigenen Kraftfahrzeug bewältigen konnte: Entfernung
  - *BVerwG* 23. 1. 2013 – 2 B 63.12
- Vorsätzlich unerlaubtes **Fernbleiben vom 24. Februar bis 29. Juni 2009** und Nachgehen während der Zeit seiner Erkrankung einer nicht genehmigungsfähigen Nebentätigkeit, nämlich dem Internethandel mit Sexartikeln.
  - *BVerwG* 11. 6. 2014 – 2 B 3.13
- Nach einer **Abordnung** muss der Dienst am neuen Dienstort aufgenommen werden.
  - *BVerwG* 27. 10. 2014 – 2 B 52.14
- Die beabsichtigte **rückwirkende Aufhebung einer Arbeitszeitregelung** berechtigt den Dienstherrn nicht, bereits gegenwärtig die Arbeitszeit im Vorgriff auf das künftige Recht zu gestalten.
  - *BVerwG* 15. 12. 2005 – 2 C 4.05

Fernbleiben vom Dienst

- Solange ein Beamter nicht dienstfähig ist, ist er von der Dienstleistungspflicht entbunden, weil er sie nicht erfüllen kann. Dienstunfähig ist der Beamte, wenn er aufgrund seines **körperlichen oder geistigen Zustands außer Stande** ist, den ihm übertragenen dienstlichen Aufgaben nachzukommen.
  - *VGH Bayern* 24. 10. 2013 – 16b D 10.1230
- Das Abstellen in einem ärztlichen Gutachten allein auf das **subjektive Schmerzempfinden** eines Beamten ohne Darlegung der das Krankheitsbild (mit)bestimmenden psychischen Faktoren und des Grades der Beeinträchtigung, zu der die Schmerzen führen, bietet keine ausreichende Grundlage zur Feststellung der Dienstunfähigkeit eines Beamten.
  - *BVerwG* 1. 3. 2000 – 1 DB 13.98
- Legt der Beamte zum Beleg seines Unvermögens, Dienst zu tun, **Dienstunfähigkeitsbescheinigungen** behandelnder **Privatärzte** vor, so kann der Nachweis seiner Dienstfähigkeit im Regelfall jedenfalls dann nur durch die Einschaltung des Amtsarztes geführt werden, wenn die Bescheinigungen eine Diagnose enthalten. Denn es bedarf regelmäßig medizinischer Sachkunde, um ärztliche Befunde zu überprüfen
  - *BVerwG* 11. 1. 2007 – 1 D 16/05
- Der Grundsatz des **Vorrangs amtsärztlicher Beurteilungen** kann nicht zur Entscheidung über die Dienstfähigkeit herangezogen werden, wenn keine Aussage eines Amtsarztes zu einer vom Privatarzt bescheinigten Erkrankung vorliegt. Daran fehlt es, wenn sich die Dienstunfähigkeitsbescheinigung des Privatarztes entweder auf eine Erkrankung, die nicht Gegenstand einer amtsärztlichen Untersuchung gewesen ist, oder auf eine Neuerkrankung bezieht, die in der Zeit nach dieser Untersuchung aufgetreten ist.
  - *BVerwG* 11. 10. 2006 – 1 D 10.05
- Die **fehlende Therapierbarkeit** eines bei Wiederaufnahme der Arbeit möglichen Wiederauflebens depressiver Symptome, die primär auf geringer Arbeitsmotivation nicht nur für einen konkret zugewiesenen Arbeitsplatz, sondern auch allgemein für jeden anderen amtsgemäßen und laufbahntypischen Einsatz in der Verwaltung der Bundeswehr beruht, ist bei amts- und fachärztlich festgestellter allgemeiner Dienstfähigkeit als Arbeitsverweigerung und schuldhaftes Fernbleiben vom Dienst zu werten.
  - *BVerwG* 26. 2. 2003 – 1 DB 1.03
- Ein Beamter muss im Rahmen der Verhältnismäßigkeit dafür **Vorsorge** zu treffen, dass er bei körperlichen Beeinträchtigungen, die es ihm unmöglich machen, eine längere Gehstrecke zurückzulegen, den Weg zu und von der Dienststelle bewältigen kann.
  - *BVerwG* 27. 11. 1997, DokBer B 1998, 157
- Ein Beamter, der wegen des Vollzugs einer **Freiheitsstrafe** keinen Dienst ausübt, bleibt nicht ohne Genehmigung und rechtswidrig dem Dienst fern.
  - *BVerwG* 2. 10. 1981 – 1 DB 16/81
- Ein Beamter begeht ein Dienstvergehen wegen ungenehmigten Fernbleibens vom Dienst, wenn er zumindest bedingt vorsätzlich handelnd den **Widerruf einer Strafaussetzung zur Bewährung** herbeiführt, obwohl es ihm möglich und zumutbar gewesen ist, die Verbüßung der Freiheitsstrafe zu vermeiden.
  - *BVerwG* 7. 6. 1994 – 1 D 35.93
- Ein Beamter, der zwar zum Dienst erscheint, aber durch von ihm zu vertretende Umstände **nicht in der Lage** ist, den **Dienst ordnungsgemäß zu versehen**, erfüllt nicht den Tatbestand des ungenehmigten schuldhaften Fernbleibens.
  - *BDiG* 25. 6. 1992 – II BK 1/92

Die einzelnen Dienstvergehen und ihre Maßregelung

- Ein **Beamtenstreik** ist trotz Verstoß gegen EMRK ein innerdienstliches Dienstvergehen:
  - *BVerwG* 27.2.2014 – 2 C 1.13; 2.1.2013 – 2 B 46.12; OVG Nordrhein-Westfalen 7.3.2012 – 3d A 317/11.O; OVG Lüneburg 12.6.2012 – 20 BD 7/11
  - *BVerwG* 26.2.2015 – 2 B 10.15, 2 B 11.15, 2 B 6.15, 2 B 7.15, 2 B 8.15, 2 B 9.15
- **Krankfeiern** (go sick) als demonstrative Dienstverweigerung
  - *BDiG* 29.4.1975 – I BK 3/75, DÖD 1975, 187
- Die **psychologische Unterstützung** eines streikähnlichen Verhaltens durch die Öffentlichkeitsarbeit eines im Beamtenverhältnis stehenden Pressesprechers einer Beamtenorganisation ist rechtswidrig und kann die Entfernung aus dem Dienst rechtfertigen.
  - *BVerwG* 19.9.1977 – 1 DB 12.77, BVerwGE 53, 330
- Die nachträgliche Urlaubsbewilligung ändert nichts an dem disziplinarrechtlichen Vorwurf, den Dienst nicht zu der festgesetzten Zeit angetreten zu haben. Denn die nachträgliche Genehmigung macht das disziplinarrechtlich relevante unerlaubte Fernbleiben vom Dienst nicht ungeschehen.
  - *BVerwG* 29.10.2003 – 2 WD 9.03, BVerwGE 119, 164
- Kriminalbeamter; unerlaubtes Fernbleiben von 1989 bis 1998: **Entfernung**
  - *BVerwG* 16.5.2012 – 2 B 3.12
- Ein unerlaubtes Fernbleiben vom Dienst ist dann grundsätzlich milder einzustufen, wenn die Verwaltung bereit war, auf die Dienstleistung des Beamten zu verzichten: **Kürzung**
  - *BVerwG* 12.4.2000 – 1 D 12.99
- Gezielte **Überschreitung des Sonderurlaubs** wegen mehrmonatiger Indienreise mit Ehemann: **Entf.**
  - *BVerwG* 22.5.1984 – 1 D 114.83
- Grundlose Weigerung eines **Ruhestandsbeamten**, sich zur Feststellung seiner Dienstfähigkeit ärztlich untersuchen zu lassen, und die Weigerung, seine bisherige Dienststelle aufzusuchen, um erneut in das Beamtenverhältnis berufen zu werden: **Aberkennung des RGeh.**
  - *BVerwG* 29.6.1995 – 1 D 67.92
- Der Beamte hat durch **fahrlässiges** unerlaubtes **Fernbleiben** im Umfang von ca. einem Monat und bedingt **vorsätzliches** unerlaubtes Fernbleiben im Umfang von ca. einem Monat und 25 Tagen ein schweres innerdienstliches Dienstvergehen begangen, weil er schuldhaft – teils fahrlässig, teils vorsätzlich – die ihm obliegenden Dienstpflichten, nämlich die Kernpflicht, Dienst zu leisten, verletzt hat (§ 77 Abs. 1 Satz 1 BBG a. F.).
  - *VGH Bayern* 24.10.2013 – 16b D 10.1230
- Fernbleiben an 112 Arbeitstagen, auch nach Einleitung des Disziplinarverfahrens: **Entf.**
  - *BVerwG* 25.1.2007 – 2 A 3.05
- **Fernbleiben für 10,5 Wochen**, Vorlage unrichtiger ärztlicher Bescheinigungen: **Entf.**
  - *BVerwG* 21.2.2001 – 1 D 64.99
- **Es kommt auf das Verschulden des Fernbleibens**, nicht auf das Verschulden des Hinderungsgrundes **an.**
  - *BVerwG* 20.6.2000 – 1 DB 5.00
- Wer sich bei **anders lautenden amtsärztlichen Gutachten** auf die Gutachten seiner Hausärzte verlässt, muss damit rechnen, dienstfähig zu sein und trägt das entsprechende Risiko.
  - *BVerwG* 1.3.2000 – 1 DB 13.98

Melde- und Nachweispflicht anlässlich des Fernbleibens

- Nach Feststellung der Dienstfähigkeit ist **sofort** der **Dienst aufzunehmen**, einer Aufforderung hierzu bedarf es nicht.
  - *BVerwG* 29. 6. 1995 – 1 DB 12.95; 11. 9. 2000 – 1 DB 19.00
- Der Beamte muss über den **Vorrang amtsärztlicher Gutachten** aufgeklärt sein.
  - *BVerwG* 11. 3. 1994 – 1 DB 4.94
  - *VGH Bayern* 24. 10. 2013 – 16b D 10.1230
- Ebenso wie dem Amtsarzt und einem von ihm hinzugezogenen Facharzt kommt dem **gerichtlichen Sachverständigen** grundsätzlich Vorrang zu.
  - *BVerwG* 31. 10. 2012 – 2 B 33.12
- Dieser Vorrang kann sich auch aus den Umständen der Einholung des amtsärztlichen Gutachtens ergeben, z. B. wenn auf die **Zweifel am Attest des Hausarztes** hingewiesen wurde.
  - *BVerwG* 4. 9. 1998 – 1 D 26.98
- Kein Vorwurf bei **gegensätzlichen Gutachten** gleichrangiger Ärzte
  - *BVerwG* 16. 2. 1998 – 1 DB 10.97; 28. 3. 2001 – 1 DB 11.01; ausnahmsweise anders: 2. 12. 1999 – 1 DB 19.99
- Bei **irriger Annahme hinsichtlich der aufschiebenden Wirkung von Rechtsmitteln** kein Vorwurf
  - *BVerwG* 5. 4. 2000 – 1 DB 3.00
- **Irrtum über** das Tatbestandsmerkmal »**Dienstfähigkeit**« führt zu einem den Vorsatz ausschließenden Tatbestandsirrtum
  - *BVerwG* 9. 4. 2002 – 1 D 17.01
- Ein dienstfähiger Beamter, der ungenehmigt keinen Dienst leistet, handelt hinsichtlich des Tatbestandsmerkmals »**Dienstfähigkeit**« mit **bedingtem Vorsatz**, wenn er ernsthaft für möglich hält, dienstfähig zu sein und im Hinblick darauf billigend in Kauf nimmt, die Dienstleistungspflicht zu verletzen.
  - *VGH Bayern* 24. 10. 2013 – 16b D 10.1230
- **Tatbestands-/Verbotsirrtum**
  - *OVG Koblenz* 18. 10. 2004 – 11 A 11253/04
- Zur Frage, bei welcher **Zeitdauer** schuldhaften unentschuldigten Fernbleibens vom Dienst die Entfernung aus dem Beamtenverhältnis Ausgangspunkt für die Festsetzung der Disziplinarmaßnahme ist.
  - *VGH Bayern* 24. 10. 2013 – 16b D 10.1230
- Die in einem Disziplinarurteil getroffene Feststellung, dass sich ein Beamter in einem **bestimmten Zeitraum** des Dienstvergehens des unerlaubten Fernbleibens vom Dienst schuldig gemacht hat, auch im nachfolgenden Verfahren über die Feststellung des Verlusts der Dienstbezüge (grundsätzlich) bindend.
  - *VGH Bayern* 14. 7. 2015 – 14 B 14.1598

4. Melde- und Nachweispflicht anlässlich des Fernbleibens

a) Rechtsgrundlage: § 96 Abs. 1 Satz 2 BBG

Wortlaut:
»*Dienstunfähigkeit infolge von Krankheit ist auf Verlangen nachzuweisen.*«

Die einzelnen Dienstvergehen und ihre Maßregelung

b) Definition der Pflicht und ihrer Verletzung

1 § 96 BBG entspricht vollinhaltlich und überwiegend auch wörtlich dem vorangegangenen § 73 BBG alt.[259] Das Gesetz regelt die »**Nachweispflicht**«, d. h. die Pflicht, auf Verlangen der Dienstvorgesetzten **ärztliche Arbeitsunfähigkeitsbescheinigungen** vorzulegen.[260] Eine Pflichtverletzung ist zwar erst gegeben, wenn eine konkrete dienstliche Regelung den ärztlichen Nachweis verlangte. Dennoch handelt es sich bei § 96 Abs. 1 Satz 2 BBG um einen selbständigen Pflichtentatbestand gegenüber dem Verbot des pflichtwidrigen Fernbleibens aus Satz 1 und nicht etwa um eine Beweisregel[261] oder um eine Ermächtigungsgrundlage für Dienstvorgesetzte. § 96 Abs. 1 Satz 2 BBG ist die **Spezialvorschrift**, das dienstliche Verlangen ist darin ein Tatbestandsmerkmal. Die Pflichtverletzung aus § 96 Abs. 1 Satz 2 BBG kann dabei nur in Frage kommen, wenn tatsächlich von krankheitsbedingter Dienstunfähigkeit auszugehen ist. Denn nur dann kann und darf eine Dienstunfähigkeitsbescheinigung erteilt werden. Unterlassung der Attestvorlage kann **nicht hilfsweise oder inzidenter** als Fernbleiben angeschuldigt werden, das nur bei Dienstfähigkeit vorliegt. Beide Verstoßtatbestände schließen sich logisch aus.

1a Zulässig ist es, durch Einzelweisung die Vorlage der Arbeitsunfähigkeitsbescheinigung schon »am ersten Krankheitstag« vorzuschreiben (**Attestauflage**). Erhöhte Anforderungen an den Nachweis der Dienstunfähigkeit, für die sich der Dienstherr auf konkrete Umstände stützen konnte, erniedrigen einen Beamten nicht.[262] Soweit das technisch möglich ist, muss das Attest auch noch am ersten Tag übergeben werden.[263] Eine Übergabe am nächsten Tag ist aber unschädlich, sofern nur der erste Fehltag von der Arbeitsunfähigkeitsbescheinigung abgedeckt ist und eine Übergabe am ersten Tag weder möglich noch zumutbar war.[264] Eine Übersendung per Fax oder Email genügt. Soweit ein Beamter entgegen den Vorgaben des Dienstherrn nicht bereits am ersten Tag seiner Erkrankung ein ärztliches Attest vorgelegt hat, liegt objektiv ein Dienstvergehen vor; denn Anordnungen des Dienstherrn sind grundsätzlich zu befolgen (§ 62 Abs. 1 Satz 2 BBG i. V. m. § 96 Abs. 1 Satz 2 BBG).[265] Trifft der Dienstherr generelle Anordnungen über die frühere Vorlage von Arbeitsunfähigkeitsbescheinigungen, so hat der Personalrat ein zwingendes Mitbestimmungsrecht nach § 75 Abs. 3 Nr. 15 BPersVG.[266]

1b Der Beamte, der zur Rechtfertigung eines Fernbleibens vom Dienst seine krankheitsbedingte Dienstunfähigkeit durch Vorlage einer ärztlichen Bescheinigung nachzuweisen hat, trägt die hierdurch entstehenden **Arztkosten**.[267]

2 Bestehen dienstlich Zweifel an der Erheblichkeit der attestierten Dienstunfähigkeit, kann die **Untersuchung durch einen Amtsarzt** angeordnet werden. Ob eine Weisung zur Konkretisierung der Nachweispflicht aus § 96 Abs. 1 Satz 2 BBG einen **Verwaltungsakt** darstellt, insbesondere die dafür erforderliche Außenwirkung aufweist, oder als Maßnahme nach § 44a Satz 2 oder (nur) nach Satz 1 VwGO zu gelten hat, war bis 2012 in Rspr. und Literatur umstritten. Das BVerwG hat 2012[268] entschieden, dass die Anordnung der Unter-

---

259 Plog/Wiedow, BBG 2009, § 96 Rn. 1.
260 Zur Problematik einer solchen Anordnung umfassend Lopacki, ZBR 1992, 193 ff.
261 BVerwG 16. 3. 1984 – 1 DB 4.84, BVerwGE 76, 142.
262 BVerfG 28. 9. 2007 – 2 BvR 1156/06.
263 Zu Arbeitnehmern entsprechend: Staudinger/Oetker, § 616 BGB Rn. 314 m. w. N.; Schmitt Rn. 79; Vossen Rn. 269.
264 ErfK-Reinhard, EFZG, § 5 Rn. 12.
265 OVG Lüneburg 25. 2. 2014 – 3 LD 1/13.
266 Zum BetrVG entsprechend: BAG 25. 1. 2000 – 1 ABR 3/99, NZA 2000, 665.
267 BVerwG 25. 3. 1965 – II C 6.62, BVerwGE 21, 15.
268 BVerwG 26. 4. 2012 – 2 C 17.10.

Melde- und Nachweispflicht anlässlich des Fernbleibens

suchung (entsprechend: unverzügliche Vorlage eines Attestes) **kein Verwaltungsakt** ist.[269] Der Beamte ist dabei schon im Bescheid auf den Vorrang des amtsärztlichen Gutachtens gegenüber privatärztlichen Attesten ausdrücklich hinzuweisen.[270] Bleibt ein Beamter mit der Behauptung, dienstunfähig erkrankt zu sein, dem Dienst fern und legt er zu Nachweiszwecken privatärztliche Atteste vor, obwohl **amtsärztliche Nachweisungen** von ihm verlangt werden, dann enthebt dieser Mitwirkungsverstoß den Dienstherrn jedenfalls dann von der Verpflichtung, die Dienstfähigkeit von Amts wegen nachzuweisen, wenn die Zweifel an der vorgeblichen Dienstunfähigkeit sich durch weitere Indizien zur gegenteiligen Überzeugung verdichten.[271] Die Anordnung einer amtsärztlichen Untersuchung unterliegt nicht der Mitbestimmung des **Personalrats**.[272]

Bei der **Aufforderung zum Dienstantritt** handelt es sich grundsätzlich nicht um eine Maßnahme mit Regelungscharakter und Außenwirkung, sondern lediglich um einen Hinweis auf die gesetzliche Verpflichtung des Beamten zur Dienstleistung.[273]   3

Neben der Nachweispflicht trifft krankheitsbedingt abwesende Beamte auch eine **Melde- und Informationspflicht gegenüber ihrer Dienststelle**.[274] Sie folgt auch ohne spezielle Regelung aus der allgemeinen Treue- und Unterstützungspflicht nach §§ **61 Abs. 1 Satz 1, 62 Abs. 1 Satz 1 BBG**.   4

Während der Krankschreibung besteht keine Pflicht, einer Vorladung zur Dienststelle zu folgen. Ob ein Unterlassen der unverzüglichen Anzeige der Dienstunfähigkeit pflichtwidrig und schuldhaft ist und über der Schwelle zur disziplinaren Erheblichkeit liegt, hängt von den **Umständen des Einzelfalles** ab. Auch hier kann Unmögliches nicht gefordert werden. Die Pflichtverletzung kann auch fahrlässig begangen werden, z. B. dadurch, dass unterlassen wurde, Vorkehrungen zu treffen, die ein rechtzeitiges Erwachen (zum Zweck der Benachrichtigung) sicherstellen und dies zu der verspäteten Meldung führte.[275]   5

c) Bewertung der Pflichtverletzung, Auswahl und Bemessung der Disziplinarmaßnahme

Da in diesen Fällen schon tatbestandsmäßig von einer krankheitsbedingten oder – was die Melde- und Informationspflicht betrifft – aus anderen Gründen zulässigen Abwesenheit des Betroffenen auszugehen ist, liegt häufig nur ein Ordnungsverstoß vor, der im Bereich der Bagatellverfehlungen liegt. Das gilt vor allem für fahrlässige Verfehlungen. Wird jedoch vorsätzlich oder gar absichtlich und möglicherweise anhaltend gegen die Melde- und Informationspflicht oder gar gegen die Attestvorlagepflicht verstoßen, so kann dies die Tragbarkeit überhaupt des Betroffenen in Frage stellen. Denn gerade die wiederholte und längere Unüberprüfbarkeit des Abwesenheitsgrunds und die daraus folgenden Zweifel an der Aufrichtigkeit und Zuverlässigkeit des Betroffenen können für die dienstliche Interessenlage dem pflichtwidrigen Fernbleiben gleichstehen. Insgesamt steht deshalb der gesamte Maßnahmenkatalog zur Verfügung. Die Entscheidung ist aus den Umständen des Einzelfalles zu treffen.   6

---

269 Ebenso VGH Hessen 8.5.2015 – 1 B 459/15; OVG Lüneburg 25.2.2014 – 3 LD 1/13.
270 BVerwG 11.3.1994 – 1 DB 4.94; VGH Bayern 24.10.2013 – 16b D 10.1230.
271 BVerwG 16.3.1984 – 1 DB 4.84, BVerwGE 76, 142; OVG Rheinland-Pfalz 2.5.2001 – 3 A 10366/01.
272 BVerwG 24.6.2014 – 6 P 1.14.
273 OVG Nordrhein-Westfalen 4.1.2010 – 6 B 1116/09; 18.2.2004 – 6 B 2060/03.
274 Plog/Wiedow, BBG 2009, § 61 Rn. 11.
275 BVerwG 20.5.1998 – 1 D 57.96.

Die einzelnen Dienstvergehen und ihre Maßregelung

d) Rechtsprechungsübersicht

- Die Pflicht, eine Dienstunfähigkeit infolge Krankheit auf Verlangen des Dienstvorgesetzten nachzuweisen, ist die **Dienstpflicht** des Beamten, die er seinem Dienstherrn aufgrund des Beamtenverhältnisses schuldet.
  - *BVerfG* 28. 9. 2007 – 2 BvR 1156/06
- § 73 (jetzt: § 96) Abs. 1 Satz 2 BBG begründet einen **selbständigen Pflichtentatbestand** gegenüber dem Verbot des pflichtwidrigen Fernbleibens aus Satz 1 und nicht etwa eine Beweisregel.
  - *BVerwG* 16. 3. 1984 – 1 DB 4.84, BVerwGE 76, 142
  - *OVG Rheinland-Pfalz* 2. 5. 2001 – 3 A 10366/01
- Soweit der Beamte entgegen den Vorgaben des Dienstherrn nicht bereits am ersten Tag seiner Erkrankung ein **ärztliches Attest** vorgelegt hat, liegt objektiv ein Dienstvergehen vor; denn Anordnungen des Dienstherrn sind grundsätzlich zu befolgen (§ 62 Abs. 1 Satz 2 BBG i. V. m. § 96 Abs. 1 Satz 2 BBG).
  - *OVG Lüneburg* 25. 2. 2014 – 3 LD 1/13
- **Anzeige der Dienstunfähigkeit** hat unverzüglich, d. h. ohne schuldhaftes Zögern, zu erfolgen.
  - *BVerwG* 13. 7. 1999 – 1 D 81.97
- Bei Zweifeln an der Erheblichkeit der attestierten Dienstunfähigkeit **Untersuchung durch Amtsarzt** zulässig
  - *BVerwG* 28. 8. 1964 – 6 C 59.62, BVerwGE 21, 15
- Eine **Untersuchungsanordnung** an den Amtsarzt ist auch dann rechtmäßig, wenn sich Art und Umfang der geforderten ärztlichen Untersuchung für die Behörde, den Beamten und den Gutachter übereinstimmend klar aus dem Gesamtergebnis des Verwaltungsverfahrens ergeben.
  - *VG Berlin* 11. 6. 2015 – 28 K 16.13
- Die an einen Beamten gerichtete **Aufforderung**, sich zur Klärung seiner Dienstfähigkeit **ärztlich untersuchen zu lassen**, ist grundsätzlich kein Verwaltungsakt, vielmehr handelt es sich in der Regel um eine gemischte dienstlich persönliche Weisung.
  - *BVerwG* 26. 4. 2012 – 2 C 17.10
  - *VGH Hessen* 8. 5. 2015 – 1 B 459/15
  - *OVG Lüneburg* 25. 2. 2014 – 3 LD 1/13
- Die Anordnung einer amtsärztlichen Untersuchung unterliegt nicht der **Mitbestimmung des Personalrats**.
  - *BVerwG* 24. 6. 2014 – 6 P 1.14
- Der Beamte ist im Bescheid auf den **Vorrang des amtsärztlichen Gutachtens** gegenüber privatärztlichen Attesten ausdrücklich hinzuweisen.
  - *BVerwG* 11. 3. 1994 – 1 DB 4.94
  - *VGH Bayern* 24. 10. 2013 – 16b D 10.1230
- Eine **Weisung zur Konkretisierung der Nachweispflicht** aus § 96 Abs. 1 Satz 2 BBG stellt keinen Verwaltungsakt dar.
  - *BVerwG* 26. 4. 2012 – 2 C 17.10
- Soweit ein Beamter entgegen den Vorgaben des Dienstherrn nicht bereits am ersten Tag seiner Erkrankung ein ärztliches Attest vorgelegt, liegt objektiv ein Dienstvergehen vor; denn **Anordnungen des Dienstherrn** sind grundsätzlich zu befolgen (§ 62 Abs. 1 Satz 2 BBG i. V. m. § 96 Abs. 1 Satz 2 BBG).
  - *OVG Lüneburg* 25. 2. 2014 – 3 LD 1/13
- Die **Kosten des** die Dienstabwesenheit begründenden **Attests** hat der Beamte zu tragen.

Erhaltung der vollen Dienst- und Einsatzfähigkeit

– *BVerwG* 25. 3. 1965 – II C 6.62, BVerwGE 21, 16
- Bei der **Aufforderung zum Dienstantritt** handelt es sich grundsätzlich nicht um eine Maßnahme mit Regelungscharakter und Außenwirkung, sondern lediglich um einen Hinweis auf die gesetzliche Verpflichtung des Beamten zur Dienstleistung.
– *OVG Nordrhein-Westfalen* 4. 1. 2010 – 6 B 1116/09

5. Erhaltung der vollen Dienst- und Einsatzfähigkeit

a) Rechtsgrundlage: § 61 Abs. 1 Satz 1 BBG

Wortlaut:
»Beamtinnen und Beamte haben sich mit vollem persönlichen Einsatz ihrem Beruf zu widmen.«

b) Definition der Pflicht und ihrer Verletzung

In der Neufassung wurde die alte und altertümliche Formulierung »der Beamte hat sich voller Hingabe seinem Beruf zu widmen« durch eine sprachlich angepasste und den Inhalt auch besser treffende Formulierung ersetzt. Inhaltlich hat sich jedoch an der Norm und der Verpflichtung der Beamten durch die Neuformulierung nichts geändert. Es war bereits in der Vorauflage darauf hingewiesen worden, dass die »Hingabepflicht« nichts anderes bedeutet, als dass der Beamte alle Kräfte für die übertragenen Dienstgeschäfte einzusetzen hat und seine volle Leistungsfähigkeit erhalten soll. So kommt dies in der neuen Formulierung besser zum Ausdruck. Gleichzeitig ergibt sich aus dieser Vorschrift die Verpflichtung des einzelnen Beamten, seine volle Leistungsfähigkeit wiederherzustellen. Die Pflicht zur **Erhaltung bzw. Wiederherstellung der vollen Dienstfähigkeit** wird üblicherweise allein für die **gesundheitliche** Leistungsfähigkeit verwendet. In gleichem Maße ist aber auch die Pflicht zur Erhaltung der vollen **Einsatzfähigkeit im weiteren Sinn** angesprochen. Wie § 96 Abs. 1 Satz 2 BBG (»Dienstunfähigkeit infolge Krankheit«) deutlich macht, ist Krankheit nur ein Fall der Dienstunfähigkeit. Die Pflicht betrifft alle **Eigenschaften**, die Voraussetzung für die Ausübung eines öffentlichen Amtes im Allgemeinen und des übertragenen Dienstposten im Besonderen sind: Gesundheit (Dienstfähigkeit), persönliche Vertrauenswürdigkeit (Unbestraftheit, Unbescholtenheit), sachliche und persönliche Unbefangenheit, Fähigkeiten (Führungsqualität als Vorgesetzter), Berechtigungen (Fahrerlaubnis für Dienstkraftfahrer) usw.

Diese Pflicht des Beamten korrespondiert dabei mit einer Pflicht des Dienstherrn, den gesundheitsschonenden Dienst zu ermöglichen. Der Dienstherr hat von sich aus sicherzustellen, dass die erforderlichen **Arbeitsmittel** zur Verfügung gestellt werden und die **Vorgaben des Gesundheitsschutzes** eingehalten werden. Nur so ermöglicht er dem Beamten eine störungsfreie Dienstleistung. So hat er etwa eine erforderliche Bildschirmarbeitsplatzbrille zur Verfügung zu stellen.[276] Die Nichterledigung der einem Beamten übertragenen Aufgaben stellt dann keine Pflichtverletzung dar, wenn der Dienstherr dem Beamten die für die Arbeiten erforderliche **Bildschirmarbeitsbrille** nicht zur Verfügung gestellt hat.[277] Dies bedeutet, dass der Dienstherr die geeigneten Arbeitsmittel zur Verfügung stellen und ein Arbeitsumfeld einrichten muss, welches die Gesundheit der Beschäftigten im Rahmen der gesetzlichen Vorgaben erhält. Kommt er diesen Anforderungen

1

1a

---

[276] Mit überzeugender Begründung OVG Lüneburg 25. 2. 2014 – 3 LD 1/13.
[277] BVerwG 27. 2. 2003 – 1 C 2.02, ZBR 2004, 58.

Die einzelnen Dienstvergehen und ihre Maßregelung

nicht nach, so ist dem Beamten eine **Nichterledigung der übertragenen Aufgaben mit Hinblick auf § 61 Abs. 1 Satz 1 BBG nicht disziplinarisch vorzuwerfen.**

1b Die Anforderung der Erhaltung der Dienstfähigkeit des Beamten und die volle Widmung dem Beruf ist nicht auf die jederzeitige optimale Verfügbarkeit der Dienstleistung bezogen, sondern nur auf eine **durchschnittliche Dienstfähigkeit.** Der Beamte muss also nicht immer zu Bestleistungen fähig sein. Denn nach der Rspr. des BVerwG ist auch der fähigste und zuverlässigste Beamte Schwankungen seiner Arbeitskraft unterworfen und macht gelegentlich Fehler, die eine Verwaltung vernünftigerweise in Kauf nehmen muss. Die Plicht zur ordnungsgemäßen Ausübung des Dienstes habe deshalb regelmäßig nur eine im Ganzen durchschnittliche Leistung zum Gegenstand. Um ein nachlässiges Gesamtverhalten als in disziplinarrechtlicher Hinsicht pflichtwidrig zu kennzeichnen, bedarf es daher des Nachweises mehrerer einigermaßen gewichtiger Mängel der Arbeitsweise, die insgesamt über das in Einzelfällen bei einem durchschnittlichen Beamten noch tolerierbare Versagen eindeutig hinausgehen und nicht auf bloßes Unvermögen, sondern auf echte Schuld zurückzuführen sind.[278] Ausgehend von diesen Grundsätzen können **dienstliche Schlecht- oder Minderleistungen** schon deshalb nicht als Dienstvergehen einzustufen sein, weil sie auf bloßem Unvermögen – d. h. nicht auf einem Vorsatz- oder Fahrlässigkeitsschuldvorwurf (»echte Schuld«) – beruhen, die Annahme eines Dienstvergehens aber gerade eine schuldhafte Dienstpflichtverletzung voraussetzt (vgl. § 47 Abs. 1 Satz 1 BeamtStG). Zu prüfen ist, ob das Versäumnis des Beamten, seine Dienstleistung zu erbringen, auf seinem Unvermögen beruht – also etwa auf mangelnde Übersicht, mangelndes intellektuelles Vermögen, mangelnde Ausdauer oder mangelndes Konzentrationsvermögen zurückzuführen ist.[279] Hat der Beamte jedoch diejenige Sorgfalt außer Acht gelassen, zu der er nach den Umständen des Einzelfalles verpflichtet und zu der er nach seinen persönlichen Kenntnissen und Fähigkeiten auch imstande war, so trifft ihn ein Fahrlässigkeitsschuldvorwurf.[280] Dies bedeutet jedoch nicht, dass der Beamte seine Pflicht zur Erhaltung seiner vollen Dienstleistungsfähigkeit i. S. d. § 61 Abs. 1 Satz 1 BBG schuldhaft verletzt hätte.

1c Der Dienstvorgesetzte darf die Dienstfähigkeit eines unterstellten Beamten auch nicht dadurch gefährden, dass er ihn **schikaniert** oder **mobbt.** Tut der Dienstvorgesetzte dies, so ist dieses Verhalten disziplinarwürdig.[281] Der die Dienstaufsicht führende Dienstvorgesetzte darf den unterstellten Beamten nicht rechtswidrig unter Druck setzen. Die Dienstaufsicht beinhaltet grundsätzlich das Recht und die Pflicht, über den Dienstbetrieb zu wachen, Weisungen für die Erledigung der Dienstgeschäfte zu erteilen, Dienstaufgaben zu verteilen und die Qualität von Dienstleistungen zu beurteilen. Die dem Dienstvorgesetzten unterstellten Beamten sind grundsätzlich weisungsgebunden (§ 35 BeamtStG). Dies bedeutet, dass der Dienstvorgesetzte den Fürsorge- und Schutzpflichten des Dienstherrn Ausdruck zu verleihen hat (§ 45 BeamtStG). Gegen diese Grundsätze verstößt ein Dienstvorgesetzter durch unsachliche Handlungsweise gegenüber einem unterstellten Beamten. Gemäß dem **Schikaneverbot des § 226 BGB** ist die Ausübung eines Rechts unzulässig, wenn sie nur den Zweck haben kann, einem anderen Schaden zuzufügen. »**Mobbing**« ist das systematische Anfeinden, Schikanieren und Diskriminieren von Beschäftigten unter-

---

278 BVerwG 23.7.1991 – 1 D 40.90; 12.2.1992, 1 D 2.91; 9.1.2000, 1 D 8.96; OVG Lüneburg 28.1.2014 – 20 LD 10/13; VGH Bayern 17.3.2004 – 16a D 03.138; OVG Berlin-Brandenburg 21.2.2013 – OVG 81 D 2.10.
279 Brägelmann, in: Schütz/Schiemann, Disziplinarrecht des Bundes und der Länder, Teil C Rn. 57.
280 OVG Lüneburg 28.1.2014 – 20 LD 10/13.
281 VGH Bayern 11.12.2013 – 16a DS 13.706.

Erhaltung der vollen Dienst- und Einsatzfähigkeit

einander oder durch Vorgesetzte, das über gewöhnliche, von jedermann zu bewältigende berufliche Schwierigkeiten hinausgeht und eine mehr oder weniger schwerwiegende Beeinträchtigung des Persönlichkeitsrechts, der Ehre und/oder der Gesundheit des Betroffenen darstellen kann.[282] Zu prüfen ist, ob es dem Dienstvorgesetzten in den Sinn hätte kommen müssen, dass sein unangemessenes Tun die Arbeitskraft und Leistungsfähigkeit des unterstellten Beamten übersteigen und damit dessen Recht auf Gesundheit verletzen könnte. Erkrankt der Beamte aufgrund solcher rechtswidriger Ausübung der Dienstaufsicht, verstößt der Dienstvorgesetzte gegen seine Pflicht, sich achtungs- und vertrauenswürdig zu verhalten (§ 34 Satz 3 BeamtStG).

Die **Pflichtwidrigkeit ist in den Tatbestand integriert.**[283] Wer seine dienstliche Einsatzfähigkeit ganz oder teilweise beseitigt, verstößt nur dann tatbestandsmäßig gegen die Pflicht zur Erhaltung der vollen Dienstleistungsfähigkeit, wenn dies pflichtwidrig geschieht. Dabei kommt es auf die spezielle Pflicht gegenüber dem Dienstherrn an. Die Dienstpflichten sind nicht ohne weiteres schon bei unvernünftigem oder riskantem Verhalten gegenüber den eigenen persönlichen Interessen im Privatleben tangiert. Denn für die private Lebensführung steht Beamten wie jedem anderen auch das Grundrecht auf freie Entfaltung der Persönlichkeit zu (Art. 2 Abs. 1 GG). Deshalb ist eine Güterabwägung erforderlich. Eine disziplinarrechtlich erhebliche Treuwidrigkeit gegenüber dem Dienstherrn liegt erst dann vor, wenn »das Verschulden gegen sich selbst zu einem überwiegenden Verschulden gegen den Dienstherrn wird«.[284] Das ist jedenfalls dann der Fall, wenn der Beamte nach dienstlicher Aufklärung die dienstlichen Nachteile genau erkennt und sich trotz persönlicher Steuerfähigkeit und Zumutbarkeit darüber hinwegsetzt.

2

Herkömmlicherweise wird die **Pflicht zur Erhaltung und Wiederherstellung der vollen Dienst- und Einsatzfähigkeit** als Hauptpflicht aus § 61 Abs. 1 Satz 1 BBG gesehen.[285] Sie ist aber nur eine Spezifizierung der allgemeinen Dienstleistungspflicht. Die andere, gleichwertige Pflicht aus § 61 Abs. 1 Satz 1 BBG ist die zu vollem persönlichen Einsatz und zur Qualität der Arbeit bei der konkreten Dienstausübung.

3

Die **Erhaltung und Wiederherstellung der Gesundheit** ist die augenfälligste Voraussetzung der vollen Dienstleistungsfähigkeit.[286] Es ist in der Rspr. des BVerwG geklärt, dass ein dienstunfähig erkrankter Beamter alles Mögliche und Zumutbare für die alsbaldige Wiederherstellung seiner Dienstfähigkeit zu tun hat. Diesem Ziel muss er Vorrang vor allen anderen Interessen geben und alles unterlassen, was diese Wiederherstellung verzögern oder beeinträchtigen könnte.[287] Dies gilt auch für die Ausübung privater Nebentätigkeiten.[288] Treuwidrigkeit gegenüber der Verwaltung liegt nicht grundsätzlich und ohne weiteres vor, wenn Beamte sich im privaten Leben gegenüber der eigenen Gesundheit riskant verhalten. Das ist grundsätzlich Sache der eigenen Lebensführung, über die der Dienstherr nicht zu bestimmen hat.[289] Es gilt das Gebot der **Verhältnismäßigkeit** durch Abwägung von privatem Grundrecht und dienstlichem Bedürfnis.[290] Dem Beamten muss eine

4

---

282 BVerwG 15. 12. 2005 – 2 A 4.04; BAG 15. 1. 1997 – 7 ABR 14/96, NZA 1997, 781; VGH Bayern 11. 12. 2013 – 16a DS 13.706.
283 BVerwG 21. 9. 1994 – 1 D 62.93.
284 Grundsatzentscheidung: BVerwG 9. 1. 1980 – 1 D 40.79, NJW 1980, 1347.
285 Plog/Wiedow, BBG 2009, § 61 Rn. 5.
286 Plog/Wiedow, BBG 2009, § 61 Rn. 5a.
287 BVerwG 11. 6. 2014 – 2 B 3.13.
288 BVerwG 31. 1. 2014 – 2 B 88.13.
289 BVerwG 4. 7. 1990 – 1 D 23.89.
290 BVerwG 4. 11. 1975 –, I WB 59.74; 8. 11. 1990 – 1 WB 86.89; vgl. zum Arbeitsrecht: LAG Schleswig-Holstein 20. 11. 2007 – 5 TaBV 23/07; VGH Bayern 14. 10. 2015 – 16 Sa D 14.351.

Die einzelnen Dienstvergehen und ihre Maßregelung

Änderung der Lebensführung zumutbar sein. Dabei kommt es auf die Schwere und Offensichtlichkeit der Gesundheitsbeeinträchtigung, auf die damit verbundene Auswirkung auf den Dienst und auf die Kenntnis des Beamten von dem zwangsläufigen Krankheitsverlauf und den dienstlichen Folgen an.

5   Zur Gesunderhaltung gehört auch die entsprechende **Vorsorge**. Kranke Beamte, die aber noch arbeitsfähig sind, haben deshalb die grundsätzliche Pflicht, alles Notwendige und Zumutbare zur Aufrechterhaltung und Verbesserung ihrer Dienst- und Einsatzfähigkeit – selbst in längerer, unbezahlter Beurlaubung – zu tun.[291]

6   Leicht als pflichtwidrig erkennbar ist die Beseitigung der Dienst- und Einsatzfähigkeit **unmittelbar vor bevorstehendem Dienst**. Es ist generell dienstlich erforderlich und auch zumutbar, dass Beamte sich auch in ihrer privaten Lebensführung auf den bevorstehenden Dienst einstellen, um diesen volleinsatzfähig anzutreten. Es bedarf keiner weiteren Dienstanweisung. Pflichtwidrig handelt ein Beamter, der durch Alkohol-, Arzneimittel- oder Drogenkonsum seine Einsatzfähigkeit für den laufenden oder unmittelbar bevorstehenden Dienst mindert. Dabei kommt es auf die Art des Dienstes an, insbesondere auch auf den Grad der Gefahrgeneigtheit.[292]

7   Auch die nur **teilweise Beeinträchtigung der Dienstleistungsfähigkeit** ist pflichtwidrig. Wer den Dienst mit einer **Blutalkoholkonzentration von über 0,5 ‰** antritt, befindet sich auch ohne absolute Alkoholverbote nach medizinischer Erkenntnis in einem leistungsgeminderten und damit pflichtwidrigen Zustand.[293]

8   Ist **außerhalb eines Disziplinarverfahrens** die sofortige Klärung der Dienstfähigkeit dienstlich erforderlich, so ist der Beamte verpflichtet, sich einem Atemalkoholtest (»Draeger Evidential Alcotest«) zu unterziehen.[294] Diese Atemalkoholmessung ist nur dann verwertbar, wenn zur Bestimmung der Atemalkoholkonzentration ein Mittelwert aus zwei wirksamen Tests ermittelt wurde.[295] Die Verpflichtung entfällt, wenn der Test **im Rahmen disziplinarer Vorermittlungen** der Überführung dienen soll oder wenn der Beamte ohne Verschulden davon ausgehen kann, dass der Test mindestens auch der disziplinaren Überführung dient. Denn niemand ist verpflichtet, an seiner eigenen Überführung mitzuwirken.[296]

9   Das BVerwG geht von einer beschränkten Eignung von **Atemalkoholtests** zum Rückschluss auf die Blutalkoholkonzentration aus.[297] Der Rspr. ist nicht zuzustimmen. Denn eine unmittelbare **Konvertierbarkeit** von Atemalkoholwerten in **Blutalkoholkonzentrationswerte** scheidet nach den Erkenntnissen der Rechtsmedizin aus.[298] So können die Messwerte erheblich durch verschiedene physiologische Einflüsse, etwa die unterschiedliche Verteilung des Alkohols im Organismus oder die Luftfeuchtigkeit verfälscht werden. So kann die Benutzung von Mundwassern und Rachensprays zu erheblichen Verschiebungen der Messergebnisse führen. Schließlich spielen auch Atemkapazität und Atemtechnik eine wesentliche Rolle. Insbesondere während der Resorptionsphase kommt es zu

---

291 BVerwG 26.7.1983 – 1 D 98.82, ZBR 1983, 360.
292 Plog/Wiedow, BBG 2009, § 61 Rn. 6.
293 BVerwG 14.3.1980 – 1 D 3.79; BDiG 9.3.2000 – VIII VL 9/00.
294 BVerwG 6.12.1988 – 1 D 98.87, ZBR 1989, 342.
295 VG Ansbach 19.1.1998 – 6 DA 97.02056, DÖD 1998, 121.
296 BVerwG 16.12.1980 – 1 D 129.79, BVerwGE 73, 118.
297 BVerwG 28.8.2001 – 1 D 57.00, Buchholz 235 § 9 BDO Nr. 2; offen lassend: BVerwG 22.10.2014 – 6 C 30.13, BVerwGE 150, 196.
298 OLG Karlsruhe 19.4.1993 – 2 Ss 27/93, VRS 85, 347; OLG Sachsen-Anhalt 29.11.2000 – 2 Ss 318/00; 5.12.2000 – 1 Ws 316/00; LG Freiburg/Breisgau 21.9.2009 – 9 Ns 550 Js 11375/09, 9 Ns 550 Js 11375/09, AK 92/09.

Erhaltung der vollen Dienst- und Einsatzfähigkeit

erhöhten Messwerten, während die Werte bei Restalkohol deutlich zu niedrig angezeigt werden.[299] Daher ist von keinerlei Möglichkeit des unmittelbaren Rückschlusses der Atemalkoholkonzentration auf die Blutalkoholkonzentration auszugehen. Nur im Zusammenhang mit **Ausfallerscheinungen** kann der Atemluftalkoholkonzentration ein Beweiswert zukommen.

Einer **ärztlichen Blutentnahme und Blutuntersuchung** müssen Beamte sich gegen ihren Willen und zwangsweise nur unter den Voraussetzungen des § 81 a StPO zur Klärung einer Straftat unterziehen. Ist eine ärztliche Blutuntersuchung durchgeführt worden, so kann aus deren Ergebnis und nach Berücksichtigung der **Alkoholabbauwerte** auf eine zuverlässige BAK zum fraglichen Zeitpunkt (Dienstantritt oder Dienstende) vor- oder rückgerechnet werden. Diese Rechnung muss nach dem Grundsatz »in dubio pro reo« immer den für den Beschuldigten günstigsten Abbauwert zugrunde legen. Jede Rückrechnung von der Blutalkoholkonzentration zur Zeit der Blutentnahme auf den Wert zur Tatzeit setzt nämlich voraus, dass das Ende der Resorptionsphase feststeht. Als Richtwert für die zu Gunsten des Betroffenen anzunehmende mögliche Dauer der Resorption ist ein Zeitraum von maximal 120 Minuten nach Trinkende anzunehmen.[300] Bei normalem Trinkverlauf dürfen daher die ersten beiden Stunden nach Trinkende nicht in die Hochrechnung einbezogen werden, wenn nicht im konkreten Fall ein früherer Abschluss der Resorption nachweisbar ist.[301] Die Annahme einer kürzeren Resorptionsdauer bedarf deshalb näherer Darlegungen der Anknüpfungstatsachen.[302] Pro Stunde ist ein Abbauwert von 0,1 ‰ zugrunde zu legen.[303] Zur Überprüfung der Behauptung des Nachtrunks ist auf eine Begleitstoffanalyse abzustellen.[304] Wenn eine Blutprobe fehlt, dann ist die Tatzeit-BAK aus der Trinkmenge zu errechnen und ein maximaler stündlicher Abbauwert von 0,2 ‰ zuzüglich eines einmaligen Sicherheitszuschlags von 0,2 ‰ zugrunde zu legen.[305]

Ob der Alkoholgenuss im Dienst erlaubt ist, hängt von den Umständen des Einzelfalles ab. Einer **allgemeine Anweisung des Dienstherrn**, im Dienst keinen Alkohol zu konsumieren, ist Folge zu leisten. Der Erlass einer solchen Vorschrift liegt im pflichtgemäßen Ermessen des Dienstherrn.[306] In Betracht kommt eine Mitbestimmung des Personalrats nach § 75 Abs. 3 Nr. 11, 15 BPersVG. Besteht ein solches **absolutes Alkoholverbot im Dienst**, so ist jeder Alkoholgenuss ohne Rücksicht auf Art und Menge pflichtwidrig.[307] Nur bei negativen dienstlichen Folgen kann ein Verstoß gegen die Pflicht zur Erhaltung der Einsatzfähigkeit vorliegen. Ohne diese dienstlichen Folgen können jedoch andere Disziplinartatbestände – z. B. die Pflicht zur Beachtung dienstlicher Vorschriften – berührt sein. Dient das absolute Alkoholverbot der Erhaltung der dienstlichen Einsatzfähigkeit (Bundeswehrpiloten, Lokführer, Kraftfahrer), so liegt immer ein Verstoß gegen die Pflicht zur Erhaltung der Einsatzfähigkeit vor. Das absolute Verbot kann sich nicht generell oder nur auf den außerdienstlichen Bereich beziehen. Erst der dienstliche Bezug macht das absolute Alkoholverbot zulässig. Das absolute Alkoholverbot schreibt das völlige Nüchternsein während der Dienstzeit vor. Entsprechend kann auch der Genuss alkoholfreien Bieres während des Dienstes pflichtwidrig sein, da dieses eine geringen Anteil an Alkohol ent-

---

299 AG Cottbus 6.11.2008 – 95 Ds 1221 Js 19295/08 (104/08).
300 BGH 11.12.1973 – 4 StR 130/73, NJW 1974, 246.
301 OLG Bayern 29.11.1994 – 2St RR 212/94, NZV 1995, 117.
302 OLG Schleswig-Holstein 3.1.2003 – 2 SsOWi 156/02 (135/02), 2 Ss OWi 156/02 (135/02).
303 Fischer, StGB, § 316 Rn. 19.
304 Fischer, StGB, § 316 Rn. 20.
305 BGH 13.6.1986 – 4 StR 279/86.
306 Plog/Wiedow, BBG 2009, § 62 Rn. 37.
307 BVerwG 14.6.1995 – 1 D 22.95, BVerwGE 103, 243; 5.2.1997 – 1 D 77.96.

Die einzelnen Dienstvergehen und ihre Maßregelung

hält.[308] Es umfasst dann auch die Pflicht, rechtzeitig vor Dienstantritt auf Alkoholgenuss zu verzichten, um Restalkohol bei Dienstantritt auszuschließen. Ob dann auch geringste Alkoholbeeinflussung im Dienst schon pflichtwidrig ist,[309] erscheint unter dem Gesichtspunkt sowohl des notwendigen Gewichts als auch der Evidenz des Dienstvergehens als zweifelhaft. Jedenfalls wird die Schuld an der mangelhaften Vorsorge der Nüchternheit bei Dienstantritt bei BAK unter 0,3 ‰ kaum nachzuweisen sein, nachdem dieser Promillesatz schon beim Nachweis durch Alco-Test vernachlässigt werden darf. Auch wenn der Genuss alkoholischer Getränke im Dienst nicht ausdrücklich verboten ist, hat sich ein Beamter insoweit größte **Mäßigung** aufzuerlegen. Für die Annahme eines Dienstvergehens ist nicht Voraussetzung, dass es infolge des Alkoholgenusses zu Ausfallerscheinungen gekommen ist.[310] Auch ein übermäßiger Alkoholgenuss während der letzten Minuten des Dienstes ist daher pflichtwidrig.[311] Entsprechendes gilt für ein **Rauchverbot** im Dienst.[312]

12 *Nicht besetzt.*

13 Auch ohne konkrete und unmittelbare Alkoholeinwirkung während der anstehenden Dienstleistung kann schon der latente Krankheitszustand der **Alkoholsucht** oder der andauernde **Alkoholmissbrauch** die Dienstunfähigkeit begründen.[313] Die Grenze zur disziplinaren Pflichtwidrigkeit ist überschritten bei schuldhaftem Herbeiführen der dauernden oder zeitweisen völligen Dienstunfähigkeit oder jedenfalls Einsatzunfähigkeit im übertragenen Aufgabengebiet durch Alkoholmissbrauch, wobei es unerheblich ist, ob der Missbrauch innerhalb oder außerhalb des Dienstes geschah. Es gibt aber keine umfassende Dienstpflicht zu jeglicher Enthaltsamkeit in der Lebensführung.[314] **Weitere Voraussetzungen** sind, dass die Dienstunfähigkeit kausal auf dem Alkoholkonsum beruht, dass der Betroffene die Entscheidung über das Alkoholverhalten in schuldfähigem Zustand (also nicht bereits in schuldausschließender Sucht) treffen konnte, dass ihm die gesundheitlich-medizinischen und die dienstrechtlichen Folgen bewusst gemacht worden sind, die erneuter oder weiterer Alkoholmissbrauch bewirken kann. Dazu im Einzelnen:

14 Als erstes muss die **Kausalität des Alkoholmissbrauchs für die Dienstunfähigkeit** konkret bewiesen sein.[315] Beim Nachweis des Alkoholmissbrauchs ist das Disziplinargericht nicht an eine Entscheidung des Dienstvorgesetzten gebunden, der Beamte sei wegen Alkoholismus dauernd dienstunfähig.[316] Der Dienstherr hat bei längerer Dienstunfähigkeit zu ermitteln, ob der Beamte dauernd dienstunfähig ist. Ist dies der Fall, hat er ihn in den Ruhestand zu versetzen, sofern der Beamte nicht anderweitig verwendbar oder im Rahmen einer begrenzten Dienstfähigkeit noch Dienst leisten kann (§§ 44 ff. BBG, §§ 26 ff. BeamtStG). Ist der Beamte dienstfähig, hat der Dienstherr ihn notfalls mit den Mitteln des Disziplinarrechts zur Arbeitsleistung anzuhalten.[317] Dabei kommt es auf eine eingehende und **medizinisch sachverständige Begutachtung** an. Amtsärzte kommen häufig allein deshalb zu dem Schluss der »alkoholbedingten andauernden Dienstunfähigkeit«, weil ihnen der Beamte schon verschiedentlich als auffällig zugeführt worden war. Der Grad der

---

308 VGH Bayern 2.7.2012 – 16a DZ 10.1644.
309 BVerwG 10.2.1972 – I D 38.71, BVerwGE 43, 305; 14.3.1980 – 1 D 8.79, BVerwG 63, 349.
310 BVerwG 20.6.1974 – I D 22.74, BVerwGE 46, 272.
311 BVerwG 14.3.1980 – 1 D 3.79.
312 Plog/Wiedow, BBG 2009, § 62 Rn. 38, § 78 Rn. 60.
313 Plog/Wiedow, BBG 2009, § 61 Rn. 7.
314 BVerwG 4.7.1990 – 1 D 23.89; 10.7.1991 – 1 D 63.90.
315 BVerwG 6.5.1985 – 1 D 160.84.
316 BVerwG 10.7.1991 – 1 D 63.90, ZBR 1992, 282.
317 von der Weiden, jurisPR-BVerwG 22/2013 Anm. 4.

Erhaltung der vollen Dienst- und Einsatzfähigkeit

Alkoholabhängigkeit (Alpha-, Beta-, Gamma-Trinker), die Bedeutung dieser Diagnose für die allgemeine und für die spezielle Dienstfähigkeit auf dem konkreten Dienstposten und die Frage der Schuldunfähigkeit durch Trunksucht erfordern wegen ihrer Kompliziertheit und Verdecktheit eine kompetente Untersuchung.[318] **Erst die Beeinträchtigung des Dienstes ist das Dienstvergehen, nicht schon der Alkoholismus als solcher.**[319] Beamte schulden ihrer Verwaltung nicht alkoholabstinentes Verhalten im Privatleben.[320] Sie haben sich nur insoweit enthaltsam zu zeigen, als es um Alkoholeinfluss oder -folgen im Dienst oder für die Dienstausübung geht.[321] Erst die **dienstlichen Auswirkungen** sind disziplinar relevant.[322] Folgen dem Alkoholgenuss oder -missbrauch dienstliche Nachteile, so kommt eine Pflichtverletzung ebenso wie bei dauernder Dienstunfähigkeit in Betracht, z. B. bei Dienstversäumung wegen **Entziehungskur**,[323] Verminderung der Dienst- und Einsatzfähigkeit durch **Restalkohol** im Dienst.[324]

Pflichtwidrig können auch **dienstliche Auswirkungen des Alkoholmissbrauchs** sein, die sonstige Befähigung zur Dienstleistung einschränken. Denn zur Dienstfähigkeit gehört nicht nur die Erhaltung der Gesundheit, sondern auch der anderen Leistungsvoraussetzungen. Deshalb begeht ein selbständiges Dienstvergehen nach §§ 61 Abs. 1 Satz 1, 96 Abs. 1 Satz 1 BBG, wer als laufbahnmäßiger Berufskraftfahrer infolge einer Trunkenheitsfahrt die **Fahrerlaubnis verliert**. Damit verliert er zugleich die Befähigung, weiter in der Laufbahn eingesetzt zu werden.[325] Diese Folge ist ihm als selbständige Pflichtverletzung ebenso zurechenbar wie Versäumung des Dienstes, Verspätung bei Dienstantritt oder Trunkenheit im Dienst. Diese Gesichtspunkte können **nicht in gleichem Maße** für die Beamten gelten, die im Rahmen ihrer anderweitigen Laufbahnverwendung nur beiläufig oder gelegentlich auch mit Kraftfahrern befasst werden. Denn ihr weiterer Einsatz in ihrer Laufbahn und in dem bisherigen Dienstbereich wird durch den Verlust der Fahrerlaubnis meist nicht vereitelt.   15

Ebenso wie beim Fernbleiben aus anderen Gründen konsumiert die durch vordienstlichen Alkoholgenuss eingetretene volle Dienstunfähigkeit (Dienstvergehen nach § 61 Abs. 1 Satz 1 BBG) weitere innerdienstliche Pflichtverletzungen, die damit im Zusammenhang stehen. Denn wer ohnehin nicht dienstfähig ist, hat für diese Zeit auch keine Dienstleistungspflichten, die er zusätzlich und selbständig verletzen könnte. Bringt sich ein Dienstkraftfahrer bei der genehmigten Teilnahme an einer Beerdigungsfeier außerhalb des Dienstes in alkoholbedingte, volle Dienstunfähigkeit, so kann ihm außer dem Verstoß nach § 61 Abs. 1 Satz 1 BBG nicht auch noch vorgeworfen werden, er habe pflichtwidrig nach Rückkehr zum Dienst die Arbeit nicht aufgenommen.   16

Andere Ursachen als Alkohol können ebenfalls den Tatbestand der andauernden oder vorübergehenden Dienst- und Einsatzunfähigkeit erfüllen. Das gilt zunächst für den Missbrauch von **Arzneimitteln und Drogen** in größerem Umfang.[326] Der außerdienstliche   17

---

318 Zu Beta-Alkoholiker: BVerwG 10.3.1987 – 1 D 71.86; zu Gamma-Alkoholiker: BVerwG 14.10.1981 – 1 D 61.80; Schäfer, Alkohol und Arbeitsverhältnis, Frankfurt/M. 1996.
319 BVerwG 26.3.1985 – 1 D 180.84; 11.12.1986 – 1 D 49.86; 10.7.1991 – 1 D 84.90; Plog/Wiedow, BBG 2009, § 61 Rn. 7; a. A.: OVG Nordrhein-Westfalen 26.8.1980 – V-10/80.
320 BVerwG 15.3.1995 – 1 D 37.93, Buchholz 232 § 54 Satz 1 BBG Nr. 2.
321 BVerwG 10.3.1987 – 1 D 71.86.
322 BVerwG 15.3.1995 – 1 D 37.93, NVwZ 1996, 1220.
323 BVerwG 21.9.1994 – 1 D 62.93.
324 BVerwG 16.12.1980 – 1 D 99.79, BVerwGE 73, 115; 14.11.1980 – 1 D 3.80; VGH Bayern 16.12.2015 – 3 CS 15.2220.
325 BVerwG 11.12.1986 – 1 D 49.86.
326 BVerwG 13.8.1985 – 1 D 174.84; Plog/Wiedow, BBG 2009, § 61 Rn. 8.

Die einzelnen Dienstvergehen und ihre Maßregelung

Kokaingenuss eines Beamten kann in Verbindung mit anderen Pflichtverletzungen zur Entfernung führen.[327] **Gelegentlicher Haschischgenuss** ohne dienstliche Auswirkungen ist noch nicht pflichtwidrig i. S. d. § 61 Abs. 1 Satz 1 BBG.[328] Für die Bewertung der Folgen eines regelmäßigen Cannabiskonsums sowie eines regelmäßigen Parallelkonsums von Alkohol und Cannabis bedarf es medizinischer Sachkunde, über die ein Gericht nicht verfügt und sich in aller Regel sachverständiger Hilfe bedienen muss.[329] Das Herbeiführen einer **Heroinabhängigkeit** stellt ebenfalls einen Verstoß gegen die Pflicht zur Gesunderhaltung dar.[330] Im Fall eines **Verstoßes gegen das Betäubungsmittelgesetz** geht die disziplinarrechtliche Rspr. bei der Bemessung der Disziplinarmaßnahme davon aus, dass der Beamte, der an den staatlichen Zielen, den Auswirkungen des zunehmenden Rauschgiftkonsums vorzubeugen und so unabsehbare Gefahren für den Einzelnen und die Allgemeinheit abzuwehren, zuwiderhandelt, eine grob rücksichtslose Haltung gegenüber der Allgemeinheit offenbart. Angesichts der Variationsbreite möglicher Verwirklichungsformen pflichtwidrigen Verhaltens in diesem Bereich wird jedoch das disziplinarrechtliche Gewicht des Dienstvergehens von den besonderen Umständen des Einzelfalls abhängig gemacht.[331]

18 Auch der Verlust der amtserforderlichen **Unparteilichkeit und Unbefangenheit** (§ 60 Abs. 1 Satz 2 BBG) schränkt die dienstliche Einsatzfähigkeit ein.[332] Dafür können politische Betätigung wie auch private Beziehungen verantwortlich sein.[333] Schon der Anschein der Befangenheit ist zu vermeiden. Danach hat sich der Beamte innerhalb und außerhalb der Amtsführung zu verhalten. Geht ein Staatssekretär intime Beziehungen zu einer Antragstellerin ein, die in seinem Zuständigkeitsbereich ein Großprojekt durchsetzen möchte, so macht er sich befangen und handelt pflichtwidrig.[334] Die insoweit auch für Richter geltende Pflicht nach § 66 Abs. 2 Satz 1 BBG, eine als genehmigungsfreie Nebentätigkeit ausgeübte schriftstellerische, wissenschaftliche oder Vortragstätigkeit, für die er ein Entgelt oder einen geldwerten Vorteil erhält, seinem Dienstherrn anzuzeigen, ist mit höherrangigem Recht vereinbar.[335]

19 Speziell mit der Gesunderhaltungspflicht korrespondiert die **Pflicht zur Wiederherstellung** der verlorenen oder eingeschränkten Dienst- und Einsatzfähigkeit (Gesundungspflicht). Nach § 61 Abs. 1 Satz 1 BBG hat sich der Beamte mit vollem persönlichem Einsatz seinem Beruf zu widmen. Diese Dienstpflicht prägt das Beamtenverhältnis. Sie ist Ausdruck der Hauptberuflichkeit des Dienstes als Beamter und die Rechtfertigung für die Alimentation des Beamten und seiner Familie. Ist der Beamte dienstunfähig erkrankt, setzt sich die vorübergehend nicht erfüllbare Pflicht, nach besten Kräften Dienst zu tun, als Pflicht fort, alles Mögliche und Zumutbare für die alsbaldige Wiederherstellung der Dienstfähigkeit zu tun. Diesem Ziel muss der dienstunfähige Beamte Vorrang vor allen anderen Interessen geben. Er muss sich im Krankenstand so verhalten, dass er so bald wie möglich wieder imstande ist, Dienst zu leisten. Er ist im Rahmen des Zumutbaren ver-

---

327 BVerwG 10.7.2014 – 2 B 54.13.
328 BVerwG 10.12.1985 – 1 D 76.85, ZBR 1986, 244; a. A. für Soldaten: BVerwG 10.8.1994 – 2 WD 24.94, BVerwGE 103, 148;, 15.3.2000 – 2 B 98.99, NVwZ 2000, 1186; VGH Bayern 17.3.2005 – 15 B 01.327; OVG Lüneburg 20.7.2007 – 5 PA 290/05, NVwZ-RR 2007, 784.
329 BVerwG 28.1.2015 – 2 B 15.14.
330 BVerwG 14.5.1997 – 1 D 58.96, ZBR 1998, 245; Plog/Wiedow, BBG 2009, § 61 Rn. 8.
331 BVerwG 14.12.2000 – 1 D 40.99; VG Magdeburg 27.11.2014 – 8 A 5/14.
332 Plog/Wiedow, BBG 2009, § 61 Rn. 20.
333 BVerwG 24.9.1992 – 2 A 6.91; 28.2.2013 – 2 C 62.11, Buchholz 235.1 § 13 BDG Nr. 19.
334 BVerwGE 63, 360ff.
335 BVerwG 21.6.2007 – 2 C 3.06, Buchholz 232 § 66 BBG Nr. 5.

Erhaltung der vollen Dienst- und Einsatzfähigkeit

pflichtet, alle Anstrengungen zu unternehmen, die nach den konkreten Umständen der Genesung und damit der Wiederherstellung der Dienstfähigkeit dienen, und alles zu unterlassen, was diese Wiederherstellung verzögern oder beeinträchtigen könnte. Eines konkreten Nachweises, dass das Verhalten den Gesundungsprozess behindert oder verzögert hat, bedarf es für die Annahme einer Pflichtverletzung nicht. Es genügt, wenn das beanstandete Verhalten im Krankenstand generell geeignet ist, die Wiedergenesung zu verzögern oder gar zu beeinträchtigen. Hierfür reicht es aus, dass bei einer Gegenüberstellung von Krankheitsbild und beanstandeter Tätigkeit nach allgemeiner Lebenserfahrung, d. h. für einen verständigen, medizinisch nicht sachkundigen Betrachter, der sowohl das Krankheitsbild als auch die Umstände der beanstandeten Tätigkeit kennt, auf der Hand liegt, dass Letztere der Wiederherstellung der Dienstfähigkeit des Beamten abträglich ist. Diese Annahme liegt umso näher, je zeitlich aufwändiger oder körperlich anstrengender das beanstandete Verhalten des Beamten ist. Allerdings muss der Verstoß gegen die Wiedergesundungspflicht objektiv erheblich sein, d. h. eine Verzögerung des Heilungsprozesses muss ernstlich zu besorgen sein.[336] Beamte sind verpflichtet, nicht nur im Krankenstand alles der Gesundung entgegen gerichtete zu unterlassen, sondern auch unter der Voraussetzung der Zumutbarkeit sich einer **Heilbehandlung oder auch Operation** zu unterziehen, um sich wieder dienstfähig zu machen.[337] Für dienstunfähig Erkrankte gilt die Genesungs- und Wiederherstellungspflicht noch mehr als für dienstfähige und beurlaubte Beamte.[338] Der Dienstherr kann dem Beamten eine so erheblich in seine private Lebensführung einschneidende Maßnahme wie die **stationäre Alkoholentziehungskur** nur dringend anraten, nicht aber in einer dienstlichen Anordnung verbindlich aufgeben.[339] Pflichtwidrig handelt jedoch ein Beamter, der auf einen solchen Hinweis hin eine solche Entziehung nicht antritt oder abbricht, ohne stabilisiert zu sein. Seitens des Dienstherrn ist es geboten, wenn er erkennt, dass zur Erhaltung der Dienstfähigkeit des Beamten eine Langzeit-Alkoholentziehungskur erforderlich ist, diesen nachweislich auf die dienstrechtlichen und disziplinarischen Konsequenzen einer Verweigerung der Behandlung hinzuweisen.[340] Von dem alkoholkranken Beamten wird jedoch nicht die Einsicht in die medizinische Tatsache der Alkoholkrankheit verlangt. Da die Uneinsichtigkeit gegenüber seiner Alkoholerkrankung häufig zum Krankheitsbild eines Alkoholkranken gehört, wird lediglich das Erkennen der Forderung des Dienstherrn verlangt, eine Therapie durchzuführen und zwar unabhängig davon, ob der Beamte eine solche Behandlung selbst für nötig hält oder nicht. Das beruht auf der Überlegung, dass ein solchermaßen Erkrankter erst einmal an die Therapeuten herangeführt werden muss mit dem Ziel, ihm seine Situation zu verdeutlichen und ihn schließlich zur Mitarbeit zu motivieren.[341] Ein alkoholkranker Beamter ist nicht nur verpflichtet, zur Wiederherstellung seiner dienstlichen Leistungsfähigkeit eine Alkoholentwöhnungstherapie anzutreten. Er muss die Therapie auch aktiv unterstützen, indem er sich auf Gespräche mit dem Therapeuten und in der Therapiegruppe einlässt, seine Probleme offenbart und an der Diskussion und Bearbeitung seiner Konflikte mitwirkt.[342] Aber auch bei **vorsätzlichem Abbruch einer Entziehungskur** ist Entfernung aus dem Dienst nicht zwingend, nämlich dann nicht, wenn innerdienstlich

---

336 BVerwG 27. 6. 2013 – 2 A 2.12.
337 BVerwG 9. 5. 1990 – 2 B 48.90, Buchholz 237.7 § 57 NWLBG Nr. 1; GKÖD-Weiß, J 665 Rn. 23.
338 BVerwG 26. 7. 1983 – 1 D 98.82, ZBR 1983, 360.
339 VGH Bayern 13. 6. 1997 – 3 CS 96.3804, NVwZ-RR 1998, 666.
340 BVerwG 24. 8. 1993 – 1 D 37.92; VG Meiningen 17. 1. 2011 – 6 D 60013/09 Me.
341 BVerwG 16. 3. 1993 – 1 D 67.91; 7. 9. 1993 – 1 D 12.93.
342 BDiG 15. 9. 1999 – XVI VL 2/99; VG Meiningen 17. 1. 2011 – 6 D 60013/09 Me.

Die einzelnen Dienstvergehen und ihre Maßregelung

Alkoholverfehlungen nie vorkamen und die Einsicht in die Genesungspflicht nicht völlig fehlt.[343]

20 Im Zusammenhang mit einer Alkoholerkrankung gehört es zu den konkreten Pflichten der Beamten, **nach einer erfolgreichen Alkoholentziehungstherapie** den Griff zum sog. »ersten Glas Alkohol« zu unterlassen, da jeglicher Genuss von Alkohol nach einer Entziehungstherapie das Verlangen nach weiterem Alkohol wieder aufleben lässt und erfahrungsgemäß in die nasse Phase der Alkoholabhängigkeit zurückführen kann.[344] Gleichwohl begründet nicht der Griff zum Alkohol den Vorwurf der Verletzung beamtenrechtlicher Pflichten, denn die Trunksucht ist im Entstehen nicht selbst verschuldet. Disziplinarrechtlich relevant ist der **Rückfall in die nasse Phase** der Alkoholsucht vielmehr erst dann, wenn die Entziehungskur den Beamten in die Lage versetzt hat, der Gefahr eines Rückfalls in die Alkoholabhängigkeit mit Erfolg zu begegnen, die erneute Alkoholabhängigkeit negative Auswirkungen auf den dienstlichen Betrieb hat und der Beamte nach dem Abschluss der Entwöhnungsbehandlung über die disziplinarrechtlichen Folgen eines Rückfalls **belehrt** worden ist.[345] Die Kritik, dass der Rückfall bei jedem alkoholkranken Menschen mangels Steuerbarkeit des Verhaltens sich der Möglichkeit der Schuldhaftigkeit des entsprechenden pflichtwidrigen Handelns entziehe, greift nach der Rspr. des VGH Bayern nicht durch.[346] Im Falle eines Rückfalls nach einer erfolgreich durchgeführten Therapie wird jedoch die Multikausalität der Alkoholabhängigkeit sich häufig in den Ursachen eines Rückfalls widerspiegeln und deshalb ein schuldhaftes Verhalten nicht festzustellen sein. Da es keine gesicherten wissenschaftlichen Erkenntnisse gibt, die in diesem Fall ein Verschulden generell ausschließen, kann nur ein fachmedizinisches Gutachten genauen Aufschluss über die willentliche Herbeiführung des Rückfalls geben.[347] Die Dauer der Abstinenz ist zwar ein wichtiges, aber kein entscheidendes Indiz für den Erfolg einer Entziehungskur. Es gibt keinen rechtlichen Grundsatz, dass nur der Alkoholkranke als »geheilt« im Sinne einer Überwindung der nassen Phase seiner Erkrankung gelten könne, der einen stationären Kuraufenthalt von mindestens sechs Monaten und zusätzlich eine nochmals mindestens sechs Monate dauernde Periode der Alkoholabstinenz hinter sich hat, dem es also gelungen wäre, zwischenzeitlich im Ganzen mindestens ein Jahr lang völlig frei von Alkohol zu leben.[348] Der schuldhafte Rückfall in die nasse Phase der Alkoholkrankheit ist dann grundsätzlich von einer gewissen disziplinarrechtlichen Relevanz ist, weil die Erhaltung der Dienstfähigkeit Voraussetzung für die Erfüllung der einem Beamten obliegenden Pflichten ist. Das Gewicht eines schuldhaften Rückfalls in die Alkoholsucht wird dabei wesentlich durch die Schuldform und das Ausmaß der dienstlichen Auswirkungen des Rückfalls bestimmt.[349]

21 Die Genesungspflicht verlangt auch, dass sich Beamte **während des Krankenstands** bemühen, möglichst rasch wieder gesund und dienstfähig zu werden. Ein Pflichtenverstoß setzt aber auch hier den Nachweis der Kausalität zwischen Verhalten und Gesundungsverzögerung, die Abwägung zwischen Lebensführungsrecht und Dienstpflicht und Verschulden (einschließlich Bewusstsein der Pflichtwidrigkeit) voraus. Richtschnur für das geschuldete Genesungsverhalten ist grundsätzlich die konkrete ärztliche Anordnung.

---

343 BVerwG 3.5.1988 – 1 D 5.88.
344 BVerwG 27.11.2001 – 1 D 64.00; OVG Lüneburg 18.5.2010 – 20 LD 13/08.
345 BVerwG 21.9.1994 – 1 D 62.93; VG Münster 19.8.2014 – 13 K 749/14.O.
346 BVerwG 27.11.2001 – 1 D 64.00; VGH Bayern 7.8.2012 – 16a DZ 10.1377; Zängl, Bayerisches Disziplinarrecht, MatR II Rn. 297a, 298a.
347 Für Arbeitnehmer entsprechend: BAG 18.3.2015 – 10 AZR 99/14.
348 BVerwG 15.3.1994 – 1 D 42.93.
349 VG Münster 19.8.2014 – 13 K 749/14.O; Plog/Wiedow, BBG 2009, § 61 Rn. 7.

Erhaltung der vollen Dienst- und Einsatzfähigkeit

Wurde wegen Bandscheibenbeschwerden krankgeschrieben und wurden weder Bettruhe noch Ausgehverbot verordnet, so ist der Besuch der **Vorstandssitzung** des Sportvereins und vor allem mäßiger Alkoholgenuss dabei nicht ohne weiteres der Gesundung schädlich und pflichtwidrig.[350] Gleiches gilt für einen **Spaziergang** an frischer Luft eines von der Grippe Genesenden. Dagegen sind übertriebene, besonders **kräftezehrende** Betätigungen der Genesung offensichtlich schädlich. Der **Besuch eines Volksfestes** kann den Genesungsvorgang behindern und daher pflichtwidrig sein. Fühlt sich der Beamte wieder dienstfähig, so hat er dies seinem Dienstherrn anzuzeigen und seine Dienstleistung anzubieten.[351]

Darüber hinaus ist geklärt, dass der Beamte, der während der Krankschreibung **Nebentätigkeiten** ausübt, gegen die Pflicht zum vollen beruflichen Einsatz verstößt, wenn die Nebentätigkeit nach Art und Umfang generell geeignet ist, die Wiederherstellung der Dienstfähigkeit zumindest zu verzögern.[352] Eine – genehmigungspflichtige – Nebentätigkeit liegt vor bei der Übernahme einer gewerblichen Tätigkeit (§ 66 Abs. 1 Nr. 1 Buchst. b BBG a. F.), die auf Dauer angelegt ist oder nachhaltig ausgeübt wird.[353] Eine Nebentätigkeit ist typischerweise auf Erwerb gerichtet; nicht erfasst werden reine Freizeitbetätigungen.[354] Darauf, dass tatsächlich Gewinn erzielt wird, kommt es nicht an.[355] Nach der Rspr. des BVerwG zeigt ein Beamter, der aufgrund einer Erkrankung außerstande ist, Dienst zu verrichten, in dieser Zeit der Dienstunfähigkeit aber einer gewerblichen Tätigkeit nachgeht, ein Verhalten, das auf kein Verständnis stößt und geeignet ist, das Vertrauen in die Loyalität der Beamtenschaft zu beeinträchtigen.[356] Gerade durch die Alimentierung auch während der Dienstunfähigkeit wird sichergestellt, dass sich ein Beamter schonen kann, um seine Genesung bestmöglich zu fördern, und nicht gezwungen ist, eine anderweitige Tätigkeit aufzunehmen, um seinen Lebensunterhalt zu sichern.[357] Wer in Zeiten der Dienstunfähigkeit ohne zwingende Notwendigkeit aus Eigennutz einer privaten Nebentätigkeit nachgeht, erweckt den Eindruck, nicht so krank zu sein, dass er zur Dienstleistung außerstande ist, dass er also seine Dienstbezüge erhält, ohne zugleich seine wiederhergestellte Arbeitskraft seinem Dienstherrn zur Verfügung zu stellen.[358] Hinsichtlich einer Nebentätigkeit während der Dienstunfähigkeit bedingten Erkrankung ist selbst im Falle ihrer grundsätzlichen Zulässigkeit davon auszugehen, dass der Umfang der Nebentätigkeit nicht höher sein darf, als wenn der Beamte dienstfähig gewesen wäre, mit der Einschränkung, dass die Ausübung der Nebentätigkeit nicht der Gesunderhaltungspflicht zuwiderlaufen darf. Der Gesunderhaltungspflicht würde zuwiderlaufen, wenn der Beamte seine Kräfte nicht schont und sie vorzeitig, insbesondere zu Erwerbszwecken einsetzt, wobei es eines konkreten Nachweises, dass eine ungenehmigte Nebentätigkeit den Gesundungsprozess des dienstunfähigen Beamten behindert oder verzögert hat, nicht bedarf. Es reicht vielmehr aus, wenn die Nebentätigkeit generell geeignet ist, die alsbaldige und nachteilige Genesung zu beeinträchtigen. Fühlt er sich bereits imstande, Dienstleistungen auch nur im beschränkten Umfang zu erbringen, so handelt er pflichtwidrig, wenn er sie nicht sei-

22

---

350 BVerwG 20.5.1998 – 1 D 57.96.
351 OVG Sachsen-Anhalt 21.4.2015 – 10 L 6/14.
352 BVerwG 17.7.2013 – 2 B 27.12.
353 Vgl. Weiß/Niedermaier/Summer, Bayerisches Beamtenrecht, Art. 82 BayDG Rn. 16.
354 Vgl. Plog/Wiedow, BBG a. F., vor § 64 Rn. 14 und 15, § 65 Rn. 3, 4 und 6.
355 VGH Bayern 22.10.2013 – 16b D 10.2314.
356 BVerwG 11.1.2007 – 1 D 16.05; OVG Lüneburg 11.6.2013 –, 6 LD 1/13; OVG Nordrhein-Westfalen 11.10.2010 – 6 B 1057/10.
357 BVerwG 12.2.1992 – 1 D 2.91; 14.11.2001 – 1 D 60.00.
358 OVG Lüneburg 11.6.2013 – 6 LD 1/13.

Die einzelnen Dienstvergehen und ihre Maßregelung

nem Dienstherrn anbietet, der ihm das Gehalt weiter zahlt und ihm aus Anlass der Krankheit soziale Vorteile gewährt.[359] Schon der einstündige Fahrschulunterricht auf einem Motorrad während der Arbeitsunfähigkeit ist vorwerfbar.[360] Das BVerwG hat die Entfernung eines Regierungsobersekretärs, der während der Dienstunfähigkeit trotz Widerrufs der Genehmigung als Organist bei einer Tanz- und Showband wirkte, für wirksam erachtet.[361]

23 Eine Verpflichtung des Ruhestandsbeamten, sich einer medizinischen Behandlung zur Wiederherstellung seiner Dienstfähigkeit zu unterziehen, wird verneint. Die ärztliche Untersuchungspflicht beschränke sich auf die Feststellung, ob zwischenzeitlich Dienstfähigkeit eingetreten sei.[362]

24 **Schuldhaft** ist die alkoholbedingte dauernde Dienstunfähigkeit erst, wenn die Pflichtwidrigkeit des Alkoholverhaltens **evident** ist. Der Dienstvergehenstatbestand setzt deshalb die **eindeutige und unmissverständliche Aufklärung** des Betroffenen in sowohl ärztlich-medizinischer als auch dienstrechtlicher Hinsicht voraus.[363] Nach der ständigen Rspr. des BVerwG begründet eine Alkoholabhängigkeit allein keine Verminderung der Schuldfähigkeit oder gar eine Schuldunfähigkeit. Solche Wirkungen kommen nur dann in Betracht, wenn die Erkrankung zu schwersten Persönlichkeitsveränderungen geführt, der Betreffende Beschaffungstaten unter starken Entzugserscheinungen begangen oder die Tat im Zustand eines akuten Rausches verübt hat.[364] Liegt eine verminderte Schuldfähigkeit des Beamten vor, in der ein an normalen Maßstäben orientiertes Verhalten nicht mehr erwartet werden kann, so ist dies als Milderungsgrund zu beachten.[365] Für die Steuerungsfähigkeit kommt es darauf an, ob das Hemmungsvermögen so stark herabgesetzt war, dass der Betroffene den Tatanreizen erheblich weniger Widerstand als gewöhnlich entgegenzusetzen vermochte. Die daran anknüpfende Frage, ob die Verminderung der Steuerungsfähigkeit aufgrund einer krankhaften seelischen Störung »erheblich« war, ist eine Rechtsfrage, die die Verwaltungsgerichte ohne Bindung an die Einschätzung Sachverständiger in eigener Verantwortung zu beantworten haben.[366] Ein an die Entschließungs- und Handlungsfreiheit anknüpfender Schuldvorwurf kann dann nicht mehr erhoben werden, wenn der Beamte oder Soldat zum Zeitpunkt des Dienstvergehens an einer Alkoholerkrankung gelitten hat. In diesem Falle gebietet der umfassende Geltungsanspruch des aus Art. 2 Abs. 1 GG und dem Rechtsstaatsprinzip sowie der wertsetzenden Entscheidung des Art. 1 Abs. 1 GG folgenden Schuldprinzips, auch alkoholbedingte Enthemmungen im Vorstadium des § 21 StGB schuldmildernd zu berücksichtigen.[367] Für das **Verschulden** kommt es auf die üblichen Kriterien an. Bei dienstlichen Alkoholverfehlungen ist wie auch im Strafrecht gelegentlich zweifelhaft, ob der Alkoholverstoß noch im schuldfähigen oder schon in alkoholbedingt **schuldunfähigen Zustand** begangen wurde. Hierbei ist das Handeln mit vorverlegter Schuld (**actio libera in causa**) ebenso wie die **Rauschtat** auch disziplinarrechtlich erheblich.[368]

---

359 BVerwG 14.11.2001 – 1 D 60.00; VGH Bayern 11.4.2012 – 16b DC 11.985.
360 BVerwG 20.5.1998 – 1 D 57.96.
361 BVerwG 31.1.2014 – 2 B 88.13.
362 OVG Nordrhein-Westfalen 2.7.1997 – 12 A 4369/95, DÖD 1998, 143f.
363 BVerwG 9.1.1980 – 1 D 40.79, NJW 1980, 1347.
364 BVerwG 14.10.1997 – 1 D 60.96; VG Bremen 3.2.2015 – D K 515/13.
365 BVerwG 23.2.2012 – 2 C 38.10.
366 BVerwG 15.4.2010 – 2 B 82.09.
367 BVerwG 17.1.2013 – 2 WD 25.11
368 BVerwG 3.7.2007 – 2 WD 12.06; 27.3.2012 – 2 WD 16.11; VGH Bayern 30.9.2002 – 3 CS 02.2106.

Erhaltung der vollen Dienst- und Einsatzfähigkeit

Nicht besetzt. 25–30

c) Bewertung der Pflichtverletzung, Auswahl und Bemessung der Disziplinarmaßnahme

Die Bewertung der verschiedenen Verstöße gegen die Pflicht zur Erhaltung bzw. Wiederherstellung der vollen Dienstfähigkeit richtet sich nach ihrer Bedeutung für den Dienst und seine konkreten Aufgaben. Besonders den **Alkohol- und Drogenverfehlungen** kommt wegen ihrer Verbreitung und Auswirkung auf verantwortliches Verhalten im Dienst erhebliche Bedeutung zu. Ein süchtiger Alkoholiker kann nur bedingt verantwortlich eingesetzt werden. Krankheitsbedingte Dienstunfähigkeit und das uneinsichtige Verweigern von zumutbaren Maßnahmen, die die Dienst- und Einsatzfähigkeit wiederherzustellen geeignet sind, stehen der allgemeinen Treue- und Dienstleistungspflicht derart entgegen, dass das Vertrauen der Verwaltung wie auch der Öffentlichkeit in eine amtserforderliche Dienstleistung zerstört sein kann. Angesichts des breiten Spektrums der hier denkbaren Dienstvergehen kommt die **ganze Skala der Disziplinarmaßnahmen** zur Anwendung. Allerdings gibt es für bestimmte Gruppen von Verfehlungen **Regel-Einstufungen**, von denen nur unter besonderen Umständen nach oben oder unten abgewichen wird. Zur Untragbarkeit und damit zur **Entfernung aus dem Dienst** führt grundsätzlich die vorwerfbare **dauernde Dienst-, Betriebs- oder Laufbahnunfähigkeit**. Liegt keine dauernde Dienstunfähigkeit vor, scheidet die Entfernung aus dem Dienst aus. Zur Feststellung der dauernden Dienstunfähigkeit ist das Disziplinargericht nicht an den Feststellungsbescheid des Dienstvorgesetzten gebunden.[369]

31

Hierbei können insbesondere eine **Milderung der Maßnahmenart und deren Bemessung** rechtfertigen: Verminderte Schuldfähigkeit,[370] der niedrigere Schuldgrad der Fahrlässigkeit,[371] die nachträglich gezeigte Einsicht und Wiederherstellung der Dienstfähigkeit,[372] eine abgeschlossene negative Lebensphase.[373] Wegen weiterer Milderungsgründe s. § 13.

32

d) Rechtsprechungsübersicht

- Auch wenn der Genuss alkoholischer Getränke im Dienst nicht ausdrücklich verboten ist, hat sich ein Beamter insoweit größte **Mäßigung** aufzuerlegen. Für die Annahme eines Dienstvergehens ist nicht Voraussetzung, dass es infolge des Alkoholgenusses zu Ausfallserscheinungen gekommen ist.
  – BDiG 20. 6. 1974 – I D 22/74, BVerwGE 46, 272
- Die Nichterledigung der dem Beamten übertragenen Aufgaben stellt keine Pflichtverletzung dar, wenn der Dienstherr dem Beamten die für die Arbeiten erforderliche **Bildschirmarbeitsbrille** nicht in zureichendem Maße zur Verfügung gestellt hat.
  – OVG Lüneburg 25. 2. 2014 – 3 LD 1/13
- Auch der fähigste und zuverlässigste Beamte ist **Schwankungen** seiner Arbeitskraft unterworfen und macht gelegentlich Fehler, die eine Verwaltung vernünftigerweise in

---

369 BVerwG 10. 7. 1991 – 1 D 63.90, ZBR 1992, 282.
370 BVerwG 28. 1. 2015 – 2 B 15.14, DokBer 2015, 175.
371 BVerwG 14. 4. 2011 – 2 WD 7.10; 5. 6. 2014 – 2 WD 14.13; zuletzt lässt die Rspr. dies zu Unrecht unbeachtet: BVerwG 5. 5. 2015 – 2 WD 6.14.
372 BVerwG 9. 1. 1980 – 1 D 40.79, NJW 1980, 1347; 9. 7. 1987 – 1 D 144.86; 21. 9. 1994 – 1 D 62.93.
373 BVerwG 20. 12. 2013 – 2 B 35/13, NVwZ-RR 2014, 314.

Die einzelnen Dienstvergehen und ihre Maßregelung

Kauf nehmen muss. Die Plicht zur ordnungsgemäßen Ausübung des Dienstes habe deshalb regelmäßig nur eine im Ganzen durchschnittliche Leistung zum Gegenstand.
- *OVG Lüneburg* 28. 1. 2014 – 20 LD 10/13
- Ein **schikanierendes oder mobbendes Verhalten** eines Dienstvorgesetzten gegenüber einem unterstellten Beamten gefährdet dessen Gesundheit und Dienstfähigkeit und ist daher disziplinarwürdig.
- *VGH Bayern* 11. 12. 2013 – 16a DS 13.706
- Beamte sind verpflichtet, nicht nur im Krankenstand alles der Gesundung entgegen gerichtete zu unterlassen, sondern auch unter der Voraussetzung der Zumutbarkeit sich einer **Heilbehandlung oder auch Operation** zu unterziehen, um sich wieder dienstfähig zu machen.
- *BVerwG* 9. 5. 1990 – 2 B 48/90
- Der Dienstherr kann dem Beamten eine so erheblich in seine private Lebensführung einschneidende Maßnahme wie die **stationäre Alkoholentziehungskur** nur dringend anraten, nicht aber in einer dienstlichen Anordnung verbindlich aufgeben.
- *VGH Bayern* 13. 6. 1997 – 3 CS 96.3804
- Ein alkoholkranker Beamter ist nicht nur verpflichtet, zur Wiederherstellung seiner dienstlichen Leistungsfähigkeit eine **Alkoholentwöhnungstherapie** anzutreten. Er muss die Therapie auch aktiv unterstützen, indem er sich auf Gespräche mit dem Therapeuten und in der Therapiegruppe einlässt, seine Probleme offenbart und an der Diskussion und Bearbeitung seiner Konflikte mitwirkt.
- *BDiG* 15. 9. 1999 – XVI VL 2/99
- *VG Meiningen* 17. 1. 2011 – 6 D 60013/09 Me
- Grundsatzentscheidung zum **Alkoholismus** als disziplinar erhebliche Treuwidrigkeit – wg. Alkoholismus vorzeitig in Ruhestand versetzter Postbeamter – Fahrlässigkeit, kein bedingter Vorsatz – Einsicht durch neuerliche Entziehungskur: RGeh.K
- *BVerwG* 9. 1. 1980, NJW 1980, 1347
- **Alkoholismus** – andauernde Dienstunfähigkeit – wiederholter Rückfall – auch bei Fahrlässigkeit: Entf./Aberk. RGeh.
- *BVerwG* 23. 3. 1982 – 1 D 63.81
- **Beta-Alkoholiker** – Abbruch der Entziehungskur – keine Dienstunfähigkeit – keine Auswirkungen auf den Dienst: Degr.
- *BVerwG* 10. 3. 1987 – 1 D 71.86
- **Gamma-Alkoholiker** – Rückfall nach 2 Entziehungskuren: Aberk. RGeh.
- *BVerwG* 14. 10. 1981 – 1 D 61.80
- **Lokführer** – längerer Alkoholismus – Trunkenheit während Dienst – erste innerdienstliche Verfehlung – Rückfall nach zwei Entziehungskuren: Entf.
- *BVerwG* 30. 10. 1984 – 1 D 33.84
- *BVerwG* 19. 5. 1992 – 1 D 53.91
- Obwohl mit der Herbeiführung der Dienstunfähigkeit bei einem schuldhaften **Rückfall in die Alkoholsucht** das Dienstvergehen vollendet ist, können nachträgliche Therapiemaßnahmen bei der Bemessung der Disziplinarmaßnahme mildernd berücksichtigt werden, wenn eine günstige Zukunftsprognose gestellt werden kann, aus der sich gesicherte Anhaltspunkte für eine (dauerhafte) Wiedererlangung der Dienstfähigkeit ergeben.
- *BVerwG* 27. 1. 2001 – 1 D 64.00
- Der Ansicht, dass der **Rückfall** bei jedem alkoholkranken Menschen mangels Steuerbarkeit des Verhaltens sich der Möglichkeit der Schuldhaftigkeit des entsprechenden pflichtwidrigen Handelns entziehe, ist nicht zu folgen.

Erhaltung der vollen Dienst- und Einsatzfähigkeit

- *VGH Bayern* 7. 8. 2012 – 16a DZ 10.1377
- Hat ein Beamter erfolgreich eine Therapie absolviert, was mangels Heilbarkeit einer solchen Erkrankung nur die Fähigkeit bedeutet, ohne Alkohol leben zu können, hat er die weitere Pflicht, einen **Rückfall in die Alkoholsucht** nach besten Kräften zu **vermeiden**.
- *VG Berlin* 6. 2. 2012 – 85 K 12.11 OB
- Nach einer erfolgreichen **Alkoholentziehungstherapie** hat der Beamte den Griff zum sog. »ersten Glas Alkohol« zu unterlassen, da jeglicher Genuss von Alkohol nach einer Entziehungstherapie das Verlangen nach weiterem Alkohol wieder aufleben lässt und erfahrungsgemäß in die nasse Phase der Alkoholabhängigkeit zurückführen kann.
- *BVerwG* 27. 11. 2001 – 1 D 64.2000
- *OVG Lüneburg* 18. 5. 2010 – 20 LD 13/08
- Disziplinarrechtlich relevant ist der **Rückfall in die nasse Phase** der Alkoholsucht erst dann, wenn die Entziehungskur den Beamten in die Lage versetzt hat, der Gefahr eines Rückfalls in die Alkoholabhängigkeit mit Erfolg zu begegnen, die erneute Alkoholabhängigkeit negative Auswirkungen auf den dienstlichen Betrieb hat und der Beamte nach dem Abschluss der Entwöhnungsbehandlung über die disziplinarrechtlichen Folgen eines Rückfalls belehrt worden ist.
- *BVerwG* 21. 9. 1994 – 1 D 62.93
- *VG Münster* 19. 8. 2014 – 13 K 749/14.O
- Da es keine gesicherten wissenschaftlichen Erkenntnisse gibt, die im Fall des Rückfalls in die nasse Phase ein Verschulden generell ausschließen, kann nur ein **fachmedizinisches Gutachten** genauen Aufschluss über die willentliche Herbeiführung des Rückfalls geben.
- *BAG* 18. 3. 2015 – 10 AZR 99/14
- Für die Bewertung der Folgen eines regelmäßigen **Cannabiskonsums** sowie eines regelmäßigen Parallelkonsums von Alkohol und Cannabis bedarf es medizinischer Sachkunde, über die ein Gericht nicht verfügt und sich in aller Regel sachverständiger Hilfe bedienen muss.
- *BVerwG* 28. 1. 2015 – 2 B 15.14
- außerdienstlicher **Kokaingenuss;** in Verbindung mit anderen Pflichtverletzungen: Entfernung
- *BVerwG* 10. 7. 2014 – 2 B 54.13
- Ein dienstunfähig erkrankter Beamter hat alles Mögliche und Zumutbare für die alsbaldige **Wiederherstellung seiner Dienstfähigkeit** zu tun.
- *BVerwG* 11. 6. 2014 – 2 B 3.13
- Diesem Ziel muss er Vorrang vor allen anderen Interessen geben und alles unterlassen, was diese Wiederherstellung verzögern oder beeinträchtigen könnte.
- *BVerwG* 31. 1. 2014 – 2 B 88.13
- Eines **konkreten Nachweises**, dass das Verhalten den Gesundungsprozess behindert oder verzögert hat, bedarf es für die Annahme einer Pflichtverletzung nicht. Es genügt, wenn das beanstandete Verhalten im Krankenstand generell geeignet ist, die Wiedergenesung zu verzögern oder gar zu beeinträchtigen.
- *BVerwG* 27. 6. 2013 – 2 A 2.12
- Ein Beamter, der während der Krankschreibung **Nebentätigkeiten** ausübt, verstößt gegen die Pflicht zum vollen beruflichen Einsatz, wenn die Nebentätigkeit nach Art und Umfang generell geeignet ist, die Wiederherstellung der Dienstfähigkeit zumindest zu verzögern.
- *BVerwG* 17. 7. 2013 – 2 B 27.12

Die einzelnen Dienstvergehen und ihre Maßregelung

- Wer in Zeiten der Dienstunfähigkeit ohne zwingende Notwendigkeit aus Eigennutz einer **privaten Nebentätigkeit** nachgeht, erweckt den Eindruck, nicht so krank zu sein, dass er zur Dienstleistung außerstande ist, dass er also seine Dienstbezüge erhält, ohne zugleich seine wiederhergestellte Arbeitskraft seinem Dienstherrn zur Verfügung zu stellen.
  - *OVG Lüneburg* 11.6.2013 – 6 LD 1/13
- Darauf, dass mit der Nebentätigkeit tatsächlich **Gewinn erzielt** wird, kommt es nicht an.
  - *VGH Bayern* 22.10.2013 – 16b D 10.2314
- Es reicht aus, wenn eine Nebentätigkeit generell geeignet ist, die alsbaldige und nachteilige Genesung zu beeinträchtigen.
  - *VGH Bayern* 11.4.2012 – 16b DC 11.985
- Der Besuch eines **Volksfestes** kann den Genesungsvorgang behindern und daher pflichtwidrig sein. Fühlt sich der Beamte wieder dienstfähig, so hat er dies seinem Dienstherrn anzuzeigen und seine Dienstleistung anzubieten.
  - *OVG Sachsen-Anhalt* 21.4.2015 – 10 L 6/14
- In der Verweigerung der Mitwirkung bei einer angeordneten **sozialmedizinischen Untersuchung** liegt ein Verstoß gegen die Dienstpflicht zur Befolgung dienstlicher Anordnungen von Vorgesetzten (§ 62 Abs. 1 Satz 1 BBG).
  - *VG Berlin* 6.2.2012 – 85 K 12.11 OB
- Jede pauschale Gleichstellung fahrlässig begangener Dienstvergehen mit vorsätzlich begangenen verbietet sich, weil die Rechtsordnung den Unrechtsgehalt vorsätzlichen und fahrlässigen Handelns regelmäßig unterschiedlich bewertet.
  - *BVerwG* 14.4.2011 – 2 WD 7.10
- Angesichts der Variationsbreite möglicher Verwirklichungsformen pflichtwidrigen Verhaltens im Bereich des **BtmG-Missbrauchs** wird jedoch das disziplinarrechtliche Gewicht des Dienstvergehens von den besonderen Umständen des Einzelfalls abhängig gemacht.
  - *BVerwG* 14.12.2000 – 1 D 40.99
  - *VG Magdeburg* 27.11.2014 – 8 A 5/14
- **Verminderte Schuldfähigkeit, § 21 StPO** – Berücksichtigung bei der Maßnahmewahl
  - *BVerwG* 3.5.2007 – 2 C 9.06
  - *BVerwG* 17.1.2013 – 2 WD 25.11
  - *BVerwG* 28.1.2015 – 2 B 15.14
- Zwar liegt die Berücksichtigung einer schwierigen, inzwischen **überwundenen negativen Lebensphase** vor allem dann nahe, wenn sich der Pflichtenverstoß als Folge dieser Lebensumstände darstellt. Dies bedeutet aber nicht, dass eine schwierige Lebensphase während der Tatzeit in anderen Fällen generell außer Betracht zu bleiben hat.
  - *BVerwG* 20.12.2013 – 2 B 35.13

6. Arbeitseinsatz und Arbeitsqualität

a) Rechtsgrundlage: § 61 Abs. 1 Sätze 1 und 2 BBG

Wortlaut:
»*Beamtinnen und Beamte haben sich mit vollem persönlichem Einsatz ihrem Beruf zu widmen. Sie haben das ihnen übertragene Amt uneigennützig nach bestem Gewissen wahrzunehmen. ...*«

Arbeitseinsatz und Arbeitsqualität

b) Definition der Pflicht und ihrer Verletzung

Jeder Beamte ist verpflichtet, sich mit allen Fähigkeiten und Kräften voll für die übertragenen dienstlichen Aufgaben einzusetzen. Diese **Einsatzpflicht** ist der eigentliche Inhalt des § 61 Abs. 1 Satz 1 BBG, der allein auf die Qualität der Dienstleistung, nicht auf die im Dienst verbrachte Zeit abstellt (vgl. B. II. 3. Rn. 1). Der Inhalt der zu erledigenden Aufgaben ergibt sich zunächst aus den Organisationsplänen, Zuständigkeitsregelungen und Einzelanweisungen. Aus dem Aufgabenbereich selbst ergeben sich zwangsläufig auch die Leistungsanforderungen und die Qualität der Arbeit. Die programmatische Zielsetzung des § 61 Abs. 1 Sätze 1 und 2 (wie auch des § 62 Abs. 1 Satz 1) BBG macht darüber hinaus nur deutlich, dass wegen des lebenslangen Treueverhältnisses auch ohne ständige Kontrollen und Anweisungen aus **eigenem Antrieb und eigener Verantwortung** das Amtserforderliche getan werden muss. Dabei kommt es wieder, wie generell, darauf an, ob die übertragene Aufgabe dienstlichen Zwecken dient[374] und ob eine private Verrichtung während der Dienstzeit das dienstlich geschuldete Arbeitsergebnis überhaupt beeinträchtigt (vgl. B. I.). Richtet sich der disziplinare Vorwurf darauf, dass der Beamte die übertragenen Geschäfte grundsätzlich nicht bearbeiten will, so liegt darin Arbeitsverweigerung[375] oder Nachlässigkeit und mangelnde Sorgfalt i. S. d. § 61 Abs. 1 Satz 1 BBG. Werden aber nur Einzelanweisungen vernachlässigt, die auf das Gesamtergebnis der Aufgabenstellung keinen entscheidenden Einfluss haben, so liegt tatbestandsmäßig eher der Pflichtenverstoß des Ungehorsams (§ 62 Abs. 1 Satz 2 BBG) vor, der zunächst nur eine **Ordnungswidrigkeit** im Bereich der formalen Pflichtenverstöße darstellt und deshalb geringeres Gewicht hat (vgl. B. II. 7.). Erst Verstöße im Bereich der **Kernpflichten** geben diesen Ordnungswidrigkeiten das Gewicht einer materiellen Pflichtverletzung (i. S. d. § 61 Abs. 1 Satz 3 BBG) mit entsprechend höherem disziplinaren Gewicht (vgl. A. II. Rn. 39 ff.). Zu Letzteren gehört die Pflicht zu vollem Arbeitseinsatz und zu sorgfältiger Arbeit. Sie bezieht sich auf die **fehlerhafte oder nachlässige Arbeitsweise aufgrund mangelnder Eigenverantwortung**.

Jedoch ist nicht jede mangelhafte Arbeitsweise pflichtwidrig. Grundsätzlich schuldet jeder Beamte nur eine **im Ganzen durchschnittliche Leistung**. »Das schließt allerlei Mängel der Arbeitsweise ein, die als Ganzes zu betrachten ist. Auch der fähigste und zuverlässigste Beamte macht gelegentlich Fehler und ist Schwankungen seiner Arbeitskraft unterworfen.[376] Es wäre willkürlich, solche Mängel aus dem Zusammenhang einer andauernden Tätigkeit herauszugreifen und isoliert zu beurteilen. Das kann allenfalls bei vorsätzlichem Verhalten geschehen, also bei ausgesprochener **Widersetzlichkeit oder bewusster Gleichgültigkeit** gegenüber ganz konkreten Anordnungen oder auch bei **bewusster Nachlässigkeit**, die im gegebenen Einzelfall **vorhersehbar zu erheblichen Nachteilen** geführt hat«.[377] Damit scheiden als Dienstvergehen Arbeitsmängel aus, die im alltäglichen Verlauf jedem einmal unterlaufen können, soweit sie nicht persönlichkeitsbedingt wiederholt, vorsätzlich oder bei gefahrengeneigter Arbeit im Kernbereich des Dienstpostens mindestens bewusst fahrlässig begangen wurden. Dementsprechend sind **Ordnungswidrigkeiten im Bagatellbereich** zumindest nicht pflichtwidrig (vgl. zu Bagatellsachen A. I. Rn. 20,

1

2

---

374 Vgl. BDHE 6, 160.
375 BVerwG 22.6.2006 – 2 C 11.05, Rn. 40; instruktiv OVG Nordrhein-Westfalen 11.5.2005 – 21d A 4233/02.9 –, und OVG Niedersachsen 17.7.2007 – 3 LD 5/04, die allerdings gerade den tatsächlichen Vorwurf verkennen.
376 Zuletzt VG Saarland 18.2.2011 – 4 K 708/10, Rn. 126, juris = IÖD 2011, 70.
377 BVerwG 9.11.2000 – 1 D 8.96, S. 20 m. w. N.; VGH Bayern 24.11.2004 – 16a D 03.2755; st. Rspr., zuletzt etwa VG des Saarlandes, IÖD 2011, 70f.

Die einzelnen Dienstvergehen und ihre Maßregelung

zur Bedeutung der Strafbarkeit des Verhaltens A. III. Rn. 63).[378] **Widersetzt sich ein Beamter** anderen zugewiesenen Aufgaben **durch Gleichgültigkeit und Untätigkeit**,[379] erscheint er oftmals aus **Gleichgültigkeit** nicht zum Dienst[380] oder **vernachlässigt ein Zugführer** der Bundesbahn ständig aus Gleichgültigkeit und Arbeitsunlust seine Aufgaben,[381] so ist die Pflicht zur vollen Einsatzbereitschaft vorsätzlich verletzt, ebenso bei vorsätzlicher Verweigerung bestimmter Arbeitsleistungen.[382] Die Einsatzpflicht besteht auch im Bereitschafts- und Rufbereitschaftsdienst. Dies ist neuerdings von Relevanz für der DB-AG zugewiesene Bahnbeamte, die mangels eigenen Arbeitsplatzes dem Dienstleistungszentrum Arbeit, bzw. nun der DB-Arbeit GmbH zugeordnet wurden. Diese oft als »Arbeitsamt der Bundesbahn« bezeichnete Institution entlässt in der Regel ihr zugeordnete Beamte zur Einsparung teuren Büroraumes – es mangelt schließlich an Arbeit – in die Heimbereitschaft. Jeder Beamte ist verpflichtet, sich auf Einzelweisung bei einer Dienststelle der DB zur Erfüllung konkreter Aufgaben einzufinden. Verhindert er, dass er erreicht werden kann, verletzt er die Pflicht zu vollem Arbeitseinsatz, bleibt aber nicht dem Dienst fern.[383] **Entzieht sich** ein Einhebeleiter der Bundesbahn im **Bereitschaftsdienst** bewusst seiner dienstlichen Heranziehung oder betreibt ein Zollfahnder in der Rufbereitschaft Alkoholmissbrauch mit Einschränkung der Leistungsfähigkeit, so liegt ein Pflichtenverstoß vor.[384] Nicht jeder Ungehorsam gegenüber allgemeinen oder speziellen Anordnungen stellt einen Verstoß gegen die Pflicht zu vollem dienstlichem Einsatz i. S. d. § 61 Abs. 1 Satz 1 BBG dar. Entscheidend sind Motive und Ziel des Ungehorsams. Wird gewollt der volle Einsatz verweigert, so liegt darin ohne Rücksicht auf entsprechende Anordnungen der Pflichtenverstoß.[385] Geht es nur um die Befolgung der organisatorischen Anweisung bei vollem Einsatz im Übrigen, so liegt der Pflichtenverstoß des Ungehorsams i. S. d. § 62 Abs. 1 Satz 2 BBG vor, der nur ein formaler Ordnungsverstoß ist. So muss auch bei »Dienst nach Vorschrift« geklärt sein, ob es dem Betroffenen um die Vermeidung einer lästigen Arbeit ging bzw. bloß Nachlässigkeit oder Unkenntnis im Spiel war oder ob durch zweck- und sachwidrige Übertreibung der Vorschriften der Dienstbetrieb boykottiert werden sollte (vgl. B. II. 7.). Vorsätzlicher Verstoß gegen die Pflicht zu vollem Einsatz liegt auch bei **demonstrativem »Dienst nach Vorschrift«, Bummelstreik** (go slow) vor.[386] Da die betreffenden Beamten im Dienst erscheinen und auch arbeiten, scheidet der Tatbestand des Fernbleibens aus (im Gegensatz zum demonstrativen »Krankfeiern, go sick« bei Abwesenheit vom Dienst, vgl. B. II. 3. Rn. 25). Wegen unzulässigen Beamteneinsatzes auf bestreikten Arbeitsplätzen vgl. B. II. 7. Rn. 7.

3   Je näher die Möglichkeit von dienstlichen Auswirkungen einer Nachlässigkeit liegt oder je höher die mögliche Schaden abzusehen ist, desto geringere Grade der Fahrlässigkeit können dann schon vorwerfbar sein. Das gilt speziell für den Bereich der besonders **gefahrträchtigen Aufgaben**, etwa im Bahnbetriebsdienst, beim Dienst mit der Waffe,[387] im Flugsicherungsdienst, im Kraftfahrdienst usw. **Beispiele: Fluglotsen** verzögern demonstrativ die Flugbewegungen (Bummelstreik, s. Rn. 2), **Aufsichtsführer im Gleisbau** verursacht

---

378 BVerwG 1.10.1970 – 1 D 12.70.
379 BVerwG 8.7.1987 – 1 D 140.86.
380 BVerwG, ZBR 2000, 168 = NVwZ-RR 2000, 231 = DÖD 2000, 59.
381 BDiG 26.8.1975 – IV Bk 7/74.
382 BVerwG 3.3.1993 – 1 D 35.91: Degr.
383 BDiG 30.11.2000 – XII VL 1/00.
384 BDiG 18.3.1988 – IV Bk 2/88.
385 BVerwG 5.9.1995 – 1 D 41.94.
386 zum sog. Fluglotsenstreik: BVerwGE 63, 293 = NJW 1980, 1809 = ZBR 1978, 101.
387 BVerwGE 93, 100 = NJW 1992, 387; E 93, 14 = ZBR 1991, 250.

Arbeitseinsatz und Arbeitsqualität

grob fahrlässig einen Zugunfall mit 4 Toten,[388] **Schrankenwärter** vergisst Schrankenschließen und verursacht tödlichen Unfall,[389] **Fahrdienstleiter** vergisst unzulässige Weichenschaltung und verursacht grob fahrlässig Unfall im Bahnhof mit Toten und Verletzten,[390] **Triebfahrzeugführer** überfährt grob fahrlässig Halt-Signal,[391] **Lokführer** unterlässt eigenmächtig und vorschriftswidrig völliges Anhalten im Bahnhof,[392] **Lokführer** fährt trotz Bremsmängeln mit überhöhter Geschwindigkeit und verursacht grob fahrlässig Unfall.[393]

Aber auch im gefahrenträchtigen Dienst ist **technische Ungeschicklichkeit, Verkennen der Situation oder Unerfahrenheit** nicht ohne weiteres mit Pflichtwidrigkeit und Verschulden gleichzusetzen. Ohnehin herrscht in der Verwaltung häufig die irrige Meinung, dass jeder Unfall und jede Panne auf einem Dienstvergehen beruhen müsse. Liegt nur leichte Fahrlässigkeit vor, so kann nach den Umständen des Einzelfalles auch bei gefahrenträchtiger Arbeit oder im Kernbereich der Amtspflichten das ursächliche Handeln noch unter der Schwelle zur Pflichtwidrigkeit liegen. Auch für die alltägliche Arbeit gilt, dass niemand perfekt ist. Verursacht etwa ein **E-Lokführer**, der seine Lok ohne Strom mit Schwung in den Lokschuppen laufen lassen muss, einen Unfall am Schuppen, weil er sich hinsichtlich des rechtzeitigen Moments der **Absenkung der Stromabnehmer** verschätzt,[394] so hat er zwar möglicherweise weniger perfekt als möglich reagiert, aber nicht pflichtwidrig, schon gar nicht schuldhaft gehandelt. Denn besondere Geschicklichkeit ist nicht programmierbar und nicht in jedem Einzelfall abforderbar. Die **exakte Sachaufklärung** ist gerade bei technischen Betriebsabläufen unverzichtbar. Der Schluss, dass der jeweils für den Betriebsablauf Zuständige bis zum Beweis des Gegenteils auch der Verursacher und damit der Schuldige sei, ist unzulässig. So kann aus dem **Überfahren eines Halt-Signals** durch einen erfahrenen und bewährten Triebfahrzeugführer nicht ohne weiteres und zwingend auf vorsätzliche oder bewusst fahrlässige Missachtung der Signale und der Fahrdienstvorschriften geschlossen werden, wenn dieser sich unwiderlegt auf Irrtum durch Blendwirkung beruft[395] oder andere technische Ursachen nicht mit Sicherheit auszuschließen sind[396] oder den **Bremsfehler** unwiderlegt auf vereiste Scheibenbremsen zurückführt.[397]

Daraus ergibt sich auch, dass **Unmögliches** von niemandem verlangt werden kann. Darunter fällt nicht nur das absolut und objektiv Unmögliche, das niemand verwirklichen kann, sondern auch das dem einzelnen Beamten nicht Mögliche, das individuelle **Unvermögen**. Liegt eine nicht überwindbare, auf Minderbefähigung oder Krankheit oder sonstigen Lebensumständen (dienstliche Überlastung, mangelnde dienstliche Unterstützung) beruhende **Leistungsschwäche** vor, so kann daraus keine Pflichtwidrigkeit abgeleitet werden, solange der Betroffene alles in seinen Kräften Stehende tut. Allerdings ist dem Vorgesetzten über den dem Beamten bekannten Umstand seiner Schwäche Mitteilung zu machen, so dass Entlastung gewährt werden kann. Hat der Vorgesetzte bereits Kenntnis von der Leistungsschwäche oder dem Unvermögen, wäre die Meldung nur Förmelei, weshalb

---

388 BVerwG 29.5.1968 – 1 D 18.68.
389 BDiG 18.7.1968 – IV VL 12/68.
390 BVerwG, Dok. Ber. 1972, 4313.
391 BDiG 18.12.1970 – III Bk 3/70.
392 BDiG 21.9.1973 – IV Bk 8/73.
393 BDiG 8.12.1999 – VII VL 22/99 – Bremsprobe unterlassen.
394 BDiG 18.3.1969 – IV Bk 45/68.
395 BDiG 30.10.1969 – III Bk 7/69.
396 BDiG 14.3.1978 – IV Bk 8/77.
397 BDiG 9.11.1971 – IV Bk 9/70.

dann eine unterbliebene Information nicht pflichtwidrig ist.[398] Kann die Minderung der Leistungsfähigkeit nicht voll das Verhalten rechtfertigen oder entschuldigen, so ist sie aber bei der Bemessung mildernd zu. Andererseits kann sich niemand auf mangelnde Eignung zu der übertragenen Aufgabe berufen, wenn er dafür qualifiziert ist und nur nicht Lust dazu hat.[399]

6   Auch **Unzumutbares** kann nicht als voller dienstlicher Einsatz verlangt werden. Unzumutbar sind vor allem die in § 63 Abs. 2 Satz 3 BBG genannten **strafbaren oder ordnungswidrigen oder gegen die Würde des Menschen** gerichteten Tätigkeiten. Gegen die menschliche Würde gerichtet sind jedoch nicht alle dienstlichen Anforderungen, die dem Betroffenen subjektiv unzweckmäßig, unnötig oder ungerecht erscheinen. Der Verstoß muss sich vielmehr aus dem Konflikt mit höherwertigen Grundwerten und objektiv für jedermann aus der Natur der Anforderung ergeben, denkbarerweise wenn Briefzusteller Verteilung rechtsradikaler Sendungen verweigert, Drucker Werbematerial für Kriegsverherrlichung ablehnt.[400] Dafür macht es keinen Unterschied, ob die Würde des angewiesenen Beamten selbst oder die des Adressaten der Amtshandlung verletzt würde. Im Arbeitsrecht werden zunehmend solche Gewissenskonflikte geschützt.[401] Das BVerwG steht dem zu Unrecht ablehnend gegenüber.[402] Sind **dienstliche Weisungen** erteilt, so sind sie grundsätzlich bindend und können nicht aus eigener Beurteilung als ungerechtfertigt oder unzumutbar zurückgewiesen werden (nicht bindend sind auch **Bewerbungsaufforderungen** an Beamte – etwa von Post und Telekom – vgl. B. II. 7. Rn. 8; sie verstoßen gegen Art. 33 Abs. 5 GG).[403] Nur in **Ausnahmefällen**, in denen der Verwaltungsrechtsweg nicht rechtzeitig beschritten werden kann, kommt dem betroffenen Beamten ihnen gegenüber eine eigene Kompetenz zur Prüfung der Zumutbarkeit zu. Er trägt allerdings das Risiko, dass die disziplinaren Instanzen später zu einem anderen Ergebnis kommen können (zur Bindung, deren Beseitigung auf dem Verwaltungsrechtsweg und zur Eigenbeurteilung der Bindung vgl. B. II. 7. Rn. 7).

7   Die Pflicht, die ganze Arbeitskraft für den Dienst zu erhalten und einzusetzen, wirkt sich auch auf **private Aktivitäten** dahin aus, dass außerdienstliche Berufsarbeit grundsätzlich verboten ist. Inwieweit Beamte einer **Nebentätigkeit** nachgehen dürfen, regeln die §§ 97 bis 105 BBG und die BundesnebentätigkeitsVO.[404] Eine Nebentätigkeit i. S. d. Vorschriften liegt vor bei einer auf Dauer angelegten Tätigkeit, die typischerweise auf die Erzielung von Gelderwerb ausgerichtet ist.[405] Nebentätigkeit und unerlaubte Geschenkannahme schließen sich daher gegenseitig aus.[406] In einer solchen »beruflichen« Tätigkeit kann die Beeinträchtigung der grundsätzlich im Rahmen des Dienst- und Treueverhältnisses dem Dienstherrn zustehenden Arbeitskraft eines Beamten liegen, weshalb diesem die Prüfung vorbehalten bleibt, ob die konkrete Tätigkeit Auswirkungen auf die Dienstleistung haben kann, sowie zudem, ob Ansehensschädigungen des Beamtentums insgesamt zu befürch-

---

398 BVerwG 16. 3. 1994 – 1 D 4.93; 23. 7. 1991 – 1 D 40.90.
399 BDiG 26. 11. 1984 – 1 Bk 6/84 im Falle eines höheren Beamten, dem eine Versetzung widerstrebte und der auf einem bestimmten Dienstposten beharrte.
400 Vgl. im Übrigen BDiG, Dok. Ber. 1973, 47; zur Menschenwürde Maunz/Dürig, Art. 1 GG Rn. 17–45; Claussen/Janzen, Einl. C. Rn. 32 b, 33.
401 BAG 24. 5. 1989 – 2 AZR 285/88.
402 NJW 2000, 88 = DVBl. 1999, 1441 = ZBR 2000, 49 zur Weigerung eines Postzustellers, Wurfsendungen der Scientology-Kirche zuzustellen.
403 BVerwGE 126, 182, 189.
404 VO v. 12. 11. 1987, BGBl. I S. 2376.
405 Plog/Wiedow, BBG, vor § 64 Rn. 15.
406 BDiG 15. 10. 1997 – IV VL 30/96; BVerwG 9. 2. 1999 – 1 D 1.98.

ten sind.⁴⁰⁷ Die Annahme einer Pflichtverletzung bedarf keines konkreten Nachweises, dass das Verhalten den Gesundungsprozess behindert oder verzögert hat. Die generelle Eignung des Verhaltens, die Wiedergenesung zu verzögern oder gar zu beeinträchtigen, reicht aus. Es reicht aus, wenn bei einer Gegenüberstellung von Krankheitsbild und beanstandeter Tätigkeit auf der Hand liegt, dass Letztere der Wiederherstellung der Dienstfähigkeit des Beamten abträglich ist.⁴⁰⁸ Wird eine Nebentätigkeit nur für einen kurzen Zeitraum ausgeübt, entfällt nicht der Tatbestand der §§ 99, 100 BBG; es kann aber eine milder zu bewertende disziplinare Ordnungswidrigkeit vorliegen.⁴⁰⁹ Wer ohne Genehmigung bzw. unerlaubt einer Nebentätigkeit nachgeht, dadurch die Arbeitskraft erkennbar schwächt und mangelhaft arbeitet, handelt pflichtwidrig,⁴¹⁰ insbesondere wenn das Beamtenverhältnis eigentlich nur noch der Risikoabsicherung dient für den Fall des fehlenden Erfolges der eigenen Firma.⁴¹¹ Beispiele zur disziplinaren Erheblichkeit von Nebentätigkeiten Gefährdung von Leben und Gesundheit anderer in genehmigter Nebentätigkeit, Blutplasma-Test auf HIV und Hepatitis durch Pooltestung missglückt;⁴¹² Ausarbeitung von Heizungsanlagenbauplänen und Annahme einer Heizungsanlage als Geschenk;⁴¹³ Tätigkeit als Übersetzer und Dolmetscher über mehr als 3 Jahre;⁴¹⁴ Werbung für Versicherungen im Dienst;⁴¹⁵ jahrelange Nebentätigkeit und Steuerhinterziehung.⁴¹⁶ Schon bei bloß genereller Eignung der Nebentätigkeit zur Genesungsverzögerung nimmt das Gericht eine Pflichtverletzung an⁴¹⁷ (vgl. B. II. 5. Rn. 22). Auch hier steht die Interessenabwägung allein der Verwaltung zu.⁴¹⁸ Ist eine Nebentätigkeit erlaubt, so ist eine die Dienstqualität mildernde Auswirkung erst dann pflichtwidrig, wenn die Dienstvorgesetzten entsprechende Weisungen geben.⁴¹⁹ Bleibt der Beamte dem Dienst insgesamt schuldhaft ungenehmigt fern, so **konsumiert** dieses Dienstvergehen die währenddessen ausgeübte pflichtwidrige Nebentätigkeit (vgl. B. II. 3. Rn. 2).⁴²⁰

Wird also der volle Einsatz aller Kräfte geschuldet, so kann doch auch **Übereifer** zu pflichtwidrigem Verhalten führen. Lässt ein Aufsichtsführer im Gleisbau nach längerer Dienstabwesenheit wegen besonderen Diensteifers und Ehrgeizes dienstliche Vorschriften und zu beachtende Umstände des Dienstbetriebs außer Acht und verursacht dadurch einen Zugunfall mit 4 Toten, so handelt er grob fahrlässig und pflichtwidrig (Rn. 3). Das gegenteilige Problem besteht bei weit **überdurchschnittlich fähigen** Beamten, wenn sie weniger leisten, als sie leisten könnten, sondern nur das »normal« zu Erwartende erbringen. Dies kann ihnen nicht als Pflichtverletzung vorgeworfen werden. Denn die Leistungen müssen nur den Anforderungen »genügen«, ein Mehr an Leistung und Qualität ist nicht gefordert. Arbeiten hoch qualifizierte Beamte unter Niveau, so kommt nicht disziplinare Maßregelung, sondern dienstrechtliche Personalpolitik zum Zuge. Wer aber eine seiner

8

---

407 BDiG 29. 3. 1999 – XIV VL 1/99.
408 BVerwG 27. 6. 2013 – 2 A 2.12, Rn. 18, juris = BVerwGE 147, 127.
409 BVerwG 17. 3. 1998 – 1 D 73.96; 22. 6. 1993 – 1 D 7.92.
410 BVerwG, NJW 2000, 1585 = ZBR 2000, 47; 12. 2. 1992 – 1 D 2.91.
411 BVerwG 24. 9. 1997 – 1 D 81.96.
412 Vgl. BVerwG, NVwZ-RR 2000, 229.
413 BVerwGE 113, 32 = DÖV 1997, 108.
414 BVerwGE 86, 370.
415 Dok. Ber. 1990, 7.
416 BVerwGE 93, 151.
417 BVerwG, NJW 2000, 1585, Dok. Ber. 1992, 149.
418 Vgl. zur Interessenabgrenzung BVerwGE 12, 34.
419 Claussen/Janzen, Einl. C. Rn. 18.
420 Für Soldaten BVerwGE 63, 167.

Die einzelnen Dienstvergehen und ihre Maßregelung

Fähigkeit entsprechend anspruchsvolle Arbeit übertragen bekommt, muss diese auch nach Kräften erbringen. Andernfalls handelt er pflichtwidrig.[421]

9 Besonderen Einsatz und Qualität der Dienstleistung haben wegen ihrer Vorbildfunktionen **Vorgesetzte** zu erbringen. Das bezieht sich zunächst auf die eigene **Arbeitsanforderung**. Für sie gilt deshalb das für alle Beamte Gesagte, allerdings mit erhöhtem Gewicht. Bei Mängeln im Einsatz und in der Arbeitsgüte ist die Vorgesetzteneigenschaft erschwerend zu berücksichtigen.[422] Allerdings muss auch hier im Einzelfall nach der Bedeutung der Vorgesetztenstellung differenziert werden. Ist beim Zoll-Streifendienst oder in der Postverladung ein nach Laufbahn – und womöglich Besoldungsgruppe – Gleichgestellter mit der Funktion des Aufsichtsführenden betraut, so sind Überlegenheit und Vorbildfunktion naturgemäß vergleichsweise gering. Auch im **außerdienstlichen Verhalten** verlangt der »volle Einsatz« des Vorgesetzten, dass er seine dienstliche Leistungsfähigkeit und Verwendbarkeit vorbildlich aufrechterhält. Wegen der **Vorbildfunktion** kann bei grundsätzlich gleicher Pflichtenlage wie bei allen Beamten die Vorgesetzteneigenschaft auch hier erschwerend wirken.

10 Aus der **Vorgesetztenstellung** folgen besondere Aufgaben wie **Dienstaufsicht** (Kontroll- und Weisungsbefugnis) und **Fürsorge** für die Untergebenen. Sie sind nicht Ergebnis der vollen Einsatzpflicht, die für alle Amtsträger gleichermaßen gilt, sondern eigenständiger Inhalt der besonderen Aufgabenstellung des Vorgesetzten-Dienstpostens. Vorgesetzte mit eigenem **Entscheidungsspielraum** haben eine entsprechend hohe Verantwortung für ihre Sachentscheidungen wie auch für ihre persönliche Verhaltensweise. In ihrem Amtsbereich müssen sie ihre Integrität wahren, auch durch Erhaltung ihrer persönlichen und sachlichen Distanz und Unbefangenheit gegenüber den Adressaten ihrer Verwaltung. Wer sich als Vorgesetzter ohne Zwang in der **Amtsführung befangen** macht, verstößt in besonderem Maß gegen die Einsatz- und Vorbildpflicht. Das gilt z. B. für einen hohen Ministerialbeamten, der intime Beziehung mit einer Architektin eingeht, die ihr Großprojekt in seiner Behörde anbringen will.[423] Im Verhältnis zu den Mitarbeitern und Untergebenen kann sich pflichtwidriges Verhalten von Vorgesetzten (egal ob gegen diese gerichtet und ob außerhalb oder innerhalb des Dienstes begangen) achtungs- und vertrauensmindernd auswirken. Denn Vorgesetzte haben neben der Aufsichts- und Weisungsfunktion auch eine **Vorbildfunktion**.[424] Dies gilt ebenso bei Ausnutzung von Personen, die dem Beamten in dienstlichem Bezug zur Kontrolle oder Führung anvertraut sind.[425] Disziplinar erheblich ist dies aber nur bei einer wirklich übergeordneten Verantwortung. Nicht jede formale Weisungsfunktion unter ansonsten gleichgeordneten Kollegen mit gleichwertigem Arbeitsauftrag ist mit einer solchen Vorbildfunktion verbunden (z. B. bei Doppelstreifen, Betriebsaufsichten und -einteilern). Die **Unabhängigkeit des Vorgesetzten zur Dienstaufsicht** kann gefährdet und möglicherweise beeinträchtigt sein, wenn Vorgesetzte ihre persönliche Unbefangenheit und sachliche Distanz zu ihren Untergebenen durch pflichtwidriges Verhalten verlieren oder wenn sie sich durch die Annahme von Vorteilen und Gefälligkeiten von Mitarbeitern in persönliche Abhängigkeit bringen. Dabei sind allerdings das veränderte Selbstbewusstsein der Beamtenschaft, der gesellschaftsüblich freiere Umgang miteinander und die zeitgemäßen Gesten der Höflichkeit und Freundlichkeit zu

---

421 Vgl. zu allem Arndt, APF 1968, 18.
422 BVerwG, Dok. Ber. 1990, 63.
423 BVerwG 25. 3. 1980 – 1 D 14.79.
424 BVerwG 1. 9. 1998 – 1 D 71.97; 27. 8. 1997 – 1 D 49.96, BVerwGE 113, 118 = NVwZ 1998, 1306.
425 So für Bewährungshelfer: VGH Bayern 17. 2. 2006 – 16a D 05.2034; OVG Nordrhein-Westfalen 5. 4. 2006 – 21d A 511/05.O.

Arbeitseinsatz und Arbeitsqualität

berücksichtigen. Der Vorgesetzte hat nicht mehr die steife, unnahbare, unansprechbare, kontaktscheue Persönlichkeit früherer Zeiten zu sein. So ist es fraglich, ob die **freiwillige und kollegiale Hilfe von Untergebenen in ihrer Freizeit beim Hausbau** des Vorgesetzten Letzterem vorwerfbar ist.[426] Anders bei Missbrauch der Vorgesetztenstellung zur persönlichen Bereicherung durch **Arbeitseinsatz von Untergebenen** in der Dienstzeit für sich privat, worin Untreue liegt (B. II. 10. Rn. 22, 27).[427] Die Unabhängigkeit und das Vorbild als Vorgesetzter können verloren gehen etwa dadurch, dass der Vorgesetzte von Untergebenen wertvolle Geschenke annimmt,[428] selbst seine Untergebenen zu **häufigem gemeinsamen Zechen im Dienst** animiert,[429] durch **Anpumpen** und dann Sitzenlassen von Untergebenen,[430] durch **sexuelle Beziehungen** zu Untergebenen, soweit es sich nicht um echte, schicksalshafte Liebesbeziehungen handelt.[431] Die **Dienstaufsichtspflicht** ist weiter z. B. verletzt, wenn die vorgeschriebenen **Kassenkontrollen** unterlassen werden oder gegen festgestellte Mängel nicht eingeschritten wird,[432] wenn Mitarbeiter zum Zwecke der Abrechnung von Überstunden ihre ursprüngliche Arbeit zum Teil als Nebentätigkeit für eine private Firma erbringen dürfen,[433] wenn ein Rangierleiter einen alkoholisierten Kleinlokfahrer **nicht ablöst**,[434] Untergebene zu **ungenehmigtem Urlaub** und Alkoholgenuss im Dienst verleitet werden,[435] **private Arbeiten im Dienst** nicht abgestellt, sondern gefördert werden,[436] Pflichtverletzungen von Untergebenen **nicht disziplinar** aufgeklärt werden (§§ 17, 21 BDG – Legalitätsprinzip). Andererseits entlastet eine fehlende oder mangelhafte Dienstaufsicht die entsprechend einer unzulässigen oder geduldeten Übung handelnden Beamten.[437] Die Aufsichts- und Weisungspflicht verlangt von dem Vorgesetzten aber auch **Sachlichkeit, Verständnis und Kritikfähigkeit** gegenüber den Untergebenen, vor allem im innerdienstlichen Umgang. Von Vorgesetzten wird in erhöhtem Maß erwartet, dass sie sachbezogene Kritik von Untergebenen sachlich aufgreifen und beherrscht mit **Meinungsverschiedenheiten** umgehen. Wehrt sich ein Lokführer gegenüber seinem Gruppenleiter gegen vorschriftswidrige Weisungen in einer betriebstechnischen Angelegenheit und weist er auf die für ihn sprechenden Vorschriften hin, so handelt der Vorgesetzte pflichtwidrig, wenn er ausfallend und tätlich reagiert.[438] Die **Fürsorgepflicht** gegenüber den Untergebenen ist z. B. verletzt, wenn Untergebene **schikaniert**, tätlich angegriffen oder beleidigt werden,[439] wenn bei Untergebenen **Schulden** gemacht werden[440] oder auch, wenn aus unvernünftigen, nicht nachvollziehbaren Gründen **disziplinare Maßnahmen** ergriffen werden.[441]

---

426 So BVerwG 7. 10. 1980 – 1 D 64.79.
427 Vgl. BVerwG, Dok. Ber. 1981, 38 (Ls.).
428 BVerwGE 113,4 = ZBR 1997, 48 = DÖV 1997, 341.
429 BDHE 6, 91 = ZBR 1962, 195.
430 BVerwG 17. 10. 1969 – 2 D 20.69.
431 BDHE (WD) 7, 200; BVerwG, Dok. Ber. 1971, 4019; (WD) Dok. Ber. 1970, 3644; NJW 1984, 936.
432 BDiG 3. 3. 1997 – XV VL 44/96.
433 BDiG 3. 8. 2000 – VIII VL 37/99.
434 BDiG 9. 9. 1975 – V Bk 2/75 – Freispruch aus tatsächlichen Gründen.
435 BVerwG, Dok. Ber. 1988, 79.
436 BDH, Dok. Ber. 1963, 2141.
437 BVerwG 13. 10. 1998 – 1 D 91/97.
438 BDiG 13. 12. 1971 – IV Bk 2/71.
439 BDH, Dok. Ber. 2544; BVerwG, ZBR 1975, 66; BDiG – XVIII Bk 5/96.
440 BDH, Dok. Ber. 1407 und 1487; BVerwG 17. 10. 1969 – 2 D 20.69.
441 Woraus eine Haftung des Staates erwachsen kann, OLG Schleswig-Holstein, NVwZ-RR 2001, 494; BGH, NVwZ 2000, 1275.

Die einzelnen Dienstvergehen und ihre Maßregelung

12   Die Fürsorgepflicht wird zudem schwerwiegend verletzt, wenn Vorgesetzte sexuelle Handlungen gegenüber Untergebenen vornehmen. Nach § 3 Abs. 4 AGG,[442] ebenso Art. 10 des 2. Gleichberechtigungsgesetzes v. 24.6.1994[443] – hier: § 2 Abs. 2 des Gesetzes zum Schutz der Beschäftigten vor sexuellen Belästigungen am Arbeitsplatz (BGBl. I S. 1412) – ist sexuelle Belästigung am Arbeitsplatz jedes vorsätzliche, sexuell bestimmte Verhalten, das die Würde der Beschäftigten am Arbeitsplatz verletzt. Dazu gehören schon Bemerkungen mit sexuellem Inhalt, die von Betroffenen abgelehnt werden, und erst recht Aufforderungen zu sexuellen Handlungen, ungewollte Annäherungsversuche oder gar strafbare Handlungen. Diese Regelung scheint mitverantwortlich dafür zu sein, dass in der jüngeren Rspr. des BVerwG solchen Dienstvergehen zu Recht ein erheblich höheres Gewicht beigemessen wird, bei denen es zu körperlichen Annäherungen bis hin zur Nötigung kam,[444] wenn auch solche Vergehen immer schon disziplinar geahndet wurden. Im Bereich der Bundeswehr scheinen solche Verstöße häufiger vorzukommen, werden dort aber noch härter gemaßregelt.[445] Im übertragenen Sinne gilt diese Rspr. auch für Verfahren gegen Bundesbeamte.

c)   **Bewertung der Pflichtverletzung, Auswahl und Bemessung der Disziplinarmaßnahme**

13   Für die Bewertung der Verstöße gegen die Pflicht zu vollem Einsatz und qualifizierter Arbeit gibt es **keinen Regelsatz** der Einstufung. Auch hier steht je nach der dienstlichen Bedeutung der Pflichtverletzung die ganze Skala der Disziplinarmaßnahmen und der Bemessungskriterien zur Verfügung. Dazu vgl. A. IV. Rn. 74 ff. und 85 ff. sowie folgende Rspr.-Übersicht. Das Gewicht des Dienstvergehens ist sehr hoch, wenn die Verweigerung des vollen Arbeitseinsatzes gezielt der **demonstrativen Störung des geregelten Dienstbetriebs** dienen soll, um einen streikähnlichen Druck auf die Behörde bzw. die Anstellungskörperschaft auszuüben, etwa beim so genannten Fluglotsenstreik (s. Rspr.-Übersicht). Die vom BVerwG verhängten Degradierungen (nun Zurückstufung) gegen die »Streikleitung« und Gehaltskürzungen gegen die »Mitläufer«, richtiger die aktiv Handelnden, entsprechen nicht den sonstigen Maßstäben des BVerwG, zumal bei dem Fluglotsenstreik ungewöhnlich hoher Ansehens- und materieller wie immaterieller Schaden bei den Flugreisenden und Millionenschäden bei den Fluggesellschaften und der Bundesrepublik entstanden waren. Möglicherweise liegen die Gründe für die milde Maßregelung in den dem »Streik« vorausgegangenen jahrelangen Verhandlungen und Abreden des Verbands mit der Bundesregierung und einer daraus angenommenen Minderung des Unrechtsbewusstseins der Fluglotsen. Im Übrigen legt die Rspr. bei **fahrlässigen betriebstechnischen Fehlhandlungen** (trotz hohen Schadens) sowie bei Einzelverfehlungen und Verstößen im Bereich verstehbarer, wenn auch nicht hinnehmbarer **Meinungsverschiedenheiten über Sinn und Notwendigkeit bestimmter Aufgabenzuweisungen** einen milden Maßstab an (im untersten Bereich von Missbilligung, Verweis und Geldbuße). Mit Ge-

---

442   BGBl. I 2006, S. 1897.
443   BGBl. I S. 1406.
444   BVerwG 29.7.2010 – 2 A 4/09: Zurückstufung; früher schon: BVerwGE 113, 25: Dienstenthebung eines Probebeamten wg. zu erwarteter Entlassung; 21.9.2000 – 1 DB 7.00: Entfernung aus dem Dienst als überwiegend wahrscheinlich angesehen.
445   BVerwG, ZBR 2000, 425; E 113, 296, wobei das hier vorliegende homosexuelle Verhalten nicht den Blick auf die eigentliche Problematik einer geschlechtlichen Beziehung in der Truppe verstellen soll; auch heterogeschlechtliche Beziehungen sind nach der Öffnung der Bundeswehr für Frauen pflichtwidrig, BVerwG 9.10.2001 – 2 WD 10.01, NJW 2002, 1514.

Arbeitseinsatz und Arbeitsqualität

haltskürzung werden häufig **wiederholte, beharrliche oder voraussehbar besonders schädliche Nachlässigkeiten** (bei gefahrengeneigter Tätigkeit) gemaßregelt. Bei Pflichtverletzungen von **Vorgesetzten**, gerade auch von hochgestellten, fällt eine erhebliche Milde auf, die nicht immer aus dem festgestellten Sachverhalten einleuchtet. Nachdem früher bei schweren, strafbaren **Sexualverstößen** von Vorgesetzten gegenüber von ihnen dienstlich abhängigen Frauen die verhängten Gehaltskürzungen und die dafür gegebenen Begründungen als eine Beschönigung der Gewalt gegen Frauen missverstanden werden konnten, hat die jüngere Rspr. die Schwere der Dienstvergehen zu Recht durch Verhängung der disziplinaren Höchstmaßnahme oder Degradierung betont (vgl. Rn. 11 a. E.). Der Wehrdienstsenat geht sogar vom Grundsatz der Dienstgradherabsetzung für sexuelle Belästigungen und Anzüglichkeiten aus.[446] Soweit sich das pflichtwidrige Verhalten auf unsittliche Äußerungen oder verbale Impertinenzen beschränkt, können jedenfalls – auch längerfristige – Gehaltskürzungen verwirkt sein.[447]

d) Rechtsprechungsübersicht

- Voller Einsatz wird nur dort geschuldet, wo die übertragene Aufgabe **dienstlichen Zwecken** dient
  - BDHE 6, 160, DVBl. 1967, 738
- **Mängel der Dienstleistung** sind nur pflichtwidrig bei **vorsätzlichem** Verhalten, bei ausgesprochener Widersetzlichkeit oder bewusster Gleichgültigkeit gegenüber konkreten Anordnungen und bei **grober Nachlässigkeit**, die im gegebenen Einzelfall voraussehbar zu erheblichen Nachteilen geführt hat: **Freispruch**
  - BDH, PersV 1967, 166
  - BVerwG 9.11.2000 – 1 D 8.96: **Einst.**
- **wg. Geringfügigkeit** (4 Verfehlungen eines Postzustellers in 17 Monaten)
  - VG des Saarlandes, IÖD 2011, 70–71
- Fernmeldebeamter – **vorsätzliche** Herbeiführung von **Störungen** – Verärgerung über unterbliebene Beförderung: **Entf.**
  - BVerwG 5.9.1995 – 1 D 41.94
- Beamter des gehobenen Dienstes – **vorsätzliche Verweigerung von Arbeitsleistungen** seines Aufgabenbereichs – weitere Pflichtverstöße: **Degr.**
  - BVerwG 3.3.1993 – 1 D 35.91
  - VGH Bayern 24.11.2004 – 16a D 03.2755
  - OVG Nordrhein-Westfalen 11.5.2005 – 21d A 4233/02.O: **Entf.a. D.**
  - OVG Niedersachsen 17.7.2007 – 3 LD 5/04: **RuheGeh.K** statt Degr., da kein Wiederholungsfall
- Postzusteller lehnt Zustellung von Postwurfsendungen der Scientology-Kirche ab – Gewissensentscheidung nicht anerkannt, da Ausweichmöglichkeit vorhanden: **Geh.K**
  - BVerwG, NJW 2000, 88 = DVBl. 1999, 1441 = ZBR 2000, 49
- Beamter der Wehrbereichsverwaltung – **unterlassene Bearbeitung von Anträgen** wegen Unvermögens aus privaten Gründen – Kenntnis der Vorgesetzten: **Freistellung vom Vorwurf**
  - BVerwG 16.3.1994 – 1 D 4.93
- **Fahrlässige Pflichtverletzung** durch Vernachlässigung der Dienstgeschäfte – Vielzahl von Mängeln – keine Meldung an Vorgesetzte – weitere Pflichtverstöße: **Degr.**

---

446 BVerwGE 113, 290 = Dok. Ber. 1999, 131 = NVwZ 1999, 662 (Ls.) = ZBR 1999, 142 (Ls.).
447 BDiG 15.12.1999 – X VL 39/98; 24.6.1999 – XVI VL 3/99.

Die einzelnen Dienstvergehen und ihre Maßregelung

- *BVerwG* 23. 7. 1991 – 1 D 40.90, Dok. Ber. 1991, 261
- Kann die **verminderte Leistungsfähigkeit** nicht voll das Verhalten rechtfertigen oder entschuldigen, so ist sie bei der Bemessung mildernd zu berücksichtigen: **Geh.K**
  - *BDiG* 21. 1. 1975 – V VL 15/74
- **Aufsichtsführer im Gleisbau** – **Zugunfall** mit 4 Toten – Übersehen dienstlicher Vorschriften und Umstände des Dienstbetriebs aus übersteigertem Eifer – längere Dienstabwesenheit: **Geh.K**
  - *BVerwG* 29. 5. 1968 – 1 D 18.68
- Bahnbeamter im gehobenen Dienst – zugewiesen zur DB-Arbeit GmbH (vormals Dienstleistungszentrum Arbeit) – Heimbereitschaft – **verhindert Kontaktaufnahme für konkrete Arbeitsaufträge** – wg. weiterer Verfehlungen: **Geh.K**
  - *BDiG* 30. 11. 2000 – XII VL 1/00
- **Einhebeleiter** der Bundesbahn – **Bereitschaftsdienst** – entzieht sich seiner dienstlichen Heranziehung: **Geldbuße**
  - *BDiG* 21. 1. 1975 – V Bk 5/74
- **Zollfahnder** im Rufbereitschaftsdienst – **Alkoholmissbrauch und Prügelei** – in Gaststätte – Minderung der Leistungsfähigkeit: **Verweis**
  - *BDiG* 18. 3. 1988 – IV Bk 2/88
- **Zugführer** der Bundesbahn – ständige **Vernachlässigung der Aufgaben** – Gleichgültigkeit und Arbeitsunlust: **Verweis**
  - *BDiG* 26. 8. 1975 – IV Bk 7/74
- **Postzustellerin** – **Unterdrückung von 196 Sendungen** (176 Infopost) – keine Regelrechtsprechung: **Entf.**
  - *BVerwG* 7. 7. 1998 – 1 D 98.97, zu hart; vgl. auch
  - BVerwGE 83, 206 = ZBR 1986, 343
  - *BVerwG* 5. 9. 1995 – 1 D 18.95, Dok. Ber. 1996, 23
- **Baurat** widerstrebt neuem Dienstposten – Minderleistungen – Berufung auf **mangelnde Eignung** ungerechtfertigt: **Rüge**
  - *BDiG* 26. 11. 1984 – I Bk 6/84
- **Dienststellenleiter** – **Vernachlässigung der Kassenaufsicht** aus Desinteresse – sehr gute Leistungen im Übrigen: **Geh.K**
  - *BDiG* 3. 7. 1997 – XVI VL 44/96
- **Vorgesetzter Rangierer** – Dienstaufsicht – **Unterlassen der Ablösung** eines alkoholisierten Kleinlokfahrers – aus tatsächlichen Gründen: **Freispruch**
  - *BDiG* 9. 9. 1975 – V Bk 2/75;
- **Fluglotsenstreik** – Verbandsvorstand – psych. Unterstützung – demonstrative **Verweigerung des vollen Einsatzes** – vorsätzlicher Verstoß – »Dienst nach Vorschrift, Bummelstreik, go slow«: **Degr.**
  - *BVerwG* 3. 12. 1980 – 1 D 86.79, NJW 1980, 1809
- **Fluglotse** – vorsätzliche Verzögerung der Flugbewegungen – **Bummelstreik** – Mitläufer: **Geh.K**
  - *BVerwG* 16. 11. 1978 – 1 D 82.77, ZBR 1978, 101
- **Nebentätigkeit** ohne Genehmigung bzw. unerlaubt – erkennbare Schwächung der Arbeitskraft und **mangelhafte Arbeit** – pflichtwidrig: **Aberk. RGeh.**
  - *BVerwG*, NJW 2000, 1585 = ZBR 2000, 47
  - *BVerwG* 20. 11. 2008 – 2 B 30/08
- **Medizinaldirektor** nimmt während der Dienstzeit ungenehmigt Notarzteinsätze wahr – schuldhaftes Fernbleiben – betrügerische Arbeitszeiterfassung: **Entf.**
  - *DiszH Hessen* 12. 10. 2007 – 24 DH 2878/06

Arbeitseinsatz und Arbeitsqualität

- **Nebentätigkeit** zum Aufbau eigener Firma – Beamtenverhältnis nur noch als Risikoabsicherung: **Entf.**
  – *BVerwG* 24. 9. 1997 – 1 D 81.96
- Lange, **ungenehmigte Nebentätigkeit** und Steuerhinterziehung – mildernd: keine dienstliche Auswirkung: **Degr.**
  – BVerwGE 93, 151 = ZBR 1992, 358 = DÖD 1992, 357
- Pflichtwidrige **Nebentätigkeit** während des Fernbleibens vom Dienst und wird vom Fernbleibenstatbestand konsumiert
  – BVerwGE 63, 167 für Soldaten
- Wahlkampfauftritt während Krankheit, keine Verzögerung der Genesung, aber Ansehensschädigung: **Geldbuße**
  – BVerwGE 147, 127
- **Vorgesetzteneigenschaft** ist erschwerend zu berücksichtigen
  – *BVerwG*, Dok. Ber. 1990, 63; Dok. Ber. 1978, 275
- **Hoher Ministerialbeamter** – intime Beziehungen zu Antragstellerin im eigenen Amtsbereich – Befangenheit – weitere schwere Pflichtverstöße: **RGeh.K Höchstmaß**
  – *BVerwG* 25. 3. 1980 – 1 D 14.79
- **Präsident a. D.** einer Bundesanstalt – **Reisekostenbetrug** – Vorgesetztenstellung – weder Entf. noch Degr. im akt. Dienst: **RGeh.K**
  – *BVerwG* 27. 4. 1987 – 1 D 100.86
- Vorgesetzter im Abschnitt Kasse/Buchhaltung – **Geschenkannahme von Untergebenen** im Wert von 55 000 DM in Bezug auf sein Amt – grds. Degr.; hier wg. Ruhestand **RGeh.K**
  – BVerwGE 113, 4 = ZBR 1997, 48 = DÖV 1997, 341
- **Vorgesetzter** – handschriftliche negative Aufzeichnungen über Mitarbeiter kein Dienstvergehen – Aufbewahrung im Schreibtisch – Kopien von Unbekannten an Mitarbeiter geleitet – Störung des Betriebsfriedens – fahrlässig – keine disziplinare Relevanz: **Freispruch**
  – *BVerwG* 19. 10. 2005 – 1 D 14.04
- Vorgesetzter – Leiter eines Tagungszentrums der Post-AG – **Duldung von Nebentätigkeiten seiner Untergebenen** für private Firma, zur Umgehung von Überstundenregelungen – Gäste in eigenes Hotel umgeleitet – Milderungsgründe, statt Degr.: **Geh.K**
  – *BDiG* 3. 8. 2000 – VIII VL 37/99
- **Vorgesetzter** – aggressive Kritik, Herabwürdigung von Mitarbeitern als unfähig, lautstarke Beschimpfungen von Untergebenen
  – *VG Hannover* 3. 11. 2010 – 14 A 584/10
- **Vorgesetzter Abteilungsleiter** (höh. Dienst) – Hilfe v. Untergebenen bei **privatem Hausbau** in und außer Dienstzeit – geringe Bereicherung: **Geh.K**
  – *BVerwG* 7. 10. 1980 – 1 D 64.79, Dok. Ber. 1981, 38 (Ls.)
- Vorgesetzter im BGS – **5 Beamtenanwärterinnen** unter Ausnutzung der dienstlichen Stellung **belästigt** – Küssen, Intimkontakte, Geschlechtsverkehr: **Entf.** (zu vermuten in Verfahren über die Suspendierung)
  – *BVerwG* 21. 9. 2000 – 1 DB 7.00
- **Vorgesetzter Ausbilder** – »Sexualaufklärung« im Dienstunterricht
  – *BDiG*, Dok. Ber. 1974, 251
  – für Lehrer: *OVG Niedersachsen* 4. 9. 2007 – 20 LD 14/06
- Vorgesetzter im BGS – **Mitarbeiterinnen massiv sexuell bedrängt** – körperliche Kontaktaufnahme bis hin zu Samenerguss: **Aberk. R.Geh**
  – *BDiG* 3. 9. 1999 – XIV VL 36/98; *BVerwG* 8. 11. 2000 – 1 D 35.99

Die einzelnen Dienstvergehen und ihre Maßregelung

- Vorgesetzter – **9 Mitarbeiterinnen sexuell belästigt** – ungebetene Vertraulichkeiten, Streicheln, Umarmen, Küssen, intime Fragen – neg. Auskünfte nach Abweisung: **Degr.**
  - BVerwGE 113, 151 = NJW 1998, 1656 = ZBR 1998, 177
  - ähnl. BVerwG 29.7.2010 – 2 A 4/09, juris
- Vorgesetzter Botenmeister (einf. Dienst) – **sexuelle Nötigung mit Freiheitsberaubung** gegen Untergebene (Eilzustellerin) – mehrfache Bedrängungen – weitere Pflichtverletzungen: **Geh.K**
  - BVerwG 9.2.1987 – 1 D 85.86 (gegen erstinst. Degr.) – bedenkl. milde!
- Heterosexuelle Kontakte
  - BVerwG 9.10.2001 – 2 WD 10.01, NJW 2002, 1514
- Abwicklungsverschulden mit erkennbarer **Gleichgültigkeit gegenüber Gläubigerinteressen**, strafrechtliche und disziplinare Vorbelastung, Arztrechnungen nicht bezahlt: **Degr.**
  - BVerwG 28.6.1995 – 1 D 66.94, NVwZ-RR 1996, 452–453

7. Gehorsams- und Unterstützungspflicht

a) Rechtsgrundlage: § 62 Abs. 1 BBG

Wortlaut:
»Beamtinnen und Beamte haben ihre Vorgesetzten zu beraten und zu unterstützen. Sie sind verpflichtet, deren dienstliche Anordnungen auszuführen und deren allgemeinen Richtlinien zu befolgen. Dies gilt nicht, soweit die Beamtinnen und Beamten nach besonderen gesetzlichen Vorschriften an Weisungen nicht gebunden und nur dem Gesetz unterworfen sind.«

b) Definition der Pflicht und ihrer Verletzung

1 § 62 BBG regelt in spezieller Weise das Verhältnis zwischen **Vorgesetzten und Untergebenen**. Ohne die Spezialregelung würden sich dieselben Pflichten aus der allgemeinen Pflicht zu achtungs- und vertrauenswürdigem Verhalten im Dienst (§ 61 Abs. 1 Satz 3 BBG) und aus der Pflicht zu vollem dienstlichen Einsatz (§ 61 Abs. 1 Satz 1 BBG) ergeben. Die Pflicht zum **Gehorsam bindet** den Beamten an die allgemeinen Dienstvorschriften und an die speziellen Einzelanweisungen der Vorgesetzten. Verstöße gegen gesetzlich vorgesehene Mitwirkungspflichten machen den Rückgriff auf den allgemeinen Pflichtenkanon nach §§ 61, 62 BBG entbehrlich.[448] Die Gesetzmäßigkeit der Verwaltung (Art. 20 Abs. 3 GG) liegt nicht im Entscheidungsbereich des einzelnen Beamten, sondern der Verwaltung, die ihrerseits von den Parlamenten und den Gerichten kontrolliert wird. Es entspricht der i. S. d. Art. 33 Abs. 5 GG hergebrachten hierarchischen Struktur der Verwaltung und der Weisungsunterworfenheit der Beamten, dass letztere grundsätzlich nicht berechtigt sind, aus eigener Befugnis die Berechtigung einer Weisung in Frage zu stellen und sich von ihr zu lösen. Soweit dem Beamten ein eigener **Ermessensspielraum** im Inhalt oder in der Abwicklung der Arbeit eingeräumt wurde, kann nicht Ungehorsam, sondern nur anderes, materielles Fehlverhalten vorgeworfen werden, z. B. einem in der Dienstabwicklung weitgehend freigestellten Kundenberater der Bahn oder der Post bei Säumigkeit mangelnder Einsatz i. S. d. § 61 Abs. 1 Satz 1 BBG, bei Schwarzfahrten oder Falschangaben zu Fahrgelderstattungen eigennütziges (betrügerisches) Verhalten i. S. d. § 61 Abs. 1 Satz 2

---

448 BVerwG, ZBR 2014, 416.

Gehorsams- und Unterstützungspflicht

BBG, bei einem die Kontrolle und Aufsicht vernachlässigenden Vorgesetzten mangelnder Einsatz i. S. d. § 61 Abs. 1 Satz 1 BBG.
Die Gehorsamspflicht nach § 62 Abs. 1 Satz 2 BBG betrifft den Bereich der **funktionalen Organisation des Dienstes**. Formale Verstöße gegen diese äußere Ordnung sind kein ethisches Unrecht und berühren in der Regel nicht die berufserforderliche Integrität von Beamten (vgl. A. I. Rn. 41).[449] Sie stellen disziplinare **Ordnungsverstöße** mit entsprechend geringerem Gewicht dar. In diesem Bereich geht es allein um die formale Tatsache der Nichtbefolgung von Anordnungen im Einzelfall ohne schwerwiegendere Verstöße gegen materielle und Kernpflichten. Da die amtlichen Aufgaben, die statusrechtlichen Angelegenheiten und die im Einzelnen anzuwendenden Arbeitsweisen durchweg mit allgemeinen und speziellen Organisationsanordnungen geregelt sind, liegen zwangsläufig in den meisten Verstößen gegen materielle Dienstpflichten zugleich Weisungsverstöße. Insoweit ist der **formale Gehorsamsverstoß** ohne selbständige Bedeutung und wird von der vorrangigen bzw. weitergehenden **materiellen Pflichtverletzung konsumiert**. Ein selbständiger, gesondert vorwerfbarer Pflichtenverstoß nach § 62 Abs. 1 Satz 2 BBG scheidet dann aus. Dementsprechend wird in vielen Weisungsverstößen im Kernbereich der Amtspflichten das eigentliche Dienstvergehen in der Verletzung der höherrangigen, materiellen und auch ohne besondere Weisung geschuldeten Pflicht zu vollem dienstlichen Einsatz und zur qualifizierten Arbeitsweise i. S. d. § 61 Abs. 1 Satz 1 BBG liegen, beispielsweise in der anhaltenden Dienstversäumung (§ 96 Abs. 1 Satz 1 BBG) trotz Aufforderung zur Dienstaufnahme oder in der Unterlassung des Krankheitsnachweises (§ 96 Abs. 1 Satz 2 BBG) trotz konkreter Weisung zur Attestvorlage nach § 96 BBG, in der Eigennützigkeit und Vertrauenszerstörung (§ 61 Abs. 1 Sätze 2 und 3 BBG) bei Veruntreuungen unter Verstoß gegen Richtlinien, in der Vertrauens- und Einsatzminderung (§ 61 Abs. 1 Sätze 1 und 3 BBG) bei Verstoß gegen Kassenvorschriften ohne Veruntreuung.[450] Demonstrativer »Dienst nach Vorschrift«, der allerdings gerade keinen formalen Ungehorsam darstellt, verstößt gegen die Pflicht zu vollem dienstlichen Einsatz gem. § 61 Abs. 1 Satz 1 BBG (s. Rn. 4).

Ungehorsam drückt sich normalerweise in der gezielten Ablehnung[451] oder in der **nachlässigen Außerachtlassung** einer Anordnung aufgrund bedingten Vorsatzes oder Fahrlässigkeit aus. Dabei kommt es nicht darauf an, aus welchen persönlichen oder sachlichen Gründen die Befolgung der Weisung unterlassen wird, ob aus Bequemlichkeit, Gleichgültigkeit, Vergesslichkeit, sachlicher Kritik an der Zweckmäßigkeit, Rechthaberei, wegen Unzumutbarkeit o. Ä. Ungehorsam handelt auch, wer die geltenden Anordnungen zwar grundsätzlich befolgen will, sie aber **inhaltlich falsch anwendet**. Ob hierin ein Dienstvergehen liegt, hängt von der Feststellung des Verschuldens und von dem Gewicht des Versagens unter dem Gesichtspunkt der disziplinaren Erheblichkeit ab (vgl. A. I. Rn. 20, 30–33). Die **Existenz der Anordnung und ihr tatsächlicher Regelungsinhalt sind Rechtstatsachen**, die einerseits beweiserheblich sind, andererseits einen Tatsachenirrtum begründen können. Maßstab ist immer die am jeweiligen Tag geltende Dienstvorschrift.[452] Kennt der Beamte die Vorschrift nicht, irrt er sich über den Inhalt der Anordnung oder legt sie falsch aus, so kann Verschulden ausscheiden oder ggf. nur Fahrlässigkeit in Betracht kommen. Beruht der Irrtum auf falscher Bewertung der Bindungswirkung oder der

---

449 Behnke-Arndt, Einf. Rn. 140; Claussen/Janzen, Einl. D. Rn. 9 f–g.
450 BDiG 16.7.1987 – I VL 4/87: Geh.K.
451 BDiG 14.8.1984 – VI Bk 6/84.
452 BVerwG, DokBer 2013, 269.

Die einzelnen Dienstvergehen und ihre Maßregelung

rechtlichen Bedeutung der Regelung, kommt Rechtsirrtum nach den allgemeinen Grundsätzen in Frage (A. I. Rn. 30–32).

4   Darüber hinaus kann **Ungehorsam nicht durch Anwendung der Vorschriften**, auch nicht in der Form missbräuchlicher Übertreibung stattfinden. Bei missbräuchlicher und sinnwidriger Berufung auf Vorschriften zum Zwecke der Störung des Dienstbetriebs handelt es sich um das materielle Dienstvergehen der Verweigerung des vollen dienstlichen Einsatzes nach § 61 Abs. 1 Satz 1 BBG.[453] Dabei ist allerdings nach den Motiven und Zielen dieses so genannten »**Dienstes nach Vorschrift**« zu differenzieren. Wer sich an die Vorschriften hält – sei es auch nur aus Ängstlichkeit oder Pedanterie – und sich gleichzeitig nach Kräften um die effektive Dienstabwicklung bemüht, handelt auch dann weder ungehorsam noch gegen seine Pflicht zu vollem dienstlichen Einsatz, wenn durch die genaue Einhaltung der Vorschriften Verzögerungen oder **Störungen im Arbeitsablauf** eintreten. Weder Ungehorsam i. S. d. § 62 Abs. 1 Satz 2 BBG noch Verweigerung des vollen dienstlichen Einsatzes i. S. d. § 61 Abs. 1 Satz 1 BBG liegen vor, wenn der Beamte mit der Befolgung der Anweisungen entsprechend deren Zweck strafbares, ordnungswidriges oder sonst rechtswidriges Verhalten vermeidet.[454] Solche zwangsläufigen Auswirkungen des Gehorsams haben die anordnenden Stellen zu vertreten,[455] wobei die **Unterstützungspflicht** u. U. aufklärende Hinweise der Weisungsempfänger an die Vorgesetzten nahe legt. Erst wenn der Beamte die **Vorschriften missbräuchlich**, nämlich bewusst gegen ihren eigentlichen Zweck, zur Störung des Dienstbetriebs anwendet, liegt ein Verstoß gegen die Pflicht zum vollen dienstlichen Einsatz nach § 61 Abs. 1 Satz 1 BBG vor. Die Befolgung dienstlicher Anordnungen wird auch dann geschuldet und ist nicht pflichtwidrig, wenn es aus Praktikabilitätsgründen verwaltungsüblich ist, sich über diese hinwegzusetzen. Denn pflichtwidriges Verhalten wird durch entsprechende **Verwaltungsübung** nicht rechtmäßig und kann nicht abverlangt werden (vgl. A. I. Rn. 23). Andererseits kann abweichendes Verhalten in solchen Fällen mangels Verschulden nicht als Dienstvergehen vorgeworfen werden, wenn veraltete Vorschriften nicht mehr praktikabel sind und allgemein nicht mehr angewendet werden.

5   Entgegen verbreiteter Meinung[456] stellt die **Remonstration nach § 63 Abs. 2 BBG** nicht den Befreiungstatbestand im internen Gehorsamsverhältnis zu den Vorgesetzten dar (s. Rn. 11).[457] Die Remonstration und die Freistellung von der Bindung an die Anordnung in Abs. 2 stehen im eindeutigen Regelungszusammenhang mit Abs. 1 und gelten ebenso wie der Abs. 3 nur für diesen. Der gesamte § 63 BBG betrifft *nur* die Verantwortlichkeit (Haftung) der Beamten gegenüber den Adressaten ihrer amtlichen Tätigkeit. Er gilt nicht für das dienstrechtliche Innenverhältnis, für den Bereich der eigenen Statusrechte oder Interessen gegenüber dem Dienstherrn.[458] Will ein Beamter eine dienstliche Weisung nicht

---

453 Ebenso GKÖD-Weiß, J 890 Rn. 37; wohl auch Behnke-Arndt, Einf. Rn. 140; a. A. offenbar Claussen/Janzen, die in Einl. C. Rn. 35 b auch materielle Pflichtenverstöße als Gehorsamspflichtverletzungen aufführen.

454 Entgegen GKÖD-Weiß, J 890 Rn. 17 mit den Beispielen: Rangierbeamter nimmt Weg auf andere Zugseite nicht – wie üblich, aber verboten – über die Puffer, sondern zeitraubend um den ganzen Zug; motorisierter Paketzusteller parkt nicht an nächst liegender Stelle im Halteverbot; Lokführer holt Verspätung nicht durch verbotenes, aber übliches Schnellerfahren auf.

455 Vgl. Literatur bei GKÖD-Weiß, J 890 Rn. 36–39.

456 BGH, DRiZ 1964, 375 ff.; BDiG, Dok. Ber. 1973, 47; Claussen/Janzen, Einl. C. Rn. 32a–33.

457 Widersprüchlich BVerwG – 1 D 39.87 und 1 D 127.86 einerseits, wie hier Urt. v. 8.7.1987 – 1 D 140.86.

458 BDiG 22.10.1986 – X VL Bk 21/86; 11.11.1987 – XII Bk 3/87.

anerkennen, so muss er im Allgemeinen die gegebenen Rechtsmittel der VwGO ergreifen (s. Rn. 13).[459]

Allerdings sind die **in § 63 Abs. 2 Satz 3 BBG aufgeführten Verweigerungsgründe** der erkannten **Strafbarkeit** oder Ordnungswidrigkeit der Weisung oder der **Verletzung der Würde** des Menschen[460] sowie eingeschränkt der Verfassungswidrigkeit der Weisung (dazu Rn. 7 und B. II. 6. Rn. 6) als **allgemeiner Rechtsgedanke** auch für das interne Verhältnis des Beamten zu den Vorgesetzten anwendbar.[461] Seit Inkrafttreten des AGG am 14.8.2006[462] ist § 16 Abs. 1 Satz 1 AGG zu beachten. Die im Übrigen in § 63 BBG geregelte Remonstration hat – wie gesagt – verfahrensrechtliche Bedeutung nur für die Befreiung von der Haftung aus amtlicher Tätigkeit gegenüber Dritten. Es bedarf ohnehin nicht des § 63 BBG, um Beamten das selbstverständliche Recht zu geben, sich wegen einer ihnen unzumutbar oder unzweckmäßig erscheinenden Weisung an die Vorgesetzten zu wenden und sich ggf. auch formlos dagegen zu beschweren. Bleibt die Beschwerde erfolglos, so befreit sie – ebenso wie im Fall des § 63 BBG – nicht von der Bindung an die Weisung (s. Rn. 11, 13). **Eine Pflicht zur Remonstration**[463] erlegt § 63 Abs. 2 BBG dem Beamten nicht auf, sondern regelt vielmehr ein (Verfahrens-)Recht der Beamten zur Befreiung von der Haftung gegenüber Außenstehenden. Die Unterstützungspflicht ergibt sich originär und speziell aus § 62 Abs. 1 Satz 1 BBG (Rn. 14).[464]

6

Nur in engen Grenzen gibt es Ausnahmen von der Verbindlichkeit dienstlicher Weisungen. Dienstliche Weisungen entfalten dann **keine Bindungswirkung**, wenn sie **offensichtlich unwirksam** sind, d.h. wenn ihnen die essentiellen Voraussetzungen einer verbindlichen Anordnung fehlen. Das ist in allen Fällen anzunehmen, in denen auch bei einem Verwaltungsakt Nichtigkeit angenommen wird, weil der Fehler für jeden auf der Hand liegt, also bei absoluter sachlicher und persönlicher **Unzuständigkeit** des Anordnenden (§ 3 Abs. 1 BBG) und bei absoluter und subjektiver **Unmöglichkeit** der angeordneten Leistung (vgl. B. II. 6. Rn. 5). Unwirksam ist eine Weisung, der offensichtlich jede **rechtliche Grundlage fehlt** oder der eine besondere **gesetzliche Regelung entgegensteht**. Soweit durch Urteil des BVerfG vom 2.3.1993[465] der Einsatz von Postbeamten auf bestreikten Arbeitsplätzen bei einem rechtmäßigen Streik wegen Verstoßes gegen das Koalitionsrecht, Art. 9 Abs. 3 GG, für verfassungs- und rechtswidrig erklärt wurde, fehlt es danach für einen solchen Einsatz zwar an der erforderlichen Rechtsgrundlage. Allerdings bedeutet dies **nicht zwangsläufig die offensichtliche Unwirksamkeit** einer dahin gehenden Weisung.[466] Wie auch bei »bloßen« rechtswidrigen Weisungen bleibt die beamtenrechtliche Bindung auch bei verfassungswidrigen Anordnungen bestehen, es sei denn, es läge ein evidenter, besonders schwerer Verfassungsverstoß vor.[467] Gerade in diesem Fall lag eine obergerichtliche Rspr. von BVerwG und BAG zur Zulässigkeit des Streikeinsatzes von Beamten vor, die erst durch BVerfGE 88, 103 aufgehoben wurde. Ein offensichtlicher Verstoß

7

---

459 A. A. und allgemein zur Bindung, Remonstration und Rechtsschutz bzgl. dienstlicher Weisungen, Günther ZBR 1988, 297 ff., sowie umfassend Weiß, ZBR 1994, 325 ff.
460 Dazu Maunz/Dürig, Art. 1 GG Rn. 17–45; Pöttgen, ZBR 1965, 48; Heckel, ZBR 1965, 66.
461 BDiG, DÖD 1987, 233.
462 BGBl. I S. 1897.
463 So Claussen/Janzen, Einl. C. Rn. 36.
464 Weiß, ZBR 1994, 327, II. 1.
465 BVerfGE 88, 103 = NJW 1993, 1379 = ZBR 1993, 147 = PersR 1993, 284
466 BDiG 20.4.1994 – X BK 13 und 14/93 –, sowie auf nachfolgende Verfassungsbeschwerde: BVerfG, ZBR 1995, 71 = NVwZ 1995, 680 = DVBl. 1995, 192 = DÖD 1995, 193; vgl. auch Weiß, ZBR 1994, 325; a. A. noch die 3. Auflage und Köhler, PersR 1994, 12.
467 BVerfG, ZBR 1995, 71 a. E.

war so gerade nicht erkennbar. Anderes wird jedoch für die Zukunft zu gelten haben. Davon zu unterscheiden ist allerdings die Frage, inwieweit Beamten in solchen Fällen aufgrund ihrer Gewissensentscheidung ein Streikeinsatz zumutbar war (hierzu Rn. 15).[468] Die das Dienstvergehen bejahenden Entscheidungen des BDiG und des BVerfG schweigen sich hierüber aus. Eine Rechtsgrundlage fehlt generell bei allen Anordnungen, die nicht den dienstlichen Bereich, sondern **ausschließlich das Privatleben** des Beamten betreffen, so eine Anordnung, privaten Zahlungsverpflichtungen nachzukommen.[469] Im **Disziplinarverfahren** schließen § 20 Abs. 1 Satz 2 BDG und der Grundsatz, dass Beamte zur Selbstbelastung und Überführung nicht verpflichtet sind,[470] bestimmte Weisungen aus (vgl. B. II. 5. Rn. 1c, 8 und 8. Rn. 7). Das gilt auch für Selbstbezichtigungen außerhalb eines Disziplinarverfahrens mit disziplinaren Folgen.[471] So stehen die Schutzrechte des BDG Anordnungen entgegen, die eine Mitwirkung an der selbstbelastenden Aufklärung im Disziplinarverfahren anstreben oder zwangsläufig oder jedenfalls aus der Sicht der Betroffenen nach sich ziehen. Das gilt z. B. für die Mitwirkung an einem **Alco-Test** (vgl. zu dieser Widersprüchlichkeit B. II. 5. Rn. 8),[472] für den Arztbesuch zur disziplinaren Klärung der Medikamenteneinnahme[473] oder die **Anhörung** zur disziplinaren Überführung (vgl. B. II. 8. Rn. 6, 9).[474] Entfällt in diesen Fällen auch eine Gehorsamspflicht, so sind Aufforderungen zu solchen Handlungen doch nicht schlechthin rechtswidrig, sondern formal zulässig.[475] Denn es steht in der freien Entscheidung der Betroffenen, ob sie der Aufforderung entgegen ihren Interessen nachkommen wollen. Rechtssystematisch können solche Aufforderungen dahin beurteilt werden, dass sie entweder ihrem Wesen nach schon keine Bindung enthalten oder dass die Pflicht zu ihrer Befolgung durch entgegenstehende Rechte ausgeschaltet ist (Interessen- und Rechtskollision).

8   Eine Anordnung ist unwirksam, wenn sie nicht als verbindlich erkennbar und wenn ihr Inhalt sprachlich oder sonst nicht **eindeutig und unmissverständlich** ist. Sie muss eine klare, verbindliche Anordnung beinhalten, die dem Adressaten das von ihm Erwartete unmissverständlich klarlegt, ihm sein Tätigwerden nicht freistellt, sondern einen ernsthaften Durchsetzungswillen ausdrückt.[476] Gerade bei geringer Distanz zwischen Vorgesetztem und Untergebenem kann die Unterscheidung zwischen (verbindlichen) Anordnungen und (unverbindlichen) Ratschlägen schwierig sein.[477] An einem solchen ernsthaften Durchsetzungswillen fehlt es insbesondere, wenn die Anordnung den Charakter einer Bitte trägt oder gar ausdrücklich als »**Einladung**« bezeichnet ist und eine Rückmeldung für den Verhinderungsfall erbeten wird.[478] **Bewerbungsaufforderungen** an Beamte der privatisierten Bundesbehörden sind unwirksam, weil sie außerhalb der Weisungsbefugnis liegen.[479] An der Eindeutigkeit der Anordnung kann es mangeln, wenn **mehrere widersprüchliche Weisungen** erteilt werden. Dies kann auch der Fall sein bei dem Zusammen-

---

468 Köhler, PersR 1994, 12.
469 BVerwGE 33, 108.
470 BVerwGE 73, 118.
471 BDHE 4, 62; Behnke-Arndt, Einf. Rn. 125; Claussen, ZBR 1964, 306; GKÖD-Weiß, J 970 Rn. 51.
472 BVerwG 22. 4. 1982 – 1 D 68.81; 12. 2. 1985 – 1 D 144.84, das die Entscheidung über die Aufhebung der bisherigen Rspr. zur innerdienstlichen Mitwirkungspflicht bzgl. der Klärung der Dienstfähigkeit ausdrücklich offen lässt.
473 BDHE 7, 78.
474 St. Rspr. seit BDHE 6, 18.
475 BVerwG 12. 2. 1985 – 1 D 144.84.
476 BVerwGE 33, 106; 48, 281; ZBR 1981, 220.
477 OVG Mecklenburg-Vorpommern, ZBR 2009, 313.
478 BVerwG 30. 3. 2000 – 1 DB 24.99, Buchholz 232 § 55 BBG Nr. 13.
479 BVerwG 18. 9. 2008, AuR 2008, 357.

Gehorsams- und Unterstützungspflicht

treffen der Anordnungen von über- und untergeordneten Behörden. Grundsätzlich hat zwar die vorgesetzte Behörde die höhere Regelungskompetenz. Wenn sie aber nur eine Allgemeinregelung trifft, kommt den unmittelbaren Vorgesetzten die aktuelle Weisungsbefugnis gegenüber dem unterstellten Beamten zu. Setzt sich aber ein Dienstvorgesetzter – für den betroffenen Beamten erkennbar – zu der höherrangigen Regelung und zu seinen eigenen Anordnungen in Widerspruch, so ist eine Weisung mangels Eindeutigkeit nicht wirksam.[480] Folgt eine Beamtin allerdings einer ausdrücklichen an sie gerichteten Weisung, die der generellen Weisungslage der Behörde widerspricht, so muss sie die Konsequenz einer eventuellen Pflichtwidrigkeit tragen. Entsprechend dem Rechtsgedanken des § 63 Abs. 2 BBG muss sie der speziellen Weisung widersprechen, wenn sie die weisungswidrige Sachlage erkennt und ein eigenes Dienstvergehen vermeiden will.[481]

Eine dienstlich bindende Anordnung, die einen selbständigen Pflichtenverstoß begründen kann, liegt nur vor, wenn sie einen eigenen, konkreten, **selbständigen Regelungsinhalt** hat. Dienstliche Anordnungen haben die Funktion, die Dienstpflichten für den konkreten Arbeitsablauf oder für eine bestimmte dienstliche Angelegenheit (persönliche Anträge, Erklärungen, Auskünfte) zu aktualisieren und zu präzisieren. Diese verbindliche Pflichtenregelung zu schützen ist der Gesetzeszweck des § 62 Abs. 1 Satz 2 BBG. Dienstliche Weisungen müssen also die vorherige Pflichtenlage der Beamten verändern, um als selbständige Regelung zu gelten. Bloße Hinweise, Ermahnungen und Wiederholungen von ohnehin schon bestehenden Regelungen nehmen nur Bezug darauf und regeln selbst nichts. Der Ungehorsam besteht dann nicht gegenüber dem Hinweis, sondern gegenüber der zugrunde liegenden Regelung. So ist die allgemeine oder individuelle Mahnung, das absolute Alkoholverbot gem. § 14 ADAzB (v. 1.9.1997) einzuhalten, keine selbständige dienstliche Weisung, da dieselbe Pflicht schon aus § 14 ADAzB selbst folgt. Ebenso liegt keine selbständige dienstliche Weisung in einer wiederholten Belehrung über die vorgebene allgemeine Dienstleistungspflicht und über die als vorgegeben dargestellte Rechtslage.[482] 9

Die bindende Wirkung der Weisung kann nachträglich beseitigt werden, indem sie von den **Vorgesetzten zurückgenommen** wird. Das kann auch durch **schlüssiges Verhalten** geschehen. Wehrt sich ein Beamter aus triftigen Gründen verbal gegen die Anordnung gem. § 88 BBG zur Mehrarbeit nach Dienstschluss, so liegt darin eine zulässige Remonstration (außerhalb des § 63 BBG; s. Rn. 5f.). Weigert er sich verbal weiter und schickt dann der Vorgesetzte entgegen seiner ursprünglichen Absicht doch zum normalen Dienstende einen Ablöser, so ist die vorherige Anordnung damit – jedenfalls für das Verständnis eines jeden Betrachters – faktisch und schlüssig aufgehoben werden. Die möglicherweise gegebene Absicht der Dienstverweigerung ist nicht erwiesen, jedenfalls nicht verwirklicht und für sich allein nicht vorwerfbar.[483] 10

Bestehen die Vorgesetzten auf der Befolgung der Anordnung, so kann die Bindungswirkung durch die Verwaltungsgerichte beseitigt werden.[484] Sie sind für die Entscheidung aller Streitigkeiten aus dem Beamtenverhältnis zuständig (§ 172 BBG, § 126 BRRG, § 40 Abs. 1 Satz 1 VwGO) wie auch nun für Disziplinarverfahren (§ 45 BDG). Für die dis- 11

---

480 Im Falle von Dienstunterrichtseinteilungen in der Freizeit BDiG 17.5.1978 – V BK 9/77.
481 BDiG 31.3.2000 – II BK 15/99 – zur Abänderung und Nachtragung von Prüfvermerken entgegen der Weisung der Generaldirektion, wobei allerdings die eigentliche Frage nach der Rechtfertigung durch Weisung ausgespart bleibt
482 Einheitl. Rspr., BDiG, DÖD 1987, 233 = PersR 1988, 81.
483 BDiG 26.1.1988 – I Bk 10/87.
484 BVerwG 8.7.1987 – 1 D 140.86; BDiG, DÖD 1987, 233.

Die einzelnen Dienstvergehen und ihre Maßregelung

ziplinarrechtliche Beurteilung ist die materiell-rechtliche Fehlerfreiheit einer dienstlichen Anordnung eine Vorfrage. Hierüber entscheidet die Kammer des VG, die für sonstige Beamtenrechtsstreitigkeiten nach der Geschäftsverteilung zuständig ist. Die Disziplinarkammer ist zur Entscheidung dieser Vorfrage und zur inhaltlichen Nachprüfung dienstlicher Anordnungen mit Ausnahme der u. Rn. 13 dargestellten Fälle nicht befugt. Hierfür kann sie gem. § 22 Abs. 3 BDG das Verfahren aussetzen. Grundsätzlich kann die Disziplinarkammer deshalb nicht selbst nachprüfen, ob die Weisung **verhältnismäßig, zumutbar, rechtswidrig** war.[485] Insbesondere Weisungen zum äußeren Erscheinungsbild von Beamten sind insoweit Gegenstand der Rspr. gewesen.[486] Die Frage der Unzumutbarkeit (vgl. auch B. II. 6. Rn. 6) klärt sich durch Abwägung der widerstreitenden Interessen des Dienstherrn an sachgerechter Aufgabenerledigung und der allgemeinen Handlungsfreiheit des Beamten.[487] Bei Unzumutbarkeit entfällt die Gehorsamspflicht. Fehlt aber der Weisung jede Rechtsgrundlage oder aber genügend Zeit, die Beamtenkammer des Verwaltungsgerichts anzurufen, ist das Disziplinargericht zur eigenen Überprüfung befugt. Die Möglichkeit, solche Weisungen vor dem Verwaltungsgericht anzufechten, bleibt davon unberührt.

12   Ergeht die Anordnung im Statusbereich (Grundverhältnis) des Beamten und stellt damit einen **Verwaltungsakt** dar, so regelt sich der Rechtsschutz problemlos nach den Verfahrensvorschriften der VwGO. In Abänderung der früheren allgemeinen Rechtslage, wonach Widerspruch und Anfechtungsklage gegen eine Abordnung oder Versetzung nach § 80 VwGO aufschiebende Wirkung hatten, bewirken diese Rechtsmittel nach dem Gesetz zur Reform des öffentlichen Dienstrechts vom 24.2.1997[488] dies nicht mehr. Gem. § 126 Abs. 3 Nr. 3 BRRG[489] i.V.m. § 80 Abs. 2, Nr. 3 VwGO haben **Widerspruch und Anfechtungsklage** gegen Abordnung oder Versetzung **keine aufschiebende Wirkung**. Die entsprechende Anordnung ist also durch den Beamten zu befolgen, es sei denn, es liegen solche Gründe vor, die die Anordnung als nichtig oder offensichtlich rechtswidrig erscheinen lassen. Die Weigerung bedeutet dann i. d. R. das Fernbleiben vom Dienst (vgl. B. II. 3. Rn. 4).[490] Gem. § 80 Abs. 5 VwGO kann bei der Beamtenkammer des VG die Anordnung der aufschiebenden Wirkung beantragt werden. Wird dem stattgegeben, braucht der Beamte einstweilen der Abordnung oder Versetzung nicht nachzukommen. Eine Pflicht zur Befolgung besteht dann so lange nicht, wie die Suspensivwirkung fortbesteht, also bis zur Klärung in der Hauptsache oder bis zur Aufhebung einer gerichtlichen Anordnung der aufschiebenden Wirkung.[491]

13   Wenn der Beamte nicht durch einen Verwaltungsakt, sondern durch eine **Weisung im Betriebsverhältnis** verpflichtet wurde, greift der Regelungskomplex der §§ 68ff., 80ff.

---

485 BDiG, DÖD 1987, 233.
486 VGH Kassel – 1 TG 3238/95, NJW 1996, 1164 (Lagerfeld-Zopf); a.A. VGH München – 3 B 95.3457, PersV 1999, 123; aber nachfolgend zustimmend BVerwG, NJW 1999, 1985 = ZBR 1999, 277, sowie Günther, ZBR 2000, 401 (Piercing); früher bereits BVerwG, ZBR 1983, 343 (Zulässigkeit des Irokesenhaarschnitts bei Bundeswehr); 24.6.1982 – VII ZK 2/82 zum Verbot von Ohrschmuck eines Polizeibeamten; BVerfG, NJW 1991, 1477 = DÖD 1991, 236 auf BVerwGE 84, 287 = NJW 1990, 2266.
487 Vgl. hierzu in anderem Zusammenhang zutreffend VG Lüneburg, ZBR 2001, 182 – Kopftuch für Lehrerin.
488 BGBl. I S. 322.
489 I. d. F. der Bekanntmachung der Neufassung v. 31.3.1999, BGBl. I S. 654, 672.
490 BVerwG 11.5.2000 – 1 DB 35.99, ZBR 2000, 345.
491 S. zur früheren Rechtslage BVerwGE 63, 74.

VwGO mangels Verwaltungsakts nicht ein.[492] In vielen Fällen wird dann immer noch die Möglichkeit bestehen, den erforderlichen Rechtsschutz durch eine Feststellungsklage (aus Verletzung der beamtenrechtlichen Fürsorgepflicht)[493] und im Eilfall durch Erwirkung einer **einstweiligen Anordnung nach § 123 VwGO** zu suchen.[494] **Ausnahmen** davon müssen gelten, wenn der Beamte aufgrund der besonderen Umstände Rechtsschutz gegenüber der Weisung nicht rechtzeitig erreichen kann, etwa weil die aufgetragene Dienstleistung nur sofort geleistet oder verweigert werden kann. Nur in diesem Fall besteht eine Rechtsschutzlücke, die dahin ausgefüllt werden muss (Art. 19 GG), dass der Beamte selbst die Zumutbarkeit der Anordnung prüfen und ihre Befolgung verweigern darf. In diesem Ausnahmefall ist die Disziplinarkammer zur vollen inhaltlichen Nachprüfung der Anordnung auf Fehlerhaftigkeit befugt. Der Beamte trägt allerdings dann das volle Risiko, dass im späteren Disziplinarverfahren das Gericht zu einer gegenteiligen Meinung kommen kann.

Die **Unterstützungspflicht** aus § 62 Abs. 1 Satz 1 BBG ist einerseits eine Spezialregelung zur allgemein in § 61 Abs. 1 Sätze 1 und 3 BBG geregelten Pflicht zu vollem dienstlichen Einsatz und zu achtungs- und vertrauenswürdiger Dienstleistung, andererseits eine Ergänzung der Gehorsamspflicht.[495] Sie beinhaltet die konkrete Aufforderung an jeden Beamten, auch ohne spezielle Anweisungen und aus eigener Verantwortung die Vorgesetzten in deren Verantwortungsbereich zu unterstützen. Das entspricht auch der zeitgemäßen Arbeitsstruktur von Kooperation, Delegation und Motivation (s. Einf. II. 4.). Die Unterstützung der Vorgesetzten erfolgt naturgemäß in erster Linie in der **Zuarbeit für die Vorgesetzten**, durch tatsächliche Verrichtung der anstehenden Dienstleistungen. Die Zuarbeit besteht ohne Rücksicht darauf, ob sie im Einzelnen angeordnet wurde oder nicht. So wird häufig bei ungeklärter Weisungslage zwar kein Ungehorsam vorliegen (Rn. 4), aber die Verpflichtung in Betracht kommen, die Entscheidung oder die Klärung der Situation durch den Vorgesetzten herbeizuführen oder abzuwarten. Wer sich eine Vertretungsbefugnis anmaßt, um seinen Vorgesetzten von dessen Befugnis auszuschließen,[496] oder wer als höherer Beamter bewusst die ersichtliche Zielsetzung seiner Behörde unterläuft,[497] verstößt gegen die Unterstützungspflicht. Die Unterstützungspflicht schließt auch die **Unterrichtung** über entscheidungs- oder regelungserhebliche Sachverhalte ein, etwa Personalausfall, Betriebs- und Arbeitsstörungen, eigene Verhinderung an der Dienstleistung, aus der Reihe fallende Vorkommnisse oder Probleme usw. Die **Beratung** der Vorgesetzten bedeutet nicht nur das Vermitteln eigenen Wissens, sondern auch die sachbezogene Auseinandersetzung über die effektive und sichere Erledigung anstehender Arbeits- und Betriebsabläufe.

Dabei muss auch eine **kontroverse Auseinandersetzung** als pflichtgemäß angesehen werden, wenn sie aus sachlichem, dienstlichem Antrieb und mit sachlichen Argumenten in angemessener Umgangsform erfolgt. Zur Pflicht des Vorgesetzten zur Sachlichkeit und Kritikfähigkeit vgl. B. II. 6. Rn. 11. Hierbei wird nicht selten die Wohlverhaltenspflicht aus § 61 Abs. 1 Satz 3 BBG angesprochen. Ein **achtungsgemäßes Verhalten** des Untergebenen gegenüber den Vorgesetzten wird nicht schon dann verfehlt, wenn in der Sache den Vor-

---

492 BVerwGE 60, 144 = NJW 1981, 67 = ZBR 1981, 28 = DVBl. 1980, 882: allgemeine Leistungsklage statt Anfechtungsklage.
493 Vgl. auch Felix, ZBR 1996, 33, u. ZBR 1994, 18.
494 Etwa bei Übertragung einer unterwertigen oder überwertigen Tätigkeit auf längere Zeit oder bei Umsetzung: OVG Weimar, ZBR 1997, 199.
495 So auch Claussen/Janzen, Einl. C. Rn. 37 a.
496 BDiG 15. 9. 1982 – I Bk 1/82.
497 BDiG 28. 10. 1999 – XVI VL 43/98; 21. 12. 1987 – VI Bk 4/87.

Die einzelnen Dienstvergehen und ihre Maßregelung

gesetzten widersprochen wird, um die bessere Lösung sicherzustellen. **Konstruktiver Widerspruch** kann unter bestimmten Umständen sogar geschuldet sein. Das entspricht, je nach der Art der Amtstätigkeit und Problemlage mehr oder weniger, dem zeitgemäßen Arbeitsstil von Teamarbeit, Kooperation und Delegation. Für die freie und offene Zusammenarbeit in einer Behörde muss einerseits **Sachlichkeit und Rücksichtnahme** gefordert werden, andererseits können angesichts unterschiedlicher Temperamente und Bildung nicht starre Maßstäbe angelegt werden. »Schlechte Manieren, Taktlosigkeit und Unhöflichkeit sind nicht ohne weiteres pflichtwidrig. Einer verständlichen Erregung ist billigerweise Rechnung zu tragen«.[498] Maßstab ist die **Würde des Menschen und die Achtung und Hilfsbereitschaft**, die jeder im umgekehrten Fall auch für sich erwartet. Das Weglassen des Doktortitels gegenüber dem Vorgesetzten verletzt nicht das Höflichkeitsgebot.[499] Insbesondere vor der Erstattung einer Strafanzeige gegen Vorgesetzte muss ein Beamter zuvor alles Zumutbare versucht haben, die Klärung der streitigen Angelegenheit innerhalb der Verwaltung herbeizuführen, ohne dass es auf den Wahrheitsgehalt der unterstellten Straftat ankäme.[500] Entgegen der Unterstützungspflicht und achtungswidrig verhält sich, wer nicht aus Verpflichtung der dienstlichen Aufgabe gegenüber, sondern nur aus persönlicher Ablehnung oder Feindschaft sich den Vorgesetzten grundsätzlich widersetzt, wer ohne sachliche Grundlage unkontrolliert und kränkende Unmutsäußerungen abgibt oder gar wider besseres Wissen unwahre Behauptungen aufstellt. Die Pflichtwidrigkeit hängt wesentlich von den tatsächlichen Vorstellungen und von der Vorwerfbarkeit eines etwaigen Irrtums des Angreifenden ab. Es ist nicht mehr sachbezogen, wenn sich in allgemeinen Herabsetzungen und Beleidigungen, in unsubstantiierten und damit unnachprüfbaren Vorwürfen ergangen wird, wenn ohne tatsächliche Anhaltspunkte aus bloßem Argwohn heraus schwere Verdächtigungen ausgesprochen werden, wenn mit beleidigenden Ausdrücken dem Unmut unkontrolliert freier Lauf gelassen wird.[501] An spontane mündliche Äußerungen sind geringere Anforderungen zu stellen als an schriftliche Ausarbeitungen und an Schriftsätze.[502]

16   **Aktionen**, die gegen Vorgesetzte gerichtet sind, stehen dem ersten Anschein nach im Gegensatz zur Unterstützungs- und Beratungspflicht. Sie sind aber nicht immer und von vornherein pflichtwidrig. So steht jedem Beamten das Recht der effektiven **Rechtswahrung in eigener Sache** zu. Die Interessenlage kann auch hier ausnahmsweise persönliche Angriffe, Abwertungen und inhaltliche Beleidigungen rechtfertigen.[503] Der Beamte hat allerdings immer das Recht, sich mit Beschwerden an Vorgesetzte zu wenden. Hieraus erwächst nie ein disziplinarer Vorwurf,[504] wenn die Beschwerde sachlich ist. Dies greift nun auch das Allgemeine Gleichbehandlungsgesetz (AGG) in §§ 16, 19 f und 24 AGG auf. Im Rechtsstreit gegen seine Behörde darf der Beamte durchaus auch deutliche, wertende und harte Worte wählen, wenn sie sachbezogen sind und zur Rechtswahrung geeignet erscheinen können. Dagegen sind unnötig unsachliche, nur auf die Person gerichtete Beleidigungen, Behauptungen gegen besseres Wissen pflichtwidrig.[505] Die **unbefugte Tonbandaufnahme** und das spätere Abspielen des dienstlichen Beurteilungsgesprächs mit dem Vorgesetzten ist nicht nur nach § 201 Abs. 1 StGB strafbar, sondern wegen des Vertrauens-

---

498 Behnke-Arndt, Einf. Rn. 130.
499 VG München, BayVBl. 1989, 25 mit Anm. Mayer, BayVBl. 1989, 282.
500 BVerwG 13.12.2000 – 1 D 34.98.
501 BVerwG 15.12.2005 – 2 A 4.04; BDiG 24.6.1998 – XIV VL 21/97, DÖD 1979, 202.
502 BDH, ZBR 1966, 228; 1961, 385 Nr. 15; BDiG 13.12.1971 – IV Bk 2/71.
503 BVerwG 15.12.2005 – 2 A 4.04.
504 BVerwG 15.12.2005 – 2 A 4.04.
505 BDH bei Döring, ZBR 1961, 385 Nr. 14; DDB 1967, 18; BDiG, DÖD 1979, 202; Rn. 15.

Gehorsams- und Unterstützungspflicht

bruchs auch pflichtwidrig.[506] Das **Sammeln von Material** oder von Unterschriften gegen den Vorgesetzten zur bloßen Rechtsverteidigung ist pflichtgemäß,[507] kann aber dann pflichtwidrig sein, wenn es ohne sachlichen Zwang hinterhältig, gehässig, verleumderisch oder unlauter geschieht, um die Autorität des Vorgesetzten zu untergraben.[508] Wegen der Flucht in die Öffentlichkeit vgl. B. II. 9. Rn. 21.

Für **Mitglieder des Personalrats** bestehen dieselben Pflichten wie für alle anderen Beamten. Die Personalratsfunktion befreit nicht von den allgemeinen Dienstpflichten. Denn sie wird im Interesse sowohl des Personals als auch der Dienststelle ausgeübt. So besteht etwa Dienstbefreiung zur Wahrnehmung von Personalratssitzungen gem. § 46 Abs. 2 Satz 1 BPersVG nur im Rahmen der Erforderlichkeit und gegenseitigen Zumutbarkeit. Verstöße gegen solche allgemeinen Dienstpflichten im Rahmen der Personalratstätigkeit wie hier etwa durch Fernbleiben sind innerdienstliche Dienstvergehen. Hierüber befinden die Disziplinargerichte, ohne dass darin eine Behinderung der PR-Tätigkeit zu sehen wäre. Die Funktion ist aber mit zusätzlichen Pflichten verbunden, die sich gerade aus der Personalvertretungstätigkeit ergeben, so die besondere Schweigepflicht aus § 10 und die **Zusammenarbeitspflicht aus § 66 BPersVG**. Letztere wird verletzt, wenn die Zusammenarbeit verweigert, wilder Streik veranlasst und beleidigt wird.[509] Andererseits sind im Rahmen der gleichgestellten, partnerschaftlichen Auseinandersetzung mit Vorgesetzten sachbezogene Angriffe und bildungsbedingte Entgleisungen in der Wortwahl nicht ohne weiteres pflichtwidrig.[510] Weder besteht für den Personalrat eine erhöhte Wohlverhaltenspflicht[511] noch die Pflicht, Funktionen des Dienststellenleiters gegenüber den Mitarbeitern zu erfüllen.[512] Auch die beamteten **Gewerkschaftsmitglieder** unterliegen der Pflicht zur Unterstützung ihrer Vorgesetzten. Ihr gesellschaftlicher Auftrag gibt ihnen jedoch eine besondere Berechtigung zur Teilhabe am öffentlichen Meinungskampf, ggf. auch gegen die eigene Behörde (im Übrigen B. II. 9. Rn. 12).[513]

17

c) Bewertung der Pflichtverletzung, Auswahl und Bemessung der Disziplinarmaßnahme

Das Gewicht formaler **Verstöße gegen die äußere Ordnung** ist relativ gering. Wie vorstehend dargestellt, liegen eigenständige Verstöße gegen die Gehorsamspflicht nur dann vor, wenn sie nicht zugleich mit einer schwerwiegenden materiellen oder Kernpflicht verbunden sind. Besteht das Dienstvergehen nur aus formalem Ungehorsam im Organisationsbereich, so ist es kein ethisches Unrecht und berührt in der Regel nicht die berufserforderliche Integrität des Beamten. Dementsprechend sind, falls die Schwelle zur disziplinaren Erheblichkeit überhaupt überschritten ist, **Verweis und Geldbuße** die angemessenen Maßnahmen. Schwerere Fälle zeichnen sich durch ständige Rückfälligkeit, beharrliche Obstruktion, durch Versagen im Kernbereich der Amtspflichten aus. In diesen Fällen ist nicht der Ungehorsam der Dienstvergehenstatbestand, sondern der Verstoß gegen die

18

---

506 BVerwG 6.7.1987 – 1 D 142.86, Dok. Ber. 1987, 263.
507 BDHE 5, 49; BDiG 24.3.1971 – IV Bk 19/69.
508 BDH bei Döring, ZBR 1961, 385 Nr. 15.
509 BVerfGE 103, 70 = ZBR 1994, 280; BVerwG 23.2.1994 – 1 D 48.92; 19.9.1984 – 1 D 38.84.
510 BDiG 5.4.1989 – XVI Bk 31/88; 17.8.1993 – VI Bk 8/93.
511 BDiG 29.8.1979 – I Bk 13/79.
512 BVerwG 23.2.1994 – 1 D 48.92.
513 Vgl. OVG Rheinland-Pfalz, DVBl. 1999, 330: öffentliche Äußerung als Gewerkschaftsvertreter; BDiG, DÖD 1979, 199: Flugblatt gegen eine Behörde wegen Fragen der Arbeitsplatzbeschaffung.

Die einzelnen Dienstvergehen und ihre Maßregelung

auch ohne besondere Weisung geschuldete Pflicht zu vollem dienstlichen Einsatz und zur qualifizierten Arbeitsweise i. S. d. § 61 Abs. 1 Satz 1 BBG.

d) Rechtsprechungsübersicht

- Das **Remonstrationsrecht** aus § 63 Abs. 2 (früher: § 56 Abs. 2) BBG enthält keinen allgemeinen Befreiungstatbestand – Er gilt nur für die Haftungsbefreiung nach außen, nicht für die Verteidigung innerdienstlicher Statusrechte oder Interessen der Beamten gegenüber dem Dienstherrn
  - *BDiG* 22. 10. 1986 – X VL Bk 21/86; 11. 11. 1987 – XII Bk 3/87 **entgegen**
  - *BVerwG* 13. 1. 1988 – 1 D 127.86
  - *BGH*, DRiZ 1964; 375
- **Postbeamtin verändert** auf Weisung der direkten Vorgesetzten **Prüfvermerke entgegen allg. Untersagungsverfügung** der Generaldirektion – eigene dienstrechtliche Haftung der Beamtin entspr. Rechtsgedanke § 63 Abs. 2 BBG: **Geldbuße**
  - *BDiG* 31. 1. 2000 – II Bk 15/99
- **Einsatz von Beamten auf bestreikten Arbeitsplätzen** der Post ist verfassungswidrig und unzulässig – keine gesetzliche Grundlage – Wahrung der Koalitionsfreiheit
  - *BVerfG*, NJW 1993, 1379
- Die **Weigerung eines Postbeamten, Dienst auf einem bestreikten Arbeitsplatz zu leisten**, ist pflichtwidrig – Rechtswidrigkeit der Weisung, aber nicht offensichtlich – keine Unverhältnismäßigkeit: Einst. wg. BVerfG, NJW 1993, 1379 unter Feststellung des Dienstvergehens
  - *BDiG* 20. 4. 1994 – X Bk 13 und 14/93
  - *BVerfG*, ZBR 1995, 71 = NVwZ 1995, 680 = DÖV 1995, 193 = DVBl. 1995, 192
- Wirksame dienstliche **Weisungen** sind bindend – dagegen nur Rechtsmittel vor Verwaltungsgericht – keine Nachprüfung durch Disziplinargericht: **Geh.K**
  - *BVerwG* 8. 7. 1987 – 1 D 140.86, ebenso
  - *BDiG*, DÖD 1987, 233
- In der Regel keine Nachprüfung **dienstlicher Anordnungen** durch Disziplinargerichte auf inhaltliche Verhältnismäßigkeit, Zumutbarkeit, Rechtswidrigkeit
  - *BDiG*, DÖD 1987, 233
  - *BVerwG* 8. 7. 1987 – 1 D 140.86
  - BVerwGE 53, 83 (unverhältnismäßiges Verbot scharfer Mensuren in Bundeswehrhochschule); BVerwGE 46, 1; 13. 1. 1988 – 1 D 127.86 (Zumutbarkeit); ZBR 1983, 342 = BVerwGE 76, 66 (Zulässigkeit des Irokesenhaarschnitts bei Bundeswehr; NJW 1999, 1985;
  - *BDiG*, DÖD 1984, 269 [Zumutbarkeit von Streikarbeit];
  - *VGH Kassel*, NJW 1996, 1164
- **Anordnungen**, die i. S. d. § 63 Abs. 2 Satz 3 BBG gegenüber Beamten oder den Adressaten ihres Dienstes **strafbar** oder **ordnungswidrig** sind oder die **Würde des Menschen** verletzen, sind unwirksam – sie entfalten keine Bindungswirkung
  - *BDiG*, DÖD 1987, 233
- Anordnung, **privaten Zahlungsverpflichtungen** nachzukommen – betrifft nicht den dienstlichen Bereich, sondern ausschließlich das Privatleben des Beamten – Fehlen der rechtlichen Grundlage
  - BVerwGE 33, 108
- Keine Gehorsamspflicht zur eigenen Belastung im Disziplinarverfahren bei **Alco-Test**
  - *BVerwG* 12. 2. 1985 – 1 D 144.84

Gehorsams- und Unterstützungspflicht

- Eine **mehrdeutige und missverständliche Anordnung**, die einen ernsthaften Durchsetzungswillen nicht ausdrückt, ist unwirksam
  - BVerwGE 33, 106; 48, 281; ZBR 1981, 220
- **»Einladung«** zur Teilnahme an Bewerbungsauswahlverfahren (**»Accessment«**) an Beamten des Dienstleistungszentrums Arbeit – keine eigene Bewerbung – kein Anordnungscharakter – keine Verbindlichkeit bei Einladungscharakter: **Freistellung**
  - *BVerwG* 30. 3. 2000 – 1 DB 24.99, Buchholz 232 § 55 BBG Nr. 13
- Wiederholte **Belehrung** über die allgemein geregelte Unzulässigkeit des **Streikaufrufs** im Dienstgebäude – keine selbständige dienstliche Weisung
  - *BDiG*, DÖD 1987, 233; vgl. auch v. 27. 10. 1978 – I Zk 5/78
- Widerspruch und Klage gegen **Versetzung** und **Abordnung** haben keine aufschiebende Wirkung mehr – Nichtbefolgung bedeutet i. d. R. Fernbleiben vom Dienst
  - *BVerwG*, ZBR 2000, 345
- **Verweigerung der angeordneten Überstundenarbeit** – Vorgesetzter schickt zum normalen Dienstende einen Ablöser – Aufhebung der Weisung durch schlüssiges Verhalten – bloße Absicht der Dienstverweigerung für sich allein nicht vorwerfbar: **Freispruch**
  - *BDiG* 26. 1. 1988 – I Bk 10/87
- Postamtmann – ausdrücklicher **Entscheidungsvorbehalt des Vorgesetzten** für Beurteilungen mit »sehr gut« – vorsätzlicher Verstoß: **Geldbuße**
  - *BDiG* 14. 8. 1984 – VI Bk 6/84
- Telekombeamter – **Missbrauch Diensthandy** – 0190-Nummern – Privatgespräche – Schaden ca. 24 000 DM: **Entf.**
  - *BVerwG* 19. 5. 2004 – 1 D17/03, IÖD 2004, 269
- Systembetreuer – »**Surfen**« im Internet ohne dienstlichen Anlass – (tier-)pornographische Seiten – Wiederholung trotz persönlichem Verbot: **Entf.**
  - *OVG Niedersachsen* 22. 3. 2007 – 19 LD 2/06
- Oberkommissar im Bundesgrenzschutz – **Verstoß gegen Sichtflugregeln** nach LuftVG und LuftVO – falsche Einschätzung des Bewölkungsgrades: **Verweis**
  - *BDiG* 29. 7. 1998 – XVI Bk 9/98
- Zollbeamter – **Verbot des Ohrenschmucks** – wegen Differenzierungsschwierigkeit und geringfügiger Beeinträchtigung noch hinnehmbar – nicht verfassungswidrig
  - *BVerfG*, DÖD 1991, 236
- Regierungsdirektor – **Verweigerung der aufgetragenen Tätigkeit** – Milderungsgründe – zusätzlich Flucht in die Öffentlichkeit: **Geldbuße** (wegen langer Laufzeit nicht mehr angezeigt, Abweisung der Disz.klage auf Zurückstufung)
  - *OVG Lüneburg* 10. 11. 2009 – 6 LD 1/09
- Regierungsdirektorin – Verstoß gegen die **Weisung,** Arbeitszeiterfassungsausdrucke zur stichprobenartigen Prüfung vorzulegen: **Verweis**
  - *VG Braunschweig* 7. 2. 2011 – 11 A 2/10
- Postamtmann – falsche Eintragungen in pc-gestützte Gleitzeiterfassung – unberechtigte Zeitvorteile an 10 Tagen über 14,5 Stunden: **Kürzung der Dienstbezüge**
  - *VG Braunschweig* 1. 10. 2012 – 12 A 4/10
- Postzusteller – ungenehmigte Einrichtung einer sog. »Empfangsstelle« auf eigenen Namen im Handscanner zur Vereinfachung der Paketzustellung: **Geldbuße 150 €**
  - *VG Münster* 16. 11. 2012 – 20 K 1180/12.BDG
- **Triebfahrzeugführer** – Verstoß gegen die Pflicht zur Beachtung der Unfallverhütungsvorschriften durch Überquerung der Betriebsgleise ohne Grund und Warnweste: **Geldbuße 120 €**

Die einzelnen Dienstvergehen und ihre Maßregelung

- *VG Wiesbaden* 19. 10. 2012 – 25 K 783/11.WI.D
- **Eigene Rechtswahrung** – Interessenlage kann auch persönliche Angriffe, Abwertungen und inhaltliche Beleidigungen rechtfertigen
  - *BDiG*, DÖD 1979, 202; 14. 9. 1977 – IV VL 60/76
- **Hauptpersonalratsmitglied** – Fernbleiben vom Dienst wegen Überziehung der zur Abwicklung der Personalratstätigkeit erforderlichen Reisezeit – Zuständigkeit der Disziplinargerichte – keine Behinderung der PR-Tätigkeit: **Geldbuße, anteiliger Verlust der Dienstbezüge**
  - *BVerwG* 1. 9. 1999 – 1 DB 44.98. Buchholz 240 § 9 BBesG Nr. 11
- **Personalratsvorsitzender** – Zusammenarbeitspflicht aus § 66 BPersVG verletzt, weil die **Zusammenarbeit verweigert**, wilder Streik veranlasst und beleidigt wurde: **Geh.K**
  - *BVerwG* 23. 2. 1994 – 1 D 48.92, Dok. Ber. 1994, 231
  - *BVerwG* 19. 9. 1984 – 1 D 38.84, Dok. Ber. 1985, 7
- **Personalratsvorsitzender** – in Personalversammlung Vorwürfe gegen Vorgesetzten – kein Dienstvergehen: **Aufhebung der Missbilligung**
  - *BDiG* 17. 8. 1993 – VI Bk 8/93
- **Personalratsmitglied und Gewerkschaftsvertreterin** – **Aufruf zu Warnstreik** an Arbeiter und Angestellte der Behörde – wegen Doppelrolle Verstoß gegen § 66 BPersVG und Neutralitätspflicht (str.) – Geldbuße, Verjährung: **Einst.**
  - *BVerwGE* 103, 70 = NVwZ 1996, 74 = ZBR 1994, 280 = PersV 1994, 515
- **Unbefugte Tonbandaufnahme** und späteres Abspielen eines dienstlichen Vorgesetztengesprächs – nach § 201 Abs. 1 StGB strafbar, Vertrauensbruch
  - *BVerwG*, Dok. Ber. 1987, 263
- **Sammeln von Material** oder von Unterschriften gegen den Vorgesetzten zur bloßen Rechtsverteidigung ist **nicht pflichtwidrig**
  - *BDHE* 5, 49
- **Sammeln von Material** ist **pflichtwidrig**, wenn es ohne sachlichen Zwang, hinterhältig, gehässig oder verleumderisch geschieht
  - *BDH* bei Döring, ZBR 1961, 385 Nr. 15
- Beamter des **höheren Dienstes** – **Anmaßung einer Vertretungsbefugnis** entgegen der Regelung – Behinderung des eigentlichen Vertreters: **Verweis**
  - *BDiG* 15. 9. 1982 – I Bk 1/82
- Beamter des **höheren Dienstes** – bewusstes **Unterlaufen der ersichtlichen Zielsetzung** seiner Behörde: **Missbilligung**
  - *BDiG* 21. 12. 1987 – VI Bk 4/87
- **Vortragender Legationsrat 1. Klasse** – **Täuschung seiner Vorgesetzten** über wesentliche Umstände bzgl. Anmietung oder Ankauf neuer Diensträume: **Geh.K**
  - *BDiG* 28. 10. 1999 – XVI VL 43/98

Treue und Wohlverhalten

8. Die Wahrheits- und Auskunftspflicht

a) Rechtsgrundlage: §§ 62 Abs. 1 Satz 1, 61 Abs. 1 Satz 3 BBG

§ 62 Abs. 1 Satz 1 BBG:
»Beamtinnen und Beamte haben ihre Vorgesetzten zu beraten und zu unterstützen.«

Die Wahrheits- und Auskunftspflicht

§ 61 Abs. 1 Satz 3 BBG:
»*Ihr Verhalten innerhalb und außerhalb des Dienstes muss der Achtung und dem Vertrauen gerecht werden, die ihr Beruf erfordert.*«

b) Definition der Pflicht und ihrer Verletzung

Die **Wahrheitspflicht** ist Ausfluss der zuvor behandelten Unterstützungspflicht gem. § 62 Abs. 1 Satz 1 BBG und der allgemeinen Wohlverhaltenspflicht aus § 61 Abs. 1 Satz 3 BBG, genauer: der Pflicht zu dienstlich vertrauenswürdigem Verhalten. Die Funktionsfähigkeit der Verwaltung verlangt eine reibungslose und vertrauensvolle Zusammenarbeit zwischen allen Beteiligten, besonders auch zwischen den Beamten und ihren Vorgesetzten. Wesentliche Voraussetzung dafür ist **Offenheit und Wahrhaftigkeit im dienstlichen Umgang**. Auf eine begriffliche Unterscheidung zwischen der »objektiven« Wahrheit und der »subjektiven« Wahrhaftigkeit[514] kommt es disziplinarrechtlich nicht an. Denn die »subjektive Wahrhaftigkeit als ethisches Postulat« kann ebenso wie »der Charakter«, »die Persönlichkeit«, »die Ehrlichkeit«, »die Zuverlässigkeit« usw. nur aus den konkret nachgewiesenen Handlungs- bzw. Unterlassungstatsachen, nicht aber aus einer subjektiven Einschätzung des »inneren Verhältnisses zur Wahrheit« abgeleitet werden. Auch hier sind verallgemeinernde Schlüsse auf den Charakter des Betroffenen fragwürdig (vgl. A. II. Rn. 42, 43). Das tatsächliche Verhalten des Beamten ist die alleinige und ausreichende Grundlage des Vorwurfs pflichtwidriger Unwahrheit. Auch hier beschränkt sich die Pflicht auf das **dienstlich Erhebliche**, das Erforderliche. Unwahre Äußerungen oder das Verschweigen der Tatsachen sind nur dann diensterheblich, wenn sie sich nachteilig auf den Dienstbetrieb oder das Grundverhältnis zwischen Verwaltung und Beamten auswirken können. Sie müssen geeignet sein, bei dem Vorgesetzten oder Kollegen einen Irrtum zu erwecken. Nur dann sind sie dienstlich von Belang.[515]

Ist eine dienstliche Erklärung im wesentlichen Teil wahr, so sind **nebensächliche Unrichtigkeiten** im Allgemeinen ohne dienstliche Bedeutung, stellen also keine Verletzung der Wahrheitspflicht dar.[516] **Private Aufschneidereien** ohne Bezug auf dienstliche Interessen sind disziplinarrechtlich irrelevant. Der Schutz der persönlichen Intimsphäre und das Recht zum **Verschweigen privater Umstände** sind grundsätzlich zu beachten. Im Konfliktfall muss die Interessenabwägung über die Pflicht zur Offenbarung entscheiden.

Die wesentliche Bedeutung der Wahrheitspflicht liegt naturgemäß im **Bereich der Amtsausübung**. In diesem Kernbereich der Dienstpflichten darf die Erfüllung der übertragenen Aufgaben nicht durch unwahre Angaben oder durch Verschweigen wichtiger Umstände gefährdet werden. Die Pflichtverletzung kann durch **Tun** (falsche Angaben) **oder Unterlassen** (Verschweigen erheblicher Tatsachen)[517] verwirklicht werden. Die **Dienstpflicht zum Offenbaren** ergibt sich allgemein aus der Unterstützungs- und Informationspflicht gem. § 62 Abs. 1 Satz 1 BBG, im Speziellen aus vorangegangenem Tun (z. B. bei irrtümlich falschem Bericht nach Kenntnis der wahren Sachlage)[518] oder bei Veränderung der objektiven Sachlage.[519] Die Wahrheitspflichtverletzung dauert an, solange der offen-

---

514 GKÖD-Weiß, J § 970 Rn. 5–10.
515 BVerwG 12.9.2000 – 1 D 48.98.
516 A. A. GKÖD-Weiß, J 970 Rn. 39 unter Bezug auf BVerwG 4.3.1977 – 1 D 102.76.
517 BVerwG 12.9.2000 – 1 D 48.48.
518 BDH – 1 D 71.60.
519 Z.B. bei geringerer Umzugskostenrechnung als ursprünglich angenommen und genehmigt, BDHE 5, 64.

Die einzelnen Dienstvergehen und ihre Maßregelung

barungspflichtige Sachverhalt vorliegt. Erst nach der Offenbarung oder nach Wegfall der Offenbarungspflicht beginnt der Lauf von Verjährungsfristen (§ 15 BDG). Auch ohne besondere dienstliche Regelung oder Weisung muss der Beamte seine Mitarbeiter und Vorgesetzten über wichtige dienstliche Umstände informieren. Zu diesen zählt auch die Ausübung einer **Nebentätigkeit**, da sie immer geeignet sein kann, die dienstliche Leistungsfähigkeit zu beeinflussen.

3 Die Offenbarungspflicht gilt grundsätzlich auch hinsichtlich von Umständen, die für Beamte **persönlich nachteilig** sein können, etwa weil sie fehlerhafte Arbeit offenbaren. Gerade bei eigenem Verschulden an einer dienstlich nachteiligen Situation erfordert die Unterstützungs- und Einsatzpflicht, dass sich der Verantwortliche offenbart, um den dienstlichen Schaden möglichst wiedergutzumachen.[520] Im **Kernbereich** der amtlich anvertrauten Aufgaben hat das dienstliche Interesse an effektiver Dienstabwicklung und Aufgabenerfüllung den Vorrang. **§ 65 Abs. 1 BBG** (»Der Beamte ist von Amtshandlungen zu befreien, die sich gegen ihn selbst oder einen Angehörigen richten würden«) enthält keine Reduzierung der disziplinarrechtlichen Wahrheitspflicht. Er will die Funktionsfähigkeit der Verwaltung sichern, indem er den Interessenkonflikt bei der Amtsausübung gegen außenstehende Adressaten der Verwaltung vermeiden und in dieser Beziehung die Neutralität, Objektivität und Unvoreingenommenheit der Beamten erhalten will. Er stellt keine Regelung einer »Ausprägung des Grundrechts auf menschliche Würde« und damit keine Schutzvorschrift zugunsten der Beamten dar. Die disziplinarrechtliche Wahrheitspflicht gilt in der Beziehung der Amtsträger zur eigenen Verwaltung. Wer als **Berufskraftfahrer** durch eine Trunkenheitsfahrt die Fahrerlaubnis verliert, muss diesen Umstand seinen Vorgesetzten melden, auch wenn dadurch disziplinare Verfolgung zu befürchten ist. Denn der Verlust der Fahrerlaubnis macht für diesen Dienstposten absolut untauglich (Eignungsmangel), ein weiterer Einsatz wäre strafbar. Ebenso muss ein Dienstkraftfahrer einen **dienstlichen Verkehrsunfall** melden, da die Verwaltung hierdurch unmittelbar betroffen und gegenüber den Unfallbeteiligten rechtlich verpflichtet wird.[521] Dagegen besteht bei einem **dienstlich nicht als Kraftfahrer** eingesetzten Beamten hinsichtlich außerdienstlicher Verkehrsstraftaten keine Meldepflicht, wie auch generell keine Pflicht besteht, dienstliche **Mitteilung von strafrechtlichen oder polizeilichen Verwicklungen** zu machen,[522] auch dann nicht, wenn dies dienstlich vorgeschrieben ist.[523] Denn einerseits ist in aller Regel ein solcher Umstand für den Dienstbetrieb nicht erheblich, zum anderen ist ohne dienstlich zwingenden Grund kein Beamter verpflichtet, gegen sich selbst eine disziplinare Verfolgung zu veranlassen (vgl. Rn. 6). Ist kraft ausdrücklicher Regelung zum Inhalt des Dienstgeschäfts **die Aufzeichnung über den Dienstablauf** gemacht – etwa bei **Grenzaufsichtsdienst** (Bestätigung des vorgeschriebenen Weges und der Zeiten im Dienstbuch),[524] Sicherung des **Fahrtenschreibers**,[525] im **Zolldienst** richtige Eintragungen im **Abfertigungsbuch**, in Bescheiden und Tagebüchern,[526] bei der Führung eines **Fahrtenbuches**,[527] eines Leistungsnachweises durch einen **Kundenberater** oder einen **Zugkontrolleur**, im Kassendienst die Führung der **Kassenlisten und -bücher**[528] –, so befreit

---

520 So auch Claussen/Janzen, Einl. C. Rn. 40, 43.
521 BVerwGE 76, 371.
522 BDHE 4, 62; 7, 78; Behnke-Arndt, Einf. Rn. 125; Claussen/Janzen, Einl. C. Rn. 40.
523 BDiG 11.7.1985 – VI VL 21/85.
524 BDiG 25.10.1970 – IV Bk 2/70; 2.6.1971 – IV Bk 3/71.
525 BVerwG 20.7.1978 – I D 45.77.
526 BDH 5.12.1962 – 1 D 1.62.
527 BDH 11.5.1966 – 1 D 59.65; BVerwG 1.10.1970 – 1 D 12.70.
528 BVerwG 4.3.1977 – 1 D 102.76.

Die Wahrheits- und Auskunftspflicht

von dieser Pflicht nicht der Umstand, dass sich der Beamte selbst einer pflichtwidrigen Abweichung von der vorgeschriebenen Dienstleistung bezichtigen muss. Die wahrheitsgemäße Offenlegung der tatsächlichen Umstände ist hier die geschuldete Dienstleistung. Die Unwahrheit verstößt dann gegen eine materielle Hauptpflicht, die dem Interesse des Beamten an der Verdeckung eines anderen Pflichtenverstoßes vorgeht (s. auch Rn. 6). Allerdings wird diese pflichtwidrige Unwahrheit in den meisten Fällen von dem vorrangigen Dienstvergehen (des Betrugs, der Veruntreuung, der Dienstversäumung, der falschen Anschuldigung usw.) konsumiert werden (s. Rn. 4).

Der Vorrang des dienstlichen Interesses wird besonders deutlich in Fällen **strafbaren Verhaltens gegen die eigene Verwaltung**,[529] wie z. B. bei Urkundenfälschung bzw. Falschbeurkundung etwa zur Verdeckung von Dienstversäumnissen, von Veruntreuungen oder in betrügerischer Absicht. In diesen Fällen geht allerdings zumeist der Wahrheitsverstoß in dem weitergehenden Straf- bzw. Dienstvergehenstatbestand auf (Konsumtion). Da die Unwahrheit Tatbestandsmerkmal einer Straftat ist, ist auch bei **außerdienstlichen Straftaten** die Unwahrheit kein selbständiger Dienstvergehenstatbestand. Die Unwahrheit ist dann immer nur ein Tatbestandsmerkmal des weitergehenden oder schwerer wiegenden Dienstvergehens, etwa des Betrugs, der Urkundenfälschung, des unberechtigten Fernbleibens, der falschen Anschuldigung oder Verleumdung usw.[530]   4

Eine selbständige Wahrheitspflichtverletzung scheidet auch dann rechtlich aus, wenn die Unwahrheit im Disziplinarverfahren **keine eigenständige Verfehlung** darstellt. Dient sie der Aufrechterhaltung der vorgeworfenen Pflichtverletzung (etwa der Unwahrheit zum Zwecke des Betrugs), so wird die Aufrechterhaltung der wahrheitswidrigen Behauptung im Ermittlungsverfahren **von dem Hauptvorwurf konsumiert**.[531] Ebenso konsumiert das Dienstvergehen des unberechtigten Fernbleibens die im Ermittlungsverfahren aufrechterhaltenen unwahren Angaben zur angeblichen Verhinderung an der Dienstleistung[532] (zur Konsumtion vgl. auch bei »Fernbleiben« B. II. 3. Rn. 3 a. E., zum »Ungehorsam« B. II. 7. Rn. 3, zur Verschwiegenheitspflicht B. II. 9. Rn. 2).   5

Die Wahrheitspflicht umfasst auch die dienstliche **Auskunftspflicht**. Besteht eine Offenbarungs- und Auskunftspflicht, so macht es in der Sache keinen Unterschied, ob der Beamte einen Teil der Auskunft wahr erteilt, den Rest der Auskunft aber verweigert. Jedenfalls liegt darin der Verstoß gegen die Pflicht, wahrheitsgemäß die volle Auskunft zu erteilen. Dienstliche **Anfragen zu persönlichen Umständen** müssen Beamte wahrheitsgemäß beantworten, soweit sie dienstlich erforderlich und im Hinblick auf die **informationelle Selbstbestimmung**[533] zumutbar sind. Fragen nach der Konfession, der parteipolitischen Zugehörigkeit, nach privaten Neigungen und Bindungen sind in aller Regel dienstlich unerheblich und schon deswegen unzulässig.[534] Selbst wenn sie dienstlich von Interesse sein könnten, überwiegt dieses Interesse nicht ohne weiteres das persönliche Grundrecht auf informationelle Selbstbestimmung. Das überwiegende dienstliche Interesse ist zu bejahen, wenn es um die **dienstliche Einsatzfähigkeit** geht, etwa für die Anzeige von Reisen in bestimmte Länder nach Maßgabe von Regelungen der Bundesregierung. Es gehört zu den Kernpflichten, die eigene Einsatzfähigkeit zu erhalten. Die Offenbarungspflicht kann jedoch entfallen, wenn sich Beamte durch die Offenbarung oder durch die Mitwirkung an   6

---

529 BDiG 28. 10. 1999 – XVI VL 43/98.
530 Vgl. GKÖD-Weiß, J 970 Rn. 2.
531 BVerwG 25. 11. 1976 – 1 D 32.76.
532 BDiG 16. 2. 1979 – I VL 22/78.
533 BVerfGE 65, 1 = NJW 1984, 419.
534 Vgl. Claussen/Janzen, Einl. C. Rn. 38 mit Zitaten.

Die einzelnen Dienstvergehen und ihre Maßregelung

der Aufklärung innerhalb des Disziplinarverfahrens der **Gefahr disziplinarer Verfolgung** aussetzen würden (vgl. B. II. 5. Rn. 8; B. II. 7. Rn. 7). Das gilt auch für Selbstbezichtigungen mit disziplinaren Folgen außerhalb eines Disziplinarverfahrens.[535] Im konkreten Fall muss die Bedeutung der widerstreitenden Interessen entscheiden. Ist der dienstliche Schaden bei Verschweigung der Wahrheit wesentlich größer als der persönliche Nachteil für den Beamten, so bleibt es bei der Wahrheitspflicht im Kernbereich der Amtspflichten (s. o. das Beispiel des Berufskraftfahrers, der die Fahrerlaubnis durch Trunkenheitsfahrt verloren hat). Für die Klärung der Einsatzfähigkeit sind u. U. Auskünfte zu den privaten Verhältnissen notwendig. Bei einem Angehörigen des Verfassungsschutzes gehört dazu die Beantwortung von Sicherheitsanfragen (vgl. Rn. 7).[536] Ein Staatssekretär ist seinem Minister gegenüber verpflichtet, in einer öffentlich als Korruptionsfall diskutierten Angelegenheit die volle Wahrheit über seine intimen Beziehungen zu der Antragstellerin des Falles zu offenbaren.[537] Ebenso sind **statusrechtliche Fakten** für die Besoldung (Ortszuschlag), für Kindergeld, für Beihilfen, für Trennungsgeld und Umzugskostenerstattung, für Reisekosten usw. erheblich. Werden für solche Verwaltungsentscheidungen Angaben im **persönlichen Intimbereich** erforderlich und lehnt der Beamte eine Auskunft ab, so besteht nicht grundsätzlich und primär die Offenlegungspflicht. Vielmehr muss eine Interessenabwägung stattfinden. Wenn die Nichtbeantwortung der Anfrage nicht wesentlich den Dienstbetrieb stört, sondern allenfalls nur dem Beamten Nachteile bringt, wenn er ohne erhebliche Schwierigkeit laufbahngemäß weiterbeschäftigt werden kann, so wird man eine Offenbarungspflicht nicht annehmen können. Denn das dienstliche Interesse überwiegt dann nicht.[538]

7   Auch Gründe der **Staatssicherheit** können nicht von vornherein als überwiegend angesehen werden,[539] da in jedem Fall die Bedeutung des Interessengegensatzes konkret zu untersuchen ist. Auch wenn fraglich sein mag, ob die beamtenrechtlichen Regelungen in §§ 61 Abs. 1 Satz 3, 62 Abs. 1 Satz 1 BBG (A. II. Rn. 42 ff.) i. S. v. BVerfGE 65, 1 eine ausreichende »Normenklarheit« für die Einschränkung des Rechts auf **informationelle Selbstbestimmung** bewirken (vgl. 4. Aufl.), müssen jedenfalls auch die Beamtengesetze im Sinne dieses Grundrechts ausgelegt und angewandt werden. Werden zur **Sicherheitsüberprüfung** hinsichtlich eines bestimmten Dienstpostens Fragen zu höchstpersönlichen Umständen gestellt, etwa zu Auslandsreisen (vgl. Rn. 6), so besteht eine Offenbarungspflicht nur, wenn im Falle der Nichtbeantwortung die Verwaltung das Sicherheitsrisiko durch beamtenrechtliche, personalpolitische Regelungen nicht beheben könnte. **Frühere Kontakte** oder sogar Tätigkeiten für das Ministerium für Staatssicherheit der DDR **müssen offenbart werden**.[540] Liegen diese allerdings lange zurück, dürften eine sicherheitsrelevante Beeinträchtigung von Staatsinteressen und damit eine Pflichtwidrigkeit fehlen. Dauern sie noch an, wird der Verstoß gegen die Wahrheitspflicht »nachgeordneter Annex« der Verletzung der politischen Treuepflicht sein und im Ergebnis wenig eigenständige Bedeutung haben.[541] Erst wenn der Beamte überhaupt nicht mehr laufbahngemäß

---

535 BDHE 4, 62; BVerwG 2 WD 2.69; Behnke-Arndt, Einf. Rn. 125; Claussen, ZBR 1964, 306, GKÖD-Weiß, J 970 Rn. 51; Pickuth, DÖD 1989, 19 ff.
536 BDiG 26. 1. 1988 – XVI Bk 11/87.
537 BVerwGE 63, 366.
538 Eckstein, DÖD 1997, 237.
539 A. A. Behnke-Arndt, Einf. Rn. 126; Claussen/Janzen, Einl. C. Rn. 39.
540 BVerwGE 113, 118 (Sicherheitsanfrage nach Kontakten oder Reisen in das osteuropäische Ausland); vgl. BVerwG 14. 11. 1996 – 2 B 16.96.
541 BVerwGE 113, 118; BVerwG 27. 8. 1996 – 1 D 19.96, wo der Verstoß gegen die Wahrheitspflicht nur eine Milderung der Disziplinarmaßnahme verhinderte.

Die Wahrheits- und Auskunftspflicht

verwendet oder wenn der Dienstposten mit anderen geeigneten Mitarbeitern nicht besetzt werden kann, kann von einem Vorrang dienstlichen Interesses über das Recht auf informationelle Selbstbestimmung und damit von der Pflicht zur Offenbarung privater Umstände gesprochen werden. Ein Angehöriger des Verfassungsschutzes ist deshalb zur Beantwortung von Sicherheitsanfragen verpflichtet.[542] Auskunftspflicht wurde bejaht bei sicherheitserheblicher Schuldenerklärung (vgl. B. II. 12. Rn. 12)[543] und bei Familienangaben zur Sicherheitsüberprüfung.[544] Bei allem ist zu fragen, auf welchen Umständen der Mangel weiterer Verwendbarkeit (Ungeeignetheit) auf einem bestimmten Dienstposten beruht: auf der Auskunftsverweigerung oder auf den zu offenbarenden privaten Umständen. Schon die Verweigerung der Auskunft deutet auf ein mögliches Sicherheitsrisiko hin. Damit ist den Vorgesetzten in aller Regel die Entscheidung über die Verwendung des Beamten auf einem bestimmten Dienstposten bereits möglich, einer Offenbarung der privaten Umstände bedarf es nicht. Das zeigt sich beispielhaft in dem Fall der Auskunft nach anfänglicher Weigerung. Auch wenn die offenbarten Umstände ein Sicherheitsrisiko nicht ergeben, so könnte schon die mangelnde Bereitschaft zur Offenlegung der Verwendung auf einem sicherheitsempfindlichen Dienstposten entgegenstehen. Dies erfordert eine Personalentscheidung, die auf beamtenrechtlichem, nicht auf disziplinarem Gebiet liegt. Dasselbe gilt für den gegenteiligen Fall: Wird die Auskunft erteilt und werden Sicherheitsrisiken dadurch ersichtlich, so kann Versetzung oder Umsetzung nötig werden, ohne dass ein Dienstvergehen zugrunde liegt (z. B. bei Verwandtschaftsbeziehungen zu Ostblockländern).[545] Sollen **persönliche Daten an Bereiche außerhalb der Verwaltung** des Beamten weitergegeben werden, so steht dem das Recht auf informationelle Selbstbestimmung noch mehr entgegen (etwa für **militärische Zwecke**).[546]

Macht der Beamte **Ansprüche gegen die Verwaltung** geltend, so versteht sich von selbst, dass die notwendigen Angaben unaufgefordert und wahrheitsgemäß erfolgen müssen. Es ist dabei gleichgültig, ob in den Antragsformularen ausdrücklich darauf hingewiesen wird und ob die wahren Angaben für den Antrag nachteilig sein würden.[547] Da es bei solchen Anträgen auf Besoldungsänderung, Kindergeld, Beihilfe, Reisekostenerstattung, Trennungsgeld, Umzugskostenerstattung, Zulagen, Entschädigungen, Dienstzeitgutschriften usw. immer um materielle Vergünstigungen geht, ist die Wahrheitspflichtverletzung meistens in dem weitergehenden bzw. schwer wiegenden **Dienstvergehen des Betrugs oder der fahrlässigen oder vorsätzlichen Bereicherung** konsumiert (vgl. Rn. 3, B. II. 10. Rn. 17 ff.). Sie kann als **selbständige Pflichtverletzung** vorliegen, wenn es dem Beamten mit der unwahren Angabe nicht um den rechtswidrigen Vermögensvorteil geht oder wenn die falschen Angaben auf Fahrlässigkeit beruhen[548] oder wenn die Falschangabe zwar bewusst (vorsätzlich), aber ohne Bereicherungsabsicht gemacht wird (Verschweigen der ehelichen Trennung im Umzugskostenantrag, um das Leben in »wilder Ehe«[549] oder den »Seitensprung« als Grund des Fernbleibens vom Dienst zu verheimlichen[550]). Auch in ge-

8

---

542 BDiG 26. 1. 1988 – XVI Bk 11/87.
543 BVerwG (WD), ZBR 1972, 222; einschränkend BDiG 16. 11. 1978 – II VL 5/78 – DÖD 1979, 204.
544 BVerwG, Dok. Ber. 1991, 315.
545 Zur Sicherheitsüberprüfung allg. vgl. Rspr., BAG bei Etzel, RiA 1984, 1985.
546 Vgl. VG Stade, NJW 1987, 3148.
547 BVerwG 30. 11. 2006 – 1 D 6.05.
548 Z.B. im Antrag auf »Nebenbezüge« – Regel-Rspr. Geh.K: BVerwG 13. 10. 1992 – 1 D 51.91; im Beihilfeantrag: BVerwG 23. 7. 1986 – 1 D 16.86; 6. 5. 1985 – 1 D 175.84; BDiG 18. 9. 1985 – I VL 13/85.
549 BVerwG 13. 2. 1974 – 1 D 74.73.
550 BDiG 19. 8. 1976 – VII VL 61/76.

Die einzelnen Dienstvergehen und ihre Maßregelung

richtlichen Verfahren, die Beamte einleiten, sind sie verpflichtet mitzuwirken, z. B. Unterlagen vorzulegen, auch solche, die sie selbst belasten würden, etwa Arztgutachten im Verfahren zur Überprüfung eines Verlustfeststellungsbescheids nach § 9 BBesG (früher nach § 121 BDO a. F.). Bei Verletzung dieser Pflicht geht der Anspruch nicht verloren. Allerdings stellt sich dann die Frage nach der prozessualen Mitwirkungspflicht des Beamten als Kläger (vgl. hierzu vor § 62 Rn. 7).[551]

9   Im **Disziplinarverfahren** ist der Beamte **nicht zur wahrheitsgemäßen Selbstbelastung verpflichtet**. Es kann die Einlassung nach § 20 ebenso verweigert werden wie jede andere Mitwirkung zur eigenen Überführung (z. B. Alco-Test, ärztliche Untersuchung, Vorlage von privaten Unterlagen, Befreiung von der ärztlichen Schweigepflicht; im Übrigen vgl. B. II. 5. Rn. 9 ff.; B. II. 7. Rn. 7).[552] Ob aber, wenn ausgesagt wird, **gelogen werden darf**, ist sowohl in der Literatur[553] als auch höchstrichterlich umstritten. Die früheren **Beamtendisziplinarsenate** des BVerwG nahmen eine Verletzung der Wahrheitspflicht an,[554] die **Wehrdienstsenate** lehnen sie ab.[555] Das BVerwG folgt mittlerweile der Ansicht der Wehrdienstsenate und überträgt die Grundsätze des BGH zur Grenze des zulässigen Verteidigungsverhaltens im Strafprozess auf das Disziplinarverfahren.[556] Danach darf das Verteidigungsverhalten des Angeklagten bei der Maßnahmenzumessung nur dann schärfend berücksichtigt werden, wenn die Grenze angemessener Verteidigung eindeutig überschritten ist und das Verhalten eine selbständige Rechtsgutsverletzung enthält.[557] Nicht anders als bei Straftätern lässt sich generell der Gewissenskonflikt zwischen Wahrheitsliebe und Existenzfurcht nicht leugnen. Es ist unrealistisch, von einem ohnehin – wie das Dienstvergehen zeigt – labilen Menschen so viel Selbstüberwindung zu verlangen[558]). Außerdem ist in aller Regel das Gewicht der Wahrheitspflichtverletzung im Verhältnis zu dem geleugneten Dienstvergehen so gering, dass ihr keine wirkliche, selbständige Bedeutung für die Zuverlässigkeitsprognose des Beamten zukommt. Soweit sie nur dazu führen würde, das **Maßnahmeverbot des § 14 zu umgehen**, würde dies dem Gesetzeszweck dieser Vorschrift nicht entsprechen (s. u.).
Soweit dennoch das Verhalten des Beamten eine eigene Pflichtverletzung darstellen sollte, wäre zu bedenken, dass dieses Verhalten im Verfahren von dem ursprünglichen Vorwurf als **konsumiert** anzusehen sein kann (zur früheren Rspr. vgl. die Vorauflagen; vgl. Rn. 3).[559] Versucht der beschuldigte Beamte, die Erforschung der Wahrheit im Disziplinarverfahren gegen sich selbst durch **Beeinflussung von Zeugen** zu vereiteln, so liegt in dieser Straftat der versuchten Anstiftung oder der Verleitung zur Falschaussage nach §§ 159, 160 StGB das vorrangige materielle Dienstvergehen der Vertrauens- und Achtungswidrigkeit gem. § 61 Abs. 1 Satz 3 BBG.[560] Auch dürfen zur Beweisführung nicht unrichtige Urkunden verwendet werden.[561]

---

551 BVerwG 2. 5. 2000 – 1 DB 8.00; 11. 2. 1997 – 1 DB 12.96; 19. 6. 2000 – 1 DB 13.00, NVwZ 2001, 436.
552 Zur Unzulässigkeit, einen Betroffenen zu zwingen, BVerfGE 56, 37 = NJW 1981, 1431; BDHE 4, 62; BVerwGE 63, 366.
553 Vgl. BDiG, DÖD 1979, 204; Lindgen, DÖD 1985, 49.
554 BDHE 4, 62; 7, 71; BVerwGE 46, 116 = DÖD 1973, 186; BVerwGE 63, 366; noch einschränkend bei gleichzeitigem Strafverfahren BVerwG 30. 7. 1969 – 3 D 28.68.
555 BVerwGE 33, 170 = NJW 1968, 2120; NJW 1969, 1188.
556 BVerwG 28. 2. 2013 – 2 C 62/11, Rn. 52, juris.
557 BVerwG 28. 2. 2013 – 2 C 62/11, Rn. 51, juris = DokBer 2013, 132.
558 So im Prinzip wohl auch Claussen/Janzen, Einl. C. Rn. 41a.
559 BVerwG 25. 11. 1976 – 1 D 32.76.
560 BVerwG – 2 WD 20.76; 13. 2. 1974 – 1 D 74.73.
561 BVerwGE 73, 121.

Die Wahrheits- und Auskunftspflicht

Die Wahrheits- und Auskunftspflicht kann zu **Interessen- und Pflichtenkollisionen** führen. Beim Konflikt mit persönlichen Interessen geht grundsätzlich die dienstliche Wahrheitspflicht vor (Rn. 2), anders im eigenen Disziplinarverfahren (Rn. 7). Die Pflicht zur Wahrheit gegenüber den Vorgesetzten kollidiert mit der Pflicht zur Kollegialität gegenüber den Mitarbeitern (der Kameradschaft im Soldatenverhältnis), wenn das **kollegiale Versprechen** des Schweigens auf Weisung und Drängen des Vorgesetzten gebrochen wird. Geht es um dienstliche oder disziplinare Aufklärung, so ist der Bruch des kollegialen Versprechens gerechtfertigt, da die dienstliche Unterstützungs- und Wahrheitspflicht vorgeht.562

10

Gegenüber Außenstehenden besteht nicht die dienstliche Wahrheitspflicht im Sinne des hier behandelten Pflichtentatbestands.563 Denn Außenstehenden gegenüber besteht weder das besondere Treueverhältnis gegenüber dem Dienstherrn noch die beamtenrechtliche Einsatz- und Unterstützungspflicht. Gibt der Beamte **in Ausübung des Amtes** falsche Auskünfte oder Bescheide, so ist nicht die den Vorgesetzten gegenüber geschuldete Wahrheitspflicht, sondern die Pflicht zur einwandfreien, gewissenhaften und rechtmäßigen Dienstleistung i. S. d. § 61 Abs. 1 Sätze 1 und 2 BBG verletzt.564 Handelt es sich um Unwahrheiten gegenüber Außenstehenden im Privatbereich, z. B. bei Urkundenfälschungen, Betrügereien, falschen Aussagen, Meineid usw., so liegt keine Verletzung der dienstlichen Wahrheitspflicht, sondern allenfalls eine Verletzung der **Wohlverhaltenspflicht** nach § 61 Abs. 1 Satz 2 BBG vor.565 Hinsichtlich der verwaltungsinternen Angelegenheiten besteht nach außen ohnehin keine Auskunfts- und Wahrheitspflicht, da die Pflicht zur Amtsverschwiegenheit vorgeht (B. II. 9.).

11

c) **Bewertung der Pflichtverletzung, Auswahl und Bemessung der Disziplinarmaßnahme**

Das Gewicht der Wahrheitspflichtverletzung hängt von dem Ausmaß des dienstlichen Schadens ab. Es gibt **keine Regelrechtsprechung**. In den meisten Fällen der Anschuldigung von Wahrheitspflichtverletzungen handelt es sich entweder um nicht vorwerfbare Unwahrheiten (Rn. 7) oder um solche, die vom Hauptvorwurf konsumiert sind (Rn. 2 und 3). Haben Vorwürfe der Wahrheitspflichtverletzung eigenständige Bedeutung (bei Nichtmeldung des Wegfalls eines zwingenden Eignungsmerkmals – z. B. bei Verlust der Fahrerlaubnis eines Berufsbusfahrers, der Spionageverwicklung eines Verfassungsschutzbeamten, vgl. Rn. 3, 6, 7), so ist der Kernbereich der Amtspflichten verletzt. Da damit zugleich die weitere Einsatzfähigkeit berührt ist, gilt das oben zu B. II. 5. unter c Gesagte. Im Übrigen werden selbständige Verletzungen der Wahrheitspflicht meist nur formale Bedeutung von geringem selbständigem Gewicht haben. Als solche werden sie nur selten isoliert verfolgt und vorgeworfen.

12

---

562 BVerwGE 33, 90, das allerdings auf fehlendes Bewusstsein der Pflichtwidrigkeit abstellt.
563 Behnke-Arndt, Einf. Rn. 129; a. A. Claussen/Janzen, Einl. C. Rn. 42 a und GKÖD-Weiß, J 970 Rn. 8 b mit dem unzutreffenden Argument, dass sonst außerdienstliche Verfehlungen generell disz. unerheblich wären.
564 BVerwG, RiA 1968, 138 und 219; Behnke-Arndt, Einf. Rn. 129.
565 BVerwGE 63, 366, 367 im Falle der Falschaussage vor parlamentarischem Untersuchungsausschuss.

Die einzelnen Dienstvergehen und ihre Maßregelung

d) Rechtsprechungsübersicht

- Verwaltungsamtmann – **2 außerdienstliche Trunkenheitsfahrten** – kein dienstlicher Kraftfahrer – strafrechtliche Ermittlungen – keine Meldepflicht trotz dienstlicher Anweisung – insoweit: **Freispr.**
  – *BDiG* 11.7.1985 – VI VL 21/85
- Postschalterbeamter – Disziplinarverfahren wegen des Verdachts der Kassenveruntreuung – in Vorermittlung **falsche Auskunft über private Verschuldung** – rasche Aufklärung, keine Belastung Unschuldiger – weitere Verfehlungen – hinsichtlich des Vorwurfs der Wahrheitspflichtverletzung: **Freistellung**
  – *BDiG* 13.10.1986 – VI VL 25/86; vgl. ähnlich 16.2.1979 – I VL 22/78
- Beamter – **vorsätzliche Umgehung der automatisierten Erfassung der Arbeitszeit** mittels sog. MXP-Ferneinwahl von einem mobilen Computer zur Vortäuschung der Anwesenheit im Büro: Prognose der **Entf.** im Rahmen § 63 BDG
  – *OVG Rheinland-Pfalz*, PersR 2014, 142
- Zollgrenzdienst – **falsche Eintragungen im Dienstbuch** – Verletzung der Kernpflicht – weitere Verfehlungen, insgesamt: **Verweis**
  – *BDiG* 2.6.1971 – IV Bk 3/71
- Zugführer – **Falschangaben über Dienstdauer** in Leistungszettel aus Trägheit und Bequemlichkeit – keine Bereicherungsabsicht: **Geh.K**
  – *BVerwG* 4.3.1977 – 1 D 102.76
- Triebwagenführer – Manipulation des Fahrtenschreibers zur **Verdeckung der Geschwindigkeitsüberschreitungen** – Kernpflichtverletzung: **Geldbuße**
  – *BDiG* 15.11.1976 – IV Bk 8/76
- Postoberamtsrat – falsche Angaben in Fahrtbuch und Umzugs-/Reisekostenantrag zur **Verdeckung außerehelicher Beziehung** – keine Bereicherungsabsicht: **RGeh.K**
  – *BVerwG* 13.2.1974 – 1 D 74.73
- Falschangaben im Erstattungsantrag – keine Bereicherungsabsicht – **Verdeckung eines »Seitensprungs«**: **Geh.K**
  – *BDiG* 19.8.1976 – VII VL 61/76
- Zollkommissariatsleiter – Blockierung des Kilometerzählers in Dienstwagen – Falschangaben in Tagebuch und in Erstattungsantrag – **Irrtum über die Abrechnungsbestimmungen: Geh.K**
  – *BVerwG* 11.5.1966 – 1 D 59.65
- Fernmeldebezirksleiter – **Falscheintragungen in Fahrtenbüchern** – Fahrlässigkeit – zu Bereicherung keine Schuld – Geldbuße/Verjährung: **Einst.**
  – *BVerwG* 1.10.1970 – 1 D 12.70
- Lokführer – **grob fahrlässige Falschangaben** in Anträgen auf »Nebenbezüge« – Regel-Rspr.: **Geh.K**
  – *BVerwG* 13.10.1992 – 1 D 51.91
- Soldat – Vernehmung durch Vorgesetzten – **Bruch des Kameradenversprechens** zum Schweigen – kein Bewusstsein der Pflichtwidrigkeit: **Freisp.**
  – *BVerwGE* 33, 90
- Vortragender Legationsrat – **Unterlassene Angabe von Kontakten zu ausländischen Nachrichtendiensten** in Sicherheitserklärungen und Wiederholungsüberprüfungen sowie bei Bewerbung für den auswärtigen Dienst – Fortsetzung der Kontakte trotz Kenntnis der Zugehörigkeit der Kontaktpersonen zu Nachrichtendiensten: **Degr.**
  – *BVerwGE* 113, 118 = NVwZ 1998, 1306 = DÖD 1998, 67

Die Pflicht zur Amtsverschwiegenheit

- Vortragender Legationsrat – **Verschweigen von Treffen mit Mitarbeitern der MfS der DDR über 15 Jahre** – Fortführung der Kontakte trotz Kenntnis der nachrichtendienstlichen Tätigkeit der Kontaktperson – Täuschungshandlung bei Einstellung in auswärtigen Dienst: **Degr.**
  - *BVerwG* 27. 8. 1997 – 1 D 19.96
- Verfassungsschutzbeamter – **Sicherheitsüberprüfung** – teilweise Verweigerung der Auskunft über finanzielle Verhältnisse: **Verweis**
  - *BDiG* 26. 1. 1988 – XVI Bk 11/87
- Beamter des gehobenen Dienstes – **Verweigerung von Familienangaben** für Sicherheitsüberprüfung: **Geldbuße**
  - *BVerwG*, Dok. Ber. 1991, 315
- Staatssekretär – zuständig für Antragsvorgang von öffentlichem Aufsehen – **Verschweigen seiner intimen Beziehung** zu Antragstellerin gegenüber seinem Minister – wegen zwischenzeitl. Ruhestand: **RuheGeh.K**
  - BVerwGE 63, 364 ff.
- Beamter – **unwahre Angaben zum Fernbleiben** vom Dienst – Hauptvorwurf des Fernbleibens konsumiert Unwahrheit – keine Verfahrensverzögerung – insoweit: **Freistellung**
  - *BDiG* 16. 2. 1979 – I VL 22/78
- Amtsleiter der Arbeitsverwaltung – **falsche Angaben zu ehebrecherischem Verhältnis** außerhalb des Dienstes – wegen Existenzangst keine Offenbarungspflicht – weitere Verfehlungen – hinsichtlich Wahrheitspflicht: **Freistellung**
  - *BDiG* 24. 2. 1971 – VII VL 17/70
- Zollhauptsekretär – **Scheidung von 2. Ehefrau nicht angezeigt** – jahrelanger Bezug überhöhten Ortszuschlages – vorsätzlich falsche Angaben in Beihilfeanträgen: **Geh.K**
  - *BVerwG* 12. 9. 2000 – 1 D 48.98
- Postbeamtin – falsche Angaben in **Beihilfeantrag** – leichte Fahrlässigkeit – Geldbuße – wegen Verjährung: **Einst.**
  - *BVerwG* 6. 5. 1985 – 1 D 175.84
- Ruhestandsbeamter – falsche Angaben zu Trennungsgeldanträgen – hoher Schaden: **Aberk. RGeh.**
  - *BVerwG* 6. 5. 1985 – 1 D 175.84
- Zollbeamter – falsche Angaben in **Beihilfeantrag** – grobe Fahrlässigkeit: **Geh.K**
  - *BVerwG* 30. 11. 2006 – 1 D 6/05
- Vortragender Legationsrat 1. Klasse – Leiter eines Generalkonsulates – **Täuschung der Vorgesetzten** über wesentliche Umstände bez. Anmietung oder Ankauf neuer Konsulatsräume – wegen weiterer Umstände (schwarze Kasse; Nebentätigkeit als Geschäftsführer einer ausländischen GmbH): **Geh.K**
  - *BDiG* 28. 10. 1999 – XVI VL 43/98

9. Die Pflicht zur Amtsverschwiegenheit

a) Rechtsgrundlage: §§ 67–70 BBG

Wortlaut § 67 BBG:
»(1) Beamtinnen und Beamte haben über die ihnen bei oder bei Gelegenheit ihrer amtlichen Tätigkeit bekannt gewordenen dienstlichen Angelegenheiten Verschwiegenheit zu bewahren. Dies gilt auch über den Bereich eines Dienstherrn hinaus sowie nach Beendigung des Beamtenverhältnisses.

Die einzelnen Dienstvergehen und ihre Maßregelung

(2) Absatz 1 gilt nicht, soweit
1. *Mitteilungen im dienstlichen Verkehr geboten sind,*
2. *Tatsachen mitgeteilt werden, die offenkundig sind oder ihrer Bedeutung nach keiner Geheimhaltung bedürfen, oder*
3. *gegenüber der zuständigen obersten Dienstbehörde, einer Strafverfolgungsbehörde oder einer von der obersten Dienstbehörde bestimmten weiteren Behörde oder außerdienstlichen Stelle ein durch Tatsachen begründeter Verdacht einer Korruptionsstraftat nach den §§ 331 bis 337 des Strafgesetzbuchs angezeigt wird.*

Im Übrigen bleiben die gesetzlich begründeten Pflichten, geplante Straftaten anzuzeigen und für die Erhaltung der freiheitlichen demokratischen Grundordnung einzutreten, von Absatz 1 unberührt.

(3) Beamtinnen und Beamte dürfen ohne Genehmigung über Angelegenheiten nach Absatz 1 weder vor Gericht noch außergerichtlich aussagen oder Erklärungen abgeben. Die Genehmigung erteilt die oder der Dienstvorgesetzte oder, wenn das Beamtenverhältnis beendet ist, die oder der letzte Dienstvorgesetzte. Hat sich der Vorgang, der den Gegenstand der Äußerung bildet, bei einem früheren Dienstherrn ereignet, darf die Genehmigung nur mit dessen Zustimmung erteilt werden.

(4) Beamtinnen und Beamte haben, auch nach Beendigung des Beamtenverhältnisses, auf Verlangen der oder des Dienstvorgesetzten oder der oder des letzten Dienstvorgesetzten amtliche Schriftstücke, Zeichnungen, bildliche Darstellungen sowie Aufzeichnungen jeder Art über dienstliche Vorgänge, auch soweit es sich um Wiedergaben handelt, herauszugeben. Entsprechendes gilt für ihre Hinterbliebenen und Erben.«

Wortlaut § 68 BBG:
»(1) Die Genehmigung, als Zeugin oder Zeuge auszusagen, darf nur versagt werden, wenn die Aussage dem Wohle des Bundes oder eines deutschen Landes Nachteile bereiten oder die Erfüllung öffentlicher Aufgaben ernstlich gefährden oder erheblich erschweren würde.
(2) Sind Beamtinnen oder Beamte Partei oder Beschuldigte in einem gerichtlichen Verfahren oder soll ihr Vorbringen der Wahrnehmung ihrer berechtigten Interessen dienen, darf die Genehmigung auch dann, wenn die Voraussetzungen des Absatzes 1 erfüllt sind, nur versagt werden, wenn die dienstlichen Rücksichten dies unabweisbar erfordern. Wird die Genehmigung versagt, haben die oder der Dienstvorgesetzte der Beamtin oder dem Beamten den Schutz zu gewähren, den die dienstlichen Rücksichten zulassen.
(3) Über die Versagung der Genehmigung entscheidet die oberste Dienstbehörde.«

Wortlaut § 69 BBG:
»Die Genehmigung, ein Gutachten zu erstatten, kann versagt werden, wenn die Erstattung den dienstlichen Interessen Nachteile bereiten würde. § 68 Abs. 3 gilt entsprechend.«

Wortlaut § 70 BBG:
»Die Leitung der Behörde entscheidet, wer den Medien Auskünfte erteilt.«

b) Definition der Pflicht und ihrer Verletzung

1   Die Verschwiegenheitspflicht entspricht dem traditionellen Gebot der Diskretion und Vertraulichkeit im öffentlichen Dienst und entspricht den hergebrachten Grundsätzen

Die Pflicht zur Amtsverschwiegenheit

des Berufsbeamtentums nach Art. 33 Abs. 5 GG.[566] Sie dient der **Funktionsfähigkeit der Verwaltung** ebenso wie dem **Persönlichkeitsschutz** der Verwaltungsadressaten und der Verwaltungsbediensteten. Sie hat als »**Grund- und Hauptpflicht**« hohen Rang.[567] Um ihrer Funktionsaufgabe gerecht werden zu können, muss die Verwaltung ungestört zu regelmäßigen und sachgerechten Entscheidungen kommen und von sachfremden Einflüssen freigehalten werden.[568] Sie bedarf des Vertrauens der Gesellschaft in ihre rechtsstaatliche, unparteiische und grundrechtssichernde Tätigkeit.[569] Das setzt auf der einen Seite die öffentliche Anerkennung der Integrität und Effektivität der Verwaltung voraus, die durch Verbreitung verwaltungsinterner Mängel beeinträchtigt werden kann. Allerdings kommen Pannen, Missstände und Querelen überall in der Arbeitswelt vor und haben im Allgemeinen keinen gesellschaftlichen Öffentlichkeitswert. Kommen sie in einer Behörde als Einzelfälle ohne großes Gewicht vor, so bedürfen sie nicht der Kenntnis und Kontrolle der Öffentlichkeit. Ebenso bedarf das innerdienstliche Arbeitsklima zwischen Mitarbeitern und Vorgesetzten der Vertraulichkeit dienstlicher Vorgänge. Andererseits hat aber – abgesehen von der vorrangigen Kontrollfunktion des Parlaments und der Gerichte (Rn. 20) – in einem demokratischen Rechtsstaat auch die Öffentlichkeit ein Informationsrecht und eine Kontrollfunktion gegenüber der öffentlichen Verwaltung. Die **Information der Öffentlichkeit durch die Medien** ist verfassungsgeschützt.[570] Dabei müssen aber sowohl die Verwaltungsinteressen an der ungestörten und effektiven Verwaltungsarbeit, an der **Vertraulichkeit noch nicht abgeschlossener Angelegenheiten** berücksichtigt als auch die **privaten Umstände Außenstehender** geschützt werden (Rn. 20, 21). Letzteres hat umso größere Bedeutung, als die Bürger gezwungen sind, sich der Verwaltung zu offenbaren. Deshalb sind in amtlichen Entscheidungen, soweit sie aus informatorischen oder wissenschaftlichen Gründen herausgegeben werden, die Personaldaten und Anknüpfungstatsachen der Betroffenen zu **anonymisieren** (schwärzen). Soweit es sich um Persönlichkeitsrechte und insbesondere um die private Intimsphäre handelt, steht derselbe Vertraulichkeitsschutz auch den Amtsträgern sowohl innerhalb der Verwaltung als auch nach außen zu. Dagegen haben die Amtsträger **in ihrer amtlichen Tätigkeit keinen Anspruch auf Anonymität** gegenüber ihrer Behörde, gegenüber den Adressaten ihrer Amtstätigkeit oder gegenüber der Gesellschaft insgesamt.[571] Alle Amtsträger tragen für ihre amtliche Tätigkeit gem. § 63 BBG die Verantwortung gegenüber der Gesellschaft allgemein. Dafür haben sie mit ihrer Person erkennbar einzustehen. Auch das Bundesbeamtengesetz stellt für die Geheimhaltungsbedürftigkeit erst in zweiter Linie auf den Schutz der Amtsträger (§ 68 Abs. 2 BBG) ab. In erster Linie sollen die Funktionsfähigkeit der Verwaltung und der Persönlichkeitsschutz der Verwaltungsadressaten (§ 67 BBG) gesichert sein.

Die Pflicht zur Amtsverschwiegenheit ist eine Konkretisierung der allgemeinen Pflicht zur Vertrauenswürdigkeit (§ 61 Abs. 1 Satz 3 BBG) und der Unterstützungspflicht (§ 62 Abs. 1 Satz 1 BBG). Für die disziplinare Erheblichkeit des Verschwiegenheitstatbestandes kommt es nicht darauf an, ob die Pflicht allgemein aus § 67 BBG oder aus speziellen Gesetzen oder dienstlichen Anordnungen folgt. Beruht sie auf dienstlichen Anordnungen, so ist ihre Verletzung ein Verstoß gegen die Verschwiegenheitspflicht, nicht gegen die Gehorsams-

2

---

566 BVerfGE 28, 201; BVerwG DVBl. 1983, 505.
567 BVerwG 20.10.2005 – 2 C 12.04 entgegen früherer Bezeichnung als Kernpflicht.
568 BVerwG 27.4.1983 – 1 D 54.82.
569 Zur Flucht in die Öffentlichkeit BVerfGE 28, 191 = NJW 1970, 1498 und Rn. 22.
570 BVerfGE 12, 130.
571 So zu Recht definitiv für Richter im Urteilsrubrum, inhaltlich auch für Beamte die Erlasse des BMJ vom 1.12./9.9.1987 – Z A 2/R A 1 – 15552–40544/87, BMI vom 3.6.1987 – O I 4–191 500–3/6.

pflicht. Denn für die Qualifizierung des Dienstvergehens kommt es nicht auf die Entstehungsform, sondern auf den Regelungsinhalt der Pflicht an (B. II. 7. Rn. 2). Als **Spezialvorschrift** geht immer die Geheimhaltungspflicht vor. Die Gehorsamspflicht aus § 62 Abs. 1 Satz 2 BBG wird – wie auch andere spezielle Tatbestände – von der materiellen Geheimhaltungspflicht **konsumiert** (zur Konsumtion vgl. auch bei »Fernbleiben« B. II. 3. Rn. 2 a. E., zum »Ungehorsam« B. II. 7. Rn. 2, B. II. 8. Rn. 5). So liegt z. B. im Verstoß gegen VS-Richtlinien eine selbständige Gehorsamspflichtverletzung – und nur diese – lediglich dann, wenn nicht zugleich ein Geheimnis gebrochen wurde (Rn. 13).

3 Der Bruch der Amtsverschwiegenheit wird auch vom **Strafrecht** erfasst. Die sonstigen Verschwiegenheitsdelikte durch Privatpersonen oder durch Beamte im Privatbereich interessieren hier nicht, da es disziplinarrechtlich um die »Amtspflicht« zur Verschwiegenheit geht. Strafrechtliche Vorschriften gibt es zum Schutz der **Persönlichkeitsrechte** (StGB § 201 Abs. 3 [Vertraulichkeit des Wortes], § 203 Abs. 2 [Verletzung eines als Amtsträger anvertrauten oder bekanntgewordenen Privatgeheimnisses], § 204 [Verwertung fremder Geheimnisse], § 206 [Verletzung des Post- und Fernmeldegeheimnisses – s. Rn. 14], § 353 b [Verletzung des Dienstgeheimnisses usw.], § 353 d [verbotene Mitteilungen über Gerichtsverhandlungen], § 355 [Verletzung des Steuergeheimnisses]) und zum Schutze von **Staatsgeheimnissen** (§§ 93 ff. StGB) sowie zu anderen Schutzzwecken in strafrechtlichen Nebenbestimmungen. Die Tatbestände der §§ 67–70 BBG können von denen des StGB unberührt sein (etwa von §§ 201 und 206 Abs. 2 StGB, die im Gegensatz zu § 67 BBG die unbefugte Kenntnisnahme und Verwendung von Geheimnissen betreffen) oder auch sich mit ihnen überschneiden (so mit §§ 353 b und 206 Abs. 1 StGB). Letzten Endes kommt es aber für die **disziplinarrechtliche Würdigung als Dienstvergehen** ohnehin nicht entscheidend auf die strafrechtliche Erheblichkeit und Subsumtion an. Lediglich für die Bewertung des Dienstvergehens und die Zumessung der Disziplinarmaßnahme kann die Strafbarkeit und die strafrechtliche Bewertung als Verbrechen oder Vergehen eine Rolle spielen (A. III. Rn. 63). Im Übrigen gelten für die Sachverhaltsfeststellung sachgleicher Verdächte oder Vorwürfe die Bindungsregeln der §§ 14 Abs. 2, 23, 57 BDG).

4 Die Verschwiegenheitspflicht gilt **für alle Beamten**, auch für solche **im Ruhestand** (§ 67 Abs. 1 BBG, aber nur für Angelegenheiten, die durch die frühere Amtstätigkeit erfahren wurden), im **Vorbereitungsdienst**[572] und für **Ehrenbeamte** (§ 177 Abs. 1 BBG). Sie kann sich je nach Inhalt und Grenzen der Geheimhaltungspflicht **gegen jedermann**, also nicht nur gegen Außenstehende (wie Familie, Freunde[573], Bekannte, Verbands- und Parteifreunde), sondern auch gegen Mitarbeiter,[574] Vorgesetzte,[575] andere Behörden, Gerichte, Prozessbevollmächtigte, Presse und sowohl in eigenen wie in fremden Angelegenheiten richten. Die Geheimhaltungspflicht kann auch den **Empfänger des Amtsgeheimnisses** in dem Sinne treffen, dass es pflichtwidrig ist, geheime Angelegenheiten sich zu erschleichen oder auf sie unbefugt direkt zuzugreifen (vgl. Rn. 15, 17).

5 **Gegenstand der Geheimhaltungspflicht** nach § 67 Abs. 1 BBG sind die Angelegenheiten, die »in amtlicher Tätigkeit« erfahren wurden. Die Verschwiegenheitspflicht erstreckt sich zunächst auf alle dienstlich erworbenen Kenntnisse, ohne nach dem Grad oder dem besonderen Grund des Geheimnisses zu unterscheiden. Erst in Absatz 2 werden die Ausnahmen von der Regel genannt, die die Geheimhaltungspflicht aufheben. Die Ausnahmen

---

572 Wassermann, JuS 1964, 418.
573 BVerwG, Dok. Ber. 1983, 63: Mitteilung der Postbeschlagnahme an Freunde.
574 BVerwG, ZBR 1998, 247: Äußerungen über Disziplinarangelegenheiten gegenüber Kollegen.
575 BVerwG 28.10.1998 – 1 D 29.97.

Die Pflicht zur Amtsverschwiegenheit

betreffen unterschiedliche Angelegenheiten und haben unterschiedliche Auswirkungen (Rn. 7ff.). Die Pflicht erstreckt sich zwar nicht auf die trivialen (»bedeutungslosen«), aber auf die »**einfachen**« **Dienstangelegenheiten**, die nach dem funktionalen Verwaltungsinteresse vertraulich zu behandeln sind, ohne dass besondere, zusätzliche »**Schweigegebote**« bestehen. »**Amtlich**« bekannt geworden sind danach alle Umstände, die durch die Dienstleistung und im Rahmen des Dienstes erfahren wurden, die – anders ausgedrückt – ohne die Dienstleistung nicht zur Kenntnis gekommen wären. Die Geheimhaltungspflicht ist auf die dienstliche Bezogenheit beschränkt. Es gibt keine »Amtspflicht« zur Geheimhaltung privat erlangter Kenntnisse. Hier können aber andere Dienstpflichten verletzt sein, wie die Unterstützungs- und Loyalitätspflicht aus §§ 61 Abs. 1 Satz 3, 62 Abs. 1 Satz 1 BBG. »**Bekannt gewordene Angelegenheiten**« sind alle sinnhaft wahrnehmbaren Vorgänge, Situationen, Umstände, Tatsachen, Urkunden, Gegenstände, Äußerungen, Beurteilungen, Bewertungen. Für die Verschwiegenheitspflicht ist es unerheblich, **wie die amtliche Kenntnis zustande kam**, ob durch zuständige Befassung, bei Gelegenheit eines Kollegengesprächs, durch zufällige Akteneinsicht, ob aufgrund eigener oder fremder Angelegenheit, ob anlässlich rechtmäßigen oder – angeblich – rechtswidrigen Verwaltungshandelns.[576] Wie das Geheimnis zu wahren ist, hängt von den Umständen ab. Der Geheimnisbruch kann durch **Tun oder Unterlassen** bewirkt werden, z. B. durch dienstliche Erklärungen, durch Behördenauskunft, durch Aktenversand oder -einsicht, durch privates tätiges Offenbaren, durch Presseerklärung, Leserbrief oder schriftstellerisches Werk, auch durch schlüssiges Verhalten (z. B. Unterlassen eines Dementis auf substantiierte Frage, zustimmendes Schweigen, wobei zu klären ist, ob nicht schon vorher die Angelegenheit bekannt, also nicht mehr geheim war; dazu Rn. 18). Auch wer durch **Vortäuschung eines amtlichen Informationsersuchens** und durch Benutzung eines **ahnungslosen Untergebenen** Zugriff auf geschützte Daten nimmt, begeht mittelbar, da es nicht die eigenen Amtsgeheimnisse sind, Geheimnisbruch.[577] Durch Unterlassen kann das Geheimnis gebrochen werden, indem entgegen einer Rechtspflicht keine Vorbeugung oder Sicherung gegen unbefugten Zugriff getroffen wird (vgl. § 6 BDSG, Sicherung von Personalakten und Verschlusssachen).

Welche amtlich erfahrenen Angelegenheiten geheim zu halten sind, kann sich sowohl nach dem **Willen des Geheimnisgeschützten** (Behörde, Vorgesetzter, Verwaltungsadressat oder Beteiligter) als auch nach dem **objektiven Schutzwert des Geheimnisses** bestimmen. Soweit spezielle gesetzliche oder weisungsmäßige Schweigegebote bestehen, richtet sich die Schweigepflicht nach ihnen (vgl. B. II. 7. Rn. 11 ff.). Im Übrigen bestimmt § 67 Abs. 1 BBG eine grundsätzliche Schweigepflicht für alle dienstlichen Vorgänge mit folgenden Ausnahmen von der Regel: Eine Geheimhaltung ist nicht geschuldet »im dienstlichen Verkehr«, in Bezug auf »offenkundige« oder »unbedeutende« Tatsachen. 6

Unter »**dienstlichem Verkehr**« (§ 67 Abs. 2 BBG) ist zunächst der **innerbehördliche Amtsbetrieb** zu verstehen, in welchem der Beamte die Aufgaben des übertragenen (funktionalen) Amtes erfüllt bzw. in welchem der Beamte beamtenrechtlich in eigener Rechtswahrung auftritt (Statusbereich). Beide Bereiche, der nach außen wie der nach innen wirkende, gehören zum »Dienstbetrieb«. Der interne Bereich erfasst die Arbeitsorganisation und das dienstrechtliche Statusverhältnis des Beamten. Die innerbehördliche Kommunikation findet sowohl horizontal (organisationsbedingt) in derselben Dienststelle als auch vertikal mit über- und untergeordneten Dienststellen (auch im Rahmen der Rechts-, 7

---

576 Zu Letzterem BVerfGE 28, 191; BVerwG, NJW 1983, 2343; BGH, NJW 1966, 1227.
577 Und nicht nur eigennützige Ansehenswidrigkeit: BDiG 28.4.1988 – XVIII Bk 4/87; v. 18.12.1996 – XVI VL 20/96 – zu einer unzulässigen Halterabfrage.

Die einzelnen Dienstvergehen und ihre Maßregelung

Fach- und Dienstaufsicht) statt. Die funktionale Zusammenarbeit zwischen Mitarbeitern und Vorgesetzten innerhalb der Behörde bedarf nicht (und verträgt auch nicht) die Geheimhaltung der normalen »einfachen« Amtsvorgänge. Im Gegenteil verlangt im Normalfall die Unterstützungs- und Wahrheitspflicht aus §§ 61 Abs. 1 Satz 3, 62 Abs. 1 Satz 1 BBG (B. II. 7. und 8.) gerade die Offenbarung dienstlicher Tatsachen. Die in § 67 Abs. 1 BBG ohne Rücksicht auf den konkreten Geheimhaltungsgrund und -grad auf alle dienstlichen Angelegenheiten formulierte Geheimhaltungspflicht betrifft daher für den innerdienstlichen Bereich nur die »besonderen Schweigegebote«, nicht die »einfachen« Amtsgeheimnisse, die wegen der funktional erforderlichen Kommunikation von der Geheimhaltungspflicht befreit sind. Für den »dienstlichen« Bereich kommt es daher auf die Merkmale der »Offenkundigkeit« und »Bedeutungslosigkeit« nicht an. Diese sind nur für den außerdienstlichen Bereich erheblich, demgegenüber alle Amtsgeheimnisse, auch die einfachen, geschützt sind. Das Offenbarungsrecht im »dienstlichen Verkehr« ist großzügig anzunehmen.[578] Hier gilt eine Geheimhaltungspflicht nur nach der Maßgabe zusätzlicher Schweigegebote wie etwa der Verschlusssachenregelungen (vgl. Rn. 13).

8   Der **dienstliche Verkehr mit Stellen außerhalb der eigenen Behörde** unterliegt derselben Befreiung von der Geheimhaltungspflicht, wenn er der **eigenen amtlichen Aufgabenerfüllung** dient, z. B. bei gesetzlich vorgeschriebener oder sachlich erforderlicher Beteiligung anderer Behörden oder privater Stellen. Das gilt sowohl für die Erteilung dienstlicher Auskünfte als auch für eigene Anfragen, auch wenn hierdurch bestimmte Umstände der Angelegenheit nach außen bekannt gemacht werden. »Dienstlicher Verkehr« findet nicht statt, wenn ein Zivildienstleistender im Auftrag seiner Gruppe Leserbriefe mit Einzelheiten der Dienststelle verschickt. Denn er handelt nicht »amtlich« für die Behörde. Soweit die vom Verwaltungsadressaten beantragte oder von Amts wegen gebotene Verwaltungs- (oder Gerichts-)entscheidung Sachaufklärung verlangt, ist die Offenbarung dienstlich bekannt gewordener Umstände an Dritte als »dienstlicher Verkehr« gerechtfertigt. Dabei ist der generellen Geheimhaltungspflicht insoweit zu genügen, als nur die für die Sachbehandlung notwendigen Tatsachen offenbart werden sollten. Da es dabei um Beurteilungs- und Standpunktsfragen geht, ist auch hier ein großzügiger Maßstab am Platz.

9   Zum »innerdienstlichen Verkehr« gehören auch **Rechtsstreitigkeiten** zwischen Beamten und der eigenen Behörde über verwaltungsinterne Fragen. Das gilt sowohl für die durch die Dienstvorgesetzten veranlassten **Disziplinarverfahren** als auch für die durch den Beamten angestrengten **beamtenrechtlichen Verfahren**.[579] An der »dienstlichen Aufgabenerfüllung« ändert nichts, dass kraft gesetzlicher Regelung oder Sachzwanges behördenfremde Amtsträger, Gerichte oder private Instanzen beteiligt sind (vgl. Rn. 8). Deswegen sind der beschuldigte Beamte, Dienstvorgesetzte und oberste Dienstbehörde wie auch die behördenangehörigen Zeugen und Sachverständigen im gesamten Disziplinarverfahren einschließlich Ermittlungsverfahren und Gerichtsverfahren[580] **von der »einfachen« Geheimhaltung befreit.** Gleiches gilt für das »**beamtenrechtliche« Verfahren.**[581] Im Disziplinarverfahren wie im beamtenrechtlichen Verfahren sind den meisten Mitwirkenden die einschlägigen Angelegenheiten schon bekannt und kraft eigener Verschwiegenheitspflicht nach außen geschützt. Das beamtenrechtliche Verfahren ist zwar nicht von der eigenen Behörde kraft amtlicher Aufgabe, sondern von dem Beamten zur persönlichen Rechtswahrung angestrengt worden, betrifft aber ebenfalls das innerdienstliche Verhältnis und

---

578 So auch Claussen/Janzen, Einl. C. Rn. 27, 28 a; a. A. GKÖD-Weiß, J 530 Rn. 83c.
579 Zu eng und undifferenziert: BVerwG 13. 1. 1988 – 1 D 127.86.
580 BDH, NJW 1962, 1884.
581 So auch BDiG NJW 1992, 2107.

Die Pflicht zur Amtsverschwiegenheit

damit »innerdienstliche Aufgaben«.[582] Anderes gilt jedoch für den Fall, dass der beteiligte Beamte im eigenen Gerichtsverfahren oder in Strafanzeigen gegen Kollegen oder Vorgesetzte (vgl. Rn. 13, 22) zur Rechtswahrung **Amtsgeheimnisse verwendet, die Dritte betreffen**, die er in amtlicher Tätigkeit erfahren und die er wegen des Personaldatenschutzes der Dritten geheim zu halten hat. Über diese darf er nicht ohne Genehmigung der Vorgesetzten (und möglicherweise der Dritten) verfügen.[583] Eine erst nachträglich eingeholte Genehmigung des »Dritten« macht den zuvor begangenen Geheimnisbruch nicht ungeschehen.[584] Im Übrigen gilt der **Genehmigungsvorbehalt nach § 67 Abs. 3 BBG** nur für Verfahren der Behörde mit Außenstehenden oder für Verfahren, an denen die Behörde überhaupt nicht beteiligt ist (Strafverfahren). Auch im **Remonstrations- oder Beschwerdeverfahren** dürfen die Verwaltungsinterna den übergeordneten Behörden und Dienststellen offenbart werden.

Soweit der beschuldigte Beamte zur Rechtswahrung gegenüber der eigenen Behörde **Rechtsberater/Prozessbevollmächtigte** hinzuzieht, sind diese nicht von vornherein in den verwaltungsinternen »dienstlichen Verkehr« einbezogen (falls es sich nicht um behördeninterne Beamte handelt, was nach § 67 VwGO möglich ist). Sie sind also Außenstehende, denen gegenüber zunächst die Verschwiegenheitspflicht besteht. Die speziellen Rechtsschutzregelungen in § 20 BDG (Darlegungs- und Aufklärungsrecht), § 67 Abs. 2 VwGO (Recht auf Verteidiger) und die übergeordneten Rechtsschutzgarantien (Grundrecht auf rechtsstaatliche Prozessführung und rechtliches Gehör, Art. 103 Abs. 1 GG, und auf gerichtlichen Rechtsschutz, Art. 19 Abs. 4 GG) geben aber dem beschuldigten Beamten ein **Offenbarungsrecht** gegenüber ihren Verteidigern/Prozessbevollmächtigten.[585] Es ist selbstverständlich, dass dem Beamten nicht ein verwaltungsinterner Sachverhalt vorgeworfen und er zugleich daran gehindert sein kann, sich dagegen mit den garantierten Rechtsschutzmitteln zu wehren. Dazu gehört die Hinzuziehung und Information eines Verteidigers. Das gilt jedenfalls hinsichtlich der Geheimhaltung »einfacher« Verwaltungsangelegenheiten, für die kein gesteigerter Geheimnisschutz besteht. Auch an **sonstige Außenstehende** darf sich der beschuldigte Beamte zur Rechtswahrung hilfesuchend wenden und dabei die nötigen Informationen geben. Soll damit Verteidigungsmaterial beschafft werden und wird die Information auf das Nötige beschränkt und besteht kein besonderes Schweigegebot, so liegt kein Bruch des Amtsgeheimnisses vor,[586] ebenso nicht, wenn der Beamte den – nicht »besonders« geheimnisgeschützten – Inhalt der ergangenen Disziplinarentscheidung verbreitet.[587]

Wendet sich der Beamte zur eigenen Rechtswahrung in innerbehördlichen Streitfragen an den **Personalrat**, so betrifft das die Statusbeziehung des Beamten zur Verwaltung und damit wiederum den »dienstlichen Verkehr«.[588] Der »dienstliche Verkehr« befreit sowohl nach § 67 Abs. 2 BBG als auch kraft spezialgesetzlicher Regelung in §§ 68 Abs. 1 Nr. 3 und Abs. 2 Sätze 3 und 4, 76 Abs. 1 und 2 Nr. 9, 77 Abs. 1, 78 Abs. 1 Nr. 3–5 BPersVG von der Schweigepflicht hinsichtlich »einfacher« Amtsgeheimnisse. Die Einbeziehung des Personalrats in den »dienstlichen Verkehr« und in die geheim zu haltenden Amtsgeheimnisse sichert das BPersVG dadurch ab, dass es den Personalratsmitgliedern ebenfalls eine Ver-

---

582 Dazu BDiG 16. 5. 1978 – IV Bk 8/78.
583 BVerwG 15. 12. 2005 – 2 A 4.04, Rn. 47.
584 BDiG 14. 8. 1984 – VI Bk 6/84.
585 BDHE 5, 49; BDiG, NJW 1992, 2107; Behnke-H. Arndt, Einf. Rn. 93; A. Arndt, NJW 1960, 2040; Claussen/Janzen, § 40 BDO Rn. 7c.
586 BDHE 5, 48.
587 BDiG 12. 9. 2001 – VII Bk 5/01; Claussen/Janzen, Einl. C. Rn. 27.
588 So auch Claussen/Janzen, Einl. C. Rn. 28b.

schwiegenheitspflicht in § 10 Abs. 1 auferlegt, die – soweit nicht personalvertretungsrechtliche Belange tangiert sind – auch gegenüber den übrigen Personalratsmitgliedern besteht (§ 10 Abs. 1 Satz 2 BPersVG) und die in Abs. 2 nur im Falle der »Offenkundigkeit« und »Unbedeutendheit« aufgehoben wird. Personalratsmitglieder genießen also keine »Immunität«, sondern unterliegen einem zusätzlichen Schweigegebot. Die im »dienstlichen Verkehr« erworbenen Informationen sind in »amtlicher Tätigkeit« erlangt und unterliegen der Geheimhaltungspflicht nach § 67 Abs. 1 BBG (Rn. 6).[589]

12 **Gewerkschaften** sind behördenfremde Institutionen, denen gegenüber grundsätzlich die Schweigepflicht auch hinsichtlich »einfacher« Geheimnisse besteht. Soweit sie nicht durch Gesetz zum Bereich des »dienstlichen Verkehrs« zählen (s. nachst.), besteht ihnen gegenüber Geheimhaltungspflicht mindestens hinsichtlich der »personalbezogenen« Daten eines Dritten. Der Schutz der personalbezogenen Daten (Namenslisten) hat Vorrang gegenüber dem Interesse der Gewerkschaft, diese Listen für den Wahlkampf zum Personalrat zu verwenden. Wer seinem Kollegen und Gewerkschaftsobmann geheim gehaltene Adressenlisten der Dienstanfänger überlässt, damit dieser Werbung betreiben kann, verletzt seine Geheimhaltungspflicht.[590] Die den Gewerkschaften, die in der Dienststelle vertreten sind, eingeräumten Rechte (so z. B. § 91 Abs. 1 Satz 2 BBG, § 2 BPersVG, auf Teilnahme an der Personalratssitzung, § 36 BPersVG und auf Herbeiführung einer Personalversammlung, § 49 Abs. 3 BPersVG) beinhalten zwangsläufig das Bekanntwerden mindestens »einfacher« Amtsgeheimnisse. Der »Schutz von Dienstgeheimnissen« i. S. d. § 2 Abs. 2 BPersVG kann sich deshalb nur auf den »gesteigerten« Geheimnisschutz kraft »besonderer Schweigegebote« beziehen (vgl. Rn. 13). Die insoweit gegebene Einbeziehung der Gewerkschaften in den »dienstlichen Verkehr« befreit nicht nur die Behördenleitung und den Personalrat, sondern auch den einzelnen Amtsträger gegenüber den Gewerkschaften von der Geheimhaltungspflicht »einfacher« Geheimnisse. Zumeist werden die dienstlichen Angelegenheiten durch die gesetzliche Zusammenarbeit den Gewerkschaften ohnehin schon bekannt und damit »offenkundig« oder »bedeutungslos«, also noch nicht einmal »einfache« Amtsgeheimnisse sein. Soweit beamtete Gewerkschafter im gewerkschaftlichen Meinungskampf Amtsgeheimnisse veröffentlichen, gelten die üblichen Grundsätze hinsichtlich der Offenkundigkeit und Unbedeutendheit (B. II. 2. Rn. 5, 7, B. II. 7. Rn. 17).[591]

13 Liegen innerhalb des »dienstlichen Verkehrs« **besondere Geheimhaltungsgebote** vor oder sind Beamte in einem anderen Verfahren gegen die eigene Behörde als Betroffene, Zeugen oder Sachverständige beteiligt (also außerhalb des »dienstlichen Verkehrs«), so sind sie **gem. § 67 Abs. 3 BBG nur nach Genehmigung** der dafür zuständigen Stellen zur Offenbarung befugt, auch wenn es dabei um die eigenen Interessen geht. Die besonderen Geheimhaltungsregelungen sind als Spezialregelungen immer bindend, solange sie nicht ausdrücklich aufgehoben sind. Die Ausnahmevoraussetzungen für die allgemeine Regelung des § 67 Abs. 2 BBG sind hier nicht wirksam.[592] Der Umfang der Geheimhaltungspflicht ergibt sich aus der jeweiligen Spezialregelung. Besondere Schweigepflichten können sich aus dem **Gesetz** (Personaldatenschutz: §§ 5, 10, 11 Abs. 1 BDSG; Postgeheimnis: Art. 10 GG/§ 206 Abs. 2 Nr. 1 StGB; Sozialgeheimnis: § 35 SGB I; Steuergeheimnis: § 30

---

589 Vgl. auch OVG Rheinland-Pfalz, DÖD 2000, 270.
590 BDiG 25. 11. 1987 – XVI Bk 20/87.
591 Vgl. BDiG, DÖD 1979, 199 (Flugblatt gegen eigene Behörde zu verwaltungsinternen Vorgängen bzgl. Arbeitsplatzbeschaffung), und OVG Rheinland-Pfalz, DVBl. 1999, 330.
592 Vgl. BVerwGE 93, 202 zum Verstoß gegen § 22 Abs. 3 Satz 1 GOBReg.

Die Pflicht zur Amtsverschwiegenheit

AO/§ 355 StGB; Bankgeheimnis: § 32 BBankG, Prozessgeheimnis: § 353d StGB),[593] aus **allgemeinen und speziellen Verwaltungsanordnungen** (Verschlusssachen-Anweisung) und aus der **Natur der Sache** (Personalakten; §§ 90 BBG, 99 Abs. 1 Satz 2 VwGO) ergeben. Arbeitet ein mit Verschlusssachen betrauter BGS-Beamter mit einem ausländischen Nachrichtendienst zusammen,[594] verletzt er besondere Sicherheitsbestimmungen. Aber auch darüber hinaus kann die Übermittlung von Informationen an das MfS die Verschwiegenheitspflicht verletzen. Nach der Wiedervereinigung beider deutscher Staaten kam es im Zuge der Aufklärung nachrichtendienstlicher Verknüpfungen vermehrt zu Disziplinarverfahren gegen ehemals westdeutsche Beamte, die Kontakte zum MfS oder zur HVA der DDR hatten. Die Übermittlung von – für die ehemalige DDR – interessanten Informationen aus der Behörde oder dem Arbeitsbereich des Beamten berührt immer auch die Pflicht zur Amtsverschwiegenheit nach § 67 Abs. 1 BBG.[595] Die Verletzung der **Verschwiegenheitspflicht hat** dabei **eigenes Gewicht**, da die ebenfalls häufig gleichzeitig verletzten Pflichten aus § 60 Abs. 1 Satz 3 BBG (politische Treuepflicht) oder § 61 Abs. 1 Satz 2 BBG (Uneigennützigkeit) diese nicht konsumieren.[596] Pflichtwidrig ist die Verwendung des Funkrufnamens, der als Verschlusssache eingestuft ist, bei eBay.[597] Hängt ein Personalratsmitglied des BGS einen mit »VS-NfD« gekennzeichneten Organisations- und Stellenplan im Kantinengebäude aus, so dass auch Nichtangehörige des BGS Kenntnis erlangen können, ist die besondere Schweigepflicht der Verschlusssachen-Anweisung verletzt ohne Rücksicht darauf, ob und inwieweit die Öffentlichkeit von dem Inhalt auch anderweit Kenntnis erlangen konnte (vgl. Rn. 3),[598] ebenso bei Gefährdung des Patentgeheimnisses durch nachlässige Handhabung des Sachbearbeiters.[599] Der Bruch der Amtsverschwiegenheit wird durch gleichzeitige oder spätere Verstöße anderer nicht behoben. Anders, wenn zum Zeitpunkt des Verstoßes die geheim zu haltende Angelegenheit bereits öffentlich bekannt, also »offenkundig« war. Weitere besondere Schweigepflichten ergeben sich aus den **strafrechtlichen Geheimhaltungstatbeständen** (wie in §§ 203, 206, 353 d, 356 StGB) und aus prozessualen Aussage- und Zeugnisverweigerungstatbeständen (wie in §§ 53, 53 a StPO, 383 Abs. 1 Nr. 6 ZPO). Zu letzteren gehört auch § 67 Abs. 3 i. V. m. § 68 BBG. Wird gegen eine »besondere« Schweigepflicht verstoßen, **ohne dass ein Amtsgeheimnis offenbart** wird (etwa weil in einer Verschlusssache der Umstand offenkundig ist), so liegt kein Verstoß gegen die Amtsverschwiegenheit, sondern gegen die Gehorsamspflicht vor (vgl. B. II. 7. Rn. 2). Auch bei der »besonderen Schweigepflicht« kommt es darauf an, wem gegenüber die Geheimhaltung geschuldet wird. Ist ein **amtsärztliches Gutachten** von der Behörde oder dem Gericht angeordnet und dementsprechend erstattet worden, ist die besondere Geheimhaltung der ärztlichen Untersuchung der anordnenden Stelle geschuldet, nicht dem Patienten (selbstverständlich gilt die allgemeine Geheimhaltungspflicht gegenüber Außenstehenden weiter). Die ärztliche Schweigepflicht besteht nicht gegenüber der den Auftrag gebenden Behörde, auch nicht bei Widerspruch des betroffenen Beamten.[600] Die Befreiung von der ärztlichen Schweigepflicht, die hier häufig

---

[593] Weitere Auflistung bei GKÖD-Weiß, J 530 Rn. 183 ff.
[594] BVerwG 27. 6. 1995 – 1 D 12.94, BVerwGE 103, 248 = ZBR 1996, 52 = NVwZ-RR 1996, 97.
[595] BVerwG 27. 1. 1998 – 1 D 63.96.
[596] BVerwGE 103, 248; NVwZ-RR 1996, 516; Dok. Ber. 1995, 203.
[597] VG Regensburg 26. 7. 2010 – RO 10B DK 10.230.
[598] BVerwGE 103, 248, das allerdings bzgl. der VS-Anweisung § 61 Abs. 1 Satz 3 BBG für einschlägig hält statt richtigerweise § 67 Abs. 1 BBG.
[599] BDiG 28. 6. 1988 – X VI Bk 9/88.
[600] BVerwG 18. 10. 1977 – 1 D 111.76, m. w. N., ebenso Behnke-Arndt, Einf. Rn. 98 m. w. N. vgl. auch Fischer, DÖD 1985, 165; a. A. GKÖD-Weiß, J 530 Rn. 199 m. w. N.

Die einzelnen Dienstvergehen und ihre Maßregelung

vermisst wird und nur nach § 60 BDO entbehrlich ist, liegt schon in dem Einverständnis des Patienten zur behördlich angeordneten Untersuchung und Begutachtung. Das ergibt sich auch für den Patienten evident aus Sinn und Zweck des behördlichen Gutachterauftrags. Auch gegen besondere Schweigepflichten könnten Offenbarungspflichten überwiegen: z. B. zur Strafanzeige und Verfassungstreue nach §§ 61 Abs. 4 BBG, zur ärztlichen Anzeige nach §§ 3 ff. BSeuchG, 11 ff. GeschlKrG, im übergesetzlichen Notstand nach § 34 StGB.[601]

14 Im dienstlichen Umgang mit Postgut sichert § 206 Abs. 2 Nr. 1 StGB das Brief- und Postgeheimnis auch gegenüber den Postbediensteten.[602] Eine strafrechtliche **Verletzung des Postgeheimnisses** liegt nicht vor bei gebührenbegünstigten Sendungen, die »offen« auszuliefern sind. Der einfache Klammerverschluss macht die Sendung nicht zu einer »verschlossenen«.[603] Postsendungen mit Adhäsionsverschluss stehen sonstigen Briefsendungen gleich.[604] Bei offenen Sendungen verbietet das Postgeheimnis nicht das Öffnen und Kenntnisnehmen, sondern nur das Mitteilen des Inhalts an Dritte.[605] Die Verletzung des Postgeheimnisses ist schwer wiegend. Wegen der großen Spannweite der denkbaren Verfehlungen gibt es – soweit nicht zugleich ein Zugriff auf Beförderungsgut gegeben ist (B. II. 10. Rn. 2 ff.)[606] – **keine Regeleinstufung**, aber auch die Höchstmaßnahme kann bei besonders schweren Fällen in Betracht kommen.[607] Trotz erschwerender Momente wie gezielte Briefausforschung aus Feindschaft,[608] Vorgesetztenstellung,[609] fortgesetztes Anschauen persönlicher Aktfotos einer bekannten Postkundin,[610] fortgesetztes Brieföffnen aus sexueller Neugier[611] kann von der Höchstmaßnahme abgesehen werden. Ebenso pflichtwidrig ist die Verletzung des Fernmeldegeheimnisses.[612] Auch nach der Privatisierung der Post bleibt die Verletzung des Post- und Fernmeldegeheimnisses pflichtwidrig.[613]

15 Die **Amtshilfe** gehört zum zwischenbehördlichen Dienstverkehr. Ersuchen außerbehördliche Stellen um Amtshilfe, so dient dies jedoch nicht dem »innerdienstlichen Verkehr«, der amtlichen Aufgabenerfüllung der ersuchten Behörde i. S. d. § 67 Abs. 2 BBG. Es besteht deshalb volle Geheimhaltungspflicht hinsichtlich der einfachen und gesteigerten Amtsgeheimnisse (mit Ausnahme der offenkundigen und unbedeutenden). Amtshilfe kann amtliches Tätigwerden für die ersuchende Behörde (Tätigkeitshilfe) und Weitergabe von Kenntnissen der ersuchten Behörde (Informationshilfe) bedeuten. Die **Tätigkeitshilfe** erfordert bis zu einem gewissen Grad die Offenbarung geheim zu haltender Tatsachen durch die ersuchende Behörde, da andererseits Grundlage und Zielrichtung der Amtshilfe unklar bliebe. Für die ersuchte Behörde ist dies kein Problem der Amtsverschwiegenheit, da sie keine Geheimnisse offenbart. Für die ersuchende Behörde ist die Offenbarung zulässig, da sie der eigenen amtlichen Aufgabenerfüllung dient und damit »dienstlichen Verkehr« darstellt. Der Rechtfertigungsgrund für die Offenbarung von

---

601 Bei Arzt vgl. BVerwG v. 4. 9. 1970 – 1 B 50.69, DÖV 1972, 59.
602 Zum Umfang des Postgeheimnisses vgl. BVerwG, NJW 1984, 2112.
603 BVerwGE 76, 152.
604 BVerwG, Dok. Ber. 1982, 277.
605 BVerwG 25. 4. 1984 – 1 D 74.83, Dok. Ber. 1984, 189.
606 BVerwGE 113, 221 = NVwZ 1999, 662 = DÖD 1999, 28.
607 Überblick in BVerwG 27. 3. 1968 – 1 D 43.67.
608 BVerwG 9. 6. 1972 – 1 D 1.72 = Einst. § 14 BDO (nun § 14 BDG) n. Geh.K.
609 BVerwG 24. 11. 1976 – 1 D 27.76 = Geh.K.
610 BVerwG 15. 6. 1966 – 2 D 15.66: Degr.
611 BVerwG 15. 12. 1965 – 2 D 55.65: Degr.
612 BVerwG, Dok. Ber. 1990, 107.
613 BVerwGE 113, 208 = NVwZ 1998, 172 = DÖD 1998, 231.

Die Pflicht zur Amtsverschwiegenheit

Amtsgeheimnissen entfällt, wenn die **Amtshilfe nur vorgetäuscht** wird. Dann handelt allerdings nicht der ahnungslose Auskunft Gebende, sondern der Täuscher pflichtwidrig (vgl. Rn. 4).[614]
Die Amtshilfe als **Informationshilfe** ist unter dem Gesichtspunkt der Amtsverschwiegenheit das eigentliche Problem.[615] Die Weitergabe geheim zu haltender Kenntnissen an andere Behörden ist nur aufgrund gesetzlicher Ermächtigung oder übergeordneter Interessen zulässig. Soweit es um **verwaltungsinterne Probleme** geht, wird die Behörde selbst an der Geheimhaltung interessiert sein. Dagegen haben in erster Linie die Verwaltungsadressaten bzw. die Amtsträger selbst das Interesse am Schutz ihrer **personenbezogenen Daten**. Die disziplinare Praxis beschäftigt sich überwiegend nur mit der Verletzung der Verwaltungsinteressen. Offenbar wird die Verletzung des informationellen Selbstbestimmungsrechts den Betroffenen nur selten bekannt, jedenfalls disziplinarrechtlich kaum verfolgt. Für den Geheimnisschutz bei Informationshilfe gilt in jedem Fall, dass **Allgemeine Amtshilfevorschriften** wie z. B. Art. 35 Abs. 1 GG, § 99 Abs. 1 Satz 1 VwGO, § 29 BDG oder der AO der Mitteilungen in Strafsachen[616] nicht von den Geheimhaltungspflichten entbinden. Sie schaffen nur eine verfahrensmäßige Zuständigkeit. Die materiellrechtlichen Voraussetzungen einer Geheimnisweitergabe sind in aufgabenspezifischen Ermächtigungsnormen zu suchen, etwa in § 96 StPO (Aktenbeiziehung), in § 3 PetAusschussBefugnisG[617] (zum Auskunftsrecht des Petitionsausschusses), §§ 14 Abs. 1 und 2, 23, 57 BDG (zur Bindung der Disziplinarorgane an Strafurteile, was die inhaltliche Verwertung der Strafakten voraussetzt).[618] Soweit die §§ 4–8 und 30 VwVfG die Amtshilfe und die Geheimhaltungspflicht regeln, lassen sie die materielle Offenbarungsermächtigung offen. Selbst für das Strafverfahren, das ausdrücklich nur die Rechtshilfe regelt (§ 156 GVG), aber in §§ 161a Abs. 4 und 162 StPO inhaltlich Amtshilfe begründet, beschränkt sich diese auf dieselbe Aufgabenerfüllung desselben Verwaltungszweigs (Justiz) und ist dem individuellen Grundrechtsschutz und dem Verwaltungsinteresse der ersuchten Behörde unterstellt.[619] Besonders gegenüber **speziellen Geheimhaltungsregelungen** (im Einzelnen Rn. 13) versagt das allgemeine Recht auf Amtshilfe.[620] Das gilt vor allem für die speziellen Geheimhaltungsregelungen, die zum **Schutz des Bürgers** und seines Rechts auf **informationelle Selbstbestimmung** getroffen sind (zu Letzterem B. II. 8. Rn. 6, 7). Der Gegensatz zwischen allgemeinem, formalem Anspruch auf Amtshilfe und materiellem Geheimnisschutz ist in erster Linie durch den Gesetzgeber (**Parlamentsvorbehalt**),[621] erst in zweiter Linie – und nur sehr eingeschränkt – im Rahmen eines »Grundrechtsnotstands« durch **Güterabwägung** zu lösen. Der Parlamentsvorbehalt verdrängt die Güterabwägung, auch gegenüber dem Strafverfolgungsanspruch.[622] In der Praxis wird sich das Problembewusstsein danach unterscheiden, ob die Geheimhaltung dem Schutz der Verwaltungsinteressen (Behördeninterna) oder des Individualinteresses (informationelles

16

---

614 BDiG 28. 4. 1988 – XVIII Bk 4/87.
615 Vgl. zum Grundrechtsschutz aus Art. 1 Abs. 1, 2 Abs. 1 GG BVerfGE 27, 6, 351; Benda, FS Geiger, 1974, S. 38, und zu den verfassungsrechtlichen Grenzen der Informationshilfe eingehend u. m. vielen Nachw. Schmidt, ZRP 1979, 185 ff.
616 Neufassung v. 29. 4. 1998, BAnz. 1998, Nr. 99 a.
617 BGBl. 1975 I S. 1921.
618 Nach BVerwG, ZBR 1997, 296, steht das Recht auf informationelle Selbstbestimmung der Beiziehung von Strafakten nicht entgegen.
619 Dazu Meyer-Goßner/Schmitt, StPO, Vorbem. zu § 156 GVG Rn. 2.
620 Vgl. Schnapp, NJW 1980, 2165; Ostendorf, DRiZ 1981, 4; Franzheim, ZRP 1981, 6.
621 Zum Grundrechtsschutz in Selbstverwaltungsautonomie und in »besonderen Gewaltverhältnissen« BVerfGE 33, 11; 33, 159; 47, 78.
622 Im Einzelnen Schmidt, ZRP 1979, 187.

Die einzelnen Dienstvergehen und ihre Maßregelung

Selbstbestimmungsrecht) dient. Ist besonderer Vertraulichkeitsschutz gegeben, so ist Amtshilfe im Wege der Auskunft oder Aktenüberlassung/-einsicht nur unter strikter Wahrung des Verhältnismäßigkeitsgebots bei überwiegendem Interesse der Allgemeinheit zulässig.[623] Instruktiv zur Güterabwägung ist § 30 Abs. 4 Nr. 5 AO zum Steuergeheimnis.[624] Dabei ist zu prüfen, ob die erforderliche Sachklärung nur durch Verwertung auf diesem Wege (z. B. Aktenbeiziehung und Verwertung) möglich ist. So steht z. b. dem Aufklärungs- und Verfolgungsauftrag der Disziplinarorgane nach § 17 BDG die vorrangige Vertraulichkeit des Ehescheidungsverfahrens entgegen. Überlassung der **Ehescheidungsakten** an und Verwertung durch andere Behörden/Gerichte im Wege der Amtshilfe ist deshalb ohne Zustimmung der Eheleute unzulässig[625] und pflichtwidrig. Ebenso steht auch beispielsweise nach Literatur und Praxis der **Arbeitsverwaltung**[626] das spezielle Sozialgeheimnis aus § 35 SGB I dem Auskunftsersuchen der Disziplinargerichte nach § 29 BDG (Amtshilfeanspruch gegen alle Gerichte und Behörden) entgegen, wenn der Betroffene nicht zustimmt. Auch die Anforderung von vertraulichen Akten durch die **Strafverfolgungsorgane** in Form des Amtshilfeersuchens verlangt eine Prüfung und Abwägung nach dem Verhältnismäßigkeitsgebot (überwiegendes Interesse, Notwendigkeit des Mittels). Disziplinarakten (die doppelten Vertraulichkeitsschutz genießen, vgl. Rn. 13) sind ohne Zustimmung der Betroffenen dann nicht zu übersenden und offen zu legen, wenn diese im Disziplinarverfahren Schutzrechte nicht hatten oder sich deren begeben hatten und hierdurch prozessuale Nachteile im Strafverfahren befürchten müssen (z. B. hinsichtlich der Wahrheitspflicht bei der eigenen Einlassung, vgl. B. II. 8. Rn. 9). Häufig wird allerdings der staatliche Strafverfolgungsanspruch Vorrang vor dem Interesse der Betroffenen auf Geheimhaltung haben.

17 Der Geheimnisschutz hat durch die **EDV-Vernetzung** eine erhebliche Gefährdung, vor allem auch im Bereich der herkömmlichen Amtshilfe, erfahren (im Einzelnen hierzu Schmidt ZRP 1979, 185). Die **Informationshilfe** durch Benutzung von EDV-Netzen sprengt die Struktur der herkömmlichen Amtshilfe. Denn nach generell erteilter Abrufberechtigung werden die gewünschten Daten von der (früher ersuchenden) Behörde über Terminal im Online-Anschluss abgerufen, ohne dass die datenverwaltende Behörde zuvor die Zulässigkeit prüfen und die Abrufung registrieren kann. Unter diesen Umständen muss die **Geheimhaltungspflicht im Sinne des Straftatbestandes in § 41 BDSG erweitert** werden auf diejenigen, die ohne Ersuchen unmittelbar über automatisierte EDV in den Besitz geheimer Tatsachen kommen wollen. Die Amtsverschwiegenheit gilt dann für die »anvertrauten« wie für die »zugänglichen« Daten und trifft dann unmittelbar auch die abrufende (früher ersuchende) Stelle bzw. die abrufenden Amtsträger und nicht nur die ersuchte (abgebende) Behörde. Dieser **Gesichtspunkt gilt generell:** Wer sich über eine bestehende Geheimhaltungspflicht hinwegsetzt und damit unmittelbar und unberechtigt auf Personaldaten zugreift, begeht außer der Straftat nach § 41 BDSG (die möglicherweise achtungs- und ansehenswidrig i. S. d. § 61 Abs. 1 Satz 3 BBG ist) zugleich auch ein innerdienstliches Dienstvergehen gegen die Amtsverschwiegenheit nach § 67 Abs. 1 BBG (vgl. Rn. 5 und 15).[627] Ob ein Pflichtenverstoß auch bei der datenverwaltenden Stelle vorliegt,

---

623 BVerwG, NJW 1970, 1760, ablehnend zur Zulässigkeit der Auskunft aus Personalakten; BGH, NJW 1973, 188, bejahend zur Überlassung der Personalakten an Justizbehörde wegen Berufszulassungsverfahren.
624 OVG Nordrhein-Westfalen, RiA 2002, 43.
625 BVerfGE 27, 344; DVBl. 1973, 362.
626 Nachw. bei Schmidt, ZRP 1979, 189, Fn. 44.
627 Im Ergebnis BDiG 28. 4. 1988 – X VIII Bk 4/87: Vortäuschen von Amtshilfe.

Die Pflicht zur Amtsverschwiegenheit

die keine Vorkehrungen gegen unkontrollierbaren Datenzugriff trägt, hängt von den technischen Gegebenheiten ab, ist aber wegen der verfassungsrechtlichen Bedeutung des Datenschutzes grundsätzlich zu bejahen.

Auch außerhalb des »dienstlichen Verkehrs« unterliegen amtsbekannte Angelegenheiten nicht der Amtsverschwiegenheit, wenn sie »**offenkundig**« sind, d. h. »von denen verständige und erfahrene Menschen regelmäßig ohne weiteres Kenntnis haben oder von denen sie sich durch Benützung allgemein zugänglicher, zuverlässiger Quellen unschwer überzeugen können«.[628] Insoweit deckt sich Offenkundigkeit mit »Allgemeinkundigkeit«, die wiederum nicht in allen Regionen und Bevölkerungsgruppen gleichermaßen vorhanden zu sein braucht.[629] Offenkundigkeit liegt aber nicht vor, wenn nur der Empfänger der Mitteilung oder ein kleiner Kreis schon eingeweiht ist. Für die Offenkundigkeit langt die allgemein gegebene Informationsmöglichkeit. Angelegenheiten sind offenkundig, wenn sie veröffentlicht wurden (Presse, Medien, Gesetz- oder Amtsblätter) oder in der Öffentlichkeit offenbart wurden (gilt für öffentliche Gerichtsverhandlung, Parlamentssitzung, Verbandssitzungen, auch wenn kein Publikum anwesend war) oder wenn sie zwar unbefugt, aber einem unkontrollierbaren Kreis offenbart wurden.[630] Offenbarte Angelegenheiten können, auch wenn sie damit »offenkundig« geworden sind, durch spezielle Schweigegebote wieder zu einem zu schützenden Geheimnis werden.[631] Aber auch durch **Zeitablauf** kann eine Tatsache wieder in Vergessenheit geraten und damit wieder dem Geheimnisschutz unterliegen.[632]

18

Amtsbekannte Tatsachen, die »**ihrer Bedeutung nach** keiner Geheimhaltung bedürfen«, unterliegen ebenfalls nicht der Schweigepflicht. Maßgeblich sind der dienstliche Zusammenhang, die Bedeutung der Angelegenheit, die Interessenlage (Verwaltungsinternum oder Personaldaten), der Grad der Schutzbedürftigkeit des Interesses, Anlass und Nutznießer der Offenbarung usw. **Triviale Alltagsbegebenheiten des Dienstbetriebs** bedürfen keiner Geheimhaltung, weder im außerdienstlich-privaten Bereich (z. B. Bemerkung über persönliche Arbeitsbelastung wegen Personalknappheit, Schilderung persönlichen Ärgers mit Vorgesetzten oder Kunden ohne Benennung der Namen und der Sache, private Erörterung einer Rechtsfrage, anekdotische Erzählung eines Vorgangs ohne Offenlegung von Personen und Sache) noch im inner- oder zwischenbehördlichen Bereich (z. B. Bemerkungen außerhalb des »dienstlichen Verkehrs« [Rn. 7, 8] über Geschäftslage, Bearbeitungsdauer, Anfragen oder Auskünfte zu Fragen der allgemeinen Verwaltungsorganisation, Öffnungszeit, Anwesenheit bestimmter Mitarbeiter). Aber nicht nur geringfügige Angelegenheiten können hinsichtlich des Geheimnisschutzes bedeutungslos sein.[633] Wesentlich ist, ob jetzt oder für eine spätere Zeit das **Bedürfnis nach Geheimhaltung** »**evident**« ist, ins Auge springt.[634] Erst eine spezielle, besondere Schweigepflichtregelung wird häufig die Geheimhaltungspflicht evident machen.

19

Die Verwaltung unterliegt verschiedenen **Kontrollinstanzen** wie dem Parlament, den Gerichten, den Strafverfolgungsbehörden, dem Rechnungsprüfungsausschuss, den Medien.

20

---

628 Zuletzt OVG Rheinland-Pfalz 4.11.2010 – 3 A 10736/10; früher: BVerfGE 10, 183; BVerwG, DVBl. 1983, 35; BGHSt 6, 292.
629 BGH, NJW 1954, 1656.
630 Str.; wie hier GKÖD-Weiß, J 530 Rn. 81aa S. 55; dagegen OVG Nordrhein-Westfalen, DÖV 1966, 504.
631 Battis, BBG, § 61 Anm. 3; Plog/Wiedow, BBG, § 61 Rn. 6.
632 OLG Köln, NJW 2000, 3656.
633 So auch Claussen/Janzen, Einl. C. Rn. 27 gegen Plog/Wiedow, § 61 Rn. 6.
634 Vgl. BVerwG, DVBl. 1983, 505.

Die einzelnen Dienstvergehen und ihre Maßregelung

Dies ändert nichts an der Verschwiegenheitspflicht der einzelnen Beamten.[635] Die Offenbarung der Amtsgeheimnisse ist den einzelnen Amtsträgern nur im Rahmen des § 67 Abs. 2 (Offenkundigkeit oder mangelnde Bedeutung) oder Abs. 3 BBG (Genehmigung der Vorgesetzten) erlaubt. Dabei ist es unerheblich, ob das Offenbarungsinteresse von Außenstehenden oder von dem Amtsträger ausgeht. Entsprechend dem hierarchischen Aufbau der Verwaltung hat der verantwortliche Vorgesetzte über die Genehmigung zur Offenbarung von Amtsgeheimnissen zu entscheiden. Liegt es im persönlichen Interesse des Amtsträgers, sich etwa zur öffentlichen Meinungsbildung an die Öffentlichkeit und die Presse (Interview, Leserbrief,[636] Gegendarstellung[637]) oder zur eigenen Rechtswahrung an Parlamentsabgeordnete, Petitionsausschüsse, Polizei, Justiz (auch außerdeutsche, vgl. Art. 25 MRKV, Anrufung des EGMR) zu wenden und offenbart er dabei ohne Genehmigung Amtsgeheimnisse, so sind nach der Bedeutung der Geheimhaltung die beiderseitigen Interessen abzuwägen (vgl. B. II. 2. Rn. 5, 7–9 zur politischen Mäßigungspflicht; B. II. 7. Rn. 15, 16 zur Unterstützungspflicht; B. II. 8. Rn. 11 zur Wahrheitspflicht). Eine generelle und völlige Befreiung von jeglicher Geheimhaltungspflicht gibt es nicht. Höchste Geheimnisgrade können auch starken Individualrechten vorgehen. Außerdem kann, abgesehen von dem dienstlichen Geheimhaltungsinteresse, der Personaldatenschutz sehr weitgehend Vorrang haben. **Pflicht zum Geheimnisbruch** besteht nach § 67 Abs. 2 Satz 4 BBG bei gesetzlicher Strafanzeigepflicht und zur Verteidigung der freiheitlichen demokratischen Grundordnung.

21 Die **Medien (Presse, Funk, Fernsehen)** haben ein verfassungsgeschütztes Informationsrecht.[638] Ihnen ist eine institutionelle Eigenständigkeit zur Beschaffung und Verbreitung von Nachrichten[639] garantiert. Die Medien haben damit die Aufgabe der öffentlichen Meinungsbildung und demokratischen Kontrolle.[640] Dazu gehört die Information über Struktur und Arbeitsweise der öffentlichen Verwaltung.[641] In § 70 BBG ist eindeutig geregelt, dass für die Unterrichtung der Presse (und der anderen Medien) allein der **Behördenvorstand** bzw. die von ihm Beauftragten berechtigt sind. Der einzelne Amtsträger hat demnach im eigenen Aufgabenbereich wie für die Behörde insgesamt volle Verschwiegenheit i. S. d. § 67 Abs. 1 BBG zu wahren. Der Behördenvorstand und die Pressebeauftragten haben allerdings die Amtspflicht zur sachgerechten Presseinformation. **Pressesprecher** sind ihrerseits an »besondere Schweigepflichten« gebunden. Sie sind nicht berechtigt zu veröffentlichen, dass sie angewiesen sind, ihre Presseerklärungen zuvor genehmigen zu lassen.[642] Für Art und Umfang der Offenbarung von Amtsgeheimnissen gelten die vorstehenden Grundsätze (Rn. 18, 19). »Einfache« Geheimnisse können bei entsprechendem Öffentlichkeitswert und geringem Geheimnisgrad mitgeteilt werden und sollten es auch angesichts der Informationsaufgabe der Medien. Wenden sich die Beamten aus persönlichen Gründen und ohne Pressesprecher zu sein an die Medien oder werden sie angesprochen (Leserbrief, Interview), so haben sie die Verschwiegenheitsgrundsätze zu beachten. Ist die Abstimmung einer Veröffentlichung der Dienstgestaltung mit dem Dienstvorgesetzten angeordnet, so ist der Betroffene daran gebunden (BVerwG, ZBR 1991, 345). Wenn auch nur »offenkundige« und »unbedeutende« Angelegenheiten der Behörde un-

---

635 OVG Rheinland-Pfalz 4. 11. 2010 – 3 A 10736/10.
636 BVerfGE 28, 64.
637 BVerfGE 54, 153; NJW 1983, 1179.
638 BVerfGE 12, 128; Löffler, NJW 1982, 91.
639 BVerfGE 10, 118.
640 BVerfGE 20, 97.
641 BDH 25. 10. 1961, S. 40f. – 3 D 20.61.
642 BVerwG, ZBR 1983, 181 = DÖD 1983, 162.

Die Pflicht zur Amtsverschwiegenheit

geschützt sind, so ist doch eine – unbefugte – Offenlegung »einfacher« Amtsgeheimnisse wegen der Unbestimmtheit der Ausnahmebegriffe und im Sinne der Güterabwägung (der »praktischen Konkordanz«)[643] mit Verständnis zu beurteilen.[644]
Die Offenlegung innerdienstlicher Angelegenheiten in den Medien, in schriftlichen Veröffentlichungen und Vorträgen oder auch in Strafanzeigen gegen Kollegen und Vorgesetzte[645] durch Beamte zum Zwecke der persönlichen Rechtfertigung, der Rechtswahrung oder der Kritik von Mängeln in der Behörde wird häufig als »**Flucht in die Öffentlichkeit**« bezeichnet (allerdings disziplinarrechtlich selten vorgeworfen). Es handelt sich hierbei nur um ein Schlagwort, nicht um einen selbständigen Pflichtentatbestand. Im Rahmen der hier maßgeblichen Pflicht zur Amtsverschwiegenheit kommt es für eine »**Flucht an die Öffentlichkeit**« nicht darauf an, ob der Beamte sich dienstlich oder außerdienstlich schriftlich oder mündlich äußert, ob die Äußerung dienstlichen Bezug hat und ob sie sich gegen die eigene Behörde oder die Vorgesetzten/Kollegen richtet. Vielmehr geht es allein um die Veröffentlichung **innerdienstlicher Vorgänge**, nicht um die sonstige Meinungsäußerung in der Öffentlichkeit, auch wenn die Amtsbezeichnung offen gelegt wird (dazu B. II. 2. Rn. 9). Als Grundlage des Vorwurfs wird herkömmlich die – formal ordnungswidrige – **Versäumung des Dienstwegs** angenommen, § 125 Abs. 1 und 2 BBG. Der eigentliche Vorwurf geht weiter: Gemeint ist in Wirklichkeit die Verletzung der **Dienstpflicht zur Loyalität** gegenüber der eigenen Behörde (Pflicht zur Unterstützung, Kollegialität und Vertrauenswürdigkeit, §§ 61 Abs. 1 Satz 3, 62 Abs. 1 Satz 1 BBG; Rn. 23 und B. II. 7. Rn. 15, 16) und der Amtsverschwiegenheit. Der Vertrauensbruch wird darin gesehen, dass der Druck der öffentlichen Meinung auf die Behörde/die Vorgesetzten angestrebt wird. Die dienstliche Loyalität verlangt von Beamten das für die Behörde und die staatliche Verwaltung schonendste Mittel bei der Verfolgung eigener Offenbarungsinteressen, also die Ausschöpfung der innerbehördlichen, staatlich-institutionellen (Justiz) und parlamentarischen Abhilfemöglichkeiten, bevor die Medien eingeschaltet werden.[646] **Öffentlichkeit** bedeutet hier jede Anlaufstelle außerhalb des Dienstes, die den Druck der öffentlichen Meinung darstellen oder beeinflussen kann.[647] Dabei bleibt meist zunächst offen, ob dieses Vorgehen nur deshalb vorgeworfen wird, weil der Behörde nicht vorher auf dem Dienstweg Gelegenheit zur Abhilfe gegeben wurde, oder ob in jedem Fall die Veröffentlichung wegen ihres Inhalts als vertrauenswidrig angesehen wird. Wie so oft überschneiden sich die einzelnen Pflichtentatbestände auch hier (wegen des Verhältnisses von allgemeiner zu spezieller Norm und wegen der Unbestimmtheit des Tatbestands A. I. Rn. 3., II. Rn. 37 ff.). Die Beeinträchtigung des gegenseitigen Vertrauensverhältnisses (§ 61 Abs. 1 Satz 3 BBG) ist ohnehin die allgemeine Grundnorm für die Verschwiegenheitspflicht wie für alle anderen Dienstpflichten, daher keine Konkurrenz zur Amtsverschwiegenheit. Sie ist dennoch insofern angesprochen, als die »Einhaltung des Dienstwegs« nicht nur eine formale Pflicht des bloßen Ordnungsrechts sein muss, sondern auch eine materielle Pflicht, auch eine solche im Kernbereich, darstellen kann. Darum geht es bei dem Vorwurf der »Flucht in die Öffentlichkeit«. So lag auch in der **früheren Rspr.** der Vorwurf der Treuwidrigkeit darin, dass Beamte die Lösung ihres Problems nicht zuerst vertrauens-

---

[643] BVerfGE 19, 220; 30, 19.
[644] Zur besonderen Geheimhaltungspflicht für Kabinettsmitglieder gem. GOBReg. vgl. BVerwGE 93, 202 = NJW 1992, 1713.
[645] BDiG 24. 6. 1998 – XIV VL 21/97; folgend BVerwG 15. 11. 2000 – 1 D 65.98.
[646] BVerfGE 28, 191 zur Veröffentlichung vermeintlich verfassungswidriger Praktiken der eigenen Behörde.
[647] Vgl. BVerwG 27. 4. 1983 – 1 D 54.82.

Die einzelnen Dienstvergehen und ihre Maßregelung

voll innerhalb der Behörde, auf dem Dienstweg gesucht hatten.[648] Deshalb wurde schon die Androhung der Flucht in die Öffentlichkeit als pflichtwidrig erkannt,[649] eine Pflichtverletzung aber verneint, wenn der Dienstweg – ohne Erfolg – ausgeschöpft war.[650] Dieses Interesse deckt sich mit dem einen der Regelungszwecke des § 67 BBG, nämlich verwaltungsinterne Spannungen oder Missstände intern zu regeln und nicht »an die große Glocke zu hängen« (der andere Zweck der Geheimhaltung von Personaldaten dient dem individuellen Persönlichkeitsschutz, nicht dem Behördeninteresse). Soweit als »Flucht in die Öffentlichkeit« die Offenbarung dienstlicher Angelegenheiten vorgeworfen wird, gelten die dargestellten Grundsätze der Verschwiegenheitspflicht. Das heißt: Wenn die dienstlichen Angelegenheiten offenkundig oder unbedeutend und nicht durch eine »besondere Schweigepflicht« geschützt sind, unterliegen sie keiner Geheimhaltungspflicht. Eine Veröffentlichung kann dann **nicht § 67 BBG, sondern nur andere Pflichten** wie die zur politischen Mäßigung, neutralen Amtsführung, Unterstützung, Kollegialität und Vertrauenswürdigkeit (§§ 60 Abs. 1 und 2, 61 Abs. 1 Satz 3, 62 Abs. 1 Satz 1 BBG)[651] betreffen. Werden geschützte Dienstgeheimnisse pflichtwidrig offenbart, so stellt die **Meinungsfreiheit nach Art. 5 Abs. 1 GG** keinen Rechtfertigungsgrund dar,[652] auch wenn der Betroffene glaubt, verfassungswidrige Praktiken seiner Behörde öffentlich bekannt machen zu müssen.[653] Missstände einer Behörde dürfen bei öffentlichem Interesse im Rahmen der Meinungsfreiheit aber veröffentlicht werden, wenn die Offenlegung von Amtsgeheimnissen auf das Nötigste beschränkt wird.[654] Die Veröffentlichung vor Ausnutzung des Dienstwegs (§ 125 BBG) ist **kein pflichtwidriger Vertrauensbruch** bei Anrufung des Bundespersonalausschusses, des Petitionsausschusses, eines Parlamentsabgeordneten (Art. 17 GG),[655] der Gerichte sowie bei schwerer Verletzung von Grundrechten.

23 Die Geheimhaltungspflicht gilt auch für **wissenschaftliche und schriftstellerische Veröffentlichungen** und Vorträge.[656] Auch hier ziehen die »besonderen Schweigepflichten« eindeutige Grenzen zum erlaubten Offenbaren. Bei »einfachen« Amtsgeheimnissen entscheidet die Güterabwägung zwischen dienstlichem Geheimhaltungsinteresse (Grad der Bedeutung) und dem Grundrecht auf Meinungsäußerung (Art. 5 Abs. 1 Sätze 1 und 2 GG), die Sachverhaltsschilderungen bis zu einem gewissen Grad voraussetzt. Auch der wissenschaftlichen Freiheit setzt die Amtsverschwiegenheitspflicht Grenzen.[657] Hinsichtlich **personenbezogener Daten** besteht immer ein Vorrang der Geheimhaltungspflicht, da es bei diesen um Grundrechtsschutz und nicht nur um die verwaltungsinternen Interessen der Behörde geht. Verwaltungsanordnungen können dieses Spannungsfeld verdeutlichen und Klärung schaffen, wie etwa § 80 der gemeinsamen Geschäftsordnung von BMI und BMJ (GGO I), der Zurückhaltung entsprechend der dienstlichen Stellung gebietet und für die Verwertung amtlich unveröffentlichter Unterlagen Genehmigung voraussetzt. Außer der Pflicht zur Amtsverschwiegenheit ist die **Dienstpflicht zur Loyalität** gegenüber der eigenen Behörde (Pflicht zur Unterstützung, Kollegialität und Vertrauens-

---

648 BDHE 1, 28 und 33.
649 BDH, Dok. Ber. 1961, 1580.
650 BVerwG 15.12.2005 – 2 A 4.04 m.w.N.
651 Beispielhaft verkennend OVG Nordrhein-Westfalen, IÖD 2013, 128.
652 BDiG 19.3.1981 – III Zk 3/80; ebenso OVG Rheinland-Pfalz 4.12.1998 – 2 A 11514/98 OVG, DVBl. 1998, 330 = NVwZ-RR 1999, 648.
653 BVerfGE 28, 191.
654 BGH, NJW 1966, 1227.
655 BDHE 1, 29; Behnke-Arndt, Einf. Rn. 138; Claussen/Janzen, Einl. C. Rn. 28 b, 47.
656 BVerfGE 28, 198; BVerwGE 37, 265 = DÖV 1971, 557 = NJW 1971, 1229.
657 BVerwGE 37, 265.

Die Pflicht zur Amtsverschwiegenheit

würdigkeit, §§ 61 Abs. 1 Satz 3, 62 Abs. 1 Satz 1 BBG) zu beachten. Wer unter dem Vorwand literarischer Arbeit »schmutzige Wäsche wäscht«, um das Bedürfnis nach Rache, Verunglimpfung oder Eitelkeit zu befriedigen, verletzt vielleicht nicht immer das Amtsgeheimnis, aber seine Loyalitätspflicht.[658] Inwieweit das die Schwelle zur disziplinaren Erheblichkeit überschreitet (A. I. Rn. 20, 33) oder nur schlechter Geschmack ist, bedarf der objektiven und distanzierten Prüfung. Auch hier findet eine Güterabwägung im Sinne der »praktischen Konkordanz«, d. h. des verbindenden Ausgleichs, statt.[659]

c) Bewertung der Pflichtverletzung, Auswahl und Bemessung der Disziplinarmaßnahme

Eine Regelrechtsprechung gibt es hier wegen der großen Spannbreite denkbarer Verfehlungen nicht.[660] Das Gewicht der Verfehlung und die entsprechende »Einordnung« in den Maßnahmenkatalog hängen von der Bedeutung des gebrochenen Geheimnisses, von dem verschuldeten Schaden gegenüber den dienstlichen Interessen oder/und den datengeschützten Personen, den Umständen des Einzelfalles, insbesondere der Tatbegehung, dem Schuldgrad, dem Interessenkonflikt, der mitwirkenden Veranlassung der Behörde, von den Motiven und Absichten, dem Persönlichkeitsbild usw. ab. Geht die Verletzung der Amtsverschwiegenheit mit der Entgegennahme von Geld einher (Bestechlichkeit, Geschenkannahme, vgl. B. II. 10. Rn. 25 ff.) wird in der Regel die Entfernung aus dem Beamtenverhältnis/Aberkennung des Ruhegehaltes zu verhängen sein.[661] Bei gezielter, schwer wiegender Schädigung von Postkunden (durch Weitergabe amtlicher Kenntnisse über ihre Kreditfähigkeit an Kreditauskunftsbüros) und strafbarer Verletzung des Postgeheimnisses kommt völlige Vertrauenszerstörung und Entfernung aus dem Dienst in Betracht,[662] aber auch Milderung.[663] Im Übrigen gelten für die Maßnahmenwahl und die Bemessung die allgemeinen Grundsätze (A. IV. und § 13).

24

d) Rechtsprechungsübersicht

- **Postzusteller – Verstoß gegen Zustellvorschriften und gegen Postgeheimnis** – zwang Hausbewohner, nachzuweisende Sendungen gemeinsam im Hauseingang abzuholen: **Geh.K**
  - *BVerwG,* Dok. Ber. 1992, 35
- Postbeamter – Verletzung des Postgeheimnisses n. § 354 StGB a. F. – Öffnung der **Blutprobensendung eines Bekannten** – Information seiner Frau: **Degr.**
  - *BVerwG,* Dok. Ber. 1983, 63
- **Verletzung des Post- und Fernmeldegeheimnisses** nach § 354 StGB a. F. – (jetzt § 206 StGB) – liegt nicht vor bei unverschlossenen Sendungen – Verstoß gegen Gehorsamspflicht – wegen Verjährung von Geldbuße: **Einst.**
  - *BVerwG* 25. 4. 1984 – 1 D 84.83, Dok. Ber. 1984, 189

---

658 In der Veröffentlichung des Buches »Entzaubertes Bundeskanzleramt – Denkwürdigkeiten eines Personalratsvorsitzenden« durch einen Referenten des Bundeskanzleramts liegen über die vorgeworfenen Achtungs- und Unterstützungsverstöße hinaus auch viele Verstöße gegen die Amtsverschwiegenheit: BDiG 29. 9. 1977 – X Bk 15/76.
659 BVerfGE 19, 220; 30, 19.
660 BVerwG 19. 5. 1998 – 1 D 37.97; Dok. Ber. 1983, 63.
661 BVerwG 28. 3. 1995 – 1 D 39.94, Dok. Ber. 1995, 203.
662 BVerwGE 43, 57.
663 BVerwG 19. 5. 1998 – 1 D 37.97, Dok. Ber. 1983, 63.

Die einzelnen Dienstvergehen und ihre Maßregelung

- Postbeamter – Sammeln amtlicher **Unterlagen über Kreditwürdigkeit** von Postkunden – Weitergabe an Kreditauskunftsbüros gegen Entgelt: **Entf. a. D.**
  - BVerwGE 43, 57
- Prüfungsmitglied – **Verrat der Aufgaben an Prüflinge: Geh.K**
  - BVerwG, Dok. Ber. 1986, 63
- Postamtmann – Mitteilung gegenüber Vorgesetzten über Befragung durch Betriebssicherung – **Gefährdung der Ermittlungen** – ausdrücklicher Hinweis auf Verschwiegenheitspflicht (zusätzlich Falschangaben hinsichtl. Trennungsgeld): **Geh.K**
  - BVerwG 28. 10. 1998 – 1 D 28.97
- Höherer Beamter im **Landwirtschaftsministerium – Übersendung von verwaltungsinternen Unterlagen** an privatwirtschaftlichen Fachverband, damit dieser auf Verbesserung seiner (des Beamten) Stellung in der Behörde hinwirke: **Geldbuße**
  - BVerwG 27. 4. 1983 – 1 D 54.82 gegen erstinst. Geh.K
- Hoher Offizier – **Verstoß gegen Weisung**, nur nach Abstimmung mit Vorgesetzten die **Dienstgestaltung zu veröffentlichen**
  - BVerwG, ZBR 1991, 345
- **Veröffentlichung geschützter Dienstgeheimnisse** – Betroffener glaubt, verfassungswidrige Praktiken seiner Behörde öffentlich bekannt machen zu müssen – **Meinungsfreiheit** nach Art. 5 Abs. 1 GG **hat keinen Vorrang**
  - BVerfGE 28, 191
- Zivildienstleistender – **Leserbriefe** als Reaktion auf Zeitungs- und Radioberichte über seine Dienststelle – Bruch dienstinterner Umstände wird nicht durch Meinungsfreiheit gedeckt: **Verweis**
  - BDiG 19. 3. 1981 – III Zk 3/80
- **Vortäuschen eines Amtshilfeersuchens** zur privaten Verwertung von Personaldaten Dritter (Tochter) – Missbrauch der Weisungsbefugnis gegenüber ahnungslosem Untergebenen: **Geldbuße**
  - BDiG 28. 4. 1988 – XVIII Bk 4/87
- Regierungsdirektor erstattet in 15 Fällen **Strafanzeige gegen Kollegen und Vorgesetzte ohne sachliche Veranlassung: Entf. a. D.**
  - BDiG 24. 6. 1998 – XIV VL 21/97
  - BVerwG 15. 11. 2000 – 1 D 65.98 (Freispruch wg. Schuldunfähigkeit)
- Beamter des höheren Dienstes – Verwertung amtlicher **Unterlagen über Ermittlungstätigkeiten gegen Dritte** im eigenen beamtenrechtlichen Gerichtsverfahren – keine Genehmigung eingeholt – Fahrlässigkeit – weitere Verfehlungen: **Geh.K**
  - BVerwG 13. 1. 1988 – 1 D 127.86
- Postamtmann – eigener Rechtsstreit vor dem Verwaltungsgericht – **Vorlage der Beurteilung Dritter** – erst nachträglich eingeholte Genehmigung des »Dritten« macht den zuvor begangenen Geheimnisbruch nicht ungeschehen: **Geldbuße**
  - BDiG 14. 8. 1984 – VI Bk 6/84
- Höherer Beamter des **Bundesnachrichtendienstes** – Verwaltungsgerichtsverfahren gegen eigene Behörde – **Benennung von Vergleichsmännern unter ihren Decknamen** – innerdienstliche Geheimhaltungsregelungen – Grundsatzausführungen zu »dienstlichem Verkehr« – mangels bindender Weisungen und Schuld im Ergebnis: **Freispruch**
  - BDiG 16. 5. 1978 – IV Bk 8/78
- Beamter des gehobenen Dienstes – **Erschleichen von Amtsgeheimnissen** einer fremden Behörde – **Vortäuschung von Amtshilfe** – Ausnutzen seiner Vorgesetztenstellung – eigennütziger Gebrauch: **Hohe Geldbuße**
  - BDiG 28. 4. 1988 – XVIII Bk 4/87

Die Pflicht zur Amtsverschwiegenheit

- **Personalratsmitglied** des BGS – **Aushang eines mit »VS-NfD« gekennzeichneten Organisations- und Stellenplans** im Kantinengebäude – Einblickmöglichkeit von Verwaltungsfremden – Verletzung der besonderen Schweigepflicht der Verschlusssachen-Anweisungen – anderweitige Verbreitung in der Öffentlichkeit ohne Bedeutung – geringe Bedeutung der Geheimhaltung: **Verweis**
  - *BDiG* 27. 9. 1979 – I Bk 16/78
- **Ersatzmitglied des Personalrats** – **offener Brief bzgl. Missständen** im BGS an Gewerkschaft, Personalrat, Vorgesetzte, andere Dienststellen: **Verweis**
  - *BDiG* 30. 6. 1988 – XVIII Bk 9/87
- **Polizeibeamter der Bundespolizei** – Verwendung des Funkrufnamens, der als Verschlusssache eingestuft ist, bei Ebay – zusätzlich Betrug, Fernbleiben und Nebentätigkeit: **Entf.**
  - *VG Regensburg* 26. 7. 2010 – RO 10B DK 10.230
- **Postdirektor** – mit Verschlusssachen befasst – **nachrichtendienstliche Tätigkeit für das MfS** – Übergabe als vertraulich eingestufter Unterlagen – Milderungsgründe: **Degr. um 2 Stufen**
  - BVerwGE 103, 248 = NVwZ-RR 1996, 97 = ZBR 1996, 52
- **Regierungsdirektor a. D.** – **Weitergabe von Informationen an MfS** gegen Geldzuwendung (über 50 000 DM) – Bestechlichkeit: **Aberk. RGeh.**
  - *BVerwG* 28. 1. 1998 – 1 D 63.96
- **Oberregierungsrätin a. D.** – **Übergabe von Informationen von geringem Wert an MfS** gegen monatliche Geldzuwendungen und Geschenke im Gesamtwert von mehr als 10 000 DM – Verleihung von Orden: **Aberk. RGeh.**
  - *BVerwG* 28. 3. 1995 – 1 D 39.94, Dok. Ber. 1995, 203 (entgegen RGehK durch *BDiG*)
- **BGS-Beamter** – **Fahndungsabfrage aus Neugierde** – Information an Gesuchten (späteren Schwager) über Haftbefehl – statt Degradierung (wg. Eingangsamt) und Gehaltskürzung (wg. § 14 BDO): **Einst.**
  - *BVerwG* 19. 5. 1998 – 1 D 37.97
- **BGS-Polizeihauptkommissar** – **Weitergabe einer Vielzahl von Kfz-Halterdaten** gestohlener PKW an ausländischen Rückholunternehmer in 11 Fällen – Geheimnisverrat: **Zurückstufung um 2 Stufen**
  - *BVerwG* 29. 10. 2013 – 1 D 1/12, BVerwGE 148, 192–204 (Schwerpunkt allerdings auf § 62 Abs. 1)
- **Kriminalkommissar** – Abfrage des Bestehens einer Telefonüberwachung – Weitergabe an Dritte – § 353b StGB: **Entf.**
  - *OVG Niedersachsen* 28. 2. 2006 – 20 LD 1/06
  - *VGH Bayern* 24. 11. 2004 – 16a D 03.2668 (Wohnungsdurchsuchung: **Zurückstufung**)
- **Polizeiobermeister im BGS** – **Werbung mit pflichtwidrig erlangten Namens- und Anschriftenlisten** – statt absprachegemäß für Gewerkschaft für eigene, nebenamtliche Versicherungstätigkeit: **Verweis**
  - *BDiG* 13. 7. 1988 – XVI Bk 7/88
- **Ministerialreferent** – **Veröffentlichung eines Buches** »Entzaubertes Bundeskanzleramt – Denkwürdigkeiten eines Personalratsvorsitzenden« – Verstöße gegen die Achtungs- und Unterstützungspflicht (nicht vorgeworfen die zugleich vorliegenden Verstöße gegen die Amtsverschwiegenheit, s. o. Rn. 22): **Verweis**
  - *BDiG* 29. 9. 1977 – X Bk 15/76
- **Ministerialrat** – **Veröffentlichung von Kabinettsvorgängen** im Buch: **Geh.K**
  - BVerwGE 93, 202 = NJW 1992, 1713 = DÖV 1992, 580

Die einzelnen Dienstvergehen und ihre Maßregelung

10. Die Pflicht zur Uneigennützigkeit

a) Rechtsgrundlage: § 61 Abs. 1 Satz 2 BBG

Wortlaut:
»Sie (die Beamtin und der Beamte) haben das ihnen übertragene Amt uneigennützig nach bestem Gewissen wahrzunehmen.«

b) Definition der Pflicht und ihrer Verletzung

1   Mit der Pflicht zur Uneigennützigkeit ist nicht gemeint, dass Beamte aus reinem Altruismus im öffentlichen Dienst arbeiten und auf jeden persönlichen Vorteil verzichten. Das Streben nach ideellen und materiellen persönlichen Vorteilen ist selbstverständliche Grundlage jeder Arbeit. Die Pflichtwidrigkeit beginnt erst dort, wo **unrechtmäßige Bereicherung und Schädigung** von Verwaltung, Mitarbeitern oder Adressaten der Amtstätigkeit stattfinden. Der korrekte und redliche Umgang mit dienstlich anvertrauten oder dienstlich zugänglichen Geldern, Gütern oder vermögenswerten Vorteilen ist eine **Grund- und Kernpflicht** des öffentlichen Dienstes und die Grundlage des gegenseitigen Treue- und Vertrauensverhältnisses. Die Pflicht kann, muss aber nicht in der Form von strafrechtlichen Eigentums- und Vermögensdelikten verletzt werden. Bei **strafrechtlich relevanten Sachverhalten** liegt die Pflichtwidrigkeit des Eigennutzes auf der Hand: Wer anvertraute Gelder oder Güter veruntreut, wer unter Missbrauch seiner dienstlichen Möglichkeiten stiehlt, wer seine Verwaltung oder die Kunden betrügt oder wer sich bestechen lässt, handelt pflichtwidrig eigennützig. Aber auch **außerhalb der Straftatbestände** kann dienstpflichtwidriger Eigennutz vorliegen, etwa bei Bereicherung ohne dahin zielende Absicht oder im Konflikt zwischen dienstlichen Interessen und privaten Erwerbswünschen (Missbrauch der Amtsstellung für privates Unternehmen, privater Einsatz von dienstlich Untergebenen oder von dienstlichen Mitteln, Nichtabführen der Einkünfte aus amtlicher Nebentätigkeit). Die innerdienstliche Uneigennützigkeit wird nur im **funktionalen oder statusrechtlichen Zusammenhang** mit der amtlichen Tätigkeit bzw. mit dem Dienstverhältnis verletzt. Greift ein Beamter in die Gemeinschaftskasse, die er mit Kollegen privat errichtet hat, so liegt weder Amtsunterschlagung noch Kollegendiebstahl vor.[664] Ist ein Busfahrer der Post durch Dienstüberlassungsvertrag in das private Arbeitsverhältnis mit einem Privatunternehmen eingetreten, ist weder das statusrechtliche Amt noch das Amt im funktionellen Sinne betroffen. Der Beamte erbringt seine Dienstleistung nach wie vor für seinen Dienstherrn (bzgl. beurlaubter Beamten bei den privatisierten Unternehmen siehe unten B. II. 12. Rn. 3).[665]
Für Eigentums- und Vermögensdelikte außerhalb des Dienstes gelten andere Grundsätze und Bewertungen (s. B. II. 12.). Die innerdienstlichen Verstöße gegen die Uneigennützigkeit werden in der disziplinarrechtlichen Praxis in bestimmten **Fallkategorien** behandelt, die auch weitgehend die Bewertung und Maßregelung bestimmen. Sie werden im Folgenden jeweils getrennt behandelt.

---

664 BVerwG 16.1.1985 – 1 D 112.84, Dok. Ber. 1985, 105.
665 BVerwG 7.6.1984 – 2 C 84.81, BVerwGE 69, 303 f.

Die Pflicht zur Uneigennützigkeit

Zugriffsdelikte (Unterschlagung von Kassengeldern, Beförderungsgut und anderen gleichgestellten Lagen)

Die **Kassenklarheit, -sicherheit und -redlichkeit** sind für ein geordnetes und zuverlässiges Kassenwesen grundlegende Voraussetzung. Ebenso muss das der Verwaltung und speziell dem Beamten amtlich **anvertraute Beförderungsgut** der Kunden tabu sein. Darüber wird jeder Beamte in der Ausbildung und Einarbeitung belehrt. Bei aller Kontroll- und Prüfungsorganisation ist die Verwaltung nicht in der Lage, jeden einzelnen Arbeitsvorgang eines jeden Beamten zu kontrollieren. Sie ist vielmehr auf die Ehrlichkeit und Zuverlässigkeit der Mitarbeiter angewiesen. Von einem Beamten auf Lebenszeit kann und muss erwartet werden, dass diese Gebote aus eigener Verantwortlichkeit und eigenem Antrieb eingehalten werden. Dies entspricht dem gegenseitigen Treue- und Vertrauensverhältnis und ist für jeden evident.

2

Ein **Zugriffsdelikt** liegt nach neuerer ständiger Definition des BVerwG immer dann vor, wenn ein Beamter auf Bargeld oder gleichgestellte Werte zugreift und damit **den wertmäßigen Bestand** der von ihm geführten Kasse **unmittelbar verkürzt**.[666] Dies ist stets der Fall, wenn der Beamte **dienstlich erlangtes oder anvertrautes Geld** unterschlägt oder nicht an seinen Dienstherrn abführt.[667] Auf die Art der Gewahrsamserlangung kommt es also nicht an. Hierher zählen alle diejenigen Gelder, die dem Beamten zur amtlichen Tätigkeit anvertraut sind, also sowohl die in der Schalterkasse, in der Geldtasche, im Fahrgeldautomaten, im Münzfernsprecher befindlichen, als auch die beim Postkunden eingezogenen Nachnahmebeträge und -gebühren, die auszuzahlenden Postanweisungen, die Paketgebühren, die zu erhebenden Fernmeldegebühren, auch die vom Kunden zur amtlichen Verwendung übergebenen Einzahlungsbeträge für Sparbuch, Überweisung o. Ä. Hierzu gehören die von **Polizeibeamten** eingenommenen, aber nicht abgeführten Verwarnungsgelder,[668] das vom **Gerichtsvollzieher** für Gläubiger eingetriebene Geld,[669] selbst die außerhalb der amtlichen Tätigkeit mit der Bitte um Einzahlung **privat übergebenen Beträge** (da sie zu dienstlicher Verwendung und wegen der Amtsstellung des Empfängers übergeben wurden).[670] Eine solche Sachlage besteht auch dann, wenn ein Postbeamter von Postkunden entrichtete Gebühren für das Freimachen angelieferter Postsendungen nicht an den Dienstherrn abführt, sondern für sich behält und die Sendungen mit bereits entwerteten Postwertzeichen versieht.[671]

3

Sofern die Gelder oder gleichgestellte Werte dem Beamten nicht anvertraut sind, müssen sie ihm aufgrund seiner von ihm wahrzunehmenden Aufgaben **dienstlich zugänglich** sein.[672] Der Beamte muss im Rahmen seiner Dienstausübung hierauf ohne weiteres tatsächlich zugreifen können. Das ist nicht der Fall, wenn er sich erst rechtswidrig Zugang verschaffen muss.[673] Dann liegen aber andere erschwerende Umstände vor.
Als **Zugriffsdelikt** wurde gewertet die Entwendung von Goldbarren und Goldmünzen aus der Wohnung einer Verstorbenen, die ein Polizeibeamter aus dienstlichem Anlass betreten hat.[674] Dies ist zweifelhaft. Zutreffender wäre wohl die Einstufung als Diebstahl von Eigentum von Behördenkunden gewesen wie dies der Fall ist, wenn ein Postzusteller in

---

666 BVerwG 17. 1. 1995 – 1 D 59.94; 21. 3. 2001 – 1 D 10.00.
667 BVerwG 10. 11. 1998 – 1 D 103.97.
668 OVG Nordrhein-Westfalen 29. 4. 1998 – 6d A 2084/97.
669 OVG Nordrhein-Westfalen 29. 4. 1999 – 12d A 5145/98.0
670 BVerwG 20. 10. 1987 – 1 D 151.86.
671 BVerwG 10. 10. 2000 – 1 D 46.98.
672 BVerwG 3. 9. 1991 – 1 D 15.91.
673 BVerwG 12. 3. 1997 – 1 D 34.96.
674 OVG Nordrhein-Westfalen 23. 5. 2007 – 21d A 2492/06.O.

Die einzelnen Dienstvergehen und ihre Maßregelung

der Wohnung eines Postkunden stiehlt (vgl. Rn. 15). Die Entwendung einer EC-Karte eines Gefangenen aus der Asservatentüte und missbräuchlicher Verwendung der Karte sind zutreffend als Zugriffsdelikt gewertet worden.[675] Die Veruntreuung von Geldern eines zu Betreuenden durch einen Amtsbetreuer hat der VGH München durch Urteil v. 26.7.2006 – 16a D 05.1055 – unzutreffend als Untreue zum Nachteil des Dienstherrn gewertet (was nicht regelmäßig zur Entfernung führt, vgl. Rn. 21f.), richtig dagegen als Zugriffsdelikt.[676] Als Zugriffsdelikt wurde gewertet die Entwendung von Verpflegung im Rahmen eines Castortransports, die dem Beamten besonders anvertraut war und die er weisungsgemäß an seine Kollegen auszugeben hatte.[677] Die disziplinare Einstufung hätte hier eher in die Kategorie Diebstahl/Unterschlagung zum Nachteil des Dienstherrn unter Missbrauch übertragener Obhuts-/Überwachungspflichten gehört (vgl. Rn. 14). Das Gleiche gilt für den Diebstahl von Gegenständen, die zum Inventarbestand einer Schule gehörten, durch einen Schulleiter.[678] Kein Zugriffsdelikt liegt bei zur Vernichtung bestimmter und bereits aussortierter Gegenstände vor.[679] Äußerst zweifelhaft deshalb die Wertung als Zugriffsdelikt im Falle der Entwendung eines Laptops, den der Beamte zu verwalten hatte, der aber zur Vernichtung freigegeben worden war.[680] Unzutreffend die Wertung als Zugriffsdelikt im Falle eines Polizeibeamten, der anlässlich der Aufnahme eines Einbruchdiebstahls 500 € entwendet, die in einer Vitrine unter einem Teller versteckt waren.[681] Hier wird die Rspr. des BVerwG, wonach ein Zugriffsdelikt auch dann vorliegen kann, wenn Gelder ohne weiteres dienstlich zugänglich sind, falsch verstanden (vgl. Absatz zuvor am Ende).

Die Einstufung als Zugriffsdelikt ist unabhängig von der strafrechtlichen Beurteilung.[682] Es kommt nicht darauf an, ob der Beamte die dienstlichen Gelder durch Betrug, Diebstahl, Untreue, Unterschlagung, Verwahrungsbruch, Gebühren-Abgabenüberhebung oder Postunterdrückung (§§ 263, 242, 266, 246, 133, 352, 353, 206 Abs. 2 Nr. 2 StGB) erlangt hat. Entscheidend ist, dass der Beamte sich die dienstlichen Gelder für **die private Verwendung zugeeignet** hat oder zueignen wollte.[683] Dies kann zweifelhaft sein, wenn nach den Tatumständen in Betracht kommt, dass der Beamte das Geld verlegt oder verloren hat. Jedenfalls bedarf es für die Feststellung eines Zueignungswillens einer ausreichenden Tatsachengrundlage, damit der Anspruch auf ein faires gerichtliches Verfahren gewahrt ist.[684]

4 Für die Bewertung als Zugriffsdelikt macht es keinen Unterschied, ob sich ein Beamter im Kassendienst unmittelbar durch den Zugriff auf Geldwerte bereichert oder sich unter Ausnutzung seiner dienstlichen Möglichkeiten **buchmäßig Geld** seines Dienstherrn beschafft; etwa Ansichnahme eines fehlerhaft bearbeiteten Auszahlungsscheins über 2000 DM und Gutbuchung auf eigenes Konto;[685] Abzweigung von Kassengeldern auf das eigene Konto unter Fälschung von Unterschriften der Berechtigten;[686] Verfälschung einer

---

675 OVG Nordrhein-Westfalen 28.3.2007 – 21d A 1477/06.O.
676 DiszH Niedersachsen 13.1.2005 – 2 NDH L 10703.
677 OVG Nordrhein-Westfalen 22.2.2006 – 21d A 2732/04.O.
678 OVG Nordrhein-Westfalen 14.4.2008 – 21d A 2427/07.O.
679 BVerwG 29.10.1997 – 1 D 65.96, Dok. Ber. B 1998, 147.
680 OVG Nordrhein-Westfalen 12.12.2005 – 21d A 958/04.O.
681 OVG Nordrhein-Westfalen 12.2.2009 – 3d A 2528/07.O.
682 BVerwG 21.7.1993 – 1 D 46.92.
683 BVerwG 27.9.2000 – 1 D 63.99; BVerfG 14.6.2000 – 2 BvR 993/94.
684 BVerfG 14.6.2000 – 2 BvR 993/94.
685 BVerwG 8.10.1996 – 1 D 102.95.
686 BVerwG 14.5.1997 – 1 D 51.96.

Die Pflicht zur Uneigennützigkeit

Zahlkarte zugunsten des eigenen Postgirokontos.[687] Der wertmäßige Bestand der Kasse wird nicht vermindert und ein Zugriffsdelikt liegt demgemäß nicht vor, wenn der Kassenbestand gleichzeitig durch Wertzeichen im gleichen Umfang aufgefüllt wird[688] oder bei Einlage eigener Telefonkarten.[689] In derartigen Fällen finden die Rechtsprechungsgrundsätze zur innerdienstlichen Untreue zum Nachteil des Dienstherrn Anwendung, bei denen es keine Regelmaßnahme gibt (vgl. Rn. 21 f.).

Der **Anstifter** oder **Gehilfe** eines Zugriffsdelikts unterliegt den gleichen Bewertungsmaßstäben wie der Täter.[690] Der **Versuch eines Zugriffs** auf dienstliche Gelder unterliegt den gleichen Bewertungsmaßstäben wie der Zugriff selbst, wenn der Beamte zur Verwirklichung seines Handlungswillens alles getan hatte, der Erfolg jedoch durch objektive und von dem Beamten nicht beeinflussbare Umstände verhindert worden ist.[691] **Fangsendungen**, die der Überführung eines in Verdacht geratenen Beamten dienen, genießen den gleichen Schutz wie normale, der Post zur Beförderung anvertraute Sendungen.[692]

Eine **Gebührenüberhebung** (zugleich Straftat nach § 352 StGB) stellt ein Zugriffsdelikt 5 dar, wenn sich der Beamte den Differenzbetrag zueignet. Auch dann, wenn der Beamte die Gebühren zum Nachteil der Postkunden falsch berechnet, um sich den Differenzbetrag privat anzueignen, gelangt das Geld in dienstlichen Gewahrsam. Der innere Vorbehalt der Beamten ist gem. § 116 Satz 1 BGB unbeachtlich.[693] In den Fällen der **nicht eigennützigen Gebührenüberhebung** sind die Umstände des Einzelfalles entscheidend. Es liegt jedoch regelmäßig ein schwerwiegendes Dienstvergehen vor, da insbesondere gegenüber den Postkunden ein grober Vertrauensbruch begangen wird. Diese müssen sich darauf verlassen können, dass ihnen kein höherer Betrag als der vorgeschriebene abverlangt wird.[694]

Der Zugriff auf anvertraute oder dienstlich zugängliche Gelder führt **regelmäßig zur Ent-** 6 **fernung aus dem Beamtenverhältnis** und bei einem zwischenzeitlich in den Ruhestand versetzten Beamten zur Aberkennung des Ruhegehalts. Zu den von der Rspr. anerkannten Milderungsgründen, die ein Absehen von der Höchstmaßnahme rechtfertigen können, vgl. Rn. 12.

Vom Zugriffsdelikt abzugrenzen ist **der Missbrauch des Gehalts- und Barabhebungsver-** 7 **fahrens**. Die Einlösung eigener Schecks oder die Abhebung von Bargeld gegen Hingabe von Auszahlungsscheinen an der selbstgeführten Kasse ist bei Einhaltung der Vorschriften gestattet.[695] Löst ein Beamter an der von ihm geführten Kasse **ungedeckte Schecks** oder ungedeckte Auszahlungsscheine ein, so ist darin nach der Rspr. des BVerwG kein einem Zugriffsdelikt gleichzustellendes Fehlverhalten zu sehen. Zur Begründung wird im Urteil v. 23.8.1988 noch darauf abgestellt, dass der Postscheck in den Augen des betreffenden Beamten nicht »ein völlig wertloses Stück Papier darstelle, sondern ein Dokument, von dem er wisse oder hoffe, dass es zur Zeit des Eingangs gedeckt sei«. Der zutreffende Grund dafür, dass in den genannten Fällen kein Zugriffsdelikt vorliegt, besteht darin, dass durch Entnahme des Geldes gegen Hingabe eines ordnungsgemäß ausgestellten Schecks oder Auszahlungsscheins keine wertmäßige Verminderung des Kassenbestandes eingetreten

---

687 BVerwG 5.3.1991 – 1 D 54.90.
688 BVerwG 20.2.1990 – 1 D 22.89, DÖD 1990, 298.
689 BVerwG 23.4.1997 – 1 D 62.96.
690 BVerwG 27.6.1999 – 2 WD 3.95.
691 BVerwG 7.12.1993 – 1 D 32.92, BVerwGE 103, 54.
692 St. Rspr., BVerwG 15.9.1998 – 1 D 90.97.
693 BVerwG 21.7.1998 – 1 D 51.97.
694 BVerwG 27.9.2000 – 1 D 63.99.
695 Zum Gehaltsabhebungsverfahren vgl. BVerwG 23.8.1988 – 1 D 16.88, BVerwGE 86, 31; zum Barabhebungsverfahren BVerwG 26.3.1996 – 1 D 56.94.

Die einzelnen Dienstvergehen und ihre Maßregelung

ist. Die Auszahlungsscheine dokumentieren, dass das bezogene Konto des Beamten in Höhe des entnommenen Geldes zu belasten war. Dies bewirkte einen buchungsmäßigen Ausgleich von Soll und Haben im Kassenbestand. Für diesen Ausgleich kommt es nicht darauf an, dass die Schecks oder Auszahlungsscheine wegen des ausgeschöpften Dispositionskredits ungedeckt waren. Entscheidend ist allein die nicht eingetretene wertmäßige Verminderung des Kassenbestandes.[696]

8 Das BVerwG geht in st. Rspr. davon aus, dass eine Gleichstellung mit Zugriffsdelikten nur dann nicht in Betracht kommt, wenn der **Kassenbeamte im konkreten Fall befugt war,** in Gehalts- oder Barabhebungsverfahren **Geld an sich selbst auszuzahlen**.[697] Ist dies nicht der Fall, soll die Regelrechtsprechung der Dienstentfernung Anwendung finden, weil sich die Fälle nicht von denen unterschieden, in denen ein Beamter Geld der von ihm verwalteten Kasse vorübergehend entnehme und die Entnahme durch einen beschriebenen Zettel deutlich mache. Diese Rspr. ist insoweit überholt, als nunmehr in derartigen Fällen der Milderungsgrund der Offenbarung der Tat vor ihrer Entdeckung eingreift (vgl. Rn. 12, unter d). Die Rspr. ist aber bereits im Ansatz verfehlt. Ob der Beamte die Befugnis zur Auszahlung von Kassengeldern an sich selbst hatte, betrifft in erster Linie die **Wahrung der Kassenvorschriften**. Hebt ein Beamter trotz fehlender Befugnis an der von ihm geführten Kasse Geld ab, so begeht er einen Verstoß gem. § 62 Abs. 1 Satz 2 BBG i. V. m. den einschlägigen Dienstvorschriften für Kassenbeamte. Die fehlende Befugnis ist lediglich eine allgemeine Zumessungserwägung. Das deckt sich mit der Entscheidung des BVerwG vom 7.7.1998 – 1 D 70.97 –, in der ebenfalls kein Zugriffsdelikt angenommen wurde und in der ein Beamter EC-Scheckformulare unter Ausschaltung der Bonitätsprüfung erlangte, diese unbefugt trotz Ausschöpfung des Dispositionslimits in Zahlung gab und die Postbank in Höhe der Garantiesumme haftete. Nimmt aber ein Beamter Geld aus der Kasse gegen Hingabe eines Schecks und nimmt diesen (nach Durchführung einer Prüfung) wieder aus der Kasse oder leitet er den Scheck zur Belastung seines Kontos nicht weiter, liegt ein Zugriffsdelikt vor.[698] Dagegen liegt Missbrauch des Bar-Abhebungsverfahrens vor, wenn ein Beamter Geld aus der von ihm geführten Kasse gegen Einlage ungedeckter Schecks entnimmt und durch buchungstechnische Manipulationen die Belastung seines Kontos hinauszögert.[699]

Beim Missbrauch des Gehalts-/Barabhebungsverfahrens gibt es wie beim Betrug zum Nachteil des Dienstherrn **keine Regelmaßnahme**. Entfernung kommt nur beim Hinzutreten erschwerender Umstände (Missbrauch dienstlicher Stellung oder anderer Möglichkeiten, Verschleierungshandlungen) in Betracht.[700]

9 **Dem direkten Zugriff gleichgestellt** sind in der disziplinaren Bewertung **Kassenmanipulationen, die mittelbar zu einer Verkürzung des Kassengeldbestandes** und zu einer entsprechenden geldmäßigen Bereicherung des Täters führen. Zu diesen gehört das Nichtbuchen von Kasseneingängen zum Zwecke der **Verheimlichung eines Kassenminderbetrages**. Hierdurch wird weder Geld aus der Kasse entnommen noch Geld der Kasse vorenthalten (das eingenommene Geld wird in die Kasse gelegt). Jedoch wird der Kassenbestand

---

696 Vgl. insoweit BVerwG 23.3.1999 – 1 D 8.98, das allerdings offen lässt, ob die Rechtsprechungsgrundsätze zum Zugriffsdelikt oder zum Missbrauch des Barabhebungsverfahrens gelten; eindeutig BVerwG 6.2.2001 – 1 D 67.99, ZBR 2002, 274, wonach in derartigen Fällen kein Zugriffsdelikt vorliegt.
697 BVerwG 22.2.1979 – 1 D 18.78 – BVerwGE 63, 253; 23.8.1988 – 1 D 16.88, BVerwGE 86, 31; 7.12.1988 – 1 D 22.88, ZBR 1989, 374 = DÖD 1989, 262.
698 BVerwG 26.4.1994 – 1 D 23.93; 8.6.1994 – 1 D 72.93.
699 BVerwG 26.11.1996 – 1 D 7.96 – ZBR 1997, 360.
700 BVerwG 29.8.2000 – 1 D 22.99.

Die Pflicht zur Uneigennützigkeit

dadurch letztlich vermindert, dass der Fehlbetrag buchungstechnisch verschwindet und sich der Beamte der Pflicht zur Erstattung des Fehlbetrags entzieht. Dies führt regelmäßig zur Verhängung der Höchstmaßnahme.[701] Ein in der Entziehung der persönlichen Haftung liegender materiell-egoistischer Zug wird auch dann angenommen, wenn das Motiv Haftungsfreistellung nur eines von mehreren Motiven war.[702] Dagegen liegt nur ein Verstoß gegen Kassenvorschriften vor, wenn ein Beamter durch kassentechnische Manipulationen (Falschbuchungen) lediglich die Durchsetzung von Regressansprüchen erschwert.[703]

Die **Unterschlagung von Beförderungsgut** unterliegt den gleichen Grundsätzen wie die Unterschlagung oder Veruntreuung von dienstlich anvertrauten oder zugänglichen Geldern.[704] Hierher gehören die Brief- und Paketberaubungen bei der Post, die Entwendung des Beförderungsguts bei der Bahn oder beispielsweise die Entwendung von Gegenständen im Rahmen einer zollamtlichen Beschau. Derartige Verfehlungen führen regelmäßig zur Entfernung, sofern kein Milderungsgrund (vgl. Rn. 12) vorliegt. Die Verwaltungen wie auch deren Kunden müssen sich darauf verlassen können, dass die anvertrauten Sendungen korrekt und zuverlässig die Adressaten erreichen. Die Zollverwaltung muss nicht auch noch die zur Kontrolle berufenen Beamten ständig überwachen.[705] Keine Unterschlagung von Postgut liegt vor, wenn der Beamte selbst Empfänger ist.[706] Ein Zugriffsdelikt scheidet auch aus bei zur Vernichtung ausgesonderten Gegenständen.[707]

In Fällen von Postunterdrückung (früher § 354 Abs. 2 Nr. 2 StGB, jetzt § 206 Abs. 2 Nr. 2 StGB) kommt die **Regelrechtsprechung** der Dienstentfernung nur **bei materiell-eigennütziger Postunterdrückung** in Betracht. **Postunterdrückung** bedeutet den Entzug von Postsendungen aus dem ordnungsgemäßen Postbetrieb, umfasst also sowohl die Unterschlagung oder den Diebstahl als auch den bloß vorschriftswidrigen Umgang mit Postsendungen, etwa durch Zurückstellen von der Zustellung ohne Rückmeldung bei der Dienststelle oder verbotene Aufbewahrung von Sendungen im Schreibtisch oder Schrank. **Warensendungen** sind grundsätzlich nicht anders zu behandeln wie andere anvertraute Sendungen.[708] Ob eine Sendung offen oder verschlossen ist und damit eine **Verletzung des Postgeheimnisses** gem. § 206 Abs. 2 Nr. 1 StGB vorliegt, hängt von der tatrichterlichen Beurteilung ab.[709] Von dieser Beurteilung kann die Frage abhängen, ob der Milderungsgrund der Geringwertigkeit Anwendung findet.[710] In der überwiegenden Literatur, mit der sich das BVerwG nicht auseinander gesetzt hat, wird mit zutreffenden Gründen eine unmittelbare Grundrechtsbindung der Deutschen Post AG abgelehnt.[711] Bezüglich der strafrechtlichen Verletzung des Post- und Fernmeldegeheimnisses gem. § 206 StGB wurde der Täterkreis gegenüber § 354 a. F. als Folge der Postreform neu bestimmt. Er um-

10

---

701 BVerwG 1.2.1995 – 1 D 65.93; 18.5.1999 – 1 D 51.98.
702 BVerwG 28.10.1997 – 1 D 31.96.
703 BVerwG 21.3.2001 – 1 D 10.00.
704 St. Rspr., BVerwG 27.11.1990 – 1 D 16.90.
705 BVerwG 21.4.1999 – 1 D 6.98.
706 Aber Betrug wegen nicht bezahlten Nachnahmebetrages, BVerwG 22.6.1993 – 1 D 76.92, BVerwGE 93, 376.
707 BVerwG 29.10.1997 – 1 D 65.96.
708 BVerwG 9.2.1983 – 1 D 25.82; 18.3.1998 – 1 D 88.97, NVwZ 1998, 1083 = BVerwGE 113, 208.
709 Vgl. hierzu die Rechtsprechungsübersicht in BVerwG 11.11.1997 – 1 D 7.97 –, und B. II. 9. Rn. 14.
710 Verneint im Urt. des BVerwG v. 18.3.1998, a. a. O., mit der zweifelhaften Begründung, das nach Art. 10 Abs. 1 GG geschützte Postgeheimnis gelte auch nach Umwandlung der Deutschen Bundespost Postdienst in die Deutsche Post AG.
711 Vgl. statt aller Hermes, in: Dreier (Hrsg.), GG 1996, Art. 10 Rn. 38–40.

Die einzelnen Dienstvergehen und ihre Maßregelung

fasst Inhaber und Beschäftigte eines Unternehmens, das geschäftsmäßig Post- oder Telekommunikationsdienste erbringt. Beschäftigte sind sämtliche Mitarbeiter dieser Unternehmen, gleichgültig, ob sie in einem privatrechtlichen oder noch in einem (auslaufenden) öffentlich-rechtlichen Dienstverhältnis stehen.
Da die Postunterdrückung, soweit sie wegen materiell-eigennützigen Verhaltens nicht den für Zugriffsdelikte geltenden Grundsätzen unterliegt, eine weite Spanne denkbarer Verhaltensweisen umfasst, gibt es **keine Regelmaßnahme.** Die Höchstmaßnahme ist insbesondere dann verhängt worden, wenn **Postsendungen endgültig dem Postverkehr entzogen** worden sind oder werden sollten.[712] Ein Postbeamter darf sich nicht unter Berufung auf sein Gewissen weigern, bestimmte Postsendungen zuzustellen, ohne zuvor zumutbar zu versuchen, seinen Gewissenskonflikt mit Mitteln des Beamtenrechts, etwa durch Umsetzung, zu lösen.[713]

11   Die **Fundunterschlagung** beruht nicht auf einem Zugriff auf »anvertrautes«, jedoch auf »amtlich erlangtes« Gut und stellt deshalb auch eine Unterschlagung im Amt dar. Sie setzt voraus, dass die Sache im behördlich-dienstlichen Bereich gefunden wurde und deshalb im Gewahrsam der Behörde war. Sie liegt auch vor, wenn Diebesgut in der Zugtoilette gefunden wird,[714] wenn die Sachen vom Finder dem dafür unzuständigen Beamten zur amtlichen Behandlung übergeben und anvertraut wurden.[715] Die Zueignung muss eindeutig erwiesen sein. Sie liegt angesichts der unterschiedlichen dienstlichen Arbeitsabläufe nicht immer auf der Hand, zumal dann nicht, wenn der Finder wegen anhaltenden Dienstes nicht die Fundsache abliefern kann. Die disziplinarrechtliche Bedeutung der Fundunterschlagung wurde früher der normalen Amtsunterschlagung gleichgestellt, später milder bewertet. Der Maßnahmenrahmen reicht von der Geldbuße[716] bis zur Entfernung.[717] Die Zueignung von Bargeld aus der als Fundsache anvertrauten Geldtasche richtet sich wiederum nach den Grundsätzen des Zugriffsdelikts.[718]

12   In den Fällen, die nach den **Grundsätzen des Zugriffsdelikts** zu bewerten sind, lässt die Rspr. nur in einem **engen Rahmen Ausnahmen von der regelmäßig zu verhängenden Entfernung aus dem Beamtenverhältnis zu.** Diese **Milderungsgründe** hat das BVerwG im Laufe der Zeit erweitert. Bisher gab es **fünf Milderungsgründe,** die es ausnahmsweise rechtfertigen können, von der Höchstmaßnahme abzusehen. Diese sind: Eine unverschuldete ausweglose wirtschaftliche Notlage, eine psychische Ausnahmesituation, eine einmalige, persönlichkeitsfremde, kurzschlussartige Gelegenheitstat, eine freiwillige Wiedergutmachung des Schadens vor Entdeckung der Tat oder wenigstens die vorbehaltlose Offenbarung der Tat und schließlich eine Geringwertigkeit des veruntreuten Geldes oder Gutes.

Diese Rspr. hat der nunmehr für Revisionsverfahren auf dem Gebiet des Disziplinarrechts zuständige 2. Senat des BVerwG mit Blick auf die in § 13 erstmals kodifizierten Bemessungsregeln formal aufgegeben, was aber in den meisten Fällen nicht zu anderen Ergebnissen führen dürfte. Die in § 13 aufgenommenen Bemessungsregeln beruhen auf Kernaussagen der bisherigen Rspr. des BVerwG, die der Gesetzgeber sich zu Eigen gemacht und

---

712 BVerwG 20. 4. 1999 – 1 D 44.97; 27. 1. 1999 – 1 D 5.98; 18. 5. 1999 – 1 D 51.98.
713 Weigerung einer Zustellung von Postwurfsendungen der Scientology Kirche und Zerreißen der Sendungen, Geh.K., BVerwG 29. 6. 1999 – 1 D 104.97.
714 BVerwG 26. 1. 1972 – 2 D 32.71.
715 BVerwG 27. 1. 1999 – 1 D 10.98.
716 BVerwG 9. 5. 1979 – 1 D 42.78.
717 BVerwG 8. 8. 1984 – 1 D 48.84; vgl. auch Geh.K: BVerwG 23. 11. 1983 – 1 D 28.83; Degr.: BVerwG 28. 11. 1990 – 1 D 19.90.
718 BVerwG 4. 7. 2000 – 1 D 33.99; 27. 1. 1999 – 1 D 10.98; 27. 8. 1986 – 1 D 21.86.

Die Pflicht zur Uneigennützigkeit

in Gesetzesform gekleidet hat. Damit sind sie insoweit nicht mehr (veränderbares) **Richterrecht** (vgl. A. II. 2 Rn. 52f.), **sondern Gesetzesbestimmungen, die angewendet und notfalls ausgelegt werden müssen.** Grundlegend ist die Entscheidung v. 20. 10. 2005,[719] wonach auch bei einem so genannten **Zugriffsdelikt** eine Entfernung aus dem Beamtenverhältnis nur ausgesprochen werden darf, wenn ein endgültiger Vertrauensverlust nur unter umfassender Würdigung des Persönlichkeitsbildes festgestellt werden kann. Die Würdigung darf sich also nicht auf die bisher anerkannten Milderungsgründe, die besondere Konfliktlagen umschreiben, beschränken. Vielmehr **muss in jedem Einzelfall die Prognose für oder gegen einen endgültigen Vertrauensverlust dargelegt werden.** In der Entscheidung vom 3. 5. 2007 – 2 C 9.06 – hat das BVerwG die einzelnen Bemessungsmerkmale des § 13 näher erläutert (s. § 13 Rn. 18a). Danach bleibt bei Zugriffsdelikten aufgrund der Schwere dieser Dienstvergehen die Entfernung aus dem Beamtenverhältnis grundsätzlich Richtschnur für die Maßnahmebestimmung. Das Gewicht der Milderungsgründe muss umso größer sein, je »schwerer das Zugriffsdelikt aufgrund der Höhe des Schadens, der Anzahl und Häufigkeit der Zugriffshandlungen, der Begehung von ›Begleitdelikten‹ und anderen belastenden Gesichtspunkten im Einzelfall wiegt«. Die neue Rspr. ist zu begrüßen, weil sie jetzt, was auch eine Forderung dieses Kommentars war (vgl. 3. Aufl.: A. IV. 2. Rn. 77, B. II. 10. Rn. 13), mehr Einzelfallgerechtigkeit ermöglicht. So hat das BVerwG mit Urteil v. 10. 1. 2007 – 1 D 15.05 – eine Maßnahme unterhalb der Entfernung damit begründet, dass der Beamte Unterschlagungen von Nachnahmebeträgen in der »nassen Phase« der **Alkoholkrankheit** begangen hatte und seine Eigenverantwortlichkeit aufgrund unzureichender Dienstaufsicht gemindert war. Entscheidend ist, dass Milderungsgründe, die für ein Absehen von der Höchstmaßnahme herangezogen werden, in ihrem Gewicht mit den nachfolgend dargelegten bisherigen Milderungsgründen vergleichbar sind. Es wird insoweit also keine »Flut« neuer Milderungsgründe geben.

a) Wirtschaftliche Notlage

Eine wirtschaftliche Notlage muss die existenziellen Bedürfnisse des Beamten und seiner Familienangehörigen in Frage stellen. Sie darf nicht mit einer Überschuldung gleichgesetzt werden.[720] Bloße wirtschaftliche Sorgen oder finanzielle Engpässe reichen nicht aus. Ob zum Zeitpunkt des Zugriffs eine wirtschaftliche Notlage vorlag, ist nach st. Rspr. am **Maßstab der einschlägigen Regelsätze der Sozialhilfe** festzustellen.[721] Bei Pfändungen bleibt aufgrund der gesetzlichen Freigrenzen in der Regel genügend Geld für den notwendigen Lebensbedarf.[722] Die **Notlage muss unverschuldet** sein. Dies ist nicht der Fall bei **vorwerfbarer Lebensweise** oder Wirtschaftsführung, z. B. unverhältnismäßig aufwendiger Lebensführung (überflüssiger Aufwendungen, Schenkung ohne Rechtspflicht).[723] Eine nicht vorwerfbare Verschuldung kommt z. B. in Betracht beim Wegfall eines Verdienstes, Arbeitslosigkeit eines Familienmitgliedes, plötzlicher Tod der Eltern, die bis dahin finanziellen Beitrag geleistet hatten.[724] Die Notlage muss aus der Sicht des Beamten **ausweglos** sein.[725] Statt auf dienstliche Gelder zuzugreifen, muss ein Beamter jedoch alles

12a

---

719 2 C 12.04, BVerwGE 124, 252, 258ff., NVwZ 2006, 469.
720 BVerwG 22. 11. 1994 – 1 D 2.94.
721 BVerwG 24. 2. 1999 – 1 D 14.98.
722 BVerwG 4. 9. 1996 – 1 D 1.96.
723 BVerwG 4. 6. 1996 – 1 D 48.95; 23. 3. 1999 – 1 D 8.98; 27. 9. 2000 – 1 D 24.98.
724 BVerwG 9. 9. 1987 – 1 D 13.87.
725 BVerwG 26. 4. 1984 – 1 D 120.83.

Die einzelnen Dienstvergehen und ihre Maßregelung

Zumutbare unternehmen, um sich die finanziellen Mittel auf legale Weise zu beschaffen. Hierbei muss er auch versuchen, außer der üblichen Kreditbeschaffung bei Banken usw. und eventueller Vorschüsse durch die Verwaltung familiäre Hilfe zu erlangen (bei Verwandten, u.U. auch Bekannten). Schamgefühl oder anders begründete Hemmungen können ihn jedenfalls in der Regel nicht entlasten.[726]

Sind die bisher genannten Kriterien erfüllt, kann nach st. Rspr. von der Verhängung der Höchstmaßnahme nur abgesehen werden, wenn der Zugriff auf dienstlich anvertrautes oder erlangtes Geld allein **zu dem Zweck erfolgt, eine existenzbedrohende Notlage abzuwenden oder zu mildern.** Dies ist regelmäßig nicht der Fall, wenn der Beamte die veruntreuten Gelder zur **Schuldentilgung** einsetzt. Die Begleichung von Schulden kann die Zubilligung des Milderungsgrundes allenfalls dann rechtfertigen, wenn die Nichtbegleichung der Schulden den Beamten von den für den Lebensbedarf notwendigen Leistungen abschneiden würde.[727] Dies kann z. B. der Fall sein, wenn dem Beamten bei Nichtbezahlung entsprechender Rechnungen der Strom oder die Heizung abgestellt würde.[728] Denkbar auch bei rückständigen Mietzahlungen, um eine sonst bevorstehende Räumung der Wohnung oder Obdachlosigkeit zu verhindern. Abgelehnt vom BVerwG bei einer nicht unaufschiebbaren Dachreparatur.[729]

Der Milderungsgrund findet keine Anwendung, wenn die unterschlagenden Gelder erheblich höher sind als zur Befriedigung des dringenden Lebensbedarfs erforderlich gewesen wäre.[730] Der Milderungsgrund muss bei allen Tathandlungen vorliegen und ein zeitlich begrenztes Fehlverhalten betreffen. Bei längeren Zeiträumen kann die Ursache des Fehlverhaltens nicht mehr auf einer Konfliktsituation, sondern auf der Absicht der Beschaffung zusätzlicher Einkünfte beruhen.[731]

b) Psychische Ausnahmesituation

12b Eine solche Situation setzt nach st. Rspr. des BVerwG den plötzlichen, unvorhergesehenen Eintritt eines Ereignisses voraus, das gemäß seiner Bedeutung für die besonderen Lebensverhältnisse des Betroffenen bei diesem einen **seelischen Schock auslöst,** der seinerseits zu einem für einen derartigen Schockzustand typischen Fehlverhalten des Betroffenen führt.[732] Ein solcher Schockzustand kann durch ein Ereignis begründet werden, das den Beamten derart aus der Bahn wirft, dass er nicht mehr in der Lage ist, entsprechend den sonst gegebenen Wertvorstellungen und Hemmschwellen zu handeln.[733] Eine fortdauernde seelische Belastung, eine allgemeine angespannte Seelenlage, Angst vor familiären oder ehelichen Schwierigkeiten reichen nicht aus.[734]

Wesentlich ist, dass es sich bei **dem Schock um einen vorübergehenden Zustand** handelt, der allerdings auch mehrere Monate andauern kann.[735] Eine schwere Erkrankung eines nahen Familienangehörigen kann grundsätzlich geeignet sein, einen eine psychische Aus-

---

726 BVerwG 5.10.1994 – 1 D 31.94, NVwZ-RR 1995, 287 = BVerwGE 103, 177, 179f.; 8.7.1998 – 1 D 52.97.
727 BVerwG 5.10.1994 – 1 D 31.94, a.a.O.
728 BVerwG 26.1.1994 – 1 D 34.93.
729 BVerwG 25.1.1994 – 1 D 11.93.
730 BVerwG 26.4.1994 – 1 D 23.93.
731 BVerwG 28.11.1995 – 1 D 29.95.
732 BVerwG 27.9.2000 – 1 D 24.98.
733 BVerwG 25.6.1997 – 1 D 25.97.
734 BVerwG 5.10.1994 – 1 D 23.94; 16.4.1996 – 1 D 79.95; 30.9.1998 – 1 D 97.97.
735 BVerwG 4.9.1996 – 1 D 1.96 m.w.N.

Die Pflicht zur Uneigennützigkeit

nahmesituation auslösenden Schock herbeizuführen. Voraussetzung ist aber stets, dass es hierdurch zu einem Schock, also zu einem vorübergehenden Zustand gekommen ist.[736] Soweit das BVerwG in früheren Einzelentscheidungen[737] den Milderungsgrund unter Verzicht auf einen Schockzustand (durch Klimakterium verursachte außergewöhnliche Seelenlage) anerkannt hat, hat es diese Rspr. im Urteil vom 23.3.1999 – 1 D 45.98 – ausdrücklich aufgegeben. Die Anwendung des Milderungsgrundes scheiterte in der Vergangenheit oft daran, dass das Fehlverhalten des Beamten keine typische Folge des Schockzustandes ist, die Kausalität also fehlt. Wer durch ein bestimmtes, schockartig wirkendes Ereignis vorübergehend in seinem Denken und Handeln beeinträchtigt ist, muss sich deshalb nicht an dienstlichen Geldern oder anvertrauten Gegenständen vergreifen. **Beispiele für schocktypische Verfehlungen aus der Rspr.**: Zugriff auf Postsendungen, in denen ein Beamter, der an einer bis dahin unerkannten Zuckerkrankheit litt, Süßwaren vermutete;[738] wiederholte Selbstmorddrohungen eines Familienangehörigen, dessen Geldforderungen der Beamte mit veruntreutem Geld befriedigte, um einen Selbstmord zu verhindern;[739] Schockzustand durch erforderliche Zehenamputation als Folge einer schwerwiegenden Diabetes; Verwendung der unterschlagenen Gelder zum Kauf von Insulin;[740] neurotisch stark gestörter Beamter; endgültiger Verlust der Freundin; Öffnung eines Briefes und Zueignung des Inhalts (Briefmarken) soll schocktypische Verfehlung sein; sehr fraglich, der Beamte war Briefmarkensammler;[741] Krebsoperation der Ehefrau; Selbstmordversuch des Beamten; veruntreute Gelder sollten nach dem geplanten »Unfalltod« der finanziellen Absicherung der Familie dienen.[742]
In jüngster Zeit hat das **BVerwG diese Rspr. wieder geändert** und hat unter Berücksichtigung der so genannten Bedingungs- oder Äquivalenztheorie seiner Rspr. ein neues Kausalitätsverständnis zugrunde gelegt. Danach ist eine psychische Ausnahmesituation für die Pflichtwidrigkeit kausal, wenn der Schockzustand nicht hinweggedacht werden kann, ohne dass das Fehlverhalten entfiele. Der Milderungsgrund kann einem Beamten danach schon dann zugebilligt werden, wenn ihm nicht zu widerlegen ist, dass sein Fehlverhalten auf einem seelischen Schock beruht. **Es muss kein »schocktypisches«, sondern nur noch ein »schockbedingtes« Fehlverhalten vorliegen.**[743]

c) Gelegenheitstat

Die einmalige, unbedachte, kurzschlussartige, persönlichkeitsfremde Gelegenheitstat erlaubt ebenfalls ein Absehen von der Höchstmaßnahme. Eine **Einmaligkeit** liegt auch dann nicht vor, wenn die Einzeltaten nach strafrechtlichen Grundsätzen als fortgesetzte Handlung anzusehen wären.[744] Bei mehraktigen Delikten ist für die Einmaligkeit entscheidend, ob bei »natürlicher Betrachtung« von einem einheitlichen Vorgang ausgegangen werden kann. Beim Zugriff auf Schecks und deren Einlösung kann die dazwischen lie-

12c

---

736 BVerwG 22.2.2000 – 1 D 58.97 m.w.N.
737 Vgl. z.B. BVerwG 19.6.1984 – 1 D 102.83, Dok. Ber. B. 1984, 290.
738 BVerwG 29.3.1984 – 1 D 16.84.
739 BVerwG 28.3.1984 – 1 D 63.83, ZBR 1984, 279.
740 BVerwG 24.6.1997 – 1 D 53.95.
741 BVerwG 18.3.1998 – 1 D 18.97.
742 BVerwG 24.5.1998 – 1 D 102.97.
743 BVerwG 9.5.2001 – 1 D 22.00, BVerwGE 144, 240.
744 BVerwG 16.6.1999 – 1 D 67.98.

Die einzelnen Dienstvergehen und ihre Maßregelung

gende Zeitdauer von entscheidender Bedeutung sein.[745] Der Milderungsgrund setzt weiter voraus, dass der Beamte in einer für ihn unvermutet entstandenen **Versuchungssituation** gehandelt hat.[746] Das Ereignis muss geeignet sein, **Spontaneität, Kopflosigkeit und Unüberlegtheit** auszulösen.[747] Die Situation muss für den Beamten ungewöhnlich und unvorhersehbar sein.[748] **Unbedacht** ist die Tat nicht, wenn sie zielstrebig vorbereitet wird.[749] Der Spontaneität des Tatentschlusses soll aber nicht die konsequente, überlegte und planvolle Tatausführung und Erfassung der Tragweite und Konsequenz der Tat entgegenstehen.[750] Auch nachfolgendes, der Verschleierung der Tat dienendes Verhalten muss der vorangegangenen Tat nicht den Charakter von Spontaneität und Unüberlegtheit wieder nehmen, kann aber von indizieller Bedeutung gegen die Annahme spontanen bzw. unüberlegten Handels sein.[751] Eine **unerwartete Überraschungssituation** liegt im Allgemeinen **nicht vor bei einer alltäglichen, gewohnten dienstlichen Tätigkeit**.[752] Der Milderungsgrund kann aber auch in derartigen Fällen eingreifen, wenn der Beamte unter Einfluss eines von auf seine Willensbildung einwirkenden Ereignisses in Versuchung geraten ist, sich an dienstlichen Geldern zu vergreifen. So etwa bei plötzlich eintretendem Bedarf oder unter den Einfluss einer Mahnung oder gar Drohung durch Gläubiger[753] erst recht, wenn die Drohung nicht psychischer, sondern unmittelbar körperlicher Art ist, wobei eine Versuchungssituation durch wiederholte Gewaltandrohung jeweils neu entstehen kann.[754] Eine angemahnte Forderung muss nach der subjektiven Empfindung des Beamten aber dringend und unaufschiebbar sein, um zu einem kopflosen Verhalten führen zu können.[755] Der Milderungsgrund kommt nur dem Beamten zugute, dessen einmaliges Fehlverhalten **persönlichkeitsfremd** gewesen ist. Das ist der Fall, wenn er nicht vorbelastet ist. Es stehen nur solche Vorbelastungen innerhalb oder außerhalb des Dienstes entgegen, die einschlägig sind und eine persönlichkeitsbedingte Labilität, eine »einheitliche Neigung« gerade zu dieser Art von Verfehlung offenbaren.[756] Verfehlungen, die wegen des Grundsatzes der Einheit des Dienstvergehens Bestandteil des zu beurteilenden Falles sind, scheiden als »Vorbelastung« aus.
Fälle aus der Rspr. des BVerwG, in denen der **Milderungsgrund bejaht worden ist:** Öffnung einer Einschreibsendung; Entwendung des Inhalts – Smaragde – und Versuch, diese bei einem Juwelier zu veräußern; körperliche Bedrohung durch drogenabhängigen Lebensgefährten.[757] Hauswart befand sich privat (Urlaub) im Dienstgebäude und nahm zum ersten Mal eine Fundsache entgegen – Briefumschlag mit 6000 DM – spontanes Versagen in verführerischer Situation.[758] Irrtümliche Zuleitung eines Schecks, den Beamtin einen Tag später zur Gutschreibung auf ihr Konto vorlegte.[759] Beamte nimmt zur Auszah-

---

745 Milderungsgrund abgelehnt bei 3 Tagen, BVerwG 12. 4. 1983 – 1 D 53.82, bejaht bei einer dazwischen liegenden Nacht, BVerwG 24. 2. 1999 – 1 D 31.98.
746 BVerwG 27. 9. 2000 – 1 D 24.98.
747 BVerwG 4. 9. 1996 – 1 D 1.96.
748 BVerwG 7. 8. 1996 – 1 D 69.95.
749 BVerwG 14. 5. 1997 – 1 D 51.96.
750 BVerwG 9. 3. 1988 – 1 D 86.87; 8. 8. 1995 – 1 D 41.93.
751 BVerwG 13. 10. 1998 – 1 D 95.97.
752 BVerwG 22. 7. 1993 – 1 D 17.92: Geldzähler, Entwendung eines Mehrbetrages.
753 BVerwG 15. 3. 1994 – 1 D 19.93; 27. 9. 2000 – 1 D 24.98.
754 BVerwG 8. 8. 1995 – 1 D 41.93.
755 BVerwG 28. 9. 1999 – 1 D 42.98.
756 BVerwG 8. 9. 1987 – 1 D 6.87; 27. 1. 1988 – 1 D 50.87.
757 BVerwG 8. 8. 1995 – 1 D 41.93.
758 BVerwG 13. 10. 1998 – 1 D 95.97.
759 BVerwG 24. 2. 1999 – 1 D 31.98.

Die Pflicht zur Uneigennützigkeit

lung einer Postanweisung bestimmtes Geld übers Wochenende **versehentlich** mit nach Hause und verspielt es; **Spielsucht** aber als Dauerzustand grundsätzlich keine Versuchungssituation.[760] Psychische Vorbelastung im Zusammenwirken mit vom normalen Dienstbetrieb abweichenden Ereignis begründet besondere Versuchungssituation; Abgrenzung zur psychischen Ausnahmesituation.[761]

d) Wiedergutmachung, Offenbarung des Schadens

Dieser Milderungsgrund wurde erstmals vom BVerwG im Urteil vom 8.3.1988[762] anerkannt. Er wird damit begründet, dass positive Persönlichkeitselemente vorliegen, wenn einer endgültigen materiellen Schädigung des Dienstherrn vorgebeugt wird. Danach muss **die Wiedergutmachung des Schadens vor Entdeckung der Tat erfolgen,** sie muss **freiwillig** sein und nicht auf **Furcht vor konkreter Entdeckungsgefahr** beruhen, der Täter darf nichts zur Verschleierung seines Fehlverhaltens getan haben, er musste zum Tatzeitpunkt mit der Fähigkeit zum alsbaldigen Schadensausgleich rechnen, das veruntreute Geld oder Gut nur kurzfristig eigenen Zwecken zuführen und dienstlich und außerdienstlich unbescholten sein. In der Folgezeit wurde der Milderungsgrund erheblich differenziert und erweitert. Mit Urteil vom 9.5.1990[763] wurde er auf die **vollständige und vorbehaltlose Offenbarung** des dem Dienstherrn zugefügten Schadens vor Tatentdeckung oder Kenntnis des Beamten hiervon ausgedehnt und in der Folgezeit ebenfalls differenziert.

Eine **freiwillige Offenbarung** liegt dann nicht vor, **wenn die Tat als solche entdeckt** ist und der Beamte weiß, dass deshalb ermittelt wird, er aber noch nicht überführt ist. Ein Geständnis steht dann einem freiwilligen Offenbaren nicht gleich.[764] Die Vermutung der Unfreiwilligkeit, wenn der Schaden nach Aufdeckung des Fehlverhaltens wieder gutgemacht worden ist, kann ausnahmsweise widerlegt werden (Beamter hat sich aufgrund psychiatrischer Belastungen über die Möglichkeit der Tataufdeckung überhaupt keine Gedanken gemacht.[765] Die Hingabe eines ungedeckten Gehaltsschecks zum Kassenbestand erfüllt in der Regel die Voraussetzung einer vollständigen und vorbehaltlosen Offenbarung, da hier die Vollständigkeit des Bestandes der amtlichen Kasse gewahrt und der einwandfreie Nachweis des Bestandes möglich ist. Aus dem unterschriebenen Scheck ist für den Dienstherrn erkennbar, dass der Beamte Bargeld aus der Kasse entnommen hatte.[766] Fehlendes Datum auf dem Auszahlungsschein steht der Offenbarung nicht entgegen. Die **Offenbarung** muss auch **nicht unmittelbar gegenüber dem Dienstvorgesetzten** erfolgen. Dies kann vielmehr auch durch Information gegenüber Polizei oder Kollegen geschehen, die nicht Vorgesetzte sind. Es dürfen aber keine Absprachen oder Vorkehrungen zur Geheimhaltung des Vorgangs getroffen worden sein.[767] Die Freiwilligkeit der Offenbarung erfordert **keine Reue** und Einsicht in das Fehlverhalten.[768] Der Wehrdienstsenat verlangt allerdings das Vorliegen dieser Merkmale.[769]

12d

---

760 BVerwG 22.3.1999 – 1 D 61.97 m. w. N.
761 BVerwG 15.9.1999 – 1 D 38.98.
762 1 D 69.87, BVerwGE 86, 1.
763 1 D 81.89, BVerwGE 86, 283.
764 BVerwG 5.10.1994 – 1 D 31.94, DÖD 1995, 194; 4.9.1996 – 1 D 1.96; 28.10.1997 – 1 D 60.97.
765 Sehr weitgehend: BVerwG 7.2.2001 – 1 D 69.99.
766 BVerwG 22.11.1993 – 1 D 57.92, DÖD 1994, 159.
767 BVerwG 13.6.1995 – 1 D 37.94; 26.3.1996 – 1 D 58.95; 4.9.1996 – 1 D 1.96; 23.3.1999 – 1 D 8.98.
768 BVerwG 9.8.1995 – 1 D 45.94.
769 BVerwG 19.7.1995 – 2 WD 9.95.

Die einzelnen Dienstvergehen und ihre Maßregelung

Die Absicht eines nur vorübergehenden Zugriffs auf dienstliche Gelder muss nicht bereits bei Begehung der Tat vorhanden gewesen sein. Auch der Beamte, der sich erst nach der Tat zur Wiedergutmachung/Offenbarung des Schadens entschlossen hat, offenbart ein für die weitere Zusammenarbeit günstiges Persönlichkeitsbild, was eine Milderung rechtfertigt. Mit der freiwilligen Offenbarung des Fehlverhaltens bzw. der freiwilligen Wiedergutmachung des Schadens ist in der Regel die Voraussetzung des nur **vorübergehenden Zugriffs** erfüllt, so dass dieses im Urteil vom 8. 3. 1988[770] noch enthaltenen Merkmal keiner selbständigen Prüfung mehr bedarf. Auch am Merkmal der Fähigkeit zu alsbaldigem Schadensausgleich hält die Rspr. nicht mehr fest. Diese Fähigkeit ist durch die erfolgte Schadenswiedergutmachung erwiesen. Es genügt, wenn der Betroffene sich ernsthaft um Schadensausgleich bemüht hat und mit einem Ausgleich realistischerweise zu rechnen ist. Auch derjenige, der sein Fehlverhalten offenbart hat, jedoch zum Ausgleich des Schadens nicht sofort in der Lage ist, kommt in den Genuss des Milderungsgrundes.[771] Dies gilt auch für den, der vor Entdeckung der Tat die **Wiedergutmachung nach außen erkennbar in die Wege geleitet hat**.[772] Der Milderungsgrund der freiwilligen Wiedergutmachung findet auch dann Anwendung, wenn bis zum Zeitpunkt der Entdeckung der Tat eine vollständige Wiedergutmachung des Schadens nicht erfolgt ist, der Beamte jedoch hiervon aus nachvollziehbaren Gründen irrtümlich ausgegangen ist.[773] Im Übrigen müssen zum Zeitpunkt der Tatentdeckung **nicht alle Folgen beseitigt sein**, z. B. geringfügige Zinsverlust.[774]

Der Milderungsgrund ist nicht anwendbar, wenn der Beamte eine **zusätzliche Verfehlung mit erheblichem Eigengewicht** begangen hat.[775] Bloße Begleitdelikte wie Vernichten der Paketkarten oder Anbringen falscher Auslieferungsvermerke, Zurückhalten der Abrechnungsunterlagen oder deren falsches Ausfüllen oder Verfälschen haben in der Regel kein erhebliches Eigengewicht.[776] Eine **Bescholtenheit** des Beamten steht der Anwendung des Milderungsgrundes entgegen. Dies sind in der Regel **einschlägige Vorbelastungen mit Warnfunktion**.[777] Eine disziplinare oder strafrechtliche Ahndung des früheren Fehlverhaltens ist aber nicht erforderlich, es genügt z. B. eine Ermahnung durch einen Vorgesetzten.[778] Beim sog. »**Schieben« von Geldbeträgen** ist der Milderungsgrund in der Regel dann anwendbar, wenn der Ausgleich des letzten unterschlagenen Betrags mit eigenem Geld erfolgt.[779]

e) Geringer Wert

12e Der geringe Wert einer Sache wurde als letzter, das Absehen von der Höchstmaßnahme rechtfertigender Grund anerkannt.[780] Er ist **dogmatisch der problematischste**. So sehr es zu begrüßen ist, dass eine weitere Differenzierung erlaubt und ein Ausbrechen aus einem

---

770 1 D 69.87, BVerwGE 86, 1.
771 Vgl. zu allem BVerwG 6. 9. 1994 – 1 D 18.94, BVerwGE 103, 164.
772 BVerwG 5. 2. 1991 – 1 D 34.90, BVerwGE 93, 38; offen gelassen bei Offenbarung in BVerwG 23. 3. 1999 – 1 D 45.98.
773 BVerwG 28. 5. 1997 – 1 D 74.96.
774 BVerwG 16. 3. 1994 – 1 D 17.93, BVerwGE 103, 93.
775 Die frühere Formulierung »kein zusätzliches Unrecht mit dem Ziel der Ermöglichung oder Verschleierung der Tat« wurde aufgegeben, BVerwG v. 16. 3. 1994 – 1 D 17.93, a. a. O.
776 BVerwG 16. 3. 1994, a. a. O.; 21. 9. 1994 – 1 D 70.93; 10. 11. 1998 – 1 D 103.97.
777 BVerwG 5. 9. 1995 – 1 D 69.94.
778 BVerwG 30. 9. 1998 – 1 D 84.97, DVBl. 1999, 320.
779 BVerwG 10. 11. 1998 – 1 D 103.97 m. w. N.
780 BVerwG 24. 11. 1992 – 1 D 66.91.

Die Pflicht zur Uneigennützigkeit

engen System bisher anerkannter Milderungsgrund ermöglicht wird, so schwierig ist es nachzuvollziehen, dass die bei einem Zugriffsdelikt offenbarte Unzuverlässigkeit des Täters und die eingetretene Vertrauenseinbuße vom Wert des Gegenstandes abhängen soll. Nach der Rspr. des BVerwG soll der Zugriff auf geringe Werte im Gegensatz zu einem ungehemmten Zugriff auf höhere Werte noch vertrauenserhaltende Persönlichkeitselemente enthalten. Bezüglich der Grenzwerte orientiert sich die Rspr. an den Grundsätzen zu § 248a StGB und bemisst derzeit den geringen Wert (noch) mit etwa 50 DM.[781] Das BDiG hat dagegen in einer nicht angefochtenen Entscheidung[782] einen aus der Kasse eines Kollegen entwendeten Betrages in Höhe von 80 DM noch als geringen Wert angesehen. Nach einer Entscheidung des OLG Zweibrücken[783] liegt die **Geringwertigkeitsgrenze i. S. d. § 248 a StGB jetzt bei 50 Euro.**[784]

Voraussetzung für die Anwendung des Milderungsgrundes ist weiter, dass der Beamte nicht **durch sein sonstiges Verhalten oder die konkrete Tatausführung zusätzlich belastet ist,** dass durch das Dienstvergehen keine **weiteren wichtigen öffentlichen oder privaten Schutzgüter verletzt werden**. Damit sollte in erster Linie die Vertraulichkeit des Inhalts von Post- und Bahnsendungen unabhängig vom Wert geschützt bleiben. Wenn der geringe Wert trotz Verletzung des Postgeheimnisses unzweifelhaft erkennbar ist, soll der Milderungsgrund wieder anwendbar sein.[785] Im Übrigen wird in derartigen Fällen der Milderungsgrund nur zugelassen, wenn der Warenwert deutlich unter der Geringwertigkeitsgrenze, mindestens der Hälfte liegt.[786] Es wird damit innerhalb der Wertgrenze eine weitere Wertgrenze eingeführt, was die Anwendung des Milderungsgrundes noch problematischer macht. Zu welchen **absurden Ergebnissen ein kleinliches Festhalten an den Wertgrenzen** führen kann (obwohl das BVerwG immer betont, dass es keine starre Grenze festsetzen will), zeigt der mit Urteil vom 23. 10. 1996 entschiedene Fall.[787] Der Beamte hatte ein in Folie verpacktes Hemd entwendet, bei dem nicht ersichtlich war, ob es kurze oder lange Ärmel hatte. Nachforschungen bei der Herstellerfirma ergaben, dass das Hemd langärmelig war. Damit lag der Wert über 50 DM, nämlich bei 59,90 DM. Dies kostete den Beamten seine berufliche Existenz. Der Preis für ein Hemd mit kurzen Ärmeln hätte unter 50 DM (49,90 DM) gelegen. Hier wäre der Beamte voraussichtlich mit einer Degradierung (nunmehr: Zurückstufung) davongekommen, auch wenn noch ein entwendetes Kartenspiel im Wert von 5 DM hinzukam.

Eine zusätzliche Belastung und damit der Ausschluss des Milderungsgrundes wurden z. B. darin gesehen, dass ein Beamter einen mehrfachen Hausfriedensbruch begangen und Kollegen in der Begehung von Straftaten bestärkt hatte.[788] Dagegen blieb es bei dem Milderungsgrund im Falle der zusätzlichen Verwendung von gebührenfreien Umschlägen für Privatzwecke.[789] Greift ein Beamter über einen längeren Zeitraum immer wieder auf kleinere Geldbeträge – gleichsam in Serie – zu, die insgesamt über der Geringwertigkeits-

---

781 BVerwG 16. 4. 1996 – 1 D 62.95: Wert entwendeter Münzen 80 DM, Entf.
782 BDiG 3. 4. 1995 – IX VL 23/94, ZBR 1995, 277
783 OLG Zweibrücken 18. 1. 2000 – 1 Ss 266/99, NStZ 2000, 536.
784 So jetzt ausdrücklich Wertgrenze bei ca. 50 Euro, BVerwG 11. 6. 2002 – 1 D 31.01, BVerwGE 116, 308 = NVwZ 2003, 108.
785 BVerwG 19. 5. 1998 – 1 D 20.96, DÖD 1999, 28: Warensendung mit Gummibärchen.
786 BVerwG 16. 9. 1998 – 1 D 62.97.
787 BVerwG 23. 10. 1996 – 1 D 10.96.
788 BVerwG 17. 7. 1995 – 1 D 58.94.
789 BVerwG 21. 9. 1993 – 1 D 50.92.

Die einzelnen Dienstvergehen und ihre Maßregelung

grenze liegen, kann auch dies der Anwendung des Milderungsgrundes entgegenstehen.[790]

13 Die anerkannten **Milderungsgründe müssen nicht positiv festgestellt** werden, es genügt, wenn ihr Vorliegen nicht ausgeschlossen werden kann. Es müssen hierfür aber hinreichende tatsächliche Anhaltspunkte bestehen.[791] Es gilt der Grundsatz »in dubio pro reo«.[792] Das BVerwG lehnte es bisher in st. Rspr. ab, aus den anerkannten Milderungsgründen durch **Kumulieren einzelner Elemente** einen neuen Ausnahmegrund zu schaffen.[793] Diese Rspr. ist nunmehr aufgrund der an § 13 orientierten neuen Rspr. des BVerwG[794] überholt. Wenn sich insgesamt aus einzelnen Elementen der bisher anerkannten Milderungsgründe einer mit vergleichbarem schwerwiegendem Gewicht ergibt, kann dies ebenfalls ein Absehen von der Höchstmaßnahme rechtfertigen. Liegen Umstände vor, die für sich genommen nicht genügen, einen Milderungsgrund zu erfüllen, muss ernsthaft ermittelt und geprüft werden, ob diese Umstände in ihrer Gesamtheit dem Gewicht eines anerkannten Milderungsgrunds vergleichbar sind.[795] Für sich allein **nicht anerkannt werden** lange tadelsfreie Dienstzeit, gute dienstliche Leistungen, Fehlen von Vorbelastungen in strafrechtlicher und disziplinarer Hinsicht, negative Lebensphase,[796] Geständnis,[797] Angst vor familiären oder ehelichen Schwierigkeiten,[798] lange Verfahrensdauer,[799] Weiterbeschäftigung, fehlende Suspendierung,[800] nachträgliche Schadenswiedergutmachung bzw. Wiedergutmachungsabsicht, Enttäuschung über unterbliebene Beförderung,[801] Dankurkunde des Dienstherrn,[802] Schwerbehindertenstatus,[803] »Mitverschulden« des Dienstherrn wegen Abschaffung dienstinterner Kontrollmaßnahmen, »Doppelbestrafung«,[804] »Resozialisierung«,[805] Versetzung in den Ruhestand nach Begehung des Dienstvergehens.[806]

Der Sache nach aufgegeben hat jetzt das BVerwG die bisherige Rspr. des D-Senats, wonach **verminderte Schuldfähigkeit** bei Zugriffsdelikten niemals einen Milderungsgrund darstellen konnte, auch nicht bei **Alkoholkrankheit**,[807] und **Spielsucht**, wobei ein Verstoß gegen den Verhältnismäßigkeitsgrundsatz verneint wurde.[808] Bei der prognostischen Gesamtwürdigung aller im Einzelfall bedeutsamen be- und entlastenden Gesichtspunkte ist nunmehr auch bei Zugriffsdelikten eine erheblich verminderte Schuldfähigkeit i. S. v. §§ 20, 21 StGB einzubeziehen. Entscheidend ist, ob die Verminderung der Steuerungsfähigkeit aufgrund einer krankhaften seelischen Störung »erheblich« war. Die Erheblichkeit hängt von der Bedeutung und Einsehbarkeit der verletzten Dienstpflicht ab. Bei Zugriffs-

---

790 BVerwG 28. 10. 1998 – 1 D 99.97 m. w. N.
791 St. Rspr., BVerwG 21. 6. 2000 – 1 D 49.99.
792 BVerwG 3. 5. 2007 – 2 C 9.06.
793 BVerwG 30. 9. 1998 – 1 D 97.97.
794 Urt. v. 3. 5. 2007 – 2 C 9.06.
795 So jetzt erneut BVerwG 23. 2. 2012 – 2 C 38.10.
796 BVerwG 28. 6. 1995 – 1 D 16.94; 23. 9. 1997 – 1 D 76.96.
797 BVerwG 28. 3. 2000 – 1 D 6.99.
798 BVerwG 5. 10. 1994 – 1 D 23.94; 30. 9. 1998 – 1 D 97.97.
799 BVerwG 21. 6. 2000 – 1 D 49.99.
800 BVerwG 26. 8. 1997 – 1 D 68.96.
801 BVerwG 9. 9. 1997 – 1 D 36.96.
802 BVerwG 23. 9. 1997 – 1 D 76.96.
803 BVerwG 2. 4. 1998 – 1 D 4.98.
804 BVerwG 25. 6. 1997 – 1 D 72.96.
805 BVerwG 18. 5. 1988 – 1 D 145.87.
806 BVerwG 28. 11. 2000 – 1 D 62.99.
807 BVerwG 16. 4. 1996 – 1 D 79.95.
808 BVerwG 10. 10. 2000 – 1 D 32.98.

Die Pflicht zur Uneigennützigkeit

delikten wird deshalb wie bisher eine verminderte Schuldfähigkeit nur in **Ausnahmefällen** eine Maßnahme unterhalb der Entfernung rechtfertigen können,[809] weil es hier um die Verletzung leicht einsehbarer Kernpflichten geht. Im Urteil v. 25. 3. 2010 – 2 C 83.08 – hat das BVerwG im Zusammenhang mit einem außerdienstlichen Sexualdelikt ausgeführt, eine erheblich verminderte Schuldfähigkeit führe grundsätzlich nicht mehr zur Verhängung der Höchstmaßnahme. Da diese Entscheidung allgemein zu § 13 erfolgt ist, gilt dies grundsätzlich dann auch für Zugriffsdelikte.

Bei **anerkannten Milderungsgründen muss nicht zwingend die zweitschwerste Disziplinarmaßnahme,** die Zurückstufung (früher Degradierung), verhängt werden. Auch eine Gehaltskürzung kann gerechtfertigt sein, wenn mehrere anerkannte Milderungsgründe oder sonstige besondere Umstände vorliegen.[810] Umgekehrt kann trotz Vorliegens eines anerkannten Milderungsgrundes die Höchstmaßnahme gerechtfertigt sein, wenn besonders erschwerende Umstände vorliegen (weitere Straftatbestände wie Betrug oder Urkundenfälschung, besonders kriminelle Intensität und Rücksichtslosigkeit, langer Zeitraum der Verfehlung oder besonders hoher Schaden).

Rechtsprechungsübersicht
- **Münzzähler** – Diebstahl von annähernd 2000 DM aus Kassetten öffentlicher Münzfernsprecher: **Entf.**
  – *BVerwG* 20. 9. 1988 – 1 D 80.87
- **Paketzusteller** – **Postpakete** in mehreren Fällen geöffnet und ihres Inhalts **beraubt** – **Spielleidenschaft: Entf.**
  – *BVerwG* 8. 11. 1989 – 1 D 1.89
- **Schalterbeamter** – **Veruntreuung von Nachnahmegebühren** – Milderungsgrund der Notlage anerkannt: **Degr.**
  – *BVerwG* 28. 11. 1989 – 1 D 8.89
- **Museumsbeamter in Vorgesetztenstellung** – **Veruntreuung von Eintrittsgeldern** unter Doppelverkauf von Eintrittskarten – Diebstahl von Geld aus der Kasse – Einbeziehung eines von der Vorinstanz ausgeschiedenen Vorwurfs in das Berufungsverfahren bei unbeschränkter Berufung: **Entf.**
  – *BVerwG* 22. 8. 1990 – 1 D 38.89
- **Fahrkartenverkäufer** – Unterschlagung von eingenommenem Fahrgeld – **spontanes Handeln, Versuchungssituation: Degr.**
  – *BVerwG* 9. 10. 1990 – 1 D 5.90, BVerwGE 86,336
- **Schalterbeamter** – Einbringen einer eigenen Überweisung in den Postverkehr ohne Einzahlung des Gegenwerts – Gleichstellung mit Zugriffsdelikt – **Offenbarung vor Entdeckung** der Tat: **Degr.**
  – *BVerwG* 23. 4. 1991 – 1 D 57.90
- **Omnibusfahrer** – **Veruntreuung von Fahrgeldeinnahmen,** Manipulation des Fahrscheindruckers zur Verschleierung – Bindung an strafgerichtliche Feststellung: **Entf.**
  – *BVerwG* 24. 4. 1991 – 1 D 70.90
- **Zugriff auf anvertrautes Geld einer sozialen Einrichtung** der Bundesbahn – Rspr. zum Zugriff findet nicht uneingeschränkte Anwendung auf die Schädigung einer sozialen Einrichtung durch außerdienstliche Vergehen, wenn soziale Einrichtungen Aufgaben wahrnimmt, die dem privaten rechtlichen Bereich des Beamten zuzuordnen sind: **Degr.**

---

809 So ausdrücklich BVerwG v. 3. 5. 2007 – 2 C 9.06 und 2 C 30.05.
810 BVerwG 13. 10. 1998 – 1 D 91.97.

Die einzelnen Dienstvergehen und ihre Maßregelung

- *BVerwG* 26. 2. 1992 – 1 D 29.91, DÖV 1993,487
- Zustellerin – **Briefberaubung und Vernichtung** – Ess- und Brechsucht (Bulimie) kein Ausnahmegrund – **mittelbare Beschaffungskriminalität eines Suchtkranken** begründet regelmäßig keinen Ausschluss der Schuldfähigkeit: **Entf.**
- *BVerwG* 16. 3. 1993 – 1 D 69.91, BVerwGE 93, 358
- Kassenbeamter – vorübergehende Verwendung eingezahlter Postspareinlagen für eigennützige Zwecke – **Wiedergutmachung vor Entdeckung** der Tat bejaht: **Degr.**
- *BVerwG* 16. 3. 1994 – 1 D 17.93, BVerwGE 103, 93
- Rechnungsführer – **Zurückbehaltung von Wehrsold** und Verpflegungsgeldern – keine Zueignungsabsicht – vorübergehende zweckwidrige Verwendung des Geldes – Empfang des Geldes mit gefälschten Unterschriften der Soldaten quittiert – Milderungsgründe: **Degr.**
- *BVerwG* 27. 7. 1994 – 1 D 66.93
- Briefzusteller – Öffnen eines Briefes und Entnahme von Eintrittskarten für eine Sportveranstaltung – **Zugriff auf Beförderungsgut** – Verletzung des Postgeheimnisses – **psychische Ausnahmesituation** bejaht (epileptischer Anfall der Ehefrau, Handeln aus dem Gefühl, der Ehefrau »etwas Gutes zu tun«): **Degr.**
- *BVerwG* 18. 1. 1995 – 1 D 6.94
- Briefzustellerin – Tausch eines privat erhaltenen falschen 1000 DM-Geldscheins mit einem echten Geldschein aus dienstlichen Geldern – Auszahlung des Falschgeldes an Postkunden – **keine einmalige Gelegenheitstat, da zielstrebiges Vorgehen: Entf.**
- *BVerwG* 28. 3. 1995 – 1 D 33.94
- Verwendung von eingenommenen **Paketentgelten zum Ausgleich eines Fehlbetrages**, für den der Beamte gehaftet hätte – Gleichstellung mit einem Zugriffsdelikt: **Entf.**
- *BVerwG* 27. 2. 1996 – 1 D 33.95
- Zustellerin – **Öffnen eines Fangbriefes** und Entwendung des Inhalts von 30 DM – **kein Milderungsgrund der Geringwertigkeit beim Zugriff auf Inhalt** von Briefsendungen: **Entf.**
- *BVerwG* 7. 8. 1996 – 1 D 61.95
- Beamter der Arbeitsverwaltung – **Abzweigung eines Kassenbetrages** von über 12 000 DM **auf das eigene Konto** – Verwendung für Handwerkerrechnungen – Milderungsgründe verneint: **Entf.**
- *BVerwG* 14. 5. 1997 – 1 D 51.96
- Postzusteller – unbefugtes **Öffnen von Sendungen** in der Absicht, aus Neugierde vom Inhalt – pornographische Literatur – Kenntnis zu nehmen: **Geh.K, Einstellung des Verfahrens** im Hinblick auf § 14 BDO **an Stelle erstinst. verhängter Entf.**
- *BVerwG* 11. 11. 1997 – 1 D 7.97
- Zusteller – Zugriff auf fünf **verschlossene Infopostsendungen** (Inhalt: Päckchen Zigaretten, Kartenspiel) und Weitergabe an einen Dritten zur Beraubung – Milderungsgrund verneint: **Entf.**
- *BVerwG* 3. 3. 1998 – 1 D 6.97
- **Entwendung einer EC-Karte und Geheimnummer** aus zwei Einschreibsendungen – Abhebung von insgesamt 3200 DM an 8 Geldautomaten verschiedener Geldinstitute: **Entf.**
- *BVerwG* 21. 7. 1998 – 1 D 79.97
- **Überhebung von Zustell- und Nachentgelten** – keine Abführung der Beträge an die Postkasse – Überführung durch Gutachten eines Schriftsachverständigen: **Entf.**
- *BVerwG* 21. 7. 1998 – 1 D 51.97

Die Pflicht zur Uneigennützigkeit

- **Zollbeamter** – Entwendung von Gegenständen im Rahmen einer zollamtlichen Beschau: **Entf.**
  – *BVerwG* 21. 4. 1999 – 1 D 6.98
- **Veruntreuung von Verwarnungsgeldern** durch Polizeibeamte: **Entf.**
  – *OVG Nordrhein-Westfalen* 1. 6. 2005 – 21 d A 233/04.O
  – *OVG Niedersachsen* 22. 3. 2007 – 19 LD 4/06
  – *VGH Bayern* 21. 1. 2015 – 16a D 13.1904
- Unrechtmäßige Belastung eines Bahnkunden mit 98 DM zum Ausgleich von Kassenfehlbeträgen – **Milderungsgrund Geringwertigkeit (jetzt bei etwa 50 Euro) anerkannt**
  – *BVerwG* 11. 6. 2002 – 1 D 31.01
- Veruntreuung von 7600 DM – Milderungsgrund des Handelns in einer besonderen Versuchungssituation – trotz strafgerichtlicher Verurteilung ausnahmsweise **fortbestehendes Pflichtmahnungsbedürfnis** (Alkohollabilität, Uneinsichtigkeit): **Zurückstufung**
  – *BVerwG* 23. 6. 2005 – 1 D 6.04
- Veruntreuung hoher Geldbeträge zum Nachteil zu betreuender Personen durch **Amtsbetreuer: Entf.**
  – *DiszH Niedersachsen* 13. 1. 2005 – 2 NDH L 10/03
- Entwendung einer EC-Karte aus der **Asservatentüte** durch **Justizvollzugsbeamten** – Benutzung der Karte für 4 Einkäufe: **Entf.**
  – *OVG Nordrhein-Westfalen* 28. 3. 2007 – 21 d A 1477/06.O
- Entwendung von Goldbarren und Goldmünzen aus der **Wohnung einer Verstorbenen**, die ein Polizeibeamter **dienstlich zu betreten** hatte: **Entf.**
  – *OVG Nordrhein-Westfalen* 23. 5. 2007 – 21 d A 2492/06.O
- Beamter veranlasst Überweisungen von **Sozialhilfeleistungen** auf sein Konto und das seiner Schwiegermutter – Beträge lagen immer unter 1000 DM, für die Freigabe durch Dritte nicht erforderlich war: **Entf.**
  – *OVG Nordrhein-Westfalen* 21. 11. 2007 – 21 d A 4158/06.O
- **Missbrauch des Kontoabhebungsverfahrens** unter Ausnutzung dienstlicher Möglichkeiten, **Entf.**
  – *OVG Niedersachsen* 25. 1. 2011 – 3 LD 3/08
- Posthauptschaffner, **Unterschlagung vereinnahmter Nachnahmebeträge**, Fälschung von Unterschriften im Handscanner, Ausgleich eines verschleierten Fehlbestands durch verspätete Abrechnung, **Entf.**
  – *VGH Bayern* 29. 7. 2015 – 16b D 13.778

Innerdienstlicher Diebstahl zum Nachteil des Dienstherrn, der Kollegen und Kunden; Hehlerei

Soweit dienstlich anvertraute oder zugängliche Gelder oder Güter entwendet werden, gelten die Grundsätze für Zugriffsdelikte (Rn. 3ff.). Der **Diebstahl von behördeneigenem Gut** wird milder bewertet als der Diebstahl von Beförderungsgut und anderem anvertrauten Geld oder Gut.[811] Entscheidend sind die Umstände des Einzelfalles. Der gesamte Maßnahmenkatalog findet Anwendung. Allerdings wird beim Diebstahl von Verwaltungseigentum dann regelmäßig auf die Höchstmaßnahme erkannt, wenn er unter **Missbrauch von übertragenen Obhuts- oder Überwachungspflichten** begangen wurde, wie dies bei

---

811 St. Rspr., z. B. BVerwG 10. 1. 1996 – 1 D 35.95; 30. 8. 2000 – 1 D 18.99.

Die einzelnen Dienstvergehen und ihre Maßregelung

Lagerverwaltern oder Pförtnern der Fall ist.[812] Dies kann auch bei **Hausmeistern** zutreffen.[813]

15 Auch der Diebstahl zum **Nachteil von Kollegen** zieht regelmäßig die Höchstmaßnahme nach sich, unabhängig davon, ob der Kollege persönlich bestohlen oder ob Geld aus der von ihm geführten Kasse entnommen wird.[814] Durch Diebstahlshandlungen gegenüber Kollegen wird das Betriebsklima vergiftet und der Arbeitsfrieden in schwerer Weise gestört. Diese Grundsätze hat das BVerwG auch dann angewandt, wenn ein Beamter die Insassen eines Wohnheims – Bundesbahnbedienstete – bestohlen hat.[815]
In den Fällen des Kollegendiebstahls oder der Verletzung besonderer Obhuts- oder Überwachungspflichten kann wie bei Zugriffsdelikten nur dann von der Höchstmaßnahme abgesehen werden, wenn einer der fünf in der Rspr. anerkannten oder nach der neuen Rspr. gleich schwerwiegenden Milderungsgründe (Rn. 12) vorliegt.
Beim als innerdienstliches Dienstvergehen zu wertenden **Diebstahl von Eigentum der Verwaltungs-/Behördenkunden** gibt es wiederum keine Regelmaßnahme und damit wieder einen großen Spielraum in der Maßnahmenwahl. Erschwerend wirkt sich hier aus, wenn der Diebstahl bei Kunden während der eigentlichen Dienstausübung, zumal bei direkter amtlicher Befassung mit dem Kunden begangen wird.[816] Bei weniger engem dienstlichem Zusammenhang, wenn die Tat nur bei Gelegenheit der Dienstausübung begangen wird, ist das Dienstvergehen von geringerem Gewicht.[817]
Eine in einem **besonders schweren Fall (Einbruchsdiebstahl)** begangene Diebstahlshandlung ist stets ein Erschwerungsgrund; ebenso die Ausnutzung dienstlicher Möglichkeiten und Kenntnisse. Beim Einbruchsdiebstahl wird regelmäßig wenigstens auf Degradierung erkannt.[818]

16 Bei **Hehlerei an Beförderungsgut** wird regelmäßig auf die Höchstmaßnahme erkannt, wenn der Beamte in nicht unerheblichem Umfang dem Dieb erst die Möglichkeit zur Verwertung gestohlener Sachen verschafft und so das gestohlene oder unterschlagende Gut dem Eigentümer noch weiter entfremdet (klassische Hehlerei) oder wenn der Beamte die Herkunft der Gegenstände gekannt und gewusst, zumindest aber damit gerechnet hat, dass sie Beförderungsgut waren.[819] Kann der Hehler annehmen, dass das Diebesgut aus einer nur einmaligen Gelegenheitstat stammt oder erhält er es unentgeltlich, so muss er nicht davon ausgehen, dass er den Dieb zu Wiederholungstaten anregt, er kann dann selbst als der Verleitete erscheinen. In diesen Fällen ist wie beim Diebstahl nach dem Ausmaß der Schuld zu differenzieren. Trifft den Hehler aber eine besondere dienstliche Obhutspflicht gegenüber dem Verwaltungsgut, wie etwa einen Bahnpolizeibeamten, so ist

---

812 BVerwG 21.1.1997 – 1 D 26.96.
813 Vgl. BVerwG 10.2.1999 – 1 D 66.97.
814 BVerwG 9.8.1995 – 1 D 7.95; 29.9.1998 – 1 D 82.97.
815 BVerwG 4.5.1988 – 1 D 149.87.
816 Postzusteller stiehlt in der Wohnung des Postkunden, BVerwG 10.4.1984 – 1 D 65.83: Entf.; Beamter entwendet bei der Passkontrolle am Flughafen in den Pass eingelegtes Geld in Höhe von 900 DM, BVerwG 10.2.1988 – 1 D 105.87: Entf.
817 Kabeldiebstahl aus bei der Rangierfahrt zu durchfahrendem Firmengelände, Gehaltskürzung, Einstellung wegen § 14 BDO, BVerwG 11.2.1981 – 1 D 5.80; Diebstahlshandlungen eines Postzustellers in einem zu seinem Zustellbereich gehörenden SB-Laden, BVerwG 21.10.1986 – 1 D 56.86, BVerwGE 83, 237: Degr.; Entwendung von Kunststoffbehältern, die von einem Bahnkunden auf dem Bahngelände abgestellt waren, Abtransport mit einem Dienstfahrzeug, langfristige Gehaltskürzung noch angemessen, Einstellung wegen § 14 BDO, BVerwG 15.9.1998 – 1 D 87.97.
818 BVerwG 11.10.1995 – 1 D 11.95; 15.9.1998 – 1 D 22.98.
819 BVerwG 10.10.1995 – 1 D 27.95 m.w.N.

Die Pflicht zur Uneigennützigkeit

das Gewicht der Pflichtverletzung ebenso groß wie bei der Unterschlagung einer amtlich anvertrauten Sache.[820] Bei Hehlerei an normalem Diebesgut sind wiederum die Umstände des Einzelfalles maßgebend (vgl. auch B. II. 12. Rn. 10).

Rechtsprechungsübersicht

- Diebstahl eines hochwertigen Radiogerätes aus unverschlossenem geparkten PKW – **Tatausführung im Dienst und während der Dienstverrichtung**: langfristige **Geh.K**, Notwendigkeit der Verhängung trotz sachgleicher Strafe
  – *BVerwG* 6. 12. 1988 – 1 D 23.88
- **Beihilfe zum Diebstahl** (Rauhaardackel) während des Dienstes: **Geh.K**
  – *BVerwG* 12. 12. 1990 – 1 D 12.90
- **Einbruch in den Keller eines Dienstgebäudes** und Entwendung von historischen Wertpapieren – kein Eigentum des Dienstherrn: **Entf.**
  – *BVerwG* 11. 10. 1995 – 1 D 11.95
- **Gelddiebstahl** aus verplombten, im Stahlschrank eines Amtes lagernden Münzkassetten in mehreren Fällen – **besonders schwerer Fall** in Tateinheit mit Siegelbruch: **Entf.**
  – *BVerwG* 12. 3. 1997 – 1 D 34.96
- **Beihilfe zum schweren Diebstahl** durch Herausgabe eines Briefkastenschlüssels zur Herstellung eines Duplikats, mit dessen Hilfe Briefkästen beraubt wurden: **Entf.**
  – *BVerwG* 27. 10. 1992 – 1 D 71.91, BVerwGE 93, 300 = NJW 1994, 209
- Diebstahl durch **Pförtner** aus einer Cafeteria, die nur aus dienstlichem Anlass betreten werden durfte – Überwachung mit Videokamera – Geringwertigkeit der entwendeten Gegenstände nicht auszuschließen – zusätzliche erschwerende Umstände: **Entf.**
  – *BVerwG* 12. 7. 1995 – 1 D 58.94, NVwZ-RR 1996, 453
- Leitender **Maschinist** auf einem Schwimmkran – **Diebstahl von 6000 Liter Dieselöl** in 6 Jahren: **Entf.**
  – *BVerwG* 23. 1. 1996 – 1 D 39.95
- **Lagerverwalter** – Entwendung geringfügiger Gegenstände (Wert 16 DM): **RGeh.K**
  – *BVerwG* 7. 5. 1996 – 1 D 83.95
- Stellvertretender **Lagerverwalter**, u. a. Diebstahl eines Telefonapparates aus Lagerbestand (Wert 800 DM) und Übergabe an einen Dritten zwecks Geldbeschaffung zur Finanzierung der Heroinsucht – Milderungsgründe verneint: **Entf.**
  – *BVerwG* 21. 1. 1997 – 1 D 26.96
- Diebstähle als **Hausmeister aus der Kantine des Dienstgebäudes** im Wert von insgesamt 1200 DM – erschwerende Umstände (Bewachungsfunktion, längerer Tatzeitraum): **Entf.**
  – *BVerwG* 10. 2. 1999 – 1 D 66.97
- Überlassung einer Maschinenpistole an Dritte – **Verletzung der Obhutspflicht durch Polizeimeister: Entf.**
  – *OVG Nordrhein-Westfalen* 15. 9. 1998, RiA 2000, 41
- Postwertzeichen **aus der Mappe des Kollegen** am Nebenschalter entnommen und eigenem Bestand zugeführt – dafür 400 DM der Kasse für eigene Zwecke entnommen: **Entf.**
  – *BVerwG* 9. 3. 1983 – 1 D 109, 87
- Entwendung von Münzen aus **postdienstlichen Geldbörsen von Kollegen**: Aberkennung des RGeh.
  – *BVerwG* 21. 7. 1993 – 1 D 9.92

---

820 BVerwG 18. 10. 1979 – 1 D 110.78, BVerwGE 63, 276.

Die einzelnen Dienstvergehen und ihre Maßregelung

- **Entwendung** von Geld, Postwertzeichen und Telefonkarten **aus von Kollegen geführten Kassen: Entf.**
  - BVerwG 9.8.1995 – 1 D 7.95
- Entwendung der **Scheckkarte eines Kollegen** – Abhebung von zweimal 400 DM an einem Geldautomaten: **Entf.**
  - BVerwG 13.3.1996 – 1 D 55.95
- Diebstahl (110 DM) aus der **Geldbörse einer Kollegin** während des Dienstes – keine Milderungsgründe: **Entf.**
  - BVerwG 29.9.1998 – 1 D 82.97
  - OVG Nordrhein-Westfalen 17.2.2010 – 3dA 1079/09.0
- **Kleptomanie** führt grundsätzlich nicht zu Schuldunfähigkeit
  - BVerwG 27.6.1996 – 1 D 103.95
- Diebstahl eines verwaltungseigenen Gegenstandes im Wert von 20 DM: **Geh.K**
  - BVerwG 21.6.2000 – 1 D 70.98
- **Entwendung** von mindestens 25 **Telefonapparaten** im Wert von 8300 DM – Einbau der Geräte bei sich und Dritten: **Entf.**
  - BVerwG 30.8.2000 – 1 D 18.99
- Entwendung von 20 Euro aus der Handtasche einer Kollegin – Milderungsgrund der Geringwertigkeit: **Zurückstufung um 2 Stufen**
  - VGH Bayern 19.6.2006 – 16b D 05.155

Betrug gegen die eigene Verwaltung

17 Die mit dem Betrug gegenüber der eigenen Verwaltung beabsichtigte rechtswidrige Bereicherung und entsprechende Schädigung der Verwaltung beeinträchtigt ebenfalls schwerwiegend die **Vertrauensbasis**. Die Verwaltung ist nicht in der Lage, die auf Leistung abzielenden Angaben ihrer Mitarbeiter in jedem Einzelfall zu überprüfen. Sie muss und darf sich darauf verlassen können, dass sich Beamte auf Lebenszeit ihr gegenüber redlich verhalten. Dem Betrug gegenüber dem eigenen Dienstherrn steht der innerhalb einer **Sozialeinrichtung** der Verwaltung an Bedeutung gleich.[821]

18 Auch disziplinarrechtlich liegt Betrug nur bei absichtlicher Bereicherung i.S.d. § 263 StGB vor. Fehlt es daran, so kann zwar eine unredliche, eigennützige Bereicherung vorliegen, die jedoch gegenüber dem Betrug minderes Gewicht hat. **Beihilfebetrug** liegt auch dann vor, wenn ein Erstattungsanspruch zwar ursprünglich gegeben war, aber durch die formalen Vorschriften nicht anerkannt werden kann, so im Falle der Verjährung bei Vorlage einer erst nach der Ausgabe ausgestellten, vordatierten ärztlichen Verordnung.[822] Ebenso ist es ein Beihilfebetrug, wenn jahrelang **monatlich regelmäßige Beihilfe zweckfremd verwendet** wird, ohne die Behörde aufzuklären (z.B. bei jahrelangem Beihilfebezug für Anstaltskosten des Kindes ohne die Absicht der zweckentsprechenden Verwendung).[823] Hier wird vor den jeweils anfallenden Beihilfeleistungen zur Täuschung die ursprüngliche, inzwischen unrichtig gewordene Behauptung aufrechterhalten, dass die Absicht zweckentsprechender Verwendung noch bestehe. Die Absicht der Beihilfeverwendung für die Bezahlung der belegten, aber noch nicht entstandenen Ausgaben ist rechtliche Voraussetzung der Beihilfeleistung. Andernfalls wäre die Erstattung vor der tatsächlichen Kostentilgung durch den Beamten unzulässig.

---

821 BVerwG 26.1.1983 – 1 D 121.81; 28.11.2000 – 1 D 56.99.
822 BVerwG 22.9.1987 – 1 D 18.87.
823 BDiG 27.2.1985 – I VL 37/84.

Die Pflicht zur Uneigennützigkeit

An der Bereicherungsabsicht fehlt es, wenn die Falschangabe zwar bewusst **vorsätzlich** 19
oder bedingt vorsätzlich, aber nur deswegen gemacht wird, um im Umzugskostenantrag
das Leben in »wilder Ehe« zu verschweigen,[824] um die weisungswidrige Abweichung von
der Dienstreise,[825] die Abweichung von Dienstvorschriften[826] oder den Verlust der vollen
Dienstfähigkeit[827] nicht zu offenbaren oder um als Grund des Fernbleibens vom Dienst
den »Seitensprung« zu verheimlichen.[828] In diesen Fällen wird die Bereicherung nicht angestrebt, sondern nur (bedingt vorsätzlich) in Kauf genommen. Liegt der Betrug mangels Bereicherungsabsicht nicht vor, so wird häufig die **vorsätzliche Falschangabe mit der
Folge der Bereicherung** mit Zurückstufung,[829] die fahrlässige i.d.R. mit einer Gehaltskürzung[830] gemaßregelt. Bei fahrlässiger Falschangabe im Beihilfeantrag ist zu unterscheiden zwischen **grober und leichter Fahrlässigkeit.** Die Falschangaben beruhen häufig auf
Fehlinterpretation der Formularfragen und -erläuterungen sowie auf Irrtümern über die
anzugebenden Tatsachen. Konnte die Falschangabe durch die mögliche und nötige Informationsbeschaffung unschwer verhindert werden und hat der Antragsteller keinen oder
keinen ernsthaften Versuch dazu unternommen, oder wurden vorherige Hinweise leichtfertig in den Wind geschlagen, so liegt **grobe Fahrlässigkeit** vor, die eine Gehaltskürzung
erfordern kann.[831] Versucht die Beamtin Fragen des Beihilfeantrags rechtlich und tatsächlich aufzuklären und richtig zu beantworten, unterlaufen ihr dabei dennoch vermeidbare
Irrtümer, so handelt sie **leicht fahrlässig,** was entweder gar nicht oder allenfalls mit einer
Geldbuße zu maßregeln wäre.[832]

Betrug kann auch **durch Unterlassen** begangen werden, wenn Pflicht zur Meldung veränderter Sachlage besteht. Die Meldepflicht besteht für alle dienstlich erheblichen Umstände schon aus der allgemeinen Wahrheits- und Unterstützungspflicht und speziell
aus vorangegangener Veranlassung (Antrag auf Verwaltungsleistung). Sie kann entfallen,
wenn die Dienststelle den geänderten Sachverhalt bereits kennt (z. B. im Falle der Angabe
der Beschäftigung des Ehepartners im öffentlichen Dienst für die Berechnung des Ortszuschlags, weil der Ehepartner in derselben Dienststelle arbeitete).[833] Das Gewicht der
Unterlassung kann gemildert sein, wenn die unberechtigte Weiterzahlung einer entfallenen Zulage nur leicht fahrlässig übersehen wurde (Unübersichtlichkeit der EDV-gedruckten Gehaltsnachweisung).[834]

Wer das Vertrauen in Uneigennützigkeit und Redlichkeit missbraucht, stellt seine Vertrauenswürdigkeit für die Zukunft in Frage. Dennoch gibt es keine **Regelmaßnahme.** Betrügerisches Verhalten hat nach der Rspr. des BVerwG geringere Bedeutung als direkter
Zugriff auf dienstlich anvertraute oder zugängliche Gelder oder Sachen. Außerdem lässt
die Vielzahl unterschiedlicher Gewichtungen eine generalisierende Bewertung nicht zu.
Als Einstufungshinweis kann gelten, dass die Höchstmaßnahme der **Entfernung nur bei
besonderen Erschwerungsgründen** in Betracht kommt, nämlich »bei besonders hohem 20

---

824 BVerwG 13.2.1974 – 1 D 74.73.
825 BDiG 24.2.1976 – V VL 25/75.
826 Falschbeurkundung im Amt: BVerwG 11.6.1991 – 1 D 47.90.
827 BDiG 23.2.1973 – IV VL 33/71.
828 BDiG 19.8.1976 – VII VL 61/76.
829 BVerwG 15.1.1986 – 1 D 121.85.
830 BVerwG 12.12.1985 – 1 D 106.85.
831 BVerwG 23.7.1986 – 1 D 16.86.
832 BVerwG 6.5.1985 – 1 D 175.84: Einst. wegen Verjährung aus § 4 BDO (nunmehr: § 15 BDG);
    22.5.1986 – 1 D 158.85.
833 BDiG 2.10.1985 – VI Bk 5/85.
834 BDiG 24.8.1988 – I Bk 9/88.

Die einzelnen Dienstvergehen und ihre Maßregelung

Eigengewicht (etwa besonderer krimineller Eigennutz, Tatintensität, Energie, Umfang, Dauer, Missbrauch dienstlicher Stellung und Möglichkeiten), bei Vorliegen zusätzlicher Pflichtverletzungen mit erheblichem Eigengewicht (**Urkundenfälschung**, Vorteilsannahme), im Wiederholungsfall und wenn bei alledem durchgreifende Milderungsgründe fehlen«.[835] Im Übrigen erfolgt die Einstufung frei nach den Umständen des Einzelfalles. **Kritik an der Rspr.** bei vorsätzlichem Betrug: Es ist schwer nachvollziehbar und den ehrenamtlichen Richtern auch kaum begreiflich zu machen, dass z. B. ein Beamter, der mit einem plumpen Griff in die Kasse 100 Euro erbeutet, in der Regel aus dem Dienst entfernt wird, und derjenige, der seinen Dienstherrn auf raffinierte Weise um größere Beträge betrügt, oft mit einer Zurückstufung davonkommt.

Rechtsprechungsübersicht
- Beamter mit Vorgesetztenfunktion – **Beihilfebetrug mit Urkundenfälschung** – langer Zeitraum in zahlreichen Fällen mit hohem Schaden: **Aberkennung des RGeh.**
  – *BVerwG* 26. 11. 1991 – 1 D 28.91
- **Beihilfebetrug, wahrheitswidrige** Angaben in 9 Anträgen über einen Zeitraum von 4 Jahren (Leistungsaustausch ärztl. verordneter Fangobehandlungen in nicht beihilfefähige Sauna- und Massageanwendungen) – Milderungsgründe: **Geh.K** noch ausreichend, Verhängung trotz § 14 BDO wegen individuellen Erziehungsbedürfnisses.
  – *BVerwG* 5. 5. 1993 – 1 D 49.92, NVwZ 94, 1219
- **Betrügerischer Bezug von erhöhtem Ortszuschlag** durch vorsätzliche Nichterfüllung der Anzeigepflicht bei Veränderungen – Abgabe falscher Erklärungen und Vorlage einer inhaltlich unrichtigen gefälschten Quittung – **Rspr.-Übersicht** zu Fällen des Betruges zum Nachteil des Dienstherrn: **Degr.**
  – *BVerwG* 22. 4. 1991 – 1 D 69.90, BVerwGE 93, 86
- Annahme an Postzusteller selbst gerichtete Nachnahmesendungen in 20 Fällen ohne Bezahlung der Nachnahmebeträge von insgesamt 5190 DM – strafgerichtl. Verurteilung wegen § 354 Abs. 2 Nr. 2 StGB – Einstufung des Dienstvergehens nach **Grundsätzen betrügerischen Verhaltens und nicht als Zugriffsdelikt** – erschwerende Umstände: **Entf.**
  – *BVerwG* 22. 6. 1993 – 1 D 76.92, BVerwGE 93, 376
- Omnibusfahrer – **Verkauf eines ungültigen Fahrscheins** in der Absicht, den Fahrgeldbetrag für sich zu behalten – Betrugsversuch in einem Kaufhaus durch **Umetikettierung von Waren: Geh.K**
  – *BVerwG* 25. 8. 1993 – 1 D 33.92, DÖD 1994, 117
- **Beihilfebetrug zum Nachteil der KVB** – **Rezeptfälschung** in großem Umfang – Entwendung von Apothekenstempeln – Schaden 6365 DM: **Entf.**
  – *BVerwG* 8. 6. 1994 – 1 D 43.93, ebenso 14. 9. 1999 – 1 D 54.98
- **Manipulation an Fernmelderechnungen,** die das eigene Fernmeldekonto der Fernmeldebeamtin betrafen – Löschung von Daten – unberechtigte Gutschriften – **Abgrenzung von Zugriffsdelikt und Betrug** – Ausnutzung dienstlicher Möglichkeiten und Kenntnisse: **Entf.**
  – *BVerwG* 12. 7. 1994 – 1 D 39.93
- **Nutzung eines dienstlichen Bildschirmtext-Anschlusses für private Zwecke** – Abruf vergütungspflichtiger Angebote für private Zwecke unter Verwendung der Kennung ei-

---

835 St. Rspr., vgl. etwa BVerwG 28. 11. 2000 – 1 D 56.99.

Die Pflicht zur Uneigennützigkeit

nes anderen Bildschirmtext-Anschlusses und unter Nutzung eines fremden persönlichen Kennworts: **RGeh.K auf 3 Jahre**
– *BVerwG* 9. 8. 1994 – 1 D 54.93
- Unterschlagung und **abredewidriges Ausfüllen eines Blanko-Schecks** in Höhe von 20 000 DM – Vorlage des Schecks bei einer Bank gegen Auszahlung von 15 000 DM – keine Gleichstellung mit Zugriffspflicht – erschwerende Umstände: **Aberkennung RGeh.**
– *BVerwG* 13. 6. 1995 – 1 D 3.95
- **Austausch gebrauchter** und defekter hochwertiger **Funk- und Tastentelefone gegen neue gleichwertige Apparate** aus dem Bestand der Telekom – Weitergabe der Geräte gegen Bezahlung: **Entf.**
– *BVerwG* 16. 4. 1996 – 1 D 67.95
- **Überzahlung des Gehalts** 2 Jahre lang – **grob fahrlässige Verletzung der Wahrheitspflicht: Geh.K**
– *BVerwG* 10. 6. 1997 – 1 D 66.96; ebenso 8. 12. 1999 – 1 D 28.98 (Überzahlung von Kindergeld)
- Langjähriger **Beihilfesachbearbeiter** – **mehrmaliges Einreichen von Zahnarztrechnungen** – Schaden 28 000 DM: **Entf.**
– *BVerwG* 11. 11. 1998 – 1 D 29.97
- **Missbräuchliche Benutzung einer dienstlichen Tankkarte** für private Zwecke in 2 Fällen – keine Gleichstellung mit Zugriffsdelikt: **Geh.K**
– *BVerwG* 27. 11. 1997 – 1 D 39.97; ebenso 25. 11. 1998 – 1 D 42.97
- Abordnung in die neuen Bundesländer – **falsche Angaben in Reisekostenabrechnung** über die gezahlte Miete – **Vernichtung von Abrechnungsunterlagen** – Schaden 2095 DM: **Degr.**
– *BVerwG* 17. 3. 1998 – 1 D 14.97
– *BVerwG* 28. 5. 1997 – 1 D 71.97, **Geh.K** 5 Jahre
– *BVerwG* 28. 11. 2000 – 1 D 62.99, Schaden 24 000 DM: **Entf.**
– *BVerwG* 30. 11. 2006 – 1 D 6.05, Schaden 22 000 DM: **Aberkennung RGeh.**
- **Erneute Vorlage von nicht funktionsfähigen Telefonkarten** zur Erstattung nach Entfernung der Verrechnungsvermerke – Schaden 630 DM – kein Zugriffsdelikt: **Degr.**
– *BVerwG* 30. 8. 2000 – 1 D 26.99; ähnlich
– *BVerwG* 24. 1. 2001 – 1 D 57.99
- **Wiederverwendung nichtentwerteter Postwertzeichen**, die Postbeamter von eingehenden Sendungen abgelöst hatte: **RGeh.K**
– *BVerwG* 11. 10. 2000 – 1 D 50.99
- Polizeibeamter reicht 65 bereits abgerechnete Belege noch einmal ein – 8020 DM erhalten – 24 Fälle in fast 6 Jahren: **Entf.**
– *OVG Nordrhein-Westfalen* 7. 11. 2007 – 21d A 4489/06.O
- Beamter reicht in 26 Fällen in 5 Jahren Belege noch einmal ein – Erstattung von 3272 € – Betrug zum **Nachteil einer betrieblichen Sozialeinrichtung** (Postbeamtenkrankenkasse) – grob fahrlässiges Verhalten – Milderungsgründe: **RGeh.K**
– *OVG Niedersachsen* 9. 4. 2008 – 3 LD 4/06
- **Reisekostenbetrug** in 96 Fällen – Urkundenfälschung – Schaden 4552 €: **Entf.**
– *OVG Nordrhein-Westfalen* 17. 9. 2008 – 21d A 2233/07
- Falsche und pflichtwidrig **unvollständige Angaben im Zusammenhang mit dem Bezug von Leistungen des Dienstherrn**, unterlassene Anzeige einer nicht genehmigungsfähigen Erwerbstätigkeit, Betrug zu Lasten des Versorgungsamts, Schaden 42 000 €, Aberkennung des Ruhegehalts.

Die einzelnen Dienstvergehen und ihre Maßregelung

– *VGH Bayern* 20. 5. 2015 – 16a D14.1158

Veruntreuungen im weiteren Sinne, Missbrauch dienstlicher Möglichkeiten zu privaten Zwecken, Interessenkollision

21 Uneigennütziges Verhalten im Dienst bedeutet allgemein über die Tatbestände der Unterschlagung, des Diebstahls und des Betrugs hinaus, dass die **aus dem Dienst erwachsenen Kenntnisse und Möglichkeiten dem Dienst zu Gute kommen und nicht mit persönlichen Interessen verquickt** werden sollen. Soweit privater Nutzen aus dienstlichen Gegebenheiten möglich ist, darf er nicht der Behörde zum Schaden gereichen. Das haben Beamte bei Kollisionen von dienstlichen und privaten wirtschaftlichen Interessen zu beachten. Diese Pflicht enthält den Untreuetatbestand des § 266 StGB, geht aber über diesen hinaus.

22 Die **disziplinarrechtliche Untreue im engeren** Sinn betrifft den wirtschaftlichen Missbrauch von **Sachen und Dispositionen, die zur amtlichen Befassung anvertraut** worden sind. Sie ist auch möglich durch **Beihilfe** bei dienstlichem Missbrauch eines Kollegen.[836] Sie ist auch bei Untreue **zugunsten Dritter** gegeben. Die eigennützige Untreue wird meist bereits mit der Amtsunterschlagung und dem Betrug erfasst sein (Rn. 2 f., 17 f.). Eigennützige Untreue liegt beispielsweise im Eingriff von Fernmeldebeamten in das technische System der Fernmeldeanlagen und in der unzulässigen Nutzung zur Ersparung eigener Gebührenbelastung (Gebührenhinterziehung),[837] in der eigennützigen Manipulation von amtlich anvertrautem Versteigerungsgut.[838] Untreue zugunsten eines Dritten begeht der Fernmeldetechniker, der im Rahmen seiner Amtstätigkeit ohne eigenen Vorteil einem Dritten eine Schwarzanlage an das öffentliche Fernmeldenetz anschließt,[839] ein Beamter der Kfz-Betreuungsstelle, wenn er seinen Pkw durch die Vertragswerkstatt der Post auf Kosten der Behörde reparieren lassen will,[840] ein Vorgesetzter, der seine Untergebenen dienstlich zu privaten Arbeiten heranzieht,[841] der Grundstückssachbearbeiter, der mit Grundstücksgeschäften manipuliert, ohne Unterschlagung oder Betrug zu begehen,[842] wer unberechtigt private Gespräche auf Diensttelefon führt,[843] der Fahrladeschaffner, der eine Bekannte in das Dienstabteil nimmt und den Zugrevisor belügt, um ihr den Fahrpreis zu ersparen,[844] der Bahnbeamte, der seinen Freifahrschein unberechtigt seiner Mutter überlässt,[845] der Post-Bauleiter, der ohne eigenen Vorteil Kostenangebote zugunsten des Bewerbers und zum Schaden seiner Verwaltung manipuliert.[846]

Außerhalb der amtlichen Tätigkeit ist eine **pflichtwidrige Verquickung dienstlicher mit privaten Interessen** gegeben, wenn die aus dem Dienst gewonnenen Kenntnisse und Möglichkeiten zum Schaden der Behörde privatwirtschaftlich missbraucht werden. Das ist der Fall, wenn ein hauptamtlicher Bahnbusfahrer privat für ein Konkurrenz-Reisebüro

---

836 Vermietung von Bundesbahngelände auf eigene Rechnung: BVerwG 28. 10. 1992 – 1 D 63.91, BVerwGE 93, 305.
837 BVerwG 27. 11. 1991 – 1 D 17.91.
838 BVerwG 17. 5. 1988 – 1 D 11.87.
839 BDiG 22. 3. 1972 – IV VL 36/71.
840 BVerwG 10. 2. 1987 – 1 D 7.86, das auch noch Betrug annimmt.
841 BVerwG 14. 1. 1986 – 1 D 63.85, ggf. auch bei außerdienstlichem Einsatz, wenn er das Abhängigkeitsverhältnis missbraucht.
842 BVerwG 15. 5. 1974 – 1 D 17.74.
843 BVerwG 23. 11. 1993 – 1 D 48.93; 11. 12. 1996 – 1 D 56.95.
844 BDiG 16. 6. 1976 – IV VL 1/76.
845 BVerwG 3. 3. 1978 – 1 D 35.77.
846 BVerwG 25. 10. 1977 – 1 D 76.76, BVerwGE 53, 338.

Die Pflicht zur Uneigennützigkeit

fährt[847] oder wenn ein Fernmelde-Kundenberater der Post die ihm dienstlich bekannt gewordenen Interessenten seiner eigenen Firma zuführt, die er zu diesem Zweck gegründet hat und zum Schein von seiner Frau führen lässt. Ebenso pflichtwidrig handelt der Postschalterbeamte, der Wertzeichen für eigene Rechnung verkauft;[848] aber auch ein Missbrauch ohne Bereicherungsabsicht ist pflichtwidrig.[849] Das Verbot der Verknüpfung von persönlichen Interessen und dienstlichem Handeln hat der Gesetzgeber in § 65 Abs. 2 BBG i. V. m. § 20 Abs. 1 Satz 1 Nr. 1 und 2 VwVfG zum Ausdruck gebracht.

Das Bilden **schwarzer Kassen** stellt einen **Haushaltsverstoß** dar. Sie bedeuten die Vorenthaltung öffentlicher Mittel vor der geordneten Haushaltsführung und -kontrolle. In der disziplinaren Praxis sind sie selten, obwohl nach den Berichten des Bundesrechnungshofs in Wirklichkeit ständig Verfehlungen vorkommen. Das Bilden »schwarzer«, also haushaltsrechtlich verbotener Kassen aus dienstlichen Mitteln ist ein schwerwiegender Tatbestand, der häufig den Aspekt der »Korruption« im öffentlichen Dienst und der »Verschleuderung von Steuergeldern« enthält.[850] Besonders bei Vorgesetzten und Behördenleitern wirkt die erhöhte haushaltsrechtliche Verantwortung erschwerend. Das Dienstvergehen kann die Höchstmaßnahme rechtfertigen. Dafür ist es nicht entscheidend, ob die Gelder der schwarzen Kasse für bereits vorhandene oder erst künftig erwartete Bedürfnisse, für dienstliche oder auch für private Zwecke verwendet wurden. Auch **sonstige Haushaltsverstöße**, wie Falschbescheinigungen zur Umgehung des Haushaltsrechts und der unberechtigten Ausgabe öffentlicher Mittel, wiegen schwer.[851]

23

Wer missbräuchlich aus seiner Amtsstellung und dienstlichen Möglichkeit zum Schaden seiner Behörde privaten Nutzen zieht, begeht ein schweres Dienstvergehen, für das **keine Regeleinstufung** gilt, so dass von der Höchstmaßnahme bis zur Gehaltskürzung und darunter eingestuft werden kann.[852] Die Rspr. orientiert sich an den Grundsätzen des betrügerischen Verhaltens gegenüber dem Dienstherrn.[853]

24

Rechtsprechungsübersicht

- Postschalterbeamter – **Verkauf von privat und verbilligt erworbenen Postwertzeichen** am Schalter auf eigene Rechnung – Schädigung der Post 23 000 DM: **Entf.**
  - *BVerwG* 22. 1. 1991 – 1 D 22.90, DÖV 1991, 937
- Bahnoberinspektor – Leiter des Expressgut- und Ermittlungsdienstes – **mehrfache Manipulation von Versteigerungsgut** – Falschbeurkundung und Betrugsversuch – freiwilliger Rücktritt vom Versuch – Milderung: **Degr.**
  - *BVerwG* 17. 5. 1988 – 1 D 11.87
- Bundesbahn-Beamter – missbräuchlicher **Einsatz von Dienstfahrzeugen** und Mitarbeitern **für private Zwecke** – weitere Pflichtverstöße: **Entf.**
  - *BVerwG* 25. 4. 1989 – 1 D 14.88, DÖD 1990, 14
- Fernmeldebeamter – **amtlicher Schwarzanschluss** für sich selbst – Gebührenhinterziehung – großer Schaden für die Verwaltung: **Entf.**

---

847 BDiG 12.7.1988 – III Bk 1/88.
848 BVerwG 22. 1. 1991 – 1 D 22.90, BVerwGE 93, 22.
849 Unzulässige Beschaffung von Daten einer Meldebehörde: BVerwG 6. 2. 1991 – 1 D 32.90.
850 Vgl. BVerwG 6. 9. 1989 – 1 D 55.88, DÖD 1990, 270.
851 Im letzteren Fall käme Unterschlagung hinzu, BDH 5. 10. 1955 – 1 D 57.54; weiterhin BVerwG – 3 D 2.69 m. w. N. Zum Grundsatz der Wirtschaftlichkeit und Sparsamkeit und zur objektiv unwirtschaftlichen Verwendung öffentlicher Mittel vgl. Zängl, Bayer. DiszO, MatR/II Rn. 364f.; vgl. auch BVerwG 27. 4. 1987 – 1 D 100.86.
852 BVerwG 3. 3. 1978 – 1 D 35.77.
853 BVerwG 26. 6. 1985 – 1 D 161.84.

Die einzelnen Dienstvergehen und ihre Maßregelung

- *BVerwG* 26.6.1985 – 1 D 161.84; milder: **Degr.**
- *BVerwG* 26.2.1986 – 1 D 57.85 wegen Eheproblemen
- Bundesbahnamtmann – Zusammenwirken mit Kollegen (Beihilfe) unter Missbrauch dessen dienstlicher Möglichkeiten – **Vermietung von Bundesbahngelände** auf eigene Rechnung: **Entf.**
  - *BVerwG* 28.10.1992 – 1 D 63.91, BVerwGE 93, 305
- Bahnbeamter überlässt seinen **persönlichen Freifahrschein unberechtigt** der Mutter – Milderungsgründe: **Geh.K**
  - *BVerwG* 3.3.1978 – 1 D 35.77
- Post-Bauleiter – **Manipulation der Kostenangebote** zugunsten Bewerber im öff. Ausschreibungsverfahren – kein eigener Vorteil – Schaden der Post 100 DM: **Entf.**
  - *BVerwG* 25.10.1977 – 1 D 76.76; ähnlich
  - *BVerwG* 30.10.1984 – 1 D 52.84 (Vergabebeamter)
- Techn. Fernmeldehauptsekretär – Vergabebeamter in Linientechnik – **Manipulation von Angeboten** zuungunsten von Konkurrenten – **Vorteilsannahme** für Kollegenkasse (Ausflüge, Feiern) – Benzin für sich selbst: **Entf.**
  - *BVerwG* 14.6.1988 – 1 D 59.87, Dok. Ber. 1988, 245
- Beschaffungsbeamter – Bildung »**schwarzer Kasse**« durch Vorlage fingierter Rechnungen: **Entf.**
  - *BVerwG* 6.9.1989 – 1 D 50.88, DÖD 1990,270
- Beamter des mittleren Dienstes – **Missbrauch der Amtsstellung** und von Dienstausweis – widerrechtliche Erlangung von Meldedaten – weitere Pflichtverstöße: **Geh.K**
  - *BVerwG* 6.2.1991 – 1 D 32.90
- Bundesbahnoberamtsrat – Heranziehen nachgeordneter Dienstkräfte zu **privaten Bauvorhaben** in großem Umfang auch während der Dienstzeit: **Entf.**
  - *BVerwG* 14.1.1986 – 1 D 63.85
- Präsident einer Bundesanstalt – **unberechtigte unentgeltliche Benutzung eines Dienst-Pkws zu Privatfahrten – Verstoß gegen Haushaltsvorschriften** durch luxuriöse Einrichtung eines Dienstzimmers – erhebliche Mittelüberschreitung: **RGeh.K**
  - *BVerwG* 27.4.1986 – 1 D 100.86
- **Entgegennahme von Briefmarken** von befreundetem Händler im Wert von 30 000 DM **gegen Provision** – Bezahlung mit amtlichen Geldern und Verkauf am Schalter: **Entf.**
  - *BVerwG* 28.11.1995 – 1 D 26.95
- Schalterbeamter – Einlage eigener **Telefonkarten** in den Schalterbestand – **Verkauf auf eigene Rechnung** – erschwerende Umstände: **Aberkennung RGeh.**
  - *BVerwG* 23.4.1997 – 1 D 62.96
- Abteilungsleiter – bewusste **Überzahlung einer Speditionsfirma** von 134 000 DM zu Lasten der Deutschen Bundesbahn – eigennützige Motive offen gelassen – erhebliche Erschwerungsgründe: **Entf.**
  - *BVerwG* 22.4.1997 – 1 D 9.96
- Schalterbeamter – **unzulässiger Umtausch von ungültigen Briefmarken** in Geld – Schaden 12 800 DM – keine eigennützigen Motive: **Degr.**
  - *BVerwG* 7.11.1995 – 1 D 1.95
- Lehrer an einer Schule des Bundes – Entwicklung eines Produkts als Hilfsmittel für die Praxis außerhalb der Dienstzeit – Verkauf des Produkts an die Schule und Mitwirkung bei der Beschaffung – **pflichtwidrige Verknüpfung dienstlicher und privater Interessen: Geh.K**
  - *BVerwG* 24.11.1999 – 1 D 7.98

Die Pflicht zur Uneigennützigkeit

- Abwicklung von Devisengeschäften am Postschalter auf eigene Rechnung – Schaden 280 DM: Degr.
- *BVerwG 22.5.2001 – 1 D 46.00*

Verbotene Geschenkannahme, Vorteilsnahme, Bestechung
§ 71 (früher: § 70) BBG, die beamtenrechtliche Spezialregelung, ist durch das Dienstrechtsneuordnungsgesetz vom 5.2.2009 neu gefasst und erweitert worden. Die Vorschrift lautet jetzt: 25

»Verbot der Annahme von Belohnungen, Geschenken und sonstigen Vorteilen
(1) Beamtinnen und Beamte dürfen, auch nach Beendigung des Beamtenverhältnisses, keine Belohnungen, Geschenke oder sonstigen Vorteile für sich oder einen Dritten in Bezug auf ihr Amt fordern, sich versprechen lassen oder annehmen. Ausnahmen bedürfen der Zustimmung der obersten Dienstbehörde. Die Befugnis zur Zustimmung kann auf eine andere Behörde übertragen werden.
(2) Wer gegen das in Absatz 1 genannte Verbot verstößt, hat auf Verlangen das aufgrund des pflichtwidrigen Verhaltens Erlangte dem Dienstherrn herauszugeben, soweit nicht im Strafverfahren der Verfall angeordnet worden oder es auf andere Weise auf den Staat übergegangen ist. Für den Umfang des Herausgabeanspruchs gelten die Vorschriften des Bürgerlichen Gesetzbuches über die Herausgabe einer ungerechtfertigten Bereicherung entsprechend. Die Herausgabepflicht nach Satz 1 umfasst auch die Pflicht, dem Dienstherrn Auskunft über Art, Umfang und Verbleib des Erlangten zu geben.«

Der frühere § 70 BBG war bereits durch Art. 10 des Gesetzes zur Bekämpfung der Korruption vom 13.8.1997[854] neu gefasst worden. Durch die erneute Neuformulierung soll ausdrücklich klargestellt und jedermann verdeutlicht werden, dass sowohl aktiven als auch ehemaligen Beamten jede Annahme von Belohnungen oder Geschenken in Bezug auf ihr Amt – wie bisher – grundsätzlich verboten ist. Ausnahmen unterliegen einem Zustimmungsvorbehalt des Dienstherrn.
In Absatz 1 des § 71 wird in Anpassung an § 331 Abs. 1 StGB aufgenommen, dass ein Beamter auch **nicht für einen Dritten** Belohnungen, Geschenke oder sonstige Vorteile in Bezug auf das Amt fordern, sich versprechen lassen oder annehmen darf. Allerdings kann nach neuem Abs. 1 Satz 2 nur das Sichversprechenlassen und die Annahme nicht geforderter Vorteile genehmigt werden, da das Fordern von Vorteilen gegen die Pflicht zur uneigennützigen Amtsführung (jetzt: § 61 Abs. 1 Satz 2 BBG) verstößt und dem Ansehen des Beamtentums derart abträglich ist, dass eine Zustimmung in diesen Fällen nicht in Betracht kommt. Im neuen Absatz 2 wird klargestellt, dass entgegen dem Verbot der Annahme von Belohnungen oder Geschenken pflichtwidrig Erlangtes herauszugeben ist, soweit im Strafverfahren nicht der Verfall angeordnet worden ist. Diese Neuregelung beruht auf der Rspr. des BVerwG.[855]

Bei Verstößen gegen die verbotene Geschenkannahme handelt es sich seit jeher um eine 26
schwerwiegende Pflichtverletzung. Dienstgeschäfte müssen uneigennützig erfüllt werden und dürfen nicht von privaten Vorteilen geprägt sein. Andernfalls nimmt die Integrität des Berufsbeamtentums nicht wieder gut zu machenden Schaden. Zweck der Vorschriften der §§ 71 Abs. 1 Satz 1, 61 Abs. 1 Satz 2 BBG ist es, bereits den **Anschein zu vermeiden**, ein Beamter könne sich bei der Wahrnehmung seiner dienstlichen Aufgaben aus Eigennutz durch sachwidrige Erwägungen beeinflussen lassen und für Amtshandlungen käuflich

---

854 BGBl. I S. 2038.
855 BVerwGE 115, 389.

sein. Ein pflichtwidriges Handeln ist als Gegenleistung nicht erforderlich.[856] § 71 Abs. 1 Satz 1 BBG ist **nicht an die Tatbestände des** § 331 (Vorteilsannahme für die Dienstausübung) oder **§ 332 StGB** (Bestechlichkeit: Fordern, Versprechenlassen oder Annehmen eines Vorteils für die Vornahme einer pflichtwidrigen Diensthandlung) gebunden. Auf deren Tatbestandsmerkmale und Abgrenzung kommt es disziplinarrechtlich nicht an, die strafrechtlichen Einstufungen können allenfalls für die Bemessung der Disziplinarmaßnahme von Bedeutung sein. Erfolgt strafgerichtlich insoweit ein Freispruch (vgl. Bindung nach § 17 Abs. 5 BDO, jetzt § 14 Abs. 2 BDG), so kann der darüber hinausgehende Tatbestand des § 71 Abs. 1 Satz 1 BBG gleichwohl erfüllt sein.[857]

27   Das »**Amt**« beschränkt sich nicht auf die Aufgaben des übertragenen Dienstpostens, sondern erstreckt sich auf alle dienstlichen Möglichkeiten, die mit der Dienststellung und der Dienstausübung verbunden sind.[858]

»**In Bezug auf das Amt**« sind die Vorteile gewährt, wenn sie erkennbar nur oder mindestens auch darauf abzielen, eine dem Gewährenden günstige Situation bei der Verfolgung seiner behördlichen Zielsetzung einzuräumen, den Beamten günstig und hilfsbereit zu stimmen. Das kann schon damit erfüllt sein, dass ein Bezirksbauführer der Post bei Bauvorhaben Stellung zu nehmen hat, ohne selbst die endgültige Entscheidung über Auftragsvergabe und Auftragsabwicklung treffen zu können.[859] Für die Beziehung zum Amt spricht von vornherein, dass private Beziehungen zwischen Geber und Nehmer nicht bestehen.[860] Die Vorteilsannahme ist ohne Rücksicht darauf verboten, ob sie von Außenstehenden oder von Angehörigen der Behörde gewährt wird. Nicht erforderlich ist, dass der Beschenkte tatsächlich in der Objektivität seiner Amtsführung beeinträchtigt war oder den Eindruck haben musste, der Vorteil ziele auf begünstigendes oder gar pflichtwidriges Dienstverhalten ab. Die Amtsbezogenheit setzt nicht voraus, dass der Beamte eine Diensthandlung im Rahmen der ihm übertragenen Obliegenheiten vornimmt. Es genügt, dass die Handlung seinen Dienstpflichten widerspricht und er hierfür Geschenke oder Belohnungen annimmt.[861] Eine nach § 71 Abs. 1 Satz 1 BBG verbotene Annahme eines Geschenks oder einer Belohnung »in Bezug auf sein Amt« liegt – anders als nach der Rspr. des BGH zum Begriff »Diensthandlung« in § 331 StGB[862] – auch dann vor, wenn der Beamte unter Hinweis auf seine Dienststellenzugehörigkeit beim Zuwender (nur) den wahrheitswidrigen Anschein erweckt hat, auf die begehrte Entscheidung der Dienststelle irgendwie Einfluss nehmen zu können, und er dafür einen »Freundschaftspreis« fordert und entgegennimmt.[863] In der zugrunde liegenden Entscheidung hatte ein Beamter für die Vermittlung einer von seiner Behörde verwalteten Mietwohnung eine Vermittlungsgebühr gefordert und 3000 DM erhalten. Er wurde aus dem Dienst entfernt.

28   **Als Geschenke oder Belohnungen** kommen alle vermögenswerten Vorteile in Betracht, nicht nur Geld oder Sachen, also z. B. Überlassungen von Urlaubswohnungen, Autos, eigener Arbeitskraft, die Gewährung von Preisnachlässen, die Einladung zu Reisen, zur Übernachtung, zum Essen, die überhöhte Bezahlung privater Leistungen, etwa in Nebentätigkeit, aber auch ideelle Vorteile wie Aufenthalt in Luxusvilla, Benutzung von Sportmöglichkeiten, sexuelle Erlebnisse usw. Die Vorteile müssen nicht unmittelbar dem Be-

---

856 BVerwG 23. 11. 2006 – 1 D 1.06.
857 BDHE 5, 50, 55.
858 BVerwG 7. 10. 1980 – 1 D 64.79, BVerwGE 73, 71.
859 BVerwG 26. 11. 1987 – 1 D 23.86.
860 BVerwGE 71, 75.
861 BVerwG 26. 1. 2000 – 1 D 20.99.
862 Vgl. BGHSt 29, 300.
863 BVerwG 20. 2. 2002 – 1 D 19.01.

Die Pflicht zur Uneigennützigkeit

amten, sie können auch mittelbar Angehörigen oder Freunden gewährt werden. Es kommt entscheidend darauf an, ob der Beschenkte die Gabe als »eigenen« Vorteil empfinden konnte und musste.[864] Nicht unter das Verbot fallen Vorteile, deren Annahme die zuständigen **Vorgesetzten** zugestimmt haben. Nach der Neufassung des § 71 Abs. 1 Satz 2 BBG **stellt die Zustimmung die Ausnahme** dar. Nicht zustimmungspflichtig sind die Annahme von Vorteilen, die nur **Höflichkeitscharakter** haben oder üblich oder ohne wesentlichen Wert sind, wie das Anbieten einer Zigarette, Bezahlung eines Glases Bier oder Wein bei Verhandlungen, Reklameartikel, die Mitnahme im Auto zum nahen Ortstermin, Trinkgelder der Postzusteller usw. Die Grenzen sind fließend und problematisch in den Fällen, in denen **von Beamten unternehmerisches Handeln** verlangt wird, wie beispielsweise bei der Telekom. Hier könnte die Ablehnung einer Essenseinladung geschäftsschädigend sein. Einige oberste Dienstbehörden haben für die Grenzen geringwertiger Vorteile Richtlinien erlassen.

§ 71 BBG **gilt auch für frühere Beamte,** wenn das Geschenk in Bezug auf das frühere Amt 29 geleistet worden ist, er findet keine Anwendung, wenn ein Ruhestandsbeamter für eine während des Ruhestandes ausgeübte Tätigkeit ein Geschenk erhält (vgl. § 77 Abs. 2 Nr. 3 BBG).

Verbotene Geschenk- oder Vorteilsannahme führt regelmäßig dann zur **Entfernung aus** 30 **dem Beamtenverhältnis,** wenn der Beamte die »als Äquivalent des angebotenen oder angenommenen Vorteils angesonnene **pflichtwidrige Amtshandlung tatsächlich vorgenommen** oder **bares Geld angenommen** hat«. In diesem Fall wird die Hemmschwelle gegen die Pflichtverletzung als besonders hoch angesehen. Dem Bargeld werden Schecks gleichgestellt.[865] Diese Rspr. hat das BVerwG nunmehr insoweit aufgehoben als es der Annahme baren Geldes die Annahme oder Forderung einer wie auch immer gearteten Sachleistung von einigem Wert gleichgestellt hat. Der unbedingt zu vermeidende Anschein der Käuflichkeit in Bezug auf das Amt entstehe unabhängig von der Art des Vorteils.[866] Schon bisher konnte bei Annahme anderer Zuwendungen unter erschwerenden Umständen die Höchstmaßnahme verhängt werden.[867] Von der **Regelmaßnahme kann aus allen erdenklichen Milderungsgründen abgesehen werden**.[868] Die Verwendung des angenommenen Geldes für gemeinnützige Zwecke stellt nur dann einen Milderungsgrund dar, wenn der gemeinnützige Zweck nach außen hin erkennbar ist. Dies ist bei Übereinstimmung zwischen Schenker und Beschenktem über die gemeinnützige Verwendung der Fall.[869] Milderung, wenn wegen der Üblichkeit der Verfahrensweise oder Duldung der rechtswidrigen Praxis durch Vorgesetzte das Unrechtsbewusstsein gemindert ist.[870]

Rechtsprechungsübersicht
- Annahme **kleiner Geldbeträge** für nicht pflichtwidrige Handlungen in die »Kaffeekasse« – Verwaltungsübung – unbeschränkte Milderungsgründe – wegen § 14 BDO: **Einstellung**
  – *BVerwG* 6. 5. 1987 – 1 D 64.86, ZBR 1988, 75

---

864 Claussen/Janzen, Einl. C. Rn. 23a.
865 BVerwG 21. 9. 1988 – 1 D 140.87, BVerwGE 86, 74.
866 BVerwG 28. 2. 2013 – 2 C 3.12.
867 BVerwG 24. 6. 1998 – 1 D 23.97, BVerwGE 113, 229.
868 BVerwG 10. 9. 1985 – 1 D 25.85, BVerwGE 83, 49.
869 BVerwG v. 1. 9. 1998 – 1 D 63.97.
870 BVerwG 30. 9. 1992 – 1 D 32.91, BVerwGE 93, 294.

Die einzelnen Dienstvergehen und ihre Maßregelung

- **Bezirksbauführer** der Post – günstige Stellungnahme zugunsten eines Auftragskunden – Annahmen von **teuren Reisen** und mehreren tausend Mark: **Aberk. RGeh.**
  – *BVerwG* 6.11.1987 – 1 D 23.86
- Bahnpolizeibeamter – **Weihnachtsgeschenke eines Bahnkunden** (Wert 35 DM und 40 DM) – Milderung wegen Geringwertigkeit und übliche Praxis: **Geldbuße**
  – *BVerwG* 7.12.1988 – 1 D 42.88
- Verkauf begehrter Sammlermarken gegen besondere Zuwendungen – **Bestechlichkeit – Minderung des Unrechtsbewusstseins** infolge vorgefundener rechtswidriger Praxis: **Degr. um zwei Beförderungsämter**
  – *BVerwG* 30.9.1992 – 1 D 32.91, BVerwGE 93, 294
- Verbotene Geschenkannahme durch **preisgünstigen Ankauf eines fabrikneuen PKWs** – Vornahme einer Amtshandlung als Äquivalent der Geschenkannahme nicht nachweisbar: **Degr.**
  – *BVerwG* 2.11.1993 – 1 D 60.92, BVerwGE 103, 36
- Für die **Auftragsvergabe zuständiger Beamter** des gehobenen Dienstes – mehrfache **Annahme von Bargeld** im Zusammenhang mit der Vergabe von Aufträgen an eine Firma: **Entf.**
  – *BVerwG* 24.11.1993 – 1 D 61.92
- **Annahme von Fernreisen** und Rolexuhr (Wert mehrere tausend Mark) – keine Vornahme pflichtwidriger Handlung – keine sonstigen erschwerenden Umstände: **Degr.**
  – *BVerwG* 11.10.1995 – 1 D 15.95
- Schriftliche **Aufforderung an Firmen,** zu denen Geschäftsbeziehungen bestanden, für Weihnachtstombola der Dienststelle **Geschenke zu übersenden** – Milderungsgründe führten zum Absehen von Degradierung: **Geh.K für 4 Jahre**
  – *BVerwG* 24.1.1996 – 1 D 38.95, NVwZ 1997, 588
- Annahme von **6 Flaschen Wodka als Abfertigungsbeamter** – Falschbeurkundung im Frachtbrief: **Degr.**
  – *BVerwG* 28.2.1996 – 1 D 71.95, NVwZ 1997, 589
- **Unerlaubte Geschenkannahme** von Untergebenen (Wert ca. 55 000 DM): **RGeh.K auf 5 Jahre**
  – *BVerwG* 22.10.1996 – 1 D 76.95, BVerwGE 113, 4
- Annahme einer **Heizungsanlage** im Wert von ca. 8000 DM – ungenehmigte entgeltliche Nebentätigkeit für Bewerberfirma: **Entf.**
  – *BVerwG* 27.11.1996 – 1 D 28.95, BVerwGE 113, 32 = NVwZ 1997, 1220
- Stempeln von ungültigen Sammlermarken auf teilweise unzulässigen Vorlagen – **Annahme baren Geldes** (800 bis 1000 DM): **Entf.**
  – *BVerwG* v. 1.9.1998 – 1 D 63.97
- Kriminaldirektor – **unentgeltliche Nutzung eines PKW Mercedes** über ca. 11 Monate in Bezug auf sein Amt – Absehen von Degradierung wegen langer Verfahrensdauer: **Geh.K auf 5 Jahre**
  – *BVerwG* 24.6.1998 – 1 D 23.97, NVwZ 1999, 658
- Beamter des höheren Dienstes – **Annahme von 14 000 DM** in Bezug auf sein Amt – erhebliche Milderungsgründe (**Dienstvergehen lag 14 ½ Jahre zurück**): **Degr.**
  – *BVerwG* 9.2.1999 – 1 D 1.98
- **Sachgeschenke – von Werbeagentur** finanzierter Hotelaufenthalt mit umfangreichem Rahmenprogramm – Milderungsgründe, u.a. Umbruchsphase bei der Telekom: **RGeh.K**
  – *BVerwG* 26.10.1999 – 1 D 55.98

Wohlverhaltenspflicht innerhalb des Dienstes, Einzelfälle

- Zur **Abgrenzung von unerlaubter Geschenkannahme und zulässiger Entlohnung für eine Nebentätigkeit**
  - *BVerwG* 9. 11. 1999 – 1 D 76.97
  - *BVerwG* 7. 11. 2000 – 1 D 16.99
- **Gegenleistung** für pflichtwidrig zugunsten eines Dritten am Postschalter verkaufte Postwertzeichen und Telefonkarten – **Belohnung etwa 2000 DM: Entf.**
  - *BVerwG* 26. 1. 2000 – 1 D 20.98
- Ein mit einer wissenschaftlichen Ehrung verbundenes **Preisgeld** kann ein Geschenk sein, das nur mit Zustimmung der obersten Dienstbehörde angenommen werden darf
  - *BVerwG* 20. 1. 2000 – 2 C 19.99
- Vergabebeamter – **Annahme eines Preisnachlasses** von einem Auftragsunternehmen – Bewirtungen – 14 Jahre zurückliegendes Dienstvergehen: **Degr.**
  - *BVerwG* 26. 9. 2000 – 1 D 66.99
- Langjähriger **Stasispitzel** – **Annahme von insgesamt 91 000 DM: Entf.** kein Unterhaltsbeitrag wegen Unwürdigkeit
  - *BVerwG* 23. 1. 2001 – 1 D 1.00
- Geschäftsleitender Beamter einer Gemeinde – **Fordern eines Teils eines Grundstücks** (kostenlos oder verbilligt) für das beschleunigte Herbeiführen der Bebaubarkeit des Grundstücks – unzulässiges Ausnutzen dienstlich erworbener Kenntnisse von Umständen, die die Wertsteigerung eines Grundstückes erwarten lassen: **Aberk. RGeh.**
  - *VGH München* 24. 1. 2001 – 16 D 99.1734
- Baudirektor – Annahme einer Uhr im Wert von 1900 DM, VW Golf mit hohem Rabatt, Bezahlung von Wirtshausrechnungen und Bordellbesuchen: **Aberk. RGeh.**
  - *DiszH Niedersachsen* 13. 1. 2005 – 2 NDH L 6/04
- Annahme von 60 000 DM für Wahrnehmung dienstlicher Aufgaben als **Bauüberwacher**, die den Beamten **wohlwollend stimmen** sollte: **Aberk. RGeh.**
  - *BVerwG* 23. 11. 2006 – 1 D 1.06
- **Geldannahme** bzw. **Annahme sexueller Leistungen** von **Strafgefangenen** für Gefälligkeiten durch Justizvollzugsbeamten: **Entf.**
  - *OVG Nordrhein-Westfalen* 20. 9. 2006 – 21d A 2098/05.O
- **Vollzugsbeamter** schmuggelt gegen Bezahlung Mobiltelefon, Rauschgift, Toilettenartikel und gibt sie Inhaftierten: **Entf.**
  - *OVG Nordrhein-Westfalen* 2. 4. 2008 – 21d A 257/07.O

11. Wohlverhaltenspflicht innerhalb des Dienstes, Einzelfälle

a) Rechtsgrundlage: § 61 Abs. 1 Satz 3 BBG

Wortlaut:
»Ihr Verhalten innerhalb und außerhalb des Dienstes muss der Achtung und dem Vertrauen gerecht werden, die ihr Beruf erfordert.«

Die Wohlverhaltensklausel ist der **Auffangtatbestand** für alle Dienstpflichten, die keine spezielle Regelung im Beamtengesetz gefunden haben. Letzten Endes gehen alle Dienstpflichten aus ihm hervor. Für die durch die Rspr. entwickelten einzelnen Dienstvergehenstypen kommt es nicht auf die Unterscheidung an, ob sie das Vertrauen, die Achtung oder das Ansehen in den Augen der Verwaltung oder der Allgemeinheit beeinträchtigen (vgl. A. II. Rn. 45–48). Entscheidend ist, ob das Verhalten die Funktionsfähigkeit der Verwaltung unmittelbar (in der Erfüllung der Amtsaufgaben und der Wahrung der dienstli-

1

Die einzelnen Dienstvergehen und ihre Maßregelung

chen Interessen – Betriebs- und Grundverhältnis) oder mittelbar (im Ansehen der Beamtenschaft nach außen) beeinträchtigt oder – bei außerdienstlichem Verhalten – zu beeinträchtigen geeignet ist (§ 77 Abs. 1 Satz 2 BBG). Deshalb zielen diese Dienstvergehenstypen insgesamt auf die **Erhaltung des Betriebsfriedens** als der wesentlichen Grundlage effektiver Verwaltungsarbeit ab. Die Anhäufung mehrerer, für sich genommen leichterer Pflichtverletzungen kann Untragbarkeit begründen.[871]

2 Die Pflicht zur **Kollegialität** erfordert die Anwendung der Achtung, Hilfsbereitschaft und Rücksicht **gegen den Mitarbeiter,** die er auch selbst erwartet. Das gilt zunächst im Bereich der normalen, alltäglichen Zusammenarbeit. Wer dem Kollegen absichtlich nicht zuarbeitet oder ihn nicht unterstützt, handelt pflichtwidrig. Diese Pflichtverletzung ist aber bereits in der Verletzung der Pflicht zu vollem Arbeitseinsatz (s. o. B. II. 6.) enthalten (konsumiert). Bei **Meinungsverschiedenheiten** ist, bei Berücksichtigung der im gegebenen Kreis und unter den gegebenen Umständen üblichen Verhaltensweise, sachlich, verständnisvoll und für die weitere Zusammenarbeit förderlich zu argumentieren. Wer ohne Anlass persönlich und ausfallend wird, beleidigt und verleumdet, den Mitarbeiter kränkt, verletzt die Pflicht zur Rücksichtnahme. Das Weglassen des **Doktortitels** des Vorgesetzten ist nicht pflichtwidrig;[872] der Doktortitel ist zudem nicht Bestandteil des Namens.[873] In **Erregung** abgegebene verbale **beleidigende Äußerungen** sind milder zu beurteilen als solche schriftlichen Äußerungen, die in Ruhe und mit Bedacht gefertigt worden sind,[874] auch kommt es darauf an, ob der Betreffende provoziert worden ist. Bei **Schmähkritik** tritt die Meinungsfreiheit regelmäßig hinter den Ehrenschutz zurück.[875] Ein Beamter verletzt die Grundpflicht des § 54 Satz 3 BBG, wenn er wegen innerdienstlicher Vorgänge gegen seinen Vorgesetzten oder einen anderen Mitarbeiter eine wissentlich unwahre oder leichtfertig eine verdächtigende **Strafanzeige** erstattet. Vor Erstattung einer Strafanzeige muss grundsätzlich alles Zumutbare unternommen werden, um eine Klärung durch die Verwaltung herbeizuführen.[876] Werden zur Gedächtnisstütze Aufzeichnungen zur eigenen Verteidigung gemacht, liegt kein Verstoß gegen die Grundpflicht vor.[877]

3 Wer sich in **Tätlichkeiten** mit Kollegen einlässt, handelt grundsätzlich pflichtwidrig. Ebenso wie bei verbalen Angriffen kommt es hier auf die Umstände des Einzelfalls, den Anlass und die Tatumstände an.[878] Aus der Tatsache allein, dass ein Beamter in eine Tätlichkeit verwickelt war (selbst verletzt), kann nicht die Pflichtwidrigkeit seines Verhaltens gefolgert werden.[879] Auch eine freundschaftliche Neckerei, selbst wenn sie in eine Rangelei ausartet, muss nicht achtungs- und ansehensunwürdig sein, zumal wenn sie unter den Beteiligten üblich ist und von den Vorgesetzten bislang geduldet wurde.[880] Schlägt ein Beamter bei Angriffen eines betrunkenen Kollegen auf einer Faschingsfeier in Notwehr zurück, so liegt darin kein Dienstvergehen.[881]

---

871 BVerwG 23.11.1988 – 1 D 115.87.
872 VG München, BayVBl. 1989, 25.
873 Anm. Mayer, BayVBl. 1989, 282.
874 BDiG 17.1.1985 – 1 BK 15/84.
875 BVerwG 20.6.2000 – 1 D 7.99.
876 BVerwG 13.12.2000 – 1 D 34.98.
877 BVerwG 4.4.2001 – 1 D 15.00.
878 BDiG 26.8.1975 – IV Bk 7/75; 10.2.1971 – IV Bk 22/70.
879 BDiG 2.4.1971 – III Bk 5/70.
880 BDiG 26.2.1988 – I VL 10/87.
881 BDiG 2.6.1976 – V Bk 6/75.

Wohlverhaltenspflicht innerhalb des Dienstes, Einzelfälle

Sexuelle Belästigung am Arbeitsplatz führt in schweren Fällen, insbesondere wenn die Vorgesetzteneigenschaft ausgenutzt wird, zur Verhängung der Höchstmaßnahme.[882] Der Dienstbetrieb muss von sexuellen Bindungen und Spannungen frei gehalten werden. Diese belasten die vertrauensvolle Zusammenarbeit und damit den Betriebsfrieden. Dem hat auch der Gesetzgeber Rechnung getragen. Nach § **3 Abs. 4** des **Allgemeinen Gleichbehandlungsgesetzes** vom 14. 8. 2006,[883] das das Gesetz zum Schutz der Beschäftigten vor sexuellen Belästigungen abgelöst hat, fällt hierunter jede sexuelle Belästigung, die auf ein unerwünschtes, sexuell bestimmtes Verhalten zurückgeht. Dazu gehören u. a. Aufforderungen zu sexuellen Handlungen und Bemerkungen sexuellen Inhalts, die von den Betroffenen erkennbar abgelehnt werden.[884] Es reicht aus, wenn die ablehnende Haltung aus den Umständen erkennbar ist.[885]

4

Achtungs- und ansehenswidriges **Verhalten gegenüber Kunden der Verwaltung oder anderen Außenstehenden** kann erhebliches disziplinares Gewicht haben. Wer Postkunden bei der Zustellung schikaniert und die Zustellung abbricht,[886] als Zollabfertigungsbeamter einen Reisenden schikaniert,[887] als Kundenberater unhöflich und laut die Bedienung eines Kunden ohne Grund ablehnt,[888] handelt in disziplinarrechtlich erheblicher Weise pflichtwidrig; ebenso der Postbeamte, der unter Missbrauch seiner dienstlichen Möglichkeiten auf Kosten eines Postkunden Ferngespräche führt.[889] Zugbegleiter, die ohne Grund einen Reisenden ohne Fahrausweis, der nachlösen will, zusammenschlagen, machen sich untragbar.[890] Das Gleiche gilt für sexuelle Verfehlungen im Dienst, z. B. für fortgesetzte anonyme obszöne Anrufe vom Diensttelefon aus,[891] für sexuelle Belästigungen von Reisenden durch Zugbegleiter, deren amtliche Kernpflicht gerade auch die Fürsorge und der Schutz der Reisenden ist,[892] für sexuelle Belästigungen und versuchte Vergewaltigung einer Postkundin während der Zustellung in ihrer Wohnung,[893] sexuelle Gespräche und Aufforderungen gegenüber minderjährigen Mädchen am Bahnschalter.[894] Unverständlich BVerwG,[895] wonach sexueller Missbrauch von Schwachsinnigen weniger schwer wiegen soll als der von gesunden Minderjährigen.

5

Sonstige **Straftaten gegen den Dienst** sind ohnehin grundsätzlich geeignet, den Betriebsfrieden und die Vertrauensbasis zu beeinträchtigen. Wer z. B. von der Dienststelle aus anonym Bombendrohungen gegen seine Behörde ausspricht und damit den gesamten Verwaltungsbetrieb lahmlegt,[896] handelt schwerwiegend vertrauenszerstörend. Auch Meineid und Anstiftung Untergebener hierzu sind schwerwiegende Dienstvergehen.[897]

6

---

882 BVerwG 8. 11. 2000 – 1 D 35.99; 12. 11. 1997 – 1 D 90.95, NJW 1998, 1656.
883 BGBl. I S. 1897.
884 BVerwG 15. 11. 1996 – 1 DB 5.96, DÖV 1997, 342.
885 BVerwG 8. 11. 2000 – 1 D 35.99.
886 BDiG 14. 9. 1973 – III Bk 5/73.
887 BDiG 20. 6. 1983 – VI Bk 3 u. 4/83.
888 BDiG 30. 10. 1975 – IV Bk 14/75.
889 BVerwGE 63, 81.
890 A. A. BVerwG 23. 6. 1987 – 1 D 137.86 –, das unverständlicherweise aufgrund Geh.K nach § 14 BDO einstellt.
891 BVerwG 27. 10. 1982 – 1 D 27.82.
892 Degr. – Entf. durch BVerwG 25. 10. 1979 – 1 D 100.78; 27. 3. 1984 – 1 D 126.83.
893 BVerwG 21. 10. 1987 – 1 D 106.86.
894 BVerwG 8. 1. 1969 – 1 D 27.68.
895 BVerwG 27. 2. 1980 – 1 D 27.79.
896 BDiG 31. 3. 1982 – I VL 19/81.
897 BVerwG 6. 11. 1990 – 1 D 3.90.

Die einzelnen Dienstvergehen und ihre Maßregelung

b) Rechtsprechungsübersicht

- Bahnpolizist – **Körperverletzung im Amt** – Provokation durch Verletzten – wegen § 14 (Geh.K): **Einst.**
  – *BVerwG* 10. 12. 1991 – 1 D 26.91
- Postbeamter – fortgesetzte **anonyme obszöne Anrufe** vom Diensttelefon aus: **Degr.**
  – *BVerwG* 27. 10. 1982 – 1 D 27.82; auch Dok. Ber. 1984, 41
- Zollbeamter – **fortgesetzter Ehebruch mit Frau eines befreundeten Kollegen** – Beamter prahlt damit öffentlich im Kreis anderer Kollegen und deren Frauen – Drohungen des betrogenen Ehemannes: **Geh.K**
  – *BDiG* 8. 12. 1976 – IV VL 24/76
- Zugbegleiter – **sexuelle Belästigungen von Reisenden** – Verstoß gegen amtliche Kernpflicht zur Fürsorge und Schutz der Reisenden: **Entf.**
  – *BVerwG* 25. 10. 1979 – 1 D 100.78; Degr.: BVerwG 27. 3. 1984 – 1 D 126.83
- Postzusteller – versucht bei Zustellung **Postkundin in deren Wohnung zu vergewaltigen: Entf.**
  – *BVerwG* 21. 10. 1987 – 1 D 106.86
- Busfahrer – während Dienst **sexuelle Handlungen mit Sonderschülern** (Kindern): **Entf.**
  – *BVerwG* 12. 1. 1982 – 1 D 4.81
- Beamter – während des Dienstgangs **Onanieren vor Passantin** in Öffentlichkeit: **Geh.K**
  – *BVerwG* 20. 7. 1980 – 1 D 71.79
- Fernmeldebeamter im Sicherheitsdienst – kündigt während des Dienstes mehrfach der Dienststelle aus Schabernack **anonym telefonisch Bombenanschläge** an – zeitweise Lahmlegung des Verwaltungsbetriebs: **Entf.**
  – *BDiG* 31. 3. 1982 – I VL 19/81
- Postbeamter – führt unter Missbrauch seiner dienstlichen Möglichkeiten **auf Kosten eines Postkunden Ferngespräche: Degr.**
  – *BVerwG* 24. 5. 1978 – 1 D 39.77, BVerwGE 63, 81
- Zollabfertigungsbeamter – **schikaniert einen Reisenden: Geldbuße**
  – *BDiG* 20. 6. 1983 – VI Bk 3 und 4/83
- Kundenberater der Bahn – **lehnt ohne Grund** unhöflich und laut die **Bedienung eines Kunden ab: Verweis**
  – *BDiG* 30. 10. 1975 – IV Bk 14/75
- Abfällige und **beleidigende Äußerungen gegenüber österreichischen Postkunden: Geh.K**
  – *BVerwG* 26. 6. 1996 – 1 D 52.94
- **Anonyme Telefonanrufe**, z. T. unter Missbrauch dienstlicher Möglichkeiten – erschwerende Umstände: **Aberk. RGeh.**
  – *BVerwG* 29. 6. 1999 – 1 D 73.98
- Kriminalbeamter des Höheren Dienstes – **diffamierende Randbemerkungen** in privaten »Spiegel«-Heften – Kenntnis vom Inhalt durch andere Bedienstete: **RGeh.K**
  – *BVerwG* 20. 6. 1999 – 1 D 7.99
- **Unberechtigte Strafanzeigen gegen Vorgesetzte: Geh.K**
  – *BVerwG* 13. 12. 2000 – 1 D 34.98
- Leichtfertige **Strafanzeigen gegen Mitarbeiter** – Schuldunfähigkeit wegen Querulantenwahns
  – *BVerwG* 15. 11. 2000 – 1 D 65.98
- Innerdienstliche **sexuelle Belästigungen von Mitarbeiterinnen: Degr.**

Wohlverhaltenspflicht außerhalb des Dienstes, Einzelfälle

- *BVerwG* 12.11.1997 – 1 D 90.95, DÖV 1998, 340 = NJW 1998, 1656; ebenso bei **Soldatinnen:** *BVerwG* 10.11.1998 – 2 WD 4.98, NJW 1999, 659, 662; ebenso bei **zivilen Mitarbeiterinnen:** *BVerwG* 12.11.1998 – 2 WD 12.98
- **Sexuelle Belästigung** zweier Mitarbeiterinnen – erheblich erschwerende Umstände: **Aberk. RGeh.**
  - *BVerwG* 8.11.2000 – 1 D 35.99
- **Sexueller Kontakt eines Lehrers zur Schülerin** – Hilfe beim Abitur: **Entf.**
  - *DiszH Niedersachsen* 1.12.1999 – 2 N DHL 12/97
- **Sexuelle Belästigung von Sozialbetreuer gegenüber Probanden: Geh.**K 5 Jahre
  - *OVG Nordrhein-Westfalen* 5.6.2000 – 12d A 5789/98.O
- **Heimliche Filmaufnahmen von Schülerinnen** innerhalb und außerhalb der Schule durch Oberstudienrat: **Entf.**
  - *VGH Bayern* 19.4.2005 – 16a D 04.2289
- **Sexuelle Beleidigung** einer im Dienstgebäude tätigen **Reinigungskraft** durch Worte und Gesten durch **Verwaltungsleiter: Geh.**K
  - *BVerwG* 14.2.2007 – 1 D 12.05
- **Beschimpfung eines Mitarbeiters** in unangemessener Lautstärke und herabwürdigender Weise durch Vorgesetzten: **Verweis**
  - *VG Hannover* 3.11.2010 – 14 A 584/10

12. Wohlverhaltenspflicht außerhalb des Dienstes, Einzelfälle

a) Rechtsgrundlage: § 77 Abs. 1 Satz 2 BBG

Wortlaut:
»Außerhalb des Dienstes ist dieses nur dann ein Dienstvergehen, wenn die Pflichtverletzung nach den Umständen des Einzelfalles in besonderem Maße geeignet ist, das Vertrauen in einer für ihr Amt oder das Ansehen des Beamtentums bedeutsamen Weise zu beeinträchtigen.«

b) Definition der Pflicht und ihrer Verletzung

Der disziplinaren Ahndung unterliegt unter bestimmten einengenden Voraussetzungen auch das **außerdienstliche Privatverhalten** der Beamten. Dies ist mit Blick auf die funktionale Zielrichtung des Disziplinarrechts problematisch. Es geht in § 77 Abs. 1 Satz 2 BBG um ein Privatverhalten, das jeder andere Bürger auch und ohne jeglichen Bezug zu amtlichen Pflichten zeigen könnte. Die disziplinare Verfolgung derartigen außerdienstlichen Verhaltens stellt die Ausnahme dar und ist nur bei konkret bestimmbarem dienstlichem Interesse zulässig.

Die neue Definition des außerdienstlichen Dienstvergehens in § 77 Abs. 1 Satz 2 BBG wurde durch das Gesetz zur Neuordnung des Bundesdisziplinarrechts vom 20.7.1967[898] eingeführt. Mit ihr verfolgte der Gesetzgeber den Zweck, den Tatbestand des Dienstvergehens im Bereich außerdienstlichen Verhaltens mit Blick auf die **gewandelte Stellung des Beamten in der sozialen Gemeinschaft** gegenüber früher einzuschränken. Insbesondere bezüglich der **Straßenverkehrsdelikte** sollte die disziplinare Verfolgung durch verschärfte

1

---

[898] BGBl. I S. 725.

Die einzelnen Dienstvergehen und ihre Maßregelung

tatbestandliche Anforderungen auf Fälle von besonderer Bedeutsamkeit beschränkt werden.[899]

2 Die Intention des Gesetzgebers ist in der Folgezeit nur sehr zurückhaltend von der Rspr. umgesetzt worden. Sie hat keine objektiven Abgrenzungskriterien entwickelt, sondern ein Fall-Recht gebildet, das häufig nicht der gewandelten Stellung des Beamten in der sozialen Gemeinschaft entsprach. Zu Recht hat dies Steinbach bereits im Jahr 1971[900] mit deutlichen Worten kritisiert.[901] Erst in jüngster Zeit hat das BVerwG nach nunmehr fast 35 Jahren genau in der Zeit, in der das neue Gesetz zur Neuordnung des Bundesdisziplinarrechts eingebracht und in Form des Bundesdisziplinargesetzes verabschiedet worden ist, mit den Anforderungen des Neuordnungsgesetzes aus dem Jahre 1967 an das außerdienstliche Verhalten ernst gemacht und in dogmatischer Aufarbeitung der Normstruktur der §§ 61 Abs. 1 Satz 3, 77 Abs. 1 Satz 2 BBG Kriterien entwickelt, mit denen sich die Fälle außerdienstlichen Verhaltens zufrieden stellend lösen lassen.[902] Dies gilt vor allem für den Bereich der **außerdienstlichen Trunkenheitsfahrten**. Hier hat die neuere Rspr. mit der äußerst konservativ geprägten Rspr. des BVerwG in den vorangegangenen 30 Jahren endlich aufgeräumt.

3 Die bisherige Streitfrage, ob § 77 Abs. 1 Satz 2 BBG einen Dienstvergehenstatbestand sui generis darstellt, ob Satz 2 dieser Vorschrift eine Konkretisierung des Satzes 1 ist oder **§ 77 Abs. 1 S. 2 eine Qualifizierung des Grundtatbestandes des § 61 Abs. 1 Satz 3 BBG** enthält, hat das BVerwG nunmehr in letzterem Sinn entschieden. Danach ist vorab der Grundtatbestand des § 61 Abs. 1 Satz 3 BBG zu prüfen, ob das Verhalten eines Beamten also die Achtung und das Vertrauen beeinträchtigt, die sein Beruf erfordert. Dabei wird das Merkmal »die sein Beruf erfordert« hinsichtlich außerdienstlicher Pflichtverletzungen durch die später erlassene Vorschrift des § 77 Abs. 1 Satz 2 inhaltlich dahin konkretisiert, dass sich die Achtungs- und Vertrauensbeeinträchtigung entweder auf das Amt oder das Ansehen des Beamtentums zu beziehen hat. Mit dem **Amt ist damit bereits im Rahmen des § 61 Abs. 1 Satz 3 BBG** nicht mehr das Amt im statusrechtlichen Sinne, sondern **das konkret-funktionale Amt im dienstrechtlichen Sinne gemeint**. Anders aber jetzt das BVerwG unter **Änderung dieser bisherigen Rspr.** Anknüpfungspunkt sei das Amt im statusrechtlichen Sinne.[903] Zu Besonderheiten von Verfehlungen während einer **Beurlaubung**, die als außerdienstliche Dienstvergehen einzustufen sind, vgl. B. I. Rn. 4.[904] Auch das Fehlverhalten eines »in-sich-beurlaubten« Beamten kann geeignet sein, das Ansehen des Beamtentums zu beeinträchtigen.[905] Die Beeinträchtigung der Achtung und des Vertrauens muss sich entweder auf das Amt im konkret-funktionellen Sinne (Dienstposten), d.h. auf die Erfüllung der dem Beamten konkret obliegenden Dienstpflichten, oder auf das Ansehen des Berufsbeamtentums als Sachwalter einer stabilen und gesetzestreuen Verwaltung beziehen. Ein Bezug zwischen einem außerdienstlichen Dienstvergehen zu dem Dienstposten des Beamten ist gegeben, wenn das außerdienstliche Verhalten Rückschlüsse auf die Dienstausübung in dem Amt im konkret-funktionellen Sinn zulässt oder den Beamten in der Dienstausübung beeinträchtigt.[906]

---

899 Vgl. schriftl. Bericht des Innenausschusses des Deutschen Bundestages, BT-Drucks. V/1693, S. 10, zu Art. II § 2.
900 ZBR 1971, 271.
901 Zu Recht kritisch zur bisherigen Rspr. des BVerwG auch Els, S. 146f., 160f., 212.
902 BVerwG 30.8.2000 – 1 D 37.99, ZBR 2001, 39f. i. V. m. BVerwG 8.5.2001 – 1 D 20.00.
903 BVerwG 18.6.2015 – 2 C 9.14 –, unter Bezugnahme auf BVerwG 11.12.2014 – 2 C 51.13.
904 S. auch BVerwG 7.6.2000 – 1 D 4.99, DVBl. 2001, 122.
905 BVerwG 12.12.2001 – 1 D 4.01 –, in Abgrenzung zu 1 D 4.99.
906 BVerwG 19.8.2010 – 2 C 13.10, Rn. 14 und 15.

Wohlverhaltenspflicht außerhalb des Dienstes, Einzelfälle

Erst nach Bejahung eines pflichtwidrigen Verhaltens i. S. d. § 61 Abs. 1 Satz 3 BBG sind die weiteren besonderen Voraussetzungen des § 77 Abs. 1 Satz 2 BBG zu prüfen. Zu beachten ist, dass ausweislich des Wortlauts von § 61 Abs. 1 Satz 3 der Beamte sich sowohl achtungs- als auch vertrauensgerecht verhalten muss (»und«). Deshalb liegt eine Pflichtwidrigkeit bereits dann vor, wenn der Beamte einem dieser Verhaltensgebote »nicht gerecht« wird. Dagegen ist angesichts des neuen Wortlauts des § 77 Abs. 1 Satz 2 BBG ein außerdienstliches Dienstvergehen nur gegeben, wenn der Beamte das Vertrauen beeinträchtigt.

Der Kritik von Weiß[907] an der Entscheidung vom 30. 8. 2000 ist das BVerwG nicht gefolgt und hat seine Rspr. im Urteil vom 8. 5. 2001 fortgebildet. Unter Berücksichtigung des alten Wortlauts, in dem das Merkmal »Achtung« noch enthalten war, bezieht sich das Merkmal »**in besonderem Maße**« auf die **Eignung zur Achtungs- und Vertrauensbeeinträchtigung**. Da die Eignung voraussetzt, dass die konkrete Möglichkeit einer Beeinträchtigung besteht, ist obiges Merkmal nur erfüllt, wenn das Verhalten des Beamten in quantitativer und qualitativer Hinsicht eine über das für eine jede Eignung vorausgesetzte Mindestmaß an Wahrscheinlichkeit einer Beeinträchtigung hinausgeht.[908] Das Merkmal »**in bedeutsamer Weise**« bezieht sich auf den »Erfolg« der möglichen Achtungs- und Vertrauensbeeinträchtigung. Die zur Beeinträchtigung in besonderem Maße geeignete Pflichtverletzung weist Bedeutsamkeit auf, wenn sie in qualitativer und/oder quantitativer Hinsicht das einer jeden außerdienstlichen Pflichtverletzung innewohnende Maß an disziplinarer Relevanz deutlich überschreitet.

Durch das Dienstrechtsneuordnungsgesetz v. 5. 2. 2009 ist das Merkmal »**Achtung**« in § 77 Abs. 1 Satz 2 BDG gestrichen worden. In der amtlichen Begründung zum wortgleichen § 47 Abs. 1 Satz 2 Beamtenstatusgesetz v. 17. 6. 2008[909] heißt es hierzu, die Einschränkungen in Satz 2 trügen den Wertungen des Grundgesetzes und dem gewandelten Verständnis über die Stellung von Beamten in der Gesellschaft Rechnung. Zwar habe auch das außerdienstliche Verhalten Bedeutung für die Pflichten aus dem beamtenrechtlichen Dienst- und Treueverhältnis. Die vorkonstitutionelle Auffassung, Beamte seien »immer im Dienst«, gelte jedoch in dieser Allgemeinheit nicht mehr. Es gehe vielmehr allein um das Vertrauen in eine objektive, rechtmäßige und effiziente Aufgabenerfüllung. Das entspreche auch der neuen höchstrichterlichen Rspr. zur außerdienstlichen Trunkenheitsfahrt (vgl. Rn. 5). Diese Grundsätze wurden in diesem Kommentar von Anfang an vertreten. Ein außerdienstliches Dienstvergehen ist auch nach Wegfall des Merkmals »Achtung« im § 77 BBG nur dann gegeben, wenn ein Verstoß gegen § 61 Abs. 1 Satz 3 BBG vorliegt und die erforderliche **besondere Schwere** des außerdienstlichen Pflichtverstoßes gegeben ist. Die oben wiedergegebene Rspr. ist dahin zu lesen, dass die Pflichtverletzung besonders zur Vertrauensbeeinträchtigung für Amt und Ansehen des Beamtentums geeignet sein muss. Das BVerwG hat im Urteil v. 25. 8. 2009 – 1 D 1.08, Rn. 53 – schlicht festgestellt, dass sich durch den Wegfall des Wortes »Achtung« an der zu § 71 Abs. 1 Satz 2 BBG a. F entwickelten Normstruktur nichts geändert habe.

Nach der neuen Rspr. sind die Kriterien eines außerdienstlichen Dienstvergehens erfüllt bei gegen den Staat gerichtetem Verhalten (§§ 80–120 StGB), wenn das Vermögen des Staates betroffen ist (**Steuer- und Abgabenhinterziehung**) und in der Regel bei vorsätzlich begangenen schwer wiegenden Straftaten, die mit einer **Freiheitsstrafe** geahndet worden sind. Dies zeigt auch die gesetzgeberische Wertung in § 41 Abs. 1 Nr. 1 BBG. Im

---
907 ZBR 2001, 42 f.
908 Urt. v. 8. 5. 2001 unter Berufung auf Zängl.
909 BGBl. I S. 1010.

Die einzelnen Dienstvergehen und ihre Maßregelung

Übrigen gilt: Je näher ein Bezug außerdienstlichen Fehlverhaltens zu dem übertragenen Aufgabenbereich besteht, desto eher sind der Grundtatbestand des § 61 Abs. 1 Satz 3 BBG und die besonderen Voraussetzungen eines außerdienstlichen Dienstvergehens erfüllt. Dies ist in der Regel der Fall bei einem zur Verhinderung und Verfolgung von Straftaten betrauten Polizeibeamten. Außerdienstliche Vermögensdelikte können geeignet sein, bei einem Kassenbeamten Rückschlüsse auf dessen dienstliche Vertrauenswürdigkeit zu ziehen. Fehlen Kriterien wie Dienstbezug oder Verurteilung zu einer Freiheitsstrafe von mindestens einem Jahr wegen einer vorsätzlich begangenen Straftat, sollen nach BVerwG v. 19.8.2010 – 2 C 13.10 – bei einem erstmalig begangenen außerdienstlichen Dienstvergehen die Voraussetzungen des § 77 Abs. 1 Satz 2 regelmäßig bei einem im Strafgesetzbuch vorgesehenen mittelschweren Strafrahmen (bis zu 2 Jahren) erfüllt sein. Außerdienstliche Verfehlungen, die keinen **Straftatbestand** erfüllen, sind grundsätzlich nicht derart schwerwiegend, dass eine Dienstentfernung gerechtfertigt sein könnte.[910] Die Stellung als **Polizeibeamter** kann sich für die Bewertung außerdienstlichen Verhaltens erschwerend auswirken, wenn ein Bezug zur Dienstausübung gegeben ist.[911] Das Vertrauensverhältnis zu dieser Beamtengruppe wird in besonderem Maße beeinträchtigt, wenn Polizeibeamte selbst erhebliche Straftaten begehen.[912]

Verfehlungen im Straßenverkehr

4   Eine **außerdienstliche Trunkenheitsfahrt,** die den Entzug des Führerscheins zur Folge hat, hat auch dienstliche Auswirkungen bei einem Beamten, der dienstlich mit dem Führen von Kraftfahrzeugen betraut ist. Entsprechende Grundsätze gelten für **Angehörige von Betriebsdiensten,** die ähnlich wie **Berufskraftfahrer** beim Führen von Fahrzeugen im Schienen-, Luft- oder Wasserverkehr besondere innerdienstliche Zuverlässigkeit und Verantwortlichkeit schulden. Dies gilt insbesondere für **Lok- und Triebfahrzeugführer** (vgl. nachf. Rechtsprechungsübersicht). Der allgemeine Schluss, wer außerdienstlich im Verkehr versage, neige auch in seinem Dienst dazu, ist fraglich und ohne konkrete Anhaltspunkte für entsprechende innerdienstliche Labilität nicht haltbar (A. I. Rn. 43). Jedenfalls kommt ein mittelbarer innerdienstlicher Bezug bei **sonstigen Betriebsdienstangehörigen** wie Rangierbeamten, Fahrdienstleitern, Stellwerksbeamten nicht schon allein aufgrund des Vorliegens der außerdienstlichen Trunkenheitsfahrt in Betracht.

5   Nach der Entscheidung des BVerwG vom 30.8.2000 – 1 D 37.99 – erfüllt eine **einmalige außerdienstliche Trunkenheitsfahrt im Sinne von § 316 StGB** bei einem Beamten, der dienstlich nicht mit dem Führen von Kraftfahrzeugen betraut ist, bereits nicht mehr den Grundtatbestand des § 61 Abs. 1 Satz 3 BBG. Damit wurde eine **jahrzehntelange Rspr. ausdrücklich aufgegeben.** Offen gelassen wurde, ob und in welchen Fällen Wiederholungstaten eine außerdienstliche Dienstvergehensqualität erhalten. In seinem Urteil vom 8.5.2001 – 1 D 20.00 – hat das BVerwG ein außerdienstliches Dienstvergehen bei einem dienstlich nicht mit Führen eines Kraftfahrzeugs betrauten Beamten bejaht, der innerhalb von 30 Monaten zwei außerdienstliche Straßenverkehrsgefährdungen infolge alkoholbedingter Fahruntüchtigkeit (§ 315c Abs. 1 Nr. 1a StGB, jeweils mit Fremdschaden) begangen hatte und wegen der ersten Tat nicht nur strafrechtlich, sondern erst 6 Monate zuvor auch disziplinar gemaßregelt worden war. Wie sich die Rspr. weiter entwickelt bleibt abzuwarten. Dies gilt insbesondere für die bisher regelmäßig mit Disziplinargerichtsbescheid abgeschlossene **zweite außerdienstliche Trunkenheitsfahrt i. S. d. § 316 StGB** ei-

---

910 BVerfG 8.12.2004 – 2 BvR 52/02.
911 BVerwG 25.7.2013 – 2 C 63.11.
912 BVerwG 18.6.2015 – 2 C 9.14.

Wohlverhaltenspflicht außerhalb des Dienstes, Einzelfälle

nes Beamten, der dienstlich nicht mit dem Führen von Kraftfahrzeugen betraut ist. Hierzu wird im Urteil vom 30. 8. 2000 ausgeführt, nur bei einer Mehrzahl von Fällen des § 316 StGB könne eine neue Qualität für die Beurteilung der dienstlichen Vertrauenswürdigkeit begründet werden. Jeder Einzelfall auf verkehrsrechtlichem Gebiet ist neu zu bewerten. Die frühere Rspr. des BVerwG kann nicht vorbehaltlos übernommen werden. Es erscheint fraglich, ob durch die Wiederholung einer außerdienstlichen Trunkenheitsfahrt, die keine dienstlichen Auswirkungen hat, mit Blick auf die Aufrechterhaltung der Funktionsfähigkeit des öffentlichen Dienstes ein Mahnbedürfnis vorliegt. Die eigentliche Mahnungswirkung kann dem sachgleichen Strafverfahren vorbehalten bleiben. Warum sollte das Vertrauen der Allgemeinheit in die korrekte Dienstausübung der Beamtenschaft beeinträchtigt sein, wenn ein dienstlich mit dem Führen von Kraftfahrzeugen nicht betrauter Beamter, der seinen Dienst ordentlich und zur Zufriedenheit seines Diensthrrn verrichtet, privat über den Durst trinkt und in diesem Zustand (wiederholt) ein Kraftfahrzeug führt? Wenn in derartigen Fällen allerdings eine **gerichtliche Freiheitsstrafe** verhängt wird, ist das Verhalten geeignet, einen Achtungs- und Vertrauensverlust herbeizuführen. Die rechtskräftige Verurteilung zu einer Freiheitsstrafe, gleich aufgrund welchen Verhaltens, erfüllt die Voraussetzungen des § 77 Abs. 1 Satz 2 BBG. Im Falle der Verbüßung einer Freiheitsstrafe (Widerruf einer Bewährung) kommt hinzu, dass der Beamte auch noch alimentiert wird, weil ein schuldhaftes Fernbleiben vom Dienst in aller Regel nicht vorliegt.[913] Ein denkbarer Ansatzpunkt wäre auch, die Dienstvergehensqualität bei Wiederholungstaten auf straßenverkehrsrechtlicher Ebene bei einer Verurteilung zu einer bestimmten Zahl von Tagessätzen eintreten zu lassen, wobei in Anlehnung an § 43 StGB ein Tagessatz einem Tag Freiheitsstrafe entspricht. Dies könnte etwa bei 120 Tagessätzen entsprechend einer Freiheitsstrafe von 4 Monaten der Fall sein.
In der Vergangenheit war Ende der 1980er Jahre eine Liberalisierung bei der Bemessung der 2. Trunkenheitsfahrt insoweit eingetreten, als vom Bundesdisziplinargericht in der Regel nur noch eine Geldbuße verhängt wurde. Auf Betreiben des damaligen Bundesdisziplinaranwalts schlossen die Einleitungsbehörden diese Verfahren ebenfalls mit einer Geldbuße ab.[914] Erst sein Nachfolger stellte die Fälle wieder zur Überprüfung an.[915] Es kam zur Fortsetzung der konservativen Rspr. des BVerwG, das für die 2. außerdienstliche Trunkenheitsfahrt die Verhängung einer Gehaltskürzung im unteren Bereich für erforderlich hielt.[916] Das BVerwG hat in seiner Entscheidung vom 8. 5. 2001 – 1 D 20.00 – **hohe Anforderungen an die Erfüllung der Voraussetzungen eines außerdienstlichen Dienstvergehens gestellt.** Werden diese im Einzelfall bejaht, dürfte mindestens eine Gehaltskürzung die angemessene Disziplinarmaßnahme sein. Dies bedeutet umgekehrt, dass bei einem außerdienstlichen Dienstvergehen, bei dem allenfalls die Verhängung einer Geldbuße denkbar wäre (wie unter Umständen bei der 2. außerdienstlichen Trunkenheitsfahrt), zumindest die besonderen Voraussetzungen des § 77 Abs. 1 Satz 2 BBG nicht mehr erfüllt sein dürften, so dass diese Fälle in Zukunft zu einem Freispruch führen müssten. Unterhalb der Gehaltskürzung dürfte es keine außerdienstlichen Verfehlungen mehr geben.

Ebenso problematisch ist die disziplinare Bewertung des strafbaren **Entfernens vom Unfallort nach § 142 StGB** (früher Unfallflucht). Das BVerwG hat bisher in st. Rspr. die Unfallflucht in ihrem disziplinaren Gewicht mit moralisierendem Pathos der Trunkenheits-

6

---

913 Vgl. BVerwG v. 7. 6. 1994 – 1 D 35.93.
914 Wattler, ZBR 1989, 321, 330f.
915 Hertel, ZBR 1993, 289, 303.
916 Z. B. BVerwG 5. 2. 1991 – 1 D 29.90.

Die einzelnen Dienstvergehen und ihre Maßregelung

fahrt gleichgestellt.[917] In der Vorschrift des § 142 StGB wird seit jeher bereits in strafrechtlicher Hinsicht ein umstrittener und verunglückter Straftatbestand gesehen. Schutzzweck ist, die Aufklärung von Verkehrsunfällen zu erleichtern und der Gefahr eines drohenden Beweisverlustes entgegenzuwirken.[918] Es geht also um die **Sicherung zivilrechtlicher Ansprüche**. Wie beim Schuldenmachen, soweit es um die Abwicklung zivilrechtlicher Ansprüche geht (s. u. Rn. 13), hat hier das Disziplinarrecht nichts zu suchen.[919] Eine ebensolche Zurückhaltung in der Bewertung der disziplinaren Erheblichkeit ist beim **Fahren ohne Fahrerlaubnis** geboten. Das BVerwG hat im Urteil vom 11.12.1996[920] ein derartiges Verhalten pauschal mit anderen Verkehrsdelikten als außerdienstliches Dienstvergehen gewertet. Dagegen hat es im Urteil v. 12.12.1990 – 1 D 12.90 – einen Beamten freigestellt, der mit einem PKW in Urlaub gefahren ist, obwohl er wusste, dass er nicht im Besitz der erforderlichen Fahrerlaubnis war. Diese war ihm lange zuvor wegen einer Trunkenheitsfahrt entzogen worden. **Nötigung im Straßenverkehr** soll nach bisheriger Rspr. des BVerwG ein außerdienstliches Dienstvergehen sein (v. 9.4.1997 – 1 D 17.96).

Das BVerwG hat nunmehr in seinem jüngsten Urteil vom 29.8.2001 – 1 D 49.00 – einen Postzusteller (Fußzustellbezirk) freigesprochen (BDiG: 7 Monate Geh.K), der eine vorsätzliche außerdienstliche Trunkenheitsfahrt mit 2,76 ‰ Blutalkoholkonzentration begangen hatte und etwa 1 ¼ Jahr später mit Motorroller gefahren ist, obwohl ihm die wegen der Trunkenheitsfahrt entzogene Fahrerlaubnis noch nicht wieder erteilt worden war. Der Beamte war vorbelastet durch eine etwa 2 Jahre vor der Trunkenheitsfahrt begangene Verkehrsunfallflucht. Er hatte ein Geländer beschädigt (300 DM Schaden) und war zu einer Geldstrafe von 15 Tagessätzen zu 50 DM verurteilt worden. Das sachgleiche Disziplinarverfahren war damals eingestellt worden. Keine der drei Straftaten hätte für sich die Voraussetzungen des § 61 Abs. 1 Satz 3 BBG erfüllt. Das Fehlverhalten reichte dem BVerwG insbesondere aufgrund des geringen Gewichts der Verkehrsunfallflucht (Vorbelastung) und des Fahrens ohne Fahrerlaubnis insgesamt nicht, die besonderen Voraussetzungen des § 77 Abs. 1 Satz 2 BBG zu bejahen. Aufgrund dieser Entscheidung kann die Prognose gewagt werden, dass auch einer zweiten Trunkenheitsfahrt i. S. d. § 316 StGB i. d. R. keine Dienstvergehensqualität zukommt. Die st. Rspr. des BDiG, das derartige Verfehlungen meist ohne Differenzierung, ob ein Verstoß nach § 316 oder § 315c StGB, fahrlässige oder vorsätzliche Begehungsweise oder eine schwerwiegende Verkehrsunfallflucht vorliegt, mit einer Gehaltskürzung im unteren Bereich ahndet, ist danach nicht gerechtfertigt.

Rechtsprechungsübersicht

- Lokführer – **außerdienstliche Trunkenheitsfahrt im Ausland** (Österreich) – tödlicher Unfall – österreichisches Strafurteil – besonderer Ansehensschaden auch in Augen der deutschen Öffentlichkeit – Geh.K – wegen § 14: **Einst.**
  – *BDiG* 23.6.1971 – IV VL 32/70
- Motorisierter **Postzusteller – außerdienstliche Trunkenheitsfahrt im Vollrausch** – Verlust der Fahrerlaubnis und Ablösung als Kraftfahrer – Vorsorge gegen spätere Fahrmöglichkeit (Abgabe der Wagenschlüssel) – unvorhergesehene Besitzerlangung und Fahrt im Vollrausch – kein Dienstvergehen: **Freispr.**
  – *BDiG* 10.8.1976 – V VL 9/73

---

917 BVerwG 18.3.1986 – 1 D 47.85; 25.1.1994 – 1 D 77.92; 10.7.1996 – 1 DB 14.96.
918 Schönke/Schröder, StGB, Rn. 1 ff.
919 Kritisch auch Ostler, Festgabe 25 Jahre BVerwG, S. 454.
920 1 D 56.95, BVerwGE 113, 44.

Wohlverhaltenspflicht außerhalb des Dienstes, Einzelfälle

- Hauptamtlicher Bahnpolizeibeamter – Pkw-Fahrt in übermüdetem Zustand – Einschlafen während der Fahrt – Unfall – steht Trunkenheitsfahrt gleich: **Geldbuße**
  – *BVerwG* 18. 8. 1981 – 1 D 82.80
- Hauptamtl. **Bahnbusfahrer** – außerdienstl. **Pkw-Fahrt mit 1,17 ‰ BAK** – Bußgeldbescheid mit Fahrverbot – Ablösung als Kraftfahrer – schon im Erstfall Geh.K – weitere Verfehlungen – mildernd: Fahrtentschluss unfreiwillig und unter Alkohol, 4 Jahre nach Vortat: **Geh.K**
  – *BVerwG* 28. 11. 1984 – 1 D 31.84
- Hauptamtl. **Bahnbusfahrer – 2 außerdienstl. Trunkenheitsfahrten** mit Pkw und Mofa – Verlust der Fahrerlaubnis, Ablösung als Kraftfahrer – kein Rückfall, da gemeinsam und erstmalig diszipl. vorgeworfen – wegen dienstl. Auswirkung und Wiederholungstat: **Geh.K**
  – *BVerwG* 12. 12. 1984 – 1 D 129.84
- Lokführer – auf **Mofa mit 2,5 ‰ BAK** – Dienstvergehen – Rückfall – einheitliche Bemessung, Berücksichtigung der Vormaßnahme – (keine Gesamtstrafenbildung): **Geh.K**
  – *BVerwG* 13. 5. 1981 – 1 D 21.80
- Früherer **Bahnbusfahrer** – wegen Vortat nicht mehr im Fahrdienst – erneute **außerdienstliche Trunkenheitsfahrt** mit 2,39‰ – Rückfall – Verstoß gegen Pflicht, Wiederverwendung als Fahrer zu ermöglichen (?): **Degr.**
  – *BVerwG* 9. 2. 1982 – 1 D 50.81
- Polizeivollzugsbeamter – **außerdienstliche Unfallflucht** – Verlassen des Unfallorts unter Zeugen, um Abschleppen zu veranlassen und danach sich bei der Polizei zu melden – keine besondere Ansehenswidrigkeit: **Freispr.**
  – *BDiG* 17. 12. 1978 – I Bk 19/78
- Lokführer – außerdienstliche Trunkenheitsfahrt und **Fahren ohne Fahrerlaubnis** (nach gerichtl. Entzug der FE) an 2 verschiedenen Tagen – Ablösung aus Lokfahrerdienst – mildernd: Fahrtentschluss erst unter Alkohol – 6 Jahre seit Vortat verstrichen: **Geh.K**
  – *BVerwG* 18. 4. 1985 – 1 D 131.84
- **Oberlokomotivführer** – vorsätzliche **außerdienstliche Trunkenheitsfahrt** – Herausnahme aus dem Lokfahrdienst – bedingt vorsätzliche Einschränkung der Verwendungsfähigkeit: **Geh.K**
  – *BVerwG* 14. 2. 1995 – 1 D 77.93
- Vorsätzliche Sachbeschädigung, **Nötigung im Straßenverkehr** – kein Zusammenhang mit Pflichten als Ruhestandsbeamter: **Einstellung** gem. § 14 BDO
  – *BVerwG* 9. 4. 1997 – 1 D 17.96
- **Erste Trunkenheitsfahrt** eines dienstlich mit dem Führen von Kfz nicht betrauten Beamten – **kein Dienstvergehen** – Grundbestand des § 54 Satz 3 (jetzt: § 61 Abs. 1 Satz 3) BBG nicht erfüllt; **Aufgabe der bisherigen Rspr.**
  – *BVerwG* 30. 8. 2000 – 1 D 37.99, DVBl. 2001, 137
- **Polizeibeamter** verweigert mehrfach geforderten Alkoholtest – entzieht sich durch Flucht – fährt mit Auto los, obwohl sich kontrollierender Polizeibeamter noch mit dem Oberkörper im Fahrzeug befand: **Entf.**
  – *OVG Nordrhein-Westfalen* 28. 1. 2009 – 3d A 3531/07.O

Außerdienstliche Unterschlagung, Untreue, Betrug
Unterschlagung, Betrug und Untreue außerhalb des Dienstes sind i. S. d. § 77 Abs. 1 Satz 2 BBG in aller Regel in besonderem Maße geeignet, achtungs- und ansehensmin-

7

Die einzelnen Dienstvergehen und ihre Maßregelung

dernd sowie – auch innerdienstlich – vertrauensmindernd zu wirken. Das ergibt sich bereits aus dem kriminellen Gehalt und aus der durch die strafrechtliche Einordnung und Bewertung ersichtlichen Sozialschädlichkeit dieser Delikte. Diese außerdienstlichen Verfehlungen haben deshalb grundsätzlich Dienstvergehensqualität. An dieser kann es fehlen, wenn die Umstände des Einzelfalles die »Schwelle des disziplinar Erheblichen« als nicht überschritten erscheinen lassen. Das kann bei außerdienstlichen Vermögensdelikten im Gegensatz zu innerdienstlichen eher angenommen werden, etwa wegen des besonders geringen Wertes des Tatobjektes, wegen der persönlichen Beziehung zu dem Opfer (Familienangehörige) oder wegen geringer Schuld (Vollrausch, Irrtum über den Wert des Objekts, besondere Verleitungssituation). Entscheidend ist, ob für die außerdienstliche Entgleisung im Privatbereich Außenstehende berechtigterweise eine Verbindung zur dienstlichen Vertrauenswürdigkeit des Beamten herstellen oder Vorgesetzte und Mitarbeiter an der Zuverlässigkeit im Dienst zweifeln müssen.

Liegt ein Dienstvergehen nach § 77 Abs. 1 Satz 2 BBG vor (zu den Kriterien vgl. Rn. 3), so gelten **für seine Bewertung und Einstufung mildere Maßstäbe** als für vergleichbare Straftaten in oder gegenüber dem Dienst.

Sowohl bei Unterschlagung als auch bei Betrug und Untreue außerhalb des Dienstes gibt es keine Regelmaßnahmen, weder die Höchstmaßnahme der Entfernung (wie für Zugriffsdelikte) noch eine sonstige. Vielmehr ist immer nach den besonderen Umständen des Einzelfalles zu bewerten und einzustufen, außer erschwerenden Umständen auch alle denkbaren Milderungsgründe anwendbar (dazu A. IV. Rn. 94 ff.; weitere Fallbeispiele in folgender Rspr.-Übersicht).

Rechtsprechungsübersicht

- Beamter – Entnahme von **Geld aus der Kollegen-Gemeinschaftskasse** – kein Kollegendiebstahl, keine Amtsunterschlagung – daher mildere Bewertung: **Degr.**
  – BVerwG 16. 1. 1985 – 1 D 112.84
- Beamter des gehobenen Dienstes – **Gebrechlichkeitspfleger** – fortgesetzte Veruntreuung von insgesamt 8000 DM: **Entf.**
  – BVerwG 11. 4. 1984 – 1 D 53.83
- Beamter des gehobenen Dienstes – **Vorsitzender des Schulelternbeirats** – fortgesetzte **Veruntreuungen** (13 000 DM) – seelische Ausnahmesituation: **Degr.**
  – BVerwG 22. 11. 1982 – 1 D 16.82
- Postbeamter des mittleren Dienstes – außerdienstlicher **Fund von Olympiamünzen** – Unterschlagung – Wert 450 DM – Geldbuße, wg. Verjährung: **Einst.**
  – BVerwGE 63, 226
- Bahnbeamter – bei der Leerung von Sparkästen eines **Sparvereins** eingenommene **Gelder** in Höhe von 20 000 DM **verspielt: RGeh.K** von 5 Jahren nach nicht mehr zulässiger Degr.
  – BVerwG 7. 9. 1994 – 1 D 45.93
- Entnahme von Geld aus Barbestand der Kasse des **Bundesbahnsozialwerks** – Wahrnehmung der Aufgaben der sozialen Einrichtung waren dem privaten, gesellschaftlichen Bereich des Beamten zuzuordnen – Wertung als außerdienstliches Dienstvergehen: **Degr.**
  – BVerwG 26. 2. 1992 – 1 D 29.91, DÖV 1993, 487
- Beamter der Bundeswehrverwaltung – Veruntreuung von **Vereinsgeldern** als Kassierer einer Unteroffizier-Heimgesellschaft in Höhe von 26 000 DM: **Entf.**
  – BVerwG 13. 4. 1994 – 1 D 44.93

Wohlverhaltenspflicht außerhalb des Dienstes, Einzelfälle

- Außerdienstlicher Betrug durch **Einlösung** von einem Dritten **entwendeten Schecks** – außerdem **Urkundenfälschung: Degr.**
  - *BVerwG* 13.7.1994 – 1 D 56.93
- Veruntreuung von **Parkgebühren** als Pförtner und Kassierer im Rahmen einer genehmigten Nebentätigkeit – Degr. laufbahnrechtlich unzulässig: **Geh.K**; § 14 BDG wegen konkreten Erziehungsbedürfnis nicht entgegenstehend
  - *BVerwG* 19.9.1995 – 1 D 32.94
- Unterschlagung von **Vereinsgeldern** in Höhe von 4850 DM: **Geh.K**
  - *BVerwG* 9.7.1996 – 1 D 6.96
- Beteiligung an **außerdienstlichem Versicherungsbetrug** – Schaden 40 000 DM – fehlende Eigennützigkeit: **Degr.**
  - *BVerwG* 6.9.1995 – 1 D 48.94
- Veruntreuung von **Vereinsgeldern** einer Karnevalsgesellschaft in Höhe von 13 500 DM über 8 Jahre – Anlegen eines fiktiven Postsparbuchs durch die als Posthelferin tätige Ehefrau und Vornahme von Eintragungen zum »Nachweis« der ordnungsmäßigen Verwendung der Gelder: **Aberk. RGeh.**
  - *BVerwG* 24.11.1998 – 1 D 36.97
- Beihilfe zum versuchten **außerdienstlichen Versicherungsbetrug: Geh.K**
  - *BVerwG* 17.9.1996 – 1 D 64.95
- **Versicherungsbetrug** durch Fingierung von Kfz-Unfällen: **Entf.**
  - *BVerwG* 10.3.1992 – 1 D 50.91
- **Versicherungsbetrug** Schaden 19 000 DM – Vortäuschung einer Straftat, Urkundenfälschung und versuchte Hehlerei: **Entf.**
  - *BVerwG* 8.9.1997 – 1 D 32.96
- **Versicherungsbetrug** – Schaden 12 5000 DM: **Aberk. RGeh.**
  - *BVerwG* 4.7.2000 – 1 D 38.99
- Herstellung und Verkauf von aufladbaren Telefonkarten an verdeckten Ermittler – hoher drohender Schaden: **Entf.**
  - *BVerwG* 25.4.2001 – 1 D 16.00
- **Börsenspekulation mit Vereinsgeldern** ohne eigene Bereicherungsabsicht – Schaden über 186 000 DM: **Entf.**
  - *VGH Bayern* 17.11.2006 – 16b D 05.790

Außerdienstlicher Diebstahl und Hehlerei

Außerdienstlicher Diebstahl kommt in solcher Vielfalt vor, dass es auch für ihn keine Regelmaßnahme gibt. Zwar bewertet das BVerwG jeden Diebstahl eines Beamten immer noch dahin, dass seine disziplinare Bedeutung grundsätzlich »um ein Vielfaches über die strafrechtliche Bewertung hinausgeht«,[921] was mindestens in leichten Fällen ohne dienstlichen Bezug zu bezweifeln ist. Denn immerhin fallen unter diesen Dienstvergehenstatbestand auch die Bagatellantragsdelikte des Haus- und Familiendiebstahls (§ 247 StGB) und des Diebstahls geringwertiger Sachen (§ 248 a StGB, früher Mundraub), für deren Verfolgung normalerweise kein öffentliches Interesse besteht und ohne Bezug zur dienstlichen Tätigkeit (z. B. Polizeibeamter) keine disziplinare Relevanz vorliegt. In Wirklichkeit **differenziert das BVerwG** selbst inzwischen erheblich in der Bewertung und Einstufung der verschiedenartigen Diebstahlstypen sowohl nach dem Wert des Diebesguts als auch nach der Tatsituation und dem kriminellen Aufwand, nach der Täterpersönlichkeit und dem

8

---

921 St. Rspr., z. B. BVerwG 12.6.1985 – 1 D 139.84.

Die einzelnen Dienstvergehen und ihre Maßregelung

dienstlichen Bezug. In den letzten Jahren hat das BVerwG seine früher sehr strenge Bewertung erheblich gemildert und vor allem dem häufigen Fehlen des dienstlichen Bezugs Rechnung getragen. So hat es bei wiederholten Warenhausdiebstählen von dem Begriff des »Beutezugs« mit der Regelfolge der Entfernung, später Degradierung, Abstand genommen,[922] schließt auch nicht mehr pauschal von dem dienstlichen Einsatzgebiet auf eine mittelbare Dienstbezogenheit und konkrete Wiederholungsgefahr[923] und setzt ohnehin die disziplinare Bedeutung außerdienstlicher Diebstähle niedriger an.[924] Ob außer- oder innerdienstlicher Diebstahl vorliegt, ist oft zweifelhaft, für die Bewertung aber häufig nicht entscheidend. Zu Unrecht für außerdienstlich BVerwG im Fall des Diebstahls von 5000 DM aus dem Schaltertresor eines Kollegen während des Besuchs im Urlaub.[925] Denn verletzt ist – mindestens auch – die innerdienstliche Pflicht zur kollegialen Rücksicht und zur Wahrung der Interessen der Behörde.

9   Warenhausdiebstähle erfolgen meist unter der Verlockung der Werbung und der Gelegenheit zum eigenen Zugreifen auf die ausgelegte Ware.[926] Für das Gewicht ist von Bedeutung die Erstmaligkeit oder Wiederholung der Tat (Geldbuße oder Geh.K).[927] **Diebstähle außerhalb von Warenhäusern und Selbstbedienungsläden** haben in der Regel höheres kriminelles Gewicht, machen aber im Allgemeinen den Beamten selbst in den **besonders schweren Fällen des § 243 StGB** noch nicht untragbar, sondern erfordern im Regelfall die Degradierung.[928] Kommen besondere kriminelle Intensität, dienstlicher Bezug, Dauer und Schaden der Diebstähle, Gewalttätigkeit oder gewerbsmäßige Kriminalität hinzu, so kann die Entfernung unabwendbar sein.[929] Wegen Einzelbeispielen vgl. folgende Rechtsprechungsübersicht.

10 **Hehlerei** hat ähnliche disziplinare Bedeutung wie der Diebstahl. Sie wiegt jedoch **nicht generell gleich schwer wie Diebstahl**. Nur dann, wenn der Hehler dem Dieb erst die Möglichkeit der Verwertung des Diebesgutes verschafft und das Gut dem Eigentümer noch weiter entfremdet, gelten dieselben Bewertungsgrundsätze.[930] Ähnliche Bewertung im Falle einer **Geldwäsche** (vgl. nachfolgende Rechtsprechungsübersicht). Wer als Bahnbeamter gestohlenes Beförderungsgut der Bahn hehlt, verstößt zugleich gegen die innerdienstlichen Treue- und Vertrauenspflichten und macht sich in der Regel untragbar.[931] Ohne diesen dienstlichen Bezug werden im Allgemeinen Geldbuße und Gehaltskürzung angemessen sein, bei fortgesetzter, gewerbsmäßiger Hehlerei Degradierung.[932]

---

922 In Urt. v. 7.5.1980 – 1 D 17.79.
923 BVerwG 5.8.1980 – 1 D 73.79: »eine Aussage des Inhalts, dass ein in einem Warenhaus als Dieb überführter Beamter deshalb auch gegen jedes andere Eigentums- oder Vermögensdelikt anfällig ist, erscheint nicht angängig«; 17.4.1985 – 1 D 124.84, ZBR 1985, 203.
924 Schon BVerwG 10.12.1981 – 1 D 12.81, nicht mehr regelmäßig Degr., sondern Geh.K bei mehrfachem Diebstahl, jetzt eindeutig BVerwG 12.6.1985 – 1 D 139.84.
925 So BVerwG 27.1.1988 – 1 D 88.87, DÖD 1988, 214; genau entgegengesetzt aber BVerwG 24.9.1986 – 1 D 81.86 für Beraubung von Waggons außerhalb des Dienstes und der dienstlichen Zuständigkeit.
926 BVerwG 10.12.1981 – 1 D 12.81.
927 BVerwG 2.9.1981 – 1 D 81.80; 8.12.1981 – 1 D 34.81.
928 BVerwG 22.7.1986 – 1 D 178.85, BVerwGE 83, 217.
929 BVerwGE 83, 217.
930 BVerwG 23.7.1980 – 1 D 67.79.
931 BVerwG 18.10.1979 – 1 D 100.78, BVerwGE 63, 276; 8.5.1990 – 1 D 46.89, BVerwGE 86, 273.
932 BVerwG 8.9.1982 – 1 D 73.81; bei erschwerenden Umständen Entfernung, BVerwG 6.9.1994 – 1 D 7.94; 23.2.2000 – 1 D 65.99.

Wohlverhaltenspflicht außerhalb des Dienstes, Einzelfälle

Rechtsprechungsübersicht
- Beamter – Diebstähle **geringwertiger Sachen an 3 verschiedenen Tagen** – Rückfall – wegen nicht erfolgter Abmahnung: **Geh.K**
  - *BVerwG* 2.9.1981 – 1 D 81.80; auch 10.12.1981 – 1 D 12.81; ebenso trotz erfolgter Abmahnung BVerwG 8.12.1981 – 1 D 34.81
- Postobersekretär – außerdienstlicher **Warenhausdiebstahl im 1. Rückfall** – Badehose im Wert von 20 DM – einzelner Zugriff, geringer Wert, psychisch bedingte Kompensationshandlung: **Geh.K**
  - *BVerwG* v. 10.12.1981 – 1 D 12.81, auch
  - *BVerwG* 8.12.1981 – 1 D 34.81, ebenso bei 2. Rückfall
  - *BVerwG* 25.2.1982 – 1 D 54.81
- Bahnbeamter – außerdienstlicher **Warenhausdiebstahl im 2. Rückfall** – wegen Vortat strafgerichtlich und disziplinar ermahnt – geringer Wert, finanziell schwierige Lage: **Geh.K**[933]
  - *BVerwG* 25.2.1982 – 1 D 54.81
- Polizeihauptmeister im BGS – außerdienstlicher **Kaufhausdiebstahl an 2 Tagen – Rückfall** – wegen Vortat Strafverfahren eingestellt, disziplinar nicht verfolgt – geringwertige Gegenstände – kein dienstlicher Bezug auf dienstliche Aufgaben als Polizeivollzugsbeamter: **Geh.K**
  - *BVerwG* 17.4.1985 – 1 D 124.84, ZBR 1985, 203; auch 26.3.1985 – 1 D 65.84 –, und BDiG 1.10.1985 – X VL 26/85
- Posthauptschaffnerin – außerdienstlicher Kaufhausdiebstahl (Wert: 48 DM) – 2. Rückfall – Vortaten strafgerichtlich und disziplinar verfolgt – wegen vorgerückten Alters und mangelnder Beförderungschance statt Degr.: **Geh.K**
  - *BVerwG* 28.6.1988 – 1 D 119.87
- Bahnbeamter – **Diebesgut** über längeren Zeitraum **an- und z.T. weiterverkauft: Entf.**
  - *BVerwG* 6.9.1994 – 1 D 7.94
- Polizeimeister im BGS – **versuchter Einbruchsdiebstahl** – bes. kriminelle Energie: **Entf.**
  - *BVerwG* 22.5.1996 – 1 D 41.95, BVerwGE 103, 268 = DÖD 1996, 200
- **Seriendiebstahl** z.T. in erschwerter Form (§ 243 Abs. 1 Nr. 1 StGB) – einschlägige Vorbelastung: **Aberk. RGeh.**
  - *BVerwG* 10.7.1996 – 1 D 98.95
- Briefzusteller – Entwendung von Waren aus einer Schaufensterauslage, zusätzlich außerdienstlicher Betrug und Unterschlagung: **Geh.K**
  - *BVerwG* 11.2.1998 – 1 D 21.97
- Polizeivollzugsbeamter im BGS – **Hehlerei** in 5 Fällen – Verkaufswert des Diebesguts mindestens 150 000 DM: **Entf.**
  - *BVerwG* 23.2.2000 – 1 D 65.99
- Beamter tauscht in Spielbank Jetons im Wert von 119 000 DM ein, die ein dort beschäftigter Croupier unterschlagen hatte und erhält 20 % Anteil (**Geldwäsche** gem. § 261 StGB): **Entf.**
  - *BVerwG* 15.3.2005 – 1 D 3.05

---

[933] Hierzu kritisch Ebert, ZBR 1987, 171.

Die einzelnen Dienstvergehen und ihre Maßregelung

Schuldnerverhalten

11 In der disziplinaren Praxis werden zwei Fälle von Schuldnerverhalten vorgeworfen: das leichtfertige, unehrenhafte (betrügerische) **Eingehen von Schulden** und das unehrenhafte Verhalten gegenüber den Gläubigern bei der Abwicklung (in Wirklichkeit **Nichtabwicklung) der Schulden**. Die frühere Rspr. ging, wie in allen Bereichen des Beamtenrechts, von den überkommenen Vorstellungen aus, dass Beamte unfehlbar und in jeder Hinsicht vollkommenes Vorbild der Gesellschaft sein müssten. So waren sie auch dem Dienstherrn eine einwandfreie und geordnete Wirtschaftsführung im Privatbereich schuldig und dabei auch für das unwirtschaftliche oder verschwenderische Verhalten ihrer Ehepartner disziplinar verantwortlich.[934] Noch in neuerer Zeit ist die Rspr. des BVerwG zu diesem Ansatz widersprüchlich: Überzeugend Urt. v. 18.3.1982 (1 D 29.81): »*Die Pflicht zu achtungswürdigem Verhalten reicht nur so weit, wie es dienstliche Interessen erfordern, wie es zur Aufrechterhaltung der Funktionsfähigkeit der öffentlichen Verwaltung erforderlich ist.*« Dagegen im alten, moralisierenden Stil wieder Urt. v. 24.7.1984 (1 D 99.83): »*In der verschuldeten Unordnung privater wirtschaftlicher Verhältnisse offenbart sich charakterliche Unzuverlässigkeit, ... die diensterheblich ist.*« In Wirklichkeit hat die Liberalisierung der letzten Jahrzehnte auch auf dem Gebiet des finanziellen und wirtschaftlichen Privatverhaltens den alten Kodex, dass ein Beamter keine Schulden haben dürfe, hinfällig werden lassen; Urt. v. 18.3.1982 (1 D 29.81): »*Nicht jedes gegen die Zahlungsmoral verstoßende ... Verhalten läuft den Beamtenpflichten zuwider, insbesondere nicht in besonderem Maße.*«

12 Ein **unehrenhaftes Eingehen von Schulden** kommt deshalb nicht schon dann in Betracht, wenn der Beamte über die finanziellen Verhältnisse lebt und damit auch über die Grenze der wirtschaftlichen Belastbarkeit geht. Die sich daraus ergebenden Probleme sind in erster Linie privater Art und sind allenfalls zivilrechtlich von Bedeutung. Hohe Verschuldungen und damit verbundene Zahlungsschwierigkeiten können beamtenrechtlich bedeutsam sein, indem die Zuverlässigkeit und Vertrauenswürdigkeit des Betreffenden für einen bestimmten Dienstposten fraglich erscheinen und somit personelle organisationsmäßige Entscheidungen rechtfertigen, z.B. Einsatz als Kassenbeamter,[935] im Kundenkontakt (Bestechung), in sicherheitsempfindlichen Bereichen (Nachrichtendienste). Eine disziplinare Erheblichkeit käme aber erst in den nachfolgenden Dienstvergehen zum Ausdruck, nicht schon in der Schuldensituation an sich. Bei **betrügerischem Schuldenmachen** liegt die »Unehrenhaftigkeit« des Verhaltens ohnehin in dem selbständigen Dienstvergehenstatbestand des inner- oder außerdienstlichen Betrugs (vgl. dazu B. II. 10. Rn. 17 ff.; o. Rn. 7).

13 Pflichtwidriges Verhalten durch **Nichtabwicklung der bestehenden Schulden** überschneidet sich meist mit dem Tatbestand des pflichtwidrigen Eingehens von Schuldverpflichtungen. Wer sich bei bestehender Überschuldung erneut verschuldet, ist normalerweise zahlungsunfähig und zur vertraglichen Abwicklung nicht in der Lage. Weiß er dies bei der Schuldeingehung oder rechnet er damit, so liegt betrügerisches Schuldenmachen vor. Die Unmöglichkeit der Abwicklung ist dann die zwangsläufige Folge und keine selbständige, weitere Pflichtverletzung. Andererseits liegt bei unvorhergesehener Überschuldung allenfalls pflichtwidrige Nichtabwicklung vor. Da sich hinsichtlich des Verschuldens **diese beiden Pflichtentatbestände gegenseitig ausschließen,** kommt es auf eine präzise Abgrenzung und Substantiierung in der Disziplinarverfügung oder in der Disziplinarklage an.

---

934 BVerwG 15.6.1960 – 2 D 58.59; 28.4.1965 – 3 D 6.65; mehr auf die eigene Verantwortlichkeit abstellend BVerwG 26.5.1966 – 3 D 11.66.
935 Bedenklich weitgehend BVerwG 24.3.1981 – 1 D 24.80.

Wohlverhaltenspflicht außerhalb des Dienstes, Einzelfälle

Unehrenhaft und damit pflichtwidrig ist die Nichtabwicklung von Schulden nicht ohne weiteres, jedenfalls dann nicht, wenn **Zahlungsunfähigkeit** vorliegt. Unmögliches kann auch disziplinarrechtlich nicht verlangt werden. Zahlungsunfähigkeit besteht, wenn der verfügbare Rest des Einkommens in vollem Umfang durch Pfändungen oder Gehaltseinziehungen von Gläubigern erfasst ist.
Bestehende Überschuldung führt aber dann nicht zur Unfähigkeit der Begleichung gerade dieser neuen Schuld, wenn der Beamte frei über die – beschränkten – Einkünfte verfügen kann. Er hat dann die Wahl, welcher Gläubiger befriedigt oder ob und in welchem Umfang die verschiedenen Gläubiger teilweise befriedigt werden sollen. Nur in diesem Bereich kann die Verantwortung der verschuldeten Beamten zur Bemühung um eine vertragsgemäße und achtungsgerechte Schuldenabwicklung zutage treten. Die frühere disziplinare Rspr. erwartete in diesem Bereich, dass Beamte ihre Gläubiger nicht einfach »sitzenlassen«, sie auf den Weg der Zwangsbeitreibung verweisen, sondern sich um ehrliche Aufdeckung der Zahlungsmöglichkeiten und um ein Arrangement – möglicherweise mit Teilzahlungen oder mit einem Zahlungsplan – bemühen.[936] Seit dem Urteil v. 18.3.1982 – 1 D 29.81 – gilt jedoch zu Recht auch hier, dass »die Pflicht zur Achtungswürdigkeit außerhalb des Dienstes nur so weit reicht, wie es die dienstlichen Interessen erfordern, wie es zur Aufrechterhaltung der Funktionsfähigkeit der öffentlichen Verwaltung geboten ist«. Nach diesem Maßstab kommt pflichtwidriges Abwicklungsverhalten nur noch in Frage, wenn die Gläubiger durch betrügerische Angaben von der Verfolgung ihrer Forderung abgehalten werden sollen, z.B. bei Übertragung von Vermögenswerten an Dritte, um sie Gläubigern zu entziehen;[937] auch Nichtzahlung von Arztrechnungen trotz Erhaltens von Beihilfeleistungen.[938] Das BVerwG stellt darauf ab, dass es der Beamte trotz Erstattungsleistung zu **Zwangsvollstreckungsmaßnahmen** habe kommen lassen. Dies ist nach richtiger Auffassung dann nicht vorwerfbar, wenn der Beamte mit der Erstattungsleistung ältere Schulden getilgt hat. Allgemein darf bezweifelt werden, ob es überhaupt ansehensschädigend ist, wenn es gegen einen Beamten zu Zwangsvollstreckungsmaßnahmen kommt. Zängl[939] weist zutreffend darauf hin, dass es der Gläubiger grundsätzlich selbst in der Hand hat, sich einen Titel zu verschaffen. Die Merkmale »unlauter, unredlich, unehrenhaft, beamtenunwürdig«, die, weil nicht präzise und moralisierend, einer Subsumtion nicht zugänglich sind, sollten aufgegeben werden. Abgesehen von betrügerischem Verhalten sowohl beim Eingehen als auch beim Abwickeln von Verbindlichkeiten, dürfte es kaum disziplinar vorwerfbares Verhalten geben. Dies gilt für alle Fälle, die Gegenstand **zivilrechtlicher Beziehungen** von Beamten sind. Bei Kassenbeamten, die gefährdet sein können, müssen innerdienstliche Umsetzungsmaßnahmen genügen.
In eine andere Richtung geht eine Entscheidung des OVG Nordrhein-Westfalen v. 6.3.2002 – 15d A 2046/00.O –, das zurecht einen Beamten degradiert hat, der wiederholt Personen, mit denen er dienstlich in Verbindung und seine Behörde in Geschäftsverbindung steht, um private Darlehen gebeten hat. Hier bestand die Gefahr, dass sich der Beamte in ein dienstbedeutsames Abhängigkeitsverhältnis brachte und ein Verstoß gegen die innerdienstliche Pflicht zur Uneigennützigkeit vorlag.

---

936 BVerwG 24.3.1981 – 1 D 24.80; 11.3.1970 – 2 D 29.68; ebenso: 2 D 7.68, 2 D 11.71
937 BVerwG 4.9.1991 – 1 D 35.90, BVerwGE 93, 151.
938 BVerwG 8.5.1996 – 1 D 74.95.
939 Bayer. DisziplinarO, Mat R/II. S. 266f.

Die einzelnen Dienstvergehen und ihre Maßregelung

Rechtsprechungsübersicht

- Posthauptschaffner – Verschuldung, große Familie – **unnötige Anschaffungen ohne Zahlungsfähigkeit – Betrug** – Fortsetzung trotz diszipl. Mahnungen: **Entf.**
  – *BVerwG* 24. 7. 1984 – 1 D 99.83
- Flugleiter (gehob. Dienst) – **Überschuldung** – vielfaches **betrügerisches Schuldenmachen** – unnötige Ausgaben – Rückfall: **Entf.**
  – *BVerwG* 29. 4. 1986 – 1 D 129.85
- Verwaltungsoberamtsrat – Lehrer an Verwaltungsschule – Überschuldung, dennoch weiteres Schuldenmachen – Betrug – **rücksichtslose Ausnutzung einer Kollegin** – keine Bemühung um Schuldtilgung – außerdem außerdienstliche Untreue: **Entf.**
  – *BVerwG* 13. 3. 1985 – 1 D 53.84
- Zollbeamtenanwärter – unehrenhaftes, **betrügerisches Schuldenmachen** – Anpumpen von Zollkunden – Nichtbemühen um Abwicklung: **Geh.K**
  – *BVerwG* 27. 4. 1973 – 1 D 15.72
- Postzusteller – **unehrenhaftes Schuldenmachen** – Anpumpen des Empfängers einer Geldauszahlung – falsche Angaben zum Schuldenstand – zusätzliche dienstliche Kassenunterschlagung, deswegen: **Entf.**
  – *BVerwG* 13. 11. 1985 – 1 D 87.85
- Postschaffner – Nichteinhaltung von Ratenzahlungen – **Zahlungsunfähigkeit kein Dienstvergehen** – Abwicklungsverschulden nur bei dolosem Verhalten gegenüber Gläubigern – **Freist.** vom Vorwurf
  – *BVerwG* 18. 3. 1982 – 1 D 29.81
- **Nichtbezahlen von Arztrechnungen trotz** erhaltener **Beihilfeleistungen** und eingeleiteter Zwangsvollstreckungsmaßnahmen: **Geh.K**
  – *BVerwG* 8. 12. 1992 – 1 D 6.92; 8. 5. 1995 – 1 D 74.95; 21. 1. 1997 – 1 D 5.96
- Nichtbezahlen von **Arztrechnungen** und Miete führte zu Pfändungs- und Überweisungsbeschlüssen – Vorbelastung: **Degr.**
  – *BVerwG* 28. 6. 1995 – 1 D 66.94
- Nichtbezahlung von **Bestellungen im Versandhandel durch Ehefrau;** beschuldigter Soldat Mittäter, leichtfertiges Schuldenmachen; trotz Betonung, dass Soldat wie jeder andere Bürger Schulden machen kann, in der weiteren Begründung unangemessen moralisierend: **Beförderungsverbot**
  – *BVerwG* 18. 6. 1996 – 2 WD 10.96 (Wehrdienstsenat)
- Leichtfertige Abwicklung von Schulden – BVerwG stellt nur noch darauf ab, ob die Gefahr gerichtlicher Maßnahmen »heraufbeschworen« wurde: **Freistellung,** weil keine gerichtlichen Zwangsmaßnahmen ergingen
  – *BVerwG* 23. 2. 1999 – 1 D 24.97
- **Überschuldung eines Richters** führte dazu, dass er sich über gesetzliche Vorschriften hinwegsetzte und auf dubiose Geschäfte einließ. Das Richterdienstgericht des BGH sah nur in den **Folgen** der leichtfertigen Überschuldung eine Dienstpflichtverletzung
  – *BGH*, NJW 2002, 834

Dieses Urteil des BGH hat das **BVerfG** erwartungsgemäß aus mehreren Gründen aufgehoben. Für eine »Leichtfertigkeit« der Schuldeneingehung fänden sich keine ausreichenden Feststellungen. Eine Aufklärung sei nur entbehrlich gewesen, wenn die Schuldenlage bereits für sich genommen – unabhängig von den vorgetragenen Abhilfemöglichkeiten – als pflichtwidrige Schädigung **disziplinarrechtlich geschützter Rechtsgüter** hätte gewertet werden können. Die Begründung der Gefahr eines Fehlverhaltens könne keine schwerwiegenderen Sanktionen nach sich ziehen als das Fehlverhalten selbst (Beschluss v. 8.12.2004 – 2 BvR 52/02).

Urkundenfälschung, Meineid, Falschaussage
Die **Urkundenfälschung** außerhalb des Dienstes ist von den Delikten gegen den Rechtsverkehr die am meisten dienstbezogene, weil öffentliche Amtsträger mit der Herstellung von Urkunden häufig auch dienstlich befasst sind. Die Fälschung einer Urkunde ist deshalb besonders geeignet, das Vertrauen in die Redlichkeit und Integrität des Beamten allgemein, also auch im Dienst, zu beeinträchtigen. Die Urkundenfälschung verliert ihre disziplinare Erheblichkeit nicht durch eine **Zustimmung der unterschriftsberechtigten Person,** wenn die Echtheit der Unterschrift auch aus anderen Gründen als zu deren Schutz gesichert sein soll. Das ist im amtlichen Bereich stets der Fall, weil die Behörde ein eigenes, dienstliches Interesse an der Authentizität der Unterschrift hat.[940] Die außerdienstliche Urkundenfälschung hat grundsätzlich erhebliches Gewicht. Da die Tathandlung die Täuschung im Rechtsverkehr ist, steht sie in der Nähe des Betrugs. Für die Urkundenfälschung gibt es keine **Maßnahmeregel.** Die Bewertung hängt von den Umständen des Einzelfalles ab. Häufig ist die Urkundenfälschung **Bestandteil vorrangiger Pflichtverletzungen,** wie Betrug, Untreue, unberechtigtes Fernbleiben vom Dienst, oder kumuliert mit solchen, wie bei Unterschlagung. Dann gibt die Urkundenfälschung ein erschwerendes Moment für das durch die Hauptverfehlung geprägte Gewicht des Dienstvergehens ab. Liegt in der Urkundenfälschung die vorrangige Pflichtverletzung, so kommen normalerweise die Maßnahmen von Geldbuße bis Zurückstufung in Betracht.

14

Auch die Aussagedelikte wie **Meineid und Falschaussage** richten sich gegen den Rechtsverkehr, speziell gegen die Funktion der Rechtspflege. Die Rspr. des BVerwG geht für die disziplinare Bedeutung von Falschaussagen und Meineid nach wie vor davon aus, dass diese Delikte gegen die dienstliche Treuepflicht verstoßen, die »gebiete, den Dienstherrn und die für diesen und das Staatswesen insgesamt handelnden Organe bei der Erfüllung ihrer im öffentlichen Interesse liegenden Aufgaben zu unterstützen ...«[941] bzw. »das Vertrauen und die Wahrhaftigkeit auch in Augenblicken der Bewährung zu erhalten«.[942] Damit wird für diese Delikte eine umfassende innerdienstliche Treuepflicht konstruiert, indem immer noch auf die – ansonsten überwundene – These abgestellt wird, der Beamte sei »rund um die Uhr« im Dienst für den Staat, jederzeit dessen Repräsentant und Hüter und auch außerhalb seines Dienst- und Amtsbereichs verpflichtet, andere Staatsorgane bei deren amtlicher Tätigkeit zu unterstützen (vgl. zur Unzeitgemäßheit und Funktionsfremdheit dieses Ansatzes Einf. I. 4.; A. II. Rn. 42–44; B. II. 7. Rn. 14). Dementgegen besteht eine innerdienstliche Pflicht nur im Rahmen des übertragenen Amtes und des persönlichen Statusverhältnisses, nicht in dem Bereich des Privatlebens, der sich von demjenigen anderer Staatsbürger nicht unterscheidet (B. I. Rn. 1–4).
Allerdings liegt auf der Hand, dass diese **als Vergehen und Verbrechen eingestuften Straftaten** generell in besonderem Maße geeignet sind, achtungs- und ansehensbeeinträchtigend zu wirken, zumal dann, wenn sie konkreten dienstlichen Bezug zum innegehabten Amt aufweisen oder wenn andere erschwerende Umstände wie Rückfall, hartnäckiges Beharren oder Eigennutz hinzutreten. Das **disziplinare Gewicht der Aussagedelikte** ist unterschiedlich, eine Regelmaßnahme gibt es nicht. Für die disziplinare Bewer-

15

---

940 BDiG 20. 2. 1986 – 1 VL 1/86; Fischer, StGB, § 267 Rn. 18.
941 St. Rspr., BVerwG noch in DÖD 1988, 139 m. w. N.
942 BVerwG 10. 12. 1991 – 1 D 91.90.

Die einzelnen Dienstvergehen und ihre Maßregelung

tung ist auch die Prüfung des strafrechtlich »minder schweren Falles« nach § 154 Abs. 2 StGB von Bedeutung.[943]

Rechtsprechungsübersicht
- Beamter des auswärtigen Dienstes – **Bigamie und Urkundenfälschung** – Verleitung eines Kollegen: **Entf.**
  - *BVerwG* 29.9.1992 – 1 D 36.91
- Kundenberater der Bundesbahn – **Fälschung der Quittung** eines privaten Reisebüros mit dem Namen der Ehefrau – Motiv: Verdeckung eigener Empfangnahme: **Geh.K**
  - *BDiG* 20.2.1986 – I VL 1/86
- Postbeamter – **Meineid** – als Zeuge im Familienrechtsstreit zur eigenen intimen Beziehung – kein Eigennutz, keine Hartnäckigkeit – Geh.K, wegen § 14 BDO: **Einst.** mit Rspr.-Übersicht
  - *BVerwG* 8.12.1987 – 1 D 34.87, DÖD 1988, 139
- Wehrbereichsbeamter – außerdienstliche fortgesetzte **uneidliche Falschaussage** und Vortäuschung einer Straftat – wegen § 14 (Geh.K): **Einst.**
  - *BVerwG* 10.12.1991 – 1 D 91.90
- Beamter – Anstiftung zur Falschaussage – **Beihilfe zum Meineid: Geh.K**
  - *BVerwG* 27.1.1981 – 1 D 115.79; ebenso 18.4.1985 – 1 D 61.84, BVerwGE 76, 366
- Oberfinanzpräsident – **Falschaussage vor parlament. Untersuchungsausschuss** – weitere Pflichtverletzungen – wegen zwischenzeitlicher Versetzung in Ruhestand statt Degr.: **RGeh.K**
  - *BVerwG* 25.3.1980 – 1 D 14.79, BVerwGE 63, 354
- Erster Bürgermeister – **Meineid** – Milderungsgründe verneint: **Entf.**
  - *VGH Bayern* 5.2.2014 – 16a D 12.2494

Außerdienstliche Sexualverfehlungen

16 Außerdienstliche **Sexualverfehlungen** sind als strafrechtliche Vergehen oder Verbrechen in besonderem Maße geeignet, ansehensbeeinträchtigend zu wirken und damit ein Dienstvergehen darzustellen, § 77 Abs. 1 Satz 2 BBG. Das **disziplinare Gewicht** hängt auch hier von den Umständen des Einzelfalles ab,[944] also von der Intensität der sexuellen Bedrängung, dem seelischen und körperlichen Schaden des Opfers, von der persönlichen Situation des Täters (sexuelle Belastung), der Auswirkung auf den dienstlichen Bereich usw. Dabei ist wiederum die strafrechtliche Einstufung ein Indiz für das disziplinare Gewicht (A. III. Rn. 63).[945] Allerdings setzt die disziplinargerichtliche Bewertung kinderpornografischer Dateien als Abbildung schweren sexuellen Missbrauchs von Kindern i.S.d. § 176a Abs. 2 Nr. 1 StGB eine entsprechende rechtliche Einordnung im Strafurteil nicht voraus.[946] Besteht eine unzüchtige Handlung nur in einer **exhibitionistischen Darstellung**, so ist meist kein großer Schaden bei dem Opfer zu befürchten, und das Dienstvergehen liegt an der unteren Grenze der Skala der denkbaren Delikte. Es kommen Geldbuße[947] oder Gehaltskürzung in Betracht.[948]

---

943 BVerwG, DÖD 1988, 139.
944 St. Rspr., BVerwG 22.6.1993 – 1 D 7.92.
945 Berücksichtigung der strafrechtlichen Liberalisierung: BVerwG 31.7.1970 – 3 D 3.70.
946 BVerwG 10.12.2014 – 2 B 75.14.
947 BDiG 10.3.1971 – IV VL 26/70.
948 BVerwG 19.5.1992 – 1 D 46.91.

Wohlverhaltenspflicht außerhalb des Dienstes, Einzelfälle

Homosexuelle Betätigung außerhalb des Dienstes wurde in früheren Zeiten immer als 17
ein Dienstvergehen gewertet und sehr streng gemaßregelt.[949] Seit dem Urt. des BVerwG
v. 16.12.1970[950] ist die **einfache Homosexualität kein Dienstvergehen** mehr, wenn
dienstliche Auswirkungen fehlen. Die dafür gegebene Begründung (nach Strafrechtsliberalisierung hat die anhaltende Ablehnung in der Gesellschaft hinter dem **Toleranzgebot** zurückzutreten!) hat wirkliche Grundsatzbedeutung, ist aber in anderen Fällen vom
BVerwG nie mehr angewandt worden. Die **homosexuelle Betätigung mit Jugendlichen
unter 16 Jahren**, die weiter strafbar ist (§§ 176, 182 StGB), bleibt aber ein Dienstvergehen.[951] Erschreckend die Vielzahl der Fälle, in denen Beamte (oft **Lehrer**) wegen des **Besitzes** und/oder **Verbreitung kinderpornographischer Schriften** (§ 184b Abs. 4 StGB)
diszipliniert werden mussten (vgl. nachfolgende Rechtsprechungsübersicht). Mit der erheblichen Anhebung des Strafrahmens[952] sollte ein entsprechender »Markt« mit authentischen kinderpornographischen Darstellungen verhindert werden. In der Herabminderung der Opfer zum bloßen Objekt der Befriedigung des Sexualverhaltens des Täters liegt
eine grobe Missachtung der Persönlichkeit der betroffenen Kinder oder Jugendlichen und
Verletzung von deren Menschenwürde. Ein solches Verhalten führt bei Vorgesetzten und
hervorgehobenen Positionen sowie bei Lehrern grundsätzlich zur Dienstentfernung.[953]
Das Verhältnis von Lehrern und Schülern ist trotz aller erlaubten Zuwendung und Hilfsbereitschaft durch körperliche Distanz geprägt. Nach neuer Rspr. des BVerwG ist die
Schwere des Dienstvergehens in Anlehnung an die gesetzliche Strafandrohung zu ermitteln, wenn der erstmalige Besitz keinen Bezug zu den Dienstpflichten des Beamten aufweist. Auf der Grundlage des vom Gesetzgeber angehobenen im mittleren Bereich liegenden Strafrahmens (2 Jahre) habe sich die Disziplinarmaßnahme an der Zurückstufung als
Richtschnur zu orientieren.[954] **Hierzu ergänzend**: Außerdienstlicher Besitz kinderpornografischen Materials bei **Lehrern**,[955] Orientierungsrahmen Entfernung aus dem Beamtenverhältnis; wenn kein Bezug zu den dienstlichen Aufgaben des Beamten vorliegt und
dieser keine hervorgehobene Vorgesetzten- und Leitungsfunktion inne hat,[956] Orientierungsrahmen bis zur Zurückstufung; nicht nur beim Besitz, sondern auch beim Zugänglichmachen kinderpornografischer Schriften auch bei Fehlen eines Dienstbezugs Orientierungsrahmen bis zur Entfernung aus dem Beamtenverhältnis;[957] bei **Polizeibeamten**
Orientierungsrahmen bis zur Entfernung aus dem Dienst.[958]

Rechtsprechungsübersicht
- Postschalterbeamter – mehrfacher **außerdienstlicher Exhibitionismus** im Pkw gegenüber jugendlichen Mädchen (14–15, 18 Jahre) und erwachsener Frau – gestörte Eheziehung – erstmalige disz. Verfehlungen: **Geh.K**
  – *BVerwG* 25.5.1972 – 2 D 6.72

---

949 Bei Rückfall oder dienstlichem Bezug Entfernung oder Degradierung, BVerwG 13.3.1968 – 2 D 34.67 mit Zitaten; 30.7.1970 – 3 D 12.70.
950 2 D 19.70, wie schon BVerwG 10.6.1970 – 2 WD 73.09.
951 BVerwG 1.3.1977 – 1 D 69.76, Degr. wegen Wiederholung.
952 Gesetz v. 27.12.2003, BGBl. I S. 3007.
953 BVerwGE 111, 291; BVerwG 19.8.2010 – 2 C 5.10.
954 BVerwG 19.8.2010 – 2 C 13.10.
955 BVerwG 25.5.2012 – 2 B 133.11.
956 BVerwG 14.5.2012 – 2 B 146.11.
957 BVerwG 26.6.2012 – 2 B 28.12.
958 BVerwG 18.6.2015 – 2 C 9.14.

Die einzelnen Dienstvergehen und ihre Maßregelung

- Beamter – unzüchtige **Handlungen im Bett an 6-jährigem Mädchen** und Masturbation durch dieses – Kind eines im Haus wohnenden Kollegen: **Degr.**
  - *BVerwG* 19. 4. 1979 – 1 D 30.78, Dok. Ber. 1979, 208
- Beamter – **versuchter Geschlechtsverkehr mit 9-jährigem** Mädchen – überraschende Verleitungssituation – persönlichkeitsfremd: **Degr.**
  - *BVerwG* 13. 11. 1969 – 2 D 27.69
- Beamter – jahrelange koitusähnliche **Handlungen an** Stieftochter – wegen nachträglicher Zurruhesetzung: **Aberk. RGeh.**
  - *BVerwG* 16. 1. 1968 – 2 D 33.67
- Beamter – außerdienstlicher **sexueller Missbrauch von Kindern** – homosexuelle Handlungen mit Jugendlichen: **Degr.**
  - *BVerwG* 8. 7. 1987 – 1 D 141.86
- Zollhauptwachtmeister – mehrere **unzüchtige Handlungen mit 3 Mädchen** zwischen 8 und 10 Jahren in seinem Haus – hirnorganischer Abbau, mangelnde Dienstbezogenheit – keine Milderung wegen Schwere der Tat: **Entf.**
  - *BVerwG* 21. 5. 1975 – 1 D 64.74
- Beamter – Herstellen von **Nacktfotos von Kind** gegen dessen Willen: **Degr.**
  - *BVerwG* 20. 9. 1968 – 3 D 12.68
- Beamter – wiederholte **homosexuelle Handlungen mit Jugendlichen**: **Degr.**
  - *BVerwG* 1. 3. 1977 – 1 D 69.76
- Fernmeldeoberinspektor – **vergewaltigt 14-Jährige** in seiner Privatwohnung – minderschwerer Fall: **Degr.**
  - *BVerwG* 17. 3. 1983 – 1 D 23.82
- T.Fernmeldeobersekretär – mehrfache Hausfriedensbrüche mit **Notzuchtversuchen an schlafenden Frauen** – wegen § 14 (Geh.K): **Einst.** (völlig unverständliche Entscheidung)
  - *BVerwG* 29. 11. 1990 – 1 D 9.90
- Bahnbeamter – außerdienstliche **versuchte Vergewaltigung** an einer Türkin – keine Anwendung v. § 14: **Geh.K**
  - *BVerwG* 2. 6. 1993 – 1 D 7.92
- **Sexueller Missbrauch** von Kindern – Geständnis – Therapie: **Degr.**
  - *BVerwG* 24. 8. 1993 – 1 D 40.92
- Fortgesetzter **sexueller Missbrauch** von Kindern – fortgesetzte **homosexuelle Handlungen: Entf.**
  - *BVerwG* 9. 11. 1994 – 1 D 36.93, ebenso
  - *BVerwG* 24. 2. 1999 – 1 D 72.97
- **Besitz kinderpornographischen Bildmaterials** durch **Lehrer: Entf.**
  - *OVG Nordrhein-Westfalen* 9. 2. 2005 – 22d A 1583/04.O und 22d A 2865/99.O
  - *BGH Bayern* 12. 7. 2006 – 16a D 05.981
  - *BVerwG* 19. 8. 2010 – 2 C 5.10
- **Verschaffung und Besitz kinderpornographischer Fotos** durch Bürgermeister (früher Hauptschullehrer): **Entf.**
  - *VGH Bayern* 1. 6. 2005 – 16a D 04.3502
- **Besitz von Bildern mit kinderpornographischem Inhalt** aus Internet durch Polizeihauptmeister: **Zurückstufung**
  - *VGH Bayern* 11. 7. 2007 – 16a D 06.1183
- **Sexueller Missbrauch eines Schülers durch Lehrer**, u. a. Abstreifen des ganzen Körpers aus Anlass einer Zeckenkontrolle, Übernachten im Bett des Lehrers während einer Ferienfreizeit: **Entf.**

Wohlverhaltenspflicht außerhalb des Dienstes, Einzelfälle

– *DiszH Niedersachsen* 17. 7. 2007 – 19 LD 13/06
• **Beamter** bietet sich zur Verringerung seiner Schulden über das Internet zur **Prostitution** an und gesteht freiwillig Ausübung in geringem Umfang zu: **Geh.K** (die Begründung des Gerichts, das Verhalten des Beamten könnte beim Bürger zu dem Verdacht führen, dass er auch bereit sein könnte, Amtshandlungen gegen Bezahlung zu erbringen, erscheint doch sehr weit hergeholt)
– *OVG Nordrhein-Westfalen* 28. 11. 2007 – 21a A 4658/06.O
• **Grundschullehrer** verfasst **kinderpornographische Schriften**, wobei auch von ihm unterrichtete Kinder beschrieben wurden, und speichert sie auf privatem PC – Herunterladen kinderpornographischer Bilddateien aus dem Internet und **Speicherung auf privatem PC: Entf.**
– *VGH Hessen* 23. 4. 2008 – 24 DH 1191/07
• Außerdienstlicher **sexueller Missbrauch eines Kindes**, der zur Verhängung einer Freiheitsstrafe führt, indiziert wegen der Schwere des Dienstvergehens die Höchstmaßnahme, wenn es an hinreichend entlastenden Gesichtspunkten fehlt.
– *BVerwG* 25. 3. 2010 – 2 C 83.08
• Besitz kinderpornographischer Bilder durch **Polizeibeamten: Entf.**
– *BVerwG* 18. 6. 2014 – 2 C 9.14

Rauschtat, sonstige Straftaten und Wohlverhaltensverstöße außerhalb des Dienstes
Die **Rauschtat** i. S. d. § 323 a StGB ist auch disziplinär erheblich. Zwar wird die mit Strafe bedrohte Handlung im Zustand der Schuldunfähigkeit begangen, der Vollrausch ist aber schuldhaft herbeigeführt. Als abstraktes Gefährdungsdelikt enthält der Tatbestand des schuldhaften Vollrauschs auch den Vorwurf der im Rausch begangenen Tat, so dass deren Gewicht einzubeziehen ist. Im Gegensatz zu anderen Unzurechnungsfähigen »kann der Täter etwas für die Tat«.[959] Deshalb kommt es für die Bewertung dieses Dienstvergehens neben dem Grad des Verschuldens am Vollrausch auch auf die besondere Achtungs- und Ansehenswidrigkeit der Rauschtat an,[960] d. h. vor allem auf Art, Schwere und Folgen.[961] Vorsatz am Vollrausch ist selten nachgewiesen. Bei Fahrlässigkeit ist erheblich, ob und inwieweit der Betroffene aus früheren Erfahrungen mit der Begehung von Straftaten allgemein oder einer speziellen rechnen musste. Dann müsste ggf. angenommen werden, dass es sich nicht nur um eine Folge des Vollrauschs, sondern um eine wesensmäßige Labilität handelte, mit der der Betroffene rechnen musste. Ist das der Fall, so wiegt die im Rausch begangene Tat erheblich schwerer.[962] Hat der Täter sich mit der Absicht der Tat in Vollrausch versetzt oder damit gerechnet, dass es im Rausch zu der Tat kommen könnte, oder musste er damit rechnen, so liegt keine Rauschtat vor, sondern die Rauschtat selbst ist als »actio libera in causa« vorsätzlich, bedingt vorsätzlich oder fahrlässig begangen worden.
Im Übrigen gibt es eine **Vielzahl von Straftaten,** die nach dem Maßstab des § 77 Abs. 1 Satz 2 BBG in besonderem Maße zur Vertrauens- und Ansehensbeeinträchtigung geeignet sein können, zumal wenn Dienstbezogenheit vorliegt. Nicht strafbares Verhalten kann den Tatbestand des außerdienstlichen Dienstvergehens nur ausnahmsweise, also in der Regel nicht begründen (zu allem A. II. Rn. 42–44, 49; A. III. Rn. 63; B. I. Rn. 2). In der disziplinarrechtlichen Praxis kommt **Steuerhinterziehungen** eine größere Bedeutung zu.

18

---
959 BGH, JR 1958, 28; BDH 26. 4. 1967 – 3 D 1.67, BVerwGE 5, 20.
960 BVerwG 24. 9. 1976 – 1 D 11.76.
961 St. Rspr., BVerwG 6. 11. 1991 – 1 DB 15.91 m. w. Rspr.-Nachw., DÖV 1992, 359.
962 BVerwG 6. 11. 1991 – 1 DB 15.91 – zu Bewertung und Bemessung.

Die einzelnen Dienstvergehen und ihre Maßregelung

Bei hohen hinterzogenen Beträgen wird in der Regel auf Herabstufung, bei Finanzbeamten auch auf Entfernung erkannt (vgl. nachfolgende Rechtsprechungsübersicht).

Rechtsprechungsübersicht
- Bahnbetriebsbeamter – **gefährliche Körperverletzung** außerhalb des Dienstes – Alkoholeinfluss: **Geh.K**
  - *BVerwG* 11.12.1990 – 1 D 18.90
- Zollbeamter – **außerdienstlicher Schmuggel** (Abgabenhinterziehung) – eigener Einsatzort, eigene Mitarbeiter – selbst gegen Schmuggel eingesetzt – dienstlicher Bezug: **Degr.**
  - *BVerwG* 25.8.1987 – 1 D 132.86
- Regierungshauptsekretär, kein Zollbeamter – **außerdienstlicher gewerbsmäßiger Schmuggel** – nicht gegen Bundesrepublik, sondern gegen Dänemark gerichtet – kein Dienstbezug – dänische Freiheitsstrafe verbüßt – Geh.K, wegen § 14 BDO: **Einst.**
  - *BVerwG* 1.9.1991 – 1 D 90.80, BVerwGE 73, 252
- Bahnoberinspektor – außerdienstlicher **illegaler Handel mit Kriegswaffen** – wesensmäßige Labilität – hohes Gewicht aus Allgemeingefahr: **Entf.**
  - *BVerwG* 26.4.1988 – 1 D 95.87
- Posthauptschaffner – **vielfache Straftaten** (Körperverletzungen, uneidliche Falschaussage, Fahrerflucht u.a.) **und innerdienstliche Verfehlungen** – Rückfall – wegen Gesamtpersönlichkeit: **Entf.**
  - *BVerwG* 3.5.1988 – 1 D 144.87
- Fernmeldebeamter – minderschwerer Fall der versuchten **räuberischen Erpressung** und gefährlichen Körperverletzung: **Degr.**
  - *BVerwG* 17.6.1992 – 1 D 3.92
- **Anonyme Drohbriefe** – **Androhung eines gemeingefährlichen Verbrechens: Degr.**
  - *BVerwG* 22.9.1993 – 1 D 78.92
- Bundesbahnbeamter – **Handel mit Rauschgift** (Haschisch, Kokain) und Fernbleiben vom Dienst: **Entf.**
  - *BVerwG* 12.7.1994 – 1 D 31.93, ZBR 1995, 26
- Bahnbeamter – Beteiligung an dem Versuch der **Verbreitung von Falschgeld: Degr.**
  - *BVerwG* 15.3.1994 – 1 D 32.93
- BGS-Beamter – **Handel mit Anabolika – Verstoß gegen Arzneimittelgesetz** – keine Gleichstellung mit Drogen: **Geh.K** 5 Jahre
  - *BVerwG* 9.12.1998 – 1 D 111.97, DVBl. 1999, 925
- **Laborleiter** in einem Wehrmedizinischen Institut – **fahrlässiger Verstoß gegen Arzneimittelgesetz** durch Testen mehrerer Seren im Pool statt Einzeltestung – erschwerende Umstände: **Entf.**
  - *BVerwG* 21.1.1998 – 1 D 27.98
- Telekombeamter – **gefährliche Körperverletzung – Vortäuschung einer Straftat: RGeh.K**
  - *BVerwG* 15.8.2000 – 1 D 77.98
- **Handel mit Heroin und Kokain** – Freiheitsstrafe von 11 Monaten – erhebliche Milderungsgründe: **Degr.**
  - *BVerwG* 14.12.2000 – 1 D 40.99
- Beamter des höheren Dienstes – **fortgesetzte Steuerhinterziehung mit Urkundenfälschung** – Hinterziehungsbetrag ca. 9000 DM – erschwerende Umstände: **Degr.**
  - *BVerwG* 9.11.1994 – 1 D 57.93, DVBl. 1995, 622 = ZBR 1995, 75

Wohlverhaltenspflicht außerhalb des Dienstes, Einzelfälle

- **Steuerhinterziehung** in 24 Fällen über 5 Jahre mit Urkundenfälschung zugunsten Dritter – **fehlender Eigennutz** führte zum Absehen von der Höchstmaßnahme
  – *BVerwG* 7.11.1995 – 1 D 14.95, Dok. Ber. 1995, 307
- Vorsätzliche und fahrlässige **Falschangaben in Steuererklärung** – Geh.K im oberen Bereich angemessen – Einstellung wegen § 14 BDO (BDG)
  – *BVerwG* 10.12.1996 – 1 D 89.95
- **Gewerbsmäßige Steuerhehlerei** mit unverzollten und unversteuerten Zigaretten: **Entf.**
  – *BVerwG* 25.6.1998 – 1 D 32.97; 26.11.1997 – 1 D 57.97
  – BVerwGE 113, 166 = DÖD 1998, 204; 6.6.2000 – 1 D 34.99
- **Steuerhinterziehung** – 4 Fälle über 4 Jahre – Hinterziehungsbetrag 15 6000 DM: **Degr.**
  – *BVerwG* 5.7.2000 – 1 D 21.99, ähnlich 12.11.2001 – 1 D 55.00
- Einfuhr von Handfeuerwaffen zu Sammlerzwecken – **Selbstanzeige (§ 371 AO) führte zu Milderung: RGeh.K**
  – *BVerwG* 6.6.2000 – 1 D 66.98
- **Finanzbeamter** – Hinterziehungsbetrag 5000 DM betreffend einen Zeitraum von 5–7 Jahren – eine nicht durch konkrete Furcht vor Entdeckung veranlasste **Selbstanzeige** führte zum Absehen von der Höchstmaßnahme
  – *OVG Nordrhein-Westfalen* 7.8.2001, IÖD 2002, 114
- **Steuerhinterziehung** in Höhe von 26 5000 DM – Selbstanzeige: **Zurückstufung**
  – *OVG Nordrhein-Westfalen* 13.12.2006 – 21d A 652/05.O
- **Unbefugte Hilfe in Steuersachen** in 279 Einzelfällen und Eintragung falscher Angaben in Steuererklärungen Dritter durch **Finanzbeamten: Entf.**
  – *DiszH Niedersachsen* 11.5.2004 – 1 NDN L 6/04
- Kriminalbeamter – **außerdienstlicher Versicherungsbetrug** – Vortäuschen einer Straftat (Kfz-Diebstahl) – Benutzung eines V-Mannes als Alibi-Zeuge: **Aberk. RGeh.**
  – *BVerwG* 8.3.2005 – 1 D 15.04
- Beschaffung und Konsumierung harter **Drogen (Heroin)** durch Polizeibeamten: **Entf.**
  – *OVG Nordrhein-Westfalen* 5.4.2006 – 21d A 235/04.O
- **Volksverhetzung** (Leugnung des Holocaust) durch Polizeioberkommissar: **Zurückstufung**
  – *VGH Bayern* 11.7.2007 – 16a D 06.2094
- **Steuerhinterziehung** in 16 Fällen durch **Finanzbeamtin** – hinterzogener Betrag über 100 000 DM: **Entf.**
  – *OVG Niedersachsen* 27.2.2008 – 19 LD 8/07
- Oberstudienrat, **Einkommenshinterziehung** von 27 500 € und **versuchte Hinterziehung** von 9300 €: **Kürzung der Dienstbezüge**
  – *VGH Bayern* 6.12.2013 – 16a D 12.134

Dritter Teil:
Kommentar zum Bundesdisziplinargesetz (BDG)

Teil 1
Allgemeine Bestimmungen

§ 1 Persönlicher Geltungsbereich

Dieses Gesetz gilt für Beamte und Ruhestandsbeamte im Sinne des Bundesbeamtengesetzes. Frühere Beamte, die Unterhaltsbeiträge nach den Bestimmungen des Beamtenversorgungsgesetzes oder entsprechender früherer Regelungen beziehen, gelten bis zum Ende dieses Bezuges als Ruhestandsbeamte, ihre Bezüge als Ruhegehalt. Frühere Beamte mit Anspruch auf Altersgeld gelten, auch soweit der Anspruch ruht, als Ruhestandsbeamte; das Altersgeld gilt als Ruhegehalt.

Diese Regelung entspricht inhaltlich der des früheren § 1 BDO. Es wurden zunächst lediglich Umformulierungen vorgenommen, die der inhaltlichen Klarheit dienen. Nunmehr wurde jedoch auch das neu geschaffene **Altersgeld** aufgenommen. Dieses kann für freiwillig aus dem Bundesdienst ausscheidende Beamte, Richter und Soldaten gezahlt werden.[1] Das Gesetz zur Gewährung eines Altersgelds für freiwillig aus dem Bundesdienst ausscheidende Beamte, Richter und Soldaten (AltGG) ist am 4.9.2013 in Kraft getreten. Ein Anspruch auf Altersgeld besteht nur bei einer Entlassung auf Antrag des Beamten, Richters oder Soldaten, sofern kein dienstlicher Hinderungsgrund für das Ausscheiden besteht. Zusätzlich muss eine Dienstzeit von sieben Jahren, davon mindestens fünf beim Dienstherrn Bund zurückgelegt worden sein. Die Gesetzesänderung in § 1 BDG regelt, dass diese früheren Beamten mit Anspruch auf Altersgeld disziplinarisch wie Ruhestandsbeamte behandelt werden.

1

§ 1 legt den persönlichen Geltungsbereich des BDG fest. Danach fallen unter dieses Gesetz nur Beamte im aktiven Dienst und Ruhestand bzw. Altersgeldbezug, die dem Bundesbeamtengesetz (BBG) unterliegen. Nicht zum Bereich des § 1 gehören die im Bundesdienst stehenden Richter im Bundesdienst nach dem Deutschen Richtergesetz (DRiG). Allerdings gelten gem. § 63 DRiG für das Verfahren in Disziplinarsachen bei Richtern des Bundes die Vorschriften des BDG sinngemäß. Hier ist allerdings die Besonderheit zu beachten, dass durch Disziplinarverfügung nur ein Verweis (§ 64 Abs. 1 DRiG) und gegen Richter bei obersten Bundesgerichten nur die Disziplinarmaßnahmen des Verweises, der Geldbuße oder der Entfernung aus dem Dienst (§ 64 DRiG) verhängt werden können.[2] Für Soldaten gilt die Wehrdisziplinarordnung.[3] Für Beamte auf Probe bzw. auf Widerruf

2

---

1 Durchführungshinweise des BMI vom 9.12.2013 – D4-30301/73#1.
2 GKÖD-Weiß, II § 1 Rn. 99.
3 GKÖD-Weiß, II § 1 Rn. 103.

§ 1   Persönlicher Geltungsbereich

gilt das BDG nur mit der Einschränkung nach § 5 Abs. 3. Bei ihnen sind neben der Entlassung nur Verweis und Geldbuße zulässig (GKÖD-Weiß, II § 1 Rn. 70.).

3   Beamter nach § 1 ist nur, wer in einem **Bundesbeamtenverhältnis** steht, also nach § 4 BBG zu der Bundesrepublik Deutschland in ein öffentlich-rechtliches Dienst- und Treueverhältnis berufen worden ist. Für den Erwerb der Beamteneigenschaft sind die Vorschriften des BBG maßgebend. Angestellte und Arbeiter des öffentlichen Dienstes unterliegen deshalb nicht dem BDG, auch Bundesminister nicht. Letzteren gegenüber ist nach § 8 des Bundesministergesetzes (BMinG) ein Disziplinarverfahren ausgeschlossen. Bundesbeamter ist nur, wer in **unmittelbarem oder mittelbarem Dienst des Bundes steht**.[4] Hierzu gehören nicht Mitglieder von Leitungsgremien der Bundesbank in einem öffentlich-rechtlichen Amtsverhältnis.[5] Zu den **unmittelbaren Bundesbeamten** gehören die der obersten Bundesbehörden, Bundesoberbehörden (Art. 87 Abs. 3 GG), der Mittel- und Unterbehörden der bundeseigenen Verwaltungen und Verwaltungseinrichtungen (Art. 87 Abs. 1 GG), wie die des Bundestages, des Bundesrates, des Bundesverfassungsgerichtes und der Bundesgerichte sowie der Anstalt Deutscher Wetterdienst.

4   **Mittelbare Bundesbeamte** sind z. B. die Beamten der Bundesbank als einer bundesunmittelbaren juristischen Person des öffentlichen Rechtes (§ 2 Abs. 1, § 31 Abs. 3 Satz 1 des Gesetzes über die Deutsche Bundesbank), der bundesunmittelbaren Körperschaften des öffentlichen Rechtes (Art. 87 Abs. 2 GG), der Sozialversicherungsträger, die aufgrund Gesetzes oder entsprechender Ermächtigung Dienstherrenfähigkeit besitzen, z. B. der Bundesagentur.

4a   Die **aus dem Bundesdienst abgeordneten** oder unter Fortfall der Dienstbezüge beurlaubten Beamten (§ 90 BBG) sowie die gem. § 4 Abs. 4 PostPersRG einem privatrechtlichen Unternehmen zugewiesenen Beamten gehören zum Geltungsbereich des BDG. Dies ergibt sich aus Art. 143b Abs. 3 GG.[6] So wurde etwa ein bei der Deutschen Post AG eingesetzter Postbetriebsinspektor wegen Postdiebstahls aus dem Beamtenverhältnis entfernt.[7] Ein Posthauptschaffner wurde wegen des unberechtigten vorzeitigen Abbruchs seiner Zustellung eine Geldbuße von 500,00 Euro auferlegt.[8] Ein Postobersekretär wurde wegen 15 Fällen dienstlicher Untreue aus dem Dienst entfernt.[9] Ein Posthauptschaffner, der Pakete gestohlen hatte, wurde aus dem Dienst entfernt.[10] Die Disziplinarwürdigkeit entsprechenden Verhaltens von zur DPAG abgeordneten Beamten begründeten zuletzt das OVG Nordrhein-Westfalen und der VGH Bayern ausführlich. Das OVG Nordrhein-Westfalen führte aus, dass ein Beamter im Dienst der Deutschen Post AG, der eine ihm dienstlich zugängliche Postsendung in der Absicht öffnet, den vorgefundenen Inhalt für sich zu behalten und sich dieses Geld aneignet, sich eines schweren Dienstvergehens schuldig macht. Er begehe eine Verletzung seiner Dienstpflichten zur uneigennützigen Amtsführung, zu achtungs- und vertrauenswürdigem Verhalten und zur Beachtung dienstlicher Anordnungen gemäß §§ 34 Satz 2 und 3, 35 Satz 2 BeamtStG (§ 54 Satz 2 und 3, § 55 Satz 2 BBG a. F.) und damit ein vorsätzliches Dienstvergehen im Form eines sog. eigennützigen Zugriffsdeliktes gem. § 47 Abs. 1 BeamtStG (§ 77 Abs. 1 BBG a. F.), das regelmäßig die Entfernung des Beamten aus dem Dienst erfordere.[11] Der VGH Bayern entschied über zwei tatmehr-

---

4 GKÖD-Weiß, II § 1 Rn. 41.
5 Vgl. hierzu Gramlich, RiA 1991, 261 ff.; GKÖD-Weiß, II § 1 Rn. 109.
6 GKÖD-Weiß, II § 1 Rn. 68.
7 BVerwG 6. 6. 2013 – 2 B 50.12.
8 BVerwG 21. 5. 2013 – 2 B 67.12.
9 BVerwG 3. 1. 2012 – 2 B 72.11.
10 VGH Bayern 23. 7. 2014 – 16b D 11.601.
11 OVG Nordrhein-Westfalen 12. 3. 2012 – 3d A 906/10.BDG; so auch BVerwG 3. 5. 2007 – 2 C 9.06.

Persönlicher Geltungsbereich § 1

heitliche Fälle der Verletzung des Post- und Fernmeldegeheimnisses gem. §§ 206 Abs. 2 Nr. 2, 53 StGB. Der Beamte habe damit gegen seine Pflicht, wonach er sich mit voller Hingabe bzw. mit vollem persönlichen Einsatz seinem Beruf zu widmen habe und sein Verhalten innerhalb und außerhalb des Dienstes der Achtung und dem Vertrauen gerecht werden müsse, die sein Beruf erfordere (§ 61 Abs. 1 Sätze 1 und 3 BBG), verstoßen. Außerdem habe er gegen die Gehorsamspflicht (§ 62 Abs. 1 Satz 2 BBG) gehandelt, denn er habe spezielle Dienstvorschriften verletzt. Konkret gehöre die Pflicht zur gewissenhaften Behandlung und Beförderung der der Post anvertrauten Sendungen zu den wesentlichen und zentralen Pflichten eines Zustellbeamten. Die Öffentlichkeit habe einen Anspruch darauf, dass die Post ihren Aufgaben in diesem verfassungsrechtlich (Art. 10 GG) und einfachrechtlich (§ 29 PostG; § 206 StGB) geschützten Bereich in sorgfältiger und zuverlässiger Weise nachkomme. Dies gelte auch insofern, als es keine Unterscheidung hinsichtlich der Behandlung von »normalen« Briefen einerseits und Infopost- und Postwurfsendungen andererseits geben dürfe; alle diese Sendungsarten seien gleichermaßen der Obhut des Postzustellbeamten anvertraut. Die Postverwaltung müsse sich deshalb uneingeschränkt auf die Zuverlässigkeit und Pflichttreue, namentlich auf die gewissenhafte Behandlung und Beförderung der Postsendungen durch ihre Bediensteten, verlassen können. Das sei für jeden Postbediensteten leicht einsehbar. Wer sich als beamteter Postzusteller gleichwohl über diese leicht verständliche Pflicht hinwegsetze, versage damit im Kernbereich seiner Tätigkeit.[12] Der VGH Bayern hat gegen einen Postoberschaffner wegen Verletzung des Postgeheimnisses und der Rückstellung von Sendungen eine Kürzung der Dienstbezüge um 1/25 für die Dauer von 36 Monaten verhängt.[13]

Das BDG gilt jedoch nicht für Beamte der Länder, der Gemeinden oder Religionsgemeinschaften (BVerwG, ZBR 1960, 390), und zwar auch dann nicht, wenn sie in den Bundesdienst abgeordnet sein sollten. Die **Zivildienstleistenden nach dem ausgesetzten ZDG**, die gem. § 1 ZDG Zivildienst leisteten, wurden nicht unmittelbar von § 1 erfasst. Nach den Vorschriften des Zivildienstgesetzes galt allerdings grundsätzlich das Recht des BDG (vgl. §§ 61, 65, 66 und 58 ZDG).[14] Dieser Personenkreis hat aufgrund der Aussetzung der Wehrpflicht seine Bedeutung verloren. **Freiwillige nach § 2 BFDG** fallen nicht unter § 1 BDG. Sie werden nach § 8 BFDG aufgrund einer Vereinbarung tätig, die nicht mit der Ernennung zum Beamten nach § 10 BBG vergleichbar ist. Disziplinarische Maßnahmen gegen **Pfarrer der katholischen Kirche** sind nicht auf dem Verwaltungsrechtsweg zu überprüfen.[15]

4b

Nach § 10 BBG erfolgt die **Begründung des Beamtenverhältnisses** durch einseitigen empfangsbedürftigen Verwaltungsakt, nämlich durch Aushändigung einer Ernennungsurkunde, in der die Worte »unter Berufung in das Beamtenverhältnis« mit jeweiligem Zusatz »auf Lebenszeit«, »auf Probe«, »auf Widerruf« oder »als Ehrenbeamter« bzw. »auf Zeit« mit Angabe der Zeitdauer enthalten sein müssen. § 13 Abs. 1 Nr. 1 BBG bestimmt, dass ein Beamtenverhältnis nicht entstanden ist, wenn die Form des § 10 Abs. 2 BBG nicht beachtet wurde. Eine wirksame Ernennung liegt deshalb z. B. nicht vor, wenn die Worte »auf Lebenszeit« in der Urkunde weggelassen wurden.[16] Das BVerwG[17] hat die Ansicht vertreten, dass bei nicht eindeutigem Inhalt der Urkunde dahingehend, welche Amtsstel-

5

---

12 VGH Bayern 10.10.2012 – 16b D 10.904; BVerwG 5.9.1995 – 1 D 18.95.
13 VGH Bayern 29.7.2015 – 16b D 13.862.
14 GKÖD-Weiß, II § 1 Rn. 97.
15 VGH Baden-Württemberg 18.12.2012 – 4 S 1540/12.
16 Plog/Wiedow-Lemhöfer, BBG 2009, § 13 Rn. 7f.; GKÖD-Weiß, II § 1 Rn. 42.
17 NJW 1965, 1978.

lung dem Beamten verliehen wird, dies im Wege der Auslegung unter Heranziehung auch solcher Umstände ermittelt werden könne, die nicht in der Urkunde angeführt sind. Dieser Auffassung des BVerwG ist der Gesetzgeber nunmehr mit der Vorschrift des § 13 Abs. 2 BBG nachgekommen. Dort wird ausdrücklich geregelt, dass eine Ernennung auch dann als wirksam anzusehen ist, wenn sich aus dem Akteninhalt eindeutig ergibt, dass die für die Ernennung zuständige Stelle ein bestimmtes Beamtenverhältnis begründen wollte. In diesen Fällen liegt eine wirksame Ernennung zum Beamten vor. Wirksam wird die Ernennung mit dem Tag der Aushändigung der Urkunde. Soll sie später wirksam werden, ist dies in der Urkunde festzulegen (§ 12 Abs. 2 BBG). Mängel bei der Ernennung sind von den Disziplinarbehörden und -gerichten grundsätzlich nur im Rahmen der §§ 13 und 14 BBG zu beachten.

6   In Ausnahmefällen kann die **Begründung des Beamtenverhältnisses auch kraft Gesetzes oder Verordnung**, d. h. ohne Aushändigung der Ernennungsurkunde geschehen. Beispiele: Wiederbegründung eines früheren Beamtenverhältnisses etwa nach §§ 5ff. AbgG, wonach der mit der Wahl in den Ruhestand getretene Beamte nach Beendigung der Mitgliedschaft auf seinen Antrag wieder in das frühere Dienstverhältnis zu übernehmen ist, oder nach §§ 42, 43 BBG und 76, 81 BDG, wenn das aufgrund strafgerichtlichen Urteils (§ 41 BBG), oder durch eine disziplinarrechtliche Verurteilung zur Entfernung aus dem Dienst (§ 10 BDG) erloschene Beamtenverhältnis als nicht unterbrochen gilt, wenn das Urteil durch ein anderes ohne die Rechtsfolgen des früheren ersetzt wird oder durch Gnadenakt seine Wirkung verliert. Hauptsächlich sind jedoch zu unterscheiden: Beamte **auf Lebenszeit** (§ 6 Abs. 1 BBG), für die das BDG uneingeschränkt gilt, solche **auf Probe und Widerruf** (§ 6 Abs. 3 und 4 BBG), auf die die Vorschriften des BDG über das förmliche Verfahren nur eingeschränkt anzuwenden sind (§ 5 Abs. 3 BDG).

7   **Verlust der Beamteneigenschaft** tritt ein durch den Tod des Beamten. Ein anhängiges Verfahren ist dann einzustellen (§ 32 Abs. 2 Nr. 1).[18] Verlust der Beamtenrechte tritt ferner ein kraft Gesetzes nach § 31 BBG, etwa beim Wegfall der Eigenschaft als Deutscher i. S. d. Art. 116 GG oder durch Verwaltungsakt, d. h. Entlassungsverfügung nach den §§ 32ff. BBG.[19] Hierher gehört der Fall, dass der Beamte sich weigert, den gesetzlich vorgeschriebenen Diensteid zu leisten (§ 32 Abs. 1 Nr. 1 BBG), die Entlassung auf Antrag des Beamten (§ 33 BBG), die Entlassung von Probebeamten und Widerrufsbeamten nach §§ 34 und 37 BBG. Ein **Sonderfall** ist die **Beendigung** des Beamtenverhältnisses **infolge strafgerichtlicher Verurteilung** nach § 41 BBG. § 41 BBG bestimmt, dass ein Strafurteil zur Beendigung des Beamtenverhältnisses führt, wenn es wegen einer vorsätzlichen Tat auf eine Freiheitsstrafe von mindestens einem Jahr oder wegen vorsätzlicher hochverräterischer, staatsgefährdender oder landesverräterischer Handlung auf eine Freiheitsstrafe von mindestens sechs Monaten lautet. Die Strafaussetzung zur Bewährung ändert daran nichts.[20] Voraussetzung ist allerdings ein Urteil eines deutschen Gerichtes im Geltungsbereich des Grundgesetzes. Die Rechtsfolgen des § 41 BBG treten mit Rechtskraft des Strafurteils ein, sie können daher nur ein Beamtenverhältnis tangieren, das zu diesem Zeitpunkt besteht. Unerheblich ist, ob die im Strafurteil verhängte Gefängnisstrafe wegen einer oder mehrerer Straftaten ausgesprochen wurde oder erst durch eine Gesamtstrafe erreicht wird.[21] Wird allerdings das strafgerichtliche Urteil im **Wiederaufnahmeverfahren** durch ein Urteil ersetzt, das die Rechtsfolgen des § 41 BBG nicht hat, gilt das Beamtenverhältnis kraft

---

18 GKÖD-Weiß, II § 1 Rn. 44.
19 GKÖD-Weiß, II § 1 Rn. 45, 45a.
20 BVerwG, ZBR 1980, 381.
21 GKÖD-Weiß, II § 1 Rn. 46.

Persönlicher Geltungsbereich § 1

Gesetzes als nicht unterbrochen (§ 42 BBG), d.h., der Beamte wird mit Rechtskraft des neuen Urteils kraft Gesetzes aktiver Beamter.
Der **Status eines Beamten** im aktiven Dienst oder im Ruhestand ist i.S.d. § 1 **notwendige Voraussetzung** für die Anwendbarkeit des BDG bzw. Durchführung eines Disziplinarverfahrens. Der Status muss eindeutig feststehen, bloße Wahrscheinlichkeit genügt nicht.[22] Eine Unterstellung des Status ist unzulässig. Das Vorhandensein der Beamteneigenschaft zum Zeitpunkt der Tat, also des Dienstvergehens, muss von Amts wegen vor und in jeder Lage des Verfahrens geprüft werden. Ist der Beamten- oder Ruhestandsbeamtenstatus nicht gegeben, so ist das Verfahren unzulässig, und es ist, ggf. durch Beschluss, einzustellen (§ 32 Abs. 1 Nr. 4 BDG). Probleme warf die Frage auf, ob und wie das Disziplinarrecht auf die Beamten der **ehemaligen Deutschen Bundespost** und der **Bundesbahn** nach der Privatisierung dieser Staatsunternehmen in Post AG, Postbank AG, Telekom AG und Bahn AG anwendbar ist. Nunmehr ist geklärt, dass auch auf diese Beamten das Disziplinarrecht uneingeschränkt Anwendung findet. Die Art. 143 a und 143 b GG regeln für die bei diesen Unternehmen beschäftigten Beamten, dass sie unter Wahrung ihrer Rechtsstellung als Beamte bei den privaten Unternehmen beschäftigt werden können. Die Dienstherreneigenschaft wird den Unternehmen zugewiesen. Damit gelten die beamtenrechtlichen Vorschriften einschließlich der Disziplinarvorschriften für diese Beamten unbeschadet ihrer Beschäftigung bei einem privaten Unternehmen grundsätzlich weiter. Ob das jedoch auch bedeutet, dass diese Beamten hinsichtlich ihrer disziplinaren Pflichten entsprechend ihrer im Verhältnis zu herkömmlichen Beamtenverhältnissen unterschiedlichen Beschäftigung anders zu behandeln sind, ist nach der neueren Rspr. des BVerwG wieder offen. Das Disziplinarrecht erstreckt sich bei dieser Beamtengruppe auch auf das außerdienstliche Verhalten. Auch hier hat das BVerwG jedoch in seiner jüngeren Rspr. engere Grenzen gezogen.[23] Das Disziplinarrecht gilt insoweit auch für »**beurlaubte Beamte**« oder »**in-sich-beurlaubte Beamte**«.[24] Darunter werden bei den Nachfolgeunternehmen der ehemaligen Deutschen Bundespost diejenigen Beamten verstanden, die entweder für eine Tätigkeit bei einem Tochterunternehmen eines Postnachfolgeunternehmens (beurlaubte Beamte) oder für eine Angestelltentätigkeit bei einem Postnachfolgeunternehmen selbst (in-sich-beurlaubte Beamte) beurlaubt wurden. In diesen Fällen gelten Dienstpflichtverletzungen als außerdienstliche Vergehen.[25] Hierbei kommt es entscheidend jedoch auf das vor der Beurlaubung innegehaltene Amt, in welches der Beamte nach der Beurlaubung zurückkehren würde, an. Gleiches gilt für Beamte die nach § 4 Abs. 4 PostPersRG einem Unternehmen zugewiesen sind.
Das BDG gilt ferner für **Ruhestandsbeamte**.[26] Zu den Ruhestandsbeamten i.S.d. § 1 gehören nur frühere Beamte, die einen Anspruch auf Versorgung aus einem vorausgegangenen Beamtenverhältnis haben (§ 49 BBG). Der Ruhestand beginnt kraft Gesetzes bei Erreichen der Altersgrenze, d.h. i.d.R. nach Vollendung des 67. Lebensjahres (§ 51 Abs. 1 Satz 1 BBG), infolge des Ablaufs der Amtszeit bei Beamten auf Zeit oder kraft Verwaltungsaktes, z.B. auf Antrag des Beamten nach Vollendung des 62. Lebensjahres (§ 52 Abs. 1 BBG) bzw. bei den politischen Beamten unter den Voraussetzungen des einstweiligen Ruhestandes nach § 54 BBG. Das Ende des Ruhestandes tritt ein durch den Tod, durch

8

9

---

22 BDHE 2, 94, 96.
23 Vgl. BVerwG 7.6.2000 – 1 D 4.99, BVerwGE 111, 231.
24 GKÖD-Weiß, II § 1 Rn. 16, 68.
25 BVerwG 7.6.2000 – 1 D 4.99, BVerwGE 111, 231.
26 GKÖD-Weiß, II § 1 Rn. 52; Herrmann/Sandkuhl, Beamtendisziplinarrecht, § 4 Rn. 204 ff.

strafgerichtliche Verurteilung nach § 59 BeamtVG und durch erneute Berufung in das Beamtenverhältnis.

10 Die Regelung des § 1 Satz 2 ist von keiner besonderen Bedeutung in der Praxis. Der neue § 1 Satz 3 regelt die disziplinarrechtliche Beurteilung von ehemaligen Beamten, die nach einem freiwilligen Ausscheiden **Altersgeld** beziehen.[27] Auf die Kommentierung in Rn. 1 wird verwiesen.

§ 2 Sachlicher Geltungsbereich

(1) **Dieses Gesetz gilt für die**
1. **von Beamten während ihres Beamtenverhältnisses begangenen Dienstvergehen (§ 77 Abs. 1 des Bundesbeamtengesetzes) und**
2. **von Ruhestandsbeamten**
    a) **während ihres Beamtenverhältnisses begangenen Dienstvergehen (§ 77 Abs. 1 des Bundesbeamtengesetzes) und**
    b) **nach Eintritt in den Ruhestand begangenen als Dienstvergehen geltenden Handlungen (§ 77 Abs. 2 des Bundesbeamtengesetzes).**

(2) Für Beamte und Ruhestandsbeamte, die früher in einem anderen Dienstverhältnis als Beamte, Richter, Berufssoldaten oder Soldaten auf Zeit gestanden haben, gilt dieses Gesetz auch wegen solcher Dienstvergehen, die sie in dem früheren Dienstverhältnis oder als Versorgungsberechtigte aus einem solchen Dienstverhältnis begangen haben; auch bei den aus einem solchen Dienstverhältnis Ausgeschiedenen und Entlassenen gelten Handlungen, die in § 77 Abs. 2 des Bundesbeamtengesetzes bezeichnet sind, als Dienstvergehen. Ein Wechsel des Dienstherrn steht der Anwendung dieses Gesetzes nicht entgegen.

(3) Für Beamte, die Wehrdienst im Rahmen einer Wehrübung, einer Übung, einer besonderen Auslandsverwendung, einer Hilfeleistung im Innern oder einer Hilfeleistung im Ausland leisten, gilt dieses Gesetz auch wegen solcher Dienstvergehen, die während des Wehrdienstes begangen wurden, wenn das Verhalten sowohl soldatenrechtlich als auch beamtenrechtlich ein Dienstvergehen darstellt.

1 Diese Vorschrift entspricht in den Abs. 1 und 2 dem früheren § 2 BDO. Im Vergleich zu § 2 BDO wurden lediglich sprachliche Änderungen vorgenommen und für das Dienstvergehen jeweils auf die Legaldefinition des § 77 Abs. 1 BBG verwiesen. Abs. 3 wurde neu aufgenommen und regelt die Geltung für Dienstvergehen, die im Rahmen einer Wehrübung oder einer besonderen Auslandsverwaltung begangen werden.

2 § 2 bestimmt, in welchen Fällen die Ausübung der Disziplinargewalt zulässig ist, indem er den Bereich der verfolgbaren Handlungen und damit den **sachlichen Geltungsbereich** festlegt. Er stellt damit wie § 1 eine **unabdingbare Verfahrensvoraussetzung** auf, bei deren Fehlen das Verfahren mangels disziplinarrechtlich verfolgbaren Verhaltens einzustellen ist (§§ 32 Abs. 1 Nr. 4, 60 Abs. 2).[1] Die Bedeutung der Bestimmung, insbesondere Abs. 1 Nr. 1, ist darin zu sehen, dass sie alle vor der Berufung in das Beamtenverhältnis begangenen Verfehlungen als so genannte **vordienstliche Verfehlungen** der disziplinarrechtlichen Ahndung entzieht. Vordienstliche Verfehlungen sind deshalb grundsätzlich für die Beurteilung der Tat und Schuldfrage nicht relevant. Handlungen, die ein Beamter

---

27 GKÖD-Weiß, II § 1 Rn. 95a.

1 GKÖD-Weiß, II § 2 Rn. 2.

vor der Ernennung z. B. im **Angestellten- oder Arbeitsverhältnis** begangen hat, müssen deshalb grundsätzlich unberücksichtigt bleiben. Sie können auch nicht bei der Zumessung der Disziplinarmaßnahme und bei der Prüfung der Voraussetzungen des § 14 verwertet werden, weil vordienstliches Verhalten für die wesensmäßige Einstellung zu den Beamtenpflichten nicht aussagekräftig ist.[2] Bei vordienstlichen Verfehlungen kommt allerdings die Rücknahme der Beamtenernennung in Betracht, soweit die Voraussetzungen des § 14 BBG gegeben sind. Handlungen, die teilweise im Arbeiter- oder Angestelltenstatus, teilweise im Beamtenverhältnis begangen worden sind, können disziplinarisch nur insoweit berücksichtigt werden, als sie zeitlich nach der Berufung in das Beamtenverhältnis liegen. Voraussetzung für eine disziplinarrechtliche Verfolgung ist immer aber das Vorliegen eines Dienstvergehens. Wann ein solches vorliegt, bestimmt sich ausschließlich nach dem Pflichtenkatalog des BBG (§§ 60 ff., 77 BBG).

Ruhestandsbeamte können a) wegen eines während des aktiven Beamtenverhältnisses begangenen Dienstvergehens oder b) wegen eines während ihrer aktiven Amtszeit als Dienstvergehen geltenden Handlung belangt werden.[3] Bei einem Ruhestandsbeamten soll die Disziplinarmaßnahme der Aberkennung des Ruhegehalts sicherstellen, dass sich der Beamte der Sanktionierung eines schweren Dienstvergehens, das er im aktiven Dienst begangen hat, nicht durch den Eintritt in den Ruhestand entziehen kann. Sie findet ihre Rechtfertigung in der Wahrung der Integrität des Beamtentums und des Ansehens des öffentlichen Dienstes sowie in dem Gebot der Gleichbehandlung.[4] Die allgemein generalpräventive Wirkung der Aberkennung des Ruhegehalts und zumeist auch der Ruhegehaltskürzung machen diese Maßnahmen rechtspolitisch fragwürdig. Das BVerwG hat dies in einem Einzelfall durch seine Entscheidung auch anerkannt. Für Verhaltensweisen **nach Zurruhesetzung** ist disziplinarrechtliche Verfolgung nur noch möglich wegen eines im § 77 Abs. 2 des BBG aufgeführten Verhaltens, nämlich bei einer Betätigung gegen die freiheitlich demokratische Grundordnung i. S. d. GG, einer Teilnahme an Bestrebungen, die darauf abzielen, den Bestand oder die Sicherheit der Bundesrepublik Deutschland zu beeinträchtigen, bei Verletzung der Amtsverschwiegenheit oder bei Verstoß gegen das Annahmeverbot von Belohnungen und Geschenken bzw. bei schuldhafter Weigerung, einer erneuten Berufung in das Beamtenverhältnis nachzukommen.

3

Abs. 2 spricht die Disziplinarverfolgung solcher Dienstvergehen an, die ein Beamter oder Ruhestandsbeamter in einem **früheren Dienstverhältnis** begangen hat. Dabei werden Vergehen in früheren Dienstverhältnissen als Richter, Soldat bzw. beamtenähnlichen Dienstverhältnissen einbezogen. Durch Beendigung eines Beamtenverhältnisses und anschließenden Neueintritt in ein solches kann also die disziplinarrechtliche Verfolgung nicht verhindert werden. Ein **Dienstherrnwechsel** spielt nach § 2 Abs. 2 Satz 2 ausdrücklich keine Rolle.[5] Die Möglichkeit der Ahndung eines Verhaltens, das der Beamte außerhalb des jetzigen Beamtenverhältnisses in einem früheren Dienstverhältnis der in Abs. 2 genannten Art begangen hat, ist grundsätzlich umfassend und unabhängig von Art, Inhalt und Beendigung des früheren Dienstverhältnisses. Auch derjenige, der im früheren Beamtenverhältnis nur Widerrufs- und Probebeamter war, kann nach der Neubegründung eines Beamtenverhältnisses (diesmal auf Lebenszeit) wegen der früher als Probe- bzw. Widerrufsbeamter begangenen Verhaltensweisen mit allen Maßnahmen aus § 5 herangezogen werden. Ob dies auch dann gelten kann, wenn dem früheren Dienstherrn das Verhal-

4

---

2 A.A. GKÖD-Weiß, II § 2 Rn. 12.
3 GKÖD-Weiß, II § 2 Rn. 14–16.
4 BVerwG 28. 2. 2013 – 2 C 62.11.
5 GKÖD-Weiß, II § 2 Rn. 33.

ten bekannt war und er gleichwohl die denkbare Entlassung nach § 34 BBG nicht ausgesprochen hat, erscheint zumindest zweifelhaft. Zwar hatte der frühere Dienstvorgesetzte grundsätzlich die Möglichkeit, zunächst unbeanstandete Pflichtverletzungen später aufzugreifen (§ 35 Abs. 2 und 3), aber solange er das ablehnt, entspricht dies seinem disziplinaren Ermessen (§ 13 Abs. 1 Satz 1) und stellt eine Entscheidung dar, die nicht ohne weiteres von einem anderen Entscheidungsträger ignoriert werden kann. Auch an **Verwirkung** des disziplinaren Verfolgungsanspruchs ist hier zu denken. Zwar hat insoweit das BVerwG die Auffassung vertreten, der Gesichtspunkt der Verwirkung sei dem Disziplinarrecht fremd.[6] Zur Ablehnung dieser Rspr. vgl. A. I und A. V). Jedenfalls darf das außerhalb des jetzt bestehenden Beamtenverhältnisses in einem früheren Dienstverhältnis i. S. d. § 2 Abs. 2 gezeigte Verhalten nur dann als pflichtwidrig angesehen werden, wenn es zurzeit der Handlung nach den Pflichten des früheren Dienstverhältnisses auch als Fehlverhalten gewertet werden konnte (Grundsatz nullum crimen sine lege).

5   Ein **Dienstherrenwechsel** i. S. d. § 2 Abs. 2 liegt etwa vor bei Versetzung nach § 28 BBG, bei Entlassung aus einem früheren Beamtenverhältnis und Wiedereintritt in ein solches bei einem neuen Dienstherrn, wobei es keine Rolle spielt, ob sich der Wechsel mit oder ohne zeitliche Unterbrechung abspielt. Allerdings sind Handlungen, die der Beamte während der Zeit einer Unterbrechung zwischen zwei Beamtenverhältnissen begeht, wiederum, weil nicht im Beamtenverhältnis begangen, kein Dienstvergehen. Ansonsten liegt auf der Hand, dass der bloße Wechsel des Dienstherrn zu keinen anderen Rechtsfolgen führen kann als die Begründung eines neuen Dienstverhältnisses nach einem früheren.

6   Ein Beamter, der **Mitglied einer Personalvertretung** ist, ist disziplinarrechtlich nach wie vor Beamter und muss dem Grunde nach mit disziplinarrechtlicher Verfolgung bei einem Dienstvergehen rechnen.[7] Allerdings ist insoweit sowohl bei der Frage der Feststellung eines Dienstvergehens wie auch bei der Frage der möglichen Maßnahmenbemessung der Auftrag, den ein Personalratsmitglied wahrnimmt, angemessen zu berücksichtigen. Damit hat sich das BVerwG bisher nur unzureichend auseinandergesetzt[8] (zur Rspr. des BDiG und grundsätzlich vgl. B. II. 7. unter b; 9. unter b Rn. 11).

7   § 2 regelt den **sachlichen Geltungsbereich des BDG**, d. h. bei welchen Dienstvergehen das Gesetz Anwendung findet. § 2 Abs. 2 und 3 stellen eine disziplinarrechtliche Einheit her zwischen mehreren nacheinander begründeten Dienstverhältnissen (Abs. 2) oder bei Dienstpflichtverletzungen in einem neben dem Beamtenverhältnis bestehenden Dienstverhältnis (Abs. 3). § 2 Abs. 3 bestimmt für Beamte, die Wehrdienst im Rahmen einer Wehrübung leisten, die Geltung des BDG auch wegen solcher Dienstvergehen, die während des Wehrdienstes begangen wurden, wenn das Verhalten sowohl soldatenrechtlich als auch beamtenrechtlich ein Dienstvergehen darstellt. Das BDG unterscheidet mithin nicht danach, aufgrund welcher Bestimmungen des SG soldatenrechtlich ein Dienstvergehen anzunehmen ist.[9] Es handelt sich um eine Kollisionsnorm.[10] Voraussetzung ist, dass ein aktiver Beamter – Ruhestandsbeamte werden nicht ausdrücklich erwähnt – nach § 1 (§ 1 Rn. 6) ein Dienstvergehen im Rahmen seiner Verwendung begeht. In der sich daraus ergebenden Konkurrenz – Verfolgbarkeit sowohl nach Wehrrecht als auch nach Beamten-

---

6   BVerwG 10.10.2014 – 2 B 66.14.
7   BDHE 4, 69; BVerwG – 1 D 10.84.
8   BVerwG – 1 D 10.84.
9   BVerwG 18.6.2014 – 2 B 55.13.
10 Zur Problematik der Norm: Hauschild/Poretschkin, BWV, 2009, 6; Dau, ZBR, 2004, 190.

recht – gibt Abs. 3 dem BDG den Vorrang. In dieser Konstellation ist nicht das Soldatenrecht, sondern das BDG anzuwenden.[11]

§ 3 Ergänzende Anwendung des Verwaltungsverfahrensgesetzes und der Verwaltungsgerichtsordnung

Zur Ergänzung dieses Gesetzes sind die Bestimmungen des Verwaltungsverfahrensgesetzes und der Verwaltungsgerichtsordnung entsprechend anzuwenden, soweit sie nicht zu den Bestimmungen dieses Gesetzes in Widerspruch stehen oder soweit nicht in diesem Gesetz etwas anderes bestimmt ist.

Einen grundsätzlichen Unterschied zur BDO regelt § 3 BDG. War bislang das Disziplinarrecht nach § 25 BDO ergänzend auf die Vorschriften der StPO bezogen, so gelten jetzt nach § 3 BDG die Vorschriften des VwVfG und der VwGO ergänzend.[1] Dies bildet auch den Hintergrund für die insoweit konsequente Zuständigkeitsregelung der Verwaltungsgerichtsbarkeit für Disziplinarverfahren. Durch die Bezugnahme auf die VwGO wird klargestellt – was der Bezug auf die StPO bislang eher verschleiert hat –, dass das Disziplinarrecht kein Sonderstrafrecht für Beamte darstellt. Das Disziplinarrecht dient durch die Maßregelungen von Beamten, die ein Dienstvergehen begangen haben, der Sicherstellung der Funktionsfähigkeit der Verwaltung. Das wird durch die ergänzende Inbezugnahme der Verwaltungsvorschriften verdeutlicht und wird z. B. auch durch die Einführung des Widerspruchsverfahrens nach §§ 41–44 BDG unterstrichen. Dies gilt auch im gerichtlichen Verfahren. Nach § 79 Abs. 1 Nr. 1 VwGO und § 3 BDG ist **Gegenstand der Anfechtungsklage** die ursprüngliche Disziplinarverfügung in der Gestalt, die sie durch den Widerspruchsbescheid gefunden hat.[2] Im Verfahren entscheidet das Gericht nach seinem Ermessen über die Einholung eines etwaigen weiteren **Gutachtens** gem. § 3 BDG, § 98 VwGO i. V. m. § 412 Abs. 1 ZPO.[3] Weiterhin wurde durch das Dienstrechtsneuordnungsgesetz vom 5. Februar 2009[4] die spezielle **Kostentragungsregelung** im bisherigen § 77 Abs. 1 BDG zugunsten der allgemeinen verwaltungsgerichtlichen Kostenregelungen gestrichen. Begründet wurde die Neuregelung dahingehend, dass die Kostenregelungen für das disziplinargerichtliche Verfahren an die des verwaltungsgerichtlichen Verfahrens angepasst werden sollen.[5] Damit findet der mit dem Inkrafttreten des BDG zum 1. Januar 2002 begonnene Paradigmenwechsel im Disziplinarrecht weg von der StPO und hin zur VwGO seinen konsequenten Fortgang.[6] Hinsichtlich der konkreten Auswirkungen dieser Neuregelung wird auf die Kommentierung der einzelnen Vorschriften verwiesen.

1

Allerdings kommt auch das BDG im Hinblick darauf, dass für eine disziplinare Maßnahme nicht nur der »objektive Tatbestand« eines Dienstvergehens erfüllt sein muss, sondern eben auch ein Verschulden nachgewiesen werden muss, nicht umhin, neben der Bezugnahme auf die verwaltungsrechtlichen Vorschriften auch weiterhin Elemente des Strafrechts zu berücksichtigen. Insoweit wird in Einzelvorschriften auch weiterhin auf die

2

---

11 GKÖD-Weiß, II § 2 Rn. 34f.

1 Weiß, PersV, 2002, 2.
2 BVerwG 26. 6. 2014 – 2 A 1.12.
3 BVerwG 26. 9. 2014 – 2 B 23.14.
4 BGBl. I, 160.
5 BT-Dr. 16/2253, S. 15.
6 VGH Bayern 23. 7. 2014 – 16b D 13.633; vgl. Urban/Wittkowski, BDG, 1. Auflage 2011, § 77 Rn. 1.

StPO verwiesen. Es gilt die Unschuldsvermutung. Die Rspr. basiert weiter auf dem allgemein anerkannten Grundsatz, dass ein disziplinarrechtliches Einschreiten erst dann erforderlich ist, wenn der Pflichtverletzung ein gewisser disziplinarischer Unrechtsgehalt innewohnt, sie also ein Minimum an Gewicht und Evidenz besitzt.[7] Vor diesem Hintergrund bezeichnet der vom BVerwG aufgestellte Rechtssatz, dass es zur Kennzeichnung eines nachlässigen Gesamtverhaltens als in disziplinarrechtlicher Hinsicht pflichtwidrig des Nachweises mehrerer gewichtiger Mängel in der Arbeitsweise bedarf, bzw. dass ein einmaliges fahrlässiges Versagen auch dann, wenn es den Kernbereich der dienstlichen Tätigkeit betrifft, noch nicht die Qualität pflichtwidrigen Verhaltens mit disziplinarrechtlicher Relevanz erreicht, nur eine der möglichen Fallgruppen und schließt daher nicht aus, bereits im Fall eines gewichtigen Fehlers, in dem sich ein höheres Maß an Schuld des Beamten als einfache Fahrlässigkeit offenbart, ein Dienstvergehen anzunehmen.[8]

2a **Zulässiges Verteidigungsverhalten** darf nicht zu Lasten des Beamten gewertet werden. In der Rspr. des BGH ist anerkannt, dass das Verteidigungsverhalten des Angeklagten bei der Strafzumessung nur dann strafschärfend berücksichtigt werden darf, wenn die Grenze angemessener Verteidigung eindeutig überschritten ist und sein Verhalten eine selbstständige Rechtsgutsverletzung enthält. Diese Grenze ist nicht erreicht, wenn der Angeklagte die Tat wahrheitswidrig leugnet, einen unzutreffenden Tathergang schildert oder die Tat und ihre Folgen beschönigt. Dem Angeklagten darf aber auch nicht zum Nachteil gereichen, dass er anderen die Schuld an der Tat zuschiebt und sich diese Vorwürfe als haltlos erweisen. Gleiches gilt, wenn er Belastungszeugen, insbesondere das Tatopfer, mit unzutreffenden Behauptungen angreift oder gar der Lüge bezichtigt, um ihre Glaubwürdigkeit oder die Glaubhaftigkeit der belastenden Angaben zu erschüttern. Dagegen ist eine Herabwürdigung von Zeugen, die keinen Bezug zur Tat aufweisen, von dem Recht auf Verteidigung nicht mehr gedeckt.[9] Daher liegt die Annahme nahe, dass ein Verhalten, das die Rechtsordnung im Strafverfahren hinnimmt, um eine wirkungsvolle Verteidigung zu gewährleisten, dem Beamten nachträglich im sachgleichen Disziplinarverfahren nicht als erschwerender Umstand bei der Maßnahmebemessung zur Last gelegt werden darf, vielmehr bewertungsneutral zu behandeln ist. Es dient jedenfalls der Wahrung der Einheit der Rechtsordnung, an die Wahrnehmung des Rechts auf Verteidigung auch außerhalb des Strafverfahrens keine staatlichen Sanktionen zu knüpfen. Dies wäre der Fall, wenn dem Beamten disziplinarrechtlich zum Nachteil gereichen könnte, dass er die Verteidigungsmöglichkeiten ausgeschöpft hat, die das Strafprozessrecht zulässt. Ein zulässiges Verteidigungsverhalten des Beamten im Strafverfahren kann insbesondere nicht herangezogen werden, um dessen ansonsten nicht gebotene Entfernung aus dem Beamtenverhältnis zu rechtfertigen. Daraus folgt, dass das Gericht auch dann einen rechtlichen Hinweis geben muss, wenn es die Grenzen des zulässigen Verteidigungsverhaltens für überschritten hält.[10]

2b Darüber hinaus haben auch bislang tragende Grundsätze des Disziplinarrechts, die ihre Wurzeln in strafrechtlichen Überlegungen haben, weiterhin Geltung. Darunter fällt z. B. der Grundsatz »**in dubio pro reo**«.[11] In Bezug auf bemessungsrelevante Gesichtspunkte, die nach erschöpfender gerichtlicher Sachaufklärung im Ungewissen bleiben, findet der Grundsatz Anwendung, dass im Zweifel zugunsten des Beamten zu entscheiden ist (»in

---

7 BVerfG 22. 5. 1975 – 2 BvL 13/73; OVG Lüneburg 28. 1. 2014 – 20 LD 10/13.
8 OVG Lüneburg 28. 1. 2014 – 20 LD 10/13.
9 BGH 15. 5. 2012 – 3 StR 121/12 – NStZ 2012, 626.
10 BVerwG 20. 11. 2012 – 2B 56.12.
11 BVerwG 27. 1. 2011 – 2 A 5.09.

dubio pro reo«). Dieser Grundsatz, der im Rechtsstaatsprinzip gem. Art. 20 Abs. 1 und 3 GG und im Gebot freier richterlicher Überzeugungsbildung nach § 108 Abs. 1 Satz 1 VwGO verankert ist, fordert, dass nur solche den Beamten belastenden Umstände bei der Entscheidungsfindung berücksichtigt werden, an denen nach der gerichtlichen Überzeugung kein vernünftiger Zweifel besteht. Dies bedeutet, dass ein bemessungsrelevanter Gesichtspunkt, der den Beamten belastet, mit dem für ihn günstigsten Sachverhalt in die Gesamtwürdigung einzustellen ist, wenn zwei Voraussetzungen vorliegen: Zum einen muss das Verwaltungsgericht die Möglichkeiten der Sachaufklärung erschöpft haben, ohne zu der Überzeugung zu gelangen, dass eine Sachverhaltsvariante zutrifft. Zum anderen müssen für die dem Beamten günstigste Variante hinreichende tatsächliche Anhaltspunkte sprechen. Auch gilt der Grundsatz nicht für einzelne Elemente der Beweiswürdigung zu einem bemessungsrelevanten Gesichtspunkt.[12]

Auch die strafrechtlichen **Irrtumsregelungen** gelten weiter (siehe dazu A. 1. 4 Rn. 30ff.). Erkennt der Beamte zutreffend den von ihm verursachten Geschehensablauf, der objektiv einen Dienstvergehenstatbestand erfüllt, glaubt er aber, nicht pflichtwidrig gehandelt zu haben, so beruft er sich auf einen sog. **Verbotsirrtum** (A. 1. 4. Rn. 32). Ein vermeidbarer Irrtum, der die Vorsatzschuld nicht ausschließt,»kann« bei der Bemessung der Disziplinarmaßnahme mildernd berücksichtigt werden (vgl. § 17 Satz 2 StGB).[13]

2c

Auch die Vorschriften der §§ 20, 21 StGB sind im Disziplinarverfahren immer zu prüfen (siehe ausführlich A. I. 4. Rn. 34ff.). Hat der Beamte zum Tatzeitpunkt an einer **krankhaften seelischen Störung** i. S. v. § 20 StGB gelitten oder kann eine solche Störung nach dem Grundsatz »in dubio pro reo« nicht ausgeschlossen werden und ist die Verminderung der Schuldfähigkeit des Beamten erheblich, so ist dieser Umstand bei der Bewertung der Schwere des Dienstvergehens mit dem ihm zukommenden erheblichen Gewicht heranzuziehen. Bei einer erheblich verminderten Schuldfähigkeit kann die Höchstmaßnahme regelmäßig nicht mehr ausgesprochen werden. Zur Feststellung bedarf es in der Regel besonderer medizinischer Sachkunde.[14] Ob die Steuerungsfähigkeit wegen des Vorliegens eines Eingangsmerkmals bei Begehung der Tat »erheblich« i. S. d. § 21 StGB vermindert war, ist eine aufgrund einer Gesamtschau zu beantwortende Rechtsfrage. Diese hat das Tatgericht ohne Bindung an Äußerungen von Sachverständigen in eigener Verantwortung zu beantworten. Dabei ist normativ zu prüfen, ob die Fähigkeit des Täters, den Tatanreizen in der konkreten Situation zu widerstehen, im Vergleich mit dem »Durchschnittsbürger« in einem solchen Maß verringert war, dass die Rechtsordnung diesen Umstand nicht übergehen darf.[15] Für die Annahme einer erheblichen Minderung der Schuldfähigkeit sind schwerwiegende Gesichtspunkte heranzuziehen, wie etwa **Psychopathien, Neurosen, Triebstörungen, leichtere Formen des Schwachsinns, altersbedingte Persönlichkeitsveränderungen, Affektzustände** sowie Folgeerscheinungen einer **Abhängigkeit von Alkohol, Drogen oder Medikamenten**.[16] Sie kann auch bei einer **Anpassungsstörung** gegeben sein. Diese ist anhand der von der Weltgesundheitsorganisation (WHO) herausgegebenen Internationalen Klassifikation psychischer Störungen, ICD-10 Kapitel V (F) zu beurteilen und es sind die dort unter der Kodierung ICD-10 F

2d

---

12 BVerwG 28. 2. 2013 – 2 C 3.12; 6. 9. 2012 – 2 B 31.12.
13 BVerwG 6. 9. 2012 – 2 WD 26.11; 22. 6. 2006 – 2 C 11.05; OVG Berlin-Brandenburg 11. 10. 2007 – OVG 80 D 7.06; 1. 4. 2014 – OVG 81 D 2.12.
14 BVerwG 28. 1. 2015 – 2 B 15.14.
15 OVG Berlin-Brandenburg 6. 11. 2014 – OVG 80 D 5.11; OVG Nordrhein-Westfalen 21. 5. 2014 – 3d A 1614/11.O; OVG Lüneburg 14. 11. 2012 – 19 LD 4/11.
16 OVG Lüneburg 11. 6. 2013 – 6 LD 1/13.

43.2 beschriebenen Kriterien zugrunde zu legen.[17] Eine **Depression** kommt im Zusammenhang mit eigen- und fremdverletzenden Gewalttaten in Betracht.[18] In der psychiatrischen Literatur wird auch vertreten, dass Diebstähle in depressiven Phasen zur Selbstbestrafung oder Erregung von Aufmerksamkeit erfolgen können.[19] Selbst wenn jedoch die Schuldfähigkeit des Beamten oder Soldaten zum Tatzeitpunkt i. S. d. § 21 StGB durch den **vorangegangenen Alkoholgenuss** erheblich gemindert gewesen sein sollte, würde dies die Schuld im Hinblick auf die Bemessung der Disziplinarmaßnahme nicht mildern. Nach der Rspr. des BVerwG, der sich der BGH angeschlossen hat, ist bei selbstverschuldeter Trunkenheit und dadurch bewirkter verminderter Schuldfähigkeit eine – nach dem Gesetz (§ 21 StGB analog) im Ermessen des Gerichts stehende – Maßnahmemilderung nicht geboten, weil eine solche sonst der Prämierung des Fehlverhaltens nahe käme, also mit dem legislatorischen Zweck der Milderungsvorschrift des § 21 StGB (analog) nicht vereinbar ist. Ein Fall selbstverschuldeter Trunkenheit liegt vor, wenn der betreffende Beamte oder Soldat für Art und Umfang des Alkoholgenusses selbst verantwortlich war.[20]

3   Der Verweis auf die VwGO führt aber für den betroffenen Beamten auch zu gravierenden Verschlechterungen im Vergleich zum alten Recht. Bislang galten für die **Wiedereinsetzung in den vorigen Stand** die Vorschriften der §§ 44–47 StPO entsprechend. Dies hatte zur Folge, dass ein Verschulden des Anwalts, welches zur Fristversäumnis geführt hat, nicht dem Beamten zugerechnet werden konnte.[21] Dagegen hat das OVG Rheinland-Pfalz[22] entschieden, dass nach dem LDG Rheinland-Pfalz, dem das BDG weitgehend entspricht, der Beamte sich das Verschulden des Prozessbevollmächtigten zurechnen lassen muss. Hier ist die Wiedereinsetzung nur nach den allgemeinen Regelungen möglich. Die Rspr. des BVerwG[23] zum Verschulden und zur Wiedereinsetzung unter Berücksichtigung des § 145 a StPO hat wohl keine Geltung mehr.[24] Die einschlägige Regelung ist zukünftig § 60 VwGO. Es wird auf die insoweit einschlägige Fachkommentierung verwiesen.

4   Auch die Regelungen zur **Zulässigkeit der Berufung** gegen ein verwaltungsgerichtliches Urteil haben sich durch die Regelung in § 64 BDG geändert[25] (siehe auch die Kommentierung zu § 64). Insbesondere kommt die Umdeutung eines unzulässigen Antrags auf Zulassung der Berufung in eine Berufungseinlegung bei einem Rechtsmittelführer, der anwaltlich vertreten wird, nach Ablauf der Berufungsfrist nicht in Betracht.[26]

5   Die **Regelungen von VwVfG und VwGO** sind dann anzuwenden, wenn sie nicht zu den Bestimmungen des BDG im Widerspruch stehen oder von den insoweit spezielleren Normen verdrängt werden.

---

17 Vgl. WHO, Klassifikation psychischer Störungen, ICD-10 Kapitel V (F), 9. Aufl. 2014, S. 209, 6. Aufl. 2008, S. 184; OVG Berlin-Brandenburg 6.11.2014 – OVG 80 D 5.11.
18 OVG Nordrhein-Westfalen 21.5.2014 – 3d A 1614/11.O.
19 Vgl. Rasch/Konrad, Forensische Psychiatrie 3. Aufl., S. 266; Nedopil, Forensische 139 Psychiatrie, 3. Aufl., S. 158; Venzlaff/Foerster, Psychiatrische Begutachtung, 5. Aufl., S. 197 f.
20 BVerwG 30.10.2012 – 2 WD 28.11.
21 Noch aktuell zum BayDG: VGH Bayern 18.7.2012 – 16a D 10.1290.
22 3.11.1999 – 3 A 11780/99.
23 1.3.1994 – 1 D B 24.93.
24 BVerwG 21.2.2008 – 2 B 6.08.
25 BVerwG 22.9.2010 – 8 B 34.10; VGH Bayern 10.1.2013 – 19 ZB 12.2692.
26 VGH Bayern 19.1.2015 – 16b DZ 14.2130.

§ 4 Gebot der Beschleunigung

Disziplinarverfahren sind beschleunigt durchzuführen.

Mit dieser Vorschrift wird zum ersten Mal der **Beschleunigungsgrundsatz** als ein für das Disziplinarrecht beherrschender Grundsatz gesetzlich geregelt. Neben einzelnen gesetzlichen Regelungen (z. B. § 19 Abs. 2, § 22 Abs. 1 Satz 2, § 62) ist dieser Grundsatz in jeder Phase des Verfahrens als objektives Disziplinarrecht zu beachten. Allerdings lassen sich insoweit feste Zeitgrenzen nicht aufstellen. Für die Prüfung, ob die Dauer des Verfahrens noch angemessen ist, ist maßgeblich auf Umfang und Schwierigkeit des Falles, dessen Behandlung durch die damit befassten Behörden und Gerichte, das Verhalten des Betroffenen sowie die Bedeutung des Ausgangs des Verfahrens für ihn abzustellen.[1] Das behördliche Disziplinarverfahren mag mit einer Dauer von ca. 18 Monaten auch in Anbetracht einer mit dem Fall verbundenen durchaus übersichtlichen Schwierigkeit noch in angemessener Zeit durchgeführt worden sein, zumal wenn dort noch wegen des Vorwurfs Nachermittlungen durchzuführen sind, dem Beamten hinreichende Zeit zu geben ist, im Disziplinarverfahren Stellung zu den Vorwürfen zu nehmen, und die zu beteiligenden Gremien (Personalvertretung und Frauenvertreterin) noch Gelegenheit zu erhalten haben, sich zu der beabsichtigten Klageerhebung zu äußern. Eine insgesamt sechs Jahre lange Dauer des Verfahrens und die Ungewissheit seines Ausgangs sind für jeden Betroffenen jedoch sehr belastend. Es kann daher davon ausgegangen werden, dass dieser Umstand dem Beamten die Pflichtwidrigkeit seines Handelns bereits verdeutlicht und eine nicht unerhebliche Pflichtmahnung bewirkt hat.[2] Dies entspricht der herrschenden Rspr., die die Verfahrensdauer zumindest bei der Maßnahmebemessung mit berücksichtigt hat. Eine lange Verfahrensdauer kann mildernd berücksichtigt werden,[3] nicht aber bei objektiver Untragbarkeit. Denn es ist in der Rspr. geklärt, dass selbst eine überlange Verfahrensdauer nicht zum Absehen der disziplinarrechtlich gebotenen Entfernung aus dem Beamtenverhältnis führen kann. Ein Beamter, der wegen eines gravierenden Fehlverhaltens nicht mehr tragbar ist, kann nicht deshalb im Beamtenverhältnis bleiben, weil das Disziplinarverfahren unangemessen lange gedauert hat.[4] Verzögert der Dienstvorgesetzte die Einleitung des Disziplinarverfahrens entgegen seiner Dienstpflicht gem. § 17 Abs. 1 Satz 1, so ist dies bei der Bemessung der Disziplinarmaßnahme nach § 13 Abs. 1 und 2 zu berücksichtigen. Dies gilt insbesondere dann, wenn dieses Zögern für weiteres Fehlverhalten (mit)ursächlich war, wenn also der Beamte sein Fehlverhalten fortsetzen konnte, obwohl dieses dem Dienstvorgesetzten bekannt war und dieser nicht eingeschritten ist.[5] Der Dienstvorgesetzte handelt insoweit ggf. selbst dienstpflichtwidrig, so dass die Verzögerung disziplinarwürdig sein kann, da sie gegen § 77 Abs. 1 Satz 1 BBG verstößt.[6]

1

Diese Vorschrift ist auch von den Gerichten bei der Terminierung zu beachten. Entsprechend dem Beschleunigungsgebot sind Disziplinarklagen bevorzugt zu terminieren. Das Gericht ist mit Hinblick auf § 4 nur dann verpflichtet, einen Verhandlungstermin auf Antrag eines Verfahrensbeteiligten aufzuheben oder zu verlegen, wenn anderenfalls dessen grundrechtlicher Anspruch auf Gewährung rechtlichen Gehörs verletzt wäre. Das von § 227 Abs. 1 Satz 1 ZPO eröffnete Ermessen ist dann auf Null reduziert. Das rechtliche

2

---

1 OVG Berlin-Brandenburg 12.2.2015 – OVG 80 D 2.12.
2 BVerwG 14.11.2007 – 1 D 6.06; OVG Berlin-Brandenburg 12.2.2015 – OVG 80 D 2.12.
3 BVerwG 24.6.1998 – 1 D 23.97.
4 BVerwG 26.9.2014 – 2 B 14.14; 16.5.2012 – 2 B 3.12.
5 BVerwG 18.11.2008 – 2 B 63.08.
6 GKÖD-Weiß, II § 4 Rn. 22.

§ 4 Gebot der Beschleunigung

Gehör gebietet die Aufhebung oder Verlegung eines Verhandlungstermins, wenn der Prozessbevollmächtigte eines Verfahrensbeteiligten ohne sein Verschulden an der Teilnahme gehindert ist. Bei dem Prozesspfleger kommt es zusätzlich darauf an, ob die Teilnahme an der Verhandlung aus tatsächlichen oder rechtlichen Gründen geboten ist. Einen beachtlichen Hinderungsgrund stellt insbesondere die vorübergehende Verhandlungsunfähigkeit wegen einer Erkrankung dar. Zu deren Nachweis genügt in der Regel die Vorlage einer privatärztlichen Bescheinigung. Hat das Gericht berechtigte Zweifel an der Verhandlungsunfähigkeit, etwa weil wie im vorliegenden Verfahren wiederholt kurzfristig ärztliche Bescheinigungen ohne Diagnose vorgelegt werden, muss es Nachforschungen anstellen. Zusätzliche Anforderungen an den Nachweis einer Erkrankung setzen voraus, dass greifbare Anhaltspunkte für die Absicht der Prozessverschleppung bestehen. Auch in diesem Fall muss das Gericht im Rahmen des Möglichen und Zumutbaren versuchen, sich vor der Entscheidung über den Aufhebungs- oder Verlegungsantrag Klarheit zu verschaffen.[7]

3 Unbeschadet des auch verfassungsrechtlichen Gebots, Rechtsschutz in angemessener Zeit zur Verfügung zu stellen, ist es doch fraglich, ob aus dem Beschleunigungsgebot, neben den Regelungen im BDG selbst, weitere konkrete Folgen abzuleiten sind. Dies ist eher fraglich. Das gilt insbesondere im Hinblick auf die eingeräumte Möglichkeit, verspätetes Vorbringen zurückzuweisen. Hier ist vor dem Hintergrund des im Verwaltungsgerichtsverfahren herrschenden Ermittlungsgrundsatzes deutliche Zurückhaltung geboten.

---

7 BVerwG 31.10.2012 – 2 B 33.12.

Teil 2
Disziplinarmaßnahmen

§ 5 Arten der Disziplinarmaßnahmen

(1) Disziplinarmaßnahmen gegen Beamte sind:
1. Verweis (§ 6)
2. Geldbuße (§ 7)
3. Kürzung der Dienstbezüge (§ 8)
4. Zurückstufung (§ 9) und
5. Entfernung aus dem Beamtenverhältnis (§ 10).

(2) Disziplinarmaßnahmen gegen Ruhestandsbeamte sind:
1. Kürzung des Ruhegehalts (§ 11) und
2. Aberkennung des Ruhegehalts (§ 12).

(3) Beamten auf Probe und Beamten auf Widerruf können nur Verweise erteilt und Geldbußen auferlegt werden. Für die Entlassung von Beamten auf Probe und Beamten auf Widerruf wegen eines Dienstvergehens gelten § 34 Abs. 1 Nr. 1 und Abs. 3 sowie § 37 des Bundesbeamtengesetzes.

Diese Vorschrift entspricht inhaltlich der Vorschrift des bisherigen § 5 BDO. Vorgenommen wurden lediglich sprachliche Änderungen. Anstelle der Bezeichnung »Gehaltskürzung« tritt die genauere Bezeichnung »Kürzung der Dienstbezüge« und statt der umständlichen Bezeichnung »Versetzung in ein Amt derselben Laufbahn mit geringerem Endgrundgehalt« wurde die Bezeichnung »Zurückstufung« gewählt. Die Bezeichnung »Entfernung aus dem Dienst« wird durch die gängigere und genauere Bezeichnung »Entfernung aus dem Beamtenverhältnis« ersetzt. Die disziplinaren Maßnahmen gegen Ruhestandsbeamte – das sind mit der Kürzung des Ruhegehalts und der Aberkennung des Ruhegehalts die gleichen wie nach bisher geltendem Recht – werden nun ausschließlich in Abs. 2 geregelt. 1

Die Vorschrift des § 5 bestimmt die nach dem BDG zulässigen **Disziplinarmaßnahmen**. Sie stellt damit materielles Disziplinarrecht dar.[1] Mit der Abkehr vom Begriff »Disziplinarstrafe« hat das Neuordnungsgesetz 1967 die unterschiedliche Aufgabenstellung von Disziplinar- und Strafrecht auch in dieser Bestimmung noch einmal verdeutlicht. Die **Aufzählung** in § 5 ist erschöpfend.[2] Andere rein **beamtenrechtliche Maßnahmen** wie Umsetzung, Versetzung, Rückstufung in der Beförderungsliste usw. dürfen nur aus dem funktionalen dienstlichen Interesse der Verwaltungsorganisation als personalpolitische Mittel, aber nicht als versteckte Disziplinarmaßnahmen an deren Stelle ergriffen werden (vgl. hierzu A. IV. Rn. 71). Während des Laufs eines Disziplinarverfahrens ist es nicht ermessensfehlerhaft, wenn der Dienstherr von einer Übertragung neuer Aufgabenbereiche vorerst absieht. Mit der Entscheidung, förmliche disziplinarische Ermittlungen einzuleiten, gibt der Dienstherr zu erkennen, dass er Anlass sieht, die Amtsführung oder das persönliche Verhalten des Beamten zu beanstanden. Anderes gilt nur, wenn das Disziplinar- 2

---

1 GKÖD-Weiß, II § 5 Rn. 2; zu den landesrechtlichen Regelungen Weiß, PersV, 2010, 124.
2 GKÖD-Weiß, II § 5 Rn. 3; Urban-Wittkowski, BDG, § 5 Rn. 2.

verfahren offensichtlich unbegründet eingeleitet wurde.[3] Es ist auch nicht unzulässig, dass die jeweilige personalverwaltende Behörde außerhalb eines Disziplinarverfahrens nach allgemeinen beamtenrechtlichen Regelungen eine **schriftliche Missbilligung** ausspricht.[4] Dies gilt unabhängig davon, ob mit einer außerhalb eines Disziplinarverfahrens ergehenden Missbilligung entweder in Form einer sog. qualifizierten Missbilligung ein Dienstvergehen zur Last gelegt wird oder ob in Form einer sog. einfachen Missbilligung ein objektiv pflichtwidriges Verhalten gerügt wird, ohne dass auch ein Schuldvorwurf erhoben und damit die Begehung eines Dienstvergehens vorgeworfen wird.[5] Die Ermächtigung, ein dienstliches Verhalten eines Beamten zu missbilligen, ergibt sich aus der dem Dienstherrn im Rahmen des beamtenrechtlichen Über- und Unterordnungsverhältnisses zustehenden Leitungs-, Aufsichts- und Weisungsbefugnis. Der Dienstherr ist aufgrund dieser Befugnis berechtigt und nach den Umständen des Einzelfalls sogar verpflichtet, auf die reibungslose und fehlerfreie Erledigung der Dienstgeschäfte hinzuwirken und erforderlichenfalls kritisch-missbilligend gegen unterstellte Beamte einzuschreiten.[6] Der betreffende Beamte muss eine rechtmäßige missbilligende Äußerung infolge der ihm aufgrund des Beamtenverhältnisses obliegenden Treue- und Folgepflicht (Art. 33 Abs. 5 GG, § 34 BeamtStG) hinnehmen. Auch wenn eine Missbilligung ein Mittel darstellt, das im weiteren Sinn auch der Disziplinierung dient,[7] steht sie zu Disziplinarmaßnahmen in einem alternativen Verhältnis und ist zu ihnen wesensverschieden. Es ist eine dienstrechtliche Reaktionsmöglichkeit nichtdisziplinarer Art.[8] Soweit die Dienstaufsicht Vorhaltungen außerhalb der Maßnahmen des § 5 macht, die einen Pflichtenvorwurf zum Gegenstand haben, so sind dies demnach keine Disziplinarmaßnahmen. Dies regelt nun § 6 Satz 2 BDG ausdrücklich. Konsequenterweise wurde deshalb auch § 126 BDO gestrichen. Durch den Wegfall dieser Regelung kann der Beamte gegen solche Maßnahmen seines Dienstherrn nunmehr lediglich im Rahmen des allgemeinen Rechtsschutzes des Beamtenrechts vorgehen. Missbilligungen werden in der Praxis häufig im Zusammenhang mit disziplinaren Vorwürfen ausgesprochen, wenn das Verfahren eingestellt wird. Dies widerspricht dem Willen des Gesetzgebers und ist unzulässig.[9]

3 Das Disziplinarrecht wird durch den Grundsatz der **Einheit des Dienstvergehens** (A. I. Rn. 2, 11 ff.) geprägt. Setzt sich das Dienstvergehen aus mehreren Dienstpflichtverletzungen zusammen, bestimmt sich die zu verhängende Disziplinarmaßnahme in erster Linie nach der schwersten Verfehlung.[10] Soweit die Vorwürfe Gegenstand des Disziplinarverfahrens sind, ist das durch mehrere Pflichtverstöße zutage getretene Fehlverhalten eines Beamten danach einheitlich zu würdigen. Dem liegt die Überlegung zugrunde, dass es im Disziplinarrecht nicht allein um die Feststellung und Maßregelung einzelner Verfehlungen geht, sondern vor allem um die dienstrechtliche Bewertung des Gesamtverhaltens des Beamten, das im Dienstvergehen als der Summe der festgestellten Pflichtverletzungen seinen Ausdruck findet. Der Beamte wird disziplinarisch nicht gemaßregelt, weil er be-

---

3 OVG Nordrhein-Westfalen 3. 9. 2015 – 6 B 666/15.
4 OVG Lüneburg 22. 1. 2013 – 5 LB 227/11; Urban/Wittkowski, BDG, § 6 Rn. 16; Gansen, BDG, § 6 Rn. 30; GKÖD-Weiß, II § 5 Rn. 40.
5 Vgl. zur Unterscheidung zwischen qualifizierten und einfachen Missbilligungen GKÖD-Weiß, II § 6 Rn. 30; Urban/Wittkowski, BDG, § 6 Rn. 8.
6 GKÖD-Weiß, II § 6 Rn. 31; Urban/Wittkowski, BDG, § 6 Rn. 7; Gansen, BDG, § 6 Rn. 9; vgl. auch Bieler/Lukat, NDiszG, § 7 Rn. 4.
7 OVG Lüneburg 22. 1. 2013 – 5 LB 227/11; insoweit a. A. GKÖD-Weiß, II § 6 Rn. 31.
8 Vgl. GKÖD-Weiß, a. a. O.
9 VGH Bayern 27. 1. 2015 – 6 ZB 14.2121; OVG Lüneburg 22. 1. 2013 – 5 LB 227/11.
10 BVerwG 23. 2. 2005 – 1 D 1.04; VGH Bayern – 22. 10. 2013 – 16b D 10.2314.

stimmte Pflichten verletzt hat, sondern weil er dadurch Persönlichkeitsmängel offenbart, die eine Pflichtenmahnung oder eine Beendigung des Beamtenstatus für geboten erscheinen lassen.[11] Die Verbindung mehrerer Disziplinarmaßnahmen ist ebenso wenig möglich wie die Ahndung mehrerer Pflichtverletzungen mit unterschiedlichen Einzelmaßnahmen.[12]

Das gesetzliche Gebot der Gesamtwürdigung trägt dem **Zweck der disziplinarrechtlichen Sanktionierung** Rechnung.[13] Der Zweck des Disziplinarrechts besteht darin, die Funktionsfähigkeit der öffentlichen Verwaltung und das Ansehen des öffentlichen Dienstes aufrechtzuerhalten und wiederherzustellen. Daher werden Disziplinarmaßnahmen im Unterschied zu Kriminalstrafen nicht verhängt, um begangenes Unrecht zu vergelten. Vielmehr sollen die Disziplinarmaßnahmen des Verweises, der Geldbuße und der Kürzung der Dienstbezüge, die durch Disziplinarverfügung ausgesprochen werden, den aktiven Beamten die Bedeutung der verletzten Dienstpflichten für die Funktionsfähigkeit der öffentlichen Verwaltung vor Augen führen und sie dazu anhalten, sich künftig pflichtgemäß zu verhalten. Sie sind darauf gerichtet, den ordnungsgemäßen Betrieb der öffentlichen Verwaltung sicherzustellen und weitere Funktions- oder Ansehensbeeinträchtigungen zu vermeiden. Aus diesem Grund steht der Geltungsanspruch von Disziplinarverfügungen unter dem Vorbehalt, dass die gemaßregelten Betroffenen weiterhin die beamtenrechtlichen Pflichten zu beachten haben. Dies ist nicht mehr der Fall, wenn sie aus dem Beamtenverhältnis ausgeschieden sind. Ein früherer Beamter kann nicht mehr gemahnt werden, Pflichten zu beachten, die für ihn nicht mehr gelten. Er kann auch nicht mehr die Funktionsfähigkeit der öffentlichen Verwaltung oder das Ansehen des öffentlichen Dienstes beeinträchtigen.[14] Die **Wahl** der Disziplinarmaßnahme im Einzelfall hängt von Art und Schwere des Dienstvergehens ab. Grundsätzlich stehen für die Maßregelung eines Dienstvergehens alle Maßnahmen des § 5 alternativ zur Verfügung. Die Wahl der angemessenen Maßnahme folgt in der Regel deren »**Einstufungsfunktion**«, wie sie sich aus der Gliederung in § 5 und der Bewertungskategorie ergibt.[15] § 5 gibt keine gleichwertige Aufstellung nebeneinander stehender Disziplinarmaßnahmen, sondern sieht nach der Schwere des Dienstvergehens eine **aufsteigende** Folge der Disziplinarmaßnahmen vor, wobei eine schwerere Maßnahme leichtere ausschließt (dem entspricht auch der Grundsatz der »stufenweisen Steigerung« von Disziplinarmaßnahmen in der Rspr., vgl. A. IV. Rn. 78). Dies ist im Widerspruchsverfahren hinsichtlich des Verbots der »reformatio in peius« zu berücksichtigen. Maßgebendes Bemessungskriterium ist die Schwere des Dienstvergehens: Für leichte Dienstvergehen sind Verweis und Geldbuße, für mittelschwere Dienstvergehen Kürzung der Bezüge und Zurückstufung vorgesehen, während die Entfernung aus dem Beamtenverhältnis ein schweres Dienstvergehen voraussetzt. Den gesetzlich vorgesehenen Disziplinarmaßnahmen ist neben einem Schweregrad ein Grad der Vertrauensbeeinträchtigung zugeordnet, die der Beamte durch das Dienstvergehen herbeigeführt hat. Die Wertungsskala reicht von der geringfügigen und nicht nur geringfügigen Beeinträchtigung des Vertrauens bei Verweis und Geldbuße, über dessen erhebliche Beeinträchtigung bei der Kürzung der Bezüge bis zur nachhaltigen Erschütterung bei der Zurückstufung. Die Entfernung aus dem Beamtenverhältnis setzt nach den endgül-

4

---

11 BVerwG 11.2.2014 – 2 B 37.12.
12 Insoweit missverständlich das Urteil des BVerwG 14.2.2007 – 1 D 12.05.
13 BVerwG 9.10.2014 – 2 B 60.14
14 BVerwG 27.2.2014 – 2 C 1.13.
15 GKÖD-Weiß, II § 5 Rn. 4.

tigen Verlust des Vertrauens voraus.[16] Hiervon ausgehend lassen sich Fallgruppen von Dienstvergehen bestimmen, denen aufgrund ihrer Schwere jeweils eine der im Gesetz aufgeführten Disziplinarmaßnahmen im Sinne einer Regeleinstufung zuzuordnen ist.[17]

4a Im Übrigen unterscheidet das Disziplinarrecht – im Gegensatz zum Strafrecht – nicht zwischen **Versuch** und Vollendung der Tat. Verletzt ein Beamter schuldhaft ihm obliegende Dienstpflichten i. S. v. § 77 BBG, kann es sich dabei begrifflich immer nur um eine vollendete Pflichtverletzung handeln, auch wenn nach strafrechtlichen Grundsätzen der Versuch eines Delikts anzunehmen wäre. Disziplinarrechtlich entscheidend ist allein, ob der Beamte durch ein bestimmtes Dienstvergehen seine Dienstpflichten verletzt hat. Für die im Disziplinarrecht gebotene Persönlichkeitsbeurteilung eines Beamten kommt es allein auf den gezeigten Handlungswillen an. Wenn der Erfolg der Tat nicht eingetreten ist, so ist dies dann von Bedeutung, wenn der Nichteintritt auf zurechenbarem Verhalten des Beamten beruht.[18]

5 Für die **Bemessung** der Disziplinarmaßnahme gilt grundsätzlich der **Ermessensgrundsatz**. Es darf nur eine Maßnahme ausgesprochen werden. Insoweit gilt – soweit nicht anders geregelt – ein Kumulationsverbot.[19] Im Einzelfall kommt es dabei wesentlich auf die Bedeutung der verletzten Pflicht, das Eigengewicht des Vergehens, die Auswirkungen für die Verwaltung, das Verschulden, die Motive der Betroffenen, die bisherige Führung und auch auf die Rechtsstellung der Betroffenen an.[20] Die prognostische Frage nach dem Umfang der Beeinträchtigung des Vertrauens des Dienstherrn oder der Allgemeinheit (§ 13 Abs. 1 Satz 4) betrifft die Erwartung, dass sich der Beamte aus der Sicht des Dienstherrn und der Allgemeinheit künftig wieder so verhält, wie es von ihm im Hinblick auf seine Dienstpflichten als berufserforderlich erwartet wird. Das Vertrauen des Dienstherrn oder der Allgemeinheit in die Person des Beamten bezieht sich in erster Linie auf dessen allgemeinen Status als Beamter, daneben aber auch auf dessen konkreten Tätigkeitsbereich innerhalb der Verwaltung, z. B. als Polizei- oder Zollbeamter, und auf dessen konkret ausgeübte Funktion, z. B. als Vorgesetzter. Ob und ggf. inwieweit eine Beeinträchtigung des Vertrauens des Dienstherrn vorliegt, ist nach objektiven Gesichtspunkten zu beurteilen. Entscheidend ist nicht die subjektive Einschätzung des jeweiligen Dienstvorgesetzten, sondern schon aus Gründen der Gleichbehandlung der Beamten (Art. 3 Abs. 1 GG) die Frage, inwieweit der Dienstherr oder die Allgemeinheit bei objektiver Gewichtung des Dienstvergehens auf der Basis der festgestellten be- und entlastenden Umstände noch darauf vertrauen kann, dass der Beamte in Zukunft seinen Dienstpflichten ordnungsgemäß nachkommen wird. Entscheidungsmaßstab ist insoweit, in welchem Umfang die Allgemeinheit dem Beamten noch Vertrauen in eine zukünftig pflichtgemäße Amtsausübung entgegenbringen kann, wenn ihr das Dienstvergehen einschließlich der belastenden und entlastenden Umstände bekannt würde. Die Prüfung, ob der betreffende Beamte im Beamtenverhältnis verbleiben darf, hat sich auf sein Amt als Ganzes und nicht nur auf einen begrenzten Tätigkeitsbereich (Amt im funktionellen Sinne) zu beziehen. Denn das Disziplinargericht kann einer Behörde nicht eine eingeschränkte Verwendung eines disziplinarisch in Erscheinung getretenen Beamten vorschreiben.[21] Das Dienstvergehen ist nach der festgestellten Schwere einer der im Katalog des § 5 aufgeführten Disziplinarmaßnah-

---

16 BVerwG 25.5.2012 – 2 B 133.11.
17 BVerwG 2.3.2012 – 2 B 8.11.
18 BVerwG 29.3.2012 – 2 B 96.11.
19 GKÖD-Weiß, II § 5 Rn. 5.
20 Zu Letzterem BDHE 2, 59, 78.
21 BVerwG 2.3.2012 – 2 B 8.11.

men zuzuordnen. Davon ausgehend kommt es darauf an, ob Erkenntnisse zum Persönlichkeitsbild und zum Umfang der Vertrauensbeeinträchtigung nach § 13 Abs. 2 Satz 3 und 4 im Einzelfall derart ins Gewicht fallen, dass eine andere als die durch die Schwere des Dienstvergehens indizierte Maßnahme geboten ist. Eine vollständige und richtige Gesamtwürdigung setzt voraus, dass die Verwaltungsgerichte die im Einzelfall bemessungsrelevanten, d. h. die für die Schwere und das Persönlichkeitsbild bedeutsamen, Tatsachen ermitteln und mit dem ihnen zukommenden Gewicht in die Gesamtbewertung einbeziehen. Bei Auslegung und Anwendung der gesetzlichen Merkmale des § 13 Abs. 1 Satz 2 bis 4 und bei der disziplinarrechtlichen Gesamtwürdigung sind der Grundsatz der Verhältnismäßigkeit und das Schuldprinzip zu beachten.[22]

Für die Ausübung der Disziplinarbefugnis gelten die gesetzlichen Maßnahmenkataloge für aktive Beamte und für **Ruhestandsbeamte**. Da das Beamtenverhältnis gem. § 21 Nr. 4 BeamtStG mit Eintritt oder Versetzung in den Ruhestand endet, können Ruhestandsbeamte mangels Dienstleistungspflicht weder ein innerdienstliches Dienstvergehen noch – mangels eines Amtes – ein außerdienstliches Dienstvergehen begehen. Der Gesetzgeber behandelt jedoch gem. § 47 Abs. 2 Satz 1 BeamtStG bestimmte aus dem früheren Beamtenverhältnis fortdauernde Pflichten sowie die sich aus dem Ruhestand ergebenden Pflichten wie Dienstpflichten, deren schuldhafte Verletzung als Dienstvergehen gilt. Diese Bestimmung enthält eine gesetzliche Fiktion, indem für Ruhestandsbeamte und gleichgestellte frühere Beamte, obwohl sie in keinem Dienstverhältnis mehr stehen, bestimmte aus dem früheren Beamtenverhältnis fortdauernde Pflichten sowie die sich aus dem Eintritt in den Ruhestand ergebenden Pflichten wie Dienstpflichten behandelt werden, deren schuldhafte Verletzung einem Dienstvergehen gleichgestellt wird.[23] Als Disziplinarmaßnahme gegen Ruhestandsbeamte kommen nur die Kürzung und die Aberkennung des Ruhegehalts in Betracht. Tritt ein Beamter in den Ruhestand, nachdem er ein Dienstvergehen begangen hat, das die Entfernung aus dem Beamtenverhältnis nach sich gezogen hätte, ist stattdessen das Ruhegehalt abzuerkennen.[24] Diese Regelung stellt aus Gründen der Gleichbehandlung sicher, dass sich der Beamte der Sanktionierung eines im aktiven Dienst begangenen schweren Dienstvergehens, das ihn als Beamter untragbar macht und deshalb zur Auflösung des Beamtenverhältnisses auf Lebenszeit führen muss, nicht durch den Eintritt in den Ruhestand entziehen kann. Ebenso wie die Entfernung aus dem Beamtenverhältnis dient die Aberkennung des Ruhegehalts der Wahrung der Integrität des Berufsbeamtentums und des Ansehens des öffentlichen Dienstes.[25] Die Kürzung des Ruhegehalts, eine »erzieherische Maßnahme«, erscheint bei einem Ruhestandsbeamten verfehlt (vgl. auch A. IV. Rn. 90). Pflichtenmahnende Wirkung der Ruhegehaltskürzung kann allenfalls in den Fällen angenommen werden, in denen die Ruhestandsbeamten weiterhin den Dienstpflichten unterliegen, nämlich denen des § 77 Abs. 2 BBG. Aber auch gegen die Maßnahme der Aberkennung des Ruhegehalts gibt es gewichtige Bedenken. Die Aberkennung des Ruhegehalts hat nur generalpräventiven Charakter. Sie ist auch nicht effektiv (im Einzelnen A. IV. Rn. 84 a. E., 90).

§ 11 regelt die Disziplinarmaßnahme der **Kürzung des Ruhegehalts**. Eine verwirkte Disziplinarmaßnahme der Zurückstufung kann bei einem Ruhestandsbeamten nicht verhängt werden, so dass als angemessene Disziplinarmaßnahme die Kürzung des Ruhege-

---

22 BVerwG 23.1.2013 – 2 B 63.12.
23 VGH Bayern 20.5.2015 – 16a D 14.1158; Weiß/Niedermaier/Summer/Zängl, Beamtenrecht in Bayern, § 47 BeamtStG, Rn. 129.
24 BVerwG 23.1.2013 – 2 B 63.12.
25 BVerwG 31.10.2012 – 2 B 33.12.

halts in Betracht kommt. Hinsichtlich der Höhe und Dauer der Gehaltskürzung ist von der Höchstdauer von drei Jahren und einer Kürzungsquote von ⅕ auszugehen.[26] Die Beschränkung der Maßnahmen gegenüber Ruhestandsbeamten (wegen des Begriffs vgl. § 1 Rn. 8) darf nicht dazu führen, bei einem Dienstvergehen, das bei einem aktiven Beamten mit einem Verweis oder einer Geldbuße geahndet wäre, die Mindestmaßnahme der Ruhegehaltskürzung zu verhängen. In solchen Fällen hat das Gericht das Verfahren nach § 32 Abs. 3 **einzustellen**. § 11 gilt nicht für wiederernannte frühere Ruhestandsbeamte (§§ 57, 46 BBG); sie unterliegen wegen ihres Verhaltens wieder den Bestimmungen, die für aktive Beamte gelten.

8 Die Rspr. des BVerwG hat diese Kritik allerdings immer wieder zurückgewiesen (vgl. u. a. BVerwGE 46, 64 zur Frage der Ruhegehaltskürzung).[27] Die Rspr. überzeugt jedoch – insbesondere soweit es die Ruhegehaltskürzung angeht – nicht. Alleiniger Sinn einer Ruhegehaltskürzung könnte die sog. Generalprävention sein. Damit aber wird der Ruhestandsbeamte bei der Verhängung einer Ruhegehaltskürzung in unzulässiger Weise zum Objekt der Abschreckung anderer degradiert. Bei der Frage der Aberkennung des Ruhegehalts bzw. auch der Kürzung hält die Rspr. des BVerwG, jedenfalls bei langer Verfahrensdauer und im Übrigen guter und unbescholtener Dienstleistung, die vorwiegend generalpräventive Verhängung dieser Maßnahmen für unangemessen und hat im Falle eines schweren, sonst nach der Rspr. zur Dienstentfernung führenden Dienstvergehens das Verfahren nach §§ 76 Abs. 3, 31 Abs. 4 Satz 5 eingestellt (s. hierzu auch A. IV. Rn. 84, 89, 90).[28]

9 Ob die neue Formulierung in § 13 Abs. 2 Satz 2 diesen Streit, wie die Gesetzesbegründung meint, löst, erscheint fraglich. Dieser sieht vor, dass das Ruhegehalt abzuerkennen ist, wenn ein aktiver Beamter aus dem Dienst zu entfernen gewesen wäre. Nach § 13 Abs. 2 Satz 1 ist ein Beamter aus dem Beamtenverhältnis zu entfernen, wenn er durch ein Dienstvergehen das **Vertrauen** des Dienstherrn oder der Allgemeinheit **endgültig verloren** hat. Diese Regelung enthält keine zusätzlichen Bemessungskriterien. Sie stellt klar, dass das Beamtenverhältnis auf Lebenszeit aufzulösen ist, wenn die Maßnahmebemessung nach § 13 Abs. 1 Satz 2 bis 4 zu dem Ergebnis führt, dass der Beamte untragbar geworden ist. Dies ist anzunehmen, wenn der Beamte ein schweres Dienstvergehen begangen hat und die prognostische Gesamtwürdigung ergibt, er werde auch künftig in erheblicher Weise gegen Dienstpflichten verstoßen oder die von ihm zu verantwortende Ansehensschädigung sei bei einem Fortbestehen des Beamtenverhältnisses nicht wieder gutzumachen. Je schwerer das Dienstvergehen wiegt, desto näher liegt eine derartige Prognose.[29] Die oben skizzierten Bedenken sind allein durch eine neue Formulierung nicht ausgeräumt und von den Gerichten im Rahmen ihrer Entscheidungsfindung zu berücksichtigen.

10 **Abs. 3** regelt weiterhin die Maßnahmen gegen Beamte auf Probe und Widerruf. Hier sind die Maßnahmen, wie bisher auch schon, beschränkt auf Verweise und Geldbußen.[30] Für die Entlassung aus dem Dienst wird nunmehr in § 5 Abs. 3 Satz 2 auf die Vorschrift des § 34 Abs. 1 Nr. 1 BBG verwiesen. Die bisherige Vorschrift des § 126 BDO entfällt. Dafür wurde in Art. 3 des Gesetzes zur Neuordnung des Disziplinarrechts unter der Nr. 4 die Vorschrift des § 34 geändert und in Abs. 1 Nr. 1 zunächst die Entlassungsgründe neu gefasst. Eine Entlassung ist nunmehr dann möglich, wenn ein Verhalten vorliegt, das bei einem Beamten auf Lebenszeit mindestens eine Kürzung der Dienstbezüge zur Folge hätte.

---

26 BVerwG 21. 3. 2001 – 1 D 29.00, BVerwGE 114, 88; VGH Bayern 26. 9. 2014 – 16a D 13.253.
27 So auch GKÖD-Weiß, II § 5 Rn. 39.
28 BVerwG – 1 D 110.85, NVwZ 88, 735.
29 BVerwG 23. 1. 2013 – 2 B 63.12.
30 Herrmann/Sandkuhl, Beamtendisziplinarrecht, § 4 Rn. 202.

Arten der Disziplinarmaßnahmen § 5

Dies entspricht der bisherigen Rechtslage, wonach als Entlassungsgrund ein Dienstvergehen vorliegen musste, das im förmlichen Disziplinarverfahren zu verfolgen war. Die Änderung folgt insoweit nur der veränderten Systematik des BDG, das das förmliche Verfahren nicht mehr vorsieht, und benennt die mildeste Maßnahme, die für eine Entlassung erforderlich ist, ausdrücklich.

Weiter wird in § 34 Abs. 3 Satz 2 BBG eine Regelung eingeführt, die vorschreibt, dass vor der Entlassung der Sachverhalt aufzuklären ist. Insoweit werden die §§ 21 bis 29 BDG entsprechend in Bezug genommen. Zu beachten ist, dass die Vorschriften der §§ 20 und 30 BDG nicht in Bezug genommen werden. 11

Die Regelung der Entlassung ausschließlich im BBG ist wegen der größeren Sachnähe durchaus nachvollziehbar. Durch die Verweisung auf die Vorschriften des BDG wird dem Probebeamten bei der Ermittlung des Sachverhaltes im Wesentlichen das gleiche Schutzniveau gewährt wie einem Lebenszeitbeamten. Entsprechendes gilt für das **Verbot der Dienstausübung**. Für das Verbot der Dienstausübung kommen vor allem Fälle in Betracht, in denen dem Beamten aufgrund hinreichender Anhaltspunkte eine Straftat bzw. ein Dienstvergehen von so schwerwiegender Art zur Last gelegt wird, dass bereits vor der abschließenden Prüfung die Verhinderung der weiteren Dienstausübung zwingend notwendig erscheint. Nicht jeder Verdacht eines Dienstvergehens bildet einen zwingenden Grund für den Erlass des Verbots der Führung der Dienstgeschäfte.[31] Es muss sich um ein gravierendes Fehlverhalten handeln, das voraussichtlich ein Disziplinarverfahren, bei dem im Falle der Verhängung einer Disziplinarmaßnahme nicht nur eine Kürzung der Dienstbezüge in Betracht kommt,[32] oder ein sonstiges auf Rücknahme der Ernennung oder auf Beendigung des Beamtenverhältnisses gerichtetes Verfahren nach sich ziehen wird. Dass es sich gerade um derartige Anlässe und nicht nur um unbedeutende Sachverhalte handeln muss, folgt aus § 39 Satz 2 BeamtStG, wonach das Verbot der Führung der Dienstgeschäfte erlischt, wenn nicht bis zum Ablauf von drei Monaten gegen den Beamten ein Disziplinarverfahren oder ein sonstiges auf Rücknahme der Ernennung oder auf Beendigung des Beamtenverhältnisses gerichtetes Verfahren eingeleitet worden ist.[33] Da es für das Dienstausübungsverbot auf die im Zeitpunkt seiner Anordnung aus hinreichenden Erkenntnissen gewonnene Überzeugung des Dienstvorgesetzten ankommt, ist das erkennende Gericht auch nicht gehalten, von sich aus die lückenhafte Tatsachengrundlage durch eigene Sachverhaltsaufklärung nachzubessern.[34] Es würde zudem dem Charakter des Eilverfahrens, in dem regelmäßig keine umfassende Klärung des Sachverhalts zu erfolgen hat, widersprechen, einen entgegen § 24 VwVfG von der Verwaltung unzureichend geklärten Sachverhalt durch eigene Aufklärung nachzubessern.[35] Unverständlich bleibt hinsichtlich dieser Fälle jedoch, dass die §§ 20, 30 BDG nicht mit in Bezug genommen werden. Zwar ist dem Beamten, da die Entlassung einen belastenden Verwaltungsakt darstellt, grundsätzlich die Möglichkeit eingeräumt worden, sich zu äußern; auch kann er die Entlassung mit der Anfechtungsklage angreifen.[36] Jedoch hätte hinsichtlich der Durchführung der Ermittlungen des Sachverhaltes durch die Inbezugnahme des § 20 BDG (Unterrichtung und Belehrung, Anhörung des Beamten) und § 30 BDG (abschließende Anhörung) eine klare Rechtsgrundlage geschaffen werden müssen; dies wäre auch aus der 12

---

31 VG Gera 5.6.2014 – 1 E 411/14 Ge; VG Arnsberg 22.5.2013 – 2K2803/12.
32 OVG Lüneburg 20.4.2010 – 5 ME 282/09.
33 Schütz/Maiwald, Beamtenrecht des Bundes und der Länder, § 39 BeamtStG Rn. 4.
34 VG Gera 5.6.2014 –, 1 E 411/14 Ge; VG Arnsberg 22.5.2013 – 2 K 2803/12.
35 Bader/Funke-Kaiser, VwGO, § 80 Rn. 94; Schoch/Schneider/Bier, VwGO, § 80 Rn. 407 m.w.N.
36 Battis, BBG, § 31 Rn. 14ff.

Sachnähe der Regelungen im BDG angezeigt gewesen. Mit einer solchen Inbezugnahme wären auch Irritationen vermieden worden, ob diese Beamtengruppe auch informiert werden muss und ihr ein Äußerungsrecht zusteht. Dies ist (s. o.) selbstverständlich gegeben.

§ 6 Verweis

Der Verweis ist der schriftliche Tadel eines bestimmten Verhaltens des Beamten. Missbilligende Äußerungen (Zurechtweisungen, Ermahnungen oder Rügen), die nicht ausdrücklich als Verweis bezeichnet werden, sind keine Disziplinarmaßnahmen.

1 Diese Vorschrift entspricht inhaltlich der Vorschrift des § 6 BDO. In der Neufassung ist klarstellend aufgenommen, dass der Verweis schriftlich zu ergehen hat.

2 Der **Verweis** ist in der Stufenfolge der Disziplinarmaßnahmen die **mildeste**. Er kommt in Frage bei Ordnungswidrigkeiten gegen bisher tadelsfreie Betroffene. Voraussetzung ist immer ein pflichtwidriges und schuldhaftes Verhalten, das die Schwelle der disziplinaren Erheblichkeit überschreitet. Der Verweis kann gegenüber **allen aktiven Beamten** einschließlich derer auf Probe und Widerruf ausgesprochen werden; gegenüber **Ruhestandsbeamten** ist er nicht zulässig (§ 5 Abs. 2). Nicht ausgesprochen werden darf ein Verweis auch dann, wenn wegen desselben Sachverhalts bereits eine Kriminalstrafe oder Ordnungsmaßnahme verhängt worden ist (§ 14 Abs. 1 Nr. 1). Ein Verweis wurde beispielsweise für einen Kriminalkommissar für ausreichend erachtet, der außerdienstlich an zwei neonazistischen Demonstrationen teilnahm.[1]

3 Der Verweis hat **schriftlich** durch Disziplinarverfügung zu erfolgen. Er muss immer wörtlich als Verweis bezeichnet werden, um den Charakter einer Disziplinarmaßnahme zu erfüllen.[2] Der Verweis ist im Übrigen nach einer Frist von zwei Jahren zu tilgen (§ 16). Ein Beförderungsverbot wird durch den Verweis nicht bewirkt. Die ergibt sich als Umkehrschluss aus §§ 8 ff.[3]

4 Nach § 6 Satz 2 sind **missbilligende Äußerungen** (Zurechtweisungen, Ermahnungen oder Rügen), die nicht ausdrücklich als Verweis bezeichnet werden, keine Disziplinarmaßnahmen. Der Charakter als Disziplinarmaßnahme im weiteren Sinne wird durch den Verweis in § 16 Abs. 5 auf § 112 BBG aufgezeigt. In dieser Vorschrift wird die Entfernung solcher Missbilligungen aus der Personalakte geregelt. Die Gesetzesregelung ist fragwürdig. Sie schafft über den Katalog des § 5 hinaus eben doch eine weitere Disziplinarmaßnahme, die auch allen maßnahmebezogenen Regelungen des BDG unterliegt. Rechtsgrundlage ist die sich aus dem allgemeinen Beamtenrecht ergebende Weisungs- und Aufsichtsbefugnis des Dienstherrn.[4] Deshalb liegt die Annahme nahe, dass es schon aus formellen Gründen nicht zulässig ist, dass die Disziplinarbehörde ein Disziplinarverfahren einstellt und einem Beamten zugleich in der Einstellungsverfügung mit einer Missbilligung die Begehung eines Dienstvergehens zur Last legt; zulässig dürfte es nur sein, dass die jeweilige personalverwaltende Behörde außerhalb eines Disziplinarverfahrens nach all-

---

1 OVG Berlin-Brandenburg 1.4.2014 – OVG 81 D 2.12.
2 GKÖD-Weiß, II § 6 Rn. 21; Urban/Wittkowski, BDG, § 6 Rn. 3.
3 GKÖD-Weiß, II § 6 Rn. 25.
4 VGH Bayern 27.1.2015 – 6 ZB 14.2121; OVG Sachsen 18.2.2014 – 2 A 448.12; GKÖD-Weiß, II § 6 Rn. 31; Urban/Wittkowski, BDG, § 6 Rn. 7; Herrmann/Sandkuhl, Beamtendisziplinarrecht, § 4 Rn. 266.

gemeinen beamtenrechtlichen Regelungen eine schriftliche Missbilligung ausspricht.[5] § 6 Satz 2 nennt als missbilligende Äußerungen ausdrücklich Zurechtweisungen, Ermahnungen oder Rügen, die nicht ausdrücklich als Verweis bezeichnet werden. Die schwerste Form der missbilligenden Äußerung liegt vor, wenn diese den Vorwurf einer schuldhaften Pflichtverletzung (eines Dienstvergehens) enthält. Daneben gibt es nach überwiegender Auffassung weitere – mildere – dienstrechtliche Reaktionsmöglichkeiten, wie etwa tadelnde Hinweise, kritische Äußerungen, Belehrungen, Vorbehalte, Warnungen, ernste Missfallensbekundungen oder dringliche Ersuchen. Der Behörde steht insoweit ein Auswahlermessen zu.[6] Eine schriftliche Missbilligung, die ausdrücklich oder verklausuliert den Vorwurf einer schuldhaften Dienstpflichtverletzung, also eines Dienstvergehens, enthält, erfüllt als qualifizierte Missbilligung oder Missbilligung im engeren Sinn anders als eine nur ermahnende, belehrende oder hinweisende einfache Missbilligung die Voraussetzungen eines Verwaltungsaktes i. S. d. § 35 Satz 1 VwVfG und ist zur Personalakte zu nehmen.[7] Als Verwaltungsakt kann eine qualifizierte schriftliche Missbilligung gem. § 42 Abs. 1 VwGO mit einer Anfechtungsklage angegriffen werden. Eine solche Klage unterliegt nur den prozessualen Vorgaben der VwGO und nicht auch zusätzlich denen des Disziplinarrechts. Zur Entscheidung über derartige Klagen sind deshalb auch nicht die Kammern und Senate für Disziplinarsachen zuständig, sondern die für die allgemeinen beamtenrechtlichen Streitverfahren zuständigen Kammern und Senate.[8] Im Übrigen gilt für die Anfechtung der schriftlichen Missbilligung Gleiches wie für eine Disziplinarverfügung, mit der ein Verweis ausgesprochen wurde. Kein Rechtsmittel nach dem BDG haben Betroffene gegen eine bloß mündliche missbilligende Äußerung, ob nun ein Dienstvergehen vorgeworfen ist oder nicht. Hier besteht einerseits die Möglichkeit, sich allgemein beschwerdeführend oder im Rahmen der Dienstaufsichtsbeschwerde an den Dienstvorgesetzten zu wenden, andererseits die Antragsmöglichkeit nach § 18 (Selbstentlastungsverfahren). Eine Einstellung, die zwar die Feststellung eines Dienstvergehens, aber keine ausdrückliche Missbilligung enthält, soll nach BDiG[9] nicht anfechtbar sein; demgegenüber BDiG[10]: Anfechtung auch, wenn Feststellung des Dienstvergehens erfolgt und Missbilligung nicht als solche geäußert wird, aber dem Inhalt nach zum Ausdruck kommt. Nach Auffassung des BVerwG kann trotz Ausspruch einer schriftlichen Missbilligung gegenüber einem Beamten später ein förmliches Verfahren eingeleitet werden.[11] Die Missbilligung sei keine Disziplinarmaßnahme im eigentlichen Sinne. Deshalb stehe das Verbot der Doppelbestrafung einer zusätzlichen Disziplinierung im förmlichen Verfahren nicht entgegen. Gegen diese Auffassung spricht, dass die Missbilligung eine disziplinare Sanktion enthält und deswegen mit den echten Disziplinarmaßnahmen gleichgesetzt ist (o. Rn. 4).[12]

5

---

5 VGH Bayern 27.1.2015 – 6 ZB 14.2121; OVG Lüneburg 22.1.2013 – 5 LB 227.11 – zum niedersächsischen Disziplinarrecht.
6 VGH Bayern 27.1.2015 – 6 ZB 14.2121; OVG Sachsen 18.2.2014 – 2 A 448.12; VG München 27.5.2014 – M 5 K 13.4304; GKÖD-Weiß, II § 6 Rn. 29, 30; Urban/Wittkowski, BDG, § 6 Rn. 7.
7 VGH Bayern 17.6.2013 – 16b DZ 09.1069; OVG Lüneburg 22.1.2013 – 5 LB 227/11; Urban/Wittkowski, BDG, § 6 Rn. 7 und 8; Gansen, BDG, § 6 Rn. 10; GKÖD-Weiß, II § 6 Rn. 30.
8 OVG Lüneburg 22.1.2013 – 5 LB 227/11; Urban/Wittkowski, BDG, § 6 Rn. 9; Gansen, BDG, § 6 Rn. 10; vgl. auch GKÖD-Weiß, II § 6 Rn. 28 und 33.
9 BDiG 23.10.1984 – VIII Bk 12/84.
10 BDiG 15.6.1984 – IV Bk 8/84.
11 BVerwGE 43, 211.
12 So auch BDiG 2.10.1985 – VI Bk 5/85 für »freisprechende« Einstellungsverfügungen; 30.10.1973 – III VL 13/73 für Einstellungen nach § 14.

§ 7 Geldbuße

6   Beim Ausspruch einer missbilligenden Äußerung hat der Personalrat kein Mitwirkungsrecht nach § 78 Abs. 1 Nr. 3 BPersVG.[13] Unabhängig hiervon bleibt die allgemeine Befugnis des Personalrats nach § 67 BPersVG, darüber zu wachen, dass Angehörige der Dienststelle nach Recht und Billigkeit behandelt werden, sowie das Recht des Beamten, in eigener Sache den Personalrat zur Rechtswahrung einzuschalten.

§ 7 Geldbuße

Die Geldbuße kann bis zur Höhe der monatlichen Dienst- oder Anwärterbezüge des Beamten auferlegt werden. Hat der Beamte keine Dienst- oder Anwärterbezüge, darf die Geldbuße bis zu dem Betrag von 500 Euro auferlegt werden.

1   Diese Regelung entspricht dem früheren § 7 BDO. Klarstellend ist im Hinblick auf die Beamten auf Widerruf, die keine Dienstbezüge im besoldungsrechtlichen Sinne erhalten, der Begriff »Anwärterbezüge« hinzugefügt worden (Satz 1).

2   Die **Geldbuße** ist die zweitschwerste Maßnahme, die der **Dienstvorgesetzte** durch Disziplinarverfügung selbst verhängen darf (§ 33 Abs. 1).[1] Von ihr können wie beim Verweis alle aktiven Beamten – nicht jedoch die im Ruhestand – betroffen sein. Im Unterschied zu der darauf folgenden schweren Maßnahme der Gehaltskürzung erfolgt sie durch Festsetzung einer Geldsumme, die in **einem Betrag** zu zahlen ist.[2] Das BVerwG hat beispielsweise für eine angekündigte Teilnahme einer Postbeamtin an einem Streik eine Geldbuße von 300 Euro für angemessen erachtet.[3] Gegen einen Betriebsarzt beim BND, der Kollegen im Amt aufgefordert hatte, gegen eine andere Betriebsärztin Anzeige zu erstatten, und der eine Sicherungsüberprüfung verweigert hatte, wurde eine Geldbuße von 4170 Euro verhängt.[4] Der VGH Bayern hat die Verhängung einer Geldbuße von 100 Euro wegen der Missachtung einer Weisung eines Vorgesetzten und damit eines Verstoßes gegen die Pflicht aus § 62 Abs. 1 Satz 2 BBG für angemessen erachtet.[5]

3   Die Geldbuße kommt in Betracht, wenn das Vertrauensverhältnis nicht außergewöhnlich belastet ist und eine einmalige Pflichtenmahnung zur Einwirkung auf den Beamten genügt. Dies gilt insbesondere für den Bereich der **Ordnungswidrigkeiten** und **Bagatellverfehlungen** (vgl. A. I. Rn. 20, A. II. Rn. 4). Der Rspr. des BVerwG ist zu entnehmen, dass auch bei der Würdigung der Annahme von Geld oder anderen Vergünstigungen durch einen Beamten in Bezug auf sein Amt der Aspekt der Bagatellsumme eine Rolle spielt.[6] Die Grenze der Geringwertigkeit ist grundsätzlich bei 50 Euro anzusetzen.[7] Für ein Zugriffsdelikt kann auch bei einem lediglich einmaligen Fehlverhalten mit einem Schaden von weniger als 200 Euro ernsthaft in Betracht zu ziehen sein, von der Entfernung aus dem Be-

---

13 BVerwG, DVBl. 1979, 469.

1 GKÖD-Weiß, II § 7 Rn. 12.
2 A.A. GKÖD-Weiß, II § 7 Rn. 18, der auch die Festsetzung als Bruchteil der einmonatigen Dienstbezüge für zulässig hält; dies erscheint allerdings unpraktisch und verwischt den Unterschied zur Gehaltskürzung, so dass sich diese Auffassung nicht in der Praxis hat durchsetzen können.
3 BVerwG 27.2.2014 – 2 C 1.13.
4 BVerwG 26.6.2014 – 2 A 1.12.
5 VGH Bayern 20.7.2015 – 16b DZ 15.542.
6 BVerwG 6.9.2012 – 2 B 31.12.
7 BVerwG 23.2.2012 – 2 C 38.10; 13.12.2012 – 2 WD 29.11; VGH Bayern 4.6.2014 – 16a D 10.2005; OVG Nordrhein-Westfalen 12.3.2012 – 3d A 906/10.BDG.

Kürzung der Dienstbezüge § 8

amtenverhältnis abzusehen.[8] Der Zugriff auf einen solchen Betrag bis 200 Euro ist jedoch außerhalb des § 10 nicht mehr als Bagatelle zu sehen. Bei Wiederholungstätern kommt die Geldbuße nur ausnahmsweise in Betracht.

Die Vorschrift begrenzt die Geldbuße nach oben auf die **einmonatigen Dienstbezüge**. 4 Hierzu gehören Grundgehalt, Ortszuschlag, örtlicher Sonderzuschlag, Amtsstellen- und Ausgleichszulagen, nicht jedoch Einnahmen aus genehmigter Nebentätigkeit und übrige Einkünfte wie Kindergeld, Ministerialzulage o.Ä. Der Grundsatz der Einheit des Dienstvergehens verbietet bei mehreren Verfehlungen, jede besonders mit einer Geldbuße zu belegen und damit den Höchstbetrag des § 7 zu umgehen. Bei einer Überschreitung des Höchstbetrages ist Wiederaufnahme des Verfahrens möglich, da eine nach Art und Höhe im Gesetz nicht vorgesehene Maßnahme ausgesprochen wurde.[9] Beispielsweise wurde gegen eine Bürgermeisterin, die Auskunftsverlangen des Jugendparlaments nicht befolgte, den Petitionsausschuss nicht ordnungsgemäß anhörte und keine Informationen an den Landrat weitergab, eine Geldbuße von 5000 Euro verhängt.[10] Eine Geldbuße kann auch nur als symbolische Maßregelung in Höhe von einem Euro verhängt werden und stellt dennoch eine schwerere Disziplinarmaßnahme dar als der Verweis.[11]

Neben einer **Kriminalstrafe** oder **Ordnungsmaßnahme**, die wegen desselben Sachverhalts ergangen ist, darf eine Geldbuße nur unter den besonderen Voraussetzungen des § 14 verhängt werden. 5

Das **Amt eines Beamtenbeisitzers** erlischt, wenn gegen ihn im Disziplinarverfahren eine 6 Geldbuße, gleichviel ob dies durch Disziplinarverfügung oder disziplinargerichtliche Entscheidung geschieht, ausgesprochen wird (§ 50 Abs. 1 Nr. 2).

Eine wirksam und rechtskräftig durch Disziplinarverfügung bzw. Urteil festgesetzte Geld- 7 buße wird vollstreckt durch Abzug von den Dienst- oder Versorgungsbezügen. Bereits bei Verhängung der Geldbuße kann **Ratenzahlung** gewährt werden.[12] Da dies aber eine Frage der Vollstreckung ist, kommt eine solche nur in der Disziplinarverfügung selbst und nicht bei gerichtlicher Entscheidung in Betracht.

Unter Beamten, die keine oder nur vorübergehende Dienstbezüge beziehen, sind Ehren- 8 beamte, Referendare sowie solche im Vorbereitungsdienst bzw. während eines Beschäftigungsauftrages zu verstehen. Hier ist der Höchstbetrag auf 500 Euro festgesetzt.

Die Maßnahme steht einer Beförderung nicht entgegen.[13] Widerspruch und Anfech- 9 tungsklage gegen die Disziplinarverfügung, mit der eine Geldbuße verhängt wird, haben gem. § 3 BDG i. V. m. § 80 Abs. 1 Satz 1 VwGO aufschiebende Wirkung. Die Anordnung der sofortigen Vollziehung dürfte regelmäßig nicht gerechtfertigt sein.[14]

§ 8 Kürzung der Dienstbezüge

(1) Die Kürzung der Dienstbezüge ist die bruchteilmäßige Verminderung der monatlichen Dienstbezüge des Beamten um höchstens ein Fünftel auf längstens drei Jahre. Sie erstreckt sich auf alle Ämter, die der Beamte bei Eintritt der Unanfechtbarkeit der Entscheidung inne hat. Hat der Beamte aus einem früheren öffentlich-rechtlichen

---

8 BVerwG 23. 2. 2012, 2 B 143.11; 26. 3. 2014 – 2 B 100.13; VGH Bayern 4. 6. 2014 – 16a D 10.2005; aber: BVerwG 10. 12. 2015 – 2 C 6.14 – bei besonderem Dienstbezug.
9 So auch GKÖD-Weiß, II § 7 Rn. 45; Urban/Wittkowski, BDG, § 7 Rn. 5.
10 OVG Berlin-Brandenburg 21. 2. 2013 – OVG 81 D 2.10.
11 GKÖD-Weiß, II § 7 Rn. 16; a. A. Urban/Wittkowski, BDG, § 7 Rn. 5.
12 Urban/Wittkowski, BDG, § 7 Rn. 9.
13 GKÖD-Weiß, II § 7 Rn. 44; Urban/Wittkowski, BDG, § 7 Rn. 10.
14 Urban/Wittkowski, BDG, § 7 Rn. 11.

§ 8 Kürzung der Dienstbezüge

Dienstverhältnis einen Versorgungsanspruch erworben, bleibt dieser von der Kürzung der Dienstbezüge unberührt.

(2) Die Kürzung der Dienstbezüge beginnt mit dem Kalendermonat, der auf den Eintritt der Unanfechtbarkeit der Entscheidung folgt. Tritt der Beamte vor Eintritt der Unanfechtbarkeit der Entscheidung in den Ruhestand, gilt eine entsprechende Kürzung des Ruhegehalts (§ 11) als festgesetzt. Tritt der Beamte während der Dauer der Kürzung der Dienstbezüge in den Ruhestand, wird sein Ruhegehalt entsprechend wie die Dienstbezüge für denselben Zeitraum gekürzt. Sterbegeld sowie Witwen- und Waisengeld werden nicht gekürzt.

(3) Die Kürzung der Dienstbezüge wird gehemmt, solange der Beamte ohne Dienstbezüge beurlaubt ist. Er kann jedoch für die Dauer seiner Beurlaubung den Kürzungsbetrag monatlich vorab an den Dienstherrn entrichten; die Dauer der Kürzung der Dienstbezüge nach der Beendigung der Beurlaubung verringert sich entsprechend.

(4) Solange seine Dienstbezüge gekürzt werden, darf der Beamte nicht befördert werden. Der Zeitraum kann in der Entscheidung abgekürzt werden, sofern dies im Hinblick auf die Dauer des Disziplinarverfahrens angezeigt ist.

(5) Die Rechtsfolgen der Kürzung der Dienstbezüge erstrecken sich auch auf ein neues Beamtenverhältnis. Hierbei steht bei Anwendung des Absatzes 4 die Einstellung oder Anstellung in einem höheren als dem bisherigen Amt der Beförderung gleich.

1   Diese Vorschrift tritt an die Stelle des früheren § 9 BDO.

2   Die Gehaltskürzung besteht in einer **laufenden**, allerdings zeitlich befristeten Kürzung der jeweiligen Dienstbezüge in vom Gericht festgesetzten **Bruchteilen**. Dienstbezüge sind dabei solche, die der Beamte im Laufe der Vollstreckung bezieht. Es sind also auch Erhöhungen nach Eintritt der Rechtskraft mit einzubeziehen.

3   Die neue Vorschrift bringt im Vergleich zum alten Recht wichtige Änderungen. Zunächst ist die Kürzung der Dienstbezüge nicht mehr einer gerichtlichen Entscheidung vorbehalten, sondern nach § 32 Abs. 1 in die Hand des Dienstherrn gelegt. Weiter wurde in § 8 Abs. 1 die Dauer der Gehaltskürzung von fünf Jahren nach altem Recht auf nunmehr drei Jahre festgelegt. Begründet wird diese Änderung damit, dass bei einer Ausschöpfung der fünf Jahre sich die Maßnahme in ihren finanziellen Auswirkungen für den Beamten nachteiliger darstellt als eine Zurückstufung. Damit ergab sich ein Verstoß gegen den Grundsatz der sich steigernden Disziplinarmaßnahme. Mit der Neuregelung soll die Abgrenzung zwischen diesen beiden Maßnahmen klarer gezogen werden. Dies insbesondere auch deshalb, weil nunmehr die Grenze zwischen Maßnahmen, die noch der Dienstherr verhängen darf, und denen, die vom Gericht ausgesprochen werden, anders verläuft. Die Laufzeit einer Gehaltskürzung von drei Jahren ist in jeder Hinsicht ausreichend, um Dienstvergehen mittlerer und schwerer Art angemessen zu ahnden. Der Gesetzesbegründung ist beizupflichten. Vor diesem Hintergrund besteht keine Veranlassung, bestimmte Verfehlungen nur wegen der verkürzten Laufzeit nicht mehr mit einer Gehaltskürzung, sondern mit der Zurückstufung zu ahnden. Für diese Delikte ist auch weiterhin eine Gehaltskürzung angemessen. Weiter wird nun klargestellt, dass sich die Kürzung auf alle Ämter bezieht, die der Beamte im Zeitpunkt der Unanfechtbarkeit der Entscheidung innehat. Dies entspricht der Verfahrensweise nach altem Recht, ohne dass dies ausdrücklich in der BDO geregelt gewesen wäre. Ebenso altem Recht entspricht, dass nach § 8 Abs. 1 Satz 3 Versorgungsbezüge aus einem früheren öffentlich-rechtlichen Dienstverhältnis von der Kürzung unberührt bleiben. Die Höchstgrenze der Kürzung blieb mit einem Fünftel gleich. Es wurde klargestellt, dass sich die Kürzung auf die monatlichen Dienstbezüge bezieht.

Kürzung der Dienstbezüge § 8

Unter Aufgabe der bisherigen Rspr. hat das BVerwG in seiner Entscheidung vom 21.3.2002 (1 D 29.00) entschieden, dass die regelmäßige Gehaltskürzung nicht mehr einheitlich ein Zwanzigstel beträgt. Die Dauer der Kürzung der Dienstbezüge wird durch die Schwere des Dienstvergehens bestimmt.[1] Zu differenzieren ist auch nach den wirtschaftlichen Verhältnissen des Beamten. Danach beträgt der regelmäßige Kürzungssatz bei Beamten des einfachen Dienstes ein Fünfundzwanzigstel, des mittleren Dienstes ein Zwanzigstel und bei Beamten des gehobenen und höheren Dienstes bis Besoldungsgruppe A 16 regelmäßig ein Zehntel.[2] Beispielsweise wurde gegen eine Oberstudienrätin wegen Steuerhinterziehung eine Kürzungsquote von einem Zehntel verhängt.[3] Die Schwere der Pflichtverletzung ist nach den Regelungen des § 13 zu bestimmen. So ist etwa der Besitz kinderpornografischer Dateien eine schwerwiegende außerdienstliche Pflichtverletzung und disziplinarwürdig. Der Orientierungsrahmen für die Bestimmung der angemessenen Disziplinarmaßnahme ist am Strafrahmen des zum Tatzeitpunkt geltenden Strafrechts ausgerichtet. Auszugehen war daher ursprünglich grundsätzlich von einer Kürzung der Dienstbezüge.[4] Nunmehr folgt aus dem seit 2003 geltenden Strafrahmen des § 184b Abs. 4 StGB von bis zu zwei Jahren Freiheitsstrafe, dass für die Maßnahmebemessung auf einen Orientierungsrahmen bis zur Zurückstufung abzustellen ist, wenn das Dienstvergehen keinen Bezug zu den dienstlichen Aufgaben des Beamten aufweist und dieser keine herausgehobene Vorgesetzten- und Leitungsfunktion innehat.[5]

4

Mit der Gehaltskürzung sind die **mittelschweren Dienstvergehen** zu ahnden. Auch sie unterliegen, sofern ein sachgleiches Strafverfahren oder eine Ordnungsmaßnahme vorangegangen ist, den Regelungen des § 14 Abs. 1 Nr. 2. Nach dem Gesetz unterliegen beide Komponenten (Laufzeit und Kürzungssatz) freier Zumessung. Beide können nach den pflichtenmahnenden Zielsetzungen aufeinander abgestimmt werden. Das Gesetz gibt den Gerichten in Abs. 1, was Dauer und Bruchteil angeht, **einen erheblichen Spielraum**, der nach den konkretisierten Bemessungsregeln auszufüllen ist. So wurde etwa gegen einen Beamten wegen mangelhafter Arbeitsweise und damit eines Verstoßes gegen § 34 Satz 1 BeamtStG eine Kürzung seiner Dienstbezüge um 10% für die Dauer von 10 Monaten für wirksam erachtet.[6]

5

Wirksam wird die Gehaltskürzung mit dem der Rechtskraft des Urteils folgenden Monat, in dem die Vollstreckung beginnt.

6

Offen ist die **Mindestlaufzeit**. Hier wird von einem Monat auszugehen sein.[7] Sie reicht bis zu drei Jahren. Der Kürzungssatz reicht bis zu einem Fünftel der Dienstbezüge. Ein Überschreiten des **Höchstbetrages** oder der Höchstdauer gibt auch hier einen Wiederaufnahmegrund nach § 71 Abs. 1 Nr. 1. Bei laufender Gehaltskürzung und erneuter Kürzung des Gehalts darf aber **insgesamt** um einen höheren Betrag als nach § 8 Abs. 1 zulässig gekürzt werden, weil sich die Kürzungsrate nur nach den **jeweiligen** Dienstbezügen bemisst.[8] Innerhalb des gesetzlichen Rahmens kann das Gericht Höhe und Dauer nach seinem Ermessen festlegen. Pfändungsgrenzen sind grundsätzlich ohne Einfluss auf die Höchst-

7

---

1 VGH Bayern 6.12.2013 – 16a D 12.1815 und 16a D 12.134.
2 BVerwG 21.3.2001 – 1 D 29.00, BVerwGE 114, 88; Herrmann/Sandkuhl, Beamtendisziplinarrecht, § 4 Rn. 270.
3 VGH Bayern 6.12.2013 – 16a D 12.1815.
4 BVerwG 20.6.2014 – 2 B 82.13.
5 BVerwG 18.6.2014 – 2 B 9.14.
6 OVG Lüneburg 28.1.2014 – 20 LD 10/13; zur Schlechtleistung zuletzt: BVerwG 9.11.2000 – 1 D 8.96; VGH Bayern 4.6.2014 – 16b D 13.707; OVG Lüneburg 20.1.2014 – 20 LD 10/13.
7 BVerwG – 1 D 10.71; Herrmann/Sandkuhl, Beamtendisziplinarrecht, § 4 Rn. 268.
8 BDiG 12.5.1982 – XIV VL 3/82.

grenze der Gehaltskürzung. Allerdings darf eine solche nicht zu einer wirtschaftlich unerträglichen Belastung werden. Die nach Art. 33 Abs. 5 GG garantierte Alimentation darf nicht unterschritten werden. Dazu ist auf die wirtschaftlichen Bedürfnisse der Familie des Beamten konkret einzugehen. Auch die äußeren Lebensumstände (Großstadt/Land) spielen eine Rolle. Die finanziellen Folgen des sachgleichen Strafverfahrens sind anzurechnen, anderenfalls liegt verfassungswidrige Doppelsanktion vor. Die Wirkung der Gehaltskürzung bezieht sich auch hier nur auf die Bezüge, die der Beamte hat, nicht auf Leistungen, die nicht hierzu gehören, wie etwa Einkommen aus Nebenbeschäftigung oder Ministerialzulagen.

8 In **Abs. 2** wird nunmehr auch geregelt, dass bei Eintritt in den Ruhestand eine entsprechende Kürzung des Ruhegehalts als festgesetzt gilt. Dies entspricht den Regelungen des § 117 Abs. 4 und Abs. 7 BDO. Missverständlich ist die Regelung in Abs. 2 Satz 3. Gemeint ist hier nicht, dass in diesem Fall der Beamte noch einmal die Gesamtdauer der Kürzung des Ruhegehalts erleiden muss, sondern es wird nur noch für die Restdauer das Ruhegehalt gekürzt. Die zusammengezogene Kürzungszeit aus dem aktiven Dienst und dem Ruhestand darf nicht länger als die verhängte Zeit sein. Dies entspricht der bisherigen Rechtslage des § 117 Abs. 4 BDO, auf den sich die Gesetzesbegründung bezieht. Wie bisher (§ 117 Abs. 4 Satz 4 BDO) werden Sterbegeld, Witwen- und Waisengeld nicht gekürzt.

9 **Abs. 3** stellt eine neue Regelung dar, die den Problemen bei den privatisierten ehemaligen Staatsunternehmen, die beurlaubte Beamte beschäftigten, Rechnung tragen soll. Für die bei Post, Postbank, Telekom und Bahn beschäftigten Beamten ruht die Kürzung der Bezüge für die Dauer ihrer Beurlaubung. Dauert die Beurlaubung bis zum Eintritt in den Ruhestand, so ist die Bezügekürzung bis zu diesem Zeitpunkt gehemmt und es tritt dann eine Kürzung des Ruhegehalts ein. Um diese Folge zu vermeiden, gibt Abs. 3 Satz 2 dem Beamten die Möglichkeit, auch während seiner Beurlaubung »freiwillig« den Kürzungsbetrag an seinen Dienstherrn abzuführen. Diese Regelung wird man im Hinblick auf die Formulierung »monatlich vorab« so zu verstehen haben, dass der Beamte bei dieser Vorabzahlung an den monatlichen Kürzungsbetrag aus dem Urteil gebunden ist und er nicht frei in der Höhe der Zahlung ist. Entsprechend dieser Zahlung verkürzt sich selbstverständlich die Kürzungsdauer nach Ende der Beurlaubung. Diese Regelung wird vor allem für Beamte interessant sein, die während der Beurlaubung aufgrund privatrechtlicher Arbeitsverträge ein höheres Einkommen erzielen als nach der Beendigung der Beurlaubung.

10 In **Abs. 4** wird grundsätzlich am Beförderungsverbot während der Laufzeit der Kürzung der Dienstbezüge festgehalten. Allerdings wird den Gerichten bzw. dem Dienstherrn, anders als im alten Recht, jetzt die Möglichkeit eröffnet, diesen Zeitraum abzukürzen, wenn dies im Hinblick auf die Dauer des Verfahrens angezeigt ist.[9] Mit dieser Regelung wird an bestehende Regelungen in einzelnen Bundesländern angeknüpft und dem Umstand Rechnung getragen, dass mit der Einleitung des Disziplinarverfahrens ein faktisches Beförderungsverbot besteht. Bei langer Dauer des Verfahrens führt dies faktisch zu einer überharten Folge für den Beamten. Die Beförderungsmöglichkeiten sind unangemessen lange beschnitten. Es handelt sich um eine »Kann«-Bestimmung. Sie gibt in ihrer Ausgestaltung dem Dienstherrn oder dem Gericht die Möglichkeit an die Hand, unter Beachtung aller Umstände des Einzelfalls, wenn die tatbestandlichen Voraussetzungen vorliegen, im Sinne einer Einzelfallgerechtigkeit zu entscheiden. Diese Regelung ist zu begrü-

---

9 GKÖD-Weiß, II § 8 Rn. 53; Herrmann/Sandkuhl, Beamtendisziplinarrecht, § 4 Rn. 271; Urban/Wittkowski, BDG, § 8 Rn. 17.

Zurückstufung § 9

ßen, folgt sie doch einer verbreiteten Kritik an der bisherigen Regelung, die auch an dieser Stelle vorgetragen wurde. Es empfiehlt sich, obwohl die Disziplinarorgane auch über diese Verkürzungsmöglichkeit von Amts wegen zu entscheiden haben, auf diese Möglichkeit im Rahmen der Verteidigung hinzuweisen und zu den Voraussetzungen vorzutragen.
Abs. 5 soll zukünftig verhindern, dass die Disziplinarmaßnahme durch einen Wechsel des Dienstherrn unterlaufen werden kann. Dies gilt sowohl hinsichtlich der Kürzung der Bezüge (Satz 1) als auch hinsichtlich des Beförderungsverbots bei einem neuen Dienstherrn (Satz 2). Damit hat der Gesetzgeber erstmals ein Umgehungsverbot geschaffen.[10] **11**
Das Amt eines Disziplinarbeisitzers erlischt durch eine verhängte Gehaltskürzung (§ 50 Abs. 1 Nr. 2).[11] **12**

§ 9 Zurückstufung

(1) Die Zurückstufung ist die Versetzung des Beamten in ein Amt derselben Laufbahn mit geringerem Endgrundgehalt. Der Beamte verliert alle Rechte aus seinem bisherigen Amt einschließlich der damit verbundenen Dienstbezüge und der Befugnis, die bisherige Amtsbezeichnung zu führen. Soweit in der Entscheidung nichts anderes bestimmt ist, enden mit der Zurückstufung auch die Ehrenämter und die Nebentätigkeiten, die der Beamte im Zusammenhang mit dem bisherigen Amt oder auf Verlangen, Vorschlag oder Veranlassung seines Dienstvorgesetzten übernommen hat.
(2) Die Dienstbezüge aus dem neuen Amt werden von dem Kalendermonat an gezahlt, der dem Eintritt der Unanfechtbarkeit der Entscheidung folgt. Tritt der Beamte vor Eintritt der Unanfechtbarkeit der Entscheidung in den Ruhestand, erhält er Versorgungsbezüge nach der in der Entscheidung bestimmten Besoldungsgruppe.
(3) Der Beamte darf frühestens fünf Jahre nach Eintritt der Unanfechtbarkeit der Entscheidung befördert werden. Der Zeitraum kann in der Entscheidung verkürzt werden, sofern dies im Hinblick auf die Dauer des Disziplinarverfahrens angezeigt ist.
(4) Die Rechtsfolgen der Zurückstufung erstrecken sich auch auf ein neues Beamtenverhältnis. Hierbei steht im Hinblick auf Absatz 3 die Einstellung oder Anstellung in einem höheren Amt als dem, in welches der Beamte zurückgestuft wurde, der Beförderung gleich.

Diese Vorschrift entspricht dem früheren § 10 BDO. Die Folgen der Zurückstufung entsprechen denjenigen der früheren Versetzung in ein Amt derselben Laufbahn mit geringerem Endgrundgehalt nach § 10 Abs. 1 BDO. Neu geregelt wurde, dass auch eine Zurückstufung wegen Zeitablaufs nach § 15 Abs. 3 nach sieben Jahren nicht mehr möglich ist (§ 15 Rn. 5 ff.). Seit dem 12. 2. 2009 ist die Zurückstufung nicht mehr von § 14 Abs. 1 Nr. 2 umfasst.[1] Nach zutreffender Ansicht sind Hochschullehrer der Besoldungsgruppen C und W von der Zurückstufung ausgenommen.[2] **1**
Die zweitschwerste Disziplinarmaßnahme ist die **Versetzung in ein Amt derselben Laufbahn mit geringerem Endgrundgehalt** (Zurückstufung).[3] Sie ist auf schwere Dienstvergehen eines Beamten beschränkt, der sich nicht im Eingangsamt der Laufbahn befindet. **2**

---

10 BT-Drucks. 14/4659, S. 36; GKÖD-Weiß, II § 8 Rn. 60; Urban/Wittkowski, BDG, § 8 Rn. 19.
11 Urban/Wittkowski, BDG, § 8 Rn. 18.

1 BT-Drucks. 2/225, S. 13; 16/1085, S. 246; Urban/Wittkowski, BDG, § 9 Rn. 8.
2 Herrmann/Sandkuhl, Beamtendisziplinarrecht, § 4 Rn. 277 m. w. N.
3 Dazu W. Juncker, ZBR 2011, 188.

§ 9 Zurückstufung

Eine Zurückstufung wurde beispielsweise zuletzt erkannt bei: **Reisekosten- bzw. Trennungsgeldbetrug**[4] (siehe B. II. 10), **Sexualdelikten**[5] (siehe B. II. 12), außerdienstlichen **Besitzes kinderpornographischen Materials**, wenn das Dienstvergehen keinen Bezug zu den dienstlichen Aufgaben des Beamten aufweist und dieser keine herausgehobene Vorgesetzten- und Leitungsfunktion innehat[6] (s. B. II. 12 Rn. 17), und **Steuerhinterziehung**[7] (siehe B. II. 12 Rn. 3). Bei einer **versuchten Steuerhinterziehung** einer Steueroberskretärin wurde wegen des Bezugs zum Amt auf eine Zurückstufung auf die Gehaltsgruppe des Eingangsamts erkannt.[8] Gegenüber einem Postzusteller, der auf 340 Euro **zugegriffen** hatte, wurde eine Zurückstufung um zwei Stufen in das Eingangsamt ausgesprochen.[9]

3 Die Zurückstufung ist mithin zum einen eine »entfernende Maßnahme« (Entfernung aus dem Beförderungsamt), weil der Beamte zwar im Beamtenverhältnis als solchem, nicht aber in dem konkreten statusrechtlichen Amt seiner Laufbahn noch tragbar ist,[10] und dient zum anderen (auch) der Pflichtenmahnung.[11] Eine disziplinar nicht gebotene Versetzung in ein Amt mit geringerem Endgrundgehalt kann nicht ausschließlich deshalb ausgesprochen werden, weil die Dienstbehörde es unterlassen hat, wegen desselben Sachverhalts die nach der Tat wirksam gewordene Beförderung des Beamten nach § 14 Abs. 1 Nr. 2 BBG zurückzunehmen.[12]

4 Die Zurückstufung ist über alle Beförderungsämter der Laufbahn hinweg bis herunter zum Eingangsamt möglich, so dass z. B. der Postbetriebsinspektor zum Assistenten degradiert werden kann. Welche Laufbahnen es im Einzelnen gibt, regelt sich nach dem BBG i. V. m. der Bundeslaufbahnverordnung (BLV). Jede Laufbahn der einzelnen Verwaltungszweige muss sich dabei innerhalb einer der vier in § 6 Abs. 1 BLV genannten Laufbahngruppen (einfacher, mittlerer, gehobener und höherer Dienst) bewegen.

5 Ein Aufstiegsbeamter kann nicht in die Laufbahn zurückversetzt werden, aus der er aufgestiegen ist. Dagegen können Betroffene, die ein in eine höhere Laufbahngruppe hineinragendes Amt innehaben, innerhalb der gesamten Laufbahngruppe des Dienstes, der sie immer noch angehören, zurückversetzt werden. Auch von der B-Besoldung kann in ein Amt der A-Besoldung zurückgestuft werden,[13] obwohl es dort i. S. d. § 9 keine Ämter mit unterschiedlichem Endgrundgehalt gibt. Ämter mit Amtszulage sind einer Zurückstufung in ein Amt ohne Ämterzulage nicht zugänglich.[14]

6 Voraussetzung für eine Zurückstufung ist **Zurückversetzbarkeit**. § 9 ist also nicht anzuwenden gegenüber Beamten, die sich noch im Eingangsamt befinden. Es kann allenfalls eine mildere Maßnahme verhängt werden.[15] Ein Postassistent oder technischer Fernmeldeoberinspektor könnte beispielsweise nicht zurückgestuft werden, ebenso ein Lokführer. Hier ist anstelle der Zurückstufung auf die nächst mildere Maßnahme der Gehaltskür-

---

4 BVerwG 27.6.2013 – 2 WD 5.12.
5 BVerwG 30.10.2012 – 2 WD 28.11.
6 BVerwG 18.6.2014 – 2 B 9.14; 14.5.2012 – 2 B 146.11; 26.6.2012 – 2 B 28.12.
7 BVerwG 11.1.2012 – 2 WD 40.10.
8 BVerwG 14.1.2014 – 2 B 84.13.
9 VG Saarlouis 9.2.2012 – 4 K 70/10.
10 OVG Lüneburg 5.12.2012 – 19 LD 3/12; vgl. Bieler/Lukat, NDiszG, § 19 Anm. 1 sowie Einl. B Rn. 86 ff; Gansen, BDG, § 9 Rn. 1.
11 BVerwG 24.6.1998 – 1 D 23.97, BVerwGE 113, 229; Herrmann/Sandkuhl, Beamtendisziplinarrecht, § 4 Rn. 273f.
12 BVerwGE 53, 166.
13 BVerwG 25.3.1980 – 1 D 14.79.
14 GKÖD-Weiß, II § 9 Rn. 23; Urban/Wittkowski, BDG, § 9 Rn. 5; a. A. Gansen, BDG, § 9 Rn. 15.
15 Herrmann/Sandkuhl, Beamtendisziplinarrecht, § 4 Rn. 276.

Zurückstufung § 9

zung zu erkennen.[16] Die Zurückstufung versagt auch gegenüber Beamten auf Zeit und Ehrenbeamten. Wird abweichend von § 9 ein Beamter in ein Amt versetzt, das einer niedrigeren Laufbahn angehört, so handelt es sich um eine nach dem Gesetz nicht vorgesehene Maßnahme. Dies kann zur Wiederaufnahme des Verfahrens nach § 71 Abs. 1 Nr. 1 führen. Das gilt auch, wenn eine nach dem individuellen Status des Beamten nicht mögliche Zurückstufung verhängt wird. Sie ist dann nach dem Gesetz »nicht vorgesehen«.

Mit Abs. 1 Satz 3 ist auch geregelt, dass mit dem Verlust der Rechte aus dem bisherigen Amt nicht nur die im Zusammenhang mit dem bisherigen Amt oder auf Verlangen, Vorschlag oder Veranlassung des Dienstvorgesetzten übernommenen Nebentätigkeiten erlöschen, sondern auch die Ehrenämter verloren gehen. Mit dieser Regelung wurde eine bisherige Gesetzeslücke geschlossen. Von dieser Rechtsfolge kann das Gericht in der Entscheidung im Einzelfall absehen. Diese Möglichkeit soll nach der Gesetzesbegründung vor allem für diejenigen Ehrenämter oder Nebentätigkeiten bestehen, die der Beamte, möglicherweise sogar gegen seinen Willen, aus dienstlichem Interesse auf Verlangen seines Dienstherrn übernommen hat. Die Gesetzesbegründung meint, dass diese Regelung notwendig sei, um in diesen Fällen eine nicht gerechtfertigte Bevorzugung gegenüber dem pflichtgemäß handelnden Beamten zu vermeiden. Damit ist klargestellt, dass das Gericht von dieser Möglichkeit restriktiv und im Regelfall nicht zugunsten des Beamten Gebrauch machen kann.

7

Der neu gefasste Abs. 2 entspricht den Regelungen des § 117 Abs. 5 und 7 BDO und wird nun an dieser Stelle sachnäher geregelt. Inhaltlich gleichbleibend tritt die Rechtsfolge der Zurückstufung mit allen Rechtsfolgen des Abs. 1 mit der Rechtskraft des Urteils ein. Mit einer Zurückstufung gehen alle Rechte aus dem bisherigen Amt einschließlich der damit verbundenen Bezüge und der Befugnis, die bisherige Amtsbezeichnung zu führen, verloren.[17] Der zurückgestufte Beamte wird so behandelt, als habe er das bisherige Amt nie bekleidet. Die niedrigeren Dienstbezüge werden vom Ersten des Monats an gezahlt, welcher der Rechtskraft des Urteils folgt. Das Urteil muss das neue Amt genau bezeichnen und sollte auch die Besoldungsgruppe angeben. Mit Rechtskraft des Urteils hat der Beamte das neue Amt im Rahmen der Besoldungsgruppe inne. Die Einweisung in eine Planstelle des neuen Amtes ist eine beamtenrechtliche Folge der Zurückstufung, kein Bestandteil der Vollstreckung. Sie erfolgt im Verwaltungswege und wird unabhängig von der Zurückstufung wirksam. Ist eine entsprechende freie Planstelle nicht vorhanden, muss der Beamte dennoch in eine solche eingewiesen werden. Die Kosten müssen aus der früheren nunmehr unterbesetzten Stelle bestritten werden.

8

Die mit der Zurückstufung verbundene **Beförderungssperre** ist in Abs. 3 auf fünf Jahre festgesetzt worden.[18] Neu ist die Regelung, dass das Gericht diese Frist im Hinblick auf die Dauer des Disziplinarverfahrens verkürzen kann.[19] Der betreffende Beamte darf somit frühestens fünf Jahre nach Eintritt der Unanfechtbarkeit der Entscheidung befördert werden, wobei der Zeitraum abgekürzt werden kann.[20] Sie ist gesetzliche Folge der rechtskräftigen disziplinargerichtlichen Entscheidung und muss nicht besonders ausgesprochen werden. Dies entspricht bisherigem Recht.

9

---

16 BVerwG 19. 8. 2010 – 2 C 13.10.
17 OVG Lüneburg 5. 12. 2012 – 19 LD 3/12; Urban/Wittkowski, BDG, § 9 Rn. 9.
18 GKÖD-Weiß, II § 9 Rn. 48; Urban/Wittkowski, BDG, § 9 Rn. 11.
19 BVerwG 25. 8. 2009 – 1 D 1.08.
20 OVG Lüneburg 5. 12. 2012 – 19 LD 3/12.

§ 10   Entfernung aus dem Beamtenverhältnis

10   Die neue Regelung in Abs. 4 entspricht § 8 Abs. 5. Es handelt sich um eine Regelung zur Verhinderung von Umgehungen.[21] Ein zurückgestufter Beamter, der vor Rechtskraft des Urteils in den **Ruhestand** tritt, erhält Versorgungsbezüge aus der im Urteil bestimmten Besoldungsgruppe (Abs. 2 Satz 2). Der Verlust, der in § 9 Abs. 1 Satz 3 bezeichneten **Nebenämter** ist eine von selbst eintretende Rechtsfolge.

11   Gegen § 9 wurden wiederholt **Bedenken** auch verfassungsrechtlicher Art erhoben. Diese hat die Rspr. als unbegründet zurückgewiesen.[22] Gewichtiger waren Bedenken, die sich aus den schwer wiegenden Wirkungen der Maßnahme ergaben, insbesondere hinsichtlich der Dauer der Beförderungssperre. Wegen der weit über den pflichtenmahnenden Zweck hinausgehenden laufbahnmäßigen Auswirkungen der Degradierung verlangten die DGB-Gewerkschaften de lege ferenda auch eine Streichung dieser Maßnahme im Gesetz.[23] Zur Milderung der Maßnahme wurde daher die Möglichkeit der Abkürzung der Beförderungssperre eingeführt.[24]

§ 10   Entfernung aus dem Beamtenverhältnis

(1) Mit der Entfernung aus dem Beamtenverhältnis endet das Dienstverhältnis. Der Beamte verliert den Anspruch auf Dienstbezüge und Versorgung sowie die Befugnis, die Amtsbezeichnung und die im Zusammenhang mit dem Amt verliehenen Titel zu führen und die Dienstkleidung zu tragen.

(2) Die Zahlung der Dienstbezüge wird mit dem Ende des Kalendermonats eingestellt, in dem die Entscheidung unanfechtbar wird. Tritt der Beamte in den Ruhestand, bevor die Entscheidung über die Entfernung aus dem Beamtenverhältnis unanfechtbar wird, gilt die Entscheidung als Aberkennung des Ruhegehalts.

(3) Der aus dem Beamtenverhältnis entfernte Beamte erhält für die Dauer von sechs Monaten einen Unterhaltsbeitrag in Höhe von 50 Prozent der Dienstbezüge, die ihm bei Eintritt der Unanfechtbarkeit der Entscheidung zustehen; eine Einbehaltung von Dienstbezügen nach § 38 Abs. 2 bleibt unberücksichtigt. Die Gewährung des Unterhaltsbeitrags kann in der Entscheidung ganz oder teilweise ausgeschlossen werden, soweit der Beamte ihrer nicht würdig oder den erkennbaren Umständen nach nicht bedürftig ist. Sie kann in der Entscheidung über sechs Monate hinaus verlängert werden, soweit dies notwendig ist, um eine unbillige Härte zu vermeiden; der Beamte hat die Umstände glaubhaft zu machen. Für die Zahlung des Unterhaltsbeitrags gelten die besonderen Regelungen des § 79.

(4) Die Entfernung aus dem Beamtenverhältnis und ihre Rechtsfolgen erstrecken sich auf alle Ämter, die der Beamte bei Eintritt der Unanfechtbarkeit der Entscheidung inne hat.

(5) Wird ein Beamter, der früher in einem anderen Dienstverhältnis im Bundesdienst gestanden hat, aus dem Beamtenverhältnis entfernt, verliert er auch die Ansprüche aus dem früheren Dienstverhältnis, wenn diese Disziplinarmaßnahme wegen eines Dienstvergehens ausgesprochen wird, das in dem früheren Dienstverhältnis begangen wurde.

---

21 Urban/Wittkowski, BDG, § 9 Rn. 13.
22 BDHE 7, 110.
23 DDB 11/1986, S. 19.
24 GKÖD-Weiß, II § 9 Rn. 49.

(6) Ist ein Beamter aus dem Beamtenverhältnis entfernt worden, darf er nicht wieder zum Beamten ernannt werden; es soll auch kein anderes Beschäftigungsverhältnis begründet werden.

Diese Vorschrift entspricht dem früheren § 11 BDO. Darüber hinaus werden die bislang an verschiedenen Stellen der BDO geregelten Folgen der Entfernung aus dem Dienst in einer Vorschrift zusammengefasst und damit übersichtlicher gestaltet. 1

Im neu gefassten Abs. 1 Satz 1 wird nunmehr zunächst die selbstverständliche Rechtsfolge der Entfernung aus dem Dienst, nämlich das Ende des Dienstverhältnisses, benannt. In Satz 2 werden dann die sekundären Folgen dieser Maßnahme geregelt. Die **Entfernung aus dem Dienst** ist die **schwerste Disziplinarmaßnahme** gegen aktive Beamte – ausgenommen auch hier wieder solche auf Probe und auf Widerruf (§ 5 Abs. 3). Auf sie kann nur durch Urteil im Rahmen einer Disziplinarklage erkannt werden. Sie steht bei Beamten auf Lebenszeit sozusagen anstelle einer außerordentlichen Kündigung aus wichtigem Grund und stellt die einzige Möglichkeit der Auflösung des Lebenszeitbeamtenverhältnisses gegen den Willen der Betroffenen dar. Sie setzt voraus, dass der Beamte sich durch sein Fehlverhalten **untragbar** gemacht hat und dass auch **kein Rest an Vertrauen** in die künftige ordnungsgemäße Aufgabenerfüllung besteht.[1] Bei der Frage, inwieweit durch das Dienstvergehen das Vertrauen des Dienstherrn oder der Allgemeinheit beeinträchtigt ist, handelt es sich nicht um eine vom Gericht nach § 86 Abs. 1 VwGO, § 58 BDG aufzuklärende Tatsache, sondern um eine dem Gericht obliegende rechtliche Bewertung.[2] Dies ist von den Verwaltungsgerichten aufgrund einer nachträglichen Prognose zu beurteilen. Maßgeblicher Zeitpunkt für eine solche Prognose ist der Zeitpunkt, in dem das Verwaltungsverfahren abgeschlossen wird.[3] 2

Für bestimmte Dienstvergehenstatbestände werden – nach der neueren Rspr. des BVerwG leicht modifizierte – **Regelvermutungen** für die Untragbarkeit angenommen (s. dazu § 13). Die Regeleinstufung der Entfernung gilt beispielsweise für **Zugriffsdelikte**. Ein Zugriffsdelikt, d.h. die Unterschlagung oder Veruntreuung amtlich anvertrauter Gelder, zieht nach seiner Schwere im Regelfall die Entfernung aus dem Beamtenverhältnis nach sich, wenn die veruntreuten Beträge oder Werte die Schwelle der Geringwertigkeit deutlich übersteigen.[4] Einem Zugriffsdelikt steht gleich, wenn der Beamte einem Kunden überhöhte Gebühren in Rechnung stellt, um sich den Differenzbetrag privat anzueignen.[5] Die Regeleinstufung entbindet die Verwaltungsgerichte jedoch nicht von der Aufklärung und Würdigung aller Umstände des Einzelfalls. Die Entfernung aus dem Beamtenverhältnis kommt regelmäßig nicht in Betracht, wenn ein in der Rspr. des BVerwG anerkannter **Milderungsgrund** vorliegt. Diese Milderungsgründe erfassen typisierend Beweggründe oder Verhaltensweisen des Beamten, die regelmäßig Anlass für eine noch positive Persönlichkeitsprognose geben.[6] Das Gewicht mildernder Umstände muss umso größer sein, je schwerer das Zugriffsdelikt aufgrund der Höhe des Schadens, der Anzahl und Häufigkeit der Zugriffshandlungen und der Begehung von »Begleitdelikten« und anderer belastender Gesichtspunkte im Einzelfall wiegt. Danach kommt jedenfalls bei einem einmaligen Fehl- 2a

---

1 Lingens, ZBR 2003, 89.
2 BVerwG 20.6.2014 – 2 B 82.13.
3 OVG Nordrhein-Westfalen 5.12.2012 – 1 A 846/12.
4 BVerwG 20.8.2014 – 2 B 101.13; 23.2.2012 – 2 B 143.11; VGH Bayern 18.3.2015 – 16a D 14.755; OVG Berlin-Brandenburg 8.10.2014 – OVG 81 D 4.11; VGH Bayern 25.9.2013 – 16a D 12.1369; dazu: B. II. 10 Rn. 2ff.
5 BVerwG 23.2.2012 – 2 B 143.11.
6 BVerwG 18.2.2014 – 2 B 87.13.

verhalten mit einem Schaden von weniger als 200 Euro ernsthaft in Betracht, von der Entfernung aus dem Beamtenverhältnis abzusehen.[7] Hingegen wurde beispielsweise ein Beamter aufgrund eines Diebstahls eines Laptops und eines folgenden Strafurteils über 80 Tagessätze aus dem Dienst entfernt, da die Schwelle der Geringwertigkeit überschritten war.[8]

2b Auch ein Beamter, der sich wegen **Bestechlichkeit** (§ 332 Abs. 1 StGB) strafbar macht, ist im Regelfall aus dem Beamtenverhältnis zu entfernen. Gleiches gilt für die Strafbarkeit wegen **Vorteilsannahme** (§ 331 Abs. 1 StGB), wenn ein Beamter, der ein hervorgehobenes Amt oder eine besondere Vertrauensstellung innehat, für die Dienstausübung einen mehr als unerheblichen Vorteil fordert oder annimmt (ausführlich II. B. 10).[9] Dies gilt nicht nur für Geldzahlungen, sondern auch für Sachleistungen.[10] Das BVerwG führt die Rspr. des Disziplinarsenats des BVerwG nicht weiter, wonach der Pflichtenverstoß schwerer wiegt, wenn eine Geldzuwendung in Rede steht.[11]

2c Auch eine strafrechtliche Verurteilung wegen **versuchter Freiheitsberaubung** oder gefährlicher **Körperverletzung im Amt** führt im Regelfall zur Entfernung.[12] Dies gilt insbesondere für **Polizeibeamte**. Die körperliche Unversehrtheit gehört mit zu den höchsten Rechtsgütern und ist auch verfassungsrechtlich geschützt. Besonderes Gewicht besitzt die Körperverletzung, wenn sie von einem Amtsträger in Ausübung seines Amtes begangen wird. Dem entspricht das ganz erhebliche disziplinarische Gewicht eines derartigen Amtsdelikts gem. §§ 340 Abs. 1 und 3, 224 Abs. 1 StGB. Beamte, die Gewalt aus persönlichen Motiven heraus anwenden, um vermeintliche staatliche Ziele durchzusetzen, gefährden das Ansehen und das Vertrauen der Bevölkerung in die Rechtmäßigkeit staatlichen Handelns deshalb in ganz erheblichem Maße.[13] Die Begehung eines derartigen Delikts führt schon bei isolierter Betrachtung – allerdings abhängig vom Gewicht und den übrigen Umständen der Körperverletzung im Amt – dazu, dass die Verhängung der Höchstmaßnahme im Raum steht.[14]

2d Zur Entfernung kann es auch führen, wenn ein Dienstvorgesetzter unterstellte Beamte **schikaniert** oder **mobbt**. Die Dienstaufsicht beinhaltet u. a. grundsätzlich das Recht und die Pflicht, über den Dienstbetrieb zu wachen, Weisungen für die Erledigung der Dienstgeschäfte zu erteilen, Dienstaufgaben zu verteilen und die Qualität von Dienstleistungen zu beurteilen.[15] Die unterstellten Beamten sind grundsätzlich weisungsgebunden (§ 35 BeamtStG) und daher vor schikanösen Anweisungen zu schützen. Gemäß dem Schikaneverbot des § 226 BGB ist die Ausübung eines Rechts unzulässig, wenn sie nur den Zweck haben kann, einem anderen Schaden zuzufügen. Im arbeits- oder dienstrechtlichen Sinne wird unter Mobbing ein systematisches Anfeinden, Schikanieren und Diskriminieren von Beschäftigten untereinander oder durch Vorgesetzte verstanden, das über gewöhnliche, von jedermann zu bewältigende berufliche Schwierigkeiten hinausgeht und eine mehr oder weniger schwerwiegende Beeinträchtigung des Persönlichkeitsrechts, der Ehre und/

---

7 BVerwG 6. 6. 2013 – 2 B 50.12.
8 BVerwG 20. 12. 2013 – 2 B 35.13; vergleichbar: BVerwG 11. 1. 2012 – 2 B 78.11.
9 BVerwG 19. 5. 2015 – 2 B 28.15; 20. 12. 2013 – 2 B 44.12; 21. 8. 2013 – 2 B 21.13; 28. 2. 2013 – 2 C 3.12.
10 Vgl. Zwiehoff, in: jurisPR-ArbR 45/2005 Nr. 2.
11 BVerwG 28. 2. 2013 – 2 C 3.12.
12 BVerwG 7. 11. 2014 – 2 B 45.14.
13 OVG Nordrhein-Westfalen 26. 2. 2014 – 3d A 2472/11.O.
14 BVerwG 7. 11. 2014 – 2 B 45.14.
15 VGH Bayern 11. 12. 2013 – 16a DS 13.706.

oder der Gesundheit des Betroffenen darstellen kann.[16] Mobbing ist eine systematische und über längere Zeit wiederholte Attacke. Es bezeichnet eine soziale Situation, nicht einzelne Handlungen.[17] Verletzt der Dienstvorgesetzte das Schikaneverbot, so ist er regelmäßig als ungeeignet anzusehen und zu entfernen.

Ein **Verstoß gegen das Züchtigungsverbot** durch einen Lehrer indiziert die Ungeeignetheit für das Amt und daher die Entfernung. Dies gilt unabhängig davon, ob der Lehrer von ihm begangene Körperverletzungen in strengerer oder gelockerter Atmosphäre begeht; in letzterem Fall muss er sich möglicherweise ggf. eine unzulässige Unterschreitung der im Lehrer-Schüler-Verhältnis gebotenen Mindestdistanz vorhalten lassen. In dem dargestellten Sinn muss der Lehrer in seiner Vorbildfunktion die verfassungsrechtlich geschützte Werteordnung glaubhaft vermitteln. Das Lösen von Konfliktsituationen während der Unterrichtszeit durch körperliche Übergriffe, die die Grenze zur Körperverletzung überschreiten und damit das eindeutig normierte Züchtigungsverbot verletzen, ist mit dem Bildungsauftrag der Schule unvereinbar und lässt dessen Erfüllung durch den Beamten zweifelhaft erscheinen.[18]

2e

Ein Verstoß gegen die **Treuepflicht** aus Art. 33 Abs. 5 GG vermag regelmäßig die Voraussetzungen für eine Entfernung zu erfüllen.[19] Bei einer vorsätzlichen Verletzung der Verfassungstreuepflicht durch einen Soldaten mit Vorgesetztendienstgrad ist grundsätzlich die disziplinare Höchstmaßnahme zu verhängen.[20] Auch ein innerdienstlicher **Verwahrungsbruch** kann zur Entfernung führen.[21] Aber auch außerdienstliche Straftaten wie **Betrugshandlungen** und der **Vorenthalt von Arbeitsentgelt** für Angestellte können zur Entfernung führen.[22] Aus der Rspr. des BVerwG lässt sich der Grundsatz ableiten, dass bei einem (angestrebten) Gesamtschaden von über 5000 Euro die Entfernung aus dem Dienst ohne Hinzutreten weiterer Erschwerungsgründe gerechtfertigt sein kann.[23] Derartige Bemessungsgrundsätze gelten auch für außerdienstliche Betrugsfälle und Veruntreuungen.[24] Eine dienstliche **Urkundenfälschung** führt regelmäßig zur Entfernung (siehe B. II. 12 Rn. 14).[25] Ausgangspunkt der Zumessungserwägungen ist beim (außerdienstlichen) sexuellen Missbrauch von Kindern die Entfernung aus dem Dienstverhältnis (siehe B. II. 12 Rn. 16).[26] Auch ein außerdienstliches **Zugänglichmachen von kinderpornographischen Schriften** führt regelmäßig zur Entfernung.[27]

2f

Als Ausnahme von der lebenslänglichen Anstellung ist die Dienstentfernung jedoch nur sehr zurückhaltend anzuwenden, sofern keine andere Disziplinarmaßnahme ausreicht. Dieser Grundsatz kommt in der Rspr. oft nicht voll zum Ausdruck. Die Rspr. erscheint im Hinblick darauf, dass nicht nur das Fehlverhalten, sondern auch die Gesamtpersönlichkeit des Betroffenen zu würdigen ist, nicht immer überzeugend. Hier deutet sich mit der neuesten Rspr. des BVerwG auch ein Wandel an, indem die Persönlichkeit des Beamten bei allen Delikten zu berücksichtigen ist. Bei einer erheblich verminderten Schuldfähig-

3

---

16 BVerwG 15.12.2005 – 2 A 4.04, NVwZ-RR 2006, 485; VGH Bayern 4.6.2014 – 16b D 13.707.
17 BAG 15.1.1997 – 7 ABR 14/96, NZA 1997, 781; vgl. Schimmelpfennig/Schimmelpfennig, PersV 1998, 260/261.
18 VGH Bayern 20.7.2012 – 16a DS 10.2569.
19 BVerfG 6.5.2008 – 2 BvR 337/08, S. 6.
20 BVerwG 6.9.2012 – 2 WD 26.11.
21 BVerwG 19.8.2013 – 2 B 18.13.
22 BVerwG 12.5.2014 – 2 B 17.14; 15.4.2013 – 2 B 139.11.
23 BVerwG 24.2.2005 – 1 D 1.05; VGH Bayern 30.1.2013 – 16b D 12.71.
24 BVerwG 3.7.2007 – 2 B 18.07.
25 BVerwG 28.1.2015 – 2 B 104.13.
26 BVerwG 27.7.2010 – 2 WD 5.09; VGH Bayern 9.4.2014 – 16a D 12.1439.
27 VGH Bayern 24.10.2012 – 16a D 10.2527.

keit kann die Höchstmaßnahme regelmäßig nicht mehr ausgesprochen werden.[28] Auch eine Beeinträchtigung der Persönlichkeit durch Mobbing kann zu den subjektiven Beweggründen zählen, die zu Gunsten des Beamten zu berücksichtigen sind.[29]

4 Die **Rechtsfolge** des auf Dienstentfernung lautenden Urteils tritt mit der **Rechtskraft des Urteils** ein; die Zahlung der Dienstbezüge wird mit dem Ende des Monats eingestellt, in dem das Urteil rechtskräftig wird (Abs. 2 Satz 1). Die **Folgen** im Einzelnen sind einmal die Beendigung des Beamtenverhältnisses, zum anderen der Verlust des Anspruchs auf Dienstbezüge. Hierzu gehört auch der Anspruch auf sämtliche Zuschläge; auch die mit einer vorläufigen Dienstenthebung einbehaltenen Dienstbezüge verfallen.[30] Der Beamte behält lediglich den Anspruch auf Beträge, die er sich bereits verdient hatte, etwa noch zu erstattende Reisekosten. Der Beamte verliert weiter den Anspruch auf Versorgung, und zwar sowohl hinsichtlich des eigenen Ruhegehalts wie für die Hinterbliebenenbezüge (§ 8 Abs. 1 Satz 1 Nr. 1 i.V.m. Abs. 2 SGB VI).[31] Das Beamtenverhältnis eines Beamten, der durch gravierendes Fehlverhalten untragbar geworden ist, ist nicht deshalb aufrechtzuerhalten, um soziale Härten, etwa die Folgen des Verlusts der Beihilfeberechtigung, zu vermeiden. Damit sind Folgen angesprochen, die nicht Gegenstand des Disziplinarverfahrens sind; sie können bei der Bestimmung der Disziplinarmaßnahme durch die Gesamtwürdigung der erschwerenden und mildernden Umstände nicht zugunsten des Beamten berücksichtigt werden. Dieser ist bei der Entfernung aus dem Beamtenverhältnis ggf. darauf verwiesen, die sozialrechtlichen Schutzvorschriften in Anspruch zu nehmen. So kann ein pflichtversicherter Arbeitsuchender im Rahmen des Bezugs von Arbeitslosengeld II (§§ 19ff. SGB II) in eine Krankenkasse der gesetzlichen Krankenversicherung (§ 5 Abs. 1 Nr. 2a SGB V) und damit zugleich in eine Pflegekasse der sozialen Pflegeversicherung (§ 1 Abs. 2 Satz 1 und Abs. 3, § 20 Abs. 1 Satz 2 Nr. 2a SGB XI) wechseln.[32] Hinsichtlich der Übernahme von Krankheitskosten ist darauf hinzuweisen, dass nach § 12 Abs. 1a, b VAG private Krankenversicherungen grundsätzlich verpflichtet sind, im Basistarif alle Personen aufzunehmen, die nicht die Möglichkeit haben, Mitglied einer gesetzlichen Krankenversicherung zu werden.[33] Der Beamte verliert weiter die Amtsbezeichnung, worunter die Befugnis zu verstehen ist, den bisherigen Dienstgrad mit oder ohne den Zusatz »a.D.« zu führen, desgleichen ist die Titelführung von amtsbezogenen Bezeichnungen untersagt; ein akademischer Grad fällt allerdings nicht hierunter. Es tritt ferner ein der Verlust der Berechtigung, Dienstkleidung zu tragen, und schließlich verliert der Beamte alle Ämter, wodurch sämtliche von ihm begleitete Positionen im Dienst des Bundes, seien sie hauptoder nebenamtlich, wegfallen. Diese Regelungen entsprechen den Vorschriften des § 117 Abs. 6 und 7 BDO.

5 Tritt der aus dem Dienst entfernte Beamte vor Rechtskraft des Urteils in den Ruhestand, so gilt eine solche Entscheidung kraft Gesetzes als in ein Urteil auf Aberkennung des Ruhegehalts umgewandelt (Abs. 2 Satz 2).

6 Die Milderung der Folgen einer Dienstentfernung kann durch Gewährung eines **Unterhaltsbeitrags**, der die Nachversicherung nicht tangiert, erreicht werden (Abs. 3). Diese in Abs. 3 nunmehr neu und völlig umgestaltete Regelung ersetzt § 77 Abs. 1 BDO. Nach bis-

---

28 BVerwG 4.7.2013 – 2 B 76.12.
29 VGH Bayern 6.9.2014 – 16a D 13.253.
30 VGH Bayern 27.6.2013 – 16a DZ 12.558; VGH Hessen 6.1.2012 – 28 A 2140/11.D.
31 Vgl. BVerwG 10.10.2000 – 1 D 46.98.
32 BVerwG 10.10.2014 – 2 B 66.14; Müller, Beamtendisziplinarrecht, Rn. 165.
33 VGH Bayern 18.3.2015 – 16a D 09.3029; 4.6.2014 – 16a D 10.2005; Urban/Wittkowski, BDG, § 10 Rn. 26.

Entfernung aus dem Beamtenverhältnis § 10

herigem Recht konnte das Gericht dem aus dem Dienst entfernten Beamten für eine bestimmte Zeit einen Unterhaltsbeitrag bewilligen, wenn der Beamte nach seinen wirtschaftlichen Verhältnissen bedürftig und des Unterhaltsbeitrags nicht unwürdig war. Der Unterhaltsbeitrag konnte höchstens 75 % des im Zeitpunkt der Entscheidung erdienten Ruhegehalts betragen. In der Praxis wurde dieser Unterhaltsbeitrag regelmäßig zunächst auf die Dauer von sechs Monaten gewährt und konnte beim Nachweis der erfolglosen Bemühungen um eine Arbeitsstelle – auch mehrmals – verlängert werden. Im Hinblick auf die Bedürftigkeit hatte der Beamte seine wirtschaftlichen Verhältnisse offen zu legen. Nunmehr erhält jeder Beamte nach Abs. 3 Satz 1 von Gesetzes wegen für sechs Monate einen Unterhaltsbeitrag, ohne dass es einer Entscheidung des Gerichts bedarf, und unabhängig von der Prüfung der Bedürftigkeit. Die Höhe des Unterhaltsbeitrags ist nunmehr auf 50 % der tatsächlichen Dienstbezüge festgesetzt. Damit wird eine Bemessungsgrundlage gewählt, die für den Beamten nachvollziehbarer wird. Die Gesetzesbegründung geht – unter Verweis auf die Regelung in § 38 Abs. 2 – davon aus, dass ein Satz von 50 % der aktuellen Dienstbezüge angemessen ist, was in den unteren Gehaltsgruppen sehr fraglich ist. Zu beachten ist, dass einbehaltene Dienstbezüge nach § 38 Abs. 2 nicht zu berücksichtigen sind; es ist von den ungekürzten Bezügen auszugehen. Die Gewährung des Unterhaltsbeitrags kann im Urteil ausgeschlossen oder über die Dauer von sechs Monaten hinaus verlängert werden, wenn dies notwendig ist, um unbillige Härten zu vermeiden.[34]

Abs. 3 Satz 2 und 3 gibt dem Gericht die Möglichkeit, bei »**Unwürdigkeit**« den Unterhaltsbeitrag oder nicht vorliegender Bedürftigkeit den Unterhaltsbeitrag ganz oder teilweise auszuschließen. Dies hat das Gericht im Urteil auszusprechen. Die »Unwürdigkeit« muss sich **aus der Person und dem früheren Verhalten** des Beamten selbst ergeben.[35] Für die Feststellung der Unwürdigkeit im Sinne der Norm ist, wie sich aus dem Wortlaut und dem Zweck der Regelung ergibt, auf die Person des Beamten (»der Verurteilte«) und damit zugleich auch auf sein (Gesamt-)Verhalten abzustellen. Der Unterhaltsbeitrag ist im Beamtendisziplinarrecht Ausdruck einer das Dienstverhältnis überdauernden Fürsorgepflicht des Dienstherrn. Die Zweckbestimmung des Unterhaltsbeitrages besteht seit jeher in der bloßen Unterstützung zur Verhinderung einer Notlage des aus dem Dienstverhältnis Entfernten. An dieser Zwecksetzung hat auch die Neuregelung des § 10 uneingeschränkt festgehalten.[36] Während vorher jedoch die Gewährung des Unterhaltsbeitrages einer ausdrücklichen Bewilligung durch das Gericht bedurfte, ist sie nach der Neuregelung eine unmittelbare gesetzliche Rechtsfolge der Entfernung aus dem Dienstverhältnis. Nur der Ausschluss bzw. die Verlängerung über die im Gesetz als Regelfall vorgesehene Dauer von sechs Monaten hinaus bedürfen einer Entscheidung des Gerichts. Diese vorgenommene Umkehr von »Regel« und »Ausnahme« – die Gewährung des Unterhaltsbeitrages ist nunmehr die vom Gesetz ausdrücklich vorgesehene regelmäßige Rechtsfolge, seine Versagung die Ausnahme – muss bei der Auslegung und Anwendung der gesetzlichen Tatbestandsmerkmale strikt beachtet werden. Dieser gesetzliche Regelungszweck und -zusammenhang muss demzufolge auch bei der Bestimmung dessen, was als »nicht würdig« anzusehen ist, Beachtung finden. Als Bestandteil eines Ausnahmetatbestandes ist der **Begriff eng auszulegen** und damit einer erweiternden Auslegung nicht zugänglich. Andernfalls würde das Regel-Ausnahme-Verhältnis gleichsam »auf den Kopf gestellt«. Eine Unwürdigkeit im Sinne der Norm liegt nicht schon in den Umständen, die die Notwendigkeit der Verhängung der Höchstmaßnahme begründen. Vielmehr können nur solche Um-

7

---

34 BVerwG 29.3.2012 – 2 A 11.10.
35 Für Soldaten entsprechend: BVerwG 30.10.2012 – 2 WD 28.11.
36 BT-Drucks. 14/4659, S. 36.

stände eine »Nichtwürdigkeit« begründen, die nach der Art und dem Gewicht des Fehlverhaltens sowie nach der Persönlichkeit des Beamten und dem Maß seiner Schuld jeden Grund für die nachwirkende Fürsorgepflicht des Dienstherrn entfallen lassen. Dies kommt insbesondere in Fällen besonders treuwidrigen Verhaltens und vor allem dann in Betracht, wenn das Gesamtverhalten des (früheren) Beamten den Schluss zulässt, dass er jedes ernsthafte Interesse für die dienstlichen Belange vermissen lässt und dass es bei ihm bereits seit Längerem an dem unabdingbaren Mindestmaß an Verantwortung für die dienstlichen Bedürfnisse fehlt. Eines Unterhaltsbeitrages unwürdig ist hiernach auch, wer sich treuwidrig bedürftig macht oder erhält.[37] Nur in Ausnahmefällen kann sich eine Unwürdigkeit aus besonderen Umständen in der Person des Beamten und/oder in dessen objektivem oder subjektivem Tatverhalten ergeben, wie z.B. aus ehrloser Gesinnung, kriminellem Hang, Vielzahl und Dauer der Verfehlungen oder einem besonders schweren Bruch der Rechtsordnung.[38] Nach der Rspr. des BVerwG ist Unwürdigkeit i.S.d. § 10 Abs. 3 Satz 2 anzunehmen, wenn feststeht, dass sich der Beamte vom Dienstherrn dauerhaft gelöst hat.[39] Unter diesem Gesichtspunkt hat das BVerwG in einem Fall, in dem ein Beamter zwei Jahre lang während Zeiten der Krankschreibung einer ungenehmigten Nebentätigkeit nachgegangen ist, die Versagung des Unterhaltsbeitrags wegen Unwürdigkeit für rechtmäßig erachtet.[40] Ein Grund für die Verneinung der Nichtunwürdigkeit kann in der kurzfristigen Wiederholung schwerer, mit der Regelmaßnahme der Entfernung bedrohter Dienstvergehen durch Beamte liegen, die noch nicht lange im Dienst sind oder jedenfalls keine wesentlichen Zeiten unbescholtener Bewährung aufzuweisen haben. Dagegen sprechen lange Jahre der Bewährung vor dem zur Entfernung führenden Dienstvergehen für die Nichtunwürdigkeit. Unwürdigkeit kann weiter angenommen werden, wenn der Beamte durch sein Verhalten jedes Interesse und jede Verantwortung für die dienstlichen Bedürfnisse vermissen lässt und mit seinem Verhalten von sich aus alle Brücken zum Dienst abgebrochen hat (z.B. bei monate- oder jahrelangem Fernbleiben vom Dienst ohne jede Meldung oder Teilnahme am Disziplinarverfahren oder bei völligem Untertauchen an unbekannten Orten). Das muss aber auch bei langem Fernbleiben dann nicht gelten, wenn der Betreffende zuvor einige Jahre den Dienst ordentlich leistete und das Fernbleiben auf Depression beruhte[41] oder wenn das Fernbleiben des bisher unbescholtenen Beamten anfangs familiär bedingt war.[42] Unwürdigkeit wurde bei einem Beamten angenommen, der sich weigerte, wieder in das Beamtenverhältnis berufen zu werden und ärztliche Termine nicht wahrnahm.[43] Echte Schwerkriminalität wird der Annahme der Nichtunwürdigkeit entgegenstehen, ebenfalls Täuschung des Gerichts zur Frage der Bedürftigkeit.[44]

8   Bedürftigkeit ist nicht gegeben, wenn der Beamte die **Möglichkeit zu eigenem Erwerbseinkommen** hat, sie aber ohne zwingenden Grund **nicht nutzen will**.[45] Denn die Arbeitskraft eines jeden ist bei entsprechender Arbeitsmarktlage und Arbeitsfähigkeit ein Erwerbsfaktor, der im Rahmen des Unterhaltsbeitragsrechts genutzt werden muss. Ist der

---

37 GKÖD-Weiß, II § 10 Rn. 92.
38 Für Soldaten entsprechend: BVerwG 30.10.2012 – 2 WD 28.11.
39 BVerwG 25.1.2007 – 2 A 3.05; OVG Lüneburg 11.6.2013 – 6 LD 1/13.
40 BVerwG 1.6.1999 – 1 D 4.97.
41 BVerwG 8.8.1984 – 1 D 32.84.
42 BVerwG 29.11.1978 – 1 D 101.77.
43 BVerwG 29.6.1995 – 1 D 67.92.
44 BVerwG 26.1.1994 – 1 DB 3.94; 15.2.2001 – 1 DB 4.01; ebenso bei der Ausübung einer Nebentätigkeit während der Krankschreibung, BVerwG 1.6.1999 – 1 D 49.97.
45 Vgl. GKÖD-Weiß, II § 10 Rn. 92.

Entfernung aus dem Beamtenverhältnis § 10

Betroffene in Arbeit zu vermitteln, so ist er grundsätzlich nicht bedürftig. Dies setzt voraus, dass der frühere Beamte dem Arbeitsmarkt zumindest eingeschränkt zur Verfügung steht.[46] Vor der Verurteilung wird dies allerdings selten nachzuweisen sein. Anhaltspunkte dafür können sich aber aus einer Nebentätigkeit während einer vorläufigen Dienstenthebung nach § 38 ergeben. Der aus dem Dienst Entfernte ist zur Annahme jeder Arbeit, nicht nur der »standesgemäßen« oder einer der früheren Tätigkeit vergleichbaren, verpflichtet.[47] Die Umschulung durch das Arbeitsamt steht der ausreichenden Bemühung um Arbeit gleich und berechtigt zum Unterhaltsbeitrag.[48] Auch **realisierbare Rechtsansprüche** können als Einkommen zählen und der Bedürftigkeit entgegenstehen. Ggf. muss den Betroffenen die Einziehung ihrer Forderungen zugemutet werden (etwa fällige Darlehensforderungen). Unterhaltsansprüche gegen Familienangehörige können der Bedürftigkeit entgegenstehen, wenn der Betroffene sie ohne Grund nicht realisieren will,[49] anders wenn die Heranziehung der Kinder deren Lebensunterhalt selbst gefährden würde.[50] Die Veräußerung von Vermögenswerten wird nur dann zu verlangen sein, wenn diese nicht existenziell wichtig sind und der Erlös die Bedürftigkeit in wesentlichem Maße beheben kann. So sind Wertpapiere und Sparkonten aufzulösen, soweit sie nicht einen zuzubilligenden Notgroschen oder eine Rücklage für anstehende, notwendige Anschaffungs-, Arzt- oder Erhaltungskosten darstellen. Die **Veräußerung eines Eigenheimes** kann im Urteilszeitpunkt ohnehin nicht erwartet, aber auch späterhin nicht verlangt werden, wenn die dann zu zahlende Miete nicht wesentlich niedriger als die Ratenzahlungen aus der Hausbelastung wäre.[51] Das Haus muss aber der eigenen Unterkunft, nicht der Vermögensbildung dienen.[52] Bei ausreichendem Verdienst des Ehegatten besteht keine Bedürftigkeit.[53] Die Berechnung der Bedürftigkeit und mit ihr die Höhe des Unterhaltsbeitrages richten sich nach den gegenwärtigen, das heißt den finanziellen Verhältnissen des früheren Beamten im Zeitpunkt der jeweiligen gerichtlichen Entscheidung. Als Maßstab für die Bedarfsberechnung stellt das BVerwG nunmehr – nach Außerkrafttreten des Bundessozialhilfegesetzes (BSHG) – auf die pauschalierten Regelleistungen zur Sicherung des Lebensunterhalts für Arbeitsuchende (§§ 20, 28 SGB II – Grundsicherung für Arbeitsuchende) ab, ergänzt um die tatsächlichen monatlichen Aufwendungen, insbesondere für Unterkunft und Heizung sowie die Kranken- und Pflegeversicherung.[54]

Abs. 3 Satz 4 gibt dem Gericht zur Vermeidung unbilliger Härten die Möglichkeit in seiner Entscheidung den Unterhaltsbeitrag für einen längeren Zeitraum als sechs Monate zu gewähren. Durch die Gewährung eines Unterhaltsbeitrages für die Dauer von sechs Monaten soll dem Beamten der Übergang in einen anderen Beruf oder in eine andere Art der finanziellen Existenzsicherung erleichtert werden. Diesem Zweck liegt die Erwartung zugrunde, dass sich der Beamte nachweisbar und in ausreichendem Maße, d. h. fortlaufend um die Aufnahme einer anderen Erwerbstätigkeit oder um eine andere Art der Sicherung seiner finanziellen Grundlagen bemüht. Der Nachweis dieser Bemühungen und deren Er-

9

---

46 BVerwG 1. 2. 2006 – 1 DB 1.05.
47 BVerwG, ZBR 1988, 98.
48 BDiG 21. 1. 1987 – VII Bk 25/86; 29. 1. 1987 – I Bk 27/86; 24. 3. 1987 – XI Bk 2/87; auch BVerwG – 1 D 47.88.
49 BVerwG 29. 4. 1980 – 1 DB 10.80.
50 BVerwG 18. 5. 1984 – 1 D 15.84.
51 BVerwG, DÖD 1989, 264; 15. 2. 1984 – 1 DB 1.84; 22. 6. 1984 – 1 DB 19.84; vgl. auch BDiG 8. 6. 1984 – IX Bk 2/84.
52 BVerwG 8. 9. 1987 – 1 DB 42.87.
53 BVerwG 18. 3. 1998 – 1 D 88.97.
54 BVerwG 1. 2. 2006 – 1 DB 1.05.

§ 10 Entfernung aus dem Beamtenverhältnis

folglosigkeit sind auch Voraussetzung einer etwaigen Weiterbewilligung des Unterhaltsbeitrags.[55] Der Beamte hat die Umstände glaubhaft zu machen. Insoweit ist eine wertende Entscheidung zu treffen.[56] Eine unbillige Härte liegt vor, wenn durch die Entfernung aus dem Beamtenverhältnis eine wirtschaftliche Notlage entsteht, die der – ehemalige – Beamte auch bei gutem Willen nicht innerhalb der sechs Monate, für die regelmäßig der Unterhaltsbeitrag gezahlt wird, beheben kann. Die **Verlängerung des Unterhaltsbeitrags** dient allerdings nur dazu, eine temporäre unbillige Härte zu vermeiden. Falls ein – ehemaliger – Beamter voraussichtlich auf Dauer nicht in der Lage sein wird, seinen Lebensunterhalt zu bestreiten, muss er sich auf Sozialleistungen außerhalb des Beamtenrechts verweisen lassen.[57] Das Gesetz enthält keine Regelung über die Möglichkeit einer **nachträglichen Weiterbewilligung** des Unterhaltsbetrages wie es § 110 BDO vorsah. Wäre eine Weiterbewilligung zukünftig nicht mehr möglich, würde dies dazu führen, dass der frühere Beamte und seine Familie nur noch auf den Sozialhilfebezug verwiesen werden könnten.[58] Allerdings geht die Gesetzesbegründung davon aus, dass am bisherigen Zweck der Übergangsregelung, »dem Verurteilten den Übergang in einen zweiten Beruf zu erleichtern oder ihn bei Erwerbsunfähigkeit vor wirtschaftlicher Not zu schützen«, festgehalten werden soll. Bei einer verfassungskonformen Auslegung dieser Vorschrift, die den erklärten Willen des Gesetzgebers, den Bedürftigen vor wirtschaftlicher Not zu schützen, mit berücksichtigt, muss die Gesetzesformulierung nicht abschließend verstanden werden und kann damit auch Raum für eine nachträgliche Weiterbewilligung auf Antrag bestehen. Dies gilt insbesondere in den Fällen, in denen sich die außergewöhnlichen Belastungen der disziplinaren Maßnahme erst nach Rechtskraft des Urteils und damit auch der Entscheidung über die Laufzeit des Übergangsbeitrags deutlich wird. Eine Begründung für diese Verschlechterung ist nicht ersichtlich und ergibt sich auch nicht aus der Gesetzesbegründung. Dieser Auffassung ist das BVerwG in seiner Entscheidung vom 16.6.2008 (1 DB 2.08) nicht gefolgt. Es hat ausdrücklich festgehalten, dass eine Verlängerung ausgeschossen sei und verweist den (ehemaligen) Beamten im Anschluss daran auf die Leistungen des SGB II.

10 Die Dienstentfernung ist weder dem absoluten Maßnahmeverbot (§ 15), dem relativen Maßnahmeverbot (§ 14) noch der Tilgung (§ 16) unterworfen.

11 Abs. 4 regelt die Selbstverständlichkeit, dass sich die Entfernung aus dem Dienst und die damit zusammenhängende Rechtsfolge auf alle Ämter, die der Beamte innehat, erstrecken.

12 Abs. 5 nimmt die Regelung des früheren § 13 Abs. 1 BDO auf. Die Vorschrift erstreckt die Folgen der Höchstmaßnahme auch auf frühere Dienstverhältnisse zum Bund. Allerdings gehen früher erworbene Versorgungsansprüche nur dann verloren, wenn der Beamte wegen eines mit dem früheren öffentlich-rechtlichen Verhältnis im Zusammenhang stehenden Dienstvergehens aus dem dann wiederaufgenommenen Dienst entfernt wird. Ist das nicht der Fall, so werden die Rechte aus dem früheren Dienstverhältnis nicht berührt. Abs. 5 findet Anwendung auf Beamte, die **früher** in einem anderen Beamten- oder diesem gleichgestellten öffentlich-rechtlichen Dienstverhältnis gestanden haben und aus diesem **versorgungsberechtigt** sind. Er umfasst nur Verfehlungen aus dem **früheren** Dienstver-

---

55 BVerwG 14.3.2012 – 2 B 5.12.
56 VGH Bayern 25.9.2013 – 16a D 12.1369; Zängl, Bayerisches Disziplinarrecht, Art. 11 BayDG Rn. 23.
57 VGH Bayern 24.9.2014 – 16a D 13.118; Zängl, Bayerisches Disziplinarrecht, Art. 11 BayDG Rn. 23.
58 Vgl. Schwandt, RiA 2001, 157; a.A. Urban/Wittkowski, BDG, § 10 Rn. 24.

Kürzung des Ruhegehalts § 11

hältnis. Ist das Dienstvergehen z. T. während des früheren Dienstverhältnisses, z. T. später begangen, dann muss ggf. in den Urteilsgründen geklärt werden, ob die Pflichtverletzung aus dem früheren Dienstverhältnis für sich allein die Dienstentfernung gerechtfertigt hätte. Voraussetzung für die Anwendung des Abs. 5 ist aber immer ein echtes **Dienstvergehen** oder eine als Dienstvergehen geltende Handlung nach § 77 Abs. 2 BBG. Die Bestimmung hat in der Praxis nur sehr geringe Bedeutung.

Abs. 6 stellt eine weitere Verschärfung zu Lasten des Beamten dar. Diese Regelung verbietet die erneute Ernennung zum Beamten. Nach der Gesetzesbegründung soll mit dieser Regelung ein Unterlaufen der Maßnahme durch Begründung eines neuen Beamtenverhältnisses verhindert werden.[59] Soweit die Gesetzesbegründung hier darauf abstellt, dass eine erneute Ernennung zum Beamten nur unter außergewöhnlichen Umständen in Betracht kommen soll, wäre dies vor dem klaren Wortlaut der Regelung und der Differenzierung zwischen Beamtenverhältnis und sonstigem Beschäftigungsverhältnis nicht recht nachvollziehbar. Offensichtlich entspricht damit der Wortlaut nicht dem vom Gesetzgeber gewollten. Gewollt ist nach der Begründung ganz offensichtlich auch die Möglichkeit der Wiederbegründung eines Beamtenverhältnisses in außergewöhnlichen Ausnahmefällen. Die Vorschrift ist damit nach dem gewollten Zweck auszulegen.[60] Das Wiederernennungsverbot bezieht sich nicht auf solche Beamte, die nicht im Bundesdienst standen.[61] Hier kann sich nach dem Beschluss des BVerwG vom 7. 5. 1993 (1 D 92.85) **Handlungsbedarf** ergeben. Das BVerwG hat in diesem Beschluss gegenüber einem Mitglied der DKP nicht zuletzt im Hinblick auf die grundlegende Änderung der politischen und staatlichen Verhältnisse in der Bundesrepublik Deutschland seit der Vereinigung Aktivitäten in der und für die DKP nicht mehr die frühere Bedeutung beigemessen mit der Folge der Einstellung des Verfahrens. Danach müssten aber andere Mitglieder bzw. frühere Mitglieder der DKP, die durch Urteil aus dem Dienst entfernt worden waren, eine Chance zu Wiederbeschäftigung erhalten.

13

14

Die Begründung eines anderen Beschäftigungsverhältnisses als Arbeitnehmer soll danach unterbleiben. Die Ausgestaltung als »Soll-Bestimmung« lässt hier jedoch Spielraum für abweichende Regelungen.

15

§ 11 Kürzung des Ruhegehalts

Die Kürzung des Ruhegehalts ist die bruchteilmäßige Verminderung des monatlichen Ruhegehalts des Ruhestandsbeamten um höchstens ein Fünftel auf längstens drei Jahre. § 8 Abs. 1 Satz 2 und 3 sowie Abs. 2 Satz 1 und 4 gilt entsprechend.

§ 11 regelt die Kürzung des Ruhegehalts. Er trat an die Stelle des früheren § 12 BDO. Hatte diese Vorschrift noch die Kürzung und die Aberkennung des Ruhegehalts zusammengefasst, so werden diese beiden Disziplinarmaßnahmen nun getrennt in § 11 und § 12 (Aberkennung des Ruhegehalts) geregelt. Inhaltlich handelt es sich um die gleiche Regelung wie in § 8 Abs. 1. Auf diese Vorschriften wird dann auch konsequenterweise verwiesen. Die Verweisung auf § 8 stellt klar, dass für eine Ruhegehaltskürzung § 8 insoweit entsprechend gilt. Die Ruhegehaltskürzung besteht demnach ebenfalls in der bruchteilmäßigen

1

2

---

59 BT-Drucks. 14/4659, S. 37; Urban/Wittkowski, BDG, § 10 Rn. 29.
60 A.A. Urban/Wittkowski, BDG, § 10 Rn. 29.
61 Urban/Wittkowski, a. a. O.

§ 12 Aberkennung des Ruhegehalts

Verminderung der Ruhebestandsbezüge um höchstens ⅕ auf längstens 3 Jahre.[1] Ist gegen einen noch aktiven Beamten auf Gehaltskürzung erkannt worden, wandelt sich diese Maßnahme bei Eintritt des Ruhestandes vor Rechtskraft des Urteils in eine Ruhegehaltskürzung um (§ 8 Abs. 2 Satz 3). Beispielsweise wurde gegen einen Beamten wegen Nichtbeschaffung einer Bildschirmarbeitsbrille die Kürzung seines monatlichen Ruhegehalts um ¹⁄₁₀ für 18 Monate verhängt.[2] Die Beschränkung der Maßnahmen auf die Kürzung bzw. die Aberkennung des Ruhegehalts, darf nicht dazu führen, dass bei einem Dienstvergehen, das bei einem aktiven Beamten mit einer milderen Maßnahme zu ahnden wäre, die Mindestmaßnahme der Ruhegehaltskürzung verhängt wird. Das Verfahren gegen den Ruhestandsbeamten ist in solchen Fällen einzustellen. Ist hingegen eine verwirkte Disziplinarmaßnahme der Zurückstufung zu erkennen, die bei einem Ruhestandsbeamten nicht verhängt werden darf, so dass als angemessene Disziplinarmaßnahme die Kürzung des Ruhegehalts in Betracht kommt.[3]

3   Die Vorschriften der §§ 14 Abs. 1 Nr. 1, 15 Abs. 2 und 16 Abs. 1 gelten für die Verfolgung von Delikten, bei denen eine Kürzung des Ruhegehalts verhängt werden kann.

4   Zur Kritik an der Verhängung von Disziplinarmaßnahmen gegen Ruhestandsbeamte s. § 5 Rn. 6 ff.

§ 12 Aberkennung des Ruhegehalts

(1) Mit der Aberkennung des Ruhegehalts verliert der Ruhestandsbeamte den Anspruch auf Versorgung einschließlich der Hinterbliebenenversorgung und die Befugnis, die Amtsbezeichnung und die Titel zu führen, die im Zusammenhang mit dem früheren Amt verliehen wurden.

(2) Nach der Aberkennung des Ruhegehalts erhält der Ruhestandsbeamte bis zur Gewährung einer Rente auf Grund einer Nachversicherung, längstens jedoch für die Dauer von sechs Monaten, einen Unterhaltsbeitrag in Höhe von 70 Prozent des Ruhegehalts, das ihm bei Eintritt der Unanfechtbarkeit der Entscheidung zusteht; eine Kürzung des Ruhegehalts nach § 38 Abs. 3 bleibt unberücksichtigt. § 10 Abs. 3 Satz 2 bis 4 gilt entsprechend.

(3) Die Aberkennung des Ruhegehalts und ihre Rechtsfolgen erstrecken sich auf alle Ämter, die der Ruhestandsbeamte bei Eintritt in den Ruhestand inne gehabt hat.

(4) § 10 Abs. 2 Satz 1 sowie Abs. 5 und 6 gilt entsprechend.

1   § 12 trat an die Stelle des § 12 Abs. 2 BDO und regelt die Rechtsfolgen der Aberkennung des Ruhegehalts umfassend. Die Vorschrift fasst auch hier die vormals an verschiedenen Stellen der BDO zu findenden Regelungen zusammen.

2   Wäre für den noch aktiven Beamten die **Entfernung** aus dem Beamtenverhältnis geboten, so tritt an deren Stelle für den Ruhestandsbeamten die Aberkennung des Ruhegehalts.[1] Durch die Rspr. des BVerwG ist geklärt, dass die Versetzung eines Beamten in den Ruhestand die Ausübung der Disziplinarbefugnis nicht beeinträchtigt. Denn auch Disziplinarmaßnahmen gegen Ruhestandsbeamte verfolgen den Zweck, die Integrität des Berufsbe-

---

1 Zum bayerischen Disziplinarrecht: VGH Bayern 9.4.2014 – 16a D 12.1217.
2 Aufgehoben durch OVG Lüneburg 25.2.2014 – 3 LD 1/13.
3 VGH Bayern 26.9.2014 – 16a D 13.253.

1 BVerwG 11.6.2014 – 2 B 16.13.

amtentums zu wahren und damit die Funktionsfähigkeit des öffentlichen Dienstes sicherzustellen. Es wären Rückwirkungen auf das Vertrauen in die Integrität der Beamtenschaft zu erwarten, wenn ein Ruhestandsbeamter trotz eines erheblichen, während seiner aktiven Dienstzeit begangenen Dienstvergehens, durch das er das Vertrauen in seine Zuverlässigkeit zerstört hat, weiterhin sein Ruhegehalt beziehen könnte und berechtigt bliebe, die Amtsbezeichnung und die im Zusammenhang mit dem früheren Amt verliehenen Titel zu führen. Auch gebietet der Gleichheitssatz gem. Art. 3 Abs. 1 GG, dass ein Beamter, der nach Begehung einer schwerwiegenden Verfehlung in den Ruhestand tritt, nicht besser gestellt werden darf als ein Beamter, der bis zum Abschluss des Disziplinarverfahrens im aktiven Dienst verbleibt. Auf diese Weise wird die Disziplinarmaßnahme nicht von dem mehr oder weniger zufälligen oder gar gesteuerten Ausscheiden aus dem aktiven Dienst abhängig gemacht.[2]

Beispiele zur Aberkennung: Bei einem **Eingehungsbetrug** eines Ruhestandsbeamten 2a durch das Nichtbegleichen von Arztrechnungen trotz geleisteter Beihilfen wurde auf Aberkennung erkannt.[3] Einem Polizeihauptmeister im Ruhestand, der wegen **Vortäuschens einer Straftat und Betrugs** zu einer Freiheitsstrafe von neun Monaten verurteilt wurde, wurde das Ruhegehalt aberkannt.[4] Einem Oberamtsanwalt wurde wegen einer Verurteilung wegen Betrugs zum Nachteil des Dienstherrn (dienstlich), Verstoßes gegen das Ausländergesetz, **Vorenthaltung von Sozialversicherungsbeiträgen**, Vereitelung der Zwangsvollstreckung (außerdienstlich durch Tätigkeit für eine GmbH ohne Nebentätigkeitserlaubnis) das Ruhegehalt aberkannt.[5] Einem Lehrer an einer Gesamtschule, der zu einer Freiheitsstrafe von elf Monaten ausgesetzt zur Bewährung wegen **sexuellem Missbrauchs von Schutzbefohlenen** und Kindern, Besitz kinderpornographischer Schriften, Nötigung, Verletzung des höchstpersönlichen Lebensbereichs durch Bildaufnahme, verurteilt wurde, wurde das Ruhegehalt aberkannt.[6] Einem Studienrat, der wegen sexuellen Missbrauchs an Kindern in zwei Fällen zu elf Monaten Freiheitsstrafe ausgesetzt zur Bewährung verurteilt wurde, wurde das Ruhegehalt aberkannt.[7] Hinsichtlich eines Grundschulkonrektors wurde wg. **Verstoßes gegen das Züchtigungsverbot** auf eine Ruhegehaltskürzung in Höhe von 30 Prozent in Erwartung einer Aberkennung erkannt.[8]

Streitig ist allerdings, ob die Dienstentfernung die **einzige Voraussetzung** für die Aberkennung des Ruhegehalts ist[9] oder ob die Dienstentfernung bei vergleichbarem Verhalten eines noch aktiven Beamten nur **Mindestvoraussetzung** für die Aberkennung des Ruhegehalts ist,[10] so dass der Eintritt in den Ruhestand die disziplinare Bewertung ändern und zu einer milderen Beurteilung führen könnte. Das Gebot der Gleichbehandlung erfordert entgegen der zitierten Rspr. nicht die zwangsläufige Gleichsetzung von Dienstentfernung und Ruhegehaltsaberkennung. Die dienstlichen Interessen sind in beiden Fällen nicht gleich. Außerdem steht die Auffassung des BVerwG in eindeutigem Widerspruch zum Wortlaut des § 12 BDO (heute: § 13 Abs. 2 Satz 2 BDG). Sie schließt weitere Vorausset- 3

---

2 BVerwG 1.3.2012 – 2 B 140.11; VGH Bayern 20.5.2015 – 16a D 14.1158; vgl. Findeisen, Bayerisches Disziplinargesetz, Art. 14 Anm. 3; GKÖD-Weiß, II § 13 Rn. 136.
3 BVerwG 20.8.2013 – 2 B 8.13.
4 BVerwG 28.1.2015 – 2 B 15.14.
5 BVerwG 1.3.2012 – 2 B 120.11.
6 BVerwG 1.3.2012 – 2 B 140.11.
7 OVG NW 16.12.2013 – 3d A 2670/10.O.
8 VGH Bayern 20.7.2012 – 16a DS 10.2569.
9 BVerwG 8.6.1983 – 1 D 112.82; 21.7.1993 – 1 D 9.92.
10 Claussen/Janzen, BDO, § 12 Rn. 3.

§ 12 Aberkennung des Ruhegehalts

zungen begrifflich nicht aus. Selbst das BVerwG[11] sieht gelegentlich in Fällen, die nach st. Rspr. mit Dienstentfernung zu ahnden wären, von Aberkennung ab. Die Anlehnung an die Entfernung aus dem Beamtenverhältnis zeigt sich auch durch die Verweisung in Abs. 4.

3a Die **unangemessen lange Dauer des Disziplinarverfahrens** selbst steht einer Aberkennung des Ruhegehalts nicht entgegen, wenn der Beamte während seiner Dienstzeit die Entfernung aus dem Beamtenverhältnis verwirkt hat.[12] Es ist in der Rspr. des BVerwG geklärt, dass auch im Falle einer überlangen Dauer des Disziplinarverfahrens nicht von der Aberkennung des Ruhegehalts abgesehen werden kann, wenn der Ruhestandsbeamte die Dienstpflichtverletzungen im aktiven Dienst begangen hat und deshalb die Entfernung aus dem Beamtenverhältnis geboten wäre, wenn er sich noch im Dienst befände (§ 13 Abs. 3 Satz 2). Auch aus Art. 6 Abs. 1 Satz 1 EMRK folgt nicht, dass dem Betroffenen wegen einer unangemessen langen Verfahrensdauer eine Rechtsstellung eingeräumt werden muss, die im Widerspruch zu dem entscheidungserheblichen innerstaatlichen materiellen Recht steht. Vielmehr kann die unangemessene Verfahrensdauer für den Ausgang eines zu lange dauernden Rechtsstreits nur dann berücksichtigt werden, wenn das innerstaatliche Recht dies vorsieht oder zulässt. In den Fällen, in denen ein Beamter durch ein Dienstvergehen das Vertrauen des Dienstherrn oder der Allgemeinheit endgültig verloren hat, sieht das Disziplinarrecht aber zwingend die Entfernung aus dem Beamtenverhältnis bzw. die Aberkennung des Ruhegehalts vor.[13]

4 Die Aberkennung des Ruhegehalts führt ebenso wie die Dienstentfernung zur Beendigung des Ruhestandsbeamtenverhältnisses. Sie wird mit Rechtskraft des Urteils wirksam. Auch bei der Aberkennung des Ruhegehalts ist die Nachversicherung wie bei der Dienstentfernung vorzunehmen.[14]

5 Abs. 2 trifft die Regelungen hinsichtlich der Gewährung eines Unterhaltsbeitrags im Fall der Aberkennung des Ruhegehalts. Dieses ist nach dem Ruhegehalt bei Eintritt der Unanfechtbarkeit der Entscheidung zu bemessen. In Abs. 2 ist ein Regelsatz von 70 % vorgesehen. Damit soll nach der Gesetzesbegründung eine betragsmäßige Vergleichbarkeit zu dem gem. § 10 Abs. 3 bei der Entfernung aus dem Beamtenverhältnis maßgeblichen Regelsatz gegeben sein. Dieser Regelsatz ist zugleich identisch mit dem Höchstmaß, bis zu dem nach § 37 Abs. 3 eine vorläufige Einbehaltung des Ruhegehalts möglich ist. Da der Unterhaltsbeitrag bei Ruhestandsbeamten lediglich die Umstellung vom Ruhegehalt auf die Rente überbrücken soll, erfolgt seine Gewährung konsequenterweise nur bis zur Gewährung der Rente. Auf § 79 wird hinsichtlich der weiteren Abwicklung hingewiesen.[15]

6 Bei der Ermittlung des Ruhegehalts bleiben Kürzungen nach § 38 Abs. 3 unberücksichtigt. Diese Regelung entspricht § 10 Abs. 3 Satz 1. Die Verweisung auf die Vorschrift des § 10 Abs. 3 Satz 2 und 3 eröffnet dem Gericht im Einzelfall von der Vorschrift des Abs. 2 Satz 1 abweichende Regelungen.

7 Zur Kritik an der Verhängung von Disziplinarmaßnahmen gegen Ruhestandsbeamte s. § 5 Rn. 6 ff.

---

11 1 D 110.85 – DÖV 88, 1.
12 BVerfG 28.1.2013 – 2 BvR 1912/13; BVerwG 20.12.2013 – 2 B 44.12; 26.3.2014 – 2 B 100.13.
13 BVerwG 17.7.2013 – 2 B 27.12.
14 BVerwG 10.10.2014 – 2 B 66.14; VGH Bayern 25.9.2013 – 16a D 12.1369.
15 Urban/Wittkowski, BDG, § 12 Rn. 10.

§ 13 Bemessung der Disziplinarmaßnahme

(1) Die Entscheidung über eine Disziplinarmaßnahme ergeht nach pflichtgemäßem Ermessen. Die Disziplinarmaßnahme ist nach der Schwere des Dienstvergehens zu bemessen. Das Persönlichkeitsbild des Beamten ist angemessen zu berücksichtigen. Ferner soll berücksichtigt werden, in welchem Umfang der Beamte das Vertrauen des Dienstherrn oder der Allgemeinheit beeinträchtigt hat.
(2) Ein Beamter, der durch ein schweres Dienstvergehen das Vertrauen des Dienstherrn oder der Allgemeinheit endgültig verloren hat, ist aus dem Beamtenverhältnis zu entfernen. Dem Ruhestandsbeamten wird das Ruhegehalt aberkannt, wenn er als noch im Dienst befindlicher Beamter aus dem Beamtenverhältnis hätte entfernt werden müssen.

Im bisherigen Recht erschöpften sich die Regelungen zur Bemessung der Disziplinarmaßnahme darin, sie in ihrer Reihenfolge aufzuzählen. Die Fragen der Zumessung wurden der Rspr. überlassen, welche auch umfangreiche und differenzierte Kriterien entwickelt hat. Unter Geltung der Bemessungsvorgaben des § 13 Abs. 1 Satz 2 bis 4 ist es nunmehr nicht mehr möglich, die in der Rspr. des Disziplinarsenats des BVerwG entwickelten und »anerkannten« Milderungsgründe als abschließenden Kanon der allein beachtlichen Entlastungsgründe anzusehen.[1] Regelmäßig geprüfte **Milderungsgründe** sind jedoch Folgende: existenzbedrohende wirtschaftliche Notlage, schockartig ausgelöste psychische Ausnahmesituation, einmalige und persönlichkeitsfremde Handlung, negative Lebensphase, tätiges Abrücken von der Tat durch Offenbarung des Fehlverhaltens, Mitverschulden des Vorgesetzten aufgrund fehlender Dienstaufsicht.[2] Auch jede pauschale Gleichstellung **fahrlässig** begangener Dienstvergehen mit vorsätzlich begangenen verbietet sich, weil die Rechtsordnung den Unrechtsgehalt vorsätzlichen und fahrlässigen Handelns regelmäßig unterschiedlich bewertet.[3]

Das BDG unternimmt mit der neuen Vorschrift des § 13 den Versuch, diesen Bereich gesetzlich zu bestimmen und konkreter zu fassen. Dem Gesetzgeber ist zuzugeben, dass eine gesetzliche Regelung hinsichtlich der Voraussetzungen insbesondere bei Verhängen der Höchstmaßnahme alleine schon aus rechtsstaatlichen Gründen geboten ist. Zuerst ist die **Unschuldsvermutung**, welche sich aus Art. 6 Abs. 2 EMRK und Art. 20 Abs. 3 GG ergibt, zu beachten. Auch gelten das **Übermaßverbot** und der **Verhältnismäßigkeitsgrundsatz**.[4] Für die im Disziplinarrecht gebotene Persönlichkeitsbeurteilung kommt es vor allem auf den gezeigten Handlungswillen an; dass der Erfolg der Tat nicht eingetreten ist, ist nur dann von Bedeutung, wenn der Nichteintritt auf zurechenbarem Verhalten des Beamten beruht.[5]

Die Vorschrift ersetzt mit Abs. 1 § 3 BDO und präzisiert die Regelung. Abs. 1 enthält Bemessungsregeln für die zu verhängende Disziplinarmaßnahme, die allesamt nicht neu sind, sondern von BDiG und BVerwG in jahrelanger Rspr. bereits detailliert herausgearbeitet wurden.[6] Abs. 2 kann auf keine Vorläuferregelung in der BDO zurückgreifen.

Abs. 1 Satz 1 behält das schon in § 3 BDO festgelegte **Opportunitätsprinzip** bei. Das danach auszuübende pflichtgemäße Ermessen greift aber nur für die Frage, ob auf ein

---
1 BVerwG 20.12.2013 – 2 B 35.13.
2 Z.B. OVG Berlin-Brandenburg 10.9.2014 – OVG 81 D 6.11.
3 BVerwG 14.4.2011 – 2 WD 7.10.
4 Urban/Wittkowski, BDG, § 13 Rn. 4f.
5 BVerwG 29.1.2009 – 2 B 34.08; OVG Berlin-Brandenburg 10.9.2014 – OVG 81 D 6.11.
6 BVerwG 9.5.2000 – 1 D 22.00; 8.5.2001 – 1 D 20.00.

(Fehl-)Verhalten von Beamten mit einer Disziplinarmaßnahme reagiert werden soll und ggf. mit welcher (vgl. §§ 32 bis 34, 59, 60). Die Frage, ob ein Ermittlungsverfahren eingeleitet werden soll, beantwortet § 17 im Sinne des **Legalitätsprinzips**. Liegt jedoch ein Fall der Verhängung der Höchstmaßnahme vor, so entfaltet das Opportunitätsprinzip keine Wirkung mehr, da insoweit kein Ermessen verbleibt.[7]

5 In **Abs. 1 Satz 2** wird ausdrücklich vorgeschrieben, dass im Rahmen der Bemessung der Disziplinarmaßnahme das **Persönlichkeitsbild** des Beamten angemessen zu berücksichtigen ist. Nach der Gesetzesbegründung soll die Bedeutung dieses Kriteriums besonders hervorgehoben werden. Ist etwa aufgrund der Schwere des Dienstvergehens die Entfernung aus dem Beamtenverhältnis grundsätzlich Richtschnur für die Maßnahmebestimmung, so ist zu prüfen, ob sich im Einzelfall aufgrund des Persönlichkeitsbildes des Beamten Entlastungsgründe von solchem Gewicht ergeben, dass die prognostische Gesamtwürdigung den Schluss rechtfertigt, der Beamte habe das Vertrauensverhältnis noch nicht vollständig zerstört. Das Bemessungskriterium »Persönlichkeitsbild des Beamten« erfasst dessen **persönliche Verhältnisse** und sein **sonstiges dienstliches Verhalten** vor und nach der Tat. Es erfordert eine Prüfung, ob das festgestellte Dienstvergehen dem bisher gezeigten Persönlichkeitsbild des Beamten entspricht oder etwa als persönlichkeitsfremdes Verhalten in einer **Notlage** oder einer psychischen Ausnahmesituation davon abweicht. Aus diesen Grundsätzen folgt, dass dem Persönlichkeitsbild des Beamten für die Gesamtabwägung Entlastendes entnommen werden kann, wenn die Pflichtverletzung aus einer Ausnahmesituation resultiert und deshalb der Schluss gerechtfertigt ist, in Zukunft müsse nicht erneut mit einem solchen persönlichkeitsfremden Verhalten des Beamten gerechnet werden. Stimmt dagegen das dienstliche Verhalten des Beamten vor, bei und nach dem Dienstvergehen mit dem bisher gezeigten Persönlichkeitsbild überein, kann jedenfalls aufgrund des Persönlichkeitsbildes nicht angenommen werden, der Beamte habe das Vertrauensverhältnis noch nicht vollständig zerstört.[8] Zu beachten ist auch das Vorliegen einer **schockartig ausgelösten psychischen Ausnahmesituation**. Eine solche Situation wird in aller Regel hervorgerufen durch den plötzlichen unvorhergesehenen Eintritt eines Ereignisses, das gemäß seiner Bedeutung für die besonderen Lebensverhältnisse des Betroffenen bei diesem einen seelischen Schock auslöst, der seinerseits zu der Begehung des Dienstvergehens führt.[9] Eine **persönlichkeitsfremde Augenblickstat** kann mildernd gewertet werden.[10] Eine **besondere Versuchungssituation** kann angenommen werden, wenn sich eine psychische Vorbelastung eines Beamten zum Zeitpunkt des Dienstvergehens zu einer seelischen Zwangslage verdichtet, die vor dem Hintergrund der obwaltenden äußeren Umstände eine besondere Versuchungssituation begründet und in der spontan ausgeführten Tat ihren Ausdruck findet.[11] Eine solche kann sich aus einer außergewöhnlichen familiären Belastungssituation ergeben.[12] Hierfür reicht jedoch eine allgemein angespannte psychische Situation bzw. subjektiv als ausweglos empfundene Lage nicht aus.[13] Eine **freiwillige Wiedergutmachung und Entschuldigung** ist als entlastender Umstand von beachtlichem Gewicht anerkannt.[14] **Bekundungen von Reue und Einsicht nach Entdeckung** des Fehlverhaltens hingegen kommt ohne Hinzutreten weiterer mil-

---

7 Urban/Wittkowski, BDG, § 13 Rn. 8.
8 BVerwG 15. 8. 2013 – 2 B 19.13.
9 BVerwG 19. 2. 2002 – 1 D 10.01; OVG Nordrhein-Westfalen 20. 12. 2012 – 3d A 3330/07.O.
10 OVG Nordrhein-Westfalen 20. 12. 2012 – 3d A 3330/07.O.
11 BVerwG 12. 5. 2014 – 2 B 17.14; 1. 8. 2013 – 2 B77.12.
12 BVerwG 20. 12. 2013 – 2 B 35.13.
13 VGH Bayern 4. 6. 2014 – 16a D 10.2005.
14 BVerwG 25. 7. 2013 – 2 C 63.11; VGH Baden-Württemberg 30. 9. 2013 – DL 13 S 724/13.

Bemessung der Disziplinarmaßnahme § 13

dernder Umstände von einigem Gewicht regelmäßig keine entscheidungserhebliche Bedeutung für die Maßnahmebemessung nach § 13 Abs. 1 Satz 2 bis 4 zu, wenn aufgrund der Schwere des Dienstvergehens die Entfernung aus dem Beamtenverhältnis indiziert ist. Anders liegt es, wenn der Beamte das Fehlverhalten ohne Furcht **vor Entdeckung offenbart oder tätige Reue** zeigt, etwa indem er zur vollständigen Aufdeckung der Taten beiträgt oder den entstandenen Schaden aus eigenem Antrieb wieder gutmacht.[15] Mit dem Zweck des Milderungsgrundes der **freiwilligen Offenbarung** lässt sich nicht vereinbaren, den in die Tat umgesetzten Persönlichkeitswandel generell für unbeachtlich zu erklären. Vielmehr führt die Umkehr des Beamten aus freien Stücken selbst bei schwerwiegenden innerdienstlichen Pflichtverstößen regelmäßig zur Bestimmung einer Disziplinarmaßnahme, die um eine Stufe niedriger liegt als die durch die Schwere des Dienstvergehens indizierte Maßnahme.[16] Dies gilt nur dann nicht, wenn dem Milderungsgrund erschwerende Umstände von ganz erheblichem Gewicht gegenüberstehen.[17] Das BVerwG hat bei Zugriffsdelikten offen gelassen, ob in besonders krassen Ausnahmefällen eine Verletzung der Fürsorgepflicht zu einem Absehen von der Verhängung der Höchstmaßnahme führen kann.[18] Hingegen ist die **langjährige pflichtgemäße Dienstausübung** selbst bei überdurchschnittlichen Leistungen für sich genommen regelmäßig nicht geeignet, gravierende Pflichtverstöße in einem milderen Licht erscheinen zu lassen.[19]

Verfahrensrechtlich ist § 13 in der Regelung des § 32 Abs. 1 Nr. 2 umgesetzt. Da § 32 nur für die Disziplinarvorgesetzten gilt, steht das Ermessen zum »Ob« der Maßregelung den Disziplinargerichten nicht zu. Bei Vorliegen eines Dienstvergehens müssen sie die angemessene Disziplinarmaßnahme verhängen. Soweit sie aus dem Gesichtspunkt des § 32 eine Disziplinarmaßnahme für nicht angebracht halten, liegt die Entscheidung wieder bei den Disziplinarvorgesetzten. 6

Das **Ermessen** der Disziplinarvorgesetzten zur Frage, ob gemaßregelt werden muss, ist **nicht unbeschränkt.** Soweit Rechtsanwendung vorgeschrieben ist, findet kein Ermessen, sondern gebundene Rechtsanwendung statt. Dies gilt für die tatsächliche und rechtliche Feststellung des Dienstvergehenstatbestandes. Zwar sind die Pflichtatbestände im BBG weitgehend generalklauselhaft und damit unbestimmt formuliert. Sie sind aber richterrechtlich konkretisiert und damit erst verfassungsgemäß eindeutig (BVerfGE 26, 204 = NJW 1969, 2195; im Einzelnen dazu A. I. Rn. 38). Damit sind die einzelnen Dienstvergehenstypen und Tatbestände zur **Rechtsanwendung** nicht zum freien Ermessen vorgegeben. Dasselbe gilt für die grundlegenden richterlich geprägten Bewertungs- und Einstufungsgrundsätze (A. IV. Rn. 76 ff., zum Richterrecht A. II. Rn. 52 ff.). Den Disziplinarvorgesetzten ist im Rahmen dieser Rechtsanwendung kein freies Ermessen eingeräumt. Das Opportunitätsprinzip kommt erst **nach** der Feststellung, ob ein Dienstvergehen vorliegt und wie seine Einstufung in den Maßnahmenkatalog grundsätzlich zu erfolgen hat, zum Zuge. 7

Das Ermessen der Disziplinarvorgesetzten nach § 13 Abs. 1 ist in all den Fällen gegeben, in denen die Einstufung nicht zwingend festliegt bzw. in denen von einer Disziplinarmaßnahme unter bestimmten Voraussetzungen abgesehen werden kann. Dies gilt nicht für die Verfehlungen, die grundsätzlich zur objektiven Untragbarkeit führen, z. B. für langes un- 8

---

15 BVerwG 12.5.2014 – 2 B 17.12; OVG Nordrhein-Westfalen 20.12.2012 – 3d A 3330/07.O; VGH Bayern 4.6.2014 – 16a D 10.2005.
16 BVerwG 26.3.2014 – 2 B 100.13.
17 BVerwG 23.9.2013 – 2 B 51.13; 25.7.2013 – 2 C 63.11.
18 BVerwG 22.10.2002 – 1 D 6.02; VGH Bayern 25.9.2013 – 16a D 12.1369.
19 BVerwG 17.7.2013 – 2 B 27.12.

berechtigtes Fernbleiben vom Dienst oder schwere Kassenverfehlungen. In diesen Fällen würde auch eine Milderung aus der Persönlichkeit des Beamten oder hinsichtlich der Tatumstände des Einzelfalles kein Absehen von jeglicher Maßregelung rechtfertigen (Abs. 2; A. IV. Rn. 77).

9   Das BDG gibt einen konkreten Beispielsfall für das Absehen von Maßregelung. § 14 BDG zeigt auf, dass das Gesetz jedenfalls bis zur Schwelle der Zurückstufung ein Absehen von disziplinarer Maßregelung unter bestimmten Umständen für geboten hält. Er stellt, wie es für jedes disziplinarrechtliche Eingreifen gilt, auf das Bedürfnis nach Pflichtenmahnung ab, also auf die Persönlichkeitsstruktur und -prognose. Da es auch im Rahmen des § 13 hierauf ankommt, kann aus § 14 der Rechtsgedanke entnommen werden, dass bei Dienstvergehen, die nach ihrem Gewicht keine strengere Disziplinarmaßnahme als die Zurückstufung erfordern, das Ermessen des § 13 anzuwenden ist (in schwerer wiegenden Fällen kann das Ermessen im Rahmen der Maßnahmenwahl und -bemessung stattfinden, siehe A. IV. Rn. 74 ff., 85 ff.). So hat der VGH Bayern beispielsweise hinsichtlich eines Polizeibeamten, der seine Waffe nicht vorschriftsgemäß gelagert hatte, festgestellt, dass die Verhängung eines Verweises gem. § 6 Satz 1 anstelle einer bloßen Missbilligung i. S. d. § 6 Satz 2 bzw. des Absehens von dienstrechtlichen Maßnahmen vom pflichtgemäßen Ermessen gem. § 13 Abs. 1 gedeckt war. Der Beamte hatte durch die vorschriftswidrige Einlagerung seiner Dienstwaffe zwar keine Kernpflicht verletzt. Jedoch müssen die Pflichten der hohen Verantwortung beim Umgang mit Waffen entsprechend auch als besonders bedeutsam eingestuft werden.[20] Der leichtfertige Umgang mit Waffen und Munition stellt wegen der damit verbundenen Gefahren stets ein ernstzunehmendes Dienstvergehen dar.[21] Dass eine solche Maßnahme verhängt wurde, war demnach nicht ermessensfehlerhaft.

10 Die Fälle, in denen nach §§ 13, 32 Abs. 1 Nr. 2 von einer an sich möglichen disziplinaren Maßnahme abgesehen werden kann, liegen damit im unteren Bereich der Bewertungs- und Einstufungsskala. Darüber hinaus kommen aber auch die mittelschweren Dienstvergehen, deren dienstliche Auswirkung gering ist, die früher aber vom BVerwG dennoch in das förmliche Disziplinarverfahren verwiesen wurden (z. B. außerdienstliche Verkehrsstraftaten ohne dienstliche Auswirkung im Rückfall, B. II. 12 Rn. 5) in Betracht. Bei der Persönlichkeitswürdigung und Prognose sind die bisherige Führung und Leistung, Kollegialität und dienstlicher Einsatz, freiwilliges dienstliches und gesellschaftliches Engagement, außerdienstliches Verhalten, hinsichtlich des Dienstvergehens Einsichts- und Mahnungsempfindlichkeit von Bedeutung. Insgesamt erfordert das »Gleichbehandlungsgebot« die Anwendung objektiv abgrenzbarer, einheitlicher Kriterien (A. IV. Rn. 77 ff.).

11 Das in § 17 benannte Legalitätsprinzip bringt keine Einschränkung des § 13, da er sich ausschließlich auf den Zwang zur Aufklärung disziplinarverdächtiger Sachverhalte, nicht auf die Entscheidung über das »ob« einer Maßregelung bezieht.

12 Auch § 15 wirkt in den Regelungsbereich des § 13 nicht ein, denn er gewährt Ermessen nur bei der Vorentscheidung, welche Disziplinarmaßnahme bei hypothetischer Prüfung des vorliegenden und erwartenden Sachverhalts in Frage kommen kann. Ist diese Vorfrage geklärt, so sind das Verfolgungsverbot und damit das Maßregelungsverbot zwingend.

13 Da das **Opportunitätsprinzip** entgegen dem für das Strafrecht geltenden Legalitätsgrundsatz den Maßregelungszwang ausschließt, sind alle Bestimmungen, die auf dem **Zwang zur Verfolgung** aufbauen, im Disziplinarverfahren nicht anwendbar. Es liegt ebenfalls im pflichtgemäßen Ermessen eines Dienstvorgesetzten, zu entscheiden, ob er gegen Betroffene Strafanzeige erstattet. Bedenken sind deshalb gegen die Regelungen im Be-

---

20 BVerwG 5. 7. 2006 – 1 D 5.05.
21 BVerwG 6. 6. 1991 – 2 WD 27.90; VGH Bayern 17. 6. 2013 – 16b DZ 09.1069.

Bemessung der Disziplinarmaßnahme § 13

reich einiger Verwaltungen zu erheben, die, wie etwa bei der Deutschen Post AG, eine generelle Anzeigepflicht statuieren. Durch sie wird in die Ermessenskompetenz des zuständigen Dienstvorgesetzten eingegriffen. Sieht der Disziplinarvorgesetzte von Disziplinarmaßnahmen im Rahmen des Opportunitätsprinzips ab, ist darin kein **Verzicht** auf die Ausübung der Disziplinargewalt zu sehen, insbesondere dann, wenn zusätzliche Verfehlungen hinzukommen (vgl. § 35 und die dortigen Fristen).

Zuständige Behörde i. S. v. § 13 sind zunächst dieselben Disziplinarvorgesetzten wie in §§ 17, 35 und 43. Es sind alle Dienstvorgesetzten im Rahmen der Ausübung der ihnen zustehenden Disziplinargewalt. Nach § 60 Abs. 2 Satz 2 Nr. 1 kann das Verwaltungsgericht auf die erforderliche Disziplinarmaßnahme erkennen. Es ist nicht an tatsächliche Feststellungen oder disziplinarrechtliche Wertungen des Dienstherrn gebunden. Das Verwaltungsgericht klärt den Sachverhalt in Bezug auf die Handlungen, die dem Beamten in der Disziplinarklage zur Last gelegt werden, und in Bezug auf die bemessungsrelevanten Gesichtspunkte selbst umfassend auf und würdigt die Beweise (§ 58 Abs. 1 BDG sowie § 86 Abs. 1 und § 108 Abs. 1 Satz 1 VwGO). Hält das Verwaltungsgericht ein Dienstvergehen für erwiesen und steht dessen Sanktionierung kein rechtliches Hindernis entgegen, bestimmt es die Disziplinarmaßnahme nach § 13 Abs. 1 Satz 2 bis 4 aufgrund einer eigenständigen Gesamtwürdigung aller be- und entlastenden, d. h. aller erschwerenden und mildernden Umstände. Hierunter fallen alle Tatsachen, die im Einzelfall für die Schwere des nachgewiesenen Dienstvergehens, das Persönlichkeitsbild des Beamten und den Umfang der Beeinträchtigung des in ihn gesetzten Vertrauens bedeutsam sind. Demnach ist die Gesamtwürdigung rechtsfehlerhaft, wenn das Verwaltungsgericht einen bemessungsrelevanten Gesichtspunkt nicht oder nicht mit dem ihm zukommenden Gewicht berücksichtigt hat. Darüber hinaus ist sie rechtsfehlerhaft, wenn das Verwaltungsgericht einen bemessungsneutralen Gesichtspunkt einbezogen, d. h. erschwerend oder mildernd berücksichtigt hat.[22]

14

Trotz seiner grundlegenden Bedeutung lief der sachgleiche § 3 BDO in der Praxis weitgehend leer. Ursache war hauptsächlich, dass die Verwaltungen den ihnen gegebenen Freiraum nicht ausschöpften, sondern sich starr an Rspr. oder Anregungen des BDiA im Rahmen des § 37 BDO gebunden sahen. Der Grundsatz, dass im Vordergrund eine Würdigung der Gesamtpersönlichkeit der Betroffenen unter Berücksichtigung des gesamten dienstlichen und außerdienstlichen Verhaltens zu stehen hat (§ 13 Abs. 1 Sätze 2–4), wird hierdurch weitgehend verfehlt. Damit wird oft auch dem Grundsatz der Einzelfallgerechtigkeit nur unzureichend Rechnung getragen (vgl. A. IV. Rn. 77 a. E.). Dieses Erfordernis beruht letztlich auf dem im Disziplinarverfahren geltenden **Schuldprinzip** und dem **Grundsatz der Verhältnismäßigkeit** (Übermaßverbot). Die gegen den Beamten ausgesprochene Disziplinarmaßnahme muss unter Berücksichtigung aller belastenden und entlastenden Umstände des Einzelfalls in einem gerechten Verhältnis zur Schwere des Dienstvergehens und zum Verschulden des Beamten stehen.[23] Dies gilt auch für Delikte, zu denen Regeleinstufungen vorgesehen sind. Unter der Geltung der Bemessungsvorgaben des § 13 Abs. 1 Satz 2 bis 4 dürfen entlastende Umstände bei der Bestimmung der Disziplinarmaßnahme für ein Zugriffsdelikt nicht deshalb unberücksichtigt bleiben, weil sie für das Vorliegen eines anerkannten Milderungsgrundes ohne Bedeutung sind oder nicht ausreichen, um dessen Voraussetzungen – im Zusammenhang mit anderen Umständen – zu erfüllen. Die Verwaltungsgerichte müssen bei der fallbezogenen Aufklärung und Würdigung der bemessungsrelevanten Umstände dafür offen sein, dass mildernden Umstän-

15

---

22 BVerwG 28. 2. 2013 – 2 C 62.11.
23 BVerwG 25. 7. 2013 – 2 C 63.11.

§ 13 Bemessung der Disziplinarmaßnahme

den auch dann ein beachtliches Gewicht für die Maßnahmebemessung zukommen kann, wenn sie zur Erfüllung eines anerkannten Milderungsgrundes nicht ausreichen. Auch solche Umstände dürfen nicht von vornherein als nebensächlich oder geringfügig zurückgestellt werden, ohne dass sie in ihrer Gesamtheit in Bezug zur Schwere des Dienstvergehens gesetzt werden. Daher können mildernde Umstände bei einem **Zugriffsdelikt** das Absehen von der Entfernung aus dem Beamtenverhältnis rechtfertigen, wenn sie in ihrer Gesamtheit das Gewicht eines anerkannten Milderungsgrundes aufweisen. Diese Gründe bieten Vergleichsmaßstäbe für die Bewertung, welches Gewicht entlastenden Gesichtspunkten in der Summe zukommen muss, um das Beamtenverhältnis mit einer pflichtenmahnenden Disziplinarmaßnahme, in aller Regel mit einer Zurückstufung nach § 9, fortführen zu können. Das Gewicht der Entlastungsgründe muss umso größer sein, je schwerer das Zugriffsdelikt aufgrund der Höhe des Schadens, der Anzahl und Häufigkeit der Zugriffshandlungen, der Begehung von »Begleitdelikten« und anderer belastender Gesichtspunkte im Einzelfall wiegt. Im umgekehrten Fall eines weniger schwerwiegenden, etwa die Geringfügigkeitsgrenze nur unwesentlich überschreitenden Zugriffsdelikts kann ein geringeres Gewicht der Entlastungsgründe ausreichen. Danach kommt jedenfalls bei einem einmaligen Fehlverhalten ohne belastende Begleitumstände mit einem begrenzten Schaden ernsthaft in Betracht, von der Entfernung aus dem Beamtenverhältnis abzusehen sind.[24]

15a Auf der anderen Seite kann auch die **besondere Stellung** des Beamten erschwerend beurteilt werden. Dies gilt beispielsweise für eigennützige Straftaten eines Rechtspflegers. Insoweit ist zu Lasten eines solchen Beamten zu bedenken, dass er als Rechtspfleger selbst ein Organ der Rechtspflege ist (vgl. §§ 1, 31 RPflG) und insoweit eine Pflichtverletzung schädlichere Auswirkungen auf das Ansehen des öffentlichen Dienstes hat als diejenige eines Beamten in untergeordneter Stellung. Das Bemessungskriterium, in welchem Umfang das Vertrauen des Dienstherrn oder der Allgemeinheit beeinträchtigt worden ist, erfordert eine Würdigung des Fehlverhaltens des Beamten im Hinblick auf seinen Status, seinen Tätigkeitsbereich innerhalb der Verwaltung und seine konkret ausgeübte Funktion. Der Status als Rechtspfleger führt dazu, dass das Vertrauen sowohl seines Dienstherrn als auch der Allgemeinheit in einer besonderen Weise erschüttert wird. Dies gilt auch dann, wenn der Beamte selbst nicht mit nach den gesetzlichen Vorschriften vom Richter wahrzunehmenden Geschäften betraut (vgl. §§ 3ff. RPflG) ist, sondern seinen Tätigkeitsschwerpunkt im Bereich der Verwertung eingezogener sowie auszusondernder Hard- und Software hatte. Allerdings handelt es sich zum einen dabei teilweise um einen Bereich der Strafvollstreckung (§ 74 StGB, §§ 63, 66, 10 StVollstrO, § 31 Abs. 2 Satz 1 RPflG), so dass insbesondere das Vertrauen der Allgemeinheit – unabhängig von einer etwaigen Medienresonanz – in die Integrität des öffentlichen Dienstes erheblich durch den Eindruck beeinträchtigt wird, strafrechtliche Sanktionen dienten der Bereicherung einzelner Beamter. Zum anderen hat sich die Prüfung, ob der betreffende Beamte im Beamtenverhältnis verbleiben darf, auf sein Amt als Ganzes und nicht nur auf einen begrenzten Tätigkeitsbereich (Amt im funktionellen Sinne) zu beziehen.[25]

16 Entscheidet sich der Dienstvorgesetzte für weitere Verfolgung mit dem Ziel der Maßregelung, so sind die Verfahrensvorschriften des BDG anzuwenden, ggf. auch weitere Beteiligte in das Verfahren einzubeziehen (im Einzelnen A. V. Rn. 136). Insoweit stellt es keine **unzulässige Doppelverwertung** dar, wenn das dienstpflichtwidrige Verhalten des Beamten zum einen als objektives und subjektives Handlungsmerkmal auf der Tatbestands-

---

24 BVerwG 18. 2. 2014 – 2 B 87.13.
25 OVG Nordrhein-Westfalen 21. 5. 2014 – 3d A 1614/11.O.

ebene des Dienstvergehens und zum anderen im Rahmen der Ermittlung der gebotenen Disziplinarmaßnahme auf der Rechtsfolgenebene berücksichtigt wird. Die Schwere des Dienstvergehens beurteilt sich nach den objektiven und subjektiven Handlungsmerkmalen der Verfehlung, den besonderen Umständen der Tatbegehung und den unmittelbaren Folgen für den dienstlichen Bereich und für Dritte.[26] Daher geht die Ansicht, das Verwaltungsgericht habe das disziplinarrechtlich tatbestandliche Verhalten zusätzlich im Rahmen der Rechtsfolge angeführt und daher in unzulässiger Weise doppelt zu Lasten des Beamten berücksichtigt, ins Leere. Diese Ansicht verkennt bei dieser Argumentation die Struktur des disziplinarrechtlichen Klageverfahrens und speziell des Disziplinarklageverfahrens. In einem ersten Schritt ist (auf der Tatbestandsebene) zu fragen, ob der Beamte durch sein Verhalten ein Dienstvergehen gem. § 47 Abs. 1 Satz 1 BeamtStG begangen hat. In einem zweiten Schritt ist bejahendenfalls (auf der Rechtsfolgenebene) die gebotene Disziplinarmaßnahme zu ermitteln. In diesem Zusammenhang ist wegen des vorrangig zu berücksichtigenden Zumessungsmaßstabes der Schwere des Dienstvergehens auch auf dieser Ebene die Eigenart der Dienstpflichtverletzungen notwendigerweise in den Blick zu nehmen und zu gewichten.[27]

Abs. 2 greift ebenfalls die Rspr. von BDiG und BVerwG auf. **Abs. 2 Satz 1** regelt die Voraussetzungen der Entfernung aus dem Beamtenverhältnis. Er übernimmt wortwörtlich die Rspr. des BDiG und BVerwG. Wann das Vertrauen des Dienstherrn in die pflichtgemäße Amtsführung des Beamten endgültig zerstört ist, ist Teil des Zumessungsermessens der Disziplinarorgane und letztlich nur durch Gerichte zu entscheiden (§§ 52ff. BDG). Das Zumessungsermessen umfasst nämlich auch die Einordnung des Fehlverhaltens in eine bestimmte Disziplinarmaßnahme. Nach § 60 Abs. 2 Satz 2 BDG ist es bei einer Disziplinarklage Sache der Verwaltungsgerichte, die angemessene Disziplinarmaßnahme nach Maßgabe des § 13 BDG zu bestimmen. Dabei sind die Gerichte weder in tatsächlicher noch in rechtlicher Hinsicht an die Wertungen des Dienstherrn gebunden. Dementsprechend kommt der Entscheidung des Dienstherrn, den Beamten nach dem Aufdecken seines Fehlverhaltens unverändert oder anderweitig weiter zu beschäftigen, für die von den Gerichten zu treffende Entscheidung über die angemessene Disziplinarmaßnahme grundsätzlich keine Bedeutung zu. Zudem kann diese Entscheidung des Dienstherrn auf Umständen beruhen, die für die vom Gericht zu bestimmende Maßnahme i. S. v. § 5 BDG nicht von Bedeutung sind. Insbesondere kann sich der Dienstherr aus finanziellen Gründen für eine Weiterschäftigung entschieden haben, weil der Beamte auch während des laufenden Verfahrens weiterhin alimentiert wird.[28]

So kommt etwa dem Verbot der **Vorteilsannahme** in Bezug auf das Amt als Bestandteil der Dienstpflicht zur uneigennützigen Amtsführung herausragende Bedeutung zu (siehe ausführlich B. II. 10. Rn. 25ff.).[29] Ein Beamter, der hiergegen verstößt, zerstört regelmäßig das Vertrauen, das für eine weitere Tätigkeit als Beamter, d. h. als Organ des Staates, erforderlich ist.[30] Aus der herausragenden Bedeutung des Verbots der Vorteilsannahme folgt, dass die Entfernung aus dem Beamtenverhältnis jedenfalls dann indiziert ist, wenn sich der Beamte wegen **Bestechlichkeit** nach § 332 Abs. 1 StGB strafbar gemacht hat.[31] Die

17

17a

---

26 Urban/Wittkowski, BDG, § 13 Rn. 22.
27 OVG Lüneburg 14. 11. 2012 – 19 LD 4/11.
28 BVerwG 27. 5. 2015 – 2 B 16.15.
29 BVerwG 29. 3. 2012 – 2 A 11.10.
30 BVerwG 11. 7. 2014 – 2 B 70.13.
31 BVerwG 28. 2. 2013 – 2 C 62.11; 20. 12. 2013 – 2 B 44.12; Zwiehoff, in: jurisPR-ArbR 45/2005 Nr. 2.

§ 13 Bemessung der Disziplinarmaßnahme

Spende des Vorteils für einen gemeinnützigen Zweck kann allenfalls bei der Bestimmung der Disziplinarmaßnahme mildernd berücksichtigt werden.[32]

18 Mit seiner grundlegenden Entscheidung vom 20.10.2005 (2 C 12.04) hat das BVerwG eine grundlegende Änderung der Rspr. zu den sog. Zugriffsdelikten vorgenommen und diese später auch auf andere Pflichtverletzungen übertragen. Konnte bis zu diesem Zeitpunkt von der Regelmaßnahme »Entfernung aus dem Dienst« nur bei Vorliegen eines der abschließend entscheidenden Milderungsgründe abgesehen werden, so hat das BVerwG diese Rspr. mit dieser Entscheidung faktisch aufgegeben. Es hat entschieden, dass auch bei den sog. Zugriffsdelikten, also bei den Delikten, bei denen der Beamte auf ihm anvertrautes Gut des Dienstherrn rechtswidrig zugreift, auch über den bislang durch die Rspr. aufgestellten Kanon der Milderungsgründe hinaus, von einer Entfernung aus dem Dienst abgesehen werden kann.[33] In dieser Entscheidung hat das Gericht ausdrücklich festgestellt, dass die von der Schwere des Dienstvergehens ausgehende Indizwirkung im Hinblick auf die Vertrauenszerstörung entfallen kann, wenn gewichtige und im Einzelfall durchgreifende Entlastungsgründe festgestellt werden. Deshalb dürfe sich die Gesamtwürdigung gem. § 13 Abs. 1 BDG nicht auf die Verneinung von »anerkannten Milderungsgründen« beschränken.

18a Die in dieser Entscheidung angestellten Überlegungen im Hinblick auf die Strafzumessung unter Geltung des neuen § 13 BDG hat das BVerwG dann in seiner Entscheidung vom 3.5.2007 (2 C 9.06) systematisiert. Mit dieser Entscheidung hat es die veränderte Rspr. systematisch zusammengefasst und im Kern fast schon ein **Prüfungsschema** vorgegeben. Dieses hat sich in der Rspr. etabliert. Bei der konkreten Bemessung der Disziplinarmaßnahme geht das BVerwG von einem zweistufigen Prüfungsschema aus: Auf der **ersten Stufe** bestimmt er im Hinblick auf das Gebot der Gleichbehandlung vergleichbarer Fälle sowie im Interesse der rechtsstaatlich gebotenen Rechtssicherheit und Voraussehbarkeit der Disziplinarmaßnahme eine Regelmaßnahme für die in Rede stehende Fallgruppe als »Ausgangspunkt der Zumessungserwägungen«. Das BVerwG zieht etwa in st. Rspr. bei vorsätzlicher versuchter oder vollendeter Schädigung des Dienstherrn bzw. Gefährdung des Vermögens des Dienstherrn durch einen Reisekosten- bzw. Trennungsgeldbetrug als Ausgangspunkt der Zumessungserwägungen eine Dienstgradherabsetzung in Betracht, sofern nicht eine Kernpflichtverletzung vorliegt. Auf der **zweiten Stufe** ist dann zu prüfen, ob im konkreten Einzelfall im Hinblick auf die normierten Bemessungskriterien und die Zwecksetzung des Disziplinarrechts Umstände vorliegen, die die Möglichkeit einer Milderung oder die Notwendigkeit einer Verschärfung gegenüber der auf der ersten Stufe in Ansatz gebrachten Regelmaßnahme eröffnen. Dabei ist vor allem angesichts der Eigenart und Schwere des Dienstvergehens sowie dessen Auswirkungen zu klären, ob es sich im Hinblick auf die be- und entlastenden Umstände um einen schweren, mittleren oder leichten Fall der schuldhaften Pflichtverletzung handelt. Liegt kein mittlerer, sondern ein höherer bzw. niedrigerer Schweregrad vor, ist gegenüber dem Ausgangspunkt der Zumessungserwägungen die zu verhängende Disziplinarmaßnahme nach »oben« bzw. nach »unten« zu modifizieren. Für die »Eigenart und Schwere des Dienstvergehens« kann z.B. von Bedeutung sein, ob der Beamte eine herausgehobene Dienststellung hatte, einmalig oder wiederholt oder in einem besonders wichtigen Pflichtbereich versagt hat. Bei den Auswirkungen des Fehlverhaltens sind die konkreten Folgen für den Dienstbetrieb sowie schädliche Weiterungen für das Außenbild des öffentlichen Dienstes in der Öffentlichkeit

---

32 BVerwG 28.2.2013 – 2 C 3.12.
33 BVerwG 20.10.2005 – 2 C 12.04.

Bemessung der Disziplinarmaßnahme § 13

zu berücksichtigen.[34] Hinsichtlich des Zumessungskriteriums »Maß der Schuld« hat das BVerwG neben der Schuldform und der Schuldfähigkeit das Vorliegen von Erschwerungs- und Milderungsgründen in den Tatumständen in Betracht zu ziehen.[35] Je schwerwiegender das Dienstvergehen oder die mit ihm einhergehende Vertrauensbeeinträchtigung ist, umso gewichtiger müssen die sich aus dem Persönlichkeitsbild ergebenden mildernden Umstände sein, um gleichwohl eine andere Maßnahme zu rechtfertigen.[36] Ausgehend von der Vorschrift des § 13 Abs. 1 Satz 2–4 BDG stellt das BVerwG seit seiner Entscheidung vom 3.5.2007 (2 C 9.06) in st. Rspr. fest, dass sich die erforderliche Disziplinarmaßnahme im Einzelfall nach der Schwere des Dienstvergehens unter angemessener Berücksichtigung der Persönlichkeit des Beamten und des Umfangs der durch das Dienstvergehen herbeigeführten Vertrauensbeeinträchtigung richtet. Das Bemessungskriterium »Umfang der Beeinträchtigung des Vertrauens des Dienstherrn oder der Allgemeinheit« gem. § 13 Abs. 1 Satz 4 BDG erfordert eine Würdigung des Fehlverhaltens des Beamten im Hinblick auf seinen allgemeinen Status, seinen Tätigkeitsbereich innerhalb der Verwaltung und seine konkret ausgeübte Funktion. Maßstab ist hierbei, in welchem Umfang die Allgemeinheit dem Beamten noch Vertrauen in eine zukünftig pflichtgemäße Amtsausübung entgegenbringen kann, wenn ihr das Dienstvergehen einschließlich der belastenden und entlastenden Umstände bekannt würde. Die Prüfung, ob der betreffende Beamte im Beamtenverhältnis verbleiben darf, hat sich auf sein Amt als Ganzes und nicht nur auf einen begrenzten Tätigkeitsbereich (Amt im funktionellen Sinne) zu beziehen.[37]

18b

Bei der Gesamtwürdigung haben die Verwaltungsgerichte die im Einzelfall bemessungsrelevanten Tatsachen nach Maßgabe des § 58 Abs. 1 BDG zu ermitteln und mit dem ihnen zukommenden Gewicht in die Bewertung einzubeziehen. Hier findet der Grundsatz »**in dubio pro reo**« Anwendung: Insbesondere bei der Bestimmung der Schwere des Dienstvergehens dürfen nur solche belastenden Tatsachen berücksichtigt werden, die zur Überzeugung des Gerichts feststehen. Demgegenüber sind entlastende Umstände schon dann beachtlich, wenn hinreichende tatsächliche Anhaltspunkte für ihr Vorliegen gegeben sind und eine weitere Sachverhaltsaufklärung nicht möglich ist.[38] Dies wird aber auch für den Dienstherrn gelten, soweit dessen Disziplinargewalt reicht. Das entspricht dem Zweck der Disziplinarbefugnis als einem Mittel der Funktionssicherung des öffentlichen Dienstes. Danach ist Gegenstand der disziplinarrechtlichen Betrachtung und Wertung die Frage, welche Disziplinarmaßnahme in Ansehung der gesamten Persönlichkeit des Beamten geboten ist, um die Funktionsfähigkeit des öffentlichen Dienstes und die Integrität des Berufsbeamten möglichst ungeschmälert aufrechtzuerhalten. Lässt sich nach erschöpfender Sachaufklärung das Vorliegen eines mildernden Umstands nicht ohne vernünftigen Zweifel ausschließen, ist dieser Umstand nach dem Grundsatz »**in dubio pro reo**« in die Gesamtwürdigung einzustellen. Er tritt zu einem anerkannten Milderungsgrund hinzu oder verstärkt das Gewicht der Umstände, die das Fehlen eines derartigen Grundes kompensieren können.[39] Es ist geklärt, dass dieser grundgesetzlich verankerte Rechtsgrundsatz für bemessungsrelevante Gesichtspunkte Anwendung findet. Demnach darf ein erschwerender Umstand grundsätzlich nur dann in die Maßnahmebemessung einfließen, wenn an

18c

---

34 Urban/Wittkowski, BDG, § 13 Rn. 22.
35 Zur WDO: BVerwG 27.6.2013 – 2 WD 5.12.
36 BVerwG 25.7.2013 – 2 C 63.11.
37 BVerwG 25.7.2013 – 2 C 63.11.
38 BVerwG 9.10.2014 – 2 B 60.14; 29.3.2012 – 2 A 11.10.
39 BVerwG 6.6.2013 – 2 B 50.12.

den Tatsachen nach gerichtlicher Überzeugung kein vernünftiger Zweifel besteht. Dagegen muss ein mildernder Umstand schon dann berücksichtigt werden, wenn hierfür nach der Tatsachenlage hinreichende Anhaltspunkte bestehen.[40] Hat der Beamte zum Tatzeitpunkt an einer **krankhaften seelischen Störung** i. S. v. § 20 StGB gelitten oder kann eine solche Störung nach dem Grundsatz »in dubio pro reo« nicht ausgeschlossen werden und ist die Verminderung der Schuldfähigkeit des Beamten erheblich, so ist dieser Umstand bei der Bewertung der Schwere des Dienstvergehens mit dem ihm zukommenden erheblichen Gewicht heranzuziehen. Es muss geprüft werden, ob die Voraussetzungen für eine erheblich geminderte Schuldfähigkeit vorliegen (ausführlich: A. I. 4. Rn. 34 ff.).[41]

18d Entsprechend der gesetzlichen Regelung des § 13 Abs. 1 Satz 2 bis 4 BDG hat die Rspr. die **Schwere des Dienstvergehens** als richtungweisend für die Bestimmung der Disziplinarmaßnahme angesehen. Dementsprechend ist zunächst die Schwere des Dienstvergehens zu beurteilen; hiervon ausgehend ist zu prüfen, ob Erkenntnisse zum Persönlichkeitsbild und zum Umfang der Vertrauensbeeinträchtigung derart bedeutsam sind, dass eine andere als die durch die Schwere des Dienstvergehens indizierte Disziplinarmaßnahme geboten ist. Dabei handelt es sich aber nicht um Aspekte der Schuld, wie Vorsatz oder Fahrlässigkeit, das Bewusstsein der Pflichtwidrigkeit oder der Schuldunfähigkeit.[42] Damit bestimme sich die angemessene Disziplinarmaßnahme
1. nach der Schwere des Dienstvergehens unter
2. angemessener Berücksichtigung der Persönlichkeit des Beamten und
3. des Umfangs der durch das Dienstvergehen herbeigeführten Vertrauensbeeinträchtigung.

18e Nach der Rspr. des BVerwG ist die Schwere des Dienstvergehens demnach das maßgebende Bemessungskriterium. Diese ist richtungsweisend für die Bestimmung der erforderlichen Maßnahme, d. h. der Zuordnung des festgestellten Dienstvergehens einer der im Katalog des § 5 BDG aufgeführten Disziplinarmaßnahmen. Für die Bestimmung der Schwere des Dienstvergehens hat das BVerwG generelle Maßstäbe für einzelne Fallgruppen entwickelt. Bestimmte innerdienstliche Pflichtenverstöße werden als so gewichtig eingestuft, dass grundsätzlich die Entfernung aus dem Beamtenverhältnis indiziert ist. Derartige **Regeleinstufungen** dürfen aber nicht schematisch angewandt werden.[43] Aus dem Grundsatz der Verhältnismäßigkeit und dem Schuldprinzip folgt, dass es im Einzelfall stets möglich sein muss, die von einer Regeleinstufung ausgehende Indizwirkung zu entkräften. Hierfür können insbesondere Erkenntnisse zum Persönlichkeitsbild des Beamten Anlass geben.[44] Dabei können die (bisherigen) Regeleinstufungen für bestimmte Fallgruppen »von Bedeutung«[45] sein. Bei der Schwere des Dienstvergehens stellt das BVerwG auf

- objektive Handlungsmerkmale:
  - Eigenart und Bedeutung der verletzten Dienstpflicht
  - Dauer und Häufigkeit der Pflichtverstöße
  - Die Umstände der Tatbegehung
- subjektive Handlungsmerkmale:
  - Form und Gewicht des Verschuldens

---

40 BVerwG 9. 10. 2014 – 2 B 60.14.
41 BVerwG 28. 1. 2015 – 2 B 15.149; Urban/Wittkowski, BDG, § 13 Rn. 46.
42 BVerwG 6. 9. 2012 – 2 B 31.12.
43 BVerwG 28. 2. 2013 – 2 C 62.11.
44 BVerwG 20. 12. 2013 – 2 B 44.12; Herrmann/Sandkuhl, Beamtendisziplinarrecht, § 4 Rn. 304.
45 BVerwG 3. 5. 2007 – 2 C 9.06.

Bemessung der Disziplinarmaßnahme § 13

- Beweggründe des Beamten für sein pflichtwidriges Verhalten
- »Auswirkungen«,
- das heißt die unmittelbaren Folgen der Dienstverstöße für den dienstlichen Bereich und für Dritte, insbesondere nach der Höhe des entstandenen Schadens ab. Es wird wohl nach der Formulierung in dem Urteil des BVerwG davon auszugehen sein, dass das Gericht diese Aufzählung als abschließend betrachtet.

Folgende **Regeleinstufungen** haben sich in der Rechtsprechung herausgebildet: 18f
- Für die Fallgruppe der **Zugriffsdelikte**, d. h. für die Veruntreuung dienstlich anvertrauter Gelder und Güter, ist die Entfernung aus dem Beamtenverhältnis grundsätzlich Richtschnur für die Maßnahmebestimmung, wenn die veruntreuten Beträge oder Werte insgesamt die Schwelle der Geringwertigkeit deutlich übersteigen.
- Der **Kollegendiebstahl** ist hinsichtlich seiner Schwere der Veruntreuung amtlich anvertrauter Gelder vergleichbar. Ein Beamter, der durch einen Kollegendiebstahl das in ihn gesetzte Vertrauen enttäuscht und die Pflicht zu kollegialem Verhalten grob verletzt, beweist eine beamtenunwürdige Haltung, vergiftet das Betriebsklima und stört den Arbeitsfrieden in so schwerer Weise, dass er sowohl für seine Verwaltung als auch für die Kollegen untragbar wird. Ist die unter den hier beschriebenen Blickwinkeln für das Funktionieren des öffentlichen Dienstes unabdingbare Vertrauensgrundlage mithin zerstört, muss der Beamte grundsätzlich mit der Auflösung des Beamtenverhältnisses rechnen.[46] In Fällen der Geringwertigkeit des entwendeten Geldbetrages bis zu 50 Euro ist hingegen die Zurückstufung nach § 9 BDG Richtschnur für die Maßnahmebemessung.[47]
- Fügt ein Staatsdiener dem Staat durch eine schwere Wirtschaftsstraftat, insbesondere eine **Steuerhinterziehung**, einen besonders hohen Schaden zu, ist Ausgangspunkt der Zumessungserwägungen grundsätzlich die Zurückstufung.[48] Finanzbeamte sind bei der Begehung einer Steuerhinterziehung im Vergleich zu anderen Beamten verschärften Disziplinarmaßnahmen ausgesetzt.[49]
- Bei einem Verstoß gegen das Verbot der **Vorteilsannahme** gilt die Regeleinstufung der Entfernung aus dem Beamtenverhältnis.[50]
- Orientierungsrahmen für die disziplinarrechtliche Ahndung des **Besitzes kinderpornographischer Schriften** ist ausgehend von der maßgeblichen Strafandrohung die Zurückstufung,[51] wenn das Dienstvergehen keinen Bezug zu den dienstlichen Aufgaben des Beamten aufweist und dieser keine herausgehobene Vorgesetzten- und Leitungsfunktion innehat.[52] Eine aus dem Orientierungsrahmen fallende Entfernung aus dem Beamtenverhältnis darf ausgesprochen werden, wenn im Einzelfall besonders gewichtige Erschwerungsgründe vorliegen, die nicht durch Milderungsgründe kompensiert werden.[53] Bei Lehrern wiegt der außerdienstliche Erwerb bzw. Besitz kinderpornographischen Materials besonders schwer, weil hier stets ein enger dienstlicher Bezug gegeben ist. Ob ein Lehrer, der in strafbarer Weise Besitz an kinder- oder jugendpornogra-

---

46 BVerwG 25. 7. 2013 – 2 C 63.11; OVG Berlin-Brandenburg 6. 11. 2014 – OVG 80 D 5.11.
47 BVerwG 25. 7. 2013 – 2 C 63.11;. 2. 3. 2012 – 2 B 8.11; von der Weiden, jurisPR-BVerwG 25/2013 Anm. 6.
48 BVerwG 11. 1. 2012 – 2 WD 40.10; VGH Bayern 6. 12. 2013 – 16a D 12.1815.
49 Füllsack/Bürger, BB 2012, 3201; Hejke/Gallert, DStR 2014, 1476.
50 BVerwG 20. 1. 2014 – 2 B 89.13; 28. 2. 2013 – 2 C. 3.12; 29. 3. 2012 – 2 A 11.10; von der Weiden, jurisPR-BVerwG 10/2013 Anm. 1.
51 BVerwG 18. 6. 2014 – 2 B 9.14; VGH Bayern 18. 3. 2015 – 16a D 09.3029.
52 BVerwG 14. 5. 2012 – 2 B 146.11.
53 VGH Bayern 5. 11. 2014 – 16a D 13.1132.

phischem Material begründet hat, das in ihn gesetzte Vertrauen endgültig verloren hat, hängt maßgeblich davon ab, ob er dadurch zum Ausdruck gebracht hat, dass er an den abgebildeten Vorgängen Gefallen findet.[54] Ein solches Verhalten gibt begründeten Anlass zu Zweifeln an der Eignung für den Lehrerberuf. Ein Lehrer, der sich nach § 184b Abs. 4 StGB strafbar gemacht hat, bietet daher keine Gewähr dafür, dass er die ihm dienstlich obliegenden Erziehungsaufgaben mit der erforderlichen Autorität erfüllen kann. Der Orientierungsrahmen für den außerdienstlichen Besitz kinderpornographischen Materials reicht deshalb bei Lehrern bis zur Entfernung aus dem Beamtenverhältnis.[55] Für Polizisten ergibt sich jedoch kein derartig enger Bezug zwischen den Dienstpflichten und dem Besitz kinderpornographischer Schriften wie bei Lehrern, die in eigener pädagogischer Verantwortung für die Erziehung der Schüler verantwortlich sind.[56]

- Hinsichtlich des **sexuellen Missbrauchs an Kindern** sind für die Bestimmung der Schwere eines Dienstvergehens zwar Maßstäbe als Orientierungsrahmen für einzelne Fallgruppen entwickelt worden. Die Bewertung von Handlungen mit sexuellem Bezug hängt jedoch maßgeblich von den Umständen des konkreten Einzelfalles ab.[57] Hingegen ist bei **sexuellem Missbrauch von anvertrauten Schülerinnen und Schülern** unter 16 Jahren durch Lehrer gem. §§ 174 Abs. 1 Nr. 1, 176 Abs. 1 StGB die Höchstmaßnahme der Entfernung aus dem Dienst indiziert, wenn es in der Gesamtheit an hinreichend gewichtigen entlastenden Gesichtspunkten fehlt.[58]
- Bei **körperlicher Belästigung am Arbeitsplatz** ist eine Regeleinstufung nicht angezeigt. Die Variationsbreite derartiger Zudringlichkeiten im Dienst ist zu groß, als dass sie einheitlichen Regeln unterliegen und in ihren Auswirkungen auf Achtung und Vertrauen gleichermaßen eingestuft werden könnten. Stets sind die besonderen Umstände des Einzelfalls maßgebend. In schweren Fällen innerdienstlicher (sexueller) Belästigung, insbesondere wenn der Beamte unter Ausnutzung seiner Vorgesetzteneigenschaft versagt und dadurch nicht nur seine Integrität in der Dienststelle weitgehend eingebüßt, sondern auch sein Vertrauensverhältnis zum Dienstherrn schwer erschüttert ist, kann sich grundsätzlich die Frage seiner weiteren Tragbarkeit im öffentlichen Dienst stellen, während in minderschweren Fällen eine mildere Disziplinarmaßnahme verhängt werden kann.[59]
- Für **Verletzungen der Pflicht zur Amtsverschwiegenheit** hat sich wegen der Bandbreite möglicher Verfehlungen keine Regeleinstufung herausgebildet.[60]
- Bei einer **Körperverletzung im Amt** durch einen Polizeibeamten ist von einer Regeleinstufung der Entfernung auszugehen.[61]
- Eine gefestigte Rechtsprechung zum (Regel)Disziplinarmaß bei **Strafvereitelung im Amt** bzw. **Verwahrungsbruch** besteht nicht. Grundsätzlich ist jedoch die Höchstmaß-

---

54 VGH Bayern 5.11.2014 – 16a D 13.1132.
55 BVerwG 19.8.2010 – 2 C 5/10, NVwZ 2011, 313; VGH Bayern 18.3.2015 – 16a D 09.3029; 5.11.2014 – 16a D 13.1132.
56 VG Meiningen 28.2.2013 – 6 D 60001/12 Me.
57 BVerwG 5.3.2014 – 2 B 111.13; 11.2.2014 – 2 B 37.12.
58 BVerwG 25.3.2010 – 2 C 83.08, BVerwGE 136, 173; OVG Berlin-Brandenburg 11.3.2014 – OVG 81 D 1.12.
59 BVerwG 29.7.2010 – 2 A 4.09; VGH Bayern 9.4.2014 – 16a D 12.1217; krit. dazu: ErfK-Schlachter, AGG, § 3 Rn. 22.
60 BVerwG 10.10.2014 – 2 B 66.14.
61 BVerwG 7.11.2014 – 2 B 45.14; OVG Nordrhein-Westfalen 26.2.2014 – 3d A 2472/11.O; 10.3.1999 – 6d A 255/98.O; VGH Baden-Württemberg 4.11.2008 – DL 16 S 616/08; VGH Bayern 5.3.2008 – 16a D 07.1368.

nahme zu verhängen, wenn es sich um ein vorsätzliches schwerwiegendes Versagen im Kernbereich der Pflichten handelt. Beamte, die bewusst und gezielt Verhältnisse schaffen, die zu verhindern ihres Amtes ist, sind regelmäßig untragbar.[62]
- In den Fällen **innerdienstlicher Untreue- und Betrugshandlungen** lässt sich aus der Rspr. der Grundsatz ableiten, dass bei einem Gesamtschaden von über 5000,00 Euro die Entfernung aus dem Beamtenverhältnis bzw. die Aberkennung des Ruhegehalts schon dann geboten sein kann, wenn keine besonderen Erschwerungsgründe hinzutreten.[63]
- Bei der **Unterschlagung dienstlich anvertrauter Gelder** und damit bei Fehlverhalten im Kernbereich der dienstlichen Aufgabe ist aufgrund der Schwere dieser Dienstvergehen die Entfernung aus dem Beamtenverhältnis grundsätzlich Richtschnur für die Maßnahmebestimmung, wenn die veruntreuten Beträge oder Werte die Schwelle der Geringwertigkeit deutlich übersteigen.[64]
- Ein **außerdienstlich begangener Betrug** führt nicht regelmäßig zur Verhängung der disziplinarischen Höchstmaßnahme. Die Variationsbreite, in der gegen fremdes Vermögen gerichtete Verfehlungen außerhalb des Dienstes denkbar sind, ist zu groß, als dass sie einheitlichen Regeln unterliegen und in ihren Auswirkungen auf Achtung und Vertrauen gleichermaßen eingestuft werden können. Stets sind die besonderen Umstände des Einzelfalls maßgebend. In schweren Fällen außerdienstlich begangenen Betrugs erkennt das BVerwG in der Regel auf die Höchstmaßnahme, während in minderschweren Fällen eine geringere Disziplinarmaßnahme verwirkt ist.[65]
- Während das BVerwG bei der **Briefunterdrückung** die Entfernung aus dem Dienst in Fällen ausgesprochen hat, in denen der Täter aus materiell-egoistischen Motiven gehandelt hat, so etwa in der Absicht, sich den Inhalt der Postsendungen oder darauf befindliche Wertzeichen anzueignen,[66] gibt es dem gegenüber bei nicht eigennütziger Postunterdrückung nach st. Rspr. keine festen Regeln für eine in solchen Fällen zu verhängende Disziplinarmaßnahme.[67] Die Fälle, in denen das BVerwG allein wegen des Dienstvergehens der nichteigennützigen Postunterdrückung auf die Höchstmaßnahme erkannt hat, hatten regelmäßig mehrmalige Verfehlungen zum Gegenstand.[68] Ein einmaliges Versagen ist aber von seinem disziplinaren Gewicht her dann einem mehrmaligen Fehlverhalten gleichzustellen, wenn eine sehr hohe Anzahl überwiegend individueller Briefsendungen betroffen ist.[69]
- Ein Beamter, der sich bei Ausübung seiner dienstlichen Tätigkeiten im **Paketdienst** an zuzustellenden Paketen vergreift, die seinem Gewahrsam unterliegen, versagt im Kernbereich seiner Dienstpflichten und zerstört in der Regel das für die Fortdauer des Beamtenverhältnisses notwendige Vertrauen in seine Ehrlichkeit und Zuverlässigkeit.[70]
- Bei einem ununterbrochenen **Fernbleiben** für eine Dauer von vier Monaten und länger wird im Regelfall auf die Höchstmaßnahme erkannt,[71] bei einer ununterbrochenen

---

62 VGH Bayern 18.7.2012 – 16a D 10.1134; 17.12.1996 – 16a D 97.876; 14.10.2015 – 16a D 14.1057.
63 OVG Nordrhein-Westfalen 20.12.2012 – 3d A 3330/.07.O.
64 BVerwG 10.1.2007 – 1 D 15.05; OVG Lüneburg 26.2.2013 – 3 LD 2/12.
65 BVerwG 8.3.2005 – 1 D 15.04, Buchholz 232 § 77 BBG Nr. 24; VGH Bayern 23.7.2014 – 16a D 12.2519; OVG Nordrhein-Westfalen 10.10.2012 – 3d A 1572/10.O.
66 BVerwG 13.4.1983 – 1 D 72.82.
67 VGH Bayern 10.10.2012 – 16b D 10.904.
68 BVerwG 20.4.1999 – 1 D 44.97.
69 BVerwG 20.4.1999 – 1 D 44.97.
70 BVerwG 23.2.2012 – 2 C 38.10; VGH Bayern 23.7.2014 – 16b D 11.601.
71 BVerwG 22.4.1991 – 1 D 62.90.

§ 13　　　　　　　　　　　　　　　　　　　　Bemessung der Disziplinarmaßnahme

Dauer von zwei bis drei Monaten hat die Rspr. nicht einheitlich entschieden, wobei die besonderen Umstände des Einzelfalls eine Rolle spielten.[72] Generell kommt eine Maßnahme unterhalb der Entfernung bei lang andauerndem Fernbleiben nur bei Vorliegen mildernder Umstände in Betracht.[73]

- Die Entfernung aus dem Beamtenverhältnis bildet jedenfalls dann die Regelmaßnahme bei **Verstößen gegen Vergabevorschriften**, wenn die Verletzung der Vergabebestimmungen mit einer Bestechung zusammenfällt. Aber auch dann, wenn sich der Beamte durch die Manipulation des Ausschreibungsverfahrens nicht bereichert, liegt eine schwere Dienstpflichtverletzung vor. Die Entfernung aus dem Beamtenverhältnis kann bei Würdigung der gesamten Umstände deshalb auch dann erforderlich sein, wenn im konkreten Fall der Nachweis fehlt, dass sich der Beamte einen persönlichen Vorteil verschaffen wollte.[74]
- Der unterschiedlich hohe Unrechtsgehalt eines Dienstvergehens bei **Verstößen gegen Vorschriften zum Schutz des persönlichen Lebens- und Geheimbereichs** wird auch durch den gesetzlichen Strafrahmen deutlich. Bei verwirklichtem Straftatbestand des § 201 Abs. 1 Nr. 1 und Abs. 3 StGB sieht der Strafrahmen eine Freiheitsstraße bis zu fünf Jahren vor. In entsprechender Anwendung der Grundsätze bei außerdienstlichen Straftaten kann für die Maßnahmebemessung auf einen Orientierungsrahmen bis zur Dienstentfernung abgestellt werden.[75]
- Für das außergerichtlich begangene Dienstvergehen des **Meineids** gibt es keine Regeleinstufung. Deshalb ist jeder Einzelfall individuell zu würdigen.[76] Zängl[77] führt aus, bei Meineid werde regelmäßig auf die Entfernung aus dem Beamtenverhältnis zu erkennen sein, wenn nicht besondere Milderungsgründe vorliegen. Dem ist mit Hinblick auf die Vielzahl der Fallgestaltungen nicht zuzustimmen.
- Bei Ausübung einer **nichtgenehmigten Nebentätigkeit** ist eine Regeleinstufung nicht vorzunehmen. Dem Dienstherrn steht bei Verstößen eine Vielzahl disziplinarischer Maßnahmen zur Verfügung, die jeweils nach Grad der Pflichtverletzung und nach Häufigkeit, Dauer und Umfang der Nebentätigkeit vollzogen werden können.[78]
- Ein Beamter, der von Postkunden eingezogene **Nachnahmebeträge und Zustellentgelte** – sei es auch nur vorübergehend – unberechtigt für private Zwecke nutzt, begeht ein schweres Dienstvergehen im Kernbereich der ihm obliegenden dienstlichen Pflichten. Eine solche Pflichtverletzung zerstört regelmäßig das für die Fortdauer des Beamtenverhältnisses notwendige Vertrauen in die Ehrlichkeit und Zuverlässigkeit des Beamten.[79]

Zu den einzelnen Vergehen s. die Ausführungen in B.II.

18g Hat der Dienstherr bzw. die Verwaltungsgerichtsbarkeit die Schwere des Dienstvergehens bestimmt, so ist in einem **zweiten Schritt** nunmehr festzustellen, ob »Erkenntnisse zum Persönlichkeitsbild und zum Umfang der Vertrauensbeeinträchtigung im Einzelfall derart ins Gewicht fallen, dass eine andere als die durch **die Schwere des Dienstvergehens indizierte Disziplinarmaßnahme** geboten ist«.[80] Das **Persönlichkeitsbild** nach § 13 Abs. 1

---

72 Zängl, Bayerisches Disziplinarrecht, MatR II, Rn. 219 m. w. N.
73 VGH Bayern 24. 10. 2013 – 16b D 10.1230.
74 BVerwG 25. 10. 1977 – I D 76.76, BVerwGE 53, 338; VGH Bayern 30. 1. 2013 – 16b D 12.71.
75 BVerwG 23. 1. 2014 – 2 B 53.13; 26. 6. 2012 – 2 B 28.12; VGH Bayern 6. 9. 2014 – 16a D 13.253.
76 BVerwG 19. 5. 1998 – 1 D 37.7; VGH Bayern 5. 2. 2014 – 16a D 12.2494.
77 Bayerisches Disziplinarrecht, MatR/II Rn. Rn. 475.
78 Baßlsperger, PersV 2015, 130.
79 VGH Bayern 29. 7. 2015 – 16b D 13.778.
80 BVerwG 3. 5. 2007 – 2 C 9.06.

Bemessung der Disziplinarmaßnahme § 13

Satz 3 BDG erfasst die persönlichen Verhältnisse des Beamten und sein sonstiges dienstliches Verhalten vor, bei und nach dem Dienstvergehen. Insbesondere sind frühere disziplinarische oder strafrechtliche Verfehlungen, deren Berücksichtigung bei der Maßnahmebemessung kein rechtliches Hindernis entgegensteht, in die Würdigung einzubeziehen. Dies beruht darauf, dass – anders als im Strafrecht – mit einer Disziplinarmaßnahme nicht eine einzelne Tat bestraft wird. Gegenstand der disziplinarrechtlichen Betrachtung und Wertung ist die Frage, welche Disziplinarmaßnahme in Ansehung der gesamten Persönlichkeit des Beamten geboten ist, um die Funktionsfähigkeit des öffentlichen Dienstes und die Integrität des Berufsbeamtentums möglichst ungeschmälert aufrechtzuerhalten. Aus einer **Vorbelastung** kann geschlossen werden, dass sich der Beamte eine vorherige strafgerichtliche oder disziplinarische Sanktionierung nicht hat zur Mahnung dienen lassen, so dass eine stufenweise Steigerung der Disziplinarmaßnahme geboten ist. Das Gewicht der Vorbelastung im Einzelfall, die als erschwerender Umstand auch zur Höchstmaßnahme führen kann, hängt vor allem von der dafür rechts- oder bestandskräftig ausgesprochenen Disziplinarmaßnahme und vom zeitlichen Abstand zur neuen Verfehlung ab.[81] Nach der Rspr. kann die Entfernung aus dem Beamtenverhältnis auch dann unangemessen sein, wenn sich der Beamte nicht auf einen anerkannten Milderungsgrund, sondern auf sonstige mildernde Umstände berufen kann. Solche Umstände dürfen nicht allein deshalb außer Betracht bleiben, weil sie zur Erfüllung eines anerkannten Milderungsgrundes nicht ausreichen. So sind beispielsweise ein **Handeln in einer wirtschaftlichen Notlage** oder die **Offenbarung des Fehlverhaltens** nicht schon deshalb unbeachtlich, weil die Voraussetzungen des jeweiligen Milderungsgrundes nicht erfüllt sind (»unverschuldete existenzielle wirtschaftliche Notlage«; »Offenbarung ohne Furcht vor Entdeckung«). Vielmehr muss das Tatsachengericht weiter entscheiden, ob die bemessungsrelevanten mildernden Umstände in ihrer Gesamtheit das Fehlen eines Milderungsgrundes kompensieren können. Das Gewicht derartiger Umstände muss umso größer sein, je schwerer das Zugriffsdelikt aufgrund der Höhe des Schadens, der Anzahl und Häufigkeit der Zugriffshandlungen und der Begehung von »Begleitdelikten« und anderer belastender Gesichtspunkte im Einzelfall wiegt. Danach kommt jedenfalls bei einem einmaligen Fehlverhalten mit einem **Schaden von weniger als 200,00 Euro** ernsthaft in Betracht, von der Entfernung aus dem Beamtenverhältnis abzusehen.[82] Eine erhebliche **Verminderung der Schuldfähigkeit** des Beamten i.S.v. §§ 20, 21 StGB zur Tatzeit stellt einen mildernden Umstand dar, der die Entfernung aus dem Beamtenverhältnis regelmäßig ausschließt. Dies kann für psychische Erkrankungen ohne Auswirkungen auf die Schuldfähigkeit nicht in gleicher Weise gelten. Sie sind in die Gesamtwürdigung nach § 13 Abs. 1 Satz 2 BDG einzustellen, wobei ihre Bedeutung von den Umständen des Einzelfalles abhängt.[83] Eine **langjährige Dienstleistung ohne Beanstandungen**, womöglich mit **überdurchschnittlichen Beurteilungen**, fällt hingegen bei gravierenden Dienstpflichtverletzungen neben der Schwere des Dienstvergehens in aller Regel nicht mildernd ins Gewicht. Denn jeder Beamte ist verpflichtet, dauerhaft bestmögliche Leistungen bei vollem Einsatz der Arbeitskraft zu erbringen und sich innerhalb und außerhalb des Dienstes achtungs- und vertrauenswürdig zu verhalten. Die langjährige Erfüllung dieser Verpflichtung kann nicht dazu führen, dass die Anforderungen an das inner- und außerdienstliche Verhalten abgesenkt werden. Weder die langjährige Beachtung der Dienstpflichten noch überdurch-

---

81 BVerwG 18.6.2014 – 2 B 9.14; 25.7.2013 – 2 C 63.11; von der Weiden, Anm. zu BVerwG 25.7.2013 – 2 C 63/11, jurisPR-BVerwG 25/2013 Anm. 6.
82 BVerwG 23.2.2012 – 2 B 143.11.
83 BVerwG 6.6.2013 – 2 B 50.12; 11.1.2012 – 2 B 78.11.

schnittliche Leistungen sind geeignet, schwere Pflichtenverstöße in einem milderen Licht erscheinen zu lassen.[84]

18h Im Einzelnen ist das Verhältnis zwischen den Überlegungen zur Schwere des Dienstvergehens und zum Persönlichkeitsbild des Beamten noch immer etwas unscharf. Dies gilt z. B. für das Verhältnis der Überlegungen zu den subjektiven Handlungsmerkmalen, soweit dort die Beweggründe des Beamten für sein pflichtwidriges Handeln angesprochen werden, und der Persönlichkeit des Beamten, wenn dort Fragen nach der Tatmotivation ebenfalls eine Rolle spielen.[85] Konkret stellt sich die Frage, ob damit Motive quasi zweimal »mildernd« berücksichtigt werden können. Dies wäre z. b. dann der Fall, wenn der Beamte ein Zugriffsdelikt in einer **unverschuldeten wirtschaftlichen Notlage** zur Sicherung der Ernährung der Familie begeht. Nach der ständigen Praxis des BVerwG ist der anerkannte Milderungsgrund des Handels in einer unverschuldet entstandenen, ausweglosen wirtschaftlichen Notlage gegeben, wenn es sich um ein zeitlich begrenztes Fehlverhalten des Beamten handelt und dieser die veruntreuten Gelder oder Güter zur Milderung oder Abwendung einer existenzbedrohenden Notlage verwendet hat.[86] Ein Verschulden in diesem Sinne liegt dann vor, wenn der Beamte die Notlage durch vorwerfbare Lebensweise oder Wirtschaftsführung verursacht oder zumindest mitverursacht hat. Die Notlage darf des Weiteren nicht ausweglos sein. Zudem muss es um ein zeitlich begrenztes Fehlverhalten gehen und der Beamte die Gelder zur Milderung oder Abwendung einer existenzbedrohenden Notlage verwendet haben. Die Verwendung zur Abdeckung von Schulden erfüllt nur dann die Voraussetzungen des Milderungsgrundes, wenn es sich dabei um solche Verbindlichkeiten handelt, deren Nichterfüllung den Beamten von den für den Lebensbedarf notwendigen Leistungen abschneidet.[87] Nach der Systematik des BVerwG hätte dies zunächst Auswirkungen auf die Einstufung der Schwere des Dienstvergehens, soweit dort unter den subjektiven Handlungsmerkmalen die Beweggründe des Beamten für sein pflichtwidriges Handeln angesprochen werden, mit der Folge, dass hier eine geringere Schwere festgestellt werden müsste. Gleichzeitig wäre dies jedoch auch noch bei der Frage des Persönlichkeitsbildes des Beamten zu berücksichtigen. Damit wäre diese Motivlage bei der Findung der angemessenen Disziplinarmaßnahme doppelt einzustellen.

18i Nach den Feststellungen des Persönlichkeitsbildes des Beamten ist dann in einem dritten Schritt der **Umfang der Beeinträchtigung des Vertrauens des Dienstherrn oder der Allgemeinheit** zu berücksichtigen. Hierunter will das BVerwG eine Würdigung des Verhaltens des Beamten im Hinblick auf seinen allgemeinen Status, seinen Tätigkeitsbereich innerhalb der Verwaltung und seine konkret ausgeübte Funktion verstanden haben. Gegenstand der disziplinarrechtlichen Betrachtung und Wertung ist die Frage, welche Disziplinarmaßnahme in Ansehung der gesamten Persönlichkeit des Beamten geboten ist, um die Funktionsfähigkeit des öffentlichen Dienstes und die Integrität des Berufsbeamtentums möglichst ungeschmälert aufrechtzuerhalten. Der Umstand, dass der Beamte nach der Aufdeckung der Verfehlung **weiterbeschäftigt** worden ist, an einem Sprachkurs teilgenommen und sich in seinem derzeitigen Tätigkeitsbereich bewährt hat, ist nicht geeignet, eine mildere Disziplinarmaßnahme zu rechtfertigen. Weder die lange **Dauer des Verfahrens** noch das **lange Zurückliegen des Dienstvergehens** rechtfertigen es, von der Entfernung aus dem Beamtenverhältnis abzusehen, wenn diese Maßnahme geboten ist. Zwar kann eine pflichtenmahnende Disziplinarmaßnahme (z. B. Zurückstufung nach § 9 BDG)

---

84 BVerwG 28. 2. 2013 – 2 C 3.12; 23. 1. 2013 – 2 B 63.12.
85 Urban/Wittkowski, BDG, § 13 Rn. 21.
86 BVerwG 28. 1. 2015 – 2 B 15.14; 29. 3. 2012 – 2 A 11.10.
87 VGH Baden-Württemberg 30. 9. 2013 – DL 13 S 724/13.

Bemessung der Disziplinarmaßnahme § 13

in diesen Fällen unvereinbar mit dem Grundsatz der Verhältnismäßigkeit werden. Bei Fortbestand des Beamtenverhältnisses kann das durch ein Dienstvergehen ausgelöste Sanktionsbedürfnis gemindert werden oder sogar entfallen, weil die mit dem Disziplinarverfahren verbundenen wirtschaftlichen und dienstlichen Nachteile positiv auf den Beamten eingewirkt haben, so dass sie eine günstigere Persönlichkeitsprognose ermöglichen. Demgegenüber geht es bei der Dienstentfernung darum, das Beamtenverhältnis in Fällen besonders schwerwiegender Dienstvergehen zu beenden, weil der Beamte im öffentlichen Dienst untragbar geworden ist. An dem endgültigen Vertrauensverlust (§ 13 Abs. 2 Satz 1 BDG), den er durch sein Fehlverhalten herbeigeführt hat, vermögen eine lange Verfahrensdauer oder ein langes Zurückliegen des Dienstvergehens nichts zu ändern. Das verlorene Vertrauen kann nicht durch Zeitablauf wiederhergestellt werden. Diesen Unterschied hat der Gesetzgeber dadurch zum Ausdruck gebracht, dass er in § 15 BDG die Entfernung aus dem Beamtenverhältnis im Gegensatz zu allen anderen Disziplinarmaßnahmen vom Maßnahmeverbot wegen Zeitablaufs ausgenommen hat.[88] Zu Lasten des Beamten fällt nach der Rspr. ferner ins Gewicht, wenn sein Fehlverhalten in der Öffentlichkeit bekannt geworden ist und damit ein schlechtes Licht auf den öffentlichen Dienst und ihre Angehörigen geworfen hat. Dies muss er sich zurechnen lassen.[89] Dem ist nicht zuzustimmen, da das Bekanntwerden eines Vergehens von zahlreichen Faktoren abhängt, die sich außerhalb der Einflusssphäre des Beamten befinden und für ihn daher zufällig sind.

Hierbei ist insbesondere beim Umfang der Beeinträchtigung des Vertrauens der Allgemeinheit die Frage noch offen, inwieweit bei dieser Gesamtwürdigung der Persönlichkeit auch außerdienstliche Fragen, wie eine herausgehobene Funktion im ehrenamtlichen Bereich oder ein ähnlicher Einsatz für die Allgemeinheit zu berücksichtigen sind.

18j

Mit seiner Entscheidung vom 19. 8. 2010 hat das BVerwG die Bedeutung der gesetzlichen Strafdrohung bei außerdienstlichem Verhalten hervorgehoben (siehe hierzu unter B. I.).[90]

18k

Die Rspr. des BVerwG hat auf spezielle Deliktstypen bezogene, teilweise aber auch allgemeingültig gewichtige »Milderungsgründe« entwickelt und »anerkannt«. Diesen anerkannten Milderungsgründen ist als gemeinsames Kennzeichen eigen, dass sie regelmäßig zu einer Disziplinarmaßnahme führen, die um **eine Stufe niedriger** liegt als die durch die Schwere des Dienstvergehens indizierte Maßnahme, es sei denn, es liegen gegenläufige, belastende Umstände vor. Beispiele: unverschuldet ausweglose wirtschaftliche Lage, Vernachlässigung Dienstaufsicht; negative Lebensphase.[91] Eine sog. **negative Lebensphase** während des Tatzeitraums kann je nach den Umständen des Einzelfalles mildernd berücksichtigt werden. Dies gilt allerdings nur für außergewöhnliche Verhältnisse, die den Beamten zeitweilig aus der Bahn geworfen haben. Hinzukommen muss, dass er die negative Lebensphase in der Folgezeit überwunden hat. Danach liegt die Berücksichtigung einer schwierigen, inzwischen überwundenen Lebensphase vor allem dann nahe, wenn sich der Pflichtverstoß als Folge der Lebensumstände darstellt. Dies bedeutet aber nicht, dass eine schwierige Lebensphase während der Tatzeit in anderen Fällen generell außer Betracht zu bleiben hat.[92] Allerdings muss der Beamte diese Lebensphase in der Folgezeit überwunden haben. Dies ist anzunehmen, wenn sich seine Lebensverhältnisse wieder so-

19

---

88 BVerwG 29. 3. 2012 – 2 A 11.10.
89 Zur WDO: BVerwG 30. 10. 2012 – 2 WD 28.11.
90 Herrmann/Sandkuhl, Beamtendisziplinarrecht, § 4 Rn. 309.
91 BVerwG 20. 12. 2013 – 2 B 35.13.
92 BVerwG 28. 2. 2013 – 2 C 3.12.

§ 13 Bemessung der Disziplinarmaßnahme

weit stabilisiert haben, dass nicht mehr davon die Rede sein kann, er sei weiterhin aus der Bahn geworfen. Eine derartige Stabilisierung indiziert, dass weitere Pflichtenverstöße gleicher Art nicht zu besorgen sind.[93] Auch eine **Vernachlässigung der Dienstaufsicht** durch Vorgesetzte kann mildernd berücksichtigt werden. Diese kann unter dem Gesichtspunkt der Verletzung der Fürsorgepflicht oder des »Mitverschuldens« als Mitursache einer dienstlichen Verfehlung bei der Bemessung der Disziplinarmaßnahme mildernd berücksichtigt werden, wenn konkrete Anhaltspunkte für besondere Umstände bestanden, die ausreichende Kontrollmaßnahmen unerlässlich machten, solche aber pflichtwidrig unterblieben oder nur unzureichend durchgeführt wurden.[94]

19a In jüngster Zeit hat das BVerwG den Milderungsgrund der **langen Verfahrensdauer** in den Vordergrund gerückt und geschärft. Ergibt die Gesamtwürdigung aller be- und entlastenden Umstände nach Maßgabe des § 13 Abs. 1 Satz 2 bis 4 BDG, dass wegen eines schwerwiegenden Dienstvergehens die Entfernung aus dem Beamtenverhältnis geboten ist, so lässt sich der Verbleib im Beamtenverhältnis allein aufgrund einer unangemessen langen Verfahrensdauer nicht mit dem Zweck der Disziplinarbefugnis, nämlich dem Schutz der Integrität des Berufsbeamtentums und der Funktionsfähigkeit der öffentlichen Verwaltung, vereinbaren. Diese Schutzgüter und der Grundsatz der Gleichbehandlung schließen es aus, dass ein Beamter, der durch gravierendes Fehlverhalten im öffentlichen Dienst untragbar geworden ist, weiterhin Dienst leisten und als Repräsentant des Dienstherrn hoheitliche Befugnisse ausüben kann, weil das gegen ihn geführte Disziplinarverfahren unangemessen lange gedauert hat. In der Rspr. des BVerwG ist insoweit geklärt, dass die unangemessene Dauer des Disziplinarverfahrens es auch im Hinblick auf Art. 6 Abs. 1 Satz 2 EMRK v. 4.11.1950 in der Fassung der Bekanntmachung v. 17.5.2002 nicht rechtfertigt, von der Entfernung aus dem Beamtenverhältnis abzusehen, wenn diese Maßnahme disziplinarrechtlich geboten ist.[95] Das von dem Beamten zerstörte Vertrauen kann nicht durch Zeitablauf und damit auch nicht durch eine verzögerte disziplinarrechtliche Sanktionierung schwerwiegender Pflichtenverstöße wiederhergestellt werden. Es ist auch mit dem Grundgesetz vereinbar, dass einem Beamten, der während seiner Dienstzeit durch ein schwerwiegendes Dienstvergehen die Entfernung aus dem Beamtenverhältnis verwirkt hat, trotz unangemessen langer Dauer des Disziplinarverfahrens das Ruhegehalt aberkannt wird.[96] Auch die Vorschriften des Gesetzes über den **Rechtsschutz bei überlangen Gerichtsverfahren** und strafrechtlichen Ermittlungsverfahren v. 24.11.2011[97] haben hieran nichts geändert. Der Verweis in § 3 BDG auf die Verwaltungsgerichtsordnung erfasst auch § 173 Satz 2 VwGO in der Fassung dieses Gesetzes, der wiederum die Vorschriften des Siebzehnten Titels des Gerichtsverfassungsgesetzes (§§ 198 ff.) mit Maßgaben für anwendbar erklärt. Der Gesetzgeber hat dem betroffenen Verfahrensbeteiligten in den §§ 198 ff. GVG für den Fall der gerügten unangemessenen Dauer eines Gerichtsverfahrens für dadurch verursachte Vermögensnachteile und immaterielle Folgen grundsätzlich einen Anspruch auf angemessene Entschädigung eingeräumt. Nach § 198 Abs. 2 Satz 2 und Abs. 4 GVG geht die Wiedergutmachung des Verstoßes gegen das Gebot des gerichtlichen Rechtsschutzes in angemessener Zeit auf andere Weise dem Entschädigungsanspruch vor,

---

93 BVerwG 9.10.2014 – 2 B 60.14.
94 BVerwG 17.10.2002 – 2 WD 14.02; OVG Nordrhein-Westfalen 10.10.2012 – 3d A 1572/10.O.
95 BVerwG 10.10.2014 – 2 B 66.14; 12.5.2014 – 2 B 17.14; 20.12.2013 – 2 B 44.12; 21.11.2013 – 2 B 86.13; 30.8.2012 – 2 B 21.12; 15.8.2013 – 2 B 19.13; OVG Lüneburg 14.11.2012 – 19 LD 4/11; Urban/Wittkowski, BDG, § 13 Rn. 48.
96 BVerfG 28.1.2013 – 2 BvR 1912/12.
97 BGBl. I S. 2302.

der die durch die verzögerte gerichtliche Entscheidung bestimmte Rechtslage unberührt lässt. Der Gesetzgeber hat aber davon abgesehen, in den §§ 198 ff. GVG die Formen einer solchen Wiedergutmachung abschließend festzulegen.[98] Er hat aber auch nicht vorgesehen, dass die Wiedergutmachung in der Weise zu erfolgen hat, dass dem Betroffenen als Ausgleich für die Verzögerung des gerichtlichen Verfahrens die den Gegenstand des Rechtsstreits bildende Rechtsposition einzuräumen ist, deren materiell-rechtliche Voraussetzungen der Betroffene nicht erfüllt. Für andere als strafgerichtliche Verfahren (§ 199 Abs. 3 GVG) hat der Gesetzgeber in den §§ 198 ff. GVG als Form der Wiedergutmachung auf andere Weise lediglich die Möglichkeit einer Feststellung der überlangen Verfahrensdauer durch das Entschädigungsgericht bei gleichzeitiger Freistellung des Klägers von den Kosten des Entschädigungsrechtsstreits geregelt.[99] Ob im Übrigen eine dem Entschädigungsanspruch vorgehende Wiedergutmachung auf andere Weise möglich ist, richtet sich nach den jeweiligen formellen und materiell-rechtlichen Bestimmungen. Die für die Bemessung der Disziplinarmaßnahme maßgeblichen Vorschriften schließen aber, wie dargelegt, die Wiederherstellung des verlorenen Vertrauens des Dienstherrn oder der Allgemeinheit allein durch eine unangemessene Dauer des Disziplinarverfahrens aus.[100]

Ergibt die Gesamtwürdigung dagegen, dass eine pflichtmahnende Disziplinarmaßnahme ausreichend ist, steht fest, dass der Beamte im öffentlichen Dienst verbleiben kann. Hier kann das disziplinarrechtliche Sanktionsbedürfnis gemindert sein, weil die mit dem Disziplinarverfahren verbundenen beruflichen und wirtschaftlichen Nachteile positiv auf den Beamten eingewirkt haben. Unter dieser Voraussetzung kann eine unangemessen lange Verfahrensdauer bei der Bestimmung der Disziplinarmaßnahme aus Gründen der Verhältnismäßigkeit mildernd berücksichtigt werden. Eine unangemessen lange Dauer des Disziplinarverfahrens vermindert das disziplinarrechtliche Sanktionsbedürfnis, weil anzunehmen ist, dass das Verfahren selbst den Betroffenen belastet. Die nachteiligen Wirkungen können der Sanktion gleichkommen.[101]

19b

Abs. 2 Satz 2 entspricht § 12 Abs. 2 Satz 1 BDO. Die **Aberkennung des Ruhegehalts** ist danach zu verhängen, wenn bei einem noch aktiven Beamten die Entfernung aus dem Beamtenverhältnis auszusprechen gewesen wäre, also das Vertrauen in die pflichtgemäße Amtsführung endgültig als zerstört anzusehen gewesen wäre. Dies gilt vor allem in den Fällen, in denen Beamte »Flucht in den Ruhestand« antreten. Hier soll eine Gleichbehandlung stattfinden. Der Ruhestandsbeamte soll also für eine gleiche Pflichtwidrigkeit (z. B. Unterschlagungen) nicht besser gestellt werden als ein aktiv verbliebener Beamter, nur weil er zwischenzeitlich dienstunfähig geworden ist. Das BVerwG begründet dies leider immer noch mit dem Gedanken der Generalprävention.[102] Fälle des § 77 Abs. 2 BBG sind nicht ohne weiteres hier einzuordnen. Allerdings können auch aktive Beamte gegen die dort aufgeführten Tatbestände verstoßen, sodass die fiktive Betrachtungsweise nach Abs. 2 Satz 2 auch insoweit möglich ist.

20

---

98 BT-Drucks. 17/3802, S. 16 und 19.
99 BT-Drucks. 17/3802, S. 16.
100 BVerwG 29. 3. 2012 – 2 A 11.10.
101 BVerwG 25. 7. 2013 – 2 C 63.11.
102 BVerwG 14. 11. 2001 – 1 D 60.00.

§ 14 Zulässigkeit von Disziplinarmaßnahmen nach Straf- oder Bußgeldverfahren

(1) Ist gegen einen Beamten im Straf- oder Bußgeldverfahren unanfechtbar eine Strafe, Geldbuße oder Ordnungsmaßnahme verhängt worden oder kann eine Tat nach § 153 a Abs. 1 Satz 5 oder Abs. 2 Satz 2 der Strafprozessordnung nach der Erfüllung von Auflagen und Weisungen nicht mehr als Vergehen verfolgt werden, darf wegen desselben Sachverhalts
1. ein Verweis, eine Geldbuße oder eine Kürzung des Ruhegehalts nicht ausgesprochen werden,
2. eine Kürzung der Dienstbezüge nur ausgesprochen werden, wenn dies zusätzlich erforderlich ist, um den Beamten zur Pflichterfüllung anzuhalten.

(2) Ist der Beamte im Straf- oder Bußgeldverfahren rechtskräftig freigesprochen worden, darf wegen des Sachverhalts, der Gegenstand der gerichtlichen Entscheidung gewesen ist, eine Disziplinarmaßnahme nur ausgesprochen werden, wenn dieser Sachverhalt ein Dienstvergehen darstellt, ohne den Tatbestand einer Straf- oder Bußgeldvorschrift zu erfüllen.

Grundlagen der Regelung

1   Bereits die Novelle 1967 hat mit dieser Vorschrift eine Neuregelung geschaffen, die ein **Novum im Disziplinarrecht** darstellt, seit dem vom Ende des 18. Jahrhunderts an die disziplinare Verfolgung eigenständig neben die strafrechtliche trat. Das **Verbot der Doppelmaßregelung** – genauer eigentlich »beschränktes Maßnahmeverbot« in § 14 stellt, wie der Name schon sagt, **kein Verbot der Sachaufklärung und Verfolgung** dar, sondern verbietet nur unter bestimmten Umständen bestimmte Maßregelungen. Die einstellende Entscheidung beruht auf verbindlichen Tat- und Tatfolgenfeststellungen und stellt daher eine **echte Sachentscheidung** dar, die in materielle Bestands- bzw. Rechtskraft erwächst. Dass es sich nicht um die Unzulässigkeit des Verfahrens, sondern um eine Sachentscheidung mit gesetzlicher Maßnahmenbeschränkung handelt, ergibt sich auch aus der gesonderten Regelung in § 32 Abs. 1 Nr. 3. Die Einstellung wegen § 14 stellt deshalb **keine Freistellung vom disziplinaren Vorwurf oder ein Offenlassen** des Vorwurfs dar, sondern eine Sachentscheidung im Sinne einer »**Verurteilung dem Grunde nach**«; bei der nur von der Vollstreckung der (in den Gründen festgelegten) Disziplinarmaßnahme abgesehen wird.

2   Mit § 14 soll zwar nicht anerkannt sein, dass jede disziplinare Maßregelung neben der strafrechtlichen Bestrafung schon eine verfassungswidrige Doppelverfolgung i. S. d. Art. 103 Abs. 3 GG ist. Es gilt insoweit nicht der **Grundsatz des** »**ne bis in idem**«.[1] Er kommt aber der aus Art. 103 Abs. 3 GG folgenden Forderung nach **Verhältnismäßigkeit der Sanktion** durch die Möglichkeit der disziplinaren Berücksichtigung des gleichgearteten Strafrechtseingriffs nach.[2] Bei der disziplinarischen Ahndung eines Dienstvergehens sind das **Schuldprinzip** und der **Grundsatz der Verhältnismäßigkeit** zu beachten. Aus dem Zusammenspiel von Art. 2 Abs. 1 GG und dem Rechtsstaatsprinzip sowie der wertsetzenden Entscheidung des Art. 1 Abs. 1 GG folgt, dass jede Strafe, nicht nur die Strafe für kriminelles Unrecht, sondern auch die strafähnliche Sanktion für sonstiges Unrecht Schuld voraussetzt. Die Strafe muss in einem gerechten Verhältnis zur Schwere der Tat und dem Verschulden des Täters stehen.[3] Die Rspr. des BVerwG hat sich mit der neuen

---

1 So auch Urban/Wittkowski, BDG, § 14 Rn. 1; GKÖD-Weiß, II § 14 Rn. 5.
2 BVerfG, NJW 1967, 1654 u. 1951 = E 21, 381 u. 391; 1970, 507 = E 27, 180; 1972, 93.
3 BVerwG 23. 1. 2014 – 2 B 52.13; 2. 3. 2012 – 2 B 8.11.

Zulässigkeit von Disziplinarmaßnahmen § 14

Maßregelungsbeschränkung lange Zeit schwer getan. Sie erkennt sie in der neueren Rspr. konsequent an, indem eine zusätzliche Disziplinarmaßnahme (der durch § 14 erfassten Art) dann nicht zulässig ist,»wenn ihr kein von der strafgerichtlichen Verurteilung trennbar disziplinarer Zweck zugrunde gelegt werden kann«.[4]

Dem **Verhältnismäßigkeitsgrundsatz** ist auch die Maßnahmenbemessung unterworfen, wenn es im Rahmen des § 14 zu einer zusätzlichen Maßregelung kommt.[5] Denn das Zusammentreffen von Strafe und Maßregelung ist verfassungsrechtlich nur deshalb unbedenklich, weil die Disziplinargerichte bei Ablehnung einer Einstellung nach § 14 auch bei der Bemessung der zusätzlichen Disziplinarmaßnahme die strafgerichtliche Strafe einzubeziehen haben, wenn diese eine gleichartige Sanktion darstellt.[6] Es ist eine Prognose anzustellen, welche Maßnahme verhängt werden wird. Die strafrechtliche Sanktion ist auf die prognostizierte Maßregelung voll anzurechnen und kann zum Entfallen des Disziplinarerfordernisses führen.[7] § 14 entfaltet insoweit **keine Geltung** bei der Entfernung und der Zurückstufung, eine **relative Geltung** bei der Kürzung der Dienstbezüge und eine **absolute Geltung** bei Verweis, Geldbuße oder der Kürzung des Ruhegehalts. Im zweiten Fall ist zu prüfen, ob der Beamte noch einer weiteren Pflichtenmahnung bedarf. Im letzteren Fall darf eine zusätzliche Disziplinierung nicht erfolgen.[8] Bei außerdienstlichen Dienstvergehen ohne unmittelbare dienstliche Auswirkungen kann ohnehin die pflichtenmahnende Einwirkung im Wesentlichen dem Strafgericht überlassen bleiben, das alle erschwerenden Umstände berücksichtigt.[9] Aber auch bei innerdienstlichen Verfehlungen braucht die disziplinare Einwirkung auch der Höhe nach nur noch eine »zusätzliche« zu sein.[10] In jedem Fall muss die verfassungsrechtlich gebotene Anrechnung der strafrechtlichen Geldstrafe effektiv und aus der Entscheidung erkennbar sein.

3

Deshalb kann die Bemessung der zusätzlich verhängten Maßnahme nicht ohne Rücksicht auf den Gesetzeszweck getroffen werden. Das gesetzliche Gebot der Gesamtwürdigung aller be- und entlastenden Umstände trägt dem **Zweck der Disziplinarbefugnis** Rechnung. Dieser besteht nicht darin, begangenes Unrecht zu vergelten. Vielmehr geht es darum, die Integrität des Berufsbeamtentums und die Funktionsfähigkeit der öffentlichen Verwaltung aufrechtzuerhalten. Daher ist Gegenstand der disziplinarrechtlichen Betrachtung und Wertung die Frage, ob ein Beamter, der in vorwerfbarer Weise gegen Dienstpflichten verstoßen hat, nach seiner Persönlichkeit noch im Beamtenverhältnis tragbar ist und, falls dies zu bejahen ist, durch welche Disziplinarmaßnahme auf ihn eingewirkt werden muss, um weitere Pflichtverstöße zu verhindern.[11] Wird nach § 14 unter Beachtung dieses Gesetzeszwecks von **der zusätzlichen Verhängung abgesehen**, ist **keine Bemessung** der gewählten Maßnahme erforderlich.[12] Denn die Berücksichtigung der sachgleichen Straferkenntnisse erstreckt sich auf den gesamten disziplinaren Entscheidungsvorgang im Rahmen des § 14. Es ist zwar erforderlich, die angemessene Maßnahmenart auszuwählen, weil davon die Entscheidung über die Einstellung nach § 14 und die Tilgungsfrist nach § 16 ab-

4

---

4 BVerwGE 53, 230 = ZBR 1977, 134.
5 Urban/Wittkowski, BDG, § 14 Rn. 1.
6 BVerfGE 27, 180 = NJW 1970, 507.
7 A. A. GKÖD-Weiß, II § 14 Rn. 6.
8 GKÖD-Weiß, II § 14 Rn. 33–35.
9 BVerwG – 1 D 47.74.
10 BVerwG 20. 8. 1968 – 2 D 16.68.
11 BVerwG 28. 2. 2013 – 2 C 3.12; zur WDO: BVerwG 30. 10. 2012 – 2 WD 28.11; 11. 1. 2012 – 2 WD 40.10.
12 Insoweit unzutreffend auf § 13 BDG verweisend GKÖD-Weiß, II § 14 Rn. 6.

hängen. Für die Frage der Einstellung ist aber nicht von Bedeutung, wie die Maßnahme im Einzelnen bemessen sein müsste, wenn sie verhängt worden wäre.

5 § 14 ist keiner **Analogie** zugänglich.[13] Die analoge Anwendung des § 14 auf von ihm nicht erfasste, aber dem Gesetzeszweck entsprechende Fälle wird vom BVerwG strikt abgelehnt.[14] Für den § 14 kommt es auch nur auf diese Wirkung zur künftigen Erfüllung der Dienstpflichten an. Eine der Strafe vergleichbare Wirkung wird bejaht in den Fällen des § 59 StGB,[15] des § 60 StGB, weil sich die Betroffenen durch die vorausgegangene Hauptverhandlung und das Unwerturteil des strafrechtlichen Schuldspruchs verurteilend ermahnt fühlen müssen (bei § 59 StGB folgt auch die Eintragung in das BZR). Abgesehen von § 14 BDG kann im Übrigen ein Maßnahmeverbot bestehen, wenn der Beamte dauerhaft verhandlungsunfähig ist und der zu diesem Zweck bestellte Pfleger in wesentlichen Fragen der Sachverhaltsermittlung und -würdigung nicht kompensieren kann.[16] Das Verfahren ist dann einzustellen.[17]

6 Auch **Ruhestandsbeamte** unterliegen der Regelung des § 14 Abs. 1 und 2.[18] Soweit sie die in § 77 Abs. 2 BBG aufgeführten Pflichten verletzen, gelten die auch für aktive Beamte üblichen Grundsätze. Ist der Beamte nach dem Dienstvergehen in den Ruhestand versetzt worden, so liegt in Regel kein Bedürfnis nach zusätzlicher Pflichtenmahnung mehr vor. Denn die Mahnung zur künftigen Pflichterfüllung setzt voraus, dass der Betroffene überhaupt noch Pflichten hat, zu deren Erfüllung angehalten werden kann. Zwar bestehen für Ruhestandsbeamte weiterhin die eingeschränkten Pflichten aus § 77 Abs. 2 BBG. Aber die zusätzliche Pflichtenmahnung hat nur Sinn, wenn die begangene Pflichtverletzung in einem, wenn auch nur losen, Zusammenhang mit den noch bestehenden Pflichten steht und den konkreten Schluss zulässt, dass es zu einer Verletzung gerade dieser Pflichten kommen kann. Das ist bei einer außerdienstlichen Verletzung der Wohlverhaltenspflicht in der Regel nicht anzunehmen.[19] Das Pflichtenmahnungsbedürfnis entfällt auch dann, wenn der Beschuldigte **kurz vor der Pensionierung** steht und wegen Dienstunfähigkeit ohnehin keinen Dienst mehr leisten wird. Die Höchstmaßnahme wird auch für Ruhestandsbeamte nicht gesperrt.

7 Für **Beamte auf Probe und auf Widerruf** hat § 14 keine Bedeutung. Die beamtenrechtliche, ggf. vom allgemeinen Verwaltungsgericht zu entscheidende Entlassung nach § 34 Abs. 1 Satz 1 Nr. 1 BBG setzt nicht voraus, dass es im Vergleichsfall eines aktiven Beamten gem. § 14 letztlich zur Verhängung der Gehaltskürzung kommen würde. Vielmehr kommt es für § 34 Abs. 1 Satz 1 Nr. 1 BBG allein auf die disziplinarrechtliche Einordnung des Dienstvergehens nach seinem Gewicht in den Maßnahmenkatalog des § 5 an. Denn die beamtenrechtliche Regelung stellt auf die Erforderlichkeit der Entlassung, nicht wie § 14 auf ein Erziehungsbedürfnis ab.[20]

Maßnahmeverbot bei verhängter Sanktion (Abs. 1)
8 Die Neuregelung nimmt in **Abs. 1** zunächst die in § 14 BDO auch bereits bislang geregelte Frage auf, inwieweit eine disziplinarrechtliche Sanktion neben eine strafrechtliche Verur-

---
13 GKÖD-Weiß, II § 14 Rn. 8.
14 E 86, 379 = NJW 1991, 2583 = DÖV 1991, 425; 22.7.1992 – 1 D 57.91, PersV 1993, 182.
15 BVerwG, DÖV 1991, 425 a. E.; 28.6.1998 – 2 WDB 7.88; BDiG 27.2.1989 – I Vl 7/86.
16 BVerwG 31.10.2012 – 2 B 33.12, Rn. 8.
17 Herrmann/Sandkuhl, Beamtendisziplinarrecht, § 7 Rn. 610.
18 GKÖD-Weiß, II § 14 Rn. 38f.
19 Zu allem BVerwGE 33, 174.
20 So Beamtensenate des BVerwG, ZBR 1983, 159 und DÖD 1983, 19.

teilung treten darf. Bislang war lediglich die Verhängung eines Verweises nicht mehr möglich, in anderen leichten Fällen war jedoch eine zusätzliche Maßregelung zumindest dem Grunde nach zulässig. Dies wurde nunmehr durch das neue Recht grundlegend geändert, so dass auch die Verhängung einer Geldbuße und die Kürzung des Ruhegehalts gesperrt sind. Die Ausdehnung auf die Zurückstufung wurde am 12. 2. 2009 beseitigt.[21]
Zunächst werden die **im Strafverfahren verhängten Sanktionen**, die eine Sperrwirkung entfalten, aufgezählt. Zu den Urteilen gem. § 14 Abs. 1 gehören alle gerichtlichen Verurteilungen nach dem StGB und seinen Nebengesetzen sowie Behördenstrafen nach gesetzlich geordneten Verfahren wie dem OWiG oder Steuerstrafbescheide der Finanz- und Zollbehörden. Nach dem Schutzzweck der Norm ist geboten, auch **ausländische Sanktionen** nach § 14 zu beachten. Für die Anwendung nach § 14 kommt es auf die für §§ 23, 57 erhebliche Übereinstimmung mit den Rechtsgrundsätzen des innerdeutschen Rechts im Sinne des »ordre public« nicht an. Entscheidend ist, ob die Sanktion dazu führt, dass kein Disziplinierungsbedürfnis mehr besteht.[22] **Sachgleiche Disziplinarmaßnahmen** fallen nicht unter § 14 Abs. 1, wie z. B. standesrechtliche Maßnahmen gegen beamtete Ärzte, die sowohl dem Beamtenrecht als auch dem Standesrecht unterliegen,[23] die aber voll anzurechnen sind. Die gerichtlichen oder behördlichen Entscheidungen müssen Strafen oder Ordnungsmaßnahmen auswerfen, also reale Sanktionen wie Freiheitsentzug oder Geldzahlungen auferlegen. Auf die **Vollstreckung** kommt es nicht an, so dass auch die Aussetzung der Vollstreckung zur Bewährung unerheblich ist; denn die Strafe, auf die es allein ankommt, bleibt bestehen. Die bloße Feststellung einer Straftat oder Ordnungswidrigkeit ohne Folge, wie bei der **Verwarnung mit Strafvorbehalt nach § 59 StGB** oder der Verurteilung mit **Absehen von Strafe nach § 60 StGB** erfüllt den Tatbestand nicht. So stellt auch nicht jeder gerichtlich oder behördlich auferlegte Nachteil eine Strafe oder Ordnungsmaßnahme dar. Vielmehr muss es sich um eine »Verurteilung« zur Sanktion wegen einer Straftat oder Ordnungswidrigkeit handeln. Unter § 14 fallen deshalb auch nicht bloße Nebenfolgen einer Straftat oder Zwischenentscheidungen, wie Maßnahmen des Verfalls und der Einziehung im objektiven Verfahren nach §§ 73 ff. StGB, Eintragungen in Register wie Bundeszentralregister, Verkehrssünderkartei usw., jedoch Ordnungs- und Zwangsstrafen nach der StPO und gebührenpflichtige Verwarnungen, wenn das zugrunde liegende Verhalten disziplinar vorgeworfen wird.[24] Selbst Feststellungen zur Schuldfähigkeit oder zum Schuldgrad können in der straf- und disziplinarrechtlichen Beurteilung auseinanderfallen, soweit nicht insoweit Bindung nach §§ 23, 57 besteht.[25] Liegt ein nicht bindender Strafbefehl wegen Trunkenheitsfahrt mit fahrlässiger Tötung vor und wird disziplinarrechtlich auf Vollrausch erkannt, so liegt doch aufgrund des übereinstimmend anzunehmenden Geschehensablaufs Sachverhaltsidentität vor. Denn für § 14 ist allein entscheidend, dass die Tat im natürlichen Sinn bereits mit Strafe oder Ordnungsmaßnahme sanktioniert wurde. Im Gegensatz zu § 14 BDO erfasst § 14 Abs. 1 BDG auch die Einstellung nach § 153a Abs. 1 Satz 5 oder Abs. 2 Satz 2 StPO.[26] Strafgerichtliche oder behördliche

---

21 Urban/Wittkowski, BDG, § 14 Rn. 2; BT-Drucks. 14/4659 S. 38; zur Anrechenbarkeit bei Degradierung nach der alten Gesetzeslage: BVerwG 18. 8. 1982 – 1 D 96.81; 11. 3. 1981 – 1 D 13.80.
22 BVerwG 1. 9. 1981 – 1 D 90.80, BVerwGE 73, 252; BDiG 23. 6. 1971 – IV Vl 37/70; Urban/Wittkowski, BDG, § 14 Rn. 9; GKÖD-Weiß, II § 14 Rn. 43.
23 BVerfGE 27, 180.
24 GKÖD-Weiß, II § 14 Rn. 47.
25 BVerwGE 33, 69: pflichtwidriges Verdächtigmachen anstelle von Unterschlagung.
26 VGH Bayern 28. 1. 2015 – 16b DZ 12.1868; GKÖD-Weiß, II § 14 Rn. 40.

Strafen oder **Ordnungsmaßnahmen** müssen **bestands- oder rechtskräftig** sein und denselben disziplinaren **Sachverhalt** betreffen.[27]

10 Alsdann wird in Nr. 1 ein disziplinares Maßregelungsverbot normiert, soweit der ermittelte Sachverhalt disziplinarrechtlich lediglich einen Verweis, eine Geldbuße oder eine Kürzung des Ruhegehalts zulässt. Damit sind zukünftig – durch die Ausdehnung der Sperrwirkung auch auf die Geldbuße und damit korrespondierend auch auf die Kürzung des Ruhegehalts – viele Dienstverstöße zusätzlich in das absolute Maßregelverbot mit einbezogen. Dies ist nach der Gesetzesbegründung ausdrücklich gewollt und wird mit der ausreichenden Pflichtenmahnung durch das Strafverfahren begründet. Diese Neuregelung ist ausdrücklich zu begrüßen, wird sie doch zukünftig einen angemesseneren Umgang mit leichten Delikten zulassen und gleichzeitig zu einer nicht unerheblichen Entlastung bei der Durchführung von Verfahren im unteren Sanktionsbereich führen. Das BVerwG hat beispielsweise bei einem gegen den Beamten verhängten Strafbefehl wegen vorsätzlicher Körperverletzung mit einer Geldstrafe von 50 Tagessätzen das Disziplinarverfahren eingestellt. Dies hat es damit begründet, dass zwar durch das Dienstvergehen an sich eine längerfristige Kürzung der Dienstbezüge im oberen Bereich veranlasst sei. Diese Disziplinarmaßnahme könne gem. § 14 aber nicht ausgesprochen werden, weil es einer zusätzlichen Pflichtenmahnung neben der bereits verhängten Kriminalstrafe nicht bedürfe.[28]

11 Entscheidend ist, ob der **Sachverhalt** des Strafverfahrens und der des Disziplinarverfahrens **identisch** sind.[29] Eine verfahrensrechtliche Trennung je nach der strafrechtlichen oder disziplinarrechtlichen Zielrichtung der Prüfung ist bei derartiger Fallgestaltung nicht möglich.[30] Die Einstellung nach § 14 setzt voraus, dass der strafgerichtlich abgeurteilte Sachverhalt mit dem disziplinaren Sachverhalt identisch ist (»desselben Sachverhalts«). Für eine Sachverhaltsidentität i. S. d. § 14 Abs. 1 ist auch nicht die straf- oder disziplinarrechtliche Würdigung des Tatverhaltens, sondern vielmehr allein der **historische Geschehensablauf** maßgebend.[31] Ein identischer Sachverhalt in diesem Sinne liegt nur vor, wenn der gesamte historische Geschehensablauf, der Gegenstand des Disziplinarverfahrens ist und sich als einheitliches Dienstvergehen darstellt, bereits in vollem Umfang durch die strafgerichtliche Entscheidung erfasst wurde, so dass hiernach trotz § 14 Abs. 1 Nr. 2 die gesonderte disziplinarrechtliche Ahndung eines strafrechtlich noch nicht bereits erfassten Sachverhalts nicht ausgeschlossen ist.[32] Dies gilt auch dann, wenn im Strafverfahren nur ein Teil der disziplinarrechtlich vorgeworfenen Taten verfolgt wurde, die strafrechtlich nicht verfolgten Taten jedoch in einem einheitlichen geschichtlichen Vorgang stehen, bei denen die einzelnen Lebensverhältnisse so miteinander verknüpft sind, dass sie nach der Lebensauffassung eine Einheit bilden.[33] Mit der Verwendung des Begriffes »wegen desselben Sachverhalts« soll ausgeschlossen werden, dass aus einer natürlichen Handlungseinheit, die sich als einheitlicher historischer Geschehensablauf darstellt, Sachverhaltsteile herausgefiltert werden, um diese dann disziplinarrechtlich gesondert zu verfolgen. Es entspricht nämlich nicht dem im Disziplinarrecht notwendig einheitlichen Persönlichkeitsbild, aus einem in sich geschlossenen Lebensvorgang, selbst wenn dieser einen längeren Zeitabschnitt umfasst, einen Teilsachverhalt auszusondern und diesen einer dis-

---

27 Urban/Wittkowski, BDG, § 14 Rn. 10.
28 BVerwG 11. 2. 2014 – 2 B 37.12.
29 GKÖD-Weiß, II § 14 Rn. 51; Urban/Wittkowski, BDG, § 14 Rn. 14.
30 BVerwG – 1 D 54.89, ZBR 1991, 92.
31 GKÖD-Weiß, II § 14 Rn. 52.
32 BVerwG 20. 2. 2001 – 1 D 7/00, BVerwGE 114, 50; VGH Bayern 28. 1. 2015 – 16b DZ 12.1868.
33 OVG Rheinland-Pfalz 18. 8. 2008 – 11 A 10708/07.OVG.

Zulässigkeit von Disziplinarmaßnahmen § 14

ziplinaren Maßnahme zu unterwerfen, nur weil er von der strafrechtlichen Bewertung und Sanktionierung nicht erfasst worden ist. Die strafrechtliche Subsumtion des Strafgerichts muss sich weder mit der strafrechtlichen Subsumtion des Disziplinargerichts noch mit der disziplinarrechtlichen Beurteilung der Tat decken.[34] So kommt es weder darauf an, ob der strafrechtlich festgestellte Sachverhalt richtigerweise als Diebstahl, Unterschlagung, Untreue oder Betrug zu werten ist, noch darauf, ob disziplinarrechtlich das Dienstvergehen als Verstoß gegen die Pflicht zur Uneigennützigkeit (§ 61 Abs. 1 Satz 2 BBG), zu vollem dienstlichen Einsatz (§ 61 Abs. 1 Satz 1 BBG), zur vertrauenswürdigen Dienstleistung (§ 61 Abs. 1 Satz 3 BBG) oder nur zur Befolgung dienstlicher Weisungen (§ 62 Abs. 1 Satz 2 BBG) beurteilt wird.

Sind in dem strafrechtlich festgestellten Geschehensablauf außer der zugleich dienst- 12 pflichtwidrigen Straftat **weitere Dienstpflichtverletzungen enthalten**, (wie z. B. innerdienstliche Vorschriften und Weisungen), so kommt es für die Frage der Sachverhaltsidentität darauf an, ob Letztere Inhalt der strafrechtlichen Würdigung und damit der Verurteilung waren oder jedenfalls das Tatverhalten betreffen.[35] Das ist z. B. der Fall, wenn sich bei einer Kassenveruntreuung die Rechtswidrigkeit der Tat aus den – auch vom Strafgericht zu prüfenden – dienstlichen Kassenvorschriften ergibt, wenn bei einer fahrlässigen Tötung im Bahnbetrieb die Rechtswidrigkeit aus den Betriebsvorschriften zu entnehmen war[36] oder wenn die Schuld eines Schrankenwärters an dem Schrankenunfall aus dem vorausgegangenen pflichtwidrigen Alkoholgenuss (absolutes Alkoholverbot) abgeleitet wurde, der unabhängig von der nachfolgenden Straftat einen Verstoß gegen seine Pflicht zur Erhaltung der alkoholfreien Dienstfähigkeit darstellte.[37] Dagegen handelt es sich um **unterschiedliche Sachverhalte**, wenn der pflichtwidrige Geschehensablauf nicht Gegenstand der strafrechtlichen Aburteilung war, z. B. wenn ein Berufskraftfahrer nach dem Dienst mit dem Dienstwagen eine Privatfahrt mit Alkoholgenuss beging und wegen des Verkehrsdelikts, nicht aber wegen der innerdienstliche Pflichtverletzung bestraft wurde,[38] oder wenn ein Elektroschlepperfahrer der Post innerhalb des Dienstes gegen das absolute Alkoholverbot verstieß und nach dem Dienst eine Trunkenheitsfahrt beging,[39] oder wenn ein Beamter mit dem Alkoholmissbrauch nicht nur vor dem Dienst die bestrafte außerdienstliche Trunkenheitsfahrt begangen, sondern zugleich die Dienstverrichtung in alkoholfreiem und dienstfähigem Zustand pflichtwidrig vereitelt hatte.[40] Denn in diesen Fällen hat das Strafgericht weder den Alkoholgenuss als solchen noch die dienstliche Auswirkung in die Verurteilung einbezogen. Das gilt auch für die innerdienstlichen Auswirkungen der bestraften Tat, wenn sie »zurechenbar« sind. In all diesen Fällen liegt ein selbständiges, innerdienstliches Dienstvergehen nach § 61 Abs. 1 Satz 1 BBG neben dem außerdienstlichen Pflichtenverstoß nach § 77 Abs. 1 Satz 2 BBG vor. Da sich die Strafe nur auf Letzteren bezieht, scheidet »Sachverhaltsidentität« gem. § 14 aus. Umso weniger liegt ein identischer Sachverhalt dann vor, wenn in dem disziplinaren Gesamtvorwurf zu dem strafgerichtlich erfassten Sachverhalt noch weitere zeitlich und kausal getrennte disziplinar erhebliche Geschehensabläufe hinzukommen, die nicht Gegenstand einer Strafe oder Ordnungsmaßnahme waren. Denn die »**Einheit des Dienstvergehens**« verbietet grund-

---

34 BVerwG 13.10.1971 – 1 D 21.71.
35 BVerwG 26.6.1985 – 1 D 49.84.
36 BVerwG 6.6.1972 – 1 D 7.72; 21.10.1969 – 3 D 1.69.
37 BVerwGE 46, 231.
38 BVerwGE 33, 314.
39 BVerwGE 43, 136.
40 BVerwG 6.5.1985 – 1 D 6.85; 26.3.1985 – 1 D 180.84.

sätzlich die getrennte disziplinare Behandlung verschiedener Pflichtverletzungen. Aber auch im Rahmen des § 14 lässt die Rspr. der Disziplinargerichte die isolierte Beurteilung und ggf. Einstellung einzelner Pflichtverletzungen zu, wenn sie abtrennbar oder nur ein unwesentlicher Annex der Hauptverfehlung sind.[41]

13 Würde der bestrafte Sachverhalt disziplinarrechtlich lediglich einen Verweis, eine Geldbuße oder eine Kürzung des Ruhegehalts rechtfertigen, so schließt § 14 Abs. 1 Nr. 1 eine zusätzliche Maßregelung ausnahmslos aus (**absolutes Maßregelungsverbot**). Insoweit ist eine hypothetische Prüfung vorzunehmen.[42] Der Ausspruch einer **Missbilligung** wird durch § 14 nur insoweit nicht ausgeschlossen, als sie außerhalb eines Disziplinarverfahrens nach allgemeinen beamtenrechtlichen Regelungen erteilt wird. Hingegen ist es schon aus formellen Gründen nicht zulässig, dass die Disziplinarbehörde ein Disziplinarverfahren einstellt und einem Beamten zugleich in der Einstellungsverfügung mit einer Missbilligung die Begehung eines Dienstvergehens zur Last legt.[43]

14 In Nr. 2 wird die Verhängung der Kürzung der Dienstbezüge davon abhängig gemacht, dass dies neben der Kriminalstrafe zusätzlich erforderlich ist, um den Beamten zur Pflichtenerfüllung anzuhalten (**relatives Maßregelungsverbot**). Auch hier ist eine hypothetische Beurteilung vorzunehmen.[44] Nach § 14 BDO war noch erforderlich, dass die Verhängung der Sanktion daneben zur Wahrung des **Ansehens des Beamtentums** notwendig ist.[45] Das Erfordernis zusätzlicher Ansehenswahrung ist nach der Neuregelung entfallen.[46] Nach der amtlichen Begründung wurde hierauf verzichtet, weil es keinen Grund gibt, eine notwendige Einwirkung auf den Beamten nur deshalb nicht vorzunehmen, weil der Schutz des abstrakten Ansehens des Beamtentums dies nicht ohne weiteres gebietet. Es wird damit zukünftig allein auf das Vorliegen einer weiteren – disziplinaren – Maßnahme zur individuellen Pflichtenmahnung ankommen. In den Disziplinargesetzen der Länder ist das jedoch teilweise nicht der Fall.[47] So hat der VGH Bayern hinsichtlich Art. 15 BayDG hinsichtlich der Steuerhinterziehung einer Gymnasiallehrerin ein weiteres Maßregelungsbedürfnis zur Ansehenswahrung angenommen. Denn angesichts der dienstlichen Stellung der Beamtin als Gymnasiallehrerin, ihrer Vorbildfunktion gegenüber den Schülern und der Höhe des Steuerhinterziehungsbetrages sei die disziplinarische Ahndung des Dienstvergehens mit einer Bezügekürzung zusätzlich zu der vorangegangenen strafrechtlichen Ahndung mit einer merklichen Gesamtgeldstrafe von 180 Tagessätzen zur Wahrung des Ansehens des Berufsbeamtentums erforderlich.[48] Es ist angezeigt, die Ländergesetze insoweit an das neue BDG anzupassen.

15 Dies galt ursprünglich auch bei der bis 2009 geltenden Sperre hinsichtlich einer Zurückstufung.[49] In dieser Entscheidung hat das BVerwG ausdrücklich festgestellt, dass die Zurückstufung nur dann ausgesprochen werden darf, wenn dies zusätzlich erforderlich ist,

---

41 BVerwGE 73, 369; 6.5.1987 – 1 D 64.86, ZBR 1992, 281; Urban/Wittkowski, BDG, § 14 Rn. 16; GKÖD-Weiß, II § 14 Rn. 58.
42 Urban/Wittkowski, BDG, § 14 Rn. 20; GKÖD-Weiß, II § 14 Rn. 59.
43 VGH Bayern 27.1.2015 – 6 ZB 14.2121; OVG Lüneburg 22.1.2013 – 5 LB 227/13; a. A. wohl Urban/Wittkowski, BDG, § 14 Rn. 5.
44 GKÖD-Weiß, II § 14 Rn. 61; Urban/Wittkowski, BDG, § 14 Rn. 21.
45 GKÖD-Weiß, II § 14 Rn. 62.
46 BVerwG 22.1.2014 – 2 B 102.13; OVG Berlin-Brandenburg 12.2.2015 – OVG 80 D 2.12; anders zum abweichenden BayDG: VGH Bayern 26.9.2014 – 16a D 13.253; Zängl, Bayerisches Disziplinarrecht, Art. 15 Rn. 46.
47 So etwa für Bayern: Urban/Wittkowski, BDG, § 14 Rn. 36; ebenso Thüringen: GKÖD-Weiß, II § 14 Rn. 106a.
48 VGH Bayern 6.12.2013 – 16a D 12.1815; 6.12.2013 – 16a D 12.134.
49 BVerwG 23.2.2005 – 1 D 13.04.

um den Beamten zur Pflichterfüllung anzuhalten. Dies war nach damaligem Recht auch hinsichtlich der Zurückstufung nur nach individueller Prüfung des Einzelfalles beim Vorliegen konkreter Umstände für eine **Wiederholungsgefahr** zulässig. Es müssen also konkrete Befürchtungen ersichtlich sein, dass der Beamte sich trotz der ihm wegen desselben Sachverhalts bereits auferlegten Kriminalstrafe erneut einer Dienstpflichtverletzung schuldig machen werde.[50] Weiter führt der Senat in dieser Entscheidung ausdrücklich aus, dass die Gesetzesänderung keinen Anlass für eine Änderung der Rspr. hinsichtlich der Frage des Nachmessens oder Nachprüfens der Höhe oder Angemessenheit der strafgerichtlich verhängten Maßnahme zulasse. Diese Grundsätze gelten auch nach der Gesetzesänderung, mit der der Gesetzgeber den vom BVerwG hiergegen vorgebrachten rechts- und verfassungspolitischen Bedenken gefolgt[51] ist, und der damit erfolgten Herausnahme der Zurückstufung aus dem Katalog des § 14 Abs. 1 Nr. 2 weiterhin für die Verhängung der Kürzung der Dienstbezüge. Es bleibt also bei der bisherigen Rspr., dass die Bemessung der Strafe im Hinblick auf die Frage, ob eine Disziplinarmaßnahme zusätzlich erforderlich ist, als unerheblich angesehen werden muss. Das BVerwG beruft sich hierbei zu Recht darauf, dass dem Gesetzgeber bei der Gesetzesänderung diese Kriterien der Rspr. bekannt waren und er in Kenntnis dieser Rspr. die Änderung bewusst eingeführt habe. Ist dies nicht der Fall, darf eine weitere Maßnahme von Gesetzes wegen nicht verhängt werden; das Verfahren ist, wie bei Nr. 1, nach § 32 Abs. 1 Nr. 3 (§ 32 Rn. 8) einzustellen.

Fällt ein Dienstvergehen in den Anwendungsbereich des § 14 Abs. 1 Nr. 2, so ist die Kürzung der Dienstbezüge nur zulässig, wenn ein **zusätzliches Bedürfnis nach Pflichtenmahnung** des Beschuldigten besteht. Dies ist kein Ermessensbegriff, sondern ein unbestimmter Rechtsbegriff, welcher eindeutige und verbindliche Rechtsanwendung erfordert. Er kann nicht mit den Umständen der Tat selbst (wie Schwere, Tatfolgen) begründet werden, da diese den Regeltatbestand des Maßregelungsverbots in § 14 begründen und nicht zugleich für dessen ausnahmsweise Aufhebung herangezogen werden können.[52] Erstes Anwendungsgebot des § 14 ist deshalb, dass die Einstellung des Verfahrens die Regel, die zusätzliche Maßregelung die Ausnahme zu sein hat. Dabei kommt es für die zusätzliche Pflichtenmahnung auf **das Persönlichkeitsbild im Entscheidungszeitpunkt** und nicht auf dasjenige aus früheren dienstlichen Beurteilungen an.[53]

Die frühere Rspr. des BVerwG nahm ein Bedürfnis für eine zusätzliche Pflichtenmahnung zum einen bei unmittelbaren und mittelbaren dienstlichen Auswirkungen der Tat (was Abgrenzungsprobleme für innerdienstliche Verfehlungen ergab) und zum zweiten bei Wiederholungsgefahr an. Seit der Entscheidung vom 7. 12. 1977 stellte das BVerwG zunehmend auf die **Persönlichkeitsprognose** ab, ob der Beschuldigte nach seinem bisherigen außer- und innerdienstlichen Verhalten konkreten Anhalt für eine Wiederholung dieser oder einer ähnlichen Verfehlung trotz der Gerichtsstrafe bietet.[54] Wenn auch der dienstliche Bezug weiter als erheblich angesehen wurde, so kam es doch immer mehr auf die zukunftsorientierte Gefahr des Rückfalls auch im dienstlichen Bereich an.[55] Mit den Urteilen vom 7. 9. 1982 – 1 D 79.81 – und 9. 12. 1982 – 1 D 42.82[56] – ist die Rspr. des BVerwG ge-

---

50 BVerwG 23. 2. 2005 – 1 D 13.04.
51 Siehe dazu auch Mayer, ZBR 2005, 80; Herrmann/Sandkuhl, Beamtendisziplinarrecht, § 5 Rn. 430.
52 BVerwGE 53, 346, das darin ausdrücklich die gegenteilige frühere Rspr. aufgibt.
53 BVerwG, NJW 2001, 3353.
54 1 D 8.77: Einstellung trotz innerdienstlicher Unfallflucht eines als Kraftfahrer eingesetzten Bahnbeamten, dem die Fahrerlaubnis entzogen wurde.
55 E 63, 18; 23. 5. 1978 – 1 D 42.77; 20. 6. 1978 – 1 D 94.77; 9. 5. 1979 – 1 D 11.78; deutlich schon auf Rückfallgefahr begrenzt in E 73, 211; 18. 8. 1981 – 1 D 63.80.
56 BVerwGE 76, 43.

festigt, dass es für die zusätzliche Pflichtenmahnung ohne Rücksicht auf geringeren oder stärkeren dienstlichen Bezug zur dienstlichen Aufgabe, auf Personen- und Berufsgruppen sowie frühere Verwendung und Belehrung und auch bei innerdienstlichen Straftaten **nur noch auf die persönlichkeitsbezogene, zukunftsorientierte Prognose der konkreten Wiederholungsgefahr ankommt**, die zudem durch **konkrete Tatsachen** und nicht durch allgemeine Charakterdeutungen belegt sein muss.[57] Um die Frage beantworten zu können, ob der betroffene Beamte an seine Pflichten gemahnt werden muss, ist unter **Ausschluss generalpräventiver Erwägungen** eine prognostische Würdigung der Gesamtpersönlichkeit des Beamten aus aktueller Sicht vorzunehmen.[58] Eine zusätzliche Maßnahme ist nur nach individueller Prüfung des Einzelfalls beim Vorliegen konkreter Umstände für eine **Wiederholungsgefahr** zulässig, wenn also konkrete Befürchtungen ersichtlich sind, der Beamte werde sich trotz der ihm wegen desselben Sachverhalts bereits auferlegten Kriminalstrafe erneut einer Dienstpflichtverletzung schuldig machen. Bei dieser konkret-individuellen Prüfung, ob zusätzlich eine Disziplinarmaßnahme verhängt werden muss, ist die Frage der Angemessenheit der Strafe unerheblich.[59] Bei der hierfür anzustellenden Prognose sind sein bisheriger Werdegang, die in seiner Person, seiner dienstlichen Tätigkeit und der ihm zur Last gelegten Tat liegenden Umstände maßgeblich zu berücksichtigen. Denn nur aufgrund einer derartigen Beurteilung sind hinreichend verlässliche Schlüsse auf sein zukünftiges Verhalten möglich. Ferner ist von Bedeutung, ob der Beamte bereits in einschlägiger Weise in Erscheinung getreten ist und sich z. B. schon früher gegenüber Strafen, Ordnungs- oder Disziplinarmaßnahmen als uneinsichtig erwiesen hat. Die Prüfung der Notwendigkeit einer zusätzlichen Pflichtenmahnung muss darüber hinaus das bisherige Verhalten des Beamten in seiner Gesamtheit erfassen, weil Aufgabe und Ziel disziplinarer Maßnahmen es nicht nur ist, künftig einschlägige Handlungen, insbesondere Straftaten zu verhindern, sondern ganz allgemein den Beamten zu pflichtgemäßen Verhalten zu veranlassen. Nur wenn auch insoweit die Gewähr durch die strafrechtliche Sanktion gegeben erscheint, ist eine Disziplinarmaßnahme nicht mehr »erforderlich« i. S. d. § 14 Abs. 1 Nr. 2.[60] Zeigt der Täter auch im Disziplinarverfahren noch keine Einsicht, so kann das für Wiederholungsgefahr und für zusätzliche Pflichtenmahnung sprechen.[61]

18 Die persönlichkeitsbedingte **Wiederholungsgefahr muss für den dienstlichen Bereich bestehen**.[62] Andernfalls gibt es nach dem Gesetzeszweck des § 14 keinen Anlass, zusätzlich zu der sachgleichen Strafe disziplinar zur dienstlichen Pflichterfüllung anzuhalten. Ist schon die Wertung als Dienstvergehen von außerdienstlichen Straftaten ohne dienstliche Auswirkung bedenklich, so kann jedenfalls im Rahmen des § 14 ein dienstliches Bedürfnis nach zusätzlicher Maßregelung nicht konkret dargelegt werden. Denn Disziplinarrecht hat nicht die Aufgabe, ohne Zusammenhang mit den funktionalen Interessen der Verwaltung aus Beamten bessere Menschen zu machen. Deshalb ist der frühere Anknüpfungspunkt der Dienstbezogenheit nicht völlig unwesentlich geworden, sondern zusätzlich zu der Persönlichkeitsprognose heranzuziehen. So liegt ein Bedürfnis nach zusätzlicher Pflichtenmahnung auch im Rückfall z. B. nicht vor, wenn ein Stellwerksbeamter außerdienstlich einen Warenhausdiebstahl begeht, ohne im Amt mit Gütern der Bahn oder

---

57 BVerwG 23. 2. 2005 – 1 D 13.04; GKÖD-Weiß, II § 14 Rn. 64; Urban/Wittkowski, BDG, § 14 Rn. 22; Herrmann/Sandkuhl, Beamtendisziplinarrecht, § 5 Rn. 428.
58 GKÖD-Weiß, II § 14 Rn. 71, 78.
59 BVerwG 23. 2. 2005 – 1 D 13.04; OVG Berlin-Brandenburg 6. 11. 2014 – OVG 80 D 5.11.
60 BVerwG 23. 2. 2005 – 1 D 13.04; OVG Berlin-Brandenburg 12. 2. 2015 – OVG 80 D 2.12; GKÖD-Weiß, II § 14 Rn. 71, 78.
61 BVerwG 5. 5. 1993 – 1 D 49.92, NVwZ 1994, 216.
62 GKÖD-Weiß, II § 14 Rn. 76.

Dritter betraut zu sein,[63] ein Dienstkraftfahrer im Dienst mit Dienstwagen Fahrerflucht begeht, aber sein weiterer Einsatz als Kraftfahrer nicht erforderlich ist,[64] ein Bahnpolizist eine außerdienstliche Trunkenheitsfahrt begeht, aber trotz Dienstführerscheins im Dienst nicht als Kraftfahrer eingesetzt wird.[65] Im Übrigen kann sich bei einer **außerdienstlichen Verfehlung ohne dienstliche Auswirkungen** die Disziplinarmaßnahme auf eine geringe, nur zusätzliche Mahnung beschränken. Die eigentliche Pflichtenmahnung kann der Strafe/Ordnungsmaßnahme überlassen werden, die alle Umstände der Tat und des Täters berücksichtigen.[66]

Hat der Beamte **neben oder nach der angeschuldigten Tat einschlägige Pflichtverletzungen** begangen, so können sie bzw. die zugrunde liegenden Umstände für die Prognose der Wiederholungsgefahr nur berücksichtigt werden, wenn sie mit angeschuldigt worden sind.[67]   **19**

Die Bemessung der Strafe/Ordnungsmaßnahme ist grundsätzlich unerheblich für die Frage, ob zusätzlich eine weitere Disziplinarmaßnahme erforderlich ist. Allerdings ist für die Maßnahmenwahl zur Entscheidung nach § 14 wie auch bei einer zu verhängenden Disziplinarmaßnahme zu prüfen, ob die Bemessungsgründe der Strafe erheblich sind. Ein »Nachmessen« der Strafe/Ordnungsmaßnahme lässt § 14 nicht zu. Die Disziplinarorgane sind nicht berechtigt, das Straferkenntnis auf seine Richtigkeit oder Ausgewogenheit voll nachzuprüfen.[68] Sie müssen besonders im Rahmen des § 14 das Straferkenntnis so hinnehmen, wie es vorliegt. Das Gesetz hält die Strafe/Ordnungsmaßnahme, so wie sie ist, im Regelfall für ausreichend, auch dem dienstrechtlichen Sanktionsinteresse nachzukommen. Das zusätzliche Bedürfnis nach disziplinarer Pflichtenmahnung kann nur aus den besonderen dienstlichen Aspekten, nicht aus den Aspekten der Strafzumessung gewonnen werden. Andernfalls würden die Gründe für das Vorliegen des Grundtatbestands (sachgleiche Bestrafung) zugleich für seine Umgehung herangezogen werden. Deshalb kann die Verfahrenseinstellung ebenso wenig auf eine Nachmessung der Strafe wie etwa auf das Leugnen des Beschuldigten gestützt werden.[69] Ausdrücklich offen gelassen hat das BVerwG in der Entscheidung vom 23.2.2005 die Frage, ob hinsichtlich des Verbots des »Nachmessens« der strafrechtlichen Sanktion ausnahmsweise etwas anderes zu gelten hat, wenn die zu verhängende Disziplinarmaßnahme und die Sanktion im Strafverfahren ihrer Art und Wirkung nach zueinander gänzlich außer Verhältnis stehen.   **20**

Auf eine Wiederholungsgefahr lassen **einschlägige Vortaten** (Rückfall) schließen.[70] Denn wenn eine frühere strafgerichtliche Bestrafung nicht von einem Rückfall abgehalten hat, so gibt es keinen Anlass, der jetzigen Gerichtsstrafe eine stärkere und ausreichende Mahnungswirkung zuzutrauen.[71] **Nicht einschlägige Vortaten** lassen nicht ohne weiteres den Schluss auf eine Wiederholung in der Art des zur Entscheidung stehenden Dienstvergehens zu,[72] ebenso wenig dürfen nach § 16 BDG oder nach § 51 Abs. 1 BZRG **getilgte oder**   **21**

---
63 Für Ersttat: BVerwGE 53, 322.
64 Für Ersttat: BVerwG 7.12.1977 – 1 D 8.77.
65 Für Ersttat: BVerwG 23.5.1978 – 1 D 42.77; ähnlich 1 D 94.77 und 1 D 11.78.
66 BVerwG – 1 D 47.74.
67 BVerwG 21.4.1969 – 2 D 4.69; 23.5.1978 – 1 D 42.77.
68 Wegen der engen Grenzen in §§ 23, 57; wie hier auch GKÖD-Weiß, § 14 Rn. 63; Herrmann/Sandkuhl, Beamtendisziplinarrecht, § 5 Rn. 430.
69 Grundsatzrechtsprechung des BVerwG seit 13.12.1977 – 1 D 38.77; 23.2.2005 – 1 D 13.04.
70 Urban/Wittkowski, BDG, § 14 Rn. 22.
71 BVerwG 27.2.1968 – 3 D 42.67.
72 BVerwG 7.6.1968 – 1 D 12.68; 28.4.1981 – 1 D 7.80, BVerwGE 73, 166; 11.12.1984 – 1 D 113.83; BDiG 22.8.1988 – I Bk 10/88; im Widerspruch dazu BVerwG, Dok. Ber. 1985, 305; 8.12.1987 – 1 D 48.87.

§ 14　　　　　　　　　　　　　　　　Zulässigkeit von Disziplinarmaßnahmen

zu tilgende Vorstrafen oder Vormaßnahmen gegen den Beamten verwertet werden.[73] Eine Beachtung widerspräche dem Sinn und Zweck der Tilgung, dem Beamten einen Neubeginn zu ermöglichen. Nicht rückfallbegründend und deshalb auch im Rahmen des § 14 nicht zu berücksichtigen sind **Vorstrafen aus der Zeit vor Begründung des Beamtenverhältnisses**. Denn nur der dienstrechtliche Rückfall lässt den Schluss auf eine Wiederholungslabilität auch im dienstlichen Bereich zu. **Auch im Rückfall** lässt das BVerwG eine Einstellung zu, wenn besondere Tatumstände ergeben, dass aus dem Rückfall nicht zwingend auf eine wesensmäßige Wiederholungsgefahr geschlossen werden muss.[74]

22　Der Rückfall nach einschlägigen Vortaten begründet dann kein zusätzliches Mahnungsbedürfnis, wenn nach der Vortat **längere Zeit der Unbescholtenheit** liegt. Das BVerwG geht zur Frage der Maßnahmenwahl und -bemessung davon aus, dass nach etwa 4-jähriger Unbescholtenheit nicht angenommen werden kann, dass die frühere Gerichtsstrafe keine erzieherische Wirkung ausgeübt habe, also eine erhöhte disziplinare Mahnung notwendig sei.[75] Dieselbe Erwägung gilt auch für die Frage des zusätzlichen Mahnungsbedürfnisses in § 14,[76] wenn durch eigene Bemühungen der Anfälligkeit zum Rückfall entgegengewirkt wurde. Auch wenn nur durch bloße längere Unbescholtenheit eine Erziehungswirkung der früheren Strafe zutage tritt, kann der jetzigen Gerichtsstrafe eine ausreichende Wirkung zugetraut werden (vgl. im Einzelnen A. IV. Rn. 80).[77] Dies gilt jetzt umso mehr als das Beschleunigungsgebot in § 4 nunmehr ausdrücklich geregelt wurde.

23　Ein Bedürfnis nach zusätzlicher Pflichtenmahnung besteht auch bei einer **Wiederholungstat** dann nicht, wenn sie zeitlich vor der früheren Maßregelung liegt. Sie ist zwar eine Wiederholungstat, wenn sie nach der Vortat (wenn auch vor der Vormaßnahme) begangen wurde. Auch kann erheblich sein, dass der Beamte noch während des laufenden Disziplinarverfahrens versagte. Wenn aber die zu beurteilende Pflichtverletzung entgegen dem Gebot der einheitlichen Verfolgung in das frühere Verfahren nicht einbezogen wurde, so waren die Vorstrafe und Vormaßnahme nicht in der Lage, durch erzieherische und pflichtenmahnende Einwirkung die zuvor schon begangene Tat zu verhindern. Deshalb kann jetzt nicht gesagt werden, die Vormaßnahme/Strafe hätte keine ausreichende Erziehungswirkung gehabt. Der Gesichtspunkt der Rückfälligkeit kann in diesem Fall keine zusätzliche Maßnahme rechtfertigen.

24　Zu der Annahme eines zusätzlichen Pflichtenmahnungsbedürfnisses zwingt nicht der Umstand, dass **zwei getrennte Taten** (gleichartige oder verschiedene, gleichzeitige oder zeitlich auseinander liegende) als erstmaliges Dienstvergehen zusammen angeschuldigt sind.[78]

25　Eine **unangemessene Verfahrensverzögerung** kann ein zusätzliches Pflichtenmahnungsbedürfnis beseitigen.[79] Der **Beschleunigungsgrundsatz des Art. 6 Abs. 1 Satz 1 Men-**

73　A. A. BVerwG, NVwZ-RR 2006, 53; Urban/Wittkowski, BDG, § 14 Rn. 22; GKÖD-Weiß, II § 14 Rn. 70.
74　BVerwG 12.12.1978 – 1 D 10.78: unvorhergesehene Trunkenheitsfahrt trotz Vorkehrungen wegen Verletzung der Fahrerin.
75　BVerwG 28.11.1984 – 1 D 31.84; auf Tilgungsfrist nach § 44 Abs. 1 Nr. 1 BZRG abgestellt: BVerwG 11.12.1984 – 1 D 113.83; bei mehreren Milderungsgründen: BVerwG 18.4.1985 – 1 D 131.84; ohne Begründung a. A. BVerwG 28.4.1986 – 1 D 152.85.
76　Jetzt anerkannt durch BVerwG 28.11.1990 – 1 D 11.90.
77　BDiG 19.10.1988 – I Vl 17/88; 14.3.1985 – VI Vl 46/84; auch für 2. Rückfall BDiG 27.5.1988 – VI Vl 2/88; a. A. BVerwG 13.3.1989 – I D 52.88 –, wenn neben Gerichtsstrafe auch disziplinarische Vormaßnahme zu berücksichtigen ist.
78　BVerwG 7.6.1968 – 1 D 12.68; 29.10.1971 – 2 D 27.71 (aus anderen Gründen Einstellung verneinend); 22.5.1984 – 1 D 94.83; 12.12.1984 – 1 D 129.84.
79　A. A. Urban/Wittkowski, BDG; § 14 Rn. 24; GKÖD-Weiß, II § 14 Rn. 79.

Zulässigkeit von Disziplinarmaßnahmen § 14

schenrechtskonvention (EMRK) ist unmittelbar geltendes Bundesrecht.[80] Eine überlange Verfahrensdauer, die einen Verstoß gegen die Gewährleistung einer Verhandlung innerhalb angemessener Frist durch Art. 6 EMRK begründet, kann einen Milderungsgrund bei solchen Disziplinarmaßnahmen begründen, die der Pflichtenmahnung dienen. Denn das Verfahren als solches wirkt bereits belastend und kann mit pflichtenmahnenden Nachteilen verbunden sein, die nach dem Verhältnismäßigkeitsgrundsatz das Sanktionsbedürfnis mindern können.[81] Eine lange Verfahrensdauer kann sich im Einzelfall auch zugunsten des Beamten auswirken, in dem sich ihm dadurch etwa die Möglichkeit einer Nachbewährung bietet.[82] Dies ist in die Persönlichkeitsprognose derart einzustellen, dass eine überlange Verfahrensdauer ohne Rückfall das Disziplinierungsbedürfnis (weitgehend) beseitigt hat und der Beamte sich das Verfahren zur Mahnung hat gereichen lassen.

Maßnahmeverbot nach Freispruch (Abs. 2)

In Abs. 2 wurde die frühere Regelung des § 17 Abs. 5 BDO aufgenommen. Sie ist bis auf sprachliche Glättungen identisch mit dem damaligen Recht, jedoch an der jetzigen Stelle sachnäher beheimatet.[83] Abs. 2 verbietet die Führung oder Fortsetzung eines Disziplinarverfahrens bei einem **Freispruch** im strafgerichtlichen Verfahren wegen einer Straftat oder einer Ordnungswidrigkeit. Dies dient der Verhinderung gegensätzlicher Entscheidungen und berücksichtigt die rechtsstaatlich gesicherten Aufklärungsregeln des Strafprozesses.[84] Die **Sperrwirkung** des Abs. 2 ist im jeweiligen Verfahrensstadium als Prozesshindernis von Amts wegen zu prüfen.

26

Diese Vorschrift ist indes **einschränkend auszulegen**.[85] Das BVerwG hat bereits in seiner Entscheidung vom 21. 3. 1974 die Anwendbarkeit des § 17 Abs. 5 BDO auf Freisprüche aus materiellen Gründen, wie das Nichtvorliegen oder die Nichtbeweisbarkeit einer Straftat, beschränkt. Daran hält das BVerwG auch nach Inkrafttreten des § 13 BDG fest. Dies begründet es damit, dass eine einschränkende Auslegung des Begriffs des Freispruchs bereits in der Vorschrift selbst angelegt ist. § 17 Abs. 5 BDO verbietet eine disziplinarrechtliche Verfolgung grundsätzlich wegen der Tatsachen, die vom Strafgericht geprüft wurden und damit Gegenstand des freisprechenden Urteils geworden sind. Die Zuordnung der Tatsachen, die Gegenstand der strafgerichtlichen Entscheidung waren, zu dem »Tatbestand einer Strafvorschrift« spricht nach Überzeugung des BVerwG dafür, dass nur derjenige Freispruch eine disziplinare Ahndung hindern soll, der auf einer Verneinung des Tatbestands einer Strafnorm durch das Strafgericht beruht. Nach Sinn und Zweck des § 17 Abs. 5 BDO erfasst der Begriff des Tatbestands einer Strafvorschrift dabei nicht nur den objektiven Teil der Strafnorm, sondern auch die Schuldfrage, ist andererseits aber insoweit auch beschränkt. Die Bestimmung dient neben der Nutzung der besseren Ermittlungsmöglichkeiten der Strafverfolgungsbehörden der Verhinderung gegensätzlicher Entscheidungen.[86] Sie will ausschließen, dass Gesichtspunkte, die sowohl von den Straf- als auch von den Disziplinargerichten einer Prüfung zu unterziehen sind, unterschiedlich beurteilt werden. Soweit das Prüfungsprogramm von Straf- und Disziplinargericht identisch ist,

27

---

80 BVerfGE 10, 274; BVerwGE 47, 378.
81 BVerwG 29. 11. 2012 – 2 WD 10.12; 28. 2. 2013 – 2 C 3/12, BVerwGE 146, 98.
82 BVerwG 13. 3. 2008 – 2 WD 6.07; VGH Bayern 4. 6. 2014 – 16b D 13.707.
83 GKÖD-Weiß, II § 14 Rn. 81.
84 BVerwG – 1 D 157.85.
85 BVerwG 6. 6. 2000 – 1 D 66/98, NJW 2001, 1151; ebenso OVG Lüneburg 28. 8. 2012 – 19 LD 2/10
86 BVerwG 14. 5. 1986 – 1 D 157.85, DokBer B 1986, 209, zu § 18 BDO.

darf das Disziplinargericht nicht zu Lasten des Beamten von der Entscheidung des Strafgerichts abweichen. Da das Prüfungsprogramm von beiden Gerichten Ermittlungen zur Tat- und Schuldfrage verlangt, verbietet § 17 Abs. 5 BDO dem Disziplinargericht, von den Erkenntnissen des Strafgerichts zur Tat und Schuld zu Ungunsten des Beamten abzuweichen.[87] Beruht demnach der Freispruch eines Beamten nicht darauf, dass das Strafgericht den objektiven Tatbestand oder die Schuld verneint hat – hieran wäre das Disziplinargericht gebunden –, sondern auf einem persönlichen Strafaufhebungsgrund, der den objektiven Tatbestand und den Schuldvorwurf gerade voraussetzt und die Rechtsfolge des § 17 Abs. 5 BDO deshalb nicht auslöst. Diese einschränkende Auslegung gilt nach der Rspr. des BVerwG auch für das BDG.

28 Ein Freispruch i. S. d. Abs. 2 liegt nicht vor, wenn die **Staatsanwaltschaft das Verfahren nach § 170 Abs. 2 StPO einstellt**, das Gericht den beschuldigten Beamten nach durchgeführter Voruntersuchung außer Verfolgung setzt oder die **Eröffnung des Hauptverfahrens nach § 204 StPO ablehnt** bzw. das Verfahren wegen Geringfügigkeit nach § 153 StPO oder aus formellen Gründen, etwa wegen des Fehlens einer Prozessvoraussetzung wie Verjährung, einstellt.[88] Ein Freispruch ist aber gegeben, wenn das Strafgericht das Verfahren eingestellt hat, allerdings hätte freisprechen müssen; z. B. bei einer Einstellung, weil das angeschuldigte schwerere Vergehen nicht gegeben ist, das erwiesene in Tateinheit stehende leichtere Delikt wegen eines Verfahrenshindernisses nicht mehr verfolgt werden kann. Bei einem **strafbefreienden Rücktritt** von einem Versuch ist es im Übrigen auch in der Sache angemessen, das Verhalten des Beamten eigenständig unter disziplinarrechtlichen Gesichtspunkten zu bewerten. Insoweit ist die unterschiedliche Zielsetzung von Strafrecht einerseits und Disziplinarrecht andererseits zu berücksichtigen. Das Strafrecht, dem es auch um die Verhinderung der sozialschädlichen Straftat geht, schafft durch die strafbefreiende Wirkung eines freiwilligen Rücktritts vom Versuch einen Anreiz für den »Täter«, den Eintritt des Erfolges doch noch zu verhindern. Diese rechtspolitische Erwägung gilt für die disziplinarrechtliche Beurteilung nicht. Bei dieser stehen nicht die Tat als solche im Vordergrund, sondern die durch sie zum Ausdruck gekommenen Charakter- und Persönlichkeitsmängel des Täters und die Frage, inwieweit er sich durch die Tat in seinem Amt disqualifiziert hat, ob er überhaupt noch im Dienstverhältnis verwendet werden kann oder daraus entfernt werden muss. Danach verstößt bereits der Versuch einer Straftat gegen dienstliche Pflichten, weil der Täter damit die berufserforderliche Integrität verletzt und bei Verschulden ein Dienstvergehen vollendet. Der »Versuch eines Dienstvergehens« ist in diesem Zusammenhang schon begrifflich ausgeschlossen.[89] Ein freiwilliger Rücktritt vom Versuch der Straftat lässt aber u. U. eine mildere Beurteilung des Dienstvergehens zu, ist daher eine Frage der Maßnahmebemessung, nicht der rechtlichen Beurteilung des Fehlverhaltens.[90] Ein **persönlicher Strafaufhebungsgrund** gem. § 371 AO führt nicht zur Sperre.[91]

29 Voraussetzung für die Sperrwirkung des Abs. 2 ist ein **rechtskräftiger Freispruch**, der nach Prüfung der Tat- und Schuldfrage nach rechtlicher und sachlicher Prüfung durch das Strafgericht erfolgt ist.[92] Unerheblich ist, ob die rechtliche oder tatsächliche Würdi-

---

87 So auch GKÖD-Weiß, II § 17 Rn. 39, 45.
88 GKÖD-Weiß, II § 14 Rn. 88.
89 BVerwG 29. 3. 2012 – 2 B 96.11.
90 BVerwG 13. 6. 1989 – 2 WD 2/89, ZBR 1990, 215; OVG Lüneburg 28. 8. 2012 – 19 LD 2/10.
91 BVerfG – 2 BvR 1566/00, NZW 2002, 1787; GKÖD-Weiß, II § 14 Rn. 88; Urban/Wittkowski, BDG, § 14 Rn. 26.
92 GKÖD-Weiß, II § 14 Rn. 84; Urban/Wittkowski, BDG; § 14 Rn. 25.

gung des Strafgerichts auch zutreffend ist. Auch ein fehlerhafter Freispruch entfaltet die Sperrwirkung des Abs. 2.[93] Der rechtskräftige Freispruch im Strafverfahren führt nicht nur dazu, dass der Sachverhalt, der dem Strafurteil zugrunde lag, unter den dort behandelten Gesichtspunkten nicht mehr Gegenstand des Disziplinarverfahrens sein kann, sondern verbietet die Heranziehung des Sachverhalts zur Darstellung eines Dienstvergehens auch insoweit, als die Tatbestandsmerkmale irgendeiner Straftat erfüllt sein könnten. Wird ein Beamter vom Strafgericht mit der Begründung freigesprochen, bestimmte ihm zur Last gelegte Verhaltensweisen stellten keine Sorgfaltspflichtverletzungen dar, so steht der Freispruch der Disziplinarverfolgung wegen dieses Verhaltens unter dem Gesichtspunkt, der Beamte habe hierdurch beamtenrechtliche Sorgfaltspflichten verletzt, entgegen.

Unabhängig von der Rechtskraft eines Freispruchs bleibt ein Disziplinarverfahren nach Freispruch im Strafverfahren zulässig, wenn ein sog. **disziplinarer Überhang** besteht.[94] Der sog. disziplinare Überhang betrifft die Frage, ob trotz eines rechtskräftigen Freispruchs im Straf- oder Bußgeldverfahren noch eine Disziplinarmaßnahme ausgesprochen werden darf oder ob einem solchen Ausspruch die Sperrwirkung des rechtskräftigen Freispruchs entgegensteht. Diese Frage beantworten die Disziplinargesetze (vgl. § 13 Abs. 2 ThürDG, § 14 Abs. 2 BDG). Soweit die Sperrwirkung des rechtskräftigen Freispruchs im Straf- oder Bußgeldverfahren für das Disziplinarverfahren reicht, besteht für dieses ein Prozesshindernis. Allerdings lassen die Disziplinargesetze den Ausspruch einer Disziplinarmaßnahme dann zu, wenn der Sachverhalt, der Gegenstand des Freispruchs gewesen ist, ein Dienstvergehen darstellt, ohne den Tatbestand einer Straf- oder Bußgeldvorschrift zu erfüllen. Erfüllt also ein bestimmtes Verhalten zwar keinen Straf- oder Ordnungswidrigkeitentatbestand, wohl aber den Tatbestand eines Dienstvergehens, liegt ein disziplinarer Überhang vor und entfaltet der rechtskräftige Freispruch im Straf- oder Bußgeldverfahren keine Sperrwirkung für das Disziplinarverfahren.[95] Ist ein **disziplinarer Überhang** gegeben, d.h., liegen Pflichtverletzungen vor, die unter keinem denkbaren rechtlichen Gesichtspunkt einen Straftatbestand erfüllen, greift die Sperrwirkung nicht.[96] Ein disziplinarer Überhang kann etwa bei einer strafgerichtlich verneinten Veruntreuung, wegen gleichzeitigen Verstoßes gegen Zustellvorschriften angenommen werden oder bei einer vom Strafgericht verneinten Vorteilsannahme im Hinblick auf § 71 Abs. 1 BBG (Annahme von Vorteilen und Geschenken in Bezug auf das Amt). Die Rspr. des BVerwG ist allerdings insoweit angreifbar, als sie die im Strafurteil abgelehnte Annahme von Vorteilen und Geschenken im Rahmen des § 71 BBG erneut prüft.

Der Dienstherr muss zur hinreichenden Klarstellung eines noch zulässigen disziplinaren Vorwurfs den so genannten disziplinaren Überhang klar herausstellen. Ggf. muss er ihn, sofern bereits Disziplinarklage, auch in einer besonderen Stellungnahme substantiieren; zur Behebung mangelnder Substantiierung ist das Verfahren auszusetzen. Der Überhang muss eindeutig als selbständiges Dienstvergehen bewertet und vorgeworfen sein.

Entfaltet der rechtskräftige Freispruch im Straf- oder Bußgeldverfahren wegen eines disziplinaren Überhangs keine Sperrwirkung für das Disziplinarverfahren, gelten die Regelungen der Disziplinargesetze über die **Bindung an tatsächliche Feststellungen** in ande-

---

93 A. A. GKÖD-Weiß, II § 14 Rn. 91.
94 Urban/Wittkowski, BDG, § 14 Rn. 29; GKÖD-Weiß, II § 14 Rn. 97; Herrmann/Sandkuhl, Beamtendisziplinarrecht, § 5 Rn. 420.
95 BVerwG 5.5.2015 – 2 B 32.14.
96 BVerwG 12.5.1986 – 1 D 3.84.

ren Verfahren und die Lösung von einer solchen Bindung.⁹⁷ Bezüglich der **Identität** kann sich die Bindungswirkung dahin auswirken, dass der disziplinare Vorwurf weitergeht als der strafrechtliche und dass deshalb keine Sachverhaltsidentität vorliegt. Andererseits kann ein nach Lösung veränderter Sachverhalt die Identität herstellen, z. B. wenn eine im Strafurteil festgestellte Tat falsch datiert ist und sich in Wirklichkeit mit der unter anderem Datum disziplinar vorgeworfenen Tat deckt. Fällt durch die gerichtliche Nachprüfung (nach Lösung gem. § 57 Abs. 1 Satz 2) die strafrechtliche Tatbestandsmäßigkeit des Fehlverhaltens weg und bleibt ein minderer Teil des ursprünglichen Strafvorwurfs als Dienstvergehen übrig (z. B. bei mangelnder Zueignung von Kassengeldern der Verstoß gegen die dienstlichen Kassenvorschriften), so fehlt es nicht an der Sachverhaltsidentität, wenn der mindere Verstoß in dem schwereren Strafvorwurf – wie in aller Regel – enthalten gewesen ist. Andernfalls wäre dennoch bei der disziplinaren Maßregelung des minderen Pflichtenverstoßes § 14 weiter zu beachten. Da die Bestrafung weiter existiert, wäre es gegen den Sinn des § 14, ein gegenüber dem Straferkenntnis minderes Dienstvergehen doppelt zu ahnden.⁹⁸ Auch das **Pflichtenmahnungsbedürfnis** kann sich nach dem bindenden oder durch Lösung geänderten Strafurteilssachverhalt unterschiedlich darstellen. Sicherzustellen ist allerdings, dass § 14 nicht unterlaufen wird. Daraus folgt, dass die Bindungswirkung der tatsächlichen Feststellungen eines rechtskräftigen, freisprechenden Urteils im Strafverfahren sich lediglich auf die durch den disziplinaren Überhäng umfassten Tatbestände erstrecken darf.⁹⁹

33 Zu beachten ist, dass das Gesetz für die Disziplinarbehörde **keine Lösungsmöglichkeit** i. S. d. § 57 Abs. 1 Satz 2 BDG vorsieht. Dies ist mit Art. 20 Abs. 3 GG nicht zu vereinbaren. Es ist angezeigt, die Regelungen zur Lösung des Gerichts analog anzuwenden (siehe dazu ausführlich § 23 Rn. 1a, b).

Zuständigkeit, Form und Inhalt der Einstellungsentscheidung

34 **Vor Gerichtshängigkeit des Verfahrens** entscheidet der Dienstvorgesetzte über die Einstellung nach § 14 (§ 32 Abs. 1 Nr. 3).

35 **Nach Eingang der Disziplinarklage** können nur die Gerichte § 14 einbeziehen. Dies führt dann zur Abweisung der Disziplinarklage oder zur Aufhebung der Disziplinarverfügung.

36 Die Einstellungsentscheidung **ergeht durch schriftliche Verfügung** und ist zu begründen (§ 32 Abs. 3). Die Schriftform ist nötig, um die Feststellung des Sachverhalts, des Dienstvergehens und der für angemessen gehaltenen Maßnahme für den Fall späterer Berücksichtigung als Vorbelastung oder Rückfall und für die Tilgungsregelung (§ 16) zu fixieren.

37 Jede Einstellungsentscheidung muss gem. § 32 Abs. 3 begründet werden.¹⁰⁰ Der Begründungszwang dient nach innen einer Klarstellungs- und Kontrollfunktion und nach außen einer Befriedungs- und Rechtsschutzfunktion. Der Begründungsinhalt ergibt sich aus § 39 VwVfG, der über § 3 BDG anwendbar ist.¹⁰¹

---

97 BVerwG 5.5.2015 – 2 B 32.14.
98 Vgl. ebenso Behnke-Lange, § 14 Rn. 12.
99 OVG Thüringen 3.9.2013 – 8 DO 236/13; Gansen, Disziplinarrecht in Bund und Ländern, § 57 Rn. 8.
100 GKÖD-Weiß, II § 14 Rn. 104.
101 GKÖD-Weiß, II § 32 Rn. 86–90.

Zulässigkeit von Disziplinarmaßnahmen § 14

Rechtliche Wirkung, Zustellung und Anfechtbarkeit der Verfahrenseinstellung
Da das Maßnahmenverbot des § 14 kein Prozesshindernis ist, sondern eine verbindliche 38
Tat- und Tatfolgenfeststellung zulässt, **ist die Einstellungsentscheidung eine der materiellen Bestands- und Rechtskraft unterliegende Sachentscheidung.** Dass diese Sachentscheidung der Bestands- und Rechtskraft unterliegt, ergibt sich auch daraus, dass für ihre Aufhebung förmliche Verfahren vorgesehen werden mussten, so in §§ 71 ff. oder in § 36. Das ist bei nicht bestands- oder rechtskräftigen Entscheidungen, die jederzeit und ohne weiteres von Amts/Gerichts wegen geändert werden können nicht erforderlich.
Die Bestands- und Rechtskraft der Einstellungsentscheidung bedeutet, dass die Einstel- 39
lung wegen der mit ihr festgestellten Tat- und Tatfolgenfeststellung den Beschuldigten beschwert und deshalb insoweit anfechtbar ist. Bei der Einstellungsverfügung handelt es sich rechtlich um einen **belastenden Verwaltungsakt.** Richtige Klageart ist daher die Anfechtungsklage gem. § 42 Abs. 1 Alt. 1 VwGO. Die Einstellungsverfügung entscheidet abschließend über die Beendigung eines Disziplinarverfahrens. § 16 Abs. 4 Sätze 1 und 2 bestimmen, dass bei einer Einstellung nach § 32 Abs. 1 Nr. 1 ein Verwertungsverbot nach drei Monaten, im Übrigen – so auch bei einer Einstellung nach § 32 Abs. 1 Nrn. 2 bis 4 – ein Verwertungsverbot nach zwei Jahren ab Unanfechtbarkeit der Entscheidung, die das Disziplinarverfahren abschließt, besteht. Negative Auswirkungen eines nach § 32 Abs. 1 eingestellten Disziplinarverfahrens für den Beamten kommen deshalb insbesondere in den Fällen von Einstellungen nach § 32 Abs. 1 Nrn. 2 und 3, etwa bei Beurteilungs- oder Beförderungsentscheidungen, aber auch in einem etwaigen weiteren Disziplinarverfahren im Zeitraum vor dem Verwertungsverbot, in Betracht.[102] Die negativen Auswirkungen für den Beamten müssen sich auch nicht zwingend bereits aus dem Tenor der Einstellungsverfügung ergeben. Es genügt, dass in den Gründen der Verfügung tatsächliche oder rechtliche Umstände enthalten sind, die den Beamten beschweren. Eine Einstellungsverfügung gem. § 32 Abs. 1 BayDG ist daher als Verwaltungsakt i. S. v. § 35 Satz 1 VwVfG zu qualifizieren, da sie alle Wesensmerkmale eines Verwaltungsakts enthält. Es handelt sich nicht um eine auf einen innerdienstlichen Vorgang beschränkte Maßnahme, sondern um eine Regelung, die den Betroffenen in seinem mit subjektiven Rechten ausgestatteten Rechtsverhältnis als Beamter tangiert.[103] Ob die Einstellungsverfügung den Beamten tatsächlich beschwert, ist bei der Prüfung des Rechtsschutzbedürfnisses für die Anfechtungsklage zu entscheiden.[104]
Mit der bestands- oder rechtskräftigen Einstellungsentscheidung ist **die Disziplinarge-** 40
walt verbraucht und eine erneute Verfolgung – auch im Zusammenhang mit neuen Verfehlungen – ausgeschlossen. Das gilt gleichermaßen für alle Einstellungen, sowohl durch die Dienstvorgesetzten als auch durch die Gerichte. Denn alle diese Organe treffen in diesem Fall eine bestands- bzw. rechtskräftige Sachentscheidung. Die zum Verbrauch der Disziplinargewalt generell **gegenteilige Meinung des BVerwG**[105] verkennt den gegenüber dem normalen Anwendungsfall von § 32 BDG (zuvor: § 27 BDO) besonderen materiellen Sachentscheidungscharakter der Einstellung nach § 14, die den disziplinaren Vorwurf nicht dahinstehen lässt wie bei Einstellung mangels Beweises oder wegen Verjährung, sondern durch die Feststellung eines Dienstvergehens und der an sich verwirkten Disziplinarmaßnahme den Beamten beschwert und für die Zukunft »vorbelastet«. Mit einer solchen

---
102 Zum BayDG: VGH Bayern 13. 3. 2012 – 16a DZ 10.473; OVG Nordrhein-Westfalen 16. 11. 2011 – 1 B 976/11.
103 GKÖD-Weiß, II § 32 BDG Anm. 103; Müller, Grundzüge des Beamtendisziplinarrechts, Rn. 354.
104 VGH Bayern 13. 3. 2012 – 16a DZ 10.473.
105 BVerwGE 43, 212.

§ 14 Zulässigkeit von Disziplinarmaßnahmen

Entscheidung sind die Betroffenen dem Grunde nach wegen eines Dienstvergehens »verurteilt«. Entgegen BVerwG (a. a. O.) stellt § 32 BDG (zuvor: § 27 BDO) keine abgeschlossene Regelung dar, auf die § 35 Abs. 3 nicht einwirkt. Zwar gilt § 35 Abs. 3 wörtlich nur für »Disziplinarverfügungen«, zu denen nach § 33 nicht die Einstellungsverfügungen und nach § 33 Abs. 1 nicht die Missbilligung gehören. Dennoch muss, ggf. durch Analogie der § 35 Abs. 3 in Fällen des § 14 (wie auch der Einstellung wegen Unschuld oder wegen geringer Schuld) angewandt werden. Denn das **jederzeitige Aufgreifen eingestellter disziplinarer Vorwürfe ist nicht bei materiellen Sachentscheidungen zulässig**, sondern nur bei reinen Verfahrensentscheidungen (Fehlen einer Prozessvoraussetzung, Vorliegen eines Prozesshindernisses.

41 Ist mit der Einstellung nach § 14 eine **Missbilligung nach den beamtenrechtlichen Vorgaben** verbunden,[106] so ist diese kraft gesetzlicher Regelung in § 16 Abs. 5 BDG, § 112 BBG ohnehin **anfechtbar**. Schon daraus ergibt sich, dass die Entscheidung über die Missbilligung nach der Vorstellung des Gesetzes eine der **Rechtskraft** unterliegende Sachentscheidung ist, die einer disziplinaren Maßregelungsverfügung gleichsteht. Da auch die auf § 14 gegründete Einstellungsentscheidung nach allgemeiner Meinung anfechtbar sein muss, dies ein weiteres Argument für die materielle Rechtskraft der Einstellung nach § 14. Mit der Bestands- oder Rechtskraft der Missbilligung ist ebenso wie für die Einstellung die **Disziplinargewalt verbraucht.** Dementsprechend wird durchweg in der disziplinaren Praxis der Bundesverwaltungen ein nach § 14 eingestelltes Disziplinarverfahren anlässlich späterer (andersartiger wie einschlägiger) Verfehlungen nicht wiederaufgenommen, sondern in der Bemessung als Erschwerungsgrund oder i. R. d. § 14 als Grund für die zusätzliche Maßregelung angenommen. Die entgegenstehende Meinung des BVerwG[107] ist aus den vorstehenden Erwägungen und Literaturhinweisen abzulehnen.

42 Dass eine Einstellung nach § 14 ausscheidet, bedeutet nicht die disziplinäre Unerheblichkeit der darin genannten Sanktionen. Auch **außerhalb des Rahmens von § 14 können strafrechtliche oder behördliche Strafen** disziplinar wie auch beamtenrechtlich zu berücksichtigen sein. Das gilt auch für andere als die in § 14 geregelten Straf- oder Verwaltungsmaßnahmen. So ist sowohl bei der Maßnahmenbemessung als auch vor allem schon bei der grundsätzlichen Maßregelungsentscheidung im Rahmen des Opportunitätsprinzips (§ 13 Abs. 1 Satz 1) auf die Auswirkungen der in § 14 genannten Straf- oder Bußsanktionen sowie auf die Folgen anderer strafrechtlicher oder behördlicher Maßnahmen gegen die Beschuldigten abzustellen. Dementsprechend können die als Folgen von Dienstvergehen geschehenen beamtenrechtlichen Versetzungen, finanziellen Verluste, Beförderungsverluste ebenso wie straf- und verwaltungsrechtliche Verwarnungen, Bußen, Beschlagnahmen und Einziehungen dazu veranlassen, ganz von einer Maßregelung abzusehen oder jedenfalls die Maßnahmenwahl und -bemessung zu mildern.[108]

43 Ergeht die sachgleiche **Bestrafung oder Ordnungsmaßnahme erst nach der bestands- oder rechtskräftigen Verhängung der Disziplinarmaßnahme**, so kann letztere im Verfahren nach §§ 36, 71 ff. aufgehoben werden.[109] Ist die Strafe oder Ordnungsmaßnahme vorher ergangen und dem Disziplinarorgan nur nicht bekannt gewesen, so kommt Wiederaufnahme nach § 71 in Betracht, und zwar je nachdem, ob es ein bindendes Strafurteil oder ein Strafbefehl oder ein Bußgeldbescheid ist, nach Abs. 1 Nr. 2 oder 4.

---

106 VGH Bayern 27. 1. 2015 – 6 ZB 14.2121.
107 BVerwGE 43, 212.
108 Claussen/Janzen, § 14 Rn. 6.
109 Urban/Wittkowski, BDG, § 14 Rn. 32.

Zulässigkeit von Disziplinarmaßnahmen § 14

Beispielsfälle für Verfahrenseinstellung
- Strafbefehl wegen vorsätzlicher Körperverletzung: Geldstrafe 50 Tagessätze; Einstellung 48
Disziplinarverfahren: Zwar sei durch das Dienstvergehen an sich eine längerfristige Kürzung der Dienstbezüge im oberen Bereich veranlasst. Diese Disziplinarmaßnahme könne gem. § 14 aber nicht ausgesprochen werden, weil es einer **zusätzlichen Pflichtenmahnung** neben der bereits verhängten Kriminalstrafe nicht bedürfe.[110]
- Eine zusätzliche Maßnahme zur Geldauflage nach § 153a Abs. 1 Satz 5 StPO ist nur nach individueller Prüfung des Einzelfalls beim Vorliegen konkreter Umstände für eine **Wiederholungsgefahr** zulässig, wenn also konkrete Befürchtungen ersichtlich sind, der Beamte werde sich trotz der ihm wegen desselben Sachverhalts bereits auferlegten Kriminalstrafe oder Auflage erneut einer Dienstpflichtverletzung schuldig machen.[111]
- Eine zusätzliche Maßnahme ist nur nach individueller Prüfung des Einzelfalls beim Vorliegen konkreter Umstände für eine Wiederholungsgefahr zulässig, wenn also konkrete Befürchtungen ersichtlich sind, der Beamte werde sich trotz der ihm wegen desselben Sachverhalts bereits auferlegten Kriminalstrafe erneut einer Dienstpflichtverletzung schuldig machen. Bei dieser konkret-individuellen Prüfung, ob zusätzlich eine Disziplinarmaßnahme verhängt werden muss, ist die Frage der **Angemessenheit der Strafe** unerheblich.[112]
- Im Gegensatz zu § 14 BDO erfasst § 14 Abs. 1 BDG zudem auch die **Einstellung nach § 153a Abs. 1 Satz 5 oder Abs. 2 Satz 2 StPO**.[113]
- **Sachverhaltsidentität** auch dann, wenn Strafurteil nicht alle disziplinaren Vorwürfe umfasst[114]
- Berufskraftfahrer begeht außerdienstliche Trunkenheitsfahrt – Verlust der Fahrerlaubnis und dienstliche Umsetzung erlauben keine zusätzl. Maßnahme – **dienstl. Auswirkung auf Personen-, Berufsgruppe oder fr. Verwendung und Belehrung ohne Bedeutung** – entscheidend ist nur die persönlich bezogene Wiederholungsgefahr – wegen Ersttat hier nicht gegeben[115]
- Außerdienstlicher Warenhausdiebstahl bzw. Etikettenbetrug – Ersttat eines gut beurteilten Beamten – obwohl im Kassen- und Gepäck-Expressdienst eingesetzt, keine Wiederholungsgefahr im Dienst – **Wiederholungsgefahr muss aus Persönlichkeitsbild konkret belegt werden** – kein genereller Schluss auf Rückfallgefahr wegen ähnlicher Versuchungssituation.[116]
- Kein identischer Sachverhalt, aber **Straftat abtrennbar als unwesentlicher Annex** – Einstellung[117]
- Busfahrer begeht außerdienstliche Trunkenheitsfahrt im Rückfall – **wegen 4-jähriger Unbescholtenheit Schluss auf Strafunempfindlichkeit nicht gerechtfertigt** – kein zusätzliches Mahnungsbedürfnis[118]

---

110 BVerwG 11.2.2014 – 2 B 37.12.
111 OVG Sachsen 14.3.2014 – D 6 A 767/12.
112 OVG Berlin-Brandenburg 6.11.2014 – OVG 80 D 5.11.
113 VGH Bayern, 28.1.2015, 16b DZ 12.1868
114 BVerwG 20.2.2001 – 1 D 7.00; OVG Rheinland-Pfalz 18.8.2008 – 11 A 10708/07.OVG.
115 BVerwGE 76, 43.
116 BVerwGE 73, 53; ebenso im Grundsatz BVerwG 10.12.91 – 1 D 26.91, PersV 1993, 183.
117 BVerwG 18.4.1985 – 1 D 156.84.
118 BVerwG 28.11.1984 – 1 D 31.84; ebenso BDiG 19.10.1988 – I Vl 17/88; 14.3.1985 – VI Vl 46/84.

§ 14 Zulässigkeit von Disziplinarmaßnahmen

- Früher dienstl. als Kraftfahrer eingesetzter Beamter – **wegen Tilgung strafrechtlicher Ersttat** – lange Unbescholtenheit seitdem (5 Jahre) – deswegen gegenüber strafrechtlicher Erziehung nicht unempfindlich – kein zusätzliches Mahnungsbedürfnis[119]
- Beamter des BGS – **außerdienstliche Trunkenheitsfahrt im Rückfall** – keine unmittelbare dienstliche Auswirkung – **nicht einschlägige Vormaßnahme,** kein zusätzliches Mahnungsbedürfnis – aufgrund von Geldbuße: Einst.[120]
- Außerdienstliche Trunkenheitsfahrt eines **Berufskraftfahrers** – Verlust der Fahrerlaubnis, Umsetzung – da **keine persönl. bezogene Rückfallgefahr:** Einst.[121]
- Fernmeldeoberwart – anlässlich dienstlicher Reparaturarbeiten **Einbau einer Abhöranlage in Bundeswehrgebäude** – Motiv Neugier und Blödsinn – angesichts Persönlichkeitsbild kein Mahnungsbedürfnis[122]
- Reg. Hauptsekretär (kein Zollbeamter) **schmuggelt an der dänischen Grenze zum Nachteil Dänemarks** – verurteilt durch dänisches Gericht – § 14 ist auch bei ausländischem Urteil anwendbar, daher auf der Basis einer Geh.K Einst.[123]
- Vorgesetzter im Polizeivollzugsdienst stiehlt außerdienstlich – geringer Wert – **keine Gleichsetzung mit Polizei der Länder** – kein zusätzliches Mahnungsbedürfnis[124]
- Bahnbeamter, zur Tatzeit **keine Polizeivollzugsfunktion, stiehlt im Dienst aus aufgebrochenem Beförderungsgut** – da keine eigene Verwahrungspflicht und unbescholten, kein zusätzliches Mahnungsbedürfnis[125]
- Ordnungsstrafe nach DDR-Recht dann keine Vorbelastung, wenn diese nach Bundesrecht tilgungsreif ist – kein Nachmessen der vom Strafgericht verhängten Strafe[126]

Beispielsfälle gegen Verfahrenseinstellung

49
- Erfüllt also ein bestimmtes Verhalten zwar keinen Straf- oder Ordnungswidrigkeitentatbestand, wohl aber den Tatbestand eines Dienstvergehens, liegt ein **disziplinarer Überhang** vor und entfaltet der rechtskräftige Freispruch im Straf- oder Bußgeldverfahren keine Sperrwirkung für das Disziplinarverfahren.[127]
- Das BVerwG hat einen als Postzusteller eingesetzten Postbetriebsassistenten, dessen Strafverfahren wegen **Unterschlagung von Nachnahmebeträgen** gegen Zahlung einer Geldbuße eingestellt wurde, aus dem Dienst entfernt.[128]
- Hinsichtlich eines Soldaten ist unbeachtlich, dass das sachgleiche Strafverfahren gegen eine geringe Geldauflage nach § 153a Abs. 1 StPO eingestellt wurde. Der durch die Erfüllung der Auflage bewirkte Fortfall des öffentlichen Interesses an der Strafverfolgung nach § 153a Abs. 1 StPO sagt nichts darüber aus, ob und in welchem Umfang das öffentliche Interesse daneben noch eine disziplinarische Ahndung gebietet, weil sich die **Kriminalstrafe nach Wesen und Zweck** grundlegend von der Disziplinarmaßnahme unterscheidet.[129]

---

119 BVerwG 11.12.1984 – 1 D 113.83.
120 BDiG v. 22.8.1988 – I Bk 10/88
121 BVerwG 11.12.1984 – 1 D 125.83.
122 BVerwG 13.1.1987 – 1 D 61.86.
123 BVerwG 1.9.1981 – 1 D 90.80.
124 BVerwG 26.3.1985 – 1 D 65.84.
125 BVerwG 19.6.1984 – 1 D 9.84.
126 BVerwG 22.4.1997 – 1 D 24.96, BVerwGE 113, 79 = DÖD 1997, 283.
127 BVerwG 5.5.2015 – 2 B 32.14.
128 BVerwG 27.5.2015 – 2 B 16.15.
129 BVerwG 27.6.2013 – 2 WD 5.12.

Zulässigkeit von Disziplinarmaßnahmen § 14

- Nach Art. 15 BayDG ist angesichts der dienstlichen Stellung als Gymnasiallehrerin, ihrer **Vorbildfunktion** gegenüber den Schülern und der **Höhe des Steuerhinterziehungsbetrages**, die disziplinarische Ahndung des Dienstvergehens mit einer Bezügekürzung zusätzlich zu der vorangegangenen strafrechtlichen Ahndung mit einer merklichen Gesamtgeldstrafe von 180 Tagessätzen aì 70,00 Euro (= 12 600,00 Euro) zur Wahrung des Ansehens des Berufsbeamtentums erforderlich.[130]
- Bei **strafbefreiendem Rücktritt** von einem Versuch ist es im Übrigen auch in der Sache angemessen, das Verhalten des Beamten eigenständig unter disziplinarrechtlichen Gesichtspunkten zu bewerten.[131]
- Ein **identischer Sachverhalt** liegt nur vor, wenn der gesamte historische Geschehensablauf, der Gegenstand des Disziplinarverfahrens ist und sich als einheitliches Dienstvergehen darstellt, bereits in vollem Umfang durch die strafgerichtliche Entscheidung erfasst wurde, so dass hiernach trotz § 14 Abs. 1 Nr. 2 BDG die gesonderte disziplinarrechtliche Ahndung eines strafrechtlich noch nicht bereits erfassten Sachverhalts nicht ausgeschlossen ist.[132]
- Die Prüfung der Notwendigkeit einer zusätzlichen Pflichtenmahnung muss das **bisherige Verhalten des Beamten** in seiner Gesamtheit erfassen, weil Aufgabe und Ziel disziplinarer Maßnahmen es nicht nur ist, künftig einschlägige Handlungen, insbesondere Straftaten zu verhindern, sondern ganz allgemein den Beamten zu pflichtgemäßen Verhalten zu veranlassen. Nur wenn auch insoweit die Gewähr durch die strafrechtliche Sanktion gegeben erscheint, ist eine Disziplinarmaßnahme nicht mehr »erforderlich« i. S. d. § 14 Abs. 1 Nr. 2 BDG.[133]
- Die Kürzung des Ruhegehalts ist im vorliegenden Fall neben der im Strafverfahren ausgesprochenen Geldstrafe i. S. v. Art. 15 Abs. 1 Nr. 2 BayDG erforderlich, um das **Ansehen des Berufsbeamtentums** zu bewahren.[134]
- Elektroschlepperfahrer verstößt im Dienst gegen absolutes Alkoholverbot und begeht nach Dienst Trunkenheitsfahrt – kein identischer Sachverhalt – **Trunkenheitsfahrt nicht abtrennbar** – Geldbuße[135]
- Außerdienstliche Trunkenheitsfahrt eines Berufskraftfahrers – wegen **langjähriger Unbescholtenheit** und anderen Milderungsgründen statt Degr. nur Geh.K – **zusätzliches Mahnungsbedürfnis**[136]
- Mehrjähriger Beihilfebetrug – sachgleiches Strafverfahren – vor Disziplinargericht keine Einsicht – **persönlich bedingte Wiederholungsgefahr**, keine Einstellung: Geh.K[137]
- Bei **mehrfachen außerdienstlichen Warenhausdiebstählen** ist auf der Grundlage der für ausreichend gehaltenen Geh.K jedenfalls die **zusätzliche Verhängung erforderlich**[138]
- Vorausgegangene disziplinarrechtliche Maßregelung durch EG-Behörde steht § 14 nicht entgegen[139]

---

130 VGH Bayern 6. 12. 2013 – 16a D 12.1815; 6. 12. 2013 – 16a D 12.134.
131 OVG Lüneburg 28. 8. 2012 – 19 LD 2/10.
132 VGH Bayern 28. 1. 2015 – 16b DZ 12.1868.
133 OVG Berlin-Brandenburg 12. 2. 2015 – OVG 80 D 2.12.
134 VGH Bayern 26. 9. 2014 – 16a D 13.253.
135 BVerwGE 43, 136.
136 BVerwG 18. 4. 1985 – 1 D 131.84.
137 BVerwG 5. 5. 1993 – 1 D 49.92, NVwZ 1994, 1219.
138 BVerwG 22. 4. 1980 – 1 D 46.79; ebenso 22. 4. 1980 – 1 D 50.79; 23. 7. 1980 – 1 D 62.79.
139 BDiG 1. 12. 1994, DÖD 1995, 80.

§ 15　　　　　　　　　　　　　　　　　Disziplinarmaßnahmeverbot wegen Zeitablaufs

- Unterschlagung von Schecks und Vorlage bei Bank – Milderungsgrund unbedachte Augenblickstat bejaht – Degradierung aus Statusgründen nicht möglich – Uneinsichtigkeit und Belastung eines Kollegen rechtfertigen zusätzliche Pflichtenmahnung[140]

§ 15 Disziplinarmaßnahmeverbot wegen Zeitablaufs

(1) Sind seit der Vollendung eines Dienstvergehens mehr als zwei Jahre vergangen, darf ein Verweis nicht mehr erteilt werden.

(2) Sind seit der Vollendung eines Dienstvergehens mehr als drei Jahre vergangen, darf eine Geldbuße, eine Kürzung der Dienstbezüge oder eine Kürzung des Ruhegehalts nicht mehr ausgesprochen werden.

(3) Sind seit der Vollendung eines Dienstvergehens mehr als sieben Jahre vergangen, darf auf Zurückstufung nicht mehr erkannt werden.

(4) Die Fristen der Absätze 1 bis 3 werden durch die Einleitung oder Ausdehnung des Disziplinarverfahrens, die Erhebung der Disziplinarklage, die Erhebung der Nachtragsdisziplinarklage oder die Anordnung oder Ausdehnung von Ermittlungen gegen Beamte auf Probe und Beamte auf Widerruf nach § 34 Abs. 3 Satz 2 und § 37 Abs. 1 in Verbindung mit § 34 Abs. 3 Satz 2 des Bundesbeamtengesetzes unterbrochen.

(5) Die Fristen der Absätze 1 bis 3 sind für die Dauer des Widerspruchsverfahrens, des gerichtlichen Disziplinarverfahrens, für die Dauer einer Aussetzung des Disziplinarverfahrens nach § 22 oder für die Dauer der Mitwirkung des Personalrats gehemmt. Ist vor Ablauf der Frist wegen desselben Sachverhalts ein Straf- oder Bußgeldverfahren eingeleitet oder eine Klage aus dem Beamtenverhältnis erhoben worden, ist die Frist für die Dauer dieses Verfahrens gehemmt.

1　Die Regelung des § 15 tritt an die Stelle des § 4 BDO und wurde wegen des größeren Sachzusammenhangs an diese Stelle des Gesetzes gesetzt. Dies ist sachgerecht und übersichtlicher. Die neue Vorschrift knüpft an die Regelung des § 4 BDO an. War jedoch § 4 BDO als Verfolgungsverjährung konzipiert, so beinhaltet § 15 im Unterschied dazu ein **Maßnahmeverbot** und fügt sich damit in das Legalitätsprinzip des § 17 BDG ein. Mit dieser Neukonzeption als Maßnahmeverbot wird deutlich gemacht, dass der Ablauf der jeweiligen Fristen einer Einleitung eines Disziplinarverfahrens nach § 17 nicht von vorneherein entgegensteht. Dafür spricht, dass sich die Frage, welche Schwere einem Dienstvergehen zukommt und damit auch, welche Frist des § 15 einschlägig ist, oft erst im Laufe der Ermittlungen im Rahmen des § 17 klären lässt. Für die Fälle, in denen sich diese Frage jedoch bereits vor der Aufnahme der Ermittlungen zweifelsfrei beantworten lässt, ist § 17 Abs. 2 einschlägig, welcher dann die Einleitung eines Disziplinarverfahrens zwingend untersagt (§ 17 Rn. 16). Stellt sich im Laufe des Verfahrens heraus, dass wegen Zeitablaufs nach § 15 keine Maßnahme verhängt werden darf, ist das Verfahren nach § 32 Abs. 1 Nr. 3 einzustellen. Mit dieser Regelung kehrt der Gesetzgeber im Grundsatz zum Rechtszustand vor der Novelle zur BDO aus dem Jahre 1967 zurück. Vor dieser Novelle war der damalige § 3 ebenfalls als »Bestrafungsverbot« ausgelegt, das eine Aufklärung des Vergehens und damit Ermittlungen nicht untersagte. Diese Rückkehr zum vormaligen Recht ist nicht gerechtfertigt und verleiht der Kritik wieder Aktualität. Dies umso mehr, als auch die Gesetzes-

---

140 BVerwG 24. 2. 1999 – 1 D 31.98.

Disziplinarmaßnahmeverbot wegen Zeitablaufs § 15

begründung jede Auseinandersetzung mit den Beweggründen der Änderung durch die Novelle 1967 vermissen lässt.[1]

Wesen der Verfolgungsverjährung
Schon die damalige Einführung dieses »Bestrafungsverbots« (mit dem Gesetz zur Änderung und Ergänzung des Dienststrafrechts vom 28.11.1952 und des § 198 des BBG vom 14.7.1953) entsprach dem in der Rspr. und Literatur entwickelten Grundsatz »von der heilenden Wirkung des Zeitablaufs auch im Disziplinarrecht«.[2] Das »Bestrafungsverbot« wurde aber nicht als »Verjährungsregelung« angesehen, weil die Verfolgung zulässig und nur die »Bestrafung« unzulässig sein sollte. Außerdem beinhaltete das Opportunitätsprinzip in § 3, in den das Bestrafungsverbot integriert war, hinreichenden Spielraum für die Berücksichtigung der »sühnenden« Wirkung des Zeitablaufs. Deshalb wurde der Verjährungsgedanke des Strafrechts als dem Disziplinarrecht fremd angesehen.[3]

2

Die **Novelle 1967** hat diese Rechtslage ausdrücklich geändert. Sie hat aus dem bisherigen Bestrafungsverbot ein »**Verfolgungsverbot**« gemacht (wie das Gesetz selbst eindeutig formuliert)[4] und dieses unabhängig von dem »Opportunitätsprinzip« des § 3 als selbständiges Institut geregelt. Hätte der Gesetzgeber es bei dem Bestrafungs(richtig: Maßnahmen-)verbot belassen wollen, so hätte er einerseits § 3 a. F. nicht ausdrücklich geändert und andererseits in § 64 BDO ähnlich wie die Regelung des Abs. 1 Nr. 7 für das Maßnahmenverbot des § 14 BDO eine weitere Regelung für § 4 BDO treffen müssen. So fällt die Unzulässigkeit des Verfahrens nach § 4 BDO unter Nr. 1. Angesichts des ausdrücklichen und eindeutigen Gesetzeswillens, (»Verfolgung nicht mehr zulässig«) konnte die Regelung in § 4 BDO nicht in ein »Maßnahmenverbot im Rahmen des Opportunitätsprinzips« umgekehrt werden.[5] In Wirklichkeit ist die Umkehrung in ein Maßnahmenverbot entgegen der ausdrücklichen Gesetzesregelung rechtssystematisch unzulässig.

3

Sie ist auch rechtspolitisch unangemessen. Es handelte sich im Rahmen des § 4 BDO um eine **echte Verjährungsregelung** wie im Strafverfahren auch, beruhend auf der heilenden Wirkung des Zeitablaufs. Die – gegen das Verjährungsprinzip eingewandte – Einheit des Dienstvergehens und der Maßregelungszweck der Einwirkung auf die Gesamtpersönlichkeit ändern nichts daran, dass auch im Disziplinarrecht die einzelne oder die zum Dienstvergehen zusammengefassten verschiedenen Pflichtverletzungen die Grundlage der Maßregelung sind (§ 77 Abs. 1 BBG). Nicht der moralische Charakter als solcher wird pflichtenmahnend angesprochen, sondern das konkrete, dienstbezogene Fehlverhalten (vgl. dazu Einf. II. Rn. 2; A. II. Rn. 42, 43, 49), das wegen der »heilenden Wirkung des Zeitablaufs« unter bestimmten Umständen nicht mehr ausdrücklich und formell pflichtenmahnend vorgehalten werden muss. Das im Gegensatz zum Strafrecht weitgehende Fehlen gesetzlicher Dienstvergehenstatbestände steht begrifflich dem Verjährungsprinzip nicht entgegen.[6] Denn die im Gesetz unterbliebene Konkretisierung des Pflichten- und Dienstvergehenstatbestands ist durch die Rspr. (Richterrecht) nachgeholt worden. Auch die spätere Verfolgbarkeit von ursprünglich verjährten Einzelverfehlungen im Rahmen der Einheit des Dienstvergehens ist keine Systemabweichung gegenüber dem Verjährungsprin-

4

---

1 Dazu Herrmann, StrRR 2015, 4.
2 Preuß, OVGE 83, 443; RDiszH 1934, 10; Wittland, DJ 1934, 1079.
3 Vgl. Behnke, BDO, 1954, § 3 Rn. 3.
4 BVerwG – 1 D 29.67; BDiG 6.6.1989 – XVI Bk 14/88.
5 So durch Claussen/Janzen, § 4 Rn. 1.
6 A. A. BVerwGE 63, 373; Dok. Ber. 1990, 26.

§ 15   Disziplinarmaßnahmeverbot wegen Zeitablaufs

zip.[7] Im Unterschied zum Strafrecht erweitert die Einheit des Dienstvergehens lediglich den einzelnen Versagenstatbestand auf mehrere. Dieser konkretisierte Gesamttatbestand ist nach dem Zeitpunkt seiner Beendigung entweder verfolgbar oder verjährt. Ist die Verjährungsfrist auch für die letzte Einzelhandlung abgelaufen, dann ist er insgesamt nicht mehr verfolgbar. Sind nur einzelne, ältere Einzelverfehlungen verjährt, so sind sie mit den jüngeren verfolgbar, soweit sie nicht isoliert zu beurteilen sind. Gerade die vom BVerwG anerkannte isolierte Beurteilung einzelner Pflichtverletzungen nach § 4 BDO beweist die Anwendbarkeit der Verfolgungsverjährung auch im Disziplinarrecht. Auch die Regelung des § 15 BDG könnte daher als Verjährungsregelung verstanden werden. Im Übrigen dürfte es sich, falls das Verfolgungsverbot bejaht und die Besonderheit der Einheit des Dienstvergehens berücksichtigt werden, eher um einen müßigen Begriffsstreit handeln. Der Gesetzgeber hat bei der Neuregelung bewusst den Begriff »Verjährung«, mit dem noch § 4 BDO überschrieben war, vermieden. Eine gleiche Begriffswahl wie im Strafrecht schien ihm angesichts der Unterschiede zwischen Disziplinarrecht und Strafrecht nicht opportun. Dies begründet er insbesondere damit, dass die Verjährung im Strafrecht ein endgültiges und absolutes Verfahrenshindernis sei, im Disziplinarrecht jedoch angesichts der Einheit des Dienstvergehens die wegen Zeitablaufs unzulässige Verhängung einer disziplinaren Maßnahme durch Hinzutreten weiterer Dienstvergehen auch für die zeitlich zurückliegenden Vergehen wieder zulässig werden kann.

Auswirkung auf die disziplinaren Entscheidungen

5   Die auf § 15 beruhende Unzulässigkeit der Maßnahmeverhängung ist ein **Prozesshindernis**. Es ist in jedem Stadium des Disziplinarverfahrens und durch alle Disziplinarorgane zu berücksichtigen. Die Verjährung führt zur Verfahrenseinstellung gem. § 32 Abs. 1 Nr. 3. Im gerichtlichen Verfahren hat das Gericht das Verfahren einzustellen. Ist ein Verfahren vor den Gerichten noch nicht anhängig, so entscheidet der zuständige Disziplinarvorgesetzte über das Absehen von Ermittlungen gem. § 17 Abs. 2 oder über die Verfahrenseinstellung nach § 32 Abs. 1 Nr. 3. Die Verjährungsregelung in § 4 gilt nach der eindeutigen Regelung **nur für die eigentlichen »Maßregelungsverfahren«** i. S. d. § 5.

5a   Nach der Rspr. ist eine von § 15 unabhängige Unzulässigkeit aufgrund einer **Verwirkung** dem Gesetz hingegen fremd (zur Kritik: A.V.1.). Das BVerwG geht davon aus, dass der Disziplinaranspruch des Dienstherrn, d. h. der Anspruch auf Bestimmung der für ein Dienstvergehen erforderlichen Disziplinarmaßnahme, nicht durch Verwirkung untergehen kann. Die gesetzlich geregelten Fälle, in denen eine Disziplinarmaßnahme wegen eines Maßnahmeverbots nicht verhängt werden darf, sind abschließend; sie können nicht durch ein ungeschriebenes Maßnahmeverbot wegen Verwirkung ergänzt werden. Dem liegt die Erwägung zugrunde, dass der Zweck der disziplinarischen Sanktionierung nicht darin liegt, begangenes Unrecht zu vergelten. Vielmehr geht es darum, die Integrität des Berufsbeamtentums und die Funktionsfähigkeit des öffentlichen Dienstes aufrechtzuerhalten.[8] Im Mittelpunkt disziplinarer Betrachtung und Wertung eines Beamten steht ausschließlich die Frage, ob er für das ihm übertragene Amt noch tragbar bzw. ob, wenn dies der Fall ist, Disziplinarmaßnahmen erzieherischen Charakters verhängt werden müssten, um den Eintritt der Untragbarkeit für das Amt durch Wiederholung einschlägigen oder anderen Missverhaltens zu verhindern. Diese für das Disziplinarrecht hiernach allein legitime Funktion ist nur bei Bewertung der gesamten Persönlichkeit des Beamten und nicht schon einzelner seiner Handlungen möglich. Dem materiellen Disziplinarrecht sind

---

7 A. A. BVerwGE 63, 89 und 374.
8 BVerwG 10. 10. 2014 – 2 B 66.14.

mithin festumrissene Tatbestände grundsätzlich ebenso wesensfremd wie andere Rechtseinrichtungen, die begrifflich Einzelhandlungen oder durch logischen oder zeitlichen Zusammenhang gekennzeichnete und insoweit auch beschränkte Verhaltensweise voraussetzen (zur Kritik s. Rn. 4). Dies aber ist bei der Rechtseinrichtung der Verwirkung der Fall. Bei deren Anwendung wäre das Disziplinarrecht seines Wesens und seiner Funktion, zum Zwecke der Aufrechterhaltung der Funktionsfähigkeit des öffentlichen Dienstes reinigende oder doch erzieherische Maßnahmen zu verwirklichen, entkleidet.[9] Ebenso wenig besteht im Disziplinarrecht die Möglichkeit der Freistellung von der Verfolgung durch **behördlichen Verzicht**. Diese wäre allenfalls denkbar, wenn ein formaler fehlerfreier Verfolgungsverzicht durch die zuständige Behörde vorläge.[10]

Mit dem Eintritt des Maßnahmeverbots, nicht erst mit ihrer Feststellung ist das Verfahren unzulässig. Nach § 15 greift das Disziplinarmaßnahmeverbot wegen Zeitablaufs bei den dort im Einzelnen aufgeführten pflichtenmahnenden (erzieherischen) Maßnahmen. Besteht zwischen der Verfehlung und der disziplinarischen Reaktion keine ausreichende Nähe mehr, die eine solche erzieherische Maßnahme im dienstlichen Interesse noch sinnvoll erscheinen ließe, hat eine Ahndung zu unterbleiben. Eine dennoch erfolgende Disziplinierung käme einer dem Disziplinarrecht fremden Vergeltung gleich.[11] Damit ist jedenfalls nach dem Erkennen eine **Fortführung des Verfahrens zur weiteren Sachaufklärung und Entscheidung in der Regel nicht zulässig**. Auch die Sachaufklärung ist disziplinare Verfolgung. Zur Klärung der Folge des § 15 bedarf es im Normalfall auch keiner verbindlichen Feststellung des Sachverhalts. Denn die Verfahrenseinstellung wegen eines Maßnahmeverbots ist keine Sach-, sondern eine Prozessentscheidung. Deswegen erwachsen Tatfeststellungen ohnehin nicht in materielle Rechtskraft und sind im Normalfall nicht beweiserheblich. Vielmehr sind die tatsächlichen (Tatumstände) und rechtlichen (Dienstvergehen und Maßnahmenart) Voraussetzungen des Maßnahmeverbots **nur hypothetisch zu prüfen**.[12] Die hypothetische Prüfung erfolgt durch den Dienstvorgesetzten schon bei der Prüfung der Einleitung und durch die Gerichte nach Eingang der Disziplinarklage. Sie gründet sich auf den verdächtigen oder vorgeworfenen Sachverhalt, also in den Grenzen der Disziplinarklage. An diese Grenze ist das Gericht in seiner Prüfungszuständigkeit gebunden. Hat das Dienstvergehen zu einem endgültigen Verlust des Vertrauens des Dienstherrn oder der Allgemeinheit geführt (§ 13 Abs. 2 Satz 1), bleiben dagegen die beiden Maßnahmen der Entfernung aus dem Beamtenverhältnis und der Aberkennung des Ruhegehalts, die nicht dem individuellen Erziehungszweck, sondern dem ungeachtet des Zeitablaufs zu wahrenden Interesse an der Erhaltung der Funktionsfähigkeit des öffentlichen Dienstes dienen, stets zulässig. Ist der Beamte wegen seines Dienstvergehens auf Dauer untragbar geworden, so ändert auch der Zeitablauf hieran nichts.[13]

Ist schon **vor der Anordnung von disziplinaren Vorermittlungen** dem Dienstvorgesetzten ersichtlich, dass wohl ein Dienstvergehen vorliegen, aber keine höhere Maßnahme als z. B. eine Geldbuße in Frage kommen kann, so ist jede weitere disziplinare Verfolgung, also auch die Anordnung von Vorermittlungen nach § 17 Abs. 2 unzulässig. Das gilt sowohl für den Fall, dass der Vorwurf eingestanden als auch bestritten wurde. Ausreichend für die hypothetische Prüfung ist die eindeutige Klärung, dass höhere Disziplinarmaß-

---

9 BVerwG 26.2.1988 – 2 WD 37/87, NVwZ 1989, 561; 13.10.2005 – 2 B 19/05; VGH Bayern 9.4.2014 – 16a D 12.1439.
10 BVerwG 26.2.1988 – 2 WD 37/87; VGH Bayern 9.4.2014 – 16a D 12.1439.
11 BVerwG 20.1.2014 – 2 B 89.13; GKÖD-Weiß, II § 15 Rn. 2.
12 BVerwG 5.3.2014 – 2 B 111.13; Herrmann/Sandkuhl, Beamtendisziplinarrecht, § 4 Rn. 346.
13 BVerwG 20.1.2014 – 2 B 89.13; Herrmann/Sandkuhl, Beamtendisziplinarrecht, § 4 Rn. 345.

§ 15 Disziplinarmaßnahmeverbot wegen Zeitablaufs

nahmen als die vom Maßnahmeverbot erfassten nicht in Betracht kommen können. Der Anordnung von Ermittlungen allein zu dem Zweck der persönlichen Anhörung bedarf es nicht, auch nicht aus Rechtsschutzgründen. Das rechtliche Gehör muss der Betroffene zuvor schon aus beamtenrechtlichen Gründen bekommen haben bzw. im Hinblick auf die Personalaktenführung noch bekommen. Ein Interesse an der Anhörung im eigens dazu eröffneten Disziplinarverfahren nach § 17 und der zwangsläufig unmittelbaren Verfahrenseinstellung danach kann der Betroffene angesichts der nur hypothetischen Prüfung des Sachverhalts nicht haben. Disziplinare Ermittlungen sind auch nicht etwa deshalb erforderlich, weil die Feststellung des Maßnahmeverbots »disziplinare Rechtsanwendung« und deshalb nur im Disziplinarverfahren zulässig ist. Naturgemäß sind disziplinare Erwägungen auch außerhalb des Disziplinarverfahrens möglich, nämlich gerade im Rahmen des § 17 zur Frage, ob die Voraussetzungen für die Anordnung von Ermittlungen erfüllt sind.

8   Ist für die Klärung des Maßnahmeverbots der verdächtige **Sachverhalt nicht hinreichend gesichert** oder kommen bei gesichertem Sachverhalt, der eine höhere Disziplinarmaßnahme als die maßnahmeverbotsfähige erwarten lässt, erhebliche Milderungsgründe in Betracht, so bedarf es weiterer Ermittlungen. Ein Verstoß gegen das **Gebot umfassender Sachaufklärung** führt zwangsläufig dazu, dass die Bemessungsentscheidung unvollständig und damit rechtswidrig ist. Bei der Gewichtung der be- und entlastenden Gesichtspunkte sind der Grundsatz der Verhältnismäßigkeit und das Schuldprinzip zu beachten.[14] Der Grundsatz der Sachverhaltsermittlung von Amts wegen verpflichtet die Behörde ebenso wie gem. § 58 Abs. 1, § 3 BDG, § 86 Abs. 1 VwGO das Tatsachengericht, diejenigen Aufklärungsmaßnahmen zu ergreifen, insbesondere Beweiserhebungen vorzunehmen, die sich nach Lage der Dinge aufdrängen. Dies ist der Fall, wenn die Behörde oder das Gericht auf der Grundlage seiner Rechtsauffassung Anlass zu weiterer Aufklärung sehen muss, d. h. wenn die bisherigen Tatsachenfeststellungen eine Entscheidung noch nicht sicher tragen. Eine weitere Sachverhaltsaufklärung kann etwa dann geboten sein, wenn ein Verfahrensbeteiligter gegen das bisherige Ergebnis der Beweisaufnahme begründete Einwände erhebt. Dann ist die Behörde oder das Gericht gehindert, seine Entscheidung unter Übergehung der Einwände auf das angegriffene Beweisergebnis zu stützen. Hiervon unabhängig gebietet auch die Gewährleistung effektiven Rechtsschutzes (Art. 19 Abs. 4 GG), dass die zur Amtsaufklärung verpflichtete Behörde bzw. das Gericht sich nicht mit den von einem Beteiligten angebotenen Behauptungen oder Beweisen begnügt, sondern seine Entscheidung auf vollständiger und richtiger Tatsachengrundlage trifft.[15] Angesichts der Möglichkeit eines Maßnahmeverbots sind die Ermittlungen bzw. Untersuchungen zunächst auf die Umstände zu beschränken, von denen das Maßnahmeverbot abhängt. Ebenso sind bei diesen Vorermittlungen solche **Einzelverfehlungen auszuklammern, die abtrennbar** sind und ohnehin dem Maßnahmeverbot nach § 15 unterliegen.[16]

9   Bei einer **Mehrheit von Pflichtverletzungen** richtet sich das Maßnahmeverbot wegen der Einheit des Dienstvergehens im Allgemeinen nach dem Maßnahmeverbot hinsichtlich **des gesamten Dienstvergehens**,[17] also nach der zeitlich letzten Einzelverfehlung bzw. nach dem Gewicht und der Maßnahmenwahl der schwerstwiegenden. Werden etwa

---

14 BVerwG 28. 2. 2013 – 2 C 3.12.
15 BVerwG 3. 1. 2012 – 2 B 72.11.
16 BVerwG – 2 D 17.68, 2 D 12.70; GKÖD-Weiß, II § 15 Rn. 31.
17 BVerwG 8. 9. 1988 – 1 D 70/87, DokBer B 1989, 21; FG Berlin-Brandenburg 11. 6. 2007 – 7 V 7060/07, EFG 2007, 1711; nachgehend zu § 15 BDG: BFH 15. 1. 2008 – VII B 149/07, BFHE 220, 197.

Disziplinarmaßnahmeverbot wegen Zeitablaufs § 15

verschiedene, zeitlich auseinander liegende Alkoholverstöße inner- und außerhalb des Dienstes vorgeworfen, so stehen sie in dem inneren Zusammenhang der wesensbedingten Alkohollabilität, und das Maßnahmeverbot bestimmt sich einheitlich nach der zeitlich letzten Verfehlung. Liegt neben drei Einzelverfehlungen mit Ordnungsverstoßcharakter eine schwere Kassenveruntreuung vor, kommt als einheitliche Maßnahme die Regelmaßnahme Entfernung in Betracht, für die das Maßnahmeverbot ohnehin nicht gilt.

Von mehreren Pflichtverletzungen sind einzelne aus der einheitlichen Beurteilung und Bewertung als Dienstvergehen **abtrennbar und hinsichtlich des Maßnahmeverbots isoliert zu beurteilen,** wenn sie nicht in einem äußerlich ursächlich/zeitlichen oder innerlich (das Persönlichkeitsbild der Beschuldigten betreffenden) psychologisch/wesensmäßigen Zusammenhang stehen.[18] Nach diesen Gesichtspunkten ist eine getrennte Prüfung nach § 15 vor allem bei verschiedenen außerdienstlichen Pflichtverletzungen und beim Zusammentreffen von außer- und innerdienstlichen Verstößen nahe liegend.   10

Die **Verselbständigungsfähigkeit einzelner Pflichtverletzungen** kann hinsichtlich des Maßnahmeverbots wie auch im Rahmen des § 14 großzügig behandelt werden, wenn diese im Verhältnis zu anderen Pflichtverletzungen **kein erhebliches Gewicht** haben[19] bzw. als **unbedeutender Annex** des Hauptvorwurfs angesehen werden können.[20]   11

Trotz Maßnahmeverbot ist weitere **Sachaufklärung und Sachentscheidung zulässig** und erforderlich, wenn der Betroffene die **Klärung der Unschuld** begehrt.[21] Dieses Recht steht einem jeden im Rahmen des »Selbstentlastungsverfahrens« nach § 18 zu. Es gilt auch im Falle des Maßnahmeverbots, und zwar sowohl vor dem Beginn disziplinarer Verfolgung als auch nach dessen Einstellung, sofern ein Dienstvergehen angenommen oder offen gelassen wurde. Da die Einstellung wegen eines Maßnahmeverbots keine verbindlichen Feststellungen zum Vorliegen eines Dienstvergehens enthalten kann, stünde bei Verfahrenseinstellung wegen eines Maßnahmeverbots die mit § 15 den Betroffenen zugesicherte Klärung von Schuld oder Unschuld noch aus. Haben die Disziplinarvorgesetzten über den Erlass einer Disziplinarverfügung oder die Einreichung einer Disziplinarklage oder über die Verfahrenseinstellung (§ 32) noch nicht entschieden, so müssen sie auf Antrag trotz des Maßnahmeverbots das Verfahren nach § 18 betreiben.[22]   12

Das Gericht ist im Fall des Maßnahmeverbots aus prozessfürsorglichen wie prozessökonomischen Gründen verpflichtet, die Prozessparteien auf das Maßnahmeverbot und die **Notwendigkeit der Verfahrenseinstellung hinzuweisen,** bevor es entsprechend entscheidet. Dazu besteht umso mehr Anlass, als nur das Gericht selbst genau wissen kann, welche Maßnahmenart es für angemessen hält und ob dementsprechend überhaupt eine und ggf. welche Frist des Maßnahmeverbots in Frage kommt. Die Parteien haben die Möglichkeit, sich hierzu zu äußern, vor allem die Beschuldigten die Gelegenheit, der Verfahrenseinstellung zu widersprechen und eine Entscheidung über das Vorliegen oder Nichtvorliegen eines Dienstvergehens herbeizuführen, um so das Doppelverfahren nach § 18 zu vermeiden.   13

---

18 BVerwG 10.12.1991 – 1 D 26.91, NVwZ-RR 1992, 571; 22.6.1978 – 1 D 46.77, BVerwGE 63, 88; ebenso, wenn auch im konkreten Fall ablehnend: BVerwG 25.3.1980 – 1 D 14.79, BVerwGE 63, 353; auch 9.5.1979 – 1 D 11.78 – und 27.6.1979 – 1 D 56.78.
19 BVerwG 20.8.1969 – 3 D 12.69; 13.12.1973 – 1 D 68.73; 9.5.1979 – 1 D 11.78.
20 BVerwG 18.4.1985 – 1 D 156.84; NJW 1986, 443; 6.5.1987 – 1 D 64.86, RiA 1987, 262; 8.9.2004 – 1 D 18.03, Buchholz 235.1 § 85 BDG Nr. 7.
21 BVerwG 3.1.2012 – 2 B 72.11.
22 Behnke-Lange, § 4 Rn. 4 und 23; auch Claussen/Janzen, § 34 Rn. 3 b; Schwandt, ZBR 1984, 264; Herrmann/Sandkuhl, Beamtendisziplinarrecht, § 4 Rn. 347.

14 Die Regelung nach § 15 gilt entsprechend auch für die mit der Feststellung eines Dienstvergehens verbundene **schriftliche Missbilligung**. Dabei kommt es nicht darauf an, dass die Missbilligung nach § 6 keine Disziplinarmaßnahme i. S. d. § 5 ist und § 16 Abs. 5 auf § 112 BBG verweist. Denn § 15 bezieht sich ausdrücklich nicht auf »Disziplinarmaßnahmen«, sondern allgemein auf »eine Verfolgung«. Dass die Missbilligung eine disziplinare Verfolgung darstellt, ergibt sich aus der Rechtsschutzregelung des § 16 Abs. 5. Die Regelung des § 15 beruht auf dem Grundgedanken, dass der Verweis nur innerhalb von zwei Jahren nach dem Dienstvergehen verfolgt werden darf. Damit würde es sich nicht vereinbaren, die geringere disziplinare Verfolgung in Form der Missbilligung für einen längeren Zeitraum zuzulassen und damit zugleich die Umgehung des Verfolgungsverbots zu ermöglichen.

15 An der Notwendigkeit der Verfahrenseinstellung wegen des Maßnahmeverbots ändert sich nichts dadurch, dass die an sich nach dem Gewicht des Dienstvergehens angemessene, **dieser Regelung nicht unterliegende Maßnahme nicht verhängt werden kann**, etwa die Degradierung eines Beamten im Eingangsamt, wegen des Maßnahmeverbots in § 14 oder wegen zwischenzeitlicher Zurruhesetzung (§ 5 Abs. 2).

Rechtliche Wirkungen von Einstellungsentscheidungen

16 Einstellungsentscheidungen wegen eines Maßnahmeverbots unterliegen der im Verfahrensrecht üblichen **formellen Bestands- bzw. Rechtskraft**. Das heißt, sie müssen als endgültig von den Rechtsbeteiligten hingenommen werden, soweit nicht das Verfahrensrecht anderes vorsieht. Sie unterliegen auch so weit der **materiellen Rechtskraft**, wie ihr Entscheidungsinhalt reicht. Dieser bezieht sich im Disziplinarrecht allein darauf, dass im Zeitpunkt der Entscheidung die weitere Verfolgung unzulässig ist. Einer materiellen Rechtskraft hinsichtlich des disziplinaren Vorwurfs ist ein Prozessurteil im Disziplinar- wie im Strafverfahren nicht fähig. Daraus ergibt sich, dass die Bindung an die Einstellungsentscheidung im Strafverfahren sich nur auf die Verfahrenseinstellung und die Feststellung der Verjährung, nicht auf die Tat, das Dienstvergehen oder die angemessene Maßnahme bezieht.[23]

17 Sind zur Feststellung des Maßnahmeverbots im Disziplinarverfahren Sachaufklärungen nötig geworden oder haben sie stattgefunden, bevor das Maßnahmeverbot erkannt wurde, so **binden sie dennoch nicht die Prozessbeteiligten**. Auch die Einordnung des hypothetisch zugrunde zu legenden Sachverhalts in den Maßnahmenkatalog stellt keine rechtsverbindliche Feststellung eines Dienstvergehens dar. Soweit die Disziplinarorgane das Verfahren wegen des Maßnahmeverbots einstellen, sollte die Prüfung von Tat, Dienstvergehen und Maßnahmenwahl **in der Formulierung der Entscheidungsgründe** zum Ausdruck kommen, auch dann, wenn Beweiserhebungen zuvor stattgefunden haben und zu einem gesicherten Sachverhalt geführt haben. Dies dient der wünschenswerten Klarstellung des Mangels an materieller Bindung.

18 Pflichtverletzungen, wegen derer das Verfahren aufgrund des Maßnahmeverbots eingestellt wurde, können wegen der **Einheit des Dienstvergehens** in die Verfolgung einbezogen werden. Das Disziplinarrecht wird durch den Grundsatz der Einheit des Dienstvergehens geprägt. Soweit die Vorwürfe Gegenstand des Disziplinarverfahrens sind, ist das durch mehrere Pflichtenverstöße zutage getretene Fehlverhalten eines Beamten danach einheitlich zu würdigen. Dem liegt die Überlegung zugrunde, dass es im Disziplinarrecht nicht allein um die Feststellung und Maßregelung einzelner Verfehlungen geht, sondern

---

23 BVerwG 14. 5. 1986 – 1 D 157.85; 8. 4. 1986 – 1 D 145.85, BVerwGE 83, 180; zur Bindungswirkung: BVerwG 9. 10. 2014 – 2 B 60.14, ZBR 2015, 34.

Disziplinarmaßnahmeverbot wegen Zeitablaufs § 15

vor allem um die dienstrechtliche Bewertung des Gesamtverhaltens des Beamten, das im Dienstvergehen als der Summe der festgestellten Pflichtverletzungen seinen Ausdruck findet. Der Beamte wird disziplinarisch nicht gemaßregelt, weil er bestimmte Pflichten verletzt hat, sondern weil er dadurch Persönlichkeitsmängel offenbart, die eine Pflichtenmahnung oder eine Beendigung des Beamtenstatus für geboten erscheinen lassen.[24] Sind die früheren, wegen dieser Vorschrift nicht verfolgten **Pflichtverletzungen abtrennbar**, so können sie nicht erneut verfolgt werden.

Ist durch ein Gericht **irrtümlich ein Maßnahmeverbot angenommen** und zu Unrecht das Verfahren eingestellt worden, so ist die Gerichtsentscheidung nach Ablauf der Rechtsmittelfrist unanfechtbar und damit rechtskräftig. An die damit festgestellte Unzulässigkeit der weiteren Verfolgung sind die Disziplinarbehörden so **lange gebunden, wie keine neuen Tatsachen** die weitere Verfolgung rechtfertigen. Solche neue Tatsachen können neue Pflichtverletzungen sein, deren einheitliche Verfolgung die Einbeziehung der früheren rechtfertigt. Neue Tatsachen sind auch solche, die dem entscheidenden Disziplinarorgan nicht bekannt waren, etwa Unkenntnis eines den Fristablauf hemmenden Strafverfahrens (Abs. 4 und 5). Ist in der Entscheidung aber in Kenntnis der maßgeblichen Umstände und nur fehlerhaft das Maßnahmeverbot angenommen worden, so kann sich niemand über die insoweit gegebene formelle und materielle Rechtskraft hinwegsetzen.

19

Auch hinsichtlich der Fristen, nach denen Dienstvergehen nicht mehr sanktioniert werden können, hat der Gesetzgeber Änderungen vorgenommen und ein weiteres Dienstvergehen – die Zurückstufung – in das Maßnahmeverbot mit aufgenommen.

20

Abs. 1 normiert, dass nach Ablauf von zwei Jahren nach Vollendung des Dienstvergehens ein Verweis nicht mehr verhängt werden, darf. Dies entspricht der bisherigen Rechtslage. Abs. 2 regelt abweichend vom bisherigen Recht, das einen Zeitraum von zwei Jahren genügen ließ, dass eine Geldbuße nach drei Jahren ausgeschlossen ist. Eine Begründung für diese Verlängerung gibt es nicht. Der Gesetzgeber stellt ohne weitere Ausführungen lediglich lapidar fest, dass diese Verlängerung notwendig sei, da sich die alte Frist in der Praxis als zu kurz erwiesen habe. Unverändert ist die Gehaltskürzung oder die Kürzung des Ruhegehalts nach drei Jahren nicht mehr zu ahnden. Neu geregelt ist nun in Abs. 3, dass nach Ablauf von sieben Jahren nach Vollendung der Tat eine Zurückstufung unzulässig ist. Der gewählte Zeitraum folgt vergleichbaren Vorschriften in den Disziplinarordnungen und -gesetzen der Länder.

21

In den Abs. 4 und 5 werden Unterbrechung und Hemmung der Fristen aus den Abs. 1–3 geregelt. Abs. 4 umfasst dabei die Unterbrechung und Abs. 5 die Hemmung der Fristen. In Abs. 4 wird festgelegt, dass die Fristen durch die in dieser Vorschrift aufgezählten Maßnahmen unterbrochen werden. Nach § 217 BGB bedeutet dies, dass die Zeit vor Beginn der Unterbrechung nicht auf den Zeitraum nach § 15 angerechnet wird. Die Frist nach § 15 beginnt nach Ende der Unterbrechung neu zu laufen, der gesamte Zeitraum des § 15 muss nach Ende der Unterbrechung neu verstreichen, um ein Maßregelverbot zu bewirken.

22

Abs. 5 regelt dagegen die Hemmung der Fristen durch die in dieser Vorschrift benannten Maßnahmen. Die Vorschrift bewirkt, dass der Zeitraum, in dem die Maßnahme, z. B. die **Beteiligung des Personalrats**, durchgeführt wird, auf die Frist nicht angerechnet wird, ohne dass bereits verstrichene Zeiträume wie im Fall der Unterbrechung »verfallen« (zur Beteiligung des Personalrats: § 34 Rn. 5c). Nach Wegfall der Hemmung, beispielsweise

23

---

24 BVerwG 11.2.2014 – 2 B 37.12.

nach dem Abschluss der Beteiligung des Personalrats, läuft die Frist weiter. Soweit in Abs. 5 alleine der Personalrat erwähnt wird, dürfte es sich dabei um eine Flüchtigkeit des Gesetzgebers handeln. Nach der einschlägigen gesetzlichen Vorschrift (§ 28 PostPersRG) nimmt der **Betriebsrat** in den Nachfolgeunternehmen der ehemaligen Bundespost die Mitwirkungsrechte in den Disziplinarverfahren wahr. Die Vorschrift wird dahin zu verstehen sein, dass auch die Beteiligung des Betriebsrates die Hemmung bewirkt. Eine Unterscheidung zwischen Personalrat und Betriebsrat wäre ohne Sinn.

Die Anwendung des Maßregelverbots

24   Der **Fristenlauf beginnt** also mit der Beendigung des als Dienstvergehen in Betracht kommenden Verhaltens; das ist normalerweise der Zeitpunkt der letzten Tathandlung, bei Erfolgsdelikten der Eintritt des Erfolgs, bei Unterlassungstaten der Zeitpunkt, in dem keine Pflicht zum Tätigwerden mehr bestand, bei einer Mehrheit von Pflichtverletzungen die letzte Einzelhandlung, soweit frühere nicht abtrennbar sind. Eine Kassenveruntreuung z. B. ist mit der Entnahme des Geldes beendet, wenn es **für den Tatbestand des Dienstvergehens** – wie in aller Regel – auf die Absicht der Rückgabe nicht ankommt. Bei einer Wahrheitspflichtverletzung dauert das Dienstvergehen – wie i. d. R. auch bei allen anderen Gesamtdienstvergehen – bis zur letzten Tathandlung des letzten Pflichtenverstoßes, d. h. in diesem Fall bis zur Kenntnis der Vorgesetzten vom wahren Sachverhalt.

25   Die Frist des Maßnahmeverbots endet normalerweise nach ununterbrochenem Zeitablauf der im Gesetz jeweils angegebenen Jahre an dem der Vollendung der Tat vorausgehenden Kalendertag. Sie wird gegenstandslos, wenn vor ihrem Ablauf das Fehlverhalten disziplinarrechtlich gemaßregelt bzw. ohne Maßregelung bestands- oder rechtskräftig als Dienstvergehen beschieden worden ist (§ 14).

26   Probleme traten in der Vergangenheit immer wieder in Bezug auf Strafverfahren auf. Der **Fristenlauf wird gehemmt,** wenn »wegen desselben Sachverhalts ein Strafverfahren eingeleitet worden ist«. Die Hemmungsregel des Abs. 5 gilt ausdrücklich für alle Fälle der Abs. 1–3. Dies ergibt sich aus dem ausdrücklichen Gesetzeswortlaut. »**Strafverfahren**« sind alle von Staatsanwalt und Strafgericht betriebenen Strafverfolgungsverfahren, also auch das Privatklageverfahren (§§ 374 ff. StPO) und das Steuerstrafverfahren, sobald außer dem Finanzamt Strafverfolgungsorgane tätig werden;[25] **dagegen nicht** das Klageerzwingungsverfahren (§§ 172 ff. StPO), Erzwingungs- oder Beugeverfahren (§ 70 Abs. 2 StPO), Bußgeldverfahren nach OWiG. Ein strafrechtlicher **Wiederaufnahmeantrag** ist noch nicht geeignet, die disziplinare Frist des Maßnahmeverbots erneut zu hemmen. Das verfahrensbeendende rechtskräftige Strafurteil bleibt davon unberührt. Erst ein die Wiederaufnahme anordnender Beschluss des Strafgerichts beseitigt die bis dahin wirkende Rechtskraft des Strafurteils und macht das Strafverfahren erneut anhängig.[26] »**Derselbe Sachverhalt**« liegt unter denselben Voraussetzungen wie in § 14 vor. Zu beachten ist allerdings, dass der Hemmungstatbestand auch dann gegeben ist, also die Hemmung auch dann eintritt, wenn der dem Strafverfahren zugrunde liegende Sachverhalt nur einen Teil des Dienstvergehens umfasst.[27] Dies bedeutet: Die Hemmungswirkung tritt auch dann ein, wenn keine Sachverhaltsidentität vorliegt, sondern der disziplinarangeschuldigte Sachverhalt weitergehend ist als der dem Strafverfahren zugrunde liegende. Nach dem

---

25 BVerwG 2. 5. 1968 – 1 DB 3.68, BVerwGE 33, 147.
26 BDiG 9. 4. 1968 – IV Bk 8/67.
27 BVerwG 14. 11. 2007 – 1 D 6.06, Buchholz 235 § 4 BDO Nr. 3.

ausdrücklichen Gesetzeswortlaut ist nunmehr auch ein Bußgeldverfahren wegen des gleichen Sachverhalts geeignet, die Hemmung nach Abs. 5 auszulösen.
Andere Verfahren als die in § 15 Abs. 5 genannten hemmen nicht, also auch nicht etwa 27
ein vorgreifliches Verwaltungsgerichtsverfahren oder das disziplinare Ermittlungs- und das gerichtliche Antragsverfahren nach § 62.
Die Hemmung wirkt für die Dauer des Strafverfahrens. Ist nur eine von mehreren Pflicht- 28
verletzungen vom sachgleichen Strafverfahren betroffen, so wirkt sich die Hemmung dennoch auf das **gesamte Dienstvergehen** aus, soweit sie sich nicht nur auf eine abtrennbare Pflichtverletzung bezieht.[28]
Die Regelungen über **Zivildienstleistende** haben ihre Bedeutung durch die Aussetzung 29
der Wehrpflicht verloren. Zu Altfällen sei auf die Vorauflage verwiesen.
Die Hemmung beginnt mit der Einleitung des Strafverfahrens.[29] Die StPO trifft keine 30
ausdrückliche Regelung über den Zeitpunkt des Beginns der »Einleitung«. Die Rspr. des BVerwG geht davon aus, dass das Strafverfahren eingeleitet ist, sobald außer dem Finanzamt die Polizei, die Staatsanwaltschaft oder ihre Hilfsbeamten oder der Strafrichter eine **erkennbar auf Strafverfolgung abzielende Maßnahme** trifft.[30] Die auf Strafverfolgung abzielenden **Maßnahmen müssen sichtbar** geworden sein, um eine »Einleitung« darzustellen. Anders ließe sich der Lauf der gesetzlichen Frist des Maßnahmeverbots nicht in rechtsstaatlich eindeutiger Weise bestimmen.[31] Falls nicht in anderer Weise, etwa durch ein polizeiliches Vernehmungsprotokoll,[32] die erste Strafverfolgungsmaßnahme sichtbar geworden ist, müsste jedenfalls eine Aktennotiz über die Aufnahme von strafrechtlichen Ermittlungen gefertigt worden sein (was auch § 397 Abs. 2 AO vorschreibt). Es muss sich um ermittelnde Maßnahmen handeln, nicht nur um deren Vorbereitung. Auch müssen die Maßnahmen vollzogen, nicht nur angeordnet gewesen sein. Andernfalls würde die Hemmung als Ausnahmeregelung zum Maßnahmeverbot über Gebühr ausgeweitet und der Gesetzeszweck des § 15 umgangen werden können. Deshalb beginnt die Hemmung der Frist des Maßnahmeverbots nicht schon bei der bloßen Ladung zur polizeilichen Vernehmung oder der Vorbereitung der Verhaftung, Durchsuchung, Beschlagnahme, ärztlichen Untersuchung usw. Im Zweifel ist der für die Beschuldigten günstigere Zeitpunkt anzunehmen (Behnke-Lange, § 4 Rn. 45). Fehlt es an den beschriebenen Zeichen einer frühen Einleitung, so beginnt das Strafverfahren i. S. d. § 15 Abs. 5 Satz 2 jedenfalls mit dem Eingang der Anklageschrift (§ 170 Abs. 1 StPO), der gerichtlichen Erhebung der öffentlichen Klage (§ 175 StPO), des Strafbefehlsantrags (§ 408 StPO), des Wiederaufnahmeantrags (§ 365 StPO), der Privatklageerhebung (§ 381 StPO), des Erlasses des Bußgeldbescheides.
Die Hemmung endet nach der bestands- oder rechtskräftigen Beendigung des Strafver- 31
fahrens durch Urteil, Strafbefehl, Bußgeldbescheid oder gerichtlichen und staatsanwaltlichen Einstellungsbeschluss; auch nach der vorläufigen Einstellung nach § 205 StPO, da sonst das Maßnahmeverbot auf ungewisse Weise und auf unbestimmte Zeit aufgeschoben wäre. Das Gleiche gilt für die vorläufige Einstellung nach § 154 Abs. 2 StPO bis zur Wiederaufnahme. Das ergibt sich schon aus der Bezugnahme in Abs. 3–5 auf die auch strafrechtlich weiterlaufende Verjährung.[33] Die vorläufige Einstellung nach § 153 a Abs. 2 be-

---

28 BVerwG 14.11.2007 – 1 D 6.06, Buchholz 235 § 4 BDO Nr. 3.
29 GKÖD-Weiß, II § 15 Rn. 56.
30 BVerwG 2.5.1968 – I DB 3.68, BVerwGE 33, 147.
31 Claussen/Janzen, § 4 Rn. 3 a.
32 BVerwG 2.5.1968, a. a. O.
33 Vgl. ebenso Behnke-Lange, § 4 Rn. 46; GKÖD-Weiß, II § 15 Rn. 57.

§ 16 Verwertungsverbot, Entfernung aus der Personalakte

endet die Hemmung nicht, da die endgültige Einstellung des Verfahrens in der Hand des Betroffenen selbst liegt. Die Beschwerde gegen Einstellungsbeschlüsse und das Klageerzwingungsverfahren hemmen die Frist des Maßnahmeverbots nicht.[34] **Nach Ende der Hemmung** läuft die Frist des Maßnahmeverbots von dem Stadium aus weiter, in dem sie sich bei Beginn der Hemmung befand.

31a Der BFH hat offengelassen, ob die Übermittlung der von der Strafverfolgungsbehörde gewonnenen Erkenntnisse nach **§ 125c Abs. 1 bis 3 BRRG** ausnahmsweise dann unterbleiben muss, wenn für die Finanzbehörde ohne weiteres klar und eindeutig erkennbar ist, dass die Möglichkeit disziplinarischer Konsequenzen auf Grund der betreffenden Informationen von vornherein wegen der für disziplinarische Maßnahmen in § 15 BDG geregelten Fristen oder z. B. wegen Geringfügigkeit der Verfehlungen des Beamten ausgeschlossen erscheint, eine dienstrechtliche Bewertung der Daten durch den – insofern sach- und rechtskundigen – Dienstherrn mithin nicht erforderlich ist.[35]

Verfahrenseinstellung, Kosten, Tilgung

32 Der zuständige Dienstvorgesetzte nach § 32 stellt das Verfahren wegen § 15, als unzulässig ein. Aus Gründen der Rechtsklarheit und -sicherheit ist Schriftform erforderlich (vgl. § 32 Abs. 3).

33 Wegen der **Kostenentscheidung** im Falle der Verfahrenseinstellung wegen eines Maßnahmeverbots vgl. Ausführungen zu § 37.

34 Mit der Vorschrift des § 16 Abs. 4 ist nunmehr auch eine gesetzliche Regelung zur Tilgung von Maßnahmen geschaffen worden, die nicht zur Verhängung einer Maßnahme, z. B. auch wegen § 15, geführt haben. Danach beträgt die Tilgungsfrist generell zwei Jahre.

§ 16 Verwertungsverbot, Entfernung aus der Personalakte

(1) Ein Verweis darf nach zwei Jahren, eine Geldbuße, eine Kürzung der Dienstbezüge und eine Kürzung des Ruhegehalts dürfen nach drei Jahren und eine Zurückstufung darf nach sieben Jahren bei weiteren Disziplinarmaßnahmen und bei sonstigen Personalmaßnahmen nicht mehr berücksichtigt werden (Verwertungsverbot). Der Beamte gilt nach dem Eintritt des Verwertungsverbots als von der Disziplinarmaßnahme nicht betroffen.

(2) Die Frist für das Verwertungsverbot beginnt, sobald die Entscheidung über die Disziplinarmaßnahme unanfechtbar ist. Sie endet nicht, solange ein gegen den Beamten eingeleitetes Straf- oder Disziplinarverfahren nicht unanfechtbar abgeschlossen ist, eine andere Disziplinarmaßnahme berücksichtigt werden darf, eine Entscheidung über die Kürzung der Dienstbezüge noch nicht vollstreckt ist oder ein gerichtliches Verfahren über die Beendigung des Beamtenverhältnisses oder über die Geltendmachung von Schadenersatz gegen den Beamten anhängig ist.

(3) Eintragungen in der Personalakte über die Disziplinarmaßnahme sind nach Eintritt des Verwertungsverbots von Amts wegen zu entfernen und zu vernichten. Das Rubrum und die Entscheidungsformel einer abschließenden gerichtlichen Entscheidung, mit der auf eine Zurückstufung erkannt wurde, verbleiben in der Personalakte. Dabei sind die Bezeichnung weiterer Beteiligter und der Bevollmächtigten, die Namen der Richter sowie die Kostenentscheidung unkenntlich zu machen. Auf Antrag des Beam-

---

34 Vgl. Behnke-Lange und GKÖD-Weiß, a. a. O.
35 BFH 15. 1. 2008 – VII B 149/07, BFHE 220, 197, BStBl II 2008, 337, Rn. 15; Schmidt-Keßeler, DStZ 2009, 52.

Verwertungsverbot, Entfernung aus der Personalakte § 16

ten unterbleibt die Entfernung oder erfolgt eine gesonderte Aufbewahrung. Der Antrag ist innerhalb eines Monats zu stellen, nachdem dem Beamten die bevorstehende Entfernung mitgeteilt und er auf sein Antragsrecht und die Antragsfrist hingewiesen worden ist. Wird der Antrag gestellt oder verbleiben Rubrum und Entscheidungsformel einer abschließenden gerichtlichen Entscheidung nach Satz 2 in der Personalakte, ist das Verwertungsverbot bei den Eintragungen zu vermerken.
(4) Die Absätze 1 bis 3 gelten entsprechend für Disziplinarvorgänge, die nicht zu einer Disziplinarmaßnahme geführt haben. Die Frist für das Verwertungsverbot beträgt, wenn das Disziplinarverfahren nach § 32 Abs. 1 Nr. 1 eingestellt wird, drei Monate und im Übrigen zwei Jahre. Die Frist beginnt mit dem Eintritt der Unanfechtbarkeit der Entscheidung, die das Disziplinarverfahren abschließt, im Übrigen mit dem Tag, an dem der Dienstvorgesetzte, der für die Einleitung des Disziplinarverfahrens zuständig ist, zureichende tatsächliche Anhaltspunkte erhält, die den Verdacht eines Dienstvergehens rechtfertigen.
(5) Auf die Entfernung und Vernichtung von Disziplinarvorgängen, die zu einer missbilligenden Äußerung geführt haben, findet § 112 Abs. 1 Satz 1 Nr. 2, Satz 2 und 3 des Bundesbeamtengesetzes Anwendung.

Diese Vorschrift ersetzt § 119 BDO und strukturiert die Regelungen zur Tilgung von Disziplinarmaßnahmen neu. In Abs. 1 wird zunächst das Verwertungsverbot bei neuen Disziplinarmaßnahmen geregelt. Abs. 2 enthält die Vorschriften zum Fristbeginn und -ende, sowie die Regelungen zur Unterbrechung der Frist. Abs. 3 regelt dann Entfernung und Vernichtung der Eintragungen. Abs. 4 enthält die Regelungen für den Umgang mit den Eintragungen, die nicht zu einer Disziplinarmaßnahme geführt haben. Die Regelung des Abs. 5 stellt sicher, dass missbilligende Äußerungen, die aufgrund eines Disziplinarverfahrens in die Personalakte aufgenommen wurden, zu gleichen Bedingungen aus der Personalakte entfernt werden wie diejenigen, die ohne vorheriges Disziplinarverfahren aufgenommen wurden.   1

Die Regelung dient der **Rehabilitierung** des disziplinar vorbelasteten und danach eine Zeitlang unbescholten gebliebenen Beamten.[1] Nach entsprechender Bewährung sollen die Betroffenen als nicht vorbelastet gelten und in der angemessenen beruflichen Förderung und Entwicklung ihrer Laufbahn durch das frühere Versagen nicht mehr beeinträchtigt werden. Die Regelung verstärkt die pflichtenmahnende Wirksamkeit der Disziplinarmaßnahme (sowohl der verhängten als auch der nur dem Grunde nach zugeordneten) und verhindert ungerechtfertigte Nachteile in den Fällen, in denen ein Dienstvergehen nicht festgestellt wurde (Verfahrenseinstellung und Freispruch). Das Bewusstsein der Betroffenen, dass sich künftiges Wohlverhalten und dienstliche Einsatzbereitschaft lohnen, stärkt deren Motivation und damit den Leistungsgedanken im öffentlichen Dienst. Einem aus dem Beamtenverhältnis entlassenen Beamten fehlt entsprechend das Rechtsschutzbedürfnis für eine Klage auf Entfernung eines Disziplinarvorgangs aus der Personalakte, da dem § 16 Abs. 3 zugrunde liegende Resozialisierungszweck, d. h. die Gewährung einer neuen unbelasteten Chance im Beamtenverhältnis, nicht mehr erreicht werden kann.[2]   2

Demgegenüber sind schon nach der Neuregelung der früheren Rechtslage (§ 103 a a. F. 1961) wie auch nach der erweiterten Fassung des alten § 119 BDO durch das NeuOG (Novelle 1967) **anhaltende Bedenken gegen die Tilgung** von Disziplinarvorgängen geäußert   3

---

1 Herrmann/Sandkuhl, Beamtendisziplinarrecht, § 4 Rn. 357.
2 VG Trier 9.9.2008 – 4 K 314/08.TR.

worden.³ Sie gründen sich im Wesentlichen darauf, dass die Ausklammerung dieser Disziplinarvorgänge die gerechte Beurteilung des Persönlichkeitsbildes, ggf. auch zugunsten der Betroffenen, verhindere. Dieser Gesichtspunkt ist ungerechtfertigt, einerseits weil nur die mit der disziplinaren Verfolgung verbundenen Vorgänge (Disziplinarurteile, -verfügungen und die disziplinaren Verfahrensakten), nicht aber die verwaltungserheblichen Sachverhalte der Tilgung unterliegen, andererseits weil die Betroffenen auf Tilgung verzichten und das Verbleiben des Vorgangs in den Personalakten verlangen können. Soweit die Tilgung dennoch Informationen zu dem Persönlichkeitsbild vernichtet, hat die soziopsychologische Erkenntnis von der heilenden Wirkung der Bewährung und der Notwendigkeit entsprechender Motivierung der Betroffenen den Vorrang.

4   Unter den **zu tilgenden »Eintragungen«** in den Personalakten sind sowohl die Disziplinarentscheidungen selbst als auch die ihnen vorausgegangenen disziplinaren Aufklärungsvorgänge, also die Ermittlungsakten sowie die aus den Gerichtsverfahren stammenden Verfahrensunterlagen (nicht die Gerichtsakten selbst) zu verstehen. Daran ändert auch der im Vergleich zu § 119 Abs. 1 Satz 1 2. Hs. BDO veränderte Wortlaut nichts. In § 16 Abs. 3 Satz 1 BDG fehlen die Verweise auf die »über diese Disziplinarmaßnahmen entstandenen Vorgänge«. Allerdings verweist die Gesetzesbegründung auf die Entfernung »der Vorgänge«. Unter Vorgang kann jedoch nicht nur das Ergebnis, nämlich die Disziplinarmaßnahme, verstanden werden, sondern alle Hinweise und Unterlagen, die in diesem Zusammenhang entstanden sind. Dies entspricht dem Rehabilitationscharakter (Rn. 1) dieser Vorschrift. Auch spricht die Vorschrift selbst von »Eintragungen (…) über die Disziplinarmaßnahme«. Diese Formulierung im Plural wäre unsinnig, wenn mit der Tilgungsvorschrift lediglich die Maßnahme selbst gemeint wäre. Es sind mit dieser Formulierung eben alle Eintragungen im oben beschriebenen Sinne gemeint. Da die genannten Disziplinarvorgänge in jedem Fall Personalakten darstellen, sind sie nach Abschluss der Disziplinarverfahren den Hauptpersonalakten beizufügen.⁴ Auch wenn sie nicht beigefügt wurden, müssen sie nach Abs. 2 getilgt und vernichtet werden.

5   Die **Effektivität des § 119 BDO** war nicht gesichert. Denn für das Verwertungsverbot hinsichtlich getilgter disziplinarer (und ggf. strafrechtlicher) Vorbelastungen könnte die Befürchtung von Rapsch⁵ zutreffen, der die Verwaltungspraxis mit dem Satz kennzeichnet: »Immer daran denken, nie darüber reden!«. Die formale Tilgung löscht nicht automatisch die Erinnerung der Vorgesetzten und die Prägung der persönlichen Einschätzung der Betroffenen. Dass beides, mindestens unbewusst, weiterhin die Personalentscheidungen beeinflussen kann, ist kaum auszuschließen. Dies gilt genauso für das neue Recht. Umso mehr kommt es auf genaue und zuverlässige Handhabung der Tilgungsvorschriften an. Diese Handhabung wird dadurch erschwert, dass die **Tilgungsregelungen in erheblichem Maße unklar und unvollständig** sind. Der Vorschrift mangelt es an einer genauen inhaltlichen Abgrenzung, welche Vorgänge im Einzelnen von der Tilgung betroffen sein sollen.

6   **Abs. 1** regelt zunächst das Verwertungsverbot, d. h. die Frist, nach deren Ablauf verhängte Disziplinarverfahren nicht mehr berücksichtigt werden dürfen. Dies gilt sowohl im Hinblick auf weitere Disziplinarmaßnahmen als auch bei sonstigen Personalmaßnahmen. Der Beamte gilt nach Ablauf dieser Fristen als in jeder Hinsicht unbescholten. Dies ergibt

---

3 Z.B. BDHE 7, 112; Claussen/Janzen, § 119 Rn. 1; auch zur strafrechtlichen Tilgung nach § 51 Abs. 1 BZRG v. 18.3.1971: Dreher, JZ 1972, 618; Götz, JZ 1973, 496.
4 BVerwG 8.4.1976 – II C 15.74, BVerwGE 50, 301.
5 ZBR 1987, 336.

sich ausdrücklich aus Abs. 1 Satz 2. Die Fristen des Abs. 1 entsprechen den Fristen des § 15. Dies erscheint sachgerecht, da damit eine Gleichbehandlung gewährleistet wird. Abs. 3 bezieht sich auf die Fälle, in denen durch Urteil oder Disziplinarverfügung eine **Disziplinarmaßnahme verhängt worden ist.** Für andere disziplinare Entscheidungen gilt die Regelung in Abs. 4 und 5. Die Geltung der Abs. 3–5 ist nicht auf einen bestimmten Personenkreis, sondern an die Art der verhängten Disziplinarmaßnahmen beschränkt. Deshalb gelten die Tilgungsregelungen auch für **Ruhestandsbeamte** (folgt schon aus § 5 Abs. 2).

Enthält die verfahrensabschließende Entscheidung keine Feststellung zum Vorliegen eines Dienstvergehens (z. B. bei Maßregelverbot, vgl. dazu § 15) oder verneint sie ein Dienstvergehen (Freispruch), so besteht kein gesetzlich begründeter Anlass für eine weitere Belassung der Disziplinarvorgänge in den Personalakten. Sie sind dann sofort nach Rechts-/Bestandskraft zu vernichten.

Nicht der Tilgung unterliegen die Verwaltungsvorgänge, die – noch – keine disziplinare Bedeutung erlangt hatten, die also vor Beginn der disziplinaren Ermittlungen nach § 17 liegen. In diesen kommt zunächst nur der Geschehensablauf ohne disziplinare Wertung oder einen entsprechenden Verdacht zum Ausdruck. Gegen dessen weitere Speicherung in den Personalakten bestehen keine Bedenken. Einerseits befinden sich die Betroffenen damit in keiner anderen Situation, als sie allgemein für alle Bediensteten gilt, die nicht disziplinar verdächtigt und verfolgt wurden. Andererseits lassen das Beamtenrecht und das BDG die Speicherung diensterheblicher Vorkommnisse in den Personalakten zu, soweit sie für den dienstlichen Einsatz und die Laufbahnentwicklung der Beamten von Bedeutung sein können.[6]

Die Tilgung der Eintragungen geschieht durch **Entfernung der betreffenden Blätter aus der Personalakte,** ohne dass deren Inhalt oder Gegenstand vermerkt wird, oder durch Schwärzen der betreffenden Stellen eines im übrigen Teil noch wichtigen Blattinhaltes sowie durch **Vernichtung der getrennt geführten Ermittlungs- und Disziplinarakten** (Verfahrens- und gerichtlichen Handakten). Neu eingeführt wurden durch das Dienstrechtsneuordnungsgesetz in § 16 Abs. 3 die Sätze 2 und 3. Danach haben das Rubrum und die Entscheidungsformel einer gerichtlichen Entscheidung, mit der auf Zurückstufung erkannt wurde, auch nach Ablauf der Löschungsfrist in der Akte zu verbleiben. Damit wird im Hinblick auf den beruflichen Werdegang des jeweiligen Beamten oder der jeweiligen Beamtin Transparenz hergestellt. Aus dieser Aufbewahrungspflicht wird man jedoch nicht folgern dürfen, dass in diesem Fall das Verwertungsverbot des § 16 nicht mehr zu gelten hat. Auch in diesem Fall gilt § 16 Abs. 1 und diese Maßnahme darf bei möglichen weiteren disziplinaren Verfehlungen nicht mehr berücksichtigt werden, der Beamte gilt als von einer Disziplinarmaßnahme nicht mehr betroffen. Dies ergibt sich auch aus der ebenfalls vorgenommenen Veränderung in § 16 Abs. 3 Satz 4, in der ausdrücklich vorgeschrieben wird, dass das Verwertungsverbot bei den Eintragungen zu vermerken ist. Auch hier kommt zum Ausdruck, dass das Verwertungsverbot des § 16 Abs. 1 gilt.

Gegen die Versagung der Tilgung kann der Betroffene gerichtliche Hilfe in Anspruch nehmen. Ist die **Tilgung zu Unrecht durchgeführt** worden, etwa wegen falscher Berechnung der Tilgungsfrist oder wegen Unkenntnis eines die Frist verändernden Disziplinar- oder Strafverfahrens nach Abs. 2, so ist die disziplinare Vorbelastung voll verwertbar.[7]

---

6 BVerwG 31. 1. 1980 – 2 C 5.78, BVerwGE 59, 355; 4. 4. 1990 – 2 B 38/90, Buchholz 237.1 Art. 100 BayLBG Nr. 1.
7 BVerwG 13. 12. 1967 – II D 22.66, II D 21.67, BVerwGE 33, 45.

12 Die zu Unrecht getilgten Vorgänge können und müssen nach Möglichkeit wieder rekonstruiert werden. Die betroffenen Beamten sind nicht verpflichtet, daran mitzuwirken, da dies einer nicht geschuldeten Selbstbelastung gleichkäme.

13 Auch ohne tatsächlich vollzogene Tilgung dürfen nach Ablauf der Frist **die tilgungsbedürftigen Disziplinarmaßnahmen nicht mehr berücksichtigt** werden (Abs. 1 Satz 1). Allein durch den Fristablauf gilt der Beamte »als von Disziplinarmaßnahmen nicht betroffen« (Abs. 1 Satz 3). Dies entspricht der für strafgerichtliche Entscheidungen geltenden Regelung in § 51 Abs. 1 BZRG, die verfassungsgemäß ist,[8] was entsprechend auch für § 16 gilt. Das **Verwertungsverbot nach § 51 Abs. 1 BZRG**, wonach die Tat und die Verurteilung dem Betroffenen im Rechtsverkehr nicht mehr vorgehalten und nicht zu seinem Nachteil verwertet werden dürfen, wenn die Eintragung über eine Verurteilung im Register getilgt worden ist oder zu tilgen ist, hat deshalb in Disziplinarverfahren nur die Bedeutung, dass im Rahmen der Bemessung der Disziplinarmaßnahme, bei der das Persönlichkeitsbild des Beamten angemessen zu berücksichtigen ist, nicht zu Lasten des Beamten auf von § 51 BZRG erfasste Verurteilungen wegen anderer – nicht den Gegenstand des Disziplinarverfahrens bildender – Vergehen abgestellt werden darf. Es hindert dagegen nicht die disziplinarrechtliche Ahndung eines Dienstvergehens, das zugleich eine Straftat darstellt und auch als solche strafrechtlich geahndet worden ist. Ist der Eintritt der Tilgungsreife nach § 51 BZRG ohne Bedeutung für die disziplinarrechtliche Ahndung des Dienstvergehens, ist es auch ohne Belang, ob die Tilgungsreife vor oder nach Einleitung des Disziplinarverfahrens eintritt.[9] Aufklärungen zu Vorverfehlungen, die der Tilgung unterliegen, sind unzulässig.[10] Die Verwertung ist im ganzen Bereich des öffentlichen Dienstrechts verboten, was sich zwangsläufig aus der Tilgung der disziplinaren Vorgänge ergibt. Das Verbot gilt nach Abs. 4 **auch für Verfahrenseinstellungen,** die auf der Feststellung eines Dienstvergehens beruhen[11] oder damit verbunden sind (§§ 17, 60 Abs. 2 Nr. 2, 32).

14 In Abs. 2 werden diejenigen Tatbestände normiert, bei deren Vorliegen die Tilgungswirkung nicht eintritt. Nach Abs. 2 Satz 1 **beginnt die Frist** mit der Rechtskraft, bzw. bei Disziplinarverfügungen mit der Bestandskraft der Disziplinarmaßnahme oder des Freispruchs und der anderen nach Abs. 4 gleichgestellten Verfahrensentscheidungen. Da es auf die Rechtskraft der gesamten Verurteilung ankommt, beginnt die Frist auch dann nicht früher, wenn das Verfahren in der Rechtsmittel-/-behelfsinstanz nur noch beschränkt anhängig ist.

15 Abs. 2 Satz 2 enthält, wie die gegenüber § 15 Abs. 5 Satz 2 abweichende Formulierung zeigt, **keine Fristhemmung.** Die Frist läuft also auch in den genannten Fällen weiter, aber nicht ab. Im Sinne der Tilgungsregelung endet sie erst nach dem rechtskräftigen Abschluss des anderen Straf- oder Disziplinarverfahrens, der Berücksichtigungsfähigkeit einer anderen Disziplinarmaßnahme oder einer laufenden Kürzung der Dienstbezüge. Ergeben die laufenden Straf- oder Disziplinarverfahren weitere Strafen oder Disziplinarmaßnahmen, so stehen diese wiederum einer Tilgung nach Abs. 2 entgegen.[12] Ende der Tilgungszeit und Verwertbarkeit der neuen Strafe/Disziplinarmaßnahme fallen in einer »juristischen Sekunde« zusammen. Es kann also die alte Disziplinarmaßnahme nicht als vor dem Ende des laufenden Verfahrens tilgungsbedürftig und unverwertbar geworden angesehen werden. **Strafverfahren** sind auch staatsanwaltliche, kriminalpolizeiliche und von staatsan-

---

8 BVerfG 27.11.1973 – 2 BvL 12/72, 2 BvL 3/73, NJW 1974, 179.
9 BVerwG 21.11.2013 – 2 B 86.13; 1.3.2012 – 2 B 120.11.
10 Herrmann/Sandkuhl, Beamtendisziplinarrecht, § 4 Rn. 361.
11 BVerwG 18.4.1968 – 2 D 168; 11.2.1984 – 1 D 113.83, ZBR 1985, 178.
12 Herrmann/Sandkuhl, Beamtendisziplinarrecht, § 4 Rn. 359.

waltlichen Hilfsbeamten der Verwaltung betriebene Ermittlungen. Disziplinarverfahren i. S. d. Abs. 2 beginnen ab Anordnung der Ermittlungen nach § 17 Abs. 1. Nach eindeutiger Formulierung des Abs. 2 können darüber hinaus nur **Disziplinarmaßnahmen** (nicht auch Einstellungsentscheidungen, die ein Dienstvergehen feststellen) den Ablauf der Tilgungsfrist verhindern. Denn § 16 bezieht zwar mit Abs. 4 die dort genannten Einstellungsfälle in die Tilgungsregelung ein, erstreckt aber nicht die Tilgungssperre des Abs. 2 auf die Einstellungen i. S. d. Abs. 4. Deshalb wirkt auch die mit einer Einstellung verbundene Missbilligung nach § 6 Satz 2 nicht tilgungssperrend. Als Ausnahmeregelung kann Abs. 3 nicht erweiternd ausgelegt werden, zumal nicht gegen seinen eindeutigen Wortlaut, aber auch nicht nach seinem Regelungszweck. Im Vergleich zu § 119 BDO wurden in § 16 BDG die Vorschriften über das gerichtliche Verfahren zur Beendigung des Beamtenverhältnisses und das Verfahren über die Geltendmachung von Schadenersatzansprüchen neu aufgenommen. Auch in diesen Fällen endet die Tilgungsfrist nicht.

Bei den Tilgungsfristen nimmt **Abs. 3** Bezug auf die Regelungen in Abs. 1. Bei Ablauf dieser Fristen ist die Tilgung – mit Ausnahme der Möglichkeiten nach Abs. 3 Satz 4 – von Amts wegen vorzunehmen.

Auf die Tilgung **kann der Betroffene verzichten**, da sie ausschließlich seinem Schutz dient. Das heißt, dass gegen den Willen der Betroffenen nicht getilgt werden darf. Dies regelt Abs. 3 Satz 4 ausdrücklich. Satz 5 und 6 regeln das Verfahren. Danach ist dem Beamten die bevorstehende Tilgung mitzuteilen und er ist auf die Möglichkeit hinzuweisen, dass die Tilgung auf seinen Antrag hin unterbleibt. Weiter ist er darauf hinzuweisen, dass der Antrag innerhalb eines Monats nach Mitteilung, also Zugang, der bevorstehenden Tilgung zu stellen ist. Wird der Antrag rechtzeitig gestellt, so muss die Tilgung unterbleiben. Der Dienstherr hat insoweit keine eigene Entscheidungsmöglichkeit. Der Antrag muss auch nicht begründet werden. Unterbleibt die Tilgung auf einen solchen Antrag hin, so ist dies nach Abs. 3 Satz 6 in der Akte zu vermerken. Unterbleiben die Anfrage und eine Antwort, so kann die Behörde die Tilgung weder unterlassen noch hinausschieben, da sie durch die zwingende Regelung des § 16 Abs. 3 Satz 1 zur Tilgung von Amts wegen verpflichtet ist.

Eine Neuregelung stellt **Abs. 4** dar. Abs. 4 der Vorschrift erfasst diejenigen Disziplinarvorgänge, die nicht zur Verhängung einer Disziplinarmaßnahme geführt haben. Die Frist für das Verwertungsverbot und die Tilgungspflicht beträgt bei erwiesenen Dienstvergehen zwei Jahre (§ 16 Abs. 4 Satz 2 Alt. 2). Aufgrund der Einleitung eines neuen Disziplinarverfahrens vor Ablauf der Frist, hat diese Frist noch nicht geendet (§ 16 Abs. 4 Satz 1 i. V. m. Abs. 2 Satz 2). Das Gewicht einer Vorbelastung hängt vor allem von der dafür rechts- oder bestandskräftig ausgesprochenen Disziplinarmaßnahme und vom zeitlichen Abstand zur neuen Verfehlung ab.[13] Mit dieser Vorschrift wird eine Gesetzeslücke insoweit geschlossen, als nun – im Gegensatz zum früheren § 119 BDO – alle Verfahren und Beendigungsmöglichkeiten von dieser Vorschrift erfasst werden. Damit ist ein umfassender Rechtsschutz gewährleistet.

Die Frist nach Abs. 4 beginnt nach Satz 3 in den Fällen einer abschließenden Entscheidung an dem Tag ihrer Unanfechtbarkeit. In den Fällen, in denen eine solche abschließende Entscheidung nicht ergeht, beginnt die Frist mit dem Tag, an dem der Dienstvorgesetzte, der für die Einleitung des Disziplinarverfahrens zuständig ist, zureichende tatsächliche Anhaltspunkte hat, die den Verdacht eines Dienstvergehens rechtfertigen. Die Regelung stellt damit eine Verfolgungsverjährung dar. Das ist für die Fälle von Bedeutung,

---

13 BVerwG 25.7.2013 – 2 C 63.11.

in denen der Dienstherr in Kenntnis der Möglichkeit eines Dienstvergehens in der Frist von zwei Jahren ein Verfahren entgegen § 17 Abs. 1 nicht einleitet. Dies ergibt sich aus der Formulierung des Satzes 1, wenn dort von »Disziplinarvorgängen« und nicht von »Disziplinarverfahren« die Rede ist.

20 In **Abs. 5** wird erstmals auch sichergestellt, dass in den Fällen einer **missbilligenden Äußerung** im Zusammenhang mit einem Disziplinarverfahren Rechtsschutz besteht. Die damit zusammenhängenden Unterlagen sind nach den gleichen rechtlichen Grundlagen – § 112 BBG – zu entfernen wie missbilligende Äußerungen, die in keinem Zusammenhang mit einem Disziplinarverfahren stehen.[14] Danach sind die Unterlagen nach drei Jahren und nur auf Antrag des Beamten zu entfernen und zu vernichten. Damit kommt es im Verhältnis zum Verweis, der nach Abs. 1 Satz 1 nach zwei Jahren zu entfernen ist, zu einer Ungleichbehandlung, die nicht nachvollziehbar ist, da nach § 6 Satz 2 eine missbilligende Äußerung doch gerade keine Disziplinarmaßnahme ist. Damit wird der Beamte, dem kein Verweis erteilt wurde oder erteilt werden durfte, gegenüber dem Beamten, dessen Dienstvergehen einen Verweis verwirkte, schlechter gestellt, muss er doch die missbilligende Äußerung ein Jahr länger erdulden. Hinzu kommt, dass die Entfernung nach § 112 BBG nur auf Antrag geschieht, in § 16 jedoch von Amts wegen zu geschehen hat. In den Fällen, in denen der Antrag nicht gestellt wird, bleibt damit die missbilligende Äußerung in den Personalakten.

---

14 Herrmann/Sandkuhl, Beamtendisziplinarrecht, § 4 Rn. 363.

Teil 3
Behördliches Disziplinarverfahren

Kapitel 1
Einleitung, Ausdehnung und Beschränkung

§ 17 Einleitung von Amts wegen

(1) Liegen zureichende tatsächliche Anhaltspunkte vor, die den Verdacht eines Dienstvergehens rechtfertigen, hat der Dienstvorgesetzte die Dienstpflicht, ein Disziplinarverfahren einzuleiten. Der höhere Dienstvorgesetzte und die oberste Dienstbehörde stellen im Rahmen ihrer Aufsicht die Erfüllung dieser Pflicht sicher; sie können das Disziplinarverfahren jederzeit an sich ziehen. Die Einleitung ist aktenkundig zu machen.
(2) Ist zu erwarten, dass nach den §§ 14 und 15 eine Disziplinarmaßnahme nicht in Betracht kommt, wird ein Disziplinarverfahren nicht eingeleitet. Die Gründe sind aktenkundig zu machen und dem Beamten bekannt zu geben.
(3) Hat ein Beamter zwei oder mehrere Ämter inne, die nicht im Verhältnis von Haupt- zu Nebenamt stehen, und beabsichtigt der Dienstvorgesetzte, zu dessen Geschäftsbereich eines dieser Ämter gehört, ein Disziplinarverfahren gegen ihn einzuleiten, teilt er dies den Dienstvorgesetzten mit, die für die anderen Ämter zuständig sind. Ein weiteres Disziplinarverfahren kann gegen den Beamten wegen desselben Sachverhalts nicht eingeleitet werden. Hat ein Beamter zwei oder mehrere Ämter inne, die im Verhältnis von Haupt- zu Nebenamt stehen, kann nur der Dienstvorgesetzte ein Disziplinarverfahren gegen ihn einleiten, der für das Hauptamt zuständig ist.
(4) Die Zuständigkeiten nach den Absätzen 1 bis 3 werden durch eine Beurlaubung, eine Abordnung oder eine Zuweisung nicht berührt. Bei einer Abordnung geht die aus Absatz 1 sich ergebende Pflicht hinsichtlich der während der Abordnung begangenen Dienstvergehen auf den neuen Dienstvorgesetzten über, soweit dieser nicht ihre Ausübung den anderen Dienstvorgesetzten überlässt oder soweit nichts anderes bestimmt ist.

Die Vorschrift des § 17 nimmt die Regelungen des früheren § 26 BDO auf. 1
In der Vorschrift wird am auch bisher vorliegenden **Legalitätsprinzip** festgehalten. Die 2
Umformulierungen in Abs. 1 und 2 Satz 1 stellen lediglich eine sprachliche und keine inhaltliche Änderung dar. Nach der Rspr. folgt gerade aus dem Legalitätsprinzip, dass das Rechtsinstitut der **Verwirkung** dem Disziplinarrecht fremd ist (siehe auch: § 15 Rn. 5a; zur Kritik: A. V. 1.).[1] Ebenso wenig besteht im Disziplinarrecht die Möglichkeit der Freistellung von der Verfolgung durch **behördlichen Verzicht**.[2] Diese wäre allenfalls denkbar, wenn ein formaler fehlerfreier Verfolgungsverzicht durch die zuständige Behörde vorläge (siehe auch § 15 Rn. 5c).[3] Es gilt der **Durchführungsgrundsatz**. Ist der Beamte verhand-

---

1 So BVerwG 6.7.1984 – 1 DB 21.84; 13.10.2005 – 2 B 19.05; VGH Bayern 9.4.2014 – 16a D 12.1439.
2 BVerwG 26.2.1988 – 2 WD 37.87.
3 VGH Bayern 9.4.2014 – 16a D 12.1439.

§ 17 Einleitung von Amts wegen

lungsunfähig, so ist gem. § 3 BDG i. V. m. § 16 Abs. 1 Nr. 4 VwVfG ein Vertreter zu bestellen.[4] Bei dauerhafter Verhandlungsunfähigkeit kann sich allerdings ein Maßnahmeverbot ergeben, sofern eine Aufklärung mit Hilfe des Vertreters nicht möglich ist. Das Verfahren ist dann einzustellen (s. auch § 14 Rn. 5, § 32 Rn. 10).[5]

2a Der **Verdacht eines Dienstvergehens** muss hinreichend konkret sein. Bloße Vermutungen sind nicht ausreichend. Die neue Regelung schließt jedoch nicht aus, dass verwaltungsinterne »**Vorermittlungen**« durchgeführt werden, um bloße Vermutungen zu erhärten oder auszuräumen, bevor ein Disziplinarverfahren eingeleitet wird. Zwar sollen gem. § 17 disziplinarische Ermittlungen so früh wie möglich im Rahmen des gesetzlich geordneten Verfahrens geführt werden, andererseits darf ein Disziplinarverfahren wegen seiner stigmatisierenden Wirkung auch nicht vorschnell eingeleitet werden.[6] Angesichts der aus dem Umfang eines vorgezogenen Strafverfahrens abzuleitenden schwierigen Beweislage hinsichtlich der dem Beamten vorgehaltenen Dienstpflichtverletzungen darf der Dienstherr unter Beachtung des Fürsorgeprinzips die Einleitung eines Disziplinarverfahrens zunächst zurückstellen und den Ausgang des strafrechtlichen Verfahrens abwarten. Soweit dies im Einzelfall bei den Strafgerichten dahin (miss-)verstanden wird, eine disziplinarrechtliche Verfolgung sei nicht zu erwarten, und es auf dieser Grundlage im Einzelfall zu einem höheren Strafmaß kommt, als wenn das Disziplinarverfahren parallel geführt worden wäre, kann dies ggf. bei der Auswahl der zu verhängenden Disziplinarmaßnahme Berücksichtigung finden.[7] Unzulässig ist es jedoch, derartige »Vorermittlungen« ohne das Vorliegen eines solchen Tatverdachts schon mit dem Instrumentarium des BDG, z. B. der Beschlagnahme von Unterlagen oder den Mitteln der Beweiserhebung nach § 24 ff. durchzuführen. Das kann der Dienstherr nach der klaren Gesetzeslage nur unter den Voraussetzungen des Abs. 1 Satz 1.

3 § 17 behandelt das sog. **Legalitätsprinzip** in Disziplinarverfahren. Er bezieht sich nicht auf Verfolgung und Maßregelung, sondern nur auf die **Sachaufklärung**. Ermittlungen nach § 17 dürfen nur eingeleitet werden, wenn Tatsachen bekannt werden, die den Verdacht eines Dienstvergehens rechtfertigen. Das schließt Ermittlungen aus, durch die erst festgestellt werden soll, ob solche Tatsachen vorliegen. Es genügen also nicht bloße Vermutungen, Gerüchte o. Ä. Zumindest zweifelhaft ist, ob auch eine anonyme Anzeige ausreicht. Hinreichende Tatsachen können sich ergeben aus Hinweisen von Verwaltungsangehörigen, Aktenvorgängen, aber auch aus schriftlichen oder mündlichen Mitteilungen von Verwaltungsfremden. In der Einleitung eines Disziplinarverfahrens gegen einen Beamten als solches liegt keine Fürsorgepflichtverletzung[8] und per se nichts Ehrenrühriges.[9] Daher darf der Dienstherr gemäß dem VGH Bayern sogar **die Presse über die Einleitung des Disziplinarverfahrens informieren**. Die Behörde darf die Einleitung eines disziplinarrechtlichen Vorermittlungsverfahrens demnach in der Öffentlichkeit bekannt geben.[10] Ob die Vorwürfe zutreffend waren, sei dann im Disziplinarverfahren zu klären.[11] Der VGH Bayern weist darauf hin, dass ein festgestellt in seinem **Persönlichkeitsrecht** verletzter Beamter unter den in der Rspr. im Einzelnen genannten Voraussetzungen Anspruch

---

4 Urban/Wittkowski, BDG, § 17 Rn. 3.
5 BVerwG 31. 10. 2012 – 2 B 33.12; Herrmann/Sandkuhl, Beamtendisziplinarrecht, § 7 Rn. 610.
6 BVerwG 29. 3. 2012 – 2 A 11.10; OVG Lüneburg 5. 12. 2012 – 19 LD 3/12; GKÖD-Weiß, II § 17 Rn. 32.
7 OVG Lüneburg 5. 12. 2012 – 19 LD 3/12.
8 VGH Bayern 19. 7. 2013 – 3 ZB 08.2979.
9 OVG Münster 1. 10. 2008 – 1 A 4543/06; VG Bayreuth 20. 2. 2009 – B 5 K 08.525.
10 VGH Bayern 19. 7. 2013 – 3 ZB 08.2979.
11 VGH Bayern 17. 6. 2008 – 3 ZB 07.3005.

Einleitung von Amts wegen § 17

auf eine rehabilitierende Erklärung hat. Diese Rspr. begegnet Zweifeln. Denn es ist nicht davon auszugehen, dass eine rehabilitierende Erklärung nach Abschluss des Disziplinarverfahrens geeignet ist, die Persönlichkeitsverletzung wirksam zu beseitigen und den Ruf des Beamten wiederherzustellen. Daher ist davon auszugehen, dass entgegen der Rspr. des VGH Bayern die Fürsorgepflicht des Dienstherrn einer Information der Presse regelmäßig entgegensteht.

Die Ermittlungen werden regelmäßig durch einen vom Dienstvorgesetzten beauftragten **Ermittlungsführer** durchgeführt.[12] Anders als der frühere Untersuchungsführer bedarf er nicht der Befähigung zum Richteramt. Zum Ermittlungsführer dürfen auch Arbeitnehmer, Beamte anderer Dienststellen oder dritte Personen ernannt werden.[13] Ausschlussgründe bestimmen sich nach § 20 VwVfG, Befangenheitsgründe nach § 21 VwVfG. Problematisch dabei ist, dass der Ermittlungsführer nicht unabhängig ist, sondern an Weisungen gebunden bleibt. Dieser Umstand war bislang hinnehmbar, da sich das förmliche Ermittlungsverfahren angeschlossen hat. Durch die Neuregelung entfällt es. Dem Beamten bleibt damit nur die Möglichkeit, sich gegen ein unzutreffendes Ergebnis der Ermittlungen und die daran anschließende disziplinare Bewertung mit dem Mittel der Disziplinarklage zu wehren. Das verdient deshalb Beachtung, da bereits die Erfahrung mit dem alten Recht gezeigt hat, dass die Vorermittlungen in der Regel davon geprägt waren, dass mit hohem Verfolgungseifer alles irgendwie Belastende zusammengetragen und dann ausschließlich unter dem Aspekt des Schuldnachweises gewertet wurde. Entlastendes Material oder entlastende Wertungen wurden hingegen regelmäßig ignoriert. Es hat sich gezeigt, dass diese Praxis fortgesetzt wird, insbesondere auch durch die Betonung der kontradiktorischen Verfahrensgestaltung bei der Disziplinarklage. Dies könnte zu einem Ansteigen der notwendigen Disziplinarklagen der Beamten führen, um sich gegen eine solche Verfolgung zu schützen. Für die Einleitung der Vorermittlungen ist ausdrücklich **keine Form** vorgeschrieben, sie ist jedoch aktenkundig zu machen (Abs. 1 Satz 3).

Die dem Dienstvorgesetzten bekannt gewordenen Tatsachen müssen den **hinreichenden Verdacht eines Dienstvergehens** rechtfertigen, d. h., dass eine schuldhafte Pflichtverletzung vorliegen würde, wenn sich die verdächtigten Tatsachen als wahr erweisen würden. Der Verdacht bezieht sich also zunächst nur auf das Vorliegen einschlägiger Tatsachen. Über die **Rechtsfrage,** ob diese Tatsachen auch den Tatbestand eines Dienstvergehens erfüllt, muss hingegen **Gewissheit** bestehen. Hinsichtlich des erheblichen Sachverhalts müssen zumindest hinreichende tatsächliche Verdachtsgründe bestehen, eine bloße Vermutung reicht nicht aus. Ein »Verdacht« liegt nicht vor, wenn der Sachverhalt schon entscheidungsreif bekannt ist. Dann bedarf es keiner weiteren Aufklärung von Tatsachen. Bei disziplinarer Erheblichkeit muss aber vor Erlass der Disziplinarverfügung aus Rechtsschutzgründen nach § 17 – unter Beachtung des § 21 Abs. 2 – verfahren werden. Bei Unschuld bedarf es einer förmlichen Einstellungsverfügung nach § 32 Abs. 1 Nr. 1. Ermittlungen nach § 17 scheiden auch dann aus, wenn bei geklärtem Sachverhalt die disziplinare Bewertung schon feststeht in dem Sinne, dass ein Dienstvergehen gar nicht vorliegt, d. h. unter der Schwelle der disziplinaren Erheblichkeit liegt, oder dass das Dienstvergehen mangels erheblichen Gewichts keiner Maßregelung bedarf.

Liegen die Voraussetzungen des Abs. 1 vor, sind also Tatsachen bekannt geworden, die den Verdacht eines Dienstvergehens rechtfertigen, und kommt eine Disziplinarmaßnahme in

---

12 Krit. zum Begriff: Claussen/Benneke/Schwandt, Das Disziplinarverfahren, Rn. 561.
13 Claussen/Benneke/Schwandt, a. a. O., Rn. 565; Herrmann/Sandkuhl, Beamtendisziplinarrecht, § 7 Rn. 626.

Betracht, so besteht die Pflicht,[14] unverzüglich das Disziplinarverfahren nach § 17 einzuleiten.[15] Es besteht insoweit kein Ermessen des Dienstvorgesetzten.[16] Die **Einleitungs- und Unterrichtungspflicht** dient auch dem Schutz des Beamten. Sie soll sicherstellen, dass disziplinarische Ermittlungen so früh wie möglich im Rahmen des gesetzlich geordneten Disziplinarverfahrens mit seinen rechtsstaatlichen Sicherungen, insbesondere dem Recht des Beamten auf Beweisteilhabe,[17] geführt werden. Sobald sich Vermutungen zu dem Verdacht konkretisiert haben, ein bestimmter Beamter habe eine bestimmte disziplinarrechtlich bedeutsame Dienstpflichtverletzung begangen, darf der Sachverhalt nicht mehr außerhalb des gesetzlich geordneten Disziplinarverfahrens ermittelt werden. Genügt für die Einleitung des behördlichen Disziplinarverfahrens ein formloser Aktenvermerk des Dienstvorgesetzten, wie dies in § 17 Abs. 1 Satz 3 vorgesehen ist, muss sich aus dem Vermerk inhaltlich unmissverständlich ergeben, dass der Dienstvorgesetzte die Verantwortung für die Durchführung eines Disziplinarverfahrens übernommen hat. Dies setzt voraus, dass er sich den Inhalt des Aktenvermerks durch seine Unterschrift oder jedenfalls durch eine auf den Vermerk bezogene Paraphe zu Eigen gemacht hat. Da die **Namenswiedergabe der Unterschrift** gleichsteht, kann die Einleitungsverfügung durch eine **Paraphe** oder in sonstiger Form gezeichnet werden, wenn dies innerorganisatorischen Gepflogenheiten entspricht. Jedoch muss der Dienstvorgesetzte unmissverständlich zum Ausdruck gebracht haben, dass er die Verantwortung für die Entscheidung übernommen hat. Der Gesetzgeber hat durch das Schriftformerfordernis deutlich gemacht, dass dies nur durch eine eigenhändige schriftliche Dokumentation nachgewiesen werden kann.[18] Geschieht dies über längere Zeit nicht so ist dies regelmäßig als mildernder Umstand bei der Bemessung der Disziplinarmaßnahme zu berücksichtigen.[19]

6a **Bagatellverfehlungen,** die keiner Maßregelung bedürfen, fallen nicht unter den Ermittlungszwang nach § 17.[20] Mit dieser Begrenzung des Aufklärungszwangs nach § 17 wird einem verbreiteten Bedürfnis vieler Verwaltungen entsprochen, bei disziplinar unerheblichen und geringfügigen Bagatellverfehlungen ohne formalisiertes Verfahren und bei Freihaltung der Personalakten der Betroffenen, diese sinnvoll einsetzen und fördern zu können. Bagatellverfehlungen sind solche, die die Schwelle zur disziplinarrechtlichen Erheblichkeit nicht überschreiten.[21] Die »Bagatellgrenze« wird bei Zugriffsdelikten regelmäßig in Höhe von 50,00 Euro gesehen.[22] Das BVerwG hat weiter ausgeführt, dass für ein Zugriffsdelikt bei einem einmaligen Fehlverhalten mit einem Schaden von weniger als 200,00 Euro ernsthaft in Betracht kommt, von der Entfernung aus dem Beamtenverhältnis abzusehen.[23] Für die Ermittlung des Werts ist grundsätzlich auf den objektiv-generalisierenden Verkehrswert zum Tatzeitpunkt abzustellen,[24] d. h. subjektiv-spezielle Begebenheiten beim Geschädigten haben ebenso außer Betracht zu bleiben wie hypothetisch wertmindernde Kausalverläufe.[25] Die Bestimmung des Marktwerts eines Gegenstandes

---

14 BVerwG 6. 8. 2009 – 2 B 45.09.
15 BVerwG 28. 3. 2013 – 2 B 113.12; 18. 11. 2008 – 2 B 63.08.
16 Herrmann/Sandkuhl, Beamtendisziplinarrecht, § 6 Rn. 450.
17 BVerwG 28. 3. 2013 – 2 B 113.12.
18 BVerwG 28. 3. 2013 – 2 B 113.12.
19 BVerwG 18. 11. 2008 – 12 B 63.08.
20 A. A. Herrmann/Sandkuhl, Beamtendisziplinarrecht, § 6 Rn. 457f.
21 Herrmann/Sandkuhl, Beamtendisziplinarrecht, § 4 Rn. 230.
22 BVerwG 1. 8. 2013 – 2 B77.12; 27. 6. 2013 – 2 WD 5.12; VGH Bayern 23. 7. 2014 – 16b D 11.601.
23 BVerwG 23. 2. 2012 – 2 B 143.11; VGH Bayern 25. 9. 2013 – 16a D 12.1369.
24 Schönke/Schröder, StGB, § 248a Rn. 7.
25 VGH Bayern 18. 3. 2015 – 16a D 14.755.

gehört zur Ermittlung und Feststellung des Sachverhalts, die der rechtlichen Würdigung vorgelagert ist. Daher können die Verfahrensbeteiligten die Methoden der Wertbestimmung in der Revisionsinstanz nur mit Verfahrensfragen in Frage stellen. In Betracht kommt insbesondere die Rüge, das Verwaltungsgericht habe die Pflicht zur umfassenden Sachaufklärung verletzt.[26]

Der Abschluss eines **Vergleichs** ist dem Disziplinarverfahren fremd. Die gesetzliche Beschränkungsmöglichkeit führt weder das Opportunitätsprinzip ein, noch ermöglicht sie eine Beschränkung unter dem Gesichtspunkt der Verständigung der Beteiligten (»Deal«).[27] Sind nach dem Verfolgungsgrundsatz disziplinare Ermittlungen zwingend geboten, ist für Vereinbarungen oder Zusagen einer zuständigen Behörde, auf die Einleitung und Durchführung eines Disziplinarverfahrens zu verzichten, kein Raum.[28] Ein Verzicht auf Vorermittlungen wie beim Schichtdienststreik 1980 bei der Deutschen Bundespost wird deshalb nur für einfache bis mittelschwere Verfehlungen gelten können. Bei allem ist zu berücksichtigen, dass die Geltung des Legalitätsprinzips erst neueren Datums ist. Es gehört also keineswegs zu den tragenden Grundsätzen des Disziplinarrechts. So sieht z. B. das LDG Baden-Württemberg unter § 37 Abs. 2 vor, dass in bestimmten Fällen das Verfahren nach Erfüllung der Auflagen eingestellt werden kann. Diese Vorschrift ist erkennbar § 153 a StPO nachempfunden. Hier wird deutlich, dass der Gesetzgeber beabsichtigt, die Möglichkeit von Absprachen zwischen den Beteiligten zur Vermeidung eines förmlichen Verfahrens zu ermöglichen. Es darf auch nicht verkannt werden, dass es heute bereits in der Praxis nicht unüblich ist, Absprachen im Hinblick auf die zu verhängende Disziplinarmaßnahme zu treffen und damit den Aufwand auf beiden Seiten geringer zu halten. Nach überwiegender Ansicht kann ohnehin beim Verdacht eines so schweren Dienstvergehens, dass eine in die Zuständigkeit von Dienstvorgesetzten fallende Disziplinarmaßnahme nicht mehr in Betracht kommt, die Einleitung des förmlichen Disziplinarverfahrens unter Abbruch des Vorermittlungsverfahrens unverzüglich erfolgen.[29]

Unumstritten ist auch, dass das Ermittlungsverfahren weitgehend vereinfacht werden kann, und zwar hauptsächlich dann, wenn es um Straftaten ohne unmittelbaren dienstlichen Bezug geht und anzunehmen ist, dass § 14 mit seinem Maßnahmeverbot eingreift.

Das BVerwG hat in seiner Entscheidung v. 29. 7. 2010 (2 A 4.09) formlose **Verwaltungsermittlungen** neben bzw. vor oder anstelle von Ermittlungen ausdrücklich für zulässig, ja für notwendig erklärt.[30] Zwar darf der Dienstherr auch Verwaltungsermittlungen durchführen, weil ein Disziplinarverfahren wegen seiner stigmatisierenden Wirkung nicht vorschnell eingeleitet werden darf.[31] Jedoch sollen die disziplinarischen Ermittlungen so früh wie möglich im Rahmen des gesetzlich geordneten Verfahrens mit seinen rechtsstaatlichen Sicherungen zu Gunsten des Beamten, insbesondere dem Recht auf Beweisteilhabe nach § 24 Abs. 4, geführt werden. Der Dienstvorgesetzte darf, wenn die Voraussetzungen zur Einleitung vorliegen, nicht abwarten und weiteres Belastungsmaterial sammeln. Verzögert der Dienstvorgesetzte entgegen § 17 Abs. 1 Satz 1 die Einleitung des Disziplinarverfahrens, so kann dies bei der Bemessung der Disziplinarmaßnahme (§ 13) als mildernder

---

26 BVerwG 26. 3. 2014 – 2 B 100.13; 14. 1. 2014 – 2 B 58.13.
27 BVerwG 6. 6. 2013 – 2 B 50.12.
28 BVerwG 26. 2. 1988 – 2 WD 37.87, NVwZ 1989; VGH Bayern 9. 4. 2014 – 16a D 12.1439.
29 BVerwG, ZBR 1981, 343.
30 So auch GKÖD-Weiß, II § 17 Rn. 29; Herrmann/Sandkuhl, Beamtendisziplinarrecht, § 6 Rn. 446; Urban/Wittkowski, BDG, § 17 Rn. 5; grds. von der Unzulässigkeit ausgehend: Claussen/Benneke/Schwandt, Das Disziplinarverfahren, Rn. 545.
31 BVerwG 29. 3. 2012 – 2 A 11.10; OVG Lüneburg 5. 12. 2012 – 19 LD 3/12; GKÖD-Weiß, II § 17 Rn. 32.

Umstand berücksichtigt werden, wenn die verzögerte Einleitung für das weitere Fehlverhalten des Beamten ursächlich war.[32] Zwar darf der Dienstherr auch Verwaltungsermittlungen durchführen, weil ein Disziplinarverfahren wegen seiner stigmatisierenden Wirkung nicht vorschnell eingeleitet werden darf.[33] Verwaltungsermittlungen müssen aber wegen der Schutzwirkung der Verfahrensvorschriften in disziplinarrechtlich geführte Ermittlungen umschlagen, wenn der Dienstvorgesetzte Kenntnis von Tatsachen erlangt, aufgrund derer die **hinreichende Wahrscheinlichkeit** besteht, dass der Beamte schuldhaft seine Dienstpflichten in disziplinarrechtlich relevanter Weise verletzt hat. Ein Verstoß gegen die aus § 17 Abs. 1 Satz 1 folgende Pflicht zur rechtzeitigen Einleitung des behördlichen Disziplinarverfahrens stellt einen **Mangel i. S. v. § 55 Abs. 1** dar. Der Begriff des Mangels i. S. v. § 55 Abs. 1 erfasst Verletzungen von Verfahrensregeln, die im behördlichen Disziplinarverfahren von Bedeutung sind. Hierunter fallen Verstöße gegen verfahrensrechtliche Vorschriften und Rechtsgrundsätze, die den äußeren Ablauf des behördlichen Disziplinarverfahrens bis zur abschließenden behördlichen Entscheidung, also bis zur Erhebung der Disziplinarklage oder bis zu dem Erlass einer Disziplinarverfügung, betreffen.[34] Der Beamte ist über die Einleitung von Verwaltungsermittlungen zu unterrichten. Die Art und Weise und der Umfang der Durchführung liegen im **pflichtgemäßen Ermessen** des Dienstvorgesetzten. Zu ermitteln ist alles, was wichtig und bedeutsam für die Einschätzung als Dienstvergehen ist, wobei oberstes Ziel die objektive Feststellung der **belastenden** und **entlastenden** Umstände ist. Welche Maßnahmen im Einzelnen der Aufklärung dienen und vorgenommen werden, muss jeweils gesondert entschieden werden. Der Zweck der Vorermittlungen geht dahin, dem Dienstvorgesetzten die Grundlage für eine Entscheidung nach §§ 32 ff. zu geben. Neben Zeugen- und Sachverständigenvernehmung kommt die Auskunftserteilung, die Heranziehung von Urkunden o.Ä. in Betracht. Lädt der Ermittlungsführer Zeugen oder Sachverständige, besteht kein Zwang zum Erscheinen, außer bei Beamten, die dem Dienstvorgesetzten unterstellt sind (Gehorsamspflicht); anders auch, wenn der Dienstvorgesetzte die Ermittlungen über den Weg der Rechtshilfe (§ 25) durch ein Gericht vornehmen lässt. Bei allem spielt die Frage der vorliegenden Aussagegenehmigung eine erhebliche Rolle (vgl. hierzu § 25 Rn. 8 und B. II. 9 b unter Rn. 9 a. E., 13). Die Anhörung von Zeugen und Sachverständigen ist grundsätzlich nicht öffentlich. Über Vernehmungen ist schließlich eine Niederschrift nach § 21 Abs. 3 zu fertigen, wobei § 168 a StPO sinngemäß anwendbar ist. Auch sind **verdeckte Ermittlungen** oder der **Zugriff auf personenbezogene Daten** ohne vorige Einwilligung des Betroffenen unzulässig.[35]

9   Verantwortlich für die Einleitung von Ermittlungen ist der **Dienstvorgesetzte,** d. h. derjenige, der für beamtenrechtliche Entscheidungen über die persönlichen Angelegenheiten der ihm nachgeordneten Beamten zuständig ist (§ 3 Abs. 2 BBG). Im Regelfall ist der unmittelbare Dienstvorgesetzte, d. h. der Leiter einer Dienststelle, Dienstvorgesetzter i. S. d. § 17. Allerdings können Vorermittlungen auch vom höheren Dienstvorgesetzten oder der obersten Dienstbehörde veranlasst werden (Abs. 1 Satz 2). Das behördliche Disziplinarverfahren leidet an einem Mangel, wenn die nach § 17 Abs. 1 erforderliche schriftliche Verfügung über die Einleitung des behördlichen Disziplinarverfahrens von dem hierfür zuständigen Dienstvorgesetzten nicht unterschrieben oder zumindest abgezeichnet wird. Es hängt von den Umständen des Einzelfalles ab, ob dieser Mangel wesentlich ist und

---

32 BVerwG 29. 3. 2012 – 2 A 11.10.
33 GKÖD-Weiß, II § 17 Rn. 32.
34 BVerwG 29. 3. 2012 – 2 A 11.10; VGH Bayern 26. 9. 2014 – 16a D 13.253.
35 Herrmann/Soiné, NVwZ 2012, 845.

deshalb eine Pflicht des Verwaltungsgerichts begründet, auf seine Beseitigung hinzuwirken.[36]

Diese **schriftliche Anordnung** ist im Interesse der Klarheit und Rechtssicherheit unerlässlich. Die formalen Anforderungen an die Schriftlichkeit sind nicht näher bestimmt und daher durch Auslegung der Vorschrift zu ermitteln. Nach dem Willen des Gesetzgebers dient die Schriftlichkeit der Einleitungsverfügung der Klarstellung im Zusammenhang mit der – frühestens mit Einleitung des Disziplinarverfahrens möglichen Anordnung der vorläufigen Dienstenthebung sowie der teilweisen Einbehaltung der Dienstbezüge.[37] Nach dem Sinn und Zweck der Vorschrift dient das Schriftformerfordernis dazu, den Beginn des Disziplinarverfahrens und dessen Inhalt eindeutig festzulegen sowie sicherzustellen, dass das Disziplinarverfahren auf Veranlassung bzw. mit Billigung des Dienstherrn eingeleitet bzw. geführt wird. Dies erfordert es nicht – wie in § 126 Abs. 1 BGB vorgesehen –, dass die Urkunde vom Aussteller eigenhändig oder mittels notariell beglaubigten Handzeichens unterzeichnet werden muss. Vielmehr ist hinreichend, dass sich aus der Akte ergibt, dass die schriftliche Einleitungsverfügung vom Willen des Dienstvorgesetzten gedeckt ist; hierzu bedarf es nicht dessen eigenhändiger Unterschrift mit vollem Namenszug oder einer entsprechenden Paraphe auf der Einleitungsverfügung selbst. Für den lediglich verwaltungsinternen Akt der Einleitung des Disziplinarverfahrens ist es bereits ausreichend, wenn sich aus anderen (schriftlich) fixierten Tatsachen ergibt, dass die Einleitung mit Willen des Dienstvorgesetzten erfolgte.[38]

10

Die Aufklärungspflicht einerseits und die Fürsorgepflicht gegenüber dem Betroffenen andererseits verlangen, dass der **Beschleunigungsgrundsatz** bei den Ermittlungen berücksichtigt wird (§ 4). Dem Dienstvorgesetzten kann durch das Gericht eine Frist gesetzt werden (§ 62). Ein Antrag auf eine solche Fristsetzung ist zu begründen. Daraus, dass der Antrag auf gerichtliche Fristsetzung gem. § 62 Abs. 1 Satz 1, 2 zulässig ist, kann nicht auf seine Begründetheit gem. § 62 Abs. 2 Satz 1 geschlossen werden.[39]

11

Der mit Vorermittlungen beauftragte Beamte kann nicht wegen **Besorgnis der Befangenheit** abgelehnt werden. Dies kann jedoch gegenüber dem Dienstherrn angeregt werden. Es kann dann geboten sein, um eine Voreingenommenheit oder einen mangelnden Aufklärungswillen hinsichtlich entlastender Umstände bereits in einem frühen Zeitpunkt aktenkundig zu machen und dem Dienstherrn zur Kenntnis zu bringen. Das Verwaltungsgericht ist erst nach einer Disziplinarentscheidung nach §§ 34, 45 berufen, über den Gang des Verfahrens zu befinden. Ein bekannter Befangenheitsgrund muss vor der abschließenden Verwaltungsentscheidung und unverzüglich nach Bekanntwerden geltend gemacht werden, um einen **Rügeverlust** zu verhindern.[40] Schon die § 44 Abs. 3 Nr. 2 VwVfG zu entnehmende gesetzgeberische Wertung spricht dafür, dass die Besorgnis der Befangenheit nur ganz ausnahmsweise zur **Nichtigkeit** führt. Das ist der Fall bei einer offensichtlichen Parteilichkeit der getroffenen Entscheidung.[41] Überdies ist der Mangel der Mitwirkung eines befangenen Amtsträgers deshalb unbeachtlich, wenn die Widerspruchsbe-

12

---

36 Zum HmbgDG: BVerwG 28.3.2013 – 2 B 113.129.
37 Für das HmbDG: Bü-Drs. 17/3377, S. 29.
38 BVerwG 18.11.2008 – 2 B 63/08, NVwZ 2009, 399; Hamburgisches OVG 10.8.2012 – 12 Bf 125/11.F.
39 VG Saarlouis 8.5.2013 – 4 K 447/13.
40 BVerwG 2.7.1992 – 5 C 51.90, BVerwGE 90, 287, 290; OVG Berlin-Brandenburg 21.2.2013 – OVG 81 D 2.10; OVG Koblenz 28.9.2007 – 2 B 10825/07, 2 E 10824/07; OVG Magdeburg 9.12.1998 – A 4 S 1/98; Bonk/Schmitz, in: Stelkens/Bonk/Sachs, VwVfG, § 21 Rn. 6; Herrmann/Sandkuhl, Beamtendisziplinarrecht, § 7 Rn. 620f.
41 Vgl. Sachs, in: Stelkens/Bonk/Sachs, a.a.O., § 44 Rn. 179; Kopp/Ramsauer, VwVfG, § 44 Rn. 54.

§ 17   Einleitung von Amts wegen

hörde die Ausgangsentscheidung nach einer Neubewertung des Sachverhalts im Ergebnis bestätigt hat und ein möglicher Einfluss des befangenen Amtsträgers auf diese Widerspruchsentscheidung auszuschließen ist.[42]

13 **Abs. 1 Satz 2** regelt nunmehr ausdrücklich das Recht des höheren Dienstvorgesetzten und der obersten Dienstbehörde, über die ordnungsgemäße Einleitung von Ermittlungsverfahren zu wachen und damit das **Legalitätsprinzip** zu gewährleisten. Dies ergibt sich auch aus dem ihnen zustehenden **Weisungs- und Aufsichtsrecht**.

14 Damit korrespondiert auch das Recht der Vorgesetzten, das Verfahren jederzeit an sich zu ziehen. Dies bedarf keiner Begründung, ist jedoch wegen der Transparenz des Verfahrens in den Akten zu vermerken. Ein solches Ansichziehen des Verfahrens kann im Hinblick auf die Einheitlichkeit und Gleichbehandlung geboten sein. Dies gilt z. B. in Fällen, in denen in der gleichen Behörde, jedoch in unterschiedlichen Abteilungen gleichartige Fälle disziplinar zu ahnden sind. Ein **behördlicher Zuständigkeitswechsel** hat zur Folge, dass höhere Dienstvorgesetzte sowohl die für die Erhebung einer Disziplinarklage als auch die für Anordnungen der vorläufigen Dienstenthebung und der Einbehaltung von Dienstbezügen zuständige Klagebehörde, gegen die ein Antrag nach auf Aussetzung der vorläufigen Dienstenthebung und der Einbehaltung von Dienstbezügen zu richten ist, geworden ist. Der behördliche Zuständigkeitswechsel führt zu einem gesetzlichen Parteiwechsel i. S. d. gem. § 3 BDG i. V. m. § 173 VwGO entsprechend anwendbaren Regelungen der §§ 239 ff. ZPO und ist vom Verwaltungsgericht von Amts wegen zu berücksichtigen.[43]

15 Die Verpflichtung nach **Abs. 1 Satz 3**, die Einleitung des Ermittlungsverfahrens aktenkundig zu machen, ist vor dem Hintergrund, dass der Beamte über diese Einleitung oftmals nicht unmittelbar informiert wird, im Interesse der Nachvollziehbarkeit des Gangs des Ermittlungsverfahren, der Rechtsklarheit, der Vollständigkeit der Akten zu begrüßen. Ihre Notwendigkeit ergibt sich auch aus der in § 62 Abs. 1 normierten Frist und der Möglichkeit, zur Beschleunigung des Verfahrens gerichtliche Hilfe in Anspruch zu nehmen. Zur Fristbestimmung muss deren Beginn jedoch eindeutig nachprüfbar sein.

15a Nach § 95 Abs. 2 Satz 1 Hs. 1 SGB IX hat der Dienstherr (vgl. §§ 71, 73 Abs. 1 SGB IX) weiterhin die **Schwerbehindertenvertretung** in allen Angelegenheiten, die einen einzelnen oder die schwerbehinderten Menschen als Gruppe berühren, unverzüglich und umfassend zu unterrichten und vor einer Entscheidung anzuhören (dazu auch: § 34 Rn. 5d). Dies gilt auch im Disziplinarverfahren. Da die Einleitung eines Disziplinarverfahrens gegen einen schwerbehinderten Beamten noch keine Entscheidung in diesem Sinne ist, ist die Schwerbehindertenvertretung hierüber lediglich zu unterrichten; eine Anhörung der Vertrauensperson der schwerbehinderten Menschen muss erst vor Entscheidungen, insbesondere vor dem Erlass einer Disziplinarverfügung bzw. vor der Erhebung einer Disziplinarklage sowie vor einer vorläufigen Dienstenthebung und Einbehaltung von Bezügen, erfolgen.[44] Fehlt es an der erforderlichen Beteiligung der Schwerbehindertenvertretung, so ist – unabhängig von der Frage, ob ein Verstoß gegen § 95 Abs. 2 Satz 1 SGB IX zur Rechtswidrigkeit der zugrundeliegenden Maßnahme führt[45] – die Durchführung oder Vollziehung der Maßnahme auszusetzen und die Beteiligung der Schwerbehindertenver-

---

42 BVerwG 5. 6. 1992 – 7 B 81.92; OVG Berlin-Brandenburg 21. 2. 2013 – OVG 81 D 2.10; Sachs, in: Stelkens/Bonk/Sachs, a. a. O., § 45 Rn. 147.
43 BVerwG 2. 11. 1973 – 4 C 55.70; 14. 6. 2001 – 5 C 21.00; OVG Lüneburg, 10. 12. 2014 – 20 ZD 5/14.
44 VGH Bayern 18. 3. 2015 – 16a D 09.3029; 15. 11. 2011 – 16a DA 11.1261.
45 BVerwG 22. 3. 1989 – 1 DB 30.88; 5. 11. 1993 – 2 DW 4.93.

Einleitung von Amts wegen § 17

tretung nachzuholen; der Disziplinarbehörde ist durch das Gericht eine Frist zur Beseitigung des Mangels zu setzen.[46]

Die Gleichstellungsbeauftragte ist gem. § 19 Abs. 1 Satz 2 BGleiG bei allen Disziplinarverfahren zu beteiligen, da bei der Einleitung nicht abzusehen ist, in welchem Umfang der historische Ablauf einen Bezug zu Benachteiligungen aufgrund des Geschlechts oder der sexuellen Identität haben kann. Diese Einschätzung kann der Dienstherr nur mit der Gleichstellungsbeauftragten gemeinsam treffen.[47] Siehe dazu § 34 Rn. 5b.   **15b**

Abs. 2 regelt nunmehr, dass in den Fällen, in denen nach §§ 14, 15 die Verhängung einer Disziplinarmaßnahme ausscheidet, kein Ermittlungsverfahren durchgeführt werden darf (»wird nicht eingeleitet«). Ein solches Maßnahmeverbot muss in diesen Fällen von Beginn an ohne jeden Zweifel feststehen. Sind Zweifel vorhanden, so ist ein Ermittlungsverfahren einzuleiten. Bestätigt sich dann das Vorliegen eines solchen Maßnahmeverbots, ist das Verfahren nach § 32 Abs. 1 Nr. 3 einzustellen. Angesichts der hohen Schwelle des »zweifelsfreien Feststehen« dürfte diese Vorschrift in der Praxis keinen großen Anwendungsbereich haben. Wird nach Abs. 2 von der Durchführung eines Ermittlungsverfahrens abgesehen, ist dies mit Begründung aktenkundig zu machen und dem Beamten bekannt zu geben. Diesem steht dann, soweit in dem Vermerk für ihn belastende Umstände festgehalten werden, die Möglichkeit der Anrufung des Gerichts offen.   **16**

Abs. 3 tritt an die Stelle des früheren § 36 Abs. 1 und 2 BDO.   **17**

Bekleidet ein Beamter **zwei Hauptämter** (ein äußerst seltener Fall), so kann jeder der Dienstvorgesetzten das förmliche Verfahren gegen ihn einleiten. Bei gleichem Sachverhalt darf allerdings nur ein Verfahren eingeleitet werden, wobei der Grundsatz der Priorität gilt. Der Dienstvorgesetzte, der das Disziplinarverfahren einleitet, hat dies von Gesetzes wegen allen anderen Dienstvorgesetzten mitzuteilen.[48]   **18**

Bekleidet der Beamte außer dem Hauptamt noch **Nebenämter**, besteht nur die Zuständigkeit der Einleitungsbehörde des Hauptamtes. Dies gilt selbst dann, wenn der Beamte das Dienstvergehen im Nebenamt begangen hat. Auch hier besteht Unterrichtungspflicht. Schwierig kann im Einzelfall die Frage zu entscheiden sein, was Haupt- und was Nebenamt ist. Das Gesetz gibt keine Definition dieser Begriffe. Ein Nebenamt wird regelmäßig vorliegen, wenn es die Arbeitskraft des Beamten nur in wesentlich geringerem Umfang als das Hauptamt beansprucht und in irgendeiner Weise auf dieses bezogen ist.[49]   **19**

In **Abs. 4 Satz 1** wird klargestellt, dass, wie nach bisherigem Recht auch, eine Beurlaubung aus dem Dienst, eine Abordnung oder eine Zuweisung an den Zuständigkeiten nach Abs. 1–3 nichts ändert. Es bleibt in diesen Fällen immer der Dienstherr zuständig.[50] Dies gilt gerade auch für die Beamten, die bei den Nachfolgeunternehmen der ehemaligen Bundespost und Bundesbahn beschäftigt sind oder bei diesen beurlaubt und bei Tochterunternehmen beschäftigt sind. Hier bleibt der jeweils beliehene Dienstherr zuständig.   **20**

Ausnahmsweise geht im Fall der Abordnung nach **Abs. 4 Satz 2** die Verpflichtung zur Einleitung eines Disziplinarverfahrens auf den nach der Abordnung zuständigen Dienstvorgesetzten über, soweit es sich um ein Dienstvergehen handelt, das in der Zeit der Abord-   **21**

---

46 VGH Bayern 18.3.2015 – 16a D 09.3029; 28.10.2008 – 16b D 07.1213; Urban/Wittkowski, BDG, § 17 Rn. 20.
47 BVerwG 28.2.2013 – 2 C 62.11; v. Roetteken, BGleiG, § 19 Rn. 87; eingeschränkt Urban/Wittkowski, BDG, § 17 Rn. 21; a.A. Gansen, § 17 Rn. 33.
48 Urban/Wittkowski, BDG, § 17 Rn. 26.
49 Urban/Wittkowski, BDG, § 17 Rn. 27.
50 Urban/Wittkowski, BDG, § 17 Rn. 29.

nung begangen wurde. Der Dienstvorgesetzte kann seine Verpflichtung jedoch nach eigenem Ermessen den anderen Dienstvorgesetzten überlassen. Auch wenn hier keine ausdrückliche gesetzliche Regelung vorliegt, wird auch diese Entscheidung aus den oben genannten Gründen aktenkundig zu machen sein. Die letzte Alternative in Abs. 4 Satz 2 lässt auch Raum für abstrakte allgemeine Kompetenzzuweisungen nach Abs. 1, die von der Regelung, dass der unmittelbare Vorgesetzte in den Fällen der Abordnung primär zuständig ist, abweichen und für diese Fälle andere Zuständigkeiten schaffen.

§ 18 Einleitung auf Antrag des Beamten

(1) Der Beamte kann bei dem Dienstvorgesetzten oder dem höheren Dienstvorgesetzten die Einleitung eines Disziplinarverfahrens gegen sich selbst beantragen, um sich von dem Verdacht eines Dienstvergehens zu entlasten.
(2) Der Antrag darf nur abgelehnt werden, wenn keine zureichenden tatsächlichen Anhaltspunkte vorliegen, die den Verdacht eines Dienstvergehens rechtfertigen. Die Entscheidung ist dem Beamten mitzuteilen.
(3) § 17 Abs. 1 Satz 2 zweiter Halbsatz und Satz 3 sowie Abs. 3 und 4 gilt entsprechend.

1 Die Vorschrift des § 18 tritt an die Stelle des ehemaligen § 34 BDO.
2 Diese **Bestimmung** hat hohe Rechtsschutzbedeutung für die Beamten. Sie sichert im Ergebnis durch gerichtlichen Rechtsschutz, dass kein geäußerter disziplinarer Verdacht offen gelassen werden darf, wenn es der Beamte nicht selbst so will. Damit ist der verfassungsrechtlich garantierte Rechtsschutz aus Art. 19 Abs. 4 GG im Disziplinarrecht gesetzlich gesichert.
3 Das Selbstentlastungsverfahren dient nicht nur dazu, dem Beamten Gewissheit über die disziplinare Beurteilung der vorgesetzten Behörde zu geben. Vielmehr gibt es dem Beamten das **Recht auf objektive und gegen jedermann wirkende Klärung von Schuld und Unschuld.** Deshalb kann der Betroffene nicht nur das Selbstentlastungsverfahren in Gang setzen, sondern **auch bei drohender bloßer Verfahrensentscheidung, z.B. wegen Verjährung,** in den bereits anhängigen disziplinaren Maßregelungsverfahren diese Klärung erzwingen.

Zulässigkeit des Verfahrens
4 Ein Antrag nach § 18 ist weder frist- noch formgebunden.[1] Der Antrag ist nur zulässig, wenn ein **Rechtsschutzbedürfnis** vorliegt. Der Antragsteller muss einen berechtigten Anlass für die Selbstentlastung haben, also durch den Verdacht eines Dienstvergehens i. S. d. § 18 beschwert sein.[2] Hat niemand im dienstlichen Bereich einen Verdacht geäußert, so wird häufig kein Anlass für ein Selbstentlastungsverfahren vorliegen. Anders, wenn das fragliche Verhalten publik geworden ist und nach seiner Eigenart den Verdacht zwangsläufig nach sich zieht. Nach dem Regelungszweck des § 18 sind seine Prozessvoraussetzungen großzügig zu beurteilen. Ist der Tatverdacht bereits in einem sachgleichen Strafverfahren verneint und das Strafverfahren deswegen eingestellt worden, so schließt das einen weiterbestehenden Verdacht der Dienstvorgesetzten nicht aus. In diesem Fall kann wegen der fehlenden Bindungswirkung einer solchen Verfahrenseinstellung auch noch

---

1 Urban/Wittkowski, BDG, § 18 Rn. 6.
2 Zum Begriff: GKÖD-Weiß, II 18 Rn.1; den Begriff des Selbstreinigungsverfahrens weiter nutzend: Herrmann/Sandkuhl, Beamtendisziplinarrecht, § 7 Rn. 593.

Einleitung auf Antrag des Beamten § 18

ein Rechtsschutzinteresse an disziplinarer Klärung bestehen. Laufen schon disziplinare Ermittlungen, so fehlt dem Antrag das Rechtsschutzbedürfnis.
Zu beachten ist dabei die Neuregelung des Abs. 2. Danach darf der Antrag nur abgelehnt werden, wenn keine zureichenden tatsächlichen Anhaltspunkte vorliegen, die den Verdacht eines Dienstvergehens rechtfertigen. Die Formulierung verweist zunächst auf § 17 Abs. 1 Satz 1, so auch die Gesetzesbegründung, die anmerkt, dass über den Antrag unter Zugrundelegung des Legalitätsprinzips des § 17 zu entscheiden ist. Dies ist vor den obigen Ausführungen zum Zweck der Vorschrift so zu verstehen, dass bei einem zulässigen Antrag immer Ermittlungen zur Prüfung, ob solche Anhaltspunkte vorliegen, anzustellen sind und erst nach dem Ergebnis dieser Ermittlungen entschieden werden kann und darf, ob das beantragte Disziplinarverfahren auch durchgeführt werden darf. Dies ist nach Abs. 2 nur dann der Fall, wenn zureichende tatsächliche Anhaltspunkte vorliegen. Dann ist das Disziplinarverfahren durchzuführen und folgt den gleichen Vorgaben, die auch für das von Amts wegen einzuleitende Verfahren nach § 17 gelten. Dies schließt ggf. auch die Möglichkeiten der Einstellung des Verfahrens nach § 32 ein. Auch für diesen Fall gelten die Vorschriften im vollen Umfang. 5

Die Durchführung eines Disziplinarverfahrens darf nur dann abgelehnt werden, wenn festgestellt ist, dass kein Dienstvergehen vorliegt. Mit dieser Entscheidung ist dann die beantragte Entlastung unmittelbar erreicht. 6

Mit der nunmehr vorgenommenen Regelung und ihrer Begründung folgt der Gesetzgeber der in der Vorauflage vertretenen Auslegung der Vorgängervorschrift des § 34. 7

Der Antrag ist unzulässig, wenn ihm die allgemeinen disziplinaren **Prozessvoraussetzungen** fehlen (kein Beamtenstatus, vordienstliche Verfehlung) oder **Prozesshindernisse** vorliegen (Bestands- oder Rechtskraft in derselben Sache, auch bei Missbilligung. Ist z. B. ein Beamter aus dem Beamtenverhältnis ausgeschieden, so ist der Antrag unzulässig und zu verwerfen. 8

Auch der **Ruhestandsbeamte** kann den Antrag stellen.[3] Für den Antrag ist keine Prozessvoraussetzung, dass der Beamte noch im aktiven Dienst ist. Auch pensionierte Beamte haben noch einen Teil des beamtenrechtlichen Status und ein entsprechendes Rechtsschutzbedürfnis. Sie werden deswegen auch verfahrensrechtlich in § 2 Abs. 1 Nr. 2 den aktiven Beamten gleichgestellt, ggf. ja auch von Amts wegen disziplinar verfolgt. 9

Das Prozesshindernis des **Maßnahmeverbots** steht nicht entgegen, weil § 18 gerade bezweckt, in einem solchen Fall nach dem Wunsch des Betroffenen eine Sachentscheidung über das Vorliegen oder Nichtvorliegen eines Dienstvergehens zu ermöglichen (vgl. o. Rn. 2). Der Antrag ist zur Befreiung von allen Dienstvergehen – unabhängig von der Schwere – zulässig. 10

Für **Beamte auf Probe und auf Widerruf** gilt das Selbstentlastungsverfahren nach § 18 entsprechend. Sie können, da ein Verfahren vor dem Disziplinargericht gem. § 34 Abs. 1 Nr. 1 BBG ausgeschlossen ist, eine Untersuchung beantragen. 11

Verfahren vor der Einleitungsbehörde
Der Antrag kann nach Abs. 1 Satz 1 sowohl bei dem Vorgesetzten als auch bei dem höheren Vorgesetzten gestellt werden. Durch die Möglichkeit, den Antrag beim höheren Dienstvorgesetzten direkt einzureichen, wird sichergestellt, dass die bislang durch die Prüfung im förmlichen Verfahren gewährleistete Prüfung durch eine höhere und in der Regel nicht unmittelbar mit dem Vorgang befasste Stelle auch weiterhin besteht. 12

---

3 Ebenso GKÖD-Weiß, II § 18 Rn. 25; a. A. BVerwG – 1 DB 24.01; Herrmann/Sandkuhl, Beamtendisziplinarrecht, § 7 Rn. 593.

§ 18   Einleitung auf Antrag des Beamten

13   Der Antrag muss den verdächtigen **Sachverhalt und die Tatsache des Verdachts substantiiert und schlüssig darlegen.** Dies ist je nach Bildungsgrad des Beamten großzügig zu beurteilen. Es reicht aus, wenn der Verdacht bestimmbar ist. Das ist bei sachgleichen Strafverfahren, Verwaltungsstreitverfahren, dienstrechtlich behandelten Vorgängen, ohne Sachentscheidung eingestellten Disziplinarverfahren besonders nahe liegend (vgl. o. Rn. 4). Ergibt sich der Verdacht nicht aus solchen Verfahren, sondern aus der Publizität des Vorfalles und einer entsprechenden Befürchtung des Betroffenen, so bedarf dies näherer Darlegung.

14   Der Dienstherr hat bei zulässigem Antrag den **Sachverhalt bis zur Entscheidungsreife** (der Frage des Dienstvergehens) **aufzuklären.** Dafür stehen ihm ab Einleitung des Disziplinarverfahrens dieselben Verfahrenswege und Mittel wie bei eigenem disziplinarem Betreiben zur Verfügung.[4] Er kann – und muss ggf. – das Verfahren nach § 22 aussetzen. Die Bindung an Strafentscheidungen nach § 23 ist ebenfalls gegeben, auch die Beteiligungsrechte des Personalrats und der Schwerbehindertenvertrauensleute sind zu beachten.

15   Nach Aufklärung des Sachverhalts **entscheidet der Dienstherr nach denselben Ermessensgründen** aus §§ 32 ff., die auch sonst gelten. Liegt ein Dienstvergehen nicht vor, so stellt sie die Unschuld des Beamten fest und das Verfahren ein. Andernfalls hat sie die Wahl zwischen der Disziplinarverfügung und der Disziplinarklage. Immer aber **muss eine definitive Sachentscheidung über Vorliegen oder Nichtvorliegen eines Dienstvergehens getroffen** werden. Darüber zu entscheiden, steht nicht im Belieben der Einleitungsbehörde.

16   Hat der Dienstherr auf den Antrag hin das **Disziplinarverfahren eingeleitet, so bestimmt sich dessen weiterer Verlauf** wie üblich nach der gesetzlichen Regelung in §§ 20 ff. Der Antragsteller ist dann nicht mehr Herr des förmlichen Disziplinarverfahrens wie noch zuvor beim Antragsverfahren. Das Disziplinarverfahren kann dann **nicht mehr durch Rücknahme des Antrags,** sondern nur durch die Einleitungsbehörde oder anschließend durch Gerichtsentscheidung **beendet werden.**

17   Lehnt die Einleitungsbehörde die Einleitung des förmlichen Disziplinarverfahrens ab, so muss sie dem Antragsteller **ihre Entscheidung mitteilen** (Abs. 2 Satz 2). Enthält der Bescheid keine **Begründung,** so muss die Einleitungsbehörde diese auf Antrag schriftlich nachreichen.[5] Erlässt die Einleitungsbehörde keine Disziplinarmaßnahme, stellt aber ein Dienstvergehen fest oder lässt dieses offen, so kann dagegen **Rechtsschutz** beantragt werden.

18   Gegen eine ablehnende Entscheidung kann der Beamte Widerspruch und darüber hinaus Klage einreichen. Des darüber hinausgehenden Schutzes des § 34 Satz 2 bedarf es nach dieser Konzeption der Vorschrift nicht mehr.

19   Abs. 3 verweist für die Durchführung des Verfahrens auf die einschlägigen Vorschriften des § 17. Damit wird noch einmal zum Ausdruck gebracht, dass das Verfahren nach § 18 den gleichen Grundsätzen wie das nach § 17 von Amts wegen eingeleitete durchgeführt werden muss.

---

4 Herrmann/Sandkuhl, Beamtendisziplinarrecht, § 7 Rn. 597.
5 Urban/Wittkowski, BDG, § 18 Rn. 9; von keinerlei Formerfordernissen ausgehend: Claussen/Benneke/Schwandt, Das Disziplinarverfahren, Rn. 539; Gansen, § 18 Rn. 5.

§ 19 Ausdehnung und Beschränkung

(1) Das Disziplinarverfahren kann bis zum Erlass einer Entscheidung nach den §§ 32 bis 34 auf neue Handlungen ausgedehnt werden, die den Verdacht eines Dienstvergehens rechtfertigen. Die Ausdehnung ist aktenkundig zu machen.

(2) Das Disziplinarverfahren kann bis zum Erlass einer Entscheidung nach den §§ 32 bis 34 oder eines Widerspruchsbescheids nach § 42 beschränkt werden, indem solche Handlungen ausgeschieden werden, die für die Art und Höhe der zu erwartenden Disziplinarmaßnahme voraussichtlich nicht ins Gewicht fallen. Die Beschränkung ist aktenkundig zu machen. Die ausgeschiedenen Handlungen können nicht wieder in das Disziplinarverfahren einbezogen werden, es sei denn, die Voraussetzungen für die Beschränkung entfallen nachträglich. Werden die ausgeschiedenen Handlungen nicht wieder einbezogen, können sie nach dem unanfechtbaren Abschluss des Disziplinarverfahrens nicht Gegenstand eines neuen Disziplinarverfahrens sein.

Diese Vorschrift regelt die Möglichkeit der Einbeziehung neuer Handlungen in ein bereits eingeleitetes Disziplinarverfahren (Abs. 1) – was nach altem Recht gem. § 62 Abs. 2 BDO dem Untersuchungsführer im Benehmen mit dem Bundesdisziplinaranwalt vorbehalten war – und die Konzentration des Disziplinarverfahrens auf die wesentlichen Vorwürfe sowie das Ausscheiden nebensächlicher Vorwürfe.

Abs. 1 bestimmt, dass ein Disziplinarverfahren nach seiner Einleitung bis zu einer Abschlussentscheidung des Dienstherrn – unabhängig davon, ob Einstellung (§ 32), der Erlass einer Disziplinarverfügung (§ 33) oder die Erhebung der Disziplinarklage (§ 34) ist – jederzeit auf neue Handlungen **ausgedehnt** werden kann. Es bedarf keiner Zustimmung des Beamten.[1] Das Gesetz stellt als entscheidenden Zeitpunkt auf den Erlass der Entscheidung ab. Dies ist der Zeitpunkt, in dem die Entscheidung nicht verändert werden kann, mithin spätestens der Zeitpunkt, in dem sie ausgefertigt wird. Dieser Zeitpunkt ergibt sich aus den Akten und ist ggf. durch Akteneinsicht festzustellen. Wurde die Ausdehnung nach der Entscheidung vorgenommen, darf sie nach dem klaren Wortlaut des Gesetzes bei der Bemessung der Maßnahme nicht berücksichtigt werden. Die Ausdehnung darf nur auf solche Handlungen vorgenommen werden, die den Verdacht eines Dienstvergehens rechtfertigen. Die Ausdehnung und der Zeitpunkt der Ausdehnung sind nach Abs. 1 Satz 2 aktenkundig zu machen. Dies ist zum einen erforderlich, um für den Beamten Klarheit über die ihm gegenüber erhobenen Vorwürfe zu schaffen, zum anderen ist es notwendig, um festzustellen zu können, ob die Ausdehnung rechtzeitig vor der Entscheidung des Dienstherrn nach Satz 1 geschehen ist. Dem Beamten ist die Ausdehnung entsprechend § 20 Abs. 1 Satz 2 mitzuteilen.[2]

Abs. 2 schafft erstmals im Disziplinarrecht die Möglichkeit der **Konzentration des Verfahrens** auf die für den Ausgang des Verfahrens maßgeblichen Vorwürfe. Die jetzige Vorschrift ermöglicht es dem Dienstherrn, im Disziplinarverfahren von der Ermittlung auch in nebensächlichen, geringfügigen Vorwürfen abzusehen, wenn daneben schwerwiegendere Vorwürfe erhoben werden.[3] Insoweit folgt das BDG bereits bestehenden Regelungen in verschiedenen Landesdisziplinargesetzen. Daher können einzelne Handlungen, die für die Art und Höhe der zu erwartenden Disziplinarmaßnahme voraussichtlich nicht aus-

---

1 GKÖD-Weiß, II § 19 Rn. 27; Claussen/Benneke/Schwandt, Das Disziplinarverfahren, Rn. 488; Urban/Wittkowski, BDG, § 19 Rn. 12.
2 Claussen/Benneke/Schwandt, a.a.O., Rn. 489; Herrmann/Sandkuhl, Beamtendisziplinarrecht, § 7 Rn. 598.
3 Vgl. dazu BVerwG 3.6.2010 – 2 A 4.09 – zu § 56 BDG.

schlaggebend sind, aus dem Disziplinarverfahren ausgeklammert werden. Diese Vorschrift ermöglicht aus Gründen der **Verfahrensökonomie** das Ausscheiden von Tathandlungen, deren Bedeutung für die Bestimmung der Disziplinarmaßnahme bereits während des anhängigen Verfahrens nach jeder Betrachtungsweise sicher ausgeschlossen werden kann.[4] Die gesetzliche Beschränkungsmöglichkeit führt jedoch weder das Opportunitätsprinzip ein, noch ermöglicht sie eine Beschränkung unter dem Gesichtspunkt der Verständigung der Beteiligten. Der **Grundsatz der Einheit des Dienstvergehens** verlangt vielmehr, dass über alle Pflichtverletzungen prinzipiell eine einheitliche Maßnahme bestimmt wird.[5] Allerdings ist es nach der Rspr. des BVerwG[6] zulässig, dass aus prozessökonomischen Gründen nicht alle Tatvorwürfe geprüft werden müssen, wenn bereits einzelne festgestellte Pflichtverletzungen die Verhängung der disziplinaren Höchstmaßnahme gebieten. Dadurch solle das Disziplinarverfahren von überflüssigem Ballast befreit werden können, müsse aber weiterhin die gebotene Gesamtwürdigung der Persönlichkeit des Beamten ohne Abstriche ermöglichen.[7] Dies gilt auch für das behördliche Disziplinarverfahren. Vermieden wird damit, dass die Aufklärung nebensächlicher Vorwürfe das gesamte Disziplinarverfahren unangemessen verzögert. Da dadurch eine Beschleunigung erreicht werden soll, bedeutet das nicht nur, dass die entsprechenden Handlungen nach den Ermittlungen unberücksichtigt bleiben können. Vielmehr ist es so, dass zu diesen Handlungen von vornherein nicht ermittelt werden muss. Auch die Beschränkung ist aktenkundig zu machen und dem Beamten mitzuteilen.[8]

4 Nach § 19 Abs. 2 Satz 3 dürfen diese Vorwürfe, sobald sie ausgeschieden sind, nicht wieder in das Disziplinarverfahren einbezogen werden. Sie müssen dann grundsätzlich zukünftig unberücksichtigt bleiben.[9] Eine Ausnahme ergibt sich nur dann, wenn die Voraussetzungen für das Ausscheiden nachträglich wegfallen.[10] Dies ist z. B. dann der Fall, wenn die »Haupttat« nicht nachweisbar ist und das Verfahren wegen dieses Vorwurfs eingestellt wird. Die grundsätzliche Befugnis des Verwaltungsgerichts zu einer von der Wertung der Vorinstanz unabhängigen Bemessungsentscheidung nach § 13 schließt es auch ein, eigenständig über den Ausschluss von Tathandlungen und ihre erneute Einbeziehung in das Disziplinarverfahren zu entscheiden. Kommt einer ausgeschlossenen Handlung nach Auffassung des Gerichts Bedeutung für Art und Höhe der zu erwartenden Disziplinarmaßnahme zu, sind die Voraussetzungen für die ausgesprochene Beschränkung daher nachträglich entfallen.[11] Ist jedoch eine Entscheidung im Disziplinarverfahren unanfechtbar geworden, so können die in diesem Zeitpunkt ausgeschiedenen Vorwürfe auf Dauer nicht mehr in zukünftigen Disziplinarverfahren berücksichtigt werden.

5 Gegen eine Ausdehnung oder eine Beschränkung besteht **kein Rechtsmittel**.[12]

---

4 Ausführlich zu § 56 Satz 1 BDG: BVerwG 6. 6. 2013 – 2 B 50.12, NVwZ-RR 2013, 926 f.; VG Meiningen 15. 8. 2013 – 6 D 60010/12 Me.
5 BVerwG 28. 7. 2011 – 2 C 16.10; 14. 2. 2007 – 1 D 12.05.
6 BVerwG 27. 11. 1996 – 1 D 28.95.
7 VG Meiningen 15. 8. 2013 – 6 D 60010/12 Me.
8 Claussen/Benneke/Schwandt, a. a. O., Rn. 491; Herrmann/Sandkuhl, Beamtendisziplinarrecht, § 7 Rn. 603; a. A. Urban/Wittkowski, BDG, § 19 Rn. 13.
9 Ebenso: Herrmann/Sandkuhl, Beamtendisziplinarrecht, § 7 Rn. 607.
10 Urban/Wittkowski, BDG, § 19 Rn. 9.
11 BVerwG 20. 8. 2013 – 2 B 8.13.
12 Urban/Wittkowski, BDG, § 19 Rn. 15.

Kapitel 2
Durchführung

§ 20 Unterrichtung, Belehrung und Anhörung des Beamten

(1) Der Beamte ist über die Einleitung des Disziplinarverfahrens unverzüglich zu unterrichten, sobald dies ohne Gefährdung der Aufklärung des Sachverhalts möglich ist. Hierbei ist ihm zu eröffnen, welches Dienstvergehen ihm zur Last gelegt wird. Er ist gleichzeitig darauf hinzuweisen, dass es ihm freisteht, sich mündlich oder schriftlich zu äußern oder nicht zur Sache auszusagen und sich jederzeit eines Bevollmächtigten oder Beistands zu bedienen.

(2) Für die Abgabe einer schriftlichen Äußerung wird dem Beamten eine Frist von einem Monat und für die Abgabe der Erklärung, sich mündlich äußern zu wollen, eine Frist von zwei Wochen gesetzt. Hat der Beamte rechtzeitig erklärt, sich mündlich äußern zu wollen, ist die Anhörung innerhalb von drei Wochen nach Eingang der Erklärung durchzuführen. Ist der Beamte aus zwingenden Gründen gehindert, eine Frist nach Satz 1 einzuhalten oder einer Ladung zur mündlichen Verhandlung Folge zu leisten, und hat er dies unverzüglich mitgeteilt, ist die maßgebliche Frist zu verlängern oder er erneut zu laden. Die Fristsetzungen und Ladungen sind dem Beamten zuzustellen.

(3) Ist die nach Absatz 1 Satz 2 und 3 vorgeschriebene Belehrung unterblieben oder unrichtig erfolgt, darf die Aussage des Beamten nicht zu seinem Nachteil verwertet werden.

§ 20 regelt die Unterrichtung, Belehrung und Anhörung von Beamten im Rahmen von Disziplinarverfahren. Die Vorschrift nimmt im Wesentlichen die Regelungen des früheren § 26 Abs. 2 BDO auf.

Die Neuregelung verwendet nicht mehr den Begriff des Verteidigers wie ehemals § 26 Abs. 2 BDO, sondern hat diesen durch die Begriffe »**Bevollmächtigter**« und »**Beistand**« ersetzt. Dies ist angesichts der Änderung der Bezugnahme vom Strafrecht zum Verwaltungsrecht in § 3 konsequent. Die Begriffe »Bevollmächtigter« und »Beistand« ergeben sich damit aus § 14 VwVfG für das behördliche Disziplinarverfahren und aus § 67 VwGO für das gerichtliche Verfahren. Bevollmächtigter oder Beistand kann mit Ausnahme des vor den OVG/VGH und dem BVerwG bestehenden Anwaltszwangs jeder sein, es bestehen insoweit keine besonderen Voraussetzungen. Hinzuweisen ist auf § 67 Abs. 1 Sätze 6 und 7 VwGO. Danach können auch Angestellte und Mitglieder einer Gewerkschaft in Beamtenangelegenheiten – damit auch in Disziplinarverfahren – vor dem OVG/VGH als Bevollmächtigte auftreten, soweit sie kraft Satzung oder Bevollmächtigung zur Vertretung befugt sind. Dies gilt für alle Gewerkschaftssekretäre, die im Rahmen ihrer Aufgaben als Angestellte einer Gewerkschaft auch mit der Rechtsvertretung von Mitgliedern befasst sind. Sie können auch vor dem OVG/VGH als Prozessbevollmächtigte auftreten. Gleiches gilt nach § 67 Abs. 1 Satz 7 auch für Mitarbeiter der DGB Rechtsschutz-GmbH. Dies stellt zum alten Recht in zweierlei Hinsicht eine Änderung dar: Zum einen können nunmehr auch Gewerkschaftssekretäre – auch Nichtjuristen – in Berufungsverfahren auftreten. Dies konnten sie angesichts des Anwaltszwangs vor dem BVerwG als Berufungsinstanz unter Geltung der BDO nicht. Allein die Revisionsinstanz ist ihnen, soweit sie über keine Anwaltszulassung verfügen, weiterhin versperrt. Zum anderen ist die Streitfrage, ob Mitarbeiter der DGB-Rechtsschutz-GmbH als Vertreter von Beamten wirksam als Bevollmächtigte Rechtsmittel einlegen können, obsolet geworden. Dies war in der Vergangenheit angesichts des Fehlens einer ausdrücklichen Regelung in der BDO, die mit § 67 Abs. 1 Satz 7 VwGO vergleichbar gewesen wäre, umstritten. Die im Zivilprozess geltende Regelung über die Belehrung über den Anwaltszwang aus § 232 ZPO findet mit Blick auf den abschließenden Charakter von § 58 Abs. 1 VwGO und die differenzierte Vertretungsmöglichkeit gem. § 67 Abs. 4 Satz 3 ff. VwGO im Verwaltungsprozess keine Anwendung.[1] Im Übrigen ist das Gericht auch in den Fällen, in denen disziplinarisch die Entfernung aus dem Beamtenverhältnis verwirkt sein kann, nicht gehalten, dem Beamten einen Verteidiger zu bestellen. Insoweit führt das OVG Berlin-Brandenburg aus, dass das Gericht keine wesentliche Verfahrensvorschrift dadurch verletzt, dass es für den Beamten keinen Verteidiger bestellt. Soweit § 141 Abs. 1 StPO die gerichtliche Bestellung eines Verteidigers vorsieht, wenn das Strafverfahren zu einem Berufsverbot führen kann (§ 140 Abs. 1 Nr. 3 StPO), ist damit nicht die Auflösung des Beamtenverhältnisses aufgrund eines Disziplinarverfahrens, sondern eine Anordnung durch das Strafgericht nach § 70 StGB gemeint.[2]

3 **§ 20 regelt die Rechtsstellung des Beamten im Ermittlungsverfahren.** Dabei lässt Abs. 1 Satz 1 zu, dass das Verfahren zunächst beginnt, ohne dass der betroffene Beamte angehört wird. Sobald es ohne **Gefährdung des Ermittlungszwecks** möglich ist, ist diesem aber Gelegenheit zu geben, sich zu äußern.[3] Der Beamte sollte schon aus Zweckmäßigkeitsgründen möglichst früh gehört werden. Zwar eröffnet § 20 Abs. 1 Satz 1 die Möglichkeit, die Unterrichtung des Beamten über die Einleitung des Ermittlungsverfahrens aufzuschieben, wenn eine Gefährdung der Aufklärung des Sachverhalts zu besorgen ist. Hierbei handelt es sich jedoch um einen Ausnahmefall, dem im Hinblick auf die Verfahrensrechte des Beamten »engste Grenzen« zu setzen sind.[4] Dem Dienstvorgesetzten stehen hierbei kein Beurteilungsspielraum und auch kein Ermessen zu;[5] es handelt sich um einen »seltenen Ausnahmefall«.[6] Es bedarf »konkreter Umstände«,[7] dass etwa der Beamte auf unsachliche Weise in das Verfahren eingreifen werde, etwa durch Bedrängen von Zeugen zu einer Nicht- oder Falschaussage.[8] Im Disziplinarverfahren ist der Ermittlungszweck in der Regel nicht gefährdet, wenn der Beamte durch Anhörung von dem Verfahren Kenntnis erhält. Sobald Ermittlungen beginnen, ist das in einer Dienststelle sowieso nicht geheim zu halten. Eine **Anhörung im Verlustfeststellungsverfahren** nach § 9 BBesG ersetzt die Anhörung nach § 20 nicht. Die Anhörung nach Abs. 1 soll in erster Linie zur Sachaufklärung führen. Vor ihrem Beginn ist der Beamte nach Abs. 1 Satz 2 über die ihm zur Last gelegte Verfehlung zu unterrichten. Ebenso ist er nach Abs. 1 Satz 3 zu belehren. Aus § 20 Abs. 1 Satz 2 und 3 folgt das Erfordernis, dass das Unterrichtungsschreiben erkennen lässt, welches Dienstvergehen dem Beamten zur Last gelegt wird, und ihn auf die ihm im Verfahren zustehenden Rechte hinweist.[9]

4 Der Beamte hat nach Abs. 2 folgende Möglichkeiten: Er kann sich bereit erklären, **sofort mündlich auszusagen.** Dann kann alsbald die Vernehmung zur Person und zur Sache er-

---

1 BVerwG 31.8.2015 – 2 B 61.14.
2 OVG Berlin-Brandenburg 10.9.2014 – OVG 81 D 6.11; Schmitt, in: Meyer/Goßner, StPO, § 140 Rn. 13.
3 Hamburgisches OVG 10.8.2012 – 12 Bf 125/11.F.
4 VG Berlin 20.5.2014 – VG 80 K 1.14 OL; GKÖD-Weiß, II § 20 Rn. 28.
5 GKÖD-Weiß, a.a.O.
6 Schütz/Schmiemann, Disziplinarrecht des Bundes und der Länder, § 20 BDG Rn. 5.
7 Gansen, Disziplinarrecht des Bundes und der Länder, § 20 BDG Rn. 5.
8 VG Berlin 20.5.2014 – VG 80 K 1.14 OL; Bauschke/Weber, Bundesdisziplinarrecht, § 20 BDG Rn. 5.
9 BVerwG 26.6.2014 – 2 A 1.12.

folgen. Er kann weiterhin erklären, er sei zwar grundsätzlich zur Aussage bereit, wolle jedoch zunächst einen Bevollmächtigten als Verteidiger befragen. Dann muss der Ermittlungsführer die Anhörung bereits vor der Anhörung zur Person abbrechen. Er muss einen neuen Termin bestimmen, der dem Beamten ausreichend Zeit lässt, einen Verteidiger auszuwählen und die Sache mit ihm zu besprechen. Dazu muss der Termin in der Regel mehrere Tage später gelegt werden. Eine kurze Unterbrechung der Verhandlung genügt normalerweise nicht, weil nicht sichergestellt ist, dass der Verteidiger alsbald erreichbar ist. In diesen Fällen ist jedoch die in Abs. 2 Satz 2 eingeführte Frist von drei Wochen zu beachten. In der genannten Frist ist die Anhörung anzuordnen. In den Fällen, in denen der Beamte erklärt, er wolle sich **schriftlich äußern**, ist ihm eine Frist von einem Monat zur Äußerung zu setzen. Auch dies stellt eine konkrete Ausgestaltung des Beschleunigungsgrundsatzes des § 4 dar. Ist der Beamte aus zwingenden Gründen daran gehindert, die Fristen einzuhalten oder der Ladung zur mündlichen Anhörung zu folgen, so ist die Frist zu verlängern bzw. er ist neu zu laden (Abs. 2 Satz 3). Der Beamte kann weiterhin erklären, er wolle sich zwar schriftlich oder mündlich äußern, bittet aber den Ermittlungsbeamten, die zu stellenden Fragen schriftlich zu formulieren oder ihm zuzusenden. Schließlich kann der Beamte erklären, er wolle überhaupt nicht aussagen. Über jede Anhörung ist im Übrigen eine **Niederschrift** anzufertigen (§ 28).

Macht ein Beamter im behördlichen Disziplinarverfahren von seinem Schweigerecht, auf das er nach § 20 Abs. 1 Satz 3 ausdrücklich hinzuweisen ist, keinen Gebrauch, so hat er dennoch keine dienstrechtliche Pflicht, im Verfahren vollumfänglich und wahrheitsgemäß auszusagen.[10] Eine derart weit reichende **dienstrechtliche Wahrheitspflicht** kann schon deshalb nicht angenommen werden, weil sie das Recht des Beamten auf angemessene Verteidigung gegen disziplinarische Vorwürfe unangemessen einschränkte. Der Beamte wäre in dem gegen ihn geführten Disziplinarverfahren vor die Wahl gestellt, entweder vollumfänglich zu schweigen oder das ihm vorgeworfene Dienstvergehen zu gestehen und sämtliche, auch ihn belastende und bisher unbekannte Umstände von sich aus offen zu legen. Eine Hervorhebung von den Beamten objektiv entlastenden Umständen oder auch eine lediglich verharmlosende Darstellung des eigenen Fehlverhaltens wäre danach als eine weitere Dienstpflichtverletzung bei der Maßnahmebemessung erschwerend zu berücksichtigen. Orientiert sich die dienstrechtliche Wahrheitspflicht im Disziplinarverfahren grundsätzlich an den **Grenzen des zulässigen Verteidigungsverhaltens im Strafverfahren**, so ist die Grenze des dienstrechtlich Zulässigen erst überschritten, wenn der Beamte im Disziplinarverfahren wider besseres Wissen Dritte diffamiert oder sonst vorsätzlich gegen Strafbestimmungen verstößt. Dem entspricht, dass ein Beamter erst bei Überschreitung dieser Grenzen oder bei grob schuldhaftem Aufstellen unwahrer Behauptungen dienstlich gemaßregelt oder benachteiligt werden darf, wenn er von seinem Recht Gebrauch macht, Beschwerden vorzubringen oder Rechtsschutz zu beantragen.[11] Hinzu kommt, dass die Akten aus dem Disziplinarverfahren im Strafverfahren beigezogen werden und sich die Wahrheitspflicht damit auch auf das Strafverfahren auswirkt und faktisch zu einer Wahrheitspflicht auch im Strafverfahren wird. Dies widerspricht jedoch den klaren strafrechtlichen Verteidigungsmöglichkeiten und beschneidet die Rechte des Beamten in unangemessener und nicht hinnehmbarer Weise.[12] Eine falsche Belehrung zur

4a

---

10 A. A. Claussen/Benneke/Schwandt, Das Disziplinarverfahren, Rn. 348; Herrmann/Sandkuhl, Beamtendisziplinarrecht, § 6 Rn. 530; Urban/Wittkowski, BDG, § 20 Rn. 5.
11 BVerwG 28. 11. 2013 – 2 C 62.11; 20. 11. 2012 – 2 B 56.12; Herrmann/Sandkuhl, Beamtendisziplinarrecht, § 7 Rn. 689.
12 VGH Bayern 11. 7. 2007 – 16a D 06.85.

§ 20   Unterrichtung, Belehrung und Anhörung des Beamten

Wahrheitspflicht führt zu einem **Verwertungsverbot** der Aussage des Beamten.[13] Da § 20 nicht nur der Aufklärung des Sachverhalts dient, sondern auch den schutzwürdigen Interessen des Beamten, sollten gerade unerfahrene Beamte und Beamte des einfachen und mittleren Dienstes vom Dienstvorgesetzten oder Ermittlungsführer dringend auf die Möglichkeit, einen Verteidiger hinzuzuziehen, und die der schriftlichen Äußerung hingewiesen werden. Für Beamte besteht **keine Teilnahmeverpflichtung an Anhörungen**.[14] Von daher kann auch keine Mitteilungspflicht seitens des Beamten bestehen, wenn er nicht persönlich zur Anhörung kommen will. Beamte müssen sich die Entscheidung über eine Teilnahme an der Anhörung bis zum letzten Augenblick vorbehalten können. Hat der Beamte ein Geständnis abgelegt und widerruft er dieses, so ist dieser Widerruf nicht nach den Vorschriften über rechtsgeschäftliche Willenserklärungen gem. § 104 ff. BGB zu behandeln. Die Würdigung der Richtigkeit des Geständnisses erfolgt nach dem Gebot der freien Beweiswürdigung gem. § 108 Abs. 1 Satz 1 VwGO.[15]

5   Eine Aussage, die bei **unrichtiger oder unterlassener Belehrung** zustande gekommen ist, ist später nicht verwertbar, so ausdrücklich Abs. 3.

6   Im Übrigen steht dem Beamten ein **Anspruch auf rechtliches Gehör** zu. Der Anspruch auf Gewährung rechtlichen Gehörs soll sicherstellen, dass ein Verfahrensbeteiligter Einfluss auf den Gang des Verfahrens und dessen Ausgang nehmen kann. Zu diesem Zweck muss er Gelegenheit erhalten, sich zu allen tatsächlichen und rechtlichen Gesichtspunkten zu äußern, die entscheidungserheblich sein können. Zwar korrespondiert mit diesem A·ußerungsrecht keine umfassende Frage-, Aufklärungs- und Hinweispflicht der Behörde bzw. des Gerichts. Vielmehr kann regelmäßig erwartet werden, dass die Beteiligten von sich aus erkennen, welche Gesichtspunkte Bedeutung für den Fortgang des Verfahrens und die abschließende Sachentscheidung der Behörde oder des Gerichts erlangen können, und entsprechend vortragen. Jedoch verlangt der **Schutz vor einer Überraschungsentscheidung**, dass die Behörde bzw. das Gericht rechtzeitig mitteilt, dass es auf eine Rechtsauffassung abstellen will, mit der die Beteiligten angesichts des Standes von Rechtsprechung und Schrifttum nicht zu rechnen brauchen. Nur durch einen solchen Hinweis erhalten sie Gelegenheit, sich zu dieser Auffassung zu äußern, und damit auf die Entscheidungsfindung einzuwirken.[16] Eine Verletzung dieses Rechts stellt einen Verfahrensmangel dar, der allerdings im nachfolgenden Verfahrensabschnitt geheilt werden kann.[17]

7   Das früher in § 26 Abs. 3 BDO geregelte **Akteneinsichtsrecht** ergibt sich nunmehr aus § 3 BDG i. V. m. § 100 VwGO für das gerichtliche Verfahren bzw. i. V. m. § 29 VwVfG für das behördliche Verfahren. Einer eigenständigen Regelung bedurfte es daher nicht mehr. Die Akteneinsicht nach Abschluss des Disziplinarverfahrens richtet sich nicht nach den Vorschriften des BDG, sondern nach den beamtenrechtlichen Vorschriften über die Einsicht in die Personalakten.[18] Ein Ausschluss der Akteneinsicht wegen Gefährdung des Ermittlungszwecks ist nicht mehr vorgesehen und scheidet aus.[19] Hierdurch käme es letztlich zu einer nicht wünschenswerten Verschleppung der Verfahren.

8   Dem Beamten steht nach § 24 Abs. 4 grundsätzlich ein Anwesenheits- und Fragerecht bei Vernehmungen von Dritten zu. Er ist rechtzeitig zu laden und schriftlich über Ort, Zeit-

---

13 Müller, ZBR 2012, 331; Urban/Wittkowski, BDG, § 20 Rn. 13.
14 GKÖD-Weiß, II § 18 Rn. 41.
15 BVerwG 3. 5. 2007 – 2 C 30.05, Buchholz 310 § 108 Abs. 1 VwGO Nr. 50; 12. 2. 2015 – 2 WD 2.14, DokBer 2015, 218.
16 BVerwG 5. 5. 2015 – 2 B 32.14.
17 BVerwG 1. 11. 1985 – 1 DB 45.85; BDiG 10. 12. 1998 – XVI BK 14/98.
18 BVerwG 8. 5. 2006 – 1 DB 1.06, Buchholz 232 § 90c BBG Nr. 1; Vahle, DVP 2007, 126.
19 Herrmann/Sandkuhl, Beamtendisziplinarrecht, § 7 Rn. 714.

Pflicht zur Durchführung von Ermittlungen § 21

punkt und Gegenstand der Vernehmung zu informieren. Denn nur so kann er sich wirksam auf die Vernehmung vorbereiten (s. § 24 Rn. 12 ff.). **Ladungen** sind zur Sicherstellung des Anspruchs auf rechtliches Gehör grundsätzlich schriftlich, tunlichst gegen Empfangsbekenntnis, vorzunehmen. Ist dann ein Verteidiger bestellt, ist auch dieser zu laden. Nur dies entspricht dem Gebot der prozessualen Fürsorge und dem Schutzzweck des § 20.[20]

§ 21 Pflicht zur Durchführung von Ermittlungen, Ausnahmen

(1) Zur Aufklärung des Sachverhalts sind die erforderlichen Ermittlungen durchzuführen. Dabei sind die belastenden, die entlastenden und die Umstände zu ermitteln, die für die Bemessung einer Disziplinarmaßnahme bedeutsam sind. Der höhere Dienstvorgesetzte und die oberste Dienstbehörde können die Ermittlungen an sich ziehen.
(2) Von Ermittlungen ist abzusehen, soweit der Sachverhalt auf Grund der tatsächlichen Feststellungen eines rechtskräftigen Urteils im Straf- oder Bußgeldverfahren oder im verwaltungsgerichtlichen Verfahren, durch das nach § 9 des Bundesbesoldungsgesetzes über den Verlust der Besoldung bei schuldhaftem Fernbleiben vom Dienst entschieden worden ist, feststeht. Von Ermittlungen kann auch abgesehen werden, soweit der Sachverhalt auf sonstige Weise aufgeklärt ist, insbesondere nach der Durchführung eines anderen gesetzlich geordneten Verfahrens.

§ 21 tritt an die Stelle des ehemaligen § 26 Abs. 1 Satz 2 BDO und ersetzt den Begriff »Vorermittlungen« im Rahmen der Abschaffung der doppelten Ermittlungen nach der BDO (verwaltungsinterne Vorermittlungen zum einen und Ermittlungsverfahren durch einen Ermittlungsführer) durch den Begriff »Ermittlungen«. Bei Beamten auf Probe sind nach § 34 Abs. 3 Satz 2 BBG die §§ 21 bis 29 BDG bei einer auf § 34 Abs. 1 Satz 1 Nr. 1 BBG gestützten Entlassung entsprechend anzuwenden.[1]

1

Die Ermittlungen erfolgen gem. § 3 abweichend vom bisherigen Recht nicht mehr nach den Regeln der StPO, sondern nach den Regeln des Verwaltungsverfahrens. Hiervon werden Ausnahmen nur im Rahmen der nachfolgenden Vorschriften zur Beweiserhebung gemacht. Dies betrifft auch die Regelungen zur Zuständigkeit bei der Durchführung der Ermittlungen. Diese richten sich jetzt nach den verwaltungsinternen Vorschriften. Insoweit wird auf die Ausführungen unter § 17 verwiesen. Ausdrücklich abgesehen wurde in diesem Zusammenhang davon, eine dem bisherigen unabhängigen Untersuchungsführer nachempfundene Einrichtung zu schaffen. Die damit einhergehende **Zuweisung der Ermittlungen an die Dienstvorgesetzten** soll nach der Gesetzesbegründung eine flexible, der beschleunigten Durchführung der Ermittlungen dienende Handhabung ermöglichen. Eine einzelfallbezogene Auswahl geeigneter Personen, die die Ermittlungen durchführen, soll dann ebenso möglich sein wie die Einrichtung fester Dienstposten, deren Inhaber sämtliche in dem jeweiligen Geschäftsbereich anfallenden Ermittlungen durchführen. Weshalb diese Struktur eine schnellere, flexiblere Durchführung der Ermittlungen gewährleisten soll, erschließt sich nicht. Mit der Einrichtung ständiger Dienstposten für die Ermittlungen wird nichts anderes fortgeschrieben, als dies bislang durch den Einsatz von Untersuchungsführern geschehen ist. Der Unterschied besteht alleine darin, dass nunmehr eine in die Verwaltung eingebundene Einrichtung anstelle der unabhängigen Er-

2

---

20 A. A. OVG Berlin-Brandenburg 14. 6. 2014 – OVG 6 S 1.13.

1 OVG Berlin-Brandenburg 14. 6. 2014 – OVG 6 S 1.13.

§ 21　　　　　　　　　　　　　　　　Pflicht zur Durchführung von Ermittlungen

mittler gesetzt wird. Die bisherigen Erfahrungen mit den Vorermittlungen – bei denen es sich um verwaltungsinterne Ermittlungen gehandelt hat – gibt zu der Befürchtung Anlass, dass zukünftig mit einem Qualitätsverlust bei den Ermittlungen zu rechnen ist.

3　Es ist nicht ersichtlich, weshalb der gleiche Effekt der Verschlankung des Verfahrens stattdessen – unter Beibehaltung des Disziplinaranwaltes – nicht auch durch die Abschaffung der Verwaltungsermittlung hätte erreicht werden können und dabei auch der Schutz der Beamten gewährleistet worden wäre. Der damit zusammenhängende Bruch in der Systematik – Einbindung in die Verwaltungsstruktur – wäre im Vergleich mit den Vorteilen, die sich ergeben hätten, nicht gravierend. Hier kommt den Gerichten eine wichtige Rolle bei der Bewertung der vorgelegten Beweise zu. In den Fällen jedoch, in denen der Dienstherr im Rahmen der Disziplinarverfügung ohne vorherige gerichtliche Kontrolle eine Maßnahme verhängen darf, steht zu befürchten, dass die Beamten häufiger davor zurückschrecken, die Maßnahme gerichtlich überprüfen zu lassen. Daher ist es für den Gesetzgeber angezeigt, den Personal- und Betriebsräten auch bei Verhängung von Disziplinarverfügungen über § 78 Abs. 1 Nr. 3 BPersVG hinausgehende Beteiligungsrechte zuzugestehen, um eine sachgemäße Überprüfung zu sichern.

4　Wird gegen Beamte ermittelt, die bei **privatisierten Unternehmen** beschäftigt sind, so können diese Ermittlungen zukünftig, ebenso wie bisher schon die Vorermittlungen, von Beschäftigten dieser privatisierten Unternehmen durchgeführt werden.

5　Zulässig ist es nach der Neufassung des Gesetzes, dass nunmehr auch mehrere Beschäftigte mit den Ermittlungen in einem Disziplinarverfahren beauftragt werden. Dies dürfte als Ausfluss des **Beschleunigungsgebotes des § 4** insbesondere in umfangreichen Verfahren angezeigt sein. Aus dem Beschleunigungsgebot ergibt sich ebenfalls, dass diejenigen Beschäftigten, die mit den Ermittlungen beauftragt sind, soweit sie dies nicht im Hauptamt wahrnehmen, von anderen Tätigkeiten in dem Umfang entlastet werden müssen, der notwendig ist, um die Ermittlungen zu einem zügigen Abschluss zu bringen.

6　Die in § 21 geregelte Ermittlung ist nicht nur für die Erstellung der Disziplinarklage von Bedeutung, sie ist vielmehr Grundlage der Entscheidung für die Disziplinarverfügung. Die Untersuchung dient der **umfassenden Sachverhaltsaufklärung**. Dabei sind nicht nur alle Aspekte des Sachverhalts zu erforschen, sondern auch die Umstände, die für die Bemessung der Disziplinarmaßnahme von Bedeutung sein können. Es gilt die Pflicht, jede mögliche Aufklärung des entscheidungserheblichen Sachverhalts bis zur Grenze der Zumutbarkeit zu versuchen, sofern dies für die Entscheidung des Rechtsstreits erforderlich ist.[2] Lediglich bei unbestrittenem oder gem. § 23 bindendem Sachverhalt kann deshalb auch auf das Ermittlungsverfahren verzichtet werden. Aufzuklären ist insbesondere auch die **Verfahrensfähigkeit** des Beamten. Sowohl im behördlichen als auch im gerichtlichen Disziplinarverfahren muss von Amts wegen geklärt werden, ob ein Verfahrensbeteiligter verfahrens- bzw. prozessfähig ist, wenn hinreichende Anhaltspunkte vernünftigerweise zu Zweifeln Anlass geben. Prozessunfähig und damit vertretungsbedürftig ist, wer geschäftsunfähig ist. Dies ist bei einem Volljährigen der Fall, wenn er sich in einem die freie Willensbestimmung ausschließenden Zustand krankhafter Störung der Geistestätigkeit befindet, sofern nicht dieser Zustand seiner Natur nach ein vorübergehender ist.[3] Es gilt der **Grundsatz der Unmittelbarkeit**, woraus sich auch das jederzeitige Teilnahmerecht des Beamten ergibt (§ 24 Abs. 5).

7　Der durch den Dienstherrn bestimmte Ermittlungsführer unterliegt den allgemeinen Regelungen des Verwaltungsverfahrens. Zu beachten sind daher insbesondere die Aus-

---

2 BVerwG 6.9.2012 – 2 B 31.12; 14.10.2015 – 2 B 62.14.
3 BVerwG 15.2.2012 – 2 B 137.11.

Zusammentreffen von Disziplinarverfahren mit anderen Verfahren § 22

schlussgründe nach § 20 VwVfG und die Gründe, die nach § 21 VwVfG eine Befangenheit besorgen lassen. Solche Bedenken hat der Beamte zu rügen.[4] Siehe dazu § 17 Rn. 12.
Abs. 1 Satz 1 bestimmt als Grundsatz die **Ermittlungspflicht**. Der Begriff der Ermittlung ist im Gesetz nicht näher bestimmt. Sie entspricht den Anforderungen an das gerichtliche Verfahren. Den Verwaltungsgerichten ist durch § 60 Abs. 2 Satz 2 die Disziplinarbefugnis in den durch die Disziplinarklage gezogenen Grenzen übertragen. Nach der ständigen Rspr. des BVerwG erfordert die Bemessungsentscheidung eine umfassende Prognoseentscheidung unter Berücksichtigung aller wesentlichen Umstände des Einzelfalls. Zur Vermeidung von Schematisierungen bedarf es einer disziplinargerichtlichen Prognose auch dann, wenn die Schwere des Dienstvergehens die Annahme eines endgültigen Vertrauensverlusts indiziert. Zu einer solchen ist der Sachverhalt umfassend aufzuklären.[5] Eine derart umfassende Ermittlungspflicht trifft auch die Disziplinarbehörde. 8

Gem. § 21 Abs. 1 Satz 3 dürfen der höhere Dienstvorgesetzte bzw. die oberste Dienstbehörde die Ermittlungen an sich ziehen. In diesem Fall führen die oberen Dienstbehörden die Ermittlungen durch und leiten das Ermittlungsergebnis dann an den unmittelbaren Dienstvorgesetzten zurück, der die Abschlussentscheidung trifft.[6] 8a

Nur in den Ausnahmefällen des Abs. 2 darf die Einleitungsbehörde von der Durchführung der Ermittlung **absehen**. Von Ermittlungen ist abzusehen, soweit der Sachverhalt aufgrund der tatsächlichen Feststellungen eines rechtskräftigen Urteils im Strafverfahren feststeht. Dessen tatsächliche Feststellungen sind im Disziplinarverfahren bindend, so dass hinsichtlich der tatsächlichen Feststellungen von weiteren Ermittlungen abzusehen ist. § 21 Abs. 2 ist im Zusammenhang mit § 23 Abs. 1 zu sehen, wonach die tatsächlichen Feststellungen eines rechtskräftigen Urteils im Strafverfahren im Disziplinarverfahren, das denselben Sachverhalt zum Gegenstand hat, bindend sind. Soweit Bindungswirkung eintritt, ist von weiteren Ermittlungen abzusehen. Besteht aber keine Bindungswirkung, können weitere Ermittlungen durchgeführt werden. Insoweit kommt es entscheidend darauf an, inwieweit die Bindungswirkung des strafrechtlichen Urteils reicht. Von der Bindungswirkung sind umfasst die tatsächlichen Feststellungen des Urteils des Strafgerichts, die den objektiven und subjektiven Tatbestand der verletzten Strafnorm, die Rechtswidrigkeit der Tat, das Unrechtsbewusstsein (§ 17 StGB) sowie die Frage der Schuldfähigkeit gem. § 20 StGB betreffen. Hierzu gehören nicht nur die äußeren Aspekte des Tathergangs, sondern auch die Elemente des inneren Tatbestandes wie etwa Vorsatz oder Fahrlässigkeit sowie der Besitzwille. Davon unberührt bleiben die Strafzumessungserwägungen. Tatsächliche Feststellungen, die lediglich für die Strafzumessung maßgeblich waren, lösen keine Bindungswirkung aus.[7] 9

§ 22 Zusammentreffen von Disziplinarverfahren mit Strafverfahren oder anderen Verfahren, Aussetzung

(1) Ist gegen den Beamten wegen des Sachverhalts, der dem Disziplinarverfahren zugrunde liegt, im Strafverfahren die öffentliche Klage erhoben worden, wird das Diszip-

---

4 Herrmann/Sandkuhl, Beamtendisziplinarrecht, § 7 Rn. 620; Claussen/Benneke/Schwandt, Das Disziplinarverfahren, Rn. 571.
5 BVerwG 6.9.2012 – 2 B 31.12.
6 Urban/Wittkowski, BDG, § 21 Rn. 8.
7 VGH Bayern 20.5.2015 – 16a D 14.1158; 18.3.2015 – 16a D 14.121; 21.1.2015 – 16a D 13.1904; Zängl, Bayerisches Disziplinarrecht, Art. 25 Rn. 15; GKÖD-Weiß, II § 23 Rn. 16; Urban/Wittkowski, BDG, § 21 Rn. 9.

§ 22 Zusammentreffen von Disziplinarverfahren mit anderen Verfahren

linarverfahren ausgesetzt. Die Aussetzung unterbleibt, wenn keine begründeten Zweifel am Sachverhalt bestehen oder wenn im Strafverfahren aus Gründen nicht verhandelt werden kann, die in der Person des Beamten liegen.

(2) Das nach Absatz 1 Satz 1 ausgesetzte Disziplinarverfahren ist unverzüglich fortzusetzen, wenn die Voraussetzungen des Absatzes 1 Satz 2 nachträglich eintreten, spätestens mit dem rechtskräftigen Abschluss des Strafverfahrens.

(3) Das Disziplinarverfahren kann auch ausgesetzt werden, wenn in einem anderen gesetzlich geordneten Verfahren über eine Frage zu entscheiden ist, deren Beurteilung für die Entscheidung im Disziplinarverfahren von wesentlicher Bedeutung ist. Absatz 1 Satz 2 und Absatz 2 gelten entsprechend.

1 Diese Vorschrift ersetzt § 17 BDO und regelt die Konkurrenz des behördlichen Disziplinarverfahrens zu anderen Verfahren, insbesondere zum Strafverfahren. Einer Sondervorschrift im Hinblick auf das gerichtliche Verfahren bedarf es nicht; dieses richtet sich nach § 94 VwGO, welche durch die allgemeine Verweisungsklausel des § 3 in Bezug genommen ist.

2 Zunächst muss entsprechend dem **Legalitätsgrundsatz** aus § 17 Abs. 1 auch in diesen Fällen immer ein Ermittlungsverfahren eingeleitet werden. Das eingeleitete Verfahren muss dann nach dem insoweit klaren Wortlaut des Abs. 1 Satz 1 (»wird ... ausgesetzt«) ausgesetzt werden. Von diesem Verfahren macht Abs. 1 Satz 2 dann wiederum Ausnahmen, soweit keine begründeten Zweifel am Sachverhalt bestehen oder im Strafverfahren aus Gründen, die in der Person des Beamten liegen, nicht verhandelt werden kann. In diesen Fällen ist dann genauso zwingend (»Die Aussetzung unterbleibt ...«) von einer Aussetzung abzusehen und sind die Ermittlungen weiterzuführen.

3 Ziel des § 22 Abs. 1 ist es, den **Vorrang des Strafverfahrens** vor einem in gleicher Sache eingeleiteten Disziplinarverfahren festzulegen. Voraussetzung ist **Identität von Person und Gegenstand**. Deshalb kann zwar nach § 17 Abs. 1 ein Disziplinarverfahren eingeleitet werden, obwohl in einem gleichgelagerten Strafverfahren bereits öffentliche Klage erhoben ist. Es ist aber bis zur Beendigung des strafrechtlichen Verfahrens auszusetzen (**Aussetzungszwang**). Die Aussetzungsmöglichkeiten nach § 94 VwGO bestehen nur für die Gerichte, nicht aber für die Disziplinarbehörden.[1]

4 Voraussetzung der Aussetzung ist nach dem Wortlaut des § 22 Abs. 1 Satz 1 die **Erhebung der öffentlichen Klage im Strafverfahren**.[2] Diese ist dann erhoben, wenn die Anklageschrift der Staatsanwaltschaft oder der Antrag auf gerichtliche Voruntersuchung dem Gericht zugegangen ist, das zur Entscheidung über die Eröffnung des Hauptverfahrens berufen ist (§§ 179, 199 StPO). Der Erhebung der öffentlichen Klage wird man die Eröffnung des Hauptverfahrens im Privatklageverfahren bzw. die Anordnung des Hauptverhandlungstermins im Strafbefehlsverfahren gleichstellen müssen, da auch hier nicht nur eine summarische Prüfung stattfindet, sondern der Sachverhalt umfassend aufgeklärt und beurteilt wird.

5 Die zulässige Einleitung des Disziplinarverfahrens nach **Erhebung der öffentlichen Anklage** muss unter Berücksichtigung des **Beschleunigungsgrundsatzes**, der gerade auch im Interesse der betroffenen Beamten gilt, gesehen werden. Ebenso ist in diesem Zusammenhang zu beachten, dass die Einleitungsverfügung Voraussetzung für bedeutsame disziplinarrechtliche Nebenentscheidungen, wie etwa für die vorläufige Dienstenthebung und die Einbehaltung eines Teils der Dienstbezüge nach § 38 ist.

---

1 Zu außerdienstlichen Verstößen s. Baßlsperger, PersV 2015, 10.
2 BVerwG 11. 12. 1973 – 1 D 54.73.

Zusammentreffen von Disziplinarverfahren mit anderen Verfahren § 22

Bei gesicherter Sachaufklärung besteht eine **Ausnahme vom Aussetzungszwang**. I. S. d. 6
Abs. 1 Satz 2 bedarf es nicht erst der Aussetzung, bevor fortgesetzt werden kann. Allerdings müssen insoweit wegen der Bedeutung der Bindungsvorschrift des § 23 Abs. 1
ebenso strenge Anforderungen wie zu Abs. 1 Satz 2 gestellt werden.

Ist von mehreren disziplinarrechtlichen Vorwürfen nur einer Gegenstand eines Strafverfahrens, gilt der Aussetzungszwang zwar formal nur für diese, der **Grundsatz der Einheit** 7
des Dienstvergehens steht allerdings grundsätzlich einer isolierten Fortsetzung des Disziplinarverfahrens wegen einzelner Teilvorwürfe entgegen. Das Disziplinarrecht wird
durch den Grundsatz der Einheit des Dienstvergehens geprägt. Soweit die Vorwürfe Gegenstand des Disziplinarverfahrens sind, ist das durch mehrere Pflichtenverstöße zutage
getretene Fehlverhalten eines Beamten danach einheitlich zu würdigen. Dem liegt die
Überlegung zugrunde, dass es im Disziplinarrecht nicht allein um die Feststellung und
Maßregelung einzelner Verfehlungen geht, sondern vor allem um die dienstrechtliche Bewertung des Gesamtverhaltens des Beamten, das im Dienstvergehen als der Summe der
festgestellten Pflichtverletzungen seinen Ausdruck findet. Der Beamte wird disziplinarisch nicht gemaßregelt, weil er bestimmte Pflichten verletzt hat, sondern weil er dadurch
Persönlichkeitsmängel offenbart, die eine Pflichtenmahnung oder eine Beendigung des
Beamtenstatus für geboten erscheinen lassen.[3]

Für die Aussetzung gibt es keine besonderen **Formvorschriften**. Sie ist jedoch förmlich, 8
also schriftlich oder durch Verkündung im Termin (Aufnahme ins Protokoll) und nach
den Voraussetzungen des § 22 vorzunehmen. Stillschweigende Aussetzung im Sinne bloßen Wartens auf eine vorgreifliche Entscheidung ist unzulässig.[4] Bei Aussetzung durch die
Einleitungsbehörde ist ein schriftlicher Bescheid erforderlich. Für die Aussetzung durch
das Gericht vgl. § 94 VwGO. Die Aussetzung ist dem Beamten in entsprechender Anwendung des § 20 Abs. 1 Satz 2 mitzuteilen.[5]

Ein **Verstoß gegen den Aussetzungszwang** ist ein Verfahrensmangel, der allerdings nicht 9
zur Unwirksamkeit gleichwohl vorgenommener Prozesshandlungen führt. Derartige Fehler können nur dann entscheidungserhebliche Bedeutung für den Ausgang des verwaltungsgerichtlichen Rechtsstreits erlangen, wenn sie die Rechtswidrigkeit der abschließenden, zur Nachprüfung des Verwaltungsgerichts stehenden behördlichen Sachentscheidung nach sich ziehen. Dagegen kann die rechtsfehlerhafte Durchführung des Verwaltungsverfahrens keinen Verfahrensmangel i. S. v. § 132 Abs. 2 Nr. 3 VwGO begründen,
weil diese Norm nur Rechtsfehler des verwaltungsgerichtlichen Verfahrens erfasst. Es
muss sich um einen Verstoß des Verwaltungsgerichts gegen verwaltungsprozessrechtliche
Vorschriften und Rechtsgrundsätze handeln, die den äußeren Ablauf des gerichtlichen
Verfahrens und die Art und Weise des Erlasses des Urteils betreffen. Nur derartige Rechtsfehler können sich auf das Urteil auswirken, weil sie die gerichtliche Entscheidungsfindung beeinflussen können.[6] Die Aussetzung nach § 22 betrifft nur das Verfahren selbst,
nicht dagegen die unabhängig davon mögliche Einleitung oder Durchführung von Maßnahmen nach den § 38.[7]

§ 22 Abs. 1 Satz 2 BDG tritt an die Stelle des § 17 Abs. 3 BDO und ändert diesen. Anstelle 10
der in § 17 BDO enthaltenen »Kann-Bestimmung« tritt die Regelung, dass in den Fällen,
in denen **keine begründeten Sachverhaltszweifel** bestehen, eine Aussetzung nicht mehr

---

3 BVerwG 11.2.2014 – 2 B 37.12.
4 BVerwGE 53, 304.
5 Herrmann/Sandkuhl, Beamtendisziplinarrecht, § 7 Rn. 615a.
6 BVerwG 28.3.2013 – 2 B 113.12.
7 BVerwG 4.5.1984 – 1 DB 11.84.

§ 22 Zusammentreffen von Disziplinarverfahren mit anderen Verfahren

möglich ist. Das Ermittlungsverfahren ist dann mit der gebotenen Beschleunigung weiterzuführen. Die veränderte Formulierung »wenn keine begründeten Zweifel am Sachverhalt bestehen« anstelle von »wenn die Sachaufklärung gesichert ist« aus § 17 BDO soll nach dem erklärten Willen des Gesetzgebers keine sachliche Änderung darstellen, sondern nur die praktische Handhabung der Vorschrift erleichtern.

11   Aus dem Sinn dieser Vorschrift – der Vermeidung sich widersprechender Entscheidungen – und dem Ausnahmecharakter der Regelung in Abs. 1 Satz 2 ergibt sich, dass diese Vorschrift eng auszulegen ist und an die Prüfung, ob die tatbestandlichen Voraussetzungen erfüllt sind, strenge Kriterien anzulegen sind.

11a   Keine begründeten Zweifel am Sachverhalt bestehen z. B. dann, wenn ein **glaubwürdiges Geständnis**, etwa im Strafprozess, vorliegt. Ob ein Geständnis glaubhaft ist, muss umfassend geprüft werden. Das Strafgericht hat auf der Grundlage des nach § 244 Abs. 2 StPO von Amts wegen aufzuklärenden Sachverhalts den Schuldspruch zu treffen und die entsprechenden Rechtsfolgen festzusetzen. § 244 Abs. 1 und § 261 StPO schließen es aber nach der Rspr. des BGH nicht aus, eine Verurteilung allein auf ein in der Hauptverhandlung abgegebenes Geständnis des Angeklagten zu stützen, sofern dieses dem Gericht die volle Überzeugung von der Tatbestandsmäßigkeit und Rechtswidrigkeit der Tat sowie der Schuld des Angeklagten zu vermitteln vermag. Aber selbst wenn der Angeklagte im Rahmen einer Verfahrensabsprache geständig ist, ist es unzulässig, dem Urteil einen Sachverhalt zugrunde zu legen, der nicht auf einer U·berzeugungsbildung unter vollständiger Ausschöpfung des Materials beruht. Die Bereitschaft eines Angeklagten, wegen eines bestimmten Sachverhalts eine Strafe hinzunehmen, die das gerichtlich zugesagte Höchstmaß nicht überschreitet, entbindet das Gericht nicht von der Pflicht zur Aufklärung und Darlegung des Sachverhalts, soweit dies für den Tatbestand der dem Angeklagten vorgeworfenen Gesetzesverletzung erforderlich ist. Danach muss auch bei Fällen, bei denen das Gericht eine Strafobergrenze in Aussicht gestellt hat, das abgelegte Geständnis auf seine Zuverlässigkeit hin überprüft werden. Das Gericht muss von der Richtigkeit des Geständnisses überzeugt sein. Es hat zu prüfen, ob das abgelegte Geständnis mit dem Ermittlungsergebnis zu vereinbaren ist, ob es in sich stimmig ist und ob es die getroffenen Feststellungen trägt. Das Geständnis muss demnach wenigstens so konkret sein, dass geprüft werden kann, ob es derart mit der Aktenlage in Einklang steht, dass sich hiernach keine weitergehende Sachverhaltsaufklärung aufdrängt. Ein bloßes inhaltsleeres Formalgeständnis reicht dagegen nicht aus.[8] Frühere Geständnisse der Beamten sind keine Willenserklärungen, von denen sie sich nur durch Anfechtung hätten lösen können, sondern Wissenserklärungen, die nach dem Gebot der freien Beweiswürdigung zu bewerten sind.[9] Dazu ist der Sachverhalt ungeachtet des früheren Geständnisses umfassend aufzuklären.

11b   Zum zweifelsfrei geklärten Sachverhalt sind aber auch die subjektiven Voraussetzungen zu rechnen. Sind demnach Untersuchungen zur **Schuldfähigkeit** notwendig, ist der Sachverhalt auch bei einem zweifelsfreien objektiven Tatbestand nicht geklärt und die Voraussetzungen des Abs. 1 Satz 2 liegen nicht vor. Der entscheidungserhebliche Sachverhalt ist von Amts wegen zu ermitteln. Bestehen tatsächliche Anhaltspunkte dafür, dass die Schuldfähigkeit des Beamten bei Begehung der Tat erheblich gemindert war, so muss die Frage einer Minderung der Schuldfähigkeit des Beamten aufgeklärt werden. Litt der Beamte zum Tatzeitpunkt an einer krankhaften seelischen Störung i. S. v. § 20 StGB oder kann eine solche Störung nach dem Grundsatz »in dubio pro reo« nicht ausgeschlossen werden und ist die Verminderung der Schuldfähigkeit des Beamten erheblich, so ist dieser Umstand bei

---

8 BVerwG 1. 3. 2013 – 2 B 78.12.
9 BVerwG 3. 5. 2007 – 2 C 30.05; OVG Nordrhein-Westfalen 20. 12. 2012 – 3d A 3330/07.O.

Zusammentreffen von Disziplinarverfahren mit anderen Verfahren § 22

der Bewertung der Schwere des Dienstvergehens mit dem ihm zukommenden erheblichen Gewicht heranzuziehen. Bei einer erheblich verminderten Schuldfähigkeit kann insbesondere die Höchstmaßnahme regelmäßig nicht mehr ausgesprochen werden.[10]
Der Sachverhalt kann weiter zweifelsfrei feststehen, wenn der Beamte auf frischer Tat bei einem Zugriffsdelikt ertappt wird. Bedenken, ob der Sachverhalt zweifelsfrei geklärt ist, bestehen jedoch dann, wenn die Frage, ob Milderungsgründe vorliegen, noch geklärt werden muss.   11c

Wird im Strafverfahren das **Rechtsmittel** auf das Strafmaß **beschränkt**, ist das Disziplinarverfahren **fortzuführen**, weil die einen rechtskräftige Schuldspruch tragenden tatsächlichen Feststellungen des Untergerichts rechtsbeständig und nach § 23 Abs. 1 bindend geworden sind. Der Zweck der Verfahrensaussetzung ist damit erreicht. Dies gilt in diesen Fällen auch, wenn der Beamte im höheren Rechtszug nicht verurteilt, sondern das Verfahren gem. § 153 oder § 153a StPO eingestellt wird, weil die tatsächlichen Feststellungen des unteren Gerichts in objektiver und subjektiver Hinsicht infolge der Beschränkung des Rechtsmittels auf das Strafmaß vor der Einstellung unangreifbar geworden sind.[11]   12

Das Disziplinarverfahren muss nach Abs. 1 Satz 2 2. Alt. auch weitergeführt werden, wenn das Strafverfahren, gleichgültig in welchem Stadium, aus Gründen zum Stillstand gekommen ist, die **in der Person** des Beamten liegen. Solche Gründe sind etwa lang andauernde Krankheit, die zur Verhandlungsunfähigkeit führt, unbekannter Aufenthaltsort oder Flucht.[12] Allerdings ist das Disziplinarverfahren ggf. dann auszusetzen, wenn der Beamte während des Verfahrens **dauerhaft verhandlungsunfähig** ist und daher der Sachverhalt nicht aufgeklärt werden kann. Aus dem disziplinarrechtlichen **Durchführungsgrundsatz** folgt zwar, dass die dauerhafte Verhandlungsunfähigkeit des Beamten der Einleitung und Fortsetzung eines Disziplinarverfahrens nicht schon deshalb entgegensteht, weil das Verfahren etwa eine Selbstgefährdung des Beamten nach sich zieht. Der Beamte muss im Verfahren nicht mitwirken; an seine Stelle tritt der zu diesem Zweck bestellte Pfleger. Kann dieser den Ausfall des Beamten in wesentlichen Fragen der Sachverhaltsermittlung und -würdigung jedoch nicht kompensieren, besteht ein Maßnahmeverbot. Es ist zunächst Sache der Vertreter des Beamten, der Gefährdung im Zusammenwirken mit den behandelnden Ärzten zu begegnen.[13] Zu bedenken ist, dass ein dauerhaft verhandlungsunfähiger Beamter seine Verfahrensrechte nicht persönlich ausüben kann. Sachverhaltsaufklärung und Beweiswürdigung bleiben dann zwangsläufig unvollständig. Weder die Behörde, noch das Gericht dürfen das Unvermögen des Beamten, die Aussagekraft belastender Angaben zum Tatgeschehen oder zu seinem sonstigen Verhalten durch seine Darstellung der persönlich erlebten Vorgänge, auch in der Gegenüberstellung mit den Zeugen zu erschüttern, nicht mit der Begründung für unbeachtlich erklären, es bestünden keine vernünftigen Zweifel an der Richtigkeit der belastenden Aussagen. Dies steht einer unzulässigen vorweggenommenen Beweiswürdigung gleich, weil die Behörde oder das Gericht der Mitwirkung des Beamten von vornherein jeglichen Erkenntniswert abspricht. Die prozessrechtliche Situation stellt sich grundlegend anders dar, als wenn sich der zur Mitwirkung fähige Beamte auf sein Schweigerecht beruft. Hier ist der Beamte nicht an der persönlichen Mitwirkung gehindert, sondern macht davon aus freien Stücken keinen Gebrauch. Ob diese Voraussetzungen eines Maßnahmeverbots vorliegen, kann nicht aufgrund allgemeingültiger Maßstäbe beantwortet werden, sondern hängt von der Beweislage im Einzelfall ab. Die   12a

---

10 BVerwG 7. 11. 2014 – 2 B 45.14.
11 BVerwG, DÖV 1987, 291, horizontale Rechtskraftwirkung.
12 Urban/Wittkowski, BDG, § 22 Rn. 7.
13 BVerwG 31. 10. 2012 – 2 B 33.12; OVG Nordrhein-Westfalen 20. 12. 2012 – 3d A 3330/07.O.

§ 22   Zusammentreffen von Disziplinarverfahren mit anderen Verfahren

Behörde und die Gerichte müssen sich über die mögliche Konsequenz einer dauerhaften Verhandlungsunfähigkeit des Beamten im Klaren sein und aufgrund einer Gesamtwürdigung der fallbezogenen Umstände entscheiden, ob sie sich über den Ausfall des Beamten hinwegsetzen können.[14] Insoweit kann das Disziplinarverfahren ungeachtet des § 22 Abs. 1 BDG dann auszusetzen sein, wenn der Beamte während des Disziplinarverfahrens dauerhaft verhandlungsunfähig ist und dies eine Sachaufklärung verunmöglicht.

13 Wird das Disziplinarverfahren vor Abschluss des vorgreiflichen Strafverfahrens fortgesetzt und ergeht in Letzterem eine von der Disziplinarentscheidung abweichende Tat- und Schuldentscheidung, so sind die Disziplinarverfügung gem. § 35 Abs. 3 und das Disziplinarurteil durch Wiederaufnahme des Verfahrens nach § 71 Abs. 1 Nr. 8 zu korrigieren. Auch bei gleicher Tat- und Schuldentscheidung kann eine Auswirkung auf das Disziplinarurteil entstehen, wenn nämlich das Beamtenverhältnis nach § 41 BBG wegen des Strafurteils endet.

14 Abs. 2 enthält die Regelung für die Fälle, in denen nach einer Aussetzungsentscheidung eine Sachverhaltsaufklärung eintritt. In diesen Fällen muss das Disziplinarverfahren unverzüglich fortgeführt werden. Es ist kein Raum für eine Ermessensentscheidung, wie dies nach altem Recht noch möglich war. Auch dies stellt eine Konkretisierung des in § 4 enthaltenen Beschleunigungsgrundsatzes dar. Der Dienstherr ist daher verpflichtet, den Gang des Strafverfahrens zu beachten.[15]

15 Abs. 3 ersetzt zum einen die Regelung des § 17 Abs. 2, übernimmt jedoch zusätzlich die Vorschrift des Abs. 1 Satz 2 auch in diesen Fällen der Aussetzung. Nach **§ 22 Abs. 3** kann das Disziplinarverfahren ausgesetzt werden, wenn in einem **anderen gesetzlich geordneten Verfahren** über eine Frage zu entscheiden ist, »deren Beurteilung für die Entscheidung im Disziplinarverfahren von wesentlicher Bedeutung ist«, in diesem Sinne also vorgreiflich ist. Für die Bejahung einer Vorgreiflichkeit genügt zwar generell bereits eine Förderlichkeit oder Nützlichkeit für den Fortgang des Disziplinarverfahrens. Keine Vorgreiflichkeit besteht jedoch, wenn in dem anderen Verfahren eine Frage zu klären ist, deren Beantwortung in die originäre Zuständigkeit des Dienstvorgesetzten gehört, der das Disziplinarverfahren betreibt. Hierzu zählt u. a. die Frage, ob ein bestimmtes Verhalten, welches den Verfahrensgegenstand bildet, pflichtwidrig gewesen ist.[16] Unter § 22 Abs. 3 fallen nicht nur alle Gerichtsverfahren außer dem strafgerichtlichen – für dieses gilt Abs. 1 –, sondern auch andere Verfahren, deren rechtsstaatlicher Gang durch formelle Rechtsnormen geregelt ist, also etwa die Vorverfahren vor Anrufung des Verwaltungsgerichts (§§ 68–80 VwGO) und des Sozialgerichts (§§ 77–86 SGG) sowie das **staatsanwaltschaftliche und polizeiliche Ermittlungsverfahren**, was sich zu Letzterem aus der Geltung der Bestimmungen der StPO zur Aussagefreiheit von Beschuldigten und Zeugen, Belehrungspflichten usw. ergibt.[17] Solange das Strafverfahren sich noch im Stadium der polizeilichen oder staatsanwaltschaftlichen Ermittlungen oder der gerichtlichen Voruntersuchung befindet, kann das Disziplinarverfahren fortgesetzt, nach Abs. 3 aber auch ausgesetzt werden. Der VGH Bayern hat beispielsweise die Voraussetzungen für die Aussetzung des Disziplinarverfahrens in einem Fall für gegeben erachtet, in dem die Behörde die Strafanzeige des Beamten gegen einen Zeugen wegen Nötigung und Beleidigung zum Anlass genommen hat, die Staatsanwaltschaft im Zuge der Bearbeitung des Strafverfahrens zu bitten zu prüfen, ob der Beamte seinerseits den Tatbestand einer Nötigung erfüllt

---

14 BVerwG 31. 10. 2012 – 2 B 33.12.
15 Urban/Wittkowski, BDG, § 22 Rn. 8.
16 OVG Nordrhein-Westfalen 12. 9. 2013 – 6 A 1789/13.
17 BVerwGE 63, 339; Herrmann/Sandkuhl, Beamtendisziplinarrecht, § 7 Rn. 612.

Zusammentreffen von Disziplinarverfahren mit anderen Verfahren § 22

habe, weil er den Zeugen mit einer Anzeige wegen Nichtbefolgen von Weisungen gedroht habe. Die damit ausgelösten staatsanwaltschaftlichen Ermittlungen gehören zu den gesetzlich geordneten Verfahren i. S. d. Art. 24 Abs. 3 Satz 1 BayDG (entspricht § 22 Abs. 3 BDG),[18] so dass die Aussetzung rechtens und damit ein zureichender Grund für das andauernde behördliche Disziplinarverfahren gegeben war. Die Voraussetzungen erfüllt auch ein Verfahren nach § 9 BBesG über den Verlust der Besoldung im Fall eines schuldhaften Fernbleibens vom Dienst. Von der Aussetzung nach § 22 Abs. 3 ist jedoch im Hinblick auf das **Beschleunigungsgebot** zurückhaltend Gebrauch zu machen.[19]

Nicht besetzt. 16

Das andere gesetzlich geordnete Verfahren muss für die Entscheidung des Disziplinarverfahrens von **wesentlicher Bedeutung** (vorgreiflich) sein. Hierher kann z. B. ein Verwaltungsstreitverfahren gehören, in dem es um die Rechtswirksamkeit einer beamtenrechtlichen Weisung des Dienstvorgesetzten geht, wenn deren Nichtbefolgung dem Betroffenen als Dienstvergehen zur Last gelegt wird. So hat z. B. das BDiG die Beantwortung der dem BVerfG mit Verfassungsbeschwerde vorgelegten Frage, ob die Weisung der Deutschen Bundespost an einen Beamten, sich einer Sicherheitsüberprüfung zu unterziehen, den Beamten in seinen Grundrechten verletzt, als vorgreiflich i. S. d. § 17 Abs. 2 BDO angesehen und ein eingeleitetes förmliches Verfahren bis zur Entscheidung des BVerfG ausgesetzt.[20] Das BVerwG hat im selben Verfahren die Aussetzung nach § 17 Abs. 2 BDO wegen eines noch anhängigen Verfahrens zur Sicherheitsüberprüfung abgelehnt.[21] Es hat darauf hingewiesen, die **Aussetzung** des Verfahrens nach § 17 Abs. 2 BDO stehe im **Ermessen** des Gerichts, das zu entscheiden habe. Im anhängigen Verfahren sei nicht zu erwarten, dass die verwaltungsgerichtliche Entscheidung für den Ausgang des Disziplinarverfahrens von wesentlicher Bedeutung sei. Dies wäre nur dann anzunehmen, wenn der Kläger im Verwaltungsstreitverfahren letztlich obsiegen würde. Davon könne aber aufgrund der vorliegenden Entscheidungen des BDiG, des OVG eines anderen Bundeslandes und der Nichtannahme der Verfassungsbeschwerde gegen das Urteil des genannten OVG durch das BVerfG nicht ausgegangen werden. Im Umkehrschluss hat damit das BVerwG die grundsätzliche Aussetzungsmöglichkeit in einem solchen Fall bejaht. Beispielsweise leitete eine Behörde in dem Verfahren, welches dem Urteil des BVerwG vom 11. 2. 2014 zugrunde lag, durch Verfügung ein Disziplinarverfahren ein und setzte es im Hinblick auf das anhängige strafrechtliche Ermittlungsverfahren gem. § 22 Abs. 3 aus; gleichzeitig enthob sie den Beamten im Hinblick auf seine erhebliche disziplinarische Vorbelastung vorläufig des Dienstes und ordnete einen Einbehalt von 40 % der monatlichen Dienstbezüge an. Nach rechtskräftigem Abschluss des Strafverfahrens und wiederholter Ausdehnung des Disziplinarverfahrens erhob die Behörde Disziplinarklage. Dieses Vorgehen war fehlerfrei.[22]

17

Das »andere Verfahren« des Abs. 3 muss nicht gegen den Beschuldigten anhängig sein. Vorgreiflich i. S. d. Abs. 3 kann auch ein Verfahren nach völkerrechtlichen Normen, etwa nach der Verfassung der Internationalen Arbeitsorganisation (ILO), sein. Das BVerwG hat zwar Vorgreiflichkeit i. S. d. § 17 Abs. 2 BDO in einem Verfahren verneint, in dem Aussetzung beantragt war wegen eines bei der ILO anhängigen Verfahrens gegen die Bundesre-

18

---

18 BVerwG 27. 2. 1980 – 1 DB 3.80, BVerwGE 63, 339; VGH Bayern 28. 4. 2015 – 16a DC 14.1666; Zängl, Bayerisches Disziplinarrecht, Art. 24 Rn. 32; Findeisen, Bayerisches Disziplinargesetz, Art. 24 Anm. 2.1.2.
19 Urban/Wittkowski, BDG, § 22 Rn. 9.
20 BDiG 20. 6. 1987 – XIII VL 1/87.
21 BVerwG – 1 D 44.90, Dok. Ber. 1991, 315.
22 BVerwG 11. 2. 2014 – 2 B 37.12.

publik Deutschland wegen der Disziplinierung politischer Betätigung, wegen Verletzung der so genannten Treuepflicht.[23] Es hat dies damit begründet, dass nach der ILO-Verfassung der Entscheidung des zuständigen Gremiums, des Untersuchungsausschusses, nur empfehlender Charakter beigemessen werden könne. Diese Auffassung ist abzulehnen; die »Empfehlungen« des zuständigen Untersuchungsausschusses werden nämlich, sofern die betroffene Regierung die Empfehlungen nicht annimmt und auch den Internationalen Gerichtshof nicht anruft, bindend (im Einzelnen B. II. 1. b Rn. 15).[24] Weitere Beispiele der Vorgreiflichkeit: z. B. der im Verwaltungsstreitverfahren zu klärende Status des Betroffenen, da hiervon die disziplinare Verfolgbarkeit abhängt, oder generell im Verwaltungsrechtsweg zu klärende Rechtsfragen beamtenrechtlicher Art, etwa hinsichtlich einer Versetzung oder Abordnung, soweit hiervon bei der disziplinaren Beurteilung Rechtswidrigkeit oder Schuld abhängen. Auch Tatfragen können vorgreiflich sein, etwa Entscheidungen in einem bürgerlichen Rechtsstreit wegen unerlaubter Handlung.[25]

19 Der Verweis in Abs. 3 Satz 2 auf Abs. 1 Satz 2 regelt, dass auch bei diesen Verfahren Aussetzungen nicht möglich sind, soweit die Bedingungen nach Abs. 1 Satz 2 erfüllt sind.

§ 23 Bindung an tatsächliche Feststellungen aus Strafverfahren oder anderen Verfahren

(1) Die tatsächlichen Feststellungen eines rechtskräftigen Urteils im Straf- oder Bußgeldverfahren oder im verwaltungsgerichtlichen Verfahren, durch das nach § 9 des Bundesbesoldungsgesetzes über den Verlust der Besoldung bei schuldhaftem Fernbleiben vom Dienst entschieden worden ist, sind im Disziplinarverfahren, das denselben Sachverhalt zum Gegenstand hat, bindend.
(2) Die in einem anderen gesetzlich geordneten Verfahren getroffenen tatsächlichen Feststellungen sind nicht bindend, können aber der Entscheidung im Disziplinarverfahren ohne nochmalige Prüfung zugrunde gelegt werden.

1 § 23 tritt an die Stelle des § 18 BDO und regelt die Bindungswirkung im behördlichen Verfahren.[1] Für das gerichtliche Verfahren stellt § 57 die einschlägige Norm dar. Die gesetzliche Bindungswirkung dient der **Rechtssicherheit**. Sie soll verhindern, dass zu ein- und demselben Geschehensablauf unterschiedliche Tatsachenfeststellungen getroffen werden.[2] Die Bindungswirkung erfasst bei rechtskräftigen Strafurteilen diejenigen Feststellungen, die zu den Tatbestandsmerkmalen der jeweiligen Strafnorm gehören, die Grundlage der Verurteilung ist.[3] Zu den ausdrücklichen wie auch stillschweigend getroffenen »tatsächlichen Feststellungen« gehören nicht nur die äußeren Aspekte eines Tathergangs, sondern auch Elemente des inneren Tatbestandes, wie etwa Vorsatz oder Fahrlässigkeit, die Zueignungsabsicht oder das Unrechtsbewusstsein.[4] Feststellungen zur Schuldfähigkeit binden jedoch nur, soweit sie sich auf die Frage beziehen, ob der betreffende schuldfähig

---

23 BVerwG, Dok. Ber. 1987, 105.
24 Vgl. Art. 28–33 der ILO-Verfassung und Däubler, RiA 1985, 121 ff.; ebenso Weiß, ZBR 1985, 72.
25 Vgl. hierzu Claussen/Janzen, § 17 Rn. 6 b-d; Behnke-Amelung, § 17 Rn. 17.

1 Dazu umfassend: Leuze, Ullrich, DÖD 2009, 209.
2 BVerwG 9.10.2014 – 2 B 60.14; OVG Berlin-Brandenburg 10.9.2014 – OVG 81 D 6.11; Urban/Wittkowski, BDG, § 23 Rn. 1.
3 BVerwG 1.3.2012 – 2 B 120.11.
4 GKÖD-Weiß, II § 23 Rn. 11 und 14 ff.

Bindung an tatsächliche Feststellungen § 23

oder schuldunfähig i. S. d. § 20 StGB ist,[5] nicht aber etwa auch diejenigen Feststellungen, die für die Frage der verminderten Schuldfähigkeit nach § 21 StGB sonst für den Strafausspruch oder das Strafmaß Bedeutung haben.[6]
Während im verwaltungsgerichtlichen Verfahren eine **Lösung** von den strafgerichtlichen Feststellungen zulässig ist, sieht das behördliche Disziplinarverfahren eine solche nicht vor.[7] Eine ausdrückliche gesetzliche Regelung fehlt. Dies begegnet hinsichtlich einer Lösung zugunsten des Beamten Zweifeln. Die Verwaltungsgerichte sind nach § 57 dann berechtigt und verpflichtet, sich von den Tatsachenfeststellungen eines rechtskräftigen Strafurteils zu lösen und den disziplinarrechtlich bedeutsamen Sachverhalt eigenverantwortlich zu ermitteln, wenn sie ansonsten »**sehenden Auges**« auf der Grundlage eines unrichtigen oder aus rechtsstaatlichen Gründen unverwertbaren Sachverhalts entscheiden müssten.[8] Dies ist etwa der Fall, wenn die Feststellungen in einem entscheidungserheblichen Punkt unter offenkundiger Verletzung wesentlicher Verfahrensvorschriften zustande gekommen sind. Hierunter fällt auch, dass das Strafurteil auf einer Urteilsabsprache beruht, die den rechtlichen Anforderungen nicht genügt. Darüber hinaus entfällt die Bindungswirkung, wenn Beweismittel eingeführt werden, die dem Strafgericht nicht zur Verfügung standen und nach denen seine Tatsachenfeststellungen zumindest auf erhebliche Zweifel stoßen.[9] Die Begrenzungen der gesetzlich angeordneten Bindungswirkung ergeben sich aus deren tragendem Grund: Die erhöhte Richtigkeitsgewähr der Ergebnisse des Strafprozesses kann nur für diejenigen tatsächlichen Feststellungen eines rechtskräftigen Strafurteils angenommen werden, die sich auf die Tatbestandsmerkmale der gesetzlichen Strafnorm beziehen. Die Feststellungen müssen entscheidungserheblich für die Beantwortung der Frage sein, ob der objektive und subjektive Straftatbestand erfüllt ist. Im Falle einer Verurteilung müssen sie diese tragen. Dagegen binden Feststellungen nicht, auf die es für die Verurteilung nicht ankommt.[10] Die bloße Möglichkeit, dass das Geschehen objektiv oder subjektiv auch anders gewesen sein könnte, reicht für einen Lösungsbeschluss nicht aus. Ein Lösungsbeschluss ist demgemäß nur zulässig, wenn erhebliche Zweifel an der Richtigkeit der tatsächlichen Feststellungen des Strafgerichts bestehen.[11] Der wesentliche Unterschied zwischen beiden Normen besteht darin, dass § 23 keine vergleichbare Regelung zu § 57 Abs. 1 Satz 2 enthält. Damit sind die Verwaltungen an die Feststellungen in den dort genannten Verfahren ohne die oben dargestellte Lösungsmöglichkeit der Verwaltungsgerichte gebunden. Dies gilt auch in den Fällen, in denen die Verwaltungen aufgrund eigener Erkenntnisse zu anderen Schlüssen kommen. Unabhängig von diesen eigenen Erkenntnissen haben sie die rechtskräftigen Feststellungen für ihre Entscheidung im Disziplinarverfahren zugrunde zu legen. Eine Lösungsmöglichkeit besteht erst dann, wenn der Beamte in solchen Fällen gerichtlich gegen eine mögliche Disziplinarverfügung vorgeht und das Gericht sich über § 57 Abs. 1 Satz 2 lösen kann. Eine Begründung für diese unterschiedliche Regelung ergibt sich aus der Gesetzesbegründung nicht. Nahe liegende Vermutung ist, dass die Unrichtigkeit gerichtlicher Feststellungen ebenfalls nur durch ein Gericht, nicht durch einfache Verwaltungen festgestellt werden können soll.

1a

---

5 BVerwG 6. 9. 2012 – 2 B 31.12.
6 BVerwG 1. 3. 2012 – 2 B 120.11.
7 Herrmann/Sandkuhl, Beamtendisziplinarrecht, § 5 Rn. 398 u. § 7 Rn. 628.
8 VGH Bayern 5. 2. 2014 – 16a D 12.2494.
9 BVerwG 30. 6. 2014 – 2 B 99.13; 11. 2. 2014 – 2 B 37.12; 1. 3. 2013 – 2 B 78.12; 20. 12. 2013 – 2 B 44.12.
10 BVerwG 9. 10. 2014 – 2 B 60.14.
11 VGH Bayern 20. 5. 2015 – 16a D 14.1158; OVG Nordrhein-Westfalen 26. 2. 2014 – 3d A 2472/11.O.

§ 23   **Bindung an tatsächliche Feststellungen**

1b   Dies erscheint nicht sachgerecht. Denn die Verwaltung ist nach **Art. 20 Abs. 3 GG** an Gesetz und Recht gebunden. Daraus ergibt sich das Erfordernis, dass sich auch die Verwaltung nach den oben ausgeführten Maßgaben von den Feststellungen der Strafgerichte lösen kann, wenn sie ansonsten sehenden Auges rechtswidrige Entscheidungen treffen müsste. Dies hat zumindest dann zu gelten, wenn die Lösung zu Gunsten des Beamten erfolgen soll, also auch ein Wiederaufgreifen unter den Voraussetzungen des § 3 BDG, § 51 VwVfG begründet wäre. Dies folgt auch aus dem Rechtsgedanken der § 3 BDG, § 48 VwVfG, nach welchem ein rechtswidriger Verwaltungsakt aufgehoben werden kann.[12] Diese Regelungen dienen jedoch der Rechtmäßigkeit der Verwaltung und sind im Rahmen des § 23 zur Begründung einer Lösungsmöglichkeit der Verwaltung von falschen Feststellungen des Strafgerichts heranzuziehen. Es spricht aus diesen Gründen einiges dafür, insoweit eine Lösungsmöglichkeit entsprechend § 57 Abs. 1 Satz 2 zugunsten des Beamten auch für die Disziplinarbehörde anzunehmen. Zutreffend war daher die Entscheidung der Gesetzgeber des LDG Baden-Württemberg und des Niedersächsischen LDG, auch im behördlichen Disziplinarverfahren eine Lösungsmöglichkeit festzuschreiben. Die Lösung darf jedoch – wie ausgeführt – nur zugunsten des Beamten erfolgen.

2   Ausdrücklich nicht in die Bindungswirkung mit einbezogen sind nach der Gesetzesbegründung **Strafbefehle**. Feststellungen in einem rechtskräftigen Strafbefehl kommt trotz seiner strafprozessualen Gleichstellung mit einem rechtskräftigen Urteil (§ 410 Abs. 3 StPO) **keine Bindungswirkung i. S. v. § 23 Abs. 1 und § 57 Abs. 1 Satz 1 BDG** zu.[13] Dies ist in der Rspr. zu § 18 BDO allgemein anerkannt. Hintergrund hierfür ist die Überlegung, dass nur solche tatsächlichen Feststellungen eine sichere Entscheidungsgrundlage für ein Disziplinarverfahren liefern können, die aufgrund der Sachverhaltsfeststellungen in einer Hauptverhandlung vor Gericht und nach richterlicher Beweiswürdigung getroffen worden sind. Demgegenüber liegt einem Strafbefehl lediglich eine in einem besonders geregelten summarischen Verfahren getroffene richterliche Entscheidung zugrunde. Er ergeht ohne Hauptverhandlung und gerichtliche Beweisaufnahme und bietet damit nicht das Maß an Ergebnissicherheit, das Voraussetzung für eine Bindungswirkung ist.[14] Die in § 410 Abs. 3 StPO ausgesprochene Gleichstellung bestimmt lediglich den Umfang der Rechtskraft eines Strafbefehls[15] und dient insoweit der prozessrechtlichen Klarstellung. Aus der Entstehungsgeschichte der §§ 23 und 57[16] ist zu schließen, dass der Gesetzgeber in Übereinstimmung mit der bisherigen Rspr. den rechtskräftigen Strafbefehl hinsichtlich der Bindungswirkung nicht einem rechtskräftigen Strafurteil gleichgestellt hat.[17] Denn der Bundesgesetzgeber ist einem entsprechenden Vorschlag des Bundesrates im Gesetzgebungsverfahren nicht gefolgt.[18] Wegen des im Wortlaut angelegten Regel-Ausnahme-Verhältnisses und des systematischen Zusammenhangs mit der in § 58 Abs. 1 geregelten gerichtlichen Aufklärungspflicht ist für die Anwendung des § 57 Abs. 2 nur Raum, wenn die

---

12 Urban/Wittkowski, BDG, § 3 Rn. 3, 4, und Claussen/Benneke/Schwandt, Das Disziplinarverfahren, 13.3, gehen ohne Begründung pauschal davon aus, dass die §§ 48–51 VwVfG nicht anwendbar und daher unbeachtlich seien.
13 BVerwG 30.6.2015 – 2 B 31.14; 29.3.2012 – 2 A 11.10; OVG Berlin-Brandenburg 8.10.2014 – OVG 81 D 4.11; Zwiehoff, jurisPR-ArbR 16/2005 Anm. 6; Herrmann/Sandkuhl, Beamtendisziplinarrecht, § 5 Rn. 402.
14 OVG Sachsen 23.11.2012 – D 6 A 906/11.
15 BT-Drucks. 10/1313, S. 38.
16 Entwurf eines Gesetzes zur Neuordnung des Bundesdisziplinarrechts, BT-Drucks. 14/4659, S. 41f. und 49.
17 Gansen, Disziplinarrecht in Bund und Ländern, § 23 Rn. 4; GKÖD-Weiß, II § 23 Rn. 24.
18 BT-Drucks. 14/4659, S. 59f.; vgl. dazu Gegenäußerung der Bundesregierung, BT-Drucks. 14/4659, S. 64.

Beweiserhebung § 24

Richtigkeit der anderweitig festgestellten Tatsachen vom betroffenen Beamten im gerichtlichen Disziplinarverfahren nicht substantiiert angezweifelt wird.[19] Nach der Rspr. des BVerwG können die dem Strafbefehl zugrunde liegenden Tatsachen der disziplinargerichtlichen Entscheidung nach § 57 Abs. 2 ohne erneute Prüfung zugrunde gelegt werden, wenn sie im gerichtlichen Disziplinarverfahren nicht mehr bestritten werden. Es kommt insbesondere darauf an, ob der Vortrag des angeschuldigten Beamten dem Gericht Anlass zu einer Beweisaufnahme gibt. Die Verwertung der Feststellungen eines rechtskräftigen Strafbefehls nach § 57 Abs. 2 scheidet von vornherein aus, wenn die verhängte Strafe und der Verzicht auf Einspruch oder dessen Rücknahme auf einer unzulässigen Absprache beruhen. Von diesem Fall abgesehen ist es im Rahmen des § 57 Abs. 2 unerheblich, welche Gründe den Beamten bewogen haben, auf einen Einspruch gegen den Strafbefehl zu verzichten oder den Einspruch zurückzunehmen. Dies ist schon deshalb unbedenklich, weil der Beamte die Verwertung der tatsächlichen Feststellungen eines rechtskräftigen Strafbefehls im gerichtlichen Disziplinarverfahren verhindern kann, indem er ihre Richtigkeit substantiiert bestreitet.[20] Das pauschale Vorbringen des Beamten, der festgestellte Sachverhalt entspreche nicht dem tatsächlichen Geschehensablauf, reicht nicht aus. Erforderlich ist eine von den gerichtlich getroffenen Feststellungen abweichende Schilderung des Lebenssachverhalts, die plausibel und nicht von vornherein von der Hand zu weisen ist.[21]

Die Einbeziehung der Verfahren nach § 9 BBesG in die Bindungswirkung ist auch aus § 21 Abs. 2 konsequent, ist doch auch in diesen Fällen von weiteren Ermittlungen abzusehen. Das macht nur dann Sinn, wenn die Feststellungen aus diesen Verfahren auch in Bindungswirkung erwachsen und damit Zeitverzug durch anschließende, doppelte Ermittlungen vermieden wird. Die Bindungswirkung entfaltet aber nur ein gerichtliches Urteil, nicht schon eine Verwaltungsentscheidung. Soweit in § 14 Abs. 1 Satz 1 LDG BW auch **bestandskräftige Verwaltungsentscheidungen** eine Bindungswirkung entfalten sollen,[22] fehlt im Wortlaut des § 23 Abs. 1 ein entsprechender Verweis, so dass eine Bindung ungeachtet des einheitlichen Zwecks der Rechtssicherheit ausscheidet. Auch eine Analogie ist nach dem BDG nicht zu bilden. 3

Im Übrigen wird auf die Kommentierung zu § 57 verwiesen. 4

§ 24 Beweiserhebung

(1) Die erforderlichen Beweise sind zu erheben. Hierbei können insbesondere
1. schriftliche dienstliche Auskünfte eingeholt werden,
2. Zeugen und Sachverständige vernommen oder ihre schriftliche Äußerung eingeholt werden,
3. Urkunden und Akten beigezogen sowie
4. der Augenschein eingenommen werden.
(2) Niederschriften über Aussagen von Personen, die schon in einem anderen gesetzlich geordneten Verfahren vernommen worden sind, sowie Niederschriften über einen richterlichen Augenschein können ohne erneute Beweiserhebung verwertet werden.
(3) Über einen Beweisantrag des Beamten ist nach pflichtgemäßem Ermessen zu entscheiden. Dem Beweisantrag ist stattzugeben, soweit er für die Tat- oder Schuldfrage

---
19 BVerwG 29. 3. 2012 – 2 A 11.10; VG Meiningen 15. 8. 2013 – 6 D 60010/12 Me.
20 BVerwG 23. 1. 2013 – 2 B 63.12.
21 BVerwG 30. 6. 2015 – 2 B 31.14; VGH Bayern 5. 11. 2014 – 16a D 13.1568.
22 Zur Zulässigkeit der Regelung eine Revision zulassend: BVerwG 27. 5. 2015 – 2 B 48.14.

§ 24 Beweiserhebung

oder für die Bemessung der Art und Höhe einer Disziplinarmaßnahme von Bedeutung sein kann.

(4) Dem Beamten ist Gelegenheit zu geben, an der Vernehmung von Zeugen und Sachverständigen sowie an der Einnahme des Augenscheins teilzunehmen und hierbei sachdienliche Fragen zu stellen. Er kann von der Teilnahme ausgeschlossen werden, soweit dies aus wichtigen Gründen, insbesondere mit Rücksicht auf den Zweck der Ermittlungen oder zum Schutz der Rechte Dritter, erforderlich ist. Ein schriftliches Gutachten ist ihm zugänglich zu machen, soweit nicht zwingende Gründe dem entgegenstehen.

1 Diese Vorschrift normiert die Grundsätze für die Beweiserhebung im Disziplinarverfahren. Eine Vorgängervorschrift im eigentlichen Sinne bestand in der BDO nicht, da dort auf die Beweisregeln der StPO verwiesen wurde. Soweit die BDO im Einzelfall Regelungen enthalten hat (§§ 21 Abs. 1 Satz 2, 61 Abs. 2 BDO), sind diese in § 24 aufgegangen. § 3 BDG ordnet für Bundesbeamte hinsichtlich des Disziplinarverfahrens eine ergänzende Anwendung des VwVfG und der VwGO an, soweit das Disziplinargesetz nicht etwas anderes bestimmt.[1] Im verwaltungsgerichtlichen Verfahren erhebt das Gericht gem. § 58 die erforderlichen Beweise. Die prognostizierte Wahrscheinlichkeit des voraussichtlichen Ergebnisses einer Beweisaufnahme rechtfertigt indes nicht deren Unterlassung.[2] Demnach hat es grundsätzlich selbst diejenigen Tatsachen festzustellen, die für den Nachweis des Dienstvergehens und die Bemessung der Disziplinarmaßnahme von Bedeutung sind. Entsprechend § 86 Abs. 1 VwGO folgt daraus die Pflicht, diejenigen Maßnahmen der Sachaufklärung zu ergreifen, die sich nach Lage der Dinge aufdrängen. Die Aufklärungspflicht verlangt dagegen nicht, dass ein Tatsachengericht Ermittlungen anstellt, die aus seiner Sicht unnötig sind, weil es nach seinem Rechtsstandpunkt für den Ausgang des Rechtsstreits darauf nicht ankommt.[3] Das Gericht hat über das Ergebnis der Beweisaufnahme nach seiner freien, aus dem Inbegriff der Verhandlung geschöpften Überzeugung zu entscheiden. Dabei kommt es allein darauf an, ob der Tatrichter die persönliche Überzeugung von einem bestimmten Sachverhalt erlangt hat oder nicht.[4] Diese Grundsätze sind entsprechend auch auf das behördliche Disziplinarverfahren anzuwenden. Auch dort hat die Verwaltung die Beweise zu erheben, die zur Aufklärung der Tatsachen erforderlich sind, die für den Nachweis des Dienstvergehens von Bedeutung sind. Auch die Verwaltung darf nicht von der Beweiserhebung absehen, da es prognostisch davon ausgeht, diese würde unergiebig sein. Der Dienstvorgesetzte muss aus dem Ergebnis der Beweiserhebung das Vorliegen oder Nichtvorliegen eines Dienstvergehens beurteilen.

2 **Abs. 1** zählt zunächst lediglich beispielhaft die wichtigsten Beweismittel auf. Diese Aufzählung ist nach dem Wortlaut des Abs. 1 (»insbesondere«) nicht abschließend. Andere Beweismöglichkeiten sind zulässig und auch im Rahmen der Ermittlungen zu nutzen. Das Beweismittel muss jedoch geeignet sein. Auch im Verwaltungsverfahren ist ein Beweismittel ungeeignet, wenn es keinerlei Beweiswert hat und deshalb untauglich ist. Ein entsprechender Beweisantrag nach § 24 Abs. 3 kann entsprechend unter Hinweis auf die entsprechend heranzuziehende Bestimmung des § 244 Abs. 3 Satz 2 StPO abgelehnt werden.[5]

---

1 BVerwG 15.3.2013 – 2 B 12.12; vgl. zur bewussten Abkehr von den Bestimmungen der StPO auch BT-Drucks. 14/4659, S. 34f.
2 BVerwG 26.9.2014 – 2 B 23.14.
3 BVerwG 11.6.2014 – 2 B 3.13.
4 VGH Bayern 6.12.2012 – 16a D 11.493.
5 BVerwG 31.7.2014 – 2 B 20.14.

Beweiserhebung § 24

Abs. 2 gibt den Stellen, die **Beweiserhebungen** anordnen, weitgehende **Freiheit in der** 3
Ausgestaltung des Verfahrens. Die Stellen, welche die Beweisaufnahme durchführen, entscheiden, ob sie Zeugen selbst hören wollen oder ob sie Niederschriften über frühere Vernehmungen im gleichen Disziplinarverfahren verwerten. Allerdings haben sie dabei den Grundsatz zu beachten, eine **unmittelbare Beweiserhebung** durchzuführen. Nach § 96 Abs. 1 Satz 1 VwGO erhebt im verwaltungsgerichtlichen Verfahren das Gericht Beweis in der mündlichen Verhandlung. Die Vorschrift soll sicherstellen, dass das Gericht seiner Entscheidung das in der jeweiligen prozessualen Situation geeignete und erforderliche Beweismittel zu Grunde legt, um dem Grundsatz des rechtlichen Gehörs, dem Gebot des fairen Verfahrens und insbesondere dem **Recht der Verfahrensbeteiligten auf Beweisteilhabe** gerecht zu werden. Die Sachaufklärung soll in einer Art und Weise durchgeführt werden, die zu einer vollständigen und zutreffenden tatsächlichen Entscheidungsgrundlage führt und es zugleich jedem Verfahrensbeteiligten ermöglicht, auf die Ermittlung des Sachverhalts Einfluss zu nehmen. Dagegen lässt sich dem **Grundsatz der materiellen Unmittelbarkeit** der Beweisaufnahme nach der Rspr. nicht ein abstrakter Vorrang bestimmter – etwa unmittelbarer oder »sachnäherer« – Beweismittel vor anderen – mittelbaren oder weniger »sachnahen« – entnehmen. Ebenso wenig lässt sich der Vorschrift entnehmen, mit welcher Intensität und Detailschärfe das Gericht den Sachverhalt zu erforschen hat; diese Frage wird vielmehr von § 86 Abs. 1 VwGO beantwortet.[6] Die Frage, ob ein Richter an der Entscheidung mitwirken darf, der nicht an einer Beweisaufnahme teilgenommen hat, richtet sich somit nicht nach § 226 Abs. 1 und § 250 StPO, sondern nach den Vorgaben aus §§ 98 und 112 VwGO.[7] Die in Übereinstimmung zu § 96 Abs. 1 VwGO angeordnete Unmittelbarkeit der Beweisaufnahme fordert nicht zwingend die Wiederholung der Beweisaufnahme im Falle des Richterwechsels, sondern lässt andere Möglichkeiten der Unterrichtung von hinzugetretenen Richtern zu. Eine Wiederholung der Zeugenvernehmung vor den das Urteil fällenden Richtern ist daher nur dann geboten, wenn der persönliche Eindruck des Zeugen für alle Richter unverzichtbar ist. Dies wird insbesondere dann der Fall sein, wenn konkrete Anhaltspunkte für Zweifel an der Glaubwürdigkeit des vernommenen Zeugen und der Glaubhaftigkeit seiner Aussagen vorliegen.[8] Diese Grundsätze haben auch für die behördliche Beweiserhebung und für Fälle des Wechsels des Ermittlungsführers entsprechend zu gelten. Auch hier bedürfen die Grundlagen des rechtlichen Gehörs und des fairen Verwaltungsverfahrens, dass die Beweiserhebung wie für das verwaltungsgerichtliche Verfahren dargestellt, durchgeführt wird. Über das Verfahren bei der Beweiserhebung und die jeweils in Betracht kommenden Beweismittel entscheiden die zuständigen Stellen selbst.

Abs. 2 nimmt die Regelungen des § 21 Abs. 1 Satz 2 BDO auf und ergänzt diese im Hin- 4
blick auf den richterlichen Augenschein.

Niederschriften über Aussagen von Personen, die schon in einem anderen **gesetzlich** 5
geordneten Verfahren vernommen worden sind, können im Disziplinarverfahren, ohne nochmalige Vernehmung, verwertet werden. So können insbesondere Ermittlungsniederschriften, die Polizeibeamte oder andere Hilfsbeamte der Staatsanwaltschaften im Rahmen strafrechtlicher Ermittlungsverfahren anfertigen, grundsätzlich nach § 24 Abs. 1 Satz 2 zugrunde gelegt werden.[9] Weder im Ermittlungsverfahren noch im Verfahren vor dem Gericht dürfen die Freiheit in der Verwertung der Beweismittel und die Möglichkeit

---

6 BVerwG 3.1.2012 – 2 B 72.11.
7 BVerwG 15.3.2013 – 2 B 12.12.
8 BVerwG 15.3.2013 – 2 B 12.12.
9 BVerwG – 1 D 94.85; 27.2.1980 – 1 D 3.80; Urban/Wittkowski, BDG, § 24 Rn. 7.

der Verwertung von Niederschriften zur **mangelhaften Sachaufklärung** führen. Diese Gefahr besteht insbesondere bei der Verwertung von Niederschriften. Häufig gibt eine Niederschrift eine Aussage nicht erschöpfend wieder, da der sie Aufnehmende oft seine eigene Interpretation und Vermutung einbringt. Die Glaubwürdigkeit eines Zeugen lässt sich ohne den persönlichen Eindruck selten beurteilen. Deshalb kann von der Möglichkeit, Niederschriften aus anderen Verfahren zu verwerten, nur mit Vorsicht Gebrauch gemacht werden. Dies gilt für das Untersuchungsverfahren wie für das Verfahren vor den Disziplinargerichten und für die Fälle, in denen in dem anderen Verfahren keine rechtsförmliche Untersuchung stattgefunden hat. Abs. 2 lässt überdies nur die Verwertung von Niederschriften über **Aussagen von Personen** und Augenschein zu, nicht aber über andere Beweiserhebungen (Urkundsbeweis). Sie müssen nach Maßgabe der Bestimmungen der StPO oder BDG entstanden sein. Allerdings ist es zulässig, etwa in einem anderen Verfahren gefertigte Skizzen und Pläne wie Tatortskizzen aus einem Strafverfahren, den Zeugen oder den Beamten im Disziplinarverfahren vorzulegen und entsprechende Vorhalte zu machen. Die Verwertung von Niederschriften ist aktenkundig zu machen.

6   Zutreffend hat das BVerwG auf die **eingeschränkte Beweiskraft** eines **Protokolls** aus dem Strafverfahren hingewiesen.[10] In Strafverfahren ist es nämlich üblich, dass der protokollierte Text dem Aussagenden in der Hauptverhandlung nicht vorgelesen oder zur Genehmigung vorgelegt wird. Ein solches Protokoll hat daher nur eingeschränkte Beweiskraft, insbesondere kann nicht ausgeschlossen werden, dass ein Protokollführer, der den Fall nach allgemeiner Erfahrung wahrscheinlich nicht näher kennt, den Betroffenen hinsichtlich der Details missversteht.

7   Nach **Abs. 1 Satz 2 Nr. 1** sind dienstliche Auskünfte von Behörden und Beamten **schriftlich** anzufordern. Dabei sind **dienstliche Auskünfte** Mitteilungen über Geschehnisse, die die Stelle oder Person, die Auskunft erteilt, in **dienstlicher Eigenschaft** erfahren hat.[11] Dies gilt etwa für Auskünfte über Dienstzeugnisse, Behördenaufbau, Dienstbetrieb, Persönlichkeit oder Werdegang von Betroffenen oder Zeugen. Keine dienstliche Auskunft liegt bei Angaben unmittelbar zum Hergang des vorgeworfenen Dienstvergehens vor; auch ist Schriftlichkeit der erbetenen dienstlichen Auskunft erforderlich. Die Bestimmung des Abs. 1 Satz 2 Nr. 1 ist aber eine bloße Formvorschrift, die Auskunft darüber erteilt, dass dort, wo Auskünfte zulässig sind, diese schriftlich einzufordern sind. § 24 Abs. 1 Satz 2 Nr. 1 kann deshalb materiell über eine Auskunftspflicht nichts aussagen. So kann aus § 24 Abs. 1 Satz 2 Nr. 1 etwa keine Pflicht einer Postbank abgeleitet werden, über § 6 des Postgesetzes hinaus Auskünfte zu geben, die nicht im Einklang mit dem Postgiro- oder Postsparkassengeheimnis stehen. Zu trennen ist zwischen einer dienstlichen Auskunft i.S.v. § 24 Abs. 1 Satz 2 Nr. 1 einerseits und Äußerung zu einem Sachverhalt, der unmittelbar Gegenstand eigener Wahrnehmung durch ihren Verfasser ist.[12] Im letzteren Fall kommt nur Zeugenvernehmung (mündlich) in Betracht bzw. Verwertung einer Zeugenniederschrift nach §§ 24 Abs. 1 Satz 2 Nr. 2, 25).

8   Eine **Niederschrift** ist nicht nur über Zeugenvernehmungen aufzunehmen, sondern über jede Beweiserhebung, etwa auch über die Einnahme des Augenscheins und bei Sachverständigengutachten, sofern diese nicht ohnehin schriftlich erstattet werden. Vor allem sollte die Niederschrift die Bekundungen der vernommenen Zeugen oder Sachverständigen möglichst genau wiedergeben.

---

10 BVerwG 6.3.1991 – 1 D 52.90.
11 Für eine restriktive Anwendung: Claussen/Benneke/Schwandt, Das Disziplinarverfahren, Rn. 714.
12 BVerwGE 63, 293.

Beweiserhebung § 24

Der Umstand, dass die Beschuldigten des Strafverfahrens abschließende Entscheidungen, 9
die keine Bindungswirkung entfalten, akzeptiert haben (z. B. Einstellung nach § 153 a
StPO), kann allein **nicht den Schluss auf Schuldgeständnis** rechtfertigen.[13]
Abs. 3 ersetzt im Wesentlichen den früheren § 61 Abs. 2 BDO. Nicht übernommen wurde 10
dabei der Bezug auf die Gewährung eines **Unterhaltsbeitrags**. Dies ist in der Folge der
veränderten Regelung des Unterhaltsbeitrags in §§ 10, 12 konsequent. Der Unterhaltsbeitrag dient dazu, dem Beamten den durch den Wegfall der Dienstbezüge notwendig gewordenen Übergang in einen anderen Beruf oder in eine andere Art der finanziellen Existenzsicherung zu erleichtern. Diesem Zweck liegt die Erwartung zugrunde, dass sich der Beamte in ausreichendem Maße um die Wiederaufnahme einer anderen Erwerbstätigkeit
oder um eine andere Art der Sicherung seiner finanziellen Grundlagen bemüht. Zwar
kann der Unterhaltsbeitrag über sechs Monate hinaus verlängert werden, soweit dies notwendig ist, um eine unbillige Härte zu vermeiden. Der Beamte hat die Umstände dafür
glaubhaft zu machen. Insoweit ist eine wertende Entscheidung zu treffen.[14] Die Gesetzesbegründung verweist in diesem Zusammenhang auf das gerichtliche Disziplinarverfahren
als den Ort, an dem allein schon wegen der Aktualität der erhobenen Daten im Hinblick
auf den Urteilszeitpunkt der richtige Platz sei.

Über **Beweisanträge** des Beamten ist nach Satz 1 nach pflichtgemäßem Ermessen zu ent- 11
scheiden. Ihnen ist immer dann stattzugeben, wenn die Voraussetzungen des Satzes 2 vorliegen. Dem Dienstherrn steht dann kein Ermessen nach Satz 1 mehr zu. Es kommt dabei
auf die reine Möglichkeit an, dass der Beweisantrag von Bedeutung sein kann. Vor diesem
Hintergrund sind an Ablehnungen von Beweisanträgen strenge Anforderungen zu stellen.[15] In diesem Zusammenhang ist das Zusammenspiel zwischen der einfachgesetzlichen
Regelung des BDG und den verfassungsrechtlichen Vorgaben, die in Art. 19 Abs. 4 GG sowie Art. 33 Abs. 5 GG festgelegt sind, zu beachten.[16] Gründe für die Ablehnung eines Beweisantrags sind die Unzulässigkeit der Beweiserhebung, das Fehlen der Beweisbedürftigkeit, die Bedeutungslosigkeit der zu beweisenden Tatsache, die völlige Nichteignung oder
Unerreichbarkeit des Beweismittels und die Verschleppungsabsicht.[17] Sie darf jedoch
dann nicht unterbleiben, wenn eine Einstellung beabsichtigt ist, weil ein Fall der §§ 14, 15
vorliegt. Auch wenn ein Dienstvergehen festgestellt wurde und dennoch eingestellt werden soll, darf die Anhörung nicht unterbleiben. Sie dient der Dokumentation entlastender Gründe.[18] Beweisanträgen ist nachzugehen, wenn die unter Beweis gestellten Tatsachenbehauptungen nach dem Rechtsstandpunkt des Beamten erheblich sind und die
Nichtberücksichtigung des Beweisangebots im Beweisrecht keine Stütze findet.[19] Die
Grundsätze gelten jedoch auch für die behördlichen Untersuchungen. Gegen eine Ablehnung eines Beweisantrags steht dem Beamten kein Rechtsmittel zu. Diese Regelungslücke
wird vom Gesetzgeber zu schließen sein.[20] Er kann jedoch den Antrag im gerichtlichen
Verfahren wiederholen.

---

13 BVerwG 27. 5. 2015 – 2 B 16.15; OVG Nordrhein-Westfalen 20. 12. 2012 – 3d A 3330/07.O; vgl.
zur fortgeltenden Unschuldsvermutung Loewe/Rosenberg, StPO, § 153a Rn. 8; BVerfG, Strafverteidiger 1987, 325.
14 VGH Bayern 4. 6. 2014 – 16a D 10.2005; 25. 9. 2013 – 16a D 12.1369.
15 BVerwG 19. 12. 2007 – 1 2 B 34.07.
16 Weinmann, DÖD 2010, 1.
17 Claussen/Benneke/Schwandt, Das Disziplinarverfahren, Rn. 731.
18 Claussen/Benneke/Schwandt, Das Disziplinarverfahren, Rn. 776 f.
19 So das BVerwG 4. 9. 2008 – 2 B 61.07 zum gerichtlichen Verfahren.
20 Dazu Weinmann, DÖD 2010, 1.

§ 24 Beweiserhebung

12 Gem. § 24 Abs. 4 Satz 1 ist dem Beamten Gelegenheit zu geben, an der Vernehmung von Zeugen und Sachverständigen sowie an der Einnahme des Augenscheins teilzunehmen und hierbei sachdienliche Fragen zu stellen.[21]

13 Der Beamte ist zu allen Beweiserhebungen zu laden. Dies fordert der Anspruch auf ein faires Disziplinarverfahren.[22] Nur bei Beschlagnahmungen und Durchsuchungen ist eine Beteiligung des Beamten nicht vorgesehen. Sie sind auch keine echten Beweiserhebungen, sondern Verfahren zur Beweissicherung. Werden bei Beschlagnahme oder Durchsuchungen gefundene Gegenstände im Verlauf des Verfahrens im Wege der Beweiserhebung durch Augenscheinseinnahme verwertet, so ist hierzu der Beamte selbstverständlich zu laden. Bei allen Beweiserhebungen haben der Beamte und der Verteidiger nicht nur das Recht zu erscheinen, sie wirken vielmehr an der Sachaufklärung mit. Sie können Anträge ebenso stellen wie Fragen sowie Anregungen zur Beweisaufnahme geben.

14 Der Beamte ist zur Beweiserhebung zu laden. Die **Form der Ladung** ist nicht ausdrücklich geregelt. Nach der Rspr. sind die im Rahmen des Disziplinarverfahrens erfolgten Ladungen zur Zeugenvernehmung jeweils nachrichtlich auch an die Prozessbevollmächtigten des Beamten zu senden.[23] Das genügt nach der Rspr. dem von der Vorschrift normierten Teilnahmerecht. Dieses Teilnahmerecht sei nicht formalisiert. Das bedeute, dass der Dienstherr den Beamten zu den Beweiserhebungen nicht förmlich laden müsse; ausreichend sei vielmehr die **formlose Mitteilung**, an welchem Ort und zu welchem Zeitpunkt die Vernehmung stattfinde.[24] Dies lässt sich nach der Rspr. aus dem Umstand folgern, dass in § 25 Abs. 1 Satz 2, wonach die Bestimmungen der StPO über die Pflicht, als Zeuge auszusagen, entsprechend gelten, nicht auf die Ladungsvorschriften der StPO verwiesen wird.[25] Diese Rspr. begegnet Zweifeln. Mit Hinblick auf die Rechtssicherheit und die grundrechtliche Bedeutung des rechtlichen Gehörs des Beamten ist sicherzustellen, dass er von der durchzuführenden Beweiserhebung Kenntnis erlangt, seine Verteidigung entsprechend vorbereiten und an der Beweisaufnahme teilnehmen kann. Dies wird nur zweifelsfrei sichergestellt, wenn zu der Beweiserhebung unter Angabe von Ort, Zeitpunkt und Beweiserhebungsthema durch **Zustellung** geladen wird. Da es sich um das Untersuchungsverfahren mit für das Gerichtsverfahren verwertbaren Beweiserhebungen handelt, müssen dieselben Erfordernisse wie für das gerichtliche Verfahren gelten, also Zustellung.

14a Bei der Ladung sind das konkrete Beweisthema bzw. der jeweilige Untersuchungsgegenstand und die Namen der Zeugen[26] anzugeben, damit der Beamte in der Lage ist, seine Verteidigung hierauf einzustellen. Wird der Beamte nicht ordnungsgemäß geladen, so ist hierin ein schwerer Verfahrensmangel zu sehen. Erhebt der Beamte keine Einwände gegen die nicht ordnungsgemäße Ladung und das Beweisergebnis, so ist eine Heilung des Verfahrensmangels möglich. Erscheint der Beamte trotz Ladung nicht zu einem Untersuchungstermin, liegt hierin allerdings keine Verletzung des rechtlichen Gehörs. Teilt der Beamte rechtzeitig eine Verhinderung mit und macht dies glaubhaft, dann hat er zwar keinen formellen Anspruch auf eine Terminverlegung, einem entsprechenden Antrag ist aber

---

21 OVG Berlin-Brandenburg 14.6.2014 – OVG 6 S 1.13.
22 Herrmann/Sandkuhl, Beamtendisziplinarrecht, § 7 Rn. 666.
23 OVG Berlin-Brandenburg 14.6.2014 – OVG 6 S 1.13.
24 Gansen, Disziplinarrecht in Bund und Ländern, § 24 Rn. 8; Urban/Wittkowski, BDG 2011, § 24 Rn. 14; GKÖD-Weiß, II § 24 Rn. 144; a.A. Schmiemann in: Schütz/Schmiemann, Disziplinarrecht, § 24 Rn. 13.
25 OVG Berlin-Brandenburg 14.6.2014 – OVG 6 S 1.13; Urban/Wittkowski, a.a.O.
26 BVerwG 11.8.2008 – 2 B 63.08.

regelmäßig stattzugeben, weil nur eine derartige Entscheidung der Verwirklichung des Anspruchs auf rechtliches Gehör dient.

Das **Recht des Beamten auf Teilnahme** an der Beweiserhebung kann nur **im Einzelfall** 15 nach Abs. 4 Satz 2 **ausgeschlossen** werden, und zwar dann, wenn der Ermittlungsführer dies aus besonderen dienstlichen Gründen oder – hier liegt das Schwergewicht – mit Rücksicht auf den Untersuchungszweck für erforderlich hält. Die Beeinträchtigung des Untersuchungszwecks wird vor allem dann in Betracht kommen, wenn bei einer Zeugenvernehmung befürchtet werden muss, dass der Zeuge, etwa wenn ein Vorgesetzter angeschuldigt ist, in Anwesenheit des Beamten nicht unbefangen und damit womöglich auch nicht wahrheitsgemäß aussagen wird. Von der Möglichkeit des Ausschlusses ist aber sparsam Gebrauch zu machen, weil mit einem entsprechenden Ausschluss in das grundrechtlich gesicherte rechtliche Gehör des Beamten eingegriffen wird. Der in Art. 103 Abs. 1 GG und § 108 Abs. 2 VwGO verankerte Anspruch auf Gewährung rechtlichen Gehörs garantiert den Beteiligten eines Verfahrens, dass sie Gelegenheit erhalten, sich vor Erlass der Entscheidung zu äußern und dadurch die Willensbildung zu beeinflussen.[27] Die Entscheidung wird nach pflichtgemäßem Ermessen getroffen. Sie bezieht sich nur auf die jeweilige, einzelne Beweiserhebung. Sie kann grundsätzlich nicht generell erfolgen. Nicht ausgeschlossen werden kann der Bevollmächtigte. Ein unbegründeter Ausschluss führt wiederum zu einem, allerdings durch spätere Anhörung ggf. heilbaren, schweren Verfahrensmangel.

Der Beamte und der Bevollmächtigte sind berechtigt, während des gesamten Untersu- 16 chungsverfahrens die Akten des Disziplinarverfahrens sowie alle beigezogenen Akten und Schriftstücke **einzusehen**. Nach Absicht des Gesetzgebers soll dabei von der verbleibenden Möglichkeit, die Einsichtnahme zu versagen (soweit dies ohne Gefährdung des Untersuchungszwecks möglich ist), nur in engen Grenzen Gebrauch gemacht werden. Ebenso steht dem Beamten bzw. dem Bevollmächtigten das Recht zu, Fotokopien bzw. Abschriften auf eigene Kosten fertigen zu lassen. Akten, in die keine Einsicht genommen werden darf, dürfen im Disziplinarverfahren nicht verwendet werden.

Nach Abs. 4 Satz 3 muss dem Beamten ein schriftliches Gutachten zugänglich gemacht 17 werden. Von der Möglichkeit, ihm dies unter Verweis auf zwingende Gründe zu versagen ist zurückhaltend Gebrauch zu machen. An das Vorliegen solcher zwingender Gründe sind hohe Anforderungen zu stellen, da eine Versagung einen nachhaltigen Eingriff in die Verteidigungsmöglichkeiten darstellt. Als Ausnahmeregelung vom grundsätzlichen Recht auf Überlassung des Gutachtens ist die Vorschrift eng auszulegen.

§ 25 Zeugen und Sachverständige

(1) Zeugen sind zur Aussage und Sachverständige zur Erstattung von Gutachten verpflichtet. Die Bestimmungen der Strafprozessordnung über die Pflicht, als Zeuge auszusagen oder als Sachverständiger ein Gutachten zu erstatten, über die Ablehnung von Sachverständigen sowie über die Vernehmung von Angehörigen des öffentlichen Dienstes als Zeugen oder Sachverständige gelten entsprechend.

(2) Verweigern Zeugen oder Sachverständige ohne Vorliegen eines der in den §§ 52 bis 55 und 76 der Strafprozessordnung bezeichneten Gründe die Aussage oder die Erstattung des Gutachtens, kann das Gericht um die Vernehmung ersucht werden. In dem Ersuchen sind der Gegenstand der Vernehmung darzulegen sowie die Namen und An-

---

27 Zum gerichtlichen Verfahren: BVerwG 12. 11. 2014 – 2 B 67.14.

§ 25　　　　　　　　　　　　　　　　　　　　　　　　Zeugen und Sachverständige

schriften der Beteiligten anzugeben. Das Gericht entscheidet über die Rechtmäßigkeit der Verweigerung der Aussage oder der Erstattung des Gutachtens.
(3) Ein Ersuchen nach Absatz 2 darf nur von dem Dienstvorgesetzten, seinem allgemeinen Vertreter oder einem beauftragten Beschäftigten gestellt werden, der die Befähigung zum Richteramt hat.

1　Vorbild dieser Regelung ist § 65 VwVfG, jedoch mit einer wesentlichen Änderung. Verweist § 65 VwVfG ergänzend auf die ZPO, so wird in § 25 Abs. 1 Satz 2 auf die StPO verwiesen. Die Würdigung von Aussagen nicht nur erwachsener, sondern auch kindlicher oder jugendlicher Zeugen gehört zum Wesen richterlicher Rechtsfindung und ist daher grundsätzlich dem Tatrichter anvertraut.[1] Behördliche Zeugenvernehmungen sind daher im verwaltungsgerichtlichen Verfahren zu überprüfen. Geht es um die Identifizierung des Beamten als Täter, so sind Zeugen nach den Vorgaben der StPO etwaige Vergleichspersonen gegenüberzustellen. Ein Zeuge kann bei einer größeren Vergleichszahl etwaige Unsicherheiten in seiner Beurteilung besser erkennen und dementsprechend offen legen, so dass eine Wiedererkennung unter (mindestens) acht Vergleichspersonen einen höheren Beweiswert gewinnen kann.[2]

2　Abs. 1 Satz 1 regelt zunächst, dass Zeugen und Sachverständige zur Aussage bzw. Erstattung eines Gutachtens verpflichtet sind. Von Zeugen hat sich die Behörde einen unmittelbaren persönlichen Eindruck zu verschaffen. Dies gilt jedenfalls dann, wenn konkrete Anhaltspunkte für Zweifel an der Glaubwürdigkeit des vernommenen Zeugen und der Glaubhaftigkeit seiner Aussagen vorliegen und der persönliche Eindruck daher unverzichtbar ist.[3] Wechselt der Ermittlungsführer, sind Zeugen daher ggf. erneut zu hören (siehe dazu § 24 Rn. 3). Ist dies nicht erforderlich, darf die Zeugenvernehmung schriftlich durchgeführt werden.

3　Für die **Beweiserhebung** und die Beurteilung von Beweisanträgen **gelten** gem. § 25 Abs. 1 Satz 2 die Vorschriften des **§ 244 Abs. 3–5 StPO** entsprechend. Die erforderlichen Beweise sind zu erheben. Demnach sind grundsätzlich diejenigen Tatsachen festzustellen, die für den Nachweis des Dienstvergehens und die Bemessung der Disziplinarmaßnahme von Bedeutung sind.[4] Entsprechend § 86 Abs. 1 VwGO folgt daraus die Verpflichtung, diejenigen Maßnahmen der Sachaufklärung zu ergreifen, die sich nach Lage der Dinge aufdrängen. Diese Aufklärungspflicht wird durch § 23 Abs. 1 eingeschränkt. Danach sind die tatsächlichen Feststellungen eines rechtskräftigen Urteils im Strafverfahren im Disziplinarverfahren, das denselben Sachverhalt zum Gegenstand hat, für das Gericht bindend. Die gesetzliche Bindungswirkung dient der Rechtssicherheit. Sie soll verhindern, dass zu ein- und demselben Geschehensablauf unterschiedliche Tatsachenfeststellungen getroffen werden. Eine Lösungsmöglichkeit sieht § 23 Abs. 1 nicht vor (zur Kritik s. § 23).[5] Die Verwertung eines **im Untersuchungsverfahren eingeholten Sachverständigengutachtens** setzt wegen des Grundsatzes der Unmittelbarkeit der Beweisaufnahme gem. § 244 Abs. 2, § 250 StPO, § 25 BDO grundsätzlich die mündliche Anhörung des Sachverständigen voraus. Diese Ansicht dürfte unter der Geltung des BDG, das sich statt der Bindung an das Strafprozessrecht enger an das Verwaltungsverfahrens- und Verwaltungsprozessrecht anlehnt (s. § 3), zu relativieren sein. Anwendbar sollen zwar noch die im Verwaltungsprozess

---

1　OVG Nordrhein-Westfalen 16. 12. 2003 – 3d A 2670/10.O.
2　BVerwG 29. 3. 2012 – 2 A 11.10; BGH 9. 11. 2011 – 1 StR 524/11, NJW 2012, 791, Rn. 6 f. m. w. N.
3　Zur gerichtlichen Zeugenvernehmung entsprechend: BVerwG 15. 3. 2013 – 2 B 22.12.
4　Vgl. auch BT-Drucks. 14/4659, S. 49 zu § 58 BDG.
5　BVerwG 15. 3. 2013 – 2 B 22.12.

ohnehin geltenden Beweisregeln des § 244 StPO sein; auf § 250 StPO, der den Vorrang des Personalbeweises vor dem Urkundenbeweis statuiert, wird jedoch nicht mehr verwiesen.[6]

Ein **Beweisantrag** ist deshalb abzulehnen bzw. eine Beweisaufnahme darf auch von Amts wegen nicht durchgeführt werden, wenn die Erhebung des Beweises unzulässig ist. Unzulässig ist eine Beweisaufnahme zu Tatsachen, die gem. §§ 23, 57 bindend vom Strafgericht festgestellt sind. Keine Beweisaufnahme kann weiter durchgeführt werden, wenn die Beweiserhebung wegen **Offenkundigkeit** überflüssig oder eine Tatsache bereits bewiesen ist. Offenkundig sind allgemein- oder gerichtsbekannte Tatsachen; auf die Kenntnis des Dienstherrn kann dabei schon vom Wortsinn her nicht abgestellt werden. Erwiesen ist eine Tatsache, wenn der Dienstherr von ihrer Richtigkeit schon so überzeugt ist, dass er sie seiner Beurteilung ohne weitere Beweisaufnahme zugrunde legen will. Auch **Bedeutungslosigkeit** der behaupteten Tatsache schließt eine Beweisaufnahme aus. Eine Tatsache ist für die Entscheidung ohne Bedeutung, wenn ein Zusammenhang zwischen ihr und dem zu beurteilenden Verhalten nicht besteht oder wenn sie trotz eines solchen Zusammenhangs nicht geeignet ist, die Entscheidung irgendwie zu beeinflussen. Die Bedeutungslosigkeit kann sich aus rechtlichen oder tatsächlichen Gründen ergeben. Auch **völlig ungeeignete** Beweismittel scheiden aus. Auch im Verwaltungsprozess ist ein Beweismittel ungeeignet, wenn es keinerlei Beweiswert hat und deshalb untauglich ist. Ein entsprechender Beweisantrag kann unter Hinweis auf die entsprechend heranzuziehende Bestimmung des § 244 Abs. 3 Satz 2 StPO abgelehnt werden.[7] Völlig ungeeignet ist etwa ein Zeuge, der wegen dauernder körperlicher oder geistiger Gebrechen oder einer geistigen Störung, insbesondere infolge von Trunkenheit, die in sein Wissen gestellte Wahrnehmung nicht machen konnte. Nach der im Verwaltungsprozess entsprechend anwendbaren Bestimmung des § 244 Abs. 5 Satz 2 StPO kann ein Beweisantrag auf Vernehmung eines Zeugen, dessen **Ladung im Ausland** zu bewirken wäre, abgelehnt werden, wenn er nach dem pflichtgemäßen Ermessen zur Erforschung der Wahrheit nicht erforderlich ist. Nach der Rspr. des BGH, die das BVerfG gebilligt hat, ist für die Anwendung des § 244 Abs. 5 Satz 2 StPO maßgebend, ob die Erhebung des beantragten Beweises ein Gebot der Aufklärungspflicht ist. Es ist dem Richter erlaubt und aufgegeben, das bisherige Ergebnis der Beweisaufnahme zugrunde zu legen. Das sonst im Beweisantragsrecht weitgehend herrschende Verbot einer Beweisantizipation gilt nicht. Die Entscheidung über den Beweisantrag darf davon abhängig gemacht werden, welche Ergebnisse von der Beweisaufnahme zu erwarten sind und wie diese zu erwartenden Ergebnisse zu würdigen wären.[8] **Nicht erreichbar** und damit ebenfalls untauglich für eine Beweiserhebung ist ein Beweismittel, wenn alle seiner Bedeutung und seinem Wert entsprechenden Bemühungen, es einzubringen, erfolglos geblieben sind und auch keine Aussicht auf Abhilfe besteht. Schließlich ist bei **Wahrunterstellung** der behaupteten Tatsache nach § 244 Abs. 3 Satz 2 StPO von der Beweisaufnahme abzusehen. Die behaupteten Tatsachen müssen danach in ihrem wirklichen Sinn ohne Einengung oder Änderung als wahr behandelt werden.[9] Sie wird allerdings nur in Ausnahmefällen in Betracht kommen können, weil hier ein Spannungsverhältnis zur Aufklärungspflicht besteht. Als wahr unterstellt werden können vor allem gegen die Anschuldigung vorgebrachte Umstände, wenn die Anschuldigung ohnehin nicht bewiesen und beweisbar ist. Solche Umstände sind nicht »unerheblich«, weil sie für die Unschuld von Be-

3a

---

6 S. BT-Drucks. 14/4659, S. 41 zu § 3; Zwiehoff, jurisPR-ArbR 16/2005, Anm. 6.
7 BVerwG 31.7.2014 – 2 B 20.14.
8 BVerwG 29.3.2012 – 2 A 11.10.
9 BGH, NJW 1968, 1293.

deutung sind. Ihre Aufklärung ist dann aber nicht erforderlich. Daneben ist die Beweisaufnahme bei **Verschleppungsabsicht** unzulässig. Unter diesen Begriff fallen alle Scheinbeweisanträge, z. B. diejenigen, mit denen der Antragsteller seinen Antrag zu dem Zweck missbraucht, Zeugen bloßzustellen. Wird ein Beweisantrag abgelehnt, ist dies zu protokollieren und zu begründen (§§ 168 a, 34 StPO).

4 Gemäß § 25 finden die Bestimmungen der StPO über die **Vernehmung** von **Zeugen und Sachverständigen** (§§ 48 ff., 12 ff. StPO) entsprechende Anwendung. Beweisverwertungsverbote aus dem Strafverfahren, insbesondere § 252 StPO, der die Verlesung der Aussage eines früher vernommenen Zeugen, der nunmehr von seinem Aussageverweigerungsrecht Gebrauch macht, verbietet, gelten auch in der Untersuchung. Beweismittel, die auf widerrechtliche Weise erlangt worden sind, z. B. eine Aussage, die unter Verletzung von § 136 a StPO zustande gekommen ist, dürfen grundsätzlich nicht verwertet werden (§ 136 a Abs. 3 StPO).

5 Für alle Personen, die sich in der Bundesrepublik aufhalten und keine Exterritorialität genießen, gilt **Zeugnispflicht.** D. h., sie müssen als **Zeugen erscheinen** und **aussagen,** soweit ihnen nicht ein Zeugnis- oder Auskunftsverweigerungsrecht nach §§ 52–56 StPO zusteht. Es gelten die Bestimmungen der StPO über die Pflicht, als Zeuge auszusagen, entsprechend. Die gesetzliche Regelung ist so zu verstehen, dass auch die Vorschriften über das Zeugnis- und Aussageverweigerungsrecht als Grenzen der Pflicht, »als Zeuge auszusagen«, erfasst sind.[10] Zeugen müssen ihre Aussage im behördlichen Disziplinarverfahren nicht beeiden, da der Dienstvorgesetzte keine zur eidlichen Vernehmung von Zeugen nach § 153 StGB zuständige Stelle ist. Die alte Regelung in § 58 Satz 1 BDO findet in § 25 BDG keine Entsprechung.[11] Die Zeugen müssen auf die Folgen des Ausbleibens hingewiesen werden (§§ 48, 51 StPO). Erscheint ein Zeuge trotz Ladung ohne ausreichende Entschuldigung nicht, so kann nach Abs. 2 das Verwaltungsgericht angerufen werden. Als Entschuldigung ist nicht ausreichend die spätere Berufung auf eine bereits bei der Ladung vorhersehbare Verhinderung. Der Zeuge darf einen Rechtsbeistand für die Dauer seiner Vernehmung hinzuziehen.[12] Als Zeugen können im Übrigen auch Verfahrensbeteiligte in Betracht kommen.[13]

6 Die Bestimmungen der §§ 52–55 StPO geben dem Zeugen unter den dort genannten Voraussetzungen ein Recht auf **Zeugnis- bzw. Auskunftsverweigerung.** Die Zeugnisverweigerung eines Zeugen gilt nicht zwingend für das gesamte weitere Verfahren. Macht ein Zeuge erst in der Untersuchung von seinem Zeugnisverweigerungsrecht Gebrauch, so darf über den Inhalt seiner Aussage in den Vorermittlungen die Verhörperson auch bei Belehrung nach §§ 52–55 StPO nicht vernommen werden. Dies bedeutet auch, dass einem Verschwägerten des Beamten ein Zeugnisverweigerungsrecht nach § 52 Abs. 1 Nr. 3 StPO i. V. m. § 1590 BGB zusteht, möglicherweise zusätzlich zum Auskunftsverweigerungsrecht nach § 55 Abs. 1 StPO. Davon ausgehend dürfte es folgerichtig sein, auch die Regelung des § 252 StPO grundsätzlich als anwendbar anzusehen, da es in dieser Norm um die Konsequenzen geht, die sich ergeben, wenn ein Zeuge »vor der Hauptverhandlung« vernommen« worden ist, aber erst in der Hauptverhandlung von seinem Recht, das Zeugnis zu verweigern, Gebrauch macht. Da es sich bei § 252 StPO um eine Schutzvorschrift zugunsten desjenigen handelt, dem ein Zeugnisverweigerungsrecht zusteht, bleibt es dem

---

10 OVG Greifswald 8. 4. 2014 – 10 L 247/12; GKÖD-Weiß, II § 58 Rn. 117.
11 GKÖD-Weiß, II § 25 Rn. 20; Urban/Wittkowski, BDG, § 24 Rn. 4; Herrmann/Sandkuhl, Beamtendisziplinarrecht, § 7 Rn. 676.
12 BVerfG, NJW 1975, 103.
13 Für den Verteidiger BVerfG, NJW 1963, 1771.

Betreffenden unbenommen, auf diesen Schutz (ganz oder teilweise) zu verzichten. Frühere Aussagen des Verwandten gegenüber dem Strafgericht bzw. der Polizei können dann verwertet werden. Disziplinarrechtliche Vorschriften, die dem entgegenstehen würden, sind nicht ersichtlich. Hinzuweisen ist insoweit auf § 24 Abs. 1 Satz 2 Nr. 2, wonach im behördlichen Disziplinarverfahren Zeugen nicht nur vernommen, sondern auch »ihre schriftliche Äußerung eingeholt werden« kann. Dieser Regelung ist zu entnehmen, dass die Verwertung schriftlicher Äußerungen von Zeugen dem Wesen des Disziplinarverfahrens nicht völlig fremd ist.[14] Über das Zeugnisverweigerungsrecht nach § 52 StPO, betreffend Angehörige, und § 55 StPO, betreffend Gefahr strafgerichtlicher, ordnungsbehördlicher oder auch disziplinarer Verfolgung, sind die Berechtigten **eindeutig zu belehren**. Unterbleibt diese Belehrung, besteht jedenfalls ein Verwertungsverbot in den Fällen des § 52 StPO. Dagegen schließt das Aussageverweigerungsrecht nach § 55 StPO nicht die Vernehmung von Verhörpersonen über frühere Bekundungen eines Zeugen aus. Dies findet seine Begründung darin, dass die Vorschrift des § 55 nur dem Schutz des betroffenen Zeugen, nicht dem des beschuldigten Beamten dient. Verschweigt ein Angehöriger nach § 52 StPO bei der richterlichen Vernehmung sein Angehörigenverhältnis, kann seine Vernehmungsniederschrift dennoch verwertet werden.

Bedeutsam in der Praxis ist die Zeugnisverweigerung der **Berufsgeheimnisträger** und der Berufshelfer nach §§ 53, 53 a StPO. Vom Berufsgeheimnis kann allerdings nur derjenige den Zeugen freistellen, zu dessen Gunsten die Schweigepflicht besteht. Wird ein als Zeuge geladener Arzt von seinem Patienten nicht von der Schweigepflicht entbunden, so ist eine gleichwohl abgegebene Äußerung nicht verwertbar. Ist der ärztliche Sachverständige vom Dienstherrn beauftragt worden, so schuldet er dem Betroffenen keine Verschweigung. 7

Wegen des Berufsgeheimnisses von öffentlich Bediensteten (§ 54 StPO) ist für Beamte als Zeugen oder Sachverständige unter den Voraussetzungen der §§ 61, 62 BBG vom Ermittlungsführer die **Aussagegenehmigung** einzuholen.[15] Unabhängig hiervon wird man von einer Genehmigung absehen können bei Beamten, die derselben Behörde wie der beschuldigte Beamte angehören, soweit es nicht um Geheimnisse besonderer Art, z. B. Verschlusssachen, geht. 8

Die Durchführung der **Zeugenvernehmung** richtet sich nach den Bestimmungen der StPO, insbesondere nach § 57 StPO hinsichtlich der Belehrung, § 58 StPO für die Reihenfolge der Vernehmung, § 68 StPO für die Vernehmung zur Person, § 69 StPO für die Vernehmung zur Sache. Es ist angezeigt, Zeugen zunächst im Zusammenhang aussagen zu lassen. Erst danach dürfen Zeugen Aussagen aus früheren Vernehmungen vorgelesen bzw. vorgehalten werden. Allerdings darf der Zeuge während der Vernehmung zur Herbeiführung einer wahren Aussage erneut nach § 57 StPO belehrt werden. Auch dürfen entsprechende Vorhalte gemacht werden. Der Zeuge darf bei seiner Vernehmung Unterlagen mitführen und verwenden. Suggestive Fangfragen sind unzulässig, weil sie die Freiheit der Willensbetätigung tangieren. Die Vernehmungsniederschrift sollte in Form der wörtlichen Protokollierung von Frage und Antwort erfolgen. Die Wiedergabe in indirekter Rede ist ungeeignet und lässt der Verfälschung der eigentlichen Aussage durch Fehlinterpretation des Ermittlungsführers und/oder des Schriftführers zu viel Raum. Zeugen sind im Übrigen einzeln und in **Abwesenheit** später noch zu hörender Zeugen zu vernehmen. Im 9

---

14 OVG Greifswald 8. 4. 2014 – 10 L 247/12.
15 GKÖD-Weiß, II § 25 Rn. 52; Herrmann/Sandkuhl, Beamtendisziplinarrecht, § 7 Rn. 678; eine Vorlage durch den Zeugen fordernd: Claussen/Benneke/Schwandt, Das Disziplinarverfahren, Rn. 702.

Anschluss an die umfassende Zeugenanhörung haben Beamte und Verteidiger Fragerecht oder das Recht auf Kreuzverhör (§§ 239, 240 StPO). Missbräuchen des Fragerechts kann nach § 241 StPO entgegengetreten werden. Nach der Anhörung sind Zeugen nach dem Gesetz über die Entschädigung von Zeugen und Sachverständigen vom 22.6.2004[16] zu entschädigen.

10 Ist der Dienstherr nicht in der Lage, aufgrund seiner Kenntnisse und Erfahrungen eine Beweisfrage zu beurteilen, dann kann er sich eines **Sachverständigen,** sozusagen als Gehilfen bei der Ermittlung, bedienen. Ähnlich wie ein Gericht kann bei eigener spezieller Sachkenntnis nach § 244 Abs. 4 StPO ein Antrag auf Einholung eines Sachverständigengutachtens abgelehnt werden.[17] Hiervon wird er aber in der Praxis zurückhaltend Gebrauch machen müssen. Andererseits kann es nicht angehen, einen Sachverständigen heranzuziehen, wenn die hierfür erforderlichen tatsächlichen Anknüpfungspunkte fehlen. Für die Vernehmung von Sachverständigen gelten die Bestimmungen über Zeugen analog (§§ 72 ff. StPO). Der Sachverständige ist insbesondere auf sein Recht zur Gutachtenverweigerung nach § 76 StPO hinzuweisen.[18] Der Sachverständige hat nicht nur ein schriftliches Gutachten zu erstatten. Er ist zum Inhalt des Gutachtens zu vernehmen, weil Sachverständigengutachten, wenn sie nicht zum Gegenstand einer Vernehmung gemacht werden, in der Hauptverhandlung nicht verlesen werden können, sofern es sich nicht um Gutachten öffentlicher Behörden i. S. v. § 56 StPO handelt. § 256 StPO ist nicht einschlägig.

11 Kommt es maßgeblich auf den **Gesundheitszustand** einer Person an, ist regelmäßig die Inanspruchnahme ärztlicher Fachkunde erforderlich. Für medizinische Fachfragen gibt es keine eigene, nicht durch entsprechende medizinische Sachverständigengutachten vermittelte Sachkunde des Richters (ausführlich § 3 Rn. 2d).[19] Dies gilt auch für die ermittelnde Behörde. Auch unter der Geltung des Amtsermittlungsgrundsatzes (§ 86 Abs. 1 Satz 1 Hs. 1 VwGO i. V. m. Art. 3 BayDG) sind jedoch die Gerichte der Verwaltungsgerichtsbarkeit dann nicht verpflichtet, ein **Sachverständigengutachten über die psychische Gesundheit** eines Verfahrensbeteiligten einzuholen, wenn die Behauptung, der Betroffene leide an einem regelwidrigen seelischen Zustand, ohne greifbare Anhaltspunkte – gleichsam aus der Luft gegriffen – aufgestellt wird.[20] Zwar besteht für die Beteiligten in dem vom Untersuchungsgrundsatz beherrschten verwaltungsgerichtlichen Verfahren grundsätzlich keine Pflicht zur Glaubhaftmachung einer von ihnen aufgestellten Behauptung ebenso wenig wie eine dahingehende Beweisführungspflicht. Aus ihrer Pflicht, an der Erforschung des Sachverhalts mitzuwirken (§ 86 Abs. 1 Satz 1 Hs. 2 VwGO) folgt jedoch die Obliegenheit, ihr Vorbringen zu substantiieren. Dies gilt in besonderem Maß für Umstände, die in die eigene Sphäre des Beteiligten fallen.[21] Die Einholung eines **aussagepsychologischen Sachverständigengutachtens** ist nur dann geboten, wenn der Sachverhalt oder die Person des Zeugen solche Besonderheiten aufweist, dass Zweifel daran aufkommen können, ob die Sachkunde des Gerichts auch zur Beurteilung der Glaubwürdigkeit unter den gegebenen besonderen Umständen ausreicht.[22] Dieselben Maßstäbe haben für das behördliche Verfahren zu gelten, da auch der Ermittlungsführer nicht die Sachkunde besitzt, den Gesundheitszustand einer Person zu beurteilen. Auch hier sind

---

16 BGBl. I S. 1190.
17 Für das Gericht: BVerwG 19.7.1977 – 1 D 106.76.
18 Claussen/Benneke/Schwandt, a. a. O., Rn. 718.
19 BVerwG 14.5.2013 – 2 B 15.12.
20 VGH Bayern 25.9.2013 – 16a D 12.1369; 2.12.2009 – 16a D 08.509.
21 VGH Bayern 25.9.2013 – 16a D 12.1369.
22 OVG Nordrhein-Westfalen 16.12.2013 – 3d A 2670/10.O.

auf den substantiierten Vortrag, dass psychische Belastungen vorliegen, sachverständige Begutachtungen und ggf. weitere Gutachten einzuholen, wenn das erste Gutachten Mängel aufweist.

Über **Art und Zahl der einzuholenden Sachverständigengutachten** entscheidet das Tatsachengericht nach pflichtgemäßem Ermessen (§ 98 VwGO, § 412 Abs. 1 ZPO). Auch dies gilt für die Behörde entsprechend. Beide sind nur dann verpflichtet, ein weiteres Gutachten einzuholen, wenn das bereits vorliegende Gutachten nicht geeignet ist, der Behörde oder dem Gericht die sachlichen Grundlagen zu vermitteln, die für die richterliche U·berzeugungsbildung notwendig sind. Das Gutachten ist hierfür ungeeignet, wenn es von unzutreffenden tatsächlichen Voraussetzungen ausgeht, unlösbare inhaltliche Widersprüche enthält oder Anlass zu Zweifeln an der Sachkunde oder Unparteilichkeit des Gutachters besteht. Einwendungen eines Verfahrensbeteiligten, der das vorliegende Gutachten als Erkenntnisquelle für unzureichend hält, verpflichten die Behörde oder das Tatsachengericht für sich genommen nicht, einen anderen Sachverständigen einzuschalten.[23] Die unterlassene Einholung zusätzlicher Gutachten kann deshalb nur dann verfahrensfehlerhaft sein, wenn die vorliegenden Gutachten ihren Zweck nicht zu erfüllen vermögen, der Behörde oder dem Gericht die zur Feststellung des entscheidungserheblichen Sachverhalts erforderliche Sachkunde zu vermitteln und ihm dadurch die Bildung der für die Entscheidung notwendigen Überzeugung zu ermöglichen.[24] Die Verpflichtung zur Einholung eines weiteren Gutachtens folgt nicht schon daraus, dass ein Beteiligter ein bereits vorliegendes Gutachten für unzureichend hält.[25] Auch diese Maßgaben haben für das behördliche Disziplinarverfahren entsprechend zu gelten.

11a

Der BGH[26] hat mit ausführlicher und überzeugender Begründung und nach Einholung mehrerer Sachverständigengutachten die **polygraphische Untersuchung** als völlig ungeeignetes Beweismittel bezeichnet. Da das Kontrollfragenverfahren konzeptionell nicht abgesichert und seine Funktionsweise nicht belegbar sei, komme einem unter seiner Verwendung gewonnenen Ergebnis grundsätzlich weder ein Beweiswert noch auch nur eine »(minimale) indizielle Bedeutung« zu. Das OVG Nordrhein-Westfalen teilt diese Rechtsansicht. An dieser Einschätzung hat sich in den zurückliegenden Jahren nichts geändert. Der BGH hält an seiner Auffassung unverändert fest. Danach ist das polygraphische Sachverständigengutachten wegen Ungeeignetheit des Beweismittels weiterhin abzulehnen. Denn gegen einen auch nur geringfügigen indiziellen Beweiswert des Ergebnisses einer mittels eines Polygraphen vorgenommenen Untersuchung bestehen die im Urteil des BGH vom 17.12.1998 dargelegten grundsätzlichen Einwände betreffend den sog. Kontrollfragentest uneingeschränkt weiter fort. Hieran ändert auch nichts, dass vereinzelt Familiengerichte[27] einen Polygraphentest im Sorge- und Umgangsrechtsverfahren für ein geeignetes Mittel, einen Unschuldigen zu entlasten, ansehen. Abgesehen davon, dass diese Rechtsauffassung der auch im Zivilrecht herrschenden Meinung, dass Polygraphentests ein ungeeignetes Beweismittel darstellen, entgegensteht[28] ist aber auch eine vergleichbare Anwendung in einem dem Strafverfahren wesensverwandten Disziplinarverfahren wegen

11b

---

23 BVerwG 31.10.2012 – 2 B 33.12.
24 BVerwG 11.6.2014 – 2 B 3.13.
25 BVerwG 31.1.2014 – 2 B 88.13; 14.5.2013 – 2 B 15.12.
26 BGH 17.12.1998 – 1 StR 156/98, BGHSt 44, 308.
27 OLG Dresden 14.5.2013 – 21 UF 787/12, 21 UF 0787/12; AG Bautzen 28.1.2013 – 12 F 1032/12.
28 BGH 24.6.2003 – VI ZR 327/02.

der unterschiedlichen Verfahrensstrukturen und -vorschriften nicht möglich.[29] Dem ist zuzustimmen.

11c Ein **medizinischer** oder **psychiatrischer Sachverständiger** sollte ein Gutachten grundsätzlich nur nach Untersuchung des Betroffenen erstatten. Wegen der Unmittelbarkeit der Beweisaufnahme setzt die Verwertung des Gutachtens im Regelfall eine mündliche Anhörung des Sachverständigen voraus.[30] Eine Verlesung wäre nur bei Gutachten öffentlicher Stellen zulässig. Eine solche liegt jedoch bei einem privaten Krankenhausträger – auch bei einer gGmbH der öffentlichen Hand – nicht vor.[31] Zugrunde zu legen sind nur eigene Untersuchungsergebnisse. Sachverständige können nach §§ 22 ff. StPO wie Richter abgelehnt werden. Dies ist auch nach Erstattung des Gutachtens noch möglich (§ 83 Abs. 2 StPO). Beamte der jeweiligen Betriebssicherung der Verwaltungen, die im Ermittlungsdienst als Hilfsbeamte der Staatsanwaltschaft eingesetzt sind, werden wegen ihrer besonderen Aufgabenstellung und Zielsetzung mit Erfolg als Sachverständige **abgelehnt** werden können. Die Ablehnung eines Sachverständigen findet statt, wenn ein Grund vorliegt, der geeignet ist, Misstrauen gegen seine Unparteilichkeit zu rechtfertigen (§ 58 Abs. 3 BDG, § 74 Abs. 1 Satz 1, § 24 Abs. 2 StPO). Es muss sich dabei um Tatsachen oder Umstände handeln, die vom Standpunkt des Ablehnenden aus bei vernünftiger Betrachtung die Befürchtung erwecken können, der Sachverständige stehe der Sache nicht unvoreingenommen und damit nicht unparteiisch gegenüber.[32] Gegen seine Entscheidung gibt es die Beschwerde gem. § 304 StPO. Eine solche steht aber dem abgelehnten Sachverständigen nicht zu.

12 **Abs. 2 und 3** stellen Regelungen für den Fall bereit, dass sich Zeugen oder Sachverständige weigern, ihren Pflichten nachzukommen, ohne dass ihnen ein Verweigerungsgrund nach der StPO zur Seite steht (Rn. 6). In diesen Fällen kann das Gericht um die Vernehmung ersucht werden. Mit dem Gericht ist das Verwaltungsgericht und nicht das Strafgericht gemeint. Dies ergibt sich aus den eindeutigen Ausführungen der Gesetzesbegründung. Dies entspricht § 65 Abs. 2 VwVfG. Damit wird das Gericht auch in die Lage versetzt, zur Erzwingung der Zeugenaussagen bzw. der Erstattung des Gutachtens die dafür vorgesehenen Zwangsmittel einzusetzen, über die der Dienstherr nicht verfügt und die diesem nicht eingeräumt werden können und sollen.[33]

13 Form und Inhalt des Ersuchens richten sich nach Abs. 2 Satz 2. Über dieses Ersuchen entscheidet das zuständige Verwaltungsgericht und führt ggf. die Vernehmung durch. Dabei hat das Gericht selbstverständlich zunächst darüber zu entscheiden, ob die vom Zeugen oder Sachverständigen geltend gemachten Gründe durchgreifen oder nicht (Abs. 2 Satz 3).

14 **Abs. 3** regelt in Anlehnung an § 65 Abs. 5 VwVfG, wer das Ersuchen nach Abs. 2 stellen darf. Danach ist diese Kompetenz zunächst begrenzt auf den Dienstvorgesetzten bzw. dessen allgemeinen Vertreter. Um den besonderen Anforderungen in privatisierten Unternehmen Rechnung zu tragen, steht diese Kompetenz auch einem »beauftragten Beschäftigen« dieser Unternehmen zu. Dieser muss nicht die Vorgesetzteneigenschaft erfüllen, jedoch – anders als die Dienstvorgesetzten – über die Befähigung zum Richteramt verfügen.[34] Aus der Gesetzesbegründung ist nicht zu entnehmen, wer den Beschäftigten beauftragt. Aus dem Zusammenhang wird wohl davon auszugehen sein, dass dies der private

---

29 OVG Nordrhein-Westfalen 21.5.2014 – 3d A 1614/11.O.
30 BVerwG 19.6.2008 – 1 D 2.07; 6.10.2009 – 1 D 1.09.
31 BVerwG 6.10.2009 – 1 D 1.09.
32 BVerwG 26.9.2014 – 2 B 14.14.
33 Urban/Wittkowski, BDG, § 24 Rn. 9.
34 Urban/Wittkowski, BDG, § 24 Rn. 10.

Arbeitgeber sein wird, dem gegenüber den Beamten auch die Dienstherreneigenschaft zusteht. Darauf, dass eine andere Stelle, z. B. die Aufsichtsbehörde, eine solche Bevollmächtigung vorzunehmen hat, ergeben sich keine Hinweise.

§ 26 Herausgabe von Unterlagen

Der Beamte hat Schriftstücke, Zeichnungen, bildliche Darstellungen und Aufzeichnungen einschließlich technischer Aufzeichnungen, die einen dienstlichen Bezug aufweisen, auf Verlangen für das Disziplinarverfahren zur Verfügung zu stellen. Das Gericht kann die Herausgabe auf Antrag durch Beschluss anordnen und sie durch die Festsetzung von Zwangsgeld erzwingen; für den Antrag gilt § 25 Abs. 3 entsprechend. Der Beschluss ist unanfechtbar.

Diese Vorschrift regelt umfassend die Herausgabe von Unterlagen bereits im Ermittlungsverfahren. Betroffen sind dabei, wie die abschließende Aufzählung zeigt, alle möglichen Arten der Aufzeichnung einschließlich technischer Aufzeichnungen. Hierunter sind sowohl Aufzeichnungen auf Tonträgern als auch in Computern und Mobiltelefonen gespeicherte Daten zu verstehen. 1

Die Verpflichtung zur Herausgabe erstreckt sich dabei nicht nur auf Unterlagen, die im Eigentum des Beamten stehen, sondern auch auf private Unterlagen, die Dritten gehören. Hierauf verweist die Gesetzesbegründung ausdrücklich. Voraussetzung für die Herausgabepflicht ist, dass die Unterlagen, deren Herausgabe verlangt wird, einen dienstlichen Bezug aufweisen. Diese Vorschrift ist allerdings dahin zu verstehen, dass nicht jeder dienstliche Bezug genügt, sondern dass ein Zusammenhang mit den Ermittlungen bestehen muss.[1] Es ist nicht ersichtlich, weshalb z. B. Kopien von Reisekostenabrechnungen, die nicht Gegenstand des Disziplinarverfahrens sind, herausgegeben werden müssen. Der Dienstherr hat diesen Zusammenhang darzulegen. 2

Im Streitfall kann das Verwaltungsgericht angerufen werden, das die Herausgabe durch Beschluss anordnen und ggf. durch Festsetzung eines Zwangsgelds nach § 3 BDG i. V. m. § 169 Abs. 1 Satz 1 VwGO i. V. m. § 11 ff. VwVG erzwingen kann. 3

Der Antrag kann nur von den in § 25 Abs. 3 genannten Personen gestellt werden. 4

Gegen einen solchen Beschluss des Gerichts ist nach Satz 3 kein Rechtsmittel gegeben, er ist unanfechtbar.[2] 5

§ 27 Beschlagnahmen und Durchsuchungen

(1) Das Gericht kann auf Antrag durch Beschluss Beschlagnahmen und Durchsuchungen anordnen; § 25 Abs. 3 gilt entsprechend. Die Anordnung darf nur getroffen werden, wenn der Beamte des ihm zur Last gelegten Dienstvergehens dringend verdächtig ist und die Maßnahme zu der Bedeutung der Sache und der zu erwartenden Disziplinarmaßnahme nicht außer Verhältnis steht. Die Bestimmungen der Strafprozessordnung über Beschlagnahmen und Durchsuchungen gelten entsprechend, soweit nicht in diesem Gesetz etwas anderes bestimmt ist.

(2) Die Maßnahmen nach Absatz 1 dürfen nur durch die nach der Strafprozessordnung dazu berufenen Behörden durchgeführt werden.

---

[1] Urban/Wittkowski, BDG, § 25 Rn. 3; a. A. Gansen, § 26 Rn. 4.
[2] Urban/Wittkowski, BDG, § 26 Rn. 5.

(3) Durch Absatz 1 wird das Grundrecht der Unverletzlichkeit der Wohnung (Artikel 13 Abs. 1 des Grundgesetzes) eingeschränkt.

1   Diese Vorschrift, die erst auf Initiative des Bundesrates eingefügt wurde, regelt das Verfahren bei **Beschlagnahmungen und Durchsuchungen** im Disziplinarverfahren abschließend. Nach der Rspr. des BVerwG ist eine Durchsuchung eine amtliche Suche nach Beweismitteln im Zuge von Ermittlungen wegen des Verdachts auf ein Dienstvergehen oder eine Straftat. Kennzeichen ist die ziel- und zweckgerichtete Suche staatlicher Organe nach etwas Verborgenem in einem bestimmten abgrenzbaren Bereich oder Objekt.[1] In den Regelungsbereich des § 27 fällt auch die Durchsuchung von Computern.[2] Soll in einem Disziplinarverfahren zur Klärung des Verdachts eines Dienstvergehens eine Durchsuchung durch die heimliche Überprüfung dienstlicher elektronischer Speichermedien durchgeführt werden, so ist diese nur unter den Voraussetzungen des § 27 zulässig.[3] Bei von Polizeibeamten anlässlich der Durchsuchung nur »vergessenen« Beweisstücken, die im Nachgang zu der Durchsuchung noch beschlagnahmt werden, handelt es sich um nichts Verborgenes, das es zu suchen gilt. Die Beweisstücke sind bereits aufgefunden; es bedarf nur noch ihrer Beschlagnahme. Damit ist für die Beschlagnahme der Beweisstücke mangels Durchsuchung von vornherein kein Durchsuchungsbeschluss erforderlich.[4] Angesichts der gesetzgeberischen Wertung und der engen Voraussetzungen, unter denen diese Maßnahmen zulässig sind, ist eine solche Maßnahme erst nach Einleitung des Disziplinarverfahrens (§ 17) und ausschließlich auf der Basis des Richterentscheids nach § 27 zulässig. Durchsuchungen und Beschlagnahmungen zur Aufklärung des Verdachts eines Dienstvergehens, insbesondere vor Einleitung des Disziplinarverfahrens, aufgrund anderer Rechtsvorschriften scheiden aus.[5]

2   Zunächst sind zur Stellung solcher Anträge wiederum nur die in § 25 Abs. 3 genannten Personen (§ 25 Rn. 14) befugt. Dies ergibt sich aus dem Wortlaut des Abs. 1 Satz 1 2. Hs.

3   Zuständig ist auch hier das Verwaltungsgericht. An dieses ist der Antrag auf Beschlagnahme bzw. auch auf Erlass eines Durchsuchungsbeschlusses zu richten. Ist vor einer Durchsuchung nicht klar, welche Gegenstände bei der Durchsuchung möglicherweise gefunden werden – anders z. B. bei einer Durchsuchung zum Zwecke des Auffindens eines in der Wohnung vermuteten gestohlenen Gegenstandes –, so hat eine im Zusammenhang mit dem Durchsuchungsbeschluss erlassene Beschlagnahmeanordnung mit lediglich gattungsmäßiger Umschreibung der erfassten Gegenstände lediglich den Charakter einer bloßen Richtlinie für die Durchsuchung, kann mangels konkreter Bezeichnung der zu beschlagnahmenden Gegenstände aber noch keine wirksame Beschlagnahmeanordnung sein.[6] Denn ein solcher Beschluss genügt nicht dem **Bestimmtheitsgebot**.[7] Werden bei der Durchsuchung schriftliche Unterlagen oder elektronische Speichermedien gefunden, deren Beweiseignung vor Ort nicht abschließend geklärt werden kann, so dürfen diese nach Ansicht des OVG Hamburg unter Verweis auf den BGH zum Zweck der **Durchsicht gemäß § 110 StPO** vorläufig sichergestellt, also vorläufig aus dem Gewahrsam herausge-

---

1   BVerwG 10. 7. 2014 – 2 B 54.13; Herrmann/Sandkuhl, Beamtendisziplinarrecht, § 7 Rn. 641.
2   BVerwG 31. 3. 2011 – 2 A 11.08; zu den einzelnen Voraussetzungen: Eckstein, ZBR 2012, 151; Herrmann/Soiné, NJW 2011, 2922.
3   VGH Bayern 1. 12. 2014 – 16a DZ 11.2411.
4   BVerwG 10. 7. 2014 – 2 B 54.13.
5   BVerwG 31. 3. 2011 – 2 A 11.08.
6   BVerfG 16. 6. 2009 – 2 BvR 902/06, NJW 2009, 2431, 2438.
7   Urban/Wittkowski, BDG, § 27 Rn. 4.

nommen werden.[8] Das Verfahrensstadium der Durchsicht gem. § 110 StPO ist der endgültigen Entscheidung über den Umfang der Beschlagnahme vorgelagert[9] und ist noch dem Stadium der Durchsuchung zugeordnet.[10] Nach Überzeugung des OVG Hamburg bestehen daher keine Bedenken, § 110 StPO über die Verweisung in § 27 Abs. 1 Satz 3 BDG im Disziplinarverfahren anzuwenden.[11] Die von Weiß für seine Ansicht gegebene Begründung, die Vorschrift finde deshalb keine Anwendung, weil die Durchsicht von Papieren vom Disziplinarorgan vorzunehmen sei, greift nach Überzeugung des OVG Hamburg nicht durch, weil gemäß § 27 Abs. 2 u. a. Durchsuchungen nur von den nach der StPO dazu berufenen Behörden durchgeführt werden dürfen. Wenn aber die Durchsicht von Papieren noch zur Durchsuchung gehört, ist auch diese Maßnahme nicht vom Disziplinarorgan durchzuführen, sondern obliegt der Staatsanwaltschaft bzw. – auf deren Anordnung – ihren Ermittlungspersonen (§ 110 Abs. 1 StPO). Erst die spätere Bewertung derjenigen Unterlagen, die nach der Sichtung wegen ihrer Beweiserheblichkeit dem Betroffenen nicht zurückgegeben werden, ist Sache der Disziplinarorgane. Gehört das Verfahrensstadium der Durchsicht gem. § 110 StPO noch der Durchsuchung an, ist nach Überzeugung des OVG Hamburg die Mitnahme der Papiere und elektronischen Speichermedien zum Zweck der Durchsicht, inwieweit eine Beweiserheblichkeit gegeben ist und eine Beschlagnahme beantragt werden soll, noch von der gerichtlichen Durchsuchungsanordnung gedeckt.[12] Zwar kann der von einer solchen Maßnahme Betroffene gem. § 27 Abs. 1 Satz 3 BDG i. V. m. § 98 Abs. 2 Satz 2 StPO in analoger Anwendung einen Antrag auf gerichtliche Entscheidung über die Rechtmäßigkeit der Maßnahme an sich bzw. die Art und Weise ihrer Durchführung stellen;[13] das Durchsuchungsorgan hingegen benötigt für die vorläufige Sicherstellung zum Zweck der Durchsicht keine gesonderte gerichtliche Erlaubnis. § 98 Abs. 2 Satz 1 StPO ist auf diese Maßnahme nicht anzuwenden.[14] Diese Erwägungen des OVG Hamburg begegnen Bedenken, da die Beschlagnahme ein gesonderter Grundrechtseingriff und damit gesondert zu rechtfertigen ist. Dieser Eingriff in die informationelle Selbstbestimmung des Beamten bedarf einer eigenständigen Ermächtigungsgrundlage.[15]

Werden bei Gelegenheit einer auf der Grundlage von § 27 Abs. 1 angeordneten Durchsuchung Gegenstände gefunden, die in keiner Beziehung zu dem Dienstvergehen stehen, dessentwegen die Durchsuchung angeordnet worden ist, aber auf die Begehung einer (anderen) Straftat hindeuten, so können diese in Anwendung des gem. § 27 Abs. 1 Satz 3 anwendbaren § 108 StPO[16] **einstweilen in Beschlag** genommen werden. Soweit die Durchsuchung nicht bereits von der Staatsanwaltschaft selbst durchgeführt wird, ist diese hiervon zu unterrichten (§ 108 Abs. 1 Satz 2 StPO). Gibt diese den Gegenstand nicht frei, so hat sie die richterliche Anordnung der Beschlagnahme nach §§ 94, 98 StPO bei dem

3a

---

8 BGH 5. 8. 2003 – StB 7/03.
9 BVerfG 16. 6. 2009 – 2 BvR 902/06, a. a. O., 2436.
10 BVerfG 29. 1. 2002 – 2 BvR 494/01; BGH 5. 8. 2003 – StB 7/03, Rn. 8.
11 Hamburgisches OVG 3. 7. 2012 – 12 Bf 58/12.F; a. A. GKÖD-Weiß, II § 27 Rn. 40; ebenso unter Verweis auf Weiß: Herrmann/Soinei, NJW 2011, 2922, 2927; Herrmann/Sandkuhl, Beamtendisziplinarrecht, § 7 Rn. 653 ff.
12 BGH 5. 8. 2003 – StB 7/03, Rn. 8.
13 BVerfG 29. 1. 2002 – 2 BvR 494/01, Rn. 7; vgl. auch BVerfG 16. 6. 2009 – 2 BvR 902/06, a. a. O., 2437.
14 Hamburgisches OVG 3. 7. 2012 – 12 Bf 58/12.F.
15 Zutreffend: GKÖD-Weiß, II § 27 Rn. 32; Herrmann/Sandkuhl, Beamtendisziplinarrecht, § 7 Rn. 653 f.
16 Vgl. hierzu GKÖD-Weiß, a. a. O., § 27 Rn. 46.

Gericht »der neuen Sache« zu beantragen.[17] Eine Zuständigkeit des Verwaltungsgerichts gem. § 27 Abs. 1 Satz 1 ist für diese strafrechtlichen Beschlagnahmen nicht gegeben.[18]

4 Das Gericht darf dem Antrag nach Abs. 1 Satz 2 zunächst nur dann stattgeben, wenn der Beamte eines Dienstvergehens **dringend verdächtig** ist.[19] Der Terminus des »dringenden Verdachts« ist weitaus enger als der der »tatsächlichen Anhaltspunkte«, die nach § 17 Abs. 1 Satz 1 die Einleitung eines Disziplinarverfahrens erforderlich machen. Er ist dem Strafprozessrecht (§ 112 Abs. 1 Satz 1 StPO) entnommen und ebenso wie dort auszulegen.[20] Ein dringender Verdacht liegt deshalb nur dann vor, wenn eine große Wahrscheinlichkeit dafür besteht, dass der Beamte das ihm zu Last gelegte Dienstvergehen begangen hat.[21] Dabei darf der dringende Tatverdacht nicht aus bloßen Vermutungen, sondern muss aus bestimmten Tatsachen hergeleitet werden.[22]

5 Als weitere Voraussetzung muss neben dem dringenden Tatverdacht die beantragte Maßnahme zu der Bedeutung der Sache *und* der zu erwartenden Disziplinarmaßnahme **nicht außer Verhältnis stehen**. Regelmäßig kommen entsprechende Zwangsmaßnahmen nur in Betracht, wenn die Zurückstufung oder die Entfernung aus dem Beamtenverhältnis zu erwarten ist.[23]

6 Festzuhalten ist damit, dass alle drei Voraussetzungen
- dringender Tatverdacht,
- Verhältnismäßigkeit zwischen Maßnahme und Bedeutung des Tatvorwurfs sowie
- Verhältnismäßigkeit zwischen Maßnahme und zu erwartender disziplinarer Ahndung

im Zeitpunkt des Erlasses des Beschlusses vorliegen müssen.[24] Mangelt es auch nur an einer Voraussetzung, so muss das Gericht den Antrag zurückweisen.

7 Abs. 1 Satz 3 verweist hinsichtlich Beschlagnahmung und Durchsuchung – insoweit abweichend von der Verweisung auf die Verwaltungsvorschriften in § 3 – ergänzend auf die Vorschriften der StPO. Das sind §§ 94 ff. StPO. Diese gelten, soweit das BDG für diese Fälle keine abweichenden Regelungen trifft. Werden bei Durchsuchungen Gegenstände gefunden, deren Beweiserheblichkeit sich sogleich ohne zwischengeschaltetes Sichtungsverfahren ergibt, so bedarf es gem. § 27 Abs. 1 Satz 3 BDG i. V. m. § 94 Abs. 2 StPO der **Beschlagnahme**, wenn die Person, in deren Gewahrsam sich die Gegenstände befinden, diese nicht freiwillig herausgibt. Insoweit sind die Durchsuchungspersonen aber nicht befugt, die Gegenstände sogleich endgültig zu beschlagnahmen. Eine endgültige Beschlagnahme kann gem. § 27 Abs. 1 Satz 1 regelmäßig nur durch das Verwaltungsgericht angeordnet werden.[25]

---

17 Vgl. Meyer-Goßner, StPO, § 108 Rn. 7 m. w. N.
18 Hamburgisches OVG 3. 7. 2012 – 12 Bf 58/12.F; Herrmann/Sandkuhl, Beamtendisziplinarrecht, § 7 Rn. 656.
19 BVerwG 31. 3. 2011 – 2 A 11.08; VGH Bayern 23. 5. 2014 – 16b DC 13.621.
20 GKÖD-Weiß, II, § 27 Rn. 22.
21 VGH Bayern 28. 4. 2014 – 16b DC 12.2380; 19. 10. 2009 – 16b DC 09.2188 – m. w. N.; Herrmann/Sandkuhl, Beamtendisziplinarrecht, § 7 Rn. 647; Karlsruher Kommentar zur Strafprozessordnung, § 112 Rn. 3; Pfeiffer, StPO, § 112 Rn. 2; Meyer-Goßner, StPO, § 112 Rn. 5; Urban/Wittkowski, BDG, § 27 Rn. 3: hoher Grad an Wahrscheinlichkeit.
22 Vgl. Pfeiffer, StPO, § 112 Rn. 2; Meyer-Goßner, StPO, § 112 Rn. 7; GKÖD-Weiß, II § 27 Rn. 22 a. E.
23 BVerfG 21. 6. 2006 – 2 BvR 1780/04, NVwZ 2006, 1282; VGH Bayern 28. 4. 2014 – 16b DC 12.2380; 7. 3. 2007 – 16a CD 07.1; VGH Baden-Württemberg 16. 3. 2009 – 16 S 57/09; Urban/Wittkowski, BDG, § 27 Rn. 4.
24 Urban/Wittkowski, BDG, § 27 Rn. 4; Herrmann/Sandkuhl, Beamtendisziplinarrecht, § 7 Rn. 655.
25 Vgl. zur Frage des ausschließlichen Richtervorbehalts GKÖD-Weiß, II § 27 Rn. 8, 16, 33, 39; Urban/Wittkowski, BDG, § 27 Rn. 2; Eckstein, ZBR 2012, 151, 153; BVerwG 31. 3. 2011 – 2 A 11.08, NVwZ-RR 2011, 698; Hamburgisches OVG 3. 7. 2012 – 12 Bf 58/12.F.

Beschlagnahmen und Durchsuchungen § 27

Diese Zuständigkeitsbestimmung steht aber nach der Rspr. des OVG Hamburg der in § 27 Abs. 1 Satz 3 angeordneten Anwendung der §§ 94, 98 StPO nicht entgegen, soweit diese für das Disziplinarverfahren eine **vorläufige Sicherstellung** bzw. **vorläufige Beschlagnahme** ermöglichen. Die Durchsuchungsorgane dürfen die nach ihrer Einschätzung beweiserheblichen Gegenstände einstweilig sicherstellen, damit sogleich die gerichtliche Anordnung der Beschlagnahme gem. § 27 Abs. 1 BDG i. V. m. § 94 Abs. 2 StPO für die erst nach der Durchsuchung konkret zu bezeichnenden Gegenstände beantragt werden kann.[26] Dieser Antrag ist durch die in § 27 Abs. 1 Satz 1 2. Hs. i. V. m. § 25 Abs. 3 bezeichnete Person zu stellen und zwar innerhalb weniger Tage (in entsprechender Anwendung von § 98 Abs. 2 Satz 1 StPO). Entgegen der Formulierung in § 98 Abs. 2 Satz 1 StPO (»soll«) ist der Antrag hier zwingend, da mangels Kompetenz der Durchsuchungsorgane, eine endgültige Beschlagnahmeanordnung zu erlassen, zunächst noch keine wirksame endgültige Beschlagnahme vorliegt. Würde hingegen den Durchsuchungsorganen die Befugnis zur vorläufigen Sicherstellung bzw. Beschlagnahme versagt, so würde dies nach Überzeugung der Rechtsprechung des OVG Hamburg zu einem Wertungswiderspruch zu § 27 Abs. 1 Satz 3 BDG i. V. m. § 110 StPO führen. Denn dann könnten zwar Unterlagen, deren Beweiserheblichkeit vor Ort noch nicht sicher beurteilt werden kann, zum Zwecke des Sichtungsverfahrens gem. § 110 StPO mitgenommen werden, nicht aber Gegenstände, deren Beweiserheblichkeit bereits ohne Sichtungsverfahren feststeht.[27]

Die Beschlüsse des Verwaltungsgerichts mit den Durchsuchungsanordnungen sind gem. § 27 Abs. 2 BDG i. V. m. § 36 Abs. 2 Satz 1 StPO von der Behörde[28] der Staatsanwaltschaft zu übergeben, deren Aufgabe es ist, das Erforderliche zu veranlassen.[29] Die Durchsicht gem. § 27 Abs. 1 Satz 3, Abs. 2 BDG i. V. m. § 110 Abs. 1 StPO steht (nur) der Staatsanwaltschaft und lediglich auf deren Anordnung ihren Ermittlungspersonen (§ 152 GVG) zu. Hinsichtlich derjenigen Unterlagen etc., deren Beweiserheblichkeit sich aufgrund der Sichtung ergibt, ist nach § 27 Abs. 1 BDG i. V. m. § 94 Abs. 2 StPO die **Anordnung der Beschlagnahme** zu beantragen, wenn der bisherige Gewahrsamsinhaber der weiteren Verwahrung oder sonstigen Sicherstellung nicht zustimmt. Hierbei handelt es sich um rechtsstaatlich selbstverständliche Regelungen, deren Bedeutung für die Praxis durch die ausdrückliche Benennung hervorgehoben wird. Inhaltlich bedeutet dies, dass der Dienstherr den Beschluss des Verwaltungsgerichts durch die Polizeibehörden vollstrecken lassen muss, er darf die Vollstreckung auch nach einem verwaltungsgerichtlichen Beschluss nicht durch eigenes Personal durchführen lassen. Eine Ausnahme ergibt sich nur dann, wenn die behördeninternen Ermittlungsstellen selbst den Status von Hilfsbeamten der Staatsanwaltschaft haben. Das jedoch gilt für die Ermittlungsstellen bei den privatisierten Unternehmen nicht mehr.

8

Insgesamt wird mit der Vorschrift des § 27 deutlich gemacht, dass auch in Disziplinarverfahren die dort genannten rechtsstaatlichen Grundsätze zu gelten haben. In der Praxis wird das oftmals vergessen, wenn z. B. Durchsuchungen von Spinden in der Behörde ohne Ermächtigungen und ohne Einverständnis des betroffenen Beamten durchgeführt werden. Eine nachträgliche Rechtfertigung führt, wenn die Durchsuchung bereits stattgefunden hat, im Beschwerdeverfahren nicht zu einer Heilung.[30]

9

---

26 Herrmann/Sandkuhl, Beamtendisziplinarrecht, § 7 Rn. 652.
27 Hamburgisches OVG 3.7.2012 – 12 Bf 58/12.F; zur Kritik an dieser Rechtsprechung mit beachtenswerten Argumenten: Herrmann/Sandkuhl, Beamtendisziplinarrecht, § 7 Rn. 654.
28 GKÖD-Weiß, II § 27 Rn. 55.
29 BVerwG 31.3.2011, NVwZ-RR 2011, 698, 699; Hamburgisches OVG 3.7.2012 – 12 Bf 58/12.F.
30 BVerfG 5.3.2012 – 2 BvR 1345/08; VGH Bayern 23.5.2014 – 16b DC 13.621.

10 Das Gesetz stellt kein grundsätzliches Beschlagnahmeverbot auf für Beweisgegenstände, die auf Grund einer fehlerhaften Durchsuchung erlangt wurden.[31] Grundlegend hat das BVerfG im Beschluss vom 7.12.2011[32] zur Problematik von **Beweisverwertungsverboten** im Strafrecht entschieden. Demnach stellt ein Beweisverwertungsverbot von Verfassungs wegen eine begründungsbedürftige Ausnahme dar, weil es die Beweismöglichkeiten der Strafverfolgungsbehörden zur Erhärtung oder Widerlegung des Verdachts strafbarer Handlungen einschränkt und so die Findung einer materiell richtigen und gerechten Entscheidung beeinträchtigt. Grundrechtsverletzungen, zu denen es außerhalb der Hauptverhandlung gekommen ist, führen daher nicht zwingend dazu, dass auch das auf dem Inbegriff der Hauptverhandlung beruhende Strafurteil gegen Verfassungsrecht verstößt. Aus Sicht des BVerfG ist ein Beweisverwertungsverbot geboten, wenn die Auswirkungen des Rechtsverstoßes dazu führen, dass dem Angeklagten keine hinreichenden Möglichkeiten zur Einflussnahme auf Gang und Ergebnis des Verfahrens verbleiben, die Mindestanforderungen an eine zuverlässige Wahrheitserforschung nicht mehr gewahrt sind oder die Informationsverwertung zu einem unverhältnismäßigen Eingriff in das allgemeine Persönlichkeitsrecht führen würde. Zudem darf eine Verwertbarkeit von Informationen, die unter Verstoß gegen Rechtsvorschriften gewonnen würden, nicht bejaht werden, wo dies zu einer Begünstigung rechtswidriger Beweiserhebungen führen würde. Ein Beweisverwertungsverbot kann daher insbesondere nach schwerwiegenden, bewussten oder objektiv willkürlichen Rechtsverstößen, bei denen grundrechtliche Sicherungen planmäßig oder systematisch außer Acht gelassen worden sind, geboten sein. Diese Überlegungen lassen sich nach Überzeugung des Hamburgischen OVG ohne weiteres auf das Disziplinarrecht übertragen.[33] Verstöße gegen die Vorschrift des § 27 können daher zu einem Verwertungsverbot der dann ggf. rechtswidrig gewonnenen Beweise führen.[34] Ein Beweisverwertungsverbot ist jedoch regelmäßig nicht anzunehmen, wenn Durchsuchungen nicht durch die Staatsanwaltschaft selbst durchgeführt wurden. Da Durchsuchungen häufig nicht von der Staatsanwaltschaft selbst, sondern, wenn auch in deren Auftrag, von ihren Ermittlungspersonen durchgeführt werden, wiegt die Unterlassung der Behörde, die Staatsanwaltschaft gem. § 36 Abs. 2 Satz 1 StPO einzuschalten, nicht so schwer, als dass dies ein Verwertungsverbot rechtfertigen könnte.[35]

11 **Beschlagnahme** und **Durchsuchung** sind auch möglich, wenn **Gefahr im Verzug** ist (vgl. §§ 94ff., 102ff. StPO). Die Maßnahmen sind nicht nur gegenüber Beamten, sondern auch gegenüber anderen Personen möglich. Zur Ausführung der bei Gefahr im Verzug angeordneten Maßnahmen sind in entsprechender Anwendung von § 189 StPO die Polizeibehörden berufen. Eine Beschlagnahme oder Durchsuchung durch den Dienstherrn selbst, im Wege der Vollstreckung, ist vom Wortlaut der Bestimmung her ausgeschlossen. Ist Gefahr im Verzug nicht gegeben, bedarf der Ermittlungsführer zur Anordnung von Beschlagnahmungen und Durchsuchungen der Unterstützung des Gerichts.

12 § 27 Abs. 1 schränkt das Grundrecht des Beamten aus Art. 13 Abs. 1 GG ein. Dies wird in Abs. 3 gem. Art. 19 Abs. 1 Satz 2 GG zitiert.[36]

---

31 BVerfG 26.10.2004 – 2 BvR 1714/04; 9.10.2003 – 2 BvR 1707/02.
32 2 BvR 2500/09 und 1857/10, NJW 2012, 907, 910.
33 Hamburgisches OVG 3.7.2012 – 12 Bf 58/12.F; Herrmann/Sandkuhl, Beamtendisziplinarrecht, § 7 Rn. 658.
34 Meyer-Goßner, StPO, § 94 Rn. 21; Herrmann/Sandkuhl, Beamtendisziplinarrecht, § 7 Rn. 658.
35 Hamburgisches OVG 3.7.2012 – 12 Bf 58/12.F; VGH Bayern 16.9.2011 – 16b DC 11.1037.
36 Urban/Wittkowski, BDG, § 27 Rn. 8.

§ 28 Protokoll

Über Anhörungen des Beamten und Beweiserhebungen sind Protokolle aufzunehmen; § 168a der Strafprozessordnung gilt entsprechend. Bei der Einholung von schriftlichen dienstlichen Auskünften sowie der Beiziehung von Urkunden und Akten genügt die Aufnahme eines Aktenvermerks.

§ 28 fasst die verschiedenen Vorschriften der früheren BDO zur Protokollierung – §§ 21 Abs. 3, 26 Abs. 2, 57 BDO – zusammen. Zu Form und Inhalt der Protokollierung wird auf § 168 a StPO verwiesen, der nach § 25 BDO auch nach altem Recht Anwendung gefunden hat. 1

Ein Protokoll ist über jede Anhörung des Beamten und über jede Maßnahme nach § 24 zur Beweiserhebung zu fertigen. Es ist zwar nicht ausdrücklich geregelt, dass der Beamte eine Abschrift des Protokolls zu erhalten hat. Da der Beamte aber ohnehin im Rahmen der zu gewährenden Akteneinsicht eine Kopie fertigen darf, wäre es sinnlos, ihm die Abschrift vorzuenthalten.[1] 2

In das Protokoll sind nach § 168 StPO Ort und Tag der Verhandlung sowie die Namen der mitwirkenden und beteiligten Personen aufzunehmen. Weiter muss sich aus dem Protokoll ergeben, ob die jeweils vorgeschriebenen Förmlichkeiten des Verfahrens beachtet wurden. Aus Art. 19 Abs. 4 GG sind weitere Dokumentations- und Begründungspflichten des Ermittlungsführers zu folgern. So müssen etwa Zeugenvernehmungen zwar nicht im Wortlaut, sondern inhaltlich zutreffend und rechtssicher festgehalten werden.[2] Zu beachten ist die Rügefrist des § 55 Abs. 1.[3] 3

In den Fällen des Satzes 2 kann aus Praktikabilitätsgründen und zur Verwaltungsvereinfachung ein Aktenvermerk desjenigen treten, der mit der Untersuchung beauftragt ist. Verfahrensfehler im Bereich der Protokollierung sind binnen der Frist des § 55 zu rügen.[4] 4

§ 29 Innerdienstliche Informationen

(1) Die Vorlage von Personalakten und anderen Behördenunterlagen mit personenbezogenen Daten sowie die Erteilung von Auskünften aus diesen Akten und Unterlagen an die mit Disziplinarvorgängen befassten Stellen und die Verarbeitung oder Nutzung der so erhobenen personenbezogenen Daten im Disziplinarverfahren sind, soweit nicht andere Rechtsvorschriften dem entgegenstehen, auch gegen den Willen des Beamten oder anderer Betroffener zulässig, wenn und soweit die Durchführung des Disziplinarverfahrens dies erfordert und überwiegende Belange des Beamten, anderer Betroffener oder der ersuchten Stellen nicht entgegenstehen.

(2) Zwischen den Dienststellen eines oder verschiedener Dienstherrn sowie zwischen den Teilen einer Dienststelle sind Mitteilungen über Disziplinarverfahren, über Tatsachen aus Disziplinarverfahren und über Entscheidungen der Disziplinarorgane sowie die Vorlage hierüber geführter Akten zulässig, wenn und soweit dies zur Durchführung des Disziplinarverfahrens, im Hinblick auf die künftige Übertragung von Aufgaben oder Ämtern an den Beamten oder im Einzelfall aus besonderen dienstlichen Gründen unter Berücksichtigung der Belange des Beamten oder anderer Betroffener erforderlich ist.

---

1 A. A. Urban/Wittkowski, BDG, § 28 Rn. 1.
2 Herrmann/Sandkuhl, Beamtendisziplinarrecht, § 7 Rn. 673.
3 Urban/Wittkowski, BDG, § 28 Rn. 6.
4 Urban/Wittkowski, BDG, § 28 Rn. 6.

§ 30 Abschließende Anhörung

1. Die Vorschrift des § 29 hat keinen Vorläufer in der BDO. Sie schafft im Hinblick auf das **Grundrecht der informationellen Selbstbestimmung** eine Gesetzesgrundlage für den innerdienstlichen Datenaustausch.[1]

2. Erfasst werden von dieser Vorschrift alle personenbezogenen Daten, unabhängig davon, in welcher Form – Papier oder Datenerfassung – sie vorliegen und unabhängig davon, wann und zu welchem Zweck sie erhoben wurden.

3. Grundsätzlich geht die Norm davon aus, dass ein Datenaustausch und/oder die Verarbeitung im Disziplinarverfahren nur mit Zustimmung des Beamten möglich sind. Dies ergibt sich aus der Konstruktion der Vorschrift. Denn sie trifft eine Ausnahmeregelung, indem sie die Verarbeitung *ohne* Zustimmung des Beamten ausdrücklich regelt. Eine solche Ausnahme kann sich nur auf die im Regelfall notwendige Zustimmung des Beamten beziehen. Dies entspricht auch der herrschenden Meinung im Datenschutz, wo davon ausgegangen wird, dass eine Weitergabe nur mit Zustimmung des Betreffenden oder aber auf Grundlage einer gesetzlichen Regelung zulässig ist (vgl. § 4 BDSG).

4. Abweichend von dieser grundsätzlich notwendigen Zustimmung können nach § 29 Daten an die mit dem Disziplinarverfahren befassten Stellen nur dann weitergegeben werden, wenn und soweit dies zur Durchführung des Disziplinarverfahrens erforderlich ist. Zu dieser Voraussetzung muss kumulativ hinzutreten, dass die Belange des Beamten, Dritter oder der zur Datenherausgabe ersuchten Stelle dem nicht entgegenstehen.

5. In diesem Abwägungsprozess ist grundsätzlich der Ausnahmecharakter der Vorschrift zu beachten und die Erlaubnis daher zurückhaltend zu erteilen. Es ist – dem datenschutzrechtlichen Grundsatz des Vorrangs der Direkterhebung folgend – immer zuerst zu prüfen, ob die notwendigen Daten nicht direkt, z. B. durch Zeugeneinvernahme oder unmittelbar bei dem Beamten, erhoben werden können. Außerdem ist der Beamte vor einem Datenaustausch immer um seine Zustimmung zu bitten. Nur in den Fällen, in denen er diese ablehnt, kann geprüft werden, ob eine Ermächtigung nach § 29 vorliegt.

6. Hat Abs. 1 den Fall geregelt, dass Daten für die Verwendung im Disziplinarverfahren angefordert werden, so beschäftigt sich Abs. 2 mit der Weitergabe von Informationen über das Disziplinarverfahren, dessen Inhalte und sein Ergebnis. Auch hier gelten die grundsätzlichen Ausführungen zu Abs. 1 zum Ausnahmecharakter dieser Vorschrift.

7. Die Weitergabe dieser Informationen ist nur zu den im Gesetz genau und abschließend geregelten Zwecken zulässig. Besondere Vorsicht und Zurückhaltung ist bei der Weitergabe im Einzelfall aus besonderen dienstlichen Gründen angebracht. Diese ungenaue Formulierung kann und darf nicht dazu führen, dass mit einer solchen Begründung eine extensive Weitergabe gerechtfertigt wird. Der Beamte hat – neben den allgemeinen datenschutzrechtlichen Überlegungen – auch aus der Fürsorgepflicht des Dienstherrn heraus einen Anspruch, dass diese besonders sensiblen Informationen nur im wirklichen Ausnahmefall, der gut begründet sein muss, weitergegeben werden.

§ 30 Abschließende Anhörung

Nach der Beendigung der Ermittlungen ist dem Beamten Gelegenheit zu geben, sich abschließend zu äußern; § 20 Abs. 2 gilt entsprechend. Die Anhörung kann unterbleiben, wenn das Disziplinarverfahren nach § 32 Abs. 2 Nr. 2 oder 3 eingestellt werden soll.

---

1 BT-Drucks. 14/14659; Herrmann/Sandkuhl, Beamtendisziplinarrecht, § 7 Rn. 639.

Abschließende Anhörung § 30

Die Vorschrift nimmt die Regelung des früheren § 26 Abs. 4 Satz 4 BDO auf. Sind die Ermittlungen nach Auffassung des Dienstherrn abgeschlossen, so ist dem Beamten die Möglichkeit einzuräumen, sich zu dem Ergebnis der Untersuchung und deren Wertungen abschließend zu äußern. Dem Beamten ist das Untersuchungsergebnis bekannt zu machen.[1] Die vorgeschriebene abschließende Anhörung des Beamten ist Ausdruck des Gebots der **Gewährung rechtlichen Gehörs**. Der Anspruch auf Gewährung rechtlichen Gehörs soll sicherstellen, dass der Einzelne nicht bloßes Objekt des gerichtlichen Verfahrens ist. Der Verfahrensbeteiligte soll vor einer Entscheidung, die seine Rechte betrifft, zu Wort kommen, um Einfluss auf das Verfahren und sein Ergebnis nehmen zu können.[2] Das Schlussgehör kann jedoch nur dann effektiv ausgeübt werden, wenn dem Beamten die für die Entscheidung erheblichen Tatsachen bekannt sind,[3] wenn der Beamte also darüber informiert ist, welche Vorwürfe weshalb als erwiesen angesehen werden. Dementsprechend heißt es in der Gesetzesbegründung zur Schlussanhörung nach § 30 wörtlich: »*Die Durchführung dieser Anhörung bedingt eine Mitteilung des Ergebnisses der Ermittlungen, was nach den allgemeinen Regeln des Verwaltungsverfahrensrechts selbstverständlich ist und deshalb im Gesetz nicht eigens Erwähnung finden muss.*«[4] Die Bekanntgabe der entscheidungserheblichen Tatsachen bzw. des wesentlichen Ergebnisses der Ermittlungen kann im Einzelfall auch durch die Gewährung von Akteneinsicht erfolgen,[5] etwa wenn die Disziplinarakte bei Durchführung der Akteneinsicht ein abschließendes Ergebnis der Ermittlungen, z. B. in Gestalt eines entsprechenden Vermerks, bereits enthält.[6]

Mit der Bekanntgabe des Untersuchungsergebnisses – zumindest aber kurz danach – wird der Beamtete zweckmäßigerweise **zur abschließenden Anhörung** geladen. Bei Unterbleiben der Bekanntgabe des Untersuchungsergebnisses liegt ein schwerer Verfahrensmangel vor, der allerdings durch Nachholung heilbar ist. Der Beamte kann **weitere Ermittlungen** beantragen. Der Dienstvorgesetzte ist hieran allerdings nicht gebunden, wenn er auch nach pflichtgemäßem Ermessen unter Beachtung der geltenden Beweisregeln zu verfahren hat. In diesem Zusammenhang sind die Ausführungen des BVerwG in seiner Entscheidung v. 27.10.2008 (2 B 48.08) zu beachten. Der Senat hat – zur Beweisaufnahme des Gerichts, die allerdings im Verwaltungsverfahren gleichermaßen gelte müsse – ausgeführt, dass das erkennende Gericht oder eben die Verwaltung auch in den Fällen, in denen es die tatsächlichen Feststellungen aus anderen Verfahren zugrunde legt und diese bestritten sind, eine eigene unmittelbare Beweisaufnahme durchzuführen hat. Ob Aufklärungsmaßnahmen notwendig sind und den beabsichtigten Erfolg haben, lässt sich nach Auffassung des BVerwG – soweit sie denn überhaupt geeignet sind – erst nach deren Durchführung beurteilen.[7] Daraus ergibt sich, dass die weit verbreitete Praxis, Ermittlungsanregungen oder Beweisanträge im Verwaltungsverfahren, die regelmäßig in der abschließenden Anhörung vorgebracht werden, eher standardmäßig und lapidar abzulehnen, nicht mit den gesetzlichen Vorschriften vereinbar sind. Dieser Mangel dürfte aber im gerichtlichen Verfahren durch Nachholung der Ermittlungshandlung heilbar sein. Wird dem Beamten

---

1 So auch Herrmann/Sandkuhl, Beamtendisziplinarrecht, § 7 Rn. 702; BT-Drucks. 14/4659, S. 46.
2 BVerwG 12.11.2014 – 2 B 67.14; 5.4.2013 – 2 B 79.11; 20.11.2012 – 2 B 56.12.
3 OVG Lüneburg 28.01.2014 – 20 LD 10/13; Bieler/Lukat, NDiszG, § 21 Rn. 17; vgl. auch LT-Drucks. 15/1130, S. 61.
4 Gesetzentwurf der Bundesregierung, BT-Drucks. 467/00, S. 107 (zu § 29 BDG); in diesem Sinne auch Gansen, Disziplinarrecht, § 30 BDG Rn. 29 i.V.m. Rn. 5, und Bieler/Lukat, Das behördliche Disziplinarverfahren, Rn. 84.
5 Bieler/Lukat, NDiszG, § 21 Rn. 17; vgl. auch LT-Drucks. 15/1130, S. 61f.
6 OVG Lüneburg 28.1.2014 – 20 LD 10/13.
7 BVerwG 19.12.2007 – 2 B 34.07.

für das Disziplinarverfahren lediglich eine eingeschränkte Aussagegenehmigung erteilt und wird er dadurch in seinen grundgesetzlich geschützten Verteidigungsmöglichkeiten behindert, hat die Dienststelle darzulegen, dass diese Einschränkung der Verteidigungsmöglichkeiten durch die Wahrnehmung sehr gewichtiger, verfassungsmäßig legitimierter Aufgaben, die zu ihrer Erfüllung der Geheimhaltung bedürfen, unmöglich gemacht oder wesentlich erschwert würde. Diese Darlegung hat so zu erfolgen, dass die ermittelnde Stelle dies eigenständig nachprüfen kann. Gelingt diese Darlegung nicht, so ist das Verfahren einzustellen – so das BVerwG[8] zum gerichtlichen Verfahren. Dessen Ausführungen müssen jedoch auch durch die Behörde zugrunde gelegt werden.

4 **Ladungen** und **Fristsetzungen** sind gegen Empfangsbekenntnis vorzunehmen (Abs. 2 Satz 4). Ist ein Bevollmächtigter bestellt, ist auch dieser zu laden. Nur dies entspricht dem Gebot der prozessualen Fürsorge und dem Schutzzweck des § 30. Für die Fristen und die Ladung zur Anhörung wird auf § 20 Abs. 2 verwiesen, siehe dort Rn. 3, 8.

5 Nach Satz 2 kann die Anhörung unterbleiben, wenn das Disziplinarverfahren nach § 32 Abs. 2 Nr. 2 und 3 eingestellt wird. In diesen Fällen wird ein Rechtsschutzinteresse in der Regel nicht gegeben sein, so dass auf das Schlussgehör regelmäßig verzichtet werden kann. Es handelt sich jedoch um eine Kann-Vorschrift, so dass das Unterbleiben der Anhörung nicht vorgeschrieben ist. Sie darf jedoch dann nicht unterbleiben, wenn eine Einstellung beabsichtigt ist, weil ein Fall der §§ 14, 15 vorliegt. Auch wenn ein Dienstvergehen festgestellt wurde und dennoch eingestellt werden soll, darf die Anhörung nicht unterbleiben. Sie dient der Dokumentation entlastender Gründe.[9]

6 Unterbleibt die Anhörung, so liegt darin nur insoweit kein **wesentlicher Mangel**, als der Dienstherr den Mangel im verwaltungsgerichtlichen Verfahren beseitigt. Denn der Beamte hat dann im gerichtlichen Disziplinarverfahren hinreichend Gelegenheit, zu den aus seiner Sicht entscheidungserheblichen Tatsachen, insbesondere der Beweiswürdigung, Stellung zu nehmen. Damit ist der Mangel der nicht ordnungsgemäß erfolgten Anhörung gem. § 3 BDG i. V. m. § 1 Abs. 1, § 45 Abs. 1 Nr. 3 des VwVfG geheilt worden.[10] Endet das behördliche Disziplinarverfahren also mit der Entscheidung, Disziplinarklage zu erheben, ist das Verwaltungsgericht im Disziplinarklageverfahren verpflichtet, darauf hinzuwirken, dass der klagende Dienstherr einen Mangel des behördlichen Disziplinarverfahrens nachträglich beseitigt, wenn der Mangel wesentlich ist und ihn das Gericht nicht unberücksichtigt lassen darf. Gelingt es dem Dienstherrn nicht, einen wesentlichen Mangel innerhalb der vom Gericht gesetzten Frist zu beseitigen, hat das Gericht das Disziplinarklageverfahren einzustellen.[11]

§ 31 Abgabe des Disziplinarverfahrens

Hält der Dienstvorgesetzte nach dem Ergebnis der Anhörungen und Ermittlungen seine Befugnisse nach den §§ 32 bis 34 nicht für ausreichend, so führt er die Entscheidung des höheren Dienstvorgesetzten oder der obersten Dienstbehörde herbei. Der höhere Dienstvorgesetzte oder die oberste Dienstbehörde können das Disziplinarverfahren an den Dienstvorgesetzten zurückgeben, wenn sie weitere Ermittlungen für geboten oder dessen Befugnisse für ausreichend halten.

---

8 BVerwG 26.3.2009 – 2 B 86.08.
9 Claussen/Benneke/Schwandt, Das Disziplinarverfahren, Rn. 776f.; Herrmann, Sandkuhl, Beamtendisziplinarrecht, § 7 Rn. 699.
10 OVG Lüneburg 28.1.2014 – 20 LD 10/13.
11 BVerwG 28.3.2013 – 2 B 113.12.

Einstellungsverfügung § 32

§ 31 stellt eine reine Kompetenzregelung dar und tritt insoweit an die Stelle des § 28 Satz 2 2. Alt. Satz 2 ist im Vergleich zur BDO eine Neuregelung. Die Kompetenz zum Erlass einer Disziplinarverfügung oder zur Erhebung der Disziplinarklage ergibt sich aus §§ 33 Abs. 2–5, 34 Abs. 2.

Kommt der Dienstvorgesetzte aufgrund der Untersuchung zu dem Ergebnis, dass seine Disziplinarbefugnis für die verwirkte Maßnahme nach den zitierten Vorschriften nicht ausreicht, so hat er nach Satz 2 die Entscheidung seines Vorgesetzten oder der obersten Dienstbehörde herbeizuführen. Zu diesem Zweck hat er den genannten Stellen die Akten zuzuleiten.

Teilt der höhere Dienstvorgesetzte oder die oberste Dienstbehörde die Ansicht des Dienstvorgesetzten, so treffen sie selbst die Maßnahme.

Ist die genannte Stelle im Unterschied zu dem Dienstvorgesetzten der Auffassung, dass eine Maßnahme verwirkt ist, für deren Verhängung die Kompetenz des Dienstvorgesetzten ausreicht, gibt sie ihm den Vorgang zurück. Das führt faktisch dazu, dass dann der Dienstvorgesetzte die Maßnahme verhängen muss, die nach seiner Auffassung unzureichend, jedoch nach Auffassung seiner Vorgesetzten ausreichend ist. Dies stellt eine tatsächliche Beschränkung der Disziplinargewalt dar. Der unmittelbare Vorgesetzte ist in seiner Entscheidung nicht mehr frei. Hierin liegt insoweit eine Änderung zur BDO, als dort in § 15 dem Dienstvorgesetzten die uneingeschränkte Disziplinargewalt übertragen wurde. Hiervon wird jedoch in den §§ 33 f. BDG abgewichen und eine abgestufte Kompetenz eingeführt. Vor dem Hintergrund dieser anderen gesetzlichen Regelung greift das Argument, eine solche Weisung sei unzulässig, da in die Kompetenzen des Dienstvorgesetzten nach § 15 BDO eingegriffen würde, nicht mehr durch. § 33 Abs. 2 normiert gerade eine abgestufte Kompetenz zur Verhängung von Disziplinarmaßnahmen. Ausfluss einer solchen abgestuften Kompetenzhierarchie ist auch die Notwendigkeit zur Prüfung der Zuständigkeit. Dies kann und wird naturgemäß auch immer wieder dazu führen, dass diese Prüfung zu unterschiedlichen Ergebnissen kommt. Hier liegt nach allgemeinen Verwaltungsgrundsätzen und ausdrücklich normiert in § 31 die Entscheidungsgewalt bei dem höheren Vorgesetzten. Hinzu kommt, dass dieser nach § 35 ebenfalls das Recht hat, in die Entscheidung seines Untergebenen einzugreifen.

Wird der Vorgang nach § 31 vorgelegt und stellt der höhere Dienstvorgesetzte oder die oberste Dienststelle fest, dass nach ihrer Auffassung die Angelegenheit noch nicht genügend aufgeklärt ist, so gibt sie den Vorgang zur Durchführung der weiteren notwendigen Ermittlungen ebenfalls zurück.

Kapitel 3
Abschlussentscheidung

§ 32 Einstellungsverfügung

(1) Das Disziplinarverfahren wird eingestellt, wenn
1. ein Dienstvergehen nicht erwiesen ist,
2. ein Dienstvergehen zwar erwiesen ist, eine Disziplinarmaßnahme jedoch nicht angezeigt erscheint,
3. nach § 14 oder § 15 eine Disziplinarmaßnahme nicht ausgesprochen werden darf oder

§ 32   Einstellungsverfügung

4. das Disziplinarverfahren oder eine Disziplinarmaßnahme aus sonstigen Gründen unzulässig ist.

(2) Das Disziplinarverfahren wird ferner eingestellt, wenn
1. der Beamte stirbt,
2. das Beamtenverhältnis durch Entlassung, Verlust der Beamtenrechte oder Entfernung endet oder
3. bei einem Ruhestandsbeamten die Folgen einer gerichtlichen Entscheidung nach § 59 Abs. 1 des Beamtenversorgungsgesetzes eintreten.

(3) Die Einstellungsverfügung ist zu begründen und zuzustellen.

1   Die Vorschrift tritt formal an die Stelle des § 27 Abs. 1 BDO. Inhaltlich fasst sie die bislang nur sehr spärlich geregelten Einstellungsmöglichkeiten zusammen und strukturiert diese neu. § 27 Abs. 1 BDO regelte lediglich, dass das Verfahren einzustellen ist, wenn ein Dienstvergehen nicht festzustellen ist oder wenn der Dienstvorgesetzte aus Opportunitätsgründen von einer Maßnahme absieht. Die Rspr. hat in einer Vielzahl von Entscheidungen das weitere Kriterium in § 27 Abs. 1 BDO – Unzulässigkeit einer Disziplinarmaßnahme – richterrechtlich ausgestaltet. Dabei haben sich die Gerichte in der Regel auf die Einstellungsgründe des § 64 BDO bezogen. § 32 fasst nun diese Vorschriften zusammen und regelt die Einstellungsgründe positivrechtlich. Die Aufzählung der Einstellungsgründe ist abschließend.

1a   Das Disziplinargesetz sieht in Teil 3 Kapitel 3 unter der Überschrift »Abschlussentscheidung« drei Alternativen für die Beendigung eines behördlichen Disziplinarverfahrens vor: Einstellungsverfügung, Disziplinarverfügung oder Erhebung der Disziplinarklage.[1] Nach Erhebung der Disziplinarklage ist ein einstellungsfähiges behördliches Disziplinarverfahren nicht mehr anhängig. Ein gerichtliches Verfahren fällt auch nicht nach seinem rechtskräftigen Abschluss in das Stadium des behördlichen Disziplinarverfahrens zurück. Das OVG Berlin-Brandenburg hat insoweit offen gelassen, ob ein behördliches Disziplinarverfahren fortgeführt werden kann, wenn die vom Dienstherrn erhobene Klage etwa wegen Mängeln der Klageschrift als unzulässig abgewiesen wird.[2] Wird eine gerichtliche Sachentscheidung rechtskräftig, fehlt es sowohl an einer rechtlichen Grundlage für eine Fortsetzung des bereits mit der Klageerhebung abgeschlossenen behördlichen Disziplinarverfahrens als auch an einem Regelungsbedürfnis. Der Umstand, dass das Gericht etwa im Falle eines Maßnahmeverbots nach § 14 das Verfahren nicht einstellen kann, sondern die Klage abweisen muss, hat nicht zur Folge, dass nach Rechtskraft der Gerichtsentscheidung das behördliche oder gerichtliche Verfahren noch offen und damit einstellungsfähig bliebe. Vielmehr beendet das klageabweisende Urteil mit seiner Rechtskraft das Verfahren in gleicher Weise wie die frühere gerichtliche Einstellung des Disziplinarverfahrens. Dasselbe gilt erst recht im Falle der Verhängung einer Maßnahme durch die Disziplinargerichte. Nichts anderes ergibt sich aus § 32 Abs. 2 Nr. 2.[3] Ebenso wenig bedarf es noch einer behördlichen Regelung der Kosten des Verfahrens. Nach Abschluss des behördlichen Disziplinarverfahrens durch Klageerhebung ist die Entscheidung über die Kosten auch des behördlichen Verfahrens der gerichtlichen Kostenentscheidung vorbehalten.[4]

---
1 Vgl. Gansen, Disziplinarrecht in Bund und Ländern, § 34 Rn. 1; GKÖD-Weiß, II § 32 Rn. 1.
2 OVG Berlin-Brandenburg 2.6.2014 – OVG 80 D 10.13; 10.12.2013 – OVG 80 D 4.13; 1.8.2013 – OVG 80 D 5.12.
3 Vgl. Gansen, a.a.O., § 32 Rn. 15 a; GKÖD-Weiß, II § 32 Rn. 68.
4 OVG Berlin-Brandenburg 2.6.2014 – OVG 80 D 10.13; vgl. Gansen, a.a.O., § 37 Rn. 1; GKÖD-Weiß, II § 37 Rn. 1.

Einstellungsverfügung § 32

Im Aufbau der Vorschrift wird unterschieden zwischen rein statusbezogenen Einstellungsgründen in Abs. 2 und formellen und materiell-rechtlichen Einstellungsgründen in Abs. 1. Im letzteren Fall ist eine Subsumtion unter disziplinarrechtliche Vorschriften Einstellungsvoraussetzung. 2

Liegt dem Dienstvorgesetzten das Ergebnis der Ermittlungen und das der abschließenden Anhörung vor, so **hat er zu entscheiden**, wie das Verfahren beendet oder weitergeführt werden soll. Der Disziplinarvorgesetzte, in der Regel also der Dienststellenleiter, hat zunächst **in eigener Zuständigkeit** zu entscheiden, ob das Verfahren **eingestellt** oder weitergeführt werden soll. Allerdings wird er dabei zu beachten haben, dass eine Reihe von Mittelbehörden und obersten Bundesbehörden nach Abschluss der Vorermittlungen eine Unterrichtung über die weiteren Absichten des Dienstvorgesetzten verlangen. 3

Das Verfahren **ist nach Abs. 1 einzustellen**, wenn durch die Ermittlungen ein **Dienstvergehen nicht festgestellt** wurde (Abs. 1 Nr. 1), eine Disziplinarmaßnahme nicht zulässig ist (Abs. 1 Nr. 3 und 4) bzw. der Dienstvorgesetzte eine Disziplinarmaßnahme **nicht für angezeigt** (Abs. 1 Nr. 2) hält. 4

Ein Dienstvergehen ist **nach Nr. 1** dann nicht festgestellt, wenn der ermittelte Sachverhalt keine Schuld des Beamten ergibt. An einem Dienstvergehen fehlt es auch dann, wenn zwar ein mehr oder weniger starker Verdacht gegen den Beamten bestehen bleibt, die Begehung der Tat aber nicht mit hinreichender Sicherheit nachzuweisen ist. Es ist dabei zu beachten, dass auch der geringste Zweifel an der Täterschaft zugunsten der Unschuldsvermutung für die Betroffenen den Ausschlag zu geben hat; denn die »an Sicherheit grenzende Wahrscheinlichkeit« ist nur gegeben, wenn nach der Beweislage »kein vernünftiger Zweifel« an der Schuld in Betracht kommt. 5

Das Verfahren ist nach **Nr. 2** ebenfalls dann einzustellen, wenn zwar der Dienstherr ein Dienstvergehen für festgestellt erachtet, er aber aus **Opportunitätsgründen** eine Maßnahme nicht für angezeigt hält. Dabei kann eine Vielzahl von Gründen von Bedeutung sein, so kann etwa die Versetzung des Beamten zu einer anderen Dienststelle, an einen anderen Dienstort, auch eine Änderung der Familienverhältnisse bzw. der soziale Hintergrund für die Entscheidung prägend sein. Dieser Ausdruck des im Disziplinarrecht herrschenden **Opportunitätsprinzips** ermöglicht eine Abwägung zwischen einer geringfügigen Verfehlung und einem sonst einwandfreien Verhalten des Beamten. Von dieser Möglichkeit wird in der Praxis oft zu sparsam Gebrauch gemacht. Die Disziplinarmaßnahme mag zwar zur Generalprävention bedeutsam erscheinen, ist aber für den vorherrschenden Pflichtenmahnungszweck oft nicht geeignet (vgl. hierzu A. IV. Rn. 73, 86, 88–90). Für die Betroffenen stehen die Auswirkungen einer Disziplinarmaßnahme häufig in keinem Verhältnis zu ihrem Vergehen; schon aus diesem Grund ist eine Disziplinarmaßnahme in relativ harmlosen Fällen oft nur geeignet, den Diensteifer der Betroffenen zu dämpfen. 6

Dies gilt insbesondere bei einer gerade auch im Verhältnis zur Schwere der Tat **unverhältnismäßig langen Verfahrensdauer**. Allerding ist es in der Rspr. auch im Hinblick auf Art. 6 Abs. 1 Satz 1 EMRK geklärt, dass eine überlange Verfahrensdauer nicht zum Absehen der disziplinarrechtlich gebotenen Entfernung aus dem Beamtenverhältnis führen kann. Ein Beamter, der wegen eines gravierenden dienstlichen Fehlverhaltens nicht mehr tragbar ist, kann nicht deshalb im Beamtenverhältnis bleiben, weil das Disziplinarverfahren unangemessen lange gedauert hat.[5] Nach der Rspr. des BVerwG kann und muss sich jedoch unter Umständen eine überlange Verfahrensdauer bei solchen Disziplinarmaßnahmen als Milderungsgrund auswirken, die der Pflichtenmahnung dienen. Hierbei steht 6a

---

5 BVerwG 15. 3. 2013 – 2 B 12.12; 22. 1. 2013 – 2 B 89.11.

§ 32 Einstellungsverfügung

die Überlegung im Vordergrund, dass das Disziplinarverfahren als solches belastend ist und der von ihm ausgehende andauernde Leidensdruck und die mit ihm verbundenen Nachteile bereits pflichtenmahnende Wirkung haben. Deswegen kann eine pflichtenmahnende Disziplinarmaßnahme unvereinbar mit dem Grundsatz der Verhältnismäßigkeit werden, wenn das Disziplinarverfahren unverhältnismäßig lange dauert. Bei Fortbestand des Beamtenverhältnisses kann das durch ein Dienstvergehen ausgelöste Sanktionsbedürfnis gemindert werden oder sogar entfallen, weil die mit dem Disziplinarverfahren verbundenen wirtschaftlichen und dienstlichen Nachteile positiv auf den Beamten eingewirkt haben.[6] Ein Verfahren kann dann einzustellen sein. Einstellungen unter Beachtung des Opportunitätsprinzips sind durch den Dienstvorgesetzten gegenüber seiner vorgesetzten Behörde zu begründen. Will der übergeordnete Dienstvorgesetzte seine Auffassung durchsetzen, muss er den Weg des § 35 gehen.

7 Nach § 6 Satz 2 sind **missbilligende Äußerungen** (Zurechtweisungen, Ermahnungen oder Rügen), die nicht ausdrücklich als Verweis bezeichnet werden, keine Disziplinarmaßnahmen. Rechtsgrundlage ist vielmehr die sich aus dem allgemeinen Beamtenrecht ergebende Weisungs- und Aufsichtsbefugnis des Dienstherrn.[7] Deshalb liegt die Annahme nahe, dass es schon aus formellen Gründen nicht zulässig ist, dass die Disziplinarbehörde ein Disziplinarverfahren einstellt und einem Beamten zugleich in der Einstellungsverfügung mit einer Missbilligung die Begehung eines Dienstvergehens zur Last legt;[8] zulässig dürfte es nur sein, dass die jeweilige personalverwaltende Behörde außerhalb eines Disziplinarverfahrens nach allgemeinen beamtenrechtlichen Regelungen eine schriftliche Missbilligung ausspricht.[9] Diese Maßnahme, die eine gewisse Ähnlichkeit mit dem Verweis besitzt, aber keine eigentliche Disziplinarmaßnahme im engeren Sinne nach dem BDG ist, bleibt von der Einstellung unberührt. Damit ist die Pflicht verbunden, die Betroffenen entsprechend zu belehren; außerdem unterliegen auch diese Maßnahmen der Tilgung (§ 16 Rn. 20). Auch eine Einstellung nach § 14 beschwert den Beamten, weil sie einen disziplinaren Schuldvorwurf enthält und wegen der Einstufung der fiktiv verwirkten Disziplinarmaßnahme anfechtbar sein muss.

8 Nr. 3 des Abs. 1 schreibt vor, dass bei Vorliegen der Voraussetzungen nach §§ 14, 15 das Verfahren ebenfalls zwingend einzustellen ist. Näheres siehe unter diesen Vorschriften.

9 Nach **Abs. 1 Nr. 4** ist das Verfahren dann einzustellen, wenn eine Disziplinarmaßnahme unzulässig ist. Hier ist auch nach der ausdrücklichen Gesetzesbegründung auf die Vorschrift des § 64 BDO und die dazu ergangene Rspr. abzustellen.

10 Gem. § 32 Abs. 1 Nr. 4 wird ein behördliches Disziplinarverfahren u. a. eingestellt, wenn dieses aus sonstigen Gründen unzulässig ist. Eine Regelung darüber, welche Verstöße gegen Verfahrensvorschriften die Unzulässigkeit des Disziplinarverfahrens begründen, ist im BDG nicht enthalten. Entsprechendes ergibt sich auch nicht aus dem systematischen Zusammenhang der Regelungen, insbesondere dem Verhältnis von § 32 Abs. 1 Nr. 4 zu § 55, der eine Regelung zum Umgang mit (behebbaren) wesentlichen Verfahrensmängeln enthält. Denn auch in § 55 ist nicht näher bestimmt, welche Verfahrensmängel wesentlich sind. Ob ein Verstoß gegen eine Verfahrensvorschrift die Unzulässigkeit des Disziplinarverfahrens nach § 32 Abs. 1 Nr. 4 begründet, ist aus dem Sinn und Zweck der jeweils verletzten Vorschrift unter Einbeziehung der Folgen für das Disziplinarverfahren zu ermit-

---

6 BVerwG 11.5.2010 – 2 B 5.10; OVG Berlin-Brandenburg 12.2.2015 – OVG 80 D 2.12.
7 VGH Bayern 27.1.2015 – 6 ZB 14.2121; OVG Sachsen 18.2.2014 – 2 A 448.12; GKÖD-Weiß, II § 6 Rn. 31; Urban/Wittkowski, BDG, § 6 Rn. 7.
8 OVG Lüneburg 22.1.2013 – 5 LB 227/11.
9 VGH Bayern 27.1.2015 – 6 ZB 14.2121.

Einstellungsverfügung § 32

teln.[10] § 32 Abs. 1 Nr. 4 unterfallen dabei absolute tat- oder täterbezogene Verfahrenshindernisse, aufgrund derer es an einer Prozessvoraussetzung für die Verfolgbarkeit des Täters oder der Tat fehlt. Dazu gehören z. B. das Fehlen der Beamteneigenschaft oder das Verbot der Doppelverfolgung.[11] Als Prozessvoraussetzungen sind insbesondere die Verfolgbarkeit von Täter und Tat anzusehen. Die **Verfolgbarkeit des Täters** fehlt, wenn der Beamte nicht Beamter auf Lebenszeit ist, etwa weil die Ernennung nichtig und damit rechtsunwirksam war. Sie fehlt auch, wenn der Beamte nach strafgerichtlicher Verurteilung gem. § 41 BBG aus dem Beamtenverhältnis ausgeschieden ist (dies ist allerdings ein Fall des Abs. 2 Nr. 2). Die **Verfolgbarkeit der Tat** ist nicht gegeben bei vor- und nachdienstlichen Verfehlungen (vgl. § 2 Rn. 2), weiter auch bei Freispruch im Strafverfahren (§ 17), es sei denn, es ist ein disziplinarer Überhang gegeben. Auch bei bereits vorgenommener disziplinarer Ahndung ist wegen des Verbots der Doppelbestrafung ebenso wenig die Verfolgbarkeit der Tat gegeben. Weitere Beispiele für das Fehlen von Prozessvoraussetzungen bzw. Prozesshindernissen: unterlassene Beteiligung bzw. Anhörung Dritter, soweit gesetzlich vorgesehen, Verwirkung, unangemessene Verzögerung (vgl. im Einzelnen A. V. Rn. 125, 127, 134). Ein dauerhaft verhandlungsunfähiger Beamter kann diese Verfahrensrechte nicht persönlich ausüben. An seine Stelle tritt im Disziplinarklageverfahren der zu diesem Zweck bestellte Prozesspfleger. Dessen Tätigkeit stößt jedoch an Grenzen, wenn ein angeschuldigter Pflichtenverstoß aus tatsächlichen Vorgängen oder Ereignissen hergeleitet wird, zu denen sich nur der Beamte selbst aufgrund seines persönlichen Erlebens äußern kann.[12] Das behördliche Disziplinarverfahren ist dann einzustellen. Wird jedoch bei **Verhandlungsunfähigkeit** eines Betroffenen im gerichtlichen Verfahren ein Betreuer bestellt, so ist eine Einstellung des Verfahrens wegen Verhandlungsunfähigkeit nicht mehr möglich (s. auch § 14 Rn. 5 und § 17 Rn. 2).[13]

Nicht zur Einstellung nach Abs. 1 Nr. 4 führen **behebbare Mängel des Verfahrens**, etwa Mängel des rechtlichen Gehörs bzw. eine unzulässige Beschränkung der Verteidigung. Hier kommt eine Behebung in Betracht. **Nicht behebbare Verfahrensmängel** wie z. B. die unterlassene Mitwirkung der zuständigen Personalvertretung gem. § 78 BPersVG bzw. der Vertrauensleute der Schwerbehinderten führen dagegen nach zutreffender Ansicht zur Einstellung nach Abs. 1 Nr. 4.[14] | 11

Das BVerwG hat offen gelassen, ob fehlerhafte Beteiligung der Personalvertretung bei der Einleitung des Disziplinarverfahrens (jetzt Erhebung der Disziplinarklage) die **Rechtswirksamkeit der Einleitungsverfügung** mit der Folge der Einstellung berührt.[15] Diese Frage ist aber in Übereinstimmung mit der Rspr. des BDiG zu bejahen. Die Mitwirkungsmöglichkeit der Personalvertretung bei der Erhebung der Disziplinarklage gem. § 78 Abs. 1 Nr. 3 BPersVG will sicherstellen, dass in die Ermessensentscheidung die tatsächlichen und rechtlichen Hinweise der Personalvertretung einfließen können, die Beteiligung ist deshalb unerlässlich (Gleiches gilt für andere gesetzlich geregelte Beteiligungsrechte, vgl. zum Gesamtkomplex A. V. Rn. 136; § 34 Rn. 5c).[16] | 11a

Auch die **Schwerbehindertenvertretung** ist zu beteiligen (ausführlich: A. V. 7. Rn. 138; § 34 Rn. 5d). Fehlt es an der erforderlichen Beteiligung der Schwerbehindertenvertretung, | 11b

---

10 Urban/Wittkowski, BDG, § 55 Rn. 3.
11 Hamburgisches OVG 10. 8. 2012 – 12 Bf 125/11.F; GKÖD-Weiß, II § 32 Rn. 55 ff.
12 BVerwG 31. 10. 2012 – 2 B 33.12, Rn. 8.
13 BVerwG 6. 11. 1990 – 1 D 3.90; 24. 9. 2009 – 2 C 80.08; OVG Nordrhein-Westfalen 20. 12. 2012 – 3d A 3330/07.O.
14 A. A. Herrmann/Sandkuhl, Beamtendisziplinarrecht, § 7 Rn. 755.
15 BVerwG 24. 1. 1985, BVerwGE 76, 322.
16 So zutreffend BDiG, PersR 1985, 47.

so ist – unabhängig von der Frage, ob ein Verstoß gegen § 95 Abs. 2 Satz 1 SGB IX zur Rechtswidrigkeit der zugrundeliegenden Maßnahme führt[17] – die **Durchführung oder Vollziehung der Maßnahme auszusetzen** und die Beteiligung der Schwerbehindertenvertretung nachzuholen; der Disziplinarbehörde ist nach Art. 53 Abs. 3 BayDG eine Frist zur Beseitigung des Mangels zu setzen.[18]

12 Die Einstellungsgründe des **Abs. 2** sind rein statusbezogen und enthalten keinen Raum für eigene Beurteilungen. Liegen die Voraussetzungen der Nrn. 1–3 vor, so ist das Verfahren einzustellen.

13 Die Nrn. 1–3 des Abs. 2 beinhalten Einzelfälle des nachträglichen Wegfalls der Verfolgbarkeit. **Der Tod** des Beamten beendet nicht automatisch das Verfahren, sondern es bedarf der Einstellung.[19] Dies gilt auch für **das Ausscheiden** aus dem Beamtenverhältnis (dieser Fall ist auch dann i. S. d. § 41 BBG gegeben, wenn wegen mehrerer vorsätzlicher Straftaten eine Gesamtfreiheitsstrafe von einem Jahr ausgesprochen wurde[20]) oder **die Entlassung**. Nach Nr. 3 ist einzustellen, wenn bei einem Ruhestandsbeamten die **Folgen einer gerichtlichen Verurteilung** nach § 59 Abs. 1 BeamtVG gegeben sind. Beim Tod des Beamten verfallen die einbehaltenen Bezüge, wenn das Disziplinarverfahren nach § 32 Abs. 2 Nr. 1 eingestellt worden ist und die Disziplinarbehörde oder das Disziplinargericht festgestellt hat, dass die Entfernung aus dem Beamtenverhältnis oder die Aberkennung des Ruhegehalts gerechtfertigt gewesen wäre. Die Feststellung hat auf der zum Zeitpunkt der Einstellung vorhandenen Aktenlage und Beweisgrundlage zu erfolgen, weitere Ermittlungen sind aus Gründen der Verfahrensvereinfachung nicht anzustellen. Reichen die vorhandenen Erkenntnisse für die Feststellung, dass eine Entfernung aus dem Dienst oder die Aberkennung des Ruhegehalts gerechtfertigt gewesen wäre, nicht aus, so sind die Bezüge nachzuzahlen.[21]

14 Nach **Abs. 3** ist die Einstellungsverfügung mit einer Begründung und einer Kostenentscheidung zu versehen und dem Beamten förmlich zuzustellen.[22]

15 Nach § 35 Abs. 1 Satz 1 ist die Einstellungsverfügung unverzüglich auch dem höheren Dienstvorgesetzten zuzuleiten.

16 Die Einstellung führt zum Abschluss des Verfahrens. Sie führt aber nicht zur **formellen oder materiellen Rechtskraft**. Grundsätzlich kann wegen desselben Sachverhalts eine Disziplinarverfügung erlassen werden, allerdings nur in den Grenzen des § 35. In der Rspr. des BVerwG ist auch geklärt, dass der Disziplinaranspruch des Dienstherrn, d. h. der Anspruch auf Bestimmung der für ein Dienstvergehen erforderlichen Disziplinarmaßnahme, nicht durch **Verwirkung** untergehen kann (zur Kritik: A. V. 1.). Die gesetzlich geregelten Fälle, in denen eine Disziplinarmaßnahme wegen eines Maßnahmeverbots nicht verhängt werden darf, sind abschließend; sie können nicht durch ein ungeschriebenes Maßnahmeverbot wegen Verwirkung ergänzt werden. Dem liegt die Erwägung zugrunde, dass der Zweck der disziplinarischen Sanktionierung nicht darin liegt, begangenes Unrecht zu vergelten. Vielmehr geht es darum, die Integrität des Berufsbeamtentums und die Funktionsfähigkeit des öffentlichen Dienstes aufrechtzuerhalten.[23] Ebenso wenig besteht im Disziplinarrecht die Möglichkeit der Freistellung von der Verfolgung durch **behördli-**

---

17 BVerwG 22. 3. 1989 – 1 DB 30.88; 5. 11. 1993 – 2 DW 4.93.
18 VGH Bayern 18. 3. 2015 – 16a D 09.3029; 28. 10. 2008 – 16b D 07.1213.
19 Urban/Wittkowski, BDG, § 32 Rn. 10.
20 BVerwG, DÖV 1992, 973.
21 VGH Bayern 7. 5. 2013 – 16a D 10.1558.
22 Urban/Wittkowski, BDG, § 32 Rn. 13 f.
23 BVerwG 10. 10. 2014 – 2 B 66.14; 16. 5. 2012 – 2 B 3.12.

Disziplinarverfügung § 33

chen Verzicht. Diese wäre allenfalls denkbar, wenn ein formaler fehlerfreier Verfolgungsverzicht durch die zuständige Behörde vorläge.²⁴ Freilich ist der Erlass dann nicht zulässig, wenn die Gründe, die zur Einstellung geführt haben, nach wie vor bestehen. Die erneute Einleitung nach vorausgegangener Einstellung ist, wenn eine Disziplinarmaßnahme verhängt worden war, nur innerhalb der Frist des § 35 Abs. 3 Satz 3 zulässig.²⁵

Bei der Einstellungsverfügung gem. § 32 Abs. 1 handelt es sich rechtlich um einen **belastenden Verwaltungsakt** i. S. d. § 35 Satz 1 VwVfG. Richtige Klageart ist daher die Anfechtungsklage gem. § 3 BDG, § 42 Abs. 1 Alt. 1 VwGO. Die Einstellungsverfügung entscheidet abschließend – vorbehaltlich eines Rechtsbehelfs des Beamten sowie des § 36 – über die Beendigung eines Disziplinarverfahrens. § 16 Abs. 4 Sätze 1 und 2 bestimmen, dass bei einer Einstellung nach § 32 Abs. 1 Nr. 1 ein Verwertungsverbot nach drei Monaten, im Übrigen – so auch bei einer Einstellung nach § 32 Abs. 1 Nr. 2 bis 4 – ein Verwertungsverbot nach zwei Jahren ab Unanfechtbarkeit der Entscheidung, die das Disziplinarverfahren abschließt (§ 16 Abs. 4 Satz 3), besteht. Negative Auswirkungen eines nach § 32 Abs. 1 eingestellten Disziplinarverfahrens für den Beamten kommen deshalb insbesondere in den Fällen von Einstellungen nach § 32 Abs. 1 Nr. 2 und 3, etwa bei Beurteilungs- oder Beförderungsentscheidungen, aber auch in einem etwaigen weiteren Disziplinarverfahren im Zeitraum vor dem Verwertungsverbot, in Betracht.²⁶ Die negativen Auswirkungen für den Beamten müssen sich auch nicht zwingend bereits aus dem Tenor der Einstellungsverfügung ergeben. Es genügt, dass in den Gründen der Verfügung tatsächliche oder rechtliche Umstände enthalten sind, die den Beamten beschweren. Eine Einstellungsverfügung gem. § 32 Abs. 1 ist daher als Verwaltungsakt i. S. v. § 35 Satz 1 VwVfG zu qualifizieren, da sie alle Wesensmerkmale eines Verwaltungsakts enthält. Es handelt sich nicht um eine auf einen innerdienstlichen Vorgang beschränkte Maßnahme, sondern um eine Regelung, die den Betroffenen in seinem mit subjektiven Rechten ausgestatteten Rechtsverhältnis als Beamter tangiert.²⁷ Auch Kosten- und Nebenentscheidungen sind anfechtbar.²⁸ Ob die Einstellungsverfügung den Beamten tatsächlich beschwert, ist bei der Prüfung des Rechtsschutzbedürfnisses für die Anfechtungsklage zu entscheiden.²⁹

Einstellungen nach § 32 Abs. 2 sind hingegen unanfechtbar. Die dort geregelten formellen Einstellungsgründe sind nämlich dadurch gekennzeichnet, dass sie nicht mit der Feststellung eines Dienstvergehens verbunden sind, sondern lediglich die Folgerung aus der eingetretenen Unzulässigkeit des Disziplinarverfahrens ziehen. Deshalb entfaltet der Einstellungsausspruch nach § 32 Abs. 2 BDG selbst keine belastenden Wirkungen auf Rechtspositionen des Beamten.³⁰

17

18

§ 33 Disziplinarverfügung

(1) Ist ein Verweis, eine Geldbuße, eine Kürzung der Dienstbezüge oder eine Kürzung des Ruhegehalts angezeigt, wird eine solche Maßnahme durch Disziplinarverfügung ausgesprochen.

---

24 VGH Bayern 9. 4. 2014 – 16a D 12.1439.
25 Urban/Wittkowski, BDG, § 32 Rn. 3.
26 VGH Bayern 28. 1. 2015 – 16b DZ 12.1868; 13. 3. 2012 – 16a DZ 10.473; OVG Nordrhein-Westfalen 16. 11. 2011 – 1 B 976/11.
27 GKÖD-Weiß, II § 32 Rn. 103; Müller, Grundzüge des Beamtendisziplinarrechts, Rn. 354; Urban/Wittkowski, BDG, § 32 Rn. 16 ff.
28 Herrmann/Sandkuhl, Beamtendisziplinarrecht, § 7 Rn. 738.
29 VGH Bayern 13. 3. 2012 – 16a DZ 10.473.
30 BVerwG, DÖV 1992, 34 ff.

§ 33 Disziplinarverfügung

(2) Jeder Dienstvorgesetzte ist zu Verweisen und Geldbußen gegen die ihm unterstellten Beamten befugt.
(3) Kürzungen der Dienstbezüge können festsetzen:
1. die oberste Dienstbehörde bis zum Höchstmaß und
2. die der obersten Dienstbehörde unmittelbar nachgeordneten Dienstvorgesetzten bis zu einer Kürzung um ein Fünftel der Dienstbezüge auf zwei Jahre.
(4) Kürzungen des Ruhegehalts bis zum Höchstmaß kann der nach § 84 zur Ausübung der Disziplinarbefugnisse zuständige Dienstvorgesetzte festsetzen.
(5) Die oberste Dienstbehörde kann ihre Befugnisse nach Absatz 3 Nr. 1 durch allgemeine Anordnung ganz oder teilweise auf nachgeordnete Dienstvorgesetzte übertragen; die Anordnung ist im Bundesgesetzblatt zu veröffentlichen.
(6) Die Disziplinarverfügung ist zu begründen und zuzustellen.

1   Diese neue Vorschrift definiert zum einen, was unter einer Disziplinarverfügung zu verstehen ist, zum anderen regelt sie die Kompetenzen zum Erlass einer Disziplinarverfügung.

2   Zentrale Neuerung gegenüber bisherigem Recht ist die Regelung in Abs. 1, dass nun neben einem **Verweis**, und einer **Geldbuße** auch die **Kürzung der Dienstbezüge bzw. des Ruhegehalts** im Rahmen einer Disziplinarverfügung durch den Dienstherrn selbst verhängt werden kann. Auch hier ist Hintergrund, dass das Verfahren beschleunigt werden soll. Zur Ahndung der Dienstvergehen, die eine Gehaltskürzung verwirken, soll die Disziplinarklage nicht erforderlich sein. Ausführlich verweist die Gesetzesbegründung insoweit darauf, dass damit keine Verkürzung der Rechte der Beamten eintrete, da sie zum einen im behördlichen Disziplinarverfahren ebenfalls beteiligt seien und dort ihre Rechte wahrnehmen könnten. Zum anderen stehe ausreichender Rechtsschutz durch die Verfahren im BDG zur Verfügung. Vorteilhaft sei dagegen für sie, dass dadurch die Verfahren verkürzt würden, schneller Rechtssicherheit bestehe und die Nebenfolgen eines Disziplinarverfahrens (z. B. Beförderungsverbot) schneller beseitigt würden. Ob dies alles zutrifft, wird die Zukunft zeigen müssen.

3   Beim Erlass einer Disziplinarverfügung muss im Gegensatz zur Erhebung der Disziplinarklage der **Personalrat nicht beteiligt** werden. Dies ergibt sich aus dem Umkehrschluss zu § 78 Abs. 1 Nr. 3 BPersVG.[1] Beim eindeutigen Gesetzeswortlaut des BPersVG ist es nicht möglich, das Mitwirkungsverfahren auf Verfahren bei Erlass einer Disziplinarverfügung auszudehnen.[2] Dies umso mehr, als auch das BPersVG dahingehend geändert wurde, dass der Personalrat nur in den Fällen einer Erhebung der Disziplinarklage zu beteiligen ist. Nach der Rspr. besteht das Mitwirkungsrecht des Personalrats nur bei der Erhebung von Disziplinarklagen gegen aktive Beamte, also auch nicht gegen Ruhestandsbeamte.[3] Das fehlende Mitwirkungsrecht schließt es jedoch nicht aus, dass der Beamte seinerseits den Personalrat bittet, ihn in dem Verfahren schon im Stadium des Ermittlungsverfahrens zu unterstützen (§§ 67, 68 BPersVG; vgl. A. V. Rn. 136 unter b). Auf Wunsch des Beamten oder auf Wunsch des Personalrats, der von einer Disziplinarsache Kenntnis hat, wird der Dienststellenleiter deshalb auch vor Erlass einer Disziplinarverfügung den Personalrat auf Wunsch des Beamten gem. § 2 Abs. 1 BPersVG anhören und die Sache mit ihm erörtern

---

1 BVerwG 26.6.2014 – 2 A 1.14.
2 Urban/Wittkowski, BDG, § 33 Rn. 14.
3 BVerwG 28.1.2015 – 2 B 15.14; Plog/Wiedow, BeamtStG, § 21 Rn. 2, sowie BBG 2009 § 30 Rn. 7; Altvater/Baden/Berg/Kröll/Noll/Seulen, BPersVG, § 78 Rn. 33.

Disziplinarverfügung § 33

müssen.[4] Nach § 20 Abs. 1 ist es im Übrigen möglich, dass sich der Beamte von einem Mitglied des Personalrats vertreten lässt. Hierzu wird allerdings für den Beamten immer zu berücksichtigen sein, dass ein Personalrat nicht nur die Interessen des Betroffenen, sondern als Personalrat auch die der Dienststelle zu vertreten hat, so dass er insoweit in eine Konfliktsituation geraten kann. § 95 Abs. 2 Satz 1 SGB IX schreibt die Beteiligung der Schwerbehindertenvertretung nicht ausdrücklich vor. Sie ist jedoch zu hören.[5] Eine weitergehende Beteiligung kann nach § 83 SGB IX in einer Integrationsvereinbarung geregelt werden.[6] Bei Beamten der ehemaligen Bundespost, die bei einer Aktiengesellschaft beschäftigt werden, hat nach § 1 Abs. 5 PostPersRG die Bundesanstalt Post und Telekommunikation die Entscheidung zu überprüfen.[7]

In den **Abs. 2 bis 5** werden nun die einzelnen Zuständigkeiten voneinander abgegrenzt. Dies geschieht sowohl im Hinblick auf die einzelnen Vorgesetzten als auch im Hinblick auf die oberste Dienstbehörde. Ziel ist es, die Rechte der unteren Ränge zu stärken um damit bei den höheren Vorgesetzten Raum für die Verfolgung schwerwiegenderer Dienstvergehen zu schaffen. 4

Abs. 2 tritt an die Stelle der Regelung des § 29 Abs. 2 BDO. Danach dürfen die unmittelbaren Vorgesetzten nur Verweise aussprechen und Geldbußen verhängen. Daraus ergibt sich auch, dass diese nicht befugt sind, Disziplinarmaßnahmen gegen Ruhestandsbeamte zu verhängen. Dies liegt in der logischen Konsequenz dessen, dass Ruhestandsbeamte keine unmittelbaren Vorgesetzten mehr haben. Die Zuständigkeit des Präsidenten des BND zur Festsetzung der Geldbuße folgt aus § 33 Abs. 2.[8] 5

Abs. 3 gibt nur den obersten Dienstbehörden das Recht, die Maßnahme bis zur Höchstgrenze auszuschöpfen. Die den obersten Dienstbehörden unmittelbar nachgeordneten Vorgesetzten können eine Kürzung der Dienstbezüge bis zu zwei Jahren aussprechen. 6

Die Kürzung des Ruhegehalts bis zur Höchstgrenze kann nach **Abs. 4** nur der nach § 84 zuständige Dienstvorgesetzte vornehmen (vgl. § 84).[9] 7

Abs. 5 ersetzt den ehemaligen § 29 Abs. 4 BDO und gibt den obersten Bundesbehörden die Möglichkeit, durch allgemeine Anordnung andere als die in Abs. 3 bestimmten gesetzlichen Zuständigkeiten vorzunehmen.[10] Wirksamkeitsvoraussetzung für eine solche andere Kompetenzverteilung ist die Veröffentlichung dieser allgemeinen Anordnung im Bundesgesetzblatt (Abs. 5 letzter Hs.). Die Kompetenzverteilung kann sich nur darauf beziehen, auch nachgeordneten Dienstvorgesetzten die Möglichkeit einzuräumen, Gehaltskürzungen bis zur Höchstgrenze vorzunehmen. 8

Abs. 5 verweist nur auf die Regelung in Abs. 3 Nr. 1. Die Vorschrift wird dahin zu verstehen sein, dass dieses Recht nur auf die unmittelbar der obersten Dienstbehörde nachgeordneten Vorgesetzten übertragen werden kann.[11] Das ergibt sich daraus, dass eine Verlagerung der Kompetenz aus Nr. 2 weiter nach unten nicht möglich ist. Unmittelbaren Vorgesetzten kann nach dem klaren Wortlaut des Gesetzes und der Verweisungssystematik – es wird eben nur auf Abs. 3 Nr. 1 und nicht auch auf die Nr. 2 verwiesen – die Kompetenz zur Verhängung der geringeren Maßnahme nach Nr. 2 nicht übertragen. Würde man die Verweisung so verstehen, dass die Kompetenz nach Nr. 1 auch auf die unmittelbaren Vor- 9

---

4 Vgl. hierzu GKÖD-Weiß, II § 33 Rn. 97–99.
5 Urban/Wittkowski, BDG, § 33 Rn. 14.
6 GKÖD-Weiß, II § 33 Rn. 100.
7 Urban/Wittkowski, BDG, § 33 Rn. 15.
8 BVerwG 26. 6. 2014 – 2 A 1.14.
9 Urban/Wittkowski, BDG, § 33 Rn. 6.
10 GKÖD-Weiß, II § 33 Rn. 149a.
11 A. A. Urban/Wittkowski, BDG, § 33 Rn. 7.

§ 33 Disziplinarverfügung

gesetzten übertragen werden darf, so käme es zu der absurden Situation, dass die höheren Dienstvorgesetzten nur Gehaltskürzungen bis zu zwei Jahren verhängen dürften und der unmittelbare Vorgesetzte bis zur Höchstgrenze gehen könnte. Dies wäre ein unsinniges Ergebnis. Damit bleibt es dabei, dass die Kompetenz nach Nr. 1 nur auf die in Nr. 2 genannten Dienstvorgesetzten übertragen werden kann. Weitere Möglichkeiten zur Kompetenzverlagerung lässt das Gesetz nicht zu. Es kann damit nicht dem unmittelbaren Vorgesetzten abweichend von Abs. 2 die Kompetenz zur Gehaltskürzung übertragen werden.

10 Abs. 6 trifft dann die Regelungen zu Form und Zustellung der Disziplinarverfügung, die bislang in § 30 BDO enthalten waren.

11 Er schafft für die Disziplinarverfügung einen **Begründungszwang**. Die Gestaltung der Verfügung ist im Übrigen dem Dienstvorgesetzten überlassen. Allerdings muss die Verfügung aus Gründen der Klarheit verschiedenen Mindestanforderungen genügen, will sie nicht fehlerhaft sein. Dazu gehören: genaue Bezeichnung der entscheidenden Stelle im Kopf, genaue Bezeichnung der verhängten Maßnahme, wobei die gesetzliche Terminologie zu verwenden ist, Bezeichnung des betroffenen Beamten, genaue Schilderung des Sachverhalts,[12] Beschreibung des Vorwurfs und der Schuldform (vorsätzlich oder fahrlässig), Angabe der verletzten Pflichten, Begründung der Art und Höhe der Disziplinarmaßnahme, Kostenentscheidung, Rechtsmittelbelehrung, Unterschrift. Fehlt eine dieser Voraussetzungen mit Ausnahme der Kostenentscheidung, die entbehrlich, aber zweckmäßig ist, ist die Maßnahme ohne weiteres aufzuheben.

12 Bei der Abfassung der Gründe ist darauf zu achten, dass die Verfügung in allererster Linie für den Beamten bestimmt ist. Er muss die **Begründung verstehen können,** und schon deshalb sollte sie keine Formulierungen enthalten, die ausschließlich für einen Juristen verständlich sind.

13 Die Gründe legen den disziplinaren Vorwurf in tatsächlicher und rechtlicher Hinsicht fest. Der durch sie **gekennzeichnete Sachverhalt begrenzt die Nachprüfungsbefugnis** des Gerichts. Dasselbe gilt für die Konkretisierung der vorgeworfenen Pflichtverletzung. Trägt der Sachverhalt in tatsächlicher und rechtlicher Hinsicht den erhobenen Vorwurf nicht, so liegt darin ein schwerer Verfahrensfehler, der zur gerichtlichen Aufhebung führen kann. Die Beschwerdebehörde kann im Rahmen ihrer Disziplinarbefugnis die Entscheidung und die Gründe der Disziplinarverfügung korrigieren und ergänzen.

14 Entgegen der Ansicht der Vorauflage dieses Kommentars geht die Rspr. nicht davon aus, dass sich aus § 33 BDG, dass die **Zeichnungsbefugnis** auf den Dienstvorgesetzten oder seinen allgemeinen Vertreter beschränkt ist. Danach bestehen – anders als noch unter der Geltung etwa der BDO (vgl. § 30 Abs. 1 Satz 1 Hs. 1 BDO) – keine zusätzlichen Anforderungen in Bezug auf die funktionelle Zuständigkeit, die die Frage betrifft, ob innerhalb einer Behörde bestimmte Organwalter mit bestimmten Funktionen oder Qualifikationen bestimmte Aufgaben und Zuständigkeiten ausschließlich wahrzunehmen haben. Eine gesetzliche oder untergesetzliche Regelung, nach deren Maßgabe die Disziplinarverfügung allein bestimmten Organwaltern – bspw. dem Behördenleiter und seinem allgemeinen Vertreter – vorbehalten ist, existiert nicht.[13] Es gelten daher die allgemeinen verwaltungsverfahrensrechtlichen Regelungen. Eine als Dienstvorgesetzte des Beamten fungierende Rechtsaufsichtsbehörde darf folglich, wie Behörden allgemein, nicht nur allein durch ihren Leiter persönlich tätig werden, sondern auch durch dessen Vertreter und weitere

---

12 BDHE 5, 99; Herrmann/Sandkuhl, Beamtendisziplinarrecht, § 7 Rn. 742.
13 BVerwG 16.3.2010 – 2 B 3.10; OVG Berlin-Brandenburg 21.2.2013 – OVG 81 D 2.10; OVG Münster 22.8.2007 – 21d A 1624/06.BDG; GKÖD-Weiß, II § 33 Rn. 90; Gansen, a.a.O., § 33 Rn. 9; Urban/Wittkowski, BDG, § 33 Rn. 3.

Disziplinarverfügung § 33

hierzu berechtigte und zeichnungsbefugte Mitarbeiter, d. h. solche, die nach den internen Regelungen über die behördliche Organisation und Geschäftsverteilung mit der eigenverantwortlichen Wahrnehmung der betreffenden Aufgabe betraut sind bzw. betraut werden. Daher kann jeder Mitarbeiter der Behörde gegenüber Dritten für die Behörde tätig werden, wenn dies von seinem Aufgabenbereich umfasst oder durch eine einzelfallbezogene zusätzliche Bevollmächtigung durch den Leiter der Behörde bestimmt worden ist.[14]

Die Disziplinarverfügung **kann eine Kostenentscheidung enthalten** (§ 37). Die Auferlegung der Verfahrenskosten setzt voraus, dass eine Disziplinarmaßnahme verhängt wird und die entstandenen Kosten wegen des zugrunde liegenden Dienstvergehens entstanden sind. Ob dem Beamten entstandene Kosten auferlegt werden sollen, steht im Ermessen des Dienstvorgesetzten (§ 37 Rn. 8). Er wird dabei zu prüfen haben, ob die Kostenbelastung in einem sinnvollen Verhältnis zur Disziplinarmaßnahme steht. So wäre es möglicherweise unverhältnismäßig, bei auferlegten Kosten von 100,00 Euro oder mehr es auch noch bei der an sich angemessenen Geldbuße von 50,00 Euro oder mehr zu belassen. Einer Kostentscheidung über die notwendigen Auslagen des Beschuldigten bedarf es im Fall des § 37 Abs. 4. 15

Die Disziplinarverfügung muss eine **ordnungsgemäße Rechtsbehelfsbelehrung** enthalten, andernfalls Bestandskraft erst ein Jahr nach Zustellung eintreten kann (§§ 3, 58 VwGO). Die Rechtsbehelfsbelehrung ist so abzufassen, dass für den Beamten sofort erkennbar ist, in welcher Form und in welcher Frist er gegen die Verfügung vorgehen kann. Worüber in einer Rechtsbehelfsbelehrung zu belehren ist, ergibt sich aus § 58 Abs. 1 VwGO. Zum notwendigen Inhalt gehört demnach der Rechtsbehelf, die Verwaltungsbehörde oder das Gericht, bei der oder dem der Rechtsbehelf anzubringen ist, der Sitz und die einzuhaltende Frist. Zwar umfasst die Belehrungspflicht bei zweistufig aufgebauten Rechtsmitteln, bei denen auf die erste Stufe der Einlegung die zweite Stufe einer fristgebundenen Begründung folgt, grundsätzlich auch die Anforderungen an die zweite Stufe, so dass etwa über die Notwendigkeit einer einzureichenden Begründung und die hierfür geltende Frist bereits in der Entscheidung belehrt werden muss. Belehrungen über die Form oder über die im Einzelnen an eine ordnungsgemäße Begründung zu stellenden Anforderungen sind dagegen ebenso, etwa wie die Frage, ob ein Vertretungszwang besteht, nicht Bestandteil der von § 58 Abs. 1 VwGO angeordneten Rechtsbehelfsbelehrung. Das gilt namentlich für Angaben über gesetzliche Zulassungsgründe und die Anforderungen an deren Darlegung.[15] Nach § 79 Abs. 1 Nr. 1 VwGO und § 3 BDG ist Gegenstand der Anfechtungsklage die ursprüngliche Disziplinarverfügung in der Gestalt, die sie durch den Widerspruchsbescheid gefunden hat.[16] Das Verwaltungsgericht kann unter Beachtung des **Verschlechterungsverbots** eine angefochtene Disziplinarverfügung abändern, wenn es die vom Dienstherrn festgelegte Maßnahme für unangemessen hält. Dies gilt auch im Berufungsverfahren (vgl. § 65 Abs. 1 Satz 1).[17] Ist dagegen nach den Kriterien des § 13 Abs. 1 an sich eine im Verhältnis zur Disziplinarverfügung schärfere Ahndung geboten, ist das Gericht an einem solchen Ausspruch gehindert und die Klage gegen die Disziplinarverfügung abzuweisen.[18] 16

---

14 BVerwG 16.3.2010 – 2 B 3.10; OVG Berlin-Brandenburg 21.2.2013 – OVG 81 D 2.10.
15 BVerwG 7.11.2014 – 2 B 45.14.
16 BVerwG 26.6.2014 – 2 A 1.12.
17 BVerwG 21.5.2013 – 2 B 67.12.
18 BVerwG 26.6.2014 – 2 A 1.12.

§ 34 Erhebung der Disziplinarklage

(1) Soll gegen den Beamten auf Zurückstufung, auf Entfernung aus dem Beamtenverhältnis oder auf Aberkennung des Ruhegehalts erkannt werden, ist gegen ihn Disziplinarklage zu erheben.

(2) Die Disziplinarklage wird bei Beamten durch die oberste Dienstbehörde, bei Ruhestandsbeamten durch den nach § 84 zur Ausübung der Disziplinarbefugnisse zuständigen Dienstvorgesetzten erhoben. Die oberste Dienstbehörde kann ihre Befugnis nach Satz 1 durch allgemeine Anordnung ganz oder teilweise auf nachgeordnete Dienstvorgesetzte übertragen; die Anordnung ist im Bundesgesetzblatt zu veröffentlichen. § 17 Abs. 1 Satz 2 zweiter Halbsatz sowie Abs. 3 und 4 gilt entsprechend.

1 Diese neu eingefügte Vorschrift stellt eine zentrale Änderung in der Systematik des Disziplinarverfahrens dar. In den Fällen, in denen das Disziplinarverfahren weder nach § 32 eingestellt wird noch nach § 33 eine Disziplinarverfügung ergeht, erhebt nunmehr der Dienstherr direkt Klage beim Verwaltungsgericht. Dies betont noch einmal sehr deutlich den Paradigmenwechsel, der in der Abkehr vom Strafrecht und in der Zuwendung zum Verwaltungsrecht liegt. Die Disziplinarklage ist Ausdruck des nunmehr herrschenden kontradiktorischen Verfahrens.

1a Bisher nicht geklärt ist, ob einzelne landesgesetzliche Regelungen, die **Disziplinargewalt auf die Exekutive übertragen**, auch bei der Höchstmaßnahme der Entfernung aus dem Beamtenverhältnis mit den hergebrachten Grundsätzen des Berufsbeamtentums nach Art. 33 Abs. 5 GG vereinbar sind.[1] Es könnte sich bei der gerichtlichen Kompetenz für disziplinare Höchstmaßnahmen etwa um einen hergebrachten Grundsatz des Berufsbeamtentums handeln.[2] Ebenso könnte das Lebenszeitprinzip als hergebrachter Grundsatz des Berufsbeamtentums der Beendigung eines Beamtenverhältnisses auf Lebenszeit durch Verwaltungsakt entgegenstehen.[3] Mit Hinblick auf die Schwere des Eingriffs der Entfernung aus dem Beamtenverhältnis in Art. 33 Abs. 5 GG bestehen an solchen Übertragungen auf die Exekutive Zweifel. Die Landesgesetzgeber sind auf den Richtervorbehalt zu verweisen, den der Bundesgesetzgeber zutreffend in § 34 vorgesehen hat.

2 Zur Abgrenzung von anderen Klagearten und um den Inhalt des Verfahrens zu kennzeichnen, wird die Bezeichnung »**Disziplinarklage**« eingeführt. Im Disziplinarklageverfahren muss der Dienstherr keinen Antrag auf Festsetzung einer bestimmten Disziplinarmaßnahme stellen. Ein derartiger Antrag ist auch für die Verwaltungsgerichte unverbindlich. Die Disziplinarbefugnis ist nach § 60 Abs. 2 Satz 2 Nr. 1 den Verwaltungsgerichten zugewiesen. Gelangen diese zu der Überzeugung, dass ein Dienstvergehen vorliegt, bestimmen sie die erforderliche Disziplinarmaßnahme aufgrund einer eigenen Bemessungsentscheidung, ohne in tatsächlicher oder rechtlicher Hinsicht an die Wertungen des Dienstherrn gebunden zu sein.[4]

3 Zulässigkeitsvoraussetzung für die Erhebung der Disziplinarklage ist die **Untersuchung des Sachverhalts** nach §§ 17ff. Mit der Disziplinarklage wird der durch die Untersuchung ermittelte Sachverhalt dem Gericht zur Prüfung vorgelegt, wobei immer nur ein Beamter erfasst sein darf. Nach § 58 Abs. 1, § 65 Abs. 1 Satz 1 sind die Tatsachengerichte verpflichtet, grundsätzlich von Amts wegen diejenigen **Tatsachen** festzustellen, die für den Nach-

---

1 BVerwG 5.6.2015 – 2 B 48.14; 10.2.2015 – 2 B 4.14.
2 Dafür z.B. GKÖD-Weiß, II § 45 Rn. 9 und 41ff.
3 Dafür z.B. Zängl, Verwaltungsakt statt Disziplinarurteil, in: FS Fürst, 2002, S. 447.
4 BVerwG 15.3.2013 – 2 B22.12.

Erhebung der Disziplinarklage § 34

weis der angeschuldigten Dienstpflichtverletzungen und die Bemessung der Disziplinarmaßnahme von Bedeutung sind.[5] Sie haben diejenigen Maßnahmen der Sachaufklärung zu ergreifen, die sich nach Lage der Dinge aufdrängen. Grenzen sind der gerichtlichen Sachaufklärung einerseits durch gesetzliche Regelungen, die die Bindung an anderweitig festgestellte Tatsachen vorschreiben, und andererseits durch gesetzliche oder unmittelbar aus dem Grundgesetz hergeleitete Verwertungsverbote gesetzt. Es ist nicht ersichtlich, dass ein derartiges generelles Verbot in Bezug auf die Einbeziehung des Sachvortrags des Beamten in einem Zivilprozess für die Feststellung des disziplinarrechtlich erheblichen Sachverhalts besteht. Die Geltung des Beibringungsgrundsatzes im Zivilprozess ist bei der Würdigung des Sachvortrags in den Blick zu nehmen.[6] Dagegen darf das **Prozessverhalten** bei der Maßnahmebemessung nicht erschwerend berücksichtigt werden. Zulässiges Prozessverhalten – wie etwa der Verzicht auf eine persönliche Teilnahme an der mündlichen Verhandlung – kann grundsätzlich nicht zu Lasten des Beamten gewertet werden.[7] Das Gericht erhebt die **erforderlichen Beweise**. Demnach hat es grundsätzlich selbst diejenigen Tatsachen festzustellen, die für den Nachweis des Dienstvergehens und die Bemessung der Disziplinarmaßnahme von Bedeutung sind.[8] Entsprechend § 86 Abs. 1 VwGO folgt daraus die Verpflichtung, diejenigen Maßnahmen der Sachaufklärung zu ergreifen, die sich nach Lage der Dinge aufdrängen.[9] Das Absehen von einer weiteren Sachaufklärung mit der Begründung, etwa in Betracht kommende Beweismittel würden voraussichtlich nicht den gewünschten Aufschluss erbringen, stellt eine unzulässige Vorwegnahme der Beweiswürdigung und damit eine Verletzung der Verpflichtung des Gerichts dar, den Sachverhalt zu erforschen.[10] Ein Verstoß gegen das **Gebot umfassender Sachaufklärung** führt zwangsläufig dazu, dass die Bemessungsentscheidung unvollständig und damit rechtswidrig ist.[11] Derjenige Verfahrensbeteiligte, der einen Verstoß gegen die dem Gericht obliegende Pflicht zur Klärung des Sachverhalts (§ 86 Abs. 1 Satz 1 VwGO) geltend macht, obwohl er keinen förmlichen Beweisantrag gestellt hat, muss, um den gerügten Verfahrensmangel prozessordnungsgemäß zu bezeichnen, substantiiert darlegen, weshalb sich dem Tatsachengericht aus seiner maßgeblichen materiell rechtlichen Sicht die Notwendigkeit einer weiteren Sachaufklärung in der aufgezeigten Richtung hätte aufdrängen müssen. Denn die Aufklärungsrüge stellt kein Mittel dar, um – vermeintliche – Versäumnisse eines Prozessbeteiligten in der Tatsacheninstanz, vor allem das Unterlassen von förmlichen Beweisanträgen, auszugleichen.[12]

Mit der Disziplinarklage kann nach Abs. 1 nur das Ziel verfolgt werden, den Beamten zurückzustufen, ihn aus dem Beamtenverhältnis zu entfernen oder ihm das Ruhegehalt abzuerkennen. Sollen andere Disziplinarmaßnahmen verhängt werden, kann dies nur im Rahmen des § 33 geschehen. Im Umkehrschluss bedeutet das, dass die in Abs. 1 genannten Maßnahmen nur vom Verwaltungsgericht, nicht vom Dienstherrn verhängt werden können. 4

Form, Frist, Inhalt und das Verfahren der Disziplinarklage sind in den §§ 52 ff. geregelt. Nach § 52 Abs. 1 Satz 2 muss die **Klageschrift** den persönlichen und beruflichen Werdegang des Beamten, den bisherigen Gang des Disziplinarverfahrens, die Tatsachen, in de- 5

---

5 BVerwG 9.10.2014 – 2 B 60.14.
6 BVerwG 15.3.2013 – 2 B 22.12.
7 BVerwG 10.12.2014 – 2 B 75.14.
8 Vgl. auch BT-Drucks. 14/4659, S. 49 zu § 58 BDG.
9 BVerwG 22.1.2014 – 2 B 102.13.
10 BVerwG 15.3.2013 – 2 B 22.12.
11 BVerwG 28.2.2013 – 2 C 62.11.
12 BVerwG 31.7.2014 – 2 B 20.14.

nen ein Dienstvergehen gesehen wird, und die anderen Tatsachen und Beweismittel, die für die Entscheidung bedeutsam sind, geordnet darstellen.[13] Die Klageschrift muss die Sachverhalte, aus denen das Dienstvergehen hergeleitet wird, aus sich heraus verständlich darlegen. Ort und Zeit der einzelnen Handlungen müssen möglichst genau angegeben, die Geschehensabläufe müssen nachvollziehbar beschrieben werden. Nur eine derartige Konkretisierung der disziplinarischen Vorwürfe ermöglicht dem Beamten eine sachgerechte Verteidigung.[14] Die Bezeichnung der Tatsachen, in denen ein Dienstvergehen gesehen wird, ist das »Kernstück« der Disziplinarklagebegründung.[15] Eine inhaltlich nicht ausreichend bestimmte Klageschrift weist grundsätzlich einen wesentlichen Mangel auf, weil sie die sachgerechte Verteidigung des Beamten gegen die disziplinaren Vorwürfe erschwert.[16] Zwar kann in einem Disziplinarverfahren, in dem einem Beamten eine Vielzahl gleichförmiger Taten zur Last gelegt werden, die durch eine gleichartige Begehungsweise gekennzeichnet sind, hinsichtlich der näheren individualisierenden tatsächlichen Umstände der Einzeltaten auf eine tabellarische Aufstellung verwiesen werden. Diese Aufstellung muss indes Teil der Klageschrift sein, weil nur so der Sachverhalt, aus dem das Dienstvergehen hergeleitet wird, in dieser hinreichend bestimmt dargestellt ist.[17] Diese Anforderungen an die Klageschrift tragen dem Umstand Rechnung, dass sie Umfang und Grenzen der gerichtlichen Disziplinarbefugnis festlegt. Denn gem. § 60 Abs. 2 Satz 1 dürfen nur Handlungen zum Gegenstand der Urteilsfindung gemacht werden, die dem Beamten in der Klage oder der Nachtragsklage als Dienstvergehen zur Last gelegt worden sind. Aus der Klageschrift muss bei verständiger Lektüre deshalb eindeutig hervorgehen, welche konkreten Handlungen dem Beamten als Dienstvergehen zur Last gelegt werden.[18]

5a Die Disziplinarklageschrift leidet an einem **wesentlichen Mangel**, wenn sie von einer **unzuständigen Behörde** oder einem Beamten erhoben wird, der nicht befugt ist, für die zuständige Behörde tätig zu werden.[19] Eine gesetzlich nicht vorgesehene, gewissermaßen »rechtsgeschäftliche« Weiterübertragung von Zuständigkeiten ist unzulässig.[20] Hierunter fällt auch, dass der für die Klageerhebung zuständige Dienstvorgesetzte die Disziplinarklage nicht im eigenen Namen, sondern im Namen der von ihm geleiteten Behörde oder des Dienstherrn erhebt.[21] Dieser Mangel kann durch Einreichen einer neuen Disziplinarklageschrift im eigenen Namen geheilt werden, wenn keine schutzwürdigen Interessen des Beamten entgegenstehen. Dies setzt voraus, dass diese Klageschrift keine neuen belastenden Tatsachen und Beweismittel enthält.[22] Leidet die Disziplinarklageschrift an einem wesentlichen Mangel i. S. v. § 55 Abs. 1, so sind die Verwaltungsgerichte gehalten, im Disziplinarklageverfahren auf ihre Beseitigung nach § 55 Abs. 3 hinzuwirken, wenn der Mangel noch heilbar ist. Ein Mangel ist wesentlich i. S. d. § 55 Abs. 1, wenn sich nicht mit hinreichender Sicherheit ausschließen lässt, dass er sich auf das Urteil ausgewirkt haben kann. Wird der Mangel nicht beseitigt, leidet das Urteil an einem Verfahrensmangel i. S. v. § 132

---

13 BVerwG 29. 3. 2012 – 2 A 11.10.
14 BVerwG 9. 10. 2014 – 2 B 60.14.
15 GKÖD-Weiß, II § 52 Rn. 86.
16 BVerwG 17. 7. 2013 – 2 B 27.12.
17 BVerwG 17. 7. 2013 – 2 B 27.12.
18 BVerwG 10. 7. 2014 – 2 B 54.13.
19 BVerwG 4. 7. 2013 – 2 B 76.12; 9. 2. 2016 – 2 B 84.14.
20 Von der Weiden, jurisPR-BVerwG 10/2013 Anm. 1.
21 BVerwG 23. 9. 2013 d – 2 B 51.13.
22 BVerwG 26. 9. 2014 – 2 B 14.14; 14. 10. 2013 – 2 B 64.12.

Erhebung der Disziplinarklage § 34

Abs. 2 Nr. 3 VwGO.[23] Eine Abweisung der Disziplinarklage wegen eines Zuständigkeitsmangels bei der Erhebung der Disziplinarklage führt nicht zum Verbrauch der Disziplinarklage, so dass eine **erneute Klageerhebung** möglich bleibt. Hierin liegt die Beschwer des Beamten in einem Disziplinarklageverfahren. Ist er der Ansicht, das Tatsachengericht habe aufgrund eines Verfahrensfehlers von einer Sachentscheidung abgesehen, kann er dies im Rechtsmittelverfahren gegen das Prozessurteil rügen.[24]

Es kann einen wesentlichen Mangel des Disziplinarverfahrens i. S. v. § 55 darstellen, wenn die **Gleichstellungsbeauftragte** vor der Erhebung der Disziplinarklage an dem gegen den Beamten geführten Disziplinarverfahren nicht beteiligt worden ist. Ein Verstoß gegen die Rechte und Befugnisse der Gleichstellungsbeauftragten nach dem Bundesgleichstellungsgesetz kann dann einen wesentlichen Mangel im Sinne von § 55 BDG begründen, wenn ihr Mitwirkungsrecht nach § 19 Abs. 1 Satz 2 BGleiG verletzt worden ist. Der Begriff des Mangels des behördlichen Disziplinarverfahrens ist nicht auf Vorschriften des BDG beschränkt, sondern erfasst auch die Verletzung von Verfahrensregeln außerhalb des Regelungsbereichs dieses Gesetzes. Diese weite Auslegung des Begriffs entspricht dem gesetzlichen Auftrag des Gerichts, zum Schutz der Rechte des betroffenen Beamten den gesamten behördlichen Verfahrensabschnitt vor Erhebung der Disziplinarklage, soweit nicht ohnehin gerügt, von Gerichts wegen (§ 55 Abs. 3 Satz 1) auf Mängel und deren Folgen zu überprüfen. Ein Mangel des behördlichen Disziplinarverfahrens ist wesentlich i. S. v. § 55, wenn sich nicht mit hinreichender Sicherheit ausschließen lässt, dass er sich auf das Ergebnis des Disziplinarverfahrens ausgewirkt haben kann. Danach kann auch bei einem Verstoß gegen Vorschriften des Bundesgleichstellungsgesetzes ein wesentlicher Mangel des behördlichen Disziplinarverfahrens gegeben sein. Im Disziplinarverfahren kommen als Maßnahme, d. h. als abschließende Sachentscheidung, die Einstellung des Verfahrens (§ 32), der Erlass einer Disziplinarverfügung (§ 33) und die Erhebung der Disziplinarklage (§ 34) in Betracht. Auf diese abschließenden Sachentscheidungen bezieht sich das Recht der Gleichstellungsbeauftragten auf Mitwirkung im behördlichen Disziplinarverfahren nach dem BDG. Allerdings ist ihre Mitwirkung nach dem Wortlaut des § 19 Abs. 1 Satz 2 BGleiG nur geboten, wenn die Maßnahme einen Bezug zu den gesetzlichen Aufgaben der Beauftragten aufweist. Dies setzt voraus, dass das Verfahren Aspekte der Gleichstellung von Frauen und Männern, der Vereinbarkeit von Familie und Erwerbstätigkeit sowie des Schutzes vor sexueller Belästigung am Arbeitsplatz betrifft. Dies ist auch dann der Fall, wenn Anhaltspunkte dafür bestehen, dass bei der Aufklärung und Ahndung von Dienstpflichtverletzungen, die unmittelbar nichts mit dem Zweck des Bundesgleichstellungsgesetzes zu tun haben, die Ermittlungsmethoden oder die Sanktionen je nach Geschlecht oder nach anderen individuellen Verhältnissen, die die Aufgabentrias des § 19 Abs. 1 Satz 2 BGleiG berühren, wie Familienstand oder Unterhaltspflichten, differieren.[25]

5b

Das **Mitwirkungsrecht des Personalrats** gem. § 78 Abs. 1 Nr. 3 BPersVG ist zu beachten (dazu A. V. 7 Rn. 137).[26] Dies gilt auch, wenn die Klage nach einem Antrag des Beamten nach § 18 erfolgt ist.[27] Dieses besteht allerdings nur bei der Erhebung einer Disziplinarklage gegen einen aktiven Beamten, nicht jedoch gegen einen Ruhestandsbeamten.[28] Wer

5c

---

23 BVerwG 4. 7. 2013 – 2 B 76.12; 30. 6. 2014 – 2 B 99.13.
24 BVerwG 30. 6. 2014 – 2 B 99.13.
25 BVerwG 28. 2. 2013 – 2 C 62.11.
26 BVerwG 20. 10. 2005 – 2 C 12.04.
27 Urban/Wittkowski, BDG, § 17 Rn. 11 m. w. N.
28 BVerwG 28. 1. 2015 – 2 B 15.14.

§ 34 Erhebung der Disziplinarklage

Beamter ist, bestimmt sich nach den Beamtengesetzen. Die für die Statusrechte und -pflichten der Beamten maßgebliche Vorschrift des § 21 Nr. 4 BeamtStG regelt, dass das Beamtenverhältnis durch Eintritt oder Versetzung in den Ruhestand endet. Daraus folgt, dass das Beamtenstatusgesetz, wenn es von Beamten und Beamtenverhältnis spricht, den aktiven Beamten und dessen Rechte und Pflichten und nicht den Ruhestandsbeamten und dessen sich an das aktive Beamtenverhältnis anschließende Ruhestandsbeamtenverhältnis meint.[29] Dies folgt auch aus der gesetzlichen Aufgabenstellung der Personalvertretung. Die Personalvertretungen arbeiten mit den Dienststellen, den Dienstbehörden und den obersten Dienstbehörden zum Wohle der Dienstkräfte und zur Erfüllung der dienstlichen Aufgaben zusammen. Ruhestandsbeamte dagegen sind keine Dienstkräfte mehr, sie wirken auch nicht mehr an der Erfüllung der dienstlichen Aufgaben der Beschäftigungsbehörden mit und sind deshalb vom Anwendungsbereich dieses Gesetzes nicht mehr erfasst.[30] Die Mitwirkung des Personalrats bei Erhebung der Disziplinarklage bezieht sich im Übrigen nur auf die grundlegende Entscheidung, Disziplinarklage zu erheben. Der Inhalt der Klageschrift, insbesondere die Antragstellung, unterliegt nicht seiner Mitwirkung.[31] **Auch ist der Personalrat nicht vor Erhebung einer Nachtragsdisziplinarklage erneut zu beteiligen.** Denn die Voraussetzungen des § 78 Abs. 1 Nr. 3 BPersVG liegen für die Mitwirkung der Personalvertretung vor Erhebung einer Nachtragsdisziplinarklage nicht vor. Gem. § 78 Abs. 1 Nr. 3 BPersVG ist der Personalrat auf Antrag des Beamten bei Erhebung der Disziplinarklage zu beteiligen. Dieses Recht der Mitwirkung bezieht sich nach der Rspr. des BVerwG allerdings nur auf die grundlegende disziplinarbehördliche Abschlussentscheidung, ob überhaupt eine Disziplinarklage erhoben werden soll. Demgegenüber unterliegt der Inhalt der Klageschrift, insbesondere die Antragstellung, nicht der Mitwirkung.[32] Die Vorschrift des § 78 Abs. 1 Nr. 3 BPersVG statuiert ein Mitwirkungsrecht allein bei dieser grundlegenden Entscheidung über die Erhebung der Disziplinarklage selbst, nicht aber ermöglicht sie eine Einflussnahme des Personalrats auf Inhalt und Umfang des Disziplinarverfahrens, insbesondere die Überprüfung einzelner (nachgeschobener) Dienstpflichtverletzungen.[33] Hiervon ausgehend bedarf es bei einer Nachtragsdisziplinarklage der nochmaligen Beteiligung des Personalrats nicht, da eine Disziplinarklage bereits erhoben ist.

5d Auch die **Schwerbehindertenvertretung** ist vor Erhebung der Disziplinarklage zu beteiligen (dazu: A. V. 7. Rn. 138; § 32 Rn. 11b). Nach § 95 Abs. 2 Satz 1 Hs. 1 SGB IX hat der Dienstherr (vgl. §§ 71, 73 Abs. 1 SGB IX) die Schwerbehindertenvertretung in allen Angelegenheiten, die einen einzelnen oder die schwerbehinderten Menschen als Gruppe berühren, unverzüglich und umfassend zu unterrichten und vor einer Entscheidung anzuhören. Dies gilt auch im Disziplinarverfahren. Da die Einleitung eines Disziplinarverfahrens gegen einen schwerbehinderten Beamten noch keine Entscheidung in diesem Sinne ist, ist die Schwerbehindertenvertretung hierüber lediglich zu unterrichten; eine Anhörung der Vertrauensperson der schwerbehinderten Menschen muss erst vor Entscheidungen, insbesondere vor dem Erlass einer Disziplinarverfügung bzw. vor der Erhebung einer Disziplinarklage sowie vor einer vorläufigen Dienstenthebung und Einbehaltung von Be-

---

29 Plog/Wiedow, BeamtStG, § 21 Rn. 2, sowie BBG 2009 § 30 Rn. 7; Altvater/Baden/Berg/Kröll/ Noll/Seulen, BPersVG, § 78 Rn. 33; a. A. Richardi u. a.-Benecke, § 78 Rn. 22.
30 BVerwG 28. 1. 2015 – 2 B 15.14.
31 BVerwG 20. 12. 2013 – 2 B 44.12; 29. 3. 2012 – 2 A 11.10.
32 BVerwG 20. 10. 2005 – 2 C 12.04.
33 BVerwG 20. 10. 2005 – 2 C 12.04; VGH Bayern 24. 9. 2014 – 16a D 13.118.

zügen, erfolgen.[34] Fehlt es an der erforderlichen Beteiligung der Schwerbehindertenvertretung, so ist – unabhängig von der Frage, ob ein Verstoß gegen § 95 Abs. 2 Satz 1 SGB IX zur Rechtswidrigkeit der zugrundeliegenden Maßnahme führt[35] – die Durchführung oder Vollziehung der Maßnahme auszusetzen und die Beteiligung der Schwerbehindertenvertretung nachzuholen; der Disziplinarbehörde ist eine Frist zur Beseitigung des Mangels zu setzen.[36] Eine erneute Anhörung der Schwerbehindertenvertretung vor Erhebung der Disziplinarklage darf jedoch unterbleiben, wenn sich der Beamte im Zeitpunkt der abschließenden Anhörung nach § 30 bereits im Ruhestand befand. Ebenso wie für die Mitwirkung des Personalrats nach § 77 Abs. 1 Nr. 3 BPersVG,[37] besteht nach dem Gesetzeszweck des § 95 SGB IX, die Eingliederung schwerbehinderter Menschen in den Betrieb bzw. die Dienststelle zu fördern (vgl. § 95 Abs. 1 Satz 1 SGB IX), keine Verpflichtung des Dienstherrn, die Schwerbehindertenvertretung nach § 95 Abs. 2 Satz 1 Hs. 1 SGB IX hinsichtlich von schwerbehinderten Ruhestandsbeamten zu beteiligen, da diese nicht mehr auf der Dienststelle beschäftigt sind.[38]

Abs. 2 stellt die Zuständigkeitsregelung für die Einreichung der Disziplinarklage dar. Zu beachten ist dabei besonders die Möglichkeit, diese Befugnisse durch allgemeine Anordnung auf nachgeordnete Dienstvorgesetzte zu übertragen. Solche allgemeinen Anordnungen sind nur dann wirksam, wenn sie im **Bundesgesetzblatt** veröffentlicht wurden. Wird die Klage von einem insoweit unzuständigen Vorgesetzten eingereicht, leidet die Disziplinarklage an einem Formmangel, der dazu führt, dass keine wirksame Klageerhebung vorliegt.

6

§ 35 Grenzen der erneuten Ausübung der Disziplinarbefugnisse

(1) Die Einstellungsverfügung und die Disziplinarverfügung sind dem höheren Dienstvorgesetzten unverzüglich zuzuleiten. Hält dieser seine Befugnisse nach den Absätzen 2 und 3 nicht für ausreichend, hat er die Einstellungsverfügung oder die Disziplinarverfügung unverzüglich der obersten Dienstbehörde zuzuleiten. Die oberste Dienstbehörde kann das Disziplinarverfahren an den höheren Dienstvorgesetzten zurückgeben, wenn sie weitere Ermittlungen für geboten oder seine Befugnisse für ausreichend hält.
(2) Der höhere Dienstvorgesetzte oder die oberste Dienstbehörde kann ungeachtet einer Einstellung des Disziplinarverfahrens nach § 32 Abs. 1 im Rahmen ihrer Zuständigkeiten wegen desselben Sachverhalts eine Disziplinarverfügung erlassen oder Disziplinarklage erheben. Eine Entscheidung nach Satz 1 ist nur innerhalb von drei Monaten nach der Zustellung der Einstellungsverfügung zulässig, es sei denn, es ergeht wegen desselben Sachverhalts ein rechtskräftiges Urteil auf Grund von tatsächlichen Feststellungen, die von denjenigen tatsächlichen Feststellungen, auf denen die Entscheidung beruht, abweichen.
(3) Der höhere Dienstvorgesetzte oder die oberste Dienstbehörde kann eine Disziplinarverfügung eines nachgeordneten Dienstvorgesetzten, die oberste Dienstbehörde auch eine von ihr selbst erlassene Disziplinarverfügung jederzeit aufheben. Sie können

---

34 VGH Bayern 18. 3. 2015 – 16a D 09.3029; 15. 11. 2011 – 16a DA 11.1261.
35 BVerwG 22. 3. 1989 – 1 DB 30.88.
36 VGH Bayern 18. 3. 2015 – 16a D 09.3029.
37 Vgl. dazu Zängl, Bayer. Disziplinarrecht, Art. 35 BayDG Rn. 51; GKÖD-Weiß, II § 34 Rn. 26.
38 VGH Bayern 18. 3. 2015 – 16a D 09.3029; VGH Hessen 19. 6. 1995 – DH 1836/9; Urban/Wittkowski, BDG, § 38 Rn. 50.

§ 35 Grenzen der erneuten Ausübung der Disziplinarbefugnisse

im Rahmen ihrer Zuständigkeiten in der Sache neu entscheiden oder Disziplinarklage erheben. Eine Verschärfung der Disziplinarmaßnahme nach Art oder Höhe oder die Erhebung der Disziplinarklage ist nur innerhalb von drei Monaten nach der Zustellung der Disziplinarverfügung zulässig, es sei denn, es ergeht wegen desselben Sachverhalts ein rechtskräftiges Urteil auf Grund von tatsächlichen Feststellungen, die von denjenigen tatsächlichen Feststellungen, auf denen die Entscheidung beruht, abweichen.

1 § 35 beinhaltet in Abs. 1 neue Regelungen über die Weitergabe- und Mitteilungspflichten der Vorgesetzten über ihre Entscheidungen in Disziplinarsachen. Die Vorschrift knüpft damit an § 30 an. Die Abs. 2 und 3 treffen im Anschluss daran Kompetenzregelungen über die Möglichkeiten von Vorgesetzten, nach dem Abschluss von Disziplinarverfahren diese wieder aufzunehmen und abweichende Entscheidungen zu treffen. Sie dient der Sicherung der Aufsichts- und Koordinierungsfunktion des höheren Dienstvorgesetzten.[1] Sie nehmen damit die Regelungen der §§ 27 Abs. 2 und 32 Abs. 2 BDO auf. Wichtigste Änderung ist dabei die Einführung einer Frist bzw. die Abänderung der Frist, in der es möglich ist, bereits abgeschlossene Verfahren neu aufzunehmen und die Maßnahme zu ändern.

2 In Abs. 1 wird geregelt, dass die Abschlussentscheidung – dabei kann es sich nur um Einstellung und Disziplinarverfügung handeln, da der Dienstvorgesetzte nur für deren Verhängung die Kompetenz nach § 33 hat – unverzüglich dem höheren Dienstvorgesetzten zuzuleiten ist. Dies stellt im Verhältnis zum beschuldigten Beamten eine reine Ordnungsvorschrift dar, aus deren Verstoß für ihn weder Nach- noch Vorteile erwachsen können.

3 Der Dienstvorgesetzte prüft die Entscheidung. Es gilt kein Verschlechterungsverbot (reformatio in peius). Kommt er zu dem Schluss, dass seine Kompetenz für die Verhängung der von ihm für angemessen erachteten Maßnahme nicht ausreicht, so hat er den Vorgang ebenfalls unverzüglich der obersten Dienstbehörde zuzuleiten.

4 Stellt diese nach weiterer Prüfung fest, dass seine Befugnisse doch ausreichen, so gibt sie den Vorgang an ihn zurück. Gleiches gilt für den Fall, dass die oberste Dienstbehörde den Fall noch nicht für aufgeklärt und weitere Ermittlungen für notwendig hält.

5 Auffallend und auch nicht recht erklärlich ist, warum die Kompetenz zur Rückgabe bei unaufgeklärten Sachverhalten nicht auch dem höheren Dienstvorgesetzten im Verhältnis zum Dienstvorgesetzten eingeräumt wird. Dies stellt einen Unterschied zu Abs. 1 Satz 2 2. Alt. und auch zu § 30 Satz 2 dar. Eine ergänzende Auslegung wird angesichts des klaren Wortlauts wohl kaum in Betracht kommen. Damit bleibt diese Möglichkeit nur für die Fälle bestehen, in denen der Dienstvorgesetzte nach § 30 vorlegt.

6 Abs. 2 regelt die Fälle, in denen der Dienstvorgesetzte das Verfahren – in Betracht kommen nur die Fälle des § 32 Abs. 1 – einstellt. Diese Einstellung bindet den höheren Dienstvorgesetzten und die oberste Dienstbehörde nicht. Sie können wegen desselben Sachverhalts – trotz der zugestellten Einstellung – eine Disziplinarverfügung erlassen oder Disziplinarklage erheben. Das kann allerdings nicht zeitlich unbegrenzt erfolgen, sondern nur in der Frist von drei Monaten (Abs. 2 Satz 2). Die Frist beginnt mit Zustellung der Einstellungsverfügung zu laufen. Nach dem insoweit klaren Wortlaut ist dabei unbeachtlich, ob die Information nach Abs. 1 rechtzeitig geschehen ist. Der Dienstherr kann sich bei Fristüberschreitung nicht darauf berufen, dass der Dienstvorgesetzte seine Pflicht zur unverzüglichen Vorlage verletzt habe und die Frist deshalb versäumt wurde. Abs. 1 entfaltet

---

[1] Claussen/Benneke/Schwandt, Das Disziplinarverfahren, Rn. 857.

Grenzen der erneuten Ausübung der Disziplinarbefugnisse § 35

seine Wirkung als Ordnungsvorschrift nur innerdienstlich. Die Einführung dieser Frist stellt einen deutlichen Fortschritt gegenüber altem Recht dar und ist zu begrüßen.
Die zweite Alternative des Abs. 2 Satz 2 lässt eine Ausnahme von dieser Frist in den Fällen zu, in denen wegen desselben Sachverhalts ein rechtskräftiges Urteil ergeht und dieses Urteil in seinen tatsächlichen Feststellungen von den tatsächlichen Feststellungen des Disziplinarverfahrens abweicht. Abs. 2 enthält keine Angabe, welche Urteile hier in Betracht kommen. Es wird jedoch auf die Vorschrift des § 23 zurückgegriffen werden können. Als Urteile i. S. d. Abs. 2 kommen alle die Urteile, die aufgrund von Verfahren nach § 23 ergehen (§ 23 Rn. 1), in Betracht. Das Urteil muss rechtskräftig sein. Liegt ein solches Urteil vor, dann ist eine Wiederaufnahme auch nach Ablauf der Frist des Abs. 2 Satz 2 zulässig. Dies ist vor dem Hintergrund der Bindungswirkung der Urteile nach § 23 gerechtfertigt. 7

Erneute Disziplinarbefugnis des höheren Dienstvorgesetzten gegenüber Disziplinarentscheidungen nachgeordneter Dienstvorgesetzter
»Im Übrigen« erlaubt Abs. 3 **jederzeit und unbefristet die Aufhebung und Milderung** von nachgeordneten wie eigenen Disziplinarentscheidungen. Der höhere Dienstvorgesetzte kann nicht Disziplinarentscheidungen aufheben, die Gegenstand eines Gerichtsverfahrens nach § 34 sind oder waren. Vor der Aufhebung muss der Beamte nicht angehört werden, wohl aber vor der Neuentscheidung, auch wenn sie zugunsten der Betroffenen beabsichtigt ist.[2] 8

Wenn die vorherigen Entscheidungen **zu Ungunsten des Beamten abgeändert** werden sollen, so kann das nur innerhalb von drei Monaten nach ihrem Erlass (= Zustellung) oder nach dem Erlass eines sachgleichen, im Sachverhalt abweichenden präjudiziellen Urteils geschehen.[3] 9

Abs. 3 gilt für **alle bestandskräftigen, sachentscheidenden Disziplinarentscheidungen** untergeordneter Dienstvorgesetzter bzw. die eigenen Entscheidungen der obersten Dienstbehörde oder der Einleitungsbehörde. **Bloße Verfahrensentscheidungen** sind von Abs. 3 nicht betroffen. Beruhen sie auf einem Verfahrenshindernis oder dem Fehlen einer Verfahrensvoraussetzung, die nicht behebbar sind, so stehen diese Umstände ohnehin auch dem neuen Verfahren entgegen. Können aber die zugrunde liegenden Verfahrensfehler ausgeräumt bzw. im neuen Verfahren vermieden werden, so liegt keine die Neuaufnahme des Verfahrens hindernde Bestandskraft vor. 10

Voraussetzung der Verschlechterungsbefugnis ist die vorherige **Aufhebung der Erstentscheidung** innerhalb der Dreimonatsfrist. Die Aufhebung beseitigt die Erstentscheidung ex tunc. Vor der Aufhebungsentscheidung bedarf es der Anhörung des Beamten.[4] Die Aufhebung allein ist nicht anfechtbar, da sie keine Beschwer der Betroffenen enthält. Erst die verschlechternde Neubescheidung enthält die Beschwer. **Die Neubescheidung** kann, muss aber nicht gleichzeitig mit der Aufhebung und auch nicht in der Frist erfolgen. Sie muss aber die Frist des § 15 weiterhin beachten. Vor ihrem Erlass muss, wenn dies nicht schon im Zusammenhang mit der Aufhebung geschehen ist, der Betroffene angehört werden (§§ 20 Abs. 2, 30). 11

Für die Neuentscheidung stehen dieselben **Entscheidungsmöglichkeiten wie für die Erstentscheidung** zur Verfügung, also Aufhebung, Milderung, Verschärfung, Bestätigung, Verfahrenseinstellung (aus sachlichen wie prozessualen Gründen). Die Neuent- 12

---

2 A. A. Urban/Wittkowski, BDG, § 35 Rn. 10.
3 Claussen/Benneke/Schwandt, Das Disziplinarverfahren, Rn. 859.
4 A. A. Urban/Wittkowski, BDG, § 35 Rn. 10.

§ 36　　　　　Verfahren bei nachträglicher Entscheidung

scheidung kann es bei dem zuvor entschiedenen Sachverhalt und Vorwurf belassen, aber auch neue Tatsachen und Vorwürfe seiner Neuentscheidung zugrunde legen.

13　Die Neuentscheidung hat dieselbe **Form und den Inhalt** zu wahren, wie dies für die Erstentscheidung gilt. Die Aufhebungsentscheidung bedarf, wenn sie getrennt von der Neuentscheidung ergeht, keiner Begründung. Dann erfordert die Fürsorgepflicht aber eine Information des Betroffenen dahin, dass eine verschlechternde Neuentscheidung beabsichtigt ist, zu der noch Anhörung nach § 28 VwVfG erfolgen wird.[5]

14　**Die alte Disziplinarentscheidung kann neben der neuen nicht weiterbestehen.** Das ergibt sich zwar schon aus dem bestandskräftigen Entscheidungsinhalt der erneuten Disziplinarentscheidung. Aus Gründen der Rechtsklarheit aber sollte die Unwirksamkeit der alten in der Entscheidungsformel der neuen Entscheidung ausdrücklich hervorgehoben werden.

§ 36　Verfahren bei nachträglicher Entscheidung im Straf- oder Bußgeldverfahren

(1) Ergeht nach dem Eintritt der Unanfechtbarkeit der Disziplinarverfügung in einem Straf- oder Bußgeldverfahren, das wegen desselben Sachverhalts eingeleitet worden ist, unanfechtbar eine Entscheidung, nach der gemäß § 14 die Disziplinarmaßnahme nicht zulässig wäre, ist die Disziplinarverfügung auf Antrag des Beamten von dem Dienstvorgesetzten, der sie erlassen hat, aufzuheben und das Disziplinarverfahren einzustellen.

(2) Die Antragsfrist beträgt drei Monate. Sie beginnt mit dem Tag, an dem der Beamte von der in Absatz 1 bezeichneten Entscheidung Kenntnis erhalten hat.

1　§ 36 tritt an die Stelle des ehemaligen § 123 BDO.
2　Mit dieser Vorschrift wird dem Beamten ein Recht auf Wiederaufgreifen seines Disziplinarverfahrens nach dessen Unanfechtbarkeit gegeben, was dem Disziplinarrecht – mit Ausnahme der Vorschriften der §§ 71 ff. – fremd ist. § 36 korrespondiert mit den Wiederaufnahmevorschriften nach §§ 71 ff. für die Verfahren die ohne gerichtliches Verfahren, durch Disziplinarverfügung beendet wurden.
3　Der Anspruch auf Aufhebung besteht für alle Fallkonstellationen des § 14. Dies umfasst sowohl das Verbot der doppelten Maßregelung als auch die Fälle des § 14 Abs. 2, in denen der Beamte im strafrechtlichen Verfahren nachträglich freigesprochen wurde und kein disziplinarer Überhang besteht. Insoweit sichert diese Vorschrift die im Hinblick auf § 14 gebotene Gleichbehandlung aller Beamten.
4　In den Fällen, in denen das Verfahren durch Urteil abgeschlossen wurde, ist die Wiederaufnahme nach § 71 Abs. 1 Nr. 8 möglich.
5　Die Vorschrift ist eine **Spezialregelung der Wiederaufnahme.** Sie sichert die Gleichbehandlung der unter § 14 fallenden Disziplinarvorgänge und ist auf den **Fall nachträglicher strafrechtlicher Ahndung** beschränkt. Für den Fall **nachträglicher Aufhebung** der strafgerichtlichen Ahndung gelten die Wiederaufnahmeregelungen der §§ 71 ff. (vgl. § 71 Rn. 12).
6　Voraussetzung für das Verfahren nach § 36 ist, dass die im Disziplinarverfahren verhängte **Disziplinarmaßnahme** (nicht die Verfahrenseinstellung oder die Missbilligung) **unanfechtbar** geworden war, bevor die strafrechtliche Ahndung erfolgte. War Letztere vor der Verhängung der Disziplinarmaßnahme schon existent, aber nur nicht dem Disziplinaror-

---

5 Claussen/Benneke/Schwandt, a. a. O., Rn. 862.

Verfahren bei nachträglicher Entscheidung § 36

gan bekannt, so gelten wiederum für das förmliche Disziplinarverfahren die Wiederaufnahmevorschriften der §§ 71 ff., für das Disziplinarverfügungsverfahren das Aufhebungsverfahren nach § 35.

Im Übrigen gelten für die Anwendung des § 36 **dieselben Voraussetzungen wie für § 14:** 7
Auf strafrechtliche Verfahrenseinstellungen mit Straf- oder Bußcharakter ist § 14 analog anzuwenden. Es muss sich in beiden Verfahren um den identischen Sachverhalt handeln, andernfalls muss bei mehreren Pflichtverletzungen die strafrechtlich geahndete verselbständigungsfähig sein, und beide Ausnahmevoraussetzungen zur zusätzlichen Maßregelung müssen erfüllt sein. In erster Linie zielt § 36 auf die **ersatzlose Aufhebung der Disziplinarmaßnahmen** ab. Da aber im Falle zusätzlicher Maßregelung im Rahmen des § 14 auch die Maßnahmebemessung auf die finanziellen und pflichtenmahnenden Auswirkungen der strafgerichtlichen Ahndung abzustellen ist, ist der **Antrag auch zur Milderung der Disziplinarmaßnahmen zulässig.**

Das Verfahren nach § 36 wird durch Antrag der betroffenen Beamten in Gang gebracht, 8
ist **aber nicht von deren Antrag abhängig.**[1] Abs. 1 bestimmt lediglich, dass die Aufhebung auf Antrag erfolgen muss, nicht aber, dass die Dienstvorgesetzten trotz Kenntnis der nachträglichen Bestrafung untätig bleiben müssten oder dürften. Die beamtenrechtliche Fürsorgepflicht gebietet den Dienstvorgesetzten, von Amts wegen nach § 32 Abs. 3 Satz 1 die nachträglich unrichtig gewordene Disziplinarmaßnahme nach dem Gesetzeswillen in § 36 zu korrigieren, wenn die Voraussetzungen des § 14 erfüllt sind. Die Fürsorgepflicht besteht umso mehr, als die Beamten über die Möglichkeit des § 36 in der Regel nicht belehrt sind. **Gegenüber Disziplinarverfügungen,** die nicht durch das Gericht ganz oder teilweise bestätigt worden sind, besteht neben dieser Amtspflicht der Dienstvorgesetzten das Antragsrecht der Gemaßregelten. Über die vom Gericht ganz oder teilweise bestätigten Disziplinarmaßnahmen entscheidet nach §§ 71 ff. allein das Gericht, nicht etwa nach § 35 der Dienstvorgesetzte. Gegen diese Disziplinarmaßnahmen haben die Gemaßregelten wie auch – zugunsten der Gemaßregelten – die Dienstvorgesetzten das Antragsrecht gegenüber dem Gericht.

Der Antrag muss den üblichen Erfordernissen der Klarheit und Eindeutigkeit entspre- 9
chen. Er bedarf keiner Begründung, wohl aber der Bezeichnung der betroffenen Disziplinarentscheidung und der strafgerichtlichen Ahndung. Der Antrag entfaltet mangels ausdrücklicher Regelung **keine unmittelbaren Wirkungen,** was den allgemeinen Wiederaufnahmebestimmungen entspricht. Er ist **an die Stelle zu richten,** die die aufzuhebende oder zu ändernde Disziplinarmaßnahme verhängt hat.

Der nach Abs. 1 **vom Dienstvorgesetzten erlassene Bescheid** muss eine **Begründung** mit 10
Sachverhalt und rechtlicher Würdigung enthalten, aus denen hervorgeht, weshalb die Voraussetzungen des § 14 erfüllt oder nicht erfüllt sind. Gegen diesen Bescheid sind die üblichen Rechtsmittel des BDG – Widerspruchsverfahren und Klage – gegeben.

Es ist regelmäßig begründet, einen Beamten für die Dauer der gegen ihn durchgeführten 11
disziplinarischen Untersuchung und eines sich anschließenden Disziplinarverfahrens von einer an sich möglichen Beförderung auszunehmen. Der Dienstherr würde sich in Widerspruch zu seinem eigenen Verhalten setzen, wenn er einen solchen Beamten vor der abschließenden Klärung des disziplinarischen Vorwurfs beförderte und damit die Befähigung und Eignung des Betreffenden für eine höherwertige Verwendung bejahte, obwohl er zuvor mit der Einleitung disziplinarischer Ermittlungen zu erkennen gegeben hat, dass Anlass besteht, die Amtsführung oder das persönliche Verhalten des Betreffenden in sei-

---

1 A. A. Urban/Wittkowski, BDG, § 36 Rn. 4.

nem bisherigen Status zu beanstanden. Nur in besonders gelagerten Ausnahmefällen, etwa dann, wenn der im Disziplinarverfahren erhobene Vorwurf eines Dienstvergehens offensichtlich unbegründet ist, ist eine andere Beurteilung angezeigt. Hierdurch wird sichergestellt, dass ein im Einzelfall gegebener Beförderungsanspruch nicht durch die missbräuchliche Einleitung eines Disziplinarverfahrens unterlaufen werden kann.[2] Wird die frühere **Disziplinarmaßnahme jedoch aufgehoben,** so ist sie damit – wie auch im allgemeinen Wiederaufnahmeverfahren – ex tunc beseitigt. Das Verfahren ist **einzustellen.** Die finanziellen und – soweit eingetreten (Beförderungsnachteil) – laufbahnrechtlichen Nachteile der inzwischen vollstreckten Disziplinarmaßnahmen sind wieder gutzumachen. Auch die bislang wegen der Disziplinarmaßnahme unterbliebene Tilgung ist ggf. nachzuholen.

12   Im Gegensatz zum früheren Recht ist der Antrag nunmehr nach Abs. 2 fristgebunden zu stellen. Die Frist beträgt drei Monate. Sie beginnt mit dem Tag zu laufen, an dem der Beamte vom Aufhebungsgrund Kenntnis erlangt. Dies ist frühestens mit Kenntnis der Rechtskraft der strafrechtlichen Entscheidung der Fall. Die Kenntnis der Entscheidung vor Rechtskraft derselben kann nach dem Wortlaut des Abs. 1 diese Vorrausetzung nicht erfüllen. Dort ist als Voraussetzung die Unanfechtbarkeit der Entscheidung genannt. Damit ist auch auf die Kenntnis der Unanfechtbarkeit als Fristbeginn abzustellen. Die Vorschrift entspricht § 51 Abs. 3 VwVfG.

§ 37 Kostentragungspflicht

(1) Dem Beamten, gegen den eine Disziplinarmaßnahme verhängt wird, können die entstandenen Auslagen auferlegt werden. Bildet das Dienstvergehen, das dem Beamten zur Last gelegt wird, nur zum Teil die Grundlage für die Disziplinarverfügung oder sind durch Ermittlungen, deren Ergebnis zugunsten des Beamten ausgefallen ist, besondere Kosten entstanden, können ihm die Auslagen nur in verhältnismäßigem Umfang auferlegt werden.
(2) Wird das Disziplinarverfahren eingestellt, trägt der Dienstherr die entstandenen Auslagen. Erfolgt die Einstellung trotz Vorliegens eines Dienstvergehens, können die Auslagen dem Beamten auferlegt oder im Verhältnis geteilt werden.
(3) Bei einem Antrag nach § 36 gilt im Falle der Ablehnung des Antrags Absatz 1 und im Falle seiner Stattgabe Absatz 2 entsprechend.
(4) Soweit der Dienstherr die entstandenen Auslagen trägt, hat er dem Beamten auch die Aufwendungen zu erstatten, die zur zweckentsprechenden Rechtsverfolgung notwendig waren. Hat sich der Beamte eines Bevollmächtigten oder Beistands bedient, sind auch dessen Gebühren und Auslagen erstattungsfähig. Aufwendungen, die durch das Verschulden des Beamten entstanden sind, hat dieser selbst zu tragen; das Verschulden eines Vertreters ist ihm zuzurechnen.
(5) Das behördliche Disziplinarverfahren ist gebührenfrei.[1]

1   Die neue Regelung des § 37 fasst die Vorschriften über die Kostenentscheidungen in der BDO (§§ 111–116) zusammen und regelt sie vor dem Hintergrund der Zuwendung zum Verwaltungsrecht und des Wegfalls des förmlichen Verfahrens neu. Die Kostentragungs-

---

2 OVG Nordrhein-Westfalen 12.11.2012 – 6 B 1055/12.

1 Abs. 5 wurde aufgehoben durch Art. 3 Abs. 6 Nr. 1, Art. 5 Abs. 2 des Gesetzes zur Strukturreform des Gebührenrechts des Bundes 2013 (BGBl. I 3154) mit Wirkung ab 14. August 2016.

Kostentragungspflicht § 37

pflicht bei der Einstellung eines Disziplinarverfahrens ist in § 37 geregelt. Das Verfahren ist gebührenfrei. Dies ergibt sich bislang aus § 37 Abs. 5. Ab dem 14.8.2016 ergibt sich diese Folge aus § 7 Nr. 7 BGebG. Wird das Disziplinarverfahren eingestellt, trägt der Dienstherr die entstandenen Auslagen. Erfolgt die Einstellung trotz Vorliegens eines Dienstvergehens, können die Auslagen dem Beamten auferlegt oder im Verhältnis geteilt werden (siehe dazu Rn. 8).[2]

Nach bisherigem Recht gab es in den Disziplinarverfahren keine **Prozesskostenhilfe**.[3] 2
Dies war insoweit konsequent, als Prozesskostenhilfe auch im Strafrecht, auf das bislang ergänzend verwiesen wurde, nicht bekannt war. Die Regelung des Pflichtverteidigers findet nur in ausdrücklich bestimmten Fällen Anwendung und galt deshalb in der BDO nur in den Fällen des § 60 aufgrund der dortigen ausdrücklichen Normierung.

Nunmehr wird aber in § 3 ausdrücklich auf die VwGO verwiesen und deren subsidiäre 3
Geltung angeordnet. Im Zusammenhang mit der Kostenregelung ist dies im Hinblick auf die Frage, ob nunmehr auch in Disziplinarfällen Prozesskostenhilfe gewährt werden kann, von Bedeutung.

Zunächst ist festzuhalten, dass das BDG keine Regelung zur Gewährung von Prozesskos- 4
tenhilfe enthält. Es ist auch nicht ersichtlich, inwieweit die Vorschrift des § 166 VwGO im Widerspruch stehen soll. Die §§ 37, 44 treffen nur Kostenregelungen dem Grunde nach. Damit ist festzuhalten, dass unter Geltung des BDG auch in Disziplinarverfahren ein **Anspruch dem Grunde nach auf Gewährung von Prozesskostenhilfe** besteht.[4] Die nach den Vorschriften der ZPO (§§ 114ff.) notwendige Prüfung der Erfolgsaussichten ist weit zu fassen. Zu prüfen ist, ob die Rechtsverfolgung des Beamten unter Berücksichtigung des insoweit geltenden niedrigeren Maßstabs[5] hinreichende Aussicht auf Erfolg bietet (§ 166 VwGO, § 114 Satz 1 ZPO).[6] Regelmäßig dann, wenn im gerichtlichen Verfahren noch Sachverhaltsaufklärung, z.B. durch Zeugeneinvernahme oder Einholung eines Sachverständigengutachtens betrieben werden muss, sind die Erfolgsaussichten im Hinblick auf den Prüfungsmaßstab zur Gewährung von Prozesskostenhilfe ausreichend.[7]

Die Kostenvorschriften des BDG werden weiterhin vom Grundsatz beherrscht, dass der 5
Dienstherr die Kosten zu tragen hat.[8] Dies ergibt sich ab dem 14.8.2016 aus § 7 Nr. 7 BGebG. Die in §§ 37 Abs. 5, 44 Abs. 4 BDG geregelte **Gebührenfreiheit des behördlichen Disziplinarverfahrens** schließt es nach der Rspr. bisher aus, gem. § 77 Abs. 1 und 4 BDG, § 162 Abs. 2 Satz 2 VwGO die Zuziehung eines vom Dienstherrn im behördlichen Disziplinarverfahren bevollmächtigten Rechtsanwaltes für notwendig zu erklären.[9] Diese Maßgaben gelten ab dem 14.8.2016 unter der Geltung des § 7 Nr. 7 BGebG unverändert.

Abs. 1 Satz 1 enthält insoweit eine Kann-Bestimmung. Nach dieser Vorschrift können 6
dem Beamten die entstandenen Auslagen ersetzt werden. Diese Regelung folgt § 112 Abs. 1 Satz 1 BDO.

---

2 VG Münster 17.6.2014 – 20 K 2835/13.BDG.
3 BVerwG 30.1.1985 – 1 DB 8/85.
4 Ebenso: Urban/Wittkowski, BDG, § 3 Rn. 14.
5 BVerfG 13.3.1990 – 2 BvR 94/88, BVerfGE 81, 347.
6 BVerwG 14.1.2014 – 2 B 84.13.
7 Zöller, ZPO, § 114 Rn. 19f.
8 Herrmann/Sandkuhl, Beamtendisziplinarrecht, § 7 Rn. 757.
9 Mit ausführlicher Begründung: VGH Baden-Württemberg 28.1.2013 – DB 13 S 2055/12.

Voraussetzung und Kriterien der Kostenentscheidung im Vorverfahren

7 **Rechtliche Voraussetzung** der Auferlegung von Auslagen an den Beamten durch den Dienstvorgesetzten (Abs. 1 Satz 1) ist die **Verhängung einer Disziplinarmaßnahme**. Als solche können nur die in § 5 aufgeführten echten Disziplinarmaßnahmen gelten. Wird das Verfahren wegen geringer Schuld oder mangelndem Pflichtenmahnungsbedürfnis eingestellt und eine Missbilligung i. S. d. § 6 Satz 2 ausgesprochen, so ist die Aufbürdung der Verfahrenskosten ebenso unzulässig wie bei Einstellung wegen eines Verfahrensmangels oder eines Prozesshindernisses oder fehlender Prozessvoraussetzung. Zuständig für die **Kostenentscheidung** ist der für die Abschlussentscheidung im Hauptsacheverfahren zuständige Dienstvorgesetzte.

8 § 37 geht von dem Grundsatz aus, dass die **Verfahrenskosten** im Verfahren vor den Dienstvorgesetzten der verfolgenden Verwaltung zur Last fallen. Nur im Falle besonderer Entscheidung können sie den Betroffenen aufgebürdet werden. Ob die Verfahrenskosten des Verfahrens dem Beamten überhaupt auferlegt werden sollen, nur zu einem Bruchteil oder nur hinsichtlich bestimmter Kosten, liegt im **Ermessen** des zuständigen Dienstvorgesetzten. Das bei der Entscheidung über die Kosten bestehende Ermessen des Dienstherrn ist unter Berücksichtigung aller Umstände des Einzelfalls auszuüben.[10] Auf diese Regelung verweist auch § 44 Abs. 4 hinsichtlich des Widerspruchsverfahrens. Daher lassen sich die Ausführungen der Rspr. zur Kostenteilung nach § 77 eingeschränkt auf § 37 übertragen. Durch das Dienstrechtsneuordnungsgesetz vom 5. Februar 2009[11] wurde die spezielle Kostentragungsregelung im bisherigen § 77 Abs. 1 zugunsten der **allgemeinen verwaltungsgerichtlichen Kostenregelungen** gestrichen.[12] Die Kostenentscheidung der Behörde hat sich an der Rspr. des BVerwG, das ebenfalls eine Kostenteilung entsprechend des teilweisen Obsiegens des Beamten vornimmt,[13] zu orientieren. Wenn eine Disziplinarverfügung wegen eines bestehenden Disziplinarmaßnahmeverbots (§ 14) trotz Vorliegens eines Dienstvergehens nicht ausgesprochen werden darf, besteht die Möglichkeit, »die Kosten« ganz oder teilweise dem Beamten aufzuerlegen. Der Umstand, dass § 77 im Falle der Klageabweisung wegen eines Maßnahmeverbots nach § 14 anders als § 37 Abs. 2 Satz 2 bei behördlicher Einstellung keine Kostenentscheidung zu Lasten des beklagten Beamten zulässt, ist Folge des **kostenrechtlichen Unterliegensgrundsatzes**.[14] Die Entscheidung darf nicht der Sanktionierung dienen. Deshalb sind Erwägungen zur Schuld der Betroffenen oder zum Gewicht des festgestellten oder vermuteten Dienstvergehens sachfremd und unzulässig, sie machen die Kostenaufbürdung ermessensfehlerhaft. Sachgerechte Gesichtspunkte können aus dem Maß der Verfahrensveranlassung und der Kostenverursachung (z. B. verzögerndes Verhalten), aus den wirtschaftlichen Verhältnissen der Betroffenen und ähnlichen Zweckmäßigkeitserwägungen gewonnen werden.

9 Die durch Abs. 1 Satz 1 ermöglichte **Auferlegung der Verfahrenskosten ergeht dem Grunde nach**. Die Berechnung und Festsetzung des Kostenbetrags nach der Höhe der entstandenen Kosten ist Sache des gesonderten Festsetzungsbescheids. Die Aufbürdung der Verfahrenskosten kann **nach Bruchteilen** und nach einzelnen Verfahrensabschnitten

---

10 Gansen, Kommentar zum Disziplinarrecht, § 32 BDG Rn. 8.
11 BGBl. I, 160.
12 BT-Drucks. 16/2253, S. 15; BVerwG 3. 5. 2007 – 2 C 9.06, NVwZ-RR 2007, 695; VGH Bayern 23. 7. 2014 – 16b D 13.633; 4. 6. 2014 – 16b D 13.707.
13 Bspw. BVerwG 25. 7. 2013 – 2 C 63.11.
14 VGH Bayern 23. 7. 2014 – 16b D 13.633; OVG Berlin-Brandenburg 2. 6. 2014 – OVG 80 D 10.13; GKÖD-Weiß, II § 77 Rn. 32.

Kostentragungspflicht § 37

oder -handlungen (Gutachten, Zeugenvernehmungen, Ortsbesichtigung) geschehen.[15] **Bei mehreren Beschuldigten** ist eine gemeinsame Kostenaufbürdung wegen der Einheit des Dienstvergehens nur zulässig, wenn alle wegen desselben Sachverhalts und derselben Vorwürfe gemaßregelt wurden.[16] Sollen Kosten nicht auferlegt werden, bedarf es keiner ausdrücklichen Hervorhebung im Entscheidungssatz der verfahrensabschließenden Entscheidung. **Unterbleibt hinsichtlich der Verfahrenskosten die Kostenentscheidung,** so kann sie jederzeit nachgeholt werden, weil das bloße Unterlassen der Entscheidung keinen Regelungscharakter hat, also weder der formellen Bestandskraft noch dem Verbot der Schlechterstellung unterliegt. Anders wegen des Vertrauensschutzes, wenn in der abschließenden Entscheidung ausdrücklich auf die Aufbürdung der Verfahrenskosten verzichtet wurde.

Der **Umfang der Kostenentscheidung** ist dadurch begrenzt, dass die Kosten nur insoweit auferlegt werden können, als sie die Grundlage der Disziplinarmaßnahme betreffen. Diese Begrenzung muss zur eindeutigen Klarstellung des Umfangs der Kostenentscheidung in dem Entscheidungssatz der Kostenentscheidung ausdrücklich enthalten sein. Die **Festsetzung der Verfahrenskosten der zu erstattenden Auslagen** ergeht durch einen selbständigen Festsetzungsbescheid. Zuständig dafür ist der **Dienstvorgesetzte**. Nach Abschluss des behördlichen Disziplinarverfahrens durch Klageerhebung ist die Entscheidung über die Kosten auch des behördlichen Verfahrens der gerichtlichen Kostenentscheidung vorbehalten.[17]

10

Abs. 1 Satz 2 trifft Regelungen für den Fall, dass dem Beamten bei mehreren ursprünglichen Vorwürfen nach Abschluss des Verfahrens nur noch ein Teil nachgewiesen werden kann und sich damit auch die Disziplinarmaßnahme nur auf diesen Teil der ursprünglichen Vorwürfe stützen kann. In einem solchen Fall dürfen ihm die Kosten auch nur zu einem Teil auferlegt werden.

11

Es sind nur **die Kosten festzusetzen, die durch die Kostenentscheidung aufgebürdet wurden.** Soweit sich die Kostenentscheidung auf einen Teil der ursprünglich verfolgten Vorwürfe beschränkt, muss bei der Kostenfestsetzung genau abgegrenzt werden, welche Kosten durch welche Ermittlungen erwuchsen und ob sie zur Klärung des Vorwurfs erforderlich waren.[18] Nicht aufgebürdet werden dürfen solche Kosten, die ohne Veranlassung oder ohne Verhinderungsmöglichkeit des Betroffenen entstanden sind, wie z.B. Reisekosten von Zeugen oder Sachverständigen oder des Ermittlungs- oder Untersuchungsführers zu einer erneuten Beweisaufnahme, nachdem Zeugen oder Gutachter beim ersten Termin ausgeblieben waren.

12

Abs. 2 Satz 1 stellt noch einmal klar, dass in diesen Fällen der Dienstherr die Kosten zu tragen hat. Nur unter den dort ausdrücklich geregelten und abschließend aufgezählten Ausnahmefällen ist es möglich, die Kosten dem Beamten aufzuerlegen.

13

Abs. 3 regelt leicht nachvollziehbar und sachgerecht die Kostenverteilung im Falle eines Antrags nach § 36. Zu beachten ist, dass in diesem Fall die Kostenfolge zu Lasten des Beamten auf einer gesetzlichen Regelung des Satzes 1 2. Alt. beruht, die keinen Raum für eine Ermessensentscheidung lässt.

14

Abs. 4 enthält Regelungen für die Fälle, in denen der Dienstherr die Kosten trägt. Dies ist immer dann der Fall, wenn es an einer ausdrücklichen Entscheidung zu Lasten des Beamten fehlt (vgl. Rn. 18).

15

---

15 BVerwGE 46, 18, 19.
16 BVerwGE 46, 18, 19.
17 OVG Berlin-Brandenburg 2.6.2014 – OVG 80 D 10.13.
18 BDHE 5, 185; 6, 114.

§ 37   Kostentragungspflicht

16   Eine Erstattung der notwendigen Auslagen ist in § 37 Abs. 4 vorgesehen. Nach Abs. 4 steht dem Beamten wie etwa in § 162 Abs. 1 VwGO ein unmittelbarer **Aufwendungsersatzanspruch** zu. In gleicher Weise ist für den Erstattungsanspruch die Notwendigkeit der Auslagen der Betroffenen nach ihrem kausalen Zusammenhang mit den freigestellten oder gemaßregelten Sachverhalten zu prüfen. Der Hauptteil der erstattungsfähigen Auslagen entfällt in der Regel auf die Vertretungsaufwendungen, besonders die Rechtsanwaltsgebühren nach dem RVG. Dementsprechend ist es in der Rspr. des BVerwG anerkannt, dass die dem Beamten im behördlichen Disziplinarverfahren entstandenen **Rechtsanwaltskosten** in gesetzlicher Höhe erstattungsfähig sind, wenn der Dienstherr die Kosten des Verfahrens zu tragen hat und das Verwaltungsgericht die Zuziehung eines Bevollmächtigten für notwendig erklärt.[19] Dies entspricht der Regelung in § 37 Abs. 4 Satz 1 und 2 über die Kostentragungspflicht im behördlichen Disziplinarverfahren. Danach hat der Dienstherr dem Beamten die zur zweckentsprechenden Rechtsverfolgung notwendigen Aufwendungen zu erstatten, wenn er die entstandenen Auslagen zu tragen hat; dabei sind auch die Gebühren und Auslagen eines Bevollmächtigten oder Beistandes des Beamten erstattungsfähig.[20] Insoweit gehören nach § 162 Abs. 1 VwGO – im Unterschied zu § 91 Abs. 1 ZPO – die **Kosten des Vorverfahrens** stets zu den erstattungsfähigen Kosten, über die mit der Kostengrundentscheidung sowie im Kostenfestsetzungsverfahren befunden wird.[21] Im Vorverfahren entstandene Anwaltskosten sind nur zu erstatten, wenn die Zuziehung nach § 162 Abs. 2 Satz 2 VwGO (ausnahmsweise) für notwendig erklärt wurde. Eine Erstattung von Rechtsanwaltskosten auf Grundlage einer **Honorarvereinbarung** im Wege des Schadensersatzes ist unabhängig davon auch deshalb abzulehnen, weil damit ein Kerngedanke der Kostenerstattung unterlaufen würde, wonach nur die zur zweckentsprechenden Rechtsverfolgung oder Rechtsverteidigung notwendigen Aufwendungen i. S. d. § 161 Abs. 1 VwGO, § 91 Abs. 1 ZPO zu erstatten sind.[22] Die Vereinbarung eines höheren als des sich nach dem RVG ergebenden Honorars verstößt damit gegen die Schadensminderungspflicht aus § 254 Abs. 2 BGB, da es sich um einen objektiv nicht erforderlichen Aufwand handelt.[23] Eine Vergütungsvereinbarung regelt nämlich nur das Innenverhältnis zwischen der obsiegenden Partei und ihrem Bevollmächtigten, nicht jedoch deren Verhältnis zum Prozessgegner. Andernfalls würde der im Prozess unterlegenen Partei durch einen Vertrag zu Lasten Dritter ein unkalkulierbares Kostenrisiko aufgebürdet, das allein in den Risikobereich desjenigen fällt, der sich bestimmter anwaltlicher Hilfe versichern will und deshalb eine rechtsgeschäftliche Absprache trifft.[24] Dementsprechend hat der Rechtsanwalt nach § 3a Abs. 1 Satz 3 RVG auch darauf hinzuweisen, dass vereinbarte Honorare regelmäßig nicht zu erstatten sind.[25] Die besonderen kostenrechtlichen Bestimmungen der VwGO dürfen auch durch eine **Schadensersatzklage** nicht unterlaufen wer-

---

19 BVerwG 28. 4. 2011 – 2 A 5.09, Buchholz 235.1 § 37 BDG Nr. 1; a. A. Herrmann/Sandkuhl, Beamtendisziplinarrecht, § 7 Rn. 762.
20 VGH Baden-Württemberg 28. 1. 2013 – DB 13 S 2055/12.
21 VGH Bayern 9. 10. 2007 – 3 C 07.1903.
22 BVerfGE 68, 237; VGH Bayern 19. 7. 2013 – 3 ZB 08.2979; VGH Kassel, NJW 1965, 1829; VGH Bayern, NJW 1965, 650; 1992, 853; VGH Mannheim, NVwZ-RR 1990, 167; OVG Lüneburg, NJW 2004, 699; OVG Münster, NJW 1969, 709; 1. 3. 2000 – 6 E 115/00; 16. 2. 2005 – 12 E 837/04; ebenso Eyermann-Schmidt, VwGO, § 162 Rn. 8a; Kopp/Schenke, VwGO, § 162 Rn. 10a; Schoch-Olbertz, VwGO, § 162 Rn. 37; Hartung/Römermann/Schons, RVG, 2006, § 4 Rn. 125; Hartmann, Kostengesetze, § 3a RVG Rn. 48.
23 BVerfGE 68, 237; MüKo BGB-Oetker, § 249 Rn. 94.
24 Vgl. BVerfGE 68, 237.
25 VGH Bayern 19. 7. 2013 – 3 ZB 08.2979.

Zulässigkeit § 38

den.[26] Es gibt keinen allgemeinen Grundsatz des Inhalts, dass Rechtsverfolgungs- oder -verteidigungskosten außerhalb eines Prozesses stets zu erstatten wären.[27] Ein Honorar auf Stundenbasis ist daher auch im Rahmen eines Schadensersatzanspruchs lediglich bis zur Höhe der gesetzlichen Gebühren erstattungsfähig.[28] Soweit argumentiert wird, dass anderes in »besonders schwierigen Fällen« gelten müsse, in denen wegen des geringen Streitwerts die Gefahr bestehe, dass der Geschädigte ohne Abschluss einer Honorarvereinbarung keinen zur Vertretung bereiten Anwalt finde,[29] ist dem entgegenzuhalten, dass jeder – grundsätzlich vor jedem Gericht postulationsfähige – Anwalt sich mit zumutbarem Aufwand, der durch die gesetzlichen Gebühren abgegolten wird, auch in spezielle Materien einarbeiten kann, um seinen Mandanten sorgfältig zu vertreten. Eine andere Beurteilung ist auch nicht in besonders umfangreichen oder schwierigen Verfahren[30] oder in Fällen geboten, die spezielle Rechtskenntnisse verlangen,[31] und zwar auch dann nicht, wenn die Partei keinen Rechtsanwalt gefunden haben sollte, der ihre Vertretung für die gesetzlich vorgeschriebene Vergütung übernehmen wollte.[32]

Nicht besetzt. 17

Nach Satz 4 sind nur solche Kosten vom Erstattungsanspruch ausgenommen, die durch das Verschulden des Beamten oder seines Vertreters entstanden sind. Das Verschulden ist vom Dienstherrn darzulegen und ggf. zu beweisen.[33] 18

Die Regelung unter **Abs. 5**, dass das behördliche Disziplinarverfahren **gebührenfrei** ist, wird zum 14.8.2016 entfallen. Damit besteht keine dem § 111 Abs. 1 BDO entsprechende Regelung mehr im BDG. In der Sache ist das behördliche Disziplinarverfahren jedoch weiterhin gebührenfrei, wie sich aus § 7 Nr. 7 BGebG ergibt. Dieser entspricht § 7 Nr. 3 VwKostG.[34] 19

Kapitel 4
Vorläufige Dienstenthebung und Einbehaltung von Bezügen

§ 38 Zulässigkeit

(1) Die für die Erhebung der Disziplinarklage zuständige Behörde kann einen Beamten gleichzeitig mit oder nach der Einleitung des Disziplinarverfahrens vorläufig des Dienstes entheben, wenn im Disziplinarverfahren voraussichtlich auf Entfernung aus dem Beamtenverhältnis oder auf Aberkennung des Ruhegehalts erkannt werden wird oder wenn bei einem Beamten auf Probe oder einem Beamten auf Widerruf voraussichtlich eine Entlassung nach § 5 Abs. 3 Satz 2 dieses Gesetzes in Verbindung mit § 34 Abs. 1 Satz 1 Nr. 1 oder § 37 Abs. 1 Satz 1 des Bundesbeamtengesetzes erfolgen wird. Sie kann den Beamten außerdem vorläufig des Dienstes entheben, wenn durch sein Verbleiben im Dienst der Dienstbetrieb oder die Ermittlungen wesentlich beeinträchtigt

---

26 Vgl. BFH, NVwZ-RR 2009, 95.
27 BVerwGE 40, 313.
28 Palandt-Grüneberg, BGB, § 249 Rn. 57.
29 So OLG Koblenz, NJW 2009, 1153.
30 BVerfGE 68, 237.
31 BVerfGE 87, 270.
32 VGH Bayern 19.7.2013 – 3 ZB 08.2979; OLG Celle, NJW 1969, 328.
33 Herrmann/Sandkuhl, Beamtendisziplinarrecht, § 7 Rn. 763.
34 BGBl. I 3154, 46.

§ 38   Zulässigkeit

würden und die vorläufige Dienstenthebung zu der Bedeutung der Sache und der zu erwartenden Disziplinarmaßnahme nicht außer Verhältnis steht.
(2) Die für die Erhebung der Disziplinarklage zuständige Behörde kann gleichzeitig mit oder nach der vorläufigen Dienstenthebung anordnen, dass dem Beamten bis zu 50 Prozent der monatlichen Dienst- oder Anwärterbezüge einbehalten werden, wenn im Disziplinarverfahren voraussichtlich auf Entfernung aus dem Beamtenverhältnis oder auf Aberkennung des Ruhegehalts erkannt werden wird. Das Gleiche gilt, wenn der Beamte im Beamtenverhältnis auf Probe oder auf Widerruf voraussichtlich nach § 5 Abs. 3 Satz 2 dieses Gesetzes in Verbindung mit § 34 Abs. 1 Satz 1 Nr. 1 oder § 37 Abs. 1 Satz 1 des Bundesbeamtengesetzes entlassen werden wird.
(3) Die für die Erhebung der Disziplinarklage zuständige Behörde kann gleichzeitig mit oder nach der Einleitung des Disziplinarverfahrens anordnen, dass dem Ruhestandsbeamten bis zu 30 Prozent des Ruhegehalts einbehalten werden, wenn im Disziplinarverfahren voraussichtlich auf Aberkennung des Ruhegehalts erkannt werden wird.
(4) Die für die Erhebung der Disziplinarklage zuständige Behörde kann die vorläufige Dienstenthebung, die Einbehaltung von Dienst- oder Anwärterbezügen sowie die Einbehaltung von Ruhegehalt jederzeit ganz oder teilweise aufheben.

1   Die Vorschrift ersetzt die früheren §§ 91, 92 BDO. Die Anordnungen nach § 38 sind beamtenrechtliche Maßnahmen des Disziplinarrechts, aber **keine »Disziplinarmaßnahmen«** i. S. d. Maßnahmenkatalogs des § 5. Sie bewirken deshalb auch keine Doppelverfolgung. Sie sind, obwohl sie schwerwiegend in die nach Art. 33 Abs. 3 GG geschützten Statusrechte des Betroffenen eingreifen, verfassungsrechtlich zulässig, unterliegen aber in der Anwendung – wie alle disziplinaren Eingriffe – dem Verhältnismäßigkeitsgebot.[1] Dies wird im Gesetzeswortlaut nunmehr ausdrücklich hervorgehoben. Sie dürfen nicht zu pflichtenmahnenden Sanktionszwecken, schon gar nicht zu »Strafzwecken« eingesetzt werden. Ihre Berechtigung erwächst allein aus dem funktionalen Bedürfnis, noch vor der Klärung des Vorliegens eines Dienstvergehens und der abschließenden Entscheidung über die angemessene Maßregelung des Beamten eine den Verwaltungsaufgaben und dem Dienstbetrieb dienende, vorübergehende Sicherungsregelung zu treffen.[2] Wenn der Betreffende ohnehin von der Dienstleistung freigestellt ist, z. B. ein zu 100 % freigestelltes Personalratsmitglied, so besteht in der Regel kein sachlicher Anlass für eine vorläufige Dienstenthebung.[3] Jedenfalls ist es ermessensfehlerhaft und unzulässig, ohne Rücksicht auf die allein aktuelle Personalratstätigkeit oder gar zum Zwecke deren Vereitelung das Personalratsmitglied vorläufig des Dienstes zu entheben.[4]

2   Die vorläufige Dienstenthebung (Suspendierung) ist nicht gleichzusetzen mit dem **Verbot der Führung der Dienstgeschäfte** nach § 66 BBG. Beide Maßnahmen stehen unabhängig voneinander zur Verfügung, auch nach Einleitung des förmlichen Disziplinarverfahrens gem. § 17.[5] Maßnahmen nach § 38 können frühestens mit der Einleitung des Disziplinarverfahrens, aber für deren gesamte Dauer, angeordnet werden. **Zuständig für die Anordnung der Maßnahmen** nach § 38 ist die für die Erhebung der Disziplinarklage zuständige Behörde, dies ist gem. § 34 Abs. 2 bei Beamten die oberste Dienstbehörde, bei

---

1 BVerfGE 46, 17/27.
2 BVerwG 29. 11. 1985 – 1 DB 54.85, BVerwGE 46, 17.
3 Lorenzen u. a., § 30 BPersVG Rn. 17.
4 BDiG 6. 9. 1988 – XVI Bk 11/88.
5 BVerwG, NJW 1978, 1597.

Zulässigkeit   § 38

Ruhestandsbeamten die zum Zeitpunkt des Eintritts in den Ruhestand zuständige oberste Dienstbehörde (§ 84). Diese Befugnisse können durch allgemeine Anordnung ganz oder teilweise auf nachgeordnete Dienstvorgesetzte übertragen werden, wobei die Anordnung im Bundesgesetzblatt zu veröffentlichen ist. Die Maßnahmen der vorläufigen Dienstenthebung und Einbehaltung von Gehaltsteilen mussten nach bisheriger Rspr. ebenso wie die Einleitungsverfügung persönlich durch den Leiter der Einleitungsbehörde oder durch seinen allgemeinen Vertreter angeordnet und unterzeichnet werden.[6] Diese strengen Formerfordernisse gelten nicht mehr. Nach § 17 Abs. 1 Satz 3 ist die Einleitung lediglich aktenkundig zu machen. Der Beamte ist gem. § 20 Abs. 1 nicht in jedem Fall sofort zu unterrichten Die Maßnahmen nach § 38 müssen jedoch, da sie gem. § 39 Abs. 1 zuzustellen sind, schriftlich erfolgen. Hierbei dürfte es genügen, dass sie von dem nach der internen Geschäftsverteilung der Behörde zur Klageerhebung befugten Zuständigen unterzeichnet sind.

Neu gegenüber der bisherigen Regelung ist, dass nicht nur die Einbehaltung von Dienst- 3 bezügen, sondern bereits die vorläufige Dienstenthebung, soweit diese nicht aus Gründen des § 38 Abs. 1 Satz 2 in Betracht kommt (Rn. 4), **nur zulässig ist, wenn im Disziplinarverfahren voraussichtlich auf Entfernung** aus dem Beamtenverhältnis oder auf Aberkennung des Ruhegehaltes erkannt werden wird. Nach st. Rspr. muss es aufgrund der gebotenen summarischen Prüfung des dem Beamten vorgeworfenen Sachverhalts überwiegend wahrscheinlich sein, dass gegen ihn die disziplinare Höchstmaßnahme verhängt werden wird.[7] Die Höchstmaßnahme muss wahrscheinlicher sein als eine geringere Maßnahme.[8] Je weniger der den Verdacht begründende Sachverhalt in seinen Einzelheiten bekannt ist, desto mehr muss mit dem Vorliegen von Ausnahmeumständen gerechnet werden. Hält sich die Wahrscheinlichkeit der Dienstentfernung mir derjenigen des Verbleibens im Dienst die Waage, ist die Maßnahme unzulässig.[9] Bereits geklärte und für die Zukunft nicht auszuschließende Tatsachen dürfen nicht vernachlässigt werden. Das ausreichende Maß an Wahrscheinlichkeit wird in der Regel durch eine auf die Höchstmaßnahme lautende, noch nicht rechtskräftige erstinstanzliche Entscheidung begründet.[10] Der Verdacht, ein Dienstvergehen begangen zu haben, das eine strafgerichtliche Verurteilung erwarten lässt, die zu einer Beendigung des Beamtenverhältnisses kraft Gesetzes (§ 48 BBG) führt, macht Maßnahmen nach § 38 erst recht zulässig.[11] Eine Einstellung des Strafverfahrens nach § 153 a StPO lässt den Tatverdacht ebenso wenig entfallen wie in der Regel der Widerruf eines Geständnisses.[12]

Die Maßnahme der vorläufigen Dienstenthebung ist gem. § 38 Abs. 1 Satz 2 außerdem zu- 4 lässig, wenn durch das Verbleiben des Beamten im Dienst **der Dienstbetrieb oder die Ermittlungen wesentlich beeinträchtigt würden** und die Maßnahme mit Blick auf die Bedeutung der Sache und zu erwartender Disziplinarmaßnahme nicht **außer Verhältnis steht.** Diese Regelung entspricht der bisherigen Rspr. in den Fällen, in denen eine Dienstentfernung erkennbar nicht in Betracht kam. Hier bedurfte es für die Anordnung der vorläufigen Dienstenthebung unter Beachtung des Grundsatzes der Verhältnismäßigkeit

---

6 BVerwG 2.6.1995 – 1 DB 7.95, BVerwGE 103, 240.
7 BVerwG 24.3.1999 – 1 DB 20.98.
8 BVerwG 28.2.2000 – 1 DB 26.99.
9 BVerwG 18.12.1987 – 1 DB 27.87, BVerwGE 83, 376.
10 St. Rspr., BVerwG 14.10.1998 – 1 D 65.98 m.w.N.
11 BVerwG 2.4.1997 – 1 DB 3.97.
12 BVerwG 15.12.1998 – 1 DB 12.98.

§ 38 Zulässigkeit

eines **besonderen rechtfertigen Grundes**.[13] Die entscheidungserheblichen Ermessenserwägungen sind nach § 39 Abs. 1 VwVfG in der Anordnung darzulegen oder müssen nach Abs. 2 Nr. 2 dieser Vorschrift dem Betroffenen bereits bekannt oder ohne weiteres erkennbar sein. Die pauschale Begründung, die Dienstenthebung rechtfertige sich aus der zu erwartenden Höchstmaßnahme oder eine Weiterbeschäftigung komme bis zum rechtskräftigen Abschluss des Disziplinarverfahrens nicht in Betracht, um eine Gefährdung oder Störung dienstlicher Belange zu vermeiden, genügt nicht. Es bedarf der **Darlegung der besonderen Umstände** für die Störung des Dienstbetriebs.[14] Die vorläufige Dienstentfernung erweist sich dann als ermessensgerecht und verhältnismäßig, wenn ohne diesen Eingriff der Dienstbetrieb oder die ordnungsmäßige Tätigkeit der Verwaltung durch die Anwesenheit des Beamten empfindlich gestört oder in besonderem Maße gefährdet wäre.[15] Die vorläufige Dienstenthebung kann gerechtfertigt sein, wenn die Anwesenheit des Beamten im Dienst die Ermittlungen wesentlich beeinträchtigt, was bei **Verdunklungsgefahr** (§ 112 Abs. 2 Nr. 3 StPO) in Betracht kommt. Es muss die Gefahr drohen, dass die Ermittlung der Wahrheit erschwert wird. Im Hinblick auf den Verhältnismäßigkeitsgrundsatzes ist eine restriktive Auslegung geboten. Nach dem ausdrücklichen Gesetzeswortlaut ist die vorläufige Dienstenthebung nur zulässig, wenn sie zu der Bedeutung der Sache und der zu erwartende Disziplinarmaßnahme nicht außer Verhältnis steht. Bei **Bagatellverfehlungen** und solchen, die höchstens die Verhängung eines Verweises oder einer Geldbuße rechtfertigen, kommt die Maßnahme schlechterdings nicht in Betracht. Derartige Verfehlungen hätten nach altem Recht nicht die Einleitung eines förmlichen Disziplinarverfahrens gem. § 33 BDO gerechtfertigt, die, wenn sie rechtswirksam war, nach § 91 BDO alleinige Voraussetzung für die vorläufige Dienstenthebung war. Eine materielle Verschärfung ist mit der Neuregelung nicht beabsichtigt (Amtl. Begründung zu § 38 BDG).

5   Die vorläufige Dienstenthebung lässt die **beamtenrechtlichen Statusrechte** im Wesentlichen unberührt und bewirkt lediglich, dass der Betroffene die mit dem Amt und dem übertragenen Dienstposten **zugeteilten Dienstgeschäfte nicht bearbeiten** darf. Das Erscheinen am Dienstort und im Dienstgebäude, etwa zur Wahrnehmung persönlicher Rechte gegenüber der Behörde (Beihilfeanträge, sonstige Erstattungsanträge) oder zum Aufsuchen der Betriebskantine oder von Kollegen/Kolleginnen ist dadurch noch nicht verboten. Hierzu bedürfte es eines **Hausverbots** nach beamtenrechtlichen Grundsätzen. Ein **Urlaubsanspruch** besteht während der Zeit der vorläufigen Dienstenthebung nicht. Da eine Pflicht zur Dienstleistung nicht besteht, kann von ihr auch nicht – urlaubsweise – Befreiung erteilt werden.[16] Der Suspendierte hat weiterhin den Alimentationsanspruch und damit den – allenfalls – nach § 38 vorübergehend gekürzten **Anspruch auf die Dienstbezüge**. Ohne gegenteilige beamtenrechtliche Anordnung nimmt die Suspendierung den Betroffenen nicht das Recht, weiterhin **Uniform** zu tragen, **dienstlich empfangene Sachen** zu behalten und eine **Dienstwohnung** zu bewohnen. Die Suspendierung beseitigt auch nicht die **sonstigen Grundpflichten** aus dem Beamtenverhältnis. So bleibt die **Pflicht zur Dienstbereitschaft** bestehen.[17] Deshalb entfällt nach § 9 BBesG im Falle mangelnder Dienstbereitschaft der gesamte Anspruch auf Dienstbezüge. Deswegen besteht auch weiterhin die Genehmigungspflicht für Nebentätigkeiten (deren Entgelt nach § 40

---

13 Grundlegend BVerwG 16.5.1994 – 1 DB 7.94, BVerwGE 103, 116 = ZBR 1994, 284; ebenso 17.5.2001 – 1 DB 15.01.
14 BVerwG 4.1.1996 – 1 DB 16.95; 16.5.1994, a.a.O.
15 BVerwG 1.9.2000 – 1 DB 16.00.
16 So auch GKÖD-Weiß, II § 91 Rn. 32.
17 BDHE 2, 14.

Zulässigkeit § 38

Abs. 2 später angerechnet werden kann) sowie die Pflicht, die **Wohnung in angemessener Nähe zur Dienststelle** zu nehmen (§ 72 BBG). Während dieser Zeit der Suspendierung sind alle Dienstpflichtverletzungen denkbar mit Ausnahme derjenigen, die eine Dienstleistung voraussetzen.

Besonderheiten gelten für **Beamte auf Probe und Widerruf**. Diese können vorläufig des Dienstes enthoben werden, wenn voraussichtlich eine Entlassung nach § 34 Abs. 1 Nr. 1 sowie § 37 Abs. 1 Satz 1 BBG erfolgen wird. Ein **Beamter auf Probe** kann nach § 34 Abs. 1 Nr. 1 BBG aus dem Dienst entlassen werden, wenn ein Verhalten vorliegt, das bei einem Beamten auf Lebenszeit mindestens **eine Kürzung der Dienstbezüge zur Folge hätte**. Dies entspricht der bisherigen Rechtslage, wonach mindestens die Verhängung einer Gehaltskürzung überwiegend wahrscheinlich sein musste.[18] Für Beamte auf Probe in leitender Funktion vgl. § 35 Abs. 4 Nr. 4 BBG. Bei der Feststellung der zu erwartenden Disziplinarmaßnahme ist § 14 zu beachten.[19] Dem korrespondiert die Neuregelung in § 17 Abs. 2, wonach ein Disziplinarverfahren erst gar nicht mehr einzuleiten ist, wenn feststeht, dass nach § 14 oder 15 eine Disziplinarmaßnahme nicht ausgesprochen werden darf. Aus der entsprechenden Anwendbarkeit der §§ 21 bis 29j BDG gem. § 34 Abs. 3 Satz 2 BBG ergibt sich, dass der Sachverhalt vor einer fristlosen Entlassung des Beamten auf Probe aufzuklären ist. 6

Bei einem **Beamten auf Widerruf** genügt für die vorläufige Dienstenthebung der Verdacht eines Dienstvergehens schlechthin. Diese geringeren Anforderungen als bei einem Beamten auf Probe sind gerechtfertigt, weil der Beamte jederzeit durch Widerruf (§ 37 Abs. 1 Satz 1 BBG) entlassen werden kann, wobei allerdings ein sachlicher Grund für den Widerruf vorliegen muss, der auch durch ein Dienstvergehen begründet werden kann.[20] Bei Widerrufsbeamten im **Vorbereitungsdienst** ist im Suspendierungsverfahren der Zweck des § 37 Abs. 2 BBG zu beachten.[21] 7

Mit oder zeitlich nach der vorläufigen Dienstenthebung kann die zuständige Behörde anordnen, dass Beamte bis **zu 50 Prozent der monatlichen Dienst- oder Anwärterbezüge** (Letztere wurden aus Gründen der Klarstellung in den Gesetzestext aufgenommen) und Ruhestandsbeamten bis **zu 30 Prozent des Ruhegehalts einbehalten werden**. Die Regelung entspricht § 92 Abs. 1 und 2 BDO und setzt voraus, dass im Disziplinarverfahren voraussichtlich auf Entfernung aus dem Beamtenverhältnis bzw. auf Aberkennung des Ruhegehalts erkannt werden wird (vgl. hierzu Rn. 3). Sind diese Voraussetzungen erfüllt, ist eine Einbehaltungsanordnung dem Grunde nach zulässig. Die Entscheidung, ob, in welcher Höhe und für welche Zeit die Behörde die Dienstbezüge einbehalten will, steht in ihrem **pflichtgemäßen Ermessen**.[22] 8

Die Ermessensentscheidung hat sich an dem **Grundsatz der angemessenen Alimentation** eines Beamten auszurichten.[23] Da der Betroffene keinen Dienst leistet, hat er eine gewisse **Einschränkung seiner Lebenshaltung** hinzunehmen. Die Einbehaltung darf jedoch wegen ihres vorläufigen Charakters **nicht zu existenzgefährdenden wirtschaftlichen Beeinträchtigungen** oder nicht wieder gutzumachenden Nachteilen führen.[24] Dem Beamten darf nicht die Möglichkeit zur Tilgung seiner Schulden genommen werden. Er 9

---

18 BVerwG 17. 8. 2000 – 1 DB 2.00 m. w. N.
19 Zutreffend OVG Münster, DÖD 1970, 238,
20 BVerwG 17. 2. 1995 – 1 DB 35.94, Buchholz 235 § 126 BDO Nr. 1.
21 BVerwG 17. 2. 1995, a. a. O.
22 Zum Eintritt der Unverhältnismäßigkeit der Einbehaltung in Folge ungewöhnlich langer Verfahrensdauer vgl. OVG Nordrhein-Westfalen 28. 5. 2002 – 15 d A 880/00.
23 Zum Alimentationsprinzip gem. Art. 33 Abs. 5 GG vgl. BVerfG 24. 11. 1998, DÖD 1999, 381 f.
24 St. Rspr. BVerwG 21. 11. 2000 – 1 DB 23.00 m. w. N.

muss den ihm gesetzlich obliegenden oder vertraglich eingegangenen Verpflichtungen nachkommen können.[25] Kreditverpflichtungen, die noch vor der Einbehaltungsanordnung eingegangen wurden, sind in der Regel anzuerkennen.[26] Den laufenden Einkünften der Familie ist der Gesamtbedarf gegenüber zu stellen. Erst nach Feststellung der Verbindlichkeiten kann bestimmt werden, ob und in welchem Umfang eine Einbehaltung möglich ist.[27] Bei der Ermittlung seiner wirtschaftlichen Verhältnisse trifft den Beamten (auch im eigenen Interesse) eine **Mitwirkungspflicht**. Deren Verstoß führt zwar nicht zu einer Umkehrung der Beweislast, ist aber bei der Beweislast zu berücksichtigen.[28] Bringt der Beamte erst nachträglich wesentliche Umstände vor, so ist die Einbehaltung nicht rückwirkend unzutreffend. Dies setzt natürlich voraus, dass der Betroffene vor der Anordnung dazu eingehend gehört worden ist. Der Beamte ist nicht gehalten, während der Zeit seiner vorläufigen Dienstenthebung einer entgeltlichen Tätigkeit (Nebentätigkeit) nachzugehen. Hat er jedoch derartige Einkünfte, können sie bis zum Höchstsatz berücksichtigt werden, da kein Anspruch auf höhere Gesamteinnahmen als die vollen Bezüge besteht.[29] Der Beamte darf nicht auf die Veräußerung von Vermögen und Familienhabe, auch nicht auf den Verbrauch von Erspartem verwiesen werden. Die Behörde verletzt ihre Alimentationspflicht und überschreitet ihr Ermessen, wenn der dem Beamten nach der Einbehaltungsanordnung für den Lebensunterhalt verbleibende Betrag keinen hinreichenden **Abstand zu dem Regelsatz der Sozialhilfe** wahrt.[30] Die Alimentationspflicht des Dienstherrn geht anderen Einkünften, insbesondere den ohnehin nur subsidiär gewährten Sozialhilfeleistungen vor.[31] Dies gilt entsprechend für die Arbeitslosenhilfe. Bei der Einbehaltung sind die **Kosten einer sinnvollen Rechtswahrung,** insbesondere Anwaltskosten zu berücksichtigen. Dies gilt auch dann, wenn der Rechtsanwalt des Vertrauens des Beamten nur auf der Grundlage einer Honorarvereinbarung das Mandat zu übernehmen bereit ist.[32] Anerkannt werden Kosten für eine Lebensversicherung (nicht für mehrere), Bausparkassenbeiträge, **Kfz-Kosten** nur, wenn besondere Gründe für die Benutzung erkennbar sind, andernfalls soll dem Beamten die Veräußerung des Kfz zumutbar sein.[33] Anerkannt wurden Fahrtkosten der Ehefrau zur Arbeitsstelle und bezüglich eines Hospitantenpraktikums des Beamten in einer Rechtsanwaltspraxis.[34] Mit der Einbehaltung von höchstens 50 Prozent der Dienst- oder Anwärterbezüge bzw. 30 Prozent bei Ruhestandsbeamten bleibt den Betroffenen so viel, wie ihnen bei endgültiger Entfernung aus dem Dienst bzw. bei endgültiger Aberkennung des Ruhegehaltes gem. § 10 Abs. 3 bzw. 12 Abs. 2 im Regelfall als Unterhaltsbeitrag zukommen würde. Diese Regelung entspricht der bisherigen Rspr. zur Mindestbelassungsgrenze des § 92 Abs. 2 BDO als untere Ermessensgrenze.[35] Ermessensfehlerhaft wäre es, wenn die Einbehaltung zu pflichtmahnenden oder sonstigen Zwecken, die den Ausgleich der Nichtdienstleistung nicht berühren, angeordnet würde. Äußerst bedenklich ist deshalb die Rspr. des BVerwG, das einen »**symbolischen« Kürzungssatz** von 1 % zulässt, um das Weihnachts- und Urlaubsgeld gem. § 67 BBesG i. V. m. § 3

---

25 BVerwG 22. 5. 2000 – 1 DB 8.00.
26 BVerwG 6. 5. 2001 – 1 DB 6.01; 16. 4. 1996 – 1 DB 6.96.
27 BVerwG 16. 4. 1996 – 1 DB 6.96.
28 BVerwG 21. 11. 2000, a. a. O.
29 BVerwG 22. 5. 2000, a. a. O.
30 St. Rspr., BVerwG 21. 11. 2000 – 1 DB 8.00.
31 BVerwG 28. 10. 1982 – 1 DB 27.82, BVerwGE 76, 22.
32 BVerwG 16. 4. 1996 – 1 DB 6.96.
33 BVerwG 29. 5. 1996 – 1 DB 11.96.
34 BVerwG 20. 10. 1999 – 1 D 65.98.
35 BVerwG 6. 2. 1995 – 1 D 44.94, BVerwGE 103, 208.

Rechtswirkungen § 39

Abs. 1 UrlGG, § 5 Abs. 2 SZG entfallen zu lassen.[36] Zu Recht ist das OVG Nordrhein-Westfalen[37] von der Entscheidung des BVerwG v. 7.12.1983 abgewichen.[38] Im Übrigen muss die Anordnung den Einbehaltungssatz generalisierend in Prozentsätzen und nicht durch Benennung eines konkreten Betrages kennzeichnen.
Nach Abs. 4 kann die zuständige Behörde die **Maßnahmen** nach Abs. 1 bis 3 **jederzeit ganz oder teilweise aufheben.** Die Regelung entspricht § 95 Abs. 2 1. Halbsatz BDO. Weder die vorläufige Dienstenthebung noch die Einbehaltungsanordnung erwachsen in formeller Bestandskraft. Sie können von der Behörde jederzeit aufgehoben und wieder neu angeordnet werden. **Die Einbehaltungsanordnung** ist von Amts wegen auf ihre Berechtigung dem Grund und der Höhe nach **laufend zu überprüfen.**[39] Dazu besteht Anlass nicht nur aufgrund eines freisprechenden oder in der Sache erheblich entlastenden Strafurteils, sondern auch bei verändertem Ermittlungsstand oder geänderten wirtschaftlichen Verhältnissen des Betroffenen. Die Aufhebung kann mit Wirkung ex nunc oder auch ex tunc erfolgen. Die Rückwirkung kommt in Betracht auf den Zeitpunkt, in dem die Voraussetzungen bereits weggefallen waren oder erst gar nicht vorlagen.[40]

10

Rechtsschutz gegen eine nicht gerechtfertigte Maßnahme nach § 38 wird gewährleistet durch die in § 63 vorgesehene Möglichkeit, beim Verwaltungsgericht einen **Aussetzungsantrag** zu stellen (vgl. dort).

11

§ 39 Rechtswirkungen

(1) Die vorläufige Dienstenthebung wird mit der Zustellung, die Einbehaltung von Bezügen mit dem auf die Zustellung folgenden Fälligkeitstag wirksam und vollziehbar. Sie erstrecken sich auf alle Ämter, die der Beamte inne hat.
(2) Für die Dauer der vorläufigen Dienstenthebung ruhen die im Zusammenhang mit dem Amt entstandenen Ansprüche auf Aufwandsentschädigung.
(3) Wird der Beamte vorläufig des Dienstes enthoben, während er schuldhaft dem Dienst fernbleibt, dauert der nach § 9 des Bundesbesoldungsgesetzes begründete Verlust der Bezüge fort. Er endet mit dem Zeitpunkt, zu dem der Beamte seinen Dienst aufgenommen hätte, wenn er hieran nicht durch die vorläufige Dienstenthebung gehindert worden wäre. Der Zeitpunkt ist von der für die Erhebung der Disziplinarklage zuständigen Behörde festzustellen und dem Beamten mitzuteilen.
(4) Die vorläufige Dienstenthebung und die Einbehaltung von Bezügen enden mit dem rechtskräftigen Abschluss des Disziplinarverfahrens.

Die **vorläufige Dienstenthebung** nach Abs. 1 Satz 1 wird unmittelbar **mit ihrer Zustellung wirksam,** das heißt, wie im Gesetzestext klarstellend hervorgehoben, vollziehbar. Ihre materielle Geltung hängt von der getroffenen Regelung ab. Eine Rückwirkung scheidet ohnehin aus. Dagegen, dass die Anordnung zu einem späteren Zeitpunkt als der Zustellung in Kraft treten sollen, brauchten von der Systematik der vorläufigen Regelung her grundsätzlich keine Bedenken zu bestehen. Für die vorläufige Dienstenthebung wird dies allerdings von der konkreten Problemlage her kaum in Frage kommen. Wenn im Zeitpunkt der Entscheidung ein dienstliches Interesse an der Dienstenthebung erkannt wird,

1

---

36 BVerwG 15.12.1998 – 1 DB 12.98; 7.12.1983 – 1 DB 30.83.
37 25.11.1988 – 3 W 14/88, ZBR 1989, 211.
38 Ebenso Claussen/Janzen, § 92 Rn. 5 a.
39 BVerwG 6.2.1995 – 1 D 44.94, BVerwGE 103, 208.
40 BDHE 6, 54.

§ 39 Rechtswirkungen

dann kann die Realisierung wohl nicht ermessensfehlerfrei hinausgeschoben werden, andernfalls Zweifel an der Notwendigkeit der Anordnung aufkommen müssten.

2 Dasselbe gilt für die vorläufige **Einbehaltung von Teilen der Bezüge**. Für diese regelt Satz 1, 2. Halbsatz unterschiedlich zur Dienstenthebung, dass sie erst **mit dem nächsten auf die Zustellung folgenden Fälligkeitstag wirksam** wird. Das bedeutet für sich nur die Wirksamkeit der Anordnung, so wie sie getroffen wurde, also die Vollziehbarkeit der Anordnung nach ihrem jeweiligen Regelungsinhalt. Ob der Regelungsinhalt sich auf die Zeit vor der Zustellung der Entscheidung erstrecken darf, ist eine Frage der materiellen Regelungsgrundlage, nicht der Vollziehbarkeit. Gegen die Regelung einer erst später einsetzenden Einbehaltung von Bezügeteilen, etwa um den Betroffenen die Möglichkeit zu geben, sich darauf einzustellen, bestehen keine rechtlichen Bedenken, auch nicht von der Ermessenslage her. Eine materielle Rückwirkung der Einbehaltungsanordnung ist im Hinblick auf das verfassungsrechtliche Alimentationsprinzip unzulässig.

3 Nach **Abs. 1 Satz 2 wirken** die Anordnungen **für alle innegehabten Haupt- und Nebenämter** (Abs. 2). Das entspricht der auch von der Hauptsacheentscheidung (Entfernung oder Ruhegehaltsaberkennung) ausgehenden einheitlichen Wirkung. Diese gesetzliche Gestaltungswirkung kann durch die Anordnungen nicht geändert werden. Beschränkungen auf einzelne Ämter wären unwirksam, ohne dass dies die Anordnung insgesamt fehlerhaft und aufhebbar machen würde.[1] Denn in der Regel ist nicht davon auszugehen, dass die Anordnung ohne Beschränkung nicht erlassen worden wäre, da ja das verfolgte Fehlverhalten den Ausschlag für die Anordnungen gab.

Für die Dauer der vorläufigen Dienstenthebung hat der Betroffene, wie die Vorschrift zwingend vorschreibt, keinen Anspruch auf Gewährung einer **Aufwandsentschädigung,** die im Zusammenhang mit seinem Amt steht (Abs. 2).

4 **Abs. 3** entspricht dem früheren § 125 BDO. Die Vorschrift **ergänzt die §§ 9 BBesG und 60 BeamtVG** und klärt die nach der früheren Rechtslage streitige Frage, wie sich Suspendierung auf den Bezügeverlust auswirkt.[2] Die jetzige Regelung des Andauerns des Bezügeverlusts erklärt sich daraus, dass die Suspendierung nichts an der weiter geltenden **Pflicht zur »Dienstbereitschaft«** ändert.[3] Da mit dem »Fernbleiben« weniger die tatsächliche Dienstverrichtung als die generelle Bereitschaft zur Dienstleistung verweigert wird (vgl. B. II. 3. Rn. 1, 2), bedeutet die Suspendierung nicht zugleich, dass wegen des Dienstleistungsverbots der Betroffene die Ablehnung der Dienstleistung aufgegeben hat.

5 Der Tatbestand des Fernbleibens endet normalerweise mit dem Dienstantritt des Betroffenen. Während des vorläufigen Dienstleistungsverbots des § 38 Abs. 1 **kann sich die Änderung in der Einstellung der Betroffenen nur durch die Erklärung der Dienstbereitschaft äußern.** Dementsprechend »endet der Bezügeverlust mit dem Zeitpunkt, in dem der Beamte den Dienst aufgenommen hätte, wenn er hieran nicht durch die vorläufige Dienstenthebung gehindert worden wäre« (Satz 2). Ebenso wie er kraft Gesetzes eintritt, **endet der Bezügewegfall auch kraft Gesetzes** in dem Zeitpunkt, in dem die Bereitschaft gegeben ist. Die **Feststellung des Zeitpunkts** durch die Einleitungsbehörde (Satz 3) hat nur **deklaratorischen** Charakter, ist aber natürlich als feststellender Verwaltungsakt verbindlich und dem Betroffenen mitzuteilen. Es kommt also nicht mehr (wie in einer früheren Regelung des § 106 BDO a. F.) auf den Zeitpunkt an, in dem die Einleitungsbehörde die Feststellung trifft. Dadurch wird eine unberechtigte Schädigung der Betroffenen durch die mehr oder weniger lange Bearbeitungsdauer der Behörde verhindert.

---

1 A. A. Claussen/Janzen, § 93 Rn. 2.
2 Vgl. dazu m. w. N. Behnke-Amelung, § 125 Rn. 2.
3 BVerwG 3. 6. 1977 – D 64.76.

Die Dienstbereitschaft der Betroffenen muss tatsächlich gegeben sein. Dementsprechend 6
muss die **Bereitschaftserklärung ernsthaft, eindeutig und glaubhaft** sein. Sie darf nicht
an Vorbehalte oder Bedingungen geknüpft sein.[4] Die dahin gehende Überzeugung ist aus
allen möglichen Anhaltspunkten zu gewinnen. »In dubio pro reo« gilt hier nicht, da es
sich nicht um eine Verfolgungssanktion handelt. Die Dienstbereitschaft muss nicht verbal erklärt sein, sie kann sich auch aus dem tatsächlichen Verhalten schlüssig ergeben, wie
etwa daraus, dass die Betroffenen an der Dienststelle zur Dienstaufnahme erscheinen oder
nachfragen, ob und wann sie wieder Dienst leisten können. Liegen **keine Anhaltspunkte**
für eine tatsächliche Dienstbereitschaft vor, so setzt dennoch die Unterstellung weiterer
Fernbleibensabsicht voraus, dass der Betroffene **ausdrücklich über die Möglichkeit und
die Bedeutung einer Dienstbereitschaftserklärung belehrt** wurde.[5]

Der tatsächlichen Dienstbereitschaft steht nicht entgegen, dass der Beamte durch nicht zu 7
behebende Umstände **an der gewollten Dienstleistung gehindert** ist, z. B. durch Krankheit, Haft.[6] Ebenso ist unerheblich, ob die Verwaltung an der Dienstleistung interessiert ist
oder diese gar ablehnt. Denn es kommt hier allein auf den Dienstleistungswillen an. Nicht
entscheidend ist auch, ob die Hinderungsgründe verschuldet und zu vertreten sind.[7]
Denn bei ruhender Dienstleistungspflicht braucht sich der Suspendierte nicht auf eine
unmittelbar bevorstehende Dienstleistung einzustellen (vgl. B. II. 5. Rn. 4 ff.).

Die zuständige Behörde hat **von Amts wegen die Feststellung** zu treffen, wenn sie Anzeichen 8
für eine Dienstbereitschaft der Betroffenen sieht. Entsprechend der beamtenrechtlichen Fürsorgepflicht muss sie vor Anordnung der Suspendierung von sich aus der Frage
nachgehen, ob Dienstbereitschaft vorliegt. Ist die Dienstbereitschaft ersichtlich, ist die
Feststellung zwingend.[8] Geht die Behörde dieser Frage nicht nach, unterlässt sie die Sachaufklärung und lehnt sie die Feststellung ab, so kann sie sich bei der gerichtlichen Überprüfung ihrer Entscheidung nicht auf mangelnde Ernsthaftigkeit der Dienstbereitschaftserklärung berufen.[9]

Von dem Zeitpunkt an, für den die Einleitungsbehörde die Dienstbereitschaft festgestellt 9
hat, haben die Betroffenen den **Anspruch auf die Bezüge**, ggf. nach Maßgabe der Einbehaltungsanordnung nach § 38 Abs. 2, 3.

Nach **Abs. 4** enden – abgesehen von anderen Gründen (Aufhebung, Zeitablauf, Ausscheiden aus dem Beamtenverhältnis) – die Anordnungen spätestens mit dem rechtkräftigen 10
Abschluss des Disziplinarverfahrens.

§ 40 Verfall und Nachzahlung der einbehaltenen Beträge

(1) Die nach § 38 Abs. 2 und 3 einbehaltenen Bezüge verfallen, wenn
1. im Disziplinarverfahren auf Entfernung aus dem Beamtenverhältnis oder auf Aberkennung des Ruhegehalts erkannt worden oder eine Entlassung nach § 5 Abs. 3 Satz 2 dieses Gesetzes in Verbindung mit § 34 Abs. 1 Satz 1 Nr. 1 oder § 37 Abs. 1 Satz 1 des Bundesbeamtengesetzes erfolgt ist,

---

4 BVerwG 5. 7. 1994 – 1 DB 22.93; 24. 8. 1994 – 1 D 15.94: nur grundsätzliche Dienstbereitschaft genügt nicht.
5 BVerwG 8. 11. 1974 – 1 D 37.74.
6 BDHE 4, 117.
7 BDHE 4, 117.
8 BVerwG 22. 3. 1983 – 1 DB 3.83.
9 BVerwG 8. 5. 1989 – 1 DB 4.89, BVerwGE 86, 154.

§ 40　　　　　　　　Verfall und Nachzahlung der einbehaltenen Beträge

2. in einem wegen desselben Sachverhalts eingeleiteten Strafverfahren eine Strafe verhängt worden ist, die den Verlust der Rechte als Beamter oder Ruhestandsbeamter zur Folge hat,
3. das Disziplinarverfahren auf Grund des § 32 Abs. 1 Nr. 3 eingestellt worden ist und ein neues Disziplinarverfahren, das innerhalb von drei Monaten nach der Einstellung wegen desselben Sachverhalts eingeleitet worden ist, zur Entfernung aus dem Beamtenverhältnis oder zur Aberkennung des Ruhegehalts geführt hat oder
4. das Disziplinarverfahren aus den Gründen des § 32 Abs. 2 Nr. 2 oder 3 eingestellt worden ist und die für die Erhebung der Disziplinarklage zuständige Behörde (§ 34 Abs. 2) festgestellt hat, dass die Entfernung aus dem Beamtenverhältnis oder die Aberkennung des Ruhegehalts gerechtfertigt gewesen wäre.

(2) Wird das Disziplinarverfahren auf andere Weise als in den Fällen des Absatzes 1 unanfechtbar abgeschlossen, sind die nach § 38 Abs. 2 und 3 einbehaltenen Bezüge nachzuzahlen. Auf die nachzuzahlenden Dienstbezüge können Einkünfte aus genehmigungspflichtigen Nebentätigkeiten (§ 99 des Bundesbeamtengesetzes) angerechnet werden, die der Beamte aus Anlass der vorläufigen Dienstenthebung ausgeübt hat, wenn eine Disziplinarmaßnahme verhängt worden ist oder die für die Erhebung der Disziplinarklage zuständige Behörde feststellt, dass ein Dienstvergehen erwiesen ist. Der Beamte ist verpflichtet, über die Höhe solcher Einkünfte Auskunft zu geben.

Die Vorschrift entspricht überwiegend dem früheren § 96 BDO.

1　Die Verfallsregelung in § 40 hat **nicht den Charakter einer weiteren disziplinaren Maßregelung**. Dies wäre angesichts des abschließenden Maßnahmenkatalogs des § 5 unzulässig. Es wäre auch systemfremd, da der Betroffene im Zeitpunkt des Verfalls keine Beamtenpflichten mehr hat, auf deren Einhaltung pflichtenmahnend hingewirkt werden könnte. Die Regelung hat auch nicht »**Strafcharakter**«.[1] Vielmehr ist der Verfall nur die Realisierung des schon in § 38 angelegten **Ausgleichs zwischen formalem Alimentationsanspruch und tatsächlicher Erdienung der Bezüge**. Andernfalls wäre schon die vorläufige Einbehaltung rechts- und verfassungswidrig.[2]

2　Der **Verfall von Bezügen**, die nach § 38 einbehalten worden waren, ist an die **Voraussetzung der disziplinarrechtlich begründeten Beendigung des Beamtenverhältnisses** gebunden. § 40 Abs. 1 zählt all die Fälle auf, in denen der Abschluss des Gerichtsverfahrens wegen des schwerwiegenden Dienstvergehens den Verlust der Beamtenrechte bewirkt, auf diesem Verlust beruht oder ihm gleichgestellt ist, also die Verurteilung zur **Entfernung oder Ruhegehaltsaberkennung oder die Entlassung von Beamten auf Probe oder Widerruf** (Nr. 1), die **strafrechtliche Verurteilung** i. S. d. § 41 BBG (Nr. 2), die Verurteilung in einem **neuen Disziplinarverfahren** zum selben Sachverhalt (Nr. 3) und die **Verfahrenseinstellung** wegen Prozesshindernisses (Nr. 4). Die **Aufzählung ist abschließend** und kann nicht sinngemäß erweitert werden.

3　Der Verfall betrifft **alle einbehaltenen Bezüge in voller Höhe,** auch diejenigen, die während des festgestellten Wegfalls der Bezüge nach § 9 BBesG gar nicht nach § 38 einbehalten werden konnten (vgl. § 39 Abs. 3), aber bei Vorliegen einer parallelen Einbehaltungsanordnung im Falle einer rückwirkenden Aufhebung des Bescheids einzubehalten gewesen wären.

---

1 So Claussen/Janzen, § 96 Rn. 1.
2 Ähnlich auch GKÖD-Weiß, § 96 Rn. 6, der darin ein Korrektiv für die nicht sofort vollziehbare Dienstentfernung sieht.

Verfall und Nachzahlung der einbehaltenen Beträge § 40

Der Verfall setzt die **Wirksamkeit der Einbehaltungsanordnung bis zum Verfahrensabschluss** voraus. Fehlt es daran oder hat eine Aussetzung der vorläufigen Dienstenthebung und der Einbehaltung von Dienstbezügen gem. § 63 Bestand, tritt der Verfall nicht ein. Ist die Einbehaltungsanordnung nur für einen Teil ihrer zeitlichen Geltung wirksam oder wirksam geblieben, so tritt der Verfall für diese Zeit[3] ein. 4

Bei Verfall verbleiben die einbehaltenen Bezüge **bei dem unmittelbaren Dienstherrn**, gegen den sich der Anspruch auf die Dienst- oder Versorgungsbezüge richtet. Sie wachsen nicht etwa dem Bund zu, auch nicht nach gerichtlicher Entscheidung über die Anordnung. 5

Bei Verurteilung zur **Entfernung aus dem Beamtenverhältnis oder Ruhegehaltsaberkennung** (Nr. 1) tritt der Verfall ohne weiteres und unmittelbar **mit der Rechtskraft des Urteiles** ein. Voraussetzung für den Verfall nach Nr. 1 ist, dass das Urteil wegen desselben Dienstvergehens erging, dessentwegen auch die Einbehaltungsanordnung getroffen wurde. 6

Im Falle des § 41 Abs. 1 BBG muss der **Verlust der Beamtenrechte durch ein Strafurteil** herbeigeführt worden sein, das denselben Sachverhalt wie die Einbehaltungsanordnung betrifft. Zum »selben« Sachverhalt vgl. § 14 Rn. 22f. **Mit der Rechtskraft des Strafurteils** verfallen die einbehaltenen Bezüge. Betrifft das Strafurteil einen anderen Sachverhalt als das anhängige Disziplinarverfahren und die Einbehaltungsanordnung, so kann eingestellt und anlässlich dessen der Verfall nach Nr. 4 festgestellt werden. 7

In den **Verfahrenseinstellungen nach § 32 Abs. 2 Nr. 2 oder 3** tritt der Verfall erst ein, wenn festgestellt wird, dass im eingestellten Verfahren Entfernung oder Ruhegehaltsaberkennung gerechtfertigt gewesen wären. Die »Feststellung« kann nur aus den Vorwürfen hergeleitet werden, die Gegenstand des Disziplinarverfahrens und der aufgrund dessen ergangenen Einbehaltungsanordung waren.[4] Bei einem Beamten auf Probe liegt ein derartiger Fall auch vor, wenn die »Entlassung« nicht wegen des nach § 34 Abs. 1 Nr. 1 BBG verfolgten Dienstvergehens, sondern stattdessen nach dessen Nr. 2 wegen mangelnder Bewährung erfolgte. Die »Entlassung« nach § 34 Abs. 1 BBG muss bestands- bzw. rechtskräftig sein.[5] Ist der Beamte nach rechtskräftiger Verfahrenseinstellung gestorben, so ist eine Feststellung i. R. d. Nr. 4 nicht mehr zulässig. Der Fall ist von § 40 ausgeklammert. Zuständig für die Feststellung ist allein die zur Klageerhebung befugte Behörde (§ 34 Abs. 2), auch nach gerichtlicher Verfahrenseinstellung. 8

Nr. 3 betrifft den Fall, dass das Disziplinarverfahren zunächst wegen eines Verfahrensfehlers als unzulässig eingestellt werden musste, nach Behebung des Fehlers **dasselbe Fehlverhalten** innerhalb dreier Monate **in einem neuen Disziplinarverfahren verfolgt** wurde und zur Entfernung oder Ruhegehaltsaberkennung geführt hat. Fällt das Verfahren und die Regelung der Nr. 3 (innerhalb der Dreimonatsfrist eingeleitet), so wird nach dem Sinn des Gesetzes der Verfall nach den Nrn. 2 und 4 vorgehen.[6] Bis zum Ablauf der Dreimonatsfrist ist die Fälligkeit der Nachzahlung (Abs. 2 Satz 1), nicht der laufenden Dienst- und Ruhensbezüge, hinausgeschoben.[7] Der Verfall tritt **mit der Rechtskraft des Urteils im neuen Disziplinarverfahren** ein. 9

Abs. 2 Satz 1 regelt die **Fälligkeit des Nachzahlungsanspruchs** für die Fälle, in denen die Disziplinarverfahren in anderer Weise als in Abs. 1 geregelt, enden. Der Regelfall ist der, 10

---

3 BVerwG 18.2.1985 – 1 DB 14.85, ZBR 1985, 176.
4 BDiG 25.5.1988 – 1 Bk 3/88.
5 BVerwG 12.6.1984 – 1 DB 17.84; BDiG 18.9.1988 – XIV Bk 17/88.
6 Claussen/Janzen, § 96 Rn. 4.
7 Behnke-Amelung, § 96 Rn. 21; Claussen/Janzen, § 96 Rn. 4.

dass der Beamte nicht aus dem Beamtenverhältnis entfernt, sondern mit einer milderen Disziplinarmaßnahme belegt wird. Der Nachzahlungsanspruch ist vererblich. Es besteht kein Anspruch auf Verzinsung nachzuzahlender Dienstbezüge.[8]

11 Nach Abs. 2 Satz 2 können auf die Nachzahlungen **Einkünfte aus Nebentätigkeit,** die während der Suspendierung ausgeübt wurde, angerechnet werden, wenn eine Disziplinarmaßnahme verhängt worden ist oder die zuständige Behörde festgestellt hat, dass ein Dienstvergehen erwiesen ist. Die Befugnis ist abweichend von der bisherigen Regelung des § 96 Abs. 3 BDO in das Ermessen der Behörde gestellt, um den Einzelfall besser gerecht werden zu können (Amtl. Begründung). Der Beamte ist zur Auskunft über die Höhe der Nebeneinkünfte verpflichtet. Das Gewicht des Dienstvergehens und die zuzuordnenden Disziplinarmaßnahmen sind ohne Bedeutung. Anzurechnen sind nur Einkünfte aus einer **genehmigungspflichtigen Nebentätigkeit,** also einer solchen, die in der Regel ohne die Suspendierung nicht hätte ausgeübt werden können. Der Sinn der Regelung, die Betroffenen nicht besser zu stellen als die Dienst leistenden, nicht suspendierten Beamten, wird bestritten.[9] Die Regelung ist jedenfalls nicht verfassungswidrig.[10] Auch die Anrechnung der Nebeneinkünfte entfällt bei Rechtswidrigkeit und Unwirksamkeit der Einbehaltung.[11]

12 Die **Aufrechnung** der Dienstbehörde mit Gegenforderungen nach § 11 Abs. 2 BBesG, § 51 Abs. 1 und 2 BeamtVG ist zulässig bis zur Pfändungsgrenze.[12]

13 **Rechtsschutz:** Gegen die Feststellung nach Abs. 1 Nr. 4 sowie die Anrechnung, Aufrechnung und Einbehaltung sind die allgemeinen Rechtsbehelfe nach der VwGO gegeben. Die frühere Generalklausel des § 122 BDO, die den Rechtsweg für alle Rechtsschutzbegehren eröffnete, ist nunmehr in § 52 Abs. 2 aufgegangen.

Kapitel 5
Widerspruchsverfahren

§ 41 Erforderlichkeit, Form und Frist des Widerspruchs

(1) Vor der Erhebung der Klage des Beamten ist ein Widerspruchsverfahren durchzuführen. Ein Widerspruchsverfahren findet nicht statt, wenn die angefochtene Entscheidung durch die oberste Dienstbehörde erlassen worden ist.

(2) Für die Form und die Frist des Widerspruchs gilt § 70 der Verwaltungsgerichtsordnung.

1 Nach der VwGO ist grundsätzlich vor der Klageerhebung ein Vorverfahren durchzuführen (§§ 68 ff. VwGO). In diese Systematik fügt das BDiszNOG die Rechtsmittel der Beamten ein, so dass nunmehr ein Widerspruchsverfahren vorgesehen ist. Ohne das ausdrücklich zu benennen, gelten die §§ 68 ff. VwGO, soweit nicht im Einzelfall das BDG eine Sonderregelung trifft, sowie die §§ 21 ff.[1]

---

8 BVerwG 28. 4. 1994 – 2 WDB 1.94, ZBR 1994, 311.
9 Behnke-Amelung, § 96 Rn. 36 ff; GKÖD-Weiß, K § 96 Rn. 32.
10 BVerfGE 37, 154, 181.
11 BVerwG 18. 2. 1985 – 1 DB 14.85.
12 BDiG 27. 6. 1989 – I Bk 17/88.

1 GKÖD-Weiß, II § 41 Rn. 9.

Form und Frist des Widerspruchs § 41

Das Widerspruchsverfahren nach **Abs. 1** ist nur vor der Erhebung der Klage der Beamten 2
durchzuführen. Erachtet der Dienstherr eine schwerere Maßnahme für erforderlich, als
durch Disziplinarverfügung verhängt werden kann – Verweis, Geldbuße und Kürzung der
Dienstbezüge –, so erhebt er seinerseits (Disziplinar-)Klage gegen den Beamten. Ein Vorverfahren ist hierfür nicht sinnvoll. Ein **Vorverfahren findet** ebenfalls **nicht statt**, wenn
die Disziplinarverfügung schon die **oberste Dienstbehörde erlassen** hat, Abs. 1 Satz 2.
§ 126 Abs. 2 BBG gilt daher in Disziplinarverfahren nicht. In diesem Fall ist sogleich Klage
gem. § 52 Abs. 2 zulässig.

Nach dem Wortlaut des Abs. 1 ist die Klage des Beamten an ein vorheriges Vorverfahren 3
geknüpft, ohne den Gegenstand des Widerspruchs näher einzugrenzen. Der Widerspruch
ist daher nicht an eine Disziplinarverfügung gekoppelt. Vielmehr kann jede Entscheidung
oder Maßnahme des Dienstherrn angefochten werden, die den Beamten beschwert. Im
Rahmen des BDG sind dies jedoch nur die in § 5 i. V. m. § 33 aufgeführten Disziplinarmaßnahmen oder Entscheidungen in deren Vorfeld, also Einstellungsverfügungen nach
§ 32, wenn sie eine beschwerende Sachentscheidung enthalten. Dazu zählen nicht nur die
schriftliche Missbilligung (§ 6 Satz 2), weil sie keine der für eine Disziplinarverfügung
vorgesehene Disziplinarmaßnahme ist (§ 33), sondern auch die Verfahrenseinstellungen,
wenn wegen geringer Schuld oder Mangels an Mahnungsbedürfnis (§ 32 Abs. 1 Nr. 2)
oder wegen des Verbots der Doppelmaßregelung (§§ 14, 32 Abs. 1 Nr. 3) von einer Maßregelung abgesehen wird. Da sie eine beschwerende, statusrechtliche Sachentscheidung
enthalten und der Bestands- und Rechtskraftwirkung unterliegen, sind auch sie anfechtbar. Denn auf das Verfahren nach § 18 Abs. 1 ist der Betroffene nur zur Reinigung von
dem »Verdacht« eines Dienstvergehens verwiesen, also wenn der Dienstherr in seinen
Entscheidungen ein Dienstvergehen offen lässt (wie bei § 15), nicht aber, wenn bereits definitiv das Dienstvergehen bejaht wird (so § 32 Abs. 1 Nr. 2 bis 4).

Anfechtungsbefugt ist der durch die Disziplinarverfügung bzw. Einstellungsverfügung in 4
den persönlichen Rechten Betroffene. Die Beschwer und die Widerspruchsbefugnis hängen nicht davon ab, ob der Betroffene noch im Beamtenverhältnis steht und der disziplinaren Verfolgbarkeit sachlich oder persönlich unterliegt oder ob der Widerspruchsbehörde eigene Disziplinargewalt zuerkannt wird oder nicht.[2] Für die Widerspruchsbefugnis entscheidet das Interesse des Beschuldigten an individuellem Rechtsschutz, nicht das
Interesse der Widerspruchsbehörde an der Sicherung der eigenen Disziplinargewalt. Das
Rechtsschutzinteresse an der Abwehr des disziplinaren Eingriffs in die statusrechtliche
oder persönliche Rechtssphäre, zumal des finanziellen Bereichs im Fall der Geldbuße und
der Kürzung der Dienstbezüge besteht auch im Ruhestand und nach Ausscheiden aus
dem Dienst fort. Wegen der Auswirkung des nachträglichen Wegfalls der Prozess- (§ 1)
oder Maßregelungsvoraussetzung (§ 14) oder des Eintritts eines Prozesshindernisses
(§ 15) auf die Zulässigkeit des weiteren Verfahrens vgl. § 42 Rn. 4.[3]

Abs. 2 verweist für die Form und die Frist des Widerspruchs auf § 70 VwGO. Damit gelten 5
auch die §§ 58 und 60 VwGO entsprechend. Für die Einlegung des Widerspruchs ist die
Schriftform vorgeschrieben, es besteht aber keine Pflicht zur Konkretisierung des Anfechtungsumfangs und -ziels oder zur Begründung. Möglich ist auch die Niederschrift
bei der Behörde. Der Ausdruck »Widerspruch« muss nicht verwendet sein, wenn sich der
Wille der Anfechtung eindeutig aus dem Gesamtinhalt der Eingabe ergibt. Auch die eigen-

---

2 Entgegen GKÖD-Weiß, II § 41 Rn. 51.
3 Zu weiteren Voraussetzungen vgl. GKÖD-Weiß, II § 41 Rn. 66 ff.

§ 41 Form und Frist des Widerspruchs

händige Unterzeichnung ist bei Eindeutigkeit der Herkunft des Schreibens und des Anfechtungswillens entbehrlich.[4]

6 Die **Widerspruchsfrist von einem Monat** (§ 70 VwGO) ist eine gesetzliche Ausschlussfrist, die nicht verlängert werden kann. Sie läuft nur nach Erteilung einer ordnungsgemäßen Rechtsbehelfsbelehrung an, andernfalls erst nach Ablauf eines Jahres nach Zustellung ab. Die Dienstvorgesetzten haben zudem **§ 59 VwGO** zu beachten. Sie sind als Bundesbehörden verpflichtet, Rechtsmittelbelehrungen zu erteilen, was in der Praxis jedoch schon immer geschah. Der Fristenlauf beginnt mit der Zustellung der Einstellungs- oder Disziplinarverfügung an den Beamten oder dessen Verteidiger. Die **Frist ist gewahrt**, wenn der Widerspruch bei der Behörde eingeht; der Zugang bei dem zuständigen Dienstvorgesetzten persönlich ist nicht erforderlich. Der Eingangsstempel der Behörde beweist den Zugang; falls dieser fehlt, bedarf es der Aufklärung, ggf. im Beweisverfahren. Steht fest, dass der Widerspruch bei der Behörde eingegangen ist und ist nur das Datum unsicher, so trägt die Behörde die Beweislast. Bis zum Beweis des Gegenteils gilt der Widerspruch als rechtzeitig eingegangen. **Bei Fristversäumung kommt Wiedereinsetzung** gem. § 60 VwGO in Betracht.[5] Wegen Verletzung des rechtlichen Gehörs hierbei vgl. A. V. Rn. 142.

7 Der Widerspruch ist **bei dem Dienstvorgesetzten, der die Disziplinarverfügung erlassen hat, oder auch bei der Widerspruchsbehörde einzulegen** (§ 70 Abs. 1 Satz 1 und 2 VwGO). Darüber muss die Rechtsbehelfsbelehrung eindeutig und unmissverständlich informieren und auch die Anschriften der in Frage kommenden Stellen angeben (vgl. § 59 VwGO). Ist der Widerspruch trotz richtiger Rechtsbehelfsbelehrung an eine falsche Behörde gesandt worden, so trägt der Beschuldigte die Gefahr verspäteten Eingangs bei der zuständigen Behörde.

8 Die Maßregelungsentscheidungen der Disziplinarkammern oder -gerichte können erst nach Bestandskraft/Rechtskraft vollzogen (vollstreckt) werden, wie § 168 Abs. 1 Nr. 1 VwGO ausdrücklich regelt. Entsprechend den allgemeinen verwaltungsrechtlichen Grundsätzen[6] tritt auch **bei den Disziplinarverfügungen Rechtskraft bzw. Bestandskraft ein**. Andernfalls wäre es auch nicht erforderlich gewesen, für den Fall nachträglichen Unrichtigwerdens der Disziplinarverfügung ein förmliches Aufhebungsverfahren in § 36 zu regeln, das sich auch auf das Disziplinarverfügungsverfahren bezieht. Indem der Widerspruch die Bestandskraft der angefochtenen Disziplinarverfügung hinausschiebt, löst er den auch für andere justizförmig geregelte Verfahren des öffentlichen Rechts (vgl. § 80 Abs. 1 VwGO) üblichen **Suspensiveffekt** aus. Auch nach Einlegung des Widerspruchs bleibt die Verhängung der Maßnahme (bzw. in den Fällen der anfechtbaren Einstellungsverfügungen die Sachentscheidung) wirksam, sie kann nur bis zur Bestandskraft nicht vollzogen werden. Diese Folge des Suspensiveffekts ist im öffentlichen Recht allen Anfechtungen von Verwaltungsakten eigen.[7] Die Ablehnung des Suspensiveffekts würde die Betroffenen gegenüber den statusrechtlichen Sanktionseingriffen zeitweise rechtlos machen. Das widerspricht der Rechtsschutzgarantie des Art. 19 Abs. 4 GG und dem Rechtsstaatsgebot.

---

4 Zur Revision im Verwaltungsstreitverfahren BVerwGE 77, 38; vgl. weiter dazu und wegen der verschiedenen Einlegungsformen (Telegramm usw.) Redeker/v. Oertzen, § 70 Rn. 1, 10; wegen unleserlicher Unterschrift vgl. A. V. Rn. 132.
5 Vgl. Redeker/v. Oertzen, § 70 Rn. 5.
6 Vgl. Redeker/v. Oertzen, § 42 Rn. 91.
7 Vgl. BVerwGE 13, 1; 18, 72; 24, 98; DVBl. 1973, 861; Redeker/von Oertzen, § 80 VwGO Rn. 1 m. w. N.

Widerspruchsbescheid § 42

Allerdings kommt theoretisch gem. § 80 Abs. 2 Nr. 4 VwGO die **Anordnung der sofortigen Vollziehung** in Betracht (so auch die amtliche Begründung zu § 41 – wenn auch im Ergebnis zu Unrecht). Auch für das BDG gilt jedoch der Grundsatz weiter, dass nur rechts-, bzw. bestandskräftige Entscheidungen vollstreckt werden dürfen. Für eine »einstweilige Regelung« besteht bei Disziplinarmaßnahmen kein Bedarf. Gerade wegen des in der Disziplinarverfügung getroffenen Schuldvorwurfs hat es – wie auch im Strafverfahren nach §§ 464 Abs. 3, 462 Abs. 3 und 453 Abs. 2 StPO (Kleinknecht/Meyer-Goßner, § 307 Rn. 1) – bei dem Suspensiveffekt zu verbleiben. Ein **öffentliches Interesse** oder **überwiegendes Interesse des Dienstherrn** ist hier **ausgeschlossen**. Entsprechend knüpfen §§ 6 Abs. 2 für die Kürzung der Dienstbezüge, 9 Abs. 2 für die Zurückstufung und 10 Abs. 2 für die Entfernung aus dem Beamtenverhältnis den Eintritt der Wirkung der Maßnahme an den Eintritt der Unanfechtbarkeit. Für Verweis und Geldbuße hat dann gleiches zu gelten. Offensichtlich handelt es sich um das gleiche redaktionelle Versehen wie bei der Schaffung der BDO 1967. § 80 Abs. 2 Nr. 4 VwGO kommt damit keine Wirkung zu.

9

Der Dienstvorgesetzte hat nach § 72 VwGO die Möglichkeit, dem **Widerspruch abzuhelfen**, also die Disziplinarverfügung aufzuheben oder zu ändern.[8] Erst die Entscheidung, nicht abzuhelfen, bewirkt den **Devolutiveffekt**, nämlich die Übertragung der weiteren Entscheidungskompetenz auf die nächsthöhere Instanz. Wegen des Devolutiveffekts ist der erlassende Dienstvorgesetzte dann nicht mehr zu eigener Entscheidung befugt, wenn er über die Nichtabhilfe entschieden hat.

10

Der Widerspruch kann auf Maßnahmenart und -höhe, auch auf die Kostenentscheidung **beschränkt werden**, jedoch wegen der Einheit des Dienstvergehens nicht auf Teile des Dienstvergehens. Der Widerspruch kann auch **zurückgenommen werden** (Redeker/v. Oertzen, § 69 Rn. 3). Die **Mitwirkungsrechte Dritter sind im Vorverfahren** in gleicher Weise wie im Verfahren vor Erlass der Disziplinarverfügung zu wahren. Das gilt besonders für den Personalrat, den Betriebsrat für die Postnachfolgeunternehmen, die Vertrauensleute für Schwerbehinderte und die Gleichstellungsbeauftragten (vgl. A. V. Rn. 136ff.). Fehlerhaftes Unterlassen der Beteiligung stellt eine schweren Verfahrensfehler dar, der (im Gegensatz zu einem solchen im Disziplinarverfügungsverfahren, vgl. § 42 Rn. 5) im nachfolgenden gerichtlichen Klageverfahren nicht geheilt werden kann. Das BDG sieht zwar in § 55 eine Regelung zur Beseitigung von Mängeln des behördlichen Verfahrens vor. Dies gilt nach dem ausdrücklichen Wortlaut aber nur für die Disziplinarklagen (des Dienstherrn auf Entfernung oder Zurückstufung), vgl. § 55 Rn. 2 sowie A. V. Rn. 136. Umso wichtiger ist es, dass eventuelle Verfahrensfehler wie insbes. übergangene Mitwirkungsrechte oder rechtliches Gehör im Widerspruchsverfahren erkannt und geheilt werden.

11

§ 42 Widerspruchsbescheid

(1) Der Widerspruchsbescheid wird durch die oberste Dienstbehörde, bei Ruhestandsbeamten durch den nach § 84 zuständigen Dienstvorgesetzten erlassen. Die oberste Dienstbehörde kann ihre Zuständigkeit nach Satz 1 durch allgemeine Anordnung ganz oder teilweise auf nachgeordnete Behörden übertragen; die Anordnung ist im Bundesgesetzblatt zu veröffentlichen.

---

8 So auch GKÖD-Weiß, II § 41 Rn. 73; Gansen, § 42 Rn. 2.

(2) In dem Widerspruchsbescheid darf die angefochtene Entscheidung nicht zum Nachteil des Beamten abgeändert werden. Die Befugnis, eine abweichende Entscheidung nach § 35 Abs. 3 zu treffen, bleibt unberührt.

1 § 42 regelt in Anlehnung an § 73 VwGO die Zuständigkeit für den Erlass des **Widerspruchsbescheids**. Dies ist die **oberste Dienstbehörde** bei aktiven Beamten und bei Ruhestandsbeamten (§ 84). Es steht aber zu erwarten, dass die obersten Dienstbehörden von der Ermächtigung nach Abs. 1 Satz 2 und § 84 Satz 2 Gebrauch machen und ihre **Zuständigkeit** ganz oder teilweise **auf nachgeordnete Behörden übertragen**. Solche Anordnungen machen durchaus Sinn, weil eine nachgeordnete Behörde den regionalen und funktionsspezifischen Besonderheiten aufgrund der Sach- und Ortsnähe oft besser gerecht werden kann. Die Anordnung ist im Bundesgesetzblatt **vor ihrem Inkrafttreten** zu veröffentlichen[1].

2 Die Entscheidung der Beschwerdeinstanz **beschränkt sich nicht auf die kassatorische Nachprüfung** der Rechtmäßigkeit der Disziplinarverfügung im Zeitpunkt ihres Erlasses. Für ihre Entscheidung hat die **Widerspruchsinstanz die volle Disziplinargewalt**, eingeschränkt lediglich durch das rechtsbehelfsbedingte Verschlechterungsverbot (Abs. 2, vgl. Rn. 3).[2] Die eigene Disziplinargewalt ergibt sich aus dem uneingeschränkten Suspensiv- und Devolutiveffekt des Widerspruchs, aus dem von §§ 33 Abs. 2–5, 34 gewährten vollen Entscheidungsspielraum und aus der ohnehin gegebenen Dienstvorgesetzteneigenschaft. Sie erstreckt sich in diesem Rahmen auf alle tatsächlichen und rechtlichen Voraussetzungen des Verfahrens, der Maßnahmenwahl und -bemessung, auf alle Rechts- und Ermessenserwägungen, die die Verhängung der angefochtenen Maßnahme tragen. Die Widerspruchsinstanz ist dementsprechend zu allen in Frage kommenden Entscheidungen befugt und ggf. verpflichtet, also zur Verwerfung des unzulässigen Widerspruchs wie zur Zurückweisung des unbegründeten (gleich Aufrechterhaltung der Disziplinarverfügung), zur Aufhebung wie zur mildernden Abänderung, wie auch zur Verfahrenseinstellung unter Aufhebung der Disziplinarverfügung.

3 **Abs. 2:** Die Prüfungs- und Entscheidungsbefugnis der Widerspruchsbehörde ist durch den vorgegebenen Sachverhalt und disziplinaren Vorwurf der angefochtenen Disziplinarverfügung eingegrenzt und die Ausdehnung auf weitere disziplinarrechtlich erhebliche Verhaltensweisen unzulässig.[3] Es gilt das **Verbot der Verschlechterung** und das Prinzip der **Teilrechtskraft** (reformatio in peius, Bindung durch den Rechtsbehelf). Entsprechend ist die Widerspruchsbehörde in der disziplinaren Beurteilung des Falles und in ihrer Entscheidung beschränkt. Insoweit darf sie weder die angefochtene Maßnahme verschärfen[4] oder – bei Belassung der Maßnahme – im alten Sachverhalt neue disziplinare Pflichtverletzung feststellen noch den vorgeworfenen Sachverhalt um weitere disziplinarrechtlich erhebliche Verhaltensweisen erweitern,[5] selbst wenn solche Gegenstand der Einleitungsverfügung gewesen sein sollten. Darüber hinaus hat sie **außerhalb des Widerspruchsverfahrens** die uneingeschränkte Disziplinargewalt nach § 35 Abs. 2 und 3, wie Abs. 2 Satz 2 ausdrücklich regelt. Will also die Disziplinarbehörde neue Sachverhalte und Vorwürfe verfolgen und eine schärfere Maßnahme verhängen oder veranlassen (durch Einleitung des Disziplinarklageverfahrens), so muss sie die Voraussetzungen der §§ 35

---

1 Zu den Anordnungen im Einzelnen vgl. GKÖD-Weiß, Teil 1 D 068, D 900 ff. und D 910 ff.
2 A. A. etwa GKÖD-Weiß, II § 41 Rn. 12.
3 OVG Saarlouis, DÖD 2006, 67.
4 BDHE 4, 96; 5, 104, 106.
5 OVG Saarland, DÖD 2006, 67.

Widerspruchsbescheid § 42

Abs. 2 und 3, 43 beachten. Mit der Aufhebung der angefochtenen Disziplinarverfügung gem. §§ 35 Abs. 3 Satz 1, 43 und der erforderlichen Anhörung nach § 28 VwVfG wird dieses Vorhaben dem Beamten bekannt, so dass er sich in der Verteidigung darauf einstellen kann. Der nach § 41 Abs. 1 eingelegte Widerspruch ist mit der auf § 35 Abs. 3 Satz 1 gestützten Aufhebung der angefochtenen Disziplinarverfügung in der Hauptsache erledigt und gegenstandslos, so dass es einer Sachentscheidung nicht bedarf, wohl aber einer Einstellungs- und Kostenentscheidung nach § 44. Das durch die Aufhebung der Disziplinarverfügung veranlasste weitere Verfahren bestimmt sich erneut nach §§ 17 ff.

Die Widerspruchsinstanz entscheidet nach der Sach- und Rechtslage zum Zeitpunkt des Erlasses des Widerspruchsbescheids.[6] Da sie wegen der eigenen Disziplinargewalt nicht auf die kassatorische Nachprüfung der Rechtmäßigkeit der Disziplinarverfügung im Zeitpunkt ihres Erlasses beschränkt ist (Rn. 2), muss sie auch in jedem Stadium des Verfahrens prüfen, ob die **Prozessvoraussetzungen** (§ 1) noch vorliegen, **Prozesshindernisse** (§ 15) und **Maßregelungsverbote** (§ 14) nicht entgegenstehen und keine unheilbaren, schweren Verfahrensfehler vorliegen. Andernfalls ist die weitere Verfolgung im Widerspruchsverfahren unzulässig, und das Verfahren muss unter Aufhebung der angefochtenen Disziplinarverfügung beendet werden. 4

Verfahrensfehler des Disziplinarverfügungsverfahrens hat die Widerspruchsbehörde, soweit zulässig, zu heilen oder bei Unheilbarkeit wegen Unzulässigkeit des Verfahrens die Disziplinarverfügung aufzuheben. Einer Verfahrenseinstellung bedarf es nicht (vgl. §§ 44–47 VwVfG, § 3 BDG; Rn. 7). Als unheilbare Verfahrensfehler kommen nur solche in Betracht, die sich auf die disziplinaren Ermessensentscheidungen des unmittelbaren Dienstvorgesetzten ausgewirkt haben könnten und die von der Widerspruchsbehörde nicht nach eigenem Ermessen ersetzt werden können. Da diese die volle Disziplinargewalt und – als höhere Dienstvorgesetzte – gem. § 35 denselben Ermessensspielraum wie der unmittelbare Dienstvorgesetzte hat, sind nur wenige Verfahrensfehler des Disziplinarverfügungsverfahrens denkbar, die im Widerspruchsverfahren nicht heilbar wären. Als solche könnten etwa absolute Unzuständigkeit oder Unterlassen jeglichen eigenen Ermessens des erlassenden Dienstvorgesetzten in Betracht kommen, weil dessen originäre Erstzuständigkeit nicht umgangen werden darf. Ebenso kommen schwere Formfehler in Betracht, wie das Fehlen eines substantiierten Sachverhalts, jeglicher disziplinarer Begründung oder gar der Schriftform (vgl. zu allem A. V. Rn. 141 ff.). 5

Ist der **Widerspruch unzulässig** so wird er ohne Sachentscheidung **verworfen**. Der Widerspruch ist **unbegründet und zurückzuweisen**, wenn die Widerspruchsbehörde nach eigener Sach- und Rechtsprüfung nach den Umständen im Zeitpunkt ihrer Entscheidung zu demselben Ergebnis wie die Disziplinarverfügung kommt. Sind dazu weitere **eigene Ermittlungen** erforderlich, so sind sie nach den Verfahrensregelungen in § 20 durchzuführen. Entfällt nach der eigenen Sachverhaltsfeststellung ein Teil des in der Disziplinarverfügung vorgeworfenen Sachverhalts, ohne dass sich der Gesamtvorwurf oder die Berechtigung der Disziplinarmaßnahme ändern, so bleibt es bei der Bestätigung der angefochtenen Disziplinarverfügung (durch Zurückweisung des Widerspruchs). Kommen aber weitere Sachverhalte und Vorwürfe hinzu, so können sie nicht in die Widerspruchsentscheidung einbezogen werden (s. Rn. 3). Denn auch die bloße Erweiterung des pflichtwidrigen Verhaltens beinhaltet eine neue Sach- und Rechtsentscheidung, die eine zusätzliche, im Rechtsbehelfsverfahren unzulässige Beschwer bewirken würde. Zur Verfolgung neuer Sachverhalte ist der Dienstherr auf das Verfahren nach § 35 Abs. 2 und 3 verwiesen 6

---

6 GKÖD-Weiß, II § 41 Rn. 84.

§ 43   Grenzen der erneuten Ausübung der Disziplinarbefugnisse

(Rn. 3). In diesem kommt es zur gebotenen Einheit der disziplinaren Verfolgung der angefochtenen wie der neuen Vorwürfe, worauf nicht verzichtet werden darf.

7   Ist der Widerspruch **sachlich** (wegen Unschuld, wegen Unzulässigkeit oder Nichterforderlichkeit der Maßregelung) oder **prozessual** (wegen Unzulässigkeit des Verfahrens) **in vollem Umfang begründet**, so wird die Disziplinarverfügung **aufgehoben**. Einer Einstellung des Verfahrens bedarf es nicht. Denn bei sachlicher Begründetheit ergibt sich wegen der materiellen Bestandskraft aus den Sachentscheidungsgründen, dass das Verfahren beendet ist. Bei verfahrensrechtlicher Begründetheit ist unter Umständen die – diesmal fehlerfreie – Weiterführung des Verfahrens vor dem unmittelbaren Dienstvorgesetzten möglich. Dann bedarf es nicht der Beendigung des bisherigen und der Eröffnung eines gleichen, neuen Verfahrens. Mit der Aufhebung der angefochtenen Disziplinarverfügung wird das Verfahren in den Stand der Ermittlungen nach §§ 20 ff. zurückversetzt. Falls es zu einer erneuten Disziplinarverfügung nicht kommt, stellt der unmittelbare Dienstvorgesetzte das Verfahren ein. Ist aber das Verfahren auf Dauer unzulässig (wegen Verjährung nach § 15 oder Wegfall der Verfolgbarkeit nach § 1), so stellt die Widerspruchsbehörde neben der Aufhebung der Disziplinarverfügung das Verfahren selbst – endgültig – ein. Liegt nur **teilweise Begründetheit** vor, z. B. bei Ausscheiden einzelner Verfehlungen oder bei wertender Reduzierung des disziplinaren Vorwurfs, so wird das in der Regel (vgl. Rn. 6) zur **Abänderung** hinsichtlich der Maßnahmenwahl oder der Bemessung führen müssen.

8   Für **Form und Inhalt des Widerspruchsbescheides** ist mangels ausdrücklicher Regelung im BDG auf § 73 VwGO zurückzugreifen.

9   Die Widerspruchsentscheidung muss eine **Kostenentscheidung** enthalten, § 44 BDG i. V. m. § 73 Abs. 3 Satz 2 VwGO (vgl. Erl. dort) sowie mit einer **ordnungsgemäßen Rechtsbehelfsbelehrung** (§ 73 Abs. 3 Satz 1 VwGO) versehen werden, da sie auch bei bloßer Bestätigung der Disziplinarverfügung eine eigene, neue Sachentscheidung enthält (Rn. 2). Selbstverständlich gilt dies auch für den Fall nur teilweiser Stattgabe des Widerspruchs. Denn auch ein geringer Rest an Beschwer eröffnet die weitere Anfechtung vor dem VG. Hat der Widerspruch vollen Erfolg, so bedarf es keiner Rechtsbehelfsbelehrung, da der Betroffene nicht mehr beschwert ist und der Dienstherr selbstverständlich kein Beschwerderecht hat. Jedoch hat der höhere Dienstvorgesetzte bzw. die oberste Dienstbehörde das Aufhebungs- und Änderungsrecht aus §§ 35, 43.

10 Die Widerspruchsentscheidung ist wie die Disziplinarverfügung **zuzustellen** §§ 73 Abs. 3, 56 Abs. 1 VwGO i. V. m. VwZG.

§ 43   Grenzen der erneuten Ausübung der Disziplinarbefugnisse

Der Widerspruchsbescheid ist der obersten Dienstbehörde unverzüglich zuzuleiten. Diese kann den Widerspruchsbescheid, durch den über eine Disziplinarverfügung entschieden worden ist, jederzeit aufheben. Sie kann in der Sache neu entscheiden oder Disziplinarklage erheben. Eine Verschärfung der Disziplinarmaßnahme nach Art oder Höhe oder die Erhebung der Disziplinarklage ist nur innerhalb von drei Monaten nach der Zustellung des Widerspruchsbescheids zulässig, es sei denn, es ergeht wegen desselben Sachverhalts ein rechtskräftiges Urteil auf Grund von tatsächlichen Feststellungen, die von denjenigen tatsächlichen Feststellungen, auf denen die Entscheidung beruht, abweichen.

1   Die Vorschrift übernimmt gemeinsam mit § 35 Abs. 2 und 3 die Regelung über die wiederholte Ausübung der Disziplinargewalt (vgl. auch § 35 Rn. 6, 8). Sie übernimmt dabei

den Teil, der aus der funktionalen Trennung in Disziplinar- und Widerspruchsverfahren für letzteres entsteht, nämlich den Widerspruchsbescheid, während § 35 für die Einstellungs- und die Disziplinarverfügung gilt. Auch im BDG wird also die herkömmliche Meinung fort geschrieben, dass der jeweilige höhere Dienstvorgesetzte grundsätzlich zur Aufhebung und Änderung der Entscheidung des untergeordneten Dienstvorgesetzten befugt sei. In Satz 4 wird die Tendenz fortgeführt, zum Schutz der Beamten eine Verschärfung der Maßnahme an kurze Fristen zu binden. Hierzu gilt nun eine **Dreimonatsfrist,** während der sogar die **neue Entscheidung zu ergehen** hat.

Allerdings ist nicht zu verkennen, dass die Vorschrift einen Fremdkörper im verwaltungsgerichtlichen Rechtsschutz darstellt. § 73 VwGO kennt eine solche Unverbindlichkeit des Widerspruchsbescheids nicht. Er ist vielmehr endgültig bindend, soweit nicht Widerruf oder Rücknahme möglich sind,[1] dann liegt aber auch ein neuer Sachverhalt vor. Hier reicht bereits eine abweichende Einschätzung der obersten Dienstbehörde aus. Angesichts der in der Gesetzesbegründung so deutlich erklärten Angleichung des BDG an die VwGO verwundert eine solche Inkonsequenz. Sie wäre auch nicht nötig gewesen, da der Widerspruchsbescheid nach § 42 von der obersten Dienstbehörde erlassen wird. § 43 greift erst ein, wenn diese zuvor ihre Zuständigkeit auf nachgeordnete Behörden delegiert hat. Dann sollte diese Delegation im Hinblick auf § 42 Abs. 2 nicht durch erneute Entscheidung konterkariert werden. Eine zu § 31 Abs. 1 BDO vergleichbare Vorschrift (Ausschluss erneuter Sachentscheidung nach gerichtlicher Entscheidung) hat das BDG in § 61 Abs. 2 übernommen (vgl. § 61 Rn. 3). 2

Satz 1 dient der Information der obersten Dienstbehörde über die von nachgeordneten, nach Delegation zuständigen Behörden erlassenen Widerspruchsbescheide. Dies hat seinen Sinn in der Kompetenz der obersten Dienstbehörde zur erneuten Sachentscheidung. 3

Satz 2 erlaubt **jederzeit und unbefristet die Aufhebung und Milderung** von nachgeordneten wie eigenen Widerspruchsentscheidungen. Vor der Aufhebung muss der Beamte nicht angehört werden, wohl aber vor der Neuentscheidung, auch wenn sie zugunsten der Betroffenen beabsichtigt ist (§ 20 Abs. 1 und 2). 4

Wenn der vorherige Widerspruchsbescheid **zuungunsten der Beamten abgeändert** werden soll, was auch mit der Erhebung der Disziplinarklage verbunden ist (Satz 4), so kann das nur innerhalb von 3 Monaten nach Zustellung oder nach dem Erlass eines sachgleichen, im Sachverhalt abweichenden präjudiziellen Urteils geschehen. Satz 2 gilt nicht für eigene Widerspruchsbescheide der obersten Dienstbehörde (Rn. 2). Aus dem Zusammenhang mit Satz 1 ergibt sich, dass die der obersten Dienstbehörde zugeleiteten Widerspruchsbescheide aufgehoben werden können. Vom Wortlaut werden also die eigenen Widerspruchsbescheide nicht erfasst.[2] Dies bestätigt auch die eindeutige Abkehr von § 32 Abs. 2 BDO, wonach auch eigene Entscheidungen aufgehoben werden konnten, wovon auch § 35 Abs. 3 ausgeht. Dessen Formulierung enthält § 43 gerade nicht. 5

Voraussetzung der Verschlechterungsbefugnis ist die vorherige **Aufhebung** des Widerspruchsbescheids innerhalb der Dreimonatsfrist. Die Aufhebung beseitigt die Erstentscheidung ex tunc.[3] Vor der Aufhebungsentscheidung bedarf es der Anhörung des Beamten (§ 28 VwVfG, § 3 BDG). Die Aufhebung allein ist nicht anfechtbar, da sie keine Beschwer der Betroffenen enthält.[4] Erst die verschlechternde Neubescheidung enthält die 6

---

1 Redeker/ v. Oertzen, § 73 Rn. 39.
2 A. A. GKÖD-Weiß, II § 43 Rn. 14.
3 BDHE 5, 106; Behnke-Amelung, § 32 BDO Rn. 21.
4 BDH, Dok. Ber. 1955, 304.

Beschwer i. S. d. § 42 Abs. 1 VwGO (nicht aber die Erhebung der Disziplinarklage, vgl. § 52 Rn. 7). **Die Neubescheidung** kann, muss aber nicht gleichzeitig mit der Aufhebung erfolgen. Sie **muss** aber nunmehr **innerhalb der Frist** von 3 Monaten **erlassen werden**. Dies soll der Beschleunigung der Verfahren und größerer Rechtssicherheit der Beamten dienen. Sie muss auch die Verjährungsfrist des § 15 weiterhin beachten. Vor ihrem Erlass muss, wenn dies nicht schon im Zusammenhang mit der Aufhebung geschehen ist, der Betroffene angehört werden (s. o.).

7   Für den neuen Widerspruchsbescheid der obersten Dienstbehörde stehen dieselben **Entscheidungsmöglichkeiten wie für die Erstentscheidung** zur Verfügung, also Aufhebung, Milderung, Verschärfung, Bestätigung, Verfahrenseinstellung (aus sachlichen wie prozessualen Gründen). Die Neuentscheidung kann es bei dem zuvor entschiedenen Sachverhalt und Vorwurf belassen, aber auch neue Tatsachen und Vorwürfe seiner Neuentscheidung zugrunde legen (vgl. § 42 Rn. 3). Die oberste Dienstbehörde kann auch Disziplinarklage erheben; auch dafür gilt die 3-Monats-Frist. Maßgeblich ist zur Einhaltung der Frist der Eingang der Klageschrift bei dem Verwaltungsgericht, § 90 VwGO i. V. m. § 3.

8   Die Neuentscheidung hat dieselbe **Form und den Inhalt** zu wahren, wie dies für die Erstentscheidung gilt. Die Aufhebungsentscheidung bedarf, wenn sie getrennt von der Neuentscheidung ergeht, keiner Begründung. Dann erfordert die Fürsorgepflicht aber eine Information des Betroffenen dahin, dass eine verschlechternde Neuentscheidung beabsichtigt ist, zu der noch Anhörung erfolgen wird.

9   Der alte Widerspruchsbescheid kann neben dem neuen nicht weiterbestehen. Das ergibt sich zwar schon aus dem bestandskräftigen Entscheidungsinhalt des erneuten Widerspruchsbescheides. Aus Gründen der Rechtsklarheit aber sollte die Unwirksamkeit des alten in der Entscheidungsformel des neuen Widerspruchsbescheides ausdrücklich hervorgehoben werden.

§ 44 Kostentragungspflicht

(1) Im Widerspruchsverfahren trägt der unterliegende Teil die entstandenen Auslagen. Hat der Widerspruch teilweise Erfolg, sind die Auslagen im Verhältnis zu teilen. Wird eine Disziplinarverfügung trotz des Vorliegens eines Dienstvergehens aufgehoben, können die Auslagen ganz oder teilweise dem Beamten auferlegt werden.
(2) Nimmt der Beamte den Widerspruch zurück, trägt er die entstandenen Auslagen.
(3) Erledigt sich das Widerspruchsverfahren in der Hauptsache auf andere Weise, ist über die entstandenen Auslagen nach billigem Ermessen zu entscheiden.
(4) § 37 Abs. 4 *und 5* gilt entsprechend.[1]

1   Die Vorschrift regelt ausdrücklich nur die Kostentragungspflicht der entstandenen Auslagen im Widerspruchsverfahren. Gebühren entstehen auch im Widerspruchsverfahren nicht (Abs. 4 i. V. m. § 37 Abs. 5). Ab 14. 8. 2016 entfällt zwar Abs. 5. Die Gebührenfreiheit folgt danach allerdings weiterhin aus § 7 BGebG (vgl. § 37 Rn. 5, 19).

2   Nach **Abs. 1** ist entscheidend das Maß des Obsiegens und Unterliegens. Dieses bestimmt sich aus dem Tenor des Widerspruchsbescheides und seiner Begründung. Bei teilweisem Obsiegen und Unterliegen hat die Kostenentscheidung die Auslagen anteilig zu verteilen,

---

[1] Mit Wirkung ab 14. 8. 2016 lautet Abs. 4 wegen der Aufhebung des § 37 Abs. 5 (Art. 3 Abs. 6 Nr. 1, Art. 5 Abs. 2 des Gesetzes zur Strukturreform des Gebührenrechts des Bundes 2013, BGBl. I 3154) wie folgt: **§ 37 Abs. 4 gilt entsprechend.**

Kostentragungspflicht § 44

Abs. 1 Satz 2 (vgl. § 37 Rn. 8). **Abs. 1 Satz 3** ermöglicht eine **Billigkeitsentscheidung**, wenn zwar der Widerspruch erfolgreich ist, gleichzeitig aber ein Dienstvergehen festgestellt wird. Eine ähnliche Regelung traf schon § 113 Abs. 2 Nr. 1 BDO. Voraussetzung ist aber der **Nachweis eines Dienstvergehens**. Dafür langt der Freibeweis nach dem Sachstand der Ermittlungen im Zeitpunkt des Widerspruchsverfahrens. Eine weitere Sachaufklärung nur wegen der Kostenentscheidung erfolgt nicht.[2] Da Satz 3 das Vorliegen eines Dienstvergehens verlangt, kann nicht nach Wahrscheinlichkeit oder Billigkeit, sondern im Zweifel nur zugunsten der Widerspruchsführer entschieden werden. Auch hierbei können nur die Vorwürfe herangezogen werden, die vor Erlass des Widerspruchsbescheides rechtsverbindlich eingeführt (§ 19 Abs. 1) und nicht wirksam ausgeschieden (§ 19 Abs. 2) worden waren. Die Widerspruchsbehörde hat dann hierauf beruhend eine Ermessensentscheidung zu treffen und zu begründen, die anfechtbar ist.

Nach **Abs. 2** hat der Beamte die Auslagen zu tragen, wenn er den **Widerspruch zurück- 3 nimmt**. Das Rechtsmittel gilt wie üblich dann als erfolglos.

Abs. 3 regelt die Kostentragung, wenn sich das Widerspruchsverfahren auf andere Weise 4 als durch Sachentscheidung oder Rücknahme erledigt. Die Verteilung nach billigem Ermessen entspricht § 161 Abs. 2 VwGO, § 91 a ZPO. In Betracht kommen insbesondere die Fallgestaltungen aus § 32 Abs. 2, wenn also der Beamte stirbt, das Beamtenverhältnis endet oder bei einem Ruhestandsbeamten die Folgen des § 59 Abs. 1 BeamtVG eintreten.

Auch im Widerspruchsverfahren fallen nach **Abs. 4** i. V. m. § 37 Abs. 4 dem Beamten an- 5 gefallene Aufwendungen unter die vom Dienstherrn zu erstattenden Auslagen. Dies sind insbes. die Kosten eines Rechtsanwalts (vgl. im Einzelnen § 37 Rn. 16). Nicht zu erstatten sind hingegen Aufwendungen der Behörde für die Beauftragung eines Rechtsanwalts. Dies würde dem Grundsatz der Gebührenfreiheit widersprechen. Der Beamte soll von den Kosten des mit der Amtshandlung verbundenen allgemeinen Verwaltungsaufwands gerade freigestellt werden (vgl. auch § 37 Rn. 5).[3]

Nach Abschluss des behördlichen Disziplinarverfahrens durch Klageerhebung ist die Ent- 6 scheidung über die Kosten auch des behördlichen Verfahrens und damit auch des Widerspruchsverfahrens der gerichtlichen Kostenentscheidung vorbehalten (vgl. § 37 Rn. 10).[4]

---

2 BVerwG v. 19.1.1993 – 1 DB 19.92.
3 VGH Baden-Württemberg 28.1.2013 – DB 13 S 2055/12, Rn. 5, nach juris, IÖD 2013, 69.
4 OVG Berlin-Brandenburg 2.6.2014 – OVG 80 D 10.13.

Teil 4
Gerichtliches Disziplinarverfahren

Kapitel 1
Disziplinargerichtsbarkeit

§ 45 Zuständigkeit der Verwaltungsgerichtsbarkeit

Die Aufgaben der Disziplinargerichtsbarkeit nach diesem Gesetz nehmen die Gerichte der Verwaltungsgerichtsbarkeit wahr. Hierzu werden bei den Verwaltungsgerichten Kammern und bei den Oberverwaltungsgerichten Senate für Disziplinarsachen gebildet. Die Landesgesetzgebung kann die Zuweisung der in Satz 1 genannten Aufgaben an ein Gericht für die Bezirke mehrerer Gerichte anordnen. Soweit nach Landesrecht für Verfahren nach dem Landesdisziplinargesetz ein Gericht für die Bezirke mehrerer Gerichte zuständig ist, ist dieses Gericht, wenn nichts anderes bestimmt wird, auch für die in Satz 1 genannten Aufgaben zuständig. § 50 Abs. 1 Nr. 4 der Verwaltungsgerichtsordnung bleibt unberührt.

1   Die Norm betrifft eine der grundlegenden Änderungen des BDiszNOG. Nunmehr sind die **Verwaltungs-, Oberverwaltungsgerichte und das Bundesverwaltungsgericht** entsprechend dem Instanzenzug der VwGO zuständig. VG und OVG sind Tatsacheninstanzen, das BVerwG (fast) nur noch Revisionsinstanz. Nach wie vor ist das BVerwG als Gericht erster Instanz und damit als Tatsacheninstanz für Disziplinarverfahren zuständig, die den Geschäftsbereich des **Bundesnachrichtendienstes** betreffen, § 45 Satz 5 BDG, § 50 Abs. 1 Nr. 4 VwGO.

2   Damit wird nun auch die Gleichbehandlung von Beamten und Soldaten aufgehoben (zur Kritik vgl. die Vorauflage).

3   Die bei den Verwaltungs- und Oberverwaltungsgerichten zu bildenden Kammern und Senate können funktionsidentisch mit den Spruchkörpern für Landesdisziplinarverfahren sein. Die Länder können ein Gericht für die Bezirke mehrerer Gerichte für zuständig erklären. Besteht eine solche Regelung in einem Land bereits für Landesdisziplinarverfahren, so gilt diese zugleich gem. **Satz 4** auch für die Bundesdisziplinarverfahren. Allerdings können die Länder diese Folge ausdrücklich durch Gesetz wieder aufheben. Damit sollen landesspezifische Besonderheiten und Zweckmäßigkeiten berücksichtigt werden können.

4   Das BDG trifft keine eigene Gerichtsstandsregelung. Daher bestimmt sich die **örtliche Zuständigkeit des Verwaltungsgerichtes** nach § 52 Nr. 4 VwGO, also nach dem dienstlichen Wohnsitz des aktiven Beamten und nach dem Wohnsitz des Ruhestandsbeamten. Dies gilt unmittelbar sowohl für die Klagen des Beamten gegen Disziplinar- und Einstellungsverfügungen seines Dienstherrn als auch nach Neufassung der Vorschrift durch Art. 14 Nr. 4 BDiszNOG für Disziplinarklagen des Dienstherrn gegen den Beamten. In den Fällen der Sätze 3 und 4 muss der dienstliche Wohnsitz in einem der Gerichtsbezirke liegen, für die das nach Landesgesetz bestimmte VG zuständig ist. Die Bundesländer haben Ausführungsgesetze zum BDG erlassen und zum Teil darin oder im LDG die Zuständigkeit geregelt (vgl. Rn. 13). Ohne eine solche Bestimmung ist das nach dem jeweiligen Ausführungsgesetz zur VwGO berufene Gericht zuständig.

Zuständigkeit der Verwaltungsgerichte § 45

Dienstlicher Wohnsitz i. S. d. § 52 Nr. 4 VwGO i. V. m. § 3 BDG ist die kleinste Verwaltungseinheit, die noch organisatorische und personelle Selbständigkeit aufweist (ähnlich § 15 BBesG; vgl. auch § 48 Rn. 9).[1] Das ist die Dienststelle, für die die Planstelle des Beamten eingerichtet ist, an welcher der konkrete Dienstposten übertragen und wahrgenommen und wo der Beamte durch einen unmittelbaren Dienstvorgesetzten personalrechtlich betreut wird.[2] Daran hat sich auch durch die Neuregelung nichts geändert.

Bloße **Nebenstellen** haben häufig keinen selbständigen Dienststellencharakter, **Außenstellen** können bei organisatorischer Abgrenzbarkeit oftmals solchen haben (z. B. Außenstellen des Bundesarchivs in Rastatt und Berlin). Versetzungen ändern die Dienststellen, Umsetzungen und Abordnungen nicht (vgl. § 17 Abs. 4). Bei mehreren Ämtern entscheidet das Hauptamt, bei mehreren Hauptämtern dasjenige, das zuerst durch die Einleitung des behördlichen Disziplinarverfahrens betroffen ist (§ 17 Abs. 3, der § 36 Abs. 1 und 2 BDO entspricht).

Beamte, die **privaten Unternehmen** zugewiesen sind oder nach Beurlaubung mit Unternehmen Angestelltenverträge geschlossen haben, sind nicht mehr bei Behörden oder Dienststellen tätig, woran nach § 15 BBesG der dienstliche Wohnsitz anknüpft. Das BDiG hat bei der Deutschen Bahn AG zugewiesenen oder bei der Deutschen Post AG, Deutschen Postbank AG und Telekom AG tätigen Beamten in Anlehnung an die oben genannte Definition als dienstlichen Wohnsitz die jeweils kleinste organisatorisch selbständige **Arbeitseinheit** angesehen, an welcher der Beamte **ständig eingesetzt** ist, d. h. seinen örtlichen Schwerpunkt hat. Da auch Versetzungen und Abordnungen bei den privaten Unternehmen nicht erfolgen, ist darauf abzustellen, wo der Beamte nach dem Willen seiner Vorgesetzten **auf Dauer Dienst leisten soll**. Der Dienststellenbegriff wird also durch den Begriff des **dauerhaften Einsatzortes** ersetzt. Dies ist z. B. bei Bahnbeamten der Bahnhof, wenn er nicht nur eine Fahrkartenverkaufsstelle ist. Bei Postbeamten ist dies in der Regel das Postamt. Würde man dies anders sehen, wäre für alle Bahnbeamten das BEV in Bonn zuständig. Die Anknüpfung an die regionale Gebundenheit der Beamten wäre damit hinfällig. Für **Ruhestandsbeamte** ist nach § 52 Nr. 4 VwGO der Wohnsitz maßgeblich und in Ermangelung dessen der Sitz der entscheidenden Behörde. Die Sonderregelung für Beamte des BND in § 50 Abs. 1 Nr. 4 VwGO ist zu beachten.

Maßgeblich ist der dienstliche Wohnsitz im Zeitpunkt des Eingangs der Disziplinarklageschrift bei Gericht, bzw. der Zustellung der Disziplinar- oder Einstellungsverfügung. **Wegen der Rückwirkung** einer Versetzung (= Änderung des dienstlichen Wohnsitzes) vgl. § 43 VwVfG.[3]

Die einmal begründete Kammerzuständigkeit ändert sich durch späteren Wohnsitzwechsel nicht, dagegen durch spätere **Änderung der Kammerbezirke**. Nach dem Gesetz gilt für die gesamte Dauer des Verfahrens, dass jeweils das Gericht örtlich zuständig ist, in dessen Bereich der Beamte zur Zeit der Klageerhebung den dienstlichen Wohnsitz hatte, nicht aber das Gericht in dessen Bezirk früher einmal der dienstliche Wohnsitz lag.

Für Ruhestandsbeamte knüpft der Gesetzgeber an den bürgerlichen Wohnsitz (§§ 7 ff. BGB) an. Bei Fehlen eines solchen im Bereich der Bundesrepublik ist der letzte dienstliche

---

1 BVerwGE 43, 323.
2 Vgl. schon zur BDO: BDHE 3, 96; 5, 109; fraglich BVerwG, Dok. Ber. 1990, 335, das die räumliche und aufgabenmäßige Abtrennung verschiedener Abteilungen einer Dienststelle/Behörde – hier: Bundesnachrichtendienst – ausreichen lässt, um eine »Dienststelle« anzunehmen; eher einleuchtend in E 76, 77 für verschiedene Abteilungen eines Ministeriums und in Dok. Ber. 1991, 182, für verschiedene Grenzschutzstellen.
3 Dazu Stelkens/Bonk/Leonhardt, Rn. 131.

Wohnsitz entscheidend. Liegt dieser außerhalb des Geltungsbereiches des Grundgesetzes, so ist das für den Sitz der Bundesregierung zuständige Gericht zuständig.

11 Entscheidungen einer unzuständigen Kammer können, obwohl ihnen notwendigerweise ein Verfahrensmangel immanent ist, rechtswirksam werden, nämlich dann, wenn sie nicht angefochten werden. Wird eine solche Entscheidung angefochten, so kann das Oberverwaltungsgericht sie in Anbetracht des vorliegenden Verfahrensmangels aufheben und die Sache an das zuständige Verwaltungsgericht mit dem Ziel der anderweitigen Verhandlung zurückverweisen.

12 Bei Unzuständigkeit ist das Verfahren durch Verweisungsbeschluss an das zuständige Gericht abzugeben, §§ 17 a, b GVG, § 83 VwGO.

13 Zuständige Gerichte nach § 45 i. V. m. § 52 Nr. 4 VwGO sind:
- Baden-Württemberg: § 1 VwGOAG BW
  - VG Stuttgart für den Reg.bez. Stuttgart
  - VG Karlsruhe für den Reg.bez. Karlsruhe
  - VG Freiburg für den Reg.bez. Freiburg
  - VG Sigmaringen für den Reg.bez. Tübingen
- Bayern: Art. 1 Abs. 6 AGBDG v. 2.1.2002,[4] Art. 42 BayDG v. 24.12.2005[5]
  - VG München für die Reg.bez. Oberbayern und Schwaben
  - VG Ansbach für die Reg.bez. Ober-, Mittel- und Unterfranken
  - VG Regensburg für die Reg.bez. Niederbayern und Oberpfalz
- Berlin: § 41 LDG v. 29.6.2004;[6] § 1 AGVwGO
  - VG Berlin
- Brandenburg: § 45 Satz 1 BbgLDG[7]
  - VG Potsdam für das gesamte Land
- Bremen: § 44 BremDG v. 19.11.2002,[8] zuletzt geändert 2006[9]
  - VG Bremen
- Hamburg: § 44 HmbDG v. 18.2.2004,[10] § 1 BDGAG v. 24.12.2001[11]
  - VG Hamburg
- Hessen: § 6a HessAGVwGO[12]
  - VG Wiesbaden für das gesamte Land
- Mecklenburg-Vorpommern: § 13c GerStrukGAG MV i. d. F. v. 11.11.2013[13]
  - VG Greifswald für das gesamte Land
- Niedersachsen: § 41 NDiszG v. 13.10.2005,[14] § 1 AGVwGO
  - VG Braunschweig für die Städte Braunschweig, Salzgitter und Wolfsburg, die Landkreise Gifhorn, Goslar, Helmstedt, Peine und Wolfenbüttel
  - VG Göttingen für die Landkreise Göttingen, Northeim und Osterode am Harz
  - VG Hannover für die Landkreise Diepholz, Hameln-Pyrmont, Hildesheim, Holzminden, Nienburg (Weser) und Schaumburg sowie die Region Hannover

---

4 GVBl. S. 2.
5 GVBl. S. 665.
6 GVBl. S. 263.
7 GVBl. I, S. 254.
8 GBl. S. 545.
9 GBl. S. 543.
10 GVBl. S. 69.
11 GVBl. S. 457.
12 GVBl. I 1997, 381 i. d. F. v. 29.11.2010.
13 GVOBl. M-V 1992, 314.
14 GVBl. S. 296.

Kammer für Disziplinarsachen § 46

- VG Lüneburg für die Landkreise Celle, Harburg, Lüchow-Dannenberg, Lüneburg, Soltau-Fallingbostel und Uelzen
- VG Oldenburg für die Städte Delmenhorst, Emden, Oldenburg und Wilhelmshaven, die Landkreise Ammerland, Aurich, Cloppenburg, Friesland, Leer, Oldenburg, Vechta, Wesermarsch, Wittmund und das außerhalb von Städten und Kreisen gelegene Gebiet des Reg.bez. Weser-Ems
- VG Osnabrück für die Stadt Osnabrück, die Landkreise Emsland, Grafschaft Bentheim und Osnabrück
- VG Stade für die Landkreise Cuxhaven, Osterholz, Rotenburg (Wümme), Stade und Verden sowie das gemeinde- und kreisfreie Gebiet der Küstengewässer einschließlich der Bundeswasserstraße Elbe und der davon eingeschlossenen oder daran angrenzenden gemeinde- und kreisfreien Gebiete, im Westen begrenzt durch die östliche Landesgrenze mit der Freien und Hansestadt Hamburg – Exklave Neuwerk/Scharhörn –
- Nordrhein-Westfalen: § 45 LDG NRW v. 16.11.2004[15]
  - VG Düsseldorf für das Gebiet der Reg.bez. Düsseldorf oder Köln und außerhalb
  - VG Münster für das übrige Landesgebiet
- Rheinland-Pfalz: § 3 Abs. 3 GerichtsorganisationsG i.d.F. v. 9.7.2010
  - VG Trier für das gesamte Land
- Saarland: § 45 SDG v. 13.12.2005,[16] § 1 AGVwGO
  - VG des Saarlandes in Saarlouis
- Sachsen: § 45 Abs. 1 SächsDG v. 10.4.1007[17]
  - VG Dresden für das gesamte Land
- Sachsen-Anhalt: § 45 DG-LSA v. 21.3.2006,[18] §§ 1, 2 AGVwGO
  - VG Magdeburg für das gesamte Land
- Schleswig-Holstein: § 41 LDG SH v. 18.3.2003,[19] § 1 AGVwGO
  - Schleswig-Holsteinisches VG in Schleswig
- Thüringen: § 45 ThürDG v. 21.6.2002[20]
  - VG Meiningen für das gesamte Land

§ 46 Kammer für Disziplinarsachen

(1) Die Kammer für Disziplinarsachen entscheidet in der Besetzung von drei Richtern und zwei Beamtenbeisitzern als ehrenamtlichen Richtern, wenn nicht ein Einzelrichter entscheidet. An Beschlüssen außerhalb der mündlichen Verhandlung und an Gerichtsbescheiden wirken die Beamtenbeisitzer nicht mit. Einer der Beamtenbeisitzer soll dem Verwaltungszweig und der Laufbahngruppe des Beamten angehören, gegen den sich das Disziplinarverfahren richtet.

(2) Für die Übertragung des Rechtsstreits auf den Einzelrichter gilt § 6 der Verwaltungsgerichtsordnung. In dem Verfahren der Disziplinarklage ist eine Übertragung auf den Einzelrichter ausgeschlossen.

---

15 GVBl. S. 624.
16 ABl. S. 2010.
17 SächsGVBl. 2007, 54.
18 GVBl. S. 102.
19 GVBl. S. 154.
20 GVBl. S. 257.

(3) Der Vorsitzende der Kammer für Disziplinarsachen entscheidet, wenn die Entscheidung im vorbereitenden Verfahren ergeht,
1. bei Zurücknahme der Klage, des Antrags oder eines Rechtsmittels,
2. bei Erledigung des gerichtlichen Disziplinarverfahrens in der Hauptsache und
3. über die Kosten.
Ist ein Berichterstatter bestellt, entscheidet er anstelle des Vorsitzenden.
(4) Die Landesgesetzgebung kann die Besetzung der Kammer für Disziplinarsachen abweichend von den Absätzen 1 bis 3 regeln. Soweit nach Landesrecht für die Verfahren nach dem Landesdisziplinargesetz eine andere Besetzung der Kammer für Disziplinarsachen vorgesehen ist, gilt diese Besetzung, wenn nichts anderes bestimmt wird, auch für die gerichtlichen Verfahren nach diesem Gesetz.

1 § 46 regelt die Zusammensetzung der **Kammer für Disziplinarsachen** in enger Anlehnung an die Besetzung der allgemeinen Kammern der Verwaltungsgerichte. Nach **Abs. 1** sind dies in der Regel drei Berufsrichter und zwei Beamtenbeisitzer. Die allgemeine Rechtsstellung der Beamtenbeisitzer erläutert das Gesetz nicht. Aus den nach § 3 ergänzend heranzuziehenden Vorschriften des § 19 VwGO, § 45 DRiG, des GVG und des GG folgt aber die **Gleichrangigkeit der ehrenamtlichen Richter** gegenüber den Berufsrichtern.[1]

2 Die Beteiligung der Beamtenschaft an der Disziplinarrechtsprechung hat das BDG sinnvollerweise von § 45 Abs. 2 BDO übernommen. Der Zweck dieser Beteiligung der Beamtenschaft an der Disziplinar-Rspr. besteht zunächst einmal darin, die **Anschauungen der Beamtenschaft,** aber auch die **verwaltungs- und betriebsspezifischen Kenntnisse** bei der Urteilsfindung zu verwerten. Durch Mitwirkung der Beamtenbeisitzer haben die Berufsrichter die Möglichkeit, die realen Berufserfahrungen der Beisitzer, aber auch deren Verwaltungskenntnisse und persönliche und betriebliche Sicht hinsichtlich des Erfordernisses einer Disziplinarmaßnahme bei der Entscheidung zu berücksichtigen. Der hauptamtliche Richter wird oft den betrieblichen Hintergrund wie auch die persönliche Situation des Beamten nicht überblicken. Sozialwissenschaftliche Untersuchungen haben außerdem ergeben, dass sich die Berufsrichterschaft zum überwiegenden Teil aus den oberen sozialen Schichten rekrutiert und dass die für die Berufsrichter typischen Wertvorstellungen nicht mit denen der breiten Masse der Bevölkerung übereinstimmen müssen. Der Beamtenbeisitzer, insbesondere der Laufbahnbeisitzer, bringt eigene Sachkunde aus dem Betrieb bzw. seinem Verwaltungszweig mit und stellt sich andererseits als der »soziale Interpret« des betroffenen Beamten dar. Gerade Letzteres ist vom Gesetz ganz offensichtlich gem. Abs. 1 Satz 3 so gewollt, wenn auch die Mitwirkung eines Beisitzers aus demselben Verwaltungszweig und derselben Laufbahngruppe für die Beschuldigten nur als »Sollvorschrift« geregelt ist. »Sollen« heißt aber im Regelfall immer »müssen«.[2] Für die Berufsrichter ist diese Heranziehung sachkundiger Interpreten der Verwaltung und der Beamtenschaft ebenso ein unschätzbarer Vorteil wie der Zwang, sich bei der Beratung von formaljuristischen Kriterien lösen zu müssen. Zwar sind nach Abs. 1 Satz 1 die Beamtenbeisitzer im Gegensatz zur BDO nicht mehr in der Mehrheit (wobei gem. Abs. 4 nach Landesrecht eine »kleine« Besetzung möglich ist, vgl. Rn. 11f.). Dennoch werden die Berufsrichter – gerade bei unterschiedlichen Rechtsauffassungen untereinander – die höchstrichterliche Rspr. und ihre eigenen Sach- und Rechtsansichten den weniger eingeweihten Beisitzern eingehend vortragen und verständlich machen. Dabei müssen sie auch

---
1 Vgl. im Einzelnen Redeker/v. Oertzen, § 19 Rn. 2f.
2 BVerwG, ZBR 1967, 147.

Kammer für Disziplinarsachen § 46

die Akzeptanz ihres Standpunktes überprüfen. Falsch wäre es, die ehrenamtlichen Richter als »Laienrichter« zu bezeichnen, denn sie werden gerade wegen ihrer Sachkunde vorgeschlagen und bringen diese, wie die Erfahrung lehrt, in sehr sinnvoller und wirksamer Weise in die Rechtsfindung ihrer Kammern ein.

Die Beamtenbeisitzer sind als ehrenamtliche Richter im Übrigen im gleichen Maße **unabhängig** wie ein Berufsrichter (Art. 97 GG, § 45 DRiG). Wie ein Berufsrichter hat der Beamtenbeisitzer seine Pflichten zu erfüllen und nach bestem Wissen und Gewissen ohne Ansehen der Person zu urteilen und nur der Wahrheit und Gerechtigkeit zu dienen. Hierauf legt der Beamtenbeisitzer auch seinen Eid ab (§ 45 Abs. 3 Nr. 1 DRiG). An Weisungen der ihn vorschlagenden Bundesbehörde oder seiner Gewerkschaft ist der Beisitzer deshalb ebenso wenig gebunden wie an Vorstellungen, Vorschläge bzw. Empfehlungen der Berufsrichter bei der Urteilsberatung. Er ist wie die Berufsrichter an Gesetz und Recht gebunden. Jeder Richter hat nur daran den zu entscheidenden Fall zu messen, nicht an seiner persönlichen Wunschvorstellung (zur Bindung an unbestimmt geregeltes und durch Richterrecht/Rspr. geprägtes Recht vgl. A. II. Rn. 37–39, 52 ff.). 3

Da die Beamtenbeisitzer ohne Ansehen der Person zu urteilen haben, sind sie auch zur **Unparteilichkeit** verpflichtet, d. h., sie dürfen nicht eindeutig für einen Verfahrensbeteiligten Stellung nehmen und haben in der Hauptverhandlung die gebotene Zurückhaltung im Umgang mit den Beteiligten an den Tag zu legen. 4

Die **richterliche Mitwirkung** der Beamtenbeisitzer im Disziplinarverfahren beginnt mit der Hauptverhandlung vor Gericht. Der Vorsitzende leitet die Hauptverhandlung und stellt grundsätzlich die Fragen an die Verfahrensbeteiligten. Die Beamtenbeisitzer haben nicht die Befugnis, in die Verhandlungsführung einzugreifen oder zur Sache selbst Stellung zu nehmen, jedoch das Recht, zur weiteren Aufklärung des Sachverhalts Fragen an Verfahrensbeteiligte, Zeugen und Sachverständige zu stellen. Der Vorsitzende hat dies von sich aus zu ermöglichen, jedenfalls auf entsprechendes Verlangen zu gestatten. Hierauf und auf die Notwendigkeit neutraler, sachlicher Fragestellung sind die Beisitzer vor der Hauptverhandlung hinzuweisen. Der Vorsitzende hat das Recht, den Zeitpunkt der Fragestellung zu bestimmen, er kann ggf. ungeeignete oder nicht zur Sache gehörende Fragen ausscheiden. Einen weiteren Einfluss auf die Verhandlung haben die Beamtenbeisitzer insoweit, als sie nach Abschluss der Beweisaufnahme in der Beratung des Gerichts, dort wo sie weitere Beweisaufnahme für erforderlich halten, Eintritt in die mündliche Verhandlung anregen können, woraufhin bei Unstimmigkeit der Spruchkörper abzustimmen hat. 5

Keine Regelung enthält das Gesetz über die Stellung des Beisitzers, soweit es die **Vorbereitung** der Hauptverhandlung angeht. Hier ist insbesondere zweifelhaft, ob einem Beamtenbeisitzer zur Vorbereitung der Hauptverhandlung auch **Akteneinsicht** zu gewähren ist bzw. ob ihm bestimmte Auszüge aus dem bisherigen Verfahren, z. B. Niederschriften aus dem Ermittlungsverfahren, dem Strafurteil, der Disziplinarklageschrift zur Verfügung gestellt werden können. Dies wurde nach bisheriger Praxis überwiegend verneint, weil nach § 25 BDO die strafgerichtliche Rspr. anzuwenden sei, nach welcher dem Schöffen Akteneinsicht nicht gewährt werden darf (zum Meinungsbild vgl. 3. Aufl. Rn. 6). Die strafgerichtliche Rspr. und herrschende Praxis ist allerdings kaum haltbar. Die vom Gesetz angeordnete Einrichtung von Kollegialgerichten beruht auf dem Grundgedanken, dass alle Mitglieder eines solchen Gerichts gleichwertig und unterschiedslos zur Rechtsfindung beitragen sollen, um die Gefahr einer formaljuristischen Einseitigkeit bei der Beurteilung der Sach- und Rechtsfragen auszuschließen. Dieser Effekt wird nur dann hinreichend gewährleistet, wenn alle beteiligten Richter im Wesentlichen über den **gleichen Informationsstand** verfügen. Nach bisheriger Praxis der Disziplinargerichte des Bundes erhalten 6

Köhler

die Beamtenbeisitzer keine Unterlagen zum Verfahrensstand. Das läuft darauf hinaus, dass die Einschätzung der Sache dem ehrenamtlichen Beisitzer »vermittelt« werden muss. Er wird weitgehend nur mittelbar orientiert, so dass nicht auszuschließen ist, dass er bei gleichem unmittelbarem Kenntnisstand, wie ihn die Berufsrichter besitzen, eine andere Auffassung in der Beratung äußern könnte. Nach richtiger Auffassung wird von Gerichts wegen den Beisitzern zur Vorbereitung der mündlichen Verhandlung Akteneinsicht gewährt oder entsprechende Aktenauszüge (Klageschrift, Einlassung des Betroffenen, Verteidigungsschriftsätze o.ä.) überlassen werden müssen. Wie hier Czapski,[3] der mit Recht darauf hinweist, dass die Verweigerung der Akteneinsicht oder sonstiger Möglichkeiten einer angemessenen Vorbereitung entgegen der klaren Gesetzeslage die Bedeutung des Richteramtes der ehrenamtlichen Richter mindert und deren Einfluss auch für die Hauptverhandlung einschränkt. In der Sozialgerichtsbarkeit dagegen hat die berechtigte Forderung nach besserer Information der ehrenamtlichen Richter bereits dazu geführt, dass das BSG 1981 in seiner Geschäftsordnung die Übersendung von bestimmten Informationsunterlagen an ehrenamtliche Richter vorgesehen hat. Gegen die Verweigerung des Informationsrechts und damit die Verletzung der Unabhängigkeit des Richters müsste das Gesetz eine Regelung schaffen.

7   Die ehrenamtlichen Richter haben nicht nur die gleichen Rechte wie die Berufsrichter, sondern auch die **gleichen Pflichten** (vgl. Rn. 4). Sie dürfen nicht ohne genügende Entschuldigung den anberaumten Sitzungen fernbleiben oder zu spät kommen. Bei Säumnis können ihnen die hierdurch verursachten Auslagen und ein Ordnungsgeld auferlegt werden (§ 3 i. V. m. § 33 VwGO). Die Übernahme der Beisitzertätigkeit ist beamtenrechtliche Dienstpflicht. Beisitzer haben das Beratungsgeheimnis gegenüber jedermann, also auch gegenüber der sie entsendenden Gewerkschaft oder Behörde, zu wahren (§§ 43, 45 Abs. 1 Satz 2 DRiG, § 353 d StGB). Die Beamtenbeisitzer sind und bleiben während ihrer Tätigkeit hauptberufliche Bundesbeamte. Bei Dienstpflichtverletzung im Zusammenhang mit der richterlichen Tätigkeit im Nebenamt unterliegen sie daher den Vorschriften des Bundesbeamtengesetzes wie des BDG.

8   Die Mitwirkung und damit der Einfluss der Beamtenbeisitzer auf die Rspr. wird jedoch abnehmen. Nach **Abs. 1 Satz 2** wirken sie an Beschlüssen außerhalb der Hauptverhandlung und an Gerichtsbescheiden gem. § 84 VwGO nicht mit (ebenso § 5 VwGO). Dies entspricht für Gerichtsbescheide noch der Regelung der BDO. Bereits bei Beschlüssen ist die Änderung spürbar. Im Beschlussverfahren nach der BDO waren die Beamtenbeisitzer auch ohne Hauptverhandlung beteiligt. Deren Beschlussverfahren ersetzt das BDG durch die allgemeine Anfechtungsklage (§ 52 Abs. 2), so dass grundsätzlich die Beamtenbeisitzer auch hier teilnehmen. Bereits wenn ohne Hauptverhandlung entschieden wird, fallen die Beamtenbeisitzer weg. Maßgebliche Veränderungen wird jedoch die Möglichkeit der Übertragung des Rechtsstreits auf den **Einzelrichter** nach Abs. 1 Satz 1, 2. Halbsatz, **Abs. 2** bringen. Gem. des in Bezug genommenen § 6 VwGO **soll** diese Übertragung erfolgen. Bei Verweisung an ein anderes Gericht ist das Verfahren aber wieder bei der Kammer anhängig. Gerade in den zahlreichen Verfahren, in denen der Beamte gegen eine gegen ihn verhängte Kürzung der Dienstbezüge (§ 8) oder Geldbuße (§ 7) klagt, dürfte nach der verwaltungsgerichtlichen Praxis die Übertragung auf den Einzelrichter die Regel sein. An diesen Verfahren nehmen dann **keine Beamtenbeisitzer** teil, § 5 Abs. 3 VwGO.

8a Nach Abs. 1 Satz 3 soll einer der Beamtenbeisitzer dem Verwaltungszweig und der Laufbahngruppe des Beamten angehören. Als Verwaltungszweig ist nicht eine spezielle Sparte

---

[3] ZBR 1989, 200 ff.

(wie etwa die Verwaltung einer Hochschule), sondern ein Verwaltungsbereich bezeichnet, der typischerweise einem Fachressort als Geschäftsbereich untersteht.[4] Laufbahngruppen sind die des einfachen, mittleren, gehobenen und des höheren Dienstes (§ 17 Abs. 2 bis 5 BBG). Das Eingangsamt einer Laufbahn bestimmt die Zugehörigkeit zu einer Laufbahngruppe.[5] Beide Voraussetzungen müssen im Zeitpunkt der Wahl zum Beamtenbeisitzer vorgelegen haben.[6] Eine Nachrangigkeit der Zugehörigkeit der Laufbahngruppe dürfte nicht dem Sinn der Norm entsprechen.[7]

Für Disziplinarklagen ist die Übertragung auf den Einzelrichter gem. **Abs. 2 Satz 2** ausgeschlossen. Dies wird der Bedeutung dieser Verfahren für die betroffenen Beamten gerecht, auch wenn in solchen Verfahren oft keinerlei Schwierigkeiten vorliegen, etwa bei einem sachverhaltsidentischen, rechtskräftigen Strafurteil mit Bindungswirkung nach § 57 Abs. 1. 8b

Auch in Disziplinarverfahren können gem. § 3 i. V. m. § 173 VwGO, § 192 Abs. 2 GVG Ergänzungsrichter hinzugezogen werden. Auch deren Heranziehung sollte bereits im Geschäftsverteilungsplan geregelt werden, auch wenn die Heranziehung nach Bestimmung durch das Präsidium im Einzelfall zulässig ist.[8] 9

Abs. 3 weist solche Entscheidungen dem Kammervorsitzenden, bzw. dem – wie in aller Regel – bestellten Berichterstatter (**Satz 2**) zu, die das Verfahren ohne Sachentscheidungen abschließen. Dies sind Fälle der Klage- oder Antragsrücknahme, der Erledigung in der Hauptsache etwa weil die angegriffene Disziplinarverfügung gem. § 35 Abs. 3 Satz 1 aufgehoben wurde, sowie der danach erforderlichen Kostenentscheidung. Die Vorschrift entspricht § 87a VwGO und soll der Straffung der Verfahren und Entlastung der übrigen Kammermitglieder dienen. Eine Straffung der Verfahren dürfte in dem geschilderten Zeitpunkt nicht mehr relevant sein; eine komplette Kammerentscheidung erscheint allerdings auch nicht mehr erforderlich. 10

Nach **Abs. 4** können die Länder die Kammerbesetzung abweichend von Abs. 1 bis 3 regeln. Ziel der Vorschrift ist es, eine Harmonisierung der bundesdisziplinarrechtlichen mit den speziellen landesdisziplinarrechtlichen Regelungen zu ermöglichen, insbes. die Installierung einheitlicher Spruchkörper für Disziplinarverfahren gegen Bundes- und Landesbeamte. **Abs. 4 Satz 2** greift dieser Harmonisierung allerdings voraus, indem er die Geltung einer abweichenden Regelung nach Landesrecht auch für die gerichtlichen Verfahren nach dem BDG zugrunde legt. 11

Diese Harmonisierungstendenz mag oberflächlich gesehen sinnvoll und für die Länder effektiv sein. Sie ist jedoch insofern kritisch zu würdigen, als nicht die Beamten des Landes mit denen des Bundes zu vergleichen sind. Ziel eines **Bundes**disziplinargesetzes hat vielmehr die **Gleichbehandlung der Bundesbeamten** untereinander zu sein. Der Beamte im Bundespolizeidienst in München wird sich nicht mit den Polizeibeamten Bayerns vergleichen, sondern mit seinen Bundespolizei-Kollegen in Hamburg, Köln oder Berlin. Zudem steht diese Regelung im Widerstreit zum Grundanliegen der Reform, »notwendigen, rechtsstaatlichen Standard des üblichen Verwaltungsprozesses zu gewährleisten«.[9] Hier wird sich zeigen müssen, ob diese Vorschrift verfassungsrechtlich haltbar ist. 12

---

4 BVerwG, NVwZ-RR 2013, 421 unter Verweis auf BVerwGE 43, 288.
5 BVerwG, a. a. O.
6 OVG Berlin-Brandenburg 12.1.2015 – OVG 81 D 2.11, Rn. 32.
7 GKÖD-Weiß, II § 46 Rn. 53.
8 Löwe/ Rosenberg, § 192 GVG Rn. 7, Schoch/Schmidt-Aßmann/Pietzner, § 30 VwGO Rn. 8; Redeker/v. Oertzen, § 5 VwGO Rn. 3.
9 Amtliche Begründung zu § 44 BDG, BT-Drs. 14/4659 v. 16.11.2000, S. 33.

§ 47 Beamtenbeisitzer

13 Derzeit haben folgende Länder eine von § 46 Abs. 1 abweichende Kammerbesetzung:
- Baden-Württemberg: zwei Lebenszeitrichter, ein Beamtenbeisitzer (§ 7 Abs. 2 Satz 3 AGVwGO i. d. F. des Gesetzes zur Neuordnung des Landesdisziplinarrechts v. 14. 10. 2008[10])
- Bayern: ein Lebenszeitrichter, zwei Beamtenbeisitzer (Art. 43 BayDG)
- Mecklenburg-Vorpommern: ein Lebenszeitrichter, zwei Beamtenbeisitzer (§ 44 LDG)
- Niedersachsen: zwei Lebenszeitrichter, ein Beamtenbeisitzer (§ 42 NDiszG)
- Nordrhein-Westfalen: zwei Lebenszeitrichter, ein Beamtenbeisitzer (bei beschuldigten Beamtinnen soll eine Beisitzerin an der Sitzung teilnehmen (§ 47 LDG NRW)

§ 47 Beamtenbeisitzer

(1) Die Beamtenbeisitzer müssen auf Lebenszeit ernannte Beamte im Bundesdienst sein und bei ihrer Auswahl oder Bestellung ihren dienstlichen Wohnsitz (§ 15 des Bundesbesoldungsgesetzes) im Bezirk des zuständigen Verwaltungsgerichts haben. Ist einem Verwaltungsgericht die Zuständigkeit für die Bezirke mehrerer Verwaltungsgerichte übertragen, müssen die Beamtenbeisitzer ihren dienstlichen Wohnsitz in einem dieser Bezirke haben.
(2) Die §§ 20 bis 29 und 34 sind vorbehaltlich des § 50 Abs. 3 der Verwaltungsgerichtsordnung auf die Beamtenbeisitzer nicht anzuwenden.
(3) Das Verfahren zur Auswahl oder Bestellung der Beamtenbeisitzer bestimmt sich nach Landesrecht.

Amtliche Begründung: Mit den Änderungen in den Absätzen 1 und 3 wird, wie ursprünglich beabsichtigt, den Ländern weitestgehender Raum für landesrechtliche Bestellungsverfahren eröffnet. Neben der Möglichkeit, die Beamtenbeisitzerinnen und Beamtenbeisitzer durch Wahl zu bestimmen, können auch andere Möglichkeiten wie das Los- oder Bestellungsverfahren in Betracht kommen.
Durch die Neufassung des Absatzes 2 wird klargestellt, dass – auch – die Anwendung der §§ 25 und 26 VwGO ausgeschlossen ist. Damit wird ein redaktionelles Versehen behoben. Zugleich wird klargestellt, dass § 24 Abs. 3 VwGO entsprechend anwendbar ist. Der Verweis auf § 30 Abs. 1 Satz 2 VwGO entfällt, weil diese Vorschrift zum 1. Januar 2005 weggefallen ist.

1 Die Vorschrift regelt die Voraussetzungen zur Wahl der Beamtenbeisitzer. Auch nach neuem Recht sind die ehrenamtlichen Richter in Bundesdisziplinarverfahren Bundesbeamte, um die Erfahrungen dieser Beisitzer für die Disziplinar-Rspr. nutzbar zu machen. Sie werden nunmehr gewählt und nicht mehr ausgelost. Nach der Neuregelung des Dienstrechtsneuordnungsgesetzes bestimmt sich Wahl oder Bestimmung der Beamtenbeisitzer nach Landesrecht.

2 **Abs. 1** bestimmt übereinstimmend zur früheren Rechtslage, dass die Beamtenbeisitzer auf Lebenszeit ernannte Bundesbeamte (§ 6 Abs. 2 BBG) sein müssen und ihren dienstlichen Wohnsitz im Bezirk des Verwaltungsgerichtes haben müssen, für das sie ihr Amt als Beisitzer ausüben sollen. Der Begriff »Beamter« ist rein statusrechtlich zu betrachten. Zugelassen sind daher auch beurlaubte Beamte und auch solche, die der Deutschen Bahn AG zugewiesen sind (Art. 2 Eisenbahn-NeuordnungsG, § 12 Deutsche Bahn GründungsG). Ausgeschlossen sind jedoch Ruhestandsbeamte.

---

10 GBl. S. 343.

Beamtenbeisitzer § 47

Ist ein Verwaltungsgericht allein für die Bezirke mehrerer Verwaltungsgerichte zuständig – 3
wie etwa in Rheinland-Pfalz –, so muss der dienstliche Wohnsitz in einem dieser Bezirke liegen, Abs. 1 Satz 2. Zum Begriff des dienstlichen Wohnsitzes verweist die Vorschrift auf § 15 BBesG. Dieser Verweis klärt allerdings nicht alle Zweifelsfragen, insbes. nicht für die Beamten bei den privatisierten Bundesunternehmen Bahn und Post, vgl. dazu § 45 Rn. 4.

Das BDG trifft keine eigene Regelung über die Wahl der Beamtenbeisitzer mehr. Gem. 4
Abs. 3 bestimmt sich das **Verfahren zur Wahl** der Beamtenbeisitzer vielmehr nach dem jeweiligen Landesrecht. Dieser Bezug gilt jedoch nur für das Wahlverfahren, also vor allem die Erstellung der Vorschlagslisten, aus denen die Beamtenbeisitzer zu wählen sind. **Abs. 2 nimmt** die Vorschriften der VwGO über ehrenamtliche Richter im Wesentlichen von der Geltung für Beamtenbeisitzer **aus**. Die **§§ 20 bis 29 und 34** treffen Bestimmungen über die Voraussetzungen zur Wahl zum ehrenamtlichen Richter und der Ausübung des Amtes entgegenstehende Gründe. Diesen Komplex regelt das BDG eigenständig in den §§ 47 bis 51. Sonst könnten etwa nach § 22 Satz 3 VwGO gerade Beamte nicht Beisitzer sein. Geltung haben aber die Vorschriften der VwGO über die Wahlperiode, den Wahlausschuss und die Wahl selbst (§ 3 i. V. m. § 30 Abs. 1 Satz 1 und Abs. 2 VwGO). Für die Auswahl oder Bestimmung liegt hierzu eine Vorschlagsliste vor. Für das Disziplinarverfahren bedeutet dies nach § 46 Abs. 1 Satz 3, dass aus Vorschlagslisten getrennt nach Verwaltungszweigen und Laufbahngruppen auszuwählen ist. Hierzu treffen weder BDG noch VwGO eine ausdrückliche Regelung. Das BVerwG versteht darunter einen Verwaltungsbereich, der typischerweise einem Fachressort als Geschäftsbereich untersteht.[1] Das BDiG hatte zuletzt nach diesem Verständnis vier Verwaltungszweige benannt, nämlich Bahn, Post, Finanzen und Allgemeine Verwaltung. Eine weitere Aufsplitterung dürfte wegen der Fallzahlen in den jeweiligen Bereichen nicht praktikabel sein. Eine solche Einteilung empfiehlt sich auch für die Wahl der Beamtenbeisitzer nach neuem Recht. Innerhalb dieser Verwaltungszweige sind ehrenamtliche Richter jeweils für den einfachen, den mittleren, den gehobenen und den höheren Dienst zu wählen.

Bei vorübergehender, unvorhergesehener **Verhinderung von Beamtenbeisitzern** ist auf 5
Ersatzbeisitzer zurückzugreifen, die vorher getrennt zu wählen und in Ersatzlisten einzutragen sind. Als Beispiel für vorübergehende Verhinderung kommen in Frage erfolgreiche Ablehnung des Beisitzers, Krankheit, Urlaubsabwesenheit usw. Normale dienstliche Belastung im Hauptamt ist kein Hinderungsgrund, dagegen ausnahmsweise Sonderfälle wie Auslandsdienstreise, nicht verschiebbare dienstliche Konferenzen/Tagungen zwischen verschiedenen Behörden usw. Die erforderliche Dienstzeit ist den Beisitzern von ihrer Behörde zur Verfügung zu stellen; dies gilt auch für die Beteiligung an einem Beschluss im Umlaufweg. Bei dauernder Verhinderung des Beisitzers, d. h. längerer Krankheit, Tod, Ruhen oder Erlöschen des Beisitzeramtes nach §§ 49, 50, nach dem Verlust der Beamtenrechte usw., kommt die Heranziehung eines Ersatzbeisitzers nicht in Betracht; hier folgt vielmehr der nach der Hauptliste folgende nächste Beisitzer. Die jeweilige Verhinderung ist vom Vorsitzenden festzustellen.[2]

Über die Zahl der auszuwählenden Beamtenbeisitzer trifft das BDG ebenfalls keine Aussage. 6
§ 27 VwGO, der dies für die allgemeinen Verwaltungsgerichtsverfahren regelt, wurde unverständlicherweise nach Abs. 2 abbedungen. Sinnvollerweise kann nur das Verwaltungsgericht selbst seinen Bedarf anmelden, hierbei vertreten durch den Präsidenten nach Information des Disziplinarkammervorsitzenden. Nur das Gericht selbst kennt aus

---

1 BVerwG, NVwZ-RR 2013, 421 unter Verweis auf BVerwGE 43, 288.
2 Vgl. hierzu BVerwG, NJW 1962, 268.

§ 47   Beamtenbeisitzer

nächster Nähe die Zahl der bei ihm anhängigen Verfahren und somit den Bedarf an Beamtenbeisitzern (vgl. die AGBDG der Länder, Rn. 13).

7 § 28 VwGO, der in der Tat nicht ganz passt, gilt ebenfalls nicht, ohne dass eine eigene Regelung getroffen worden wäre. Die Amtliche Begründung führt aus, dass statt der Kreise und kreisfreien Städte die im jeweiligen Bundesland zuständige Behörde die Listen erstellen soll. Dies ist aus dem BDiszNOG nicht ersichtlich, zumal nach der VwGO in den Ländern gerade die Kreise und kreisfreien Städte hierfür zuständig sind, die wiederum keine Bundesbeamten beschäftigen. Deren Zuständigkeit widerspräche zudem dem Umstand, dass die ursprünglich in § 47 Abs. 2 des Entwurfs vorgesehene Zuständigkeit der Länderbehörden wegen des Zustimmungserfordernisses der Länder gerade nicht Gesetz wurde (s. Rn. 4). Auf diese sowie die weitere völlig offen gelassene Frage, wer die erforderlichen Vorschlagslisten erstellt, haben die **Länder** überwiegend durch Erlass eigener **Ausführungsgesetze zum BDG** reagiert. Diese sind in den Ländern stark heterogen und weichen insbesondere von den Regeln des BDG (etwa zu der Bestimmung einer Wahl oder zur Laufzeit der Wahl) ab. Auch ist zu beachten, dass die Landesbehörden keine Bundesbeamten haben. Sie werden auf die Zusammenarbeit mit den Bundesbehörden angewiesen sein, was das BDG nach seinem Wortlaut nicht abdeckt. Die Länder, die Ausführungsgesetze erlassen haben, haben in der Regel das **Vorschlagsrecht der obersten Bundesbehörden und der Spitzenorganisationen der Gewerkschaften** beibehalten. Gerade die Divergenzen zwischen VwGO und AGVwGO einerseits und LDG bzw. AGBDG andererseits stellen eine äußerst unklare Gesetzesregelung dar. Damit ist ein Verstoß gegen das Recht auf den gesetzlichen Richter nicht ganz ausgeschlossen, wenn die Beamtenbeisitzer fehlerhaft ausgewählt werden. Bedenklich erscheinen alle Landesregelungen, die keine Wahl der Beamtenbeisitzer vorsehen (etwa AGBDG Saarland), die Zeit der Wahl abweichend regeln (etwa § 43 LDG-SH: 5 Jahre) oder Vorschriften der VwGO für anwendbar erklären, die das BDG ausdrücklich ausgeschlossen hat (§ 2 Abs. 1 Satz 2 HambAGBDG). Auch ist der Verweis in Abs. 3 möglicherweise ein Verstoß gegen das Zustimmungsrecht des Bundesrates, der ausweislich der Eingangsformel nicht zugestimmt hat, obwohl er in seiner Stellungnahme vom 29. 9. 2000[3] dies beanspruchte.

8 Scheiden Beamtenbeisitzer nach § 50 aus dem Beisitzeramt aus, müssen die Vorschlagslisten berichtigt werden. Da die Aufstellung der »Vorschlagsliste« in der Kompetenz der jeweiligen Behörde nach den AGBDG liegt (s. o.), kann auch nur sie außerhalb der vom Gesetz geregelten Erlöschensgründe (§ 50) über die Streichung oder Hinzufügung in den Vorschlagslisten entscheiden. Für die Streichung in der gerichtlichen »Wahlliste« (§ 47) ist allein der Senats- bzw. Kammervorsitzende zuständig, in dessen Spruchkörper der Beisitzer im laufenden Geschäftsjahr gewählt ist. Kommt es zu einer Streichung in der Wahlliste, so ist zugleich die Streichung auch in der Vorschlagsliste durch den anordnenden Vorsitzenden zu veranlassen. Verfügt der Vorsitzende in seiner Zuständigkeit die Streichung in Wahl- und Vorschlagslisten, so hat er die zuständige Behörde davon zu verständigen, damit die dortigen Listen berichtigt werden können. Wegen der Gründe, die eine Streichung rechtfertigen, vgl. Erl. zu § 50.

9 Bei der **Heranziehung** ist die vom Präsidium des VG vor Beginn des Geschäftsjahres bestimmte Reihenfolge einzuhalten (§ 30 Abs. 1 Satz 1 VwGO). Beim VG soll einer der Beisitzer der Laufbahngruppe und möglichst dem Verwaltungszweig der Beschuldigten angehören. Dem Gesetz entspricht es am ehesten, für jede anstehende Verhandlung den passenden Laufbahnbeisitzer heranzuziehen. Da aber der Begriff der »Sitzungsdauer« im Ge-

---

[3] BR-Drucks. 467/00.

Beamtenbeisitzer § 47

setz nicht geregelt ist, kann die Heranziehung nur eines Laufbahnbeisitzers für den ganzen Sitzungstag und auch für Beschuldigte aus anderen Verwaltungszweigen und Laufbahngruppen als zulässig gelten. Nur bei Vorliegen sachfremder Erwägungen bei der Beisitzerbestellung kann hier etwas anderes gelten und ein Verfahrensmangel vorliegen.[4] Bei der Fortsetzung einer unterbrochenen Hauptverhandlung muss die Richterbank mit denselben Richtern, d. h. auch Beisitzern, besetzt sein, nicht jedoch bei einer Vertagung (BDH, Dok. Ber. S. 3631; BVerwGE 33, 312). Ist die Liste erschöpft, so beginnt die Heranziehung wieder von vorne.

Ebenfalls Geltung für die Beamtenbeisitzer haben die §§ 32 und 33 VwGO über die Sitzungsentschädigung und Ordnungsgelder im Falle unentschuldigten Fernbleibens. Der DB-AG zugewiesenen Beamten können als Beamtenbeisitzer nicht die monatlichen Dienstbezüge für die Dauer der Teilnahme an Sitzungen des Gerichts gekürzt werden. Für beurlaubte Beamte, die als Angestellte bei den privatisierten Unternehmen oder deren Töchtern tätig sind, ist dies allerdings der Fall, so dass ihnen **Verdienstausfall** zu zahlen ist (§ 1 Abs. 1 Nr. 2 JVEG, BGBl. I 2004, 718, 776; früher: § 2 EhrRiEG, aufgehoben durch Art. 6 Nr. 3 KostRMoG). 10

Den Beamten muss vom Hauptamt Dienstbefreiung gewährt werden, da das Richteramt vorgeht. Die Wahrnehmung des Beisitzeramtes (Nebenamt) ist beamtenrechtliche Dienstpflicht. Für die Pflichten der Beamtenbeisitzer gilt dasselbe wie für die hauptamtlichen Richter (z. B. Beratungsgeheimnis nach § 43 DRiG). 11

Die Beamtenbeisitzer sind vor ihrer ersten richterlichen Dienstleistung in öffentlicher Sitzung des Gerichts durch den Vorsitzenden zu vereidigen (§ 45 Abs. 2 DRiG). Sind Beamtenbeisitzer durchgehend gewählt, so sind sie (unabhängig von der weiteren Heranziehung) durchgehend im Richteramt. Mit Beginn der neuen Wahlperiode sind sie allerdings neu zu vereidigen. 12

Das Verfahren nach Landesrecht ist wie folgt derzeit geregelt: 13
- Baden-Württemberg: § 1 AGBDG v. 23. 4. 2002,[5] geändert 19. 12. 2005[6]
- Bayern: Art. 1 AGBDG v. 2. 1. 2002,[7] geändert 24. 12. 2005[8]
- Berlin: § 43 DiszG Berlin[9]
- Brandenburg: BbgAGBDG v. 13. 3. 2002,[10] geändert 29. 6. 2004[11]
- Bremen: AGBDG-ZDG v. 4. 12. 2001[12]
- Hamburg: BDGAG v. 4. 12. 2001[13]
- Hessen: § 6b AGVwGO i. d. F. v. 21. 7. 2006[14]
- Mecklenburg-Vorpommern: § 1 BDGAG M-V v. 5. 7. 2002[15]
- Niedersachsen: § 1 NdsAGBDG v. 14. 12. 2001,[16] § 1 NdsAGBDG i. d. F. v. 16. 12. 2014
- Nordrhein-Westfalen: § 46 LDG NRW[17]

---

4 BVerwG 11. 12. 1976 – 1 DB 1.76.
5 GBl. Nr. 5, S. 178.
6 GBl. S. 803.
7 GVBl. 2.
8 GVBl. 665.
9 GVBl. 2004, S. 363.
10 GVBl. I Nr. 3, S. 26.
11 GVBl. I, S. 281.
12 GBl. S. 408.
13 GVBl. S. 457
14 GVBl. I S. 384, 420; 1997, S. 381.
15 GVBl. S. 439 i. d. F. v. 17. 12. 2009.
16 GVBl. S. 755.
17 GV. NRW 2004, S. 624.

§ 48 Ausschluss vom Richteramt

- Rheinland-Pfalz: § 21 AGVwGO, zuletzt geändert 21.7.2003[18]
- Saarland: § 47 SDG[19]
- Sachsen § 48 SächsDG[20]
- Sachsen-Anhalt: § 7 a AGVwGO-BDG LSA, eingefügt durch Art. 3 Abs. 5 des 4. Rechtsbereinigungsgesetzes v. 19.3.2002,[21] geändert 16.7.2003[22] und 18.11.2005[23]
- Schleswig-Holstein: § 43 Abs. 6 LDG-SH[24]
- Thüringen: § 47 ThürDG[25]

§ 48 Ausschluss von der Ausübung des Richteramts

(1) Ein Richter oder Beamtenbeisitzer ist von der Ausübung des Richteramts kraft Gesetzes ausgeschlossen, wenn er
1. durch das Dienstvergehen verletzt ist,
2. Ehegatte, Lebenspartner oder gesetzlicher Vertreter des Beamten oder des Verletzten ist oder war,
3. mit dem Beamten oder dem Verletzten in gerader Linie verwandt oder verschwägert oder in der Seitenlinie bis zum dritten Grad verwandt oder bis zum zweiten Grad verschwägert ist oder war,
4. in dem Disziplinarverfahren gegen den Beamten tätig war oder als Zeuge gehört wurde oder als Sachverständiger ein Gutachten erstattet hat,
5. in einem wegen desselben Sachverhalts eingeleiteten Straf- oder Bußgeldverfahren gegen den Beamten beteiligt war,
6. Dienstvorgesetzter des Beamten ist oder war oder bei einem Dienstvorgesetzten des Beamten mit der Bearbeitung von Personalangelegenheiten des Beamten befasst ist oder
7. als Mitglied einer Personalvertretung in dem Disziplinarverfahren gegen den Beamten mitgewirkt hat.

(2) Ein Beamtenbeisitzer ist auch ausgeschlossen, wenn er der Dienststelle des Beamten angehört.

1 Die Vorschrift übernimmt nahezu wörtlich die Regelung des § 51 BDO. Sie zählt **erschöpfend** die Gründe auf, die von der **Ausübung des Richteramtes ausschließen**.[1] Sie gilt für alle Verfahrensarten und -abschnitte sowohl für Berufs- wie ehrenamtliche Richter und Richterinnen. Sie ist zwingend, ihre Nichtbeachtung stellt einen schweren, nicht mehr heilbaren Verfahrensmangel dar, allerdings bleibt eine gleichwohl getroffene Entscheidung wirksam, wenn sie nicht angefochten oder im Wiederaufnahmeverfahren geändert wird. Auch im Wiederaufnahmeverfahren gilt § 48 i. V. m. § 73 Abs. 2.

2 Ausgeschlossen ist nach **Satz 1 Nr. 1** der Richter oder Beamtenbeisitzer, der durch das **Dienstvergehen** verletzt ist. Verletzt ist nur der vom **Dienstvergehen konkret Betroffene**.

---

18 GVBl. S. 212.
19 ABl. 2005, S. 2010.
20 SächsGVBl. 2007, 54.
21 GVBl. S. 130.
22 GVBl. S. 158.
23 GVBl. S. 698.
24 GVOBl. 2003, S. 154.
25 GVBl. 2002, S. 257.

1 BVerwGE 46, 96.

Ausschluss vom Richteramt § 48

Es genügen also nicht Handlungen außerhalb des Bereichs des vorgeworfenen Dienstvergehens, etwa Äußerungen im Verfahren oder nicht in den Vorwurf aufgenommene Straftaten.

Nach **Satz 1 Nr. 2** sind Ehegatten, Lebenspartner und gesetzliche Vertreter des beschuldigten Beamten oder des Verletzten ausgeschlossen. Gesetzliche Vertreter sind dabei z. B. Eltern Minderjähriger, Vormünder o.Ä. 3

Satz 1 Nr. 3 schließt vom Richteramt aus diejenigen, die mit dem Beamten oder Verletzten in gerader Linie **verwandt** oder **verschwägert**, in der Seitenlinie bis zum dritten Grade verwandt oder bis zum 2. Grade verschwägert sind oder waren (vgl. hierzu §§ 1589, 1590 BGB). 4

Nach **Nr. 4** ist ausgeschlossen, wer im **Disziplinarverfahren** tätig war, und zwar als Ermittlungsführer oder sonstige, an der Sachverhaltsaufklärung beteiligte Person. Voraussetzung ist, dass der Betroffene tatsächlich im Disziplinarverfahren gegen den Beamten tätig geworden ist. Es kommt dabei entscheidend auf das **Tätigwerden im Disziplinarverfahren** an, die Bestimmung bezieht sich nicht auf frühere richterliche Tätigkeiten.[2] Die bloße Weiterleitung von Anträgen ist danach nicht als Ausschließungsgrund anzusehen.[3] Die Rspr. des BVerwG zeigt deutlich die Tendenz, die Ausschließungsgründe eng zu fassen und im Zweifel lediglich einen Ablehnungsgrund anzunehmen. Allerdings sind Richter, die bei einer durch Rechtsmittel angefochtenen oder durch Wiederaufnahme zu wiederholenden Entscheidung mitgewirkt haben, von der Mitwirkung an der Entscheidung in einem höheren Rechtszug kraft Gesetzes ausgeschlossen (§§ 54 VwGO, 41 Nr. 6 ZPO i. V. m. § 3 BDG). 5

Nach **Nr. 5** ist ausgeschlossen der Richter oder Beisitzer, der in einem **sachgleichen Strafverfahren** oder Bußgeldverfahren gegen den Beamten **beteiligt** war. Hier wird Sachverhaltsidentität bei wenigstens einer der angeschuldigten Handlungen gefordert. Bei der starken Bindung des Disziplinarverfahrens an das sachgleiche Strafverfahren wegen §§ 23, 57 BDG ist es notwendig, die Ausschließung auch an eine Beteiligung im meist vorausgegangenen Strafverfahren, sei es als Richter, Staatsanwalt, Vollzugsorgan, Anzeigeerstatter, Privat- oder Nebenkläger, zu knüpfen. 6

Nr. 6 schließt **Dienstvorgesetzte** (vgl. §§ 17, 18, 33, § 3 Abs. 2 BBG) aus; ebenso diejenigen, die bei dem Dienstvorgesetzten mit der **Bearbeitung von Personalangelegenheiten** befasst sind. Hierzu gehören nicht bloße Registrier- oder Schreibkräfte. Es genügt, dass ein Betroffener allgemein mit Personalangelegenheiten dieser Beamtengruppe befasst ist, es muss sich nicht um die des Beamten selbst handeln.[4] Nicht mit Personalangelegenheiten befasst ist der Besoldungsreferent.[5] 7

Der Ausschließungsgrund der **Nr. 7** richtet sich gegen Mitglieder der **Personalvertretung**, die im Disziplinarverfahren gegen den Beamten nach Maßgabe der Bestimmung des § 78 BPersVG mitgewirkt haben. Dieser Ablehnungsgrund ist sehr häufig bei gewerkschaftlichen Beisitzern, die auch Funktionen in Personalvertretungen ausüben. Durch die Bestimmung werden gelegentlich geeignete und von den Gewerkschaften vorgeschlagene Beisitzer tangiert. Der Gesetzeswortlaut ist aber eindeutig und lässt keine Ausnahmen zu. 8

Dienststelle im Sinne von Abs. 2 ist die **kleinste** organisatorisch abgrenzbare **Verwaltungseinheit** mit einem örtlich und sachlich bestimmten Aufgabengebiet (vgl. § 45 9

---

2 BVerwGE 63, 263.
3 BVerwG, Dok. Ber. 1990, 335.
4 BDiG, ZBR 1984, 313.
5 BVerwGE 63, 261.

§ 48 Ausschluss vom Richteramt

Rn. 5–7). Was das BDG unter Dienststelle versteht, ist zwar in § 48 Abs. 2 nicht klar festgelegt. Erkennbar ist aber der Wille des Gesetzgebers, zu verhindern, dass das Disziplinarverfahren durch Beziehungen persönlicher Art beeinflusst wird. Deshalb darf der Begriff der Dienststelle nicht zu eng ausgelegt werden, vielmehr muss auf die tatsächliche Nähe der Zusammenarbeit (und damit Befangenheit) abgestellt werden.[6] Bei den einem Privatunternehmen gesetzlich zugewiesenen Beamten ist danach auf das Unternehmen und dessen Untergliederungen oder Arbeitsbereiche abzustellen.

10 Neben den im § 48 aufgezählten Ausschließungsgründen ist als weiterer Ausschließungsgrund die **Besorgnis der Befangenheit** gegeben (vgl. § 54 VwGO). Hiernach kommt eine Ablehnung in Betracht, wenn das Verhalten eines Richters geeignet ist, bei einem unbefangenen Verfahrensbeteiligten Misstrauen gegen die Unparteilichkeit zu rechtfertigen. Es muss vom Standpunkt des Ablehnenden aus ein auf Tatsachen beruhender, vernünftiger Grund für dieses Misstrauen vorliegen.[7] **Ablehnungsgründe** können danach sein: enge persönliche Bindungen mit einem Verfahrensbeteiligten, ein besonderes rechtliches oder wirtschaftliches Interesse am Ausgang des Verfahrens, unangebrachte, unsachgemäße, z. B. gehässige Bemerkungen während des Verfahrens, Aussagen, die erkennen lassen, dass ein Richter von einer Verurteilung ausgeht, obwohl die Beweisgrundlage unsicher ist, Einflussnahme auf das Verhalten von Zeugen.[8] **Keine** Ablehnungsgründe sind Zugehörigkeit eines Richters zu einer Berufsvereinigung, Gewerkschaft, Partei oder Konfession, Herausstellen einer dem beschuldigten Beamten ungünstigen Rechtsauffassung entweder in der Verhandlung oder auch in einer wissenschaftlichen Veröffentlichung. Auch die in einer Vorentscheidung, etwa nach § 63, vertretene Ansicht des Richters, der Beamte sei überführt, ist kein Ablehnungsgrund.[9] Auch die Empfehlung, ein Rechtsmittel zurückzunehmen, gibt keinen Ablehnungsgrund, da eine solche Äußerung eines Richters durchaus sachbezogen sein kann.[10] Auch Verfahrensfehler allein sind keine Ablehnungsgründe, soweit nicht aus ihnen zusätzliche Befangenheit in der Sache hervorgeht, auch die von Beschuldigten provozierte Spannung mit Richtern bewirkt allein nicht deren Befangenheit (vgl. im Übrigen Rspr. zu §§ 24 ff. StPO).

11 Das Ablehnungsgesuch eines Verfahrensbeteiligten (oberste Dienstbehörde oder Dienstvorgesetzte i. S. d. §§ 34, 84 BDG, beschuldigte Beamte oder Verteidiger) richtet sich verfahrensrechtlich mangels eigener Regelung im BDG nach der VwGO, § 3.[11]

§ 49 Nichtheranziehung eines Beamtenbeisitzers

Ein Beamtenbeisitzer, gegen den Disziplinarklage oder wegen einer vorsätzlich begangenen Straftat die öffentliche Klage erhoben oder der Erlass eines Strafbefehls beantragt oder dem die Führung seiner Dienstgeschäfte verboten worden ist, darf während dieser Verfahren oder für die Dauer des Verbots zur Ausübung seines Amts nicht herangezogen werden.

---

6 BVerwG 11.02.2013 – 2 B 58/12, Rn. 9, juris.
7 BDHE 6, 47.
8 Vgl. hierzu Claussen/Janzen, § 51 BDO Rn. 9b.
9 BGH, DRiZ 62, 121.
10 BGHSt 1, 34.
11 Im Einzelnen wird insoweit auf die Kommentare zur VwGO verwiesen, etwa Redeker/v. Oertzen, § 54 Rn. 13 ff.

Entbindung vom Amt des Beamtenbeisitzers § 50

§ 49 stimmt inhaltlich weitgehend mit dem früheren § 53 BDO überein. Die Bestimmung 1
stellt klar, dass sie sich nur auf ehrenamtliche Richter bezieht. Berufsrichtern kann die Führung der Amtsgeschäfte nur unter den Voraussetzungen des § 35 DRiG entzogen werden.
Beisitzer **sind nicht zur Amtsausübung heranzuziehen**, wenn eine der drei folgenden 2
Voraussetzungen gegeben ist: **Erhebung der Disziplinarklage** (vgl. § 34), entscheidender Zeitpunkt ist hier die Zustellung der Klageschrift; **Erhebung der öffentlichen Klage oder Beantragung des Erlasses eines Strafbefehls** (während nach § 53 BDO weitergehend schon die Einleitung eines Strafverfahrens die Sperrwirkung nach sich zog, kann ein Beisitzer nunmehr während des Laufes des strafrechtlichen Ermittlungsverfahrens weiter sein Amt ausüben); **Verbot der Führung der Dienstgeschäfte** nach § 60 Abs. 1 BBG. Das Heranziehungsverbot des § 50 stellt für die Dauer seiner Wirksamkeit einen **gesetzlichen Ausschließungsgrund dar.**

§ 50 Entbindung vom Amt des Beamtenbeisitzers

(1) Der Beamtenbeisitzer ist von seinem Amt zu entbinden, wenn
1. er im Strafverfahren rechtskräftig zu einer Freiheitsstrafe verurteilt worden ist,
2. im Disziplinarverfahren gegen ihn unanfechtbar eine Disziplinarmaßnahme mit Ausnahme eines Verweises ausgesprochen worden ist,
3. er in ein Amt außerhalb der Bezirke, für die das Gericht zuständig ist, versetzt wird oder
4. das Beamtenverhältnis endet oder
5. die Voraussetzungen für das Amt des Beamtenbeisitzers nach § 47 Abs. 1 bei ihrer Auswahl oder Bestellung nicht vorlagen.

(2) In besonderen Härtefällen kann der Beamtenbeisitzer auch auf Antrag von der weiteren Ausübung des Amts entbunden werden.

(3) Für die Entscheidung gilt § 24 Abs. 3 der Verwaltungsgerichtsordnung entsprechend.

Amtliche Begründung: Die Ergänzung in Absatz 1 Nr. 5 eröffnet die Möglichkeit, Beamtenbeisitzerinnen und Beamtenbeisitzer auch dann abzuberufen, wenn die Voraussetzungen für eine Bestellung bei der Auswahl oder der Bestellung nicht vorlagen. Bislang war das explizit nur für die Fälle des nachträglichen Wegfalls der Voraussetzungen für die Bestellung vorgesehen. Die Ergänzung in Absatz 3 dient der Klarstellung.

Die Vorschrift übernimmt im Wesentlichen inhaltlich den ehemaligen § 54 BDO. Während nach früherer Regelung das Amt des Beamtenbeisitzers kraft Gesetz erlosch, muss nunmehr der Beisitzer von seinem Amt entbunden werden. Es wird also zukünftig der Beamtenbeisitzer nicht nur in der Wahl- und Vorschlagsliste gestrichen (§ 47 Rn. 8), sondern zusätzlich durch Rechtsakt ausdrücklich von seinem Amt entbunden werden. 1

Zuständig für die Entscheidung über die Entbindung ist nach Abs. 3 i.V.m § 24 Abs. 3 2
VwGO das OVG/der VGH auf Antrag des Präsidenten des VG. Nach der Entbindung vom Beisitzeramt sind die Betroffenen in der Wahl- wie in der Vorschlagsliste zu streichen (zur Zuständigkeit hierzu vgl. § 47 Rn. 8).

Nach **Abs. 1 Nr. 1** ist der Beamtenbeisitzer von seinem Amt zu entbinden, wenn er im 3
Strafverfahren zu einer Freiheitsstrafe verurteilt wird. Die Verhängung einer Freiheitsstrafe durch Strafbefehl steht der Verurteilung gleich, § 410 Abs. 3 StPO. Die Entbindungspflicht tritt erst mit Rechtskraft der Verurteilung oder des Strafbefehls ein.

Nach **Abs. 1 Nr. 2** hat auch die Verhängung mindestens einer Geldbuße oder einer schwe- 4
reren Maßnahme (vgl. § 5) im gerichtlichen Disziplinarverfahren die Wirkung der Pflicht

§ 50 Entbindung vom Amt des Beamtenbeisitzers

zur Entbindung vom Beisitzeramt. Bei der Verhängung einer Geldbuße oder einer Kürzung der Dienstbezüge ist gleichgültig, ob diese im Disziplinarverfahren oder durch Disziplinarverfügung auferlegt wird. Die Pflicht zur Entbindung tritt erst mit der Unanfechtbarkeit der jeweiligen Disziplinarmaßnahme ein.

5 Nach **Abs. 1 Nr. 3** ist auch eine Versetzung zu einem außerhalb des Gerichtsbezirkes gelegenen Amt ein Grund zur Entbindung. Der Beamtenbeisitzer kann der Entbindung dann nicht mehr widersprechen. Mangels entgegenstehender Vorschrift (früher § 54 Abs. 2 BDO) verliert er sein Amt auch, wenn er gerade zu diesem Zweck aus dem Gerichtsbezirk weg versetzt wird. §§ 30 ff. DRiG gelten nicht. Denkbar bleibt allein ein Verstoß gegen Art. 101 Abs. 1 Satz 2 GG – das Gebot des gesetzlichen Richters. Wird allerdings die **gesamte Dienststelle verlegt**, bedeutet dies für den Beamtenbeisitzer **keine Versetzung** i. S. d. Abs. 1 Nr. 3; sein Amt als Beamtenbeisitzer bei der Disziplinarkammer bleibt also erhalten. Scheidet der Laufbahnbeisitzer durch Beförderung aus der Laufbahngruppe aus, für die er vorgeschlagen (und ausgelost) war, so erlischt wegen der ausdrücklichen Einschränkung des § 50 Abs. 1 Nr. 4 das Beisitzeramt nicht. Er verbleibt deshalb nicht nur für den Rest des Auslosungsjahres im Amt, sondern auch für den Rest des Vorschlagszeitraums in den Vorschlagslisten und ist bei künftigen Auslosungen in der bisherigen Laufbahngruppe zu berücksichtigen.[1] Auch der neu eingefügte Abs. 1 Nr. 5 steht nicht entgegen, da in § 47 Abs. 1 nur auf den Beamtenstatus und den dienstlichen Wohnsitz abgestellt wird. Auch hier könnte eine Listenberichtigung für die Zukunft nur die nach § 47 BDG, § 26 VwGO zuständige Behörde (§ 47 Abs. 1) in der Vorschlagsliste vornehmen.

6 Nach **Abs. 1 Nr. 4** hat die Entbindung vom Amt zu erfolgen, wenn der Beamtenbeisitzer auf andere Weise aus dem Beamtenverhältnis ausscheidet. Diese Beendigung ist nur in den beendenden Tatbeständen des Bundesbeamtengesetzes zu sehen,[2] vor allem also den in § 30 BBG aufgeführten Beendigungsgründen des Beamtenverhältnisses, wie Entlassung kraft Gesetzes oder auf Antrag, Eintritt in den Ruhestand. Beurlaubung ohne Bezüge bedeutet keinen Entbindungstatbestand.[3] Beisitzer, die ihre **Altersteilzeit** im so genannten »**Blockmodell**« vollziehen, also eine Ermäßigung ihrer Arbeitszeit so legen, dass sie die halbe Laufzeit voll arbeiten und die zweite Hälfte freigestellt sind, verlieren ihr Beisitzeramt in der Freistellungsphase nicht, weil währenddessen das Beamtenverhältnis fortbesteht.[4] Ein ausgeloster rechtskundiger Beisitzer behält das Beisitzeramt auch dann, wenn er zu einem anderen Gericht abgeordnet wird und dort als Richter kraft Auftrags tätig ist. Das Beisitzeramt ruht aber in dieser Zeit, weil es an das Beamtenhauptamt gebunden ist (§§ 47, 50 Abs. 1 Nr. 4) und dies nach §§ 14, 15 DRiG für die Dauer des Richterverhältnisses ruht. Gleiches gilt, wenn er in ein Wahlbeamtenverhältnis gewählt wird,[5] da hier ebenfalls das Hauptamt ruht (§ 40 BBG), damit nicht aber wohl im Falle der Beurlaubung. Mit dem Beamtenhauptamt ruht auch das damit verbundene Nebenamt des ehrenamtlichen Richters. Eine Heranziehung als Beamtenbeisitzer an den Disziplinarkammern und -senaten ist deshalb solange unzulässig.

7 **Abs. 1 Nr. 5** wurde durch das Dienstrechtsneuordnungsgesetz (DNeuG) eingefügt. Damit reagiert der Gesetzgeber auf die in der 3. Aufl. vertretene Auffassung, dass Beamtenbeisitzer trotz Fehlens der Voraussetzungen nach § 47 Abs. 1 im Amt verbleiben (3. Aufl.: § 50

---

1 A. A. VGH Baden-Württemberg 27. 11. 2002 – 1 S 2080/02 – entgegen des Wortlauts.
2 VGH Bayern 30. 4. 2014 – 5 S 14.853, Rn. 3, juris.
3 VGH Baden-Württemberg 11. 9. 2012 – 1 S 1797/12, Rn. 2, juris.
4 Anders noch unter § 54 BDO, der an das Hauptamt anknüpfte, das in der Freistellungsphase verloren geht, vgl. VG Ansbach, PersR 2001, 372 für das Amt des Personalrats.
5 BayVGH 30. 4. 2014, a. a. O.

Klageerhebung, Form und Frist der Klage § 52

Rn. 2). Nunmehr ist klargestellt, dass ein Beamtenbeisitzer, der bei Auswahl oder Bestellung nicht die Voraussetzungen des § 47 Abs. 1 erfüllt (auf Lebenszeit ernannter Beamter im Bundesdienst und dienstlicher Wohnsitz im Bezirk des zuständigen Verwaltungsgerichts) vom Amt zu entbinden ist.

Abs. 2 sieht neuerdings eine **Entbindung vom Beamtenbeisitzeramt** in besonderen Härtefällen vor. Der Beamtenbeisitzer muss dafür einen entsprechenden Antrag stellen. Zuständig für diese Entscheidung ist der Spruchkörper, für den der Beamte als Beisitzer gewählt wurde. Davon unberührt bleibt die Möglichkeit der Behörden, den Beisitzer von der Vorschlagsliste zu nehmen und so die Ausübung des Beisitzeramtes für die Zukunft auszuschließen. 8

Ein besonderer Härtefall wurde von den Gerichten verneint bei bloßer starker beruflicher Belastung verbunden mit einer doppelten Haushaltsführung[6] oder mit Insulin zu behandelnder Erkrankung an Diabetes mellitus auch bei einem darauf entfallenden GdB von 50.[7] 9

§ 51 Senate für Disziplinarsachen

(1) Für den Senat für Disziplinarsachen des Oberverwaltungsgerichts gelten § 46 Abs. 1 und 3 sowie die §§ 47 bis 50 entsprechend.
(2) Für das Bundesverwaltungsgericht gilt § 48 Abs. 1 entsprechend.

Die Vorschrift erklärt in Abs. 1 die Regeln über die Beamtenbeisitzer bei den Disziplinarkammern der Verwaltungsgerichte entsprechend anwendbar für die Disziplinarsenate der Oberverwaltungsgerichte (§ 45 Satz 2), die ebenfalls mit ehrenamtlichen Richtern entscheiden. Im Einzelnen vgl. dazu §§ 46 bis 50. Nicht übernommen werden § 46 Abs. 2 und 4. Im Berufungsverfahren greift damit keine Übertragung auf den Einzelrichter. Auch kann die Besetzung der Senate nicht durch Landesgesetzgebung abweichend von der Systematik des BDG geregelt werden. 1

Kapitel 2
Disziplinarverfahren vor dem Verwaltungsgericht

Abschnitt 1
Klageverfahren

§ 52 Klageerhebung, Form und Frist der Klage

(1) Die Disziplinarklage ist schriftlich zu erheben. Die Klageschrift muss den persönlichen und beruflichen Werdegang des Beamten, den bisherigen Gang des Disziplinarverfahrens, die Tatsachen, in denen ein Dienstvergehen gesehen wird, und die anderen Tatsachen und Beweismittel, die für die Entscheidung bedeutsam sind, geordnet darstellen. Liegen die Voraussetzungen des § 23 Abs. 1 vor, kann wegen der Tatsachen, in denen ein Dienstvergehen gesehen wird, auf die bindenden Feststellungen der ihnen zugrunde liegenden Urteile verwiesen werden.

---

6 VGH Bayern 1.10.2007 – 5 S 07.2102, juris.
7 VGH Bayern 18.3.2004 – 5 S 04.388, juris.

§ 52 Klageerhebung, Form und Frist der Klage

(2) Für die Form und Frist der übrigen Klagen gelten die §§ 74, 75 und 81 der Verwaltungsgerichtsordnung. Der Lauf der Frist des § 75 Satz 2 der Verwaltungsgerichtsordnung ist gehemmt, solange das Disziplinarverfahren nach § 22 ausgesetzt ist.

1   Die Vorschrift bestimmt Inhalt, Form und Frist der Klagen, die aus Disziplinarverfahren nach § 17 erwachsen. Abs. 1 betrifft die Disziplinarklage des Dienstherrn (§ 34), Abs. 2 dagegen die Klagen der Beamten gegen Entscheidungen des Dienstherrn (§§ 32, 33).

Allgemeines

2   Abs. 1 entspricht im Wesentlichen der Anschuldigungsschrift nach § 65 BDO und betrifft die schwereren Fälle von Dienstvergehen. Ist ein »Altfall« noch nach der BDO zu beurteilen, kann eine dennoch erhobene Disziplinarklage in eine Anschuldigungsschrift umgedeutet werden, unterliegt aber auch deren Zulässigkeitserfordernissen.[1] Die auf Zurückstufung oder Entfernung gerichtete **Disziplinarklage** nach § 34 muss **schriftlich** erhoben werden. Sie stammt vom Dienstherrn, einer Behörde, so dass § 81 Abs. 1 Satz 2 VwGO mit der Möglichkeit der Erklärung zur Niederschrift des Urkundsbeamten der Geschäftsstelle unpassend wäre und nicht gilt. Abs. 1 ist eine zwingende Formvorschrift für eine wirksame Klageerhebung, die einen **bestimmenden** Schriftsatz darstellt. Daher bedarf sie der **Angabe des Absenders,** also der klagenden Dienstbehörde, **sowie der Unterschrift** eines vertretungsbefugten Beamten (vgl. dazu § 34 Rn. 6).[2] Der schriftlichen Klageerhebung stehen gleich die Erhebung durch Telegramm, Telebrief, Btx oder Telefax.[3] Auf sie wird es in der Praxis kaum ankommen, da **für die Disziplinarklage in der Regel keine Frist zu beachten ist.** Allerdings gilt weiterhin der Beschleunigungsgrundsatz nach § 4, so dass bei unangemessener Verzögerung der Abwicklung nicht nur Dienstvergehen der Beteiligten, sondern auch Auswirkungen auf das weitere Verfahren und die Maßregelung in Frage kommen (vgl. zu Letzterem A. V. Rn. 128). Eine Ausnahme gilt nach §§ 35, 43, wenn die oberste Dienstbehörde von ihrer Disziplinarbefugnis Gebrauch macht und eine Einstellungs- oder Disziplinarverfügung oder einen Widerspruchsbescheid aufhebt, um eine Maßnahme zu verhängen oder zu verschärfen. Dies ist nur binnen drei Monaten ab Zustellung der Verfügung oder des Widerspruchsbescheides zulässig. Besteht die Verschärfung in der Disziplinarklage nach § 34, muss die Klage fristgerecht bei dem VG eingehen. Ähnliches gilt für die Erhebung der Nachtragsdisziplinarklage gem. § 53 Abs. 2.

3   Die Klagen sind vor dem zuständigen Verwaltungsgericht als 1. Instanz zu erheben, wie sich aus der Stellung der Vorschrift in Teil 4, Kapitel 2: »Disziplinarverfahren vor dem Verwaltungsgericht« ergibt. Ausnahmen bilden nur die Klagen, die den Geschäftsbereich des BND betreffen (vgl. § 45 Rn. 2). Das örtlich zuständige Gericht bestimmt sich nach § 52 Nr. 4 VwGO, sofern keine Sonderregelung im Land getroffen wurde (vgl. § 45 Rn. 4).

4   Die Klage ist **mit dem Zugang** der Klageschrift bei dem VG **erhoben und damit rechtshängig i. S. d. § 90 VwGO.** Das ist in der Regel mit der Aushändigung durch den Postbediensteten, Einlegung in das Postfach oder Nachtbriefkasten der Fall. Der Eintritt der Gerichtshängigkeit ist unabhängig von etwaigen **Mängeln der Klageschrift.** Diese können allenfalls zur Fristsetzung nach § 55 Abs. 3 führen. Auch die Unterzeichnung durch einen nicht zur Unterzeichnung befugten Beamten steht der Gerichtshängigkeit nicht im Weg,

---

1 BVerwG 13.3.2006 – 1 D 3.06: hier fehlende Untersuchung; dazu 2. Aufl. zu § 56 BDO.
2 BVerwG 22.6.2006 – 2 C 11.05, Rn. 13.
3 Vgl. dazu insgesamt Redeker/v. Oertzen, § 81 Rn. 3.

soweit der äußere Anschein für die Rechtmäßigkeit spricht und der Dienstherr es sich anrechnen lassen muss, dass der Unterzeichner den Anschein erwecken konnte (vgl. § 55 Rn. 4).
Der Dienstherr legt mit der **Klageschrift alle Vorgänge,** auch beigezogene Akten, die der Klageschrift zugrunde gelegt worden sind, dem VG vor oder reicht sie nach. Das Disziplinarverfahren ist **nur im Umfang der Klage bei Gericht anhängig,** auf den Inhalt und Umfang des bisherigen Verfahrens kommt es nicht mehr an (vgl. Rn. 8), auch nicht auf bindende Tatsachenfeststellungen nach § 23, 57, solange diese nicht Gegenstand der Klage sind.[4] Die Kosten des Disziplinarverfahrens können dem Beamten deshalb auch nur noch in dem Umfang auferlegt werden, wie sie für die angeschuldigten Verfehlungen entstanden sind. Entsprechend sind notwendige Auslagen des Beamten, die gegenüber früheren Vorwürfen im Verfahren entstanden waren, im Normalfall zu erstatten, wenn sie nicht mehr angeschuldigt wurden und daher nicht mehr Gegenstand des Disziplinarverfahrens sind.

5

Die Disziplinarklage darf nicht gegen mehrere Beamte gleichzeitig erhoben werden. Dies käme einer Verfahrensverbindung gleich, die das BDG nicht vorsieht. Der nach § 3 ergänzend geltende § 93 VwGO ermächtigt hierzu nur das Gericht (vgl. § 34 Rn. 3).

6

Bedeutung der Klageschrift
Mit ihrem Eingang beim VG **eröffnet die Klageschrift den gerichtlichen Verfahrensabschnitt.** Die Einreichung der Klageschrift an das VG ist eine **reine Prozesshandlung** ohne Entscheidungsinhalt. Sie ist deshalb **nicht anfechtbar.**

7

Nach §§ 53 Abs. 1, 60 Abs. 2 **grenzt die Klageschrift für das Disziplinargericht verbindlich den gerichtlich verwertbaren Prozessstoff ein** und legt ihn gleichzeitig fest. Wie § 61 Abs. 1 zeigt, kann der Dienstherr auch die Disziplinarklage ganz oder teilweise **zurücknehmen,** was unter der Geltung der BDO nicht zulässig war. Eine **Erweiterung** des Prozessstoffs ist nur durch Nachtragsdisziplinarklage (§ 53 Abs. 1) zulässig.

8

Dem Vorwurf laut Klageschrift kann auch **nicht nachträglich ein anderer Inhalt** gegeben werden, etwa durch Erklärung des Dienstherrn in der Hauptverhandlung (Rn. 10ff.). Dagegen kann der Dienstherr unschlüssige oder nicht eindeutige Sachverhalte **nachträglich klarstellen,** soweit sie nur einen einzigen Pflichtverstoß betreffen (andernfalls vgl. Rn. 12, 17, § 53 Rn. 2, 8). Er kann in diesem Fall auch präzisieren oder konkretisieren, welcher von mehreren in Frage kommenden Pflichttatbeständen, die sich möglicherweise logisch gegenseitig ausschließen oder miteinander verbunden oder ineinander enthalten sind, angeschuldigt sein soll.[5] Die Klarstellung hat dann für alle Verfahrensbeteiligten dieselbe Verbindlichkeit wie die erste Klage selbst, falls sie eindeutig war. Erfolgt die Klarstellung erst kurz vor oder in der Hauptverhandlung, so ist ggf. aus Rechtsschutzgründen die Hauptverhandlung zu vertagen.

9

Die Verwaltungsgerichte sind nicht nur in der tatsächlichen und rechtlichen Beurteilung des angeklagten Dienstvergehens, sondern auch bei der Wahl und Bemessung der Disziplinarmaßnahme an den Rahmen des vorgetragenen Sachverhalts gebunden. Deshalb ist es **unzulässig, einen disziplinarrechtlich erheblichen Sachverhalt, der nicht Gegenstand der Klageschrift gewesen ist, auf dem Umweg über Erwägungen zur Höhe der Disziplinarmaßnahme in das Verfahren einzuführen.**[6] Dasselbe gilt für die gerichtliche

10

---

4 BDHE 3, 56.
5 BVerwG, Dok. Ber. 1979, 279 = DÖD 1980, 85.
6 Dt. Rspr., BVerwG 26.11.1968 – 3 D 24.68.

§ 52   Klageerhebung, Form und Frist der Klage

Prüfung des zusätzlichen Mahnungsbedürfnisses **im Rahmen des § 14**.[7] Neuerdings geht allerdings das BVerwG hinsichtlich der Bemessung davon aus, es ließen sich aus §§ 60, 52 keine Vorgaben dafür entnehmen, welche Disziplinarmaßnahme erforderlich ist.[8] Das gesetzliche Gebot zur erschöpfenden Sachaufklärung bemessungsrelevanter Gesichtspunkte, die Disziplinarmaßnahme also aufgrund einer Gesamtwürdigung aller erschwerenden und mildernden Umstände zu bemessen, zwinge zur Berücksichtigung auch solcher Pflichtverletzungen jedenfalls dann, wenn deren Gewicht erheblich hinter dem angeschuldigten Dienstvergehen zurückbleibe.[9]

Inhalt der Klageschrift

11 Angesichts der Bedeutung der Klageschrift für den Gegenstand und die Entscheidungsgrundlagen des gerichtlichen Verfahrens kommt der **geordneten Darstellung** des Werdegangs des Beamten, des Gangs des Verfahrens, der festgestellten Tatsachen, in denen ein Dienstvergehen gesehen wird und der anderen bedeutsamen Tatsachen und Beweismittel (Abs. 1 Satz 2) große Bedeutung zu. Die Vorschrift normiert damit den auch bisher üblichen Inhalt einer Anschuldigungsschrift.[10] Im Einzelnen sind aus Gründen der Eindeutigkeit weiter zu fordern: In dem Rubrum der Klageschrift die **persönliche Kennzeichnung des Beschuldigten** nach Name, Amtsbezeichnung, Behördenzugehörigkeit, ladungsfähiger Adresse, Pfleger oder Vormund, ein **Klageantrag**, der kurzgefasst, aber präzise und vollständig das angeschuldigte Dienstvergehen tatsächlich und rechtlich festlegt, die **Biografie** des Beschuldigten, soweit sie für die disziplinare Würdigung, Bewertung und Maßnahmenbemessung erheblich sein könnte (vor allem die statusrechtlichen und vollständigen wirtschaftlichen Verhältnisse der Beschuldigten und ihrer Familie sowie Vorstrafen und disziplinare Vorbelastungen). Der **vorgeworfene Sachverhalt** muss der Eigenart des Dienstvergehens entsprechend **substantiiert** dargestellt sein (wegen der Folgen mangelhafter Substantiierung vgl. Rn. 12),[11] also schlüssig all die Einzelumstände darstellen, die Voraussetzung für den Tatbestand des Dienstvergehens und für die Maßnahmenwahl und -bemessung sind. Dazu gehören die Tatsachen, aus denen sich der äußere Tatverlauf und seine Hintergründe, die Kenntnis bzw. die Evidenz der Pflichtwidrigkeit, die Schuld und im Zweifelsfall die Schuldfähigkeit, die Motive, Zielsetzungen und Folgen des Dienstvergehens, die dienstlichen Einflussfaktoren für die Verfehlung, die persönlichen Lebensverhältnisse (z. Z. der Tat und hinsichtlich der Maßnahmenwahl und Bemessung), insgesamt alle entscheidungserheblichen, erschwerenden wie mildernden oder maßnahmeausschließenden Umstände ergeben sollen. Ein **sachgleiches Strafverfahren** ist in jedem Fall im Sachverhalt anzugeben und bei Bindungswirkung nach § 23 Abs. 1 kann wegen der Tatsachen auf die Feststellungen der zu Grunde liegenden Urteile verwiesen werden, wobei die Bindungswirkung für das Gericht aus dem wortgleichen § 57 Abs. 1 folgt. Will der Dienstherr einen abweichenden Sachverhalt anschuldigen, weil er diesen für richtig hält, so ist ihm dies trotz der Bindung aus § 23 Abs. 1 nicht verwehrt, wenn er die Zweifel an den strafgerichtlichen Tatsachenfeststellungen substantiiert darlegt.[12] Entsprechendes gilt

---

7 BVerwG 21. 4. 1969 – 2 D 4.69 – noch zum inhaltsgleichen § 14 BDO.
8 BVerwG, ZBR 2015, 34.
9 BVerwG, ZBR 2015, 34.
10 Daher kann auf die Rspr. des BVerwG zur BDO zurückgegriffen werden: 29. 7. 2010 – 2 A 4/09 – und 25. 1. 2007 – 2 A 3.05.
11 BVerwG, ZBR 2015, 34; zu Bestimmtheitsanforderungen zuletzt VG Münster 10. 10. 2014 – 20 K 18/14.BDG, Rn. 17, juris.
12 BVerwG 11. 5. 1973 – 1 D 19.73.

für den Fall der Klage wegen eines disziplinaren Überhangs bei strafgerichtlichem Freispruch im Übrigen (§ 14 Abs. 2) und bei anderen präjudiziellen Verfahrensergebnissen i. S. v. § 23 Abs. 2. Eine **Beweiswürdigung** ist nicht mehr erforderlich, nachdem das Gericht nunmehr die Beweise zu erheben hat (§ 58). In der Klage sind aber die Beweismittel zu benennen. Zur geordneten Angabe der Beweismittel gehört nicht nur die Aufzählung der entstandenen oder verwendeten Verfahrensakten am Ende der Klageschrift, sondern vor allem die Kennzeichnung der zugrunde gelegten Beweismittel und -ergebnisse in der Sachverhaltsdarstellung, sinnvollerweise durch sorgfältige **Randvermerke der Fundstellen**. Für eigene **Beweisanträge des Dienstherrn** besteht bei Fertigung der Klageschrift normalerweise kein Anlass, da bei Kenntnis weiterer Aufklärungsnotwendigkeit der Dienstvorgesetzte dieser Erkenntnis folgen und ermitteln muss, ggf. auch entsprechend von seinen Vorgesetzten anzuweisen ist. In der Praxis ist es üblich, nach dem Sachverhalt kurz den **wesentlichen Verfahrensverlauf** darzulegen (Einleitungsdatum, Aussetzungen, Verfahrensausweitungen, Nebenanordnungen nach § 38). Eines **Antrags auf eine bestimmte gerichtliche Entscheidung** bedarf es nicht, da das Gericht die weitere Disziplinargewalt nach seiner freien Beurteilung ausübt.[13] Üblicherweise gab früher der BDiA abschließend seine Bewertung und Einschätzung der angemessenen Maßnahmenart zu erkennen. Dies sollte der Dienstherr in seiner Klageschrift beibehalten. Ein die Vorwürfe bündelnder »Anklagesatz« ist zwar üblich, es gibt aber keine Verfahrensvorschrift, die dies vorgibt; auch ein Aufbau nach Komplexen ist durchaus vertretbar.[14]

Ist die Klage eindeutig, widerspruchsfrei und schlüssig, so bindet sie insoweit das Gericht und die Verfahrensbeteiligten (Rn. 8–10). Im **Zweifelsfall** hat das VG die Klageschrift auf den wirklichen, erkennbaren **Willen hin auszulegen**, wie er sich aus der Gesamtheit der Klageschrift ergibt, also aus der Formel, dem Sachverhalt und der rechtlichen Würdigung. Die Auslegung findet – wie auch bei Gesetzesauslegung – ihre **Grenzen an der eindeutigen Formulierung** der Klageschrift. Lässt z. B. der Klageantrag keinen Zweifel daran, dass nur ein Teil der im Sachverhalt dargestellten Tatsachen zum Gegenstand des Vorwurfs gemacht sein soll, so ist die Formel ausschlaggebend. Das Gleiche gilt für die Frage der selbständigen Geltendmachung der in der größeren Verfehlung mitenthaltenen geringeren Verfehlung (Rn. 13). Widersprüchlichkeiten sind im Rahmen des angeschuldigten Sachverhalts durch den Dienstherrn aufzuklären oder ggf. nach Aufforderung durch das VG nach § 55 Abs. 3 auszuräumen (Rn. 9, Rn. 14, § 55 Rn. 6, 10). Durch bloße Meinungsäußerung des Dienstherrn in der Hauptverhandlung, durch den Inhalt der Einleitungsverfügung oder durch die übliche Praxis ist eine verbindliche Inhalts- und Grenzbestimmung der Klageschrift nicht möglich.[15] Denn dabei würde angesichts der Wahlmöglichkeit das Merkmal der »eindeutigen Erkennbarkeit« für das Gericht und vor allem auch für den Beamten vernachlässigt und die Abgrenzung zur Nachtragsdisziplinarklage gefährdet. Immer ist bei der Auslegung gerade zum Schutz der Beschuldigten kritisch vorzugehen. Häufig sind Umstände im Sachverhalt nicht als Grundlage, sondern nur als erläuternde Vorgeschichte des vorgeworfenen Dienstvergehens dargestellt (z. B. bei pflichtwidrigem Schuldenmachen die finanzielle Entwicklung bis zum Zeitpunkt der disziplinaren Erheblichkeit, bei unberechtigtem Fernbleiben die Krankheits- bzw. Abwesenheitsvorgeschichte, bei Alkoholverfehlungen frühere Auffälligkeiten zur Darstellung der Entwicklung usw.).

12

---

13 BVerwG 20. 10. 2005 – 2 C 12.04.
14 BVerwG 29. 7. 2010 – 2 A 4.09, Rn. 148, juris.
15 Wie hier – noch zur BDO – GKÖD-Weiß, § 64 Rn. 55.

13 Zur Frage der Auswirkungen und Behandlung von Fehlern in der Klageschrift und im vorherigen Disziplinarverfahren hat der Gesetzgeber die neue Vorschrift des § 55 eingefügt. Damit sind im Wesentlichen alle behebbaren Fehler nachträglich heilbar (vgl. dazu § 55 Rn. 3 ff.). Für die gerichtliche Sachentscheidung stellt sich nicht selten die Frage, ob im Falle der Verneinung des angeschuldigten Dienstvergehens das in dem dargestellten Sachverhalt zugleich enthaltene **mindere Dienstvergehen mit angeschuldigt** ist, Schluss »a maiore ad minus« (z. B. in der Kassenveruntreuung der formale Kassenverstoß, in der Bestechung die verbotene Geschenkannahme, in der Trunkenheitsfahrt der formale Verstoß gegen ein absolutes Alkoholverbot, in der Vorsatztat die fahrlässige Tat usw.). Dies kann nicht generell unterstellt werden. Denn das Opportunitätsprinzip kann den Dienstherrn veranlassen, auf das Verfahren oder auf jede weitere Verfolgung des minderen Vorwurfs zu verzichten. Deswegen kommt es auf den für alle Beteiligten (also vor allem auch für die Beschuldigten) eindeutig erkennbaren Verfolgungs- und **Klagewillen** an, also darauf, ob die Absicht erkennbar ist, auch bei Wegfall des schwereren Vorwurfs den geringeren Vorwurf verfolgen zu lassen.[16]

14 Eine ähnliche Auslegungsfrage stellt sich, wenn es sich nicht um die Beurteilung eines »minus«, sondern eines »**aliud**« handelt. Das ist der Fall, wenn die eine Pflichtverletzung logisch durch eine andere denkbare ausgeschlossen wird, etwa im Fall des unberechtigten Fernbleibens vom Dienst und des Unterlassens der Krankmeldung und Attestvorlage (vgl. B. II. 3. Rn. 12 a. E.). Zu Letzterem bestehen bei Dienstfähigkeit und Gesundheit weder die Möglichkeit noch eine Pflicht, während bei krankheitsbedingter Dienstunfähigkeit das Fernbleiben nicht pflichtwidrig war. Wird nur das Fernbleiben vorgeworfen, so fehlt es bei seiner Ablehnung wegen erwiesener Dienstunfähigkeit an dem erkennbaren Vorwurf hinsichtlich der Krankmeldung und Attestvorlage. Ebenso kann bei Schuldnerverfehlung in ein und demselben Vorgang nicht gleichzeitig leichtfertige Schuldeingehung und nachlässige Schuldtilgung liegen, da die Zahlungsunfähigkeit für den ersten Fall das Verschulden bewirkt, für den zweiten Fall von der Schuld befreit (B. II. 12. Rn. 13). **In diesen Fällen ist der hilfsweise Klageantrag** der sekundär zu verfolgenden Pflichtverletzung zulässig, um dem vorzubeugen, dass das Gericht z. B. im Fall von Schuldnerversagen das Eingehensverschulden wegen Verneinens der Zahlungsunfähigkeit verneint und wegen fehlenden Vorwurfs das Abwicklungsverschulden nicht verurteilen kann. Die Klage im Verhältnis von Haupt- und Hilfsvorwurf ist ausreichend eindeutig. Das Gericht ist dann zur Entscheidung in erster Linie über den Hauptvorwurf und erst in zweiter Linie über den Hilfsvorwurf verpflichtet.

Klage des Beamten

15 Für alle übrigen Klagen verweist **Abs. 2** für die Form und Frist auf §§ 74, 75 und 81 VwGO. Insoweit kommt allein der Rechtsschutz der Beamten in Betracht, da der Dienstherr nur die Disziplinarklage nach § 34 erheben kann. Damit wird klar, dass der Beamte eine allgemeine Anfechtungsklage nach der VwGO gegenüber allen Maßnahmen des Dienstherrn erheben kann, die während des Dienstes begangene Dienstvergehen zum Gegenstand haben. Entgegen des in der amtlichen Begründung erweckten Eindrucks (»Klagemöglichkeit, die das bisherige Disziplinarrecht verwehrte«) waren natürlich auch früher alle disziplinarrechtlichen Entscheidungen des Dienstherrn, insbesondere die Disziplinarverfügungen (§§ 32, 33) angreifbar (hinsichtlich § 121 BDO stellt das BDG sogar einen Rückschritt dar!). Abs. 2 knüpft nur an §§ 31 Abs. 3, 122 BDO an. Die Klage muss nun

---

16 St. Rspr., z. B. fahrlässige Nichtabrechnung von Kassengeldern statt Zugriff, BVerwG 13.6.2001 – 1 D 35.00.

Klageerhebung, Form und Frist der Klage § 52

innerhalb eines Monats ab Zustellung des Widerspruchsbescheids, bzw. Bekanntgabe des Verwaltungsakts erhoben werden. Entsprechend muss die Rechtsmittelbelehrung (§§ 58, 59 VwGO) lauten. Ist ein Bevollmächtigter beauftragt, muss an ihn zugestellt werden (§§ 41 Abs. 5 VwVfG, 8 Abs. 1 VwZG). Die Klage muss bei Gericht erhoben werden, Eingang der Klageschrift bei der Dienst- oder Widerspruchsbehörde wahrt die Frist nicht. Bei Fristversäumung wird die Entscheidung des Dienstherrn endgültig, es besteht aber die Möglichkeit der Wiedereinsetzung in den vorigen Stand nach § 60 VwGO.[17]

Abs. 2 umreißt den Umfang seines Regelungsgehalts wenig genau. Tatsächlich dürfte die **Anfechtung von Disziplinarverfügungen** den Hauptteil des Anwendungsbereichs ausmachen. Erfasst werden auch Klagen gegen Einstellungsverfügungen, soweit eine Beschwer verbleibt, wie bei dem Vorwurf eines Dienstvergehens. **Darüber hinaus** kommen aber auch die Fälle in Betracht, die früher durch **§ 122 BDO** der Beurteilung des BDiG zugewiesen waren. § 122 BDO war die Generalklausel, die alle disziplinarrechtlichen Streitigkeiten den Disziplinargerichten als eigene Gerichtsbarkeit zuwies. Nach § 2 gilt das BDG für die während des Dienstes begangenen Dienstvergehen. Erfasst werden damit nicht nur Disziplinarmaßnahmen, sondern alle eine **disziplinare Sachentscheidung beinhaltenden Regelungen oder Feststellungen** einer Disziplinarbehörde oder eines Disziplinargerichts. Kommt es im späteren Verlauf zu Streit über die Auslegung, die Tragweite oder die Folgen einer Disziplinarentscheidung, so sind auch dann über § 2 die Disziplinarkammern und -senate zuständig. Das Gleiche gilt für die Entscheidung über den Verfall einbehaltener Bezüge nach Einstellung des Verfahrens gem. § 40 Abs. 1 Nr. 4, die Entscheidung über die Anrechnung von Einkünften aus einer Nebentätigkeit nach § 40 Abs. 2, die Entscheidung über die Entfernung von Eintragungen in der Personalakte gem. § 16 Abs. 3 etc. **Keine Disziplinarentscheidungen** sind die Prozesshandlungen wie Einleitungsverfügung, § 17, Disziplinarklageschrift, § 52 Abs. 1 und Aufklärungsmaßnahmen oder Beweiserhebungen (die als unselbständige Verfahrensfehler erst mit der zuständigen Sachprüfung beurteilt werden können). Treten Unklarheiten auf, wird die zuständige Dienstbehörde eine Klärung herbeiführen und ihre Entscheidung schriftlich fixieren. Hiergegen stehen den Beamten dann die allgemeinen Rechtsmittel zur Verfügung.

Um die **Auslegung** geht es bei missverständlichen, mehrdeutigen oder lückenhaften Entscheidungen, so bei einer Gerichtsentscheidung nach § 63, deren zeitlicher Geltungswille unklar ist.[18] Die **Tragweite** kann angesprochen sein, wenn die Wirksamkeit der Entscheidung in Frage steht, so wenn es um die sofortige Vollziehbarkeit einer Gerichtsentscheidung nach Beschwerde gem. § 67 geht,[19] ebenso, wenn der Gegenstand ihres Regelungsinhalts oder ihre rechtsgestaltende Auswirkung zweifelhaft ist, ob etwa eine Einstellungsverfügung das Verfahren insgesamt beendet hat, von welchen Bezügen ein Unterhaltsbeitrag zu berechnen ist, von wann ab er zurückzuzahlen ist,[20] ob bestimmte Bestandteile der Bezüge von einer Gehaltskürzung erfasst werden, welche Verfahrensabschnitte und -maßnahmen von einer Kostenentscheidung betroffen sind usw. Die **Folgen** einer Disziplinarentscheidung können in den weiteren, selbständigen Auswirkungen einer Entscheidung liegen, etwa die disziplinaren Auswirkungen gem. §§ 10 Abs. 5, 12 Abs. 4, die Tilgung gem. § 16, die Verpflichtung der Behörde zur Nachzahlung aus § 40 Abs. 2 Satz 1, nach Ausset-

---

17 Em Einzelnen dazu Redeker/v. Oertzen, Erl. zu § 74.
18 BDiG 6. 3. 1986 – I BK 2/86 zu § 95 Abs. 3 BDO.
19 BDiG 20. 12. 1984 – I BK 20/84 zu § 79 BDO.
20 BVerwGE 43, 270.

zung des Bescheids nach § 63. **Keine** disziplinaren **Folgen** sind die ferneren Auswirkungen, die sich nach der – unstreitigen – disziplinaren Gestaltung der Rechtslage aus dem Beamtenrecht oder sonstigen Rechtsgebieten ergeben und die im Streitfall ihrem Wesen nach anderen Regelungen zugeordnet sind, etwa die tatsächliche Auszahlung des zustehenden Unterhaltsbeitrags, der Nachzahlungen aus § 40 Abs. 2 oder nach Aussetzung des Bescheids nach § 63, die sich aus einer Disziplinarmaßnahme ergebende Nichtbeförderung oder Versagen der Eignung für ein bestimmtes Amt,[21] die Neufestsetzung des Besoldungsdienstalters[22] usw.

18 Entscheidet die oberste Dienstbehörde oder der nachgeordnete Dienstvorgesetzte nicht in angemessener Zeit über den Widerspruch, kann der Beamte **Untätigkeitsklage** erheben, Abs. 2 Satz 2 i. V. m. § 75 VwGO. Allerdings läuft die Mindestwartefrist von drei Monaten nicht, wenn das Verfahren wegen eines sachgleichen Strafverfahrens oder eines anderen vorgreiflichen Gerichtsverfahrens nach § 22 ausgesetzt ist. Die praktische Relevanz dieser Einschränkung ist fraglich. Sie erfordert, dass etwa nach Erlass der Disziplinarverfügung öffentliche Klage erhoben wird. Die Weiterführung eines Disziplinarverfahrens während strafrechtlicher Ermittlungen, die absehbar zur Anklageerhebung und einer Verurteilung führen, die dann nach §§ 23, 57 bindet oder sogar nach § 36 die nachträgliche Aufhebung der Verfügung erfordert, wäre blanker Aktionismus. In der Regel sollte ein Strafurteil abgewartet werden oder es kann auf die Aussetzung des Disziplinarverfahrens insgesamt nach § 22 Abs. 1 Satz 2 verzichtet werden. Dann ist der Lauf der Frist nach § 75 Satz 2 VwGO aber nicht gehemmt. Im Übrigen könnte nach § 75 Satz 3 VwGO ausreichend reagiert werden, weil das laufende Strafverfahren ein zureichender Grund für die Untätigkeit der Widerspruchsbehörde ist.[23] § 81 VwGO gilt in vollem Umfang. Auch wenn Abs. 2 hierüber keine Aussage trifft, ist auch § 82 VwGO anzuwenden. Die Klage des Beamten bedarf ebenfalls eines notwendigen Inhalts wie Kläger, Beklagter, Gegenstand des Begehrens etc.[24]

§ 53 Nachtragsdisziplinarklage

(1) Neue Handlungen, die nicht Gegenstand einer anhängigen Disziplinarklage sind, können nur durch Erhebung einer Nachtragsdisziplinarklage in das Disziplinarverfahren einbezogen werden.

(2) Hält der Dienstherr die Einbeziehung neuer Handlungen für angezeigt, teilt er dies dem Gericht unter Angabe der konkreten Anhaltspunkte mit, die den Verdacht eines Dienstvergehens rechtfertigen. Das Gericht setzt das Disziplinarverfahren vorbehaltlich des Absatzes 3 aus und bestimmt eine Frist, bis zu der die Nachtragsdisziplinarklage erhoben werden kann. Die Frist kann auf einen vor ihrem Ablauf gestellten Antrag des Dienstherrn verlängert werden, wenn dieser sie aus Gründen, die er nicht zu vertreten hat, voraussichtlich nicht einhalten kann. Die Fristsetzung und ihre Verlängerung erfolgen durch Beschluss. Der Beschluss ist unanfechtbar.

(3) Das Gericht kann von einer Aussetzung des Disziplinarverfahrens nach Absatz 2 absehen, wenn die neuen Handlungen für die Art und Höhe der zu erwartenden Disziplinarmaßnahme voraussichtlich nicht ins Gewicht fallen oder ihre Einbeziehung das

---

21 BDiG 18. 3. 1969 – IV BK 3/69.
22 BDiG 25. 4. 1972 – IV BK 8/71.
23 Vgl. im Einzelnen Redeker/v. Oertzen, § 75 Rn. 2 ff., 17.
24 Vgl. Redeker/v. Oertzen, § 82 Rn. 1 a ff.

§ 53 Nachtragsdisziplinarklage

Disziplinarverfahren erheblich verzögern würde; Absatz 2 Satz 4 und 5 gilt entsprechend. Ungeachtet einer Fortsetzung des Disziplinarverfahrens nach Satz 1 kann wegen der neuen Handlungen bis zur Zustellung der Ladung zur mündlichen Verhandlung oder bis zur Zustellung eines Beschlusses nach § 59 Nachtragsdisziplinarklage erhoben werden. Die neuen Handlungen können auch Gegenstand eines neuen Disziplinarverfahrens sein.

(4) Wird innerhalb der nach Absatz 2 bestimmten Frist nicht Nachtragsdisziplinarklage erhoben, setzt das Gericht das Disziplinarverfahren ohne Einbeziehung der neuen Handlungen fort; Absatz 3 Satz 2 und 3 gilt entsprechend.

Die Vorschrift knüpft an den früheren § 67 Abs. 3 BDO an und stellt in Abs. 1 ausdrücklich klar, dass neue Handlungen nach erhobener Disziplinarklage nur durch Erhebung einer **Nachtragsdisziplinarklage** in das Verfahren einbezogen werden dürfen. Dabei handelt es sich also um einen besonders geregelten Fall einer Klageerweiterung, die aus Gründen der Einheitlichkeit des Dienstvergehens an besondere Förmlichkeiten gebunden ist. Abs. 2 bis 4 regeln das Verfahren, wenn der Dienstherr neue Handlungen geltend machen will. 1

Nachtragsdisziplinarklage (Abs. 1)

Das Gebot der »**einheitlichen disziplinaren Verfolgung**« erfordert die Einbeziehung neuer Verfehlungen oder Verdächte in das bereits anhängige Disziplinarverfahren. Deshalb muss der Dienstherr solche neuen Sachverhalte, wenn sie disziplinar verfolgt werden sollen, im Wege der **förmlichen Nachtragsdisziplinarklage** in das anhängige Verfahren einführen. Eine stillschweigende Aufnahme neuer Vorwürfe in das Verfahren gibt es nicht (vgl. § 52 Rn. 10).[1] Der **Gegenstand der Nachtragsdisziplinarklage** kann ein nachträglich entstandener Sachverhalt, ein schon früher entstandener, aber erst nachträglich bekannt gewordener wie auch ein schon vorher bekannter, aber bewusst nicht von der Klageerhebung einbezogener Sachverhalt sein. Ist ein Sachverhalt bereits von der Klage erfasst worden, so liegt in der nach Aufforderung gem. § 55 Abs. 3 erneut vorgelegten, von Verfahrensfehlern befreiten Klageschrift keine Nachtragsdisziplinarklage. Jedoch können Sachverhalte, die bereits in der Klageschrift erwähnt, aber eindeutig nicht Gegenstand der Disziplinarklage sind, zum Gegenstand einer Nachtragsdisziplinarklage gemacht werden. Ob **neue Teile einer »fortgesetzten Handlung«** ohne Nachtragsdisziplinarklage in das anhängige Verfahren eingebracht werden können (so Behnke-Hardraths, § 67 Rn. 10; ihnen folgend Claussen/Janzen, § 67 Rn. 6, allerdings die »fortgesetzte Handlung« zum Nachteil der Beschuldigten ablehnend in Einf. B. Rn. 8; ebenso GKÖD-Weiß, § 67 Rn. 28 a. E.), ist zweifelhaft. Denn das strafrechtliche Institut der fortgesetzten Handlung ist dem Begriff des einheitlichen Dienstvergehens fremd (A. I. Rn. 6 ff.). Da § 53 Abs. 1 von »neuen Handlungen« ausgeht, dürfte dies unzulässig sein. 2

Aussetzung des Verfahrens (Abs. 2)

Um die Klärung und die spätere Einführung des neuen Verdachts zu ermöglichen, muss das anhängige Verfahren angehalten werden. Da über die neue Klage nicht das VG, sondern der Dienstherr zu entscheiden hat, hat das VG vorbehaltlich der Ausnahme nach Abs. 3 keine Entscheidungsfreiheit zur Frage der Aussetzung. Auf die Mitteilung der zusätzlichen Verfolgungsabsicht durch den Dienstherrn (in der Praxis in Form eines Ausset- 3

---

1 So auch GKÖD-Weiß, II § 67 Rn. 27 a. E.

zungsantrags), **muss das VG das Verfahren** bis zur Nachtragsdisziplinarklage oder zum Fortsetzungsantrag **aussetzen** (Abs. 2). Wegen der neuen eigenen Prüfungsbefugnis des VG nach Abs. 3 ist in dem Aussetzungsantrag der Verdacht unter Angabe der konkreten Anhaltspunkte darzulegen. Gegen den Aussetzungsbeschluss ist gem. § 53 Abs. 2 Satz 2, 1. Hs. BDG i. V. m. § 3 BDG, § 146 Abs. 1 VwGO die Beschwerde zulässig.[2] Nach Ansicht des VGH Bayern bezieht sich die Unanfechtbarkeit nach Abs. 2 Satz 5 nur auf die Fristsetzung und deren Verlängerung.

4 Die Sachverhaltsschilderung hat konkrete Tatsachen und Beweismittel aufzuführen und auszuführen, welchen zeitlichen Umfang die Aufklärung bis zur Nachtragsdisziplinarklage erfordert, damit das Gericht die Voraussetzungen nach Abs. 2 prüfen kann und anschließend die Aussetzung beschließt. Das Gericht verbindet mit der Aussetzung gem. Abs. 2 Satz 2 eine Frist, bis zu deren Ablauf die Nachtragsdisziplinarklage erhoben werden kann. Die Frist ist eine richterliche Ausschlussfrist (§ 57 Abs. 1 VwGO). Die Nachtragsdisziplinarklage muss also vor Fristablauf bei Gericht eingegangen sein (vgl. § 52 Rn. 4), soll sie berücksichtigt werden (zu den Folgen der Fristversäumung vgl. Rn. 12). Die Frist ist so zu bemessen, dass sie dem nachträglich einzubeziehenden Sachverhalt gerecht wird. Dafür ist eine summarische Beurteilung des weiteren Aufklärungsaufwands und der Auswirkung auf das weitere Verfahren vorzunehmen und gleichzeitig dem Beschleunigungsgrundsatz nach § 4 Genüge zu tun. Die vom Gericht geforderte Einschätzung entspricht der nach § 62 für den Antrag auf gerichtliche Fristsetzung (vgl. § 62 Rn. 12). Danach ist ein Zeitablauf von sechs Monaten ab Einleitung der Ermittlungen nach § 17 als geeignet anzusehen, die Beschleunigung des Verfahrens durch gerichtliche Fristsetzung zu fördern. Das Maß von sechs Monaten kommt daher auch für die zu setzende Frist bei Aussetzung in Betracht, wenn nicht besondere Gründe für eine Verkürzung oder Verlängerung sprechen. Die Frist kann verlängert werden, wenn vor ihrem Ablauf ein entsprechender Antrag gestellt wird (Abs. 2 Satz 3). Dafür muss der Dienstherr dartun, dass er an der Einhaltung der Frist gehindert ist, ohne dies vertreten zu müssen. Die Anforderungen dürften denen nach § 62 entsprechen (§ 62 Rn. 13). Fristsetzung und Nachfrist erfolgen durch Beschluss des Gerichts, also des Kollegiums ohne Beamtenbeisitzer. Er ist unanfechtbar (Abs. 2 Satz 4 und 5).

5 Die **Nachtragsdisziplinarklage ist nicht im Berufungsverfahren** vor dem OVG möglich (§ 65 Abs. 1 Satz 2). Dieses kann, wenn es die einheitliche Verfolgung sicherstellen will, allenfalls das anhängige Berufungsverfahren nach § 22 Abs. 3 aussetzen, bis der neue Vorwurf durch das VG entschieden und geklärt ist, ob auch dagegen Berufung eingelegt wurde. Dann können beide Berufungsverfahren verbunden werden.

6 Die Aussetzung nach Abs. 2 kann bis zum Schluss der mündlichen Verhandlung vor dem VG beantragt werden. Verzögert sich die Nachtragsdisziplinarklage über sechs Monate nach Aussetzung hinaus, so kann ebenso wie bei der Fristsetzung nach § 55 Abs. 3 **kein Beschleunigungsantrag aus § 62** gestellt werden. Einerseits zielt dieser auf die Herbeiführung des gerichtlichen Verfahrens ab, das bereits, wenn auch zu einem anderen Sachverhalt, anhängig ist (§ 62 Rn. 3). Andererseits fehlt es im Zeitpunkt des Aussetzungsantrages im Unterschied zu dem Fall des § 62 an der Einleitung des Disziplinarverfahrens bezüglich des neuen Verdachts. Dessen Aufklärung kann sich sogar noch im Stadium der dienstlichen Vorklärung befinden. **Der Sachverhalt der Nachtragsdisziplinarklage wird** wie im Falle der ersten Disziplinarklage **im Ermittlungsverfahren** aufgeklärt.

---

2 VGH Bayern 8.10.2009 – 16b DC 09.1806.

Nachtragsdisziplinarklage § 53

Für **Form und Inhalt** der Nachtragsdisziplinarklage gilt dasselbe wie für die Disziplinarklageschrift (§ 52 Rn. 2). Die **Nachtragsdisziplinarklage kann nicht** ohne Zustellung **mündlich in die mündliche Verhandlung eingebracht werden**, denn Abs. 1 spricht ausdrücklich von der Erhebung der Nachtragsdisziplinarklage. Die Konfrontation mit neuen Vorwürfen verstieße in jedem Fall gegen das Gebot des »Fair Play« und der Rechtsstaatlichkeit. Dem Beamten muss wiederum eine Frist zur Stellungnahme und eine Belehrung gem. § 54 zuteilwerden.

Widersprechen sich Klageschrift und Nachtragsdisziplinarklage, so kann das nur darauf beruhen, dass sich die Nachtragsdisziplinarklage nicht gem. Abs. 1 u. 2 darauf beschränkt, einen neuen Sachverhalt vorzuwerfen, sondern den bereits in der Disziplinarklage vorgehaltenen Sachverhalt erweitert (zulässig, da ein neuer Anschuldigungspunkt) oder einschränkt (neuerdings nach § 61 Abs. 1 zulässig mit den sich daraus ergebenden Folgen). Bei Einschränkung hat aus Gründen des Rechtsschutzes des Beklagten der günstigere Vorwurf, also ggf. auch der nachträgliche, die bestimmende und das Gericht bindende Bedeutung. Der Dienstherr hat das grundsätzlich ihm zustehende Verfolgungsermessen dann im Sinne der Nachtragsdisziplinarklage ausgeübt. Dafür spricht auch, dass auf Aufforderung und Fristsetzung nach § 55 Abs. 3 der Dienstherr vorhandene Mängel beseitigen oder die Klage (teilweise) zurücknehmen kann. Dann ist auch eine Einschränkung des Vorwurfs durch nachträgliche Erklärung im Rahmen des § 53 möglich.

Abs. 3 soll einer Verzögerung des anhängigen Disziplinarverfahrens entgegen wirken. Damit verbunden ist eine erhebliche Aufweichung des Grundsatzes der Einheit des Dienstvergehens (eingehend A. I. 2. Rn. 11).[3] Das VG kann nunmehr in eigener Zuständigkeit nach richterlichem Ermessen von der Aussetzung absehen, wenn die neuen Handlungen – so wie sie sich nach der Mitteilung des Dienstherrn darstellen (vgl. Rn. 4, § 52 Rn. 5) – die **Erledigung des Verfahrens unnötigerweise verzögern** würden. Dies kann zum einen der Fall sein, wenn die zusätzlichen Tatsachen bei der Bemessung der Disziplinarmaßnahme nach einer Prognose des Gerichts nicht ins Gewicht fallen werden. Das Gericht hat den neuen Gesamtsachverhalt fiktiv als bewiesen anzusehen und eine Maßnahme zu finden. Weicht dann diese Maßnahme nicht oder nur unwesentlich von der fiktiven Maßnahme für den ursprünglichen Klagegegenstand ab, so fällt der neue Sachverhalt nicht ins Gewicht. Dann rechtfertigt das materielle Gewicht des Dienstvergehens nicht die Verzögerung der Erledigung der Disziplinarklage. Da das Gericht gem. § 56 Satz 1 solche Handlungen ausscheiden kann, die für Art und Höhe der zu erwartenden Maßnahme voraussichtlich nicht ins Gewicht fallen, erscheint es konsequent, solche weniger gewichtigen Handlungen gar nicht erst von Gerichtsseite her zu berücksichtigen.

Zum anderen könnte die Einbeziehung der neuen Handlungen das Disziplinarverfahren erheblich verzögern. Jede Nachtragsdisziplinarklage bringt eine **Verfahrensverzögerung**. Wann diese erheblich ist, kann nur im Verhältnis zum Gewicht der bereits geltend gemachten Tatsachen beurteilt werden. Da die Disziplinarklage auf die beiden schwersten Disziplinarmaßnahmen abzielt, liegen bereits schwerwiegende Handlungen als Vorwurf vor. Von diesem Gewicht müssen auch die neuen Handlungen sein, sollen sie nach Art und Höhe der zu erwartenden Disziplinarmaßnahme erheblich sein. Dann verstößt die Nichtberücksichtigung wegen des bloßen Zeitablaufs gegen grundlegende Grundsätze des Disziplinarrechts. Diese Alternative ist daher bedenklich. Ist der neue Sachverhalt von solchem Gewicht, dass es auf ihn ankommt, ist der Zeitablauf bis zur Vorlage der Nachtragsdisziplinarklage nicht entscheidend. Kann der neue Sachverhalt – sollte er sich erweisen –

---

3 BVerwG, NVwZ-RR 2009, 815.

die Maßnahme nicht beeinflussen, so kann bereits nach der 1. Alternative von der Aussetzung abgesehen werden. Führte der neue Sachverhalt zu einer Steigerung der Maßnahme, macht es keinen Sinn, jetzt eine mildere Maßnahme zu verhängen im Bewusstsein, in naher Zukunft erneut entscheiden zu müssen. Nach dem oben genannten Grundsatz der Einheitlichkeit ist die in diesem Verfahren ausgesprochene Maßnahme bei der Bemessung einer zukünftigen Maßnahme mit zu berücksichtigen. Auf die Anwendung des Abs. 3 Satz 1, 2. Alt. sollte verzichtet werden. Soweit die Vorschrift Anwendung finden sollte, wäre eine Parallele in § 87 b Abs. 3 VwGO zu sehen. Danach können Erläuterungen und Beweismittel bei Verzögerung der Erledigung des Rechtsstreits nach Ablauf einer Frist zurückgewiesen werden. Die Frist muss angemessen sein und in einem Verhältnis zur Bearbeitung durch das Gericht stehen.[4] Zu beachten ist also das **Gewicht des neuen Sachverhalts, das Stadium des Rechtsstreits und der Aufwand der Sachverhaltserforschung** (auch später durch das Gericht). Wie in der VwGO-Kommentierung erläutert, wird § 87 b VwGO selten angewandt.[5] Dies bestätigt die kritische Haltung zu Abs. 3 Satz 1, 2. Alt. Wenn nach § 62 Abs. 1 sechs Monate eine (einfache) Verzögerung bedeuten, ist im Rahmen des Abs. 3 Satz 1 ein noch längerer Zeitablauf zu fordern, bis eine erhebliche Verzögerung eintritt. In Anbetracht der materiellen Bedeutung der einheitlichen Betrachtung des Dienstvergehens sollte daher nur dann von der Einbeziehung abgesehen werden, wenn andernfalls der Abschluss des Verfahrens **auf absehbare Zeit ausgeschlossen** wäre.

11 Beschließt das Gericht (gem. **Abs. 3 Satz 1 2. Hs. unanfechtbar**), von der **Aussetzung abzusehen**, setzt es das Disziplinarverfahren fort und führt es der Entscheidungsreife zu. **Abs. 3 Satz 2** stellt für diesen Fall klar, dass damit eine Nachtragsdisziplinarklage nicht unzulässig wird. Der Dienstherr behält vielmehr sein Entscheidungsermessen, die neuen Handlungen einzubringen. Erhebt der Dienstherr Nachtragsdisziplinarklage, so hat das Gericht den neuen Sachverhalt zu berücksichtigen und über ihn zu entscheiden. Allerdings setzt Abs. 3 Satz 2 der Verfolgung der neuen Tatsachen im anhängigen Verfahren eine Frist. Nach Zustellung der Ladung zur mündlichen Verhandlung oder eines Beschlusses nach § 59 ist die Erhebung der Nachtragsdisziplinarklage unzulässig. Die **Erhebung einer neuen Disziplinarklage** ist gem. **Abs. 3 Satz 3** aber entgegen des Grundsatzes der Einheit des Disziplinarvergehens **möglich**. Diese Folge ist wegen des Ausschlusses der einheitlichen Verfolgung zwar konsequent, insgesamt jedoch rechtfertigt die Beschleunigung des Verfahrens aus den unter Rn. 10 genannten Gründen die Einschränkung der einheitlichen Verfolgung von Dienstvergehen nicht.

12 Abs. 4 regelt die Folgen der Fristversäumung nach Abs. 2. In diesem Fall setzt das Gericht das gerichtliche Disziplinarverfahren auf der Basis der ursprünglichen Klage fort. Die neuen Handlungen dürfen mangels Einbeziehung gem. Abs. 1 nicht berücksichtigt werden, auch nicht bei der Bemessung der eventuellen Maßnahme. Dem Gericht bleibt insofern kein Entscheidungsspielraum.[6] Die nicht zum Gegenstand des Gerichtsverfahrens gewordenen Tatsachen können aber entsprechend Abs. 3 Satz 2 bis zur Hauptverhandlung während des weiteren Gerichtsverfahrens durch Nachtragsdisziplinarklage einbezogen werden oder gem. Abs. 3 Satz 3 zum Gegenstand einer neuen Klage gemacht werden (vgl. Abs. 4 2. Hs.).

---

4 Redeker/v. Oertzen, § 87 b Rn. 6.
5 Redeker/v. Oertzen, § 87 b Rn. 2.
6 GKÖD-Weiß, II § 53 Rn. 56.

§ 54 Belehrung der Beamten

Der Beamte ist durch den Vorsitzenden gleichzeitig mit der Zustellung der Disziplinarklage oder der Nachtragsdisziplinarklage auf die Fristen des § 55 Abs. 1 und des § 58 Abs. 2 sowie auf die Folgen der Fristversäumung hinzuweisen.

Die Vorschrift entspricht dem früheren § 67 Abs. 2 BDO. Sie betrifft die Zustellung der Disziplinarklageschrift und einer Nachtragsdisziplinarklageschrift, und die Pflicht des Gerichts, auf die Fristen der §§ 55 Abs. 1 und 58 Abs. 2 sowie auf die Folgen einer Fristversäumung hinzuweisen. 1

Zustellung der Disziplinarklageschrift
Die Zustellung der Klageschrift hat an den Beamten oder nach § 67 Abs. 3 VwGO nur an 2
den Bevollmächtigten zu erfolgen, wenn ein solcher bestellt ist. Im Falle einer Betreuung ist weiterhin an den Beamten zuzustellen, da diese die prozessrechtliche Stellung der Betroffenen unberührt lässt. Ist für diesen Pflichtenkreis dem Beamten eine Betreuung zugeordnet, ist auch dem Betreuer zuzustellen. Die ordnungsgemäße Zustellung der Klageschrift und der Nachtragsklageschrift ist eine Verfahrensvoraussetzung. Ohne die Zustellung sind gerichtliche Prozesshandlungen und Entscheidungen unzulässig. Deswegen beseitigen auch **Mängel der Klageschrift** nicht die Pflicht zur Zustellung. Denn sie ändern im Allgemeinen an dem Eintritt der Gerichtshängigkeit und der alleinigen Entscheidungskompetenz des Gerichts nichts.
Entsprechend § 85 VwGO fordert der Vorsitzende den Beamten auf, sich schriftlich zu 3
äußern und setzt eine Frist. Für Beweisanträge gibt § 58 Abs. 2 eine besondere Frist von zwei Monaten nach Zustellung der Klage. Daran kann sich die **Fristsetzung zur Äußerung orientieren**. Im Übrigen ist sie nach der Schwierigkeit des Falles zu bemessen und ggf. – auf innerhalb der Frist gestellten Verlängerungsantrag hin – zu verlängern. Die bloße **Sach- und Rechtsäußerung** ist auch bei fristverspätetem Eingang vom Gericht zu beachten. Die Beklagten sind zur Äußerung nicht verpflichtet, aus ihrem Schweigen dürfen keine Beweis- oder sonstige nachteilige Folgerungen gegen sie gezogen werden (B. II. 8. Rn. 9). **Fristverspätete Beweisanträge** unterliegen der Gefahr der Zurückweisung wegen Verspätung, sind aber nicht mehr generell unzulässig wie früher (§ 68 Satz 3 BDO). In der Regel dürften sie zu berücksichtigen sein, gerade wenn sie erheblich sind (§ 53 Rn. 9 f.).

Belehrungspflicht
Das BDG enthält hinsichtlich Mängel der Disziplinarklage oder der vorangegangenen 4
Verfahren sowie für Beweisanträge feste Fristen. Zur Beschleunigung der Verfahren besteht nunmehr eine gesetzliche Frist von zwei Monaten, die nicht verlängert werden kann und den Vortrag der Beamten nach Fristablauf präkludiert. Demgemäß ist es unter rechtsstaatlichen Gesichtspunkten unabdingbar, dass der beklagte Beamte mit Beginn der Frist auf deren Lauf und die Folgen ihrer Versäumung hingewiesen wird. Unterbleibt die Belehrung bei der Zustellung, treten die Folgen bei Versäumung der Frist nicht ein.

§ 55 Mängel des behördlichen Disziplinarverfahrens oder der Klageschrift

(1) Bei einer Disziplinarklage hat der Beamte wesentliche Mängel des behördlichen Disziplinarverfahrens oder der Klageschrift innerhalb zweier Monate nach Zustellung der Klage oder der Nachtragsdisziplinarklage geltend zu machen.

(2) Wesentliche Mängel, die nicht oder nicht innerhalb der Frist des Absatzes 1 geltend gemacht werden, kann das Gericht unberücksichtigt lassen, wenn ihre Berücksichtigung nach seiner freien Überzeugung die Erledigung des Disziplinarverfahrens verzögern würde und der Beamte über die Folgen der Fristversäumung belehrt worden ist; dies gilt nicht, wenn der Beamte zwingende Gründe für die Verspätung glaubhaft macht.

(3) Das Gericht kann dem Dienstherrn zur Beseitigung eines wesentlichen Mangels, den der Beamte rechtzeitig geltend gemacht hat oder dessen Berücksichtigung es unabhängig davon für angezeigt hält, eine Frist setzen. § 53 Abs. 2 Satz 3 bis 5 gilt entsprechend. Wird der Mangel innerhalb der Frist nicht beseitigt, wird das Disziplinarverfahren durch Beschluss des Gerichts eingestellt.

(4) Die rechtskräftige Einstellung nach Absatz 3 steht einem rechtskräftigen Urteil gleich.

1 Im Gegensatz zur BDO **findet eine Aussetzung nicht mehr statt**. Die Folge, das Verfahren wegen eines Fehlers einstellen zu müssen, soll nun über die Verpflichtung der betroffenen Beamten, wesentliche Mängel zu rügen, vermieden werden. Andernfalls können sie unberücksichtigt bleiben. Auf eine solche Rüge kann die Dienstbehörde aufgefordert werden, wesentliche Mängel binnen einer Frist zu beseitigen, andernfalls das Verfahren eingestellt wird. Das Gebot der Beschleunigung wird also vor allem durch Präklusionsvorschriften vollzogen, die der Überprüfung der Einhaltung der verfahrensrechtlichen Bestimmungen entscheidende Grenzen setzen, wenn das Gericht sie anwendet (zur Problematik vgl. § 53 Rn. 10). Ein Verstoß gegen gerichtliche Pflichten aus § 55 Abs. 3 Satz 1 kann einen Verfahrensmangel i. S. d. § 132 Abs. 2 Nr. 3 VwGO darstellen.[1]

2 Nach **Abs. 1** hat der Beamte wesentliche Mängel des Verfahrens oder der Klageschrift – wozu auch die Verletzung von Verfahrensregelungen außerhalb des Regelbereichs des BDG zählt, wie nach dem BPersVG[2] – innerhalb einer Frist von zwei Monaten nach Zustellung der Klageschrift geltend zu machen. Dies muss nicht in der Erwiderung auf die Disziplinarklage geschehen.[3] § 55 gilt nach dem Wortlaut nur für die Disziplinarklage. Er erfasst Verletzungen von Verfahrensregeln, die im behördlichen Disziplinarverfahren von Bedeutung sind, insbesondere Verstöße gegen verfahrensrechtliche Vorschriften und Rechtsgrundsätze, die den äußeren Ablauf des behördlichen Disziplinarverfahrens bis zur abschließenden behördlichen Entscheidung, also bis zur Erhebung der Disziplinarklage oder bis zum Erlass einer Disziplinarverfügung betreffen, nicht aber dem vorgelagerte Umstände, wie etwa eine verzögerte Einleitung der Ermittlungen.[4] Wesentlich sind immer **Verletzungen des rechtlichen Gehörs**. Außerdem führen auch **andere wesentliche Verfahrensmängel** zur Rügepflicht. Unausgesprochene Voraussetzung ist, dass der Verfahrensmangel noch behoben werden kann.

---

1 BVerwG 23. 9. 2013 – 2 B 51/13, Rn. 5, juris.
2 BVerwG 20. 10. 2005 – 2 C 12.04.
3 GKÖD-Weiß, II § 55 Rn. 28.
4 BVerwG, ZBR 2009, 253.

Fehler des Disziplinarverfahrens

Bei **nicht behebbaren Verfahrensmängeln** ist das Verfahren nach § 32 Abs. 1 Nr. 4 einzustellen bzw. die Klage abzuweisen. Nicht behebbar sind Verfahrensmängel, die auf Dauer der disziplinaren Verfolgung entgegenstehen. Das können solche sein, die das gesamte Verfahren unzulässig machen, z.B. Verlust des Beamtenstatus (vgl. § 32 Abs. 2), Fehlen oder Unwirksamkeit der Einleitung,[5] Unterzeichnung der Klageschrift durch Angestellten statt Beamten, Verjährung (§ 32 Abs. 1 Nr. 3 i. V. m. § 15; vgl. dort Rn. 5), unterlassene Anhörung (vgl. § 20 Rn. 3),[6] Unterlassen der zwingend vorgeschriebenen Beteiligung Dritter (vgl. A. V. Rn. 136 ff.),[7] ebenso wie die Mitbestimmung der Personalvertretung ohne die gesetzlich vorgeschriebene Zustimmung des Betroffenen,[8] oder die jedenfalls einer **Maßregelung entgegenstehen**, z.B. der Fall des § 32 Abs. 1 Nr. 3 (Verbot der Doppelmaßregelung) oder auch dauerhafte **Verhandlungsunfähigkeit**, wenn ein Prozesspfleger das Recht des Beamten auf Beweisteilhabe nicht gewähren kann.[9] Nicht behebbare Verfahrensfehler können auch in der Klageschrift liegen (vgl. § 52 Rn. 12 ff.). **Überlange Verfahrensdauer** stellt (jedenfalls im Fall der Höchstmaßnahme) keinen Verfahrensmangel dar (vgl. auch A. IV. 2. Rn. 76 f.).[10] Das Gleiche gilt bei verspäteter Einleitung des Disziplinarverfahrens.[11]

Wesentliche Mängel sind zwar behebbar, stellen jedoch ein Hindernis einer Sachentscheidung dar. Einen schweren Mangel stellt die Verletzung des rechtlichen Gehörs des Beamten dar, das allerdings in der Regel nachgeholt werden kann. Dazu zählt auch der Fall der Verhandlungsunfähigkeit des Beamten. Dies kann im Regelfall durch die Bestellung eines Prozesspflegers nach § 62 Abs. 4 VwGO, § 57 Abs. 1 ZPO (früher: § 19 BDO) ausreichend kompensiert werden. Der sog. Durchführungsgrundsatz gilt daher unter dem BDG unausgesprochen fort,[12] erfordert aber die Bestellung eines Pflegers. Während früher oftmals Mängel in der Sachaufklärung zur Aussetzung führten, dürfte dies kaum noch Probleme aufwerfen. Denn statt der indirekten Beweisaufnahme vor dem BDiG, das auf eine verfahrensrechtlich einwandfreie Tatsachenermittlung angewiesen war, führt das VG gem. § 58 die Beweisaufnahme selbst durch, womit evtl. Mängel geheilt werden. § 55 dürfte vor allem auf solche Fehler anwendbar sein, die den Inhalt der zum Gegenstand der Klage gemachten Vorwürfe betreffen. Diese inhaltliche Begrenzung obliegt zunächst allein dem Dienstherrn, vgl. § 52 Rn. 8). Hier kann nun der Dienstherr für Klarstellung sorgen. Eine verzögerte Unterrichtung des Beamten über die Einleitung (§ 20 Abs. 1) stellt keinen Mangel dar.[13] Der Einleitungsvermerk selbst muss allerdings eindeutig und dem Dienstvorgesetzten zuordenbar sein.[14]

---

5 OVG Nordrhein-Westfalen 29.6.2005 – 21d A 2943/03.BDG.
6 Solche im Verfahren nach §§ 9 BBesG, 121 BDO genügt nicht, BVerwG 1.6.1992 – 1 DB 21.91.
7 BVerwG, NVwZ-RR 2013, 693; a.A. OVG Nordrhein-Westfalen 19.1.2005 – 22d A 1433/03.BDG.
8 BVerwG 5.3.2009 – 2 B 42/08.
9 BVerwG 24.9.2009 – 2 C 80/08, Rn. 25, BVerwGE 135, 24–34.
10 OVG Nordrhein-Westfalen 2.4.2008 – 21d A 257/07.O.
11 OVG Berlin-Brandenburg 24.9.2014 – OVG 83 D 2.12, Rn. 30.
12 BVerwGE 135, 24.
13 BVerwG, ZBR 2009, 253; OVG Niedersachsen 3.6.2008 – 6 LD 2/06.
14 BVerwG, ZBR 2009, 253.

Fehler der Klageschrift

5 Bestimmte Mängel können die Klageschrift absolut unwirksam machen und die Klageabweisung erfordern, etwa die **fehlende Unterschrift**, die Klageerhebung durch eine **falsche Behörde oder einen nicht befugten Beamten**.[15] Gleiches gilt, wenn der Dienstvorgesetzte nicht im eigenen Namen, sondern im Namen der von ihm geleiteten Behörde oder des Dienstherrn unterzeichnet. Ob dies der Fall ist, ist bei unklarer Bezeichnung durch Auslegung zu ermitteln. Solche Fehler werden durch Einreichung der korrigierten Klageschrift geheilt.[16] Es dürfen jedoch keine schutzwürdigen Interessen des Beamten tangiert sein. Behebbare Fehler der Anschuldigungsschrift führen zur Mängelrüge unter Fristsetzung nach § 55 Abs. 3, ohne dass erneut die weiteren Voraussetzungen einer wirksamen Klageschrift – etwa Mitwirkung des Personalrats – erfüllt sein müssen.[17] Es kann einen unheilbaren Verfahrensmangel darstellen und die **Klageschrift unwirksam** machen, wenn in der zur Beseitigung von Mängeln überarbeiteten Klageschrift die **ursprünglichen Seiten gegen inhaltlich veränderte Seiten ausgetauscht** werden, so dass die vorgenommenen Änderungen nicht erkennbar sind.[18] Die **gleichzeitige oder wahlweise Klageerhebung** hinsichtlich zweier gleichartiger, sich aber tatbestandsmäßig gegenseitig ausschließender Pflichtverletzungen ist nicht zulässig. Klagt der Dienstherr die sich ausschließenden Tatbestände ohne differenzierende Rangfolge als ein und denselben Pflichtentatbestand an, so liegen darin innere Mehrdeutigkeit und Unklarheit, die es an einer ordnungsgemäßen Klageerhebung fehlen lassen und eine Ergänzung oder Erweiterung nicht ermöglichen.[19] Denn das Gericht und die anderen Verfahrensbeteiligten können nicht erkennen, an welchen disziplinaren Vorwurf sie gebunden sein sollen. Der Fehler kann auch nicht durch nachträgliche Klarstellung geheilt werden, denn es handelt sich nicht um bloße Konkretisierung des bereits erhobenen Vorwurfs (Rn. 6), sondern in Wirklichkeit um eine neue Ermessensentscheidung darüber, welche von beiden sich ausschließenden Pflichtverletzungen – mit möglicherweise weiteren, neuen Tatsachen – angeschuldigt sein soll. Der klagende Dienstherr kann zwar die Klage zurücknehmen, dann könnte er den Sachverhalt aber nicht erneut anklagen, § 61 Abs. 1. Eine Nachtragsdisziplinarklage ist mangels neuen Sachverhalts nicht möglich, § 53 Abs. 1. Keine Bedenken bestehen, wenn es sich dabei lediglich um die **strafrechtliche Bewertung** handelt, etwa als Betrug oder Untreue oder als Diebstahl oder Unterschlagung. Denn diese tatbestandsmäßige Klärung ist disziplinarrechtlich unerheblich (A. III. Rn. 63).

6 **Widerspricht die Nachtragsdisziplinarklage in wesentlichen Teilen dem Vorwurf der Klageschrift,** so kann das beide insgesamt unwirksam machen. Jedenfalls kann in einem solchen Fall nicht einfach der Nachtragsdisziplinarklage die bestimmende und das Gericht bindende Bedeutung zuerkannt werden[20] (vgl. zur Auslegung der Klage Rn. 9). Es kann auch nicht von dem Vorwurf ausgegangen werden, der dem beschuldigten Beamten als der maßgebliche erscheinen musste.[21] Denn die Widersprüchlichkeit der Klageschrift beschränkt nicht nur die Verteidigungsmöglichkeit der Beklagten. Die Entscheidung des

---

15 OVG Niedersachsen 17.7.2007 – 3 LD 5/04; BVerwG 26.9.2014 – 2 B 14/14, Rn. 5; weitere Details bei GKÖD-Weiß, II § 55 Rn. 22.
16 BVerwG 23.9.2013 – 2 B 51/13, Rn. 6; 18.12.2007 – 2 B 113.07, Rn. 7; sogar im Berufungsverfahren: BVerwG 26.9.2014 – 2 B 14/14, Rn. 5, alle nach juris.
17 OVG Niedersachsen 17.7.2007 – 3 LD 5/04.
18 BVerwGE 33, 330 zur Anschuldigung nach § 65 BDO.
19 Claussen/Janzen, § 65 Rn. 14 zur BDO.
20 Entgegen BVerwG 25.11.1971 – 2 D 7.71.
21 So BVerwG, DÖD 1972, 73.

Mängel des behördlichen Disziplinarverfahrens § 55

Gerichts über die Maßgeblichkeit des einen oder anderen Vorwurfs verstieße auch gegen das Klageerhebungsermessen des Dienstherrn. Dieser könnte die – hier durch in sich eindeutige (anders § 52 Rn. 9) Sachverhaltsschilderungen gegebene – Widersprüchlichkeit nur durch Rücknahme eines der beiden Vorwürfe beseitigen. Das ist im gerichtlichen Verfahren zwar zulässig, lässt aber eine erneute Geltendmachung nicht zu (§ 61 Abs. 1). Vielmehr ist eine neue Ermessensentscheidung darüber fällig, welcher der verschiedenen denkbaren Pflichtenverstöße nun verbindlich Klagegegenstand werden soll. Dieses Ermessen besteht nur für den Dienstherrn. Deshalb ist er gem. § 55 Abs. 3 unter Fristsetzung zur Mängelbeseitigung aufzufordern und ggf. durch Beschluss das Verfahren einzustellen.

Fehlende oder mangelhafte Substantiierung des Sachverhalts kann die Klageschrift unwirksam bzw. fehlerhaft machen.[22] Das Gericht kann nicht ausdrücklich oder stillschweigend auf die Sachaufklärung des Disziplinarverfahrens oder des Strafurteils verwiesen werden, denn seine Bindung ergibt sich nicht aus diesen. Die Bindungswirkung ergibt sich allein aus dem Sachverhalt der Klageschrift.[23] Daran ändert auch § 52 Abs. 1 Satz 2 nichts, da zumindest erklärt werden muss, dass der im Strafverfahren ermittelte Sachverhalt Gegenstand der Disziplinarklage sein soll. Ist der Vorwurf nicht hinreichend substantiiert, so dass die für die Beurteilung des Dienstvergehens und die Wahl und Bemessung der Disziplinarmaßnahme erforderlichen bzw. im Vorverfahren aufgeklärten Umstände des Dienstvergehens nicht umfassend und schlüssig ersichtlich sind, so liegt der Fehler entweder – nur – in der Klageschrift oder – auch – in der mangelhaften Aufklärung im Disziplinarverfahren. In jedem Fall verhindert die mangelhafte Substantiierung eine sachgerechte Entscheidung des Gerichts.[24] Handelt es sich um Details des insgesamt erkennbaren, konkretisierten, abgegrenzten Dienstvergehens, so kann es bei der Aufforderung des Dienstherrn zur Mängelbeseitigung nach § 55 Abs. 3 verbleiben. Dieser verbessert dann seine Klageschrift, ggf. nach weiterer Sachaufklärung im Verfahren. Nach fristgerechter Beseitigung des Mangels wird das gerichtliche Verfahren fortgesetzt. **Fehlt es aber an jeder Substantiierung,** so dass weder der vorgeworfene Sachverhalt noch der daraus abgeleitete disziplinare Vorwurf konkret und vollständig erkennbar ist, so ist **die Klage abzuweisen.**

Mangelt es an der **Substantiierung nur einer von mehreren Pflichtverletzungen,** so ist wegen des Gebots der einheitlichen Verfolgung des Dienstvergehens der Sachverhalt insgesamt aufzuklären oder die Klage abzuweisen (Rn. 7; wegen des Gebots einheitlicher Verfolgung A. I. Rn. 11 ff.). Es bedarf **keiner Mängelbeseitigung oder Verfahrenseinstellung,** wenn der unter mehreren Pflichtverletzungen fehlerhaft oder unwirksam zum Klagegegenstand gemachte **Einzelverstoß im Verhältnis zu den verwertbaren Anschuldigungspunkten ohne besondere Bedeutung** ist. Ein solcher Mangel kann nach § 55 Abs. 2 unberücksichtigt bleiben, weil er das Verfahren unnötig verzögern würde.

Da es dem alleinigen Ermessen des Dienstherrn unterliegt, Inhalt und Grenzen der Anschuldigung zu bestimmen, **betrifft es die Wirksamkeit der Klageschrift nicht, wenn einzelne, gegebene Pflichtverletzungen nicht angeschuldigt sind.** Die Klageschrift wird dadurch weder unverständlich noch widerspruchsvoll.[25] Auch das Ausklammern von Vorwürfen der Einleitungsbehörde, selbst wenn diese erwiesen wurden, berührt die Wirk-

---

22 BVerwG 25. 1. 2007 – 2 A 3.05; 22. 6. 2006 – 2 C 11.05.
23 BVerwG 25. 1. 2007 – 2 A 3.05; 22. 6. 2006 – 2 C 11.05.
24 So auch bei fehlender Klarstellung, ob Einzelverstöße oder fortgesetzte Handlung vorgeworfen, BVerwG 24. 5. 1988 – 1 DB 9.88 und 10.88.
25 BVerwG 28. 1. 1971 – 3 D 5.70.

samkeit der Klageschrift nicht (Rn. 2). Sie sind für das gerichtliche Verfahren bedeutungslos geworden.

10 Nach Abs. 3 setzt das Gericht dem Dienstherrn eine Frist zur Beseitigung solcher Mängel, die der Beamte rechtzeitig gerügt hat oder die das Gericht selbst als heilungsbedürftig ansieht. Abs. 3 gilt nach seinem Wortlaut nur für das Disziplinarklageverfahren nach § 52 Abs. 1. Diese Beschränkung erscheint wenig sinnvoll. Zum einen können auch im Disziplinarverfügungsverfahren nach § 52 Abs. 2 Mängel vorliegen. Zum anderen wird bei wesentlichen Verfahrensmängeln, also solchen, die die unabdingbaren Verfahrensbestimmungen betreffen, das Gericht immer die Heilung für angezeigt halten (etwa zum rechtlichen Gehör, Rn. 2). Wird ein Mangel nicht beseitigt, leidet das Urteil an einem Verfahrensmangel gem. § 132 Abs. 2 Nr. 3 VwGO.[26] Selbst nach Zurückverweisung nach erfolgreicher Revision haben die Disziplinargerichte die Voraussetzungen erneut zu prüfen.[27]

11 Obwohl Abs. 3 die Aufforderung zur Mängelbeseitigung vorsieht, wird zunächst das Gericht nach freiem Ermessen zu prüfen haben, ob es die Verfahrensfehler nicht selbst schon ohne Verletzung der Rechte der Beteiligten im gerichtlichen Verfahrensabschnitt beheben kann.[28] Das ist der Fall, wenn die Mängel heilbar sind (s. A. V. Rn. 130, 134ff.). Für die **Heilung im gerichtlichen Verfahrensabschnitt** kommen besonders Mängel in der Sachaufklärung in Betracht, die das Gericht ohne größere Beschwerlichkeit und Verzögerung nachholen kann. Dies wird in der Regel so sein, da das Gericht selbst die Tatsachenermittlung in der Hand hat.

12 Kann oder will das VG den Verfahrensmangel nicht selbst heilen, so **setzt es dem Dienstherrn eine Frist zur Beseitigung** der Mängel, wenn diese noch geheilt werden können. Die Fristsetzung folgt dem Gebot der beschleunigten Verfahrensabwicklung. Die Frist muss so bemessen sein, dass dem Dienstherrn eine angemessene Zeit zur Behebung der Mängel bleibt. Dabei muss das Gericht bedenken, dass der Fristablauf – wenn die Mängel nicht beseitigt werden können – zwingend die Einstellung des Verfahrens zur Folge hat, Abs. 3 Satz 3 (vgl. Rn. 15). Gem. Abs. 3 Satz 2 i. V. m. § 53 Abs. 2 Satz 3 kann auch diese Frist auf Antrag des Dienstherrn durch die Disziplinarkammer verlängert werden (vgl. § 53 Rn. 4), nicht aber allein durch den Vorsitzenden.[29] Eine Mängelbeseitigungsaufforderung im Berufungsverfahren ist in § 55 nicht vorgesehen, aber auch nicht ausgeschlossen. Auch das OVG kann die Mängel selbst heilen.[30]

13 Das Gericht entscheidet durch **unanfechtbaren Beschluss**, Abs. 3 Satz 2 i. V. m. § 53 Abs. 2 Satz 4 und 5. Damit wird die umstrittene Rspr. des BVerwG zu § 67 Abs. 4 BDO nicht fortgesetzt. Das VG muss **im Beschluss die Verfahrensmängel darstellen** und den Weg zur ordnungsgemäßen Verfahrensweise aufzeigen. Dabei empfiehlt es sich zur Straffung und Effizienz des weiteren Verfahrens, **auch auf andere Punkte hinzuweisen**, die nach Auffassung des Gerichts weiter aufklärungsbedürftig sind.

14 Zur Beseitigung der Mängel in der Klageschrift langt es nicht, nur in einem Schriftsatz zu den Mängeln Stellung zu nehmen oder einige Klarstellungen nachzureichen. Vielmehr muss eine neue, mangelfreie Klageschrift gefertigt und eingereicht werden, die den gesamten Anforderungen des § 52 entsprechen muss. Sie ist dann die maßgebliche Grundlage des gerichtlichen Verfahrens. Liegen die Mängel in der **Unzulässigkeit des Disziplinar-**

---

26 BVerwG 4.7.2013 – 2 B 76/12, Rn. 5.
27 BVerwG 4.7.2013, a. a. O.
28 Wie zuvor BVerwG 30.9.1981 – 1 D 120.79.
29 BVerwGE 135, 24 – nach juris Rn. 26.
30 OVG Niedersachsen 17.7.2007 – 3 LD 5/04.

Beschränkung des Disziplinarverfahrens § 56

verfahrens, so sind dort unterlassene oder fehlerhaft vorgenommene Handlungen nachzuholen oder fehlerfrei zu wiederholen.
Sind die **Verfahrensmängel nach Fristablauf nicht behoben** worden, so muss das Gericht das Verfahren nach **Abs. 3 Satz 3** durch Beschluss einstellen. Es hat insoweit keinen Ermessensspielraum, etwa erneut eine Frist zu setzen. Dies hat das Gericht bereits bei der Fristsetzung zu beachten. Betrifft der Mangel allerdings nur eines von mehreren Dienstvergehen, kann das Disziplinarverfahren wegen der weiteren, von dem Mangel nicht berührten Dienstvergehen weitergeführt werden. Denn nach dem Grundsatz der Einheit des Dienstvergehens ist keine erschöpfende Sachbehandlung aller einbezogenen Pflichtenverstöße nötig, wenn das Beamtenverhältnis schon wegen der in tatsächlicher Hinsicht abgegrenzten und rechtsfehlerfrei angeschuldigten Pflichtenverstöße aufzulösen sein könnte.[31]
Nach **Abs. 4** steht die rechtskräftige Einstellung einem rechtskräftigen Urteil gleich. Abs. 4 regelt damit die Bindungswirkung des Beschlusses und sichert zugleich damit auch die materielle Rechtssicherheit. Es steht dann fest, dass der Beamte kein Dienstvergehen begangen hat. Auch können Tatsachen, die Gegenstand des Verfahrens waren, nicht erneut Gegenstand eines neuen Disziplinarverfahrens sein. Beschlüsse nach Abs. 3 Satz 3 sind **nicht unanfechtbar.** Da Abs. 3 und 4 über Rechtsmittel nichts aussagen – die Unanfechtbarkeit gilt gem. Abs. 3 Satz 2 nur für den Beschluss über die Fristsetzung, nicht aber über den Einstellungsbeschluss –, ist nach der Systematik des Gesetzes die **Beschwerde nach § 67 i. V. m. § 146 VwGO** zulässig. Erst der rechtskräftige Beschluss, also nach endgültiger Erledigung auch der Rechtsmittel, steht dem Urteil gleich.

15

§ 56 Beschränkung des Disziplinarverfahrens

Das Gericht kann das Disziplinarverfahren beschränken, indem es solche Handlungen ausscheidet, die für die Art und Höhe der zu erwartenden Disziplinarmaßnahme nicht oder voraussichtlich nicht ins Gewicht fallen. Die ausgeschiedenen Handlungen können nicht wieder in das Disziplinarverfahren einbezogen werden, es sei denn, die Voraussetzungen für die Beschränkung entfallen nachträglich. Werden die ausgeschiedenen Handlungen nicht wieder einbezogen, können sie nach dem unanfechtbaren Abschluss des Disziplinarverfahrens nicht Gegenstand eines neuen Disziplinarverfahrens sein.

Die Vorschrift übernimmt für das gerichtliche Verfahren nahezu wörtlich die Regelung des § 19 Abs. 2 für das behördliche Verfahren. Hiermit sollen zur Beschleunigung weniger gewichtige, aber aufwändig zu beweisende Vorwürfe außer Betracht bleiben können. Sie gilt für die Disziplinarklage des Dienstherrn wie auch für die Anfechtungsklage der Beamten. Darin liegt eine gravierende Durchbrechung des Grundsatzes der alleinigen Disziplinarbefugnis des Dienstherrn sowie des Grundsatzes der Einheit des Dienstvergehens. Nur er kann bestimmen, welchen Sachverhalt er zum Gegenstand einer Disziplinarklage nach § 52 oder einer Disziplinarverfügung nach § 33 macht. Schon gem. § 3 BDO konnte die Behörde von der Verfolgung einzelner Sachverhalte absehen. Während § 19 Abs. 2 sich in diesem Rahmen hält, da hier die Beschränkung im behördlichen Verfahren getroffen wird, erhalten die Gerichte diese Befugnis – ähnlich zu § 154 a StPO – außerhalb des Verwaltungsverfahrens und können die Einheit des Dienstvergehens einschränken. Das Ge-

1

---

31 BVerwGE 135, 24 – nach juris Rn. 27.

§ 56 Beschränkung des Disziplinarverfahrens

setz übernimmt damit vollständig die Rspr. des BVerwG[1] (vgl. auch A. I. Rn. 11) auch für die erste Instanz.

2 Die gesetzlich geregelte Möglichkeit der Beschränkung erfüllt aber durchaus ein berechtigtes Interesse der Gerichte. Bereits unter der Geltung der BDO wäre es wünschenswert gewesen, eine dem § 154a StPO vergleichbare Regelung zu schaffen. Während die Verwaltung nicht immer die Aussichten ihrer Klagen oder Verfügungen auf gerichtlichen Fortbestand abschätzen kann, sieht das Gericht klarer, auf welche Pflichtverletzungen im Gesamtzusammenhang verzichtet werden kann. Die Beschränkung ist dann geeignet, Kapazitäten des Gerichtes von unwesentlichen Vorwürfen frei zu halten und auf gewichtige Sachverhalte zu konzentrieren. Übereinstimmend mit der Rspr. des BVerwG[2] bedarf die Beschränkung des Verfahrens **nicht der Zustimmung der Beteiligten**.

3 Das Gericht hat dabei einen eingegrenzten Entscheidungsspielraum. Nur solche Handlungen dürfen ausgeschieden werden, die nach **Art und Höhe** voraussichtlich nicht ins Gewicht fallen. Dies legt das BVerwG dahin aus, dass im Hinblick auf den Grundsatz der Einheit des Dienstvergehens eine Bedeutung für die Bestimmung der Disziplinarmaßnahme nach jeder Betrachtungsweise sicher ausgeschlossen werden können muss.[3] Es soll das Verfahren von überflüssigem Ballast befreit werden; es muss aber immer die gebotene Gesamtwürdigung der Persönlichkeit des Beamten möglich sein. Unter dieser Prämisse hat das Gericht – auch das Rechtsmittelgericht[4] – eine Art Rechtsfolgenberechnung vorzunehmen.[5] Zunächst ist auf die Art der Disziplinarmaßnahme abzustellen. Zieht eine Handlung bereits die Höchstmaßnahme nach sich, kann auf weitere Handlungen verzichtet werden, soweit die weiteren Handlungen nicht zu einer abweichenden Gesamtwürdigung führen könnten. Kommt eine darunter liegende Maßnahme in Betracht, ist zu berücksichtigen, ob durch die Einbeziehung/Nichteinbeziehung weiterer Handlungen eine der Art nach andere (höhere/niedrigere) Maßnahme zu erwarten ist. Ändert sich dadurch die Maßnahmenart, kann die weitere Handlung nicht ausgeschieden werden. Soweit ein Bemessungsspielraum vorgesehen ist wie bei Zurückstufung (über mehrere Stufen hinweg), Kürzung der Dienstbezüge oder des Ruhegehalts (Laufzeit) oder Geldbuße (Höhe; vgl. A. IV. Rn. 85 ff.) ist die gleiche Betrachtungsweise innerhalb der Maßnahmenart anzustellen. Kommt statt einer Zurückstufung um ein Amt eine solche um zwei oder mehrere Ämter in Frage, scheidet eine Verfahrensbeschränkung aus. Für die Kürzung der Dienstbezüge gilt dabei, dass eine nicht nur geringfügige Veränderung der Laufzeit vorher zu sehen sein muss. Kürzungen der Dienstbezüge staffeln sich ebenfalls nach kurzer, mittlerer und langer Laufzeit. Die Kürzung muss also quasi ein anderes Gewicht erhalten, sollte eine Handlung unberücksichtigt bleiben. Eine Veränderung beispielsweise um nur 2 oder 3 Monate wird nach Satz 1 nicht ins Gewicht fallen.

4 Wenn auch § 56 nicht wie § 19 Abs. 2 die Pflicht vorsieht, die Beschränkung aktenkundig zu machen, so verlangt doch das Rechtsstaatsgebot, dass der Beamte auf die Vorgehensweise des Gerichtes aufmerksam gemacht wird, damit er seine Verteidigung darauf einstellen kann.[6] Gem. § 3 i. V. m. § 122 VwGO ist eine Entscheidung durch Beschluss angezeigt.[7] Denn gerichtliche Entscheidungen, die der Erarbeitung des Urteils dienen, sind

---

1 Zuletzt: BVerwG 9. 11. 2000 – 1 D 8.96.
2 BVerwG 27. 11. 1996 – 1 D 28.95, BVerwGE 113, 32.
3 BVerwG 6. 6. 2013 – 2 B 50/12 –, Rn. 13, juris = NVwZ-RR 2013, 926 »kein Opportunitätsprinzip«.
4 BVerwG, NVwZ-RR 2013, 1009.
5 Ähnlich zu § 154 a StPO; Kleinknecht/Meyer-Goßner, StPO, § 154a Rn. 9.
6 BVerwG, NVwZ-RR 2013, 926; Kleinknecht/Meyer-Goßner, StPO, § 154 a Rn. 18.
7 Das BVerwG, a. a. O., äußert sich dazu leider nicht.

Bindung an Feststellungen aus anderen Verfahren § 57

durch Beschluss zu treffen.[8] Dafür spricht auch, dass die Beschränkung des Verfahrens materiell-rechtliche Folgen nach sich zieht, ausgeschiedene Handlungen in der Regel nicht weiter verfolgbar sind (vgl. Rn. 6). Die Beschränkung geht damit weit über verfahrenslenkende Maßnahmen hinaus. Letztlich handelt es sich um eine Teilsachentscheidung über disziplinar relevante Handlungen. Der Beschluss ist allerdings nicht zu begründen, da er nicht durch Rechtsmittel angefochten werden kann. § 146 Abs. 2 VwGO (i.V.m. §§ 3, 67 Abs. 1) sieht die Beschwerde nicht vor für prozessleitende Verfügungen und ähnliche Verfahrenshandlungen, wie z. B. die Trennung und Verbindung von Verfahren. Um eine solche Verfahrenshandlung handelt es sich auch bei der Beschränkung des Verfahrensstoffes entgegen des Grundsatzes der Einheit des Dienstvergehens. Auch ist die Begründung durch das Gesetz schon vorgegeben.

Die aktenkundige Dokumentation der Beschränkung ist insbesondere deshalb erforderlich, weil **Satz 2** das **Verbot der Wiedereinbeziehung** ausgeschiedener Handlungen ausspricht. Dazu müssen die von diesem materiell-rechtlichen Verwertungsverbot betroffenen Handlungen bzw. Vorwürfe eindeutig festgelegt sein. Sie sind nur dann wieder einzubeziehen, wenn die Voraussetzungen der Beschränkung nachträglich wieder entfallen. Dies kommt nur in Betracht, wenn sich im weiteren Verfahren (auch etwa in der Berufungsinstanz) die Grundannahmen der ursprünglichen Prognose als unzutreffend erweisen und sich die verbliebenen Vorwürfe später in völlig anderem Licht (und damit Gewicht) präsentieren oder überhaupt nicht nachgewiesen werden können. Dann gewinnt die ausgeschiedene Handlung ein neues – stärkeres – Gewicht, das eine Ausscheidung lediglich aus Gründen der Prozessökonomie verbietet und das Gericht in der Regel dazu zwingen wird, diese wieder einzubeziehen. Nur so kann es dem Klagewillen des Dienstherrn und dessen Disziplinarbefugnis gerecht werden. Die wieder einbezogenen Handlungen können nicht unberücksichtigt bleiben, weil ihnen für Art und Höhe der zu erwartenden Disziplinarmaßnahme entgegen der ursprünglichen Annahme voraussichtlich doch Relevanz zukommt.[9] Dem Gericht steht insoweit kein Ermessen zu. Der Wortlaut »können« ist also zu lesen als »dürfen«. 5

Die **Verfolgung ausgeschiedener Handlungen ist** – soweit sie nicht im anhängigen Verfahren wieder einbezogen werden – **unzulässig, Satz 3**. Der Dienstherr darf sie also nach Abschluss des Disziplinarverfahrens nicht zum Gegenstand eines neuen Disziplinarverfahrens machen und sie auch nicht in ein solches neues Verfahren – das wegen neuer Vorwürfe eingeleitet wurde – mit einbeziehen. Auch eine dortige Nachtragsdisziplinarklage wäre unzulässig. Insoweit setzt die Vorschrift wieder den Grundsatz der Einheit des Dienstvergehens um. Die ausgeschiedenen Handlungen sind also mit der unanfechtbaren Entscheidung endgültig (mit) erledigt worden und verbraucht. 6

§ 57 Bindung an tatsächliche Feststellungen aus anderen Verfahren

(1) Die tatsächlichen Feststellungen eines rechtskräftigen Urteils im Straf- oder Bußgeldverfahren oder im verwaltungsgerichtlichen Verfahren, durch das nach § 9 des Bundesbesoldungsgesetzes über den Verlust der Besoldung bei schuldhaftem Fernbleiben vom Dienst entschieden worden ist, sind im Disziplinarverfahren, das denselben Sachverhalt zum Gegenstand hat, für das Gericht bindend. Es hat jedoch die erneute Prüfung solcher Feststellungen zu beschließen, die offenkundig unrichtig sind.

---

8 Redeker/v. Oertzen, § 122 Rn. 1.
9 BVerwG, NVwZ-RR 2013, 1009.

§ 57 Bindung an Feststellungen aus anderen Verfahren

(2) Die in einem anderen gesetzlich geordneten Verfahren getroffenen tatsächlichen Feststellungen sind nicht bindend, können aber der Entscheidung ohne erneute Prüfung zugrunde gelegt werden.

1 Die Vorschrift übernimmt inhaltlich die Regelung aus dem früheren § 18 BDO und ergänzt die nach § 23 für das behördliche Verfahren geltende Bindungswirkung auch für das gerichtliche Verfahren. Neu ist dabei die Bindungswirkung solcher Entscheidungen, die auf Klagen gegen Feststellungsbescheide über den Verlust der Dienstbezüge nach § 9 BBesG ergehen. Dies ist vor dem Hintergrund zu würdigen, dass das BDG den Rechtsschutz gegen Feststellungsbescheide über den Verlust der Dienstbezüge mangels ausdrücklicher Regelung nicht (mehr) der Disziplinarkammer des VG zuweist, sondern als allgemeines Beamtenrecht ansieht. Kraft Sachzusammenhangs (Hintergrund ist das schuldhafte Fernbleiben vom Dienst) sollte auch diese Materie der Disziplinarkammer zugewiesen werden (vgl. vor § 62 Rn. 2).

2 § 57 regelt zunächst die Bindung des Gerichtes im Disziplinarverfahren an den im Strafverfahren festgestellten Sachverhalt. Die Bindung der Disziplinargerichte an **tatsächliche Feststellungen in Strafurteilen** ist eine die Nutzung besserer Ermittlungsmöglichkeiten der Strafverfolgungsbehörden sichernde und zugleich das Auseinanderfallen von Entscheidungen verschiedener Gerichtsbarkeiten in ein und derselben Sache zu hindern bestimmte Ausnahme von der Freiheit der Gerichte bei der Sachverhaltsfeststellung.[1] Die Bindung soll nicht nur zu einer Beschleunigung des Verfahrens führen, sondern auch einen unnötigen Aufwand an Zeit und Kosten verhindern,[2] was allerdings nicht immer damit verbunden ist.

3 Bindende Wirkung für die Annahme eines Dienstvergehens hat grundsätzlich jedes **rechtskräftige Urteil** eines **deutschen Gerichts**. Auch ausländische Urteile können bei Annahme eines Dienstvergehens binden, wenn ihre Tatsachenfeststellungen dem disziplinaren Vorwurf zugrunde liegen. Voraussetzung ist kulturelle und rechtsstaatliche Übereinstimmung der dortigen Strafnormen und Prozessschutzregeln mit denen des deutschen Rechts (ordre public, Art. 30 EGBGB). Ist die Übereinstimmung gegeben, so ist die Bindung schon deswegen nahe liegend, weil deutsche Disziplinarvorgesetzte bzw. -organe im Ausland kaum die Möglichkeit besserer oder überhaupt freier Sachaufklärung haben. Für Zweifelsfälle steht das Mittel der Lösung nach § 57 Abs. 1 Satz 2 zur Verfügung. Da die Berücksichtigung eines ausländischen Urteils für § 14 anerkannt ist,[3] kann Gleiches für § 57 angenommen werden. Bindend ist ein Urteil, das im Straf- oder Bußgeldverfahren gegen den Beamten, das denselben Sachverhalt betrifft, ergeht (anders bei § 57 Abs. 2 vgl. u. Rn. 14).

4 Die Bindung reicht nur so weit, als die in der Klageschrift oder Disziplinarverfügung vorgeworfene Pflichtverletzung auch Gegenstand des Strafverfahrens war.[4] **Keine Bindung** nach Abs. 1 besteht an Strafbefehle,[5] Bußgeldbescheide und **Wiederaufnahmeverfahren** nach § 359 Nr. 5 StPO.[6] Ebenso wenig bindet ein bloßes inhaltsleeres Formalgeständnis, weil dies unter offenkundiger Verletzung wesentlicher Verfahrensvorschriften zustande

---

[1] BVerwG, Dok. Ber. 1986, 209.
[2] BVerwG, NVwZ-RR 2015, 50.
[3] BVerwG 1.9.1981 – 1 D 90.80; BDiG 23.6.1971 – IV VL 37/70.
[4] BVerwG, Dok. Ber. 1986, 5.
[5] BVerwG 29.3.2012 – 2 A 11.10.
[6] BVerwG 15.3.2013 – 2 B 22/12, Rn. 14, juris; relevant jedoch im Rahmen des Abs. 2, vgl. Rn. 15.

Bindung an Feststellungen aus anderen Verfahren § 57

gekommen ist.[7] Dagegen sind die tatsächlichen Feststellungen eines im Privatklageverfahren gegen den Beamten ergangenen Urteils bindend. Ebenso können Tatsachenfeststellungen in sachgleichen freisprechenden Strafurteilen bei disziplinarem Überhang unter die Bindungswirkung fallen.[8] Problematisch ist die Frage der Bindungswirkung von Urteilen, die in abgekürzter Form ergehen (§ 267 Abs. 4 StPO). Hier besteht Bindungswirkung nur, wenn das Urteil ausreichende tatsächliche Feststellungen enthält. Allerdings genügt für die Bindungswirkung, dass der in Bezug genommene **Anklagesatz ausreichende und widerspruchsfreie Feststellungen** enthält, die den Urteilsspruch tragen.[9] Keine Bindungswirkung entfalten auch in sich widerspruchsvolle oder nicht zum Straftatbestand gehörende oder unschlüssige tatsächliche Feststellungen.[10] **Unterschiedliche Feststellungen** über die Beteiligung eines Beamten an einer Straftat in einem Straf- und einem Zivilurteil, die beide rechtskräftig geworden sind, sind geeignet, erhebliche Zweifel an der Richtigkeit der tatsächlichen Feststellungen im Strafurteil zu begründen, und rechtfertigen deshalb (auch unter dem neuen Wortlaut »offenkundig unrichtig«, s. Rn. 10) einen Lösungsbeschluss nach § 18 Abs. 1 Satz 2 BDO – nunmehr § 57 Abs. 1 Satz 2 BDG –.[11] **Nicht bindend** sind ferner auch auf **Einstellung** aus formalen Gründen lautende strafgerichtliche Entscheidungen.[12] Bei der **Einstellung** des Strafverfahrens, z. B. wegen Verjährung oder mangels einer Schuldfeststellung, sind keine tatsächlichen Feststellungen zwingend zu treffen, die Voraussetzung für die Bindungswirkung sein könnten.[13] Dies gilt entsprechend auch für die häufigen **Einstellungen nach § 153 a StPO**. Umgekehrt sind die den Schuldspruch tragenden Feststellungen eines Strafurteils auch dann für das Disziplinargericht bindend, wenn nach der Beschränkung der Berufung auf das Strafmaß das Strafverfahren in der Berufungsinstanz eingestellt wird,[14] ebenso bei Rechtskraft des Schuldspruchs in der Revisionsinstanz und neue Entscheidung der Tatinstanzen nur über das Strafmaß.[15] Wird dagegen ein Strafurteil der Vorinstanz in der Revision aufgehoben, ohne dass bei der Aufhebung aus Tenor und Gründen eine Einschränkung hinsichtlich der Aufhebung ersichtlich wird, dann hat das angefochtene Urteil keine Bindungswirkung erlangt. Daran ändert auch nichts, dass die Revisionsentscheidung durch Beschluss ergangen ist. Auch der Umstand, dass das Revisionsgericht die Feststellungen des Landgerichts wegen seiner Bindung hieran selbst zugrunde gelegt und sie in den Gründen seiner Entscheidung wiedergegeben hat, ändert hieran nichts.[16]

§ 57 Abs. 1 stellt **kein Prozesshindernis** wie § 14 Abs. 2 dar, er verbietet lediglich die Beweisaufnahme über bindend festgestellte Tatsachen. Seine Verletzung stellt mithin einen behebbaren Verfahrensmangel dar.[17]   5

Die Bindungswirkung des Abs. 1 bezieht sich nach dem klaren Wortlaut der Bestimmung auf die **tatsächlichen Feststellungen,** auf denen das strafgerichtliche Urteil **beruht,** und zwar sowohl hinsichtlich des äußeren als auch des inneren Tatbestandes.   6

---

7 BVerwG 1.3.2013 – 2 B 78/12, Rn. 10, juris.
8 BVerwG, IÖD 2015, 152.
9 BVerwG 24.2.1999 – 1 D 31.98; 4.3.1998 – 1 D 52.96; 6.6.1984 – 1 D 73.83.
10 BVerwG, NVwZ-RR 2015, 50; Behnke-Amelung, § 18 Rn. 14.
11 BVerwG 12.4.1989 – 1 D 120.87.
12 BVerwGE 83, 180.
13 BVerwG, Dok. Ber. 1986, 195.
14 BVerwGE 83, 228, »horizontale Rechtskraftwirkung«, insbes. steht die Unschuldsvermutung nicht entgegen, BVerwG 24.11.1999 – 1 D 68.98, ZBR 2000, 313.
15 BVerwG 26.4.1988 – 1 D 95.87.
16 BVerwG, Dok. Ber. 1985, 336.
17 BDHE 7, 19.

In Bindung erwachsen deshalb die Feststellungen zur Zueignung einer Sache bei der Unterschlagung, der Absicht, sich einen Vermögensvorteil zu verschaffen beim Betrug, ferner Feststellungen zur Schuldfähigkeit bzw. zum Vorsatz oder der Fahrlässigkeit.[18] Bindend sind auch Ausführungen zum Zeitpunkt des Tatentschlusses.[19] Keine Bindung besteht an Geschehensablauf, der im freisprechenden Strafurteil zwar hätte geprüft werden können, aber tatsächlich nicht geprüft wurde.[20] Dagegen sind stillschweigende Tatsachenfeststellungen (etwa zu Nichtvorliegen von Schuldunfähigkeit) bindend.[21] Aus bindend festgestellter Schuldfähigkeit kann aber nicht bindend die Verhandlungsfähigkeit abgeleitet werden.[22] Bindend sind nicht Feststellungen zum Wert entwendeter Sachen; wenn die Sachen selbst konkretisiert sind, besteht allerdings insoweit Bindung.[23] Bindend sind auch negative Feststellungen, auf denen beruhend das Strafgericht Beamte von Beschuldigungen teilweise freistellt und nur wegen weiterer Tatsachen verurteilt. Es liegt zwar kein Freispruch i. S. d. § 14 Abs. 2 vor, aber Bindung des Verwaltungsgerichts nach § 57 Abs. 1.

7 Die **Bindungswirkung** gilt grundsätzlich **für das gesamte behördliche (§ 23 Abs. 1) Verfahren** und das anschließende Gerichtsverfahren, soweit sich das Gericht nicht nach Abs. 1 Satz 2 gelöst hat. Dienstvorgesetzte sind mithin sämtlich i. S. d. § 23 Abs. 1 gebunden. Beweisanträge, die tatsächliche Feststellungen eines Strafurteils im Sinne von § 57 Abs. 1 betreffen, sind mithin unzulässig (arg. aus § 58 »erforderliche Beweise«).[24] Eine Lösung der ersten Instanz im Disziplinarverfahren befreit wiederum die Berufungsinstanz nicht automatisch von der Bindungswirkung des § 57.[25]

8 Nicht bindend sind **Rechtsansichten** des Strafgerichts zur Einordnung des Sachverhalts unter einen Straftatbestand.[26] Also beispielsweise die Auffassung, das Verhalten des Betroffenen erfülle die Voraussetzungen des Diebstahls und nicht die einer Unterschlagung. **Keine Bindung** tritt schließlich ein bei Feststellungen, die **nicht den gesetzlichen Tatbestand betreffen**; so binden z. B. Feststellungen, die sich nur auf die Schwere der Schuld erstrecken, lediglich das Strafmaß betreffen oder solche zur Zubilligung mildernder Umstände oder zu Begleitumständen einer Tat, nicht. Nicht zum gesetzlichen Tatbestand gehören auch Ausführungen zur Verwendung unterschlagenen oder entwendeten Geldes oder die Höhe des gefundenen Geldbetrages bei einer Fundunterschlagung.

9 Bindend sind neuerdings auch **tatsächliche Feststellungen im verwaltungsgerichtlichen Verfahren über den Verlust der Besoldung bei schuldhaftem Fernbleiben vom Dienst** (vgl. dazu vor § 62 Rn. 14). Die amtliche Begründung gibt keinen Aufschluss für diese Ausdehnung der Bindungswirkung. Sie spiegelt aber den engen Sachzusammenhang beider Verfahren wieder und ist zu begrüßen. Bereits unter der Geltung der BDO waren Verfahren nach § 121 BDO schwierig und langwierig, so dass die Übernahme der dort getroffenen Tatsachenfeststellungen sinnvoll ist. Allerdings sollten solche Verfahren auch zukünftig **der mit Disziplinarsachen betrauten Kammer zugewiesen** werden. Diese könnten sachgleiche Disziplinar- und Verlustfeststellungsverfahren nach § 3 i. V. m. § 93 VwGO zur gemeinsamen Entscheidung verbinden, wie dies auch § 121 Abs. 6 BDO vorsah. Zu berücksichtigen ist dabei, dass eine abweichende Entscheidung im Disziplinarverfahren

---

18 BVerwG 10. 8. 1982 – 1 D 5.81.
19 BVerwGE 43, 125.
20 BDH 17. 2. 1962 – 2 DB 7.66.
21 BVerwG 9. 9. 1997 – 1 D 36.96.
22 BVerwG 25. 1. 2001 – 1 D 31.99.
23 BVerwG, Dok. Ber. 1990, 315.
24 BVerwG 2. 8. 1980 – 1 D 77.79.
25 BVerwGE 73, 31.
26 BDHE 3, 125, 131.

die Pflicht des Dienstherrn nach § 3 i. V. m. § 51 VwVfG nach sich ziehen kann, das Verfahren nach § 9 BBesG wieder aufzugreifen.²⁷

§ 57 Abs. 1 Satz 2 gibt die Möglichkeit der **Lösung** durch Mehrheitsbeschluss mit der Folge, dass das Disziplinargericht oder der Disziplinarsenat des OVG sich von bindenden strafgerichtlichen Feststellungen lösen und eigene Tatsachenfeststellungen treffen können. Soweit nun Abs. 1 Satz 2 **offenkundige Unrichtigkeit** voraussetzt, handelt es sich lediglich um eine Präzisierung der Voraussetzungen eines Lösungsbeschlusses, aber keine Verschärfung.²⁸ Die Lösung von der grundsätzlichen Bindung muss Ausnahme bleiben. Ein Lösungsbeschluss kommt deshalb nur in Frage, wenn das Disziplinargericht sonst gezwungen wäre, auf der Grundlage unrichtiger, zumindest höchst zweifelhafter Feststellungen zu entscheiden, sozusagen »sehenden Auges«.²⁹ Nur dies soll durch die Zulässigkeit einer Lösung verhindert werden,³⁰ wie Abs. 1 Satz 2 jetzt noch deutlicher ausdrückt. Es genügt nicht, dass die Disziplinargerichte aufgrund einer eigenen anderen Würdigung abweichende Feststellungen für richtig halten. Das Disziplinargericht darf insbesondere nicht seine eigene Beweiswürdigung gegen die des Strafgerichts setzen; auch die Möglichkeit eines anderen Geschehensablaufs reicht grundsätzlich für den Lösungsbeschluss nicht aus.³¹ Lösung kommt nur in Frage bei Fehlern, die im Strafprozess die Revision begründen,³² also bei **unzulänglichen, widersprüchlichen, gegen die Denkgesetze verstoßenden,** nicht zum Straftatbestand gehörenden oder unschlüssigen Feststellungen³³ oder zumindest höchst zweifelhafter Feststellungen³⁴ sowie bei offenkundiger Verletzung wesentlicher Verfahrensvorschriften.³⁵ Ein Verstoß gegen die Denkgesetze liegt noch nicht vor, wenn ein anderer Tathergang oder eine andere Erklärung für das Tatgeschehen möglich oder wahrscheinlich ist.³⁶ Eine Lösung ergibt sich jedoch, wenn Straf- und Zivilurteil in derselben Sache unterschiedliche Tatsachen feststellen (s. Rn. 4).³⁷ Bei Wahlfeststellungen des Strafurteils besteht eine Bindung nur hinsichtlich des disziplinarrechtlich minderschweren Verhaltens (wg. »in dubio pro reo«).³⁸ Es muss allerdings auch berücksichtigt werden, dass die Bindungswirkung als eine Regelung der Ausnahme von der Freiheit der Gerichte bei der Sachverhaltsfeststellung wiederum eng auszulegen ist.³⁹ Bedenklich deshalb die allzu weite Einschränkung einer Lösung durch das BVerwG, wonach die Zulässigkeit einer Lösung nach § 18 BDO (nunmehr: § 57 BDG) in der Praxis auf Fälle beschränkt sei, in denen das Disziplinargericht sonst gezwungen wäre, auf der Grundlage offensichtlich unrichtiger oder inzwischen als unzutreffend erkannter Feststellungen zu entscheiden.⁴⁰ Der Wortlaut des Abs. 1 Satz 2 ist daher einschränkend auszulegen. Dies ist schon deshalb notwendig, weil die Sorgfalt der Untersuchung und Feststellung eines Sachverhalts im Strafverfahren, insbesondere in Bagatellfällen oder bei Sachverhalten, die

---

27 BVerwG 29.3.1999 – 1 DB 7.97, ZBR 1999, 309 = NVwZ 2000, 202.
28 So die Amtliche Begründung, BT-Drucks. 14/4659, S. 42.
29 BVerwG 26.8.2010 – 2 B 43/10, Rn. 5, juris.
30 BVerwG 29.11.2000 – 1 D 13.99, DÖD 2001, 216 = NVwZ-RR 2001, 394.
31 VG Wiesbaden 12.8.2010 – 28 K 916/09.WI.D, juris.
32 BVerwG, Dok. Ber. 1981, 217.
33 Vgl. hierzu BVerwGE 73, 31; ZBR 1983, 208; BVerwG 5.9.1990 – 1 D 78.89, Dok. Ber. 1990, 315; 10.3.1992 – 1 D 50.91, Dok. Ber. 1992, 249.
34 OVG Lüneburg 26.2.2013 – 3 LD 2.12, Rn. 48, juris
35 BVerwG, DÖD 2001, 216.
36 BVerwG, Dok. Ber. 1986, 187.
37 BVerwG 12.4.1989 – 1 D 120.87.
38 So BVerwG 21.7.1992 – 1 D 27.92.
39 So zutreffend BVerwGE, Dok. Ber. 1986, 209.
40 So u. a. BVerwG 5.3.1991 – 1 D 48.89; BVerwG, Dok. Ber. 1993, 149.

eine genaue Kenntnis des von dem Beamten verrichteten Dienstes voraussetzen, nicht selten sehr zu wünschen übrig lässt. Gerade solche Sachverhalte können im Disziplinarverfahren, in dem die Beteiligten in der Regel sachkundig sind, leichter und genauer ermittelt werden. Gerade in solchen Fällen muss deshalb immer geprüft werden, ob die Sachaufklärung des Strafgerichts zureichend ist. Auch offensichtliche Unrichtigkeiten, wie falsches Datum, können erst nach förmlicher Lösung gem. Abs. 1 Satz 2 berichtigt werden.[41]

11 Der Beamte ist ohnehin trotz Bindungswirkung in jedem Stadium des Verfahrens zu hören. Dies einmal, weil alle für die disziplinarrechtliche Beurteilung erforderlichen Aspekte herauszuarbeiten sind, und zum anderen, weil der Beamte oder der Verteidiger Gesichtspunkte darlegen können, die für einen Lösungsbeschluss sprechen. Rechtliches Gehör steht dem Beamten auch in der Ermittlung zu; der Ermittlungsführer ist zwar nach § 23 Abs. 1 absolut gebunden, er muss aber, wenn er nach Anhörung des Beamten zu einem anderen Ergebnis kommt, in den Akten kenntlich machen, dass seine Ermittlungen zu anderen Ergebnissen geführt hat, als sie das Strafgericht der Entscheidung zugrunde gelegt hat.

12 In der gerichtlichen Hauptverhandlung kann ein **Beweismittel,** dessen Einführung einen Lösungsbeschluss voraussetzt, auch schon **vor** dem Beschluss präsent gemacht werden.[42] Auch informatorische Anhörung von Zeugen und Sachverständigen zur Vorbereitung eines Lösungsbeschlusses ist zulässig.[43] Nur so kann das Gericht ausreichende Grundlagen für eine Entscheidung über eine Lösung gewinnen. Einem Beweisantrag, mit dem entgegen den bindenden Feststellungen des Strafurteils verminderte Schuldfähigkeit bewiesen werden soll, kann ohnehin stattgegeben werden, weil diese Feststellung nicht von der Bindung abweicht, soweit Schuldfähigkeit festgestellt ist, andererseits eine Maßnahmemilderung in Betracht kommen kann.

13 Löst sich das Gericht nicht, so bedarf dies nur bei entsprechender Anregung eines Verfahrensbeteiligten eines förmlichen Beschlusses, der aber nicht begründet werden muss. Prozessuale Fürsorge gebietet aber in der Regel Mitteilung der Gründe in der Hauptverhandlung, kurz gefasst auch in den Entscheidungsgründen. Wird bei der Begründung der Nichtlösung auf die Strafurteilsgründe eingegangen, müssen diese Gegenstand der Klageschrift nach § 52 Abs. 1 Satz 2 geworden sein, sonst liegt ein Verfahrensfehler vor. Will sich das Gericht lösen, muss es dazu den Verfahrensbeteiligten das rechtliche Gehör bieten. Der Lösungsbeschluss muss gefasst sein, bevor die Beweisaufnahme zu dem Lösungstatbestand begonnen wird. Die Gründe der Lösung sind in der Hauptverhandlung und in den Urteilsgründen darzulegen.[44]

14 Der in der Hauptverhandlung gefasste Lösungsbeschluss ist **unanfechtbar.** Ein Abweichen von bindenden Feststellungen oder auch die irrige Annahme bindender Feststellungen stellten schwere **Verfahrensmängel** dar, sie können zur Aufhebung der Sache und Zurückverweisung an das Vordergericht führen.

15 Feststellungen in einem anderen gesetzlich geordneten Verfahren **nach Abs. 2,** das mit einer Sachentscheidung endete,[45] binden dagegen **nicht.** Das Gericht kann sie aber nach **pflichtgemäßem Ermessen** der Entscheidung im Disziplinarverfahren zugrunde legen, wenn sie im Disziplinarverfahren nicht mehr bestritten werden. Dies erfasst vor allem

---

41 BVerwG 4.5.1988 – 1 D 149.87.
42 BVerwGE 33, 110.
43 BVerwG, Dok. Ber. 1987, 7.
44 Claussen/Janzen, § 18 Rn. 12 d.
45 BVerwG, IÖD 2009, 5.

Strafbefehle. Das gerichtliche Ermessen hat sich am Zweck der Ermächtigung zu orientieren und ist daher eingeschränkt. Es sollen so divergierende Entscheidungen von Straf- und Disziplinargerichten über dieselbe Tatsachengrundlage nach Möglichkeit vermieden werden.[46] Solchen Feststellungen kommt eine Indizwirkung zu, die nur entfällt, wenn die strafgerichtliche Würdigung im disziplinargerichtlichen Verfahren substantiiert angegriffen und entkräftet worden ist.[47] Die nach Abs. 2 zu übernehmenden tatsächlichen Feststellungen setzen ein rechtsbeständig abgeschlossenes **anderes Verfahren** voraus. Es können nur solche Verfahrensakten beigezogen werden, die keinem Verwertungsverbot unterliegen, wie etwa ggf. Ehescheidungsakten (B. II. 9. Rn. 16).[48] Die disziplinaren Ermittlungen und Untersuchungen in eigener Sache sind kein anderes Verfahren i. S. d. Abs. 2, fallen also nicht unter Abs. 2.[49] Auch Verfahren gegen Dritte können nach Abs. 2 verwertet werden, wenn sie dem Amtsermittlungsgrundsatz unterliegen oder der Beschuldigte im Privatmaximeverfahren auf das Verfahren Einfluss nehmen konnte.[50] Das Disziplinargericht **kann** den übernommenen Sachverhalt ergänzen. In keinem Fall können Tatsachenfeststellungen aus anderen Verfahren verwertet werden, wenn der im Disziplinarverfahren erhebliche Sachverhalt dort nicht **umfassend und eindeutig geklärt** ist. Deshalb können diese tatsächlichen Feststellungen nur ungeprüft übernommen werden, wenn sie unstreitig sind.[51]

§ 58 Beweisaufnahme

(1) Das Gericht erhebt die erforderlichen Beweise.
(2) Bei einer Disziplinarklage sind Beweisanträge von dem Dienstherrn in der Klageschrift und von dem Beamten innerhalb zweier Monate nach Zustellung der Klage oder der Nachtragsdisziplinarklage zu stellen. Ein verspäteter Antrag kann abgelehnt werden, wenn seine Berücksichtigung nach der freien Überzeugung des Gerichts die Erledigung des Disziplinarverfahrens verzögern würde und der Beamte über die Folgen der Fristversäumung belehrt worden ist; dies gilt nicht, wenn zwingende Gründe für die Verspätung glaubhaft gemacht werden.
(3) Die Bestimmungen der Strafprozessordnung über die Pflicht, als Zeuge auszusagen oder als Sachverständiger ein Gutachten zu erstatten, über die Ablehnung von Sachverständigen sowie über die Vernehmung von Angehörigen des öffentlichen Dienstes als Zeugen und Sachverständige gelten entsprechend.

§ 58 betrifft eine weitere grundlegende Veränderung des Disziplinarverfahrens, nämlich die **Abkehr vom Mittelbarkeitsprinzip** der Hauptverhandlung. Während nach der BDO eine mittelbare Beweisaufnahme das Gerichtsverfahren bestimmte, indem die im förmlichen Untersuchungsverfahren gewonnenen Beweismittel durch Verlesen in der Beweisaufnahme vor dem BDiG in das Verfahren eingeführt wurden (ein Verfahren, das in vielen europäischen Staaten bekannt ist), sieht das BDG eine **unmittelbare Beweisaufnahme vor dem VG** entsprechend der Vorschriften nach §§ 86, 96 bis 98 VwGO (auch in der Be- 1

---

46 BVerwG 26. 9. 2014 – 2 B 14/14, Rn. 10, juris.
47 BVerwG 26. 9. 2014, a. a. O., und v. 15. 3. 2013 – 2 B 22/12, Rn. 14, juris.
48 Vgl. BVerfGE 27, 345.
49 BVerwGE 33, 147.
50 BVerwG 22. 11. 1979 – 1 D 84.78.
51 BVerwG, IÖD 2009, 5–7.

rufungsinstanz gem. § 65 BDG bzw. vor dem BVerwG gem. § 50 Abs. 1 Nr. 4 VwGO) vor, zum Teil durch Abs. 2 zur Beschleunigung des Verfahrens etwas abgewandelt.

2 **Abs. 1** bestimmt, dass das Gericht die erforderlichen Beweise erhebt. Neben dem Grundsatz der Unmittelbarkeit gilt auch der Grundsatz der Mündlichkeit und der Parteiöffentlichkeit (§ 97 VwGO). Die ausdrückliche Verweisung der Beweisaufnahme an das Gericht ohne eine § 96 Abs. 2 VwGO entsprechende Vorschrift bedeutet, dass in Disziplinarverfahren keine Beweisaufnahme vor dem beauftragten oder ersuchten Richter stattfindet.[1] Eine Beweisaufnahme auf ein erhebliches Beweisangebot erfüllt den Anspruch auf rechtliches Gehör. Entsprechend darf ein Beweisantrag nur unberücksichtigt bleiben, wenn sich ausschließen lässt, dass die Beweiserhebung zu neuen Erkenntnissen führen kann. Die Einholung eines weiteren Gutachtens kann nur dann verweigert werden, wenn ein bereits vorliegendes Gutachten nicht geeignet ist, die notwendigen sachlichen Grundlagen zu vermitteln. Ein Gutachten aus einem anderen Verfahren muss gem. §§ 402ff. ZPO in das Verfahren eingeführt werden.[2] Die gerichtliche Beweisaufnahme heilt deren Unterlassen im behördlichen Verfahren.[3]

3 Das Gericht hat nach **Abs. 1** nicht alle zum Nachweis des Dienstvergehens erforderlichen Tatsachen durch Beweismittel in der mündlichen Verhandlung zu erheben, sondern **nur die Tatsachen,** die im Zweifel stehen[4] und deren Aufklärung es nach dem Amtsermittlungsgrundsatz nach Lage der Dinge als sich aufdrängend für erforderlich hält.[5] Soweit Tatsachen aber entscheidend für die Beurteilung sind, ist jede mögliche Aufklärung des entscheidungserheblichen Sachverhalts bis zur Grenze der Zumutbarkeit zu versuchen.[6] Entsprechend kann ein Beweisangebot zu einer entscheidungserheblichen Tatsache nur dann unberücksichtigt bleiben, wenn sich die Eignung zur Erlangung neuer Erkenntnisse und zur Erschütterung der bisherigen Überzeugung des Gerichts ausschließen lässt.[7] Diese Tatsachen sind aus Klageschrift und Klageerwiderung zu ermitteln. Im Übrigen kann sich das Gericht an die Ermittlungsakten der Behörde halten und die darin enthaltenen Unterlagen, Vernehmungen oder Erklärungen verwerten. Es bestimmt über aufzuklärende Tatsachen wie auch über die Art der Aufklärung (Zeugen, Sachverständige etc.). Müsste das Gericht alle Tatsachen, die in der Entscheidung verwertet werden, durch eine Beweisaufnahme im echten Sinne in der mündlichen Verhandlung feststellen, wäre man wieder im Strafprozess, was das Gesetz partout vermeiden will. Erforderlich ist die Feststellung des Sachverhalts von Amts wegen. Ist er geklärt, bedarf es keiner Beweisaufnahme. Abs. 1 verlangt diese also nicht generell, sondern legt sie – so erforderlich – dem Gericht auf.[8] Nach dem **Amtsermittlungsgrundsatz** dürften nur absolut klare oder zugestandene Feststellungen ohne weiteres zu verwerten sein. Schweigt ein Beamter, ist dies nicht als Geständnis anzusehen und sind beim geringsten Zweifel insbesondere Zeugen und Sachverständige vor Gericht mündlich zu hören. Überhaupt darf zulässiges Prozessverhalten des Beamten, wie etwa Nichterscheinen zur Verhandlung[9] oder das Ausbleiben

---

1 A. M. GKÖD-Weiß, II § 58 Rn. 2, der aber wenig nachvollziehbar § 96 Abs. 2 VwGO für anwendbar hält, nicht aber § 96 Abs. 1 VwGO, so Rn. 24.
2 BVerwG, IÖD 2009, 272.
3 BVerwG 29.7.2010 – 2 A 4/09.
4 So die Amtliche Begründung, BT-Drucks. 14/4659, S. 42, und Rundschreiben des BMI vom 20.6.2001.
5 BVerwG 31.1.2014 – 2 B 88.13, Rn. 6, juris; IÖD 2005, 243.
6 BVerwG 4.7.2013 – 2 B 76.12, Rn. 17, juris.
7 BVerwG 1.4.2011 – 2 B 84.10, Rn. 5, juris.
8 Schoch/Schmidt-Aßmann/Pietzner, § 96 Rn. 18.
9 BVerwG 10.12.2014 – 2 B 75.14.

Beweisaufnahme § 58

innerer Einsicht und Aufarbeitung der dem Beamten vorgeworfenen Pflichtenverstöße[10] nicht zu seinen Lasten gewertet werden. Bestrittene, beweisbedürftige Tatsachen dürfen nicht durch Verlesen von Vernehmungsprotokollen des behördlichen Disziplinarverfahrens oder anderer gesetzlich geordneter Verfahren festgestellt werden,[11] auch nicht durch frühere schriftliche Aussagen (§ 24). Die Unmittelbarkeit der Beweisaufnahme verlangt die Beweiserhebung unmittelbar vor Gericht.[12] Jedenfalls sind auch unstreitig gebliebene Tatsachen durch Verlesen in die Verhandlung einzuführen, damit die Beteiligten die Grundlage der Entscheidungsfindung kennen. Dies kann auch in einem sehr detaillierten Sachbericht des Berichterstatters geschehen. Über § 3 und § 98 VwGO kann das Gericht auf **alle in der ZPO geregelten Beweismittel** zurückgreifen (§§ 372 ff. ZPO), also auch Augenschein, Zeugen, auch Vernehmung eines Auslandszeugen wenn Pflicht zur Aufklärung des Sachverhalts die Vernehmung des Zeugen gebietet,[13] Sachverständige, Urkunden und Parteivernehmung, soweit diese Vorschriften im Verwaltungsprozess auch Anwendung finden. Letzteres Beweismittel steht aber unter der Einschränkung, dass der Beamte nicht verpflichtet ist, sich selbst zu belasten, weshalb er auch über die Parteivernehmung hierzu nicht gezwungen werden kann.[14] Dürfen Mitarbeiter des Dienstherrn nicht aussagen, werden Urkunden nicht vorgelegt oder Auskünfte dem Gericht nicht erteilt, etwa wegen einer Sperrerklärung, so können dort enthaltene Tatsachen nicht zu Lasten des Beamten berücksichtigt werden.[15] Im Einzelnen kann auf die Kommentierung zur VwGO verwiesen werden.[16]

Abs. 2 schränkt das Recht der Beteiligten im Disziplinarklageverfahren zur Stellung von Beweisanträgen erheblich ein, wie dies auch §§ 67 Abs. 2, 68 Satz 2 und 3 BDO vorsahen. Der Dienstherr hat solche in der Klageschrift, der Beamte innerhalb einer gesetzlichen Frist von zwei Monaten nach Zustellung der Klageschrift zu stellen. Das Gesetz selbst stellt also schon eine Frist, binnen derer die Beteiligten ihren Mitwirkungspflichten Genüge zu tun haben. Kommen sie dieser nicht nach, bestimmt Abs. 2 Satz 2 die Folgen. Ein verspäteter Antrag kann bei Verzögerung der Erledigung des Rechtsstreits und Belehrung des Beamten über diese Rechtsfolge (§ 54) abgelehnt werden. Dies entspricht § 87 b VwGO, ebenso wie bei der Rüge von Verfahrensmängeln nach § 55 Abs. 2. Daher kann auf die Kommentierung zu § 55 verwiesen werden (Rn. 5, § 53 Rn. 9f.). Liegen Gründe für die verspätete Antragstellung vor, muss dieser zugelassen werden, auch wenn er verzögernd wirkt.

Ein **Beweisbeschluss** ist in der Regel nicht erforderlich, wenn auch oftmals sinnvoll, etwa zur Einholung eines Gutachtens. Beweisanträge müssen das **Beweisthema** eindeutig erkennen lassen. Im Zweifelsfall sind sie nach ihrem Sinn, nicht nur nach dem Wortlaut auszulegen.[17] **Beweisermittlungsbegehren** sind zulässig, aber keine echten Beweisanträge.[18] Bloße **Beweisanregungen** sind in das Ermessen des Gerichts gestellt und bedürfen keiner förmlichen Behandlung.[19] Über **Eventualanträge** (Hilfsanträge) ist in der Urteilsberatung mit zu entscheiden. **Beweisangebote**, die nach Auffassung des Gerichts entscheidungser-

---

10 BVerwG, ZBR 2015, 317.
11 BVerwG, IÖD 2009, 5.
12 BVerwG 15.12.2005 – 2 A 4.04, Rn. 39; 4.9.2008 – 2 B 61/07.
13 BVerwG 29.3.2012 – 2 A 11.10.
14 So überzeugend GKÖD-Weiß, II § 58 Rn. 37ff., 42ff.
15 BGH, NJW 2004, 1259; GKÖD-Weiß, II § 58 Rn. 51.
16 Etwa Redeker/v. Oertzen, § 86 Rn. 7ff.; Schoch/Schmidt-Aßmann/Pietzner, § 86 Rn. 19, 46, 69.
17 BDHE 3, 122; BGH, NJW 1959, 396.
18 Vgl. dazu BGH, DVBl. 1961, 176 und NJW 1983, 126.
19 BGH, NStZ 1981, 309.

heblich und nicht gem. §§ 58 Abs. 2, 65 Abs. 3 präkludiert sind, dürfen nur unberücksichtigt bleiben, wenn sich ausschließen lässt, dass die Beweiserhebung zu neuen, maßgeblichen Erkenntnissen führen kann, etwa weil die Tatsachenbehauptung »ins Blaue hinein« aufgestellt wurde oder das Beweismittel offensichtlich untauglich ist. Will das Gericht dem Beweisangebot nicht nachkommen, muss es den Beamten darauf hinweisen.[20] Die Ablehnung eines in der mündlichen Verhandlung gestellten **Haupt-Beweisantrags** geschieht durch zu begründenden **Beschluss des Gerichts in der Hauptverhandlung** (§ 98 VwGO), der gem. § 146 Abs. 2 VwGO **nicht selbständig anfechtbar** ist.

6 Sind **Zeugen und Sachverständige** durch das Gericht oder die Verfahrensbeteiligten geladen, so kann im Einvernehmen mit den Beteiligten **auf die Vernehmung verzichtet** bzw. bei Unerheblichkeit davon abgesehen werden. Sind zusätzliche Zeugen- und Sachverständigenvernehmungen beantragt, so gelten für die Entscheidung über die Anträge die Grundsätze des § 98 VwGO. Die Unzulässigkeit der Anträge ist nicht gleichbedeutend mit einer Unzulässigkeit der Beweiserhebung selbst (wegen der Notwendigkeit eigener Beweiserhebung von Gerichts wegen vgl. o. Rn. 3). Die **Bindungswirkung des § 57** steht der Zulässigkeit jeder Beweisaufnahme entgegen. Die Beweisaufnahme muss sich in den **Grenzen des angeschuldigten Sachverhalts** halten (vgl. § 52 Rn. 9f.). **Das Fragerecht der ehrenamtlichen Richter** gilt auch gegenüber den vernommenen Zeugen und Sachverständigen. Auch den **Verfahrensbeteiligten** ist nach jeder Vernehmung **Gelegenheit zur Befragung** der Zeugen und Sachverständigen zu geben (§ 97 VwGO).

7 Abs. 3 erklärt die Vorschriften der StPO zur Pflicht von Zeugen, Sachverständigen und Angehörigen des öffentlichen Dienstes vor Gericht auszusagen für entsprechend anwendbar. Während die VwGO insofern in § 98 VwGO auf die ZPO verweist, erscheint dem Gesetzgeber hier der Verweis auf die StPO sinnvoller. Auch die amtliche Begründung erläutert diesen Bruch zu dem erklärten Ziel, das Disziplinarrecht vom Strafprozess zu trennen, nicht. Auch die Vorschriften der ZPO hätten – wie im Verwaltungsprozess – Sinn gemacht. Die Erläuterung zur Vorschrift des § 25, diese würde dem Normzweck und Regelungsgegenstand des disziplinaren Ermittlungsverfahren nicht so gerecht, ist nichtssagend und verrät nur die verfehlte Gesetzgebungspolitik.

8 Die in Bezug genommenen Vorschriften sind die §§ 49 bis 71, 72 bis 84 StPO; im Wesentlichen:
- § 49: Aussagepflicht des Bundespräsidenten
- § 50: Aussagepflicht oberster Staatsorgane
- § 51: Folgen des Ausbleibens, Kosten und Ordnungsgeld
- § 52: Zeugnisverweigerungsrecht der Angehörigen
- § 53: Zeugnisverweigerungsrecht der Berufsgeheimnisträger
- § 54: Verschwiegenheitspflicht für öffentlich Bedienstete
- § 55: Auskunftsverweigerungspflicht bei Gefahr eigener Strafverfolgung
- § 75: Gutachterpflicht bei öffentlicher Bestellung oder Erwerbsausübung
- § 76: Gutachtenverweigerungspflicht von Sachverständigen
- § 77: Folgen des Ungehorsams.

§ 59 Entscheidung durch Beschluss

(1) Bei einer Disziplinarklage kann das Gericht, auch nach der Eröffnung der mündlichen Verhandlung, mit Zustimmung der Beteiligten durch Beschluss

---

20 BVerwG 14.6.2005 – 2 B 108.04.

Entscheidung durch Beschluss § 59

1. auf die erforderliche Disziplinarmaßnahme (§ 5) erkennen, wenn nur ein Verweis, eine Geldbuße, eine Kürzung der Dienstbezüge oder eine Kürzung des Ruhegehalts verwirkt ist, oder
2. die Disziplinarklage abweisen.

Zur Erklärung der Zustimmung kann den Beteiligten von dem Gericht, dem Vorsitzenden oder dem Berichterstatter eine Frist gesetzt werden, nach deren Ablauf die Zustimmung als erteilt gilt, wenn nicht ein Beteiligter widersprochen hat.

(2) Der rechtskräftige Beschluss nach Absatz 1 steht einem rechtskräftigen Urteil gleich.

Die Vorschrift ist die Nachfolgebestimmung zu § 70 a BDO. Zur Entstehungsgeschichte und zur Kritik an der Überschrift wird auf die 3. Aufl. (s. dort § 59 Rn. 1 und 2) verwiesen. 1

Dieser in der BDO als **Disziplinargerichtsbescheid** bezeichneten Entscheidungsform **entspricht** inhaltlich nun der **Beschluss nach § 59**. § 59 verlangt zusätzlich die Zustimmung der Beteiligten und gewährt deshalb keine Rechtsmittel. 2

§ 59 gilt nur für die Disziplinarklage. Für Klagen der Beamten kann das Gericht § 84 VwGO anwenden. Sinnvollerweise hätte auch insoweit der Disziplinargerichtsbescheid nach § 70 a BDO beibehalten werden sollen. Der unterschiedliche Verfahrensablauf zwischen Klagen des Dienstherrn und des Beamten ist nicht zu begründen, da das VG auch bei Klagen des Beamten volle Disziplinargewalt ausübt (§ 60 Abs. 3 BDG). 3

§ 59 gilt im gerichtlichen Disziplinarverfahren **vor dem VG** wie auch im Berufungsverfahren **vor dem OVG** (§§ 65 Abs. 1, 66).[1] Der **Kammervorsitzende** oder Berichterstatter als Einzelrichter kündigt den Beschluss an, den das Gericht ohne Beamtenbeisitzer erlässt (§ 46 Abs. 1 Satz 2). Die Entscheidung darüber, ob in der Hauptverhandlung oder durch Beschluss entschieden werden soll, steht bei Vorliegen der rechtlichen Voraussetzungen im freien **Ermessen des Gerichts**. Rechtliche Voraussetzungen des Ermessens und damit **objektive Prozessvoraussetzungen** für diese Verfahrensweise sind: Die verwirkte Disziplinarmaßnahme liegt unterhalb der Zurückstufung und die Verfahrensbeteiligten müssen in Kenntnis der beabsichtigten Maßnahme zustimmen. Auch wenn dies nicht in Abs. 1 genannt wird, dürfte der Beschluss nur in Betracht kommen, wenn das Verfahren **keine besonderen tatsächlichen oder rechtlichen Schwierigkeiten** aufweist. Dies ist nicht vom Ergebnis abhängig, sondern vom Inhalt der Vorwürfe, Sachverhalt, Ermittlungsaufwand etc. 4

Nach der ausdrücklichen Regelung in Abs. 1 Satz 1 ist der Beschluss auch nach Eröffnung der mündlichen Verhandlung zulässig. Damit übernimmt die Vorschrift die Praxis des BDiG (vgl. 2. Aufl., § 70 a Rn. 5). Ist die Sache in der mündlichen Verhandlung verhandelt, aber vertagt worden, so kann ebenfalls der Beschluss angekündigt werden, ebenso nach einer Aufforderung zur Mängelbeseitigung. Erst nach durchgeführter mündlicher Verhandlung muss nach § 60 durch Urteil entschieden werden. Verbindung mit dem Verfahren nach § 9 BBesG ist nicht möglich, wenn ein Beschluss ergehen soll. Denn eine Zustimmung der Betroffenen zur Feststellung nach § 9 BBesG ist gesetzlich nicht vorgesehen und widerspricht dem Zweck des § 59. 5

Der Beschluss ist nur zulässig in Verfahren, die nach der Aktenlage **keine höhere Disziplinarmaßnahme als eine Kürzung der Dienstbezüge oder des Ruhegehalts** rechtfertigen (Abs. 1 Satz 1 Nr. 1) **oder wenn die Klage abzuweisen ist** (Abs. 1 Satz 1 Nr. 2). Das Ge- 6

---
1 BVerwG, NVwZ-RR 2008, 335.

setz stellt dabei nicht auf den Typus und die dienstliche Bedeutung des angeschuldigten Dienstvergehens ab. Ein mehr oder weniger gegebenes Bedürfnis nach mahnender Ansprache der Beschuldigten in der Hauptverhandlung steht dem Beschluss nicht entgegen, kann aber die Ermessensentscheidung des Gerichts mitbestimmen.

7   § 59 sieht den Beschluss auch für die Klageabweisung vor, nicht jedoch für die Einstellung des Verfahrens. Offensichtlich glaubte der Gesetzgeber, solche Fälle seien als Verfahrensfehler alle über § 55 Abs. 3 zu erledigen. Tritt ein Fall des § 32 Abs. 1 Nr. 2 bis 4, Abs. 2 während des Gerichtsverfahrens ein, greift § 55 nicht und das Verfahren wäre eigentlich entsprechend § 32 einzustellen. Fehlt es jedoch an den Voraussetzungen für die Verhängung einer Disziplinarmaßnahme, wozu auch die Prozessvoraussetzungen zählen,[2] ist die Klage abzuweisen. Entsprechend kann auch durch Beschluss entschieden werden. Für die Disziplinarklage kommt auch die **Erledigung der Hauptsache** entsprechend § 3 i. V. m. § 161 Abs. 2 VwGO in Betracht. Beamte sind hinsichtlich der Unterwerfung unter das Disziplinarrecht in höchstpersönlichen Rechten betroffen, so dass sich die Verfolgung erledigt, wenn etwa der Beamte stirbt. Für Klagen des Beamten gegen Disziplinarverfügungen gilt dies aber nicht, da die Auswirkungen von Geldbuße und Kürzung der Dienstbezüge auch die Erben treffen, so dass sich das Verfahren nicht erledigt, sondern durch Sachentscheidung entsprechend § 32 zu beenden ist.

8   Das Verfahren darf **keine besonderen Schwierigkeiten tatsächlicher oder rechtlicher Art** aufweisen (arg. aus § 84 VwGO). Andernfalls hat im Interesse der Wahrheitsfindung und nach dem Gesetzeszweck die Aufarbeitung des Verfahrensstoffs gemeinsam mit den ehrenamtlichen Richtern und den Verfahrensbeteiligten in der Hauptverhandlung zu erfolgen. Für den Beschluss bieten sich sonach in erster Linie einfach gelagerte und von den Beschuldigten eingestandene Sachverhalte an. Bedarf eine Sache ihrer Eigenart nach der umfassenden und ausführlichen Behandlung und Klärung in der Hauptverhandlung, so ist das Beschlussverfahren nur aus Gründen der Zeit- oder Arbeitsersparnis nicht angebracht. Inwiefern die Zustimmung des Beamten zum Verfahren nach § 59 Abs. 1 Satz 1 Nr. 1 als Geständnis und Abkehr vom früheren Bestreiten angesehen werden kann,[3] erscheint zweifelhaft. Der Annahme eines tatsächlich oder rechtlich einfach gelagerten Falles steht nicht ohne weiteres entgegen, dass das Gericht in der Beurteilung des Falles von der Klageschrift abweicht.[4] Im Übrigen können die Verfahrensbeteiligten ihr Interesse an einer Hauptverhandlung durch Widerspruch gegen die Ankündigung des Beschlusses wahren.

9   Der Gesetzestext fordert die **Zustimmung der Verfahrensbeteiligten** (Abs. 1 Satz 2). Denn nicht das bloße Fehlen von Widerspruch, sondern die ausdrückliche Übereinstimmung ist die eindeutige gesetzgeberische Rechtfertigung für das vereinfachte Verfahren. Deshalb kann von einer Zustimmung vor Erlass des Beschlusses nur gesprochen werden, wenn der Beschluss den Beteiligten **zuvor angekündigt** wurde und diese darauf **hingewiesen wurden, dass bei Ausbleiben von Widerspruch der Beschluss mit der Wirkung eines rechtskräftigen Urteils erlassen** und zugestellt werden wird. Die Ankündigung muss sich auf eine bestimmte Disziplinarmaßnahme oder die Klageabweisung beziehen (Abs. 1 Satz 2). Das Gesetz will sicherstellen, dass der vereinfachte Verfahrensabschluss nur in voller Übereinstimmung mit den Betroffenen erfolgt. Deshalb muss das Gericht einerseits die **beabsichtigte Verfahrenserledigung konkret benennen,** andererseits den Be-

---

2 Auch etwa eine unsubstantiierte Klageschrift, § 52 Abs. 1, VG Berlin 13.9.2010 – 80 Dn 41.08.
3 VG Saarlouis 18.5.2011 – 4 K 905/10, Rn. 21, juris.
4 A. A. Klein, DÖD 1984, 84 links oben; vgl. aber wegen der Offenlegung in der Ankündigung Rn. 10.

Entscheidung durch Beschluss § 59

troffenen eine **ausreichende Prüfungs- und Überlegungsfrist** (Abs. 1 Satz 2) setzen, innerhalb deren diese Widerspruch einlegen bzw. durch ausdrückliche Zustimmung oder durch schlüssiges Schweigen ihre Haltung zu der Ankündigung erklären können.[5] Für die Ankündigung ist Schriftform nicht vorgeschrieben, aber vom Verfahrensablauf her die Regel. Wird erst in der Hauptverhandlung der Beschluss aktuell (Rn. 5), so kann ihn das Gericht auch mündlich ankündigen.

Die beabsichtigte Verfahrens- oder Sachentscheidung muss **in der Ankündigung so genau benannt** werden, weil sie nach Zustimmung als Beschluss ergehen soll (z. B. Kürzung der Dienstbezüge von $1/_{20}$ auf die Dauer von 6 Monaten). Der Ankündigung muss dieselbe Sach- und Rechtsprüfung des Gerichts vorausgehen, wie es sie zur Vorbereitung der Hauptverhandlung vornehmen müsste. Es ist auch hier gem. § 60 Abs. 2 **an den Inhalt und Umfang der Klage gebunden** (vgl. zu § 52 Rn. 5, 8), kann also nicht darüber hinausgehen. Es ist aber, wie bei einer Entscheidung nach Hauptverhandlung gem. § 60 Abs. 2 auch, nicht an die tatsächliche und rechtliche Wertung der Klageschrift gebunden.[6] **Ist der Ankündigung der Entscheidung ein geringerer Vorwurf oder eine andere Verfahrensbeurteilung als in der Klageschrift zugrunde gelegt** (z. B. wegen Verneinung der Schuld, wegen Verjährung, wegen Anwendung des § 14 hinsichtlich aller oder auch nur eines von mehreren Verstößen), so gebietet es nicht nur das Interesse an der Vermeidung von Widerspruch, sondern vor allem das **Gebot richterlicher Fairness,** beide Beteiligte in der Ankündigung darauf hinzuweisen.[7]

Da der **Ankündigung** keine rechtsverbindliche Wirkung zukommt, sie vielmehr nur der Vorbereitung einer Rechtsvoraussetzung für den Beschluss dient, kann sie das Gericht bis zum Erlass des Beschlusses **jederzeit ändern.** Dem steht allenfalls entgegen, dass bei zu häufiger Änderung, mindestens nach entsprechenden Anregungen der Verfahrensbeteiligten, der Eindruck eines unangemessenen Aushandelns entstehen könnte. Auch in der Art der Ankündigung und in dem Beschluss muss die Unabhängigkeit der richterlichen Sachbeurteilung zum Ausdruck kommen. Die **neue Ankündigung macht die vorausgegangene gegenstandslos,** auch wenn sie nicht ausdrücklich zurückgenommen wird.[8] Haben der ersten Ankündigung die Beteiligten zugestimmt, der geänderten aber widersprochen, so ist eine Übereinstimmung nicht mehr gegeben, das Gericht kann nicht mehr ohne erneute Zustimmung der Beteiligten auf die erste Ankündigung zurückgreifen. Nach dem Gesetzeszweck **hat der Dienstherr nicht den Erlass eines Beschlusses oder gar die Maßnahme** oder die Verfahrensentscheidung dem VG **vorzuschlagen.** Er wird auch deswegen davon Abstand nehmen müssen, um nicht bei dem Beamten den Eindruck einer einseitigen Festlegung des Gerichts zu erwecken.

Sowohl die – ausdrückliche wie stillschweigende – **Zustimmung als auch der Widerspruch** sind als verbindliche Prozesshandlungen bedingungsfeindlich. Sind sie unbedingt wirksam erklärt worden, können sie jedoch bis zur Entscheidung in der Sache **widerrufen** werden. Denn es entspricht dem Gesetzeszweck, den Beschluss bei bestehender Übereinstimmung aller Beteiligten, aber auch nur dann, zuzulassen. Entsprechend gilt auch weiterhin die Pflicht des Dienstherrn, eine erteilte Zustimmung zu widerrufen, wenn neue Handlungen bekannt werden, die in das Verfahren einzubeziehen sind.[9]

---

5 Klein, DÖD 1984, 82; Claussen/Janzen, § 76 Rn. 7.
6 St. Rspr. BDiG; vgl. im Einzelnen Klein, DÖD 1984, 83 rechts.
7 Klein, DÖD 1984, 84 links oben.
8 Klein, DÖD 1984, 82 rechts unten.
9 Vgl. BVerwG 11. 2. 2000 – 1 DB 20.99, DÖD 2001, 31 = ZBR 2000, 315 = DÖV 2000, 777.

13 Die **Versäumnis der Frist** macht den Widerspruch nicht unzulässig, da es sich um eine richterliche, nicht um eine gesetzliche Ausschlussfrist handelt. Der Gesetzeszweck, nur bei allseitiger Übereinstimmung den Beschluss zuzulassen, verbietet dem Gericht die Zustellung des Beschlusses, wenn es – obwohl fristverspätet – vorher Kenntnis von dem Widerspruch erlangt.[10] Bekommt es von dem zuvor eingegangenen Widerspruch **erst nach der Zustellung Kenntnis**, so kann es zunächst von Gerichts wegen an dem Bestand des – fehlerhaften – Beschlusses nichts ändern. Denn mit seiner Zustellung ist das Verfahren rechtskräftig wie durch ein Urteil abgeschlossen (Abs. 2). Zwar fehlt dann dem Beschluss im Zeitpunkt der Zustellung die objektive Prozessvoraussetzung der Zustimmung des Beteiligten. Das macht ihn fehlerhaft, aber nicht nichtig oder unwirksam (wie im Falle fehlender subjektiver Prozessvoraussetzung, etwa mangelnder Verfolgbarkeit, die eine wirksame Zustellung und Rechtskraft sowie weitere Verfolgung verhindert; vgl. dazu § 60 Rn. 16).

14 In dem Fall fristverspäteten Widerspruchs und nachfolgenden Beschlusses ist aber **Wiedereinsetzung in den vorigen Stand** analog § 60 VwGO möglich. Die unmittelbare Anwendung der Wiedereinsetzungsregelungen scheitert zwar daran, dass die richterliche Frist keine gesetzliche Ausschlussfrist ist (Rn. 13). Der Umstand aber, dass das Beschlussverfahren als Prozessvoraussetzung die andauernde Übereinstimmung der Betroffenen zur Grundlage hat, erfordert die weitgehende Verfahrenssicherung, dass ohne die Übereinstimmung aller Beteiligten eine das gesamte Verfahren abschließende, rechtskräftige Sachentscheidung nicht getroffen werden kann.[11] Aus der Regelung der §§ 72 ff. OWiG kann[12] nichts Gegenteiliges hergeleitet werden. Denn im Gegensatz zum Beschluss nach § 59 betrifft sie nicht den Inhalt einer verfahrensabschließenden Sachentscheidung, sondern nur die Entscheidungsform (Hauptverhandlung oder Beschlussverfahren); außerdem liegt eine Sachentscheidung bereits vor, die nicht zu Lasten des Betroffenen verschlechtert werden darf, und schließlich ist die Entscheidung nach § 72 OWiG anfechtbar. Die **Wiedereinsetzung kann** sowohl der betroffene **Verfahrensbeteiligte beantragen** als auch **von Gerichts wegen** gewährt werden.[13]

15 **Stimmen beide Verfahrensbeteiligten** dem angekündigten Beschluss zu oder **widerspricht keiner von ihnen in der gesetzten Frist,** so kann er erlassen werden. Für ihn gelten die Regelungen wie für das Urteil nach § 3 BDG, § 116 VwGO. Er ist schriftlich zu begründen und zuzustellen.

16 **Widerspricht einer der Beteiligten,** so ist der Erlass des Beschlusses unzulässig. Das Verfahren nimmt seinen weiteren gesetzlichen Verlauf, als wäre keine Ankündigung erfolgt. Die Kammer ist in der Hauptverhandlung auch nicht etwa an die Beurteilung der Sach- und Rechtslage, wie sie in der Ankündigung des Kammervorsitzenden zum Ausdruck kam, gebunden.[14]

17 Mit der Zustellung erlangt der Beschluss nicht sofort die Wirkung eines rechtskräftigen Urteils. Anders als der frühere Disziplinargerichtsbescheid nach § 70 a Abs. 2 BDO ist er **anfechtbar** und bedarf einer Rechtsmittelbelehrung. Dies folgt daraus, dass erst der rechtskräftige Beschluss dem rechtskräftigen Urteil gleichsteht (Abs. 2). Daraus ist die grundsätzliche Rechtsmittelfähigkeit abzuleiten. Dies bestätigt auch § 67 Abs. 2, wonach zwar die Beschwerde möglich ist, jedoch nur auf das **Fehlen der Zustimmung der Betei-**

---

10 BDiG 2. 11. 1978 – IX VL 52/78.
11 Vgl. Redeker/v. Oertzen, § 60 Rn. 1.
12 Entgegen Klein, DÖD 1984, 83.
13 BVerwG 28. 10. 1983 – 1 DB 23.83
14 BVerwG 13. 1. 1988 – 1 D 127.86.

ligten gestützt werden kann. Nach Ablauf der Beschwerdefrist oder Entscheidung über die Beschwerde ist das Disziplinarverfahren abgeschlossen.
Deshalb ist im Beschluss eine **Kostenentscheidung** im selben Umfang wie bei einem Urteil zu treffen (Abs. 2). War dem angekündigten Beschluss widersprochen und das Urteil unverändert in der angekündigten Weise gefällt worden, so spricht das im Kostenrecht maßgebliche Veranlassungsprinzip dafür, die Kosten und Auslagen für die Hauptverhandlung dem Widersprechenden aufzuerlegen.[15] Das wird zumeist den widersprechenden Dienstherrn treffen, da bei Maßregelung ohnehin der Beamte die Kosten in der Regel zu tragen hat. Durch den ergebnislosen Widerspruch des Dienstherrn wird der Beamte nicht selten erst zur Hinzuziehung eines Verteidigers und damit zu erheblichen Kosten veranlasst. Die Kosten seiner Verteidigung in der Hauptverhandlung ihm aufzubürden, könnte dann der Billigkeit widersprechen und die Kosten- und Auslagenüberbürdung auf den Bund entsprechend § 77 Abs. 1 Satz 2 rechtfertigen.[16]

18

Schreib- oder offensichtliche Flüchtigkeitsfehler des Beschlusses können von Gerichts wegen wie bei einem Urteil auch nach der Zustellung berichtigt werden (vgl. Erl. zu § 78; Claussen/Janzen, § 78 Rn. 7). Als ein offensichtlicher Flüchtigkeitsfehler der Schreibkanzlei kommt auch die versehentliche Abweichung von der angekündigten Disziplinarmaßnahme in Betracht. Denn durch die Ankündigung ist offensichtlich, welche Maßnahme verhängt werden sollte.[17]

19

Ist bewusst (gleichgültig ob absichtlich oder irrtümlich) **in der Sache falsch entschieden worden** in dem Sinne, dass z. B. eine gar nicht angeschuldigte Verhaltensweise im Beschluss behandelt oder eine von mehreren Pflichtverletzungen ausgelassen, § 14 trotz Einschlägigkeit nicht erwähnt, eine Kostenentscheidung falsch getroffen oder von der Ankündigung bewusst abgewichen wurde, so steht wie bei einem falschen Urteil die Rechtskraft einer Änderung entgegen. Lagen aber die **objektiven Prozessvoraussetzungen** für das Beschlussverfahren gar nicht vor, etwa bei Verhängung einer höheren Maßnahme als der Kürzung der Dienstbezüge, bei bewusstem Übergehen des vorliegenden Widerspruchs, bei Kenntnis der unterbliebenen Ankündigung, so ist das Verfahren ohne gesetzliche Grundlage geführt worden und damit insgesamt unzulässig. Das gerichtliche Disziplinarverfahren hätte dann in dieser Form nicht beendet werden dürfen. Der Beschluss ist deshalb als rechtswidrig anzusehen. In diesem Fall muss ein Rechtsmittel in demselben Maß zugelassen sein wie bei Versagung des Rechtswegs oder des Rechtsschutzes.[18] Die Eröffnung des Beschwerdewegs wird aus § 146 VwGO hergeleitet, der die Regelung für – wie im vorliegenden Ausnahmefall – anfechtbare Beschlüsse enthält.

20

§ 60 Mündliche Verhandlung, Entscheidung durch Urteil

(1) Das Gericht entscheidet über die Klage, wenn das Disziplinarverfahren nicht auf andere Weise abgeschlossen wird, auf Grund mündlicher Verhandlung durch Urteil. § 106 der Verwaltungsgerichtsordnung wird nicht angewandt.

---

15 So BDiG v. 13. 3. 1979 – I VL 45/78.
16 Ähnlich bei der Veranlassung des Berufungsverfahrens durch eine »unzutreffende« Entscheidung des BDiG: BVerwG 26. 2. 1986 – 1 D 118.85 und 1 D 24.78; im vorliegenden Fall aber in **st. Rspr. dagegen:** z. B. BVerwG 24. 6. 1980 – 1 D 48.79, mit der Begründung, die Durchführung der Hauptverhandlung gehöre zum Risikobereich des Beamten.
17 Klein, DÖD, 1984, 84 Anm. 5; Claussen/Janzen, § 76 Rn. 7.
18 Vgl. Klein, DÖD 1984, 84 Anm. 6.

§ 60　　　　　　　　　　Mündliche Verhandlung, Entscheidung durch Urteil

(2) Bei einer Disziplinarklage dürfen nur die Handlungen zum Gegenstand der Urteilsfindung gemacht werden, die dem Beamten in der Klage oder der Nachtragsdisziplinarklage als Dienstvergehen zur Last gelegt werden. Das Gericht kann in dem Urteil
1. auf die erforderliche Disziplinarmaßnahme (§ 5) erkennen oder
2. die Disziplinarklage abweisen.
(3) Bei der Klage gegen eine Disziplinarverfügung prüft das Gericht neben der Rechtmäßigkeit auch die Zweckmäßigkeit der angefochtenen Entscheidung.

1　Die Vorschrift erklärt die Durchführung der mündlichen Verhandlung in Disziplinarverfahren und die Entscheidung durch Urteil für Disziplinarklagen und die übrigen Anfechtungsklagen (§ 52) zum Grundsatz (vgl. §§ 101, 107 VwGO). Auch die §§ 102 bis 105, 108 und 112 VwGO gelten. Allerdings dürfte ein Großteil der Verfahren nach bisheriger Praxis gerade ohne mündliche Verhandlung nach § 59 entschieden werden. Ein Vergleich ist nach Abs. 1 Satz 2 ausdrücklich ausgeschlossen. Die mündliche Verhandlung ist – für Disziplinarverfahren des Bundes eine Neuheit – entsprechend dem Verwaltungsgerichtsprozess öffentlich (§ 3 i. V. m. § 55 VwGO, § 169 GVG).[1] Entsprechend § 172 GVG kann die Öffentlichkeit ausgeschlossen werden.

2　Der Beamte wie die Verteidiger haben ein **Recht auf Anwesenheit** in der Hauptverhandlung, und zwar jeder selbständig für sich allein und unabhängig davon, ob der andere anwesend ist. Das gilt auch für unter Vormundschaft, Betreuung oder Pflegschaft gestellte Beamte.[2] Wegen der Ladung von Betreuer, Pfleger oder Vormund als Vertreter des Beamten vgl. §§ 62, 102 VwGO. Der Beamte kann nur unter den Voraussetzungen des § 173 VwGO, § 177 GVG i. V. m. § 3 BDG von der Hauptverhandlung zeitweise ausgeschlossen werden.

3　Ein **Zwang zur Teilnahme besteht nicht,** auch nicht aufgrund der richterlichen Anordnung des persönlichen Erscheinens (§ 95 VwGO). Der Beamte ist nicht verpflichtet, an der eigenen disziplinaren Verfolgung mitzuwirken (vgl. B. II. 7. Rn. 7 und B. II. 8. Rn. 9). Die Anordnung des persönlichen Erscheinens hat nur die Bedeutung, dem Beamten klarzumachen, dass durch eine Einlassung vor Gericht eine weitere Klärung, möglicherweise gerade zu seinen Gunsten, erwartet wird.[3] Im Falle der Anordnung ist ein Reisekostenabschlag auf den bloßen Antrag hin, ohne Anordnung nur nach Glaubhaftmachung der Mittellosigkeit von der Beschäftigungsbehörde bzw. der Pensionsregelungsbehörde zu zahlen.[4]

4　Bei **Nichterscheinen des Beamten** kann die Verhandlung stattfinden (§ 102 Abs. 2 VwGO), wenn er ordnungsgemäß geladen wurde. Hat der Beamte den Wunsch auf Teilnahme – möglicherweise konkludent – geäußert und die **zwingenden Gründe der Verhinderung** rechtzeitig mitgeteilt, so ist die **Verhandlung aufzuheben und ein neuer Termin zu bestimmen** (in der Verhandlung durch das Gericht im Aussetzungs-/Vertagungsbeschluss, davor oder danach durch den Vorsitzenden). In der Ladung kann für bestimmte Verhinderungsgründe Glaubhaftmachung in bestimmter Form verlangt werden, etwa für krankheitsbedingte Verhinderung amtsärztliches Attest. **Rechtzeitig mitgeteilt** sind die Hinderungsgründe, wenn die Mitteilung unverzüglich nach dem Entstehen des

---

1　BVerwG 8. 4. 2009 – 2 B 81/08.
2　BDH bei Döring, ZBR 1961, 388.
3　Vgl. BVerwG 9. 5. 2001 – 1 D 22.00.
4　Runderlass BMI v. 31. 3. 1962, GMBl. 1962, 129.

Hinderungsgrundes erfolgt.[5] Unmaßgeblich ist dann, ob das Gericht noch genügend Zeit zur weiteren Überprüfung der Gründe und/oder zur Vertagung hat. Ist der Hinderungsgrund aber einige Zeit vor dem Termin entstanden und die Mitteilung nach Zustellung der Ladung unnötig verzögert worden, so ist sie verspätet. Dann entfällt eine Aufhebung/ Vertagung, wenn der Termin mangels Kenntnis des Gerichts nicht aufgehoben werden konnte oder weitere Überprüfung durch das Gericht nicht möglich war. Bei der Prüfung der zwingenden Verhinderung und der Rechtzeitigkeit muss das Gericht bzw. der Vorsitzende einen sensiblen Maßstab anlegen. Denn bei tatsächlicher Verhinderung darf den Beschuldigten die Teilnahme nicht verwehrt werden. Dass dem Gericht die Sache hinreichend geklärt erscheint oder ein Verteidiger existiert, ist kein ausreichender Grund für die Ablehnung der Vertagung.

Auch die **Verhinderung des Verteidigers** gibt grundsätzlich einen Anspruch auf Aufhebung. Durch eine ungerechtfertigte Behinderung der Verteidigung wird das Recht auf gerichtlichen Rechtsschutz und auf rechtliches Gehör verletzt. Deshalb haben der Vorsitzende oder das Gericht sorgfältig zu prüfen, ob die Verhinderung des Verteidigers durch den Beamten vermeidbar war oder durch die Wahl eines anderen Verteidigers ausgeglichen werden kann. Bei der Abwägung des Beschleunigungsgebots mit dem Rechtsschutzinteresse der Beschuldigten ist auf den Gesichtspunkt der Veranlassung und der Zurechenbarkeit abzustellen. So wird z. B. die plötzliche und kurzfristige Erkrankung des Verteidigers die Aufhebung erfordern, wenn kein Vertreter zur Verfügung steht oder nicht hinreichend in die Sache eingearbeitet ist.[6] Auch die Mandatsniederlegung durch den Verteidiger, zumal die unerwartet kurzfristige, wird in der Regel durch den Beamten nicht rechtzeitig zum Termin ausgeglichen werden können. Das gilt besonders bei umfangreichen und komplizierten Verfahren, die eine Akteneinsicht und Einarbeitung des neuen Verteidigers verlangen. Die übliche Geschäftsbelastung ist kein Aufhebungsgrund, wohl aber andere, nicht verschiebbare Gerichts- oder Behördentermine, wenn eine Vertretung nicht möglich oder dem Beamten unzumutbar ist. Bei alledem hat das Gericht dem Verteidiger das einem »Justizorgan« gebührende Vertrauen und dem Beamten die prozessuale Fürsorge zu gewähren. Ein zwingender Hinderungsgrund liegt nicht vor, wenn der Beamte sich erst kurz vor dem Termin oder nach Niederlegung des Mandats nicht unverzüglich um einen neuen Verteidiger bemüht oder diesen nicht informiert hat.

Die Entscheidung über die Terminaufhebung ist **nicht anfechtbar** (§ 173 VwGO, § 277 ZPO). Ist die Aufhebung rechtsfehlerhaft abgelehnt worden, so kann der darin liegende schwere Verfahrensfehler im Berufungsverfahren zur Aufhebung des Urteils und zur Zurückverweisung der Sache an das VG führen.

Bei Beginn der Verhandlung sind die **ehrenamtlichen Richter zu vereidigen** (§ 45 Abs. 2 DRiG), soweit dies nicht vor Eintritt in die Verhandlung oder schon vorher durch gesonderte Vereidigungsveranstaltung geschehen ist. Die Vereidigung wirkt für die Amtsdauer der ehrenamtlichen Richter (§ 45 Abs. 2 Satz 2 DRiG), also für die Zeit ihrer Wahl.

Mit dem **Aufruf der Sache beginnt die mündliche Verhandlung** (§ 103 Abs. 1 VwGO). Unterbleibt der Aufruf und beruft sich der Beamte darauf, im Gebäude anwesend gewesen zu sein, aber mangels Aufrufs nichts vom Beginn der Verhandlung erfahren zu haben, so ist dies ein Grund zur Wiedereinsetzung und Wiederholung der mündlichen Verhandlung.[7] Die **mündliche Verhandlung endet nach der Erörterung der Streitsache** mit

---

5 BDH, NDBZ 1960, 245; BVerwG 11. 7. 1988 – 1 D 106/87.
6 BDHE 2, 107.
7 Vgl. BVerwG, DRiZ 1977, 54.

der Erklärung des Vorsitzenden, dass die Verhandlung geschlossen sei (§ 104 Abs. 3 VwGO).

9   Die **Verhandlungsführung** liegt allein in der Hand des Vorsitzenden (§ 103 Abs. 1 VwGO). Er hat sich an die wesentlichen Vorgaben der VwGO zum Gang der Verhandlung zu halten (Rn. 10) und sich gegenüber den Verfahrensbeteiligten sachlich, unabhängig, unvoreingenommen und **fürsorglich zu verhalten** (vgl. A. V. Rn. 131, zur Richterpersönlichkeit A. II. Rn. 58). Auch wenn mangels konkreter gesetzlicher Dienstvergehenstatbestände § 265 StPO nicht gilt, so sind doch die Verfahrensbeteiligten aus Prozessfürsorge auf bisher nicht bekannte oder neu aufgetretene, entscheidungserhebliche tatsächliche und rechtliche Umstände hinzuweisen. Das gilt besonders für die mögliche Abweichung von der bisherigen Rspr. und für die Verwertung gerichtskundiger Tatsachen.[8] Ein **Rechtsgespräch** mit den Beteiligten über die Gesamt- oder Detailproblematik der Sache sieht nunmehr § 104 Abs. 1 VwGO vor.

10 Der **Gang der Verhandlung** ist in §§ 103, 104 VwGO verbindlich geregelt. Verstöße gegen die vorgegebene Reihenfolge der Verfahrensabschnitte sind aber im Allgemeinen nicht geeignet, schwerwiegende Verfahrensfehler zu begründen. Der Vorsitzende kann zur besseren Übersichtlichkeit und zum besseren Verständnis aller Beteiligten einzelne Verfahrensabschnitte noch einmal gliedern, aber auch anders zuordnen, so z. B. den Vortrag des bisherigen Verfahrensergebnisses, die Verlesung von Niederschriften und die Anhörung des Beamten innerhalb einzelner von mehreren Anschuldigungspunkten durchführen. Auch kann der Sachbericht (§ 103 Abs. 2 VwGO) mit der notwendigen Verlesung der Niederschriften kombiniert werden. Der Gang und der wesentliche Inhalt der Verhandlung sind gem. § 105 VwGO, §§ 159–165 ZPO zu **protokollieren**. Die Ausführungen der Verfahrensbeteiligten sowie der Zeugen und Sachverständigen können mit deren Zustimmung auf Band aufgenommen werden (§ 160 a Abs. 1 ZPO). Die Sitzungsniederschrift ist die Beweisgrundlage für die Einhaltung der Verfahrensförmlichkeiten; dagegen ist nur der Nachweis der Fälschung zulässig.[9] Berichtigungen oder Ergänzungen können wirksam nur durch Gegenzeichnung von Schriftführer und Vorsitzendem vorgenommen werden (§ 164 ZPO).

11 Abs. 2 Satz 1 knüpft wörtlich an § 75 Abs. 1 BDO an. Die Verfolgung eines Dienstvergehens bestimmen allein die Dienstvorgesetzten. Dementsprechend ist die **Entscheidungskompetenz der Disziplinargerichte an den Inhalt und den Umfang von Disziplinarklage oder -verfügung gebunden** (Abs. 2). Nicht angeschuldigte Verfehlungen darf das Gericht nicht zum Gegenstand seiner Entscheidung, auch nicht von Beweiserhebungen oder der mündlichen Verhandlung, machen.[10] Das Gericht ist auch weder befugt noch verpflichtet, die Verfolgung von nichtangeschuldigten Pflichtverletzungen bei dem Dienstherrn anzuregen (vgl. § 55 Rn. 9). Andererseits bewirkt die Bindung des Gerichts an die Klageschrift, dass **geltend gemachte Pflichtverletzungen von der Verurteilung nur unter den Voraussetzungen des § 56 ausgeklammert** werden dürfen. Zulässigerweise kommt es dazu auch in den Ausnahmefällen der **isolierten Beurteilung** einzelner Pflichtenverstöße wegen Verfolgungsverjährung (§ 15 Rn. 10, 11) und Verbot der Doppelmaßregelung (§ 14 Rn. 25).

12 **Inhalt und Umfang der Klage und Disziplinarverfügung** ergeben sich nicht nur aus dem in der Klageschrift dargestellten Sachverhalt, sondern **aus dem disziplinarrechtlichen**

---

8 Dazu Behnke-Hardraht, § 74 Rn. 8.
9 Redeker/v. Oertzen, § 105 Rn. 11.
10 BVerwG, ZBR 2015, 34; 27. 1. 2011 – 2 A 5.09, DokBer B 2011, 169.

Mündliche Verhandlung, Entscheidung durch Urteil § 60

Vorwurf eines Dienstvergehens, also der Verletzung einer konkreten Dienstpflicht.[11] Deshalb kann das Gericht aus dem dargestellten Sachverhalt keine andere als die angeschuldigte Pflichtverletzung herleiten und zur Grundlage des Urteils machen.[12] Ergibt sich aus der Sachverhaltsdarstellung – zusätzlich oder allein – **eine andere als die angeschuldigte Pflichtverletzung,** so unterliegt sie nicht der Beurteilung des Gerichts, und zwar weder für die Verurteilung als Dienstvergehen noch als erschwerender Bemessungsgrund oder Pflichtenmahnungsgrund nach § 14, es sei denn, sie wären von erheblich geringerem Gewicht als der angeschuldigte Pflichtenverstoß (vgl. § 52 Rn. 10).[13] Dasselbe gilt für **nachträglich entstandene Pflichtverletzungen.** Sie können nur nach Nachtragsdisziplinarklage (§ 53 Abs. 1) dem Urteil zugrunde gelegt werden (A. IV. Rn. 118). Dagegen ist das Gericht nicht an die tatsächliche und rechtliche Würdigung der Klageschrift oder an konkrete Klageanträge[14] gebunden, da es ja gerade zur selbständigen Beurteilung des dargestellten Sachverhalts eingesetzt ist. Es kann auch andere als die in der Klageschrift dargestellten Umstände, soweit sie nicht einen selbständigen, nicht angeschuldigten Pflichtenverstoß darstellen, dem Urteil zugrunde legen, etwa die durch zusätzliche Beweisaufnahme gewonnenen Erkenntnisse. Ist der **Gegenstand der Klage nicht eindeutig,** so muss er zunächst aus der **Auslegung der gesamten Klageschrift** (Klageantrag, Sachverhalt, rechtliche Würdigung) gewonnen werden (vgl. § 52 Rn. 12). Zu Mängeln der Disziplinarklage ist auf § 52 Rn. 13, § 53 Rn. 3 ff. zu verweisen.

Für die Urteilsfindung gilt das Prinzip der **freien Beweiswürdigung** (§ 108 VwGO). Aufgrund der gesamten Beweislage hat das Gericht zu prüfen, ob es von der Tat und der Schuld des Beamten voll überzeugt ist. Die Mitglieder des Gerichts dürfen keinen vernünftigen Zweifel an der Schuld haben.[15] Andernfalls gilt »**in dubio pro reo**«. Die Überzeugung muss sich auf einen konkreten, bestimmten Geschehensablauf richten. Eine **Wahlfeststellung** ist nur bei Verhaltensweisen möglich, die ein und denselben Pflichtentatbestand betreffen; so betreffen z. B. innerdienstlicher Betrug oder Diebstahl jedenfalls dieselbe Pflicht aus § 54 Satz 2 BBG zu innerdienstlicher Redlichkeit und Uneigennützigkeit; ähnlich bei der Wahl zwischen Handlungs- und Unterlassungsdelikten.[16] Beim **Sachverständigenbeweis** darf das Gericht seine eigene Sachkunde nicht überschätzen. Im Disziplinarrecht gibt es weder einen »Anscheinsbeweis (prima facie)« noch wechselnde Beweislastregeln. Die Beweislast trägt allein und immer die verfolgende Behörde. Deshalb kann auch nicht aus dem Leugnen oder Schweigen ein Schluss zum Nachteil des Beklagten gezogen werden. Die **Beweiswürdigung** muss tatsächlich belegt, alle Beweisumstände erfassend und in sich schlüssig sein.[17]

13

Die Mitglieder des Gerichts haben ihr **Urteil nur aus dem Verfahrensstoff der Verhandlung** zu bilden. Privates Wissen von außerhalb der Hauptverhandlung ist nicht verwertbar. Offenkundige Tatsachen sind nur verwertbar, wenn sie allen Mitgliedern des Gerichts bekannt sind.[18] Die Kammern beim VG und die Senate beim OVG und BVerwG entscheiden nach § 196 GVG, § 55 VwGO mit absoluter Stimmenmehrheit, wobei hauptamtliche und ehrenamtliche Richter sowohl zur Tat- und Schuldfrage als auch zur disziplinaren Würdigung und Maßnahmenwahl und Bemessung das gleiche Stimmrecht haben.

14

---

11 BDHE 1, 99, 3, 56, 83, 5, 71, 74.
12 BVerwG, ZBR 2015, 34, Rn. 14, juris.
13 BVerwG, ZBR 2015, 34, Rn. 14, juris.
14 VG Sigmaringen 7. 4. 2010 – DB 10 K 2765/09.
15 Zuletzt zusammenfassend OVG Mecklenburg-Vorpommern 15. 7. 2009 – 10 L 353/06, juris.
16 BDHE 5, 115.
17 Vgl. Redeker/v. Oertzen, § 108 Rn. 2, 9.
18 BGHSt 6, 292.

§ 60   Mündliche Verhandlung, Entscheidung durch Urteil

15   Abs. 2 Satz 2 gestattet dem Gericht zwei Alternativen der Sachentscheidung: die **Verhängung der erforderlichen Disziplinarmaßnahme** bei Feststellung einer schuldhaften Pflichtverletzung **oder Klageabweisung,** wenn die Voraussetzungen zur Verhängung einer Disziplinarmaßnahme fehlen, insbesondere wenn eine Pflichtverletzung nicht bewiesen werden kann.

16   Abs. 2 Satz 2 zählt die Möglichkeiten der Verfahrensbeendigung abschließend auf. Aus dem **Gebot der einheitlichen Verfolgung** von Pflichtverletzungen folgt, dass auf das einheitliche Dienstvergehen auch nur eine **einheitliche Entscheidung** folgen kann (vgl. A. I. Rn. 11). Eine teilweise Verurteilung bei teilweiser Klageabweisung oder teilweiser Einstellung im Übrigen lässt das Gesetz nicht zu. Deshalb ist es ausgeschlossen, dass hinsichtlich der verschiedenen Einzelverfehlungen unterschiedliche Entscheidungen ergehen können, etwa hinsichtlich einer Verfehlung die Einstellung wegen Verfolgungsverjährung (nur gem. § 32 Abs. 1 Nr. 3), hinsichtlich einer anderen Abweisung, wegen einer dritten eine Disziplinarmaßnahme. Werden einzelne Pflichtverletzungen von der Verurteilung ausgenommen, sei es durch isolierte Beurteilung nach §§ 14 oder 15 oder wegen Unschuld des Beamten, so erscheint dieses Ergebnis nicht in der Urteilsformel. Das Urteil richtet sich in seinem Ausspruch nach der insgesamt weitestgehenden disziplinaren Reaktion. Bleibt wegen einer oder mehrerer Pflichtverletzungen ein zu maßregelndes Dienstvergehen übrig, so lautet das Urteil allein auf die dafür angemessene Disziplinarmaßnahme, ohne die Abweisung wegen der übrigen Anschuldigungen zu erwähnen. Bedarf das aus mehreren Pflichtverletzungen übrig gebliebene Dienstvergehen keiner Maßregelung (§ 32 Abs. 1 Nr. 2), liegen die Prozessvoraussetzungen nicht vor oder besteht ein Verfahrenshindernis oder Maßregelungsverbot, so wird die Klage abgewiesen, ebenso wenn für alle Anschuldigungen die Schuld zu verneinen bzw. nicht nachzuweisen ist. Bei der **Verhängung einer Disziplinarmaßnahme** ist das Gericht nicht auf die der Disziplinarklage vorbehaltenen Maßnahmen beschränkt. Vielmehr steht der ganze Maßnahmenkatalog des § 5 zur Verfügung.[19]

17   Auf Klageabweisung (Nr. 2) ist zu erkennen, wenn die Prozess- und Sachurteilsvoraussetzungen nicht (mehr) gegeben sind oder ein Dienstvergehen nicht erwiesen ist. Zum Fehlen der Voraussetzungen für das Erkennen auf eine Disziplinarmaßnahme zählen die Voraussetzungen nach §§ 1 und 2 sowie die in § 32 aufgezählten Gründe für die Einstellung im behördlichen Verfahren. Ob ein Dienstvergehen nicht erwiesen ist, entscheidet sich **nach der freien Beweiswürdigung** des Gerichts (Rn. 13). Ein Dienstvergehen kann »nicht erwiesen« sein, weil die Unschuld des Beamten feststeht, weil der Nachweis der Schuld nicht erbracht worden ist und weil der Beamte für das festgestellte Dienstvergehen nicht schuldfähig war.

18   Die Verfahrenseinstellung im gerichtlichen Verfahren als materielle Sachentscheidung kennt das BDG nicht mehr. Nach den Grundsätzen der VwGO kann eine Klage keinen Erfolg haben, wenn die Sachurteilsvoraussetzungen fehlen (Rn. 17). Daher stellt das Gericht in solchen Fällen das Verfahren nicht mehr ein, sondern weist die Klage ab. Mit Rechtskraft des Urteils ist das gesamte Disziplinarverfahren beendet. Für eine behördliche Einstellungsverfügung ist kein Raum mehr, insbesondere nicht für eine Kostenentscheidung gegen den Beamten.[20] Mit der gerichtlichen Kostenentscheidung werden auch die Kosten des behördlichen Verfahrens entschieden.

19   Ist nach § 93 VwGO das Antragsverfahren gegen den **Feststellungsbescheid aus § 9 BBesG** mit dem sachgleichen förmlichen Disziplinarverfahren vor Gericht verbunden

---

19   A. A. OVG Lüneburg 10.11.2009 – 6 LD 1/09, juris; Gansen, § 60 Rn. 22.
20   OVG Berlin-Brandenburg 2.6.2014 – OVG 80 D 10.13, Rn. 16, juris.

worden, so ergeht die Entscheidung über den Verlustfeststellungsbescheid nicht durch Beschluss, sondern **im Urteil**; sie wird auch durch die Berufung gegen das Urteil erfasst.[21]
Wird das Verfahren **nach Verkündung des Urteils eingestellt**, etwa wegen Todes oder Ausscheidens noch vor Rechtskraft im erstinstanzlichen Verfahren oder im Berufungsverfahren, so sollte aus Gründen der Rechtsklarheit die **Unwirksamkeit des Urteils** in dem Einstellungsbeschluss festgestellt werden.[22] Die Einstellung durch Urteil oder Beschluss ist auch noch im Berufungsverfahren möglich und ggf. erforderlich. Auf Klageabweisung oder auf eine Disziplinarmaßnahme lautende Urteile **verbrauchen die Disziplinargewalt** für den entschiedenen Fall, wenn sie rechtskräftig geworden sind. Wegen **Verkündung, Form und Zustellung** des Urteils siehe §§ 116, 117 VwGO, wegen der **Rechtskraft** § 121 VwGO.

20

Abs. 3 bestimmt für Klagen der Beamten ausdrücklich im Einklang mit der BDO, dass das Gericht die Zweckmäßigkeit der Verfügung beurteilt. Das Gericht ist insbesondere nicht darauf beschränkt, die angefochtene Verfügung nach §§ 113, 114 VwGO im Falle der Rechtswidrigkeit aufzuheben. Vielmehr übt das Gericht wie im Fall des § 52 Abs. 1 eigene Disziplinargewalt aus. Es kann also statt der verhängten Maßnahme eine mildere verhängen, wenn diese dem festgestellten Dienstvergehen gerecht wird.[23] Abs. 2 Satz 2 gilt sinngemäß. Eine schärfere Maßnahme kann nicht verhängt werden. Dem steht das Verschlechterungsverbot, die »**reformatio in peius**« entgegen. In diesem Fall ist die Klage gegen die Disziplinarverfügung abzuweisen.[24]

21

§ 61 Grenzen der erneuten Ausübung der Disziplinarbefugnisse

(1) Soweit der Dienstherr die Disziplinarklage zurückgenommen hat, können die ihr zugrunde liegenden Handlungen nicht mehr Gegenstand eines Disziplinarverfahrens sein.
(2) Hat das Gericht unanfechtbar über die Klage gegen eine Disziplinarverfügung entschieden, ist hinsichtlich der dieser Entscheidung zugrunde liegenden Handlungen eine erneute Ausübung der Disziplinarbefugnisse nur wegen solcher erheblicher Tatsachen und Beweismittel zulässig, die keinen Eingang in das gerichtliche Disziplinarverfahren gefunden haben. Eine Verschärfung der Disziplinarmaßnahme nach Art oder Höhe oder die Erhebung der Disziplinarklage ist nur innerhalb von drei Monaten nach der Zustellung des Urteils zulässig, es sei denn, es ergeht wegen desselben Sachverhalts ein rechtskräftiges Urteil auf Grund von tatsächlichen Feststellungen, die von denjenigen tatsächlichen Feststellungen, auf denen die Entscheidung beruht, abweichen.

Die Vorschrift führt ausdrücklich in Abs. 1 die Zulässigkeit der Klagerücknahme in das gerichtliche Disziplinarverfahren ein. Abs. 2 führt nach der amtlichen Begründung die Vorschrift des früheren § 32 BDO fort.

1

Unter Anwendung der VwGO ist auch die Rücknahme der Disziplinarklage zulässig. Die entsprechende Anwendung des § 92 VwGO ist mit der Anlehnung an die VwGO nach § 3 konsequent und § 61 Abs. 1 regelt an sich nicht die **Klagerücknahme**, sondern setzt sie

2

---

21 BDHE 5, 152, 154.
22 BGH, NJW 1983, 463; BDiG 22.9.1985 – VI VL 39/85.
23 Vgl. BVerwG 15.12.2005 – 2 A 404/; BGH, MDR 2012, 1194; VGH Bayern 20.7.2015 – 16b DZ 15.542, Rn. 2, juris.
24 BVerwG 26.6.2014 – 2 A 1/12, Rn. 19, juris = ZBR 2014, 416.

voraus. Sein Regelungsinhalt sind vielmehr die Folgen der Rücknahme. Nach Rücknahme der Disziplinarklage – die auch teilweise wegen einzelner Pflichtwidrigkeiten möglich ist, weil der Dienstherr die Disziplinarbefugnis insoweit behält – **können die ihr zugrunde liegende Handlung nicht mehr Gegenstand eines neuen Disziplinarverfahrens sein.** Eine Handlung, die Gegenstand einer Klage im Disziplinarverfahren war, ist nach Rücknahme erledigt und nicht mehr verfolgbar, was dem Grundsatz der Einheit des Dienstvergehens entspricht (vgl. § 56 Rn. 6).[1] § 61 Abs. 1 spricht von Klagerücknahme, so dass die Nichtweiterverfolgung einzelner Handlungen nicht etwa eine Klageänderung nach § 91 VwGO darstellt.[2] Dies belegen auch die §§ 55 Abs. 3, 56, wonach Handlungen ausscheiden. Oftmals wird der Unterschied nicht relevant sein.[3] Es entspricht auch dem Grundsatz der Beschleunigung von Disziplinarverfahren, dass der Dienstherr nicht dem Gericht unterbreitete Sachverhalte wieder entzieht, um etwa eine Disziplinarverfügung zu erlassen. Hier baut das Gesetz auch etwaigen »Vergleichen« vor (Disziplinarklagerücknahme gegen Annahme einer Disziplinarverfügung), § 60 Abs. 1 Satz 2. Der Sachverhalt ist damit verbraucht, was eine Art der Verwirkung darstellt (vgl. A. V. Rn. 126). Nach Stellung der Anträge in der mündlichen Verhandlung kann die Disziplinarklage nur mit Zustimmung des beklagten Beamten zurückgenommen werden, § 92 Abs. 1 Satz 2 VwGO.

3 Nach **Abs. 2** kann grundsätzlich wegen solcher Handlungen, die Gegenstand einer unanfechtbaren Entscheidung des VG über eine Disziplinarverfügung waren, kein neues Disziplinarverfahren geführt werden.

§ 32 BDO baute auf der **herkömmlichen Meinung** auf, dass der jeweils höhere Dienstvorgesetzte grundsätzlich zur Aufhebung und Änderung der Entscheidung des untergeordneten Dienstvorgesetzten befugt sei. Diese Regelung wurde in der Folgezeit beschränkt. Und zwar durch § 32 Abs. 2 BDO **gegenüber allen Beschlüssen des BDiG, die eine Sachentscheidung beinhalten**, während die Einschränkung in der alten Fassung des § 27 Abs. 1 BDO nur für die Beschlüsse galt, mit denen ein Dienstvergehen verneint wurde. Darin kam ebenfalls der gesetzgeberische Wille zum Ausdruck, den **Beschlüssen des BDiG** im Verfahren nach § 31 Abs. 3 und 4 BDO die **Bedeutung voller Disziplinargewalt** zuzuerkennen. Außerdem hatte die Neuregelung die Frist für die verschlechternde Aufhebung der Disziplinarentscheidung des untergeordneten Dienstvorgesetzten von einem Jahr auf sechs Monate verkürzt. Abs. 2 beschränkt diese Befugnis noch weiter auf drei Monate.

Erneute Disziplinarbefugnisse der Dienstvorgesetzten gegenüber Entscheidungen des VG

4 Abs. 2 bestätigt die **volle materielle und formelle Rechtskraftwirkung** der Entscheidungen des VG. Die materielle Rechtskraftbindung reicht soweit wie die beinhaltete Entscheidung. Alle Entscheidungen des VG, die eine Sachentscheidung beinhalten, schließen eine erneute disziplinare Verfolgung wegen derselben Sache aus (Behnke-Amelung, § 32 Rn. 3). Auch Verfahrensentscheidungen entfalten ihre materielle Rechtskraft nach dem Inhalt ihrer Entscheidung. So kann nach gerichtlicher Verfahrensbeendigung wegen Verjährung, wegen Verlustes der Beamteneigenschaft kraft Todes oder Ausscheidens der höhere Dienstvorgesetzte das Verfahren bei unveränderter Sach- und Rechtslage nicht wiederaufgreifen und in derselben Sache gegenteilig entscheiden. Bei Verjährung könnte un-

---

1 Sehr zweifelhaft OVG Schleswig-Holstein, NordÖR 2011, 186 im Falle einer Rücknahme einer Klage und Fortführung nach altem Recht der LDO.
2 Ebenso GKÖD-Weiß, II § 61 Rn. 27; a. A. Urban/Wittkowski, § 61 Rn. 4.
3 Sächsisches OVG 22. 8. 2014 – D 6 A 521/12, Rn. 37, juris.

Grenzen der erneuten Ausübung der Disziplinarbefugnisse § 61

ter dem Gesichtspunkt der Einheit des Dienstvergehens anderes gelten (vgl. Rn. 6). Beruht die gerichtliche Verfahrenseinstellung auf Verfahrensfehlern, die in einem neuen Verfahren vermieden werden können, so bezieht sich die materielle Rechtskraft des Einstellungsbeschlusses ohnehin nur auf das bisherige Verfahren. Die Neuaufnahme des Verfahrens und Neuentscheidung durch den Dienstvorgesetzten sind problemfrei zulässig. In allen anderen Fällen verbotener Neuverfolgung würde es sich um eine verfassungswidrige »Doppelverfolgung« in derselben Sache handeln (Art. 103 Abs. 3 GG), deren Unzulässigkeit vor Gericht geltend gemacht werden kann und in jedem Verfahrensabschnitt von Amt oder Gerichts wegen zu beachten ist.[4] Das gilt auch für Tatsachen, die zwar Gegenstand der Ermittlungen waren, aber nicht zum Inhalt der Disziplinarverfügung gemacht wurden.[5]

Eine **Ausnahme** vom Verbot der wiederholten Verfolgung gilt für den Fall, dass **erhebliche Tatsachen oder Beweismittel keinen Eingang in das gerichtliche Verfahren** gefunden haben. In dieser Formulierung liegt keine sachliche Änderung zum Wortlaut des § 32 Abs. 1 BDO, wonach Voraussetzung war, dass die Tatsachen dem BDiG bei seiner Entscheidung nicht bekannt waren. Dies folgt bereits aus § 35 Abs. 2 und 3, der das gleiche Verwertungsverbot dem Dienstherrn vorhält, so dass bereits danach die Möglichkeit einer neuen Entscheidung eingeschränkt ist. Für Abs. 2 verbleibt es dann bei der zusätzlichen Regelung, dass die neuen Handlungen zum Zeitpunkt der Entscheidung unbekannt waren. Es handelt sich hierbei um eine Art Wiederaufnahmeregelung, die sich an den Wiederaufnahmetatbestand in § 71 Abs. 1 Nr. 2 i.V.m. Abs. 2 Satz 2 anlehnt, erweitert ihn aber auf alle erheblichen Tatsachen oder Beweismittel, die dem VG **nicht bekannt** waren. Waren Tatsachen oder Beweismittel dem VG zwar bekannt, was sich aus den Verfahrens- und Beiakten ergibt, hat es diese aber in den Gründen nicht erwähnt oder sie der Entscheidung gar nicht zugrunde gelegt, so mag zwar der Beschluss rechtsfehlerhaft sein, eine erneute Disziplinarprüfung und -entscheidung steht den Dienstvorgesetzten aber nicht zu. Deshalb können sich Dienstvorgesetzte zur Frage der erneuten Disziplinarbefugnis nicht allein auf die Entscheidungsgründe des Beschlusses stützen. Neu müssen die Tatsachen oder Beweismittel nicht sein.[6] Da ausdrücklich »nur« die genannten Tatsachen und Beweismittel die erneute disziplinare Behandlung und Entscheidung des Falles erlauben, ist eine direkte oder analoge Anwendung der anderen in § 71 genannten Wiederaufnahmegründe nicht zulässig. Allerdings können die Fälle des § 71 Abs. 1 Nr. 3 und 4 ohnehin direkt unter die Regelung des § 61 Abs. 2 fallen, soweit die Unrichtigkeit der Urkunde oder des Gutachtens bzw. das neue, aufhebende Urteil nicht bekannt waren.[7] Der Fall des § 14 ist mit der Regelung in § 71 Abs. 1 Nr. 8 erfasst.

Die Ausnahmeregelung **gilt für alle rechtskräftigen Entscheidungen**, also für solche mit Sach- wie mit bloßer Verfahrensentscheidung. Bei der Verjährung können die »nicht bekannten« Umstände den vom VG zugrunde gelegten **Verjährungstatbestand** betreffen oder auch weitere Pflichtverletzungen, die unter dem Gesichtspunkt der **Einheit des Dienstvergehens** die Verjährung ausschließen, weil sie in einem inneren, kausalen Zusammenhang mit der eingestellten Sache stehen (vgl. § 15 und A. I. Rn. 11 ff.).

Zuständig für die »erneute« Disziplinarentscheidung ist, wie die Formulierung »erneut« besagt, der Dienstvorgesetzte, der die vom VG entschiedene Disziplinarentscheidung getroffen hat. Das ist im Normalfall die Widerspruchsbehörde, da sie eine neue, eigenstän-

---

4 Behnke-Amelung, § 32 Rn. 33.
5 BDiG 30.6.1999 – XIV BK 3/99.
6 A. A. Claussen/Janzen, § 32 Rn. 3.
7 Behnke-Amelung § 32 Rn. 4; Claussen/Janzen, § 32 Rn. 3.

dige Sachentscheidung getroffen hat (vgl. § 42 Rn. 2ff.), die die Disziplinarverfügung des nachgeordneten Dienstvorgesetzten gegenstandslos macht.

8   Anders als im Wiederaufnahmeverfahren nach § 71 steht dem Beamten **kein Anspruch auf »Neubescheidung«** zu. Ihrer formlosen Anregung werden die Dienstvorgesetzten wegen der beamtenrechtlichen Fürsorgepflicht aber nachzukommen haben, wenn die Voraussetzungen erfüllt sind und eine Besserstellung des Beamten die zwingende Folge der Neubescheidung sein müsste.

9   Eine **Frist für die Neubescheidung** nach Abs. 2 besteht nicht (abgesehen von der Verjährungsfrist des § 15), auch nicht analog Abs. 2 Satz 2. Denn hier geht es um einen Fall der Wiederaufnahme, deren Voraussetzungen grundsätzlich unbefristet eintreten können. In Abs. 2 Satz 2 dagegen handelt es sich um die Durchsetzung der Disziplinargewalt des höheren gegenüber dem nachgeordneten Dienstvorgesetzten bzw. um die ermessensmäßige Selbstkorrektur des höheren Vorgesetzten, wovor der Beamte aus Gründen des individuellen Rechtsschutzes und der objektiven Rechtssicherheit (Bestandskraft) gesichert werden muss.[8] Allerdings kann bei unangemessener Verzögerung der Neubescheidung nach Bekanntwerden des Neubescheidungsgrundes Verwirkung eintreten (vgl. A. V. Rn. 126ff.).

10 Für die Neubescheidung gelten **dieselben Verfahrensbestimmungen** wie für die Erstentscheidung, also die Beachtung des rechtlichen Gehörs, der Beweiserhebungen, des Verteidigerrechts, der Mitwirkung Dritter usw. (vgl. §§ 20, 21).

11 Die »erneute« Disziplinarentscheidung ist wiederum nach §§ 41, 42 **anfechtbar**. Lagen die Voraussetzungen der Neubescheidung nach Abs. 1 nicht vor, so ist sie ohne weitere Sachprüfung aufzuheben, andernfalls ist nach den Verfahrensvoraussetzungen zu entscheiden.

12 **Abs. 2 Satz 2** entspricht inhaltlich wörtlich § 43 Satz 4; die Frist läuft ab Zustellung des Urteils. Insofern kann vollständig auf § 43 verwiesen werden (Rn. 5).

Abschnitt 2
Besondere Verfahren

Vor § 62 Verlust der Dienstbezüge nach § 9 BBesG, § 60 BeamtVG

§ 9 BBesG:
Verlust der Besoldung bei schuldhaftem Fernbleiben vom Dienst
Bleibt der Beamte, Richter oder Soldat ohne Genehmigung schuldhaft dem Dienst fern, so verliert er für die Zeit des Fernbleibens seine Bezüge. Dies gilt auch bei einem Fernbleiben vom Dienst für Teile eines Tages. Der Verlust der Bezüge ist festzustellen.
...

§ 60 BeamtVG:
Erlöschen der Versorgungsbezüge bei Ablehnung einer erneuten Berufung
Kommt ein Ruhestandsbeamter entgegen den Vorschriften der §§ 39 und 45 Abs. 1 des Bundesbeamtengesetzes oder des entsprechenden Landesrechts einer erneuten Berufung in das Beamtenverhältnis schuldhaft nicht nach, obwohl er auf die Folgen eines

---

8 Behnke-Amelung, § 32 Rn. 11; Claussen/Janzen, § 32 Rn. 6.

solchen Verhaltens schriftlich hingewiesen worden ist, so verliert er für diese Zeit seine Versorgungsbezüge. Die oberste Dienstbehörde stellt den Verlust der Versorgungsbezüge fest. Eine disziplinarrechtliche Verfolgung wird dadurch nicht ausgeschlossen.

Das BDiszNOG sieht eine § 121 BDO vergleichbare Regelung im BDG nicht mehr vor. Nach § 121 BDO waren Rechtsschutzbegehren gegen Bescheide, in denen der Verlust der Bezüge für die Zeit schuldhaften, ungenehmigten Fernbleibens vom Dienst festgestellt wurde, dem Bundesdisziplinargericht zugewiesen. Damit waren frühere Streitfragen, ob bestimmte Rechtsschutzbegehren disziplinarrechtlicher oder allgemein beamtenrechtlicher Natur seien und welcher Rechtsweg für sie gelten sollte, im Sinne der disziplinarrechtlichen Zuständigkeit entschieden worden. Wenn auch in § 121 BDO kein Maßregelungsverfahren liegt, so war doch der enge Bezug zu den Disziplinarverfahren und deren Folgen zu Recht ausschlaggebend für die Übertragung dieser Verfahren auf die Disziplinargerichte. 1

Mit der Auflösung des BDiG und der Übertragung der Zuständigkeit in Bundesdisziplinarverfahren auf die Verwaltungsgerichtsbarkeit ist die Notwendigkeit einer Rechtswegverweisung entfallen. Disziplinarrechtliche und allgemein beamtenrechtliche Verfahren werden nunmehr beide von Verwaltungs-, Oberverwaltungs- und selten auch vom BVerwG entschieden. Daher bedurfte es keiner Regelung mehr, die die Verfahren nach § 9 BBesG besonders den Verwaltungsgerichten zuweist. Davon ausgehend hat das BDiszNOG offensichtlich keine Veranlassung gesehen, dieses Teilgebiet im BDG anzusprechen und zu regeln. Es wurde damit allerdings übersehen, dass der enge Sachzusammenhang der Verfahren über die Feststellung des Verlustes der Bezüge zu den Disziplinarverfahren bestehen blieb. In aller Regel folgt auf das Verlustfeststellungsverfahren das Disziplinarverfahren wegen des gleichen Vorwurfs des schuldhaften, ungenehmigten Fernbleibens vom Dienst. Der Bescheid nach § 9 BBesG ist fast immer ein Vorreiter für das Disziplinarverfahren. Diesen engen Bezug sieht der Gesetzgeber selbst in §§ 23, 57 BDG, wonach die Entscheidungen im verwaltungsgerichtlichen Verfahren zu § 9 BBesG die Disziplinarbehörden, -kammern und -senate binden. 2

Wenn auch § 52 Abs. 2 für alle übrigen Klagen neben der Disziplinarklage (also solche der Beamten) auf die VwGO verweist, so ist nicht klar, ob auch Klagen gegen Bescheide nach § 9 BBesG hierzu zählen. Nach § 52 Abs. 2 sind nur Klagen nach dem BDG geregelt. § 2 erklärt das BDG für anwendbar für von Beamten während ihres Beamtenverhältnisses begangene Dienstvergehen. Ein solches ist zwar auch das schuldhafte, ungenehmigte Fernbleiben vom Dienst, das zu den Folgen des § 9 BBesG führt. Auch die Abweichung vom Wortlaut des § 2 BDO könnte ein Indiz dafür sein, dass auch Verlustfeststellungsverfahren vom BDG erfasst werden. Allerdings ist dieses eben kein Disziplinarverfahren. Mangels Einlassung dazu in der amtlichen Begründung ist ein dahingehender Wille des Gesetzgebers jedoch nicht sicher erkennbar, so dass das BDG auf Verfahren nach § 9 BBesG keine Anwendung finden dürfte.[1] 3

Die ausdrückliche Aufnahme dieser Verfahren in Teil 4 Kapitel 2 Abschnitt 2 des BDG »Besondere Verfahren« wäre daher klarstellend und systemgerecht gewesen und hätte den Fachkammern und -senaten an VG und OVG auch insoweit ihnen vertraute Materie zugewiesen. Auch wäre die Gefahr sich widersprechender Entscheidungen geringer gewesen, der Aufwand der beteiligten Richter kleiner, die den Sachverhalt größtenteils schon kennen. Wieder einmal schafft es das Neuregelungsgesetz nicht, selbst in Details Rechtssein- 4

---

1 OVG Nordrhein-Westfalen 17. 9. 2008 – 21d B 1100/08.BDG.

heit zu verwirklichen. Es bleibt nur zu hoffen, dass die Gerichte in ihren Geschäftsverteilungsplänen diese Gefahr sehen und durch Zuweisung der Verfahren zu § 9 BBesG an die Disziplinarspruchkörper das Unterlassen des Gesetzgebers nachholen.

5 Die VwGO regelt nur das Rechtsschutzverfahren gegen die Feststellung der Behörde nach § 9 BBesG und § 60 BeamtVG. Der **Verlust der Bezüge tritt kraft Gesetzes** mit dem unberechtigten und schuldhaften Fernbleiben vom Dienst bzw. der Verweigerung der Reaktivierung ein. Es handelt sich dabei nicht um eine disziplinare Maßregelung im engeren oder weiteren Sinn, auch wenn sie die Betroffenen zusätzlich zur Disziplinarmaßnahme trifft (§ 96 Abs. 2 BBG), sondern um eine besoldungsrechtliche Regelung, die lediglich wegen des engen Zusammenhangs mit dem disziplinaren Sachverhalt den Disziplinargerichten zugeordnet sein sollte. Richtig ist, dass nach dem Zweck des Feststellungsbescheids reine »finanzielle« Einwendungen ausgeschlossen sind.[2] Darin liegt **keine disziplinare Doppelverfolgung**,[3] was auch in der Möglichkeit der von der disziplinaren Bewertung abweichenden Behandlung des Verlusttatbestandes zum Ausdruck kommt (vgl. Rn. 7).[4] Nach § 9 Satz 3 BBesG (der dies nicht ausdrücklich formuliert) ist der Dienstvorgesetzte, nach § 60 Satz 2 BeamtVG ist die oberste Dienstbehörde zur **Feststellung des Verlusts der Bezüge in einem förmlichen Bescheid** verpflichtet. Die Feststellung des Verlustes hat zwar nur **deklaratorische Bedeutung**, ist aber die Grundlage für den Rechtsschutz der Betroffenen und daher wie jeder **belastende Verwaltungsakt** grundsätzlich nur nach Eintritt der Bestandskraft vollziehbar (s. Rn. 12). Der Feststellungsbescheid ist nach den **Vorschriften des VwVfG und des VwZG** zu behandeln, also schriftlich mit Begründung und Rechtsbehelfsbelehrung förmlich zuzustellen. Die Feststellung ist auch rückwirkend möglich.[5] Die **Zustellung an den Abwesenheitspfleger oder Betreuer** – nunmehr zu bestellen nach VwVfG und VwGO – ist dann wirksam, wenn er für das Verfahren nach § 9 BBesG bestellt wurde. Die Bestellung für das »Disziplinarverfahren« legitimiert ihn nicht, weil das Verfahren nach § 9 BBesG kein Disziplinarverfahren ist.[6] Die Zustellung nach VwZG[7] erfolgt nach § 7 Abs. 1 Satz 2 VwZG i. V. m. § 128 BBG **zwingend an den Bevollmächtigten**. Enthält der Feststellungsbescheid nicht **die eindeutige Feststellung**, dass der Anspruch auf die Bezüge in einem bestimmten Zeitraum weggefallen ist, statt dessen z. B. nur die Mitteilung über die Einstellung der Zahlungen, so ist der Bescheid mangels gesetzlichen Regelungsinhalts keine Rechtsgrundlage für die Vollziehung des Bezügeverlustes.[8]

6 Die Regelung des § 9 BBesG gilt **für alle aktiven Beamten**, auch für solche im Vorbereitungsdienst, für Probe- und Widerrufsbeamte.[9] § 60 BeamtVG gilt für die Ruhestandsbeamten.

7 Die **materiellen Tatbestandsvoraussetzungen** des Bezügeverlustes gleichen nach dem Gesetz denen des Disziplinartatbestands des **schuldhaft pflichtwidrigen Fernbleibens** bzw. der Verweigerung der Reaktivierung. Wer zum Dienst erscheint, aber bei der Dienstleistung Mängel zeigt, bleibt nicht »fern« (vgl. B. II. 3. Rn. 1 ff.). Nach st. Rspr. des BVerwG obliegt der Behörde die materielle Beweislast für das Vorliegen der Voraussetzungen hin-

---

2 BVerwG, NVwZ 1992, 171 = DÖV 1991, 938.
3 BDHE 5, 154.
4 Z. B. bei alkoholbedingter Dienstunfähigkeit: BVerwG 15. 7. 1980 – 1 DB 15.80, BVerwGE 73, 27.
5 BVerwG 20. 7. 1992 – 1 DB 4.92; 12. 11. 1990 – 1 DB 18.90.
6 BVerwG 20. 8. 1985 – 1 DB 35.85.
7 Dazu BVerwG, Dok. Ber. 1992, 125.
8 BVerwG – 1 DB 25.80.
9 BVerwGE 53, 120.

sichtlich der Dienstfähigkeit der Beamten.[10] Die Beamten trifft demgegenüber eine Mitwirkungspflicht aus § 46 Abs. 6 BBG. Eine Verletzung der Mitwirkungspflicht führt zwar an sich nicht zur Verlustfeststellung.[11] Unterlässt jedoch der Beamte die Mitteilung seiner Reiseadresse, obwohl er mit der Aufforderung zur Wiederaufnahme des Dienstes rechnen musste, und tritt er deshalb den Dienst nicht rechtzeitig an, bleibt er schuldhaft fern.[12] Die unberechtigte Weigerung, sich einer amtsärztlichen Untersuchung zu unterziehen, stellt ein erhebliches Indiz für die Dienstfähigkeit eines Beamten dar, das nach dem übertragenen Grundsatz des § 444 ZPO – schuldhaftes beweisvereitelndes Verhalten – bei der Beweiswürdigung zu berücksichtigen ist und für die Richtigkeit der Tatsachenfeststellungen der Behörde spricht.[13] Das BVerwG sieht dennoch den **Tatbestand des § 9 BBesG als mit dem Dienstvergehenstatbestand des Fernbleibens nicht identisch** an.[14] Macht sich ein Beamter schuldhaft dienstunfähig krank, etwa durch Alkoholmissbrauch vor Dienstantritt, so kann darin ein Verstoß gegen die **Pflicht zur Erhaltung der Dienstfähigkeit bzw. zu vollem dienstlichem Einsatz** i. S. d. § 61 Abs. 1 Satz 1 BBG liegen, nicht aber ein »Fernbleiben ohne Genehmigung« i. S. d. § 9 BBesG. In diesem Fall fehlt dem Fernbleiben die Tatbestandsmäßigkeit oder – je nach systematischer Betrachtung – die Rechtswidrigkeit. Nur im ersteren Fall (Tatbestandsmäßigkeit) bestehen gegen diese Lösung keine begrifflichen Bedenken. Denn »Fernbleiben« ist nicht dasselbe wie »nicht Dienstleisten« (dazu B. II. 3. Rn. 1, 6). Das Krankmachen durch pflichtwidriges Verhalten verletzt nicht die Pflicht aus § 96 Abs. 1 BBG, zum Dienst zu erscheinen (sie besteht bei Krankheit nicht), sondern die Pflicht aus § 61 Abs. 1 Satz 1 BBG, seine volle Dienstleistung zu erbringen und die Einsatzfähigkeit zu erhalten (hier ist die Pflichtwidrigkeit betroffen, da das pflichtwidrige Krankmachen nicht »genehmigt« ist, Pflicht zur Gesunderhaltung! vgl. B. II. 5.). Allerdings muss dieselbe Logik für den Disziplinartatbestand der Dienstunfähigkeit aufgrund anderer pflichtwidrig herbeigeführter Hinderungsgründe gelten, wie etwa bei Krankheit durch Unfallfolgen, Haft usw. (B. II. 3. Rn. 1, 6, 8; zur selbständigen Vorwerfbarkeit der »Folgen« von Pflichtverletzungen und zu ihrer »Zurechenbarkeit« vgl. auch B. II. 5. Rn. 4 und 8). Die Differenzierung zwischen »Fernbleiben« und »dienstlichem Einsatz« hat die wünschenswerte Folge, dass die doppelte finanzielle Belastung der Betroffenen (vgl. Rn. 3) für die Fälle verhindert wird, in denen das Fernbleiben auf pflichtwidrig schuldhaft veranlassten Hinderungsgründen beruht. Trotz unterschiedlicher Voraussetzungen von § 9 BBesG und Dienstvergehenstatbestand nimmt BVerwG[15] Bindungswirkung von Tenor und rechtlicher Würdigung in der Disziplinarentscheidung auch für die Feststellung nach § 9 BBesG an. Nunmehr folgt die Bindungswirkung disziplinarrechtlicher Entscheidungen § 121 VwGO.[16] Dem kann gefolgt werden unter der Voraussetzung, dass die Besonderheiten beider Regelungen beachtet werden. Jedenfalls sind die Tatsachenfeststellungen verwendbar. Wegen der Bindung in umgekehrter Richtung (Feststellungsbescheid für Disziplinarentscheidung) vgl. §§ 23, 57.

Der **festzustellende Zeitraum** des Bezügeverlustes kann sich jetzt nach § 9 Satz 2 BBesG (seit Art. 1 Nr. 1 Gesetz zur Änderung besoldungs- u. versorgungsrechtlicher Vorschrif-

---

10 Zu Nachweis und Abwägung zwischen betriebs- und privatärztlichen Feststellungen vgl. BVerwG 19.7.1994 – 1 DB 27.93.
11 BVerwG 10.5.1995 – 1 DB 4.95.
12 BVerwG 23.5.2005 – 1 D 1.04; 8.8.1996 – 1 DB 10.96.
13 BVerwG 19.6.2000 – 1 DB 13.00, DÖD 2001, 33 = NVwZ 2001, 436; 18.9.1997 – 2 C 33.96; BDiG 3.4.1996 – XVI BK 15/95.
14 BVerwGE 73, 27 = ZBR 1982, 381 (Leitsatz).
15 DÖV 1990, 526.
16 VGH Bayern 14.7.2015 – 14 B 14.1598, Rn. 16, juris.

ten, BGBl. 1980 I S. 1509) quotenmäßig auch auf **Teile eines Tages** beschränken. Die geringste festzustellende Zeiteinheit ist die **volle Arbeitsstunde** (BVerwGE 83, 37). Der Verlust der Bezüge umschließt auch die **im Gesamtzeitraum und an dessen Ende liegenden dienstfreien Tage** wie Feiertage, Wochenende, planmäßige Ruhetage usw. Denn diese Einzeltage werden vom Fernbleibensvorsatz bzw. von dem Anlass des Fernbleibens umfasst (BVerwGE 73, 227). Liegen solche dienstfreien Tage zu Beginn des Fernbleibenszeitraums, so dürfen sie nicht in die Feststellung einbezogen werden. Unterliegt ein Beamter – auch teilweise – keiner zeitlichen und örtlichen Konkretisierung seiner Dienstleistungspflicht in Gestalt von Arbeitszeitregelungen, denen er mit seiner Anwesenheit Rechnung zu tragen hat, ist in pauschalisierender Betrachtungsweise der Verlust der Dienstbezüge für solche Zeiten gegeben, in denen die Anwesenheit des Beamten an einem bestimmten Ort zu einer bestimmten Zeit erforderlich ist und der Beamte diesem Gebot nicht folgt.[17] Für die **disziplinare Beurteilung** von Fernbleibenszeiten gelten diese Grundsätze nicht, vielmehr muss dort jeder Einzeltag die Voraussetzungen des Disziplinartatbestands erfüllen (vgl. B. II. 3. Rn. 11).[18]

9 Ist dem Beamten **nachträglich die Zeit des Fernbleibens genehmigt worden**, z. B. als Urlaub oder Mehrarbeitsausgleich, auch in der Form der nachträglichen Verrechnung, so ist der Tatbestand des § 9 BBesG nicht erfüllt (im Gegensatz zum Dienstvergehenstatbestand, vgl. Rn. 7; B. II. 3 Rn. 5). Denn es können – außer der zusätzlich möglichen Disziplinarmaßnahme (§ 96 Abs. 2 BBG) – nicht auch noch für ein und denselben Zeitraum die Bezüge und der Anspruch auf bezahlte Freizeit weggenommen werden. Dasselbe gilt für den Fall, dass die Betroffenen die mit dem Fernbleiben **versäumte Zeit nachgearbeitet** und damit den Anspruch auf die Bezüge – wieder – erlangt haben.[19]

10 Auch **während der Zeit der Suspendierung nach § 38** bleibt das unberechtigte Fernbleiben bestehen, solange der Beamte nicht die Dienstleistung wieder anbietet (dazu § 39 Abs. 3). Deshalb ist auch nach einem Feststellungsbescheid gem. § 9 BBesG die Suspendierung noch sinnvoll. Jedoch setzt die Unterstellung weiterer Fernbleibensabsicht voraus, dass die Betroffenen ausdrücklich über die Möglichkeit und die Bedeutung einer Dienstbereitschaftserklärung belehrt wurden.[20] Wird die Dienstbereitschaft erklärt, ist dem Feststellungsbescheid die Grundlage entzogen. Bleibt eine Entscheidung nach § 39 Abs. 3 aus, so ist die gerichtliche Nachprüfung im Wege der Konversion möglich.[21] Auch **die Anordnung der vorläufigen Einbehaltung von Teilen der Bezüge** ist während des Feststellungszeitraums möglich und kann zweckmäßig sein (dazu § 38 Abs. 2). Einem Antrag nach § 63 Abs. 1 kann das Rechtsschutzbedürfnis nicht abgesprochen werden.[22] Wenn die Einbehaltungsanordnung sinnvoll ist, stehen dem Beamten dagegen Rechtsmittel zu. Andernfalls wäre die Einbehaltungsanordnung mangels eigenen Regelungsgehalts gerade aufzuheben. Der Antrag nach § 63 Abs. 1 ist daher materiell zu prüfen. Mit dem **Eintritt in den Ruhestand** entfallen die Voraussetzungen des Bescheids nach § 9 BBesG, und er ist aufzuheben. Der Ruhestandsbeamte hat aber auch im Ruhestand noch das Anfechtungsrecht (s. u. Rn. 12).

---

17 Vgl. BVerwG, NVwZ-RR 2001, 251 = ZBR 2000, 345 = RiA 2001, 243 zu einem Verfahren gegen einen Professor an der Fachhochschule der Deutschen Telekom AG.
18 BVerwG 26. 7. 1984 – 1 D 57.83.
19 BDiG 7. 3. 1983 – VI Bk 10/82.
20 BVerwG 7. 11. 1974 – 1 D 37.74.
21 BVerwG 22. 3. 1983 – 1 DB 3.83.
22 Unzutreffend OVG Nordrhein-Westfalen 17. 9. 2008 – 21d B 1100/08.BDG.

Bescheide nach § 9 BBesG stellen Verwaltungsakte dar, so dass sich das Rechtsschutzbegehren nunmehr nach der VwGO richtet.[23] Im Unterschied zur BDO ist nach §§ 68 ff. VwGO in der Regel zunächst das Vorverfahren durch zu führen, bevor der betroffene Beamte Anfechtungsklage nach § 42 Abs. 1 VwGO erheben kann. Von großer Relevanz wird weiterhin der vorläufige Rechtsschutz nach § 80 VwGO sein. 11

Widerspruchs- und klagebefugt ist jeder durch den Feststellungsbescheid Betroffene, also auch die inzwischen aus dem Beamtenverhältnis Ausgeschiedenen wie die in den Ruhestand Versetzten und die Beamten im Vorbereitungs-, Probe- oder Widerrufsverhältnis.[24] Dem Rechtsschutzbedürfnis steht die Rechtskraft der sachgleichen Disziplinarentscheidung nach § 33 oder §§ 59, 60 nicht entgegen, jedoch besteht Bindungswirkung (vgl. Rn. 7). Der **Widerspruch** ist schriftlich **innerhalb von 1 Monat** nach Zustellung des Feststellungsbescheids bei der erlassenden Behörde **einzureichen**. Ein Begründungszwang besteht nicht mehr. Bei **Versäumung der Frist ist Wiedereinsetzung** nach § 3 BDG, § 60 VwGO möglich. Auch in diesem Verfahren ist für Wiedereinsetzung das **Verschulden des Prozessbevollmächtigten** dem Antragsteller **anzurechnen**.[25] Die gegenteilige Auffassung des BVerwG[26] ist mit der Neuordnung überholt. 12
Verfahrensgegnerin ist in dem Verfahren **die feststellende Behörde**. Sie kann dem Widerspruch **abhelfen,** indem sie den angefochtenen Bescheid abändert oder aufhebt. Das Verfahren richtet sich nach dem VwVfG und der VwGO. Die **zuständige Kammer** des VG bestimmt sich nach § 52 Nr. 4 VwGO (vgl. § 45 Rn. 4–6).
Widerspruch und Klage haben aufschiebende Wirkung. Das entspricht dem Charakter des Feststellungsbescheids als Verwaltungsakt; **§ 80 VwGO** ist nun **direkt anwendbar**. Die **Anordnung der sofortigen Vollziehung**, die nur für die Zukunft wirken kann,[27] bedarf einer ausdrücklichen und inhaltlich über die Gründe für den Bezügeverlust hinausgehenden **Begründung** für den Einzelfall.[28] Die Begründung, dass der Empfang von Bezügen ohne Dienstleistung ungerechtfertigt sei, wiederholt nur die gesetzlichen Voraussetzungen des Verlustes, nicht aber die besondere Einbehaltungsnotwendigkeit vor rechtskräftiger Klärung. Ebenso wenig kann das fiskalische Interesse, der späteren Zahlungsunfähigkeit der Empfänger vorzubeugen, das »öffentliche Interesse« i. S. d. § 80 Abs. 2 Nr. 4 VwGO begründen.[29] Denn dieses Risiko geht § 80 VwGO bewusst ein; die Ausnahme von der Regel kann nicht mit Umständen, die für die Regelsituation maßgeblich sind, begründet werden. Gerade die Entziehung der verfassungsgeschützten Alimentation (Art. 33 Abs. 5 GG, §§ 2, 3 BBesG) vor Rechtskraft muss auf äußerste Ausnahmefälle beschränkt werden.[30] Daher kann die Anordnung der sofortigen Vollziehung allenfalls damit begründet werden, dass die Rückzahlung der Bezüge »ernsthaft gefährdet« ist.[31] Auch kann nicht die sofortige Vollziehung mit der Möglichkeit der Sozialhilfe begründet werden, da diese hinter der Alimentationspflicht zurücktritt.[32] An der sofortigen **Vollziehung eines of-**

---

23 OVG Nordrhein-Westfalen 17. 9. 2008 – 21d B 1100/08.BDG.
24 So jetzt auch BVerwG 20. 7. 1992 – 1 DB 4.92.
25 Redeker/v. Oertzen, § 60 Rn. 3.
26 BVerwG 18. 3. 1991 – 1 DB 2.91.
27 BVerwG 28. 10. 1983 – 1 DB 23.83.
28 BVerwG 31. 1. 2002 – 1 DB 2/02; Redeker/von Oertzen, § 80 VwGO Rn. 20, 25 ff.
29 BVerwGE 1, 45; BGHZ 17, 84; Hamburg, NJW 1959, 488; Münster, DVBl. 1955, 601; LVG Düsseldorf, DÖV 1951, 367; Koblenz, DVBl. 1967, 329, und DÖV 1965, 675; Lüneburg, OVGE 3, 191; Häberle, DVBl. 1967, 220; Redeker/von Oertzen, § 80 Rn. 22.
30 BDiG 18. 1. 1988 – I Bk 2/88.
31 OVG Sachsen, ZBR 2011, 180.
32 BDiG 8. 8. 1975 – IV Bk 12/75.

fensichtlich fehlerhaften Feststellungsbescheids besteht niemals ein öffentliches Interesse,³³ umgekehrt aber an der Vollziehung eines **offensichtlich rechtmäßigen und fehlerfreien Bescheids**.³⁴

13 § 80 Abs. 8 VwGO lässt in dringenden Fällen eine **Eilentscheidung allein durch den Kammervorsitzenden** zu. Diese wird begründet sein, wenn der Feststellungsbescheid bereits vollzogen wird und der Betroffene ohne ausreichende Einkünfte zu sein scheint. Da der Beschluss des Vorsitzenden gem. § 80 Abs. 7 VwGO von dem Gericht – ggf. auf Antrag der Beteiligten – jederzeit geändert werden kann und damit nur vorläufigen Charakter hat, ist er seinem Zweck nach ohne weitere Beweiserhebung und auch vor der Stellungnahme der Antragsgegnerin zulässig.³⁵

14 Die Entscheidung nach § 9 BBesG bindet nach §§ 23, 57 die Disziplinarbehörden und -gerichte in gleichem Maße wie Strafurteile. Bloßes Bestreiten des Sachverhalts reicht daher nicht mehr aus; der Beamte muss offenkundige Fehler darlegen, damit sich (nur) das Gericht lösen kann.³⁶ Geschieht dies und führt das gerichtliche Disziplinarverfahren zur Klageabweisung, Aufhebung der Disziplinarverfügung oder wenigstens zur Freistellung von diesem Vorwurf kann der Dienstherr verpflichtet sein, das Verlustfeststellungsverfahren wieder aufzugreifen.³⁷ Nur so ist die Bindung der Disziplinarkammer an die zeitlich vorangehende Entscheidung zu rechtfertigen, obwohl im Disziplinarverfahren oftmals neue Beweismittel vorliegen.

15 Die **verwaltungsgerichtlichen Entscheidungen** im Rahmen des § 9 BBesG **gestalten die Rechtslage** hinsichtlich des Anspruchs auf Dienst- oder Versorgungsbezüge. In die **tatsächliche Abwicklung (Vollziehung)** greifen sie auch nur regelnd und insoweit ein, als nach § 80 VwGO der Behörde die Vollziehung verboten oder gestattet oder die bereits durchgeführte Vollziehung aufgehoben wird (§ 80 Abs. 5 Satz 3 VwGO). **Die tatsächliche Auszahlung** der aufgrund der entschiedenen Rechtslage zustehenden Bezüge ist eine **beamtenrechtliche Angelegenheit**, die notfalls vor der zuständigen Kammer der Verwaltungsgerichte durchzusetzen ist.³⁸

16 Nach § 93 VwGO ist die **Verbindung des gerichtlichen Disziplinarverfahrens mit dem Verfahren zu § 9 BBesG** möglich, aber nicht mehr zwingend vorgeschrieben. Sie ist jedoch nach wie vor **sinnvoll**. Dadurch wird eine gemeinsame Prozessführung, Aufklärung und Entscheidung für die Verfahren herbeigeführt. Allerdings ist mit der **Änderung der Rspr. des BVerwG zum Tatbestand des § 9 BBesG** (o. Rn. 7) die Verbindung beider Verfahrensarten dann zweifelhaft geworden, wenn beide Verfahren u. U. unterschiedliche Prozessgegenstände betreffen (wenn nämlich die alkoholbedingte Dienstabwesenheit nach § 9 BBesG kein Fernbleiben ist, nach § 61 Abs. 1 Satz 1 BBG aber ein Dienstvergehen im Sinne der Verletzung der Dienstleistungs- und Einsatzpflicht darstellt). Die Verbindung hat dann keinen Nutzeffekt, wenn der Tatbestand des § 9 BBesG ohnehin sofort ausscheidet. Die Verbindung ist prozessökonomisch nur noch dort sinnvoll, wo es in beiden Verfahren um das »echte« Fernbleiben vom Dienst geht. Eine Verbindung ist auch dann nicht am Platz, wenn der Beschluss nach § 59 angekündigt wird (vgl. zu § 59 Rn. 5 a. E.).

17 Die Verbindung setzt **Anhängigkeit beider Verfahrensarten im selben Rechtszug** voraus. Die Entscheidung des Gerichts ergeht für beide Verfahren einheitlich durch Urteil. Dem-

---

33 Wie die h. M. zu § 80 Abs. 2 Nr. 4 auch o. a. BVerwG – 1 DB 23.83.
34 BVerwG 19. 5. 1988 – 1 DB 13.88.
35 BDiG 8. 8. 1975 – IV Bk 12/75.
36 Anschaulich VG Wiesbaden 12. 8. 2010 – 28 K 916/09.WI.D.
37 BVerwGE 113, 322; DokBer 2004, 155; st. Rspr.
38 BVerwG 28. 10. 1983 – 1 DB 23.83.

entsprechend ist auch die **Anfechtung einheitlich**. Beide verbundenen Verfahren werden mit der Berufung angefochten. Problematisch ist dies nur, weil die Berufung gegen die Entscheidung zu § 9 BBesG gem. § 124 Abs. 1 VwGO der Zulassung bedarf, während die Berufung über eine Disziplinarklage unbeschränkt zulässig ist (§ 64 Abs. 1). Da die Bedeutung des Disziplinarverfahrens weiter reicht, beide Verfahren aber gegenseitig Auswirkungen entfalten, ist die Berufung unbeschränkt zulässig. Die Revision ist auch für die Disziplinarklagen nur nach Zulassung eröffnet, so dass diese einheitlich für die verbundenen Verfahren geregelt ist (§ 69 i. V. m. §§ 132, 133 VwGO).

§ 62 Antrag auf gerichtliche Fristsetzung

(1) Ist ein behördliches Disziplinarverfahren nicht innerhalb von sechs Monaten seit der Einleitung durch Einstellung, durch Erlass einer Disziplinarverfügung oder durch Erhebung der Disziplinarklage abgeschlossen worden, kann der Beamte bei dem Gericht die gerichtliche Bestimmung einer Frist zum Abschluss des Disziplinarverfahrens beantragen. Die Frist des Satzes 1 ist gehemmt, solange das Disziplinarverfahren nach § 22 ausgesetzt ist.
(2) Liegt ein zureichender Grund für den fehlenden Abschluss des behördlichen Disziplinarverfahrens innerhalb von sechs Monaten nicht vor, bestimmt das Gericht eine Frist, in der es abzuschließen ist. Anderenfalls lehnt es den Antrag ab. § 53 Abs. 2 Satz 3 bis 5 gilt entsprechend.
(3) Wird das behördliche Disziplinarverfahren innerhalb der nach Absatz 2 bestimmten Frist nicht abgeschlossen, ist es durch Beschluss des Gerichts einzustellen.
(4) Der rechtskräftige Beschluss nach Absatz 3 steht einem rechtskräftigen Urteil gleich.

Allgemeines

§ 62 ist die einzige Regelung des BDG, die dem vorrangigen Grundsatz der **Verfahrensbeschleunigung unmittelbare Geltung** verschafft. § 3 ist proklamatorischer Art. Wegen der **mittelbaren Auswirkung** unangemessener Verzögerung vgl. A. IV Rn. 104 und wegen des **Beschleunigungsgebots des Art. 6 Abs. 1 MRKV** vgl. A. V Rn. 128. Eine Regelung wie in § 62 ist dem Disziplinarverfahrensrecht erst seit der BDO von 1953 bekannt. Die Novellierung von 1967 hat nur geringfügige Änderungen (Fristen, das der Rspr. entspr. Tatbestandsmerkmal der »unangemessenen Verzögerung«) vorgenommen. Mit der Regelung sind nicht nur den Beschuldigten eine eigene Initiative und ein Zwangsmittel zur Beschleunigung in die Hand gegeben, sondern auch deren Schutz vor übermäßigen Nebenmaßnahmen wie Suspendierung (§ 38 Abs. 2), Einbehaltung von Dienstbezügen (§ 38 Abs. 1) und Verbot der Dienstgeschäfte (§ 60 BBG) oder gegenüber gesetzlichen oder faktischen Nebenfolgen des förmlichen Disziplinarverfahrens (vgl. A. IV. Rn. 71) verstärkt worden. Dies entspricht dem rechtsstaatlichen **Gebot effektiven Gerichtsschutzes und der Verhältnismäßigkeit**.[1] Diese Gesetzgebung schreibt § 62 fort. Dem Sinn und Zweck nach handelt es sich um ein **Eilverfahren**. 1

Die Regelung des § 62 gilt nur für das behördliche Disziplinarverfahren, **nicht für die davor stattfindenden dienstrechtlichen Vorklärungen**. Die Ausnahmeregelung nur für das behördliche Disziplinarverfahren hat ihren Grund darin, dass nur während dessen Maßnahmen möglich sind, die schon vor Abschluss des Verfahrens in die Rechtsstellung der 2

---

[1] BVerfG, DÖD 1977, 274.

Beschuldigten eingreifen (§ 38 Abs. 1 und 2).[2] Die Vorschrift kann **auch nicht analog** angewandt werden. Das lässt sich zwar nicht damit begründen, dass im Vorverfahren kein Rechtsschutzbedürfnis für einen Beschleunigungsantrag bestehe, weil der Beamte den Antrag nach § 18 stellen könne.[3] Denn wenn disziplinare Ermittlungen bereits durchgeführt werden, so besteht umgekehrt kein Rechtsschutzbedürfnis für den Antrag nach § 18, für den im Übrigen § 62 ebenso wenig unmittelbar anwendbar ist. Vielmehr ergibt sich das Verbot der Analogie aus dem Umstand, dass der Beschleunigungsantrag der Beamten und das Eingreifen des Dienstherrn die Ausnahme von der Regel sind, dass das Gericht erst mit der Rechtshängigkeit des Verfahrens befugt ist, den Gang des Verfahrens zu bestimmen.[4]

3 Nach Einstellung des Disziplinarverfahrens ist keine Fristsetzung mehr möglich.[5] § 62 ist auch **nicht anwendbar, wenn das gerichtliche Verfahren** wegen Verfahrensfehlern **nach § 55 Abs. 3 nicht betrieben wird**. Zwar sind dann ggf. die weiteren Aufklärungen durch den Dienstherrn durchzuführen und die Verfahrensfehler ebenfalls durch diesen zu beheben. Aber das Verfahren ist noch immer bei Gericht anhängig. Damit ist aber bereits die Entscheidung getroffen worden, die der Antrag nach § 62 allein anstreben kann und zu der das VG allein verurteilen könnte (Abs. 2 Satz 1). Für diesen Fall besteht kein Rechtsschutzbedürfnis i.S.d. § 62. Dieses könnte zwar bei der **Aussetzung zum Zwecke der Nachtragsdisziplinarklage gem. § 53 Abs. 2** gegeben sein, da hinsichtlich dieses Verdachtes das gerichtliche Verfahren noch nicht anhängig ist. Jedoch kann der Schutzgedanke des § 62 allein eine analoge Anwendung auf diesen Fall nicht rechtfertigen.[6] Denn im Falle des Antrags nach § 53 Abs. 2 fehlt es noch an der Vorklärung des Sachverhalts, die so weit abgeschlossen sein muss, dass sie zu einer Einleitungsverfügung oder einer Klage mit einem konkreten Sachverhalt und einem bestimmten disziplinaren Vorwurf führen kann. Nicht ohne Grund schließen die Voraussetzungen des § 62 an eine solche Vorklärung an. Das möglicherweise ungewisse Aufklärungsstadium von Vorklärungen ist nicht mit der Entscheidungslage zum Zeitpunkt der Einleitung des behördlichen Verfahrens gleichzusetzen. Deshalb kann nicht unterstellt werden, die Aufklärung habe innerhalb von sechs Monaten erfolgen können. Zwar kann das Gericht nach § 53 Abs. 2 eine Frist zur Erhebung der Nachtragsdisziplinarklage setzen und nach fruchtlosem Ablauf das Verfahren fortsetzen. Der Dienstherr kann aber dadurch nicht daran gehindert werden, dennoch die Nachtragsdisziplinarklage wirksam und bindend für das VG zu erheben. Wegen des Falles der Aussetzung nach § 22 vgl. Abs. 1 Satz 2 und Rn. 5.

Verfahren

4 Der Antrag richtet sich auf die gerichtliche Entscheidung zur Fristsetzung, nicht auf eine isolierte Entscheidung darüber, ob eine unangemessene Verzögerung vorliegt. Er kann zulässigerweise erst **nach Ablauf von sechs Monaten ab Zustellung der Einleitungsverfügung** gestellt werden (Abs. 1 Satz 1), und zwar von dem Beamten, dem Vormund oder Pfleger oder dem Verteidiger. Die Frist ist nicht absolut. Formelle Voraussetzung ist, dass bis dahin weder das Verfahren eingestellt noch eine Disziplinarverfügung oder Disziplinarklageschrift zugestellt worden ist. Der vor Ablauf der Frist eingereichte Antrag ist un-

---

2 BVerwGE 63, 116.
3 So BVerwGE 63, 116 noch zu § 66 BDO.
4 BDiG 30.5.1978 – IV Bk 5/78.
5 VG München 24.7.2012 – M 19B DA 11.5782, Rn. 8, juris.
6 A.A. Claussen/Janzen, § 66 Rn. 2 a; GKÖD-Weiß, § 66 Rn. 24; Behnke-Hardraht, § 66 Rn. 5.

Antrag auf gerichtliche Fristsetzung § 62

zulässig, aber nur so lange, wie im gerichtlichen Verfahrensabschnitt die Frist noch nicht abgelaufen ist. Sind die sechs Monate vor der Gerichtsentscheidung abgelaufen, ohne dass die Einleitungsbehörde über Einstellung, Disziplinarverfügung oder Klage entschieden hat, so wird der Antrag nachträglich zulässig. Erst recht kann der Antrag beliebig lange nach Ablauf der Frist gestellt werden. Die 6-Monats-Frist ist keine absolute Frist,[7] deren Ablauf führt noch nicht zum Erfolg, vgl. dazu Rn. 10.

Die **Sechsmonatsfrist ist gehemmt** (Abs. 1 Satz 2), solange das Verfahren nach § 22 ausgesetzt ist. Die Aussetzung nach § 22 endet erst mit ihrer Aufhebung durch den Disziplinarvorgesetzten oder das VG oder mit der Fortsetzung des Verfahrens. Das VG hat bei der sachlichen Prüfung der »unangemessenen Verzögerung« (u. Rn. 10) die Berechtigung der Aussetzung nachzuprüfen.[8]   5

Die Stellung des **Antrags ist nicht an eine Frist oder Form gebunden.** Er kann schriftlich oder zu Protokoll der Geschäftsstelle, aber auch telegrafisch, telefonisch oder mündlich gestellt werden, soweit sich die Identität mit dem Beamten sicherstellen lässt. Der Antrag muss auch **nicht begründet** werden, schon gar nicht substantiiert. Das Gericht ist von Amts wegen zur vollen Aufklärung des Entscheidungsgegenstandes verpflichtet.   6

Der Antrag kann bis zur Entscheidung des Gerichts jederzeit **zurückgenommen** werden, da der Beschuldigte Herr des Antragsverfahrens ist.[9] Entscheidet die Einleitungsbehörde über Einstellung, Disziplinarverfügung oder Klage vor der Entscheidung des Gerichts, so ist der **Antrag in der Hauptsache erledigt** (§ 161 Abs. 2 VwGO). Das Antragsverfahren ist in all diesen Fällen einzustellen und ggf. (Rn. 18) mit einer Kostenentscheidung zu versehen.[10]   7

Vor der Entscheidung hat das **VG der Einleitungsbehörde das rechtliche Gehör** zu gewähren und ihr eine Äußerungsfrist einzuräumen. Das sieht zwar die Vorschrift im Gegensatz zu § 66 BDO nicht mehr vor, ist aber aus rechtsstaatlichen Gründen selbstverständlich (Art. 103 GG, § 108 Abs. 2 VwGO). Außer der Beiziehung der entscheidungserheblichen Verfahrensakten hat das VG auch das Recht und die **Pflicht zu weiterer Klärung** der »unangemessenen Verzögerung«. So wird es in der Regel eine **Stellungnahme des Dienstherrn und dessen beauftragten Beamten** einholen, ggf. auch eine **mündliche Verhandlung** durchführen, auch wenn diese nicht ausdrücklich in § 62 vorgesehen ist.[11]   8

Leidet das behördliche Disziplinarverfahren unter einem **anderen Verfahrensfehler** als der »unangemessenen Verzögerung«, so ist dies im Antragsverfahren nach § 62 unerheblich und kann nicht berücksichtigt werden. Denn das Beschleunigungsverfahren dient nur diesem beschränkten Zweck und unterliegt nicht den allgemeinen Prozessvoraussetzungen oder Prozesshindernissen.[12]   9

Gegenstand der gerichtlichen Prüfung ist die Frage des zureichenden Grundes für den fehlenden Abschluss des behördlichen Disziplinarverfahrens durch den Dienstherrn bei der Entscheidung über Einstellung oder Nichteinstellung und Einreichung der Disziplinarklageschrift (Abs. 2). Dies entspricht inhaltlich der unangemessenen Verzögerung, die sprachlich treffender ist. Unangemessen ist eine Verzögerung, wenn die Sachaufklärung und die vorgenannten Entscheidungen bzw. Prozesshandlungen nicht mit der gebotenen   10

---

7 BVerwG 11.8.2009 – 2 AV 3/09, Rn. 2, juris.
8 BDHE 2, 143; BVerwG 11.2.1976 – 1 DB 1.76; Claussen/Janzen, § 66 Rn. 3.
9 BDiG 30.6.1972 – IV Bk 2/72.
10 BVerwG 11.8.2009 – 2 AV 3/09, juris.
11 Claussen/Janzen, § 66 Rn. 2 b; GKÖD-Weiß, § 66 Rn. 40
12 Behnke-Hardraht, § 66 Rn. 7.

und möglichen Beschleunigung durchgeführt worden sind. Dabei hat das Gericht einerseits die Unabhängigkeit des mit den Ermittlungen betrauten Beamten und dessen Beurteilungsspielraum zu den einzelnen Aufklärungspunkten und Aufklärungsmitteln sowie die notwendige Bearbeitungs- und Prüfungszeit, andererseits das Recht der Beschuldigten auf beschleunigte Bearbeitung zu berücksichtigen. Ob unangemessen verzögert wurde, lässt sich nicht durch bloßen Vergleich einer pauschalen Prognose der notwendigen Gesamtbearbeitungszeit mit dem Sechsmonatszeitraum beantworten,[13] sondern nur durch konkrete Nachprüfung des bisherigen realen Bearbeitungsaufwands feststellen. Sinn des § 62 ist nicht, eine fiktive Bearbeitungszeit zu errechnen und daran die Einhaltung des Beschleunigungsgebots zu messen. Das wäre nicht nur utopisch, sondern würde auch in rechtlich bedenklicher Weise in die Disziplinarbefugnisse des Dienstherrn eingreifen. Der Zweck des § 62 zielt allein darauf ab, die – auf der Grundlage der zu akzeptierenden Aufklärungserwägungen – tatsächlich erfolgte Verfahrensverzögerung zu erfassen. Das erfordert keine »summarische«,[14] sondern eine **genaue Überprüfung des bisherigen Verfahrens** daraufhin, welche besonderen tatsächlichen und rechtlichen Besonderheiten den ordnungsgemäßen Bearbeitungsaufwand bestimmen und ob dabei säumig verfahren wurde.[15] Dabei ist nicht von dem Arbeitsaufwand auszugehen, den das Gericht nach seiner Beurteilung der Rechtslage annehmen würde, sondern von demjenigen, der sich aus der Aufklärungsbeurteilung des Ermittlungsführers ergibt. Hierbei ist Großzügigkeit geboten. **Unangemessene Verzögerung ist gleichbedeutend mit sachlich nicht gerechtfertigter Untätigkeit der jeweils befassten Disziplinarorgane.** Untätigkeit des Ermittlungsführers liegt nicht in den notwendigen Einarbeitungs- und Überlegungszeiten, in den unvermeidbaren Zwischenzeiten zwischen Ladung und Anhörungs- oder Beweistermin, in den üblichen Bürolaufzeiten, in den durch die Beschuldigten selbst veranlassten Unterbrechungen oder Vertagungen von Terminen oder Fristverlängerungen für Schriftsätze, in den urlaubs- oder krankheitsbedingten Abwesenheiten der Beteiligten. Ergibt aber die genaue Nachprüfung, dass das jeweils zuständige Organ auf der Basis seiner Aufklärungsbeurteilung längere Zeiten ohne sachlichen Grund untätig geblieben ist, so liegt darin eine unangemessene Verzögerung.

11 Nach der st. Rspr. des BVerwG erforderte § 66 BDO weiterhin, dass das säumige Verhalten der Disziplinarorgane »**schuldhaft**« war. Das gilt auch weiterhin für § 62 BDG.[16] Das Verschulden ergibt sich daraus, dass die Organe nicht für die ihnen mögliche Beschleunigung des Verfahrens sorgten. So ist nicht nur die Hauptfigur im vorgerichtlichen Abschnitt des förmlichen Verfahrens, der Ermittlungsführer, zur Aufbietung all seiner Kräfte und seiner Zeit in der **vorrangigen Bearbeitung** des Untersuchungsverfahrens verpflichtet. Auch die Einleitungsbehörde muss dafür sorgen, dass er nach Bedarf so weit von den Aufgaben seines Hauptamtes freigestellt wird, dass er sich mit Vorrang dem Ermittlungsverfahren widmen kann. Unterlässt sie dies, so handelt sie »schuldhaft säumig« i. S. d. § 62.[17] Den Ermittlungsführer trifft ein Verschulden, wenn er von der Notwendigkeit seiner Entlastung im oder vom Hauptamt der Einleitungsbehörde bzw. seinen Dienstvorgesetzten keine dienstliche Mitteilung macht. In gleicher Weise handelt der Dienstherr schuldhaft säumig, wenn er selbst oder durch seine Beamten nach Abschluss des Ermittlungsverfahrens

---

13 So GKÖD-Weiß, § 66 Rn. 28.
14 So GKÖD-Weiß, § 66 Rn. 28.
15 St. Rspr., BVerwG 23. 5. 1977 – 1 DB 4.77; 28. 10. 1977 – 1 DB 15/16/17.77.
16 BVerwG 11. 8. 2009 – 2 AV 3/09, juris.
17 BVerwG 23. 5. 1977 – 1 DB 4.77.

Antrag auf gerichtliche Fristsetzung § 62

die Disziplinarverfügung oder -klage nicht in angemessener Zeit fertigt und dem Gericht einreicht bzw. zustellt.

Stellt das Disziplinargericht eine schuldhaft unangemessene Verzögerung fest, so hat es **eine Frist zu bestimmen**, in der entweder die Anschuldigungsschrift vorzulegen oder das Verfahren einzustellen ist (Abs. 2 Satz 1). Der **Antrag kann** nicht auf Einstellung des Verfahrens, sondern **nur auf Fristsetzung gerichtet sein**.[18] Für die Bestimmung der Frist kann das Gericht, anders als bei der Feststellung der Verzögerung (Rn. 10), nur eine summarische Beurteilung des weiteren Aufklärungsaufwandes vornehmen.[19] Denn hier ist nur eine pauschale Prognose möglich, da bei den einzelnen Aufklärungs- und Prozessmaßnahmen künftig auftretende Schwierigkeiten nicht voll zu übersehen sind. Für diese Prognose kann allerdings das Gericht die Beweiserhebungen zugrunde legen, die es selbst noch für erforderlich hält. Dies ist in der Entscheidung darzulegen, damit sich der Ermittlungsführer daran ausrichten kann. Bei der Fristbestimmung muss wiederum den Besonderheiten des Falles Rechnung getragen werden, damit das Gebot voller Sachaufklärung nicht verletzt wird.[20] Eine **Fristbestimmung erübrigt sich**, wenn der Antrag in der Hauptsache erledigt ist (Rn. 7). Dasselbe soll gelten, wenn die Ursachen für die bisherige Verzögerung weggefallen sind und mit einer zügigen Bearbeitung sicher gerechnet werden kann.[21] Das ist abzulehnen, da § 62 für die Disziplinargerichte eine zwingende Regelung zur Fristsetzung trifft und keinen Ermessensspielraum bietet.[22] Der **Lauf der gerichtlich bestimmten Frist** beginnt mit der Zustellung des Beschlusses des VG; **der Beschluss ist** gem. Abs. 2 Satz 3 i. V. m. § 53 Abs. 2 Satz 5 **unanfechtbar**. Mit Ablauf der gerichtlichen Frist **endet die disziplinare Verfolgbarkeit** des zugrunde liegenden Dienstvergehens (Rn. 15).

12

Die Frist kann allerdings gem. Abs. 2 Satz 2 über die entsprechende Anwendung des § 53 Abs. 2 Satz 3 bis 5 verlängert werden, wenn der Dienstherr ohne schuldhaftes Verhalten (Rn. 11) an der Einhaltung der Frist verhindert war (vgl. § 53 Rn. 4, § 55 Rn. 12). Hieraus ergibt sich eine erhebliche Unsicherheit für die Beamten, die die ansonsten gelungene Vorschrift in diesem Punkt als bedenklich erscheinen lässt. Nach Sinn und Zweck des § 62 kann es sich nur um solche Gründe handeln, die nachträglich entstanden sind oder dem Gericht bei seiner Beschlussfassung nicht bekannt waren. Da der Dienstherr gerade nicht mehr an die frühere Untersuchung und damit insbesondere nicht mehr an den unabhängigen Untersuchungsführer gebunden ist, muss ihm die zeitnahe Sachaufklärung noch leichter fallen. Die Fristverlängerung muss daher die Ausnahme bleiben.

13

Bei Erfolglosigkeit des Antrags hat der **Beschluss des VG den Tenor:** »Der Antrag wird verworfen« (bei Unzulässigkeit) oder: »Der Antrag wird zurückgewiesen« (bei Unbegründetheit). Ist der Antrag begründet, so lautet der Tenor: »Zur Entscheidung über die Vorlage der Disziplinarklageschrift, den Erlass einer Disziplinarverfügung oder die Einstellung des Verfahrens wird eine Frist von ... Monaten ab Rechtskraft dieses Beschlusses gesetzt.« Bei Rücknahme oder Erledigung des Antrags wird das Verfahren mit einer Kostenentscheidung (Rn. 18) eingestellt. Bei Streit über die Erledigung ist bei deren Bejahung der Antrag (wegen Unzulässigkeit) zu verwerfen, bei Verneinung wird das Antragsverfahren ggf. mit Fristsetzung weitergeführt.

14

---

18 BVerwG 11. 9. 2000 – 1 DB 21.00.
19 BVerwG 22. 3. 1988 – 1 DB 6.88.
20 BVerwG 22. 3. 1988 – 1 DB 6.88.
21 BVerwG – 1 DB 15/16/17.77; Claussen/Janzen, § 66 Rn. 5 a-c.
22 Kodal, ZBR 1981, 92.

15 Der dem Antrag stattgebende, eine **Frist bestimmende Beschluss** nach § 62 Abs. 2 entfaltet mit seiner Zustellung **volle Rechtskraft** insoweit, als der Dienstherr keine weiteren Wahlmöglichkeiten in der Verfolgung des Beschuldigten hat.

16 Der den Antrag **ablehnende Beschluss ist ebenfalls rechtskraftfähig**, natürlich nur soweit sein Entscheidungsinhalt reicht. Das bedeutet, dass das Verfahren in dem Stadium seinen unbeeinflussten Fortgang nimmt, in dem es sich bei Antragstellung befand. Nach Abschluss des gerichtlichen Verfahrens kann der Beamte wegen neuer Tatsachen wiederum unangemessene Verzögerung nach § 62 vor Gericht geltend machen.

17 Der Beschluss muss eine **Kostenentscheidung** enthalten, da das Antragsverfahren nicht mit dem Maßregelungsverfahren akzessorisch ist. Es enthält einen eigenen Streitgegenstand, über den abschließend entschieden wurde.[23] Nach §§ 3, 77 Abs. 4 i. V. m. § 154 VwGO hat der unterliegende Teil die Kosten des Verfahrens zu tragen.

18 Der rechtskräftige **Beschluss ist nur wegen der Kostenentscheidung vollstreckbar**, weil er nicht unter die in §§ 8–10 fallenden Maßregelungsentscheidungen fällt und keinen vollstreckungsfähigen Urteilsspruch besitzt. Maßgeblich ist insoweit allerdings der Kostenfestsetzungsbeschluss.[24] Die Disziplinarorgane sind wegen der Rechtskraftwirkung an ihn gebunden und können im Wege der Dienstaufsicht zur Befolgung gezwungen werden. Verstoßen sie dennoch gegen die Fristsetzung, so haben die Gerichte das Verfahren als unzulässig einzustellen (§ 62 Abs. 3). Ob eine Verfahrensgebühr nach Nr. 6203 anfällt, ist streitig.[25] Für das VG Berlin spricht BVerwG,[26] wonach die Nr. 6200ff. (Teil 6 Abschnitt 2, Vorbemerkung 6.2 der Anlage 1 zu § 2 Abs. 2 RVG) die gesamte Tätigkeit im Disziplinarverfahren abgelten.

19 Nach Abs. 3 und 4 ist ein innerhalb der Frist nicht abgeschlossenes Verfahren einzustellen. Ein Ermessen besteht insoweit nicht. Die Mitteilung über die Absicht der Erhebung der Disziplinarklage genügt nicht. Auch der Einwand des Fehlens einer unangemessenen Verfahrensverzögerung seit der Fristsetzung durch das Disziplinargericht greift nicht.[27] Mit dem Gesetzeszweck des § 62 wäre es unvereinbar, wenn nach ergebnisloser Fristsetzung dasselbe Disziplinarverfahren noch einmal, von Anfang an und mit noch größerer Verzögerung begonnen werden könnte. Deshalb hat der Dienstherr **keine Möglichkeit der Neueinleitung desselben Disziplinarverfahrens**. § 62 hat dies in **Abs. 3 und 4** dankenswert klar geregelt. Nach Ablauf der Frist wird das **behördliche Disziplinarverfahren durch Beschluss des VG eingestellt**, wenn es nicht vorher durch den Dienstherrn zum Abschluss gebracht wurde. Das VG stellt nach dem Wortlaut nicht sein Gerichtsverfahren, sondern das behördliche Verfahren ein. Die betroffenen Vorwürfe sind damit verbraucht. Die gegenteiligen Meinungen, die die Neueinleitung nach der BDO für zulässig hielten, sind durch diese gesetzliche Regelung überholt. Wenn nach dem Willen des Gesetzes nach Ablauf der gerichtlichen Frist das Verfahren eingestellt werden muss, so bedeutet das, dass wegen unangemessener Verzögerung nicht weiter verfolgt werden darf, vielmehr das Verfahren zum Abschluss zu bringen ist. Eine weitere oder neue Verfolgung würde dieses Verfahren unzulässig machen.

20 Gegen den Beschluss nach Abs. 3 ist die **Beschwerde nach § 146 VwGO** für alle Beteiligten gegeben, sowohl für den Antragsteller als auch für den Dienstherrn. Die Beschwerde

---

23 VG Berlin 14. 1. 2013 – 80 Dn 22.08, Rn. 7, juris.
24 Redeker/v. Oertzen, § 168 Rn. 5, 12.
25 Vgl. VG Berlin 14. 1. 2013 – 80 Dn 22.08, a. a. O., entgegen OVG Berlin-Brandenburg 6. 7. 2012 – OVG 1 K 85.10, Rn. 1, juris.
26 NVwZ-RR 2010.
27 VG Düsseldorf 22. 7. 2015 – 35 K 4346/15.O, Rn. 5, 9, juris.

Antrag auf Aussetzung § 63

nach § 146 VwGO hat grundsätzlich keine aufschiebende Wirkung.[28] Wird dieser Beschluss unanfechtbar (ggf. nach Abschluss des Beschwerdeverfahrens), steht er einem rechtskräftigen Urteil gleich, **Abs. 4** (vgl. dazu Rn. 19). Auch dieser Beschluss hat eine Kostenentscheidung zu tragen. Für den Fall der Einstellung des behördlichen Verfahrens nach Abs. 3 trifft § 77 Abs. 3 die spezielle Kostentragungspflicht des Dienstherrn (vgl. § 77 Rn. 5). Die gegenteilige Rspr. des BVerwG zur Kostenentscheidung ist durch die Neuregelung überholt.

§ 63 Antrag auf Aussetzung der vorläufigen Dienstenthebung und der Einbehaltung von Bezügen

(1) Der Beamte kann die Aussetzung der vorläufigen Dienstenthebung und der Einbehaltung von Dienst- oder Anwärterbezügen beim Gericht beantragen; Gleiches gilt für den Ruhestandsbeamten bezüglich der Einbehaltung von Ruhegehalt. Der Antrag ist bei dem Oberverwaltungsgericht zu stellen, wenn bei ihm in derselben Sache ein Disziplinarverfahren anhängig ist.
(2) Die vorläufige Dienstenthebung und die Einbehaltung von Bezügen sind auszusetzen, wenn ernstliche Zweifel an ihrer Rechtmäßigkeit bestehen.
(3) Für die Änderung oder Aufhebung von Beschlüssen über Anträge nach Absatz 1 gilt § 80 Abs. 7 der Verwaltungsgerichtsordnung entsprechend.

Vorbemerkungen
Die Vorschrift knüpft an § 38 Abs. 1 bis 3 an und regelt den Rechtsschutz gegen die von der 1 für die Erhebung der Disziplinarklage zuständigen Behörde (§ 34 Abs. 2) getroffenen Entscheidungen über die vorläufige Dienstenthebung und teilweise Einbehaltung der Dienstbzw. Anwärterbezüge. Sie entspricht damit inhaltlich § 95 Abs. 3 BDO, stellt aber gleichzeitig ein völlig neues Konzept dar. Die betroffenen Beamten können nämlich nicht mehr die Aufhebung der Anordnungen erreichen wie nach § 95 BDO, sondern nur noch die Aussetzung. Das bedeutet, dass die Anordnungen wirksam bleiben und nur deren Vollziehung (vgl. § 39 Abs. 1) gehemmt ist.[1]
Diese **gesetzliche Regelung ist verfehlt**. Zwar sind die Anordnungen nach § 38 Abs. 1 bis 3 2 vorläufiger Natur und hinsichtlich der Tatbestandsvoraussetzungen der Voraussichtlichkeit einer Prognoseentscheidung unterworfen. Die amtliche Begründung[2] verkennt jedoch, dass beide Anordnungen – die vorläufige Dienstenthebung wie die teilweise Einbehaltung von Dienstbezügen – keine einstweilige Regelung darstellen. Sie sind zeitlich begrenzt, haben aber ihren eigenen Regelungscharakter und stellen selbständige Verwaltungsakte dar. Sie sind eben nicht vorläufig, sondern für die Zeit ihrer Geltung endgültig. Sie werden selbstverständlich nicht nur summarisch, sondern vollinhaltlich auf ihre Rechtmäßigkeit hin überprüft; die amtliche Begründung verwechselt hier Tatbestandsmerkmal mit einer Wertung mit der summarischen Prüfung nach §§ 80, 123 VwGO, bei der der Sachverhalt noch nicht endgültig vom Gericht geklärt ist und die endgültige Beantwortung – etwa mittels Beweisaufnahme – noch nachfolgt. Die Aussetzung der Anordnungen nach § 38 macht auch deshalb keinen Sinn, weil keine endgültige Klärung des ih-

---

28 Vgl. Redeker/v. Oertzen, § 149 Rn. 21.

1 Redeker/v. Oertzen, § 80 Rn. 4.
2 BT-Drucks. 14/4659, S. 44

nen zugrunde liegenden Regelungsgegenstandes beabsichtigt und auch gar nicht möglich ist. Denn die Anordnungen verlieren ihre Wirkung mit dem rechtskräftigen Abschluss des Disziplinarverfahrens (§ 39 Abs. 4). Die Rechtmäßigkeit der Anordnungen nach § 38 muss bereits endgültig entschieden werden. Die Frage, ob ein Sachverhalt vorläufig für einen bestimmten Zeitraum geregelt werden darf, hat nichts damit zu tun, ob eine Anordnung bis zur verbindlichen Klärung bereits vollzogen werden darf. Eine Entscheidung, die einstweilen trotz Rechtsmittel vollzogen werden soll, existiert hier gar nicht, da die Entfernung oder Aberkennung gerade erst das Gericht treffen darf. **Es gibt also keine einstweilige Entfernung** aus dem Dienst. Einstweiliger Rechtsschutz ist hier völlig fehl am Platz. Die betroffenen Beamten benötigen gegen den massiven Eingriff in ihre nach Art. 33 Abs. 5 geschützten Statusrechte vollwertigen Rechtsschutz.

3 Konsequent wäre die Ausgestaltung des Rechtsschutzverfahrens nach der VwGO gewesen. Gegen die Anordnungen wäre der Widerspruch mit aufschiebender Wirkung zulässig gewesen. Diesen hätte man entsprechend § 80 Abs. 2 Nr. 3 VwGO entfallen lassen können mit der Möglichkeit des Antrages nach § 80 Abs. 5 VwGO. Später wäre dann die Entscheidung in der Hauptsache gefolgt, die angesichts der Verfahrenslaufzeiten bei Verwaltungsgerichten vielleicht noch vor Abschluss des Disziplinarverfahrens hätte getroffen werden können, was nach Abschluss des Verfahrens nach § 80 Abs. 5 VwGO aber nicht zwingend erforderlich ist.

Aufhebungs- und Änderungsrecht des Dienstherrn

4 Auch wenn die rechtlichen Voraussetzungen der Anordnungen noch bestehen, **kann** die für die Erhebung der Disziplinarklage zuständige Dienstbehörde, die die Anordnungen getroffen hat, jederzeit von ihrem Ermessen erneut Gebrauch machen und **die Anordnungen nach § 38 aufheben**. Sie bleibt Herrin des Disziplinarverfahrens und kann die Verwaltungsakte aufheben. Will sie **neue Gründe** für die Aufrechterhaltung **nach gerichtlicher Entscheidung** geltend machen, muss sie einen **Antrag nach § 80 Abs. 7** VwGO stellen, Abs. 3 (vgl. Rn. 18).

Sie **muss** die Anordnungen aufheben, wenn sich aufgrund ihrer laufenden Überprüfung herausstellt, dass die Rechtsvoraussetzungen für die Ermessensentscheidung weggefallen sind. Ebenso muss der Dienstherr die Anordnungen bei veränderter Sachlage neu überprüfen und ggf. eine neue Entscheidung treffen (vgl. Rn. 18).[3] Bei der Dienstenthebung kann die Änderung der Sachlage in einer milderen Beurteilung des verdächtigen Fehlverhaltens bei Beibehaltung der Einordnung in die Gehaltskürzung liegen. Bei der Bezügeeinbehaltung kommen Veränderungen vor allem in den wirtschaftlichen Verhältnissen in Betracht (vgl. § 38 Rn. 9f.). Aufgrund verbesserter wirtschaftlicher Verhältnisse darf sie die Einbehaltung auch erhöhen, nicht aber allein wegen der linearen Gehaltssteigerung.[4]

5 Die zuständige Dienstbehörde kann die **Aufhebung der Einbehaltungsanordnung** mit **Wirkung ex nunc oder auch ex tunc** versehen. Wird dazu in dem Verfügungssatz der Aufhebung nichts ausdrücklich bestimmt, so wirkt die Aufhebung nur ex nunc, auch wenn sich aus dem Zusammenhang der Begründung oder den bekannten Umständen ein zurückliegender Aufhebungsgrund ergibt. Denn in materielle Bestandskraft erwächst nur der entscheidende Verfügungssatz. Die **Rückwirkung** kommt in Betracht auf den Zeitpunkt, in dem die Voraussetzungen bereits weggefallen waren bzw. gar nicht erst vorla-

---

3 BVerwGE 76, 201.
4 BVerwG 2. 10. 1973 – 1 DB 10.73.

Antrag auf Aussetzung § 63

gen.[5] Auch nach gerichtlicher Aufhebung des Einbehaltungssatzes (bei Bestätigung dem Grunde nach) kann die Einleitungsbehörde die neue Entscheidung rückwirkend auf den Zeitpunkt des Ersterlasses treffen. Denn dem Grunde nach ist die Anordnung von diesem Zeitpunkt an berechtigt geblieben.[6]

Die Aufhebung der getroffenen Anordnung – im Fall der Einbehaltung auch die mindernde Änderung – wird **mit der Zustellung wirksam**, die erhöhende Abänderung mit dem nächsten Fälligkeitstermin nach der Zustellung wirksam und vollziehbar. Die **Aufhebung der vorläufigen Dienstenthebung** hat ohne weiteres die **Unwirksamkeit der Bezügeeinbehaltung** zur Folge. Dagegen kann die Bezügeeinbehaltung getrennt von der Dienstenthebung geändert werden. Wegen der sonstigen Beendigung der Anordnungen vgl. § 38 Rn. 10.

6

Gerichtliches Nachprüfungsverfahren (Abs. 1 und 2)
Der **Antrag auf Aussetzung** kann nur von dem betroffenen Beamten gestellt werden. Der Antrag ist Verfahrensvoraussetzung für das gerichtliche Verfahren. Er ist **an keine Frist gebunden** – auch nicht, wenn nur eine Abänderungsverfügung Verfahrensgegenstand ist[7] –, kann auch vor Gerichtshängigkeit des Disziplinarverfahrens gestellt und jederzeit unter Berufung auf veränderte Verhältnisse wiederholt werden (vgl. § 38 Rn. 10). Er kann **formlos**, also auch mündlich zu Protokoll der Geschäftsstelle, telegrafisch, durch Telex oder Telefax, bei Gericht gestellt werden. Er hat mangels entgegenstehender Regelung **keine aufschiebende Wirkung**. Allgemeine Klageanträge i. S. d. § 42 VwGO sind ausgeschlossen.[8]

7

Zuständig für das Verfahren nach Abs. 1 ist das Gericht, bei dem das Disziplinarverfahren anhängig ist; ggf. also auch das OVG (**nicht** jedoch das BVerwG, siehe aber für die Übergangszeit § 85 Rn. 6); falls das noch nicht der Fall ist das VG. Ist der Antrag bei dem VG zu stellen und dort auch eingegangen, so ist er gerichtsanhängig.

8

Der Antrag **sollte klarstellen, welche Anordnung angefochten** sein soll. Sind sowohl vorläufige Dienstenthebung als auch Bezügeeinbehaltung angeordnet worden, so kommt jedenfalls hinsichtlich der Einbehaltung eine isolierte Anfechtung in Betracht (vgl. § 38 Rn. 8). Fehlt es an einer entsprechenden Klarstellung, so ist von der Anfechtung beider Anordnungen auszugehen. Ist allein die vorläufige Dienstenthebung angefochten, so ist zwangsläufig auch die Einbehaltungsanordnung angefochten, weil sie ohne die Dienstenthebung ihre Grundlage verliert (§ 38 Abs. 2). Der Antrag auf Aussetzung der vorläufigen Dienstenthebung wird unzulässig, wenn vor der gerichtlichen Entscheidung das Beamtenverhältnis gem. § 48 Abs. 1 Satz 1 BBG endet.[9] Die Anordnung nach § 38 Abs. 1 endet nämlich mit Abschluss des Disziplinarverfahrens, das wiederum mit dem Ausscheiden des Beamten endet. Die Beteiligten können die Hauptsache für erledigt erklären. Hinsichtlich der Anordnung des Einbehalts eines Teils der Dienstbezüge nach § 38 Abs. 2 bleibt der Antrag zulässig, da diese Anordnung wirksam bleibt – an sie knüpft der Verfall der Bezüge an. Eine Verlustfeststellung der Dienstbezüge nach § 9 BBesG beseitigt nicht das Rechtsschutzinteresse (vgl. vor § 62 Rn. 10).

9

Das **Gericht kann nur über die Aussetzung oder die Ablehnung** des Antrags der angefochtenen Anordnung **entscheiden** (Abs. 1), also die Anordnungen nicht selbst inhalt-

10

---

5 Für das Recht der Einleitungsbehörde BDHE 6, 54.
6 BVerwG 23. 1. 1987 – 1 DB 59.86.
7 BVerwG 24. 10. 2006 – 1 DB 6.06.
8 VG Berlin 8. 7. 2014 – 80 K 25.13 OL, Rn. 18, juris.
9 BVerwG 23. 4. 2001 – 1 DB 14.01.

lich ändern. Das ist durch die Ermessensfreiheit der zuständigen Dienstbehörde begründet. Stellt das Gericht das Vorliegen der Rechtsvoraussetzungen fest, hält aber die Ermessensabwägung für fehlerhaft, so kann es nur – insoweit – aussetzen. Bei der Dienstenthebung führt das zur Aussetzung insgesamt, bei der Einbehaltung mindestens teilweise, da **das Gericht den Einbehaltungssatz nicht nach eigenem Ermessen festsetzen** kann.[10] Bei der Einbehaltungsanordnung muss das Gericht dann aber in den Gründen seiner Entscheidung klarstellen, in welchem Umfang es die Einbehaltungsanordnung für fehlerhaft hält.[11] Ist z. B. der Einbehaltungssatz in keinem erdenklichen Fall als ermessensfehlerfrei zu halten und damit das mögliche Ermessen der Behörde auf Null reduziert, so kann das Gericht schon in der Aufhebungsformel den Umfang der festgestellten Fehlerhaftigkeit zum Ausdruck bringen, indem es z. B. tenoriert, dass»... die angefochtene Anordnung insoweit ausgesetzt wird, als sie einen höheren Einbehaltungssatz als x % festsetzt«.

11 Bei der **Nachprüfung der Rechts- und Ermessenserwägungen** der Einbehaltungsanordnung hat das Gericht dieselben Maßstäbe anzulegen wie die zuständige Dienstbehörde (vgl. insoweit § 38 Rn. 9).[12] Es muss z. B. zur Anordnung nach § 38 Abs. 2, 3 zwar keine eigene Beweiserhebung durchführen, kann sich aber entgegen des Wortlauts des Abs. 2 (»ernstliche Zweifel an ihrer Rechtmäßigkeit«) auch nicht auf eine nur »überschlägige, abstrakte« Prüfung z. B. der Voraussetzung der überwiegend wahrscheinlichen Dienstentfernung beschränken (dazu Rn. 2). **Summarisch** zu prüfen ist allein die Frage, ob im Disziplinarverfahren voraussichtlich auf Entfernung aus dem Dienst erkannt werden wird. Dieses zukünftige Verfahren kann nur dergestalt zugrunde gelegt werden, dass zu fragen ist, ob die Verhängung der Höchstmaßnahme (überwiegend) wahrscheinlicher ist als eine mildere Maßnahme.[13] Diese Prognose folgt einzelfallbezogen den Zumessungskriterien des § 13 Abs. 1 im Rahmen einer Gesamtwürdigung.[14] Im Rahmen der **Ermessensüberprüfung** zur Einbehaltung überhaupt und zum Einbehaltungssatz kann es sein Ermessen nicht an die Stelle der Einleitungsbehörde setzen (Rn. 10). Im Hinblick auf fehlerfreie Ermessensbetätigung der Einleitungsbehörde entscheidet es nach der **Sach- und Rechtslage im Zeitpunkt seiner Entscheidung.**[15] Das Gericht hat seiner Prüfung und Entscheidung den gesamten Zeitraum seit Erlass der angefochtenen Anordnung zu unterstellen, also **rückwirkend** die Rechtmäßigkeit der Anordnung zu prüfen und ggf. entsprechend auszusetzen.[16] Eine Beweisaufnahme findet nicht statt.[17]

12 Vor der Entscheidung hat das Gericht der **zuständigen Dienstbehörde (§ 34) Gelegenheit zur Äußerung** zu geben (vgl. § 62 Rn. 8).

13 Für die Art und Weise des **gerichtlichen Tenors** gibt das Gesetz den Hinweis, dass das Gericht »über die Aussetzung« zu entscheiden hat. Dementsprechend kommen folgende Entscheidungsformulierungen in Betracht: Bei Unzulässigkeit des Antrags (z. B. bei mangelndem Rechtsschutzbedürfnis) »wird der Antrag verworfen«. Bei Begründetheit des Antrags »wird die Anordnung der vorläufigen Dienstenthebung des Beamten und/oder

---

10 St. Rspr., BVerwGE 33, 233; BVerwG 3. 6. 1983 – 1 DB 14.83.
11 BVerwG 2. 10. 1973 – 1 DB 10.73.
12 BVerwG 3. 7. 2001 – 1 DB 17.01.
13 BVerwG, BGleiG E.II.2.13 BDG § 13 Nr. 1, 24. 10. 2006 – 1 DB 6.06; VGH Bayern 20. 4. 2011 – 16b DS 10.1120, Rn. 34, juris.
14 VG Wiesbaden 31. 3. 2015 – 25 L 1546/14.WI, Rn. 22, juris.
15 St. Rspr., BDHE 1, 161.
16 BVerwG, Dok. Ber. 1992, 68 = DÖV 1992, 360 = BVerwGE 33, 332; 27. 8. 1970 – 1 DB 4.70; 13. 1. 1984 – 1 DB 27.83.
17 GKÖD-Weiß, II § 63 Rn. 50; Bauschke/Weber, BDG 2003, § 63 Rn. 9.

der Einbehaltung von ... Prozent der Dienst-/Ruhegehaltsbezüge (ggf. »mit Wirkung vom ... bis ...«) ausgesetzt«. Bei Unbegründetheit wird der Antrag auf Aussetzung der vorläufigen Dienstenthebung des Beamten und/oder der Einbehaltung von ...% der Dienst-/Ruhegehaltsbezüge abgelehnt«. Bei teilweiser Begründetheit »werden die Anordnungen ... insoweit ausgesetzt, als ...«. Bei zeitlicher Differenzierung wird die Anordnung »mit Wirkung vom ...« ausgesetzt.

Ob die gerichtliche Entscheidung eine **Kostenentscheidung** zu treffen hat, war zu § 95 Abs. 3 BDO streitig. Nach §§ 154 ff. VwGO, § 77 Abs. 4 ist das Gericht in jedem Hauptverfahren dazu verpflichtet. Da das Verfahren nach § 63 Abs. 1 unabhängig von dem Disziplinarverfahren vor Gericht anhängig werden kann – und in den meisten Fällen auch davor entschieden wird –, ist es nicht akzessorisch.[18] Das spricht für einen selbständigen Streitgegenstand und für den Charakter einer Hauptsache i. S. d. § 77 Abs. 4.[19] Außerdem würde bei Nichtanhängigwerden des behördlichen Disziplinarverfahrens bei Gericht die Kostenentscheidung dann die zuständige Behörde treffen müssen. Diese ist aber nicht befugt, eine Gerichtskostenentscheidung zu treffen. Da auch Verfahren nach §§ 80, 123 VwGO einer Kostenentscheidung bedürfen, gilt dies auch hier. Die frühere Meinung des BVerwG ist also überholt. Die Kostenentscheidung richtet sich in jedem Fall allein nach dem Erfolg dieses Antragsverfahrens (§ 77 Abs. 4 BDG, § 154 Abs. 1 VwGO).

14

Nach Maßgabe des Umfangs der Aussetzung der Einbehaltungsanordnung hat der Beamte einen **sofort fälligen Nachzahlungsanspruch** gegen die Dienstbehörde,[20] über den notfalls aber nur die allgemeinen Verwaltungsgerichte zu entscheiden haben.[21] Der Nachzahlungsanspruch ist aber nur dann sofort fällig, wenn die Einbehaltungsanordnung auch dem Grunde nach ersatzlos aufgehoben worden ist, also jegliche Einbehaltung als unberechtigt erkannt wurde.

15

Gegen den Beschluss des VG ist die **Beschwerde nach § 67** gegeben. Die nach früherem Recht erforderliche **Zulassung des OVG** ist nunmehr entfallen (vgl. § 67 Rn. 2). Sie steht außer dem Beamten auch der Dienstbehörde zu.[22] Sie hat **keine aufschiebende Wirkung** (vgl. § 62 Rn. 20).

16

Hat sich das **gerichtliche Antragsverfahren in der Hauptsache erledigt**, etwa durch Aufhebung der Anordnungen durch die Einleitungsbehörde oder durch Beendigung des Beamtenverhältnisses, so ist das Verfahren entsprechend § 3 i. V. m. § 161 Abs. 2 VwGO **einzustellen** und unter Berücksichtigung des bisherigen Sach- und Streitstandes nach billigem Ermessen **über die Kosten und Auslagen zu entscheiden**, wenn die Beteiligten übereinstimmend die Hauptsache für erledigt erklären. Fehlen solche Erklärungen, wird der Antrag nach § 63 über die Aufhebung der vorläufigen Dienstenthebung unzulässig, da die Anordnung kraft Gesetzes endete. Der Antrag über die Aufhebung der Einbehaltensanordnung bleibt zulässig, da damit der Verfall der Bezüge nach § 40 verbunden ist.[23] Im Falle der Erledigung durch Beendigung des Beamtenverhältnisses sind die Anordnungen, im Falle des Beschwerdeverfahrens vor dem OVG auch der Beschluss des VG für unwirksam zu erklären.[24]

17

---

18 BVerfG, DÖD 1977, 274.
19 So BDiG 4.6.1973 – IV Bk 1/73.
20 BVerwG 8.3.1985 – 1 DB 12.85, Dok. Ber. 1985, 135 = ZBR 1985, 176.
21 BDHE 6, 53.
22 BVerwG, Dok. Ber. 1992, 26 = BVerwGE 63, 256.
23 BVerwG 23.4.2001 – 1 DB 14.01 noch zu § 96 BDO.
24 BVerwG 14.3.1988 – 1 DB 36.87.

§ 64 Statthaftigkeit, Form und Frist der Berufung

18 Bei **veränderter Sach- und Rechtslage**, etwa im Fall der §§ 14 Abs. 2, 23 Abs. 1, 57, 15 können Beamte und zuständige Dienstbehörde auch nach rechtskräftiger Entscheidung der Disziplinargerichte das Gericht in derselben Sache erneut anrufen (vgl. Rn. 7).[25] Abs. 3 verweist dazu auf § 80 Abs. 7 VwGO. Das Gericht kann auch selbst seinen Beschluss ändern oder aufheben.

19 Abgesehen von anderen Gründen (Aufhebung, Zeitablauf, Ausscheiden der Betroffenen aus dem Beamtenverhältnis, vgl. § 38 Rn. 10) **enden die Anordnungen** spätestens mit dem rechtskräftigen Abschluss des Disziplinarverfahrens. Die Gründe, derentwegen das Verfahren sein Ende findet, sind gleichgültig. Dies folgt aus § 39 Abs. 4, der den Wortlaut des § 38 über die vorläufige Regelung umsetzt.

Kapitel 3
Disziplinarverfahren vor dem Oberverwaltungsgericht

Abschnitt 1
Berufung

§ 64 Statthaftigkeit, Form und Frist der Berufung

(1) Gegen das Urteil des Verwaltungsgerichts über eine Disziplinarklage steht den Beteiligten die Berufung an das Oberverwaltungsgericht zu. Die Berufung ist bei dem Verwaltungsgericht innerhalb eines Monats nach Zustellung des vollständigen Urteils schriftlich einzulegen und zu begründen. Die Begründungsfrist kann auf einen vor ihrem Ablauf gestellten Antrag von dem Vorsitzenden verlängert werden. Die Begründung muss einen bestimmten Antrag sowie die im Einzelnen anzuführenden Gründe der Anfechtung (Berufungsgründe) enthalten. Mangelt es an einem dieser Erfordernisse, ist die Berufung unzulässig.

(2) Im Übrigen steht den Beteiligten die Berufung gegen das Urteil des Verwaltungsgerichts nur zu, wenn sie von dem Verwaltungsgericht oder Oberverwaltungsgericht zugelassen wird. Die §§ 124 und 124 a der Verwaltungsgerichtsordnung sind anzuwenden.

1 Die Vorschrift **unterscheidet in den Absätzen 1 und 2** zwischen der Berufung gegen das Urteil des Verwaltungsgerichts über eine **Disziplinarklage des Dienstherrn** gegen den Beamten nach § 34 (§ 52 Abs. 1) und einer **Anfechtungsklage des Beamten**, mit der dieser sich gegen eine Disziplinarverfügung gem. § 33 nach erfolglosem Widerspruchsverfahren gem. §§ 41 f. wehrt (vgl. § 52 Abs. 2). Nur im ersten Fall ist eine Klage uneingeschränkt, also ohne besondere Zulassung durch das VG und das OVG, möglich (zur Zulassung der Berufung vgl. Rn. 12 f.). Dies ist gerechtfertigt, weil es in diesem Verfahren um die einschneidende Maßnahme der Zurückstufung und die oftmals existenzvernichtende Maßnahme der Entfernung aus dem Beamtenverhältnis geht. Hier muss der Beamte immer die Möglichkeit haben, das ihm vorgeworfene Dienstvergehen durch zwei Tatsacheninstanzen überprüfen zu lassen. Anders als nach der BDO, wonach der Beamte selbst Berufung zum BVerwG einlegen konnte, ist dies unter Geltung der VwGO nicht mehr mög-

---

25 BVerwGE 76, 201 = DÖV 1985, 322 = ZBR 1985, 30.

Statthaftigkeit, Form und Frist der Berufung § 64

lich. Gem. § 3 BDG, § 67 VwGO besteht vor dem OVG und dem BVerwG **Anwaltszwang**.[1] Ohne Anwalt eingelegt Rechtsmittel sind unzulässig. Ein anwaltlich gestellter Antrag auf Zulassung der Berufung kann nicht in eine zulassungsfreie Berufung umgedeutet werden.[2]

Die Frist der nach Absatz 1 beim Verwaltungsgericht einzulegenden und zu begründenden Berufung beträgt nach Zustellung des vollständigen Urteils einen Monat. **Die Einlegung der Berufung beim Verwaltungsgericht ist zwingend.** Eine dem § 81 Satz 2 BDO entsprechende Bestimmung, wonach die Berufungsfrist auch gewahrt wird, wenn während ihres Laufes die Berufung beim OVG eingeht, ist in das BDG nicht aufgenommen worden. Nach OVG Hamburg[3] soll selbst der Eingang bei einer gemeinsamen Briefannahmestelle von VG und OVG nicht genügen, wenn das Schriftstück an das OVG adressiert ist. Das fälschlicherweise angerufene OVG ist jedoch aufgrund seiner prozessualen Fürsorgepflicht gehalten, den Antrag an das zuständige VG weiterzuleiten.[4] Dem Berufungsführer ist Wiedereinsetzung zu gewähren, wenn die Berufungsschrift bei ordnungsgemäßer Weiterleitung noch rechtzeitig zum VG gelangt wäre. Das zugestellte **Urteil muss vollständig sein**, nur dann läuft die Frist. Vollständig ist das Urteil, wenn es § 117 Abs. 2 VwGO entspricht. Diese Vorschrift ist gem. § 3 BDG ergänzend anwendbar. Dies gilt ebenso für § 58 Abs. 2 VwGO im Falle einer unrichtigen oder unterbliebenen Rechtsmittelbelehrung. Die Frist zur Einlegung und Begründung der Berufung beträgt dann ein Jahr. Die Zustellung des Urteils muss ordnungsgemäß sein. § 56 Abs. 2 VwGO i. V. m. § 9 Abs. 2 VwZG gilt entsprechend.

Neu ist, dass die **Berufungsbegründungsfrist vom Vorsitzenden verlängert** werden kann, wenn dies vor Ablauf der Monatsfrist beantragt wird. Bei einer nach Fristablauf beantragten Verlängerung ist die Berufung unzulässig. Mit dem Vorsitzenden ist der Vorsitzende Richter des zuständigen OVG gemeint. Die Neuregelung ist zu begrüßen, da der erstinstanzlich nicht anwaltlich vertretene Beamte oft Schwierigkeiten haben wird einen Anwalt zu finden, der innerhalb eines Monats die Berufung einlegen und begründen kann. Die **Begründung** muss einen **bestimmten Antrag** enthalten. Dieser kann beispielsweise lauten, unter Aufhebung des erstinstanzlichen Urteils die Disziplinarklage abzuweisen oder anstelle der Entfernung aus dem Beamtenverhältnis auf eine Zurückstufung oder Kürzung der Dienstbezüge, anstelle der Zurückstufung auf eine Kürzung der Dienstbezüge oder, wenn der Betroffene sich nicht festlegen will, allgemein auf eine mildere Disziplinarmaßnahme zu erkennen. Letzteres muss zulässig sein, da das OVG eigene Disziplinargewalt ausübt und die für angemessen gehaltene Disziplinarmaßnahme ausspricht.

Die Begründung muss weiter die im Einzelnen **anzuführenden Gründe der Anfechtung (Berufungsgründe) enthalten**. Die Regelungen zum Begründungszwang sind an § 124 a Abs. 3 VwGO angelehnt.

In der 4. Auflage wurde die Auffassung vertreten, wie nach bisherigem Recht könne die **Berufung auf die Disziplinarmaßnahme beschränkt oder unbeschränkt** eingelegt werden. Durch Urteil vom 28. 7. 2011 – 2 C 16.10 – hat das BVerwG, dem die Länder wohl aus Gründen der Einheitlichkeit der Rechtsprechung gefolgt sind, jedoch entschieden, die VwGO lasse die Beschränkung der Berufung auf das Disziplinarmaß in Disziplinarklageverfahren nicht zu. Streitgegenstand des Verfahrens sei der Anspruch des Dienstherrn auf die Bestimmung der angemessenen Disziplinarmaßnahme für die Handlungen, die dem

---

1 OVG Niedersachsen 11. 6. 2007 – 19 ZD 6/07.
2 VGH Bayern 19. 1. 2015 – 16b DZ 14.2130.
3 NJW 1998, 696.
4 OVG Münster, NVwZ 1997, 1235.

Beamten in der Disziplinarklageschrift zur Last gelegt werden. Bei den Prüfungstatbeständen »Feststellung des Dienstvergehens« und »Bestimmung der Disziplinarmaßnahme« handele es sich um materiell-rechtliche Voraussetzungen eines einheitlichen Disziplinaranspruchs, die verfahrensrechtlich nicht selbständig geltend gemacht werden könnten. Hierzu wird kritisch angemerkt, dass nicht entscheidend ist, ob die VwGO eine Beschränkung der Berufung zulässt oder nicht, sondern ob das BDG die Beschränkung zulässt. Im Gegensatz zu § 124 VwGO kennt § 64 Abs. 1 die zulassungsfreie Berufung und unterscheidet sich hier deutlich, wie auch in der Entwurfsbegründung zu § 64 hervorgehoben wird, von der VwGO, so dass fraglich ist, ob die VwGO hier über § 3 ergänzend anwendbar ist. Vielmehr ist es so, dass § 64 wie bisher tradiert an der StPO orientiert ist. Abgeleitet wurde die Berechtigung zur Einlegung einer maßnahmebeschränkten Berufung nach altem Recht aus der Formulierung in § 82 BDO, wonach anzugeben war, inwieweit das Urteil angefochten werde. Hieran hat sich durch den etwas abgewandelten, jedoch inhaltsgleichen Wortlaut des § 64 Abs. 1 Satz 4 und die grundsätzliche Anlehnung an die VwGO anstelle der StPO nichts geändert. Sollte es bei der Entscheidung des BVerwG bleiben, ist der Gesetzgeber aufgerufen, eine Beschränkung der Berufung gesetzlich zu regeln. Denn die Folgen der Entscheidung sind für die Oberverwaltungsgerichte erheblich. Da die Tat- und Schuldfeststellungen nicht mehr bindend sind und insoweit eine Teilrechtskraft nicht eingetreten ist (vgl. hierzu BVerwG v. 8. 11. 2000 – 1 D 52.99)) müssten bei völlig unstreitigem Sachverhalt, selbst wenn nur ein in der Vorinstanz nicht zuerkannter Unterhaltsbeitrag angestrebt wird, alle Disziplinarvorwürfe vom OVG noch einmal geprüft werden.[5] Wegen der umfangreichen Folgen der Beschränkung einer Berufung auf das Disziplinarmaß wird auf die Rn. 5–10 der Vorauflage verwiesen.

6 Abs. 2 regelt die **Zulassung der Berufung** durch das VG und das OVG **bezüglich der Anfechtungsklagen gegen eine Disziplinarverfügung**, über die das VG entschieden hat. Zulassungsantrag sowie die Entscheidung über die Zulassung richten sich nach §§ 124, 124 a VwGO. Nach § 124 Abs. 1 VwGO muss ein **Endurteil** vorliegen. Dies kann auch eine auf der Grundlage des § 84 VwGO ergangene Entscheidung, nicht aber eine nach § 59 BDG sein, da Letztere nach Abs. 2 dieser Vorschrift einem rechtskräftigen Urteil gleichsteht.

7 Zum gleichen Zeitpunkt wie das BDG ist das **Rechtsmittelbereinigungsgesetz im Verwaltungsprozess** (RmBereinVpG) am 1. 1. 2002 in Kraft getreten,[6] das die Berufungszulassung anders regelte als in § 64 Abs. 2. Im Dienstrechtsneuordnungsgesetz vom 5. 2. 2009 ist jetzt eine überfällige Anpassung vorgenommen worden. Nunmehr kann also auch das VG in Fällen von grundsätzlicher Bedeutung und in Fällen der Divergenz die Berufung zulassen und das OVG ist hieran gebunden (§ 124a Abs. 1 i. V. m. § 124 Abs. 2 Nr. 3 und 4 VwGO).

8 Das **VG** kann in den ihm zugewiesenen Fällen **nur eine positive Zulassungsentscheidung** treffen, die Berufung kann es nicht ablehnen. Trifft es keine positive Zulassungsentscheidung, ist wie bisher hinsichtlich aller Zulassungsgründe ein **Zulassungsantrag** an das OVG zu stellen. Die Berufung ist, wenn sie vom VG zugelassen worden ist, innerhalb eines Monats nach Zustellung des vollständigen Urteils unter Bezeichnung des angefochtenen Urteils beim VG einzulegen und innerhalb von zwei Monaten zu begründen. Die Begründung ist, sofern sie nicht zugleich mit der Einlegung der Berufung erfolgt, beim OVG einzureichen (§ 124a Abs. 2 und 3 VwGO).
Wird die Berufung nicht in dem Urteil des VG zugelassen, so ist die Zulassung innerhalb eines Monats nach Zustellung des vollständigen Urteils beim VG zu beantragen. Der An-

---

5 In allem übereinstimmend GKÖD-Weiß, II § 64 Rn. 31.
6 BGBl. I S. 3987.

Statthaftigkeit, Form und Frist der Berufung § 64

trag muss das angefochtene Urteil bezeichnen. Innerhalb von zwei Monaten nach Zustellung des vollständigen Urteils sind die Gründe darzulegen, aus denen die Berufung zuzulassen ist. Die Begründung ist, soweit sie nicht bereits mit dem Antrag vorgelegt worden ist, bei dem OVG einzureichen. Die Stellung des Antrags hemmt die Rechtskraft des Urteils.
Über den Antrag entscheidet das OVG durch Beschluss. Die Berufung ist zuzulassen, wenn einer der Gründe des § 124 Abs. 2 VwGO dargelegt ist und vorliegt. Der Beschluss soll kurz begründet werden. Mit der Ablehnung des Antrags wird das Urteil rechtskräftig. Lässt das OVG die Berufung zu, wird das Antragsverfahren als Berufungsverfahren fortgesetzt; der Einlegung einer Berufung bedarf es nicht.
Hat das OVG die Berufung zugelassen, so ist sie innerhalb eines Monats nach Zustellung des Beschlusses über die Zulassung der Berufung zu begründen. Die Begründung ist bei dem OVG einzureichen (§ 124a Abs. 4–6 VwGO).

Sämtliche Zulassungsgründe des § 124 Abs. 2 Nr. 1–5 VwGO **bedürfen der schlüssigen, substantiierten Darlegung.** Die Darlegungspflicht verlangt ins Einzelne gehende, fallbezogene und aus sich heraus verständliche, auf den jeweiligen Zulassungsgrund bezogene und geordnete Ausführungen.[7] Für die **Form der Begründung** gelten die Ausführungen zu Rn. 2–10 entsprechend. Werden diese **Formerfordernisse nicht eingehalten**, ist die **Berufung unzulässig.** Ein Antrag auf Zulassung der Berufung kann nicht in eine Berufung nach altem Recht umgedeutet werden.[8] Die Bezeichnung als Nichtzulassungsbeschwerde kann aber in Anwendung des Rechtsgedankens des § 300 StPO als statthafter Antrag auf Zulassung der Berufung anzusehen sein.[9]

9

Die **Zulassungsgründe** im Einzelnen. Nach § 124 Abs. 2 Nr. 1 VwGO ist die Berufung nur zuzulassen, wenn **ernstliche Zweifel an der Richtigkeit des Urteils** bestehen. Dies wird der Hauptanwendungsfall für die Zulassung einer Berufung in Verfahren mit disziplinarem Inhalt sein. Die Vorschrift soll der **Verwirklichung der Einzelfallgerechtigkeit dienen.** Grob ungerechte Entscheidungen sollen korrigiert werden können.[10] Dies ist gerade im weitgehend vom Richterrecht geprägten Disziplinarverfahren von besonderer Bedeutung. Eine Überprüfbarkeit durch das OVG muss auch dann möglich sein, wenn die vom VG getroffene Entscheidung »vertretbar« erscheint. Bei einer vertretbaren Entscheidung können in Disziplinarsachen unter besonderer Berücksichtigung des Einzelfalles durchaus an dessen Richtigkeit ernstliche Zweifel bestehen. Diese können auch auf einer **unzureichenden Ermittlung** und Feststellung des entscheidungserheblichen Sachverhalts beruhen. Deshalb kann ein Zulassungsantrag hierauf gestützt werden. Dies gilt auch dann, wenn **neue Tatsachen und Beweismittel** geltend gemacht werden oder bei nachträglicher Veränderung der Sach- oder Rechtslage.[11] **Nach summarischer Prüfung der dargelegten Gründe müssen sich »gewichtige Gesichtspunkte« gegen die Richtigkeit** des angefochtenen Urteils ergeben.[12] Es müssen überwiegende Gründe dafür sprechen, dass die vom VG getroffene Entscheidung im Ergebnis unzutreffend ist, der Erfolg der Berufung muss mindestens ebenso wahrscheinlich sein wie ein Misserfolg. Das ist der Fall, wenn ein tragender Rechtssatz oder eine erhebliche Tatsache mit schlüssigen Gegenargumenten in

10

---
7 OVG Niedersachsen 22. 4. 2008 – 20 AD 1/06.
8 OVG Niedersachsen 19. 10. 2006 – 19 LD 16/06 m. w. N.
9 OVG Niedersachsen 22. 4. 2008 – 20 AD 1/06.
10 Begr. des RegE, BT-Drucks. 13/3993, S. 13.
11 Kopp/Schenke, § 124 Rn. 7 b, c m. w. N.
12 Kopp/Schenke, § 124 Rn. 7.

Frage gestellt wird.[13] Die Richtigkeitszweifel müssen sich allerdings auch auf das Ergebnis der Entscheidung beziehen. Es muss mit hinreichender Wahrscheinlichkeit anzunehmen sein, dass die Berufung zu einer Änderung der angefochtenen Entscheidung führen wird.[14]

11 Nach Nr. 2 besteht ein Zulassungsgrund, wenn die Rechtssache besondere **tatsächliche oder rechtliche Schwierigkeiten** aufweist. Tatsächliche Schwierigkeiten dürften selten auftreten, da die den Beamten vorgeworfenen Tatbestände meist einfacher Art sind. Auch besonders umfangreiche Vorwürfe (Punktesachen), die nach früherem Recht gem. § 50 Abs. 3 BDO die Zuziehung eines weiteren Richters rechtfertigten, begründen keine tatsächliche Schwierigkeit. Die rechtlichen Schwierigkeiten können in der Subsumtion unter die Generalklauseln des Beamtengesetzes und in der Maßnahmebemessung bestehen. Hier wurden in langjähriger Rspr. bestimmte Fallgruppen gebildet, für die oftmals Regelmaßnahmen entwickelt worden sind, wobei allerdings nie der besondere Einzelfall außer Acht gelassen werden darf. Besondere rechtliche Schwierigkeiten können dann auftreten, wenn es um neuartige Sachverhaltskomplexe geht, die u. U. ein besonderes technisches oder wirtschaftliches Verständnis erfordern, für die die bisherigen Bewertungsmaßstäbe nicht ausreichen und die eine neue Rechtsschöpfung fordern (vgl. A. II. Rn. 53).

12 Der Zulassungsgrund der **grundsätzlichen Bedeutung** der Rechtssache (Nr. 3) entspricht dem Revisionszulassungsgrund des § 132 Abs. 2 Nr. 1 VwGO. Nach st. Rspr. des BVerwG muss eine grundsätzliche, bisher höchstrichterlich noch nicht entschiedene Rechtsfrage aufgeworfen werden, deren Klärung zur Erhaltung der Einheitlichkeit der Rspr. oder zur Weiterentwicklung des Rechts geboten ist.[15] Anders als Nr. 1 dient die Vorschrift nicht der materiellen Einzelfallgerechtigkeit. Die Sache muss eine **allgemeine, über den Einzelfall hinausgehende Bedeutung** haben. Eine Überprüfung der individuellen Maßnahmebemessung durch das VG ist deshalb im Rahmen der Nr. 2 nicht möglich. Im Hinblick darauf, dass das OVG Tatsacheninstanz ist, kann auch eine **zu klärende Tatsachenfrage** grundsätzliche Bedeutung haben.

13 Nr. 4 regelt den Zulassungsgrund der **Divergenz** und ist mit § 132 Abs. 2 Nr. 2 VwGO identisch. Eine Divergenz liegt vor, wenn das angefochtene Urteil von einer Entscheidung des OVG, des BVerwG, des gemeinsamen Senats der obersten Gerichtshöfe des Bundes oder des BVerfG abweicht **und auf dieser Abweichung beruht**. Die Divergenzrüge ist ein Unterfall der Grundsatzrüge.[16] Ihr Zweck besteht in der Gewährleistung der Einheitlichkeit der Rspr. innerhalb des Verwaltungsrechtswegs.[17] Maßgeblich ist die Abweichung von dem in einer Entscheidung aufgestellten **abstrakten Rechtssatz**.[18] Die Abweichung kann sich bezüglich der Berufungszulassung auch auf eine verallgemeinerungsfähige Tatsachenfrage beziehen. Bei einer Abweichung von einer **Entscheidung des OVG** kommt es, anders als nach § 127 Nr. 1 BRRG (vgl. hierzu § 69 Rn. 3), auf das konkrete im Rechtszug übergeordnete OVG, nicht auf ein anderes OVG an. Bei Abweichung von einem anderen OVG wird die Zulassung der Berufung jedoch wegen grundsätzlicher Bedeutung zuzulassen sein.[19] Das BVerwG verlangt in st. Rspr. nicht nur die **Identität der Rechtsfrage**, sondern auch eine **Identität der Rechtsnorm**.[20] Dem ist für das Disziplinarrecht nur einge-

---

13 BVerfG 23. 6. 2000 – 1 BvR 830/00, DVBl. 2000, 1458.
14 BVerwG 10. 3. 2004 – 7 AV 4.03, DVBl. 2004, 838.
15 BVerwGE 13, 90 ff.
16 BVerwGE 59, 87, 93.
17 BVerwGE 85, 295.
18 BVerwGE 71, 166.
19 Kopp/Schenke, § 124 Rn. 12 m. w. N.
20 BVerwG, Buchholz 310 § 132 VwGO Nr. 184.

schränkt zu folgen. Die Identität ist gewahrt bei **übereinstimmenden Normen von BDG und entsprechenden Normen eines Landesdisziplinargesetzes**. So haben zehn Bundesländer (vgl. § 69 Rn. 1) die Bestimmungen des BDG einschließlich der amtlichen Begründung z. T. wörtlich übernommen. Die Tatsache, dass es sich in einem Fall um Bundesbeamte, im anderen Fall um Landesbeamte handelt, kann mit Blick darauf, dass es die Rechtseinheit zu wahren gilt, keinen Unterschied machen.[21] Zu den Entscheidungen, von denen nicht abgewichen werden darf, zählen selbstverständlich auch die, die vom Disziplinarsenat des BVerwG bisher als Tatsacheninstanz gefällt worden sind, sofern sie einen abstrakten Rechtssatz und nicht eine bloße einzelfallbezogene Begründung enthalten. Hierbei gilt nur die neueste, nicht die überholte oder aufgegebene Rspr. Dass die Entscheidung des BVerwG, soweit es das formelle Recht betrifft, zur BDO ergangen ist, spielt nach der hier vertretenen Auffassung keine Rolle in den Fällen, in denen die Vorschriften von BDO und BDG inhaltsgleich sind.

Nr. 5 kann die Zulassung der Berufung bei der Geltendmachung eines **Verfahrensmangels** rechtfertigen, auf dem die Entscheidung, wenn der Mangel vorliegt, beruhen kann. Die Vorschrift entspricht § 132 Abs. 2 Nr. 3 VwGO. Der Verfahrensmangel muss schlüssig dargelegt werden. Ein Verfahrensmangel liegt vor bei Verstößen des Gerichts gegen verwaltungsprozessrechtliche Vorschriften und Rechtsgrundsätze, die den äußeren Ablauf des gerichtlichen Verfahrens betreffen. Ein davon zu unterscheidender Mangel des behördlichen Disziplinarverfahrens oder der Klageschrift führt zu einem Verfahrensmangel, wenn das Verwaltungsgericht die sich aus § 55 BDG ergebende Verpflichtung verletzt hat, auf die Beseitigung eines solchen Mangels durch den Dienstherrn hinzuwirken.[22]

14

§ 65 Berufungsverfahren

(1) Für das Berufungsverfahren gelten die Bestimmungen über das Disziplinarverfahren vor dem Verwaltungsgericht entsprechend, soweit sich aus diesem Gesetz nichts anderes ergibt. Die §§ 53 und 54 werden nicht angewandt.
(2) Wesentliche Mängel des behördlichen Disziplinarverfahrens, die nach § 55 Abs. 2 unberücksichtigt bleiben durften, bleiben auch im Berufungsverfahren unberücksichtigt.
(3) Ein Beweisantrag, der vor dem Verwaltungsgericht nicht innerhalb der Frist des § 58 Abs. 2 gestellt worden ist, kann abgelehnt werden, wenn seine Berücksichtigung nach der freien Überzeugung des Oberverwaltungsgerichts die Erledigung des Disziplinarverfahrens verzögern würde und der Beamte im ersten Rechtszug über die Folgen der Fristversäumung belehrt worden ist; dies gilt nicht, wenn zwingende Gründe für die Verspätung glaubhaft gemacht werden. Beweisanträge, die das Verwaltungsgericht zu Recht abgelehnt hat, bleiben auch im Berufungsverfahren ausgeschlossen.
(4) Die durch das Verwaltungsgericht erhobenen Beweise können der Entscheidung ohne erneute Beweisaufnahme zugrunde gelegt werden.

Nach Abs. 1 gelten die Bestimmungen über das Disziplinarverfahren vor dem Verwaltungsgericht, also die §§ 52 ff. entsprechend, soweit sich aus dem Gesetz nichts anderes ergibt. Die Disziplinarklage gem. § 52 Abs. 1 bildet die Grundlage auch für das Berufungsverfahren. Eine **Nachtragsdisziplinarklage** kann nur vor dem VG, nicht vor dem OVG er-

1

---

21 Vgl. die bei Schoch-Pietzner, § 132 Rn. 75, 76 zu erkennenden Tendenzen und BFHE 93, 25, 29.
22 BVerwG 26.2.2008 – 2 B 122.07.

hoben werden. § 53 gilt nicht im Berufungsverfahren. Eine Pflicht zur Belehrung über die Fristen, wesentliche Mängel des behördlichen Disziplinarverfahrens oder der Klageschrift geltend zu machen oder Beweisanträge zu stellen, entfällt ebenfalls für das OVG, da § 54 im Berufungsverfahren keine Anwendung findet. Hat das VG unter den Voraussetzungen des § 55 Abs. 2 den Betroffenen von der Geltendmachung wesentlicher Mängel ausgeschlossen, **gilt die Präklusion** nach § 65 Abs. 2 **auch für das Berufungsverfahren.** Das **OVG hat** jedoch **zu prüfen, ob das VG geltend gemachte Mängel zu Recht nicht berücksichtigt** hat. Dies ergibt sich aus der Formulierung »unberücksichtigt bleiben durften«. Ob dies der Fall war, prüft das OVG nach. Hierbei ist entscheidend, ob die Mängel **im Ergebnis** zu Recht oder zu Unrecht keine Berücksichtigung fanden. Soweit dem VG ein Ermessen in § 55 Abs. 2 eingeräumt ist, prüft das OVG dies voll nach,[1] also keine bloße Beschränkung darauf, ob das VG den Ermessensspielraum überschritten hat.[2] Hat das VG die wesentlichen Mängel zu Recht ausgeschlossen, so bleiben sie es auch im Berufungsverfahren.

2 Zu Unrecht ausgeschlossene Mängel berücksichtigt das OVG und legt es seiner Entscheidung zugrunde. Das OVG kann dem Dienstherrn auch noch zur Beseitigung eines rechtzeitig geltend gemachten Mangels oder wenn es dies für angezeigt hält, eine Frist nach § 55 Abs. 3 setzen. Diese Befugnis wird in § 65 nicht ausgeschlossen (vgl. § 55 Rn. 12). Abs. 3 ist § 128 a VwGO nachgebildet, der wiederum auf § 528 ZPO zurückgeht. Danach kann ein vor dem VG nicht rechtzeitig gestellter **Beweisantrag vom OVG abgelehnt werden**, falls dies zu einer **Verfahrensverzögerung** führen würde und der Beamte über die Folgen einer Fristversäumung ordnungsgemäß belehrt worden ist. Das OVG entscheidet nach seiner freien Überzeugung, ob eine Verfahrensverzögerung eintreten würde.[3] Dies kann naturgemäß nur der Fall sein, wenn das Verfahren sonst entscheidungsreif wäre. In Disziplinarangelegenheiten, in denen es um die berufliche Existenz des Beamten geht, sollte hier nicht kleinlich verfahren werden. Werden zwingende Gründe für die Verspätung glaubhaft gemacht, ist der Beweisantrag zuzulassen. Dies gilt insbesondere für neue Beweismittel, auf die sich Abs. 3 nach seinem Wortlaut, anders als § 128 a VwGO und der frühere § 87 Abs. 2 BDO gar nicht bezieht. Über § 3 gilt § 128 Satz 2 VwGO, wonach **neu vorgebrachte Tatsachen und Beweismittel vom OVG zu berücksichtigen sind** (vgl. jetzt auch § 130 Abs. 1 VwGO n. F.). Beweismittel, die der Beamte vor dem VG nicht vorbringen konnte, weil sie ihm damals nicht bekannt oder zugänglich waren, sind zuzulassen. Hat das VG Beweisanträge zu Recht abgelehnt, was **vom OVG voll nachzuprüfen ist** (vgl. Rn. 1), so werden sie auch nicht im Berufungsverfahren zugelassen. Erfolgte die Ablehnung zu Unrecht, führt das OVG die Beweisaufnahme durch. Generell gilt, dass auch das zweitinstanzliche Gericht diejenigen Tatsachen aufzuklären und festzustellen hat, die für den Nachweis des Dienstvergehens und die Bemessung der Disziplinarmaßnahme von Bedeutung sind (§§ 58 Abs. 2, 65 Abs. 1). Deshalb darf ein Beweisangebot zu einer Tatsache, die bei der Bemessung der Disziplinarmaßnahme berücksichtigt werden kann, nicht mit der Begründung zurückgewiesen werden, die Möglichkeit, neue Erkenntnisse zu gewinnen, sei gering.[4] Stellt ein Beteiligter die entscheidungserhebliche tatsächliche oder rechtliche Würdigung des erstinstanzlichen Gerichts substantiiert in Frage, so muss das Berufungsgericht darauf in seiner Entscheidung inhaltlich eingehen (§ 108 Abs. 2 Satz 2

---

1 Thomas/Putzo, ZPO, 23. Aufl. 2001, § 296 Rn. 44.
2 Zöller-Gummer, ZPO, 22. Aufl. 2001, § 528 Rn. 33.
3 BVerfG, NJW 1992, 2557
4 BVerwG 14. 6. 2005 – 2 B 108.04.

Mündliche Verhandlung, Entscheidung durch Urteil § 66

VwGO). Insoweit kommt eine **Bezugnahme auf die Gründe der angefochtenen Entscheidung gem. § 130b Satz 2 VwGO nicht in Betracht**.[5]
Die vom VG erhobenen Beweise können der Entscheidung des OVG ohne erneute Beweiserhebung zugrunde gelegt werden (Satz 4). Dies bedeutet eine Durchbrechung des Grundsatzes der **Unmittelbarkeit der Beweisaufnahme**. Die Durchbrechung ist nach der Neuregelung verfassungsrechtlich weniger bedenklich als im Verfahren der BDO, weil die Beweise nunmehr unmittelbar von einer erkennenden Instanz erhoben werden. In Zweifelsfällen, in denen der persönliche Eindruck eines Zeugen für dessen Glaubwürdigkeit entscheidend ist, sollte das OVG von der ihm eingeräumten Möglichkeit einer erneuten Zeugenvernehmung Gebrauch machen (dies kann angebracht sein, wenn der Aussage des Beamten nur ein Belastungszeuge gegenüber steht). Das Berufungsgericht muss sich eine eigene Überzeugung vom Nachweis des Dienstvergehens und der bemessungsrelevanten Umstände bilden. Ein Verweis auf die Beweiswürdigung des VG genügt nicht.[6]

3

§ 66 Mündliche Verhandlung, Entscheidung durch Urteil

Das Oberverwaltungsgericht entscheidet über die Berufung, wenn das Disziplinarverfahren nicht auf andere Weise abgeschlossen wird, auf Grund mündlicher Verhandlung durch Urteil. § 106 der Verwaltungsgerichtsordnung wird nicht angewandt.

Die Vorschrift normiert den **Regelfall der Entscheidung aufgrund mündlicher Verhandlung durch Urteil**. Eine **Erledigung auf andere Weise** kommt in Betracht bei der Zurücknahme der Berufung, bei der Verwerfung einer unzulässigen Berufung (§ 3 i. V. m. § 125 Abs. 2 VwGO), ferner nach § 65 Abs. 1 Satz 1 i. V. m. § 59, der nach § 65 Abs. 1 Satz 2 nicht ausgeschlossen ist. Das OVG kann also, wenn nur Verweis, Geldbuße, Kürzung der Dienstbezüge oder des Ruhegehaltes angemessen sind, mit Zustimmung der Beteiligten durch Beschluss entscheiden. Darüber hinaus erledigt sich die Sache auf andere Weise, wenn der Beamte auf seinen Antrag nach § 33 BBG entlassen oder wegen einer vorsätzlichen Tat zu einem Jahr Freiheitsstrafe gem. § 41 BBG verurteilt wird. Der **Gerichtsbescheid** des § 84 VwGO, der in erster Instanz neben § 59 Anwendung findet (Amtl. Begründung zu § 59) ist dagegen in der Berufungsinstanz ausgeschlossen. Dies ergibt sich aus der ergänzenden Anwendung des § 125 Abs. 1 Satz 2 VwGO, wonach § 84 VwGO keine Anwendung findet. Dagegen ist § 130a VwGO, der eine Entscheidung im Beschlusswege ohne mündliche Verhandlung erlaubt, dann nicht anwendbar ist, wenn die Voraussetzungen für eine Entscheidung über eine zulässige Berufung ohne mündliche Verhandlung durch § 65 Abs. 1 Satz 1 i. V. m. § 59 Abs. 1 BDG abschließend geregelt sind. Die dort bestehenden Einengungen können nicht durch eine Anwendung von § 130a VwGO außer Kraft gesetzt werden. In diesem Fall ist auch eine Entscheidung im **schriftlichen Verfahren** gem. § 101 Abs. 2 VwGO, der sonst gem. § 3 BDG anwendbar ist, unzulässig.[1] Das BVerwG hat durch Urteil v. 25.10.2007 – 2 C 43.07 – endgültig klargestellt, dass das Berufungsgericht nicht gem. § 130a VwGO auf eine Entfernung aus dem Beamtenverhältnis, Aberkennung des Ruhegehalts oder Zurückstufung erkennen oder eine solche Entscheidung bestätigen darf, weil dem die auch im Berufungsverfahren geltende Sonderregelung des § 59 BDG entgegensteht. Außerdem sind die Bemessungsgrundsätze des § 13 BDG zu

1

---

5 BVerwG 4.8.2005 – 2 B 5.05.
6 BVerwG 28.2.2013 – 2C 3.12.

1 BVerwG v. 4.8.2005 – 2 B 5.05

§ 66 Mündliche Verhandlung, Entscheidung durch Urteil

beachten. Das OVG übt ebenso wie das VG bei seiner Entscheidung eigene Disziplinargewalt aus.

2 Satz 2 regelt **den Ausschluss eines** dem Disziplinarrecht fremden **gerichtlichen Vergleichs**. Wie sich aus der amtlichen Begründung ergibt, sollte die Möglichkeit einer **Zurückweisung der Sache an das VG** ausgeschlossen sein.[2] Hiergegen hat der Bundesrat Einwände mit der Begründung erhoben, bei Verfahrensfehlern sollte der Beamte im Falle der Zurückverweisung zwei Sach- und Tatsacheninstanzen erhalten. Abs. 2 des Entwurfs wurde daraufhin gestrichen. Es gilt also § 3 i. V. m. § 130 Abs. 2 n. F. VwGO. Eine Zurückverweisung ist danach in erster Linie beim Vorliegen **wesentlicher Verfahrensmängel** angezeigt, besonders wenn aufgrund dieser Mängel eine umfangreiche oder aufwändige Beweisaufnahme notwendig ist. In Betracht kommen alle in § 138 VwGO genannten Gründe, im Übrigen nur solche Mängel, auf denen die Entscheidung des VG beruhen kann.[3] Sind Feststellungen unschlüssig oder widersprüchlich, muss das Urteil, da eine sachgerechte Entscheidung nicht möglich ist, aufgehoben und zurückverwiesen werden.[4] Eine Zurückverweisung ist dann nicht geboten, wenn ein mangelhaftes erstinstanzliches **Urteil auslegungsfähig** ist.[5] Aufgehoben und zurückverwiesen wurde ein Urteil mit zwei verschiedenen Fassungen, die nicht vom Willen aller Berufsrichter getragen waren.[6] Eine Zurückverweisung kommt auch im Nichtabhilfeverfahren in Betracht.[7] Eine Zurückverweisung ist wegen der **Prozessförderungspflicht** nicht angezeigt **im fortgeschrittenen Verfahrensstadium**. Hier sollte die Beseitigung der Mängel möglichst durch das OVG erfolgen.[8]

3 Im Hinblick auf den **Beschleunigungsgrundsatz** sollte das OVG unter Berücksichtigung der neuen Tatsachen und Erhebung der neuen Beweise das Verfahren abschließen (vgl. Rn. 2). § 130 Abs. 1 VwGO in der ab 1.1.2002 geltenden Fassung regelt jetzt, dass das **OVG** grundsätzlich die **notwendigen Beweise zu erheben** und in der Sache selbst zu entscheiden hat. Nach § 130 Abs. 2 VwGO ist das VG an die rechtliche Beurteilung des OVG gebunden. Die Bindung besteht nur für die konkrete zurückverwiesene Sache. Bindend ist nur die rechtliche Beurteilung, auf der die Aufhebung beruht. Sie gilt als innerprozessuale Bindung auch für die zurückverweisende Instanz, auch wenn diese erneut mit der Sache befasst wird.[9]

4 In der **Rechtsmittelbelehrung** eines Berufungsurteils, in dem die Revision nicht zugelassen wird, muss nicht darüber informiert werden, dass die Zulassung der Revision nur bei Vorliegen eines der in § 132 Abs. 2 Nr. 1 bis 3 VwGO genannten Zulassungsgründe und Darlegung (§ 133 Abs. 3 Satz 3 VwGO) erreicht werden kann.[10]

---

2 § 66 Abs. 2 des Entwurfs vom 16.11.2000 – BT-Drucks. 14/4695.
3 OVG Münster, NVwZ-RR 1997, 759.
4 BVerwG 8.1.1992 – 1 D 41.91.
5 Beispiel: Feststellung »schuldhaften« Handelns ohne Klarstellung, ob Fahrlässigkeit oder Vorsatz gegeben war, BVerwG 9.6.1993 – 1 D 4.92.
6 BVerwG 21.2.1996 – 1 D 59.95, NJW 1997, 1086.
7 BVerwG 16.5.2001 – 1 DB 16.01.
8 BVerwG 15.8.2000 – 1 D 44.98.
9 BVerwGE 76, 326.
10 BVerwG 7.11.2014 – 2 B 45.14.

Abschnitt 2
Beschwerde

§ 67 Statthaftigkeit, Form und Frist der Beschwerde

(1) Für die Statthaftigkeit, Form und Frist der Beschwerde gelten die §§ 146 und 147 der Verwaltungsgerichtsordnung.
(2) Gegen Beschlüsse des Verwaltungsgerichts, durch die nach § 59 Abs. 1 über eine Disziplinarklage entschieden wird, kann die Beschwerde nur auf das Fehlen der Zustimmung der Beteiligten gestützt werden.
(3) Für das Beschwerdeverfahren gegen Beschlüsse des Verwaltungsgerichts über eine Aussetzung nach § 63 gilt § 146 Abs. 4 der Verwaltungsgerichtsordnung entsprechend.

Für die Statthaftigkeit, Form und Frist gelten die §§ 146, 147 VwGO. Die Beschwerde ist danach statthaft gegen die **Entscheidungen** des VG, **die keine Urteile oder Gerichtsbescheide sind** und auch keine Maßnahmen nach § 146 Abs. 2 VwGO darstellen. Die Beschwerde ist beim VG schriftlich oder zur Niederschrift des Urkundsbeamten der Geschäftsstelle innerhalb von **2 Wochen nach Bekanntgabe** der Entscheidung einzulegen (§ 147 Abs. 1 VwGO). Die Frist läuft nur, wenn eine **ordnungsgemäße Belehrung** gem. § 58 Abs. 1 VwGO erfolgt ist. Die Beschwerdefrist ist auch gewahrt, wenn die Beschwerde fristgemäß beim OVG eingeht (§ 147 Abs. 2 VwGO). In den Fällen, in denen das VG nach § 59 Abs. 1 BDG durch Beschluss entschieden hat, kann die Beschwerde nach Abs. 2 nur auf das **Fehlen der Zustimmung** der Beteiligten gestützt werden. Ansonsten kann die Entscheidung nicht angegriffen werden, insbesondere nicht mit dem Argument, in der Sache sei falsch oder fehlerhaft entschieden worden.

Gegen die Entscheidungen des VG über eine **Aussetzung der vorläufigen Dienstenthebung** und der **Einbehaltung von Dienst- oder Ruhegehaltsbezügen** stand den Beteiligten die Beschwerde bisher nur zu, wenn sie vom OVG entsprechend § 124 Abs. 2 VwGO zugelassen worden war. Damit sollte nach der amtlichen Begründung die im einstweiligen Rechtsschutz nach der VwGO geltende Rechtslage wiederhergestellt (§ 146 Abs. 4 VwGO). Dies war aber gerade nicht der Fall, weil vom Gesetzgeber nicht beachtet wurde, dass er ebenfalls zum 1.1.2002 nach dem RmBereinVpG § 146 Abs. 4 VwGO geändert hat und die Zulassungsbeschwerde, weil sie sich in der Praxis nicht bewährt hat und zu Verzögerungen führte, entfallen ist. Im Dienstrechtsneuordnungsgesetz vom 5.2.2009 ist jetzt die Anpassung vorgenommen worden. Die Beschwerde ist danach innerhalb eines Monats nach Bekanntgabe der Entscheidung zu begründen. Nicht geregelt wurde, was im Verfahren der **Prozesskostenhilfe** gilt. Das BVerwG hat in st. Rspr. eine Prozesskostenhilfe in Disziplinarverfahren mit der Begründung abgelehnt, die Kostenvorschriften der BDO und die gem. § 25 BDO entsprechend anwendbaren Gesetze sähen eine Prozesskostenhilfe nicht vor.[1] Nach der Anlehnung des BDG an die VwGO **steht der Gewährung von Prozesskostenhilfe** gem. § 3 i.V.m. § 166 VwGO **nichts mehr im Wege**. Deshalb gilt auch § 146 Abs. 4 VwGO n. F. entsprechend (keine Zulassung durch das OVG mehr).

---

[1] BVerwG 17.11.1997 – 1 D 44.97; 5.10.2001 – 1 D 12.01, offen gelassen für das Verlustfeststellungsverfahren, BVerwG 17.11.1998 – 1 DB 4.98.

§ 68 Entscheidung des Oberverwaltungsgerichts

Das Oberverwaltungsgericht entscheidet über die Beschwerde durch Beschluss.

Die Vorschrift regelt die Form der Entscheidung über die Beschwerde.

Kapitel 4
Disziplinarverfahren vor dem Bundesverwaltungsgericht

§ 69 Form, Frist und Zulassung der Revision

Für die Zulassung der Revision, für die Form und Frist der Einlegung der Revision und der Einlegung der Beschwerde gegen ihre Nichtzulassung sowie für die Revisionsgründe gelten die §§ 132, 133, 137 bis 139 der Verwaltungsgerichtsordnung.

1   Das **Bundesverwaltungsgericht ist in Disziplinarangelegenheiten nunmehr als Revisionsinstanz** Realität geworden. Das Berufungsverfahren nach der BDO wurde auf der Ebene des BVerwG stets als Fremdkörper angesehen. Die Entscheidungen des Disziplinarsenats hatten bei den Verwaltungsgerichten der Länder stets Akzeptanz erlangt und so zu einer Vereinheitlichung der Rechtsprechung beigetragen. Das BVerwG kann auch als Revisionsgericht selbst alle erforderlichen Disziplinarmaßnahmen verhängen, wenn im Berufungsverfahren ausreichende Tatsachenfeststellungen getroffen worden sind (§ 70 Rn. 2). Die Bundesländer haben von der Möglichkeit, ihre Disziplinarverfahren nach **Landesdisziplinarrecht** vom BVerwG als Revisionsinstanz überprüfen zu lassen, überwiegend Gebrauch gemacht, ohne hierzu verpflichtet zu sein,[1] so die Länder Berlin, Brandenburg, Bremen, Hamburg, Hessen, Mecklenburg-Vorpommern, Nordrhein-Westfalen, Saarland, Sachsen, Schleswig-Holstein und Thüringen, nicht vorgesehen in Bayern, Niedersachsen, Rheinland-Pfalz und Sachsen-Anhalt. In Baden-Württemberg gilt die VwGO unmittelbar, was dazu führt, dass mit Blick auf § 137 Abs. 1 VwGO eine Revision nur in Bundesdisziplinarsachen möglich ist.

2   Die Revisionszulassung, die Revisionseinlegung und die Einlegung der Beschwerde gegen die Nichtzulassung sowie die zulässigen Revisionsgründe richten sich nach den in § 69 aufgeführten Vorschriften der VwGO. Aus der Nichterwähnung des § 134 VwGO ergibt sich, dass eine **Sprungrevision** nicht vorgesehen ist (außer in Baden-Württemberg, wo die VwGO unmittelbar gilt, s. Rn. 1). Dies ist in den Fällen mit Blick auf eine Verfahrensbeschleunigung bedauerlich, in denen der Sachverhalt unstreitig, jedoch eine Rechtsfrage von grundsätzlicher Bedeutung zu klären ist. Im Falle einer **Missbilligung** hat das BVerwG eine Sprungrevision zugelassen, weil sie keine Disziplinarmaßnahme sei.[2]

3   Bezüglich der **Revisionszulassung** gelten die Ausführungen zu § 64 Rn. 17–19 entsprechend mit der Maßgabe, dass zu klärende Tatsachen außer Acht bleiben und bei der **Nichtzulassungsbeschwerde** das **Darlegungserfordernis** nur bezüglich der Grundsatzrüge (§ 133 Abs. 3 Satz 3) gilt und bezüglich der Divergenz- und Verfahrensrüge **Bezeichnungserfordernisse** bestehen. Aufgrund des Dienstrechtsneuordnungsgesetzes vom 5.2.2009 ist in § 69 die Vorschrift des **§ 127 des Beamtenrechtsrahmengesetzes** gestri-

---

1 BVerwG 12.12.2011 – 2 B 34.11.
2 BVerwG 18.9.2008 – 2 C 126.07.

Revisionsverfahren, Entscheidung über die Revision § 70

chen worden. Eine Begründung hierfür wurde nicht gegeben. Nach § 63 Abs. 2 Satz 2 des Beamtenstatusgesetzes vom 17. 6. 2008 blieb Kapitel 2 BRRG und somit § 127 BRRG in Kraft, so dass sich die Frage stellt, ob § 127 BRRG trotz Streichung in § 69 als eigenständige Vorschrift für die Länder weiterhin gilt, die den Zugang zum BVerwG als Revisionsinstanz eröffnet haben. Dies ist zu verneinen, weil die §§ 69, 70 eine abschließende Regelung des Revisionsrechts im BDG enthalten. In den Ländern Brandenburg, Saarland und Thüringen gilt § 127 BRRG weiter, weil diese Länder diese Vorschrift in ihren Landesdisziplinargesetzen beibehalten haben. In Baden-Württemberg gilt § 127 BRRG über den dort unmittelbar anwendbaren § 191 Abs. 2 VwGO ebenfalls. Wegen einer weiteren Vertiefung des Revisionsrechts muss auf die einschlägigen Kommentare zur VwGO verwiesen werden, da eine eigenständige Kommentierung der entsprechenden VwGO-Vorschriften den Rahmen dieses Kommentars sprengen würde.

§ 70 Revisionsverfahren, Entscheidung über die Revision

(1) **Für das Revisionsverfahren gelten die Bestimmungen über das Disziplinarverfahren vor dem Oberverwaltungsgericht entsprechend.**

(2) **Für die Entscheidung über die Revision gelten die §§ 143 und 144 der Verwaltungsgerichtsordnung.**

Die Durchführung des Revisionsverfahrens richtet sich nach den Bestimmungen über das Disziplinarverfahren vor dem OVG. Soweit dort Bezug auf die Bestimmungen des Verfahrens vor dem VG genommen wird (§ 65 Abs. 1), gelten diese ebenfalls, es sei denn, aus dem Wesen des Revisionsverfahrens ergäbe sich etwas anderes. Über § 3 BDG sind entsprechend anwendbar §§ 140 (**Zurücknahme der Revision**) und 141, 127 VwGO (**Anschlussrevision**, weil nach der Rspr. auch eine Anschlussberufung zulässig ist; s. hierzu § 64 Rn. 10). Die Vorschriften, die sich mit Tatsachenermittlungen und Erhebung von Beweisen befassen, sind nicht anwendbar. 1

Für die zu treffende **Entscheidung über die Revision** gelten gem. Abs. 2 die §§ 143, 144 VwGO. Danach wird die Revision, wenn sie nicht statthaft ist oder die Zulässigkeitsvoraussetzungen fehlen, durch Beschluss verworfen. Ist die Revision unbegründet oder das Urteil des OVG jedenfalls im Ergebnis zutreffend, weist das BVerwG sie zurück (§ 144 Abs. 2). Ist sie begründet, kann das BVerwG das angefochtene Urteil aufheben, in der Sache selbst entscheiden, wobei es ebenfalls alle zulässigen Maßnahmen verhängen, die Disziplinarverfügung aufheben oder die Disziplinarklage abweisen kann oder es verweist die Sache zur anderweitigen Verhandlung und Entscheidung zurück. 2

Die Entscheidungsbefugnis des BVerwG entfällt nicht deshalb, weil es in Ermessensentscheidungen eingreift. Die Instanzgerichte üben eigenes Ermessen und eigene Disziplinargewalt aus. Dies ergibt sich daraus, dass sie nach § 60 Abs. 2 Nr. 1 auf die **erforderliche Disziplinarmaßnahme** erkennen und nach § 60 Abs. 3 auch die **Zweckmäßigkeit** der angefochtenen Entscheidung prüfen. Das BVerwG hat bei einer Entscheidung in der Sache im Falle der Spruchreife dieselben Befugnisse, die das Berufungsgericht nach Zurückverweisung hätte.[1] Es übt dann ebenfalls **eigene Disziplinargewalt** aus und wird nicht nur kassatorisch tätig.[2] Auch der BGH kann in Strafsachen gem. § 354 StPO jedenfalls auf bestimmte Maßnahmen erkennen, wobei die Rspr. teilweise auf die Schuldspruchberich-

---

[1] Buchholz 310 § 40 Nr. 271.
[2] So jetzt auch GKÖD-Weiß, II § 69 Rn. 2 und § 70 Rn. 28.

tigung und Berichtigung des Rechtsfolgenausspruchs ausgedehnt worden ist.[3] Eine dem § 82 Abs. 3 Satz 2 DRiG vergleichbare Bestimmung, wonach das Urteil nur auf Zurückweisung der Revision oder Aufhebung des angefochtenen Urteils lauten kann, gibt es im Revisionsrecht des BDG i. V. m. der VwGO nicht. Für eine weitgehende Entscheidungsbefugnis des BVerwG selbst spricht auch ein erhebliches praktisches Bedürfnis im Hinblick auf den Beschleunigungsgrundsatz. Da nunmehr selbst im Disziplinarverfügungsverfahren die Revision möglich ist, wenn das OVG eine entsprechende Berufung zugelassen hat, erscheint eine Verlängerung des Verfahrens durch Aufhebung und Zurückverweisung nicht vertretbar, wenn das BVerwG selbst entscheiden könnte. Wurde die Revision beispielsweise wegen grundsätzlicher Bedeutung bei der Anwendung von Bemessungsmaßstäben zugelassen, wäre es nicht verständlich, wenn das BVerwG diese Maßstäbe nicht selbst im konkreten Fall anwenden könnte. Inzwischen ist völlig unstreitig, dass auch das BVerwG eigene Disziplinargewalt ausübt. Bei einer Zulassung der Revision wegen **Verfahrensfehler** kommt dagegen eine Zurückverweisung in der Regel in Betracht. Diese ist zwingend, wenn weitere tatsächliche Feststellungen erforderlich sind. Das BVerwG hat nun durch Urteil v. 3. 5. 2007 – 2 C 9.06 – entschieden, dass die Befugnis zur Bestimmung der erforderlichen Disziplinarmaßnahme auch für das Revisionsverfahren gilt, wenn das Berufungsurteil alle wesentlichen, den Anforderungen des § 13 Abs. 1 Satz 2–4 BDG genügenden bemessungsrelevanten Gesichtspunkte enthält. Der Revisionssenat kann weder Tatsachen berücksichtigen, die nicht festgestellt sind, noch die Richtigkeit der festgestellten Tatsachen überprüfen.

Kapitel 5
Wiederaufnahme des gerichtlichen Disziplinarverfahrens

§ 71 Wiederaufnahmegründe

(1) Die Wiederaufnahme des durch rechtskräftiges Urteil abgeschlossenen Disziplinarverfahrens ist zulässig, wenn
1. in dem Urteil eine Disziplinarmaßnahme ausgesprochen worden ist, die nach Art oder Höhe im Gesetz nicht vorgesehen ist,
2. Tatsachen oder Beweismittel beigebracht werden, die erheblich und neu sind,
3. das Urteil auf dem Inhalt einer unechten oder verfälschten Urkunde oder auf einem vorsätzlich oder fahrlässig falsch abgegebenen Zeugnis oder Gutachten beruht,
4. ein Urteil, auf dessen tatsächlichen Feststellungen das Urteil im Disziplinarverfahren beruht, durch ein anderes rechtskräftiges Urteil aufgehoben worden ist,
5. an dem Urteil ein Richter oder Beamtenbeisitzer mitgewirkt hat, der sich in dieser Sache der strafbaren Verletzung einer Amtspflicht schuldig gemacht hat,
6. an dem Urteil ein Richter oder Beamtenbeisitzer mitgewirkt hat, der von der Ausübung des Richteramts kraft Gesetzes ausgeschlossen war, es sei denn, dass die Gründe für den gesetzlichen Ausschluss bereits erfolglos geltend gemacht worden waren,
7. der Beamte nachträglich glaubhaft ein Dienstvergehen eingesteht, das in dem Disziplinarverfahren nicht hat festgestellt werden können, oder

---

3 Vgl. BGH 10. 8. 2001, NJW 2002, 834.

8. im Verfahren der Disziplinarklage nach dessen rechtskräftigem Abschluss in einem wegen desselben Sachverhalts eingeleiteten Straf- oder Bußgeldverfahren unanfechtbar eine Entscheidung ergeht, nach der gemäß § 14 die Disziplinarmaßnahme nicht zulässig wäre.

(2) Erheblich im Sinne des Absatzes 1 Nr. 2 sind Tatsachen und Beweismittel, wenn sie allein oder in Verbindung mit den früher getroffenen Feststellungen geeignet sind, eine andere Entscheidung zu begründen, die Ziel der Wiederaufnahme des Disziplinarverfahrens sein kann. Neu im Sinne des Absatzes 1 Nr. 2 sind Tatsachen und Beweismittel, die dem Gericht bei seiner Entscheidung nicht bekannt gewesen sind. Ergeht nach Eintritt der Rechtskraft des Urteils im Disziplinarverfahren in einem wegen desselben Sachverhalts eingeleiteten Straf- oder Bußgeldverfahren ein rechtskräftiges Urteil auf Grund von tatsächlichen Feststellungen, die von denjenigen tatsächlichen Feststellungen des Urteils im Disziplinarverfahren abweichen, auf denen es beruht, gelten die abweichenden Feststellungen des Urteils im Straf- oder Bußgeldverfahren als neue Tatsachen im Sinne des Absatzes 1 Nr. 2.

(3) In den Fällen des Absatzes 1 Nr. 3 und 5 ist die Wiederaufnahme des Disziplinarverfahrens nur zulässig, wenn wegen der behaupteten Handlung eine rechtskräftige strafgerichtliche Verurteilung erfolgt ist oder wenn ein strafgerichtliches Verfahren aus anderen Gründen als wegen Mangels an Beweisen nicht eingeleitet oder nicht durchgeführt werden kann.

Das Recht der Wiederaufnahme des Disziplinarverfahrens erfährt gegenüber dem bisherigen Recht nach der BDO insoweit eine Erweiterung, als nunmehr **eine Wiederaufnahme bei allen durch Urteil oder diesem gleichstehende Entscheidung** abgeschlossenen Verfahren im Grundsatz **möglich ist** und die bisherige Beschränkung auf das förmliche Disziplinarverfahren entfallen ist. 1

§ 71 entspricht im Wesentlichen § 97 BDO, ist aber übersichtlicher und gestraffter gestaltet. Die Wiederaufnahme ist grundsätzlich nur zulässig gegenüber der rechtskräftigen Entscheidung des VG und des OVG als Tatsacheninstanz. Daher erfolgt keine Wiederaufnahme nach Verlust der Beamteneigenschaft aufgrund eines Strafurteils gem. § 48 BBG. Entscheidungen des BVerwG als Revisionsinstanz kommen unter den Voraussetzungen der Nr. 5 und 6 in Betracht (vgl. § 153 Abs. 1 VwGO i. V. m. §§ 580 Nr. 5, 584 Abs. 1 ZPO). Im Übrigen sind die **Wiederaufnahmegründe im BDG abschließend geregelt.** Der Ausnahmecharakter der Wiederaufnahme steht einer extensiven Auslegung entgegen.[1] 2

Nach Nr. 1 ist die Wiederaufnahme zulässig gegen eine im **Gesetz** (d. h. im Maßnahmenkatalog des Gesetzes) **nicht vorgesehene Maßnahme.** Diese Entscheidung muss rechtskräftig verhängt worden sein. Bei der Prüfung, ob eine nach Art und Höhe im Gesetz nicht vorgesehene Maßnahme vorliegt, ist abzustellen auf den konkreten Fall, nicht allein darauf, ob das Gesetz generell eine solche Maßnahme vorsieht. So ist etwa die gesetzlich vorgesehene Zurückstufung eines Beamten im Eingangsamt nicht möglich und gibt einen Wiederaufnahmegrund nach Abs. 1. Das Gleiche gilt für den Fall, dass ein unter dem innegehabten Amt eingestuftes Amt derselben Laufbahn (bisheriges Eingangsamt) zwar noch existiert, aber laufbahnrechtlich nicht mehr als Eingangsamt verwendet wird.[2] Ebenso ist die Verhängung einer Geldbuße gegen einen Ruhestandsbeamten oder die Verhängung einer Geldbuße über das Höchstmaß von einem Monat hinaus im Gesetz nicht 3

---

1 BDHE 5, 172.
2 Umwandlung von A 3 zum Eingangsamt für Postbeamte des einfachen Dienstes und Wegfall der Eingangsstufe A 2 – BVerwG 2. 12. 1986 – 2 DN 3.86, Dok. Ber. 1987, 26.

vorgesehen. Auch in diesem Fall ist Wiederaufnahme nach Abs. 1 mit dem Ziel der Verhängung einer zulässigen Maßnahme gegeben (zum Gesamtkomplex auch OVG Münder, DÖV 1962, 880).

4   Nr. 2 ist dann erfüllt, wenn **Tatsachen oder Beweismittel beigebracht werden, die erheblich und neu sind**, Tatsachen im Wiederaufnahmerecht sind Vorgänge, Ereignisse und Zusammenhänge, die objektiv erkennbar oder allgemein gültig sind und im Gegensatz zu Beurteilungen oder Bewertungen stehen.[3] Auf eine **Änderung der Rechtslage und der rechtlichen Bewertung** kann ein Wiederaufnahmeantrag nicht gestützt werden. Dies gilt für eine Änderung der höchstrichterlichen Rspr., selbst des BVerfG, auch wenn dessen Entscheidungen Bindungswirkung zukommt und auch des Europäischen Gerichtshofs für Menschenrechte, der in einem Fall ähnlicher Art einen Konventionsverstoß festgestellt hat. Das BVerwG hat deshalb die Wiederaufnahme des Verfahrens eines Beamten, der wegen Kandidaturen für die DKP und dadurch verletzter politischer Treuepflicht aus dem Dienst entfernt worden war, trotz des Urteils des EGMR v. 26. 9. 1995,[4] in welchem eine Lehrerin aus Niedersachsen Erfolg hatte, abgelehnt.[5] Auch Einwendungen zu Verletzungen von Verfahrensvorschriften im früheren Verfahren zählen nicht zu Tatsachen oder Beweismitteln. Zu Letzteren zählen neue Zeugenaussagen, Gutachten und Urkunden. Sie können die Wiederaufnahme rechtfertigen, wenn sie erheblich und neu sind.

5   **Erheblich** sind Tatsachen oder Beweismittel, wenn sie allein oder in Verbindung mit den früher getroffenen Feststellungen eine andere Entscheidung, die Ziel des Wiederaufnahmeverfahrens sein kann, zu begründen geeignet sind (Abs. 2 Satz 1). Die bei dem vorangegangenen Urteil unbekannt gebliebene Tatsache, dass der Verurteilte bei Begehen seines Dienstvergehens schuldunfähig war, ist immer erheblich,[6] bei Maßnahmeerheblichkeit auch die bloß verminderte Schuldfähigkeit,[7] Widerruf oder Widerlegung früherer Geständnisse oder Zeugenaussagen, Erlass einer Straf- oder Bußgeldmaßnahme i. R. d. § 14. Ist Verurteilung wegen mehrerer Anschuldigungspunkte erfolgt, so ist das Vorbringen neuer Tatsachen bzw. Beweismittel im Hinblick auf nur einen Anschuldigungspunkt danach zu beurteilen, welche Bedeutung er konkret für die Gesamtbeurteilung gehabt hat. Ergibt die Wertung, dass unabhängig vom geltend gemachten Wiederaufnahmegrund zum einzelnen Anschuldigungspunkt der verbleibende Sachverhalt die ausgesprochene Maßnahme rechtfertigt, ist der Wiederaufnahmegrund unerheblich.

6   Tatsachen oder Beweismittel nach Nr. 2 müssen auch **neu** sein. Als neu sind Tatsachen und Beweismittel anzusehen, die dem Disziplinargericht bei seiner Entscheidung noch nicht bekannt waren (Abs. 2 Satz 2). Es kommt dabei auf Kenntnis des Gerichts an, dessen Tat- und Schuldfeststellungen rechtskräftig geworden sind. Das ist bei maßnahmebeschränkter Berufung das VG. Zweifelhaft ist, wann eine Tatsache »dem Gericht bekannt gewesen« ist. All das, was sich in den Entscheidungsgründen findet, war dem Gericht jedenfalls bekannt. Bloße Aktenkundigkeit von Tatsachen oder Beweismitteln bedeutet dagegen nach zutreffender Auffassung nicht unbedingt, dass sie das Gericht auch zur Kenntnis genommen hat. Dies muss vielmehr aus dem Urteil und aus den Gesamtumständen eindeutig hervorgehen.[8] Nicht neu sind im Berufungsverfahren vorgebrachte Tatsachen und Beweismittel, die zu Recht gem. § 65 Abs. 3 zurückgewiesen worden sind. Bei Zwei-

---

3 BVerwG 4. 6. 1998 – 2 DW 3.97, NJW 1999, 1649.
4 EuGRZ 1995, 590 f. = NJW 1996, 375 f.
5 Zu allem BVerwG 4. 6. 1998, a. a. O.
6 BDH – DW 8.53, Dok. Ber. 1953, 14.
7 BDHE 3, 262.
8 A. A. Claussen/Janzen, § 97 Rn. 7.

feln dahingehend, ob ein Wiederaufnahmegrund erheblich bzw. neu ist, kann der Grundsatz in dubio pro reo nicht gelten, da es sich bei § 71 um eine eng auszulegende Ausnahmeregelung handelt.

Nr. 3 setzt voraus, dass das angegriffene **Urteil** auf dem Inhalt einer unechten oder verfälschten Urkunde oder auf einem Zeugnis oder Gutachten beruht, das vorsätzlich oder fahrlässig abgegeben worden ist. Die Wiederaufnahme nach Abs. 2 Nr. 3 und 5 ist allerdings nur zulässig, wenn wegen der behaupteten Handlung eine rechtskräftige Verurteilung erfolgt ist oder wenn ein strafgerichtliches Verfahren aus anderen Gründen als wegen Mangels an Beweisen nicht eingeleitet oder nicht durchgeführt werden kann (Abs. 3). 7

Nr. 4 setzt voraus, dass ein gerichtliches Urteil, auf dessen tatsächlichen Feststellungen das Disziplinarurteil beruht (§ 57 Abs. 1), durch ein anderes **rechtskräftiges Urteil aufgehoben worden ist**. Es handelt sich hier gegenüber Nr. 2 um eine diese ausschließende Spezialbestimmung.[9] Es ist unbeachtlich, ob das Strafurteil durch Urteil oder Beschluss aufgehoben wurde.[10] Das angegriffene disziplinarrechtliche Urteil muss aber auf dem aufgehobenen Urteil **beruhen**, was im Fall des § 57 Abs. 1 grundsätzlich gegeben ist. Ist allerdings ein Lösungsbeschluss erfolgt, dann kann im Umfang der Lösung von einem Beruhen i. S. d. Bestimmung nicht gesprochen werden, auch dann nicht, wenn das Disziplinargericht wieder zum selben Ergebnis wie das Strafurteil kommt. Feststellungen, die nach § 57 Abs. 2 aus anderen Urteilen übernommen wurden, bleiben eigene des entscheidenden Gerichts und fallen deshalb nicht unter Nr. 4. Unerheblich ist, ob das Urteil, auf dessen Feststellungen das Disziplinarurteil beruht, durch ein anderes Urteil im Wiederaufnahmeverfahren durch Beschluss (etwa nach § 371 StPO)[11] oder durch Amnestiegesetz beseitigt worden ist. Nicht ausreichend ist, dass das Strafurteil im Gnadenwege beseitigt worden ist. 8

Nr. 5 verlangt die **strafbare Verletzung** einer richterlichen **Amtspflicht**. Es kommt dabei auch eine Amtspflichtverletzung der Beamtenbeisitzer in Betracht; denkbar sind die Vergehen der Rechtsbeugung (§ 339 StGB) und Richterbestechung (334 Abs. 2 StGB). 9

Nr. 6 ist gegeben, wenn ein kraft Gesetzes ausgeschlossener Richter oder Beamtenbeisitzer an der Entscheidung mitgewirkt hat (vgl. hierzu § 48 Rn. 1 ff.). Gefordert ist dabei die Mitwirkung an der Entscheidung des zuvor erkennenden Gerichts. Für Beamtenbeisitzer gelten die §§ 49, 50. 10

Nr. 7 ermöglicht die Wiederaufnahme, wenn der Beamte nach dem angegriffenen Urteil nachträglich ein glaubhaftes Geständnis abgelegt hat, das ein Dienstvergehen betrifft, welches im Ursprungsverfahren nicht hat festgestellt (bewiesen) werden können. 11

Nr. 8 entspricht, soweit die Regelung des § 14 Abs. 1 betroffen ist, dem bisherigen § 123 Abs. 1 BDO, der eine Spezialregelung der Wiederaufnahme darstellte (vgl. 2. Aufl., § 123 Rn. 1). Die Regelung ist deshalb systematisch zutreffend in die Wiederaufnahmegründe integriert worden. Voraussetzung ist, dass nach dem rechtskräftigen Abschluss eines aufgrund einer Disziplinarklage eingeleiteten Verfahrens in einem **Straf- oder Bußgeldverfahren wegen desselben Sachverhalts** unanfechtbar eine Entscheidung ergeht, die nach § 14 zur Unzulässigkeit einer Disziplinarmaßnahme führen würde. Die im Disziplinarverfahren verhängte Disziplinarmaßnahme muss unanfechtbar geworden sein, bevor die strafrechtliche Ahndung erfolgte. Bei einer nachträglichen strafgerichtlichen Verurteilung oder wenn eine Tat nicht mehr als Vergehen verfolgt werden darf, ist der Beamte so zu stellen, als wäre § 14 im vorangegangenen Verfahren angewandt worden. Die verhängte Dis- 12

---

9 BVerwG 14. 4. 1988 – 2 DW 2.88.
10 BDHE 5, 168.
11 BDH, Dok. Ber. S. 2248; vgl. aber BDHE 5, 168.

ziplinarmaßnahme des Verweises, der Geldbuße oder der Kürzung des Ruhegehaltes sind aufzuheben. Im Falle einer Kürzung der Dienstbezüge oder – jetzt neu – auch einer Zurückstufung ist die Disziplinarklage abzuweisen, es sei denn, die Verhängung dieser Maßnahmen wäre zusätzlich erforderlich, um den Beamten zur Erfüllung seiner Pflichten anzuhalten. Erfolgt im späteren sachgleichen Straf- oder Bußgeldverfahren ein **Freispruch**, sind sämtliche nach dem Maßnahmekatalog zulässigen Maßnahmearten – hier auch die Entfernung aus dem Beamtenverhältnis – aufzuheben, d. h., die Disziplinarverfügung ist aufzuheben bzw. die Disziplinarklage abzuweisen, es sei denn, der Sachverhalt stellt ein Dienstvergehen dar, ohne den Tatbestand einer Straf- oder Bußgeldvorschrift zu erfüllen (§ 14 Abs. 2). Liegt ein so genannter disziplinarer Überhang vor, greift also die Sperrwirkung des § 14 Abs. 2 nicht, ist im Wiederaufnahmeverfahren zu prüfen, ob die zuvor verhängte Disziplinarmaßnahme mit Blick auf den disziplinaren Überhang gerechtfertigt ist.

13 Im Disziplinarverfügungsverfahren enthält § 36 Abs. 1 eine entsprechende Regelung. Da es sich bei der Disziplinarverfügung um einen Verwaltungsakt handelt, kann das Verfahren auch gem. § 51 VwVfG wiederaufgegriffen werden. **Wiederaufgreifen und Wiederaufnahme sind selbständige Regelungen**, die nebeneinander Anwendung finden.[12]

§ 72 Unzulässigkeit der Wiederaufnahme

(1) Die Wiederaufnahme des durch rechtskräftiges Urteil abgeschlossenen Disziplinarverfahrens ist unzulässig, wenn nach dem Eintritt der Rechtskraft
1. ein Urteil im Straf- oder Bußgeldverfahren ergangen ist, das sich auf denselben Sachverhalt gründet und diesen ebenso würdigt, solange dieses Urteil nicht rechtskräftig aufgehoben worden ist, oder
2. ein Urteil im Strafverfahren ergangen ist, durch das der Verurteilte sein Amt oder seinen Anspruch auf Ruhegehalt verloren hat oder ihn verloren hätte, wenn er noch im Dienst gewesen wäre oder Ruhegehalt bezogen hätte.

(2) Die Wiederaufnahme des Disziplinarverfahrens zuungunsten des Beamten ist außerdem unzulässig, wenn seit dem Eintritt der Rechtskraft des Urteils drei Jahre vergangen sind.

1 Die Vorschrift schafft eine **Sperrwirkung** eines **nach** dem rechtskräftigen Urteil im Disziplinarverfahren ergehenden **Strafurteils**. Sie setzt den rechtspolitischen Zweck des § 18 Abs. 1 fort und ist deshalb auch nach den gleichen Kriterien zu beurteilen. Sie unterscheidet dabei zwei Fallgestaltungen. Einmal ist die Wiederaufnahme unzulässig, wenn nach dem Disziplinarurteil im Strafverfahren oder Bußgeldverfahren ein Urteil ergangen ist, das sich auf **dieselben Tatsachen** begründet und sie ebenso würdigt, solange dieses Urteil nicht rechtskräftig aufgehoben worden ist. Das Disziplinar- und Strafurteil muss sich dabei auf **dieselben** festgestellten Tatsachen gründen, wobei es auf die rechtliche Qualifizierung im Strafurteil nicht ankommt. Vorausgesetzt ist aber eine sachliche Würdigung der Tatsachen, die auch im Disziplinarverfahren zugrunde gelegt worden sind. Von daher kommt für § 72 nur ein Urteil in Betracht, das den Sachverhalt feststellt und würdigt. Bezieht sich das Strafurteil nur auf einen Teil der Anschuldigungspunkte im Disziplinarverfahren, so ist trotz § 72 Abs. 1 eine Wiederaufnahme, und zwar wegen der nichtbestätigten Verfehlungen, möglich, auch ist § 72 nicht anwendbar, wenn zu dem Sachverhalt, der dem

---

12 Für das Wiederaufnahmeverfahren nach der VwGO vgl. Bader, VwGO, § 153 Rn. 4.

Frist, Verfahren § 73

Straf- und Disziplinarverfahren zugrunde liegt, nicht übereinstimmend dieselben Tatsachen festgestellt wurden.

Der **zweite Fall** betrifft die Unzulässigkeit der Wiederaufnahme, wenn es nachträglich in einem **Strafverfahren zur Verurteilung** gekommen ist, die kraft Gesetzes den Verlust des Amtes oder des Ruhegehalts herbeiführt, d. h. bei Verurteilung wegen vorsätzlicher Tat auf Freiheitsstrafe von mindestens einem Jahr oder wegen vorsätzlicher hochverräterischer, staatsgefährdender oder landesverräterischer Handlung auf Freiheitsstrafe von mindestens sechs Monaten nach § 41 BBG. Es spielt dabei keine Rolle, ob der Beamte erst durch die Rechtskraft des Strafurteils die Rechte verlor oder bereits vorher durch die disziplinargerichtliche Verurteilung oder danach aus einem anderen Grund verloren hatte. Für Nr. 2 des § 72 kommen allerdings nur solche Strafurteile in Betracht, die zu einem anderen Sachverhalt als im Disziplinarverfahren ergehen, da sachgleiche Urteile von der ersten Alternative des § 72 erfasst werden. Der Grund für die Regelung in der Nr. 2 des § 72 liegt darin, dass ein Beamter, der nach dem Abschluss des Disziplinarverfahrens sich eine weitere strafgerichtlich schwer geahnte Verfehlung zuschulden kommen lässt, kein Anrecht auf Wiedergutmachung haben soll.

Nach Ablauf von drei Jahren seit Rechtskraft des Urteils ist gem. § 72 Abs. 2 die Wiederaufnahme des Disziplinarverfahrens zuungunsten des Beamten unzulässig. 2

3

§ 73 Frist, Verfahren

(1) Der Antrag auf Wiederaufnahme des Disziplinarverfahrens muss bei dem Gericht, dessen Entscheidung angefochten wird, binnen drei Monaten schriftlich oder zur Niederschrift des Urkundsbeamten der Geschäftsstelle eingereicht werden. Die Frist beginnt mit dem Tag, an dem der Antragsberechtigte von dem Grund für die Wiederaufnahme Kenntnis erhalten hat. In dem Antrag ist das angefochtene Urteil zu bezeichnen und anzugeben, inwieweit es angefochten wird und welche Änderungen beantragt werden; die Anträge sind unter Bezeichnung der Beweismittel zu begründen.

(2) Für das weitere Verfahren gelten die Bestimmungen über das gerichtliche Disziplinarverfahren entsprechend, soweit sich aus diesem Gesetz nichts anderes ergibt.

Neu gegenüber der früheren Regelung gem. § 100 BDO ist, dass der **Antrag fristgebunden ist**. Die Frist von drei Monaten beginnt mit dem Tag der Kenntnis vom Wiederaufnahmegrund durch den Antragsberechtigten. Dies kann der betroffene Beamte oder die beteiligte Dienstbehörde sein. Die Befugnis hat auch ein Betreuer des Beamten. Die spezielle Betreuerbestellung in Disziplinarverfahren gem. § 19 BDO ist entfallen. Es gelten die allgemeinen Regeln (vgl. § 62 VwGO, § 1903 BGB). Antragsberechtigt ist auch der Erbe.[1] Die **Anforderungen an die Begründung** des Wiederaufnahmebegehrens sind ähnlich wie bei der Berufungsbegründung (vgl. § 64 Rn. 3, 4). Das angefochtene Urteil ist genau zu bezeichnen und anzugeben, inwieweit es angefochten wird und welche Änderungen beantragt werden. Die neuen Tatsachen und Beweismittel sind genau zu bezeichnen und schlüssig darzulegen, zu welchen anderen Ergebnissen sie führen werden. 1

Für das weitere Verfahren gelten nach Abs. 2 die Vorschriften über das gerichtliche Disziplinarverfahren entsprechend. Von Bedeutung ist § 57. Die Bindungswirkung bleibt auch im Wiederaufnahmeverfahren bestehen, es sei denn, es liegen die Voraussetzungen für einen Lösungsbeschluss vor. 2

---

1 Lemhofer, RiA 2002, 56.

§ 74 Entscheidung durch Beschluss

(1) Das Gericht kann den Antrag, auch nach der Eröffnung der mündlichen Verhandlung, durch Beschluss verwerfen, wenn es die gesetzlichen Voraussetzungen für seine Zulassung nicht für gegeben oder ihn für offensichtlich unbegründet hält.
(2) Das Gericht kann vor der Eröffnung der mündlichen Verhandlung mit Zustimmung der zuständigen Behörde durch Beschluss das angefochtene Urteil aufheben und die Disziplinarklage abweisen oder die Disziplinarverfügung aufheben. Der Beschluss ist unanfechtbar.
(3) Der rechtskräftige Beschluss nach Absatz 1 sowie der Beschluss nach Absatz 2 stehen einem rechtskräftigen Urteil gleich.

1   Abs. 1 regelt die **Verwerfung des Wiederaufnahmeantrags** im Beschlusswege. Der Beschluss kann – was die Regel sein wird – vor einer anberaumten mündlichen Verhandlung ergehen. Aber auch nach Eröffnung der mündlichen Verhandlung ist die Verwerfung durch Beschluss noch möglich. Erforderlich ist in jedem Falle, dass die gesetzlichen Voraussetzungen für die Zulassung der Wiederaufnahme nicht vorliegen oder der Antrag offensichtlich unbegründet ist. **Unzulässig ist der Antrag**, wenn die in § 71 genannten Voraussetzungen nicht gegeben sind, wenn beispielsweise die angeblich unzulässige Disziplinarmaßnahme tatsächlich zulässig war, wenn keine erheblichen oder neuen Tatsachen oder Beweismittel vorliegen, wenn nachträglich ein Strafurteil i. S. d. § 72 ergangen ist, wenn der Antrag von einem nicht Antragsberechtigten gestellt oder die Dreimonatsfrist versäumt wurde (§ 73).

2   **Offensichtlich unbegründet** ist der Antrag, wenn sich bereits aus dem Vorbringen des Antragstellers ergibt, dass eine Wiederaufnahme in der Sache keinen Erfolg haben kann. Dies kann der Fall sein, wenn schon das Vorbringen des Antragstellers unschlüssig ist oder wenn die behaupteten neuen Tatsachen erkennbar unrichtig sind. Allerdings wird das Gericht im Rahmen seiner Aufklärungs- und Fürsorgepflicht den Antragsteller auf Mängel des Antrags auch hinsichtlich der Zuständigkeit hinweisen müssen.

3   Nach **Abs. 2** besteht die Möglichkeit, vor Eröffnung der mündlichen Verhandlung mit Zustimmung der zuständigen Behörde das angefochtene Urteil aufzuheben und die Disziplinarklage abzuweisen oder die Disziplinarverfügung aufzuheben. Dies wird der Fall sein, wenn **der Wiederaufnahmeantrag offensichtlich begründet** ist. Der Beschluss nach Abs. 2 ist unanfechtbar, der rechtskräftige Beschluss nach Abs. 1 sowie der Beschluss nach Abs. 2 stehen einem **rechtskräftigen Urteil** gleich (Abs. 3).

§ 75 Mündliche Verhandlung, Entscheidung des Gerichts

(1) Das Gericht entscheidet, wenn das Wiederaufnahmeverfahren nicht auf andere Weise abgeschlossen wird, auf Grund mündlicher Verhandlung durch Urteil.
(2) Gegen das Urteil des Verwaltungsgerichts und des Oberverwaltungsgerichts kann das in dem jeweiligen Verfahren statthafte Rechtsmittel eingelegt werden.

1   Wird der Wiederaufnahmeantrag nicht durch Beschluss als unzulässig verworfen oder als offensichtlich unbegründet zurückgewiesen und auch nicht zurückgenommen, entscheidet das Gericht über die Begründetheit des Antrags, ggf. nach Durchführung einer Beweisaufnahme durch Urteil. Mit der Wiederaufnahme tritt **das Verfahren wieder in das Stadium im Zeitpunkt der Erhebung der Disziplinarklage** bzw. der Zustellung der Disziplinarverfügung. Entscheidungsgrundlage sind alle ursprünglichen Anschuldigungs-

Rechtswirkungen, Entschädigungen § 76

punkte, soweit sie angefochten worden sind. Eine durch Beschränkung der Berufung eingetretene Teilrechtskraft bleibt bestehen. Ergibt das Gutachten eines Sachverständigen nunmehr die Schuldunfähigkeit des Beamten, führt dies allerdings unter Durchbrechung der Teilrechtskraft zur Abweisung der Disziplinarklage. Hat das Wiederaufnahmeverfahren des Beamten Erfolg, hebt das Gericht das angefochtene Urteil auf und weist die Disziplinarklage ab oder es hebt die Disziplinarverfügung auf. Dies gilt auch dann, wenn Einstellungsgründe, etwa nach § 15 erst jetzt gegeben sind. Einstellungsgründe führen grundsätzlich, da die Einstellung des Verfahrens durch Urteil nicht mehr vorgesehen ist, ebenfalls zur Klageabweisung oder Aufhebung der Disziplinarverfügung (vgl. § 60 Rn. 17, 18, § 77 Rn. 1). Das Gericht kann im neuen Verfahren alle nach diesem Gesetz zulässigen und nach seiner freien Überzeugung in Betracht kommenden Maßnahmen aussprechen.

Bei einer **Wiederaufnahme zugunsten des Beamten gilt das Verbot der Schlechterstellung**. Allerdings ist für die Entscheidung über den **Unterhalt** der nunmehr eingetretene Zustand, insbesondere auch im Hinblick auf die Bedürftigkeit des Betroffenen zugrunde zu legen. 2

Die **Kostenentscheidung** richtet sich nach § 77 i. V. m. §§ 154 ff. VwGO. Nach § 154 Abs. 4 VwGO kommt ausnahmsweise eine Auferlegung der Kosten auf die Staatskasse in Betracht, wenn der Wiederaufnahmegrund nicht dem Diensthern zuzurechnen ist, sondern im Bereich des Gerichts liegt (§ 71 Abs. 1 Nr. 5, 6). 3

Gegen die durch Urteil gefällten Entscheidungen können die jeweils statthaften **Rechtsmittel** eingelegt werden, gegen das Urteil des VG also die Berufung gem. §§ 64 f., gegen die Entscheidung des OVG die Revision gem. §§ 69, 70 i. V. m. den in Bezug genommenen Vorschriften der VwGO. 4

§ 76 Rechtswirkungen, Entschädigungen

(1) Wird in einem Wiederaufnahmeverfahren das angefochtene Urteil zugunsten des Beamten aufgehoben, erhält dieser von dem Eintritt der Rechtskraft des aufgehobenen Urteils an die Rechtsstellung, die er erhalten hätte, wenn das aufgehobene Urteil der Entscheidung entsprochen hätte, die im Wiederaufnahmeverfahren ergangen ist. Wurde in dem aufgehobenen Urteil auf Entfernung aus dem Beamtenverhältnis oder auf Aberkennung des Ruhegehalts erkannt, gilt § 42 des Bundesbeamtengesetzes entsprechend.

(2) Der Beamte und die Personen, denen er kraft Gesetzes unterhaltspflichtig ist, können im Falle des Absatzes 1 neben den hiernach nachträglich zu gewährenden Bezügen in entsprechender Anwendung des Gesetzes über die Entschädigung für Strafverfolgungsmaßnahmen vom 8. März 1971 (BGBl. I S. 157) in der jeweils geltenden Fassung Ersatz des sonstigen Schadens vom Diensthern verlangen. Der Anspruch ist innerhalb von drei Monaten nach dem rechtskräftigen Abschluss des Wiederaufnahmeverfahrens bei der für die Erhebung der Disziplinarklage zuständigen Behörde geltend zu machen.

Die Bestimmung will den Status zugunsten des Beamten verändern. Sie stellt eine **Folgenbeseitigungsregelung** dar, die den ursprünglichen Rechtszustand in realo wiederherstellen will. Schadensersatz kommt erst wegen Unmöglichkeit der Naturalrestitution in Betracht (vgl. im Übrigen Abs. 2). Entscheidend für die Folgenbeseitigung ist einerseits der frühere Rechtsstatus und der bei richtiger früherer Entscheidung heute bestehende Rechtsstatus, andererseits die frühere Disziplinarmaßnahme und die jetzige Entscheidung im Wiederaufnahmeverfahren. 1

§ 76 Rechtswirkungen, Entschädigungen

2   Der Beamte ist so zu stellen, als hätte die **aufgehobene Entscheidung** dem **Urteil im Wiederaufnahmeverfahren entsprochen**. Ist z. B. ein Beamter zurückgestuft worden und wird im Wiederaufnahmeverfahren lediglich eine geringere Disziplinarmaßnahme ausgesprochen, so ist er so zu stellen, als wäre er nicht zurückgestuft worden. Der Unterschiedsbetrag zwischen den Besoldungsgruppen ist nachzuzahlen, die Beförderungssperre (§ 9 Abs. 3) fällt rückwirkend weg, angestandene Beförderungen sind nachzuholen, das Besoldungs- und das allgemeine Dienstalter sind neu zu berechnen, Jubiläumszulagen sind nachzuzahlen. Hat die aufgehobene Maßnahme aus der Entfernung aus dem Beamtenverhältnis bestanden, so gilt das Beamtenverhältnis als nicht unterbrochen (§ 42 BBG). Hat der Beamte inzwischen die Altersgrenze erreicht, gilt er als zum richtigen Zeitpunkt in den Ruhestand getreten, ansonsten hat er den Anspruch auf Übertragung eines Amts seiner Laufbahn, das dem Amt entspricht, dass er ohne die aufgehobene Disziplinarmaßnahme erreicht haben würde. Die Dienstbezüge sind nachzuzahlen, dies gilt auch für aufgrund des aufgehobenen Urteils nach § 40 Abs. 1 verfallene Bezüge und nach § 40 Abs. 2 nicht nachgezahlte Beträge. Allerdings muss der Beamte sich anrechnen lassen, was an Arbeitseinkommen oder Unterhaltsbeitrag erlangt wurde. Dies entspricht dem Rechtsgedanken der Vorteilsausgleichung.[1] Der Begriff des Arbeitseinkommens ist nicht mit dem steuerrechtlichen Begriff des Einkommens identisch.[2] Der Beamte ist zur Auskunft über die Höhe anderweitigen Einkommens verpflichtet.

3   Ist aufgrund des im Wiederaufnahmeverfahren festgestellten Sachverhalts oder aufgrund eines rechtskräftigen Strafurteils, das nach der früheren Entscheidung ergangen ist, ein **neues Disziplinarverfahren** mit dem Ziel der Entfernung aus dem Dienst eingeleitet worden, so verliert der Beamte die ihm nach § 42 Abs. 1 BBG zustehenden Ansprüche, wenn auf Entfernung aus dem Dienst erkannt wird. Bis zur rechtskräftigen Entscheidung können die Ansprüche nicht geltend gemacht werden (§ 42 Abs. 2 BBG).

4   Die Folgenbeseitigung nach § 76 umfasst auch nach Maßgabe der im Wiederaufnahmeverfahren ergangenen Kostenentscheidung eine Kostenerstattung der früheren Verfahrenskosten. Alle nach Abs. 1 erforderlichen Maßnahmen sind **von Amts wegen** zu treffen, es bedarf keines Antrags, auch nicht bezüglich der Nachzahlung der Bezüge.

5   Nach Abs. 2 ist der **Vermögensschaden** zu ersetzen, der durch die aufgehobene Disziplinarmaßnahme entstanden ist. Ein solcher Schaden liegt in der Regel im Hinblick auf die finanziellen Folgen einer unterbliebenen Beförderung vor, denkbar sind aber auch Kosten für eine erneute Berufsausbildung oder Umzugskosten infolge der Verurteilung als Vermögensschaden. Nicht ersetzungsfähig ist immaterieller Schaden (§ 7 Entschädigungsgesetz).[3]

6   Die Gewährung einer Entschädigung setzt zunächst voraus, dass die Verpflichtung hierzu von dem im Wiederaufnahmeverfahren entscheidenden Gericht von Amts wegen nach § 8 des Entschädigungsgesetzes festgelegt wird.

7   Der Anspruch bedarf weiter eines **Antrags** des Beamten. Der Dienstherr wird hier nicht von Amts wegen tätig. Der Antrag muss vor Ablauf von drei Monaten nach rechtskräftigem Abschluss des Wiederaufnahmeverfahrens bei der zuständigen obersten Dienstbehörde eingehen. Gegen die Versäumung der Antragsfrist ist **Wiedereinsetzung** in den vorigen Stand möglich.[4] Im Hinblick darauf, dass Wiedereinsetzung grundsätzlich bei allen

---

1 BVerwGE 40, 42.
2 BVerwGE 41, 211.
3 BDH, Dok. Ber. 1967, 3071.
4 So schon Wittland, Kommentar zur Reichsdienststrafordnung 1941 zum inhaltsgleichen § 95 Rn. 8; a. A. Claussen/Janzen, § 109 Rn. 3.

Kostentragung und erstattungsfähige Kosten § 77

prozessualen Fristen beansprucht werden kann, erscheint es vom Fürsorgegedanken her geboten, gerade bei einem Betroffenen, der zunächst zu Unrecht verurteilt worden ist, bei einer unverschuldeten Fristenversäumnis auch Wiedereinsetzung zu gewähren. Der Antrag ist bei der obersten Dienstbehörde zu stellen.

Die Ansprüche aus § 76 stehen dem früher Verurteilten zu. Bei Tod des Betroffenen vor Schadensersatzleistungen oder Führung des Verfahrens nach dem Tod des Berechtigten stehen die bis zu dessen Tod fällig gewordenen Dienst- oder Versorgungsbezüge den Erben zu. 8

Kapitel 6
Kosten

§ 77 Kostentragung und erstattungsfähige Kosten

(1) Für die Kostentragungspflicht der Beteiligten und die Erstattungsfähigkeit von Kosten gelten die Bestimmungen der Verwaltungsgerichtsordnung entsprechend, sofern sich aus den nachfolgenden Vorschriften nichts anderes ergibt.
(2) Wird eine Disziplinarverfügung trotz Vorliegens eines Dienstvergehens aufgehoben, können die Kosten ganz oder teilweise dem Beamten auferlegt werden.
(3) In Verfahren über den Antrag auf gerichtliche Fristsetzung (§ 62) hat das Gericht zugleich mit der Entscheidung über den Fristsetzungsantrag über die Kosten des Verfahrens zu befinden.
(4) Kosten im Sinne dieser Vorschrift sind auch die Kosten des behördlichen Disziplinarverfahrens.

Die neue Vorschrift fasst die bisherigen §§ 77 und 78 mit Ausnahme der Gebührenfreiheit zusammen und erklärt die Bestimmungen der VwGO bezüglich der Kostentragung und erstattungsfähigen Kosten für entsprechend anwendbar. Nach bisherigem Abs. 1 trug der Verurteilte grundsätzlich allein die Verfahrenskosten. Gerichtliche Disziplinarverfahren waren aber nach § 78 Abs. 1 Satz 1 gebührenfrei. Künftig gelten die Erstattungsregelungen der §§ 154 ff. VwGO, die den Anforderungen an einen Parteiprozess besser gerecht werden sollen. Dies muss bezweifelt werden. Es passt im Hinblick auf die Kostenverteilung nur § 155 Abs. 1 VwGO, dessen Anwendung nicht zu wesentlich anderen Ergebnissen führt als der bisherige § 77 Abs. 1 Satz 2 BDG. Die Abs. 2 und 5 des § 155 VwGO galten bisher schon aufgrund der Bezugnahme in § 77 Abs. 4 a. F. Der wahre Grund für die Neuregelung des § 77 dürfte der Wunsch nach Abschaffung der Gebührenfreiheit gem. dem neuen § 78 Abs. 1 Satz 1 sein. 1

Aus der Anwendung der Kostenvorschriften der VwGO ergibt sich u. a. Folgendes: Allgemein gilt, dass eine **Kostenentscheidung** immer nur dem Grunde nach ergeht, also unabhängig davon, ob überhaupt Kosten entstanden sind. Letzteres wird erst im Kostenfestsetzungsverfahren festgestellt (§ 164 VwGO). Nach § 154 Abs. 1 VwGO gilt das **Unterliegensprinzip**. Danach hat der Beamte, gegen den eine Disziplinarmaßnahme verhängt worden ist, die **Verfahrenskosten** zu tragen. Diese setzen sich zusammen aus den außergerichtlichen Kosten der Beteiligten und den Gerichtskosten (Gebühren und Auslagen; vgl. § 162 VwGO). Wird eine Disziplinarklage abgewiesen, fallen dem Dienstherrn die Verfahrenskosten zur Last. Das gilt auch dann, wenn die Klage abgewiesen wurde, obwohl ein Dienstvergehen festgestellt, die Verhängung einer Disziplinarmaßnahme aber nicht für 2

§ 77 Kostentragung und erstattungsfähige Kosten

erforderlich gehalten wurde. Die Vorschrift des § 77 Abs. 2 gilt nur für das Disziplinarverfügungsverfahren und ist auf das Disziplinarklageverfahren nicht entsprechend anwendbar. Die Kosten eines ohne Erfolg eingelegten **Rechtsmittels** fallen demjenigen zur Last, der das Rechtsmittel eingelegt hat (§ 154 Abs. 2 VwGO). In § 155 Abs. 1 VwGO ist eine Kostenverteilung vorgesehen. Diese kommt in Betracht, wenn mehrere Klagepunkte unterschiedlich entschieden wurden und das Ausmaß der Verurteilung oder Freistellung sich zahlenmäßig und vom Gewicht der Vorwürfe her nach Bruchteilen bestimmen lässt. Stellt das Gericht eine geringere Maßnahme als beantragt fest, ist das gleichwohl ein Obsiegen des Dienstherrn, weil die Verhängung der angemessenen Disziplinarmaßnahme im Ermessen des Gerichts liegt.[1] Bei Klagerücknahme oder Rücknahme eines Rechtsmittels hat der Zurücknehmende die Kosten zu tragen, die durch einen Antrag auf Wiedereinsetzung entstandenen Kosten fallen dem Antragsteller zur Last (§ 155 Abs. 2, 3 VwGO). Eine Kostenentscheidung kann nur zusammen mit der Einlegung eines Rechtsmittels in der Hauptsache angefochten werden (§ 158 Abs. 1 VwGO). Kommt es zu einer Erledigung der Hauptsache, so entscheidet das Gericht über die Kosten nach billigem Ermessen und Berücksichtigung des bisherigen Streitstandes durch Beschluss (§ 161 VwGO).

3 Eine allgemeine **Billigkeitsregelung**, wie sie § 113 Abs. 1 Satz 1 2. Hs. BDO enthielt, wurde in die Vorschrift des § 77 nicht aufgenommen. Es gilt aber § 155 Abs. 5 VwGO, wonach Kosten, die durch **Verschulden eines Beteiligten** entstanden sind, diesem auferlegt werden können. Die Außerachtlassung der erforderlichen Sorgfalt muss ursächlich für das Entstehen zusätzlicher, ausscheidbarer Kosten sein. **Das Verschulden des Prozessbevollmächtigten** wird zugerechnet (§ 173 VwGO, § 85 Abs. 2 ZPO). Der Behörde werden ein Verschulden des Vertreters und ein Organisationsverschulden zugerechnet. Der Dienstherr hat die Mehrkosten zu tragen, die seine Organe unnötig und ohne Einwirkungsmöglichkeit des Verurteilten veranlasst haben, z. B. bei Abweichung von st. Rspr. des BVerwG,[2] für Heranziehung eines Rechtsanwalts nur wegen unbegründet schweren Vorwurfs. Im Übrigen gilt bei durch Verschulden des Gerichts entstandenen Kosten § 8 GKG. Von Interesse sind die den Beteiligten, insbesondere dem Beamten entstandene Kosten, die aufgrund einer entsprechenden Anwendung des § 21 GKG n. F., § 154 Abs. 4, § 162 Abs. 3 VwGO der Staatskasse auferlegt werden können.[3] Gebühren und Auslagen eines **Rechtsanwalts** und **Rechtsbeistands** sind stets erstattungsfähig (§ 162 Abs. 2 VwGO). § 162 Abs. 2 Satz 3 VwGO, wonach Gebühren und Auslagen nur erstattungsfähig sind, wenn das Gericht die Zuziehung von Bevollmächtigten für das **Widerspruchsverfahren** für notwendig erklärt, findet dagegen keine Anwendung. Hier findet gem. § 44 Abs. 4 i. V. m. § 37 Abs. 4 immer eine Erstattung statt.

4 Abs. 2 regelt den Fall, dass bei einer Klage des Beamten die angefochtene **Disziplinarverfügung aufgehoben** wird, **obwohl ein Dienstvergehen vorliegt**. In einem derartigen Fall können die Kosten ganz oder teilweise dem Beamten auferlegt werden. Hier besteht eine Parallele mit § 37 Abs. 2 Satz 2 und § 44 Abs. 1 Satz 2. Gemeint sind die Fälle, in denen nach bisherigem Recht gem. § 113 Abs. Nr. 1 BDO nach dem Ergebnis der Vorermittlungen oder der Untersuchung ein Dienstvergehen oder eine als Dienstvergehen geltende Handlung nachgewiesen, das Verfahren jedoch aus Gründen des § 64 Abs. 1 Nr. 3–5 BDO eingestellt wurde. Derartige Einstellungsgrunde können bei der Klage des Beamten zur

---

1 OVG Niedersachsen 25. 1. 2001 – 3LD 5/08; Gansen, § 77 Rn. 4.
2 BVerwG 6. 5. 1992 – 1 D 7.91, Dok. Ber. B 1992, 224; 23. 9. 1979 – 1 D 24.78, DÖD 1980, 137; bei fehlender Rechtsmittelbelehrung OVG Münster, DÖD 1975, 237; a. A. BVerwG 19. 3. 1979 – 1 DB 3.79.
3 Kopp/Schenke, § 155 Rn. 24, 25.

Gerichtskosten § 78

Aufhebung der Disziplinarverfügung führen. Eine Überbürdung der Kosten auf den Beamten kommt in Betracht bei Vorliegen der Gründe für eine Einstellung nach § 32 Abs. 2 Nr. 2, wenn der Beamte entlassen wird (§ 33 BBG) oder der Verlust der Beamtenrechte eintritt (§ 41 BBG). Bei einem Ruhestandsbeamten führt eine strafgerichtliche Verurteilung gem. § 41 BBG nach § 59 BeamtVG zum Erlöschen der Versorgungsbezüge. Dieser Einstellungsgrund nach § 32 Abs. 2 Nr. 3 führt ebenfalls dazu, dass die Disziplinarverfügung aufzuheben ist, dem Ruhestandsbeamten aber die Kosten des Verfahrens auferlegt werden können, wenn ein Dienstvergehen vorliegt.

In **Abs. 3** wird klargestellt, dass – abweichend von § 161 Abs. 1 VwGO – im Fall eines Antrags auf gerichtliche Festsetzung gem. § 62 bereits in der Entscheidung über die Fristsetzung und nicht erst in der Einstellungsentscheidung (§ 62 Abs. 3) über die Verfahrenskosten zu befinden ist. 5

Abs. 4 stellt klar, dass im gerichtlichen Disziplinarverfahren auch die Kosten des behördlichen Disziplinarverfahrens (§§ 17 ff.) anfallen. Die Kostentragungspflicht im behördlichen Disziplinarverfahren selbst ist in § 37 geregelt 6

§ 78 Gerichtskosten

In gerichtlichen Disziplinarverfahren werden Gebühren nach dem Gebührenverzeichnis der Anlage zu diesem Gesetz erhoben. Im Übrigen sind die für Kosten in Verfahren vor den Gerichten der Verwaltungsgerichtsbarkeit geltenden Vorschriften des Gerichtskostengesetzes entsprechend anzuwenden.

Für gerichtliche Disziplinarverfahren sind nach dem Dienstrechtsneuordnungsgesetz vom 5.2.2009 nunmehr in § 78 feste **Gerichtsgebühren** eingeführt worden, die den Gebührenbestimmungen des GKG angenähert sind und die die Besonderheiten des gerichtlichen Verfahrens berücksichtigen. Nach dieser neuen Vorschrift entfällt die bisherige Gebührenfreiheit. Nach der amtlichen Begründung soll dies wegen der Eingliederung der disziplinarrechtlichen Verfahren in das normale verwaltungsgerichtliche Verfahren und des Übergangs zu einem normalen Parteiprozess sachgerecht sein. Das klang in der amtlichen Begründung zum BDG noch ganz anders. Danach sollten Beamte neben den Disziplinarmaßnahmen wie Geldbuße und Gehaltskürzung nicht auch noch mit Gerichtsgebühren belastet werden. Die Gebührenfreiheit sei auch aufgrund einer Gleichstellung mit den Landesbeamten geboten. Dies ist nun Vergangenheit. Durch die Einführung fester Gebühren entfällt, anders als in den Bundesländern, die keine Festgebühren kennen, eine **Streitwertfestsetzung**. 1

Die Anlage zu § 78 enthält ein **Gebührenverzeichnis**, in dem in sechs Abschnitten die Gebühren für Klageverfahren erster Instanz, Zulassung und Durchführung der Berufung, Revision, Besondere Verfahren, Rüge wegen Verletzung des Anspruchs auf rechtliches Gehör und Beschwerde im Einzelnen festgelegt werden. So betragen z.B. die Gebühren in erster Instanz im Verfahren über eine Disziplinarklage mit Antrag auf Entfernung oder Aberkennung des Ruhegehalts 360 Euro, auf Zurückstufung 240 Euro, im Verfahren über die Klage gegen eine Disziplinarverfügung mit dem Ergebnis Kürzung der Dienstbezüge oder des Ruhegehalts 180 Euro, Geldbuße 120 Euro und Verweis 60 Euro, wenn nur eine Kostenentscheidung in der Disziplinarverfügung oder eine Einstellungsverfügung angegriffen werden, jeweils 60 Euro. Im Berufungs- und Revisionsverfahren erhöhen sich die Gebühren um das 1,5- bzw. 2-fache. Wegen der weiteren Einzelheiten und Besonderheiten wird auf das Gebührenverzeichnis im Anhang verwiesen. 2

Mayer 623

Teil 5
Unterhaltsbeitrag bei Entfernung aus dem Beamtenverhältnis oder bei Aberkennung des Ruhegehalts

§ 79 Unterhaltsbeitrag bei Entfernung aus dem Beamtenverhältnis oder bei Aberkennung des Ruhegehalts

(1) Die Zahlung des Unterhaltsbeitrags nach § 10 Abs. 3 oder § 12 Abs. 2 beginnt, soweit in der Entscheidung nichts anderes bestimmt ist, zum Zeitpunkt des Verlusts der Dienstbezüge oder des Ruhegehalts.

(2) Die Zahlung des Unterhaltsbeitrags nach § 12 Abs. 2 steht unter dem Vorbehalt der Rückforderung, wenn für denselben Zeitraum eine Rente auf Grund der Nachversicherung gewährt wird. Zur Sicherung des Rückforderungsanspruchs hat der Ruhestandsbeamte eine entsprechende Abtretungserklärung abzugeben.

(3) Das Gericht kann in der Entscheidung bestimmen, dass der Unterhaltsbeitrag ganz oder teilweise an Personen gezahlt wird, zu deren Unterhalt der Beamte oder Ruhestandsbeamte verpflichtet ist; nach Rechtskraft der Entscheidung kann dies die oberste Dienstbehörde bestimmen.

(4) Auf den Unterhaltsbeitrag werden Erwerbs- und Erwerbsersatzeinkommen im Sinne des § 18 a Abs. 2 sowie Abs. 3 Satz 1 und 2 des Vierten Buches Sozialgesetzbuch angerechnet. Der frühere Beamte oder frühere Ruhestandsbeamte ist verpflichtet, der obersten Dienstbehörde alle Änderungen in seinen Verhältnissen, die für die Zahlung des Unterhaltsbeitrags bedeutsam sein können, unverzüglich anzuzeigen. Kommt er dieser Pflicht schuldhaft nicht nach, kann ihm der Unterhaltsbeitrag ganz oder teilweise mit Wirkung für die Vergangenheit entzogen werden. Die Entscheidung trifft die oberste Dienstbehörde.

(5) Der Anspruch auf den Unterhaltsbeitrag erlischt, wenn der Betroffene wieder in ein öffentlich-rechtliches Amts- oder Dienstverhältnis berufen wird.

1 Abs. 1 entspricht dem früheren § 77 Abs. 4 BDO. Die Laufzeit des mit dem Entfernungs- bzw. Aberkennungsurteil bewilligten Unterhaltsbeitrags beginnt mit dem Zeitpunkt des Verlustes der Dienst- oder Versorgungsbezüge. Dieser **Zeitpunkt tritt mit der formellen Rechtskraft des Urteils** ein (§ 3 i. V. m. § 173 VwGO und § 705 ZPO), wenn es also mit ordentlichen Rechtsmitteln nicht mehr angegriffen werden kann. Der Beamte erhält Dienstbezüge bzw. Ruhegehalt bis zum Ende des Kalendermonats, in dem die Entscheidung unanfechtbar wird (§§ 10 Abs. 2 Satz 1, 12 Abs. 4). In der Entscheidung über die Gewährung des Unterhaltsbeitrags kann ein anderer Beginn der Zahlungen festgelegt werden. Dies kommt in Betracht, wenn zum Zeitpunkt der Entscheidung erkennbar ist, dass eine Bedürftigkeit erst später eintritt.

2 Abs. 2 sieht einen besonderen **Rückforderungsvorbehalt** für die Zahlung vor. Dies ist gerechtfertigt, weil, wie in der amtlichen Begründung betont, der Unterhaltsbeitrag bei Ruhestandsbeamten nur die Umstellung von Ruhegehalt auf die Rente überbrücken soll und erfahrungsgemäß ein längerer Zeitraum zwischen Nachversicherung und Rentengewäh-

Unterhaltsleistung bei Mithilfe zur Aufdeckung von Straftaten § 80

rung liegt. Zur Sicherung des Rückforderungsanspruchs hat der Ruhestandsbeamte eine entsprechende Abtretungserklärung abzugeben.

Abs. 3 entspricht dem ehemaligen § 77 Abs. 3 BDO. Das Gericht oder nach Rechtskraft 3 des Urteils die oberste Dienstbehörde können bestimmen, dass der Unterhaltbeitrag ganz oder teilweise an eine gegenüber dem Beamten/Ruhestandsbeamten unterhaltsberechtigte Person gezahlt wird.

Nach Abs. 4 werden **Erwerbseinkommen** (Arbeitsentgelt, Arbeitseinkommen und ver- 4 gleichbares Einkommen) und **Erwerbsersatzeinkommen** (u.a. Kranken-, Verletzten-, Mutterschafts-, Übergangs-, Arbeitslosenentgelt, Alters und andere Renten) unmittelbar **auf den Unterhaltsbeitrag** angerechnet. Auch das Einkommen des Ehegatten ist zu berücksichtigen, unter Umständen unter Abzug von dessen anzuerkennenden Bedürfnissen.[1] Aus diesem Grund ist der frühere Beamte verpflichtet, der obersten Dienstbehörde **Veränderungen** seiner wirtschaftlichen Verhältnisse, die für die Zahlung des Unterhaltsbeitrags von Bedeutung sein können, unverzüglich anzuzeigen. Unter Veränderungen fallen im Wege der Auslegung auch Richtigstellungen. Macht der Beamte im gerichtlichen Verfahren keine oder unzureichende oder gar falsche Angaben über seine wirtschaftlichen Verhältnisse und erhält gem. § 10 Abs. 3 den pauschalierten Unterhaltsbeitrag in Höhe von 50 Prozent seiner Dienstbezüge, ist er verpflichtet, ggf. auch erstmalig korrekte Angaben zu machen. Eine Anrechnung kann die Behörde nur vornehmen, wenn sie über die wirtschaftlichen Verhältnisse des früheren Beamten umfassend informiert ist. Sie muss deshalb in das aufwändige Bedarfsermittlungsverfahren eintreten, das nach der amtlichen Begründung aufgrund der Pauschalierung vermieden werden sollte. Es hat sich lediglich vom Gericht auf die Behörde verlagert. Sinnvollerweise legt die Behörde dem früheren Beamten einen Fragebogen vor, in dem er sich detailliert über seine wirtschaftlichen Verhältnisse erklären muss. Kommt er dem schuldhaft, also vorsätzlich oder auch nur fahrlässig, nicht oder unzureichend nach, kann ihm der **Unterhaltsbeitrag** ganz oder teilweise »auch« für die Vergangenheit **entzogen** werden. Bisher war in der Rspr. nur die Rückwirkung streitig, weshalb sie jetzt ausdrücklich in das Gesetz aufgenommen wurde. Die Entziehung für die Zukunft ist problemlos möglich.[2] **Maßstab für die Bedarfsermittlung** sind nach Außerkrafttreten des BSHG am 1.1.2005 die pauschalierten Regelleistungen zur Sicherung des Lebensunterhalts für Arbeitsuchende gem. §§ 20, 28 SGB II.[3]

Abs. 5 enthält Voraussetzungen für das **Erlöschen des Unterhaltsanspruchs** und Anpas- 5 sung an die geltenden versorgungsrechtlichen Bestimmungen. Außer im Falle der erneuten Berufung in ein öffentlich-rechtliches Amts- oder Dienstverhältnis erlischt der Unterhaltsanspruch mit Ablauf der Bewilligungsfrist, mit dem Tod des Berechtigten, auch bei Aufhebung der Entfernung aus dem Beamtenverhältnis oder der Aberkennung des Ruhegehalts im Gnadenweg (§ 81 Abs. 2).

§ 80 Unterhaltsleistung bei Mithilfe zur Aufdeckung von Straftaten

(1) **Im Falle der Entfernung aus dem Beamtenverhältnis oder der Aberkennung des Ruhegehalts kann die zuletzt zuständige oberste Dienstbehörde dem ehemaligen Beamten oder ehemaligen Ruhestandsbeamten, der gegen das Verbot der Annahme von Belohnungen oder Geschenken verstoßen hat, die Gewährung einer monatlichen Unterhaltsleistung zusagen, wenn er sein Wissen über Tatsachen offenbart hat, deren**

---

1 BVerwG v. 28.11.1996 – 1 D 67.96
2 Vgl. zu allem GKÖD-Weiß, § 79 Rn. 43, 73f., 81.
3 BVerwG 1.2.2006 – 1 DB 1.05

§ 80   Unterhaltsleistung bei Mithilfe zur Aufdeckung von Straftaten

Kenntnis dazu beigetragen hat, Straftaten, insbesondere nach den §§ 331 bis 335 des Strafgesetzbuches, zu verhindern oder über seinen eigenen Tatbeitrag hinaus aufzuklären. Die Nachversicherung ist durchzuführen.

(2) Die Unterhaltsleistung ist als Prozentsatz der Anwartschaft auf eine Altersrente, die sich aus der Nachversicherung ergibt, oder einer entsprechenden Leistung aus der berufsständischen Alterssicherung mit folgenden Maßgaben festzusetzen:
1. Die Unterhaltsleistung darf die Höhe der Rentenanwartschaft aus der Nachversicherung nicht erreichen;
2. Unterhaltsleistung und Rentenanwartschaft aus der Nachversicherung dürfen zusammen den Betrag nicht übersteigen, der sich als Ruhegehalt nach § 14 Abs. 1 des Beamtenversorgungsgesetzes ergäbe.

Die Höchstgrenzen nach Satz 1 gelten auch für die Zeit des Bezugs der Unterhaltsleistung; an die Stelle der Rentenanwartschaft aus der Nachversicherung tritt die anteilige Rente.

(3) Die Zahlung der Unterhaltsleistung an den früheren Beamten kann erst erfolgen, wenn dieser das 65. Lebensjahr vollendet hat oder eine Rente wegen Erwerbs- oder Berufsunfähigkeit aus der gesetzlichen Rentenversicherung oder eine entsprechende Leistung aus der berufsständischen Versorgung erhält.

(4) Der Anspruch auf die Unterhaltsleistung erlischt bei erneutem Eintritt in den öffentlichen Dienst sowie in den Fällen, die bei einem Ruhestandsbeamten das Erlöschen der Versorgungsbezüge nach § 59 des Beamtenversorgungsgesetzes zur Folge hätten. Der hinterbliebene Ehegatte oder Lebenspartner erhält 55 Prozent der Unterhaltsleistung, wenn zum Zeitpunkt der Entfernung aus dem Beamtenverhältnis oder der Aberkennung des Ruhegehalts die Ehe oder Lebenspartnerschaft bereits bestanden hatte.

1   Diese Vorschrift, die im Wesentlichen der so genannten »Kleinen Kronzeugenregelung« des § 11 a BDO entspricht, wurde auch im neuen BDG trotz der vor allem von Weiß geübten Kritik[1] beibehalten. In der Amtlichen Begründung heißt es (Hervorhebungen vom Verf.), in Abs. 1 werde auch die Möglichkeit der Gewährung einer Unterhaltsleistung an **ehemalige Ruhestandsbeamte** vorgesehen; dies schließe eine bisherige Regelungslücke. In Abs. 4 sei die bislang in § 11 a Abs. 3 BDO in Bezug genommene Norm des § 60 BeamtVG gestrichen worden, weil die dazu vorausgesetzte Konstellation, dass ein disziplinarrechtlich aus dem Beamtenverhältnis entfernter Beamter einem Reaktivierungsverlangen nicht Folge leiste, angesichts des Fehlens einer entsprechenden Rechtsverpflichtung nicht denkbar sei. Es ist das Verdienst von Weiß, auf diese Lücke und redaktionelle Fehlleistung hingewiesen zu haben. Die Vorschrift hat ebenso wie § 11 a BDO keine praktische Bedeutung erlangt. Es ist bis heute kein Fall bekannt geworden, wonach ein Beamter eine Unterhaltsleistung nach § 80 erhalten hat.

2   Die Begründung des Entwurfs eines Gesetzes zur Bekämpfung der Korruption (Art. 3, Bundesdisziplinarordnung § 11 a BR-Drucks. 553/96, S. 22 f.) wird nachstehend wiedergegeben *(Ergänzungen und Hervorhebungen vom Verf.)*:

3   Es gibt Dienstvergehen, deren Begehung die *beamtenrechtliche Kernpflicht zur Uneigennützigkeit* der Amtsführung so schwerwiegend verletzt, dass der betroffene Beamte auch unter Berücksichtigung seines Beitrags zur Aufklärung bereits begangener oder zur Verhinderung weiterer Korruptionsstraftaten für den öffentlichen Dienst nicht länger tragbar erscheint. In diesen Fällen ist seine Entfernung aus dem Dienst unvermeidlich. Gemäß

---

1 PersV 1998, 155; GKÖD, II § 80 Rn. 29.

Unterhaltsleistung bei Mithilfe zur Aufdeckung von Straftaten § 80

§ 11 Abs. 1 der Bundesdisziplinarordnung *(jetzt § 10 Abs. 1 BDG)* bewirkt die Entfernung aus dem Dienst (jetzt Beamtenverhältnis) unter anderem den Verlust des Anspruchs auf Dienstbezüge und Versorgung. Der Beamte wird mit der Entfernung in der gesetzlichen Rentenversicherung nachversichert. Seiner vorübergehenden wirtschaftlichen Absicherung dient der Unterhaltsbeitrag, den das (Disziplinar-)Gericht nach Maßgabe des § 77 BDO *(jetzt § 10 Abs. 3 BDG)* auf bestimmte Zeit bewilligen kann, wenn der Beamte der Unterstützung bedürftig und ihrer nicht unwürdig erscheint.

Die Neuregelung des § 11 a BDO (jetzt § 80 BDG) dient dem Zweck, im Interesse einer effektiven Korruptionsbekämpfung und einer wirkungsvollen Selbstreinigung des öffentlichen Dienstes **Anreize für ein kooperatives Verhalten** auch desjenigen Beamten zu schaffen, dessen Entfernung aus dem Dienst voraussichtlich unausweichlich ist. Es ist nicht möglich, dem aus dem Dienst entfernten Beamten zu diesem Zweck ganz oder teilweise den Anspruch der Versorgung zu belassen. Dies würde die Nachversicherung ausschließen, so dass er allein im beamtenrechtlichen Versorgungssystem verbliebe und bei einer Teilpension schlechter gestellt sein könnte als bei einer Nachversicherung. Zudem hätte er als Empfänger von Versorgung bei Wegfall der Nachversicherung keinen Zugang zur gesetzlichen Krankenversicherung, so dass er auch im Beihilfesystem verbleiben müsste. Die Neuregelung sieht daher die Möglichkeit der obersten Dienstbehörde vor, **dem früheren Beamten eine monatliche Unterhaltsleistung zu gewähren**. Der persönliche Geltungsbereich der Regelung ist auf die Beamten auf Lebenszeit und auf Zeit (jetzt auch Ruhestandsbeamte) beschränkt. Dies erklärt sich daraus, dass in der Regel nur diese Statusgruppen Versorgungsanwartschaften begründet haben können.

4

Durch die Anknüpfung an den Tatbestand der Entfernung aus dem Dienst durch disziplinargerichtliches Urteil werden bewusst auch diejenigen Fälle nicht erfasst, in denen **das Beamtenverhältnis gem. § 41 des Bundesbeamtengesetzes mit der Rechtskraft eines Strafurteils endet**. In diesen Fällen wiegt die Verfehlung des Beamten auch unter Berücksichtigung seines kooperativen Verhaltens so schwer, dass die Zuerkennung einer zusätzlichen Unterhaltsleistung auf Dauer nicht in Betracht kommt.

Zu den Regelungen im Einzelnen:

Abs. 1 regelt die Voraussetzungen der **Gewährung einer monatlichen Unterhaltsleistung**, die im **pflichtgemäßen Ermessen der obersten Dienstbehörde steht**. Er stellt ferner klar, dass die **Verpflichtung des Dienstherrn zur Nachversicherung** des aus dem Dienst entfernten Beamten besteht.

5

Abs. 2 und 3 regeln die **Berechnungsmodalitäten der Unterhaltsleistung**, die durch zwei Komponenten geprägt werden. Die Unterhaltsleistung muss hinter der auf der Nachversicherung beruhenden Rentenanwartschaft zurückbleiben, damit kein Aufschubgrund für die Nachversicherung besteht (§§ 184 Abs. 2 Satz 1 Nr. 3 und 185 SGB VI). Zum anderen darf die Unterhaltsleistung zusammen mit der auf der Nachversicherung beruhenden Rentenanwartschaft nicht höher sein als die erworbene Versorgungsanwartschaft. Es wird ein Vomhundertsatz gebildet, der das Verhältnis der Unterhaltsleistung zu Rentenanwartschaft aus der Nachversicherung darstellt. Zum Zeitpunkt der Rentengewährung (i. d. R. das 65. Lebensjahr) wird der auf der Nachversicherung beruhende aktuelle Rentenbetrag für die Ermittlung der konkreten Unterhaltsleistung herangezogen; dabei ist darauf zu achten, dass **Unterhaltsleistung und Rente nicht höher sind als die entsprechende Versorgung**.

6

§ 81 Begnadigung

> **Beispiel**
>
> | | |
> |---|---|
> | Rentenanwartschaft durch Nachversicherung | 150 Euro |
> | erdiente Versorgung bei Ausscheiden | 250 Euro |
> | fiktive Unterhaltsleistung | 100 Euro |
>
> = 66,66 % der Rentenanwartschaft als Höchstgrenze.
> Je nach den Gesamtumständen kann im Rahmen einer Ermessensentscheidung der Vomhundertsatz bis zu dieser Höhe bestimmt werden.
> Aktuelle Rente aufgrund Nachversicherung bei Vollendung
> des 65. Lebensjahres: 400 Euro, davon 66,66 % = 266,68 Euro
> Unterhaltsleistung, falls die Relation zur bis zum Ausscheiden erworbenen Versorgung gewahrt bleibt.

Die oberste Dienstbehörde kann im Rahmen ihres Ermessens eine Unterhaltsleistung bis zu dieser Höchstgrenze festsetzen.

7   **Abs. 4** regelt die **Voraussetzungen des Erlöschens des Anspruchs**. Die Gewährung der Unterhaltsleistung an den hinterbliebenen Ehegatten bzw. Lebenspartner orientiert sich an dem für Hinterbliebene geltenden Anteilsatz von 55 vom Hundert. Voraussetzung ist, dass der hinterbliebene Ehegatte bzw. Lebenspartner bereits zum Zeitpunkt der Entfernung aus dem Dienst mit dem Beamten verheiratet bzw. in einer Lebenspartnerschaft verbunden war.

§ 81 Begnadigung

(1) Dem Bundespräsidenten steht das Begnadigungsrecht in Disziplinarsachen nach diesem Gesetz zu. Er kann es anderen Stellen übertragen.

(2) Wird die Entfernung aus dem Beamtenverhältnis oder die Aberkennung des Ruhegehalts im Gnadenweg aufgehoben, gilt § 43 Satz 2 des Bundesbeamtengesetzes entsprechend.

1   § 81 entspricht dem früheren § 120 BDO. Die **Zuständigkeit des Bundespräsidenten** hinsichtlich der Ausübung des Gnadenrechts für den Bund und damit auch für die Beamten des Bundes ergibt sich aus Art. 60 Abs. 2 GG. § 81 Abs. 1 hat dementsprechend für das Disziplinarrecht ebenso wie § 43 Satz 1 BBG für das Beamtenrecht nur nachvollziehenden Charakter. Abs. 2 regelt die **Delegationsbefugnis** des Bundespräsidenten.

2   Für die Delegation und die Ausübung des Gnadenrechts ist die **Anordnung des Bundespräsidenten über die Ausübung des Begnadigungsrechts des Bundes** vom 5.10.1965[1] i. d. F. v. 3.11.1970[2] maßgeblich. Darin hat er bestimmte Gnadenfälle der eigenen Entscheidung vorbehalten, andere delegiert.

3   Dem Gnadenrecht unterliegen nur **rechts- bzw. bestandskräftige Disziplinarmaßnahmen und disziplinare Nebenentscheidungen** (s. Rn. 4). Dem Gnadenrecht steht nicht entgegen, dass die Disziplinarmaßnahme bereits vollstreckt wurde, dies ist vielmehr häufig bei Gnadengesuchen der Fall. Ein Gnadenrecht vor Beginn von Disziplinarverfahren gibt es ebenso wenig wie einen Eingriff in laufende Verfahren. Solche Eingriffe wären gegenüber Disziplinarentscheidungen der Dienstvorgesetzten ein gesetzlicher Kompetenzverstoß, gegenüber den Disziplinargerichten eine Verletzung der richterlichen Unabhängigkeit und der Eigenständigkeit der rechtsprechenden Gewalt. Der Verzicht auf diszipli-

---

1 BGBl. I S. 1573.
2 BGBl. I S. 1513.

Begnadigung § 81

nare Verfolgung oder Vollstreckung der Disziplinarmaßnahmen ist nur durch ein **Amnestiegesetz** für Disziplinarfälle möglich. Straffreiheitsgesetze wirken sich, auch wenn sie denselben Sachverhalt betreffen, nicht automatisch auf die disziplinare Verfolgbarkeit aus.

Dem Gnadenrecht unterliegen **alle Arten von Disziplinarmaßnahmen**, also auch die Entfernung aus dem Beamtenverhältnis und die Aberkennung des Ruhegehalts, wie sich aus Abs. 2 ergibt. Ebenso wie im Fall des § 41 BBG gelten bei voller Wiederherstellung des verlorenen Beamtenstatus die Vorschriften über die Wiederaufnahme nach § 42 BBG. Das Beamtenverhältnis gilt in diesem Fall als nicht unterbrochen, das frühere oder ein gleichwertiges Amt muss übertragen werden, ggf. unter Berücksichtigung in der Zwischenzeit entgangener Beförderungen.[3] Der Gnadenerweis kann alle rechtlich möglichen Differenzierungen bezüglich der Rechtsfolgen vornehmen, etwa auf ein bestimmtes Amt beschränkt werden, nur den Verlust der Amtsbezeichnung aufheben, den Unterhaltsbeitrag gewähren oder erhöhen usw. Entgegen der gesetzlichen Beschränkung des Unterhaltsbeitrags nach § 10 Abs. 3 in der Höhe und in der Bewilligungsdauer kann durch Gnadenerweis auch ein höherer oder andauernder Unterhaltsbeitrag eigener Art gewährt werden. Bei Zurückstufung und Kürzung der Dienstbezüge können die Maßnahmen selbst wie auch ihre gesetzlichen Folgen (Beförderungssperre, Verlust von Sonderzuwendungen) zusammen oder getrennt, voll oder teilweise gnadenhalber geändert werden. Entsprechendes gilt für nach §§ 38, 40 einbehaltene oder verfallene Bezüge sowie für die Tilgung von Disziplinarmaßnahmen und Verfahrenskosten.[4]   4

Der Gnadenerweis **gilt** in den Fällen des Abs. 2 und des § 43 Satz 2 BBG **kraft Gesetzes ex nunc**, in anderen Fällen hat die Gnadenbehörde wiederum freies Ermessen. Der Gnadenbescheid ist ein justizfreier Hoheitsakt und daher **nicht anfechtbar**.[5] Wird die Disziplinarmaßnahme im Gnadenweg ohne besondere Differenzierung vollständig beseitigt, so muss angenommen werden, dass sie keinerlei Wirkung mehr entfalten soll. Sie ist dann auch zu tilgen. Denn es besteht keine rechtliche Grundlage für die weitere Berücksichtigung einer Maßnahme, die als nicht verhängt behandelt werden soll. Auch hier steht es der Gnadenbehörde frei, Differenzierungen vorzunehmen. Der Gnadenakt ist nach den Grundsätzen des VwVfG wie jeder Verwaltungsakt widerruflich und u. U. nichtig. Hat der Verwaltungsakt statusrechtliche Wirkung, ist er nur nach § 14 BBG zurücknehmbar, im Übrigen im Rahmen des § 13 BBG nichtig.   5

---

3 Claussen/Janzen, § 120 Rn. 2.
4 Für Verfahrenskosten auch weitgehend BVerwG 27.7.1992 – 1 DB 14.92. Über den Umfang des Gnadenrechts vgl. auch BVerwG, DÖD 1976, 67.
5 Str., vgl. BVerfG, NJW 1969, 1895; 1971, 795; BVerwG, DVBl. 1962, 528.

Teil 6
Besondere Bestimmungen für einzelne Beamtengruppen und für Ruhestandsbeamte

§ 82 Polizeivollzugsbeamte des Bundes

Das Bundesministerium des Innern bestimmt, durch Rechtsverordnung, welche Vorgesetzten der Polizeivollzugsbeamten des Bundes als Dienstvorgesetzte im Sinne des § 33 Abs. 2, Abs. 3 Nr. 2 und Abs. 5 gelten.

1 § 82 entspricht dem früheren § 127 BDO. Die Vorschrift gibt dem BMI in Ergänzung der §§ 17, 33 Abs. 2, 3, 5 das Regelungsrecht hinsichtlich der Dienstvorgesetzten für die Polizeivollzugsbeamten des Bundes. Unter diese Regelung fallen die Bundesbeamten, die mit polizeilichen Aufgaben betraut und **zur Anwendung unmittelbaren Zwanges befugt** sind. Das sind Beamte der Bundespolizei (ehemals Bundesgrenzschutz), des Bundeskriminalamtes, Polizeibeamte im BMI und im Ordnungsdienst der Verwaltung des Deutschen Bundestags (§ 1 Gesetz zur Regelung der Rechtsverhältnisse der Polizeivollzugsbeamten des Bundes – BPolBG 1976[1]). In der Verordnung zu § 82 BDG v. 31. 1. 2002,[2] geändert durch Art. 66 des Gesetzes zur Umbenennung des BGS in Bundespolizei 2005[3] ist im Einzelnen geregelt, wer Dienstvorgesetzter i. S. d. § 33 Abs. 2, Abs. 3 Nr. 2 und Abs. 5 BDG ist. Die Bestimmung der Dienstvorgesetzten durch diese Rechtsverordnung ist abschließend. Andere Vorgesetzte sind zur Ausübung von Disziplinarbefugnissen nicht ermächtigt und damit unzuständig. Die Bestimmung im Verordnungswege begegnet keinen Bedenken. Die Voraussetzungen des Art. 80 Abs. 1 GG sind erfüllt. In der Verordnung v. 9. 7. 2003[4] sind die Dienstbezeichnungen aller Beamten aufgeführt, die Polizeivollzugsbeamte des Bundes sind.

§ 83 Beamte der bundesunmittelbaren Körperschaften, Anstalten und Stiftungen des öffentlichen Rechts

(1) Das für die Aufsicht zuständige Bundesministerium gilt im Sinne dieses Gesetzes als oberste Dienstbehörde der Beamten der bundesunmittelbaren Körperschaften, Anstalten und Stiftungen des öffentlichen Rechts. Es kann durch Rechtsverordnung im Einvernehmen mit dem Bundesministerium des Innern seine Befugnisse auf nachgeordnete Behörden übertragen und bestimmen, wer als nachgeordnete Behörde, Dienstvorgesetzter und höherer Dienstvorgesetzter im Sinne dieses Gesetzes anzusehen ist. Es kann durch Rechtsverordnung im Einvernehmen mit dem Bundesministerium des Innern darüber hinaus die Zuständigkeit für Verweise, Geldbußen und Kürzungen der Dienstbezüge abweichend von § 33 regeln.

---

1 BGBl. I 1357, i. d. F. des Gesetzes zur Umbenennung des BGS in Bundespolizei 2005, BGBl. I 1818, 1822.
2 BGBl. I 576.
3 BGBl. I 1818, 1832.
4 BGBl. I 1338.

Disziplinarbefugnisse bei Ruhestandsbeamten § 84

(2) Für die in Absatz 1 bezeichneten Körperschaften, Anstalten und Stiftungen des öffentlichen Rechts gilt § 144 Abs. 2 des Bundesbeamtengesetzes entsprechend.

§ 83 entspricht dem früheren § 129 BDO. Die Vorschrift regelt die **Disziplinarzuständigkeiten gegenüber den mittelbaren** Bundesbeamten (§ 2 BBG), also denjenigen, die nicht unmittelbar beim Bund, sondern bei bundesunmittelbaren Körperschaften, Anstalten und Stiftungen des öffentlichen Rechts angestellt sind. Grundlage der mittelbaren Staatsverwaltung ist Art. 87 Abs. 2 und 3 GG.[1]

Von der Regelung erfasst sind nur die Körperschaften, Anstalten und Stiftungen mit **eigener Rechtspersönlichkeit**, also z. B. nicht die Anstalt Deutscher Wetterdienst[2] oder die Bundesanstalt für Güterfernverkehr. Eigene Rechtspersönlichkeit haben z. B. die Bundesagentur für Arbeit (§§ 367 ff. SGB III), Bundesversicherungsanstalt für Angestellte (§ 11 Errichtungsgesetz[3]). Die Bundesagentur als bundesunmittelbare Körperschaft des öffentlichen Rechts besitzt Dienstherrenfähigkeit, weil ihr Vorstand die Beamten ernennt.[4]

Der für die Aufsicht zuständige Bundesminister **gilt als oberste Dienstbehörde** gegenüber den mittelbaren Beamten (Abs. 1 Satz 1). Er kann durch Rechtsverordnung seine **Disziplinarbefugnis delegieren** (Abs. 1 Satz 2) und die sachlichen **Zuständigkeiten für die einzelnen Disziplinarmaßnahmen** des nichtförmlichen Verfahrens bestimmen (Abs. 1 Satz 3). Mangels einer Rechtsverordnung gelten die innerministeriellen Anordnungen zur Zuständigkeitsregelung. Haben die Körperschaften, Anstalten und Stiftungen keinen eigenen Behördenaufbau, so werden ihre Befugnisse aus § 83 Abs. 1 gem. § 144 Abs. 2 BBG von der »zuständigen Verwaltungsstelle« wahrgenommen (Abs. 2).

§ 84 Ausübung der Disziplinarbefugnisse bei Ruhestandsbeamten

Bei Ruhestandsbeamten werden die Disziplinarbefugnisse durch die zum Zeitpunkt des Eintritts in den Ruhestand zuständige oberste Dienstbehörde ausgeübt. Diese kann ihre Befugnisse durch allgemeine Anordnung ganz oder teilweise auf nachgeordnete Dienstvorgesetzte übertragen; die Anordnung ist im Bundesgesetzblatt zu veröffentlichen. Besteht die zuständige oberste Dienstbehörde nicht mehr, bestimmt das Bundesministerium des Innern, welche Behörde zuständig ist.

§ 84 entspricht dem früheren § 15 Abs. 2 BDO. Die Vorschrift regelt die Besonderheiten bei Verfahren gegen Ruhestandsbeamte. Bei ihnen besteht eine beamtenrechtliche Bindung zum früheren Beschäftigungsamt nicht mehr. Ausschließlich zuständig für Disziplinarmaßnahmen ist deshalb die oberste Dienstbehörde, zu der allein noch rechtliche Beziehungen bestehen (§§ 50 ff. BBG). Aus praktischen Erwägungen lässt das Gesetz jedoch die Übertragung von Befugnissen zu. Hiervon wird häufig Gebrauch gemacht. Neu geregelt ist, dass die Anordnung, mit der die Befugnisse ganz oder teilweise auf nachgeordnete Dienstvorgesetzte übertragen werden, im Bundesgesetzblatt veröffentlicht werden muss.

---

1 Vgl. im Einzelnen Maunz/Dürig, GG, Art. 86 Rn. 2, Art. 87 Rn. 38.
2 Gesetz v. 11.11.1952, BGBl. I S. 738.
3 BGBl. 1953 I S. 857.
4 GKÖD-Weiß, II § 83 Rn. 13.

Teil 7
Übergangs- und Schlussbestimmungen

§ 85 Übergangsbestimmungen

(1) Die nach bisherigem Recht eingeleiteten Disziplinarverfahren werden in der Lage, in der sie sich bei Inkrafttreten dieses Gesetzes befinden, nach diesem Gesetz fortgeführt, soweit in den Absätzen 2 bis 7 nichts Abweichendes bestimmt ist. Maßnahmen, die nach bisherigem Recht getroffen worden sind, bleiben rechtswirksam.

(2) Die folgenden Disziplinarmaßnahmen nach bisherigem Recht stehen folgenden Disziplinarmaßnahmen nach diesem Gesetz gleich:
1. die Gehaltskürzung der Kürzung der Dienstbezüge,
2. die Versetzung in ein Amt derselben Laufbahn mit geringerem Endgrundgehalt der Zurückstufung und
3. die Entfernung aus dem Dienst der Entfernung aus dem Beamtenverhältnis.

(3) Vor dem Inkrafttreten dieses Gesetzes eingeleitete förmliche Disziplinarverfahren werden nach bisherigem Recht fortgeführt.

(4) Die Behörde des Bundesdisziplinaranwalts wird mit Ablauf des 31. Dezember 2003 aufgelöst. Ab diesem Zeitpunkt fertigt die Einleitungsbehörde in den Fällen von Absatz 3 die Anschuldigungsschrift; die Vorschriften der Bundesdisziplinarordnung sind nicht anzuwenden, soweit sie den Bundesdisziplinaranwalt betreffen.

(5) Für die Wiederaufnahme von Disziplinarverfahren, die vor dem Inkrafttreten dieses Gesetzes rechtskräftig abgeschlossen worden sind, gilt bis zum Ablauf des 31. Dezember 2003 Abschnitt IV der Bundesdisziplinarordnung. Ab diesem Zeitpunkt gelten die Bestimmungen dieses Gesetzes.

(6) Die nach bisherigem Recht in einem Disziplinarverfahren ergangenen Entscheidungen sind nach bisherigem Recht zu vollstrecken, wenn sie unanfechtbar geworden sind.

(7) Die Frist für das Verwertungsverbot und ihre Berechnung für die Disziplinarmaßnahmen, die vor dem Inkrafttreten dieses Gesetzes verhängt worden sind, bestimmen sich nach diesem Gesetz. Dies gilt nicht, wenn die Frist und ihre Berechnung nach bisherigem Recht für den Beamten günstiger sind.

(8) Gebühren nach § 78 Satz 1 werden nur für die nach dem 31. Dezember 2009 anhängig werdenden gerichtlichen Verfahren erhoben. Dies gilt nicht im Verfahren über ein Rechtsmittel, das nach dem 31. Dezember 2009 eingelegt worden ist.

[1] Diese Vorschrift wurde durch Art. 8 des Gesetzes zur Änderung des Bundesbeamtengesetzes und weiterer dienstrechtlicher Vorschriften vom 6. März 2015[1] in erheblichem Umfang geändert. Die bisherigen Abs. 3 Satz 2, Abs. 5 bis 7 und 11 wurden aufgehoben. Nach der amtlichen Begründung sollte für noch vorhandene »Altfälle« künftig gemäß der Grundregel des § 85 Abs.1 das neue Recht gelten, so dass der für die »Altfälle« noch zuständige Disziplinarsenat aufgelöst werden könne. Tatsächlich ist dies aber dem Umstand geschuldet, dass der Disziplinarsenat als Berufungs- und Tatsacheninstanz die Verfahren, die nach altem Recht eingeleitet worden waren und vom Bundesdisziplinargericht nach

---

1 BGBl. I 250,254.

Übergangsbestimmungen § 85

dessen Auflösung nicht mehr beendet werden konnten und nach Abs. 7 a. F. auf die Verwaltungsgerichte der Länder übergegangen sind, inzwischen alle abgeschlossen hat. Der **Disziplinarsenat** ist deshalb mit Wirkung vom 1. Mai 2015 **aufgelöst** worden. Bezüglich der Kommentierung der aufgehobenen Absätze wird auf die Vorauflage verwiesen.

§ 85 **Abs. 1** regelt **im Grundsatz**, dass die nach altem Recht eingeleiteten Disziplinarverfahren **nach neuem Recht** fortgeführt werden und nach bisherigem Recht getroffene Maßnahmen (beispielsweise Suspendierung und Einbehaltung von Teilen der Dienstbezüge) rechtswirksam bleiben, soweit in den Absätzen 2 bis 7 **nichts Abweichendes** geregelt ist. In diesen Absätzen sind aber nahezu alle noch nach altem Recht zu behandelnden Fälle aufgeführt, so dass der Grundsatz nach Absatz 1 Satz 1 **zur absoluten Ausnahme** wird. Hier bleiben nur die Fälle im nichtförmlichen Verfahren übrig, in denen es noch nicht zu einer anfechtbaren Entscheidung gekommen ist.   1a

Bezüglich des Regel- und Ausnahmeverhältnisses des Abs. 1 hat das BVerwG mit Urteil v. 17. 3. 2004[2] ausgeführt, dass die **Grundsatz- und Auffangregelung** in § 85 Abs. 1 Satz 1 vor allem die **milderen Regelungen materiell-rechtlicher Art** zum Inhalt haben. Nach Sinn und Zweck der Gesamtregelung in § 85 sei nicht anzunehmen, dass der Gesetzgeber abweichend von dem in Abs. 10 (a. F.) zum Ausdruck kommenden Rechtsgedanken des § 2 Abs. 3 StGB (Meistbegünstigungsprinzip) die Geltung der materiell-rechtlichen Milderungen des neuen Rechts für die Übergangsfälle stillschweigend hätte ausnehmen wollen. Eine Regelung nach dem Meistbegünstigungsprinzip sei zwar verfassungsrechtlich nicht generell geboten. Ein Verzicht auf sie bedürfe jedoch in Ansehung des Art. 3 Abs. 1 GG einer entsprechend gewichtigen Veranlassung. Ohne einen gewichtigen Grund käme es einer genannten »Vergewaltigung der materiellen Gerechtigkeit« nahe, wenn der Richter noch ein Gesetz anwenden müsste, zu dessen Strenge sich der Gesetzgeber im Entscheidungszeitpunkt nicht mehr bekenne. Dem Gesetzgeber sei nicht zu unterstellen, dass er die Verfahren nach dem BDG und die Altverfahren nach der BDO mit zweierlei Maß ahnden lassen wollte.

Abs. 2 kennzeichnet eine Gleichstellung der Bedeutung der bisherigen und jetzigen Arten der Disziplinarmaßnahmen.   2

Abs. 3 regelt, dass **vor Inkrafttreten des BDG eingeleitete förmliche Disziplinarverfahren** (§§ 33 ff. BDO) nach altem Recht fortgeführt werden. Dies betrifft den größten Teil der in der Übergangszeit noch abzuwickelnden Verfahren. Es wird in der Regel ein **Untersuchungsverfahren** gem. §§ 56 ff. BDO durchgeführt. Für die Anschuldigung (§ 64 BDO), die der Bundesdisziplinaranwalt bis zur Auflösung seiner Behörde für bereits eingeleitete förmliche Verfahren vorzunehmen hat und für die Durchführung des gerichtlichen Verfahrens durch das BDiG bis zu seiner Auflösung gilt selbstverständlich ebenfalls bisheriges Recht. Die Vorschrift hat aber auch Auswirkungen auf die Frage, durch wen und nach welchem Recht die mit Ablauf des 31. 12. 2003 vom BDiG auf die VG übergehenden Verfahren in der Berufungsinstanz abgeschlossen werden.   3

Der Begriff »**bisheriges Recht**« umfasst alle Vorschriften, die den Gang des Disziplinarverfahrens regeln. Ist der **Personalrat** zu beteiligen, gilt deshalb noch § 78 Abs. 1 Nr. 3 BPersVG a. F.[3] Nach Beendigung des förmlichen Disziplinarverfahrens findet die BDO dagegen auch keine Anwendung mehr auf Folgemaßnahmen- und Entscheidungen, die in sachlichem Zusammenhang mit dem abgeschlossenen förmlichen Verfahren stehen. So fällt ein **Nachzahlungsbegehren einbehaltener Bezüge** gem. § 96 BDO nicht unter die Fortführungsklausel des Abs. 3 Satz 1, ggf. besteht ein öffentlich-rechtlicher Erstattungs-

---

2 1 D 23.03, BVerwGE 120, 218.
3 BVerwG 17. 11. 2005 – 1 D 17.04.

§ 85 Übergangsbestimmungen

anspruch.⁴ Eine Ausnahme hat das BVerwG nur für die **Neubewilligung eines Unterhaltsbeitrags** gem. § 110 Abs. 1 gemacht, wenn die Erstbewilligung auf § 77 BDG beruht (vgl. hierzu Rn. 9).

4   Die Behörde des **Bundesdisziplinaranwalts** ist mit **Ablauf des 31.12.2003 aufgelöst worden (Abs. 4)**. Ab diesem Zeitpunkt übernimmt bezüglich der vor Inkrafttreten des Gesetzes eingeleiteten förmlichen Disziplinarverfahren die Einleitungsbehörde die Aufgabe des Bundesdisziplinaranwalts und fertigt die Anschuldigungsschrift. Hierbei bleiben die Vorschriften der BDO außer Anwendung, die den Bundesdisziplinaranwalt betreffen. So leitet beispielsweise die Einleitungsbehörde die Anschuldigungsschrift unmittelbar an das zuständige VG weiter. Da bisheriges Recht gilt, muss auch in den Fällen, in denen lediglich die Verhängung einer Gehaltskürzung (Kürzung der Dienstbezüge) angestrebt wird (die nach neuem Recht in die Zuständigkeit der Einleitungsbehörde fällt), eine Anschuldigungsschrift und keine Disziplinarverfügung gem. § 33 erlassen werden. Zu Stellung und Umfang der Aufgaben der Einleitungsbehörde als Nachfolger des BDiA vgl. grundlegend BVerwG v. 20.1.2004.⁵

5   Für die **Wiederaufnahme von Disziplinarverfahren**, die vor dem 1.1.2002 rechtskräftig abgeschlossen wurden, gelten bis zum 31.12.2003 die §§ 97ff. BDO, danach die §§ 71f. BDG **(Abs. 5)**.

6   **Abs. 6**: Unanfechtbare, auf der Grundlage der BDO ergangenen Entscheidungen werden auch nach den Vorschriften der BDO **vollstreckt** (§§ 117ff.). Dies gilt auch für Entscheidungen, die nach dem 1.1.2002 nach altem Recht fortgeführt wurden.⁶

7   **Abs. 7**: Unanfechtbare, auf der Grundlage der BDO ergangenen Entscheidungen werden auch nach den Vorschriften der BDO **vollstreckt** (§§ 117ff.). Dies gilt auch für Entscheidungen, die nach dem 1.1.2002 nach altem Recht fortgeführt wurden.⁷

8   **Abs. 8** regelt die Erhebung von Gebühren für Verfahren, die nach dem 31.12.2009 anhängig geworden sind. Nach diesem Zeitpunkt eingelegte Rechtsmittel in einem früheren gebührenfreien Verfahren bleiben gebührenfrei.

9   Für die nach **altem Recht abgeschlossenen Verfahren**, in denen einem Beamten ein **Unterhaltsbeitrag** üblicherweise für sechs Monate bewilligt worden war, stellt sich die Frage, ob für diese Verfahren weiterhin altes Recht gilt, ob also ein Unterhaltsbeitrag nach § 110 Abs. 2 Satz 2 BDO verlängert werden kann, wenn weiterhin Bedürftigkeit vorliegt. Ausdrückliche Übergangsbestimmungen gibt es hierzu nicht. Vertritt man hierzu die Auffassung, bei einem derartigen Antrag handele es sich um ein neues, also nicht bei Gericht anhängiges Verfahren,⁸ so führt dies zu Ungerechtigkeiten in den Fällen, in denen das Bundesdisziplinargericht im Urteil keinen längeren Bewilligungszeitraum als üblicherweise sechs Monate gewählt hat, eben weil eine Verlängerungsmöglichkeit (Neubewilligung) nach § 110 Abs. 2 Satz 2 BDO bestand. Nach neuem Recht kann das Gericht im Urteil nach § 10 Abs. 3 einen längeren Bewilligungszeitraum bestimmen, um eine unbillige Härte zu vermeiden und damit den besonderen Umständen des Einzelfalles gerecht zu werden. Dies führt zu einer Ungleichbehandlung in den Altfällen, in denen eine derartige Härte vorliegt, in denen aber mangels Gerichtsanhängigkeit keine Neubewilligung in Betracht käme. Diese Ungleichbehandlung kann es rechtfertigen, für die Altfälle die BDO

---

4 BVerwG 18.7.2007 – 1 DB 4.06.
5 1 D 33.02, BVerwGE 120, 33 = NVwZ 2005, 93.
6 Wie hier GKÖD-Weiß, II § 85 Rn. 41; a.A. Gansen, § 85 Rn. 18.
7 Wie hier GKÖD-Weiß, II § 85 Rn. 41; a.A. Gansen, § 85 Rn. 18.
8 So Schwandt, RiA 2001, 157, 165 bzgl. der nach Abs. 7 am 1.1.2004 auf die Verwaltungsgerichte übergehenden Verfahren.

Verwaltungsvorschriften § 86

weiterhin, also § 110 gelten zu lassen. Rechtlich lässt sich dies damit begründen, dass § 110 ein **Annex** bezüglich der im Entfernungsurteil gem. § 77 getroffenen Grundentscheidung über die Bewilligung eines Unterhaltsbeitrags ist, die durch § 110 Abs. 1 bis 3 im Wege der Herabsetzung, Entziehung, Erhöhung oder Weiter-(Neu)bewilligung geändert werden kann. Es erscheint jedenfalls nicht gerechtfertigt, die davon betroffenen weiterhin bedürftigen früheren Beamten auf den Weg der Sozialhilfe zu verweisen und den Trägern der Sozialhilfe die zusätzlichen Kosten aufzubürden.[9] Das BVerwG hat nunmehr in einer Entscheidung vom 15. 1. 2002 – 1 DB 34.01 – die Weiterbewilligung von Unterhaltszahlungen für zulässig erklärt, wenn die Grundentscheidung auf § 77 BDO beruht. Das BVerwG hat seine Rspr., wie hier, mit einer am Gleichheitssatz orientierten verfassungskonformen Auslegung des § 85, die einfach-rechtlich an den Gedanken des so genannten Annexverfahrens anknüpfe, begründet. Diese nunmehr st. Rspr. ist in der Literatur z. T. auf heftigen Widerspruch gestoßen.[10] Das BVerwG hat jetzt seine Rspr. eingeschränkt und entschieden, dass ein Unterhaltsbeitrag insgesamt nur noch bis zu etwa fünf Jahren gewährt werden kann. Dies folge vor allem aus dem Zweck des Unterhaltsbeitrags als vorübergehende Leistung der nachwirkenden Fürsorgepflicht zur Erleichterung der beruflichen Neuorientierung.[11] Das Gericht hat es abgelehnt, einen noch auf der Grundlage alten Rechts bewilligten Unterhalt auf Antrag der obersten Dienstbehörde gem. § 110 Abs. 1 zu entziehen. Hier handele es sich nicht mehr um die Fortführung des abgeschlossenen förmlichen Disziplinarverfahrens, sondern um ein neues, den Beamten belastendes Verfahren. Auch § 79 Abs. 4 Satz 3 scheide als Rechtsgrundlage aus, da die ursprüngliche Bewilligung auf altem Recht beruhe. Der Dienstherr müsse ggf. Schadensersatzansprüche nach allgemeinen Regeln geltend machen.[12]

§ 86 Verwaltungsvorschriften

Die zur Durchführung dieses Gesetzes erforderlichen Verwaltungsvorschriften erlässt das Bundesministerium des Innern; die Verwaltungsvorschriften sind im Gemeinsamen Ministerialblatt zu veröffentlichen.

Die Vorschrift enthält wie § 131 Abs. 1 BDO eine Ermächtigung zum Erlass der erforderlichen Verwaltungsvorschriften. Derartige Vorschriften sind bisher nicht erlassen worden. Weiß[1] hält das Bundesinnenministerium für verpflichtet, solche Vorschriften zu erlassen, um zu verhindern, dass sich nach Wegfall des Bundesdisziplinaranwalts die Anwendung des BDG unterschiedlich entwickeln könnte.

1

---

9 Dieses Problem sieht auch Schwandt, a. a. O.
10 Gansen, DiszR, § 85 Rn. 19c; zust. dagegen GKÖD-Weiß, II § 85 Rn. 5.
11 BVerwG 16. 6. 2008 – 1 DB 2.08.
12 BVerwG 18. 9. 2006 – 1 DB 5.05.

1 In GKÖD, II § 86 Rn. 2, 13.

Anlage (zu § 78)
Gebührenverzeichnis

Gliederung
Abschnitt 1 Klageverfahren erster Instanz
Abschnitt 2 Zulassung und Durchführung der Berufung
Abschnitt 3 Revision
Abschnitt 4 Besondere Verfahren
Abschnitt 5 Rüge wegen Verletzung des Anspruchs auf rechtliches Gehör
Abschnitt 6 Beschwerde

Nr.	Gebührentatbestand	Gebührenbetrag oder Satz der jeweiligen Gebühr 10 bis 17
	Vorbemerkung: Das Verfahren über den Antrag auf Wiederaufnahme gilt als neuer Rechtszug.	
	Abschnitt 1 **Klageverfahren erster Instanz**	
	Verfahren über eine Disziplinarklage mit dem Antrag auf	
10	– Entfernung aus dem Beamtenverhältnis	360,00 €
11	– Aberkennung des Ruhegehalts	360,00 €
12	– Zurückstufung	240,00 €
	Verfahren über die Klage gegen eine Disziplinarverfügung, in der als Disziplinarmaßnahme ausgesprochen worden ist	
13	– Kürzung der Dienstbezüge	180,00 €
14	– Kürzung des Ruhegehalts	180,00 €
15	– Geldbuße	120,00 €
16	– Verweis	60,00 €
17	Verfahren über die Klage gegen eine Disziplinarverfügung, wenn nur eine Kostenentscheidung in der Disziplinarverfügung angegriffen wird, oder gegen eine Einstellungsverfügung (§ 32 BDG)	60,00 €
18	Beendigung des gesamten Verfahrens durch 1. Zurücknahme der Klage a) vor dem Schluss der mündlichen Verhandlung oder b) wenn eine solche nicht stattfindet, vor Ablauf des Tages, an dem die Entscheidung in der Hauptsache der Geschäftsstelle übermittelt wird, oder	

Gebührenverzeichnis Anlage (zu § 78)

	2. Erledigungserklärungen, wenn keine Entscheidung über die Kosten ergeht oder die Entscheidung einer zuvor mitgeteilten Einigung der Beteiligten über die Kostentragung oder der Kostenübernahmeerklärung eines Beteiligten folgt: Die Gebühren 10 bis 17 ermäßigen sich auf …	0,5
	Die Gebühr ermäßigt sich auch, wenn mehrere Ermäßigungstatbestände erfüllt sind.	
	Abschnitt 2 **Zulassung und Durchführung der Berufung**	
20	Verfahren über die Zulassung der Berufung: Soweit der Antrag abgelehnt wird	1,0
21	Verfahren über die Zulassung der Berufung: Soweit der Antrag zurückgenommen oder das Verfahren durch anderweitige Erledigung beendet wird Die Gebühr entsteht nicht, soweit die Berufung zugelassen wird.	0,5
22	Verfahren über die Berufung im Allgemeinen	1,5
23	Beendigung des gesamten Verfahrens durch Zurücknahme der Berufung oder der Klage, bevor die Schrift zur Begründung der Berufung bei Gericht eingegangen ist: Die Gebühr 22 ermäßigt sich auf …	0,5
	Erledigungserklärungen stehen der Zurücknahme gleich, wenn keine Entscheidung über die Kosten ergeht oder die Entscheidung einer zuvor mitgeteilten Einigung der Beteiligten über die Kostentragung oder der Kostenübernahmeerklärung eines Beteiligten folgt.	

24	Beendigung des gesamten Verfahrens, wenn nicht Nummer 23 erfüllt ist, durch
	1. Zurücknahme der Berufung oder der Klage
	   a) vor dem Schluss der mündlichen Verhandlung oder
	   b) wenn eine solche nicht stattfindet, vor Ablauf des Tages, an dem die Entscheidung in der Hauptsache der Geschäftsstelle übermittelt wird, oder
	2. Erledigungserklärungen, wenn keine Entscheidung über die Kosten ergeht oder die Entscheidung einer zuvor mitgeteilten Einigung der Beteiligten über die Kostentragung oder der Kostenübernahmeerklärung eines Beteiligten folgt:
	Die Gebühr 22 ermäßigt sich auf …
		1,0

	Die Gebühr ermäßigt sich auch, wenn mehrere Ermäßigungstatbestände erfüllt sind.	
	Abschnitt 3 **Revision**	
30	Verfahren über die Revision im Allgemeinen …	2,0
31	Beendigung des gesamten Verfahrens durch Zurücknahme der Revision oder der Klage, bevor die Schrift zur Begründung der Revision bei Gericht eingegangen ist: Die Gebühr 30 ermäßigt sich auf …	1,0

Anlage (zu § 78)   **Gebührenverzeichnis**

Nr.	Gebührentatbestand	
	Erledigungserklärungen stehen der Zurücknahme gleich, wenn keine Entscheidung über die Kosten ergeht oder die Entscheidung einer zuvor mitgeteilten Einigung der Beteiligten über die Kostentragung oder der Kostenübernahmeerklärung eines Beteiligten folgt.	

32	Beendigung des gesamten Verfahrens, wenn nicht Nummer 31 erfüllt ist, durch
	1. Zurücknahme der Revision oder der Klage
	   a) vor dem Schluss der mündlichen Verhandlung oder
	   b) wenn eine solche nicht stattfindet, vor Ablauf des Tages, an dem die Entscheidung in der Hauptsache der Geschäftsstelle übermittelt wird, oder
	2. Erledigungserklärungen, wenn keine Entscheidung über die Kosten ergeht oder die Entscheidung einer zuvor mitgeteilten Einigung der Beteiligten über die Kostentragung oder der Kostenübernahmeerklärung eines Beteiligten folgt:
	Die Gebühr 30 ermäßigt sich auf …
		1,5

	Die Gebühr ermäßigt sich auch, wenn mehrere Ermäßigungstatbestände erfüllt sind.	

Nr.	Gebührentatbestand	Gebührenbetrag oder Satz der jeweiligen Gebühr 40 und 41
	Abschnitt 4 **Besondere Verfahren**	
40	Verfahren über den Antrag auf Aussetzung der vorläufigen Dienstenthebung und der Einbehaltung von Bezügen …	180,00 €
41	Verfahren über den Antrag auf gerichtliche Festsetzung einer Frist zum Abschluss des Disziplinarverfahrens einschließlich der Einstellung des Disziplinarverfahrens nach fruchtlosem Ablauf der Frist …	60,00 €

42	Beendigung des gesamten Verfahrens durch
	1. Zurücknahme des Antrags
	   a) vor dem Schluss der mündlichen Verhandlung oder
	   b) wenn eine solche nicht stattfindet, vor Ablauf des Tages, an dem die Entscheidung über den Antrag der Geschäftsstelle übermittelt wird, oder
	2. Erledigungserklärungen, wenn keine Entscheidung über die Kosten ergeht oder die Entscheidung einer zuvor mitgeteilten Einigung der Beteiligten über die Kostentragung oder der Kostenübernahmeerklärung eines Beteiligten folgt:
	Die Gebühren 40 und 41 ermäßigen sich auf …
		0,5

	Die Gebühr ermäßigt sich auch, wenn mehrere Ermäßigungstatbestände erfüllt sind.	

Gebührenverzeichnis

Anlage (zu § 78)

	Abschnitt 5 Rüge wegen Verletzung des Anspruchs auf rechtliches Gehör	
50	Verfahren über die Rüge wegen Verletzung des Anspruchs auf rechtliches Gehör: Die Rüge wird in vollem Umfang verworfen oder zurückgewiesen ...	50,00 €

Nr.	Gebührentatbestand	Gebührenbetrag oder Satz der jeweiligen Gebühr 10 bis 17 und 40
	Abschnitt 6 Beschwerde	
60	Verfahren über die Beschwerde gegen die Entscheidung über den Antrag auf Aussetzung der vorläufigen Dienstenthebung und der Einbehaltung von Bezügen ...	1,5
61	Verfahren über die Beschwerde gegen eine Entscheidung in der Hauptsache durch Beschluss nach § 59 BDG ...	1,5
62	Verfahren über die Beschwerde gegen die Nichtzulassung der Revision: Die Beschwerde wird verworfen oder zurückgewiesen ...	1,5

63	Beendigung des gesamten Verfahrens durch
	1. Zurücknahme der Beschwerde, der Klage oder des Antrag
	   a) vor dem Schluss der mündlichen Verhandlung oder
	   b) wenn eine solche nicht stattfindet, vor Ablauf des Tages, an dem die Entscheidung über die Beschwerde der Geschäftsstelle übermittelt wird, oder
	2. Erledigungserklärungen, wenn keine Entscheidung über die Kosten ergeht oder die Entscheidung einer zuvor mitgeteilten Einigung der Beteiligten über die Kostentragung oder der Kostenübernahmeerklärung eines Beteiligten folgt:
	Die Gebühren 60 bis 62 ermäßigen sich auf ...
		0,75

	Die Gebühr ermäßigt sich auch, wenn mehrere Ermäßigungstatbestände erfüllt sind.	
64	Verfahren über nicht besonders aufgeführte Beschwerden im disziplinargerichtlichen Verfahren, die nicht nach anderen Vorschriften gebührenfrei sind: Die Beschwerde wird verworfen oder zurückgewiesen	50,00

Stichwortverzeichnis

A
A maiore ad minus 544
Aberkennung des Ruhegehalts 111, 362, 383
– generalpräventive 112
– Voraussetzung 363
Abgekürztes Urteil 561
Abgeordnetenmandat 161
Abhilfe 587
Ablehnung der Vertagung 575
Ablehnungsgesuch 536
Ablehnungsgrund 536
Abordnung 180, 190, 230, 322
Abordnungen 180
Abrücken von der Tat 365
Abschlussentscheidung 476, 492
– dem höheren Dienstvorgesetzten zuleiten 492
– Disziplinarverfügung 492
– Einstellung 492
Absehen von disziplinarer Maßregelung 368
– Legalitätsprinzip 368
Absehen von Strafe 387
Absicht 86
Abtrennbarkeit 409
Abwertung 232
Abwesenheitspfleger 584
Achtung 141, 144, 232
Achtungswürdigkeit 94, 144
Actio libera in causa 208
Akteneinsicht 527
Akteneinsichtsrecht 438, 457
Aktion gegen Vorgesetzten 232
Aktivität 157
– verfassungsgegnerische 157
Aktivitäten 153
– politische 153
Akzeptanz 82, 102

– disziplinare Verfolgung 82
– Richterrecht 102
Alimentation 587
Alkoholabbauwerte 201
Alkoholabhängigkeit 206, 208, 210
– Aufklärung 208
– Entziehungskur 203
– Rückfall 210f.
– Rückfall in die nasse Phase 206
– Schuld 208
Alkoholentziehungskur 205, 210
Alkoholgenuss 200–202, 332
– Alkoholabbauwerte 201
– Atemalkoholtest 200
– Blutalkoholkonzentration 200
– genehmigter 201
– Mäßigung 202
Alkoholkrankheit 278
Alkoholmissbrauch 202, 214
Alkoholsucht 202
– Beeinträchtigung des Dienstes 203
– Begutachtung 202
– Dienstunfähigkeit 202
– Einsatzunfähigkeit 202
– kausale 202
– schuldfähiger Zustand 202
Alkoholverbot 200f.
– Beeinträchtigung der Dienstleistungsfähigkeit 200
– disziplinare Vorermittlung 200
– Klärung der Dienstfähigkeit 200
– Verschulden 208
Alkoholverbot im Dienst 201
– absolutes 201
– Evidenz des Dienstvergehens 202
– geringste Alkoholbeeinflussung 202
Altersgeld 321, 326
Altersteilzeit 538

Stichwortverzeichnis

Amt im konkret-funktionellen Sinn 145, 149
Amtsarzt 183 f., 188, 191, 193 f.
Amtsärztliches Gutachten 192
Amtsbetrieb 249
– innerbehördlicher 249
Amtsermittlungsgrundsatz 566
Amtshilfe 255
– vorgetäuschte 255
Amtsstellung 120
Amtsträger 247
– Anspruch auf Anonymität 247
Amtsverschwiegenheit 247, 257 f., 376
– Medien 258
– Offenkundigkeit 257
– Pflicht zum Geheimnisbruch 258
– triviale Alltagsbegebenheiten 257
– Zeitablauf 257
Analogie 386
Anbieten der Dienstleistung 586
Änderung 596
Anfechtung von Disziplinarverfügungen 545
Anfechtungsbefugnis 513
Anfechtungsklage 230, 329, 544
Angaben im persönlichen Intimbereich 240
Angestellte einer Gewerkschaft 435
Angriff 232
– persönlicher 232
Anhörung 139, 435 f., 472, 564
– abschließende 473
– unterbliebene 139
Ankündigung 569, 571
– Änderung 571
– Beschluss 569
Annex 81
Anonymer Drohbrief 318
Anordnung 228 f., 231
– eindeutige und unmissverständliche 228
– über- und untergeordneter Behörden 229
– Zumutbarkeit 231
Anordnung der sofortigen Vollziehung 587
Anordnung der vorläufigen Einbehaltung von Teilen der Bezüge 586
Anrechnung von Einkünften 545

Anscheinsbeweis 577
Ansehen der Bundeswehr 172
Ansehen des Beamtentums 92, 95, 141 f., 390
Ansehensschaden 97
Ansehensschädigung 166
Ansehenswahrung 114
Ansprüche gegen die Verwaltung 241
Anstalt 631
Anstifter 267
Anstiftung 76
Antifaschistische Initiative 158, 164
Anwaltszwang 435
Anzeige der Dienstunfähigkeit 196
Arbeitsamt der Bundesbahn 214
Arbeitseinsatz und Arbeitsqualität 212
Arbeitseinsatz von Untergebenen 219
Arbeitskampf 169
Arbeitskraft, geschwächte 217
Arbeitsmängel 213
Arbeitsqualität 212
Arbeitsunfähigkeitsbescheinigung 194
– ärztliche 194
Arbeitsverwaltung 256
Arbeitsverweigerung 213
Arbeitsweise 213
– durchschnittliche Leistung 213
– fehlerhafte oder nachlässige 213
Arbeitszeitregelung 179, 190, 586
– gleitende 179
– Kernzeit 179
Arzneimittel 203
Arzneimittelgesetz 318
– Verstoß gegen 318
Ärztliche Arbeitsunfähigkeitsbescheinigung 194
Attestauflage 194
Attestvorlage 183
Aufgaben, gefahrenträchtige 214
Aufhebung 493 f., 580, 596
– Disziplinarentscheidung 493
– nachträgliche 494
– Neubescheidung 493
Aufhebung der Anordnung nach § 38 596
Aufhebung der Einbehaltungsanordnung 596
Aufhebung der vorläufigen Dienstenthebung 597
Aufhebung des Einbehaltungssatzes 597

Stichwortverzeichnis

Aufklärung 228
– selbstbelastende 228
Aufklärungsfehler 138
Aufklärungszwang 424
Aufstiegsbeamte 350
Aufwandsentschädigung 508
Aufzeichnung über den Dienstablauf 238
Ausdehnung des Verfahrens 433
Ausführungsgesetze zum BDG 532
Auskunftspflicht 239
Auskunftsverweigerung 460
Ausländische Sanktionen 387
Auslegung 543, 545, 577
– Widersprüchlichkeit 543
Ausnahmesituation 272
– psychische 272
Aussagegenehmigung 426, 461
Ausscheiden nebensächlicher Vorwürfe 433
Ausschluss aus der Hauptverhandlung 574
Außenstelle 523
Äußerung 296, 420, 437, 478
– beleidigende 296
– missbilligende 343, 420, 478
– schriftliche 437
Aussetzung der Anordnung 550, 552, 595
Aussetzung des Verfahrens 547 f.
– Fristsetzung 548
Aussetzungsantrag 507
Aussetzungszwang 443
– Ausnahme 443
– Rechtsmittel auf das Strafmaß beschränkt 445
– Verstoß 443

B

Bagatellbereich 213
Bagatellverfehlung 83, 344, 424
Beamte 325, 440
– bei privatisierten Unternehmen 440
– beurlaubte 325
– Dienstherreneigenschaft 325
– disziplinare Pflicht 325
– insichbeurlaubte 325
Beamte auf Lebenszeit 324
Beamte auf Probe 324, 386, 505
– Entlassung aus dem Dienst 340
Beamte auf Probe und Widerruf 340, 386

Beamte auf Widerruf 324, 340, 386, 505
– Entlassung aus dem Dienst 340
Beamte der ehemaligen Deutschen Bundespost und der Bundesbahn 325
Beamtenbeisitzer 345, 526, 530
– beurlaubte Beamte 530
– Ruhestandsbeamte 530
– Wahl 530
Beamteneigenschaft 322, 324
– Verlust 324
Beamtenstreik 192
Beamtenverhältnis 323
Bearbeitungsaufwand 592
Bedeutungslosigkeit 250
Bedürfnis nach Pflichtenmahnung 391
Beeinflussung von Zeugen 242
Beendigung des Beamtenverhältnisses 599
Beendigung des Ruhestandsbeamtenverhältnisses 364
Beendigung des Strafverfahrens 413
Befangenheit 427
– von Vorgesetzten 218
Befangenheitsgrund 172
Beförderungsgut 269
– Unterschlagung 269
Beförderungssperre 351 f.
Beförderungsverbot 348
Beförderungsverlust 119
Begleitdelikt 353
Begnadigung 628
Begründung 495
Begründung des Beamtenverhältnisses 323
Begründungszwang 484
Behandlung 131
– faire 131
Behinderung des Dienstes 187
Behörde 488
– zuständige 488
Beihilfe 76
Beihilfe zu illegaler Prostitution 150
Beihilfebetrug 284
Beistand 435, 498, 501
Bekanntheit von Tatsachen 581
Bekenntnis 167
Bekenntnisfreiheit 153
Belästigung am Arbeitsplatz 297, 376
– sexuelle 297

Stichwortverzeichnis

Belehrung 435, 437f., 551, 567
Beleidigung 147, 232
Belohnungen 292
Bemessung der Disziplinarmaßnahme 338, 365
- Legalitätsprinzip 366
- Opportunitätsprinzip 365
- Persönlichkeitsbild 366
Bemessungsfaktoren 124
Bemessungsgrundsatz 112
Bemessungsspielraum 111f.
Beratung der Vorgesetzten 231
Bereitschaftsdienst 214
Berufserforderlichkeit 91
Berufsgeheimnisträger 461
Berufskraftfahrer 238
Berufsrichter 526
Berufung 79, 600–602
- Anfechtungsklage des Beamten 600
- beschränkte 79, 601
- Disziplinarklage des Dienstherrn 600
- unbeschränkte 601
- unzulässige 603
- Zulassung 602
Berufungsbegründungsfrist 601
Berufungsgrund 601
Berufungsverfahren 569, 605f.
- Präklusion 606
Beschlagnahme 465–467
- Anordnung 469
- außer Verhältnis 468
- Bestimmtheitsgebot 466
- Beweisverwertungsverbot 470
- Durchsicht 466
- einstweilige 467
- Vollstreckung 469
- Voraussetzung 468
- vorläufige 469
- Vorschriften der StPO 468
- Zuständigkeit 466
Beschleunigung 557
Beschleunigungsantrag 548, 590
Beschleunigungsgebot 334, 440, 575, 589
- Art. 6 Abs. 1 MRKV 589
- Ermittlungsgrundsatz 334
- verspätetes Vorbringen 334
Beschleunigungsgrundsatz 124, 333, 427, 442

Beschluss 568, 572f., 618
- Flüchtigkeitsfehler 573
- Verwerfung des Wiederaufnahmeantrags 618
Beschluss nach § 59 569
Beschränkung 557–559
Beschwer 513
Beschwerde 573, 599, 609
- Aussetzung 609
- Aussetzung nach § 63 609
Besitz kinderpornographischen Materials 152, 350
Besoldung 562
- Verlust 562
Besondere Stellung 370
Besondere Versuchungssituation 366
Besorgnis der Befangenheit 536
Bestandskraft 514
Bestechlichkeit 354, 371
Bestechung 291
Bestrafungsverbot 405
Bestreiten des Sachverhalts 588
Betätigung 165
- politische 165
Beteiligungsrecht 133, 139
- Verfahrensfehler 133
Betreuer 551, 584
Betreuung 551
Betriebsfrieden 296
Betriebsrat 412
Betriebsverhältnis 230
Betrug 284, 305, 350, 363, 377
- außerdienstlicher 305f.
Betrugshandlung 355, 377
Beurlaubte Beamte 325
Beurlaubung 181, 300, 348
Beurteilung 576
- isolierte 576
Beurteilungszeitpunkt 106
Bevollmächtigte 435, 545, 551, 584
Bevollmächtigter 435
Bewährung 415
Beweisanregung 567
Beweisantrag 455, 459, 543, 551, 568
- Bedeutungslosigkeit 459
- Ladung im Ausland 459
- nicht erreichbar 459
- Offenkundigkeit 459
- Verschleppungsabsicht 460

Beweisaufnahme 565
Beweise 487
Beweiserhebung 439, 451, 453, 456–458
– Akten 457
– Ausgestaltung des Verfahrens 453
– Aussage 453
– dienstliche Auskunft 454
– eingeschränkte Beweiskraft eines Protokolls 454
– Ladung 456
– Niederschrift 453 f.
– schriftliches Gutachten 457
– Teilnahmerecht des Beamten 457
Beweisermittlungsbegehren 567
Beweislast 584
– materielle 584
Beweislastregel 577
Beweismittel 452
Beweisteilhabe 453
Beweisteilhaberecht 131
Beweisthema 567
Beweiswürdigung 543, 577, 585
Bewusstsein der Pflichtwidrigkeit 87
Bezügeeinbehaltung 597
Bildschirmarbeitsbrille 209
Billigkeit 573
Billigkeitsentscheidung 521
Bindung 102, 448, 576, 585
– Feststellungsbescheid 585
– innerprozessuale 102
– Richterrecht 102
Bindungswirkung 227, 229, 448, 450, 557, 560 f., 568
– Feststellungsbescheid 560
– Lösungsmöglichkeit 449
– Prüfkompetenz 229
– Strafbefehl 450
– Verwaltungsgericht 229
Bindungswirkung von Weisungen 227
– gesetzliche Regelung steht entgegen 227
– offensichtliche Unwirksamkeit 227
– rechtliche Grundlage fehlt 227
– Unmöglichkeit 227
– Unzuständigkeit 227
– Weisung 227
Blockmodell 538
Blutalkoholkonzentration 200
Blutentnahme 201
– ärztliche 201

Brief- und Postgeheimnis 254
Briefunterdrückung 377
Bruchteile 346
Bummelstreik 187 f., 214
Bundesanstalt für Post und Telekommunikation 133, 137
Bundesbeamte 322
– mittelbare 322
– unmittelbare 322
Bundesbeamtenverhältnis 322
Bundesdisziplinargericht 632
Bundesgesetzblatt 491
Bundesnachrichtendienst 522
Bußgeldverfahren 560

C
Cannabiskonsum 211

D
Daten 472
– personenbezogene 472
Datenaustausch 472
– Ausnahmecharakter 472
– innerdienstlicher 472
– Zustimmung des Beamten 472
Dauer der Gehaltskürzung 346
Dauer des Disziplinarverfahrens 119, 364
Dauer des Verfahrens 380
Demonstrationen 185
Denkgesetz 563
Depression 332
Devolutiveffekt 515
Diebstahl 281 f., 307 f.
– außerdienstlicher 307
– in besonders schweren Fällen 308
– innerdienstlicher 281
– von Eigentum der Verwaltung 282
– zum Nachteil von Kollegen 282
Dienst nach Vorschrift 214, 225
Dienst- und Treueverhältnis 153
Dienstangelegenheit 249
Dienstantritt 118, 179
– unter Einwirkung des Restalkohols 118
– verspäteter 179
Dienstaufsicht 218, 382
Dienstbefreiung 181
Dienstbereitschaftserklärung 509

Stichwortverzeichnis

Dienstbetrieb 220, 237
- demonstrative Störung 220

Dienstbezogenheit 94, 116 f.

Dienstbezug 141, 143

Dienstbezüge 345 f., 582
- Verlust 582

Dienstentfernung 360
- Tilgung 360

Dienstenthebung 502, 507, 595, 597
- vorläufige 502, 507

Dienstfähigkeit 197–199, 208, 585
- Arbeitsmittel 197
- Bildschirmarbeitsbrille 197
- Einsatzfähigkeit 197
- Verhältnismäßigkeit 199
- Vorsorge 200

Dienstfrieden 165 f., 174

Dienstgeheimnis 146

Dienstherrnfähigkeit 322

Dienstherrnwechsel 327 f.

Dienstleistung 178, 585
- ohne Beanstandungen 379
- volle 585

Dienstleistungspflicht 190

Dienstliche Auskunft 454

Dienstlicher Verkehr 250–252
- Gewerkschaft 252
- Personalrat 251
- Rechtsstreitigkeit 250
- Verteidiger 251

Dienstlicher Wohnsitz 523

Dienstpflicht 115
- nachwirkende 115

Dienstpflicht zum Offenbaren 237

Dienstpflicht zur Loyalität 259

Dienstplan 188

Diensttausch 181

Dienstunfähigkeit 118
- Alkoholismus 118

Dienstunfähigkeit, krankheitsbedingte
- ambulante Arztbesuche 182
- Behandlung 182
- stationäre Krankheitsbehandlung 182

Dienstunfähigkeitsbescheinigung 191

Dienstunfallfolge 121

Dienstvergehen 61, 74, 76, 80, 103, 107, 301, 347, 423
- Anknüpfungspunkt 107
- außerdienstliches 301

- Durchbrechung der Einheitlichkeit 80
- Einheit 61, 74
- einheitliche Betrachtung 80
- mittelschwere 347
- Persönlichkeitsbild 107
- Straftatbestand 103
- Tatbestand 74
- Verdacht 76, 423
- Verselbständigung 80

Dienstverhältnis 327
- früheres 327

Dienstverweigerung 184

Dienstvorgesetzte 535

Dienstvorschrift 224

Dienstweg 259
- Versäumung 259

Dienstzeit 179

Diskretion 246

Diskriminierungsverbot 157

Diskriminierungsverbot der §§ 1 und 2 AGG 152

Disziplinarbefugnis 385, 475, 557, 580
- des Dienstherrn 557
- erneute 580

Disziplinarer Überhang 397
- Sperrwirkung 397

Disziplinargerichtsbescheid 80

Disziplinargewalt 125, 486, 516, 569, 579 f., 582
- Verbrauch 579

Disziplinarkammer 230

Disziplinarklage 133, 486, 520, 536, 540 f., 569
- Form 487
- Formmangel 491
- Frist 487
- Inhalt 487
- Rücknahme 541
- Verfahren 487
- Zuständigkeit 491

Disziplinarmaßnahme 80, 106–109, 115, 119, 335, 353, 367, 513, 558, 578
- Beurteilungszeitpunkt 115
- Einstufungsfunktion 107
- Ermessen 367
- Rechtsanwendung 367
- Regelmaßnahme 107
- Rückfall 109

Stichwortverzeichnis

- Rücktritt vom Versuch 120
- schwerste 353
- Steigerung der Maßnahmenart 109
- stufenweise Steigerung 108
- Tatmotiv 119
- verschiedene Disziplinarvorgesetzte 106

Disziplinarrecht 57, 64f., 67f., 70
- Dienstbezogenheit 70
- Einigungsvertrag 67
- Funktion 68
- Geschichte 57
- Neuordnung 64
- Privatisierung 65

Disziplinarsenat 539
Disziplinarverfahren 242, 595
- Lügen 242
- Selbstbelastung 242

Disziplinarverfügung 131, 481, 484f., 513, 518, 582
- Aufhebung 518
- Begründungszwang 484
- Geldbuße 481
- Kürzung der Dienstbezüge 481
- Personalrat 482
- Rechtsbehelfsbelehrung 485
- Unterschrift 484
- Verweis 481

Disziplinarwürdigkeit 141, 151
Divergenzrüge 610
Doppelbestrafung 128, 130
Doppelmaßregelung 384, 513, 576
- Maßnahmenbemessung 385
- Sachaufklärung 384
- strafrechtliche Verurteilung 386
- Verbot 384, 513, 576

Doppelverfolgung 581, 584
Drogen 203
Durchführungsgrundsatz 445, 553
Durchsuchung 465, 470
- Gefahr im Verzug 470
- Vollstreckung 469
- Voraussetzung 468
- Vorschriften der StPO 468
- Zuständigkeit 466

E
EDV-Vernetzung 256
Ehegatte 535

Eidesformel 153
Eigenverantwortung 213
- mangelnde 213

Eilentscheidung durch den Kammervorsitzenden 588
Einbehaltung der Dienst- bzw. Anwärterbezüge 502, 595
Einbehaltung von Teilen der Bezüge 508
Einbehaltungsanordnung 596
Einbruchsdiebstahl 282
Einfluss auf die disziplinare Tatsachenfeststellung 104
Eingangsamt 350
Einheit der disziplinaren Verfolgung 518
Einheit des Dienstvergehens 77, 81, 99, 129, 336, 389, 410, 434, 443, 557, 559, 580f.

Einleitung des behördlichen Verfahrens 427, 590
- Beschleunigungsgrundsatz 427
- Besorgnis der Befangenheit 427
- Rügeverlust 427
- schriftliche Anordnung 427

Einleitung des Disziplinarverfahrens 80, 479
Einleitung des Strafverfahrens 413
Einleitungsverfügung 479, 590
Einsatzfähigkeit 239, 585
- dienstliche 239

Einsatzort 523
- dauerhafter 523

Einsatzpflicht 213
Einschränkung des Vorwurfs 549
Einstellung 343, 399f., 492
- Verwaltungsakt 399

Einstellungsentscheidung 398, 410f.
- Form 398
- Hemmung 411
- Inhalt 398
- schriftliche Verfügung 398
- Unterbrechung 411

Einstellungsgrund 476, 480f.
- Ausscheiden aus dem Beamtenverhältnis 480
- Entlassung 480
- Tod 480

Einstellungsverfügung 514, 545

647

Stichwortverzeichnis

Einstellungsvoraussetzung 477
- Dienstvergehen nicht festgestellt 477
- Disziplinarmaßnahme nicht angezeigt 477
- Opportunitätsgründe 477
- Unschuld des Beamten 477
Einstufungsfunktion 337
Einstweilige Anordnung 231
Eintritt in den Ruhestand 124
Einzelakte 129
Einzelanweisung 224
Einzelrichter 528
- Disziplinarklage 529
Ende des Dienstverhältnisses 353
Entbindung vom Beamtenbeisitzeramt 539
- Härtefall 539
Entfernen vom Unfallort 303
Entfernung 362, 596
- einstweilige 596
Entfernung aus dem Beamtenverhältnis 111
Entfernung aus dem Dienst 353
- Begründung eines anderen Beschäftigungsverhältnisses 361
- Begründung eines neuen Beamtenverhältnisses 361
- erneute Ernennung zum Beamten 361
- früheres Dienstverhältnis 361
- Rechtskraft des Urteils 356
- Zahlung der Dienstbezüge 356
Entfernung von Eintragungen in der Personalakte 545
Entlastung im Hauptamt 592
Entscheidungsgründe des BVerfG 132
Entscheidungsmaßstab 146
Entscheidungssatz 78
Entscheidungszeitpunkt 106
Entziehungskur 122, 203, 205f., 210
Ergänzungsrichter 529
Erhaltung der vollen Dienst- und Einsatzfähigkeit 197
Erhaltung und Wiederherstellung der Gesundheit 199
- vor unmittelbar bevorstehendem Dienst 200
- Vorsorge 200
Erheblichkeit 82

Erhebung einer neuen Disziplinarklage 550
Erledigung in der Hauptsache 529, 570
Ermessen 367, 426, 447
- pflichtgemäßes 426
Ermessensentscheidung 125, 139, 596
- rechtliches Gehör 139
Ermessenserwägung 598
Ermessensfehlentscheidung 139
Ermessensfreiheit 598
Ermessensgrundsatz 338
Ermessensspielraum 224
Ermittlungen 439
Ermittlungsführer 423
Ermittlungspflicht 441
- Absehung 441
Ermittlungsverfahren 436, 446
- Anhörung 436
- schriftliche Äußerung 437
- Vernehmung zur Person 436
Ermittlungszweck 436
Ernennung 105, 324
- Anfechtung 105
Erneute Disziplinarbefugnis des höheren Dienstvorgesetzten 493
Erpressung 318
Ersatzbeisitzer 531
Erscheinen 574
- persönliches 574
Erstattung des Gutachtens 464
Erstattung einer Strafanzeige 232
Erstattungsanspruch 500
- Auslagen 500
Erwerb kinderpornographischen Materials 146
Europäische Menschenrechtskonvention 132
Evidenz der Pflichtwidrigkeit 88

F

Fahren mit einem Dienstwagen trotz Fahrverbots 151
Fahren ohne Fahrerlaubnis 304
Fahrerlaubnis 203, 238
- Verlust 203, 238
Fahrlässigkeit 86, 448
Fahrlässigkeitstat 96
Falschangabe 285
Falschaussage 313

Stichwortverzeichnis

Falschgeld 318
– Verbreitung von 318
Fangsendung 267
Fehler der Klageschrift 554
Fernbleiben 377, 586
– Genehmigung 586
Fernbleiben vom Dienst 177, 181, 185, 188 f.
– Beweislast 182
– eigenmächtiges 181
– Erlaubnis 181
– Genehmigung 181
– Genehmigung durch den Vorgesetzten 181
– Irrtum 189
– krankheitsbedingte Dienstunfähigkeit 181
– private Absprachen 181
– private Absprachen von Mitarbeitern, 181
– Protest 185
– psychische Erkrankungen 182
– Schuldgrade 188
– sonstige Hinderungsgründe 184
– Sorgepflicht 185
– stationäre Krankheitsbehandlung 182
– Urlaubsantrag 181
Fernmeldegeheimnis 254
Feststellung in Strafurteilen 560
Feststellungsbescheid 560, 578
Flucht in die Öffentlichkeit 171, 176, 259 f.
– Bundespersonalausschuss 260
– Meinungsfreiheit 260
– Petitionsausschuss 260
Fortsetzungsantrag 548
Fortsetzungszusammenhang 79
Freie Kameradschaften 158
Freiheitsberaubung 354
Freiheitsentzug 119
Freiheitsstrafe 185, 191
Freispruch 395 f., 402
– disziplinarer Überhang 397
– Einstellung 396
– Eröffnung des Hauptverfahrens 396
– Rücktritt 396
– Sperrwirkung 395
– Strafaufhebungsgrund 396
– Überhang 402

Freistellung von anderen Vorwürfen 129
Freiwillige Wiedergutmachung 366
Friedensbewegung 165, 176
Frist 415
Fristablauf 556
Fristenlauf 412
– Beginn 412
– Hemmung 412
Fristhemmung 418, 591
Fristsetzung 474, 548, 551, 589 f., 593
– gerichtliche 589
– zur Äußerung 551
Fristverlängerung 593
Fristversäumnis 332, 572
Fristversäumung 514, 545, 550
– Folgen 550
Fundunterschlagung 270
Funktionsfähigkeit der Verwaltung 247
Fürsorge 130, 218, 576
– prozessuale 130
Fürsorgepflicht 219

G

Gang der Verhandlung 576
Gebot umfassender Sachaufklärung 408
Gebührenfreiheit 497, 501
Gebührenüberhebung 267
Gebührenverzeichnis 623, 636
Gefahr disziplinarer Verfolgung 240
Gefahr im Verzug 470
Gehaltsabhebungsverfahren 267
– Missbrauch 267
Gehaltskürzung 112, 346, 348
– Beförderungsverbot 348
– Höchstgrenze 346
Geheimhaltungsgebote 252
Geheimnisbruch 249
– Tun 249
– Unterlassen 249
Geheimnisschutz 256
Gehilfe 267
Gehör 138, 438, 564, 575, 591
– rechtliches 138, 438, 564, 575, 591
Gehorsam 224
Gehorsams- und Unterstützungspflicht 224
Gehorsamspflicht 247
Geldbeträge 276

Stichwortverzeichnis

Geldbuße 112, 124, 233, 344f., 390
- einmonatige Dienstbezüge 345
- Höchstbetrag 345
- Ratenzahlung 345

Geldstrafe 124
Gelegenheitstat 273
Geltungsbereich des BDG 321, 326, 328
- persönlicher 321
- sachlicher 326, 328

Geltungsbereich des BOG 326
- sachlicher 326

Generalprävention 114
Genesungspflicht 206
Genesungsverzögerung 217
Gerichtsbezirk 538
Gerichtskosten 623
Geringer Wert 276
Gesamtcharakter 93
Gesamtmaßnahme 74
Gesamtpersönlichkeit des Beamten 82
Geschenkannahme 291
Geschenke 292
Geständnis 122, 444, 566
Gesundungspflicht 204
Gewerkschaft 169, 174, 252, 435
Gewerkschafter 170
Gewerkschaftsmitglieder 233
Gewerkschaftssekretär 435
Gewissenskonflikt 216, 242
- Wahrheitspflichtverletzung 242

Glaubhaftmachung 574
Gleichbehandlung 111, 146, 529
- der Bundesbeamten 529

Gleichbehandlungsgrundsatz 115
Gleichgültigkeit 213
- bewusste 213

Gleichstellungsbeauftragte 429, 489
Grund- und Hauptpflicht 247
Grundpflichten 91
Gutachten 464
Gymnasiallehrer 403

H

Haft 118
Haftung 227
Halterabfrage 249
Handlung 547
- fortgesetzte 547

Haschischgenuss 204
Hauptamt 523
Hauptsacheerledigung 591, 597, 599
Hauptverhandlung 527
Haushaltsverstoß 289
Hehlerei 307f.
- außerdienstliche 307

Heilbehandlung 205, 210
Heilung 556
Hemmung 411, 413
- Beendigung des Strafverfahrens 413
- Betriebsrat 412
- Einleitung des Strafverfahrens 413
- Personalrat 412
- vorläufige Einstellung 413

Herausgabe von Unterlagen 465
Hilfsantrag 567
Hilfsbereitschaft 232
Hingabepflicht 197f., 200
- Einsatzfähigkeit im weiteren Sinn 197
- Erhaltung bzw. Wiederherstellung der vollen Dienstfähigkeit 197
- private Lebensführung 199

Hinreichender Verdacht eines Dienstvergehens 423
Hitlergruß 163
Höflichkeitsgebot 232
Honorarvereinbarung 500

I

Identität 398, 442
In dubio pro reo 88, 330, 373, 563, 577
Information der Öffentlichkeit 247
- Medien 247

Informationelle Selbstbestimmung 472
Informationshilfe 255
Informationsrecht 528
In-sich-beurlaubte Beamte 325
In-Sich-Beurlaubung 149
Instanzenzug 522
Integrität 95, 144
Interesse 86, 239, 587
- berechtigtes 86
- fiskalisches 587
- öffentliches 587

Interessen- und Pflichtenkollisionen 243
Interessenkollision 84

Stichwortverzeichnis

Internationalen Arbeitsorganisation (ILO) 447
Irrtum 193
– über Tatumstände 87
Irrtumsregelung 331

K

Kammer für Disziplinarsachen 525
Kammerbesetzung 526, 529
Kammerbezirk 523
Kassenbeamte 268
Kassenmanipulation 268
Kassenminderbetrag 268
Kassenvorschrift 268
Kenntnis von Tatsachen 581
Kernbereich der Amtspflichten 233, 243
– Wahrheitspflicht 243
Kernbereich der Dienstpflichten 237
Kernpflicht 89
Kinderpornographische Schriften 355, 375
Klage des Beamten 540, 544
Klageabweisung 570, 578
Klageantrag 542
Klageerhebung 489, 554f.
– Ermessen 555
– erneute 489
– gleichzeitige 554
– wahlweise 554
Klageerwiderung 566
Klagerücknahme 529, 579
– Folgen 580
Klageschrift 487, 540, 542f., 552, 555, 566, 571
– Auslegung 543
– Inhalt 542
– Mängel 540
– Wirksamkeit 555
– Zustellung 552
Koalitionsfreiheit 169, 175
Kokaingenuss 151, 211
Kollegendiebstahl 375
Konsumtion 239
Konversion 586
Konzentration des Verfahrens 433
Kopftuch-Urteil 165
Körperschaft 631
Körpertätowierung, politische 171
Körperverletzung im Amt 354, 376

Kosten 485, 496
Kosten des Vorverfahrens 500
Kostenentscheidung 485, 496, 498f.
– Dienstvorgesetzte 498
– Vorverfahren 498
Kostentragungspflicht 520, 621
Kostentragungsregelung 329
Kranken- und Pflegeversicherung 359
Krankfeiern 192
Krankfeiern, go sick 214
Krankheit 120
Kriegsverletzung 121
Kriminalstrafe 390
– disziplinare Maßnahme 390
Kritische dienstliche Eingabe 166
Kronzeugenregelung 626
Kürzung der Dienstbezüge 345
Kürzung des Ruhegehalts 114, 339, 348, 361, 390

L

Ladung 439, 456, 474
Landesdisziplinarverfahren 522
Lange Verfahrensdauer 382
Lebenspartner 535
Legalitätsgrundsatz 368, 442
Legalitätsprinzip 366, 404, 421f., 428
Lehrer 152, 376
Leistungsfähigkeit 218
Leistungsschwäche 215
– Kenntnis von der 215
Lösung 449, 560, 563
Lösungsbeschluss 561, 563f.
– Beweisaufnahme 564
– Beweismittel 564
Lösungsmöglichkeit 398, 449
Loyalität 260

M

Mahnungsbedürfnis 513
Mandatsniederlegung 575
Mangel 479, 488
– behebbarer 479
– wesentlicher 488
Mängelbeseitigung 556
– Aufforderung 556
Maßnahme 104, 335
– beamtenrechtliche 104, 335
Maßnahmenkatalog 189

Stichwortverzeichnis

Maßnahmeverbot 80, 242, 399, 404, 407, 409, 411, 429, 431
- Anordnung von disziplinaren Vorermittlungen 407
- irrtümliches 411
- Klärung der Unschuld 409
- Mehrheit von Pflichtverletzungen 408
- Verfahrenseinstellung 409

Maßregelungsverbot 390, 412, 517
- absolutes 390
- Fristen 412
- relatives 390

Maßregelungsverfahren 406
Materielle Unmittelbarkeit 453
Mehrarbeit 180
Mehrarbeitsausgleich 586
Meineid 151, 313, 378
Meinungsäußerung 162
Meinungsäußerungsfreiheit 153
Meinungsfreiheit 168, 296
Meistbegünstigungsprinzip 179
Melde- und Nachweispflicht 193
Meldepflicht 238
Menschenrechtskonvention 67
- Europäisches Gemeinschaftsrecht 67

Milderungs- oder Erschwerungsgrund 107, 116
Milderungsgrund 353, 365
Minderheitsinteressen 88
Mindestlaufzeit 347
Ministerium für Staatssicherheit 240
Missbilligende Äußerung 105, 342, 420
Missbilligung 106, 390, 400, 410, 513
- Kostenentscheidung 485
- schriftliche 410
- Verfolgbarkeit der Tat 479
- Verfolgbarkeit des Täters 479
- Verhandlungsunfähigkeit 479

Missbrauch von Scheck- und Kreditkarten 147
Mittäterschaft 76
Mitwirkung 134
Mitwirkungspflicht 228, 567, 585
- innerdienstliche 228

Mitwirkungsrecht 515
Mobbendes Verhalten 210
Mobbing 354
Moral 91
Moralempfindung 95

MRKV Konvention zum Schutz der Menschenrechte und Grundfreiheiten 127
Mündliche Verhandlung 607

N

Nacharbeit 586
Nachfrist 548
Nachlässigkeit 213, 221
- bewusste 213

Nachtat 76
- straflose 76

Nachtragsdisziplinarklage 123, 546–548, 554, 559, 577, 590, 605
- Berufungsverfahren 548
- Form und Inhalt 549
- Gegenstand 547
- Schluss der mündlichen Verhandlung 548

Nachversicherung 364
Nachweispflicht 193
Nachzahlung der einbehaltenen Beträge 509
Nachzahlungsanspruch 599
Nadeln, Plaketten oder Aufkleber 167
Nationalsozialismus 155, 163, 177
Nationalsozialistische Organisationen 176
Ne bis in idem 384
Nebenamt 352, 429
Nebenmaßnahme 589
Nebenstelle 523
Nebentätigkeit 146, 207, 216, 238, 351, 378
Negative Lebensphase 381
Neonazistische Aktivitäten 159
- Die Artgemeinschaft – Germanische Glaubensgemeinschaft wesensgemäßer Lebensgestaltung e. V. 159
- Europäische Aktion 159
- Organisationen 159
- Patriotischen Europäer gegen die Islamisierung des Abendlandes (Pegida) 159
- Reichsbürger 159

Neonazistisches Band 150, 163
Neubescheidung 493, 520, 582
- Form 494
- Frist 493, 582
- Inhalt 494

Stichwortverzeichnis

Neueinleitung 594
Neutralität 238
Neutralitätspflicht 164
– politische 164
Nichterscheinen des Beamten 574
Nichtheranziehung eines Beamtenbeisitzers 536
Niederlegung des Mandats 575
Niederschrift 437, 453 f.
Nötigung im Straßenverkehr 304
Notlage 366
Notstand 86
Notstands- und Konfliktlage 121
Notwehr 86
NPD 158, 176

O
Oberverwaltungsgericht 539, 600
Obhuts- oder Überwachungspflicht 281
Objektivität 238
Offenbarung des Fehlverhaltens 379
Offenbarungsrecht 251
Offenheit 237
Offenkundigkeit 250
Offenlegung des bekleideten Amtes 172
Operation 205, 210
Opportunitätsgrund 477
Opportunitätsgrundsatz 139
Opportunitätsprinzip 365, 368, 400, 477
Ordnungsgeld 533
Ordnungsmaßnahme 345, 388
Ordnungswidrigkeit 91, 344

P
Partei 156
– nicht verbotene politische 156
– politische 153, 156
Parteien, politische 158, 160
– Der III. Weg 158
– Die Freiheit 158
– Die Linke 158
– Die Rechte 158
– Die Republikaner 158
– DKP 158, 361
– Funktionen bei der NPD 160
– NS-Propagandamaterial 160
– Pro Deutschland 158
Parteienprivileg 157
Personalakte 256

Personalrat 133, 170, 196, 233, 251, 344, 411, 482, 489
– Dienstbefreiung 233
– dienstlicher Verkehr 251
– nicht beteiligt 482
– Personalratssitzung 233
Personalratsaufgaben 184
Personalvertretung 328, 535
Persönliche Verhältnisse 366
Persönlichkeit des Beamten 368
Persönlichkeitsbild 93, 120, 366, 373, 378, 391
Persönlichkeitsfremde Augenblickstat 366
Persönlichkeitsprognose 391
Persönlichkeitsrecht 422
Persönlichkeitsschutz 247
Pfarrer 323
Pfleger 129, 131, 590
Pflicht zur Dienstleistung 178
Pflichtentatbestand 74, 84, 91
– Konkretisierung 91
Pflichtentatbestände 90
Pflichtgemäße Dienstausübung 367
Pflichtverletzung 74, 96, 145, 148
– außerdienstliche 96
– bei Gelegenheit der Dienstausübung 149
– pflichtwidriges Verhalten 145
– privater Arbeitgeber 149
– Rechtsnatur der verletzten Pflicht 148
Pflichtwidrigkeit 83–85, 87 f., 179
– Bewusstsein 87
– Billigung des Vorgesetzten 85
– Duldung 84
– Evidenz 88
– gefahrengeneigte Tätigkeit 85
– Kollision widerstreitender Dienstpflichten 85
Politische Äußerungen
– Bekenntnis 167
– demonstrative Meinungsäußerungen 171
– Kritik an der eigenen Verwaltung 171
– strafbare Äußerungen 167
– Teilnahme an rechtmäßigen Demonstrationen 171
– Tragen von politischen Nadeln, Plaketten oder Aufklebern 167
Politische Betätigungen 176

Stichwortverzeichnis

Politische Nadeln, Plaketten, Aufkleber 174
Politische Neutralitäts- und Mäßigungspflicht 164
Politische Treuepflicht 153
Politisches Verhalten 153
- Dienst- und Treueverhältnis 153
- Grundpflicht 153
Polizeiarzt 188
Polizeivollzugsbeamte 630
Postarzt 188
Postgeheimnis 254
Postunterdrückung 269
Presse 422
Pressesprecher 258
Private Arbeitgeber 149
Private Lebensgestaltung 148
Privatisierte Unternehmen 440
Privatklageverfahren 561
Probebeamte 327
Prognose des Gerichts 549
Prognoseentscheidung 595
Protokoll 454, 471, 576
Protokollierung 471
Prozesshindernis 406, 431
Prozesskostenhilfe 497, 609
Prozessuale Fürsorge 130
Prozessverhalten 487
Prozessvoraussetzung 517, 569
- Beschluss 569
- objektive 569
Prüfungsschema 372
Psychische Ausnahmesituation 366
Psychische Erkrankungen 182
- Dienstunfähigkeit 182
- Schuldfähigkeit 182

R
Radikalenbeschluss 156f., 161
- Parteienprivileg 157
Radikalenerlass 154
Rassistische Bilder in WhatsApp-Gruppe 163
Ratenzahlung 345
Rauchverbot 202
Rauschgift 318
- Handel 318
Rauschtat 208, 317
- außerhalb des Dienstes 317

Reaktivierung 584
Rechnungsprüfungsausschuss 257
Recht auf Anwesenheit 574
Recht des Beamten auf Teilnahme 457
Rechtfertigungsgründe 84
Rechtliches Gehör 129f., 438, 473, 553
- Anhörung 473
- Folgen der Verletzung 130
Rechtsanwaltsgebühr 500
Rechtsbehelfsbelehrung 485, 514
Rechtsberater 251
Rechtsextremes Gedankengut 169
Rechtsfortbildung 98, 132
Rechtsgespräch 576
Rechtshilfe 426
Rechtskraft 79, 410, 514, 594
Rechtskraftwirkung 580
Rechtsmittelbereinigungsgesetz 602
Rechtsschutz 587
- vorläufiger 587
Rechtsschutzbedürfnis 430
Rechtsschutz-GmbH 435
Rechtsschutzinteresse 513, 575, 597
Rechtssicherheit 448
Rechtsstaat 155
Rechtswahrung in eigener Sache 232
Reformatio in peius 516
Regelbemessung 113
Regeleinstufung 374
Regelvermutung 353
Rehabilitierung 415
Reisekostenabschlag 574
Remonstration 226, 251
Resozialisierung 111
Reue 122
- tätige 122
Revision 610
- Form 610
- Frist 610
- Zulassung 610
Revisionsverfahren 611
Revisionszulassung 610
Richter 173f., 321, 526, 566, 575
- beauftragter 566
- ehrenamtlicher 526
- ersuchter 566
- Vereidigung 575
Richteramt 534
- Ausschluss 534

Stichwortverzeichnis

Richterrecht 98, 102
Rückfall 108, 394
Rückfälligkeit 89, 233
Rücknahme 555
Rücksichtnahme 232
Rücktritt 403
– strafbefreiender 403
Rücktritt vom Versuch 75
Rückwirkung 596
Rückwirkungsverbot 116
– einheitliche Verfolgung 116
Rufbereitschaft 214
Ruhegehalt 361 f., 364, 383
– Aberkennung 362, 383
– Ermittlung 364
– Kürzung 361
Ruhestand 248, 348, 386, 586
Ruhestandsbeamte 82, 178, 190, 325, 327, 339, 386, 431, 523

S
Sach- und Rechtslage 600
– veränderte 600
Sachaufklärung 454, 487
Sachbericht 567, 576
Sachverhalt 403, 432
– identischer 403
Sachverhaltsaufklärung 440
Sachverhaltsidentität 80, 128, 401
Sachverständige 184, 193, 461 f., 464, 566, 568
– Ablehnung 464
– medizinische 464
– psychiatrische 464
– Weigerung 464
Sachverständigenbeweis 577
Sachverständigengutachten 458, 463
– polygraphische Untersuchung 463
Sachverständigenvernehmung 426
Sachwalter 142 f.
Sachwalterstellung 143
Schaden 275
Schadensersatzklage 500
Schlecht- oder Minderleistungen 198
Schmuggel 318
– außerdienstlicher 318
Schuldausschließungsgründe 89
Schuldausspruch 78
– einheitlicher 78

Schulden 310
– Nichtabwicklung 310
– unehrenhaftes Eingehen 310
Schuldfähigkeit 88 f., 111, 120, 182, 355, 379, 444, 448
– verminderte 89, 111, 355, 379
Schuldgeständnis 455
Schuldnerverhalten 310
Schuldprinzip 369
Schwankungen 209
Schwarze Kassen 289
Schweigen 577
Schweigepflicht 233, 252 f.
– ärztliche 253
Schwerbehindertenvertretung 428, 479, 483, 490
Schwere des Dienstvergehens 374, 378
Scientology-Kirche 216
Seelische Störung 331, 374
Selbstbestimmung 239 f., 255, 472
– dienstliche 239
– informationelle 239 f., 255, 472
Selbstbezichtigung 240
Selbsthilfe 86
Selbstreinigungsverfahren 134, 343, 430
– Antrag 431
– Beamte auf Probe 431
– Legalitätsprinzip 431
– Prozesshindernis 431
– Prozessvoraussetzung 431
– Rechtsschutz 432
– Rechtsschutzbedürfnis 430
– Rücknahme des Antrags 432
– Ruhestandsbeamte 431
– Sachentscheidung 432
– Verfahren vor der Einleitungsbehörde 431
Sexualdelikt 350
Sexualverfehlung 314
– außerdienstliche 314
Sexualverstöße 221
Sexueller Missbrauch an Kindern 147, 376
Sexueller Missbrauch von Schutzbefohlenen 363
Sicherheitsanfragen 241
Sicherheitsüberprüfung 241
Sittenanschauung 91
Sittenempfinden 88

Stichwortverzeichnis

Sitzungsentschädigung 533
Soldaten 321
Sonderopfer 89, 121
Sonstige Hinderungsgründe 184
Sozialhilfe 587
Sozialversicherung
– Krankenversicherung 356
– Pflegeversicherung 356
Sperrregelung 109
Spezialprävention 114
Spielraum 347
Spielsucht 278
Sprungrevision 610
Staatsanwälte 173 f.
Staatsanwaltschaft 467
Staatssicherheit 240
Statusbereich 230
Steigerung 108
– stufenweise 108
Steuer- und Abgabenhinterziehung 301
Steuerhinterziehung 151, 317, 350, 375
Stiftung 631
Stimmrecht 577
Störung des Dienstbetriebs 226
Strafanzeige 296
Strafbefehl 103, 450
Strafgerichtliche Verurteilung 324
– Beendigung des Beamtenverhältnisses 324
– Wiederaufnahmeverfahren 324
Strafmaß 445
Strafprozessordnung 330
Strafrahmen 146, 151 f.
Strafrecht 329
Straftat 103, 317
– Gewicht 103
– sonstige 317
– Strafurteil 103
Strafurteil 103
Strafvereitelung 376
Strafverfahren 124, 387, 412, 441, 542, 561
– Aussetzung 441
– sachgleiches 124
Strafverfolgung 256
Straßenverkehrsdelikt 299
Streik 170, 175, 185
Streikeinsatz 228
Streikrecht 187
– nicht beurlaubte Beamte 187

Streikrecht beim privaten Arbeitgeber 187
Streitwertfestsetzung 623
Substantiierung des Sachverhalts 555
Suchtkranke 280
Suspendierung 586
Suspensiveffekt 514

T
Tarifautonomie 169
Tätige Reue 367
Tätlichkeit 296
Tatsachen 581
– neue 581
Tatsachenbehauptung 174
Tatsachenirrtum 225
Teilnahme an neonazistischen Versammlungen 175
Teilnahmeverpflichtung 438
Teilrechtskraft 79, 602
Tenor 593, 598
Terminaufhebung 575
Tilgung 109, 415 f., 418, 496
– Antrag 419
– Verzicht 419
– von Disziplinarmaßnahmen 415
Toleranz 143
Toleranzgebot 88, 95, 157
Tonbandaufnahme 232
– unbefugte 232
Treuepflicht 153, 155, 157, 159 f., 355
– allgemeine Richtschnur 155
– individuelles Verhalten 159
– politische 153, 155
– Verhältnismäßigkeitsgebot 157
Treueverhältnis 88
Trunkenheit 203
– im Dienst 203
Trunkenheit im Verkehr 150
Trunkenheitsfahrt 119, 146, 302, 402
– außerdienstliche 302, 402

U
Übereifer 217
Übergangsbestimmung 632
Überhang 397
Übermaßverbot 365
Überraschungsentscheidung 438
Überschuldung 147

Stichwortverzeichnis

Überwundene negative Lebensphase 212
Umfang der Klage 541
Umfeld der Tat 117
- dienstliches 117
Unabhängigkeit 218
Unanfechtbarkeit 494
Unangemessene Verfahrensverzögerung 394
Unbefangenheit 204
- Verlust 204
Unbescholtenheit 394
Uneigennützigkeit 264
Unerfahrenheit 215
Unerlaubtes Fernbleiben 178
Unfallflucht 303
Ungehorsam 214, 226
Ungeschicklichkeit 215
Unmittelbarkeit 440, 566
Unmögliches 121
Unparteilichkeit 204
- Verlust 204
Unrichtigkeit 237, 563
- nebensächliche 237
- offenkundige 563
Unschuldsvermutung 77, 365
Untätigkeit 592
- Disziplinarorgan 592
Untätigkeitsklage 546
Unterbrechung 411
Untergebener 224
Unterhaltsbeitrag 356 f., 360, 364, 455, 624, 634
- Bedürftigkeit 357
- Dauer 357
- Höhe 357
- Unwürdigkeit 357 f.
- Weiterbewilligung 360
Unternehmen 523
- private 523
Unterrichtung 435
Unterschiedliche Sachverhalte 389
Unterschlagung 305, 377
- außerdienstliche 305 f.
Unterstützungspflicht 226, 231, 237
Untersuchung des Sachverhalts 486
Untersuchung durch einen Amtsarzt 194
Untersuchungsführer 439

Untersuchungshaft 118
Untreue 288, 305
- außerdienstliche 288, 305 f.
Untreuehandlung 377
Unvermögen 215
- individuelles 215
Unverschuldete wirtschaftliche Notlage 380
Unvoreingenommenheit 238
Unwahrheit 237
Unzulässige Doppelverwertung 370
Unzumutbarkeit 216
Unzuständigkeit 517
Urkundenfälschung 147, 286, 313, 355
Urteil 560, 573, 607
- Anfechtungsklage 574
- Disziplinarklage 574

V
venire contra factum proprium 126
Verbandspolitische Aktivitäten 169
Verbindung 588
- Anhängigkeit beider Verfahrensarten 588
Verbot der Dienstausübung 341
Verbot der Doppelbestrafung 343
Verbotsirrtum 87, 331
Verbüßen der Freiheitsstrafe 185
Verdacht 76, 513
Verdienstausfall 533
Vereinigungsfreiheit 153 f., 162
Verfahrensbeschleunigung 589
Verfahrensdauer 123, 333, 477
Verfahrenseinstellung 418, 513, 517, 594
Verfahrensentscheidung 493
Verfahrensfähigkeit 440
Verfahrensfehler 138, 517
- Heilung 138
Verfahrenskosten 498
- dem Grunde nach 498
- Ermessen 498
- Festsetzung der Verfahrenskosten 499
- Kostenentscheidung 498
- mehrere Beschuldigte 499
- Umfang 499
Verfahrensmängel 479, 552 f., 556, 564, 567
- behebbare 479

Stichwortverzeichnis

- Darstellung 556
- nicht behebbare 553
- wesentliche 552
Verfahrensökonomie 434
Verfahrensrüge 610
Verfahrensverzögerung 124, 127, 394, 549
Verfall der Bezüge 509, 599
Verfassungsfeindlichkeit 162, 164
Verfassungsgrundsätze 131
Verfassungstreue 160
Verfassungswidrigkeit 158, 161
Verfehlung 326
- Rücknahme der Beamtenernennung 327
- vordienstliche 326
Verfolgbarkeit 593
- disziplinare 593
Verfolgbarkeit der Tat 479
Verfolgbarkeit des Täters 479
Verfolgungsverbot 405
Verfolgungsverjährung 80, 405
Vergleich 425, 574, 580
Verhalten 141
Verhaltensprognose 118
Verhältnismäßigkeit 111, 369, 384
Verhältnismäßigkeitsgebot 128
Verhältnismäßigkeitsgrundsatz 365
Verhältnisse 596
- wirtschaftliche 596
Verhandlung 569, 574
- mündliche 569, 574
Verhandlungsunfähigkeit 129, 445, 479, 553
Verhinderung 531, 574f.
- des Verteidigers 575
- von Beamtenbeisitzern 531
Verjährung 581
Verjährungsregelung 405
Verkehrsunfall 238
- dienstlicher 238
Verlust der Beamteneigenschaft 324
Verlustfeststellung 584
- Tatbestandsvoraussetzung 584
Verlustfeststellungsverfahren 436
Vernehmung 460
- Sachverständige 460
- Zeuge 460
Veröffentlichung 260

Verquickung dienstlicher mit privaten Interessen 288
Verschlechterungsbefugnis 493
Verschleppungsabsicht 460
Verschlusssache 253
Verschulden 86, 587
- des Prozessbevollmächtigten 587
Verschwiegenheitspflicht 246
Versetzung 180, 230
Verstoß gegen das Ausländergesetz 147
Verstoß gegen den Aussetzungszwang 443
Verstoß gegen Nebentätigkeitsbestimmungen 147
Verstoß gegen Vergabevorschrift 378
Versuchshandlung 75
Vertagung 130
Verteidiger 251, 590
Verteidigungsverhalten 330, 437
Vertrauen 141
Vertrauen des Dienstherrn oder der Allgemeinheit 146
Vertrauensleute der Schwerbehinderten 133
Vertrauensmann der Zivildienstleistenden 133, 136
Vertrauensperson der schwerbehinderten Menschen 135
- Anhörung 135
- Information 135
Vertrauensschutz 126
Vertrauenswürdigkeit 94
Vertraulichkeit 247
Verwahrungsbruch 146, 355, 376
Verwaltungsakt 230, 481
Verwaltungseinheit 535
Verwaltungsentscheidung 451
Verwaltungsermittlung 425
Verwaltungsgericht 522, 540
Verwaltungsgerichtsordnung 329
- Anwendung 329
Verwaltungsübung 84, 226
Verwaltungsverfahrensgesetz 125, 329
- Anwendung 329
Verwaltungszweig 531
Verwandte 535
Verwarnung mit Strafvorbehalt 387
Verweis 111, 233, 390

Stichwortverzeichnis

Verwertungsverbot 109, 415f., 438, 470, 581
– Vortaten 109
Verwertungsverbot nach § 51 Abs. 1 BZRG 418
Verwirkung 79, 126, 328, 421, 480
Verzicht 127, 421, 481
Verzicht auf Widerspruch 80
Verzögerung 127, 549, 567, 582, 589
– unangemessene 127, 582, 589
Völkerrechtsfreundliche Auslegung 160
Volksfeste 212
Vollstreckung 347
– Dienstbezüge 347
– Mindestlaufzeit 347
– Ministerialzulagen 348
– Nebenbeschäftigung 348
– Wiederaufnahmegrund 347
Vollziehung 515, 588
– sofortige 515
Vorbelastung 120, 152, 379
Vorbereitungshandlung 75
Vorbildfunktion 218
Vordienstliche Verfehlungen 326
Vorenthalt von Arbeitsentgelt 355
Vorenthaltung von Sozialversicherungsbeiträgen 147, 363
Vorermittlung 407, 422, 439
– verwaltungsinterne 422, 439
Vorgesetztenstellung 218
Vorgesetzter 120, 218, 224
Vorklärung 590
Vorladung zur Dienststelle 195
Vormund 590
Vorrang des Strafverfahrens 442
Vorsatz 86, 448
Vorsatztat 96
Vorschlagsliste 531f., 539
Vorschlagsrecht 532
– der obersten Bundesbehörden 532
– der Spitzenorganisationen der Gewerkschaften 532
Vorstrafe 110, 120
Vortaten 110, 120, 393
Vortäuschen einer Straftat 147
Vorteilsannahme 149, 354, 371, 375
Vorteilsnahme 291
Vorverfahren 512, 587

Vorwerfbarkeit 232
– Irrtum 232
Vorzeitiges Verlassen des Dienstes 179
VS-Richtlinien 248
– Strafrecht 248

W

Wahlfeststellung 577
Wahlliste 532, 537
– Berichtigung 532
– Streichung 532
Wahlverfahren 531
Wahrheitspflicht 237, 437
Wahrunterstellung 459
Warnstreik 170
Wechsel des Dienstherrn 349
Weisung 216, 228f.
– schlüssiges Verhalten 229
– widersprüchliche 228
– zurückgenommene 229
Weisungs- und Aufsichtsrecht 428
Weitergabe der Information 472
Werbung 166, 169f.
– Flugblatt 170
– gewerkschaftliche 169
– Gewerkschaftsvertreter 170
– im Dienst 166
– Personalratsmitglied 170
Werbung im Dienst 166
Werturteil 174
Wesentlicher Mangel 474
Widerrufsbeamte 327
Widerspruch 230, 232, 512, 587, 596
– Erforderlichkeit 512
– Form 512
– Frist 512
– konstruktiver 232
Widerspruchsbefugnis 513
Widerspruchsbehörde 514, 518
Widerspruchsbescheid 515, 518f.
– Aufhebung 519
– Form 518
– Inhalt 518
– Milderung 519
– oberste Dienstbehörde 516
– Rechtsbehelfsbelehrung 518
Widerspruchseinlegung 514
Widerspruchsfrist 514
Widerspruchsverfahren 512

Stichwortverzeichnis

Wiederaufnahme 400, 494f., 616
- Antrag 495
- Aufhebung der Disziplinarmaßnahme 495
- beamtenrechtliche Fürsorgepflicht 495
- Bescheid 495
- Frist 617
- Milderung der Disziplinarmaßnahme 495
- Unzulässigkeit 616
- Verfahren 617
- Voraussetzung 495

Wiederaufnahmeantrag 412
Wiederaufnahmegrund 613
Wiedereinsetzung 514, 587
- in den vorigen Stand 332, 572

Wiedergutmachung des Schadens 275
- Offenbarung 275

Wiederherstellung 204
- der Dienstfähigkeit 211

Wiederholungsgefahr 391f., 401, 403
Wiederholungstat 394
Wirkung 230, 587, 595, 597
- aufschiebende 230, 587, 595, 597

Wirtschaftliche Notlage 379
Wohlverhalten 94
Wohlverhaltensklausel 91, 144
Wohlverhaltenspflicht 91
Wohnsitz 531
- dienstlicher 531

Würde des Menschen 232

Z

Zahlungsunfähigkeit 587
Zeichnungsbefugnis 484
Zeigen des »Hitlergrußes« 163
Zeit der Unbescholtenheit 394
Zeugen 461, 566
- Belehrung 461
- Berufsgeheimnisträger 461

Zeugenaussage 464
- Erzwingung 464

Zeugenvernehmung 426, 461
Zeugnispflicht 460
Zeugnisverweigerung 253, 460
Zivildienstleistende 323, 413
Züchtigungsverbot 355, 363
Zugriff 267
- Versuch 267

Zugriffsdelikt 265, 270, 370, 372
- Milderungsgründe 270

Zulässigkeit der Berufung 332
Zulassung des OVG 599
Zulassungsgrund 604
- Divergenz 604
- grundsätzliche Bedeutung der Rechtssache 604
- tatsächliche oder rechtliche Schwierigkeiten 604

Zumessungskriterien 111
Zumutbarkeit 84
Zurückstufung 112, 349, 351
Zurückversetzbarkeit 350
Zurückweisung 608
Zusammenarbeit 237
Zusammenarbeitspflicht 233
- Wohlverhaltenspflicht 233

Zuständige Behörde 369
Zuständigkeit 475, 483, 522
- Disziplinarmaßnahme gegen Ruhestandsbeamte 483
- durch allgemeine Anordnung 483
- Geldbuße 483
- Maßnahme bis zur Höchstgrenze 483
- Verweis 483

Zuständigkeitsregelungen 138
Zuständigkeitswechsel 428
Zustellung 456, 552
Zustimmung 85, 571
- der Beteiligten 569
- der Verfahrensbeteiligten 570
- des Vorgesetzten 85

Zuweisung der Ermittlungen 439
Zwangsvollstreckungsmaßnahme 311
Zweifelsfall 560

Kompetenz verbindet

Lothar Altvater / Eberhard Baden / Peter Berg
Michael Kröll / Gerhard Noll / Anna Seulen

BPersVG – Bundespersonalvertretungsgesetz

Kommentar für die Praxis mit Wahlordnung und
ergänzenden Vorschriften sowie vergleichenden
Anmerkungen zu den Länderpersonalvertretungsgesetzen
9., überarbeitete Auflage
2016. 2.616 Seiten, gebunden
€ 189,–
ISBN 978-3-7663-6454-8

Der Kommentar fürs Bundespersonalvertretungsgesetz (BPersVG) mit Verweisen auf die Länder jetzt in aktualisierter Fassung. Zu allen Streitfragen im Personalvertretungsrecht liefert das Werk tadellose Information.

Es erläutert die Vorschriften des BPersVG für den Personalrat im Bundesdienst und in den Ländern. Ergänzt werden sie durch detaillierte Hinweise und Übersichten zu vergleichbaren Bestimmungen in allen 16 Landespersonalvertretungsgesetzen.

Landesrechtliche Besonderheiten und Abweichungen bei den organisations- und beteiligungsrechtlichen Regelungen sind besonders hervorgehoben. Die Neuauflage bringt Gesetzgebung, Rechtsprechung und Literatur auf aktuellem Stand.

Zu beziehen über den gut sortierten Fachbuchhandel oder direkt beim Verlag unter E-Mail: kontakt@bund-verlag.de

Bund-Verlag

Kompetenz verbindet

Axel Görg / Martin Guth

Tarifvertrag für den öffentlichen Dienst der Länder

Basiskommentar zum TV-L mit dem
Überleitungstarifvertrag TVÜ-Länder
4., aktualisierte Auflage
2016. 464 Seiten, kartoniert
€ 34,90
ISBN 978-3-7663-6449-4

Die Tarifrunde 2015 im öffentlichen Dienst hat für die rund 650 000 Beschäftigten der Länder wieder zahlreiche Neuerungen mit sich gebracht. Die Neuauflage erläutert sämtliche Änderungen im Tarifvertrag für den öffentlichen Dienst der Länder (TV-L) fundiert und mit Blick auf die Praxis. So können sich Personalräte und -Beschäftigte schnell in die Materie einarbeiten und für neue -Herausforderungen wappnen.

Im Mittelpunkt der Kommentierung stehen die Erläuterungen zum Allgemeinen Teil des Tarifvertrages. Die Sonderregelungen und der Text des Überleitungstarifvertrages TVÜ-Länder sind abgedruckt.

Zu beziehen über den gut sortierten Fachbuchhandel oder direkt beim Verlag unter E-Mail: kontakt@bund-verlag.de

Bund-Verlag

Kompetenz verbindet

Peter Wedde (Hrsg.)

Arbeitsrecht

Kompaktkommentar zum Individualarbeitsrecht mit
kollektivrechtlichen Bezügen
5., überarbeitete Auflage
2016. 1.741 Seiten, gebunden
€ 89,90
ISBN 978-3-7663-6419-7

Wichtige Rechtsprechung und einige Gesetze sorgen für eine
Neuauflage dieses bei vielen Betriebsräten hochgeschätzten
Werkes. Das Arbeitnehmerüberlassungsgesetz (AÜG) wird in
wesentlichen Punkten präzisiert. Im Urlaubs- und
Befristungsrecht sind Neuerungen durch die BAG-
Rechtsprechung zu beachten.

Klar, prägnant und gut verständlich erläutert der
Kompaktkommentar das gesamte Individualarbeitsrecht -
konzentriert aufbereitet in einem Band. Die Kommentierungen
haben stets die Arbeitnehmerpositionen im Blick, verzichten auf
wissenschaftlichen Ballast und orientieren sich an der
Rechtsprechung des Bundesarbeitsgerichts.

Optisch hervorgehoben sind Beispielfälle, Prüfschemata und
Hinweise für die Mitbestimmung. Diese machen das Werk vor
allem für Interessenvertreter und deren Berater zu einem
wichtigen Hilfsmittel für die tägliche Praxis.

Die wichtigsten Neuerungen:
- Änderungen des Arbeitnehmerüberlassungsgesetzes (AÜG)
- Änderungen beim Werkvertrag
- Mindestlohngesetz
- Neue Rechtsprechung zum Urlaubsrecht

Zu beziehen über den gut sortierten Fachbuchhandel oder
direkt beim Verlag unter E-Mail: kontakt@bund-verlag.de

Bund-Verlag

Kompetenz verbindet

Michael Kittner

Arbeits- und Sozialordnung 2016

Gesetze/Verordnungen • Einleitungen
• Checklisten/Übersichten • Rechtsprechung
41., aktualisierte Auflage
2016. 1.852 Seiten, kartoniert
€ 28,90
ISBN 978-3-7663-6494-4

Gesetze plus Erläuterungen – das ist die Erfolgsformel der jährlich neu aufgelegten »Arbeits- und Sozialordnung«. Die solide Grundlage bilden über 100 für die Praxis relevante Gesetzestexte im Wortlaut oder in wichtigen Teilen – natürlich auf dem neuesten Stand.

Die Ausgabe 2016 ist weiter optimiert durch eine allgemeine Einführung in die Arbeits- und Sozialordnung sowie 80 Checklisten und Übersichten zur praxisgerechten Anwendung und raschen Orientierung über komplexe Gesetzesinhalte. Bei wichtigen Gesetzen erklären Übersichten die seit der Vorauflage publizierte höchstrichterliche Rechtsprechung – mit Verweis auf eine Fundstelle.

Fazit: Der »Kittner« ist unerlässlich für alle, die über das Arbeits- und Sozialrecht auf aktuellem Stand informiert sein wollen.

Zu beziehen über den gut sortierten Fachbuchhandel oder direkt beim Verlag unter E-Mail: kontakt@bund-verlag.de

Bund-Verlag

Kompetenz verbindet

Der Personalrat
PersonalRecht im öffentlichen Dienst

**Die führende Fachzeitschrift
für erfolgreiche Personalratsarbeit**
- informiert aktuell und praxisbezogen über die Grundlagen der Personalratsarbeit
- berichtet umfassend und rechtssicher über den neuesten Stand des Personalvertretungs-, Arbeits- und Beamtenrechts
- wird von Experten und Praktikern geschrieben und stellt schwierige juristische Sachverhalte verständlich dar

Dazu exklusiv für Abonnenten:

»Personalrat online« mit
- drei Lizenzen zum umfangreichen Archiv: alle Inhalte von »Der Personalrat« ab 1/2006 bis zur aktuellen Ausgabe
- dem Redaktions-Service Online

Newsletter für Personalräte
mit den wichtigsten Nachrichten aus Rechtsprechung und Gesetzgebung

Erfahren Sie alles, was für die tägliche Arbeit eines Personalrats wichtig ist. Überzeugen Sie sich selbst, testen Sie jetzt zwei Ausgaben kostenlos:
www.derpersonalrat.de/testabo

Bund-Verlag

im Lesesaal vom 24. AUG. 2016
bis
18. Nov. 2024